DIE ZEIT
Das Lexikon in 20 Bänden

DIE ZEIT
Das Lexikon in 20 Bänden

Mit dem Besten
aus der ZEIT,
u. a. mit Beiträgen
von Jens Jessen,
Michael Schwelien
und Theo Sommer

06 Gran – Impe

Zeitverlag
Gerd Bucerius GmbH & Co. KG

Herausgeber
Zeitverlag Gerd Bucerius GmbH & Co. KG
Pressehaus
Speersort 1
20095 Hamburg

Redaktionsleitung Lexikon Dr. Joachim Weiß
Redaktionsleitung ZEIT Aspekte Dr. Dieter Buhl
Realisation WGV Verlagsdienstleistungen (verantwortlich: Walter Greulich), Weinheim, unter Mitarbeit von Silvia Barnert, Gabi Gumbel, Andreas Lenz und Otto Reger
Layout Sigrid Hecker
Einband- und Umschlaggestaltung Mike Kandelhardt, Hans Helfersdorfer
Herstellung Verona Meiling, Stefan Pauli

Bibliografische Information der Deutschen Bibliothek
Die Deutsche Bibliothek verzeichnet diese Publikation in der Deutschen Nationalbibliografie; detaillierte bibliografische Daten sind im Internet über http://dnb.ddb.de abrufbar.

Namen und Kennzeichen, die als Marke bekannt sind und entsprechenden Schutz genießen, sind beim blau gedruckten Stichwort durch das Zeichen ® gekennzeichnet. Handelsnamen ohne Markencharakter sind nicht gekennzeichnet. Aus dem Fehlen des Zeichens ® darf im Einzelfall nicht geschlossen werden, dass ein Name oder Zeichen frei ist. Eine Haftung für ein etwaiges Fehlen des Zeichens ® wird ausgeschlossen.

Alle Rechte vorbehalten. Nachdruck, auch auszugsweise, verboten.
Das Werk einschließlich aller seiner Teile ist urheberrechtlich geschützt. Jede Verwertung außerhalb der engen Grenzen des Urheberrechtsgesetzes ist ohne Zustimmung des Verlags unzulässig und strafbar. Das gilt insbesondere für Vervielfältigungen, Übersetzungen, Mikroverfilmungen und die Einspeicherung und Verarbeitung in elektronischen Systemen.

© Zeitverlag Gerd Bucerius GmbH & Co. KG, Hamburg 2005
Bibliographisches Institut, Mannheim 2005

Satz A–Z Satztechnik GmbH, Mannheim (PageOne, alfa Media Partner GmbH)
Druck und Bindung GGP Media GmbH, Pößneck
Printed in Germany

ISBN Gesamtwerk: 3-411-17560-5
ISBN Band 6: 3-411-17566-4

Abbildungen auf dem Einband aisa, Archivo iconografico, Barcelona: K. Adenauer, Elisabeth II., S. Freud, G. Kelly; Bibliographisches Institut, Mannheim: O. v. Bismarck, B. Brecht, F. Castro, C. Chaplin, R. Diesel, Friedrich der Große, M. Gandhi, G. Garbo, A. Schwarzer, A. Schweitzer, V. Woolf; Bundesministerium der Verteidigung, Bonn: H. Schmidt; Kinemathek Hamburg e.V.: M. Dietrich, M. Monroe; Klaus J. Kallabis, Hamburg: G. Bucerius; M. Adelmann, Zürich: S. de Beauvoir; Nobelstiftelsen, The Nobel Foundation, Stockholm: W. Churchill, M. Curie, T. Mann, R. Sussman Yalow; picture-alliance/akg-images, Frankfurt am Main: A. Einstein; picture-alliance/dpa, Frankfurt am Main: W. Allen, J. Baker, Beatrix – Königin der Niederlande, J. Beuys, H. Bogart, H. Böll, G.H. Brundtland, A. Christie, B. Clinton, J. Dean, M. Dönhoff, C. Freeman, J. Gagarin, I. Gandhi, M. Gorbatschow, J. Habermas, V. Havel, E. Hemingway, R. Herzog, A. Hitchcock, A. Lindgren, R. Luxemburg, N. Mandela, Mao Zedong, B. McClintock, G. Meir, Muhammad Ali, Mutter Teresa, P. Picasso, R. Schneider, S. Spielberg; picture-alliance/Keystone Schweiz, Frankfurt am Main: L. Meitner; picture-alliance/Picture Press/Camera Press, Frankfurt am Main: E. Presley; S. Müller, Leipzig: C. Wolf; U.S. Information Service, Bonn: J.F. Kennedy

Granate GRA

Gran [lat. granum »Korn«] *das* (Grän), alte dt. Masseneinheit; als Apothekergewicht zw. 60,9 und 72,9 mg; als Edelmetall- und Juwelengewicht $^1/_{12}$ Karat bei Gold (= 16,66 mg) und $^1/_4$ Karat bei Edelsteinen und Perlen (etwa 50 mg).

Gran (de G., G. della Torre), Daniel, österr. Maler, getauft Wien 22. 5. 1694, † Sankt Pölten 16. 4. 1757; einer der bedeutendsten Repräsentanten der barocken Freskenmalerei in Österreich.

Gran, 1) *die* (slowak. Hron, ungar. Garam), Nebenfluss der Donau in der Slowakei, 284 km lang, entspringt in der Niederen Tatra und mündet unterhalb von Esztergom, Ungarn.
2) Stadt in Ungarn, ↑ Esztergom.

Granada [span. graˈnaða], **1)** Provinz in Andalusien, 12 647 km², 821 700 Einwohner.
2) Hptst. der span. Provinz G., im Andalus. Bergland, am Zusammenfluss von Genil und Darro, 670 m ü. M., 245 600 Ew.; Erzbischofssitz; Univ. (1532 neu gegr.); Festspiele; Nahrungsmittel-, Textil-, Metall-, Maschinen-, keram. Industrie, Erdölraffinerie. – Bed. Bauwerke sind außer der ↑ Alhambra u. a. die von der UNESCO ebenfalls zum Weltkulturerbe erklärte maur. Sommerresidenz Palacio del Generalife (Anfang 14. Jh.) und die Kathedrale Santa María de la Encarnación (1523 begonnen, zur bedeutendsten Renaissancekirche Spaniens ausgebaut). – G., eine iber. Gründung (Eilbyrge, röm. Illiberis, westgot. Elvira), wurde 711 von den Mauren erobert und erlebte als Hptst. eines selbstständigen maur. Königreichs seit 1238 seine Blütezeit. Mit der Einnahme G.s 1492 endete die Maurenherrschaft in Spanien. ✣ **siehe ZEIT Aspekte**
3) Hptst. eines Departamentos in Nicaragua am Nicaraguasee, 88 700 Ew.; Bischofssitz; Hafen; Textil-, Nahrungsmittelindustrie; Hafen; kolonialzeitl. Stadtbild; Kathedrale (1900). – Gegr. 1523 von dem span. Eroberer F. Hernández de Córdoba.

Granados y Campiña [graˈnaðos i kamˈpiɲa], Enrique, span. Komponist und Pianist, * Lérida (heute Lleida) 27. 7. 1867, † (Schiffstorpedierung) im Ärmelkanal 24. 3. 1916; bed. Vertreter der neueren nationalspan. Musik; schrieb u. a. Opern (»Goyescas«, 1916), Zarzuelas, Orchester-, Kammer- und Klaviermusik.

Granat, svw. Nordseegarnele, ↑ Garnelen.

Granatapfelbaum (Granatbaum, Punica), einzige Gattung der **Granatapfelgewächse** (Punicaceae) mit zwei Arten, von denen der **Granatbaum** (G. i. e. S., Punica granatum), urspr. verbreitet von SO-Europa bis zum Himalaja, heute in den Subtropen der ganzen Welt kultiviert wird; bis 1,5 m hoher Strauch oder bis 10 m hoher Baum mit korallenroten (»granatroten«) Blüten; die Frucht (**Granatapfel,** Punischer Apfel) ist eine Scheinbeere, apfelähnlich, 1,5–12 cm breit; das Samenfleisch wird als Obst sowie zur Herstellung von Sirup (**Grenadine**) verwendet.

Granatapfelbaum mit reifer Frucht

Granate [von lat. (lapis) granatus »gekörnter Edelstein«] *Pl.,* Gruppe sehr verbreiteter gesteinsbildender Minerale der Zusammensetzung $M^{II}_3 M^{III}_2 [SiO_4]_3$ (M^{II} = Mg, Fe^{II}, Mn, Ca; M^{III} = Al, Fe^{III}, Cr), typ. Inselsilikate; farblos oder vielfarbig (nie blau), Härte nach Mohs 6,5–7,5, Dichte 3,5 und 4,2 g/cm³; Kristalle meist körnigrundlich (kubisch), oft einzeln, auch als derbe bis dichte Massen. Vorkommen v. a. in metamorphen Schiefern (Glimmerschiefer) und vielfach in kalkig-dolomit. Kontaktgesteinen; sehr häufig in Seifen und Sanden angereichert. – Wegen stark wechselnder chem. Zusammensetzung und

5

GRA Granate

zum Teil guter Mischbarkeit gibt es viele Varietäten, die wichtigsten sind **Pyrop** (Mg$_3$Al$_2$[SiO$_4$]$_3$, dunkelrot, **böhmischer Granat, Kaprubin**), **Almandin** (Fe$_3$Al$_2$[SiO$_4$]$_3$, rot bis braunrot, **gemeiner G.**), **Spessartin** (Mn$_3$Al$_2$[SiO$_4$]$_3$, orangegelb bis rot), **Grossular** (Ca$_3$Al$_2$[SiO$_4$]$_3$, v. a. blassgrün; Abart roter bis brauner **Hessonit**), **Uwarowit** (Ca$_3$Cr$_2$[SiO$_4$]$_3$, smaragdgrün), **Andradit** (Ca$_3$Fe$_2$[SiO$_4$]$_3$, gelbgrünlich; mit Abarten, v. a. **Schorlomit** und **Melanit**, beide schwarz, und dem durchsichtig grünen **Demantoid** und **Topazolith** mit Schmucksteinqualität).

Granate [von italien. granata »Granatapfel«] *die,* urspr. mit Pulver gefüllte Kugel, die als Hand-G. von den Grenadieren geworfen wurde; später Bez. für die Geschosse der Artillerie.

Granatwerfer, Steilfeuerwaffe der Infanterie, heute oft fälschlich auch als »Mörser« bezeichnet. (↑Geschütze)

Gran Canaria, drittgrößte der Kanar. Inseln, 1 531 km², 666 100 Ew.; Hptst. Las Palmas de G. C.; bed. Fremdenverkehr. Die Insel ist ein erloschener, im Pico de las Nieves 1 980 m hoher Schildvulkan. Ausgedehnte Pflanzungen (Bewässerung), bes. an der N- und O-Küste: Bananen, Tomaten, Zitrusfrüchte, Getreide, Tabak, Fischerei (Sardinen, Thunfisch); internat. Flughafen.

Gran Chaco [- 'tʃako] *der,* Großlandschaft im zentralen Südamerika, eine große Ebene (rd. 800 000 km²), 100–400 m ü. M., zw. Paraguay/Paraná und den Anden; zu Argentinien, Bolivien und Paraguay gehörend. Größtenteils subtrop. Klima mit sommerl. Starkregen (Überschwemmungen); Hauptflüsse sind Río Pilcomayo und Río Bermejo. Die Parklandschaft im O geht nach N und W in Trockenwald und Dornbuschsavanne über. Der G. C. ist dünn besiedelt (**Chacoindianer,** heute meist Landarbeiter, früher Nomaden; Guaraní; auch Europ. Kolonisten, u. a. Mennoniten); Gewinnung von Quebracho, Rinderhaltung, in den Randgebieten Baumwollanbau, im bolivian. Teil Erdölförderung.

Grand [grã:; frz. grand »groß«] *der,* Großspiel beim Skat, Whist und Doppelkopf.

Grand Canal ['grænd kə'næl], Kanal in der Rep. Irland, verbindet den Shannon mit Dublin, mit Abzweigungen rd. 300 km lang; Baubeginn 1755; für den Verkehr mit Beginn des Eisenbahnzeitalters unbedeutend; in jüngster Zeit für den Wassertourismus in Teilen neu erschlossen.

Grand Canal d'Alsace [gräkanaldal-'zas], der ↑Rheinseitenkanal.

Grand Canyon ['grænd 'kænjən], eine der Schluchten, die der Colorado River in das Coloradoplateau, USA, geschnitten hat; rd. 350 km lang, bis 1 800 m tief, 6–29 km breit, z. T. als **G. C. National Park** (in NW-Arizona, 4 934 km², seit 1908; UNESCO-Weltnaturerbe) unter Naturschutz. Die im G. C. aufgeschlossene Gesteinsfolge reicht vom Präkambrium bis zum Perm.

Grand Coulee Dam ['grænd 'ku:lı 'dæm], Staudamm am mittleren Columbia River, im Bundesstaat Washington, USA, 168 m hoch, 1 272 m lang, erbaut 1933–42; staut den Franklin-Delano-Roosevelt-See auf (11,8 Mrd. m³), der der Bewässerung, dem Hochwasserschutz und der Energiegewinnung (Kraftwerk 6 494 MW) dient.

Grande [span. »groß«] *der,* erbl. Titel des höchsten span. Adels.

Grande Armée [grãdar'me, frz.] *die,* ↑Große Armee.

Grande Chartreuse [grãdʃar'trø:z], Gruppe der frz. Kalkalpen, zw. Chambéry im N und Grenoble im S; im O vom Isèretal begrenzt, bis 2 087 m ü. M. (Chamechaude); in 997 m ü. M. das Stammkloster der ↑Kartäuser.

Grandeln (Granen, Gränen, Haken), *Jägersprache:* die beiden Eckzähne im Oberkiefer des Rotwildes; selten bei Reh- und Damwild.

Grande Nation [grãdna'sjɔ̃; frz. »Große Nation«], zuerst 1797 von Napoléon Bonaparte gebrauchte Bezeichnung für Frankreich.

Grande-Rivière [grãdri'vjɛ:r] (engl. Fort George River), Fluss in der Prov. Quebec, Kanada, 893 km lang, entspringt im Zentrum der Halbinsel Labrador, mündet in die James Bay der Hudsonbai; reich an Stromschnellen; Nutzung durch neun Kraftwerke (zus. 15 700 MW).

Grandezza [span.] *die,* feierlich-hoheitsvolle Eleganz der Bewegung, des Auftretens.

Grand Guignol [grãgi'ɲɔl], ↑Guignol.

Grandi, Dino, Graf (seit 1937), italien. Politiker, *Mordano (Prov. Bologna) 4. 6. 1895, †Bologna 21. 5. 1988; war 1929–32 Außenmin., 1932–39 Botschafter in London und 1939–43 Justizmin. In der Sitzung

Grandville GRA

Grand Canyon: Blick auf das Coloradoplateau mit der tief eingeschnittenen Schlucht

des Faschist. Großrates vom 25. 7. 1943 führte er den Sturz Mussolinis herbei.
Grand Jury [grænd ˈdʒʊərɪ] *die,* im amerikan. Strafprozessrecht Gremium (Anklagejury) von auf Zeit ernannten Bürgern, die vor Beginn des eigentl. Strafprozesses die öffentl. Anklage (engl. indictment) prüfen, um sie abzulehnen oder bei hinreichendem Tatverdacht zuzulassen.
Grand National Steeplechase [ˈgrænd ˈnæʃnl ˈstiːpltʃeɪs, engl.], *Pferdesport:* das schwerste Hindernisrennen der Welt, auf der Aintree-Rennbahn bei Liverpool, erstmals 1839 ausgetragen.
Grand Old Lady [ˈgrænd ˈəʊld ˈleɪdɪ; engl. »große alte Dame«], **Grand Old Man** [-mæn; engl. »großer alter Mann«], bed. (ältere) Persönlichkeit eines Bereichs.
Grand Old Party [ˈgrænd ˈəʊld ˈpɑːtɪ; engl. »große alte Partei«], Abk. **GOP,** in den USA Spitzname für die Republikan. Partei.
Grand ouvert [grã: uˈveːr, frz.] *der,* im Skat Grand aus der Hand, bei dem der Spieler seine Karten offen hinlegen muss.
Grand Prix [grã: ˈpriː, frz.] *der,* Abk. **GP,** *Sport:* der ↑Große Preis.
Grand Rapids [ˈgrænd ˈræpɪdz], Stadt in Michigan, USA, an den Fällen des Grand River, 188 200 Ew.; kath. Bischofssitz; Holz-, Möbelindustrie.

Grandseigneur [grãsɛnˈjør, frz.] *der,* vornehmer, weltgewandter Herr.
Grand Slam [grænd ˈslæm; engl., eigtl. »das Einheimsen aller Stiche« (beim Bridge und ähnl. Kartenspielen)] *der,* in bestimmten Sportarten Sieg eines Spielers in feststehenden Turnieren innerhalb eines Jahres; *Golf:* die ↑Major-Turniere; *Tennis:* die wichtigsten vier Turniere, ausgetragen in der Reihenfolge ↑Australian Open, ↑French Open, ↑All England Championships und ↑US Open.
Grand-Slam-Cup [grændˈslæmkʌp], *Tennis:* 1990–99 jährlich in München ausgetragenes Finale der Grand-Slam-Saison, seit 2000 abgelöst vom **Masters Cup** (↑Tennis).
Grandson [grãˈsɔ̃], Bezirkshauptort im Kt. Waadt, Schweiz, am Neuenburger See, 436 m ü. M., 2 500 Ew. – Roman. Kirche (1146 ff.); Schloss (13. Jh., spätere Veränderungen), eine große Wehranlage, enthält Waffensammlung und Automobilmuseum. – Gegr. um 1200. – Bei G. besiegten die Eidgenossen am 2. 3. 1476 das Heer Karls des Kühnen.
Grand-Tourisme-Rennen [grãtuˈrismə-, frz.] (Kurzbez. GT-Rennen), internat. Sportwagenrennen mit Wertungsläufen, Rundrennen, Bergrennen und Rallyes.
Grandville [grãˈvil], eigtl. Jean Ignace Isidore Gérard, frz. Karikaturist und Zeichner, *Nancy 15. 9. 1803, †Vanves (Dép.

Hauts-de-Seine) 17. 3. 1847; wurde v. a. bekannt mit polit. und sozialen Karikaturen (»Aus dem Staats- und Familienleben der Tiere«, 2 Bde., 1842), ebenso bed. als Buchillustrator (u. a. J. de La Fontaine, J. Swift, D. Defoe).

Grangemouth [ˈgreɪndʒməθ], Hafenstadt und Raffineriezentrum in Schottland, am Firth of Forth, 21 700 Ew.; die Erdölraffinerie ist durch Pipelines mit dem Tiefwasserhafen Finnart (W-Schottland) und mit dem Nordsee-Erdölfeld Forties verbunden; petrochem. Industrie.

Granger [ˈgreɪndʒə], **1)** Clive W. J., brit. Ökonometriker, *Swansea 4. 9. 1934; Prof. an der University of California, San Diego (1974–2003); beschäftigt sich u. a. mit dem Problem nicht stationärer Zeitreihen und entdeckte das Phänomen der Kointegration. Erhielt 2003 zus. mit R. F. Engle den Nobelpreis für Wirtschaftswiss.en für neue Methoden zur Analyse ökonom. Zeitreihen mit gemeinsam veränderl. Trends (Kointegration).

2) Stewart, eigtl. James L. Stewart, engl. Filmschauspieler, *London 6. 5. 1913, † Santa Monica (Calif.) 16. 8. 1991; spielte zunächst Liebhaberrollen, dann v. a. in amerikan. Abenteuerfilmen.

Grängesberg [grɛŋəsˈbærj], Ort in Mittelschweden, südlich von Borlänge, 5 600 Ew.; ehem. bed. Eisenerzabbau.

Granikos *der*, antiker Name des Flusses Kocabaş (108 km lang) in Nordwest-Anatolien, Türkei, der in den Golf von Erdek ins Marmarameer mündet. – Am G. siegte Alexander d. Gr. 334 v. Chr. über die Perser.

Granin, Daniil Alexandrowitsch, eigtl. D. A. German, russ. Schriftsteller, *Wolyn (Gebiet Kursk) 1. 1. 1919; Ingenieur, seine Prosa war, behandelt in konfliktreichen Romanen wie »Bahnbrecher« (1955), »Zähmung des Himmels« (auch u. d. T. »Dem Gewitter entgegen«, 1962) und »Sie nannten ihn Ur« (auch u. d. T. »Der Genetiker. Das Leben des Nikolai Timofejew-Ressowski«, 1987) Themen aus Arbeit und Leben von Wissenschaftlern und Technikern. Gemeinsam mit A. M. Adamowitsch verfasste er das Zeitdokument über die Belagerung Leningrads »Das Blockadebuch« (1979–94).

Weitere Werke: Romane: Das Gemälde (1980); Unser werter Roman Awdejewitsch (1990); Peter der Große (2000).

Granit [italien., zu lat. granum »Korn«] *der*, weitest verbreitete Gruppe der Tiefengesteine. Mineralbestand: v. a. Feldspat, Quarz und meist dunkle Minerale wie Glimmer, Hornblende, Pyroxen; mittelbis grobkörnig, meist massig. Die wichtigsten Ganggesteine granit. Schmelzen sind Apatit, G.-Porphyr und Pegmatit. Verwendet wird G. zu Rand- und Pflastersteinen, poliert u. a. zu Fassadenverkleidungen.

Granit, Ragnar Arthur, finnisch-schwedischer Physiologe, *Helsinki 30. 10. 1900, † Stockholm 12. 3. 1991; untersuchte die mit dem Sehvorgang verbundenen physiologisch-chem. Vorgänge und erhielt dafür 1967 mit H. K. Hartline und G. Wald den Nobelpreis für Physiologie oder Medizin.

Granitisation (Granitisierung), Bildung granit. Gesteine durch Umwandlung vorhandener Gesteinsmassen: durch Alkalimetasomatose (↑Metasomatose) oder durch ↑Palingenese und erneute Auskristallisation, selten durch Kristallisationsdifferenziation.

Granne, Borste an Blättchen (Spelzen) der Grasblüten, z. B. bei Gerste, Roggen.

Grannenhaare (Haupthaare, Stichelhaare, Konturhaare), zum Deckhaar zählende, über die Wollhaare hinausragende, steife, unterhalb ihrer Spitze verdickte Haare des Fells von Säugetieren.

Grannenhafer (Trisetum), Grasgattung mit knieförmigen Grannen an den Ährchen; der **Goldhafer** (Trisetum flavescens) mit grünen, später goldgelben Ährchen wächst häufig auf Gebirgswiesen.

Granodiorit, klein- bis grobkörniges saures (kieselsäurereiches) Tiefengestein mit den Hauptbestandteilen Feldspat (bes. Plagioklas), Quarz, Hornblende und Biotit; etwas dunkler als Granit.

Gran Paradiso, Gipfel der Gran-Paradiso-Gruppe in den Grajischen Alpen, Italien, 4 061 m ü. M.; Nationalpark G. P. (Steinböcke und Gämsen), 600 km^2, davon 40 km^2 vergletschert.

Gran Sasso d'Italia, Bergstock in den Abruzzen, Italien; der Corno Grande (2 914 m ü. M.) ist die höchste Erhebung der Apenninenhalbinsel, mit dem einzigen Apenningletscher (0,06 km^2). Im Gran-Sasso-Massiv befindet sich das **Gallium Neutrino Observatory** (↑GALLEX) zum Nachweis solarer Neutrinos.

Gransee, Stadt im Landkreis Oberhavel, Brandenburg, 6 600 Ew.; Ziegelei. – Denkmalgeschützter Altstadtkern: Stadtmauer

(14./15. Jh.) mit Ruppiner Tor und Pulverturm, Pfarrkirche St. Marien (v. a. 14.–16. Jh.), Reste des ehem. Franziskanerklosters (Ende 13. Jh.); Spitalkapelle St. Spiritus (Anfang 14. Jh.). – Das vor 1250 gegr. G. erhielt 1262 Stadtrecht; war bis 1993 Kreisstadt.

Grant, 1) [grænt], Cary, eigtl. Archibald Alexander Leach, amerikan. Filmschauspieler brit. Herkunft, *Bristol 18. 1. 1904, †Davenport (Io.) 29. 11. 1986; Hauptrollen u. a. in »Arsen und Spitzenhäubchen« (1944), »Der unsichtbare Dritte« (1959), »Charade« (1962).
2) [grɑːnt], Hugh, brit. Filmschauspieler, *London 9. 9. 1960; spielt seit den 1980er-Jahren Rollen in Filmen, v. a. über gestörte Beziehungen, z. B. in »Vier Hochzeiten und ein Todesfall« (1994).
Weitere Filme: »Maurice« (1987); »Was vom Tage übrigblieb« (1993); »Neun Monate« (1995); »Notting Hill« (1999).
3) [grænt], Ulysses Simpson, 18. Präs. der USA (1869–77), *Point Pleasant (Oh.) 27. 4. 1822, †Mount MacGregor (bei Schuylerville, N. Y.) 23. 7. 1885; führender General der Union im Sezessionskrieg, seit 1864 Oberbefehlshaber der Unionstruppen in Virginia; nahm dort am 9. 4. 1865 die Kapitulation der konföderierten Truppen unter General R. E. Lee entgegen; 1867/68 Kriegsminister.

Ulysses S. Grant

Granth [Sanskrit grantha »Buch«] *der* (Adigrantha), das hl. Buch der Sikhs (1704 kanonisiert). Der G. umfasst fast 6 000 Hymnen versch. Verfasser (v. a. der Gurus, der ersten religiösen Führer der Sikhs). Abschriften werden in den Tempeln der Sikhs kultisch verehrt; das Original verbrannte 1984 bei den blutigen Unruhen in Amritsar.

Granula [zu lat. granum »Korn«] *Pl., Zy-*tologie: körnchenartige Strukturen oder Einlagerungen im Zellplasma.

Granulat [lat.] *das,* rieselfähiges, in Kornform und -größe gleichmäßiges, feines Korngemenge; Aufbereitungsform für Arznei-, Düngemittel, Kunststoffe.

Granulation [lat. granum »Korn«] *die,*
1) *Astronomie:* die feinkörnige veränderl. Struktur der Sonnenoberfläche, bestehend aus den hellen **Granulen** von rd. 1 000 km Durchmesser und den dunkleren intergranulären Zwischenräumen.
2) *Goldschmiedekunst:* eine dem Filigran verwandte Technik, bei der Schmuckgegenstände durch aufgelötete Goldkügelchen verziert werden; im Altertum u. a. im Vorderen Orient, in der minoischen Kultur auf Kreta sowie von den Ägyptern und Etruskern angewendet; erlangte im MA. und im 19. Jh. erneut Bedeutung.
3) *Medizin:* 1) Bildung von ↑Granulationsgewebe; 2) Bez. für Fleischwärzchen, zottenförmige Ausstülpungen.

Granulationsgewebe, *Medizin:* junges, gefäßreiches Bindegewebe, das Gewebedefekte (Wunden) ausfüllt, Fremdkörper und Zerfallsherde abkapselt und später in Narbengewebe übergeht.

Granulit [lat.] *der,* helles, metamorphes Gestein mit schiefrig-plattigem Gefüge, feinkörnig; Mineralbestand: Kalifeldspat, Plagioklas, Quarz, Granat, Disthen, Rutil, Erzminerale, kaum Biotit.

Granulom [lat.] *das* (Granulationsgeschwulst), aus Granulationsgewebe durch überschießendes Wachstum hervorgegangene, knötchenförmige Neubildung, die v. a. durch Fremdkörper oder durch Erreger mancher Infektionskrankheiten (z. B. Lepra) hervorgerufen wird **(Fremdkörper-G., entzündl. G.).** G. bilden sich auch im Kieferbereich, am häufigsten an den Wurzelspitzen marktoter Zähne als »Abwehrgewebe« bei chron. Entzündungen.

Granulometrie [lat.-grch.] *die,* Korngrößenmessung von Gesteinen und Böden mithilfe von Sichtung, Siebung, Sedimentation.

Granulosazellen, Epithelzellen des Graaf-Follikels; sie bilden den Eihügel und kleiden die Follikelhöhle aus.

Granulozyten [lat.-grch.], Gruppe weißer Blutkörperchen, ↑Blut.

Granville [grãˈvil], Hafenstadt und Seebad im Département Manche, Frankreich, an der W-Küste der Halbinsel Cotentin, 12 400 Ew. Die befestigte Oberstadt liegt auf einem 40 m hohen Felssporn.

Granville-Barker [ˈgrænvɪlˈbɑːkə], Harley, engl. Schauspieler, Regisseur und Schriftsteller, *London 25. 11. 1877, †Paris 31. 8. 1946; übte mit seinen Ibsen-, Shaw- und v. a. Shakespeare-Inszenierungen eine große Wirkung auf die moderne Bühnenkunst aus; schrieb »Prefaces to Shakespeare« (5 Bde., 1946–47).

Grapefruit [ˈgreɪpfruːt, engl.] *die* (Grapefruitbaum, Citrus paradisi), fälschlich auch als Pampelmuse bezeichnete Art der Zitrusgewächse; hohe, kräftige Bäume mit weißen Blüten. Die gelben, kugeligen Früchte, die das bittere Glykosid Naringin enthalten, sind reich an Vitamin C und B_1; sie werden als Obst und für Fruchtsäfte verwendet. Neuere Sorten haben ein rosafarbenes oder rötl. Fruchtfleisch (sind weniger bitter) und ebenso gefärbte Schalen. Haupterzeugerländer sind die USA (Florida) und Israel.

Graph [grch.], **1)** *der, Mathematik:* 1) graf. Darstellung von Relationen, bes. von ↑Funktionen, in Form von Punktmengen, bei denen bestimmte Punktpaare durch Kurven verbunden sind; 2) In der *Graphentheorie*, einem Teilgebiet der Kombinatorik, ist G. ein topolog. Begriff, bei dem eine Menge von Punkten **(Ecken, Knoten)** durch gerichtete oder ungerichtete Linien **(Kanten)** verbunden wird.
2) *das, Sprachwissenschaft:* Schriftzeichen, kleinste (nicht bedeutungsunterscheidende) Einheit in schriftl. Äußerungen (z. B. der Buchstabe D als Majuskel oder Minuskel).

graph..., (...graph, ...graphie, grapho...) [zu grch. gráphein »schreiben«], Wortbildungselement in der Bedeutung Schrift, Schreiben u. Ä., z. B. Tomographie, Graphologie.

Graphem [grch.] *das, Sprachwissenschaft:* kleinste bedeutungsunterscheidende Einheit in einem System von Schriftzeichen zur Darstellung von Phonemen (↑Phonem); so wird z. B. das Phonem [aː] in »Wahl« durch die G. »a« und »h« dargestellt.

Graphit [grch.] *der*, in hexagonalen Tafeln kristallisierender reiner Kohlenstoff, schwarz bis grau, fast metallisch glänzend, sehr weich und gleitfähig. Härte nach Mohs 1, Dichte 2,26 g/cm³. Das Kristallgitter ist ein Schichtgitter, das aus übereinander liegenden Schichten von Sechserringen besteht, die sich relativ leicht gegeneinander verschieben lassen (daher »fettiges Anfühlen«, Verwendung als Schmiermittel). In den Ringen sind die Kohlenstoffatome durch Sigma- und Pibindungen verbunden. Die daran beteiligten Elektronen haben eine gewisse Beweglichkeit und bewirken die gute elektr. und Wärmeleitfähigkeit in Schichtrichtung. G. wird an Luft oberhalb von 500–600 °C langsam oxidiert. G. entsteht durch Metamorphose bituminöser und/oder kohliger Ablagerungen und aus metamorph abgespaltener Kohlensäure. Vorkommen in Pegmatiten und Lagern sowie in kristallinen Schiefern, Gneisen und Marmoren. G. wird technisch im elektr. Ofen erzeugt. Er dient u. a. zur Herstellung von Bleistifteinlagen und Elektroden, als Schmiermittel sowie als Moderator in Kernreaktoren. – Durch sehr hohe Drücke und Temperaturen gelingt es, Diamanten in speziellen Apparaturen aus G. herzustellen.

Graphologie [grch.] *die* (Schriftpsychologie), die Kunst der Handschriftendeutung. Sie sucht aus Merkmalen der Handschrift Rückschlüsse auf die Persönlichkeit des Schreibers zu ziehen. Viele Psychologen weisen darauf hin, dass sich Schriftmerkmale wiss. kaum präzis erfassen lassen und dass es an empir. Untersuchungen über den Zusammenhang von Schriftmerkmalen und Persönlichkeitseigenschaften mangelt. Die G. wird heute im Wesentlichen zum Nachweis von Handschriftenfälschungen eingesetzt.

Graphothek [Kw.] *die* (Grafothek), eine durch einen alphabet. Künstler- sowie durch einen Motivkatalog erschlossene Sammlung graf. Blätter (Originalgrafik oder Reproduktionen), meist Teil einer öffentl. Bibliothek oder eines Museums.

Grappa [italien., zu älter grappo »Traube«] *die,* italien. Branntwein aus Traubentrester.

Graptolithen [grch.], Klasse koloniebildender Meerestiere des Erdaltertums. Die 1–3 mm großen G. erscheinen als Fossilien häufig schriftähnlich oder sägeblattartig auf Gestein, bes. in dunklen Schiefern; Leitfossilien.

Gras, ↑Gräser.

Grasbaum (Xanthorrhoea), Gattung einkeimblättriger Pflanzen, mit 12 Arten in

Australien und auf Tasmanien vertreten; Schopfbäume mit bis über 1 m langen, grasartigen Blättern.

Gräser, 1) (Süßgräser, Gramineen, Gramineae, Poaceae), weltweit verbreitete Familie der Einkeimblättrigen mit rd. 8 000 Arten (in Dtl. über 200 Arten) in rd. 700 Gattungen; krautige, einjährige oder ausdauernde Pflanzen; Halme in Knoten und Internodien gegliedert; Blätter schmal, spitz, parallelnervig. Die windbestäubten, i. Allg. zwittrigen Blüten sind in Ährchen angeordnet, von trockenhäutigen Hochblättern (Spelzen) umgeben und zu Gesamtblütenständen (Ähren, Rispen, Trauben) zusammengefasst. Die Grasfrucht (Karyopse) ist stärkereich. – Die Süß-G. sind in Savannen, Steppen, Wiesen u. a. Formationen bestandbildend und als Nutzpflanzen für die Viehhaltung (Futter-G.) sowie als Getreide von größter Bedeutung. **2)** (Sauer-G.), die ↑Riedgräser.

Gras|eulen, Sammelbez. für Eulenschmetterlinge, deren Raupen von Gräsern leben; z. T. schädlich.

Grashof, Franz, Ingenieur, * Düsseldorf 11. 7. 1826, † Karlsruhe 26. 10. 1893; Mitbegründer des wiss. Maschinenbaus in Dtl. und des VDI (Verein Deutscher Ingenieure). – Die **G.-Gedenkmünze** wird jährlich vom VDI an verdiente Vertreter der wiss. Technik verliehen.

Grashüpfer, volkstüml. Bez. für die ↑Heuschrecken.

Graslili|e (Anthericum), Gattung der Liliengewächse mit rd. 100, meist südafrikan. Arten; ausdauernde Kräuter mit grasähnl. Blättern, blattlosem Stängel und weißen, endständigen Blütentrauben; heimisch sind die **Ästige G.** (Anthericum ramosum), Kalk liebend, sowie die geschützte **Astlose G.** (Anthericum liliago).

Grasmücken (Sylvia), Singvogelgattung in den gemäßigten Zonen Europas, Asiens und N-Afrikas. Überwiegend unscheinbar gefärbte Vögel von 8–30 cm Länge. Die meisten Arten leben in dichtem Gebüsch; z. B. in Laubwäldern die **Mönchs-G.** (Sylvia atricapilla) und **Garten-G.** (Sylvia borin), in Feldgehölzen mit reichlich Unterwuchs die **Klapper-G.** (Sylvia curruca), in Gestrüpp die bis 14 cm große **Dorn-G.** (Sylvia communis).

Grasnelke (Armeria), Pflanzengattung der Familie Bleiwurzgewächse; kleinstaudig, mit meist gras- oder nelkenähnl. Blättern. Auf trockenen Standorten wächst die **Gemeine G.** (Armeria maritima) mit blassroten kopfigen Blütenständen.

Graslilie: Ästige Graslilie (Höhe bis 80 cm)

Grass [engl. »Gras«] *das,* umgangssprachl. verhüllende Bez. für ↑Haschisch.

Grass, Günter, Schriftsteller und Grafiker, * Danzig 16. 10. 1927; Sohn dt.-poln. Eltern; studierte Bildhauerei, lebt seit 1953 meist in Berlin. Literar. Ruhm brachte ihm bereits 1959 der Roman »Die Blechtrommel«; hier wie in »Hundejahre« (R., 1963) und der Novelle »Katz und Maus« (1961; später zus. als »Danziger Trilogie« bezeichnet) sowie in anderer Erzählprosa (»Das Treffen in Telgte«, 1979; »Kopfgeburten oder Die Deutschen sterben aus«,

Günter Grass

1980; »Aus dem Tagebuch einer Schnecke«, 1972) verbinden sich detailreicher Realismus, skurrile Fantasie und scharfe Zeitsatire. Seine frühen Dramen gehören dem absurden Theater an, das Stück »Die Plebejer proben den Aufstand« (1966)

setzt sich mit B. Brechts Haltung während des Arbeiteraufstands am 17. 6. 1953 auseinander. Der Roman »Der Butt« (1977) bietet mit ausgreifender Fantasie Weltchronik aus der »Küchenperspektive«. Längere Zeit arbeitete G. fast ausschl. als Grafiker (»Zeichnen und schreiben«, hg. von A. Dreher, 2 Bde., 1982–84; »Totes Holz«, 1990). In dem Roman »Die Rättin« (1986), in dem G. Motive früherer Werke wieder aufgreift, steigert sich die Zeitkritik zur Endzeitstimmung. Die Erzählung »Unkenrufe« (1992) nähert sich erstmals dem Thema des polit. Umbruchs von 1989/90, es wird episch ausgeweitet in dem Roman »Ein weites Feld« (1995), der mit neuem erzähler. Ansatz, gespiegelt in der Gestalt T. Fontanes, umfassende Reflexionen über anderthalb Jh. dt. Geschichte bietet; auch die Novelle »Im Krebsgang« (2002) verknüpft die dt. Gegenwart kunstvoll mit der Vergangenheit. Eine persönlich gehaltene histor. Bilanz ist »Mein Jahrhundert« (1999). G. veröffentlichte auch ein umfangreiches essayist. Werk (»Widerstand lernen. Polit. Gegenreden 1980–1983«, 1984; »Schreiben nach Auschwitz. Frankfurter Poetik-Vorlesung«, 1990) und Lyrik (»Novemberland«, 1993). Der vielfach ausgezeichnete Autor, der selbst 1978 den »Alfred-Döblin-Preis« stiftete, erhielt 1965 den Georg-Büchner-Preis und 1999 den Nobelpreis für Literatur.
📖 *Brandes, U.:* G. G. Berlin 1998. – *Reich-Ranicki, M.:* G. G. Zürich 1998. – *Vormweg, H.:* G. G. Neuausg. Reinbek 2002. – *Jürgs, M.:* Bürger G. München 2002.

Grassboarding [ˈgrɑːsbɔːdɪŋ, engl.] *das* (All-Terrain-Boarding), *Trendsport:* das Surfen über Wiesen, Waldwege, Asphalt oder Schotter mit einem »Grassboard«, einer Kombination aus Snowboard, Roller und Skateboard.

Grasse [gras], Stadt im frz. Dép. Alpes-Maritimes, 333 m ü. M., 41 300 Ew.; ein Weltzentrum der Parfümherstellung, mit Blumenkulturen; Luftkurort. – Maler. Stadtbild, mit got. Kathedrale, ehem. Bischofspalast (beide 12./13. Jh. [1244–1790 Bischofssitz], heute Rathaus), Fragonard-Museum. (Kunst der östl. Provence, Werke von J. H. Fragonard).

Grasser, Erasmus, Bildhauer und Baumeister, * Schmidmühlen (Kr. Amberg-Sulzbach) um 1450, † München zw. 8. 4. und 1. 6. 1518; schuf 1480 für den Tanzsaal des Alten Münchner Rathauses 16 »Moriskentänzer« (10 erhalten; München, Stadtmuseum), farbig gefasste Holzfiguren in grotesk-tänzer. Bewegungen.

Grassi, 1) Anton, österr. Porzellanmodelleur, * Wien 26. 6. 1755, † ebd. 31. 12. 1807; Modellmeister der Wiener Manufaktur, war mit seinen frühen Porzellangruppen im Stil des Rokoko richtungweisend für das Wiener Porzellan gegen Ende des 18. Jahrhunderts.

2) Ernesto, italien. Philosoph, * Mailand 2. 5. 1902, † München 22. 12. 1991; zuletzt Prof. in München; arbeitete v. a. zur Philosophie der Antike, der Renaissance und des italien. Humanismus (»Die Macht der Phantasie. Zur Gesch. des abendländ. Denkens«, 1979), die er, beeinflusst von der Existenzphilosophie, für die Gegenwart nutzbar zu machen suchte.

3) Giorgio, italien. Architekt, * Mailand 27. 10. 1935; Vertreter der rationalen Architektur, lieferte u. a. Entwürfe für das Studentenwohnheim in Chieti (1976–84) und für ein Museum für dt. Geschichte in Berlin (1984) im Prinz-Albrecht-Palais; baute 1992 die Stadtbibliothek in Groningen.

4) Paolo, italien. Theaterleiter, Regisseur, Kritiker, * Mailand 30. 10. 1919, † London 14. 3. 1981; gründete 1947 mit G. Strehler das »Piccolo Teatro« in Mailand; 1977–80 Präs. der staatl. italien. Rundfunkgesellschaft RAI.

Gras|ski, Wettbewerb mit Kurzskiern, an deren Lauffläche Rollelemente angebracht sind; wird auf abfallenden Wiesen in den alpinen Disziplinen ausgetragen.

Graßmann, Hermann Günther, Mathematiker, Physiker und Sprachforscher, * Stettin 15. 4. 1809, † ebd. 26. 9. 1877; legte die Grundlagen zur modernen Vektor- und Tensorrechnung, befasste sich mit Optik, bes. der Farbenlehre, sowie mit vergleichenden Sprachforschungen.

Grat, 1) *Fertigungstechnik:* dünner, scharfer Rand an einem Werkstück, der bei der Formgebung (Gießen, Stanzen u. a.) entsteht und durch Abschleifen (Entgraten) beseitigt wird.

2) *Geomorphologie:* ausgeprägt scharfe Kammlinie eines Berges oder Gebirges.

Gräte, dünne stabförmige Verknöcherung des Bindegewebes zw. den Muskelsegmenten der Knochenfische.

Gratian, eigtl. Flavius Gratianus, röm.

Kaiser (367–383), *Sirmium (heute Sremska Mitrovica, Serbien) 18. 4. 359, † (ermordet) Lugdunum (heute Lyon) 25. 8. 383, Sohn Valentinians I.; 367 Augustus und Mitkaiser, seit 375 Nachfolger seines Vaters im Westreich. Unter dem Einfluss des Bischofs Ambrosius von Mailand wandte er sich dem Christentum zu und legte den Titel eines Pontifex maximus ab. Er förderte die Anhänger des Nicän. Glaubensbekenntnisses. 383 ließ ihn die Armee im Kampf gegen den Usurpator Maximus im Stich.

Gratian (Gratianus), italien. Theologe und Kanonist, *Ende des 11. Jh., † Bologna vor 1160; stellte um 1140 eine kommentierte Sammlung von Texten zum Kirchenrecht zusammen (»Decretum Gratiani«); er wurde damit zum »Vater der Kanonistik«.

Gratifikation [lat. »Gefälligkeit«] *die,* Sonderzuwendung, die dem Arbeitnehmer vom Arbeitgeber neben der eigtl. Arbeitsvergütung (Lohn, Gehalt) aus bestimmten Anlässen gewährt wird (Weihnachten, Firmenjubiläum). G. gelten nicht als Schenkung, sondern als Abgeltung erbrachter Arbeitsleistung. Auf den Erhalt von G. besteht grundsätzlich kein Rechtsanspruch, jedoch werden Anspruchsvoraussetzungen zunehmend in Tarifverträgen und Betriebsvereinbarungen geregelt; sie können auch arbeitsvertragl. Vereinbarung oder betriebl. Übung sein.

gratinieren [frz.], mit Paniermehl oder Käse bestreute Gerichte überbacken, sodass eine Kruste entsteht.

Gratisaktien (Berichtigungsaktien, Zusatzaktien), von einer AG neu ausgegebene Aktien, die den Besitzern alter Aktien im Verhältnis ihrer Anteile am bisherigen Grundkapital ohne direkte Gegenleistung zugeteilt werden, z. B. zu drei alten eine neue Aktie. G. werden aus freien Rücklagen oder dem Reingewinn ausgegeben. Die Ausgabe von G. zulasten des Jahresgewinns (»Stockdividende«) gilt i. d. R. als einkommensteuerpflichtige Gewinnausschüttung. Der Erwerb von G., die gemäß §§ 207 ff. Aktien-Ges. ausgegeben werden (Kapitalerhöhung aus Gesellschaftsmitteln), ist nicht steuerpflichtig. In diesem Fall werden offen ausgewiesene Kapital- und Gewinnrücklagen in Grundkapital umgewandelt. G. werden insofern nicht »umsonst« ausgegeben, als die Verringe-rung der Rücklagen zu einem Rückgang des Kurswertes der Altaktien und damit zumindest rechnerisch zum Vermögensverlust für die Aktionäre führt.

Gratiszeitung, kostenlos verteilte, sich nur über Werbeanzeigen finanzierende, werktäglich erscheinende Zeitung mit knappen, aktuellen Texten, die im Unterschied zum Anzeigenblatt einen vollständigen redaktionellen Teil (mit überregionaler Politik, Sport, Lokalem, Serviceangeboten und z. T. Kultur) enthält und sich im Layout kostenpflichtigen Zeitungen annähert; verbreitet seit Mitte der 1990er-Jahre.

Grattage [graˈtaːʒə, frz.] *die,* von Max Ernst entwickelte Maltechnik, bei der die mit Farbschichten bedeckte Leinwand auf einen grob strukturierten Gegenstand gelegt und dann an den Stellen abgekratzt wird, an denen sich Strukturteile abzeichnen.

Grau [ahd. grao, eigtl. »schimmernd«, »strahlend«], jede unbunte (d. h. keinen Farbton besitzende) Körperfarbe, die zw. Weiß und Schwarz steht und sich durch opt. Mischung aus beiden erzeugen lässt.

Graubner, Gotthard, Maler, Grafiker, *Erlbach (Vogtlandkreis) 13. 6. 1930; sucht in seiner Malerei auf Leinwand, die oft kissen- oder sackartige Formen umspannt (wattierte Leinwände), die Licht- und Raumqualität der Farbe zu »Farbräumen« oder »Farbraumkörpern« zu verdichten; schuf auch Environments.

Graubuch, ein Farbbuch, ↑ Farbbücher.

Graubünden (Bünden, italien. Grigioni, frz. Les Grisons, bündnerroman. Grischun), mit 7 105 km² der größte Kanton der Schweiz, (2000) 186 700 Ew.; Hptst. Chur. G. ist durchweg Gebirgsland. Der N-Rand gehört den Glarner Alpen an, der W der Gotthard- und der Adulagruppe, Zentrum und O bilden die Rät. Alpen (mit u. a. Albulaalpen, Bernina und Silvretta). Die Haupttäler sind das Vorderrheintal und das Engadin, das durch den Malojapass mit dem Bergell, durch den Berninapass mit dem Puschlav verbunden ist. Die Bev. umfasst drei Volksgruppen: Deutschbündner (65 %), z. T. auf Einwanderung von Wallisern (Walser) zurückgehend (z. T. in Sprachinseln); ↑ Rätoromanen (17 %), im Vorderrheintal mit Disentis als Kulturmittelpunkt, im Albulatal (mit Oberhalbstein) und im Engadin; Italienischbündner (11 %) in den südl. Tälern. Ihre drei Sprachen sind

13

GRA Grauburgunder

in G. gleichberechtigt. – Neben Landwirtschaft und industriellem Sektor überwiegt heute der Dienstleistungsbereich. Haupterwerbsquellen sind Fremdenverkehr und Viehzucht (Almwirtschaft, auf 25% der Kantonsfläche); Holz-, Papier-, Zement-, Metall-, chem. und Lebensmittelind., Baugewerbe; mit 70 Wasserkraftwerken wichtiger Energielieferant. G. ist reich an Heilquellen (Sankt Moritz, Scuol, Tarasp-Vulpera u. a.); größte heilklimat. Kurorte sind Davos und Arosa. Die Haupttäler sind durch Pässe (u. a. Julier, Flüela, Albula und San Bernardino) sowie durch die Rhät. Bahn (Streckennetz 375 km, seit 1999 um den 19 km langen Vereinatunnel zw. Klosters und Susch erweitert) verbunden.

Graubünden: Das 1240 m hoch gelegene Müstair mit dem Benediktinerinnenkloster St. Johann (gegründet um 780/790; UNESCO-Weltkulturerbe) ist der größte Ort im Münstertal.

Verfassung: Nach der am 18. 5. 2003 durch Referendum gebilligten Verf. liegt die Legislative beim Volk und beim Großen Rat (120 Abg., für 3 Jahre gewählt) und die Exekutive bei der Reg. (5 Mitgl., auf 4 Jahre direkt gewählt). Verf.-Änderungen, Gesetze, Staatsverträge sowie gewisse Ausgabenbeschlüsse unterliegen dem obligator. Referendum.

Geschichte: Das von Rätern bewohnte Gebiet wurde 15 v. Chr. von den Römern unterworfen und Teil der röm. Provinz Raetia Prima; es kam 536 n. Chr. zum Fränk., 843 zum Ostfränk. Reich und war später Teil des Hl. Röm. Reiches, behielt aber unter dem Bischof von Chur (deshalb früher auch »Churrätien« gen.) und dem Abt von Disentis eine gewisse Unabhängigkeit. 1367 entstand gegen die Bedrohung durch die Herzöge von Österreich der Gotteshausbund, 1395 der Obere und Graue Bund, 1436 der Zehngerichtebund; die beiden Ersten verbanden sich 1497/98 mit sieben von den acht alten Orten der Eidgenossenschaft. 1512–1797 gehörten die Landschaften Bormio, Veltlin und Chiavenna zum Herrschaftsgebiet G.s. Die Reformation fand schon 1523 in G. Eingang. 1524 schlossen sich die Drei Bünde staatsrechtlich zusammen. Im Dreißigjährigen Krieg suchten Österreich und Spanien die Bündner Pässe gegen Venedig und Frankreich zu behaupten. In G. befehdeten sich die prohabsburg. Partei unter Führung der Familie Planta und die profrz. unter Führung der Salis (»Bündner Wirren«, 1603-35/37). G.↑Jenatsch konnte G. 1637 von frz. Besatzung befreien, auch gelang es 1649–52, alle Rechte Österreichs v. a. am Zehngerichtebund abzulösen. 1798 wurde G. als Kt. Rätien mit der Helvet. Rep. vereinigt und 1803 (Mediationsakte) 15. Kt. der Eidgenossenschaft.

📖 *Metz, P.: Gesch. des Kantons G., 3 Bde. Chur 1989–93. – Zeller, W.: Kunst u. Kultur in G. Illustrierter Führer, hg. v. A. Schneider. Bern u. a. ³1993.*

Grauburgunder (Grauer Burgunder, Ruländer, frz. Pinot gris), anspruchsvolle Rebe, Mutation des Spätburgunders mit hellen und dunklen Beeren; liefert goldfarbene, kräftige und extraktreiche Weine.

Graudenz, Stadt in Polen, ↑Grudziądz.

graue Eminenz, erstmals für den engsten Vertrauten und Berater Richelieus gebrauchte Bez. für eine im Hintergrund wirkende, einflussreiche polit. Persönlichkeit.

grauer Markt, i. e. S. Absatzweg, bei dem Güter direkt beim Hersteller oder Großhändler unter Ausschaltung des Einzelhandels gekauft werden; i. w. S. unregulierter Handel mit Waren und Dienstleistungen außerhalb des organisierten Marktes.

grauer Star, Trübung der Augenlinse, ↑Katarakt.

graue Substanz, Teile des Gehirns und Rückenmarks, die vorwiegend Nervenzellen enthalten. Im Rückenmark innen liegend (außen ↑weiße Substanz), im Gehirn an der Oberfläche als Hirnrinde, im Inneren als Kerngebiet (Nucleus) bezeichnet.

Graufäule (Grauschimmel), durch den Pilz Botrytis cinerea verursachte Fäulnis mit grauem Schimmelrasen, bes. an Erdbeeren und halbreifen Trauben; erzeugt an ausgereiften Trauben die ↑Edelfäule.

Graufilter *das,* ↑Neutralfilter.

Grauguss, ↑Gießverfahren.

Grauhaie, zwei Familien der ↑Haie.

Grauhörnchen (Sciurus carolinensis), dem Eichhörnchen ähnliche nordamerikan. Nagetierart; grau, ohne Ohrpinsel.

Graukeil, *Optik:* Vorrichtung zum definierten stetigen (meist logarithm.) Abschwächen der Intensität einer Lichtstrahlung. Der G. besteht aus zwei gegeneinander verschiebbaren, sich zu einer planparallelen Platte ergänzenden Glaskeilen, von denen der eine aus Grauglas besteht; für densitometr. Messungen an fotograf. Materialien in Form von transparenten Kopiervorlagen mit kontinuierlich oder stufenweise (Stufenkeil) zunehmenden Graudichten.

Graun, 1) Carl Heinrich, Komponist, *Wahrenbrück (bei Elsterwerda) zw. 9. 8. 1703 und 8. 8. 1704, †Berlin 8. 8. 1759, Bruder von 2); seit 1740 Hofkapellmeister Friedrichs d. Gr. in Berlin, richtete dort die Oper ein; schuf Opern, Kirchenwerke (Passionsoratorium »Der Tod Jesu«, 1755), Konzerte und Kammermusik.

2) Johann Gottlieb, Violinist und Komponist, *Wahrenbrück (bei Elsterwerda) zw. 28. 10. 1702 und 27. 10. 1703, †Berlin 27. 10. 1771, Bruder von 1); seit 1732 Konzertmeister des späteren Friedrich d. Gr., gehört zu den hervorragendsten Instrumentalkomponisten der norddt. Schule; schrieb Sinfonien, Ouvertüren, Konzerte, Triosonaten, Concerti grossi.

Graupapagei (Jako, Psittacus erithacus), bis 40 cm langer Papagei des trop. Afrikas; Gefieder grau mit rotem Schwanz; sprechfähig.

Graupeln, aus Wolken fallender fester Niederschlag; besteht aus meist runden, in der Regel halbdurchsichtigen oder undurchsichtigen Körnern zusammengeballter Schneekristalle oder aus gefrorenen Regentropfen.

Graupen, enthülste, oft zerkleinerte Gersten- oder Weizenkörner.

Graupapagei

Graupner, Christoph, Komponist, *Kirchberg (bei Zwickau) 13. 1. 1683, †Darmstadt 10. 5. 1760; 1709–60 Hofkapellmeister in Darmstadt, schuf Kirchenkantaten, Orchesterwerke, Klaviersuiten, Opern.

Grauschimmel, ↑Graufäule.

Grauspießglanz, der ↑Antimonit.

Grauwacke, grauer, grünlich oder bräunlich grauer Sandstein mit Tonmatrix, reich an Gesteinsbruchstücken.

Grauwale (Eschrichtiidae), Familie der Bartenwale mit dem nordpazif. **Grauwal** (Eschrichtius gibosus), bis 15 m lang, bis 37 t schwer; ohne Rückenfinne. Im Herbst wandert er bis zu 10 000 km weit nach Süden. – Abb. S. 16

Grauwerk, ↑Feh.

Gravamina [lat.] *Pl.,* Beschwerden; im 15./16. Jh. auf Reichstagen und Konzilien als »Gravamina nationis germanicae« vorgetragene Beschwerden der dt. Nation über kirchl. Missstände.

grave [italien. »schwer«], musikal. Tempo- und Vortragsbezeichnung: ernst, feierlich, gemessen.

Gravelotte [graˈvlɔt], Gemeinde in Loth-

GRA Gravenhage

ringen, 12 km westlich von Metz. – Die Schlachten von G. und Saint-Privat-la-Montagne (20 km nordwestlich von Metz) am 18. 8. 1870 führten zur Einschließung der frz. Armee in Metz (↑Deutsch-Französischer Krieg 1870/71).

mit seinen histor. Romanen (»Ich, Claudius, Kaiser und Gott«, 1934; »Nausikaa und ihre Freier«, 1955); schrieb auch autobiograf. Werke (»Strich drunter!«, 1929), Biografien, Kurzgeschichten sowie Beiträge zur Lit. und Mythologie.

Grauwale: Eschrichtius gibosus

Gravenhage, 's-G. [sxra:vən'ha:xə], amtl. Name für ↑Den Haag.
Graves [greɪvz], **1)** Michael, amerikan. Architekt und Designer, *Indianapolis (Ind.) 9. 7. 1934; gehört zu den Vätern postmoderner Architektur (u. a. »Team Disney Building« in Burbank, Calif., 1985–91; Erweiterungsbau für das Michael C. Carlos Museum der Univ. in Atlanta, Ga., 1993; Public Library in Denver, Colo., 1991–95).
2) Robert, eigtl. R. von Ranke-G., engl. Schriftsteller, *Wimbledon (heute zu London) 26. 7. 1895, †Deyá (heute Deià, auf Mallorca) 7. 12. 1985, Urenkel von L. von Ranke; begann mit formschöner experimenteller Lyrik. Größten Erfolg hatte er

Gravesend [greɪvz'end], Stadt in der engl. Cty. Kent, am südl. Ufer der Themse, 51 400 Ew.; Papier-, Zement-, Maschinen-, Gummiind.; Werften; Lotsenstation.
Gravettien [gravə'tjɛ̃] *das,* Kulturgruppe der jüngeren Altsteinzeit, benannt nach dem Abri La Gravette bei Bayac im frz. Dép. Dordogne. Kennzeichnend sind die »Gravettespitzen« (schmale, zugespitzte Feuersteinklingen mit abgestumpftem Rücken), Kerb- und Stielspitzen, ferner weibl. Statuetten aus Elfenbein oder Stein und Reliefdarstellungen.
Graveur [gra'vø:r, frz.] *der,* Ausbildungsberuf des Handwerks; die Tätigkeit umfasst die Verzierung metallener Oberflächen mit Ornamenten, Mustern, Schriftzü-

Michael Graves: Public Library in Denver (1991–95)

gen und Wappen sowie Gravierarbeiten an Druckplatten.

Gravidität [lat. gravis »schwer«] *die,* die ↑Schwangerschaft.

Gravieren [lat.-frz.], das Einritzen von Zeichnungen, Schriftzügen, Mustern, Verzierungen auf Gegenständen aus Metall, Glas, Stein u. a. mit Gravierwerkzeugen (v. a. Grabstichel, Graviernadel; bei Glas: Schleifrädchen) oder -maschinen. Die **Gravur** kann erhaben oder vertieft sein.

Gravimetrie [lat.] *die,* **1)** *Chemie:* (Gewichtsanalyse), quantitatives chem. Analyseverfahren. Aus der zu untersuchenden Substanz wird in einer Lösung durch Fällungsreaktion ein schwer lösl. Niederschlag gebildet, dessen Masse durch Wägung **(Auswaage)** bestimmt wird.
2) *Geophysik:* die Bestimmung der Schwerkraft bzw. Fallbeschleunigung durch Schweremessungen.

Gravina di Puglia [- 'puʎa], Stadt in Apulien, Prov. Bari, Italien, 41 400 Ew.; Kalksteinbrüche. – Dom (1092 gegr.), auf einem Hügel die Ruine eines Kastells Kaiser Friedrichs II., in der Nähe Wohnhöhlen und Höhlenkirchen (u. a. die fünfschiffige Kirche San Michele).

Gravis [lat.] *der,* Betonungszeichen für den »schweren« Ton [`, z. B. in voilà!], ↑Akzent.

Gravisphäre [lat.-grch.], Bereich in der Umgebung eines Himmelskörpers, in dem dessen Schwerkraft (↑Gravitation) diejenige von benachbarten Himmelskörpern überwiegt.

Gravitation [lat.] *die* (Massenanziehung), die Anziehung, die alle Massen aufeinander ausüben. Zwei Massenpunkte der Massen m_1 und m_2, die sich im Abstand r voneinander befinden, ziehen sich gemäß dem **newtonschen G.-Gesetz** mit einer G.-Kraft an, die in Richtung ihrer Verbindungslinien wirkt und für deren Betrag F gilt:

$$F = G \frac{m_1 m_2}{r^2}.$$

Der Proportionalitätsfaktor G, die **G.-Konstante,** ist eine Naturkonstante, $G \approx 6{,}672 \cdot 10^{-11}\,\mathrm{Nm^2 kg^{-2}}$; sie lässt sich z. B. mit einer Drehwaage experimentell bestimmen. Das G.-Gesetz gilt auch für ausgedehnte kugelsymmetr. Körper, wenn für r der Abstand der Massenmittelpunkte verwendet wird; dies ist v. a. für die Himmelsmechanik von Bedeutung. Die von der Erde (u. a. Himmelskörpern) ausgeübte ↑Schwerkraft ist ein Sonderfall der Gravitation. – Das G.-Gesetz wurde 1687 von I. Newton veröffentlicht, mit dessen Hilfe er u. a. die ↑keplerschen Gesetze der Planetenbewegung und den freien ↑Fall erklären konnte. Newton deutete die G. als Fernwirkung.

Der im 19. Jh. entwickelte Begriff des ↑Feldes erlaubte es jedoch, die G. auf das Vorhandensein von **G.-Feldern** zurückzuführen, die den Raum in der Umgebung eines Körpers erfüllen, in dem dieser auf andere Körper eine Anziehungskraft ausübt. Eine völlig neue Formulierung der G. entwickelte A. Einstein in seiner allgemeinen Relativitätstheorie (1916). Danach ist die G. weniger eine Eigenschaft der Materie als des Raum-Zeit-Kontinuums: Dieses ist in seinen geometr. (metr.) Eigenschaften keineswegs gleichförmig, sondern erfährt durch die Anwesenheit von Materie innere Strukturänderungen (Raumkrümmung). Aus den Feldgleichungen des hieraus resultierenden G.-Feldes, eines Tensorfeldes, ergibt sich das newtonsche G.-Gesetz als Näherungsgesetz für den Grenzfall schwacher G.-Felder sowie im Vergleich zur Lichtgeschwindigkeit kleiner Geschwindigkeiten.

Dem G.-Feld werden analog den Photonen im elektromagnet. Feld Feldquanten als Vermittler der Kraftwirkung zugeordnet, die **G.-Quanten** oder **Gravitonen,** deren experimenteller Nachweis bisher noch nicht gelungen ist. Die Darstellung aller ↑Wechselwirkungen einschl. der G. in einer einheitl. Theorie **(Quanten-G., Super-G.)** ist ein grundlegendes Ziel der modernen Physik.

📖 *Sexl, R. U. u. Urbantke, H. K.: G. u. Kosmologie. Eine Einführung in die allgemeine Relativitätstheorie. Heidelberg u. a. ⁵2002. – Schröder, U. E.: G. Einführung in die allgemeine Relativitätstheorie. Frankfurt am Main ²2002.*

Gravitationsaberration, die gravitative ↑Lichtablenkung.

Gravitationsdifferenziation, die gravitative Trennung zweier Schmelzen in einem Magma durch Absinken bereits gebildeter, spezifisch schwererer Kristalle in die verbleibende Schmelze während der Kristallisationsdifferenziation (↑Differenziation).

GRA Gravitationsinstabilität

Gravitationsinstabilität, *Astronomie:* ein Zustand, bei dem die Eigengravitation eines Körpers, z.B. einer interstellaren Wolke, größer ist als die nach außen gerichteten inneren Kräfte wie Zentrifugalkraft, Gas- und Magnetfelddruck, sodass der Körper kontrahiert.
Gravitationskollaps, die schnelle, praktisch im freien Fall erfolgende Kontraktion kosm. Materieansammlungen aufgrund der gegenseitigen Gravitationswirkungen ihrer Bestandteile, bes. der Zusammenfall massereicher Sterne am Ende ihrer ↑Sternentwicklung.
Gravitationskonstante (newtonsche G.), ↑Gravitation.
Gravitationslinse, *Astronomie:* massereiches Objekt, das durch seine Gravitationswirkung Licht einer entfernten Strahlungsquelle wie eine opt. Linse fokussieren und ihr Bild verzerren kann. Die als Folgerung der allgemeinen Relativitätstheorie auftretende gravitative ↑Lichtablenkung wurde durch die 1979 entdeckten Quasarzwillinge, zwei scheinbar in unmittelbarer Nachbarschaft liegende, völlig gleiche Quasare, bestätigt. Es konnte gezeigt werden, dass es sich um zwei Bilder ein und desselben Objektes handelt, die durch eine G. hervorgerufen werden. Als solche wurde eine Galaxie zw. Quasar und Erde identifiziert.
Gravitationswellen, sich mit Lichtgeschwindigkeit fortpflanzende wellenförmige Störungen im Gravitationsfeld, die nach der allg. Relativitätstheorie durch die Bewegung von Massen entstehen. Je größer die Masse und deren Beschleunigung ist, umso größer ist auch die durch G. transportierte Energie. Jede Kreisbewegung ist eine beschleunigte Bewegung und damit eine Quelle von Gravitationswellen. Als **G.-Astronomie** wird das Forschungsgebiet der Astrophysik bezeichnet, das die Beobachtung der aus dem Weltall kommenden G. zum Ziel hat.
Als Quellen für nachweisbare G. kommen nur große Massen mit hohen Geschwindigkeiten infrage, z.B. Supernovae, verschmelzende Neutronensterne. G. konnten direkt bisher noch nicht nachgewiesen werden, ihre Existenz kann jedoch aus der einsteinschen Gravitationstheorie und aus Beobachtungen gefolgert werden. Hierzu gehört der 1974 als Komponente eines Doppelsternsystems entdeckte Pulsar PSR 1913+16, dessen Umlaufperiode entsprechend dem berechneten Energieverlust durch G. abnimmt. Zum direkten Nachweis werden ↑Gravitationswellendetektoren gebaut.
Gravitationswellendetektor, Anordnung zur Beobachtung der aus dem Weltall kommenden ↑Gravitationswellen.
Funktionsweise: Als G. dienen große Metallzylinder oder Anordnungen frei bewegl. Massen. Gemessen werden die durch Gravitationswellen verursachten Verformungen bzw. Abstandsänderungen. Bei den zu erwartenden Strahlungsleistungen der mögl. Quellen aus den mittleren Abständen vom Sonnensystem rechnet man mit relativen Abstandsänderungen in der Größenordnung von 10^{-20} und geringer, was der Verschiebung zweier etwa 1 km weit entfernter Punkte um nur etwa $1/_{100}$ eines Atomkerndurchmessers entspricht. Derartige Detektoren haben den großen Nachteil, dass mit ihnen nur Gravitationswellenpulse in einem sehr schmalen, durch die Größe des Detektors vorgegebenen Frequenzband registriert werden können. Bei **Laserinterferometerdetektoren** besteht diese Einschränkung nicht. In ihnen wird ein Laserstrahl mithilfe eines Strahlteilers in zwei senkrecht zueinander, in Vakuumröhren verlaufende Teilstrahlen aufgespaltet, die durch jeweils einen an den Röhrenenden befindl. Spiegel zurückgeworfen, wieder vereinigt und zur Interferenz gebracht werden. Durch Interferometerdetektoren können Gravitationswellenpulse mit Frequenzen im Bereich von rd. 100 bis über 1000 Hz nachgewiesen werden. Mit den gegenwärtigen (erdgebundenen) G. hofft man, relative Abstandsänderungen in der Größenordnung von 10^{-21} messen zu können. Bei dem dt.-brit. Interferometerdetektor **GEO 600** (bei Hannover) beträgt die Länge der Messstrecken (1,5 m unterhalb der Erdoberfläche) jeweils 600 m. – In den USA befinden sich in Hanford (Washington) und im 3000 km entfernten Livingston (La.) zwei ident. Detektoren mit jeweils 4 km Armlänge (**LIGO,** Abk. für engl. laser interferometer gravitational wave observatory). In Livingston wurde ein weiterer Detektor mit der halben Armlänge errichtet (2002), um eine bessere Erkennung von Gravitationswellen zu ermöglichen. – Nahe Pisa (Italien) befindet sich ein frz.-italien. Gemein-

schaftsobservatorium (**VIRGO**, variability of solar irradiance and gravity oscillations), dessen Interferometerarme 3 km messen. – Bei dem in Japan bestehenden G. (**TAMA 300**) beträgt die Länge der Messarme 300 m.
Neben den erdgebundenen Detektoren sind im Weltraum stationierte Laserinterferometer geplant, die insbes. niederfrequente Gravitationswellen nachweisen sollen. Ein Beispiel ist das internat. Gemeinschaftsprojekt **LISA** (Abk. für engl. laser interferometer space antenna), das einem riesigen Michelson-Interferometer mit Armlängen von rd. 5 Mio. km entsprechen soll (geplanter Projektstart: 2005).
gravitative Licht|ablenkung, ↑Lichtablenkung.
Graviton [lat.] *das*, Feldquant der ↑Gravitation.
Gravur [lat.] *die*, ↑Gravieren.
Gravüre [lat.-frz.] *die*, auf photomechan. Weg hergestellte Tiefdruckform und das mit dieser Form erzeugte Druckprodukt, z. B. ↑Heliogravüre.
Gray [greɪ; nach dem brit. Physiker L. H. Gray, * 1905, † 1965] *das*, Einheitenzeichen **Gy**, gesetzl. Einheit der Energiedosis (↑Dosis) ionisierender Strahlung: 1 Gy = 1 J/kg.
Gray [greɪ], Thomas, engl. Dichter, * London 26. 12. 1716, † Cambridge 30. 7. 1771; war mit seiner eleg. Lyrik (»Elegie auf einem Dorfkirchhof«, 1751) und als Übersetzer altnord. und walis. Dichtungen ein Wegbereiter der Romantik.
Graz, Hptst. der Steiermark, erstreckt sich über 12 km beiderseits der Mur nach ihrem Austritt aus dem Steir. Randgebirge in das breite Grazer Becken, 353 m ü. M., mit 240 500 Ew. zweitgrößte Stadt Österreichs. G. ist Sitz aller Landesbehörden und des Bischofs von G.-Seckau, bed. Kulturzentrum mit Univ. (1585 gegr.), TU, Hochschule für Musik und darstellende Kunst, Landesmuseum (Joanneum) u. a. Museen, Opernhaus, Landestheater und Festival »Steir. Herbst«. G. ist die wichtigste Ind.stadt der Steiermark mit Maschinenbau, elektrotechn., Metallind., Papier-, Schuh-, Glas- und Textilerzeugung sowie Großbrauereien. Im S das Messegelände, das Ind.gebiet Thondorf und der Flughafen in Thalerhof. – Das histor. Zentrum von G. zählt zum UNESCO-Weltkulturerbe. Bed. Kirchen, u. a. frühgot. Leechkirche (1275–93), spätgot. Dom (1438–62) mit im Wesentlichen barocker Ausstattung, Haupt- und Stadtpfarrkirche zum Hl. Blut (15./16. Jh.) mit Barockfassade, Franziskanerkirche (um 1500); Mausoleum Kaiser Ferdinands II. (1614). Der Haupttrakt des sog. Landhauses (16. Jh.; jetzt Landtagsgebäude) ist ein bed. Renaissancebau mit Arkadenhof. Auf dem Schlossberg als Überreste der Burg Uhr- und Glockenturm (beide 16. Jh.). Von den Bastionen ist das »Äußere Paulustor« (1606–14) erhalten. Moderne Architektur entstand u. a. im Rahmen des Projektes »Kulturstadt Europas 2003«, in Design und Architektur bes. bemerkenswert die muschelförmige Murinsel von dem amerikan. Künstler Vito Acconci und das neue Kunsthaus G. von den brit. Architekten Peter Cook und Colin Fournier. In den westl. Vororten die Schlösser Eggenberg

Graz: der Mursteg, im Hintergrund der 473 m hohe Schlossberg

(1625–35) und Gösting (1724–28). – 1164 als Marktsiedlung (bei der Burg) erwähnt, woraus die Stadtsiedlung G. erwuchs (1222 Münzrecht; 1265 ummauert). Ab 1379 Residenz der leopoldin. Linie der Habsburger, unter Friedrich III. ab 1440/52 Kaiserresidenz. Seit Anfang 16. Jh. Sitz der steir. Stände. Ab 1543 zu einem Bollwerk gegen die Türken ausgebaut; 1564–1749 wieder Residenz für Innerösterreich.

Grazer Forum Stadtpark, ↑Forum Stadtpark.

Graziani, Rodolfo, italien. Marschall (1936), *Filettino 11. 8. 1882, † Rom 11. 1. 1955; 1936/37 Vizekönig von Äthiopien, 1940/41 Oberbefehlshaber in Libyen, 1943–45 Verteidigungsmin. der faschist. Republik von Salò; 1950 zu 19 Jahren Gefängnis verurteilt, kurz danach freigelassen.

Grazile [lat.] *die,* Anmut, Liebreiz.

Grazilen [lat.], bei den Römern die drei Göttinnen der jugendl. Anmut, entsprechend den grch. Chariten.

grazioso [italien.], musikal. Vortragsbezeichnung: anmutig, lieblich.

Gräzismus [lat.] *der,* eine dem Altgriechischen eigene oder nachgebildete Ausdrucksweise oder Wortfügung.

Gräzistik [lat.] *die,* Wiss. von der grch. Sprache und Kultur.

Great Basin [ˈgreɪt ˈbeɪsn], ↑Großes Becken.

Great Britain [ˈgreɪt ˈbrɪtn], engl. Name für Großbritannien.

Greater London [ˈgreɪtə ˈlʌndən], 1965 gebildetes Gebiet in S-England, 1 572 km², 7,007 Mio. Ew.; umfasst 32 Stadtbezirke **(London Boroughs)** (davon 13 Inner London Boroughs) und die **City of London** (↑London).

Greater Manchester [ˈgreɪtə ˈmæntʃɪstə], Metropolitan County in England, 1 276 km², 2,578 Mio. Ew.; gebildet 1974 aus Teilen der Countys Cheshire, Lancashire und Yorkshire.

Great Grimsby [ˈgreɪt ˈgrɪmzbɪ] (bis 30. 6. 1979 Grimsby), Hafenstadt in O-England, an der S-Küste des Humbermündungstrichters, 90 700 Ew.; chem. Ind., Fischfang und -verarbeitung.

Great Plains [ˈgreɪt ˈpleɪnz] (Große Ebenen), die Hochebenen vor dem O-Abfall der Rocky Mountains in Nordamerika; dachen sich von etwa 1 500 m ü. M. im W ostwärts langsam, z. T. in Schichtstufen, ab, in den USA zum Zentralen Tiefland (auf etwa 800 m ü. M.), in Kanada zum Kanad. Schild; kontinentales Klima mit geringen Niederschlägen. Der kanad. Teil ist meist mit Wald bedeckt, der niederschlagsärmere Teil in den USA wird vorwiegend von Prärie eingenommen, die im O meist ackerbaulich (Weizenanbau), im W weidewirtsch. (Rinderherden; früher Bisonherden) genutzt wird. Bodenschätze: Erdöl, Erdgas, Kohle.

Great Salt Lake [ˈgreɪt ˈsɔːlt ˈleɪk], ↑Großer Salzsee.

Great Smoky Mountains National Park [ˈgreɪt ˈsməʊkɪ ˈmaʊntɪnz ˈnæʃnl ˈpɑːk], Nationalpark (seit 1934) in Tennessee und North Carolina, USA, 2 021 km²; Höhenzug mit 16 Gipfeln über 1 800 m ü. M. in den südl. Appalachen, als Urwaldlandschaft mit vielfältiger Tier- und Pflanzenwelt (Hochwald mit über 130 Nadel- und Laubholzarten; größte Pilz-, Moos- und Flechtenvorkommen Nordamerikas; Weißwedelhirsch, Schwarz- und Waschbär, Rotfuchs u. a.) von der UNESCO zum Weltnaturerbe erklärt.

Great Society [ˈgreɪt səˈsaɪətɪ], Bez. für das innenpolit. Programm des amerikan. Präs. L. B. ↑Johnson.

Great Valley [ˈgreɪt ˈvælɪ] (Great Appalachian Valley), breite Längstalzone in den ↑Appalachen der USA.

Great Yarmouth [ˈgreɪt ˈjɑːməθ], Stadt in der engl. Cty. Norfolk, an der Nordsee, 56 200 Ew.; Marktzentrum, Stützpunkt für die Erdöl- und Erdgasförderung in der Nordsee, Fischereihafen; Nahrungsmittel-, elektrotechn., Textil- u. a. Industrie.

Greco, El »der Grieche«, eigtl. Dominikos Theotokopulos, span. Maler grch. Herkunft, *Fodele bei Heraklion (Kreta) um 1541, † Toledo 6. 4. oder 7. 4. 1614; ausgebildet in Venedig, 1570 in Rom, seit 1577 in Toledo nachweisbar, wo er meist für Kirchen arbeitete. Zu seinem Frühwerk zählen »Das Begräbnis des Grafen von Orgaz« (zw. 1586 und 1588, Toledo, Santo Tomé) und »Entkleidung Christi« für die Kathedrale in Toledo (1577–79). Typisch für seinen Stil ist die Anordnung des Geschehens in einem in der Tiefe unbestimmten, von Licht und atmosphär. Phänomenen dramatisierten Raum und überlängte manierist. Figuren. Die religiöse Intensität ist im Spätwerk bis zu visionärer Ekstase gesteigert. Sein Werk war bis ins 20. Jh. von weit reichender Wirkung.

❖ siehe ZEIT Aspekte

Weitere Werke: Martyrium des hl. Mauritius und der Thebaischen Legion (1580–82; Escorial); Bildnis des Kardinals Niño de Guevara (um 1596–1600; New York, Metropolitan Museum of Art); Ansicht von Toledo im Wetterleuchten (um

1595–1610; ebd.); Ausstattung der Kirche des Hospitals de la Caridad in Illescas (vollendet 1605).
📖 *Baccheschi, E.: El G., das Gesamtwerk. Frankfurt am Main u. a. 1979.* – *Quack, B.: Studien zu Zeitgestalt, Farbe u. Helldunkel im Werk El Grecos. Saarbrücken 1997.*

El Greco: Die Apostel Petrus und Paulus (1614; Sankt Petersburg, Eremitage)

Greco, Emilio, italien. Bildhauer, * Catania 11. 10. 1913, † Rom 5. 4. 1995; seine Plastiken, v. a. von tanzenden und badenden Mädchen, zeigen einen eleganten, manieristisch beeinflussten Klassizismus.

Gréco, Juliette, frz. Chansonnette und (Film-)Schauspielerin, * Montpellier 7. 2. 1927; singt Chansons nach Texten u. a. von J.-P. Sartre, R. Queneau, A. Camus, F. Mauriac (u. a. »Sous le ciel de Paris«, »Je suis comme je suis«).

Greek Revival [ˈgriːk rɪˈvaɪvl] *das,* klassizist. Richtung der engl. Architektur im frühen 19. Jh., die durch die engl. Erforschung des klass. Griechenland seit etwa 1750 (J. Stuart) angeregt wurde und sich an grch. Vorbildern orientierte. Ein Hauptwerk dieses Stils ist das Brit. Museum in London (1823–47). Benjamin Latrobe (* 1764, † 1820) vermittelte den Stil nach Nordamerika (Bank of Pennsylvania in Philadelphia, 1798–1800).

Greeley [ˈgriːlɪ], Andrew Moran, amerikan. kath. Theologe, Soziologe und Schriftsteller, * Oak Park (Ill.) 5. 2. 1928;
Prof. in Tucson (Ariz.); untersucht bes. die Beziehungen von Religion und Gesellschaft in den USA; zahlr. Arbeiten über den amerikan. Katholizismus.
Werke: The denominational society. A sociological approach to religion in America (1972; mit P. H. Rossi); The Catholic myth. The behavior and beliefs of American Catholics (1990).

Green, 1) [griːn], George, brit. Mathematiker und Physiker, * getauft Nottingham 14. 7. 1793, † Sneinton (heute zu Nottingham) 31. 5. 1841; begründete neben C. F. Gauß die Potenzialtheorie, führte den Begriff der Potenzialfunktion in die math. Theorie der Elektrizität und des Magnetismus ein; die **greenschen Funktionen** stellen Beziehungen zw. Oberflächen- und Volumenintegralen her und spielen in der theoret. Physik, bes. bei Randwertproblemen, eine wichtige Rolle.

2) [griːn], Henry, eigtl. Henry Vincent Yorke, engl. Schriftsteller, * Forthampton Court (Cty. Gloucestershire) 29. 10. 1905, † London 14. 12. 1973; schrieb poetisch-symbol. Romane, meist in Dialogform (»Blindsein«, 1926; »Dämmerung«, 1948; »Liebesspiele«, auch u. d. T. »Schwärmerei«, 1952).

3) [grin], Julien, frz. Schriftsteller amerikan. Abstammung, * Paris 6. 9. 1900, † ebd. 13. 8. 1998; trat 1916 zum Katholizismus über, lebte in Paris; schilderte in seinen zahlr. Romanen (u. a. »Mont-Cinère«, 1926; »Adrienne Mesurat«, 1927; »Leviathan«, 1929; »Treibgut«, 1932; »Der Geisterseher«, 1934; »Jeder Mensch in seiner Nacht«, 1960; »Von fernen Ländern«, 1987; »Dixie«, 1995) Menschen, die aus ihrer Daseinsangst in leidenschaftl. Liebe oder in eine Sphäre des Traums zu entfliehen versuchen oder in Wahnsinn und Verbrechen enden. G. schrieb außerdem Dramen, autobiograf. Werke, Erzählungen und Tagebücher.

Greenaway [ˈgriːnəweɪ], Peter, brit. Filmregisseur, * Newport (Wales) 5. 4. 1942; Vertreter des neuen brit. Films, dessen Werke skurrile, böse und kom. Züge aufweisen (»Der Kontrakt des Zeichners«, 1982; »Der Bauch des Architekten«, 1987; »Der Koch, der Dieb, seine Frau und ihr Liebhaber«, 1989; »Prosperos Bücher«, 1991, »Die Bettlektüre«, 1996).

Greenback [ˈgriːnbæk]; engl. »Grünrücken«] *der,* Papiergeld der USA mit grüner

Rückseite, 1862 im Sezessionskrieg ausgegeben. Die Goldeinlösungspflicht wurde kurz nach Ausgabe aufgehoben (dadurch hohe Entwertung gegenüber dem Metallgeld). Heute umgangssprachl. Bez. für den US-Dollar.

Green Bank [ˈgriːn ˈbæŋk], Ort in West Virginia, USA; radioastronom. Observatorium, das dem **National Radio Astronomy Observatory** (Abk. **NRAO**) angeschlossen ist. 2000 wurde das weltweit größte voll bewegl. Radioteleskop, das »**Robert C. Byrd Green Bank Telescope**« (Abk. **GBT**) mit einem parabol. Hauptspiegel von 100 × 110 m in Betrieb genommen. Es ersetzt das 91,5-Meter-Radioteleskop (in Betrieb 1962–1988), das aufgrund von Materialfehlern in sich zusammenstürzte. Das GBT führt Untersuchungen im Wellenlängenbereich zw. 3 mm (100 Ghz) und 3 m durch.

Green Bay [ˈgriːn ˈbeɪ], Hafenstadt in Wisconsin, USA, am Michigansee, 96 500 Ew.; kath. Bischofssitz; Zweig der University of Wisconsin; Papierind., Maschinenbau, Käseherstellung.

Green Berets [ˈgriːn ˈbereɪz; engl. »Grüne Barette«], 1952 gegr. Spezialeinheit der US-amerikan. Streitkräfte, ben. nach ihrer grünen Kopfbedeckung. Die für den Guerillakrieg und die Bandenbekämpfung in Fort Bragg (N. C.) ausgebildeten G. B. wurden u. a. im Vietnamkrieg eingesetzt.

Greenberg, 1) [ˈgriːnbəːg], Joseph Harold, amerikan. Anthropologe und Sprachwissenschaftler, *New York 28. 5. 1915, †Stanford (Calif.) 7. 5. 2001; arbeitete u. a. über die genealog. Klassifikation der afrikan. Sprachen.

2) [ˈgrinbɛrg], Uri Zvi (auch U. Z. Grynberg, Gruenberg), Pseud. Tur Malka, israel. Schriftsteller, *Biały Kamień (Galizien) 17. 10. 1895, †Ramat Gan 9. 5. 1981; in chassid. Tradition aufgewachsen; schrieb (überwiegend in hebräischer Sprache) über die Leiden des Judentums und die Hoffnung auf Erlösung; engagierte sich auch politisch (u. a. in der israel. rechtsnat. Revisionist. Partei).

Green Card [ˈgriːn kɑːd] die, in den USA Bez. für eine unbeschränkte Aufenthalts- und Arbeitserlaubnis (bzw. den entsprechenden Ausweis) für Ausländer. In Dtl. wird die Arbeitserlaubnis, die befristet ausländ. Fachkräften der Informations- und Kommunikationstechnologie nach der VO vom 11. 7. 2000 erteilt wird, nicht amtlich G. C. genannt.
❖ siehe ZEIT Aspekte

Greene [griːn], **1)** Graham, engl. Schriftsteller, *Berkhamstead (Cty. Hertfordshire) 2. 10. 1904, †Vevey (Schweiz) 3. 4. 1991; trat zum Katholizismus über. G. schrieb in knapper Sprache Romane mit beklemmend dichter Atmosphäre (häufig über »Zweifler«, die mit ihrem religiösen Glauben oder ihrer polit. Überzeugung ringen), z. B. »Am Abgrund des Lebens« (1938), »Die Kraft und die Herrlichkeit« (1940), »Das Herz aller Dinge« (1948), »Der stille Amerikaner« (1955), »Die Stunde der Komödianten« (1966), »Monsignore Quijote« (1982) sowie spannende Abenteuergeschichten, Thriller und Detektiv- und Spionageromane, z. B. »Der dritte Mann« (1950), »Unser Mann in Havanna« (1958); außerdem Kurzgeschichten, zwei Autobiografien (»Eine Art Leben«, 1971; »Fluchtwege«, 1980) und Dramen. ❖ siehe ZEIT Aspekte

📖 Shelden, M.: G. G. Eine Biographie. A. d. Engl. Göttingen 1995.

2) Maurice, amerikan. Leichtathlet (Sprinter), *Kansas City (Kans.) 23. 7. 1974; u. a. Olympiasieger 2000 (100 m), Weltmeister 1997 (100 m), 1999 (100 m, 200 m, 4 × 100 m) und 2001 (100 m) sowie Hallenweltmeister 1999 (60 m).

3) Robert, engl. Schriftsteller, *Norwich 8. 7. 1558, †London 3. 9. 1592; schrieb Pamphlete mit realist. Schilderungen des Londoner Gaunermilieus und Theaterstücke, die die elisabethan. Dramatik begründeten.

Greengard [ˈgriːngɑːd], Paul, amerikan. Biochemiker und Neurophysiologe, *New York 11. 12. 1925; seit 1983 Prof. für Neurophysiologie an der Rockefeller University in New York. G. erhielt 2000 mit A. Carlsson und E. Kandel für die Entdeckungen zur Signalübertragung im Nervensystem den Nobelpreis für Physiologie oder Medizin. Insbesondere erforschte er die Einwirkungen von Dopamin und einer Reihe anderer Signalsubstanzen auf das Nervensystem. Diese Substanzen lösen über einen Rezeptor eine Fülle von Reaktionen aus und beeinflussen damit bestimmte Proteine, die wiederum Zellfunktionen regulieren.

Greenhorn [ˈgriːnhɔːn; engl., eigtl. »Tier

mit grünen (d. h. noch jungen) Hörnern«] *das,* jemand, der auf einem Gebiet noch unerfahren ist, Neuling.

Green Mountains [gri:n ˈmaʊntɪnz, engl. »grüne Berge«] *Pl.,* waldreicher Gebirgszug der nördl. Appalachen in Vermont, USA, im Mount Mansfield 1339 m ü. M. hoch; Marmor- und Granitbrüche.

Greenock [ˈgri:nək], Hafen- und Ind.stadt in W-Schottland, am Firth of Clyde, Sitz der Local Authority Inverclyde, 50 000 Ew.; Schiff- und Maschinenbau, chem., Nahrungsmittelindustrie. Der Containerhafen von G. bildet mit dem Hafen von Glasgow den Clyde Port.

Greenpeace [ˈgri:npi:s; engl. »grüner Frieden«], internat. Umweltschutzorganisation, 1971 in Vancouver (Kanada) gegr., die mit gewaltfreien, direkten, oft unkonventionellen Aktionen weltweit auf Umweltverschmutzungen und -zerstörungen aufmerksam macht und zur Beseitigung ihrer Ursachen beitragen will. G. ist (2000) in 40 Staaten vertreten; ein internat. G.-Council beschließt Art und Durchführung aller Aktionen und Kampagnen. Sitz des nat. Büros in Dtl. ist Hamburg.

Green River [gri:n ˈrɪvə; engl. »grüner Fluss«] *der,* rechter Nebenfluss des Colorado River im W der USA, 1175 km lang.

Greensboro [ˈgri:nzbərə], Stadt in North Carolina, USA, 183 500 Ew.; landwirtsch.-techn. Hochschule; Marktort.

Greenspan [ˈgri:nspæn], Alan, amerikan. Wirtschaftsfachmann, * New York 6. 3. 1926; übernahm nach Tätigkeiten als Finanz- und Unternehmensberater wirtschaftspolit. Aufgaben, u. a. als Berater der Präs. R. Nixon und G. Ford. G. wurde v. a. für seine entschiedene Anti-Inflationspolitik bekannt. Seit 1987 ist G. Vors. der amerikan. Notenbank (↑Federal Reserve System).

Greenwich [ˈgrɪnɪdʒ], London Borough im O von London, am S-Ufer der Themse, 212 100 Ew.; Marineakademie, Marinemuseum. Durch die 1675 gegr. Sternwarte verläuft der ↑Nullmeridian; wegen der indirekten Festlegung des Nullmeridians durch den Internationalen Erdrotationsdienst IERS jedoch nicht mehr durch das Observatorium. Gebäude und königl. Park wurden zum UNESCO-Welterbe ernannt. Das »Royal G. Observatory« wurde 1957 nach Herstmonceux, 1990 nach Cambridge verlegt. 1999 wurde die Multifunktionshalle »Millennium Dome« (Architekt: Sir R. Rogers) eröffnet.

Greenwich Mean Time [ˈgrɪnɪdʒ ˈmi:n ˈtaɪm, engl. »mittlere Greenwich-Zeit«], Abk. **GMT,** ↑Zeit.

Greenwich Village [ˈgrɪnɪdʒ ˈvɪlɪdʒ], Schriftsteller- und Künstlerviertel in New York, USA, im Stadtbezirk Manhattan.

Greer [ˈgrɪə], Germaine, austral. Schriftstellerin und Feministin, * Melbourne 29. 1. 1939, setzt sich aus histor. Sicht mit der Unterdrückung der Frau und der weibl. Sexualität auseinander; schrieb u. a. »Der weibliche Eunuch« (1970), »Die ganze Frau« (1999).

Grefrath, Gemeinde im Kr. Viersen, NRW, 15 900 Ew.; Freilichtmuseum Dorenburg; Textil- und Kunststoffindustrie.

Gregg-Syndrom [nach dem austral. Augenarzt N. Gregg, * 1892, † 1966] (Rötelnembryopathie, Embryopathia rubeolosa), Fehlbildungssyndrom (u. a. an Herz, Ohr, Auge), dessen Ursache eine Rötelninfektion ist, die während der ersten drei Schwangerschaftsmonate von der Mutter auf das Kind übertragen wird.

Grégoire, Père [ˈpɛ:r gregˈwa:r], schweizer. Pädagoge, J. B. ↑Girard.

Papst Gregor I., der Große, Frontispiz einer Handschrift der Briefe Gregors

Gregor, Päpste: **1) G. I., der Große** (590–604), * Rom um 540, † ebd. 12. 3. 604; Kirchenlehrer; förderte das benediktin. Mönchtum und führte eine Liturgiereform durch (↑gregorianischer Gesang).

GRE Gregor-Dellin

Durch vorbildl. Verwaltung des Patrimonium Petri (Einrichtung einer zentralen Vermögensverwaltung) bereitete er die weltl. Macht des mittelalterl. Papsttums und den Kirchenstaat vor; Heiliger, Tag: 3. 9.

📖 *Richards, J.: G. der Große. Sein Leben – seine Zeit. A. d. Engl. Graz 1983. – Riché, P.: G. der Große. Leben u. Werk. A. d. Frz. München u. a. 1996.*

2) G. II. (715–731), *Rom 668, †ebd. 11. 2. 731; verband die fränk. Kirche enger mit Rom; unterhielt gute Beziehungen zu den Langobarden; beauftragte Bonifatius mit der Germanenmission (719) und erteilte ihm die Bischofsweihe (722); Heiliger, Tag: 11. 2.

3) G. III. (731–741), †Rom 28. 11. 741; syr. Herkunft; verurteilte im Bilderstreit 731 die Bilderfeinde (↑Bilderverehrung); suchte die Lösung Roms aus dem byzantin. Verband und die allmähl. Hinwendung zu den Franken; Heiliger, Tag: 28. 11.

4) G. VII. (1073–85), eigtl. Hildebrand, *Sovana(?) (heute zu Sorano, bei Grosseto) zw. 1019 und 1030, †Salerno 25. 5. 1085; Benediktiner; kämpfte gegen ↑Simonie und Priesterehe **(gregorian. Reform)** und erstrebte im ↑Investiturstreit, der in der Bannung Heinrichs IV. (1076) und dessen Bußgang nach Canossa (1077) seine schärfste Zuspitzung erfuhr, die Oberhoheit der päpstl. über die weltl. Gewalt. Sein Pontifikat hat maßgeblich zum Ausbau der machtpolit. Stellung des mittelalterl. Papsttums beigetragen; Heiliger, Tag: 25. 5.

📖 *Laudage, J.: Gregorianische Reform u. Investiturstreit. Darmstadt 1993. – Blumenthal, U.-R.: G. VII. Papst zw. Canossa u. Kirchenreform. Darmstadt 2001.*

5) G. IX. (1227–41), eigtl. Ugolino Graf von Segni, *Anagni (bei Frosinone) um 1170, †Rom 22. 8. 1241; förderte als Kardinal entschieden neue Orden (v. a. Franziskaner und Dominikaner) und kirchl. Laienbewegungen, setzte sich für die Mission ein und organisierte die ↑Inquisition; verband als Papst religiösen Eifer und härteste Machtpolitik (v. a. Auseinandersetzung mit Kaiser Friedrich II.).

6) G. XIII. (1572–85), eigtl. Ugo Buoncompagni, *Bologna 1. 1. 1502, †Rom 10. 4. 1585; förderte die innerkirchl. Reform (↑katholische Reform), die Gegenreformation sowie v. a. die Jesuiten; veranlasste eine amtl. Ausgabe des Corpus Iuris Canonici; baute das Collegium Romanum zur ↑Gregoriana aus; führte 1582 den gregorian. ↑Kalender ein.

Gregor-Dellin, Martin, Schriftsteller, *Naumburg (Saale) 3. 6. 1926, †München 23. 6. 1988; übersiedelte 1958 in die Bundesrep. Dtl. In seinem Roman »Der Kandelaber« (1962) behandelt er das Leben unter totalitärer Herrschaft, in »Jakob Haferglanz« (1963) das Schicksal eines jüd. Schülers im Dritten Reich. Weitere Romane und Erzählungen: »Föhn« (1974), »Schlabrendorf oder Die Republik« (1982). G.-D. war auch Wagner-Forscher (»Richard Wagner. Sein Leben – Sein Werk – Sein Jahrhundert«, 1980), Essayist und Kritiker.

Gregor der Erleuchter (armen. Grigor Lusaworitsch), Missionar Armeniens im 4. Jh.; die Nachrichten über sein Leben sind legendenhaft; um 315 zum Bischof geweiht, bekehrte er den armen. König und seinen Hof zum Christentum.

Gregoriana die (lat. Pontificia Universitas G.), nach Gregor XIII. benannte päpstl. Univ. in Rom, 1551 auf Anregung von Ignatius von Loyola durch Julius III. als »Collegium Romanum« gegr., 1556 von Paul IV. zur Univ. erhoben und von Gregor XIII. mit reichen Stiftungen versehen.

gregorianischer Gesang [nach Papst Gregor I.] (gregorianischer Choral), der chorisch und solistisch einstimmige liturg. Gesang der röm. Kirche in den Formen Oration, Lektion, Antiphon, Responsorium, Hymnus (↑Hymne) und Sequenz, die in der Liturgie von Messe (↑Graduale) und Stundengebet (↑Antiphonar) verwendet werden. Generell ist den chor. Gesängen eine schlichte Melodienbildung, den solist. ein reicher melod. Verzierungsstil eigen. – Seit dem 9. Jh. trat neben die Überlieferung der Texte die der Melodien durch linienlose ↑Neumen, später eine Notenschrift, mit der auf Linien der Melodienverlauf und die Notenverteilung auf Textsilben fixiert wurden. Mit der nun genaueren Definition der Melodien verloren sich die irrationalen Elemente der älteren Praxis (z. B. Verzierungen). – Nach starken Eingriffen in die seit dem MA. in röm. Quadrat- oder got. Hufnagelnotation (↑Choralnotation) aufgezeichneten Melodien durch die »Editio Medicaea« (Rom 1614/15) fußt die »Editio Vaticana« (1905 und später) auf der Restaurierung des gregorian. Gesangs.

gregorianischer Kalender [nach Papst Gregor XIII.], ↑Kalender.
Gregorovius, Ferdinand, Kulturhistoriker, *Neidenburg 19. 1. 1821, †München 1. 5. 1891; übersiedelte 1852 nach Italien. Unübertroffen ist G. in seiner künstler. Darstellung als Geschichtsschreiber und Schilderer histor. Landschaften: »Gesch. der Stadt Rom im MA.« (8 Bde., 1859–72); »Wanderjahre in Italien« (5 Bde., 1870–82); »Gesch. der Stadt Athen im MA.« (2 Bde., 1889); »Röm. Tagebücher« (1892).
Gregor von Nazianz, Kirchenlehrer, *Arianz bei Nazianz (Kappadokien) 330, †ebd. um 390; war 381 für kurze Zeit (Amtsverzicht) Metropolit von Konstantinopel; gehört mit Basilius d. Gr. und Gregor von Nyssa zu den führenden Theologen des späten 4. Jh. (den »drei großen Kappadokiern«), die die theolog. Entscheidungen des Konzils von Konstantinopel (381) ermöglichten; Heiliger, Tag: 2. 1.
Gregor von Nyssa, Kirchenvater, *Caesarea Cappadociae (heute Kayseri) um 335, †Nyssa um 394, Bruder Basilius' d. Gr.; gehört mit ihm und Gregor von Nazianz zu den führenden Theologen des späten 4. Jh. (den »drei großen Kappadokiern«); seit 372 Bischof von Nyssa; verteidigte das Nicän. Glaubensbekenntnis und formte die Trinitätslehre entscheidend mit; Heiliger, Tag: 9. 3.
Gregor von Tours [- tu:r], Geschichtsschreiber, *Clermont (heute Clermont-Ferrand) 30. 11. 538 oder 539, †Tours 17. 11. 594; seit 573 Bischof von Tours. Seine lat. »Geschichte der Franken« ist die wichtigste Quelle für die Anfänge des Merowingerreichs; Heiliger, Tag: 17. 11.
Gregory [ˈgregərɪ], Lady Isabella Augusta, geb. Perse, irische Schriftstellerin, *Roxborough (Cty. Galway) 5. 3. 1852, †Coole Park (Cty. Galway) 22. 5. 1932; führende Vertreterin der »kelt. Renaissance«, sammelte irische Sagen und übersetzte gäl. Dichtungen; gründete u. a. mit W. B. Yeats und Edward Martyn 1899 das Dubliner Abbey Theatre, für das sie selbst Stücke schrieb.
Gregotti, Vittorio, italien. Architekt und Designer, *Novara 10. 8. 1927; sein Werk, das sich zunehmend vom Rationalismus beeinflusst zeigt, bezieht auch das topograph. Umfeld ein (Stadtplan für Novara, 1962–67; Quartiere »Zen« in Palermo,

1970ff.; »ENEA-Forschungszentrum« in Rom, 1985). Zu seinen bemerkenswerten Neubauten gehört das Teatro degli Arcimboldi in Mailand (eröffnet 2002). Seine architekturtheoret. Schriften gaben der zeitgenöss. italien. Architektur wesentl. Impulse. G. befasst sich auch mit Möbel- und Industriedesign.
Greif, Fabeltier, Mischwesen aus Löwe und Vogel, mitunter auch geflügelt; stammt ikonographisch aus dem Alten Orient; in der *christl. Kunst* Symbol der beiden Naturen Christi (Gott und Mensch); in der *Heraldik* Wappentier (u. a. Pommern, Greifswald, Rostock) oder um 1500) als Schildhalter des dt. und (ab 1806) des kaiserl. österr. Reichswappens; heute am Wappen von Baden-Württemberg.

Greif im Stadtwappen von Greifswald

Greifenberg in Pommern, Stadt in Polen, ↑Gryfice.
Greifenhagen, Stadt in Polen, ↑Gryfino.
Greifensee, See im Kt. Zürich, Schweiz, 8,6 km², 34 m tief, 435 m ü. M.; Hauptzufluss ist die Aa aus dem Pfäffikersee, Abfluss die Glatt; am O-Ufer der Ort G. (4900 Ew.); am W-Ufer die unterwasserarchäolog. Station Maur-Weierwiesen mit Resten vorgeschichtl. Ufersiedlungen (Pfahlbauten der jungsteinzeitl. Horgener Kultur, um 3000 v. Chr.).
Greifer, Lastaufnahmemittel an Kranen und Baggern zum Verladen von Schüttgut. Die schaufelartigen Schalen lassen sich durch Seilzug (Einseil-G., Zweiseil-G.) oder hydraul. öffnen und schließen. Für sperrige Güter werden statt Schalen Zangen (Zangen-G.) verwendet.
Greiffenberg, Catharina Regina von, geb. Freiin von Seyssenegg, *Schloss Seyssenegg (bei Amstetten) 7. 9. 1633, †Nürnberg 8. 4. 1694; gilt als bedeutendste dt. Dichterin des Barock. In ihrer Lyrik gab sie ihrer Frömmigkeit oft überschwänglich

GRE Greiffuß

Greifswald: Universität (1747–50 erbaut)

Ausdruck (»Geistliche Sonette, Lieder und Gedichte ...«, 1662).
Greif|fuß, *Zoologie:* Fuß, bei dem die erste Zehe den übrigen Zehen gegenübergestellt (opponiert) werden kann und den Fuß so zum Greifen befähigt (z. B. bei Affen).
Greifschwanzaffen, Bez. für einige Kapuzineraffen, die ihren Schwanz beim Klettern zum Festhalten benutzen.

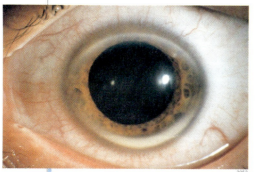

Greisenbogen: ringförmige weißliche Trübung der Hornhautperipherie durch Lipid- und Kalkeinlagerung

Greifswald (Hansestadt G.), kreisfreie Stadt in Meckl.-Vorp., in einer Moorniederung am Ryck, am ↑Greifswalder Bodden, 53 500 Ew.; Bischofssitz der Pommerschen Evang. Kirche, Ernst-Moritz-Arndt-Univ. (gegr. 1456), Oberverwaltungsgericht, Teil-Inst. des Max-Planck-Inst. für Plasmaphysik, Bundesforschungsanstalt für Viruskrankheiten der Tiere auf der Insel Riems, Technologie- und Gründerzentrum, Pommersches Landesmuseum und Museumshafen; Theater; Technologie-, Biotechnik- und Großhandelsunternehmen, Elektronik-, Nahrungsmittelind.; bei G. das ehem. Kernkraftwerk ↑Lubmin; Hafen. – Marien- und Jakobikirche (im 13. Jh. begonnen); Dom St. Nikolai (Ende 13. Jh. begonnen); got. Rathaus (14. Jh.; barock wieder aufgebaut); barockes Univ.gebäude (1747–50); vom Franziskanerkloster (um 1245 gegr.) ist das ehem. Wohnhaus des Guardians erhalten; Ruine der ehem. Zisterzienserabtei ↑Eldena; spätgot. und Renaissancegiebelhäuser. – G. entstand um 1200 als Siedlung der Zisterzienserabtei Eldena, erhielt 1250 lüb. Stadtrecht, wurde 1281 Mitgl. der Hanse; kam 1648 an Schweden, 1815 an Preußen.
Greifswalder Bodden, seichte Ostseebucht zw. Rügen und dem Festland; Häfen: Greifswald, Stralsund; Seebäder: Baabe, Sellin.
Greifswalder Oie [-ˈɔɪ, auch ˈɔɪə], steilufrige, 0,6 km² große Moräneninsel 15 km südöstl. von Rügen, Leuchtturm.
Greifvögel (Falconiformes), mit rd. 290 Arten weltweit verbreitete Ordnung 14–140 cm langer, tagaktiver Vögel mit Spannweiten von 25 cm bis über 3 m; mit kurzem, hakig gekrümmtem Oberschnabel und kräftigen Beinen, deren Zehen (mit

Ausnahme der Aasfresser wie Geier) starke, gekrümmte, spitze, dem Ergreifen und häufig auch dem Töten von Beutetieren dienende Krallen aufweisen. Die G. jagen i. d. R. Wirbeltiere oder Insekten. Die systemat. Gliederung der G. ist umstritten; man zählt zu ihnen u. a. die Adler, Geier, Habichte, Milane, Weihen, Bussarde und Falken. Der Bestand vieler Arten der G. ist äußerst gefährdet.

📖 *Bednarek, W.: G. Biologie, Ökologie, bestimmen, schützen.* Hannover 1996.

Greindl, Josef, Sänger (Bass), * München 23. 12. 1912, † Wien 16. 4. 1993; wurde v. a. als Wagner-Interpret bekannt.

Greisenbogen (Gerontoxon, Arcus senilis corneae), in höherem Lebensalter durch Lipid- und Kalkeinlagerungen hervorgerufener harmloser grauweißer Ring im Randbereich der Hornhaut des Auges; bei einer Fettstoffwechselstörung ist ein Auftreten bereits im jugendl. Alter möglich; verursacht keine Sehstörungen.

Greisenhaupt (Cephalocereus senilis), bis 15 m hoher mexikan. Säulenkaktus mit weißem Haarschopf; beliebte Zimmerpflanze.

Greiz, 1) Landkr. im O von Thür., 843 km², 122 500 Einwohner. **2)** Krst. in Thür., im nördl. Vogtland, im Tal der Weißen Elster, 25 400 Ew.; Textilforschungsinstitut; Museen; chem., Papier-, elektron. Industrie, Maschinen- und Anlagenbau. – Oberes Schloss (mittelalterl. Kern, im 16.–18. Jh. erneuert), Unteres Schloss (nach Brand 1802–09 wieder aufgebaut; Museum), barocke Stadtkirche, im 27 ha großen Greizer Park frühklassizist. Sommerpalais (1779–89; Bücher- und Kupferstichsammlung). – 1209 erstmals, 1359 als Stadt erwähnt; unterstand den Vögten von Weida, seit 1240 dem Haus Plauen (Reuß), 1306 bis 1918 Residenz von Reuß-Greiz (seit 1768 Reuß ältere Linie).

Grelots [grəˈloː, frz.], plast. Knötchen und kleine Schlingen in plast. Posamentenstickerei (als Randverzierung).

Gremium [lat.] *das,* Gruppe von Experten; Körperschaft, Ausschuss.

Grenache [grəˈnaʃ], weltweit am zweithäufigsten angepflanzte Rebsorte, wichtigste in Spanien (über 170 000 ha) und S-Frankreich; widerstandsfähig; liefert hellrote Weine mit hohem Zuckergehalt.

Grenada [grəˈneɪdə], Staat im Bereich der Westind. Inseln, umfasst die zu den Klei-

Grenada

Fläche	344 km²
Einwohner	(2002) 101 000
Hauptstadt	Saint George's
Verwaltungsgliederung	6 Gemeinden und 1 Dependence
Amtssprache	Englisch
Nationalfeiertag	7. 2.
Währung	1 Ostkarib. Dollar (EC$) = 100 Cent (c)
Zeitzone	MEZ – 5 Std.

nen Antillen (Inseln über dem Winde) gehörende Insel G. und die südl. Grenadinen. **Staat und Recht:** Nach der Verf. von 1974 (mit Änderungen) ist G. eine parlamentar. Monarchie im Commonwealth. Staatsoberhaupt ist der brit. Monarch, vertreten durch den Gen.-Gouv. Die Legislative liegt beim Zweikammerparlament, bestehend aus Senat (13 ernannte Mitgl.) und Repräsentantenhaus (15 Abg., für 5 Jahre gewählt). Exekutivorgan ist die Reg. unter Vorsitz des Premiermin. Einflussreichste Partei ist die Neue Nationalpartei (NNP). **Landesnatur:** Die Inseln gehören zum inneren, vulkan. Bogen der Ostkaribik und sind die südlichsten der Windward Islands. Die Hauptinsel G. (305 km²) ist gebirgig (Mount Saint Catherine 840 m ü. M.) mit Resten der urspr. trop. Regenwaldes. Das trop. Klima steht unter dem Einfluss des Nordostpassats, auf der Hauptinsel 1 500 bis über 5 000 mm Niederschlag; Durchschnittstemperatur bei 28 °C. Größte der südl. Grenadinen sind Carriacou (32 km²), Ronde (3 km²) und Petit Martinique (2 km²).
Bevölkerung: 82 % der Bev. sind Schwarze, 13 % Mulatten, 3 % Nachfahren ind. Kontraktarbeiter, die im 19. Jh. angeworben wurden. In Städten leben 38 % der Einwohner. Über 95 % sind Christen, mehrheitlich (rd. 60 %) Katholiken. – Das Schulsystem

GRE Grenadier

Grenada: Strand von Grand Anse

ist am brit. Vorbild ausgerichtet; es besteht eine neunjährige allg. Schulpflicht. In Saint George's gibt es eine Zweigstelle der University of the West Indies (Hauptsitz: Kingston, Jamaika).
Wirtschaft und Verkehr: Das trop. Klima begünstigt den exportorientierten Anbau von Bananen, Kakao, Kokospalmen und Muskatnüssen sowie von Zuckerrohr. Die wichtigste Quelle der Deviseneinnahmen bildet der internat. Tourismus (v. a. aus den USA und Großbritannien). – Haupthafen: Saint George's, internat. Flughafen bei Point Salines.
Geschichte: Die Insel G. wurde 1498 von Kolumbus entdeckt und Concepción genannt, 1674 wurde sie frz. Kronkolonie. Ab 1762/63 stand sie unter brit. Herrschaft, gehörte 1958–62 zur Westind. Föderation und wurde 1974 unabhängig. 1979 kam durch einen unblutigen Putsch eine Linksreg. unter M. Bishop an die Macht, die von den USA politisch und wirtsch. boykottiert wurde. Ihr blutiger Sturz (Okt. 1983) gab den USA und sieben karib. Staaten Anlass zu militär. Intervention. Seit 1984 wird das Land von gewählten, westlich orientierten Reg. (seit 1995 unter Regierungschef K. Mitchell) geführt.
Grenadier [frz.] *der,* im 17. Jh. mit Handgranaten bewaffneter Soldat; später einfacher Soldat der Infanterieregimenter, bes. der Garde (↑Panzergrenadiere).
Grenadill *das,* das dunkelbraune bis schwarzviolette, sehr harte Holz des afrikan. Grenadillbaums; wertvolles Drechselholz (für Blasinstrumente).
Grenadille (Granadille) [frz.] *die,* Frucht der ↑Passionsblume.
Grenadinen *Pl.* (Grenadine Islands), Inselgruppe der Kleinen Antillen, die südlichen gehören zu Grenada, die nördlichen zu Saint Vincent and the Grenadines; umfasst 8 größere und etwa 125 kleinere vulkan. Felseninseln, zus. 83 km².
Grenchen (frz. Granges), Stadt im Kt. Solothurn, Schweiz, 457 m ü. M., am Südfuß der Jurakette, am **Grenchenberg,** den ein 8,5 km langer Bahntunnel durchquert, 16 200 Ew.; Technikum; Uhrenind., Maschinen- und Fahrzeugbau.
Grenoble [grəˈnɔbl], Hptst. des frz. Dép. Isère und der Dauphiné, am Zusammenfluss von Isère und Drac, 150 700 Ew., größte Stadt in den frz. Alpen; Bischofssitz; Univ. (gegr. 1339), FH, Handelshochschule, Forschungsinstitute, Kernforschungszentrum; Museen (u. a. Neubau des Musée de G., 1994), Theater. V. a. elektrochem. und metallurg. Ind. sowie Maschinenbau, Handschuhmacherei und Zementfabrikation. – Kathedrale Notre-Dame (12./13. Jh.), Kirche Saint-Laurent (11./12. Jh.) mit merowingischer Krypta; Justizpalast (15./16. Jh.), Rathaus (15./16. Jh.). – G. hieß kelt. **Cularo,** röm. **Gratianopolis;** kam 879 zum Königreich Burgund; seit 1242 Stadt.

Grenze, *Recht:* vorgestellte Linie, die als Staats-G. das Gebiet zweier Staaten, als Verwaltungs-G. die örtl. Zuständigkeit von Behörden, als Gemeinde- oder Kreis-G. die Gebiete von kommunalen Gebietskörperschaften trennt. Der Grenzverlauf ist durch Vorschriften des Völker-, Staats- und Verw.rechts bestimmt und im Gelände durch Grenzzeichen markiert. Ein fundamentaler Grundsatz des Völkerrechts ist die wechselseitige Unverletzlichkeit der G. Die Staaten regeln bes. im Pass- und Zollrecht die Voraussetzungen für den Verkehr über ihre Grenzen. – Im Zivilrecht bestimmt die G. eines Grundstückes den Teil der Erdoberfläche, der dem Eigentümer zusteht (§ 905 BGB).

❖ siehe ZEIT Aspekte

Grenzfälschung, die rechtswidrige Unkenntlichmachung oder Veränderung einer Grenze (bes. durch Manipulation der Markierungen) zum Nachteil eines anderen; strafbar gemäß § 274 Abs. 1 Nr. 3 StGB, in *Österreich* § 230 StGB, in der *Schweiz* Art. 256, 268 StGB.

Grenzfläche, Fläche zw. zwei Stoffen oder Phasen, i. e. S. zw. kondensierten Phasen; ist eine Phase ein Gas, spricht man von **Oberfläche.** An der G. ändern sich die physikal. Eigenschaften längs einer Strecke von molekularer Größenordnung sprunghaft; als Wirkung von Kräften treten typ. G.-Erscheinungen auf (Oberflächenspannung, Benetzung, Kapillarität).

grenzflächen|aktiv (kapillaraktiv), Bez. für die Eigenschaft meist synthet. organ. Verbindungen wie ↑Tenside, sich an Grenzflächen stark anzureichern und dadurch die Grenzflächenspannung herabzusetzen. G. sind z. B. Reinigungs- und Netzmittel.

Grenzflächenspannung, an der ↑Grenzfläche zweier Phasen auftretende Spannung, die die Grenzfläche zu verkleinern sucht. Die G. gegen eine gasförmige Phase heißt ↑Oberflächenspannung.

Grenzfrequenz, *Elektrotechnik, Elektronik:* obere und untere Frequenz, bei der die Übertragungsgröße einen bestimmten Grenzwert (z. B. den halben Wert) des durchschnittl. Durchlassbereichs erreicht hat; wichtige Kenngröße für das Übertragungsverhalten elektr. Schaltungen oder Geräte.

Grenzgänger, Arbeitnehmer, der seinen Wohnsitz im Grenzgebiet eines Landes hat und regelmäßig in das Nachbarland zur Arbeit fährt. Die soziale und rechtl. Stellung der G. regeln meist zweiseitige Abkommen.

Grenzkohlenwasserstoffe, ältere Bez. für die ↑Alkane.

Grenzkosten, Kosten, die bei einer Ausweitung (Verminderung) der Produktion um eine Produkteinheit entstehen (wegfallen). G. spielen eine wichtige Rolle bei kosten- und preispolit. Überlegungen, insbes. bei der Bestimmung von gewinnmaximalen Produktmengen.

Grenzlehre, ein Messwerkzeug (↑Lehre), mit dem geprüft wird, ob die Abmessungen eines Werkstückes zw. zwei vorgeschriebenen Grenzmaßen, d. h. innerhalb der zugelassenen Toleranzen, liegen.

Grenzmark Posen-Westpreußen, 1922 bis 1938 preuß. Provinz, umfasste die 1919 beim Dt. Reich verbliebenen drei nicht zusammenhängenden Teile der ehem. Provinzen Posen und Westpreußen; Hptst. war Schneidemühl. Die G. P.-W. wurde 1938 aufgelöst und den Provinzen Pommern, Mark Brandenburg und Schlesien zugeteilt; seit 1945 zu Polen.

Grenznutzen, Nutzenzuwachs, den ein Wirtschaftssubjekt auf einem bestimmten Verbrauchsniveau bei geringfügiger Ausweitung seines Konsums erfährt. Der G. eines Gutes hängt vom individuellen Bedürfnissystem sowie von der Gütermenge und -qualität (↑gossensche Gesetze) ab. Gemäß der subjektiven Wertlehre bestimmt der G. den Wert der Gütereinheit aus einer Menge gleichartiger Güter.

Grenznutzenschule, Richtung der Volkswirtschaftslehre, die der Wert- und Preistheorie eine subjektivist. Grundlage gibt und auf dem Grenznutzenbegriff aufbaut. Den Begründern der G. gemeinsam ist die Vorstellung, dass die Nutzeneinschätzung der Konsumenten Ursache und Bestimmungsgrund für Wert und Tauschwert eines Gutes ist, wobei dem Grenznutzen insofern besondere Bedeutung zukommt, als er auch den Wert der übrigen verbrauchten Einheiten bestimmt. Damit gelingt es ihnen, für die Wert- und Preisbildung von (Konsum-)Gütern und Produktionsfaktoren von einem einheitl. Erklärungsprinzip auszugehen.

Nach den Vorarbeiten von H. H. Gossen (↑gossensche Gesetze) entstand die G. um

1870 fast gleichzeitig in Österreich (C. Menger), Frankreich (L. Walras) und Großbritannien (W. S. Jevons). Es entwickelten sich drei Hauptrichtungen: Während die **Wiener Schule** oder österr. Schule (E. von Böhm-Bawerk, C. Menger, F. von Wieser, J. A. Schumpeter, L. von Mises) das Grenznutzenprinzip u. a. auf die Preisbildung und gesamtwirtsch. Zusammenhänge anwendete und die **angloamerikan. Schule** (A. Marshall, F. Y. Edgeworth, John Bates Clark [*1847, †1938]) das Grenznutzenprinzip auf die Produktionstheorie und die Theorie der Einkommensverteilung übertrug (↑Grenzproduktivitätstheorie), lieferte die **Lausanner Schule** (Walras, V. Pareto u. a.) v. a. eine mathematisch exakte Darstellung. Mit Paretos Theorie der Wahlakte verbindet sich der Übergang zur modernen Nutzentheorie. – Ein Verdienst der G. ist die Einführung der Marginalanalyse in die Wirtschaftstheorie.

Grenzpolizei, Behörde des Bundes, der Aufgaben des Grenzschutzes übertragen sind, der ↑Bundesgrenzschutz; die bayer. G. bestand bis 1998.

Grenzproduktivität (Grenzertrag), die Änderung der Produktionsmenge, die sich bei einer (infinitesimal kleinen) Änderung des Einsatzes eines Produktionsfaktors und Konstanz der übrigen Faktoren ergibt. Mathematisch betrachtet ist die G. ein partieller Differenzialquotient der Produktionsfunktion.

Grenzproduktivitätstheorie, von J. H. von Thünen und J. B. Clark entwickelte Verteilungstheorie (↑Einkommensverteilung). Grundlage ist eine Produktionsfunktion mit »klass.« Eigenschaften (positive, aber abnehmende Grenzerträge der einzelnen Produktionsfaktoren). Die **mikroökonom. Version** der G. beantwortet die Frage, welche Mengen eines Produktionsmittels in einer Unternehmung bei vollkommener Konkurrenz eingesetzt werden müssen, wenn nach dem maximalen Periodengewinn gestrebt wird: Das Wertgrenzprodukt eines Produktionsmittels (Grenzproduktivität dieses Produktionsfaktors multipliziert mit dem Preis des Endprodukts) muss gleich seinem gegebenen Preis sein. Bei der **makroökonom. Version** wird nach der Höhe des Produktionsmittelpreises selbst gefragt: Der Preis eines Produktionsmittels bestimmt sich bei gegebener Produktionsmittelausstattung der Volkswirtschaft nach dem Wertgrenzprodukt des Produktionsmittels. Die G. bietet ein einheitl. Erklärungsprinzip für alle Einkommensarten mit Ausnahme des Unternehmergewinns. Sie galt lange Zeit als die Theorie der Einkommensverteilung überhaupt.

Grenzschicht, *Strömungslehre:* die durch Haften von Gasen oder Flüssigkeiten an festen Körpern und von Reibungskräften gebildete eng anliegende Strömungsschicht in unmittelbarer Wandnähe, innerhalb derer der Betrag der Strömungsgeschwindigkeit vom Betrag null allmählich auf den der Außenströmung ansteigt. Die G. ist dabei umso dünner, je geringer die Zähigkeit des Fluids (Gas oder Flüssigkeit) ist. Bei der **laminaren G.** verlaufen alle Stromlinien parallel zueinander und zur Wandkontur; die Strömungsteilchen bewegen sich nur längs zueinander; dagegen findet man bei einer **turbulenten G.** noch ungeordnete Querbewegungen, die den Strömungswiderstand erheblich erhöhen. Bei der Umströmung eines Körpers entsteht an seiner Oberfläche stromabwärts zunächst eine laminare G., die durch Strömungen oder unter bestimmten Strömungsbedingungen (im Umschlagpunkt) in eine turbulente G. übergeht.

Grenzschichtbeeinflussung, Beeinflussung der Grenzschicht an Flugzeugtragflügeln, womit durch Vermeidung von Grenzschichtablösungen der Maximalauftrieb vergrößert (↑Hochauftriebsmittel)

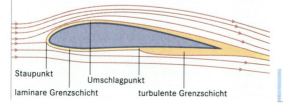

Grenzschicht: laminar-turbulente Grenzschicht an einem Tragflügelprofil

und der Widerstand vermindert werden kann. Die Ablösung wird durch stark verzögerte, energiearme Luftteilchen in der Grenzschicht verursacht.
Grenzschutz, ↑Bundesgrenzschutz, ↑Grenzpolizei.
Grenzsituation, zentraler Begriff in der Philosophie von K. Jaspers: Erfahrungen, in denen der Mensch die Grenzen seines Erkennens, Wollens und Handelns erfährt (z. B. Leiden, Schuld, Sterben) und die im Bewusstsein des Scheiterns zur Selbstwerdung des Menschen führen können und in der Gewinnung »wirklicher Existenz« die Transzendenz durchscheinen lassen.
Grenzsteuersatz, Verhältnis zw. einer Änderung der Steuerbemessungsgrundlage und der hierdurch ausgelösten Änderung des Steuerbetrages. Der G. gibt die zusätzl. Steuerbelastung bei einer Zunahme des zu versteuernden Einkommens an.
Grenzstrahlen (Bucky-Strahlen) [nach dem Röntgenologen G. Bucky, *1880, †1963], sehr weiche ↑Röntgenstrahlen der Wellenlänge 0,5 bis 0,06 nm.
Grenzstrang, Teil des vegetativen Nervensystems, ↑Sympathikus.
Grenzwert (lat. Limes), *Mathematik:* Abk. **lim,** der Wert a, dem sich die Glieder einer Zahlenfolge (a_n) beliebig annähern, wenn die Gliederzahl n der Folge unbegrenzt anwächst:

$$\lim_{n \to \infty} a_n = a$$

(gesprochen »Limes von a_n für n gegen unendlich«). Das ist der Fall, wenn es zu jeder noch so kleinen positiven Zahl ε eine natürl. Zahl $N(\varepsilon)$ gibt, sodass $|a - a_n| < \varepsilon$ für alle $n > N(\varepsilon)$ gilt. Zum Beispiel strebt die Folge 1, $^1/_2$, $^1/_3$, $^1/_4$, ... für $n \to \infty$ dem G. 0 zu, sie ist **konvergent** und konvergiert gegen den G. 0; man spricht dann auch von einer **Nullfolge.** Ist kein G. vorhanden, wie bei der Folge 1, −1, 2, −2, 3, −3, ..., so ist die Folge **divergent.** Analog nimmt eine reellwertige Funktion $f(x)$ an der Stelle x_0 den G. a an:

$$\lim_{x \to x_0} f(x) = a,$$

wenn für jede gegen x_0 konvergierende Folge $x_1, x_2, x_3, ...$ die Folge der Funktionswerte $f(x_1), f(x_2), f(x_3), ...$ gegen a konvergiert.

Grenzwinkel, *Optik:* ↑Reflexion.
Grès [grɛz], Madame, eigtl. Germaine Krebs, frz. Modeschöpferin, *Paris 30. 11. 1903, †La Valette (Département Isère) 24. 11. 1993; eröffnete 1931 unter dem Namen »Alix« einen eigenen Modesalon (Neueröffnung 1942 und 1945) und stellte erst 1980 ihre erste Prêt-à-porter-Kollektion vor. G. galt als Meisterin der der Antike nachempfundenen Draperie. Sie bevorzugte im Schnitt asymmetr. Linien, für die Stoffe weiche Woll- und Seidenjerseys in neutralen, gedämpften Farben; zahlr. Bühnen- und Filmkostüme; auch Parfüm.
Gresham [ˈgreʃəm], Sir Thomas, engl. Finanzpolitiker, *London um 1519, †ebd. 21. 11. 1579. Das nach ihm ben. **greshamsche Gesetz** besagt, dass bei einer ↑Doppelwährung das schlechtere Geld das gute aus dem Zahlungsumlauf verdrängt: Das wertvollere Geld wird gehortet.
Gretchenfrage, Bez. für eine Gewissensfrage, die ungern beantwortet wird (nach der von Gretchen an Faust gerichteten Frage »Nun sag, wie hast du's mit der Religion?«, Goethe, »Faust«, 1. Teil).
Gretel im Busch, Zierpflanze, ↑Schwarzkümmel.
Gretna Green [ˈgretnə ˈgriːn], Dorf in Schottland, an der Grenze zu England, bekannt durch die rechtsgültigen Trauungen, bes. von Minderjährigen, die der »Schmied von G. G.«, der Friedensrichter des Ortes, früher vollzog (seit 1940 verboten).
Grétry [greˈtri], André, belg. Komponist, *Lüttich 8. 2. 1741, †Montmorency (Dép. Val-d'Oise) 24. 9. 1813; kam 1767 nach Paris, bed. Vertreter der frz. kom. Oper (u. a. »Richard Löwenherz«, 1784; »Blaubart«, 1789; »Wilhelm Tell«, 1791; schrieb auch Vokalstücke, Kirchen- und Kammermusik.
Gretschaninow, Alexander Tichonowitsch, russ. Komponist, *Moskau 25. 10. 1864, †New York 4. 1. 1956; lebte seit 1939 in den USA (seit 1946 amerikan. Staatsbürger). Sein Klangstil, nationalrussisch geprägt, ist betont lyrisch. Schwerpunkte seines Schaffens sind Werke für Kinder (Klavierstücke, Kinderopern) und geistl. Musik (u. a. »Missa Oecumenica«, 1939).
Gretschko, Andrei Antonowitsch, Marschall der Sowjetunion (seit 1955), *Golodajewka (Gebiet Rostow) 17. 10. 1903, †Moskau 26. 4. 1976; 1957–60 Oberbefehlshaber der sowjet. Landstreitkräfte

und stellv. Verteidigungsmin., 1960–67 Oberbefehlshaber der Streitkräfte des Warschauer Pakts und 1967–76 Verteidigungsminister.

Gretzky, Wayne (»The Great«), kanad. Eishockeyspieler, *Brantford (Prov. Ontario) 26. 1. 1961; gewann u. a. viermal den Stanley-Cup und wurde achtmal ins (NHL-)All-Star-Team gewählt; bester (NHL-)Scorer und Torschütze aller Zeiten. – 2001/02 Manager der kanad. Nationalmannschaft (Olympiasieger 2002).

Greuze [grø:z], Jean-Baptiste, frz. Maler, *Tournus 21. 8. 1725, †Paris 21. 3. 1805; malte, von der literar. Mode der »Rührdichtung« angeregt, beschaul., moralisierende, damals sehr geschätzte Genrebilder und vorzügl. Porträts.

Greven, Stadt im Kr. Steinfurt, NRW, im Münsterland, an der Ems, 33 400 Ew.; Textilind.; Flughafen Münster/Osnabrück. – Seit 1950 Stadt.

Grevenbroich [-'bro:x], Stadt im Kr. Neuss, NRW, an der Erft; 63 600 Ew.; geolog. Museum, völkerkundlich-archäolog. Museum; Aluminiumwerk, Maschinenbau, Textilind., Konservenfabrik; Großkraftwerke (nahebei Braunkohlenbergbau). – G. wurde 1311 erstmals als Stadt bezeichnet, kam 1307 zum Herzogtum Jülich, 1614/66 zu Pfalz-Neuburg, 1794 an Frankreich, 1815 an Preußen.

Grevesmühlen, Krst. des Landkreises Nordwestmecklenburg, Meckl.-Vorp., 11 100 Ew.; Metall-, elektron., Holz-, Baustoffindustrie. – Stadtbefestigung mit mehreren Wiekhäusern und drei Toren (Mitte 18. Jh.), Stadtkirche St. Nikolai (13. Jh.). – G., vor 1230 entstanden, erhielt um 1262 Stadtrecht.

Grey ['greɪ], Sir Edward, 3. Baronet (seit 1882), 1. Viscount G. of Fallodon (seit 1916), brit. Politiker, *London 25. 4. 1862, †Fallodon (heute Falloden, Cty. Northumberland) 7. 9. 1933; 1885–1916 als Liberaler Mitgl. des Unterhauses; 1905–16 Außenmin.; versuchte internat. Konflikte zu entschärfen (u. a. 1907 in Zentralasien durch die Konvention mit Russland über Persien, Afghanistan und Tibet); festigte angesichts der dt.-brit. Flottenrivalität 1912 die brit.-frz. Entente cordiale.

Greyerz (frz. Gruyères), Bezirksort im Kt. Freiburg, Schweiz, 810 m ü. M., an der Saane oberhalb des Stausees Lac de la Gruyère (10 km²), 1 500 Ew.; Schaukäserei. – Stadtbild unter Denkmalschutz: Schloss (12. Jh., im 15. Jh. umgestaltet; Museum), spätgot. Bürgerhäuser. – Im **Greyerzer Land** (Bez. La Gruyère) im oberen Saanetal der Freiburger Voralpen Fremdenverkehr; Milchwirtschaft, Herstellung von **Greyerzer Käse.**

Greyhound ['greɪhaʊnd] *der,* glatthaariger engl. Windhund, der sehr schnell mit weit ausholenden Sprüngen laufen kann (Windhundrennen). Schulterhöhe bis 76 cm.

Gribojedow, Alexander Sergejewitsch, russ. Dramatiker und Diplomat, *Moskau 15. 1. 1795, †(Opfer eines polit. Attentats) Teheran 11. 2. 1829; schrieb die Verskomödie »Verstand schafft Leiden« (1822–24, hg. 1833), eine schonungslose Satire auf die höhere Moskauer Gesellschaft.

Grid [engl. »Gitter«] *das, Informatik:* kurz für ↑World Wide Grid.

Grid Computing [grɪd kɔmˈpjuːtɪŋ, engl. »(auf einem) Gitter rechnen«] *das* (verteiltes Rechnen), die Verwendung von Ressourcen entfernter Computer für die Datenverarbeitung. Konzepte zur Erhöhung der Leistungsfähigkeit sind u. a. der Einsatz von Parallelrechnern, bei denen mehrere Prozessoren in einem Computer zusammenarbeiten, sowie das Arbeiten mit Clustern, bei denen viele Standardrechner miteinander vernetzt werden. G. C. kann als Erweiterung dieser Konzepte angesehen werden. Der Datenaustausch zw. den kommunizierenden Prozessoren findet über das Internet statt, sodass z. B. auch Rechenzentren miteinander vernetzt werden können. (↑World Wide Grid)

Griechen, 1) die seit dem Anfang des 2. Jt. v. Chr. in Griechenland eingewanderten indogerman. Stämme (↑Griechenland, Geschichte, ↑griechische Kultur). Die Frühgriechen trugen wahrscheinlich den Namen **Achaier.** Seit etwa 700 v. Chr. wurde der Name **Hellenen** (nach der Landschaft Hellas) gebräuchlich, später auch **Panhellenen.**

2) Staatsvolk in ↑Griechenland und überwiegende Mehrheit der Bev. Zyperns.

Griechenland (neugrch. Ellas, altgrch. Hellas, neugrch. amtlich Elliniki Dimokratia; dt. Griechische Republik und Hellenische Republik), Staat in SO-Europa, grenzt im NW an Albanien und Makedonien, im N an Bulgarien, im NO an den europ. Teil der Türkei; im O liegen einige der

Griechenland GRI

Ägäischen Inseln dicht vor der asiat. Küste der Türkei.

Staat und Recht: Nach der 1986 revidierten Verf. vom 11. 6. 1975 ist G. eine parlamentar. Rep. Staatsoberhaupt ist der vom Parlament auf 5 Jahre gewählte Präsident. Er ist Oberbefehlshaber der Streitkräfte, ernennt den Min.-Präs. sowie auf dessen Vorschlag die übrigen Mitgl. des Kabinetts. Die Reg. als Exekutivorgan kann durch Misstrauensvotum des Parlaments gestürzt werden. Oberstes gesetzgebendes Organ ist die Nationalversammlung (höchstens 300 Abg., für 4 Jahre gewählt). Es besteht Wahlpflicht und eine Dreiprozentklausel. Einflussreiche Parteien: Panhellenistische Sozialistische Bewegung (PASOK), Neue Demokratie (ND, konservativ-liberal), Kommunist. Partei (KKE), Koalition der Linken und des Fortschritts (SYNASPISMOS), Demokrat. Soziale Bewegung (DIKKI).

Griechenland	
Fläche	131 626 km²
Einwohner	(2003) 10,976 Mio.
Hauptstadt	Athen
Verwaltungsgliederung	13 Regionen, Mönchsrep. Athos
Amtssprache	Neugriechisch
Nationalfeiertag	25. 3.
Währung	1 Euro (EUR, €) = 100 Cent
Zeitzone	MEZ + 1 Std.

Landesnatur: G. umfasst den südl. Teil der Balkanhalbinsel mit der Peloponnes. Ferner gehören zu G. die Ion. Inseln, die Inseln des Ägäischen Meeres (Sporaden, Kykladen, die der kleinasiat. Küste vorgelagerten Inseln außer İmroz [Imbros] und Bozca Ada [Tenedos]) sowie die südägäische Inselgruppe (u. a. Kreta und Rhodos). Der Halbinsel- und Inselstaat hat rd.

15 000 km Küsten (4 100 km Festlandsküsten), die meist felsig und reich an Buchten sind. Das Innere wird von Gebirge (drei Viertel der Oberfläche) und Beckenlandschaften eingenommen: Im N (W-Thrakien, Griechisch-Makedonien) finden sich hohe Gebirgszüge und fruchtbare oder versumpfte Ebenen. In Nordwest-G. liegt Epirus, eine baumlose gebirgige Landschaft, die von Thessalien durch das Pindosgebirge (im Smolikas 2 637 m ü. M.) getrennt ist. Das Gebirgssystem setzt sich fort in den Gebirgen der Peloponnes (im Taygetos bis 2 407 m ü. M.) und bis nach Kreta. Der Olymp (nördlich des thessal. Beckens) ist mit 2 917 m ü. M. der höchste Berg des Landes. Erdbeben sind häufig. Die Peloponnes, die größte Halbinsel G.s, ist mit dem Festland nur durch den schmalen Isthmus von Korinth verbunden. Wardar, Struma und Maritza sind die bedeutendsten Flüsse.

Das Klima ist mittelmeerisch mit heißen, trockenen Sommern, nördl. Winden (↑ Etesien) und milden, feuchten Wintern. Es wird von S nach N merklich rauer. Die W-Seite erhält wesentlich mehr Niederschläge als die O. In den Gebirgen liegt im Winter regelmäßig Schnee. Die immergrüne mediterrane Hartlaubvegetation ist auf die Küsten und Tiefländer beschränkt. Daran schließen sich bis rd. 2 000 m ü. M. Laubmischwälder, in höheren Lagen auch Nadelwald an, darüber folgen alpine Matten. Schon seit der Antike wurden die ursprüngl. Wälder durch Umwandlung in Kulturland, Beweidung und Holzentnahme weitgehend zerstört; Macchie und Phrygana (eine Form der Garrigue) entstanden.

Bevölkerung: Rd. 98 % der Bev. sind Griechen, sonst Angehörige nat. Minderheiten wie Makedonier, Türken und Pomaken, Albaner, Aromunen, Sarakatsanen (griechischsprachige Bev. aromun. Herkunft), Bulgaren und Roma. Am dichtesten besiedelt sind die Becken- und Küstenlandschaften und einige Inseln. 64 % der Ew. leben in Städten, über ein Drittel der Gesamtbev. in der Region Athen-Piräus. Bed. sind Emigration und Remigration; bereits vor 1900 hatte die Auswanderung nach Übersee begonnen; über 1 Mio. Menschen verließen seit 1945 als Auswanderer auf Dauer (v. a. in die USA, nach Australien und Kanada) und auf Zeit (Gastarbeiter)

33

GRI Griechenland

Griechenland: Rhodos, Hafen der gleichnamigen Inselhauptstadt mit der Markthalle, im Hintergrund der Großmeisterpalast

das Land. – Rd. 97% der Bev. gehören der ↑griechisch-orthodoxen Kirche an, die Staatskirche ist; knapp 1% anderen christl. Kirchen (bes. Katholiken und armen. Christen). Nicht christl. religiöse Minderheiten bilden die etwa 150 000 Muslime (Türken, Pomaken, Albaner) und die rd. 5000 Juden. – Es besteht eine neunjährige allgemeine Schulpflicht. Die Analphabetenquote beträgt 3%. Das Schulsystem ist zweigliedrig und umfasst als Pflichtschulen die sechsjährige Grundschule und das dreijährige Gymnasium (Sekundarstufe I), an das sich die zur Hochschulreife führende dreijährige Lyzeum (Sekundarstufe II; Voraussetzung: Aufnahmeprüfung) anschließt. Schulen mit türk. Unterrichtssprache bestehen in Westthrakien (↑Thrakien). Es gibt 18 Univ.; älteste Univ. ist die Nationaluniv. (gegr. 1837) in Athen.

Wirtschaft und Verkehr: Seit 1981 ist G. Vollmitgl. der EG. Bergbau und Ind. haben die Landwirtschaft aus ihrer führenden Rolle verdrängt. Nur etwa 22% der Gesamtfläche dienen heute dem Ackerbau (davon 30% mit Bewässerung, 20% mit dichtem Fruchtbaumbestand); etwa 40% werden als Weiden genutzt. Kleinbetriebe herrschen vor (70% aller Betriebe bewirtschaften weniger als 5 ha). Wichtigste Anbauerzeugnisse sind Weizen, Gerste, Mais, Baumwolle, Zuckerrüben, Oliven, Weintrauben (für Wein, Rosinen, Korinthen und als Tafeltrauben), Tabak, Tomaten, Obst (bes. Zitrusfrüchte). Daneben hat die Viehwirtschaft, bes. auf den Bergweiden betrieben, Bedeutung für die Eigenversorgung (Rinder-, Schaf- und Ziegenhaltung). Die Forstwirtschaft ist wegen geringen Bestands (rd. 20% der Fläche tragen Wald und Busch) unbedeutend; fast 90% des Nutzholzbedarfs muss eingeführt werden; Harzgewinnung für die Herstellung von Retsina. Auch die Fischerei (sauerstoffarme Küstengewässer; Überfischung) kann den heim. Bedarf nicht decken.

Zu der Verarbeitung landwirtsch. Produkte (Konserven-, Textil-, Zuckerfabriken) kamen chem. Ind. (Kunstdüngererzeugung), Metallind. (Stahl- und Aluminiumerzeugung, Nickelerzverhüttung), Schiffbau und Mineralölverarbeitung. Hauptstandorte der Ind. sind der Ballungsraum Athen-Piräus, Saloniki, Patras sowie einige Mittelstädte auf Euböa und in Thessalien. – Die wichtigsten Erzeugnisse des Bergbaus sind Braunkohle, Bauxit, Magnesit; ferner Manganerze, Marmor, Perlit, Schmirgel, Bentonit, Puzzolane u. a.; Erdöl und Erdgas (bei der Insel Thasos in der nördl. Ägäis) werden seit 1981 gefördert. – 35% des Primärenergieverbrauchs werden durch feste Brennstoffe (v. a. im Lande abgebaute Braunkohle), 60% durch Öl gedeckt.

Der Außenhandel zeigt seit langem einen beträchtl. Einfuhrüberschuss, z. T. ausgeglichen durch Erlöse aus dem Fremdenver-

Griechenland GRI

kehr (1999: 12,2 Mio. Touristen) und durch Geldüberweisungen grch. Gastarbeiter. Importiert werden bes. Erdöl, Maschinen, Fahrzeuge sowie Nahrungsmittel, exportiert Textilien und Bekleidung, Erdölprodukte, Obst, Eisen, Stahl, Aluminium, Tabak. Haupthandelspartner: Dtl., Italien, Frankreich, die Niederlande, Japan, Großbritannien und die USA. – Die natürl. Gegebenheiten erschweren den Landverkehr: (1999) 2 299 km Eisenbahnlinien; (1999) 116 500 km Straßen, davon 9 100 km Nationalstraßen. G. ist eines der bedeutendsten Schifffahrtsländer der Erde. Eine große Rolle spielen hier sowohl die Küstenschifffahrt als auch der Überseeverkehr (Deviseneinnahmen). Wichtigste Häfen: Piräus, Saloniki und Volos. Für die Küstenschifffahrt und den Passagierverkehr hat der Kanal von Korinth Bedeutung. Größter internat. Flughafen ist Athen (Eleftherios Venizelos), weitere internat. Flughäfen sind Saloniki, Heraklion, Korfu, Rhodos; staatl. Fluggesellschaft: »Olympic Airways«.

Geschichte: Zur Vorgeschichte ↑Mittelmeerraum.

Frühzeit (bis etwa 800 v. Chr.): Schauplatz der grch. Geschichte i. w. S. ist der gesamte von den Griechen besiedelte Raum der Mittelmeerwelt, i. e. S. die von den Griechen »Hellas«, von den Römern »Graecia« gen. Halbinsel, die zugehörigen grch. besiedelten Inseln und die Inseln des

GRI Griechenland

Ägäischen Meeres. Hier wanderten seit Beginn des 2. Jt. v. Chr. die indogerman. Stämme der Ionier, Äolier und Achaier ein und vermischten sich mit der ansässigen mediterranen Vorbev. der Karer, Leleger und Pelasger. Sie begründeten die mittelhellad. Kultur, seit etwa 1550 v. Chr. unter dem Einfluss des minoischen Kreta die myken. Kultur (↑ägäische Kultur). Es entstanden größere Territorialherrschaften mit befestigten Zentren (Mykene, Pylos, Argos, Athen, Theben) und einer entwickelten Verwaltung. Um 1450 v. Chr. griffen die Achaier auch nach Kreta über und setzten dort der minoischen Kultur ein Ende. Seit etwa 1100 v. Chr. besiedelten die Dorer große Teile Mittel-G.s und der Peloponnes (»dorische Wanderung«, heute oft als Umgruppierung gedeutet). Gleichzeitig wurden die Äolier und Ionier z.T. nach Kleinasien abgedrängt (1. grch. Kolonisation).

Archaische Zeit (etwa 800–500 v. Chr.): Nach 800 v. Chr. begann eine neue Ausbreitung der Griechen nach O und W durch Gründung zahlr. Siedlungen in Unteritalien, Sizilien, an den Küsten des Hellesponts, Bosporus, des Schwarzen Meeres sowie in N-Afrika (2. grch. Kolonisation). Das Königtum wurde in den meisten grch. Staaten durch eine Adelsherrschaft verdrängt. Es bildete sich der Gemeindestaat der Polis mit Jahresbeamten (↑Archon), Rat (↑Bule) und Volksversammlung (Ekklesia, ↑Ecclesia) heraus. Auf dem Festland traten Sparta und Athen immer mehr hervor. Der von zwei gemeinschaftlich regierenden Königen beherrschte spartan. Militärstaat unterwarf im 8. und 7. Jh. Messenien und sicherte sich die Vorherrschaft (Hegemonie) in der Peloponnes. In Athen standen seit der Mitte des 7. Jh. 9 Archonten an der Spitze. Die erste Aufzeichnung des athen. Rechtes veranlasste um 621 Drakon. 594 wurde dieses durch die timokrat. Verf. (↑Timokratie) Solons ersetzt. Dann errang Peisistratos die Macht als Alleinherrscher (Tyrann; 560–527). Kleisthenes schuf 507 v. Chr. die Grundlage der Volksherrschaft (Demokratie) in Athen.

Klassische Zeit (500–336 v. Chr.): Die Unterstützung der aufständ. grch. Städte in Kleinasien durch Athen (↑Ionischer Aufstand) hatte die ↑Perserkriege (500 bis 449/448 v. Chr.) zur Folge, durch die

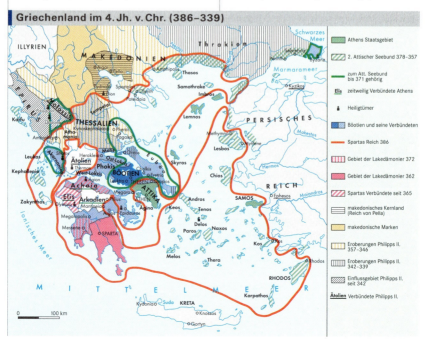

Griechenland im 4. Jh. v. Chr. (386–339)

Griechenland GRI

Athen zur ersten Seemacht G.s emporstieg. Unter der Staatsführung des Perikles seit 461 erlangten Kunst, Dichtung und Wiss. eine hohe Blüte (Perikleisches Zeitalter). Dieser Aufschwung Athens verstärkte den Gegensatz zu Sparta. Im ↑Peloponnesischen Krieg (431–404 v. Chr.) kämpften beide Staaten um die Macht in G. Der Spartaner Lysander zerstörte 405 die vorher erfolgreiche athen. Flotte bei Aigospotamoi. Athen wurde eingeschlossen und musste kapitulieren (404). Nun wurde der Kampf gegen Persien wieder aufgenommen. Sparta musste aber sein Heer aus Kleinasien zurückrufen, nachdem 395 Theben, Athen, Korinth und Argos mit pers. Unterstützung den Korinth. Krieg begonnen hatten. 387/386 handelte der Spartaner Antalkidas mit dem pers. Großkönig Artaxerxes II. die Bedingungen eines allg. Friedens aus (↑Königsfriede), der den grch. Staaten Unabhängigkeit garantierte, jedoch alle grch. Städte Kleinasiens und Zyperns dem Perserkönig unterstellte. Die Art, wie Sparta seine wiederhergestellte Macht missbrauchte, führte zur Vernichtung seiner Vorherrschaft durch die Thebaner (Sieg des Epaminondas bei Leuktra 371), an die die Vorherrschaft überging, bis 362 v. Chr. Epaminondas in der Schlacht von Mantineia fiel. Die innere Zerrissenheit G.s machte König Philipp II. von Makedonien ein Eingreifen leicht; durch seinen Sieg bei Chaironeia (338) brachte er Theben und Athen in Abhängigkeit und sicherte die makedon. Vorherrschaft über Griechenland.

Hellenismus und römische Herrschaft (336 v. Chr.–330 n. Chr.): Nach der Ermordung Philipps II. (336) musste sein Sohn Alexander d. Gr. einen Aufstand der Griechen niederschlagen (Zerstörung Thebens 335), wurde dann mit dem schon unter seinem Vater beschlossenen Rachekrieg gegen Persien beauftragt. Alexander konnte diesen Auftrag mit der Befreiung der kleinasiat. Griechenstädte und der Zerstörung von ↑Persepolis erfüllen. Zugleich dehnte er seine eigene Macht über Ägypten und das ehem. Perserreich bis zum Indus aus. Nach seinem Tod (323) wurde G. in die Wirren der Diadochenzeit hineingezogen. Dem 280 gebildeten Achaiischen Bund gelang es noch, G. von der makedon. Oberherrschaft zu befreien. Erst der Sieg der Römer über Philipp V. bei Kynoskephalai (197) beendete die Herrschaft Makedoniens und begründete die der Römer. Der Sieg der Römer über den Achaiischen Bund bei Leukopetra in der Nähe von Korinth und dessen Zerstörung (146 v. Chr.) besiegelten den Untergang der Freiheit Griechenlands.

Unter den Römern war G. politisch ohne Bedeutung, obwohl es sich durch die Gunst der Kaiser, bes. Trajans und Hadrians, bis Ende des 2. Jh. n. Chr. noch einmal zu hoher äußerer Blüte erhob. Im 3. Jh. drangen Germanenstämme in das Land ein (u. a. Goten, Heruler). Das Christentum setzte sich nur langsam durch. Seit Diokletian gehörte G. als Diözese Macedonia mit 5 Prov. zur illyr. Präfektur des Röm. Reiches, das mit der Erhebung von Konstantinopel zur Hauptstadt im O (330) ein neues Staatszentrum erhielt.

Byzantinische Zeit und osmanische Herrschaft (330 n. Chr. bis 1830): G. gehörte nun zum östl., von Konstantinopel aus regierten Reichsteil und seit 395 zum endgültig vom Westreich getrennten Oström. (Byzantin.) Reich, in dem das Griechische Verkehrssprache, seit dem 7. Jh. auch offizielle Reichssprache war. In den folgenden Jahrhunderten war das grch. Gebiet, seit den Verwaltungsreformen des 7. bis 9. Jh. in mehrere Bezirke (Themen) gegliedert, ein unbedeutender Teil des Byzantin. Reiches, der den Verwüstungen der Völkerwanderung preisgegeben und vom 6. bis 9. Jh. oft von slaw. Völkern überrannt wurde. Das flache Land verödete; die Städte verloren ihre wirtsch. Bedeutung. Seit dem 9. Jh. fielen Araber, Bulgaren und Normannen ein. Nach der Eroberung Konstantinopels durch die Teilnehmer des 4. Kreuzzugs (1204) entstand eine Anzahl kleiner lat. Herrschaften. Lediglich das Despotat Epirus bewahrte während der »Frankenherrschaft« in G. die byzantin. Tradition. In der Peloponnes war das byzantin. Despotat Morea (oder Mistra, nach der Hauptstadt) von etwa 1260 bis zu seiner Eroberung durch die Osmanen 1460 die einzige stabile Macht. Nach der Einnahme Konstantinopels (1453) wurde auch G. von den Türken (bis 1461) erobert und blieb, angeschlossen an die Statthalterschaft Rumelien und eingeteilt in Provinzen (Sandschaks), bis 1830 Teil des Osman. Reiches. Das Land beherrschten türk. Grundherren und die ↑Phanarioten. Nur

37

GRI Griechenland

die Kirche und die selbstständige Gemeindeverf. hielten das grch. Nationalgefühl aufrecht.

Der Machtzerfall des Osman. Reiches seit dem 17./18. Jh. (sichtbar im Widerstand der ↑Klephten) und die Entstehung einer neuen Schicht von Kaufleuten und Fernhändlern, die seit dem 18. Jh. zu Vermittlern des Gedankenguts der Aufklärung und der nat. Bewegungen wurde, führten Anfang des 19. Jh. zum grch. Freiheitskampf, vorbereitet durch Geheimbünde (Hetärien). Nach der erfolgreichen serb. Erhebung (1804–17) revoltierten die von Albanern und Bulgaren unterstützten Griechen gegen den Sultan; am 6. 3. 1821 rückte A. Ypsilanti im Donaufürstentum Moldau ein und rief zur Erhebung auf. Am 25. 3. (heute Nationalfeiertag) begann der allg. bewaffnete Aufstand im eigentl. G., unterstützt von griechenfreundl. Freischaren aus W-Europa (»Philhellenen«). Am 1. 1. 1822 erklärte die Nationalversammlung von Epidauros G. für unabhängig. Der Aufstand wurde nach den türkischen Rückeroberungen durch Ibrahim Pascha (1826) aber erst nach dem Eingreifen von Großbritannien, Russland und Frankreich in die Kämpfe entschieden (Seeschlacht bei Navarino, 20. 10. 1827).

Der moderne griechische Staat zwischen Monarchie und Diktatur (1830–1974): Im Londoner Protokoll (3. 2. 1830) wurde G. als unabhängige Erbmonarchie anerkannt. Das Staatsgebiet bestand – bezogen auf das heutige G. – aus S- und Zentral-G. einschl. Euböas und der Kykladen. Nach der Ermordung des ersten Regenten, I. A. Graf Kapodistrias (1827 auf 7 Jahre gewählt), am 9. 10. 1831 wurde 1832 auf Betreiben der Großmächte der 17-jährige Sohn von König Ludwig I. von Bayern (als Otto I.) König unter der Regentschaft des Grafen J. L. von Armansperg. Die reaktionäre, von Fremden beherrschte Reg., die im Ggs. zu den Idealen des Freiheitskampfes stand, konnte in der Bev. keinen Rückhalt gewinnen. 1862 wurden die Wittelsbacher vertrieben und der dän. Prinz Wilhelm (Dynastie Schleswig-Holstein-Sonderburg-Glücksburg) als Georg I. von der Nationalversammlung zum

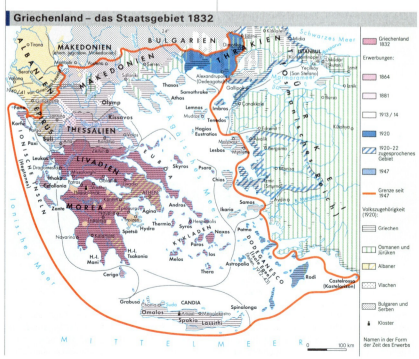

Griechenland – das Staatsgebiet 1832

Griechenland GRI

König gewählt. Die 1864 ausgearbeitete Verf. (bis 1911 in Kraft) basierte auf dem Prinzip der Volkssouveränität und bildete die Grundlage des gegen die Machtansprüche der Krone durchgesetzten parlamentar. Reg.systems. 1881 erhielt G. das Gebiet von Arta und den größten Teil Thessaliens.
In der Folge der Militärrevolte 1909 bildete der liberale polit. Führer der Kreter, E. Venizelos, 1910–15 die Reg. und führte 1911 eine Verfassungsreform durch. Es folgte die siegreiche Teilnahme an den Balkankriegen (1912/13); das Staatsgebiet konnte verdoppelt werden (u. a. Vereinigung von Kreta mit G.). Über die Frage des Eintritts in den Ersten Weltkrieg 1915 brach ein schwerer Verfassungskonflikt zw. dem für unbedingte Neutralität eintretenden König Konstantin I. und den für das Bündnis mit der Entente plädierenden Liberalen aus. Es kam unter britisch-frz. Schutz zur Bildung einer Gegenreg. durch Venizelos (1916); Konstantin I. dankte zugunsten seines Sohnes Alexander ab (1917).
Durch die Pariser Vorortverträge 1919/20 wurde G. beträchtlich vergrößert (Thrakien, Ägäische Inseln, Mandat über Ionien mit Smyrna). Nach dem Tod König Alexanders (Okt. 1920) und der Wahlniederlage Venizelos' (Nov. 1920) wurde durch Volksabstimmung Konstantin I. zurückgerufen (15. 12. 1920). Der Krieg gegen die Türkei in Kleinasien führte zur Niederlage und Vertreibung der Griechen aus Kleinasien und zum Verlust von O-Thrakien (Abkommen von Mundania, 10. 10. 1922); 1,5 Mio. grch. Flüchtlinge mussten im Austausch gegen die türk. Minderheit (600 000) in G. aufgenommen werden. Die Grenze zur Türkei wurde endgültig festgelegt. Nach der Abdankung Konstantins I. (Sept. 1922) und Georgs II. (1924) rief Venizelos die Rep. aus (25. 3. 1924). Nach fortwährenden Unruhen und Putschen (1926 Diktatur des Generals Pangalos) war Venizelos 1928–32 MinPräs.; er schloss im Okt. 1930 den türkisch-grch. Freundschaftsvertrag ab. Nach erfolglosem Aufstand in Kreta (März 1935) gegen die Royalisten (MinPräs. P. Tsaldaris) musste Venizelos G. verlassen. Durch Volksabstimmung wurde die Monarchie wieder eingeführt (12. 10. 1935). Georg II. kehrte auf den Thron zurück; mit seiner Einwilligung errichtete MinPräs. J. Metaxas ein diktator. Reg.system (Aug. 1936) mit bed. sozialpolit. Neuerungen. Im April besetzte das faschist. Italien Albanien. Von dort aus versuchte es im Zweiten Weltkrieg (Okt. 1940 und März 1941) vergeblich, Nord-G. zu erobern. Am 6. 4. 1941 kam es zur dt.-bulgarisch-italien. Okkupation; Georg II. bildete eine Gegenreg. in London. Im Land entstand eine Widerstandsbewegung, deren mächtigste Organisation EAM/ELAS kommunistisch geführt wurde. Die Exzesse der Besatzungsmächte (Griechenpogrome, Massenerschießungen, z. B. im Dorf Komeno am 16. 8. 1943, in Kalavryta am 13. 12. 1943, in Distomo am 10. 6. 1944) blieben im Bewusstsein des Volkes, ebenso das Massaker an mind. 3 760 italien. Kriegsgefangenen auf Kephallenia im Sept. 1943. Im grch. Bürgerkrieg (1944–49) gelang es den Kommunisten allerdings nicht, sich zu behaupten; schließlich wurden sie mit wirtsch. und militärpolit. Hilfe der USA bezwungen (Truman-Doktrin). G. gewann im Pariser Frieden (1947) den Dodekanes. Im Sept. 1946 kehrte Georg II. nach einer Volksabstimmung zurück; nach dessen Tod bestieg sein Bruder Paul I. den Thron (1947–64). Im Okt. 1952 trat neue Verf. in Kraft. G. wurde Mitgl. der NATO (1974–80 zeitweiliger Austritt) und des Balkanpakts. An der Spitze der konservativen »Hellenist. Sammlungsbewegung« (seit 1956 »Nationalradikale Union«; grch. Abk. ERE) errang Marschall A. Papagos 1952 einen hohen Wahlsieg und wurde MinPräs. Sein Nachfolger als Vors. der ERE und Min.-Präs. (1955–63) war K. Karamanlis. 1963 errang die 1961 gegr. Zentrumsunion die absolute Mehrheit; ihr Vors. G. Papandreu wurde MinPräs.; er geriet nach seiner Absetzung (1965) in Konflikt mit König Konstantin II. (1964–1973/74). Am 21. 4. 1967 errichtete eine Gruppe konservativer Offiziere unter MinPräs. G. Papadopulos (1967–73) ein diktator. Regime (Ausnahmezustand, Massenverhaftungen und -deportationen, Gleichschaltung der Presse, KZ auf Jaros und Leros). Nach einem gescheiterten Gegenputsch (Dez. 1967) Konstantins II. ging dieser ins Exil. Am 1. 6. 1973 rief Papadopulos die Rep. aus und wurde Staatspräs. (1973). Nach einem unblutigen Putsch gegen ihn (Nov. 1973) übernahm General P. Gisikis die Präsi-

dentschaft (1973/74). Der Fehlschlag eines von Athen aus gelenkten Putsches auf ↑Zypern führte im Juli 1974 zum Zusammenbruch der Militärdiktatur.
Der demokratische Staat (seit 1974): Unter MinPräs. Karamanlis (1974–80; Nachfolger G. Rallis, 1980/81) kehrte G. zum parlamentarisch-demokrat. System zurück; es blieb Rep. (Abstimmung vom Dez. 1974). 1975 trat eine neue Verf. in Kraft. Die von Karamanlis geführte ND errang 1974 und 1977 die absolute Mehrheit, verlor diese jedoch 1981 an die PASOK, die mit A. Papandreu den Min.-Präs. (1981–89; bestätigt 1985) stellte. Nachfolger von Staatspräs. K. Tsatsos (1975–80) wurde Karamanlis (1980–85), dessen Nachfolger C. Sartzetakis (parteilos; 1985–90). Nach Krisen und einer zehnmonatigen polit. Instabilität (1988/89) errang die ND nach drei Parlamentswahlen (Juni und Nov. 1989 sowie April 1990) eine schmale Mehrheit. Im Mai 1990 wurde Karamanlis erneut zum Staatspräs. gewählt. Die von der ND getragene Reg. unter K. Mitsotakis führte ein Sanierungsprogramm durch. Nach Wahlsiegen (Okt. 1993 und Sept. 1996) kam die PASOK wieder an die Reg., zunächst unter MinPräs. Papandreu, ab Jan. 1996 unter K. Simitis (April 2000 knapp bestätigt). Am 8. 3. 1995 wurde K. Stephanopulos Staatspräs. (am 8. 2. 2000 wieder gewählt). Wegen des Amtsverzichts von Simitis mussten die Parlamentswahlen vorgezogen werden; am 7. 3. 2004 wurde die konservative ND stärkste Partei und ihr Vors. K. Karamanlis zum MinPräs. gewählt.
In der *Außenpolitik* belasteten der grch.-türk. Konflikt um Zypern sowie die Kontroverse um die Hoheitsrechte in der Ägäis lange Zeit die Beziehungen beider Staaten; seit 1998/99, bes. 2002–03 bemühten sich beide Seiten ergebnislos um Versöhnung. Unter UN-Vermittlung entschärften G. und Makedonien im Sept. 1995 ihren Konflikt um den Namen der früheren jugoslaw. Teilrep. mit einem Normalisierungsvertrag. Seit 1981 Vollmitgl. der EG, erhielt G. im Juni 2000 von der EU die Zusage der Mitgliedschaft in der Euro-Zone (ab 2001); zum 1. 1. 2002 wurde planmäßig die Drachme als Zahlungsmittel abgelöst und der Euro eingeführt.

📖 *Kirsten, E. u. Kraiker, W.: G.-Kunde*, 2 Bde. Heidelberg ⁵1967. – *Sauerwein, F.: G. Land, Volk, Wirtschaft in Stichworten*. Wien 1976. – *G. Greece*, hg. v. K.-D. Grothusen. Göttingen 1980. – *Gehrke, H.-J.: Jenseits von Athen u. Sparta. Das dritte G. u. seine Staatenwelt*. München 1986. – *Bockhoff, B.: G*. München 1987. – *Bengtson, H.: Die hellenist. Weltkultur*. Stuttgart 1988. – *Lienau, C.: G. Geographie eines Staates der europ. Südperipherie*. Darmstadt 1989. – *Bengtson, H.: Grch. Gesch. Von den Anfängen bis in die röm. Kaiserzeit. Sonderausg.* München ⁸1994. – *Weithmann, M. W.: G. vom Frühmittelalter bis zur Gegenwart*. Regensburg 1994. – *G. – Athen*. Redaktion: E. Astor. Leipzig u. a. 1996. – *Clogg, R.: Gesch. G.s im 19. u. 20. Jh. A. d. Engl.* Köln 1997. – *Schuller, W.: Grch. Gesch.* München ⁵2002. – *Gehrke, H.-J.: Gesch. des Hellenismus*. München ³2003.

griechische Kultur. Die Griechen sind in mehreren zeitl. Folgen in Griechenland eingewandert (↑Griechenland, Geschichte) und mit der vorindogerman. Bevölkerung verschmolzen. Entscheidend war die von der Landesnatur bestimmte Aufspaltung in Kleinstaaten und Talschaften. Da polit. Leben sich in engen Räumen im Personalverband vollzog, war das Heimatgefühl stets stärker als das Nationalbewusstsein, das sich nur kulturell gegen alle Fremden anderer Sprache (Barbaren) absetzte.
Die Notwendigkeit, seine Herrschaft zu behaupten, zwang Sparta zur Ausprägung eines Kriegerstaats unter der Bewahrung urtüml. Gemeinschaftsformen (Altersklassen, vormilitär. Erziehung der Jugend). Als ein anderes Extrem entwickelte sich bei den Ioniern Kleinasiens das selbstbewusste Individuum in Politik, Wirtschaft und Gesellschaft. Athen stand zw. beiden Extremen und wurde zur Heimat des seinem Stadtstaat (↑Polis) verbundenen Bürgers, der sich in seinen Entscheidungen frei, aber seinen Mitbürgern verantwortlich fühlte.
Die Kultur der Griechen war zunächst Adelskultur, der homer. Held das Vorbild jedes Mannes, Streben nach Tapferkeit, Tugend (Arete) seine Aufgabe.
Die Überschaubarkeit der Staatswesen erlaubte eine direkte Demokratie, in der die gesamte Bürgerschaft zur Volksversammlung (oft im Theater) zusammentrat. Die Meinungsbildung vollzog sich auf dem Marktplatz (Agora), wo die Männer einkauften. In der demokrat. Polis blieb der

griechische Kunst GRI

Einfluss der Frau auf das Haus beschränkt. Höhepunkt des männl. Zusammenlebens war das ↑Symposion. Treffpunkte der Männer waren ferner die Sporthallen (Gymnasien). In klass. Zeit wurden Gymnasion und Symposion von einer Atmosphäre des Eros beherrscht. Zu Unrecht gilt die Knabenliebe als charakterist. griechisch, ihre öffentl. Duldung war aber gesellschaftl. Selbstverständlichkeit. Schon früh wurde Unterricht in Musik und Gymnastik, in Lesen und Schreiben und eine gründl. Anleitung zur Aneignung der Werke der großen Dichter, v. a. von Homer, erteilt. Erst als sich diese Art der Erziehung im Lauf des 5. Jh. auflöste, trat neben die Elementarlehrer (Paidagogen) ein eigener Stand berufsmäßiger Erzieher, die ↑Sophisten.

Von großer Bedeutung waren die panhellen. Götterfeste; das Apollonfest in Delos vereinigte die Ionier der Ägäis, und zum Zeusfest in Olympia kamen Teilnehmer aus allen hellen. Städten und Landschaften, bes. aus denen des Westens. In Delphi überwog das mittel- und nordgrch. Element beim Fest der ↑Amphiktyonie.

Die Festversammlung war der Ort, an dem ein Grundzug grch. Wesens höchste Erfüllung fand, die Neigung zum Wettkampf (Agon). Unter den mus. Agonen waren die vornehmsten die dramat. Agone in Athen: Die attischen Dramen wurden regelmäßig im Wettkampf dargeboten. Drei Bewerber führten nacheinander ihre Stücke auf; prämiert wurden der Dichter, der Chorege (der Träger der Kosten) und später auch Schauspieler. Die wichtigsten sportl. Wettkämpfe waren die ↑Olympischen Spiele.

Die g. K. erreichte im 8. Jh. v. Chr. ihren ersten Höhepunkt (Homer). Im kleinasiat. Siedlungsgebiet nahm sie oriental. Einflüsse auf (u. a. phönik. Alphabet). Im Zeitalter des ↑Hellenismus durchdrang sie in Ost (Alexanderzüge) und West (Rom) die gesamte antike Welt und strahlte bis ins Innere Asiens aus (Gandhara-Kunst). Von den Römern bes. seit dem 2. Jh. v. Chr. übernommen, wurde sie zu einem der prägenden Elemente des Röm. Reiches, bes. im Osten (↑byzantinische Kultur). Sie vermittelte die Einbindung des Christentums in die antike Welt. Die ↑griechische Philosophie und die ↑griechische Literatur, die ↑griechische Kunst, Wiss., Staatsauffassung, Lebenshaltung und die grch. Mythologie (↑griechische Religion und Mythologie) wurden zu einem maßgebl. geistigen Erbe des Abendlands.

📖 *Das alte Griechenland. Geschichte u. Kultur der Hellenen*, bearb. v. A. H. Borbein. Beiträge v. C. Boehringer u. a. München 1995.

griechische Kunst. Anschließend an die spätmyken. Kunst (↑ägäische Kultur) entwickelte sich auf dem grch. Festland gegen Ende des 11. Jh. v. Chr. die geometr. Kunst. Aus dem 9. und 8. Jh. sind kleinplast. Arbeiten aus Ton und Bronze sowie Geräte aus Eisen und Bronze bekannt. Ende des 8. Jh. v. Chr. folgte auf den geometr. Stil die archaische Kunst mit monumentalen Werken der Skulptur und Architektur und bemalten Vasen des »erzählenden Stils« (7.–6. Jh. v. Chr.). Im 5. Jh. entfaltete sich die erste, im 4. Jh. die zweite Blüte der klass. Kunst. Nach dem Tod Alexanders d. Gr. (323) wandelte sich die klass. zur hellenist. Kunst (3.–1. Jh.). Vom Ende des 4. Jh. n. Chr. an lässt sich die g. K. von der byzantin. nicht mehr trennen (↑byzantinische Kunst); zur neuzeitl. g. K. ↑neugriechische Kunst.

Die Bezeichnung der ersten Epoche der g. K. – **geometr. Kunst** – geht auf die Linienornamentik der Tongefäße dieser Zeit zurück: Mäander, Dreieck, Raute, Kreis und Hakenkreuz sind zu waagerechten Streifen angeordnet. An die Stelle der naturhaften kretisch-myken. Formensprache trat ein mathematisch-ordnender Stilwille. Die Gefäße der **streng geometr. Stufe** (850–775 v. Chr.) sind oft ganz mit schwarzem, glänzendem Überzug versehen, aus dem nur wenige schmale Ornamentstreifen ausgespart sind (Haken- und Zinnenmäander). In der **reifgeometr. Phase** (775–750) wurden die differenzierteren Gefäßformen von Ornamenten dicht überzogen. Neben die Tierfriese trat das Menschenbild, v. a. die figurenreiche Totenklage sowie Krieger- und Wagenzüge. Der **spätgeometr. Stil** (750–700) bietet übermäßig geschwellte oder zugespitzte Formen, malerisch flimmernde Ornamente. Seit etwa 720 fanden Bildmotive des Vorderen Orients (Tiere und Fabelwesen) Aufnahme (orientalisierender Stil). – Die gleichen geometr. Stilgrundsätze wie die Tongefäße zeigen Schmuckstücke und Geräte sowie Kleinplastiken aus Metall, Elfenbein und Ton.

GRI griechische Kunst

Baukunst: Die Baukunst entwickelte sich im 8. und 7. Jh. v. Chr. am Tempelbau, dessen Grundform die rechteckige, ihr Licht nur vom Eingang her empfangende Cella war. Die Cella erhielt eine Vorhalle mit zwei Säulen oder wurde mit einer Ringhalle von hölzernen Stützen umgeben (Peristase). Die Formen der urspr. aus Holz und Lehm errichteten Tempel wurden im späteren 7. Jh. auf Steinbauten übertragen. Die ältesten Bauten des seit Mitte des 6. Jh. ausgeprägten **dor. Stils (dor. Ordnung)** waren schwer und gedrungen (Korinth, Ägina, Korfu). Ihre Giebel wurden mit plast. Bildwerken, die Metopen (Zwischenfelder) zw. den Triglyphen (Dreischlitze) des Architravs mit Reliefs geschmückt (so in Selinunt, 540–520). Als Baustoff diente verputzter Kalkstein, später Marmor. Säulen, Gebälk und Giebel wurden in feste Proportionen zueinander gebracht. Die Baukunst der klass. Zeit verfeinerte die allmählich leichter und schlanker werdenden Formen (Zeustempel in Olympia, 470–460; Parthenon, Athen, 448–432; Poseidontempel von Sunion, um 430, und von Paestum, um 450). Im 4. Jh. v. Chr. wurde der dor. Stil nur noch selten, in hellenist. Zeit kaum noch verwendet.

Von der ion. Küste Kleinasiens ausgehend, entwickelte sich im 6. Jh. v. Chr. die Form des ion. Volutenkapitells und mit ihm der **ion. Stil (ion. Ordnung),** der schlanke Säulen von reich durchgebildeten Basen aufsteigen lässt, den Architrav in drei waagerechte Streifen gliedert und darüber mit einem Zahnschnittgesims schließt. In Ephesos und Samos entstanden Kolossaltempel mit doppeltem Säulenumgang (Dipteros). Der **attisch-ion. Stil** bildete eine reichere Kapitellform aus und den mit Skulpturen geschmückten, durchlaufenden Fries unter dem vorspringenden Gesims (Niketempel auf der Akropolis). Mit dem gegen Ende des 5. Jh. v. Chr. aufkommenden korinth. Kapitell, gebildet aus einem korbartigen Kern und Akanthusblättern, setzte sich im Laufe des 4. Jh. v. Chr. der **korinth. Stil (korinth. Ordnung)** durch (Lysikratesdenkmal in Athen, 334). Im Hellenismus verbreitete sich die grch. Baukunst bis weit in den Orient hinein. Neue Aufgaben bot der prunkvolle Ausbau der unter den Diadochen gegründeten königl. Residenzen (Pergamon, Alexandria, Antiochia). In den Städten entstanden

1 Olympieion in Athen (auf Vorgängerbau des 6. Jh. v. Chr. errichtet im 2. Jh. v. Chr., geweiht 131/132 n. Chr.)
2 Korenhalle des Erechtheions (421–414 und 409–406 v. Chr.) auf der Akropolis in Athen
3 Parthenon auf der Akropolis in Athen (447–432 v. Chr.)
4 Kuros aus Anavysos in Attika (um 540 v. Chr.; Athen, Nationalmuseum)
5 ionisches Kapitell mit eingerollten Voluten (nach 478 v. Chr.; Delphi, Apollonheiligtum)
6 Vase im rotfigurigen Stil (um 514 v. Chr.; Würzburg, Martin-von-Wagner-Museum)

griechische Kunst GRI

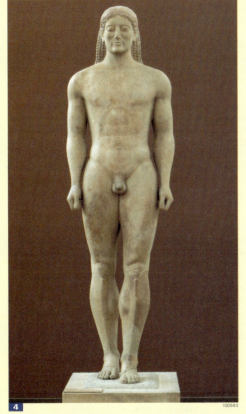

GRI griechische Kunst

große Marktanlagen, die Hallen, Tempel und Rathäuser umfassten, ferner Theater, Bibliotheken (Alexandria, Pergamon), Palästren und Bäder.
Bildhauerkunst: Mit dem Bau der großen Tempel in der 2. Hälfte des 7. Jh. v. Chr. entwickelte sich die monumentale Plastik des **archaischen Stils** (650–500). Götter, Verstorbene und siegreiche Kämpfer wurden als nackte Jünglingsgestalten (Kuroi) in strenger, frontal ausgerichteter Haltung, in Schrittstellung und mit anliegenden Händen dargestellt. Gleichzeitig entstanden bekleidete weibl. Figuren als Verkörperungen von Göttinnen (Göttin mit dem Granatapfel, um 580–560; Berlin, Antikensammlung), Verstorbenen und als Weihgeschenke (Koren). Neben der Freiplastik entwickelte sich die Reliefkunst der für die ersten dor. Tempel gearbeiteten Metopen und Giebelfelder.
Die **klass. Kunst** setzte mit dem **strengen Stil** (500–450) ihrer Frühzeit ein, als sich nach den Perserkriegen auch die Kunst zu neuer Blüte entfaltete. Die starre Gebundenheit des archaischen Stils wurde gesprengt, der menschl. Körper in anatomisch verstandener Bewegung erfasst. An der Wende zu dieser Entwicklung entstanden die kämpfenden Krieger der Giebel des Aphaiatempels von Ägina. Die nach ihrem Äußeren gewaltigsten erhaltenen Werke des strengen Stils sind die Giebelbildwerke und Metopen von Olympia, kostbare Zeugnisse der klass. Erzgießerkunst der »Wagenlenker von Delphi« (478–474; Delphi, Archäolog. Museum) und der »Gott aus dem Meer« von Kap Artemision (um 480 v. Chr.; Athen, Archäolog. Nationalmuseum). Die meisten Bildwerke der grch. Klassik sind nur durch röm. Kopien v. a. des 1.–3. Jh. n. Chr. bekannt. So wurden die Marmorgruppe der beiden Tyrannenmörder Harmodios und Aristogeiton (Neapel, Archäolog. Nationalmuseum) nach einer 477 v. Chr. entstandenen Bronzegruppe kopiert und der »Kasseler Apoll« nach einem vielleicht von Phidias stammenden Werk.
Im Übergang vom strengen Stil zur **hohen Klassik** des 5. Jh. v. Chr. entstanden der »Diskuswerfer« und die Athena-Marsyas-Gruppe von Myron. Die überragenden Bildhauer des Jahrhunderts waren Phidias und Polyklet. Zu den Meisterwerken des Phidias zählen die monumentalen Standbilder des Zeus in Olympia und der Athena Parthenos im Parthenon zu Athen; zwei 1972 vor der Küste Kalabriens bei Riace gefundene Kriegerfiguren aus Bronze sind möglicherweise Originalwerke des Phidias. Unter Leitung des Phidias entstanden die Parthenonskulpturen (die Bildwerke der beiden Giebel, 92 Metopen) und der 160 m lange Fries (↑Elgin Marbles). Sein Einfluss wirkte durch Mitarbeiter und Schüler bis Ende des Jahrhunderts fort. Polyklet entwickelte den ↑Kontrapost und schuf v. a. Jünglingsgestalten aus Erz (Doryphoros, Diadumenos).
In der Zeit der **späten Klassik** des 4. Jh. v. Chr. wandelte sich die heroische Auffassung in eine mehr persönl. Darstellung. Kephisodot schuf das Standbild der Friedensgöttin Eirene für den Markt in Athen, Praxiteles in meisterl. Marmorbehandlung anmutige Bildwerke wie den Apoll Sauroktonos (»Eidechsentöter«), den »Hermes mit dem Dionysosknaben« und die Aphrodite von Knidos. Zu schlankeren Proportionen und freierer Bewegung gelangte Lysippos (Apoxyomenos). Gleichzeitig wirkten Skopas und in der 2. Hälfte des Jahrhunderts Leochares, der wie Lysippos Standbilder Alexanders d. Gr. schuf. In Athen blühte die Kunst der Grab- und Weihreliefs, durch deren Ausfuhr die att. Kunst weite Verbreitung fand.
Der Stil des Lysippos und seiner Schule leitete zur **hellenist. Kunst** über, deren Bildhauer die körperl. Bewegung und den Ausdruck bis zu barockem Pathos steigerten. Hauptwerke aus dieser Spätzeit der g. K. entstanden v. a. in Pergamon (u. a. Sockelfries des Pergamonaltars). Zu Beginn des 2. Jh. v. Chr. datiert die Nike von Samothrake, gegen Ende die Aphrodite von Melos (beide Paris, Louvre). Die letzte barocke Steigerung lässt die Laokoongruppe erkennen (wohl aus dem 1. Jh.; Rom, Vatikan. Sammlungen). Ihr nahe verwandt ist der oft kopierte »Kopf des blinden Homer«, der zu den bedeutendsten Werken der zu hoher Blüte entwickelten Bildnisplastik gehört. Im 1. Jh. v. Chr. kam gleichzeitig eine klassizist. Richtung auf, der z. B. das an klass. Vorbilder anknüpfende Bildwerk des ↑»Dornausziehers« zuzurechnen ist.
Malerei: Werke der Wand- und Tafelmalerei sind nicht erhalten. Ihre Entwicklung könnte der der grch. Plastik analog und

ebenbürtig verlaufen sein. Einige Tafeln aus Ton (Metopen von Thermos, Ende des 7. Jh. v. Chr.) oder Marmor (Scheibe mit Bild des Arztes Äneas; Athen, Archäolog. Nationalmuseum) zeigen flächig kolorierte Umrisszeichnungen. Die Grabmalereien von Elmali (Lykien) und Paestum (Tomba del tuffatore) bestätigen die Vermutung, dass sich die Monumentalmalerei vor der Mitte des 5. Jh. grundsätzlich nicht von der Vasenmalerei, bes. der des rotfigurigen Stils, unterschied (↑Vase).

Von den Wandbildern des Polygnot in Athen und in Delphi (um 460) ist, wie von anderen Werken der klass. Maler (Zeuxis, Apollodoros u. a.), nur der Inhalt der Darstellungen durch antike Beschreibungen bekannt. Pompejan. Fresken lassen nur Anlehnungen und Nachklänge erkennen. Am ehesten vermag die Mosaikkopie der ↑Alexanderschlacht den Eindruck einer spätklass. Monumentalmalerei zu vermitteln. Auch die Wand- und Tafelbilder des Apelles, des Hofmalers Alexanders d. Gr., mit denen die Malerei des Hellenismus einsetzte, sind nicht erhalten. Einen gewissen Ersatz für die verloren gegangenen Werke der hellenist. Zeit bieten die Mosaikbilder des Dioskurides von Samos. Späthellenist. Beispiele des 1. Jh. sind die Wandgemälde der Villa von Boscoreale, der Mysterienvilla von Pompeji und die ↑aldobrandinische Hochzeit.

Kleinkunst: Aus allen Zeiten der g. K. ist eine Fülle von Werken der Kleinplastik in Bronze und Ton (Menschen, Tiere und myth. Wesen darstellend) und der zu hoher Vollendung entwickelten Vasenmalerei (↑Vase) erhalten. Einen besonderen Zweig der Terrakottaplastik bilden die Tanagrafiguren (↑Tanagra). Einzigartig sind auch die grch. ↑Steinschneidekunst und die Münzprägung.

📖 Boardman, J. u. a.: Die g. K. Sonderausgabe München 1984. – Die Skulptur der Griechen, Beiträge v. W. Fuchs, Fotos v. M. Hirmer. München ⁴1993. – Scheibler, I.: Grch. Malerei der Antike. München 1994. – Kunst der Griechen, bearb. v. C. Laisné. A. d. Frz. Paris 1995. – Die grch. Klassik. Idee oder Wirklichkeit, hg. v. Antikenslg. Berlin, Staatl. Museen Preuß. Kulturbesitz. Mainz 2002. – Mannack, T.: Grch. Vasenmalerei. Darmstadt 2002.

griechische Literatur, die Lit. in grch. Sprache, i. e. S. die **altgriechische Literatur,** die von der archaischen bis zur byzantin. Zeit (8. Jh. v. Chr. bis 4./5. Jh. n. Chr.) reicht.

Archaische Zeit (vom 8. bis ins 5. Jh. v. Chr.): Am Beginn steht die älteste erhaltene große Dichtung der europ. Lit.: die in Hexametern verfassten Epen »Ilias« und »Odyssee«, die unter dem Namen ↑Homer als Vollendung einer langen mündl. Tradition fahrender Sänger (Rhapsoden) überliefert sind. Die spätere Lit. schöpfte immer wieder aus Homer oder setzte sich mit ihm auseinander. Um 700 übernahm in Böotien ↑Hesiod die Form des Hexameter-Epos für seine Lehrgedichte »Theogonie« und »Werke und Tage«. Zeitgleich mit der Ablösung der Monarchie und ersten Formen demokrat. Selbstverständnisses entstand die Lyrik als Ausdruck einer wesentlich vom Individuum bestimmten Dichtung; es entfalteten sich neue Liedformen mit eigenen Versmaßen, der alte kult. Chorgesang wurde zur Kunstform weiterentwickelt (Alkman in Sparta, Stesichoros auf Sizilien u. a.). Daneben gelangte das Einzellied zu hoher Vollendung (Sappho und Alkaios auf Lesbos, Anakreon in Ionien). Mit mahnender, spottender und reflektierender Dichtung traten einzelne Persönlichkeiten hervor (Tyrtaios in Sparta, Archilochos und Hipponax in Ionien, Solon in Athen). Mitte bis Ende des 6. Jh. entstanden die ersten philosoph. Werke (Vorsokratiker), teils in Prosa (Anaximander in Milet, Heraklit in Ephesos), teils als hexametr. Lehrgedichte (Parmenides in Unteritalien, Empedokles auf Sizilien). Um 500 entstanden die Werke des Hekataios von Milet, Wegbereiter der grch. Historiographie und Geographie.

Klass. Zeit (Anfang des 5. bis Ende des 4. Jh. v. Chr.): Das Chorlied erlebte außerhalb Athens eine Spätblüte durch Simonides, Pindar und Bakchylides; auf Sizilien entstanden die Volkspossen des Epicharm. Die Klassik ist jedoch bes. durch die Leistungen der att. Schriftsteller bestimmt. Nach den Perserkriegen wurde Athen für eineinhalb Jahrhunderte Mittelpunkt der g. L. Dort erlebte die aus dem Dithyrambos hervorgegangene Tragödie im 5. Jh. ihre Blütezeit. Die Tragödien des Aischylos, Sophokles und Euripides, deren zentrales Thema das Verhältnis des Menschen zu den Göttern ist, prägen die Entwicklung der Gattung bis in die Gegenwart. Eher politisch-zeitkritisch ausgerichtet war die altatt. Komödie (Eupolis, Kratinos, Aristophanes), die neben der Tragödie entstand. Mit den Geschichtswerken des Herodot über die Perserkriege, des Thukydides über den Peloponnes. Krieg und des Xenophon erreichte die Historiographie ihren Höhepunkt. Im 4. Jh. standen Theopompos von Chios und Ephoros von Kyme unter att. Einfluss. – Die polit. Verhältnisse und die gerichtl. Praxis wurden Voraussetzung für die Entwicklung der Rhetorik als Zweig der Lit. (Antiphon, Andokides, Lysias). Die Sophisten (u. a. Protagoras und Gorgias) unterwarfen in ihren Argumentationen die traditionellen religiösen, eth. und polit. Anschauungen rationaler Kritik. In der Reaktion darauf verfassten Xenophon und Platon, die Schüler des Sokrates, und später Aristoteles ihre philosoph. Werke. Durch Isokrates und Demosthenes wurde die Rhetorik weiter ausgebildet und die Form des offenen Briefes als Mittel polit. Diskussion eingeführt. Neben Zeugnissen von Briefliteratur und literar. Biografie entstand nun auch naturwiss. Lit. (Hippokrates, Theophrast). Gegen Ende des 4. Jh. erreichte die neue Komödie in Athen mit ihrer mehr allgemein menschl. Problematik einen hohen Rang (Menander, Philemon, Diphilos).

Hellenist. Zeit (vom 3. Jh. an): Athen verlor seine hervorragende kulturelle Stellung an die Fürstenhöfe der Diadochen in Antiochia, Pella, Pergamon und bes. Alexandria; die Forschung hier wurde auf allen Gebieten menschl. Wissens gefördert, Poesie und Gelehrsamkeit wurden verschmolzen. Schöpfer solcher Bildungspoesie waren u. a. Kallimachos, Theokrit, Apollonios von Rhodos, Aratos, Herodas. Neben den überkommenen Formen waren Kleinformen für die hellenist. Poesie charakteristisch: so das Epyllion, das durchgefeilte Epigramm und die Darstellung realist. Szenen aus Alltag und Volksleben, die Ähnlichkeiten zum Mimus aufweisen. In der Geschichtsschreibung des Duris von Samos und später des Phylarch finden sich tragödienhafte Elemente.

Später Hellenismus und Zeit der röm. Herrschaft bis zum Beginn der Spätantike (2. Jh. v. Chr. bis 3./4. Jh. n. Chr.): Um 150 v. Chr. wurde der Einfluss Roms literarisch spürbar. In der Auseinandersetzung mit Rom erwuchsen das Geschichtswerk des Polybios, die stoische Philosophie des Panaitios und das Geschichtswerk des Philosophen Poseidonios (1. Jh. v. Chr.). Der Universalhistoriker Diodor, der Rhetor und Geschichtsschreiber Dionysios von Halikarnassos und der Geograph Strabo waren in ihren Fragestellungen stark von Rom bestimmt. In Alexandria fasste der Grammatiker und Lexikograph Didymos die Ergebnisse hellenist. Gelehrsamkeit zusammen. Philon von Alexandria verband jüd. Glauben und stoische Philosophie. Flavius Josephus stellte die jüd. Geschichte als Teil der hellenistisch-röm. Welt dar. Gegen 100 n. Chr. sammelte der platonisierende Schriftsteller Plutarch das Erbe der g. L. und harmonisierte es mit der röm. Welt. Zu den Vertretern der 2. Sophistik gehört der Redner Dion Chrysostomos, der in seiner Rückwendung zum Erbe der grch. Klassik Plutarch vergleichbar ist. Die Philosophenschulen (Musonius, Epiktet) und Rhetorenschulen waren von großer Bedeutung. Im 2. Jh. n. Chr. trat die Fachschriftstellerei wieder stärker hervor, u. a. mit Arrian (Historiker), Galen (Mediziner, Philosoph), Ptolemaios (Astronom, Geograph), Apollonios Dyskolos (Grammatiker), Pausanias (Verfasser von Reisebeschreibungen). Eine besondere Prägung lassen in dieser Zeit der Redner Aelius Aristides und der vielseitige satir. Literat Lukian erkennen. Kaiser Mark Aurel verfasste seine platonisch-stoischen Selbstbetrachtungen in grch. Sprache. In dieser und der folgenden Epoche entfaltete sich auch der grch. Roman (Chariton, Longos, Heliodor). Die Sprache der Zeit ist klassizistisch (↑Attizismus). Im 3. Jh. kam es nach historiograph. Werken (u. a. Cassius Dio Cocceianus) zu einem Neuaufleben der philosoph. Lit. (Plotin). – Seit dem 3. Jh. machte sich auch der Einfluss des Christentums bemerkbar, wie umgekehrt die christl. Schriftsteller (↑frühchristliche Literatur) stark von heidn. Bildungstradition beeinflusst sind. In den überkommenen Formen wurden im 4. Jh. innerkirchl. dogmat. Streitigkeiten ausgetragen (Gregor von Nazianz, Basilius d. Gr., Johannes Chrysostomos). Der Übergang vom heidnisch-röm. zum christlich-oström./byzantin. Staat war gleichzeitig der Beginn der ↑byzantinischen Literatur, an die sich die Epoche der ↑neugriechischen Literatur anschloss.

griechische Philosophie GRI

📖 *Lesky, A.: Die grch. Tragödie. Stuttgart ⁵1984. – Fränkel, H.: Dichtung u. Philosophie des frühen Griechentums. München ⁴1993. – Lesky, A.: Geschichte der g. L. Nachdr. Bern u. a.1993. – Snell, B.: Die Entdeckung des Geistes. Studien zur Entstehung des europ. Denkens bei den Griechen. Göttingen ⁷1993. – Metzler Lexikon antiker Autoren, hg. v. O. Schütze. Stuttgart 1997. – Zimmermann, B.: Die grch. Komödie. Düsseldorf 1998.*

griechische Musik. Die g. M. des Altertums ist fast nur aus Abhandlungen antiker Schriftsteller und Philosophen sowie aus bildl. Darstellungen bekannt. Danach bestand zunächst eine untrennbare Einheit von Vers und Gesang, zu der in der Frühzeit (bis etwa Ende des 5. Jh. v. Chr.) auch Rezitation und Tanz traten. Die Chöre der grch. Tragödie sind weitgehend vom Tanz her zu verstehen. Frühestes Begleitinstrument ist die Leier. Meist viersaitig dargestellt und im Zusammenhang mit Reigentänzen bezeugt, diente sie auch dem Epossänger zur Begleitung. Die Lyra kam im 7. Jh. auf. Terpandros, der die Zahl der Saiten auf sieben vermehrte, schuf als Erster kitharod. Nomoi, d. h. mehrteilige, auf der Kithara begleitete Sologesänge. »Nomos« bezeichnet eine Weise, deren Melodieverlauf nur umrißhaft feststand und Gelegenheit zu variierender Ausführung bot. Weitere Musikinstrumente waren Aulos, Phorminx, Salpinx und Syrinx. Auf der innigen Verbindung von Wort und Ton beruhte die umfassende Bedeutung, die der Musik im grch. Geistesleben zukam. Nach der musikal. Ethoslehre, deren Hauptmeister Platon und Aristoteles sind, löst die Musik mit ihren versch. Ausdrucksformen, namentlich den Tonarten, bestimmte sittl. Wirkungen aus. So galt die Musik als eines der wichtigsten Mittel in der Erziehung des Einzelnen und im Rahmen der staatl. Gemeinschaft.

Für Pythagoras gehörten Musik und Zahl zusammen. Die eigentl. Musiktheorie beginnt im 4. Jh. v. Chr.; ihre Fragestellungen haben die mittelalterl. Musiktheorie des Abendlands nachhaltig beeinflusst. Überliefert sind u. a. Schriften von Aristoxenos von Tarent (über Harmonik und Rhythmik), Euklid, Ptolemaios, Aristides Quintilianus. – Der Rhythmus der g. M. beruhte nicht auf betonten und unbetonten Silben, sondern auf Länge und Kürze der Silben.

Die Tonordnung basiert auf der Viertongruppe, dem Tetrachord. Aus zwei gleich gebauten Tetrachorden entstehen die Tonleitern oder Oktavausschnitte. Die Haupttonarten des diaton. Tetrachords sind die dorische: e^1 d^1 c^1 h a g f e; die phrygische: d^1 c^1 h a g f e d; die lydische: c^1 h a g f e d c. Durch die Verschiebung der Oktavausschnitte um ein Tetrachord nach oben oder unten werden zu jeder Haupttonart noch zwei Nebentonarten gebildet: hyperdorisch und hypodorisch usw. Die sich hieraus ergebenden Oktavgattungen können auch transponiert werden. Neben dem diaton. gab es noch das chromat. Tongeschlecht, das das Tetrachord in eine übermäßige Sekunde und zwei Halbtöne gliederte, und das enharmon. mit großer Terz und zwei Vierteltönen. Die Notenschrift war eine Buchstabentonschrift (Vokalform mit ion., Instrumentalform mit altdor. Zeichen), für deren Entzifferung die Erklärungen des Alypios (3.–4. Jh. n. Chr.) entscheidend sind. Etwa 40 Melodiefragmente blieben erhalten in Steininschriften (2 Apollonhymnen in Delphi von 138/128 v. Chr., ein Lied auf der Grabsäule des Seikilos aus dem 1. Jh. v. Chr.), in Papyri (Teile von Instrumentalkompositionen und Tragödien) und in Handschriften aus dem 13.–16. Jh. (Hymnen an die Muse, an Helios und an Nemesis von Mesomedes aus dem 2. Jh. n. Chr.). Über die neuzeitl. g. M. ↑neugriechische Musik.

📖 *Neubecker, A. J.: Altgrch. Musik. Eine Einführung. Darmstadt ²1994. – Die Musik des Altertums, hg. v. A. Riethmüller u. F. Zaminer. Sonderausg. Laaber 1996.*

griechische Philosophie. Als Begründer der g. P. und damit der Philosophie in ihrer europ.-abendländ. Gestalt gelten die **Vorsokratiker,** die das zuvor herrschende religiös-myth. Denken ablösten. Thales von Milet begründete im 6. Jh. v. Chr. die **ion. Schule,** zu der Anaximander, Anaximenes und im Weiteren Leukipp und Demokrit als Vertreter der **ion. Naturphilosophie** zählen. Ihr stand die von Pythagoras begr. **ital. Schule** gegenüber mit den Vertretern der **eleat. Philosophie,** v. a. Xenophanes, Parmenides, Zenon von Elea. Beide Richtungen fragten nach den Urgründen, Prinzipien und Elementen des Seins, nach dem Verhältnis von Werden und Sein und der Beziehung zw. Einheit und Vielheit. Die ion. Schule erklärte die

47

GRI griechische Philosophie

griechische Philosophie: Raffaels Wandgemälde »Die Schule von Athen« (1508–11) in der Stanza della Segnatura des Vatikans; im Mittelpunkt Platon (links) und Aristoteles

Vielheit der Dinge aus einem metaphys. Urgrund (Arche). Für Pythagoras waren die Zahlen und ihre Ordnung die Grundform allen Seins. Parmenides lehrte, dass das einheitl., unveränderl. und durch Vernunft (Logos) erkennbare Sein die wahre Wirklichkeit bilde. Heraklit, Anaxagoras und Empedokles verbanden die für die ion. Tradition charakterist. naturphilosoph. Elemente mit abstrakten Seinsprinzipien. Heraklit verstand dabei das ewige Werden, geregelt durch den Logos, das Weltgesetz, als das Wesen der Gegensatzeinheit der Wirklichkeit, Anaxagoras führte die Welt auf den erkennenden und ordnenden Geist als erstes bewegendes Prinzip zurück, Empedokles dagegen alles Geschehen auf die durch Liebe bzw. Streit verursachte Zusammensetzung bzw. Trennung der Elemente Feuer, Luft, Wasser und Erde. Im thrak. Abdera entwickelten Leukipp und Demokrit die Seinslehre der Eleaten zur Atomistik fort. Im 5. Jh. v. Chr. entstand als Bildungsbewegung die **Sophistik**, u. a. mit Gorgias, Protagoras, Hippias von Elis und Prodikos von Keos als ihren Repräsentanten (↑Sophisten). Dem erkenntnistheoret. Skeptizismus und Relativismus der Sophisten trat die **att. Philosophie** (v. a. Sokrates, Platon und Aristoteles) entgegen. Sokrates wurde zum Begründer der prakt. Philosophie. Platon und Aristoteles stellten prakt. Philosophie erstmals in den Rahmen systemat. Darstellungen. Die theoret. Philosophie gründete Platon auf den Begriff der Idee, die sich zum einzelnen Ding wie ein Urbild zum Abbild verhalte; er vertrat eine ontolog. Trennung des Reiches der Ideen von der raum-zeitl. Welt. Aristoteles, gegen Platons Ideenlehre gerichtet, betonte demgegenüber die Bedeutung der konkret existierenden Einzelsubstanz; er konzipierte Theorie und Modell einer zukünftigen strengen, durch Beweisverfahren abgesicherten Wiss. und begründete mit der Syllogistik die Logik i. e. S. als formale Logik. Mit der sokrat., platon. bzw. aristotel. Philosophie verbunden sind die ↑megarische Schule, die ↑Kyniker, ↑Kyrenaiker, die ↑Akademie und der ↑Peripatos. Die **hellenist. Philosophie** war geprägt durch religiös-kulturellen Synkretismus, Übernahme von Elementen der Mysterienreligionen, kosmopolit. Ideen und Spezialisierung der philosophisch-wiss. Forschung (Höhepunkt der grch. Mathematik, Naturwiss.en, bes. der Astronomie). Das Schicksal der g. P. nach Platon und Aristoteles war durch den Primat der prakt. Philosophie bestimmt, so in der um 306 v. Chr. von ↑Epikur begründeten Schule des **Epikureismus**, in der von Zenon von Kition begründeten ↑Stoa und in der **Skepsis** (Pyrrhon von Elis; ↑Skeptizismus). Dagegen nahm die theoret. Philosophie in der Akademie bei Speusippos und Xenokrates, später im **Neupythagoreismus** und im **Neuplatonismus** (z. B. bei Plotin und Porphyrios) spekulative Züge an; andererseits wandte sie sich bei Euklid, Aristarchos, Eratosthenes von Kyrene, Archimedes v. a. einzelwiss. Fragestellungen zu. Die g. P. der Antike endete kalendarisch mit der Schließung der Akademie (529 n. Chr.). Die **Apologeten,** die das Christentum mit philosoph. Fragestellungen konfrontierten, schlossen an das stoische, epikureische, skept. und v. a. neuplaton. Denken an.

📖 *Zeller, E.: Grundriß der Gesch. der neueren g. P. Neuausg. Essen 1984. – Die Philosophie der Antike, hg. v. W. Röd u. a., 3 Bde. München ²1988–95.*

griechische Religion und Mythologie.
Die grch. Religion hat ihren Ursprung in der 2. Hälfte des 2. Jt. bei den Ioniern und Achaiern-Äoliern, die sich nach der Einwanderung aus dem N zu Beginn des 2. Jt. mit der mediterranen Urbev. vermischt hatten.
Der Kult der auf Kreta und dem Festland bereits in vorindogerman. Zeit verehrten göttl. Wesen lebte bis weit in die histor. Zeit fort. Der Kult des Herdes geht jedoch schon auf die Griechen zurück (↑Hestia), auch Zeus wurde von den Griechen schon vor ihrer Einwanderung verehrt. Aus diesen Grundelementen entstand in Auseinandersetzung und Aneignung von Zügen der minoischen Religion die Religion der myken. Zeit. So ging Athene wahrscheinlich aus der Verschmelzung einer minoischen Palastgöttin mit der krieger. Schutzgöttin der myken. Herren hervor.
Die Hauptschöpfung der frühen myken. Religion sieht man im patriarchal. Götterstaat, für den sicher die polit. Verhältnisse jener Zeit Vorbild waren. Daneben blühte der Toten- und Ahnenkult, aus dem sich der Heroenkult entwickelte. Damals wurde der Grundstock der **grch. Mythologie** geschaffen, der Erzählungen von den Göttern und Heroen, die die grch. Schriftsteller später künstlerisch frei gestalteten. Hesiod hat in der »Theogonie« den Schöpfungsmythos und die Göttergenealogie festgehalten: Uranos (Himmel) und Gaia (Erde) als Eltern der 12 Titanen; zu diesen gehören Kronos und Rhea, die Eltern des Zeus und der Hera, des Poseidon und des Hades, der Demeter und der Hestia. Kinder des Zeus sind Athene, Apoll, Artemis, Hermes, Ares und Dionysos, nach Homer auch Aphrodite und Hephaistos. Als Herrscher über Himmel und Erde setzt sich Zeus durch, über das Meer gebietet Poseidon, über die Unterwelt Hades. Von den Göttern stammen die Heroen ab (Herakles, Theseus, um die sich besondere Sagenkreise bildeten, die in »Ilias« und »Odyssee«, in den »Homer. Hymnen« und in den Werken der att. Tragiker überliefert sind.
Die Religion in der Blütezeit der grch. Kultur war wesentlich Kult und Religion des Stadtstaates. Sie kannte weder ein festes Dogma noch Glaubenssätze oder eth. Lehren; nur vor der Hybris warnte sie, die in dem überhebl. Wahn bestehe, sich den Göttern gleich zu dünken. Solche Frevler bestrafe die Gottheit (Nemesis). Wie es keinen einheitl., festen Gottesbegriff gab, so waren auch die einzelnen Götter in ihrem Wesen äußerst verschieden. Sie wurden konsequent anthropomorph in Gestalt und Verhalten gesehen, galten jedoch als die »Unsterblichen«, »Seligen«, »Stärkeren«, die willkürlich in die Geschicke der Menschen eingriffen. Die Natur wurde gedacht als belebt von zahlr. göttl. und halbgöttl. Wesen (Nymphen, Satyrn).
In ihrer Struktur war die grch. Religion eine Volksreligion, die primär nicht von Einzelnen, sondern von Gemeinschaften praktiziert wurde. In jeder Stadt wurden viele Götter und Heroen mit jeweils anderen Kulten und Festen verehrt. Es gab keinen einheitl., organisierten Priesterstand. Neben den großen Göttern, die lokal besondere Kultbeinamen erhalten hatten, standen die Lokalgötter und Landesheroen; von diesen hatte nur Herakles überall in Griechenland seinen Kult. In dieser Vielgestaltigkeit gab es aber auch Ansätze zu einer Vereinheitlichung. So wirkte schon das homer. Epos stark auf die Vorstellung, die man von den großen Göttern hatte; das Orakel des ↑Apoll in Delphi galt als höchste Instanz in religiösen Fragen; die großen Festspiele zu Ehren der Götter

in Delphi, Olympia, Nemea und am Isthmus von Korinth versammelten Teilnehmer aus ganz Griechenland. V. a. aber waren es die Mysterien, deren Einfluss die Grenzen des Stadtstaats überschritt: Die Mysterien der Demeter, deren Hauptsitz in Eleusis war, die Mysterien des Dionysos und die ↑Orphik gewannen vom 6. Jh. v. Chr. an bis zur hellenist. Zeit eine große Zahl von Anhängern.

Wie jede polytheist. Religion war auch die grch. Religion aufnahmebereit gegenüber fremden Gottheiten. In der Blütezeit nahmen die Griechen aus Kleinasien Kybele (die Große Mutter) und Adonis sowie Sabazios, aus Ägypten Ammon, aus Thrakien Bendis, aus Samothrake die Kabiren auf. Als die Stadtstaaten in den Diadochenreichen aufgingen, verstärkte sich der Einfluss des Orients, und nach der Einverleibung Griechenlands ins Röm. Reich wurden aus Ägypten Sarapis, Isis, Osiris, Anubis, Horus u. a. übernommen, aus Phrygien zum zweiten Mal, jetzt mit stärkerer Erhaltung der oriental. Züge, Kybele und der mit ihr verbundene Attis, syr. Gottheiten, wie Jupiter Dolichenus, die Dea Syria (Atargatis) und Sol Invictus, v. a. auch der iran. Mithras. Astrologie und Gestirnkult fanden weite Verbreitung. Die g. R. u. M. ihrerseits beeinflusste die Göttervorstellungen der Römer, die ihr Pantheon dem grch. anglichen.

📖 *Simon, E.: Die Götter der Griechen. München ³1985. – Hunger, H.: Lexikon der grch. u. röm. Mythologie. Wien ⁸1988. – Bruit Zaidman, L. u. Schmitt Pantel, P.: Die Religion der Griechen. A. d. Frz. München 1994. – Kerényi, K.: Die Mythologie der Griechen, 2 Bde. Neuausg. München 122.–153. Tsd. 1994. – Muth, R.: Einführung in die grch. u. röm. Religion. Darmstadt ²1997.*

griechische Schrift, das Alphabet der Griechen, das diese wahrscheinlich gegen Ende des 11. Jh. v. Chr. von den Phönikern übernommen haben und auf das alle modernen europ. Schriftsysteme zurückgehen; sie war die erste europ. Buchstabenschrift. Anders als das semit. Vorbild bezeichnet die g. S. nicht nur Konsonanten, sondern auch die Vokale. Die Dialektvielfalt wurde erst im Laufe des 4. Jh. v. Chr. überwunden, 403/402 wurde in Athen das ion. Alphabet (mit 24 Buchstaben) für den offiziellen Gebrauch eingeführt, das von den anderen grch. Staaten übernommen wurde. Zu diesen 24 Zeichen kamen die Lesezeichen hinzu, die aber erst um 200 v. Chr. von alexandrin. Grammatikern eingeführt wurden und seit dem 3. Jh. n. Chr. häufiger vorkamen: Spiritus asper ` (für [h]-Anlaut) und Spiritus lenis ' (für fehlendes [h]) bei vokal. oder diphthong. Anlaut, die Akzentzeichen Akut ´, Gravis `, Zirkumflex ˜ sowie Apostroph, Trema. Urspr. wurden nur Großbuchstaben (Majuskelschrift; eckig als Kapitalschrift, gerundet als Unzialschrift) verwendet. Im alltägl. Gebrauch erschien vom 2. Jh. v. Chr. an eine Kursivform, die zur Verbindung einzelner Buchstaben neigte. Im 8. Jh. n. Chr. kam die Minuskelschrift mit »Kleinbuchstaben« auf. Aus der Minuskel des 17. Jh. hat sich unter Anlehnung an die lat. die neugrch. Schreibschrift entwickelt.

📖 *Petersen, U.: Einf. in die g. S. Hamburg 1988.*

griechisches Kaisertum, das oström. oder byzantin. Kaisertum, 325–1453 (↑Byzantinisches Reich).

griechisches Kreuz, *christl. Symbolik:* rechtwinkliges Kreuz mit Balken gleicher Länge.

griechische Sprache, eine der ältestbezeugten indogerman. Sprachen; umfasst v. a. das im klass. Altertum bis zum 5. Jh. n. Chr. gesprochene »Altgriechisch«, das sich in der Sprache der byzantin. Zeit (»Mittelgriechisch«) und im Neugriechischen (seit dem 15. Jh.; ↑neugriechische Sprache) fortsetzt. Das Griechische ist durch literar. Überlieferung seit Homer (8. Jh. v. Chr.) bekannt. Erheblich älter sind Archivaufzeichnungen in Silbenschrift, die hauptsächlich in den Palästen von Knossos (wohl nach 1400 v. Chr.) auf Kreta und von Pylos (Ende 13. Jh. v. Chr.) in der Peloponnes gefunden und 1952 von M. Ventris entziffert wurden. Das ältere grch. Sprachgebiet gliedert sich in versch. Dialektgebiete: 1) den ionisch-att. Zweig mit dem ion. Dialekt an der kleinasiat. Westküste, auf den Kykladen und Euböa sowie dem Attischen in Athen, das sich gegen die anderen Dialekte durchsetzte; 2) die äol. Dialekte (Kleinasiatisch-Äolisch, Thessalisch, Böotisch); 3) den arkadisch-kypr. Zweig mit dem Arkadischen in der Zentralpeloponnes und dem in der kypr. Silbenschrift geschriebenen Kyprischen auf Zypern; 4) das Westgriechische

griechisch-katholische Kirche GRI

mit dem Nordwestgriechischen sowie dem Dorischen, bes. als Sprache von Sparta, der Insel Kreta sowie der Kolonien auf Sizilien und in Süditalien. Die Kluft zw. den einzelnen Dialekten wurde erst während des Hellenismus und der röm. Zeit durch die auf der Grundlage des att. Dialekts gebildete einheitl. Schrift und Umgangssprache, die Koine, überwunden. Sie wurde, zunächst Kanzleisprache der Makedonenkönige, zur Weltsprache, behielt diese Rolle auch im Röm. Reich und war in dessen östl. Hälfte die allg. Verkehrssprache, die auch für die Verbreitung des Christentums – die Schriften des N.T. sind in Koine geschrieben – von Bedeutung war. – Die wesentlichsten Charakteristika der g. S. sind ihr Archaismus im Vokalbestand (in dem der gemeinindogerman. Zustand zunächst fast unverändert erhalten ist), die Vereinfachung des alten Kasussystems (fünf statt acht Kasus), die Bewahrung altertüml. Kategorien wie Dual, Vokativ, Medium, Aorist und Optativ sowie die Satzverbindung durch eine Vielzahl von Partikeln. Im Wort- und Namensschatz finden sich neben geograph. Namen zahlr. Appellativa, die die Griechen aus den Sprachen der vorgrch. Bev. des ägäischen Raumes übernommen haben.

📖 *Palmer, L. R.: Die g. S. Grundzüge der Sprachgesch. u. der historisch-vergleichenden Grammatik. A.d. Engl. Innsbruck 1986. – Fink, G.: Die g. S. Eine Einf. u. eine kurze Grammatik des Griechischen. München u. a.* ²*1992.*

griechisch-katholische Kirche (griechisch-unierte Kirche), i.w.S. die mit der römisch-kath. Kirche in Kirchenunionen verbundenen (unierten) Ostkirchen des byzantin. (grch.) Ritus in Südost- und Osteu-

griechische Schrift

Name	Zahlwert	Zeichen		gebräuchliche Umschrift	
		Majuskel	Minuskel	Altgriechisch[*)	Neugriechisch
Alpha	1	A	α	a	a
Beta	2	B	β	b	v (w)
Gamma	3	Γ	γ	g	g (j)
Delta	4	Δ	δ	d	d
Epsilon	5	E	ε	e	e
Zeta	7	Z	ζ	z	z, s
Eta	8	H	η	ē	i
Theta	9	Θ	ϑ	th	th
Iota	10	I	ι	i	i
Kappa	20	K	κ	k	k
Lambda	30	Λ	λ	l	l
My	40	M	μ	m	m
Ny	50	N	ν	n	n
Xi	60	Ξ	ξ	x	x
Omikron	70	O	ο	o	o
Pi	80	Π	π	p	p
Rho	100	P	ϱ	r (rh)	r
Sigma	200	Σ	σ, ς	s	s, ss
Tau	300	T	τ	t	t
Ypsilon	400	Y	υ	y	y (i)
Phi	500	Φ	φ	ph	ph (f)
Chi	600	X	χ	ch	ch (h)
Psi	700	Ψ	ψ	ps	ps
Omega	800	Ω	ω	ō	o

*) Der Längenstrich über Eta und Omega wird nur in der für die Etymologien verwendeten Transliteration wiedergegeben. Der Buchstabenkombination γ+γ entspricht in der Umschrift ng, γ+κ = nk, γ+χ = nch, ϱ+ϱ, auch ὁ+ὁ (geschrieben) = rrh, ο+υ = u (in der Transkription) und ou (in der Transliteration).

ropa und im Nahen Osten; i. e. S. die unierten Griechen dieses Ritus in den apostol. Exarchaten Athen und Istanbul. Die g.-k. K. haben eigene Liturgiesprachen und erkennen den Jurisdiktionsprimat des Papstes an.

griechisch-orthodoxe Kirche, die autokephale orth. Kirche Griechenlands; Sitz des Kirchenoberhaupts (»Erzbischof von Athen und ganz Griechenland«): Athen; liturg. Sprache ist Griechisch. Alle Bischöfe tragen den Titel Metropolit. Kirchengeschichtlich sieht sich die g.-o. K. in der direkten Tradition der durch den Apostel Paulus in Griechenland gegründeten ersten christl. Gemeinden Europas stehen; als eigenständige orth. Landeskirche entstand sie 1833 durch einseitige Proklamation der Autokephalie, die 1850 vom Ökumen. Patriarchat anerkannt wurde.

griechisch-römischer Stil, *Sport:* ↑Ringen.

Grieg, Edvard, norweg. Komponist, *Bergen 15. 6. 1843, †ebd. 4. 9. 1907; entscheidend beeinflusst von der norweg. Volksmusik, entwickelte er eine im Bereich der Harmonik originelle Tonsprache; bes. lyr. Klavierstücke und Lieder.
Werke: Klavierstücke: Lyrische Stücke (1867–1901); Aus Holbergs Zeit (1885, für Streichorchester; urspr. 1884 für Klavier); Bauerntänze (1903). – Orchesterwerke: 2 Suiten zu Ibsens »Peer Gynt« (1888; 1891); Klavierkonzert a-Moll (1868). – Kammermusik, Chorwerke, Lieder.
 Brock, H.: E. G. Leipzig 1990.

Griesbach, 1) ↑Bad Peterstal-Griesbach.
2) G. i. Rottal, Stadt im Landkreis Passau, Niederbayern, 441 m ü. M., 8 500 Ew.; Gerätebau. Im neu erbauten **Bad G.,** 4 km südlich des Stadtzentrums, seit 1979 staatlich anerkannter Heilquelle-Kurbetrieb mit drei Thermal-Mineralquellen. – G. wurde 1953 Stadt.

Grieshaber, HAP, eigtl. Helmut Andreas Paul G., Grafiker, *Rot an der Rot (Landkr. Biberach) 15. 2. 1909, †Eningen unter Achalm (Landkr. Reutlingen) 12. 5. 1981; schuf Farbholzschnitte in großflächigen, kräftigen Formen, häufig mytholog., religiösen oder polit. Inhalts. Sein Hauptwerk ist der Zyklus »Totentanz von Basel« (1966), den er in 40 Gouachen vorbereitete. G. illustrierte auch eigene und fremde Texte (u. a. von P. Neruda).

Griesheim, Stadt im Landkreis Darmstadt-Dieburg, Hessen, 23 400 Ew.; Gemüsebau; Konservenfabriken, chem. Ind., Pumpen- und Fahrzeugbau. – Seit 1965 Stadt.

Grieß (Gries), *Geographie:* oberdt. Bez. für sand- und kieserfüllte Talauen (Illergries); auch häufig in Flur- und Ortsnamen (Gries am Brenner, Lenggries), bes. bei Lage auf Schutthalden oder Schwemmkegeln.

Griffbrett, bei Streich- und Zupfinstrumenten ein auf den Hals aufgeleimtes Brettchen, auf das die Saiten mit den Fingern zum Verändern der Tonhöhe niedergedrückt werden.

Griffel, 1) *Botanik:* (Stylus), stielartiger Abschnitt der Fruchtblätter zw. Fruchtknoten und Narbe im Stempel der Blüten vieler Bedecktsamer; leitet die Pollenschläuche der auf der Narbe nach der Bestäubung auskeimenden Pollenkörner zu den im Fruchtknoten eingeschlossenen Eizellen.
2) (Schreibgriffel), Stift zum Schreiben auf Schiefer- oder anderen Schreibtafeln; früher aus G.-Schiefer, heute durch Pressen eines mit Leim versetzten Gemisches aus gemahlenem Schiefer und Farbträgern hergestellt.

Griffith [ˈgrɪfɪθ], **1)** Arthur, ir. Politiker, *Dublin 31. 3. 1871, †ebd. 12. 8. 1922; Journalist, Mitbegründer der ↑Sinn Féin; Mitunterzeichner des 1921 mit der brit. Reg. abgeschlossenen Vertrags über die Errichtung des ir. Freistaates; verteidigte als erster Premiermin. des Freistaates (1922) den Vertrag gegen den Widerstand der von E. de Valera geführten Opposition.
2) David Wark, amerikan. Filmregisseur ir. Herkunft, *La Grange (Ky.) 22. 1. 1875, †Los Angeles (Calif.) 23. 7. 1948; arbeitete bereits in seinen frühen Monumentalfilmen (»Birth of a nation«, 1915; »Intolerance«, 1916) mit Großaufnahmen und Montagetechnik; seine Aufnahmemethoden waren richtungsweisend.
3) Melanie, amerikan. Filmschauspielerin, *New York 9. 8. 1957; Tochter der Schauspielerin Tippi Hedren (*1931); spielt nach ersten Filmrollen in den 1970er-Jahren (»Night Moves«, 1975) unterschiedlichste Frauentypen (»Der Tod kommt zweimal«, 1984; »Gefährl. Freundin«, 1986; »Die Waffen der Frauen«, 1988); (nach zwei Ehen mit Don Johnson, *1949) seit 1996 ∞ mit A. Banderas.

Grigioni [gri'dʒo:ni], italien. Name von ↑Graubünden.

Grignard [gri'na:r], François Auguste Victor, frz. Chemiker, *Cherbourg 6. 5. 1871, †Lyon 13. 12. 1935; Prof. in Lyon und Nancy; erhielt für die von ihm entwickelte ↑Grignard-Reaktion 1912 mit P. Sabatier den Nobelpreis für Chemie.

Grignard-Reaktion [gri'na:r-], bes. von V. Grignard entwickelte Synthese von sehr reaktionsfähigen magnesiumorgan. Verbindungen, **Grignard-Verbindungen** (allgemeine Formel R – Mg – X, wobei R ein Alkyl- oder Arylrest und X ein Halogen ist), die mit Aldehyden oder Ketonen zu Additionsverbindungen reagieren. Die G.-R. ist in der präparativen organ. Chemie für viele Synthesen von Bedeutung.

Grigorowitsch, Juri Nikolajewitsch, russ. Choreograph und Ballettdirektor, *Leningrad 2. 1. 1927; 1964–95 Chefchoreograph und künstler. Leiter des Moskauer Bolschoiballetts.

Grillen (Grylloidea), Überfamilie der Geradflügler; meist bodenbewohnende, Pflanzen fressende oder räuber. Insekten mit Hörorganen an den Vorderbeinen. Die beiden Vorderflügel bilden beim Männchen die Schrillapparatur. Zu den G. i. e. S. (Gryllidae) gehören u. a. die in Erdröhren lebende, bis 26 mm lange schwarze **Feldgrille** (Gryllus campestris) sowie das in Gebäuden lebende gelbbraune, bis 16 mm lange **Heimchen** (Acheta domestica).

Grillparzer, Franz, österr. Dichter, *Wien 15. 1. 1791, †ebd. 21. 1. 1872; studierte Philosophie und Jura in Wien; war als Beamter im Finanzministerium tätig (1856 als Hofrat pensioniert); 1818 Ernennung zum Theaterdichter des Wiener Burgtheaters. Nach frühem Erfolg geriet G. in Konflikt mit der Zensur; 1838 zog er sich nach dem Misserfolg von »Weh dem, der lügt« aus der Öffentlichkeit zurück. Reisen nach Frankreich, England, Italien, Griechenland und in die Türkei versöhnten ihn nicht. Erst spät erfuhr G. vielfache Ehrungen. In seinem dramat. Werk verbinden sich das Erbe des österr. Barock, des Wiener Volkstheaters, der dt. Romantik und Klassik mit dem beginnenden psycholog. Realismus. Durchgehend thematisiert G. das Problem der Pflichttreue sowie den Grundkonflikt zw. Kunst und Leben. Bedeutende Frühwerke: Schicksalstragödie »Die Ahnfrau« (1817); Künstlertrauerspiel »Sappho« (1819); Trilogie »Das goldene Vließ« (1822) als Gestaltung der altgrch. Sage von Jason und Medea sowie »Des Meeres und der Liebe Wellen« (1831), ferner historisch-polit. Stücke, die an die Überlieferungen der Habsburgerdynastie anknüpfen: »König Ottokars Glück und Ende« (1825); »Ein treuer Diener seines Herrn« (1830). Das dramat. Märchen »Der Traum ein Leben« (gedr. 1840) spiegelt seine Beschäftigung mit der span. Literatur (Calderón, Lope de Vega). Die beiden Werke »Ein Bruderzwist in Habsburg« und »Libussa« (beide gedr. 1872) zeigen Resignation und Ahnungen vom Verfall gesellschaftl. Ordnungen; weitere Spätwerke sind »Die Jüdin von Toledo« (gedr. 1873) und die Erzählung »Der arme Spielmann« (1847), die zu den Meisterwerken des psycholog. Realismus des 19. Jh. zählt. G.s Gedichte sind Klagen über das Missverhältnis zw. Leben und Dichtung; außerdem Tagebücher, Autobiografie.

📖 *Scheit, G.: F. G. mit Selbstzeugnissen u. Bilddokumenten. Reinbek ³1999.*

Grimaldi, seit dem 12. Jh. in Genua bezeugtes Adelsgeschlecht, erlangte 1297 die Herrschaft über ↑Monaco (ab 1419 Alleinherrschaft) und nahm 1612 den Fürstentitel an (von Ludwig XIV. 1688 bestätigt). 1731 erlosch das Haus G. im Mannesstamm; Herrschaft und Name gingen auf den Gatten der Erbtochter, J. de Goyon-Matignon, Graf von Thorigny, Herzog von Valentinois (*1689, †1751), über. Unter Charles III. (*1818, †1889, Fürst seit 1856) wurde Monte Carlo gegründet. Unter Albert I. (*1848, †1922, Fürst seit 1889) wurden das Ozeanograph. Museum in Monaco (1910) und das Ozeanograph. Inst. in Paris (1911) eröffnet. Mit Louis II. (*1870, †1949, Fürst seit 1922) erlosch das Haus Goyon-Matignon-G. im Mannesstamm. Ihm folgte sein Enkel Rainier III., dessen Vater Graf Pierre de Polignac bei der Heirat mit der Erbtochter Louis' II. den Namen G. angenommen hatte.

Grimaldi, Francesco Maria, italien. Mathematiker, Physiker und Astronom, *Bologna 2. 4. 1618, †ebd. 28. 12. 1663; Jesuit, beschrieb erstmals Beugungserscheinungen des Lichts und stellte dafür eine Wellentheorie auf; gab eine Mondkarte heraus.

Grimaldigrotten, Gruppe von neun Höhlen bei Ventimiglia, Italien, nahe der frz. Grenze; berühmte Fundstätte mit Bestattungen aus der jüngeren Altsteinzeit (Skelette vom Cro-Magnon-Typ, Geräte, Statuetten, Schmuck u. a. Beigaben des Aurignacien und Moustérien).

Grimbergen [ˈxrɪmbɛrxə], Gem. in der Prov. Flämisch-Brabant, Belgien, am N-Rand von Brüssel, 32 600 Ew.; vielseitige Industrie. – Die Servatiuskirche (1660 begonnen) gilt als eine der schönsten Barockkirchen Belgiens.

Grimm, 1) Friedrich Melchior Baron von, Publizist und Diplomat, * Regensburg 26. 12. 1723, † Gotha 19. 12. 1807; gab in Paris 1753–73 alle zwei Wochen handschriftlich seine »Correspondance littéraire, philosophique et critique« heraus, die er an europ. Höfe schickte und in denen er über das geistige Leben in Frankreich berichtete.

2) Hans, Schriftsteller, * Wiesbaden 22. 3. 1875, † Lippoldsberg (heute zu Wahlsburg, Landkreis Kassel) 27. 9. 1959; Begründer der dt. Kolonialdichtung. In seinem tendenziösen Kolonialroman »Volk ohne Raum« (2 Bde., 1926), dessen Titel zum nat.-soz. Schlagwort wurde, schildert G. das Schicksal eines dt. Kolonisten.

3) Herman, Kunst- und Literarhistoriker, * Kassel 6. 1. 1828, † Berlin 16. 6. 1901, Sohn von 6); schrieb Essays und Biografien: »Das Leben Michelangelos« (2 Bde., 1860–63), »Goethe« (2 Bde., 1877).

4) Jacob, Sprach- und Literaturwissenschaftler, * Hanau 4. 1. 1785, † Berlin 20. 9. 1863, Bruder von 5) und 6); Begründer der german. Altertumswiss., der german. Sprachwiss. und der dt. Philologie; zeitlebens eng mit seinem Bruder Wilhelm verbunden; 1830 Prof. und Bibliothekar in Göttingen; sein polit. Engagement (↑Göttinger Sieben) führte zu seiner fristlosen Entlassung und Landesverweisung; seit 1841 Mitgl. der Preuß. Akademie der Wiss.en; 1848 Abgeordneter der Frankfurter Nationalversammlung. Grundlage seiner wiss. Haltung ist die von F. K. von Savigny begründete histor. Betrachtungsweise und die exakte Quellen- und Detailforschung. Neben den großen Sammlungen (»Kinder- und Hausmärchen«, 2 Bde., 1812–15; »Dt. Sagen«, 2 Bde., 1816–18) begründete die 1819 erschienene »Dt. Grammatik« (»dt.« im Sinne von »german.«), die er im Folgenden erweiterte und z. T. völlig umarbeitete (bis 1837 4 Tle.), seinen Ruf. Bei der Arbeit an diesem »Grundbuch der german. Philologie« entdeckte G. die Gesetzmäßigkeit des Lautwandels, des Ablautes, des Umlautes, systematisierte die Erkenntnisse bezüglich der Lautverschiebungen und erweiterte entscheidend das Wissen um die Verwandtschaft der german. und indogerman. Sprachen; bed. auch seine Publikationen zur german. Rechtsgeschichte (»Dt. Rechts-Alterthümer«, 1828), Religionsgeschichte (»Dt. Mythologie«, 1835) sowie seine Sammlung bäuerl. Rechtsquellen (»Weisthümer«, 7 Bde., 1840–78). Seine 1848 veröffentlichte »Geschichte der dt. Sprache« (2 Bde.) wertet auch die Sprache als Geschichtsquelle aus. 1854 ff. entstand das ↑»Deutsche Wörterbuch«. Hervorragende Leistungen als Herausgeber altdt., altnord., angelsächs., mlat. und lat. Werke (z. T. mit seinem Bruder Wilhelm).

Jacob und Wilhelm Grimm

📖 *Seitz, G.:* Die Brüder G.. Leben, Werk, Zeit. Lizenzausg. Leipzig 1990. – *Gerstner, H.:* Brüder G. mit Selbstzeugnissen u. Bilddokumenten. Reinbek ⁹1997. – *Bluhm, L.:* Die Brüder G. u. der Beginn der dt. Philologie. Hildesheim 1997.

5) Ludwig Emil, Radierer und Maler, * Hanau 14. 3. 1790, † Kassel 4. 4. 1863, Bruder von 4) und 6); schuf v. a. Radierun-

gen (bes. Porträts), Bleistiftzeichnungen und Aquarelle, die auch Einblick in Leben und Arbeit seiner Brüder geben.
6) **Wilhelm,** Literaturwissenschaftler, * Hanau 24. 2. 1786, † Berlin 16. 12. 1859, Bruder von 4) und 5), Vater von 3); 1831 Prof. in Göttingen; als Mitgl. der ↑Göttinger Sieben 1837 amtsenthoben, 1841 Mitgl. der Preuß. Akademie der Wiss.en in Berlin; arbeitete meist mit seinem Bruder Jacob zusammen, wesentlich ist sein Anteil an der sprachlich meisterhaften Gestaltung der »Kinder- und Hausmärchen« (2 Bde., 1812–15). Sagenforscher und Herausgeber zahlr. mhd. Literaturwerke sowie Mitarbeiter am ↑»Deutschen Wörterbuch«.

Grimma, Krst. des Muldentalkreises, Sachsen, an der Mulde, 19 000 Ew.; Seume-Gedenkstätte »Göschenhaus«; Maschinen- und Anlagenbau, Etui-, Flachglaswerk. – Schloss (1200 bezeugt, 1389–1402 und 1509–18 umgebaut), Frauenkirche (13. Jh., roman. Westbau), Rathaus (1442, 1538 erneuert). Im Ortsteil **Nimbschen** Ruine des Zisterziensernonnenklosters Marienthron (K. ↑Bora). – G. entstand nach 1150 als dt. Marktsiedlung (um 1200 erste urkundl. Erwähnung); mehrfach Sitz der Wettiner.

Grimmdarm, Teil des ↑Darms.

Grimme, Adolf, Pädagoge und Politiker (SPD), * Goslar 31. 12. 1889, † Degerndorf a. Inn (heute zu Brannenburg, Landkreis Rosenheim) 27. 8. 1963; 1930–33 preuß. Kultusmin., gehörte zum Kreis der entschiedenen Schulreformer; 1942–45 in Haft; 1946–48 war er Kultusmin. von Ndsachs., 1948–56 Generaldirektor des Norddt. Rundfunks. Der dt. Volkshochschulverband stiftete 1961 den **Adolf-Grimme-Preis** für vorbildl. Fernsehproduktionen.

Grimmelshausen, Johann (Hans) Jacob Christoffel von, Pseud. u. a. German Schleifheim von Sulsfort, Erzähler, * Gelnhausen 12. 3. 1621, † Renchen (bei Offenburg) 17. 8. 1676. G., Sohn eines Bäckers und Gastwirts, wurde früh elternlos und geriet 1635 in die Kriegswirren, die er als Trossbube und Soldat erlebte. 1667 wurde er Schultheiß in Renchen; konvertierte zum kath. Bekenntnis. Sein Hauptwerk ist der Roman in fünf Büchern »Der Abentheurliche Simplicissimus Teutsch« in z. T. mit Dialekt durchsetzter Sprache (1669, noch 1669 erschien eine 2. Auflage und die »Continuatio des abentheuerl. Simplicissimi...« als 6. Buch). Die in der Ichform erzählte Lebensgeschichte eines jugendl. Abenteurers ist das bedeutendste literar. Dokument der dt. Barockliteratur und realist. Darstellung der Zeit- und Sittengeschichte; sie steht u. a. in der Tradition des span. Schelmenromans und der volkstüml. Schwank- und Sagenliteratur. Mittel des satir. Erzählens ist die Perspektive eines »tumben Toren«, der Erfahrungen mit der Welt macht, die sich im Dreißigjährigen Krieg in ihrem Elementarzustand zeigt. Unbeständigkeit und Wahn der Welt sowie die Hoffnung auf Erlösung im Jenseits sind das ständig variierte Thema auch der Simplizian. Schriften »Trutz Simplex: oder Ausführl. und wunderseltzsame Lebens-Beschreibung Der Ertzbetrügerin und Landstörtzerin Courasche« (1670), »Der seltzame Springinsfeld« (1670), »Das wunderbarl. Vogel-Nest« (1672) u. a.

📖 *Meid, V.: G. Epoche, Werk, Wirkung. München 1984. – Hohoff, C.: J. J. C. von G. mit Selbstzeugnissen u. Bilddokumenten. Reinbek 17.–18. Tsd. 1995.*

Grimmen, Krst. des Landkreises Nordvorpommern, Meckl.-Vorp., an der Trebel, 12 100 Ew.; Parkettfabrik, Bekleidungsindustrie. – Frühgot. Marienkirche (vermutlich 1267 vollendet), got. Rathaus (14. Jh.); von der Stadtbefestigung sind drei spätgot. Stadttore erhalten. – Erstmals 1267 als Stadt genannt.

Grimsby [ˈgrɪmzbɪ], Stadt in England, ↑Great Grimsby.

Grimsel *die,* Pass im Berner Oberland, ↑Alpenstraßen (Übersicht). Auf der Passhöhe liegt westlich unterhalb im G.-Grund der 1940–42 bis zum Unteraargletscher aufgestaute **G.-See** (1 909 m ü. M., 2,6 km^2, 101 m tief, Stauinhalt 100 Mio. m^3), weiter oberhalb der vom Oberaargletscher gespeiste **Oberaarsee** (Staumauern 1950–54 errichtet, 2 303 m ü. M., 1,5 km^2, bis 90 m tief, Stauinhalt 60 Mio. m^3).

Grimshaw [ˈgrɪmʃɔː], Nicholas Thomas, brit. Architekt, Städteplaner und Industriedesigner, * Hove 9. 10. 1939; einer der wichtigsten Vertreter der brit. Hightecharchitektur. Internat. bekannt wurde er u. a. mit der Produktionshalle der Firma Vitra in Weil am Rhein (1981) und dem Druckereigebäude der Financial Times in London (1987/88). Sein bisher bedeutendstes Bauwerk ist die neue Bahnhofshalle für die

GRI Grímsson

Nicholas Grimshaw: Produktionshalle der Firma Vitra in Weil am Rhein (1981)

Londoner Waterloo Station (1994 fertig gestellt).
Grímsson, Ólafur Ragnar, isländ. Politiker, * Ísafjördur 14. 5. 1943; 1973–91 Prof. für Politikwiss. an der Univ. von Island; 1980–83 Fraktionsvors. der sozialist. Volksallianz, 1987–95 deren Vors.; 1988–91 Finanzmin., seit 1996 Staatspräs. (2000 und 2004 im Amt bestätigt).
Grind, 1) der ↑Schorf.
2) Bez. für versch. Pflanzenkrankheiten, z. B. Kartoffelschorf und Mauke (G. des Weinstocks) mit Wucherungen der Rinde.
Grindelwald, Fremdenverkehrsort im Berner Oberland, Schweiz, 1040 m ü. M., am Fuß des Wetterhorns und des Eigers, 3900 Ew.; Schmalspurbahn von Interlaken, Zahnradbahn über die Kleine Scheidegg nach Lauterbrunnen, Gondelbahn (6,25 km lang) auf den Männlichen (2219 m ü. M.) und (Einseilumlaufbahn, 5,22 km) auf die First (2168 m ü. M.), Kabinenseilbahn aufs Pfingstegg; vor dem **Unteren G.-Gletscher** (22 km^2) tiefe Gletscherschlucht, im **Oberen G.-Gletscher** (10 km^2) künstl. Eisgrotte.
Gringo [span.] *der,* in Südamerika abwertende Bez. für jemanden, der nicht roman. Herkunft ist.
Gringoire [grɛ̃'gwaːr] (Gringore), Pierre, frz. Dichter, * Thury-Harcourt (Dép. Calvados) um 1475, † in Lothringen um 1538; verfasste krit. Zeitgedichte, Satiren, Bühnenstücke.
Grinzing, seit 1891 Stadtteil von ↑Wien.
Grip [engl. »Griff«], *Kfz-Technik:* techn. Griffigkeit von Reifen (Bodenhaftung); beschreibt die Haftreibung des Reifens auf dem Untergrund. So erzielt man z. B. bei Formel-1-Rennwagen einen max. G. durch Aufheizen der Reifen vor dem Rennen.
grippaler Infekt, Sammelbez. für verschiedene, v. a. durch Viren verursachte fieberhafte Allgemeinerkrankungen, meist mit Beteiligung der oberen Luftwege.
Grippe [frz.] (Influenza, Virusgrippe), sehr ansteckende akute Infektionskrankheit des Atmungssystems, die endemisch, epidemisch und zeitweise auch pandemisch (weltweit) auftritt. Hervorgerufen durch Influenzaviren, von denen mehrere Typen bekannt sind (z. B. Typ A_1, A_2, B), wird die G. v. a. durch Tröpfcheninfektion verbreitet; Eintrittspforten sind die Schleimhäute der oberen Luftwege. Der Erreger A_2 (Asia) ruft die asiat. G. hervor, eine Variante ist der Erreger der Hongkong-G. Kennzeichen der G. sind plötzl. Beginn mit erhebl. Krankheitsgefühl, Rachenbeschwerden, Frösteln, hohem Fieber, Kopf- und Gliederschmerzen, Heiserkeit und trockenem, schmerzhaftem Husten, mitunter treten auch Leibschmerzen und starke Durchfälle **(Darm-G.)** auf.

Häufige Komplikationen sind bakterielle Lungenentzündung, Herz- und Kreislaufversagen und Entzündungen der Nasennebenhöhlen. – Die *Behandlung* erfolgt v. a. medikamentös (Fieber senkende und entzündungshemmende Arzneimittel); bei Sekundärinfektion Antibiotika. Die vorbeugende G.-Impfung muss jährlich wiederholt werden, da der Schutz auf wenige Monate begrenzt ist.

❖ siehe ZEIT Aspekte

📖 *Dorstewitz, H.: Erkältung u. G. natürlich behandeln.* Neuausg. München 1995. – *Maier, Karl F.: Rasche Hilfe bei Erkältung, G., Fieber.* Wien u. a. 1998.

Gripsholm, durch Gustav Wasa 1537 ff. als königl. Lustschloss erbaute Wasserburg am Mälarsee, Schweden, bei Mariefred; heute histor. Museum, beherbergt die größte Porträtsamml. Schwedens sowie ein Theater (1781).

Griqualand [ˈgrɪkwəlænd], zwei Landschaften in der Rep. Südafrika, benannt nach dem Volk der **Griqua** (Hottentotten-Mischlinge), die sich zu Beginn des 19. Jh. in der Trockensavanne nördlich des mittleren Oranje angesiedelt hatten. – **G. West** ist eine Steppenhochfläche nördlich vom mittleren Oranje; an ihrem Ostrand liegen Kimberley (Diamanten) und Postmasburg (Manganerz); Hauptort ist Griquatown. – **G. East** liegt am südl. Abfall der Drakensberge, Prov. KwaZulu-Natal; reiches Farmgebiet; Hauptort: Kokstad.

Gris, Juan, eigtl. José Victoriano González Pérez, span. Maler und Grafiker, *Madrid 23. 3. 1887, †Paris 11. 5. 1927; übersiedelte nach Paris, trat in Verbindung mit Picasso und G. Braque und gehörte um 1911/12 zur Gruppe der Kubisten; kombinierte ab 1913 die illusionist. Perspektive mit der Simultananschtigkeit des Gegenständlichen unter Einbeziehung der Technik der Collage und wurde damit zum Begründer des synthet. ↑Kubismus; Bühnenausstattungen u. a. für Arbeiten von T. Tzara und die Ballets Russes.

📖 *J. G.,* bearb. v. C. Green, Beiträge v. K. von Maur u. C. Derouet, Ausst.-Kat. Staatsgalerie Stuttgart. A. d. Engl. Stuttgart 1993.

Grisaille [griˈzaːj, frz.] *die,* monochrome Malerei grau in grau, auch steinfarben oder bräunlich in feinen Helldunkelabstufungen.

Grischun, bündnerroman. Name von ↑Graubünden.

Grisham [ˈgrɪʃəm], John, amerikan. Jurist und Schriftsteller, *Jonesboro (Ark.) 8. 2. 1955; war bis 1990 als Anwalt tätig, bevor er mit dem Thriller »Die Firma« (1991) weltbekannt wurde; die zumeist im Justizmilieu angesiedelten Unterhaltungsromane wurden auch erfolgreich verfilmt.

Weitere Werke: Romane: Die Jury (1989); Die Akte (1992); Der Klient (1993); Die Kammer (1994); Der Regenmacher (1995); Das Urteil (1996); Der Partner (1997); Der Verrat (1998); Der Richter (2002).

Grindelwald: das Grindelwalder Tal am Fuß des Wetterhornes (3 701 m ü. M.)

GRI Grisli

Grisli (Grislibär, Grizzlybär), ↑Bären.
Gris Nez, Kap [- gri'ne; frz. »graue Nase«], Küstenvorsprung zw. Boulogne-sur-Mer und Calais in N-Frankreich, an der schmalsten Stelle des Ärmelkanals; 50 m hohe Kreideklippe, Leuchtturm.
Grison [gri'zɔ̃, frz.] *der,* amerikan. Raubmarder, ↑Marder.
Grit [engl.] *der,* grobkörniger Sandstein aus eckigen Körnern mit kieseligem oder kalkigem Bindemittel (Mühlensandstein).
Grivas, Georgios, grch. General und Politiker, *Trikomo (bei Famagusta) 23. 3. 1898, †Limassol 27. 1. 1974; kämpfte an der Spitze der grch.-zypriot. Untergrundorganisation EOKA gegen die brit. Herrschaft auf Zypern und dessen Anschluss an Griechenland. Nach der Entlassung Zyperns in die Unabhängigkeit (1960) war er 1964–67 Oberbefehlshaber der grch.-zypriot. Nationalgarde.
Griwna, russ. Bez. für ↑Hrywnja.
Grizzly ['grɪzlɪ; engl. »grau«] *der* (Grizzlybär, Grislibär), ↑Bären.
GRO [Abk. für Gamma Ray Observatory], das ↑Compton-Observatorium.

Grödner Tal: Blick auf den höchstgelegenen Talort Wolkenstein

Gröber, Gustav, Romanist, *Leipzig 4. 5. 1844, †Straßburg 6. 11. 1911; war Prof. in Zürich, Breslau, ab 1880 in Straßburg; gründete 1877 die »Zeitschrift für roman. Philologie« und 1907 die »Bibliotheca romanica«, gab den »Grundriß der roman. Philologie« (2 Bde. in 4 Tln., 1888–1902) heraus.
grober Undank, *Recht:* ↑Schenkung.
grober Unfug, *Recht:* ↑Unfug.
Grobianismus *der,* die in der »grobian.« Dichtung des 15. und 16. Jh. angeprangerten unflätigen Verhaltensweisen. In S. Brants »Narrenschiff« (1494) wird »St. Grobianus« zum Schutzpatron rohen Gebarens erhoben. Die **grobian. Literatur** schließt an die Tischzuchten des späten MA. an; sie wollte durch iron. Anweisung zu unwürdigem Benehmen die allg. Vergröberung der Sitten bekämpfen (F. ↑Dedekind).
Gröbming, Marktgem. im Bez. Liezen, im oberen Ennstal, Obersteiermark, Österreich, 2 500 Ew.; Lungenheilstätte.
Gröbzig, Stadt im Landkreis Köthen, Sa.-Anh., 3 000 Ew.; Ensemble jüd. Kulturgutes mit ehem. Synagoge (2. Hälfte des 18. Jh.; Umbau 1877; Museum), Gemeindehaus und Judenschule.
Grock, eigtl. Adrian Wettach, schweizer. Artist, *Reconvilier (bei Biel) 10. 1. 1880, †Imperia (Italien) 14. 7. 1959; wurde als Musikclown weltberühmt, leitete seit 1951 einen eigenen Zirkus; veröffentlichte »Nit mö-ö-ö-glich. Die Memoiren des Königs der Clowns« (1956, bearb. v. *E. Konstantin*).
Groden *der,* deichreifes oder eingedeichtes Marschland. Ein hinter dem Hauptdeich liegender Binnen-G. wird **Koog** oder **Polder,** ein vor ihm liegender Außen-G. **Heller (Helder)** genannt.
Gröditz, Ind.stadt im Landkreis Riesa-Großenhain, Sachsen, 9 000 Ew.; Edelstahl-, Stahlwerk.
Grodk, sorb. Name für ↑Spremberg.
Grödner Tal (Gröden, italien. Val Gardena, ladin. Gherdëina), vom Grödner Bach durchflossene, 25 km lange Talschaft in den Südtiroler Dolomiten, Italien, umrahmt von den Geislerspitzen, der Sella- und Langkofelgruppe; über das Sellajoch steht das G. T. mit dem Fassatal in Verbindung, über das **Grödner Joch** (Passo di Gardena; 2 121 m ü. M.) mit dem Gadertal; die meist Ladinisch sprechende Bev. lebt von der Alm- und Forstwirtschaft, der Holzschnitzerei und dem Fremdenverkehr (Wintersportzentren Sankt Ulrich und Wolkenstein).
Grodno (weißruss. Hrodna), Ge-

bietshptst. in Weißrussland, an der Memel, 308 900 Ew.; Univ., Hochschulen, Museen, Zoo; Chemiefaser-, Düngemittelwerk, Textil-, Leder-, Lebensmittelind. – Im Gebiet der Alten Burg die Untere Kirche (12. Jh.), die Obere Kirche (14./15. Jh.) und das Alte Schloss (1586, heute Museum); das Neue Schloss stammt aus dem 18. Jh. – Das 1183 erstmals urkundlich erwähnte G. kam 1376 zu Litauen, 1569 zu Polen, 1795 zu Russland, 1919 an Polen, 1945 an die UdSSR.

Groeben [ˈgrøː-], Otto Friedrich von der, brandenburg. Offizier, *Napratten (beim heutigen Lidzbark Warmiński) 16. 4. 1656 (oder 1. 4. 1657), †Marienwerder (heute Kwidzyn) 30. 1. 1728; leitete 1682/83 eine brandenburg. Expedition an die Goldküste Afrikas (Groß-Friedrichsburg).

Groener [ˈgrøː-], Wilhelm, General und Politiker, *Ludwigsburg 22. 11. 1867, †Bornstedt (heute zu Potsdam) 3. 5. 1939; trat 1884 in die württemberg. Armee ein. Seit 1916 Generalleutnant, stand G. 1916–17 an der Spitze des für eine Steigerung von Rüstung und Kriegswirtschaft verantwortl. Kriegsamtes; als Erster Generalquartiermeister der OHL (1918–19) leitete er den Rückmarsch und die Demobilisierung des dt. Heeres. Im Nov. 1918 trug er maßgeblich zur Abwehr eines revolutionären Umsturzes bei (↑Ebert-Groener-Pakt). 1928–32 war er Reichswehrmin. Als Reichsinnenmin. (1931–32) unter H. Brüning setzte er das Verbot von SA und SS durch.

Groethuysen [ˈxruːthœjzə], Bernhard, Philosoph, *Berlin 9. 1. 1880, †Luxemburg 17. 9. 1946; Schüler W. Diltheys; wandte dessen geisteswissenschichtl. Methode zur Untersuchung der Erscheinungsformen und Voraussetzungen der bürgerl. Gesellschaft an.

Grog [engl.] der, Getränk aus Rum (auch Weinbrand, Arrak, Whisky u. a.), heißem Wasser und Zucker.

Grogger, Paula, österr. Schriftstellerin, *Öblarn (Bez. Liezen) 12. 7. 1892, †ebd. 31. 12. 1983; schrieb im Volkstum und im Glauben ihrer Heimat wurzelnde Erzählwerke, z. T. in steir. Mundart, u. a. »Das Grimmingtor« (R., 1926).

Grohmann, Will, Kunsthistoriker und -kritiker, *Bautzen 4. 12. 1887, †Berlin (West) 6. 5. 1968; gehörte durch seine publizist. Tätigkeit zu den Wegbereitern abstrakter Kunst in Dtl.; Monographien u. a. über P. Klee (1954), W. Kandinsky (1958), E. L. Kirchner (1958), H. Moore (1960).

Grohnde, Ortsteil von Emmerthal, Landkreis Hameln-Pyrmont, Ndsachs.; Kernkraftwerk an der Weser.

Groitzsch, Stadt im Landkreis Leipziger Land, Sachsen, nahe der Weißen Elster, 8 800 Ew.; Schuhfabrik, Herstellung von Werkzeugen, chem. Industrie. – Die Burg des ↑Wiprecht von Groitzsch wurde um 1300 zerstört (u. a. Reste einer roman. Rundkapelle). – G. entstand um 1040 südöstlich der Burg, kam 1144 an die Wettiner, die 1207 die regelmäßig angelegte Stadt gründeten.

Grolman, Karl von, preuß. General, *Berlin 30. 7. 1777, †Posen 15. 9. 1843; seit 1807 Mitgl. der Kommission für Heeresreform unter General H. von Boyen, trug 1815 als Generalquartiermeister Gneisenaus wesentlich zum preuß. Sieg über Napoleon I. bei.

Gromaire [grɔˈmɛːr], Marcel, frz. Maler und Grafiker, *Noyelles-sur-Sambre (Dép. Nord) 24. 7. 1892, †Paris 11. 4. 1971; Vertreter eines expressiven Realismus, bes. beeinflusst von F. Léger; arbeitete mit vereinfachten, betont plast. Formen und dunklen Farben. Illustrationen (meist Radierungen) u. a. zu Werken von C. Baudelaire und W. Shakespeare; entwarf Bildteppiche für die Gobelinmanufaktur in Aubusson.

Grömitz, Gem. im Kr. Ostholstein, Schlesw.-Holst., 7 400 Ew.; Ostseeheilbad an der Lübecker Bucht.

Gromyko, Andrei Andrejewitsch, sowjet. Politiker, *Staryje Gromyki (bei Gomel) 18. 7. 1909, †Moskau 2. 7. 1989; 1943–46 Botschafter in Washington, 1946–48 ständiger sowjet. Vertreter beim Sicherheitsrat der UNO, 1952–53 Botschafter in London. Als Außenmin. (1957–85) vertrat G. die außenpolit. Vorgaben der sowjet. Partei- und Staatsführung. Als Erster Stellv. Min.-Präs. (1983–85) koordinierte er die sowjet. Außenbeziehungen. 1973–88 war er Mitgl. des Politbüros der KPdSU, 1985–88 Vors. des Präsidiums des Obersten Sowjets (Staatsoberhaupt).

Gronau (Westf.), Stadt im Kr. Borken, NRW, an der Dinkel, an der niederländ. Grenze, 43 700 Ew.; bed. Textil- und Bekleidungsind., Kunststoffind., Metall verarbeitende und Elektronikind.; Urananreicherungsanlage. – 1898 Stadtrecht.

GRO Gronchi

Gronchi [ˈgroŋki], Giovanni, italien. Politiker, * Pontedera (Prov. Pisa) 10. 9. 1887, † Rom 17. 10. 1978; Wirtschaftswissenschaftler, beteiligte sich 1919 an der Gründung der kath. Volkspartei (PPI), während des Zweiten Weltkriegs der Democrazia Cristiana (DC), zu deren linkem Flügel er gehörte; war 1955–62 Staatspräs. und ab 1962 Senator auf Lebenszeit. Als Staatspräs. unterstützte er die Öffnung seiner Partei v. a. zu den Sozialisten und Sozialdemokraten.

Herbert Grönemeyer

Grönemeyer, Herbert, Sänger, Liedermacher und Schauspieler, * Göttingen 12. 4. 1956; schreibt und singt Rocksongs mit engagierten dt.-sprachigen Texten; auch Filme (u. a. »Das Boot«, 1981).

Groningen [ˈxro:nɪŋə], **1)** nordöstl. Prov. der ↑Niederlande.
2) Hptst. von 1), im NO der Niederlande, 168 700 Ew.; Univ. (gegr. 1614), Akademien für Baukunst und für bildende Künste, Handelshochschule, Museen (u. a. neues Kunstmuseum, 1992–94); Handels- und Ind.zentrum (Schiff- und Maschinenbau, chem., Elektro-, Nahrungsmittel-, Möbel-, Papier-, Gummi- u. a. Ind.); in der Nähe Erdgasförderung. Verkehrszentrum; durch den Emskanal Verbindung zum Vorhafen Delfzijl; Flughafen südlich von G. bei Eelde. – Die Altstadt wird bestimmt von dem Grote Markt (mit klassizist. Rathaus, spätgot. Martinskirche und dem Goudkantoor, einem Renaissancebau) und dem Fischmarkt (mit der A-Kerk, 15. Jh.). – G., erstmals im 11. Jh. erwähnt, gehörte im MA. zum Bistum Utrecht, wurde 1282 Hansestadt und 1536 habsburgisch; 1594 durch Moritz von Oranien erobert.

Grönland [»grünes Land« (eskimoisch Kalaallit Nunaat, dän. Grønland), größte Insel der Erde, zum arkt. Nordamerika gerechnet; autonomer Bestandteil Dänemarks; Längserstreckung von Kap Morris Jesup im N bis Kap Farvel im S 2 650 km. G. umfasst einschl. kleiner vorgelagerter Inseln 2 166 086 km² (hiervon eisfrei nur 410 449 km²) mit (2001) 56 245 Ew.; Hptst. ist Nuuk (dän. Godthåb).
Der bis zu 150 km breite eisfreie Küstensaum hat hohe Randgebirge (im O Gunnbjørns Fjeld mit 3 700 m ü. M.) und tiefer gelegene, einst eisbedeckte Tal-, Seen-, Moränenlandschaften, Fjorde, z. T. auch flaches Küstenland. Das von den Rändern sanft ansteigende Inlandeis erreicht unter 67–72° n. Br. Höhen von über 3 300 m (größte Eisdicke 3 400 m); es ruht

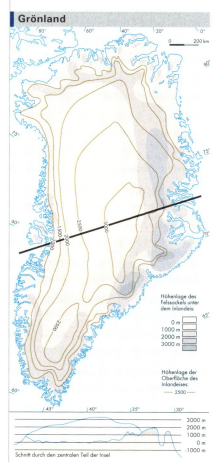

Grönland

Grönland GRO

Grönland: Rockwell Kent, »November in Nord-Grönland« (1932/33; Moskau, Puschkin-Museum)

in einem schalenartigen, felsigen Untergrund, dessen Boden im Innern bis 250 m unter den Meeresspiegel reicht. Große, ins Meer mündende Gletscher, bes. auf der W-Seite, kalben Eisberge. Im Bereich des Inlandeises und im N sind die Temperaturverhältnisse polar (Winter um $-30\,°C$, Sommer wenig über $0\,°C$), mit geringen Niederschlägen. Der S hat milderes Klima (Angmagssalik: Julimittel $7{,}1\,°C$, Febr. $-9{,}1\,°C$, Qaqortoq: Juli $7{,}4°$, Febr. $-8{,}2\,°C$). Die bes. an der W-Küste häufig auftretenden Fallwinde bringen wärmere Luftmassen und lassen verstärkt Vegetation aufkommen. Die Tierwelt ist fast rein polar: Rentiere, Blau- und Weißfüchse, Polarhasen, im N Moschusochsen, Lemminge. Die Küstengewässer sind reich an Fischen und Robben. Die Pflanzenwelt wird vom S (bis 4 m hohe Birken und Erlen, Wacholder, Rhododendron, Kräuter, Moose, Flechten) nach N hin (Polarweiden) immer spärlicher.

Die *Bewohner* G.s, nur zum kleinen Teil noch reine Eskimo, sind meist mit Europäern vermischt (Grönländer). Amtssprachen sind Eskimoisch (Westgrönländisch) und Dänisch. Haupterwerbszweige sind Fisch- (Dorsch, Heilbutt) und Robbenfang, z.T. mit industrieller Verarbeitung, ferner Schafzucht und Bergbau (seit 1973/74 Abbau der Blei-Zink-Erze bei Maarmorilik); die urspr. bedeutenden Kryolithvorkommen bei Ivigtut sind ausgebeutet. Wichtiger Flugplatz für die Polarroute ist Kangelussuaq, Haupthafen ist Nuuk.

Geschichte: Die um 875 von dem aus Norwegen stammenden Wikinger Gunnbjørn entdeckte Insel wurde 982 von Erich dem Roten aufgesucht und G. genannt; 986 gründete er an der SW-Küste die erste Siedlung. Ab 1261 stand G. unter norweg. Oberhoheit. Seit Mitte des 14. Jh. führten das Vordringen der Eskimo und verschlechterte Lebensbedingungen (u. a. Temperaturrückgang) zum Aussterben der europ. Siedlungen. Erst nach der Landung des Missionars H. Egede (1721) kam es wieder zu einer Besiedlung durch Nordeuropäer. Bei Auflösung der dänisch-norweg. Personalunion (1814) blieb G. bei Dänemark. Der Streit um G. mit Norwegen wurde 1933 vom Haager Schiedsgerichtshof zugunsten Dänemarks entschieden. Nach 1945 bauten die USA an der NW-Küste G.s Luftstützpunkte. 1951 schlossen die USA und Dänemark einen Vertrag über die gemeinsame Verteidigung der Insel. 1953 wurde G. integraler Bestandteil Dänemarks. 1979 erhielt G. Selbstverw. in wirtsch. u. a. inneren Angelegenheiten (eigenes Parlament und eigene Regierung). Nach einer Volksabstimmung 1982 schied G. 1985 aus der EG aus. Die *Erforschung* G.s begann mit H. Egede (1721–36) und Karl Ludwig Giesecke (* 1761 oder 1775, † 1833; 1807–15) sowie mit der im 19. Jh. verstärkten Suche nach der NW-Passage. 1822 landete W. Scoresby als Erster an der O-Küste, die 1869–70 von der dt. Germania-und-Hansa-Expedition erforscht wurde. Erste Vorstöße ins Innere unternahmen 1883 A. E. Nordenskiöld, 1886 R. E. Peary; durchquert wurde die Insel erstmals 1888 von F. Nansen und O. N. Sverdrup, danach u. a. (1912–13) von A. Wegener und Johann Peter Koch (* 1870, † 1928). K. Rasmussen erforschte auf mehreren Expeditionen (seit 1902) bes. Leben und Gesch. der Eskimo.

📖 *Barüske, H.: G. Kultur u. Landschaft am Polarkreis. Köln 1990. – Braukmüller, H.: G. – gestern u. heute: G.s Weg der Dekolonisation. Leer ³1996.*

Grönlandwal, Art der ↑Glattwale.
Groot [xro:t], Huigh de, ↑Grotius.
Groote Eylandt [ˈgruːt ˈaɪlənd], größte Insel im Carpentariagolf an der nordaustral. Küste, 2 460 km², Landbesitz der austral. Ureinwohner. Auf G. E. liegt das größte austral. Manganerzvorkommen (Abbau, Aufbereitung und Verschiffung).
Grootfontein [ˈgruːtfɔnteɪn], Stadt in N-Namibia, am Rand des Otaviberglandes, 1 463 m ü. M., 11 000 Ew.; Zentrum eines Agrargebietes; Förderung von Kupfer- und Bleierzen; Endpunkt eines Zweiges der Otavibahn.
Groove [gruːv, engl.] *der,* in der Popmusik und im Jazz das Gefühl für Rhythmus, Spannung und Tempo eines Stückes, auch eine dieses prägende melodisch-rhythm. Grundfigur im Arrangement.
Gropius, Walter, dt.-amerikan. Architekt und Industriedesigner, * Berlin 18. 5. 1883, † Boston (Mass.) 5. 7. 1969; G. war einer der faszinierendsten Vertreter der neuen, auf Zweckmäßigkeit hin entworfenen Architektur mit einer betont blockartigen, streng geometr. Bauweise. Bed. Beispiel seiner frühen Bauten ist das 1910–15 erbaute Faguswerk in Alfeld (Leine). 1919 gründete er das ↑Bauhaus, dessen Direktor er bis 1928 war. Für den Friedhof in Weimar entstand 1920–22 ein expressionist. Mahnmal für die Opfer des Kapp-Putsches. In den Jahren nach 1928 wirkte er als Architekt in Berlin (Siedlung »Siemensstadt«, 1929/30). Nach der Emigration (1933 nach London) lebte er ab 1937 in den USA; 1937–52 Prof. an der Harvard University, auch Gründung einer eigenen Architektenschule. Zu seinen Spätwerken gehören u. a. das PAN AM Building in New York (1958–63) und die Porzellanfabrik Rosenthal in Selb (1965–67). Nach seinen Plänen wurde das urspr. für Darmstadt geplante Bauhaus-Archiv 1976–79 posthum in Berlin am Landwehrkanal errichtet. – *Schriften:* »Architektur. Wege zu einer opt.

Walter Gropius: Bauhaus-Archiv in Berlin (1976–79, nach Plänen von W. Gropius)

Kultur« (1956), »Die neue Architektur und das Bauhaus« (1965).
📖 *Der Architekt W. G., hg. v. W. Nerdinger. Ausst.-Kat. Bauhaus-Archiv. Berlin ²1996.*
Gros [gro:; aus frz. grosse (douzaine) »Großdutzend«] *das,* altes Zählmaß für 12 Dutzend oder 144 Stück.
Gros [gro], Antoine Jean Baron (seit 1825), frz. Maler, *Paris 16. 3. 1771, †(Selbstmord) Meudon 26. 6. 1835; Schüler von J. L. David; weilte 1793–1801 in Italien, wo er den Aufstieg des späteren Napoleon I. mit großformatigen Gemälden begleitete (»Bonaparte auf der Brücke von Arcole«, 1796, Paris, Louvre).
Groschen [von mlat. grossus (denarius) »Dick(pfennig)«], Abk. **Gr., g, 1)** urspr. dicke Silbermünze, erstmals 1266 in Tours (Frankreich), seit 1338 als **Meißner G.** (nach dem Vorbild des **Prager** oder **Böhm. G.**) in Sachsen, später auch in anderen dt. Ländern geprägt; da der Wert zeitlich und territorial schwankte, wurden häufig Angaben über die Art der G. gemacht (meißn. Währung, Guter G., Silber-G., Gulden-G. u. a.). Seit dem 16. Jh. Scheidemünze in Österreich, der Schweiz und Süd-Dtl. (Dreikreuzer), in Preußen bis 1821 der **Gute G.** (12 Pfennige = 1 G. = ¹/₂₄ Taler), 1821–73 der **Silber-G.** (12 Pfennige = 1 G. = ¹/₃₀ Taler). Sachsen führte 1840 den **Neu-G.** zu 10 Pfennigen ein. Seit Beginn der Markrechnung 1873 galten in Dtl. allg. 10 Pfennige = 1 Groschen.
2) bis zur Euroeinführung kleine Währungseinheit in Österreich (1 G. = ¹/₁₀₀ Schilling).
Gros Morne National Park [grəʊ ˈmɔːn ˈnæʃnl pɑːk], Nationalpark an der W-Küste der Insel Neufundland, Kanada, 1 805 km². Um den 806 m hohen Gros Morne ein 600 m hohes Kalksteinplateau mit Tundrenvegetation und -tierwelt, dessen dicht bewachsene Kliffe in tiefe Fjorde des Sankt-Lorenz-Golfes abfallen; der Park (UNESCO-Weltnaturerbe) dient v. a. der Erforschung der Erdgeschichte.
Grosny, Hptst. der Rep. Tschetschenien innerhalb der Russ. Föderation, im nördl. Vorland des Großen Kaukasus, (2000) etwa 100 000 Ew. (1989: 401 000 Ew.); vor den starken Zerstörungen während der russisch-tschetschen. Kriegshandlungen waren Univ. und eine auf Erdölförderung und -verarbeitung, petrochem., Maschinenbau- und Nahrungsmittelindustrie ausgerichtete Wirtschaft bedeutsam. – 1818 als Festung gegr., seit 1870 Stadt, ab 1893 Entwicklung zum Mittelpunkt eines Erdölfördergebiets. Am 8. 11. 1991 wurde in G. die (von Russland nicht akzeptierte) Unabhängigkeit Tschetscheniens proklamiert. Die Stadt war während der russ. Militärinterventionen (1994–96, 1999/2000) hart umkämpft.
Groß, 1) Nikolaus, kath. Gewerkschaftsfunktionär und Journalist, *Niederwenigern (heute zu Hattingen) 30. 9. 1898, †(hingerichtet) Berlin-Plötzensee 23. 1. 1945; trat 1917 dem »Gewerkverein christl. Bergarbeiter« bei und 1918 der Zentrumspartei. Ab 1920 war G. hauptamtlich gewerkschaftlich tätig, ab 1929 als Chefredakteur der »Westdt. Arbeiterzeitung« (nach 1933 »Ketteler-Wacht«). Grundlage seiner publizist. Arbeiten bildete die kath. Soziallehre, deren Positionen er zeitbezogen formulierte. Seit den 1930er-Jahren unterhielt G. Kontakte zum Widerstandskreis um C. F. Goerdeler; nach dem fehlgeschlagenen Attentat auf Hitler wurde er verhaftet, wegen »Mitwisserschaft« zum Tode verurteilt (15. 1. 1945) und hingerichtet. – 2001 wurde G. selig gesprochen.
2) Ricco, Biathlet, *Schlema 22. 8. 1970; Staffelolympiasieger 1992, 1994 und 1998 sowie Staffelweltmeister 1991, 1995, 1997 und 2004, Einzelweltmeister 1997 (20 km), 1999, 2003 und 2004 (jeweils Jagdrennen).
Gross [grɔs], **1)** David J., amerikan. Physiker, *Washington (D.C.) 19. 2. 1941; Prof. in Harvard und Princeton und seit 1997 an der Univ. of California in Santa Barbara; 2004 Nobelpreis für Physik zus. mit D. Politzer und F. Wilczek.
2) Stanislav, tschech. Politiker, *Prag 30. 10 1969; Jurist; wurde 2000 Innenminister und 2002 stellv. MinPräs; seit 2004 als Nachfolger von V. Špidla Parteivors. der Sozialdemokrat. Partei (ČSSD) und Ministerpräsident.
Großadmiral, 1905–45 der höchste dt. Seeoffiziersrang, dem Rang des Generalfeldmarschalls entsprechend.
Großalmerode, Stadt im Werra-Meißner-Kr., Hessen, am südöstl. Rand des Kaufunger Waldes, 354 m ü. M., 7 900 Ew.; Glas- und Keramikmuseum; Tonindustrie, Herstellung von Schneidekreide. – Nach 1560 löste die Tonindustrie das bis dahin dominierende Glasbläsergewerbe ab. – G. wurde 1755 Stadt.

GRO Großbanken

Großbanken, Banken, die aufgrund ihrer Bilanzsumme und ihrer überregionalen sowie universal ausgerichteten Geschäftstätigkeit besondere Bedeutung haben. Nach der Bankenstatistik der Dt. Bundesbank werden Deutsche Bank AG, Dresdner Bank AG, Commerzbank AG und Bayer. Hypo- und Vereinsbank AG zu den G. gerechnet, obwohl auch andere große private und öffentlich-rechtl. Banken inzwischen vergleichbare Größenordnungen erreicht haben.

Großbetschkerek, Stadt in Serbien, ↑Zrenjanin.

Großbritannien und Nordirland

Fläche	243 820 km²
Einwohner	(2003) 59,251 Mio.
Hauptstadt	London
Amtssprache	Englisch
Nationalfeiertag	Offizieller Geburtstag des Monarchen
Währung	1 Pfund Sterling (£) = 100 New Pence (p)
Zeitzone	WEZ

Großbritanni|en und Nordirland (amtlich engl. United Kingdom of Great Britain and Northern Ireland; dt. Vereinigtes Königreich von Großbritannien und Nordirland), Monarchie in Nordwesteuropa, umfasst England, Wales, Schottland und Nordirland. Einzige Landesgrenze ist die Nordirlands zur Rep. Irland. Die brit. Kanalinseln und die Insel Man gehören staatsrechtlich nicht zum Vereinigten Königreich von G. u. N., sie unterstehen direkt der Krone.

Staat und Recht: G. u. N. kennt keine geschriebene Verf. Die Verf.ordnung beruht v. a. auf ungeschriebenem Recht oder einzelnen Ges.: Magna Charta Libertatum (1215), Petition of Right (1628), Habeas-Corpus-Akte (1679), Bill of Rights (1689), Act of Settlement (1701), Representation of the People Acts (1832 und 1928), Parliament Acts (1911 und 1949). Daneben gelten zu Verf.fragen getroffene Gerichtsentscheidungen, Gewohnheitsrecht und die Conventions, die ungeschriebenen Regeln des Verfassungsrechts.

Das Vereinigte Königreich ist eine parlamentarisch-demokrat. Erbmonarchie des Hauses Windsor. Der Monarch ist Staatsoberhaupt, Haupt des Commonwealth und weltl. Oberhaupt der anglikan. Kirche. Für ihn ist die Ehe mit einem Mitgl. der kath. Kirche ausgeschlossen (über die Beseitigung dieser Regel wird diskutiert). Für die Thronfolge gilt der Vorrang des ältesten Sohnes; bei Fehlen von Söhnen ist auch weibl. Thronfolge möglich. Die polit. Mitwirkungsrechte der Krone sind begrenzt, der Monarch ist für sein Handeln nicht zur Verantwortung zu ziehen (»The King can do no wrong«). Die Krone verkörpert die Nation in ihrer histor. Kontinuität. Der Monarch hat ein umfassendes Konsultationsrecht und das Recht auf volle Akteneinsicht in die Reg.dossiers. Die jährl. Thronrede zur Eröffnung der Parlamentssitzungen ist der Sache nach das vom Premiermin. verfasste Reg.programm.

Die Legislative liegt beim Zweikammerparlament, bestehend aus dem Oberhaus (House of Lords) und dem Unterhaus (House of Commons). Die unbedingte Anerkennung der Souveränität des Parlaments und seines Willens ist wesentl. Grundsatz des brit. Verfassungsrechts. Dem Oberhaus gehören (Ende 2002) 693 Mitgl. an, darunter 91 Träger erbl. Peerswürden, 578 von der Krone auf Vorschlag der Reg. in den Adelsstand erhobene Mitgl. auf Lebenszeit (einschl. der Lordoberrichter) und 24 Bischöfe der anglikan. Kirche während ihrer Amtszeit. Der Vors. des Oberhauses, der Lord Chancellor (Lordkanzler), dessen Amt 2003 abgeschafft wurde, war Mitgl. des Kabinetts und administrativ für die Ernennung bestimmter Richter zuständig. Im Sinne einer Gewaltenteilung wird künftig der neue Min. für Verf.angelegenheiten für die Justizverw. zuständig sein. Die Lordoberrichter werden, getrennt vom Oberhaus, den Kern eines neuen Obersten Gerichts bilden, dessen Mitgl. auf Vorschlag einer unabhängigen Kommission ernannt werden. Das Oberhaus soll wie das Unterhaus ei-

Großbritannien und Nordirland GRO

Großbritannien und Nordirland: Verwaltungsgliederung (2001)

Verwaltungseinheit	Fläche in km²	Ew. in 1 000	Ew. je km²	Verwaltungssitz
England	130 281[1]	48 903,0[2]	375	London
Greater London	1 572	7 007,1	4 457	–
Metropolitan Counties				
Greater Manchester	1 276	2 578,3	2 021	Manchester
Merseyside	645	1 427,2	2 213	Liverpool
South Yorkshire	1 552	1 303,9	840	Barnsley
Tyne and Wear	540	1 131,0	2 094	Newcastle upon Tyne
West Midlands	902	2 637,1	2 924	Birmingham
West Yorkshire	2 029	2 105,8	1 038	Wakefield
Counties				
Avon	1 327	982,3	740	Bristol
Bedfordshire	1 235	545,6	442	Bedford
Berkshire	1 262	783,2	621	Reading
Buckinghamshire	1 874	665,8	355	Aylesbury
Cambridgeshire	3 390	693,8	205	Cambridge
Cheshire	2 343	978,1	417	Chester
Cleveland	597	559,2	937	Middlesborough
Cornwall and Isles of Scilly	3 563	482,7	135	Truro
Cumbria	6 768	490,3	72	Carlisle
Derbyshire	2 625	957,8	365	Matlock
Devon	6 707	1 058,8	158	Exeter
Dorset	2 653	678,7	256	Dorchester
Durham	2 424	607,6	251	Durham
East Sussex	1 791	730,8	408	Lewes
Essex	3 670	1 577,5	430	Chelmsford
Gloucestershire	2 653	552,7	208	Gloucester
Hampshire	3 769	1 616,7	429	Winchester
Hereford and Worcester	3 920	694,3	177	Worcester
Hertfordshire	1 643	1 011,2	615	Hertford
Humberside	3 517	889,2	253	Beverley
Isle of Wight	380	125,1	329	Newport
Kent	3 736	1 551,3	415	Maidstone
Lancashire	3 075	1 426,0	464	Preston
Leicestershire	2 538	923,0	364	Leicester
Lincolnshire	5 921	611,8	103	Lincoln
Norfolk	5 371	772,4	144	Norwich
Northamptonshire	2 364	599,3	254	Northampton
Northumberland	5 013	307,3	61	Morpeth
North Yorkshire	8 310	730,6	88	Northallerton
Nottinghamshire	2 159	1 031,9	478	Nottingham
Oxfordshire	2 605	598,4	230	Oxford
Shropshire	3 488	419,9	120	Shrewsbury
Somerset	3 451	481,0	139	Taunton
Staffordshire	2 714	1 056,4	389	Stafford
Suffolk	3 801	658,8	173	Ipswich

GRO Großbritannien und Nordirland

Großbritannien und Nordirland: Verwaltungsgliederung (2001; Fortsetzung)

Verwaltungseinheit	Fläche in km²	Ew. in 1000	Ew. je km²	Verwaltungssitz
Surrey	1663	1044,3	628	Kingston upon Thames
Warwickshire	1975	498,7	253	Warwick
West Sussex	1991	731,5	367	Chichester
Wiltshire	3485	590,6	169	Trowbridge
Wales	20732[1]	2903,1	140	Cardiff
Unitary Authorities				
Blaenau Gwent	109	70,1	643	Ebbw Vale
Bridgend	251	128,6	512	Bridgend
Caerphilly	278	169,5	610	Tredomen
Cardiff	139	305,4	2197	Cardiff
Carmarthenshire	2394	172,8	72	Carmarthen
Ceredigion	1792	74,9	42	Ceredigion
Conwy	1126	109,6	97	Conwy
Denbighshire	837	93,1	111	Ruthin
Flintshire	438	148,6	339	Mold
Gwynedd	2535	116,8	46	Caernarfon
Isle of Anglesey	711	66,8	94	Llangefni
Merthyr Tydfil	111	56,0	505	Merthyr Tydfil
Monmouthshire	849	84,9	100	Cwmbran
Neath Port Talbot	441	134,5	305	Port Talbot
Newport	190	137,0	721	Newport
Pembrokeshire	1589	114,1	72	Haverfordwest
Powys	5181	126,4	24	Llandrindod Wells
Rhondda Cynon Taff	424	231,9	547	Clydach Vale
Swansea	378	223,3	591	Swansea
Torfaen	126	90,9	721	Pontypool
Vale of Glamorgan	331	119,3	360	Barry
Wrexham	504	128,5	255	Wrexham
Schottland	77925[1]	5062,0	65	Edinburgh
Local Authorities				
Aberdeen City	186	212,1	1140	Aberdeen
Aberdeenshire	6313	226,9	36	Aberdeen
Angus	2182	108,4	50	Forfar
Argyll and Bute	6909	91,3	13	Lochgilphead
Clackmannanshire	159	48,1	303	Alloa
Dumfries and Galloway	6426	147,8	23	Dumfries
Dundee City	60	145,7	2428	Dundee
East Ayrshire	1262	120,2	95	Kilmarnock
East Dunbartonshire	175	108,2	618	Kirkintilloch
East Lothian	679	90,1	133	Haddington
East Renfrewshire	174	89,3	513	Giffnock
Edinburgh, City of	264	448,6	1699	Edinburgh
Eilean Siar (Western Isle)	3071	26,5	9	Stornoway
Falkirk	297	145,2	489	Falkirk
Fife	1325	349,4	264	Glenrothes
Glasgow, City of	175	577,9	3302	Glasgow

Großbritannien und Nordirland: Verwaltungsgliederung (2001; Fortsetzung)

Verwaltungseinheit	Fläche in km²	Ew. in 1 000	Ew. je km²	Verwaltungssitz
Highland	25 659	208,9	8	Inverness
Inverclyde	160	84,2	526	Greenock
Midlothian	354	80,9	229	Dalkeith
Moray	2 238	86,9	39	Elgin
North Ayrshire	885	135,8	153	Irvine
North Lanarkshire	470	321,1	683	Motherwell
Orkney Islands	990	19,2	19	Kirkwall
Perth and Kinross	5 286	134,9	26	Perth
Renfrewshire	261	172,9	662	Paisley
Scottish Borders	4 732	106,8	23	Newtown St Boswells
Shetland Islands	1 466	22,0	15	Lerwick
South Ayrshire	1 222	112,1	92	Ayr
South Lanarkshire	1 772	302,2	171	Hamilton
Stirling	2 187	86,2	39	Stirling
West Dunbartonshire	159	93,4	587	Dunbarton
West Lothian	427	158,7	372	Livingston
Nordirland	13 576[1]	1 685,3	124	Belfast
Districts				
Antrim	421	48,4	115	Antrim
Ards	380	73,2	193	Newtonards
Armagh	671	54,3	81	Armagh
Ballymena	630	58,6	93	Ballymena
Ballymoney	416	26,9	65	Ballymoney
Banbridge	451	41,4	92	Banbridge
Belfast	110	277,4	2 522	Belfast
Carrickfergus	81	37,7	465	Carrickfergus
Castlereagh	85	66,5	782	Belfast
Coleraine	486	56,3	116	Coleraine
Cookstown	514	32,6	63	Cookstown
Craigavon	282	80,7	286	Portadown
Derry	381	150,1	394	Derry
Down	649	63,8	98	Downpatrick
Dungannon	772	47,7	62	Dungannon
Fermanagh	1 699	57,5	34	Enniskillen
Larne	336	30,8	92	Larne
Limavady	586	32,4	55	Limavady
Lisburn	447	108,7	243	Hillsborough
Magherafelt	564	39,8	71	Magherafelt
Moyle	494	15,9	32	Ballycastle
Newry and Mourne	898	87,1	97	Newry
Newtonabbey	151	80,0	530	Newtonabbey
North Down	81	76,3	942	Bangor
Omagh	1 130	48,0	42	Omagh
Strabane	862	38,2	44	Strabane
Großbritannien und Nordirland	242 513[1]	58 789,2	242	London

1) Abweichungen durch Rundungen. – 2) Stand 1995.

GRO Großbritannien und Nordirland

nen Speaker erhalten, der nicht der Exekutive angehört. Die Mitwirkungsrechte des Oberhauses an der Gesetzgebung sind begrenzt. Neben Beratungs- und Vorschlagsrechten besteht die Möglichkeit, bestimmte Ges. für längstens ein Jahr zu blockieren. Die 1999 beschlossene Parlamentsreform sieht die Abschaffung des Erbrechts auf einen Oberhaussitz und eine Verkleinerung des Oberhauses auf 635 Mitgl. vor; für einen Übergangszeitraum wird es allerdings weiterhin mit Erbprivilegien ausgestattete Mitgl. geben. Dem Unterhaus obliegt die eigentl. Gesetzgebungsbefugnis. Seine derzeit 659 Mitgl. werden auf max. 5 Jahre nach dem Mehrheitswahlrecht bestimmt. Die aktive Wahlberechtigung beginnt mit dem 18., die passive mit dem 21. Lebensjahr. Kein Unterhausmandat dürfen ausüben: kirchl. Würdenträger der Anglikaner, Presbyterianer und Katholiken, Inhaber von Ministerialämtern, Polizisten, Berufssoldaten, Richter und Mitgl. des Oberhauses.

Der Sprecher des Unterhauses als sein Vors. ist zu parteipolit. Neutralität verpflichtet. Daneben gibt es den »Leader of the House« (Führer des Hauses), ein im Kabinettsrang stehender Abg., der dafür zu sorgen hat, dass das Haus die Gesetzesvorlagen der Reg. umfassend und zügig behandelt. Hierzu arbeitet er mit den parlamentar. Geschäftsführern, den »Einpeitschern« (Whips), und der Oppositionsführung eng zusammen. Vom Parlament beschlossene Ges. werden vom Monarchen unterzeichnet und durch Eintragung im Book of Statutes zum Gesetz (Act).

Die Exekutive liegt nominell bei der Krone, tatsächlich bei der Reg. unter Vorsitz des Premierministers. Der Premiermin. und die von ihm vorgeschlagenen Min. werden vom Monarchen ernannt und müssen dem Unterhaus angehören. Die Reg. i. w. S. (ministry) ist wesentlich umfangreicher als das nur etwa 20 Mitgl. umfassende Kabinett (cabinet) als engere Reg.; zu dieser gehören neben den wichtigsten Min. der Präs. des Geheimen Kronrates (Lord President), der Lordsiegelbewahrer und der Kanzler des Herzogtums Lancaster. Der Premiermin. bestimmt die Richtlinien der Politik und den Zeitpunkt für Neuwahlen. Der Geheime Kronrat (Privy Council; 330 Mitgl.), dem u. a. das Kabinett angehört, tritt als Plenum nur beim Tod des Monarchen zusammen. Im Übrigen nimmt er seine Aufgaben in Ausschüssen wahr, zu denen u. a. die Billigung von Reg.verordnungen gehört.

Aufgrund des uneingeschränkten Mehrheitswahlrechts besteht in G. u. N. de facto ein von der ↑Konservativen und Unionistischen Partei und der ↑Labour Party dominiertes Zweiparteiensystem. Daneben spielen v. a. die Liberal Democrats (entstanden als Zusammenschluss von Liberal Party und Teilen der Social Democratic Party) und regionale Parteien (z. B. Ulster Unionist Party, Scottish National Party und die walis. Plaid Cymru) eine Rolle. In Nordirland hat sich aufgrund der historischen und politischen Sonderstellung ein eigenes, nach konfessionellen Gesichtspunkten aufgebautes Parteiensystem herausgebildet.

Großbritannien und Nordirland: Loch Carron an der Westküste Schottlands

Großbritannien und Nordirland GRO

Der Verwaltungsaufbau ist dreistufig. Gesetzl. Grundlage bilden die Local Government Acts von 1972. Seit 1974 sind England und Wales sukzessive in 53 Grafschaften (Counties) und sechs Großstadtverwaltungen (Metropolitan Counties) eingeteilt worden. Die Grafschaften untergliedern sich in 369 Distrikte, von denen 36 als großstädt. Bezirke gelten (Metropolitan Districts). Unterhalb der Distriktebene bestehen zahlr. Gemeinden (in England etwa 10000). Eine Sonderstellung nimmt Greater London ein, das von 32 Distrikträten verwaltet wird. Schottland und Nordirland haben ähnl. Verwaltungssysteme. Im April 1996 erfolgte in Wales und Schottland eine Neugliederung der Verw.einheiten. An die Stelle von 8 Counties in Wales bzw. 9 Regionen in Schottland traten 22 Unitary Authorities bzw. 32 Local Authorities. Die Neugliederung in England ist parlamentarisch beschlossen und wurde sukzessive 1997 und 1998 eingeführt.

Landesnatur: Der von Nordsee, Atlant. Ozean, Irischer See und Ärmelkanal umgebene Inselstaat vor der NW-Küste des europ. Festlands umfasst außer der Insel Großbritannien v. a. die Inseln Wight (im S) und Anglesey (in der Irischen See), die Scilly-Inseln (im SW), die Hebriden (im NW), die Orkney- und Shetlandinseln (im N) sowie den NO-Teil der Insel Irland. Die Hauptinsel ist durch Buchten und Mündungstrichter gegliedert, fast 1000 km lang, aber nur stellenweise über 500 km breit. In ihrem mittleren, südl. und östl. Teil liegt das vorwiegend hügelige und ebene England. Sein Relief weist zwei Grundstrukturen auf. Zu den Hochlanden zählen die seenreichen Cumbrian Mountains (bis 978 m ü. M.), die Cheviot Hills, das Penninische Gebirge (bis 893 m ü. M.) sowie Cornwall und Teile von Devon mit Dartmoor und Exmoor. Das eigentl. Kernland ist das aus jüngeren Schichten bestehende Schichtstufenland. Die Juraschichtstufe im N reicht von den Cotswold Hills bis zu den North York Moors, die Kreideschichtstufe umfasst die Chiltern Hills, die Lincoln Wolds und die York Wolds. Ein

Großbritannien und Nordirland: Seebad Ifracombe an der Nordküste Devons

weiterer Schichtstufenkomplex südlich von London mit den North Downs und den South Downs steht in Zusammenhang mit der Aufwölbung des Weald. Das über 1000 m hohe Bergland von ↑Wales springt als breite Halbinsel nach W vor. Den Nordteil der Hauptinsel bildet das überwiegend gebirgige ↑Schottland, das im Hochland, den Grampians, den höchsten Gipfel G.s u. N.s trägt (Ben Nevis, 1343 m ü. M.). Vorwiegend von Berg- und Hügelland wird ↑Nordirland eingenommen, in seinem zentralen Teil liegt der größte See (396 km²) von G. u. N., der Lough Neagh. Die bedeutendsten Flüsse sind Themse, Severn, Trent und Tweed.

Das *Klima* ist ausgeprägt ozeanisch mit milden Wintern und kühlen Sommern. Beeinflusst vom Nordatlant. Strom gliedert sich Großbritannien in eine trockenwarme Osthälfte und eine feucht gemäßigte Westhälfte. Die hohe Luftfeuchtigkeit, bes. im Winter, ist Hauptursache der häufigen Nebelbildung; typisch ist ein leichter Nebel, aus dem sich aber durch den Einfluss von topograph. Lage, hoher Luftverschmutzung u. a. lokal ein dichter Nebel entwickeln kann.

Das natürl. Pflanzenkleid von G. u. N. gehört zur atlant. Region des europ. Laub-

GRO Großbritannien und Nordirland

Großbritannien und Nordirland: Insel Skye (Innere Hebriden)

waldgebietes mit Marschen (bes. ausgedehnt in den Fens) sowie Hoch- und Niederungsmooren. Unter- und oberhalb der natürl. Waldgrenze (300–600 m, je nach Lage) erstrecken sich Bergheiden, zu deren Ausbreitung der Mensch durch Waldvernichtung beigetragen hat. Heute sind nur noch 10% der Landfläche mit Wald bedeckt. Ein großer Teil der Agrarlandschaft wird durch Einhegungen charakterisiert (Heckenlandschaft).
Bevölkerung: Den größten Anteil an der Bev. haben Engländer, ferner Schotten, Waliser und brit. Iren. Von der Gesamtbev. von 58,789 Mio. (2001) wurden 53,884 Mio. in G. u. N. geboren, 1,31 Mio. in EU-Staaten und 3,598 Mio. in anderen Staaten. Die größten ethn. Minderheiten bilden (1999/2000) Inder mit 942 000 Ew., Black Caribbeans mit 504 000 Ew. und Pakistaner mit 671 000 Ew. Die meisten Angehörigen von ethn. Minderheiten leben in den großen urbanen Verdichtungsräumen, insbes. London. – Im ganzen Königreich wird heute Englisch gesprochen. Rd. 19% der Ew. von Wales sprechen Walisisch (Kymrisch), dagegen ist die schott. Form des Gälischen nur wenig in Gebrauch. Durch starke Wanderungsbewegungen innerhalb G.s u. N.s werden die Unterschiede in der Bev.dichte zw. Großstädten, Ind.gebieten und den ländl. Gemeinden immer größer. Eine stark verstädterte Zone hoher Bev.dichte verläuft vom Raum London in nordwestl. Richtung über die Metropolitan County West Midlands zu den Metropolitan Counties Merseyside (Liverpool) und Greater Manchester. Seit 1960 ist eine starke Bev.zunahme im Umland von Greater London zu verzeichnen. Auch die S-Küste (SW-England) verzeichnet Wanderungsgewinne, sie ist bevorzugter Wohnstandort älterer, wohlhabender Bev.gruppen.
Religion: Nominell (bezogen auf die Taufe) gehören (2001) rd. 72% der Bev. einer christl. Kirche an: rd. 41% der anglikan. Kirche (»Church of England«, »Church of Ireland«, »Church in Wales«), rd. 6% anderen traditionellen prot. Kirchen (v. a. Presbyterianer, Kongregationalisten, Methodisten), über 14% einer Vielzahl von Pfingstkirchen, rd. 10% der kath. Kirche, rd. 0,6% versch. Ostkirchen. Staatskirche in England ist die anglikan. »Church of England« (↑Kirche von England), in Schottland die ref. »Church of Scotland« (↑Schottische Kirche); Trennung von Staat und Kirche besteht in Wales und in Nordirland. Die zahlenmäßig stärkste Kirche ist in England und in Wales die anglikan. Kirche, in Schottland die ref. Kirche und in ↑Nordirland die kath. Kirche. Nichtchristliche religiöse Minderheiten bilden die Muslime (rd. 1,59 Mio.), Hindus (rd. 559 000), Sikhs (rd. 336 000), Juden (rd. 267 000) und Buddhisten (rd. 152 000).

Großbritannien und Nordirland

Bildung: Das Schul- und Hochschulwesen ist durch die geschichtlich bedingte Dezentralisierung geprägt und geht in seiner heutigen Form wesentlich auf die Educational Acts (1944 für England und Wales, 1945 für Schottland, 1947 für Nordirland) zurück. Allgemeine Schulpflicht besteht vom 5. bis 16. Lebensjahr. Das Schulsystem gliedert sich in folgende Stufen: die Vorschule (Nursery School) für Kinder ab 4 Jahre (nicht obligatorisch), die Primarschulen (Infant School; Junior School; Middle School) für alle 5- bis 12/13-Jährigen und die Sekundarschulen. In der Sekundarstufe überwiegt in England, Schottland und Wales die ↑Comprehensive School als Regelschule; traditionelle Sekundarschule in Nordirland ist die ↑Grammarschool (in England, Schottland und Wales nur noch in privater Trägerschaft). Eine hohe Wertschätzung genießen die ↑Public Schools und im Hochschulbereich die ↑Colleges. Es gibt über 80 Univ. sowie zahlr. andere Hochschulen. Ausgangspunkt des brit. Hochschulwesens sind die im 13. Jh. gegr. Univ. von Oxford und Cambridge.

Wirtschaft und Verkehr: Wirtschaftlich bestimmend ist die Ind. neben dem Dienstleistungssektor. Das Vereinigte Königreich ist ein hoch industrialisierter Staat, der Anteil der verarbeitenden Ind. am Bruttoinlandsprodukt ist seit 1978 jedoch rückläufig. Die Landwirtschaft ist von hoher Produktivität. Etwa 17,2 Mio. ha werden landwirtschaftlich genutzt, davon sind etwa 11,4 Mio. ha Acker- und Dauergrünland und 5,8 Mio. ha extensiv genutztes Naturweideland. Ackerbau gibt es bes. in den östl. Teilen Mittelenglands und Schottlands (u. a. Gerste, Weizen); Zuckerrüben werden vorwiegend in O-England und Lincolnshire angebaut. Der Gartenbau (Obstanbau bes. in Kent, Gemüse in S-England) wird intensiv betrieben. Drei Fünftel der Vollerwerbsbetriebe befassen sich mit Milchwirtschaft und Viehhaltung (v. a. Rinder und Schafe); diese Betriebe sind zum größten Teil im W angesiedelt. Schweine- und Geflügelhaltung findet man dagegen im S und O des Landes. Die Zukunft vieler landwirtsch. Betriebe mit Rinderhaltung ist jedoch durch die 1985 erstmals aufgetretene Rinderseuche BSE ungewiss. 2001 brach die Maul- und Klauenseuche aus. G. u. N. ist zwar waldarm, doch sind umfangreiche Aufforstungen, vorwiegend durch private Landbesitzer, im Gange. Der Holzeinschlag deckt knapp 10 % des Bedarfs der Holz- und Papierindustrie. Die Fangmengen von Fisch (2000: 378 500 t) der ehem. führenden Fischereination sind rückläufig. Die Fischereiwirtschaft ist v. a. an der SW- und an der O-Küste zw. Humber und Moray Firth in Schottland konzentriert.

G. u. N. ist reich an Energierohstoffen. Die Steinkohle hat jedoch ihre frühere Bedeutung verloren, der Abbau ging stark zurück; die wichtigsten Kohlenreviere liegen in Yorkshire, den Midlands, ferner in NO-England, S-Wales und der mittelschott. Senke. Die (seit 1975) Erdölgewinnung in der Nordsee hat stark zugenommen; 1976 wurde der Export aufgenommen; seit 1980 kann der brit. Erdölbedarf durch die einheim. Förderung gedeckt werden. Erdgas wird seit 1967 gefördert. Auch hier ist G. u. N. Selbstversorger. Weiter werden gewonnen: Kali- und Steinsalz, Kaolin, Flussspat und Gips. Der Abbau der nicht sehr reichen Kupfer-, Zinn- (in Cornwall) und Eisenerzvorkommen wurde eingestellt.

Der tief greifende Wandel der brit. Wirtschaft dokumentiert sich auch im Rückgang der Beschäftigten im produzierenden Sektor: im März 2000 22,6 % aller Erwerbstätigen (6,325 Mio.), 1980 waren es 38,8 % (8,9 Mio.). Einige Zweige (Eisen- und Stahlind., Luftfahrzeug- und Schiffbau u. a.) wurden verstaatlicht (in jüngster Zeit z. T. wieder privatisiert). Die wichtigsten Gebiete der Eisen- und Stahlerzeugung sind Wales, Humberside, Yorkshire, N-England, Mittelschottland. Die Nichteisenmetallind. gehört zu den größten in Europa. Der Maschinenbau hat für den Export große Bedeutung. Der Flugzeug- und Fahrzeugbau (bes. Nutzfahrzeuge), mit hohem Exportanteil, ist im Raum London, Liverpool, Oxford, Mittelschottland konzentriert, der elektrotechn. und der elektron. Zweig sowie die chem. Ind., die zu den Wachstumsind. gehören, v. a. in N- und NW-England und im Raum London. Der Schiffbau ist in den Mündungsgebieten von Mersey, Clyde, Humber, Tyne, Themse und in Belfast konzentriert. Der älteste Ind.zweig, die Textil- und Bekleidungsind., hat an Bedeutung verloren. Die meisten Betriebe sind in Mittelengland lokalisiert. Bedeutend ist die Nahrungs- und Genussmittelindustrie. Wachsende Bedeutung als Energieträger haben Erdöl und Erdgas aus der Nordsee sowie die Kernkraft. Elektr. Energie wurde (1999) zu 69 % in Wärmekraftwerken, zu 29 % in Kernkraftwerken und zu 2 % in Wasserkraftwerken und sonstigen Anlagen erzeugt. Wirtsch. Bedeutung haben außerdem die Zement- und Baustoff-, keram. und Glasind. sowie der Fremdenverkehr. 1999 besuchten 25,4 Mio. Auslandsgäste Großbritannien; die meisten kommen aus den USA, Frankreich und Dtl. Hauptanzie-

Großbritannien und Nordirland GRO

hungspunkte sind nach London die S- und SW-Küste sowie das schott. Hochland.
Außenhandel: Importiert werden v. a. Maschinenbau-, chem. und elektrotechn. Erzeugnisse, Fahrzeuge, bearbeitete Waren, Nahrungsmittel. Wichtige Ausfuhrgüter sind Maschinen, Metallwaren und Fahrzeuge, Brennstoffe, chem. Produkte, elektron. Erzeugnisse, Genussmittel, Textilien. Haupthandelspartner sind die EU-Staaten und die USA.
Das brit. Verkehrssystem ist auf den Straßenverkehr ausgerichtet; es besteht Linksverkehr. Es gibt (1999) 317 900 km Straßen, davon entfallen 3 316 km auf Autobahnen. – 1993 wurde die Privatisierung der seit 1947 verstaatlichten »British Rail« beschlossen und 1997 abgeschlossen; unwirtsch. Strecken wurden stillgelegt. Die Streckenlänge beträgt (2000) 16 649 km, davon 31 % elektrifiziert. Vom ausgedehnten Netz der Kanäle werden nur etwa 400 km gewerblich genutzt. G. u. N. besitzt eine bed. Handelsflotte. Die wichtigsten der rd. 300 Seehäfen sind London, Southampton, Milford-Haven und Medway, Dover (Personenverkehr über den Kanal), Liverpool, Manchester u. a., in Schottland Greenock, Glasgow, Grangemouth. Zw. Larne und Belfast wird der Verkehr nach Nordirland abgewickelt. Im Eurotunnel verkehren Schnellzüge zw. Folkestone und Calais. Für den Personen- und Kraftverkehr mit dem europ. Festland bestehen zahlr. Fährverbindungen. Grimsby, Hull und Aberdeen sind die größten Fischereihäfen. – Die größte Luftfahrtgesellschaft ist »British Airways« (seit 1987 verstaatlicht), daneben gibt es mehrere kleine Luftverkehrsgesellschaften; die größten Flughäfen sind die Londoner Flughäfen Heathrow und Gatwick sowie Manchester, Luton (London), Glasgow, Aberdeen, Belfast.
Geschichte: Entstehung der englischen Nation (bis 1066): Im 1. Jt. v. Chr. besiedelten kelt. Stämme Britannien und verschmolzen mit den Ureinwohnern. Für den Handel im Altertum wurde die Insel durch ihren Zinnreichtum wichtig. Caesar unternahm zwei militär. Expeditionen (55 und 54 v. Chr.) nach Südengland; doch setzte die röm. Eroberung des Landes erst 43 n. Chr. unter Kaiser Claudius ein (Errichtung der Prov. Britannia). Die röm. Herrschaft, die sich weder über das nördl. Schottland (Kaledonien) noch über Irland erstreckte, hat nicht wie in Gallien die einheim. Bevölkerung romanisiert (zu Beginn des 5. Jh. Abzug fast aller röm. Truppen). Seit Mitte des 5. Jh. eroberten nordwestgerman. Stämme nach und nach den Hauptteil Englands; nach der Überlieferung landeten 449 n. Chr. Jüten, Angeln und Sachsen (↑Angelsachsen). Nur in Wales und Schottland hielten sich die Kelten. Es entstanden sieben Teilkönigreiche: Kent, Sussex, Essex, East Anglia, Wessex, Mercia und Northumbria, deren Bewohner allmählich zum angelsächs. Volk, auch unter dem Einfluss der Christianisierung, zusammenwuchsen. König Egbert von Wessex (802–839) gewann die Oberhoheit über die übrigen Kleinkönigreiche. Das Christentum wurde seit dem 7. Jh. erst von Irland, dann von Rom aus eingeführt. Im 9. und 10. Jh. fielen norweg. und dän. Wikinger ins Land ein; gegen sie kämpfte erfolg-

England unter den angelsächsischen Königen (802–1066)

Die Vereinigung der 7 Teilreiche zum Gesamtreich

- unter Egbert von Wessex 802–839
- unter Alfred d. Gr. 871–899
- unter Eduard d. Ä. 899–924
- unter Aethelstan 924–939
- unter Edmund I. 939–946
- etwa 945/75 an das Königreich Alba abgetretene Gebiete

Kent angelsächsisches Teilkönigreich
✕ wichtige Schlachten (genaue Lage bei Brunanburh nicht bekannt)

reich der volkstümlichste angelsächs. König, Alfred der Große (871–899). König Aethelstan (924–939) konnte die Wikinger zurückdrängen und beherrschte fast das ganze heutige England. Er legte den Grund für ein nat. Königtum. Dem zweiten großen Wikingeransturm war das Land jedoch nicht gewachsen. Die Dänenkönige (u. a. Knut der Große, 1016–35) beherrschten 1016–42 ganz England. Schließlich unterwarf der Herzog der Normandie, Wilhelm der Eroberer, England durch seinen Sieg bei Hastings 1066 über den König der Angelsachsen und ließ sich in Westminster als Wilhelm I. zum König krönen.

Mittelalter (1066–1485): Die französischsprachigen norman. Eroberer bildeten nur die herrschende Oberschicht, gestalteten aber das engl. Staatswesen grundlegend um (Einführung des kontinentalen Lehnswesens, Schaffung einer starken königl. Zentralgewalt), bewahrten jedoch auch teilweise die angelsächs. Rechtstradition. Durch die Verbindung mit der Normandie ergab sich eine festländ. Eroberungspolitik. Heinrich II. (1154–89) aus dem frz.-normann. Haus Anjou-Plantagenet brachte durch Erbschaft und Heirat das gesamte westl. Frankreich in seine Hand; er begann auch 1171/72 die Unterwerfung Irlands. Aber Johann ohne Land (1199–1216) verlor 1214 nach der Niederlage bei Bouvines alle frz. Besitzungen mit Ausnahme der Guyenne. Seinen Baronen musste er 1215 die ↑Magna Charta gewähren; sie wurde der Grundstein des engl. Verfassungsrechts. In den weiteren inneren Kämpfen des 13. Jh. bildeten sich die Grundlagen des Parlaments heraus; neben die Barone, die Peers des späteren Oberhauses, traten die Vertreter der Grafschaften und Städte (späteres Unterhaus), die zunächst nach Bedarf einberufen wurden. Um 1360 jedoch hatten sie unumgängl. Mitspracherecht erreicht.
Eduard I. (1272–1307) unterwarf 1282/83 Wales, vorübergehend auch das Königreich Schottland. Sein Enkel Eduard III. (1327–77) löste wegen seines Anspruchs auf die frz. Krone den ↑Hundertjährigen Krieg (1337/39–1453) gegen Frankreich aus. Doch der Gewinn des Friedens von Brétigny 1360 (Calais und SW-Frankreich) ging bald darauf wieder verloren. Durch den Sturz Richards II. (1377–99) gelangte eine jüngere Linie der Plantagenets, das Haus Lancaster, auf den Thron. Heinrich V. (1413–22) eroberte in neuen Kämpfen gegen Frankreich (seit 1415) dessen Hauptteil mit Paris. Der Vertrag von Troyes (1420) brachte ihm (mit der Tochter Karls VI. von Frankreich als Ehefrau) die Regentschaft und das Thronrecht für Frankreich ein. Nach seinem Tod kündigte Frankreich den Vertrag. Zur entscheidenden Wende im Hundertjährigen Krieg kam es 1429 nach dem Eingreifen ↑Jeanne d'Arcs; die Engländer wurden zurückgedrängt, bis der Krieg 1453 ohne Friedensschluss zu Ende ging: Außer Calais gingen alle Besitzungen in Frankreich verloren. Die bereits 1455 zw. den rivalisierenden Königshäusern Lancaster (rote Rose im Wappen) und York (weiße Rose) ausgebrochenen Thronkämpfe (»Rosenkriege«) endeten nach der Schlacht bei Bosworth 1485 (Tod Richards III. aus dem Hause York) mit der Thronbesteigung Heinrichs VII., des Erben des Hauses Lancaster; er begründete die Dynastie Tudor.

Ausbau der königl. Machtstellung unter den Tudors (1485–1603): Die Politik des neuen Herrscherhauses wandte sich von der festländ. Eroberungspolitik ab und stärkte die Macht des Königtums gegenüber dem Parlament. Heinrich VII. (1485–1509) gründete sein Königtum auf eine starke Hausmacht, die mit der Vereinigung der Herrschaftsgebiete von York und Lancaster und der Einziehung der Güter ihrer Gegner geschaffen wurde. Sein Nachfolger Heinrich VIII. (1509–47) vollzog den Bruch mit dem Papst. Die Suprematsakte von 1534 schuf eine von Rom unabhängige Staatskirche, deren Haupt der König war; die Klöster wurden eingezogen. Indem er sich 1541 vom ir. Parlament den Titel eines Königs von Irland übertragen ließ, band er das Land endgültig an die engl. Krone. Doch erst unter der Reg. Eduards VI. (1547–53) wurde durch die Uniformitätsakte und das Allgemeine Gebetbuch (↑Common Prayer Book) von 1549 die eigentl. prot. Reform eingeführt. Maria I. (1553–58), mit Philipp II. von Spanien vermählt, stellte den Katholizismus wieder her. Nach ihrem Tod erneuerte ihre Halbschwester Elisabeth I. (1558–1603) durch die Uniformitätsakte von 1559 die anglikan. Kirche. Elisabeth, deren leitender Staatsmann Lord Burghley war, ließ Maria II. Stuart, die den Katholiken Eng-

Großbritannien und Nordirland GRO

England, Schottland, Irland von 1485–1801

lands als rechtmäßige Königin erschien (sie hatte auch den Titel »Königin von England« angenommen), 1568 gefangen setzen; hingerichtet wurde sie 1587. Im Kampf gegen Spanien errang die engl. Flotte 1588 den entscheidenden Sieg über die »Armada« und leitete damit den Aufstieg Englands als Seemacht ein. Der engl. Handel nahm durch die merkantilist. Wirtschaftspolitik einen großen Aufschwung, während in der Landwirtschaft das selbständige Bauerntum durch die Großgrundbesitzer verdrängt wurde. Im Parlament verlagerte sich das Gewicht vom hohen Adel auf die Gentry, die aus dem Kleinadel und der städt. Oberschicht zusammenwuchs. Mit der Gründung der ersten engl. Kolonie in Nordamerika (1584) und der

GRO Großbritannien und Nordirland

Bildung der Ostind. Kompanie (1600) wurde der Grundstein der engl. Kolonialmacht gelegt. Auch im Geistesleben war das Elisabethan. Zeitalter ein Höhepunkt der engl. Geschichte (Shakespeare und F. Bacon).

Der Kampf zw. Krone und Parlament unter den Stuarts (1603–1714): Auf Elisabeth folgte der Sohn Maria Stuarts, Jakob I. (1603–25); so wurde Schottland, wenn auch zunächst nur in Personalunion, mit England verbunden. Jakob I. und Karl I. (1625–49) strebten eine kirchl. Versöhnung mit Rom an. Dies beunruhigte die Anglikaner ebenso wie die Puritaner, daher fand der König zunehmend Widerstand im selbstbewussten Parlament. 1628 musste Karl I. die »Petition of Right« bewilligen, die Steuerauflagen ohne Zustimmung des Parlaments für gesetzwidrig erklärte; er löste aber 1629 das Parlament auf und regierte nun allein mithilfe seiner Ratgeber Lord Strafford und Erzbischof W. Laud. Ein Aufstand der kalvinist. Schotten veranlasste den König 1640 zur Einberufung des »Langen Parlaments«. 1642 brach der allgemeine Bürgerkrieg aus. Auf der Seite des Königs standen die Mehrheit des Adels, die meisten Bischofsstädte und die Katholiken; das Parlament stützte sich auf das Gros der Handelsstädte, bes. London. Die puritan. Parlamentspartei siegte 1644/45. Doch ihrer Hauptgruppe, den Presbyterianern, die ebenso wie vorher die Anglikaner einen Kirchenverband bewahrt wissen wollten, traten nun die Independenten als Anhänger der ungebundenen Gemeindekirche entgegen, gestützt auf das von O. Cromwell geführte Parlamentsheer. Cromwell erzwang Ende 1648 den Ausschluss der Presbyterianer aus dem Parlament, ließ im Jan. 1649 den gefangenen König hinrichten und erklärte England (unter Vermeidung des Wortes Republik) zum Commonwealth; die Erhebungen der Königstreuen in Irland und Schottland wurden blutig niedergeschlagen. Als Lord Protector (1653–58) vereinigte Cromwell alle Macht diktatorisch in seiner Hand. Durch die ↑Navigationsakte von 1651 sicherte er den engl. Kaufleuten und Reedern den Handel mit den engl. Kolonien, wodurch der niederländ. Handel schwer getroffen wurde; im Seekrieg gegen die Niederlande 1652–54 war er siegreich. Den Spaniern entriss er 1655 die westind. Insel Jamaika. Unter Cromwell wurde England zur ersten prot. Macht Europas. Bald nach seinem Tod kam es 1660 zur Restauration der Stuarts. Die Uniformitätsakte von 1662 suchte wieder die Alleinherrschaft der anglikan. Bischofskirche zu erzwingen. Karl II. (1660–85) erwarb durch einen neuen Krieg gegen die Niederlande 1665–67 New York, das den bisherigen engl. Kolonialbesitz in Nordamerika (Virginia und Neuengland) abrundete, schloss sich dann aber der Politik Ludwigs XIV. von Frankreich an. Seinen katholikenfreundl. und absolutist. Bestrebungen stellte das Parlament die Testakte von 1673, die alle Katholiken von Staatsämtern ausschloss, und die Habeas-Corpus-Akte von 1679 zur Sicherung der persönl. Freiheit entgegen. Karls Bruder und Nachfolger Jakob II. (1685–88) war zum Katholizismus übergetreten. Im Kampf um seine Thronfolge entstanden die beiden Parteien der streng legitimist., vornehmlich den niederen Adel vertretenden Tories und der sich mehr auf Handel, Wirtschaft und den hochadligen Grundbesitz stützenden Whigs. Jakobs Versuch, den Katholiken wieder den Zugang zu Staatsämtern zu öffnen, führte zum Umsturz. 1688 berief das Parlament den prot. Wilhelm von Oranien, den Schwiegersohn Jakobs II. und Erbstatthalter der Niederlande, der am 5. 11. 1688 in England landete und als Wilhelm III. (1689–1702) zus. mit Maria II. (1689–94) den Thron bestieg; Jakob II. floh nach Frankreich. Infolge dieser »Glorreichen Revolution« legte das Parlament 1689 in der »Bill of Rights« Sicherungen gegen den Missbrauch der Königsgewalt fest, gleichzeitig gewährte die Toleranzakte den prot. Gruppen außerhalb der anglikan. Staatskirche volle kirchl. Freiheit. Der König vermochte sich auch in Schottland und Irland durchzusetzen.

Wilhelm III. wurde im Namen des »europ. Gleichgewichts« der bedeutendste Gegenspieler Ludwigs XIV. In einer Großen Allianz führte England den Span. Erbfolgekrieg (1701–1713/14) gegen Frankreich. Die erfolgreiche Kriegführung von ↑Marlborough wirkte sich jedoch für England nicht aus, da die 1710 an die Macht gelangten Tories das Ausscheiden Englands aus dem Krieg durchsetzten (1711). Als Gewinn blieb die Eroberung Gibraltars (1704). Auf den zuletzt allein regierenden

Großbritannien und Nordirland GRO

König folgte seine Schwägerin Anna (1702–14). Die seit 1603 bestehende Personalunion zw. England und Schottland wurde 1707 durch Vereinigung der beiden Parlamente in eine Realunion umgewandelt (das Königreich hieß seitdem »Great Britain«, Großbritannien). Aufgrund des »Act of Settlement«, der 1701 zur Sicherung der prot. Thronfolge erlassen worden war, wurde das Haus Hannover Thronanwärter.

Aufstieg zur Weltmacht (1714–1815): Kurfürst Georg Ludwig von Hannover begründete als König Georg I. (1714–27) die (bis 1837 dauernde) Personalunion mit diesem zum Dt. Reich gehörenden Land; er trat mehr und mehr hinter den leitenden Ministern und dem Parlament, v. a. dem von der Gentry beherrschten Unterhaus, zurück. Trotzdem blieb die verfassungsrechtl. Stellung des Königs auch unter den Herrschern aus dem Haus Hannover gewahrt. R. Walpole, der 1721–42 an der Spitze der Reg. stand, sicherte endgültig die verfassungspolit. Ergebnisse der »Glorreichen Revolution« von 1688 und verbesserte durch neue Zoll- und Steuergesetze die Staatsfinanzen. Nach einer langen Friedenszeit trat Großbritannien in den Österr. Erbfolgekrieg (1740/41–48) ein, um Frankreichs Streben nach europ. Hegemonie entgegenzutreten. Im See- und Kolonialkrieg (1744–47) behielt es gegenüber Frankreich die Oberhand. Im ↑Siebenjährigen Krieg (1756–63) erreichte Großbritannien als Bundesgenosse Preußens Erfolge gegen Frankreich (Eroberung Kanadas) und baute seine Herrschaft in Indien aus. Der Friede von Paris (1763) war damit eine entscheidende Etappe auf dem Weg zum brit. Weltreich. Nach dem Nordamerikan. Unabhängigkeitskrieg (1775–83) verlor es die nordamerikan. Kolonien (außer Kanada). Danach verlagerte sich der Schwerpunkt der brit. Reichspolitik nach Indien; seit 1788 ergriff es auch von Australien Besitz. – Um 1760 begann die industrielle Revolution, die Großbritannien trotz sozialer Spannungen einen wirtsch. Vorsprung in Europa sicherte. Gegenüber der Parlamentsherrschaft hatte Georg III. (1760–1820) den letzten Versuch eines persönl. Regiments unternommen. 1783 übernahm W. Pitt d. J. die polit. Führung. Von nun an lag das polit. Schwergewicht endgültig beim Parlament.

Seine Reformpläne im Innern musste Pitt d. J. zurückstellen, als er Großbritannien 1793 in den Kampf gegen Frankreich führte (↑Französische Revolutionskriege, ↑Napoleonische Kriege, ↑Kontinentalsperre). Durch den Seesieg Nelsons bei Trafalgar (1805) errang Großbritannien für lange Zeit die unbestrittene Seeherrschaft; in den ↑Befreiungskriegen gewann Wellington zus. mit den preuß. Truppen unter Blücher und Gneisenau die Entscheidungsschlacht bei Waterloo (1815). Neben den bisher niederländ. Kolonien Kapland und Ceylon wurden die wichtigen Seestützpunkte Malta, die Ionischen Inseln und Helgoland britisch. Als Garant des Dt. Bundes hatte Großbritannien auch Mitspracherecht in dt. Angelegenheiten. 1800 war durch den »Act of Union« die volle staatsrechtl. Vereinigung mit Irland zum »Vereinigten Königreich von Großbritannien und Irland« vollzogen worden (in Kraft seit 1. 1. 1801). Im Krieg mit den USA (1812–14) verteidigte Großbritannien seine Besitzungen in Kanada.

Großbritannien von 1815 bis 1914: Nach dem Wiener Kongress (1814/15) sah sich Großbritannien vor ernsten inneren Krisen. Die Industrialisierung, von einem außerordentlich raschen Bev.wachstum begleitet, hatte Not und Ausbeutung der Arbeitermassen zur Folge; dazu kam die erwachende nat. Bewegung der seit langem rücksichtslos unterdrückten kath. Iren. Die seit Pitts d. J. Tod (1806) regierenden streng konservativen Tory-Ministerien lehnten zunächst alle Reformen ab; 1829 wurde durch die Aufhebung der Testakte die Gleichstellung der Katholiken eingeführt, 1832 veränderte die Reformbill das Wahlrecht, sodass Ind.städte eine parlamentar. Vertretung erhielten und Hausbesitzer und Wohnungsmieter direktes und gleiches Wahlrecht bekamen. Die Reformbill leitete in den neuzeitl. Verf.staat über und machte den bürgerl. Mittelstand zum Teilhaber der polit. Macht; aus den Whigs und Tories entstanden die liberale und die konservative Partei. In den Kolonien wurde 1833 die Sklaverei abgeschafft, während der Sklavenhandel schon seit 1807 verboten war. Der von R. Cobden geführten Freihandelsbewegung verhalf der konservative Staatsmann R. Peel mit der Aufhebung der Kornzölle 1846 zum vollen Sieg. Mit dem ↑Chartismus entstand in

77

GRO Großbritannien und Nordirland

Großbritannien und Nordirland: Herrscher und Staatsoberhäupter

angelsächsische Könige*)

Edmund I.	939–946
Eadred (Edred)	946–955
Eadwig (Edwy)	955–957/959
Edgar	957/959–975
Eduard der Märtyrer (nur Wessex)	975–978
Aethelred II.	978–1013
Sven Gabelbart von Dänemark	1013–1014
Knut der Große	1016–1035
Edmund II. Ironside (April bis November gemeinsam mit Knut)	1016
Harold I. Harefoot	1035/36–1040
Hardknut (Harthaknut)	1040–1042
Eduard der Bekenner	1042–1066
Harold II. Godwinson	(Januar–Oktober) 1066
(Edgar II. Aetheling)	(1066)

normannische Könige

Wilhelm I., der Eroberer	1066–1087
Wilhelm II. Rufus	1087–1100
Heinrich I.	1100–1135
Stephan I. von Blois	1135–1154

Haus Plantagenet

Heinrich II.	1154–1189
Richard I. Löwenherz	1189–1199
Johann I. ohne Land	1199–1216
Heinrich III.	1216–1272
Eduard I.	1272–1307
Eduard II.	1307–1327
Eduard III.	1327–1377
Richard II.	1377–1399

Haus Lancaster

Heinrich IV.	1399–1413
Heinrich V.	1413–1422
Heinrich VI.	1422–1461

Haus York

Eduard IV.	1461–1483
Eduard V.	1483
Richard III.	1483–1485

Haus Tudor

Heinrich VII.	1485–1509
Heinrich VIII.	1509–1547
Eduard VI.	1547–1553
Maria I., die Katholische	1553–1558
Elisabeth I.	1558–1603

Haus Stuart

Jakob I.	1603–1625
Karl I.	1625–1649

Commonwealth und Protektorat

Oliver Cromwell (Protektor)	1653–1658
Richard Cromwell (Protektor)	1658–1659

Haus Stuart

Karl II.	1660–1685
Jakob II.	1685–1688
Maria II. (bis 1694) und Wilhelm III. (von Oranien)	1689–1702
Anna	1702–1714

Haus Hannover

Georg I.	1714–1727
Georg II.	1727–1760
Georg III.	1760–1820
Georg IV.	1820–1830
Wilhelm IV.	1830–1837
Viktoria	1837–1901

Haus Sachsen-Coburg-Gotha

Eduard VII.	1901–1910

Haus Windsor

Georg V.	1910–1936
Eduard VIII.	(Januar–Dezember) 1936
Georg VI.	1936–1952
Elisabeth II.	seit 1952

*) Die Nennung von Herrschern der angelsächsischen Zeit beschränkt sich auf Könige, die über ganz England herrschten.

Großbritannien erstmals eine polit. Organisation der Arbeiterbewegung, aber erst den Gewerkschaften (1871/76 Legalisierung durch zwei Trade Union Acts) gelang es allmählich, die wirtsch. Lage der Arbeiterschaft wesentlich zu bessern.

Die Außenpolitik wurde vom Ggs. zur ↑Heiligen Allianz bestimmt. Großbritannien unterstützte die Freiheitsbestrebungen der Völker (Abfall Mittel- und Südamerikas von Spanien und Portugal, Unabhängigkeitskampf der Griechen). Der Interessengegensatz zu Russland begann sich bereits abzuzeichnen.

Großbritannien und Nordirland GRO

Die Thronbesteigung von Königin Viktoria beendete die Personalunion zw. Großbritannien und Hannover. Viktoria (1837–1901) stellte das durch Georg III. und Georg IV. (1820–30) erschütterte Ansehen der Krone wieder her, wenn ihre polit. Macht auch durch das nun voll ausgebildete parlamentar. Reg.system sehr beschränkt blieb. Abwechselnd leiteten Lord Aberdeen (konservativ) und Lord Palmerston (liberal) die brit. Außenpolitik entsprechend dem nat. Machtinteresse, das sich in erster Linie auf Asien, bes. Indien, richtete. Eine große ind. Erhebung (Sepoyaufstand, 1857/58) wurde niedergeschlagen. Großbritannien erwarb neue Seestützpunkte wie Singapur (1819), Aden (1839) und Hongkong (1842). Zur Erhaltung des Osman. Reichs als Bollwerk gegen das russ. Vordringen in Richtung Mittelmeer griff Großbritannien 1854 im Bunde mit Napoleon III. in den ↑Krimkrieg ein. Isoliert war Großbritannien hingegen, als 1864 der österr.-preuß. Krieg gegen Dänemark, für das es sich 1850 und 1852 eingesetzt hatte, ausbrach; seine diplomat. Intervention zugunsten Dänemarks blieb wirkungslos.
Exponent konservativer Politik war B. Disraeli (Premiermin. 1868, 1874–80), der seiner Partei durch die »Tory-Demokratie« zu breiter Wirksamkeit verhalf. Zur Sicherung des Seewegs nach Indien erwarb er 1875 den maßgebenden Einfluss auf den von Franzosen erbauten Sueskanal. 1876 nahm Viktoria den Titel »Kaiserin von Indien« an. Als Russland im Krieg von 1877/78 die Türkei besiegte, nötigte Disraeli es zu einem Verzicht auf einen großen Teil seiner Forderungen (↑Berliner Kongress), während die Türkei dem Brit. Reich Zypern überließ. 1877 annektierte Großbritannien die Burenrep. Transvaal, gab sie aber 1881 wieder frei. Disraelis polit. Gegenspieler W. Gladstone (Premiermin. 1868–74, 1880–85, 1886, 1892–94) bewirkte innenpolit. Reformen, u. a. im Schulwesen (allgemeine Schulpflicht) und Heer (Abschaffung der Käuflichkeit der Offiziersstellen); dagegen scheiterte sein Versuch, Irland die parlamentar. Selbstreg. (Homerule) zu geben. 1882 ließ Gladstone Ägypten besetzen. Unter der konservativen Reg. R. Salisburys (1885/86, 1886–92) erreichte der Imperialismus, dessen entschiedenster Vertreter der Kolonialmin.

J. Chamberlain war, seinen Höhepunkt. Die Briten besetzten 1885 Betschuanaland und 1889/90 Rhodesien, sicherten sich Nigeria und schufen die Kolonie Kenia, zu deren Abrundung sie 1890 im Austausch gegen Helgoland vom Dt. Reich Sansibar und Witu erwarben. Dann unterwarfen sie 1898/99 durch die Vernichtung der Mahdisten den ganzen östl. (angloägypt.) Sudan und zwangen in der ↑Faschodakrise die Franzosen zum Rückzug vom oberen Nil. Der Burenkrieg (1899–1902) führte zur Angliederung der beiden Burenrepubliken an Großbritanniens südafrikan. Besitz. Innerhalb des brit. Weltreichs entstanden die Dominions Kanada (1867), Australien (1901), Neuseeland (1907), Südafrikan. Union (1910). (↑Britisches Reich und Commonwealth)
Die europ. Politik Salisburys hatte sich anfangs, namentlich durch das Mittelmeer- und das Balkanabkommen von 1887 mit Italien und Österreich-Ungarn, an Bismarcks Dreibundpolitik angelehnt. Aber seit den 1890er-Jahren verschlechterte sich das dt.-brit. Verhältnis: Großbritannien sah im Dt. Reich, dessen Handel einen mächtigen Aufschwung nahm, das immer stärker in die Weltpolitik eingriff und seit 1898 seine Kriegsmarine ausbaute, einen Konkurrenten. Es entschloss sich, seine jahrzehntelange »Splendid Isolation« in Europa aufzugeben. Joseph Chamberlain (1895–1903 Kolonialmin.) suchte 1899 und 1901 wegen des kolonialpolit. Gegensatzes zu Frankreich, Großbritannien mit dem Dt. Reich und den USA in einem Bündnis zusammenzuführen. Nachdem die dt.-brit. Bündnisverhandlungen ergebnislos verlaufen waren, schloss der konservative Außenmin. Lansdowne 1902 ein Bündnis mit Japan, das sich gegen die russ. Ausdehnung in Ostasien richtete, und 1904 die von Eduard VII. (1901–10) geförderte britischfrz. Entente cordiale (↑Entente), die die kolonialpolit. Fragen regelte, seit 1906 zu militär. Absprachen führte und es Großbritannien ermöglichte, das Schwergewicht seiner Flotte in die Nordsee zu verlegen. Durch das Abkommen von 1907 über die Interessen- und Gebietsabgrenzung in Persien, Afghanistan und Tibet verständigte sich Großbritannien auch mit seinem alten Gegner Russland, dem Bundesgenossen Frankreichs, und so entstand die ↑Tripelentente. 1905 waren die Liberalen mit

79

H. Asquith (Premiermin. 1908–16), E. Grey (Außenmin. 1905–16) und R. Haldane (Kriegsmin. 1905–12) an die Reg. gelangt und blieben ein Jahrzehnt im Amt. Im Innern nahmen sie eine umfassende Sozialreform in Angriff. Der Finanzmin. D. Lloyd George schuf die Steuergesetzgebung von 1909, die die besitzenden Schichten stark belastete, und 1911 die Pflichtversicherung gegen Krankheit und Arbeitslosigkeit. Die Macht des widerstrebenden Oberhauses wurde 1911 verfassungsmäßig eingeschränkt. Mithilfe der Liberalen Partei zog die ↑Labour Party 1906 in das Unterhaus ein. Dagegen blieb die von den Suffragetten immer wieder gestellte Frage des Frauenwahlrechts bis 1918 ungelöst. In Irland waren die Pächter auf Kosten der engl. Großgrundbesitzer schon größtenteils zu freien Bauern aufgestiegen; Asquith brachte 1912/13 ein neues Homerule-Gesetz durch, dessen In-Kraft-Treten aber durch den Ersten Weltkrieg verhindert wurde.

Der Erste Weltkrieg und seine Folgen: Aufgrund seiner insularen Lage war Großbritannien bes. unzulänglich auf einen großen Krieg vorbereitet; die brit. Flotte beschränkte sich im Wesentlichen auf die Fernblockade. Es kam nur zu einer großen Seeschlacht vor dem Skagerrak (31. 5./1. 6. 1916), die allerdings nicht bis zur Entscheidung ausgefochten wurde. Bes. nach der Erklärung des uneingeschränkten U-Boot-Kriegs (1. 2. 1917) bedrohten die dt. U-Boote die brit. Versorgung und Produktion zeitweilig empfindlich. Dank der von Haldane und Kitchener durchgeführten Heeresreform erwies sich Großbritannien zu Lande stärker als vorausgesehen. Außer den eigenen 5,7 Mio. Soldaten nahmen fast 3 Mio. Soldaten aus den Dominions und Kolonien am Krieg teil.
Im Innern führte der Druck des Kriegs im Mai 1915 durch Umbildung des liberalen Kabinetts zur ersten Koalitionsreg. der Konservativen und der Labour Party, zunächst unter dem bisherigen Premiermin. Asquith und seit Dez. 1916 unter Lloyd George, der mit A. J. Balfour als Außenmin. und (seit 1917) mit W. Churchill als Munitionsmin. alle Kräfte auf eine wirkungsvolle Kriegführung konzentrierte (zentrale Planungswirtschaft, Anhebung der Steuern). Die traditionelle liberale Wirtschaftsform wurde außer Kraft gesetzt, die wirtsch. Macht in Staatshand konzentriert. Schwierigkeiten traten in Irland auf, wo statt Homerule eine unabhängige ir. Rep. mit eigenem Parlament gefordert wurde. Nach Niederschlagung des Dubliner Osteraufstands (1916) kam es 1919 zur Bildung einer republikan. Reg. unter E. de Valera, zur Trennung von Nord- (Ulster) und Südirland durch den Government of Ireland Act (23. 12. 1920) und zum Friedensvertrag mit den Aufständischen, der Nordirland (Ulster) Homerule und Südirland Unabhängigkeit und Dominionstatus gewährte. Mit dem Ende des Ersten Weltkriegs erreichte das Brit. Weltreich durch Übernahme Deutsch-Ostafrikas, Deutsch-Südwestafrikas, von Teilen von Kamerun und Togo, von Deutsch-Neuguinea und des Großteils der dt. Besitzungen in der Südsee sowie Iraks, Palästinas und Transjordaniens als Mandate des Völkerbunds seine bisher größte Ausdehnung. Hongkong und Singapur blieben als strateg. Positionen in Ostasien erhalten. In Ägypten wurde das brit. Protektorat 1922 beendet, doch behielt G. u. N. weiterhin eine gewisse Vorzugsstellung (Schutz des Sueskanals, Fortsetzung des angloägypt. Condominiums im Sudan). Die Balfour-Deklaration (2. 11. 1917) unterstützte die Forderung der Juden nach einer »nat. Heimstätte« in Palästina; (Trans-)Jordanien, seit 1920 Teil des brit. Völkerbundmandats über Palästina, wurde als erster Staat 1929 aus dem Mandatsverhältnis entlassen; Irak folgte 1932. Die ind. Frage erwies sich vorläufig als unlösbar, bes. seit Gandhi für die volle Selbstreg. Indiens eintrat. In der Konferenz von Washington (1921/22) musste G. u. N. den USA die gleiche Stärke der Schlachtflotte zugestehen und damit auf seinen Vorrang zur See verzichten. Durch Auslieferung eines Großteils der dt. Handelsflotte sah sich G. u. N. zwar von der dt. Handelskonkurrenz befreit, doch konnte es sich von der eigenen wirtsch. Schwäche nur langsam erholen.

Zwischen den beiden Weltkriegen: Wirtsch. Schwierigkeiten, verbunden mit Massenarbeitslosigkeit (1931: 2,8 Mio.) und Streiks, bes. der Kohlearbeiter, die sich 1926 zu einem Generalstreik ausweiteten, kennzeichneten die innenpolit. Situation der 20er-Jahre. Die während des Kriegs zurückgestellten sozialen Probleme traten jetzt in den Vordergrund. Schon die Wahlen vom Dez. 1918 brachten eine Stärkung der Labour Party zulasten der Liberalen. Die von Lloyd George gebildete Koalitionsreg. zerfiel 1922. Die Konservativen unter A. Bonar Law (1922/23) und S. Baldwin (1923/24) übernahmen die Macht, während die Labour Party zur stärksten Oppositionspartei aufstieg und damit das traditionelle liberal-konservative Zweiparteiensystem sprengte. Von Jan. bis Nov. 1924 amtierte die erste, von den Liberalen unterstützte kurzfristige (Minderheits-)Reg. der Labour Party unter J. R. MacDonald. Die von ihr mit der UdSSR geschlossenen Verträge (1. 2. 1924 Anerkennung der UdSSR, 8. 8. 1924 Handelsvertrag) wurden von der zweiten Reg. Baldwin (1924–29) rückgängig gemacht. Nach dem Wahlsieg von 1929 nahm das zweite Kabinett MacDonald (1929–31) am 1. 10. 1929 die Beziehungen zur UdSSR wieder auf. Die Auswirkungen der Weltwirtschaftskrise führten 1931 zur Bildung einer nat. Koalitionsreg. unter MacDonald (bis 1935), die mit Steuererhöhungen und Sparmaßnahmen, durch Pfundabwertung und Aufgabe des Goldstandards die wirtsch. Krise zu steuern suchte. Der brit. Markt wurde durch den Import-Duties-Act (29. 2. 1932) vor fremden Waren geschützt.

In seiner europ. Politik suchte G. u. N. die Entstehung eines Machtvakuums in der Mitte des Kontinents ebenso zu verhindern wie den Aufbau einer neuen Hegemonialstellung Frankreichs. Es unterstützte die auf Entspannung zw. Dtl. und Frankreich ausgerichteten Locarno-Verträge (1925) sowie die Revision der im Versailler Vertrag (1919) für Dtl. festgelegten Reparationszahlungen (Dawesplan, Youngplan). Die Londoner Flottenkonferenz (21. 1.–22. 4. 1930) führte zu einer Verständigung mit den USA über den Flottenbau. Eine bedeutsame Folgewirkung des Ersten Weltkriegs war die Weiterentwicklung des British Empire zum »British Commonwealth of Nations«. Auf der Reichskonferenz von 1926 wurde den Dominions in der »Balfour-Formel« Gleichstellung mit dem Mutterland eingeräumt.

Eduard VIII. folgte 1936 seinem Vater Georg V. (1910–[20. 1.] 1936) auf den Thron, doch sah er sich wegen seiner geplanten Ehe mit einer geschiedenen Amerikanerin gezwungen, am 11. 12. 1936 abzudanken; Nachfolger wurde sein Bruder Georg VI. (1936–52).

In der Außenpolitik war höchstes Ziel der zunächst von Baldwin (seit 1935) und dann von A. N. Chamberlain (seit 1937) als Premiermin. geleiteten Politik die Verhinderung eines neuen Weltkriegs durch Beseitigung der Spannungen zw. den Großmächten auf dem Verhandlungsweg (einschl. der Revision des Versailler Vertrages; Appeasement-Politik). Durch die expansive Politik Japans, Italiens und Dtl.s wurde diese Politik in ihren Grundfesten bedroht. Mit dem dt.-brit. Flottenabkommen (18. 6. 1935), in dem sich G. u. N. mit der dt. Seeaufrüstung bis zu 35 % der brit. Kriegsflotte einverstanden erklärte, wurde die Revision des Versailler Vertrags in international vertragl. Form eingeleitet. Das Abkommen war ein erster Schritt auf dem Weg der Appeasement-Politik gegenüber dem nat.-soz. Dtl.: Hinnahme der Besetzung des Rheinlands (1936) und der Annexion Österreichs durch dt. Truppen (1938). Im Span. Bürgerkrieg (1936–39) verfolgte die brit. Reg. strikt eine Politik der Nichtintervention. Ihren Höhepunkt erreichte die Appeasement-Politik mit dem zw. Dtl., Italien, Frankreich sowie G. u. N. abgeschlossenen ↑Münchener Abkommen (29. 9. 1938). Erst mit der Garantie für die Unabhängigkeit Polens (31. 3. 1939) sowie Griechenlands und Rumäniens (13. 4. 1939) und Beistandserklärungen für die Türkei (12. 5. 1939) und Polen (25. 8. 1939) begann Großbritannien der dt. Expansion entgegenzutreten. Die allg. Wehrpflicht wurde wieder eingeführt (26. 4. 1939).

Zweiter Weltkrieg und Nachkriegszeit: Nach dem dt. Einmarsch in Polen erklärte G. u. N. am 3. 9. 1939 Dtl. den Krieg. Im Mai 1940 wurde Chamberlain durch W. Churchill abgelöst. Dieser bildete eine Allparteienreg. mit C. Attlee als stellv. Premiermin. In dem im Aug. 1940 einsetzenden Luftkrieg (»Luftschlacht um England«, schwere Zerstörung u. a. von London und Coventry) konnte die brit. Luftwaffe einen dt. Erfolg verhindern. G. u. N. war als eine der »Großen Drei« neben den USA und der UdSSR führend an der Antihitlerkoalition und an der (v. a. durch die Weltkriegskonferenzen sowie das Potsdamer Abkommen vorbereiteten) Festlegung der europ. Nachkriegsordnung beteiligt; es

GRO Großbritannien und Nordirland

ging zwar siegreich, aber doch entscheidend geschwächt aus dem Zweiten ↑Weltkrieg hervor. Die Wirtschafts-, Finanz- und Sozialpolitik des Landes sah sich vor schwere Aufgaben gestellt. Das Brit. Reich und Commonwealth wurde von tief greifenden Veränderungen erfasst (Entkolonialisierung). Im Schatten der Supermächte, der USA und der UdSSR, verlor G. u. N. seine bisherige Weltmachtstellung. Im Anschluss an die dt. Kapitulation gehörte es zu den Besatzungsmächten in Dtl. und Österreich; es wirkte intensiv an der Gründung der UNO (Erhalt eines ständigen Sitzes im Sicherheitsrat) und der NATO mit und leitete den Aufbau einer eigenen Atomstreitmacht ein. 1949 trat G. u. N. dem Europarat bei. Die ersten Wahlen nach Kriegsende (Juli 1945) brachten einen Sieg der Labour Party. Die neue Reg. unter Premierminister C. Attlee (1945–51) und Schatzkanzler S. Cripps proklamierte eine Politik der Genügsamkeit (»Austerity«), führte aber trotz wirtsch. Schwierigkeiten ein umfangreiches Reformprogramm durch: Verstaatlichung der Kohle-, Eisen- und Stahlind., der Elektrizitätswirtschaft, des Transportgewerbes, der zivilen Luftfahrt, der Bank von England sowie Einführung des unentgeltl. staatl. Gesundheitsdienstes. Aus den Neuwahlen vom Febr. 1950 ging die Labour Party, aus den Wahlen vom Okt. 1951 die Konservative Partei mit einer schwachen Mehrheit hervor. Am 6. 2. 1952 starb König Georg VI. Ihm folgte seine älteste Tochter als Königin Elisabeth II. auf den Thron. 1955 gab Churchill, der die angloamerikan. Beziehungen gefestigt hatte, das Amt des Premiermin. zugunsten A. Edens auf, der bei den Wahlen vom 26. 5. 1955 eine überzeugende Mehrheit gewann. Eden konnte die fortschreitende Inflation nicht aufhalten und erlitt außenpolitisch (militär. Intervention brit. und frz. Truppen 1956 in Ägypten) eine Niederlage. Im Jan. 1957 folgte ihm H. Macmillan, unter dessen Führung die Konservativen am 8. 10. 1959 einen weiteren Wahlsieg errangen. Es gelang ihm, die Beziehungen zu den USA, zu Griechenland und Zypern zu verbessern und die Zusammenarbeit innerhalb des Commonwealth zu stärken. Er nahm den Kampf gegen die Inflation und die Vormacht der Gewerkschaften im Wirtschaftsleben energisch auf. Das Oberhaus wurde durch Einführung der nicht erbl. Peers (1958), einschl. weibl. Mitgl. (1963), gestärkt. Trotz Gründung der EFTA beantragte Macmillan den Beitritt seines Landes zur EWG, scheiterte jedoch wie später H. Wilson am Einspruch Frankreichs. Im Okt. 1963 trat Macmillan zurück, sein Nachfolger A. Douglas-Home erlitt bei den Wahlen 1964 eine knappe Niederlage. Die Labourreg. unter Führung Wilsons, mit überzeugender Mehrheit in den Wahlen vom 31. 3. 1966 bestätigt, verkündete die Aufgabe aller brit. Stützpunkte östlich von Sues bis 1971, beschränkte die Einwanderung aus den Commonwealthländern nach G. u. N. (Febr. 1968) und wertete das Pfund um 14,3 % ab (Nov. 1967). Aber auch durch eine rigorose Preis- und Lohnstopp-Politik sowie durch neue Steuererhöhungen gelang es ihr nicht, die durch steigende Arbeitslosenzahlen drastisch verdeutlichte labile Wirtschaftslage zu festigen. Aus den vorgezogenen Wahlen vom 18. 6. 1970 ging die Konservative Partei unter E. Heath als überlegener Sieger hervor. Auch er konnte die durch Stagnation und Inflation gekennzeichnete Wirtschaftslage nicht grundlegend ändern. Der zur Verbesserung der Beziehungen zw. Arbeitgebern und Arbeitnehmern gedachte »Industrial Relations Act« (25. 3. 1971) verschärfte die innenpolit. Lage (Bergarbeiterstreik, Energiekrise, Ausrufung des Notstands). Außenpolitisch setzte Heath den brit. Beitritt zur EG (1. 1. 1973) durch. Nach den Wahlen von 1974 bildete zunächst Wilson, 1976 J. Callaghan eine Labourreg. Mit Anti-Inflationsprogrammen suchten beide Premiermin. der sozioökonom. Krise (ungewöhnlich hohe Inflationsrate, steigende Arbeitslosigkeit) Herr zu werden. Die wirtsch. Probleme trugen wesentlich zum Sieg der Konservativen Partei bei den Unterhauswahlen im Mai 1979 bei; Premiermin. wurde M. Thatcher. Ihre restriktive Wirtschafts- und Währungspolitik v. a. zur Verlangsamung der Inflation führte zu zahlr. Firmenzusammenbrüchen (Aug. 1982 über 3 Mio. Arbeitslose). Die von ihr durchgesetzte Revision des Gewerkschaftsgesetzes beschränkte die Monopolstellung der Gewerkschaften und definierte das Streikrecht enger. Wichtige Erfolge in der Außenpolitik stellten die Lösung des Rhodesienkonflikts (Dez. 1979) sowie der erfolgreich beendete Krieg mit Argentinien um die brit. Kronkolonie Falkland Islands and Dependencies dar, die nach argentin. Besetzung im Juni 1982 zurückerobert wurde. Dieser Sieg führte zum großen Erfolg der Konservativen bei den Unterhauswahlen 1983. Der fast einjährige Streik der Bergarbeitergewerkschaft NUM gegen die vorgesehene Schließung von 20 Zechen musste am 5. 3. 1985 ergebnislos abgebrochen werden. Die Reg. nutzte den Streik zu einer weiteren Schwächung der Gewerkschaftsbewegung.

In der Nordirlandfrage, in der nach der Errichtung der direkten Herrschaft (1972) keine polit. Lösung zustande kam, unternahm die Reg. einen neuen Vorstoß zur Befriedung. G. u. N. sowie die Rep. Irland unterzeichneten im Nov. 1985 ein Abkommen, das der ir. Reg. eine konsultative Rolle in der Verw. Nordirlands zugestand; die Exekutivgewalt blieb bei London (außerdem Vereinbarung über eine verstärkte Zusammenarbeit bei der Bekämpfung des Terrors). Das Unterhaus sowie das ir. Parlament stimmten bis Ende Febr. 1986 mit Mehrheit dem Abkommen zu.

Außenpolitisch bemühte sich Großbritannien in engem Einvernehmen mit den USA seit Mitte der 80er-Jahre um eine schrittweise Verbesserung seiner Beziehungen zur UdSSR. Die Reg. Thatcher unterstützte die sowjetisch-amerikan. Abrüstungsverhandlungen (INF-Vertrag); das brit. Mittelstreckenpotenzial blieb jedoch bestehen. M. Thatchers starre Europapolitik, ihre ablehnende Haltung gegenüber der geplanten politisch-wirtsch. europ. Union, der sich abzeichnende Beginn einer neuen wirtsch. Rezession und innenpolit. Unruhen (Proteste der Bev. gegen eine neue Gemeindesteuer, »poll tax«) riefen Kritik an ihrer polit. Linie in der eigenen Partei hervor und bewirkten im Nov. 1990 ihre Ablösung als Premiermin. durch J. Major. Mit einem militär. Kontingent von rd. 35 000 Mann nahm G. u. N. 1991 am 2. Golfkrieg gegen Irak teil.

Bei den Parlamentswahlen im April 1992 behaupteten die Konservativen ihre absolute Mehrheit. Vor dem Hintergrund wachsender Kritik bes. an der Wirtschaftspolitik der Reg. (Privatisierung von Bahn, Post und Kohlebergbau) verlor die Reg. Major seit 1993 jedoch ständig an Ansehen in der Bevölkerung. Nach dem Tod von J. Smith wählte die Fraktion der Labour Party im Unterhaus 1994 A. (Tony) Blair zu dessen Nachfolger als Führer der Labour Party. Nach ständigen Auseinandersetzungen innerhalb der Konservativen Partei v. a. um die brit. Europapolitik schwand die parlamentar. Basis der Reg. Major immer mehr; seit Ende 1996 sah sie sich als Minderheitsreg. v. a. auf die Unterstützung nordirischprot. Abg. angewiesen. Innenpolitisch bedeutsam war zu Beginn der 90er-Jahre auch das weitere Anwachsen nationalist. Strömungen in Schottland und Wales; zudem zeichnete sich in der Bev. ein Ansehensverlust der brit. Monarchie angesichts mehrerer Skandale innerhalb der Königsfamilie ab.

Nach der »Gemeinsamen Erklärung« der Premiermin. Major und Reynolds (Rep. Irland) vom 15. 12. 1993, die mit der Anerkennung der Sinn Féin als offizieller Verhandlungspartnerin die Suche nach Frieden in Nordirland erleichtern sollte, verkündete die ↑IRA am 31. 8. 1994 einen »Waffenstillstand«; diesen kündigte sie jedoch im Febr. 1996 wieder auf und verübte in der Folgezeit erneut Bombenattentate auf öffentl. Einrichtungen. Nach den Wahlen zu einem »Nordirland-Forum« begannen (zunächst unter Ausschluss von Sinn Féin) im Juni 1996 Allparteiengespräche. Erst im Juli 1997 erneuerte die IRA ihre Waffenruhe.

Nach langen Auseinandersetzungen mit dem rechten Flügel der Konservativen erreichte Premiermin. Major gegen die Opposition der Labour Party im Juli 1993 die Ratifizierung des Vertrages von Maastricht. Aber auch in der Folgezeit verschärfte sich unter den Konservativen der Gegensatz zw. Befürwortern des europ. Integrationsprozesses und den »Euroskeptikern«. Die Auseinandersetzungen zw. der brit. Reg. und der EU um die Bekämpfung der BSE-Seuche erreichten 1996 (erneut 1999/2000) einen Höhepunkt.

Großbritannien an der Wende vom 20. zum 21. Jahrhundert: Bei den Unterhauswahlen vom 1. 5. 1997 errang die Labour Party mit 419 gegenüber 165 Sitzen der Konservativen Partei einen hohen Sieg. Premiermin. wurde am 3. 5. 1997 Blair. Im Sept. 1997 fanden in Schottland und Wales Volksabstimmungen zur Schaffung eigener Regionalparlamente statt (von 74,3 % bzw. 50,3 % der Teilnehmer befürwortet; Durchführung erster Wahlen im

Mai 1999). Im März 1999 wurde eine Parlamentsreform verabschiedet (im Okt. 1999 Zustimmung des Oberhauses bei zahlr. Gegenstimmen und Enthaltungen zur Abschaffung der Erbsitze). Bei den Unterhauswahlen am 7. 6. 2001 gelang der Labour Party erstmals in ihrer Gesch. ein zweiter Wahlsieg in Folge; Blair wurde im Amt des Premiermin. bestätigt. Er nahm eine umfangreiche Kabinettsumbildung vor: So löste der bisherige Innenmin. Jack Straw den Außenmin. Robin Cook im Amt ab. Unter dem Eindruck der Terroranschläge in den USA vom 11. 9. 2001 wurde ein von der Reg. vorgelegtes Antiterror-Gesetzespaket im Dez. 2001 in Kraft gesetzt. Ende Mai 2002 rückte mit Paul Boateng als Staatsmin. im Schatzamt erstmals ein schwarzer Politiker in die Reg. auf. 2002 beging Königin Elisabeth II. ihr 50-jähriges Thronjubiläum. Im Juni 2003 kündigte Premiermin. Blair die Auflösung der zentralen Landesministerien für Schottland und Wales an. Daneben wurde mit der Abschaffung des Amtes des Lord Chancellors eines der traditionsreichsten brit. Staatsämter beseitigt.

Für Nordirland erreichte die brit. Reg. im Zusammenwirken mit der irischen am 10. 4. 1998 ein Friedensabkommen unter Beteiligung der dortigen Konfliktparteien, die die Vereinbarungen (trotz deutl. Zustimmung durch Referenden in Irland und Nordirland am 22. 5. 1998) jedoch nur schleppend umzusetzen vermochten. Im Dez. 1999 konstituierte sich eine nordir. Regionalreg. unter D. Trimble (wegen der Auseinandersetzung um die Entwaffnung der Untergrundbewegungen, v. a. der IRA, von Febr. bis Mai 2000 suspendiert). Im Sommer 2001 geriet der Friedensprozess in eine neue Krise. Mit Wirkung vom 1. 7. 2001 trat Trimble vom Amt des »Ersten Min.« (Reg.chef) zurück und übergab die Leitung der Regionalreg. interimistisch an den nordirischen Handels- und Industrieminister Reg Empey. Nach Einlenken der IRA im Okt. 2001 wurde Trimble am 6. 11. 2001 vom Regionalparlament im zweiten Anlauf wieder gewählt; Auseinandersetzungen in der konfessionsübergreifenden nordir. Regionalreg. führten im Okt. 2002 zu einer neuen Aussetzung der Selbstverwaltung. Anfang Mai 2003 legten die brit. und die irische Reg. gemeinsam einen neuen Friedensplan für Nordirland vor.

Zum 1. 7. 1997 übergab G. u. N. seine Kronkolonie Hongkong vertragsgemäß an die VR China. Die Reg. Blair aktivierte die Rolle Großbritanniens in der EU, integrierte das Land aber vorerst nicht in die Euro-Zone (am 9. 6. 2003 Ablehnung der Euro-Einführung offiziell wegen unzureichender Erfüllung wirtsch. Kriterien). Im Kosovokonflikt zeigte sie sich kompromisslos gegenüber dem serb. Präs. S. Milošević (Beteiligung G.s u. N.s an NATO-Luftangriffen gegen die Bundesrep. Jugoslawien von März bis Juni 1999; anschließend Bereitstellung eines nat. Kontingents der KFOR-Friedenstruppe). Nach den Terroranschlägen auf die USA am 11. 9. 2001 beteiligte sich G. u. N. führend an der Formierung einer internat. Antiterrorallianz und nahm direkt an der im Okt. 2001 eingeleiteten amerikan. Militäraktion gegen das Talibanregime und Terroristenstützpunkte der »al-Qaida« in Afghanistan teil (brit. Oberkommando über die internat. Schutztruppe ISAF bis Juni 2002). Auch in der Irak-Krise 2002/03 erwies sich G. u. N. als engster Verbündeter der USA; trotz innenpolit. Kritik (u. a. Rücktritt mehrerer Kabinettsmitgl. der Reg. Blair) billigte das Unterhaus am 18. 3. 2003 eine brit. Beteiligung an der zwei Tage später eingeleiteten Militärintervention im Irak auch ohne das von G. u. N. erfolglos angestrebte UN-Mandat. Nach dem Ende der Kampfhandlungen und der Verabschiedung einer neuen UN-Resolution (22. 5. 2003) wurde im südl. Irak um Basra eine brit. Besatzungszone eingerichtet. Der Vorwurf zurückgetretener Kabinettsmitglieder an die Regierung Blair, die vom Irak ausgehende Gefahr im Vorfeld der Militäraktion bewusst übertrieben dargestellt zu haben, führte im Juni 2003 zur Einleitung von Untersuchungen durch den außenpolitischen Ausschuss des Unterhauses. Dieser entlastete Blair im Juli von dem Vorwurf der bewussten Täuschung. Nach dem Selbstmord des britischen Waffenexperten David Kelly im Juli 2003, dessen Name zuvor vom Kabinett Blair als Quelle regierungskritischer Fernsehberichte (v. a. zu manipulierten Informationen über irakische Massenvernichtungswaffen) öffentlich bekannt gegeben worden war, erhielt Lordrichter Hutton den Auftrag, die Umstände dieses Todes zu klären. Der von Hutton im Januar 2004 vorgelegte, von Kritikern als einseitig bezeichnete Bericht sprach insbesondere Premiermin. Blair von jeglicher Verantwortung für Kellys Tod frei. Nachdem die Suche nach Massenvernichtungswaffen in Irak bislang ohne Erfolg durchgeführt worden war, berief Blair im Februar 2004 eine überparteiliche Kommission zur Überprüfung der dem Irakkrieg zugrunde liegenden Geheimdienstinformationen. Im Juli 2004 wies die Kommission in ihrem Abschlussbericht diesbezüglich auf erhebliche Mängel in der Arbeit des Auslandsgeheimdienstes MI6 hin; darüber hinaus wurde der z.T. unkritische Umgang mit den Geheimdienstinformationen hervorgehoben, die Regierung Blair aber vom Manipulationsvorwurf entlastet.

📖 *Rass, H. H.: Großbritannien. Eine polit. Landeskunde. Neuausg. Berlin 1976. – Hill, C.: Von der Reformation zur industriellen Revolution. Sozial- u. Wirtschaftsgesch. Englands 1530–1780. A. d. Engl. New York u. a. 1977. – Niedhart, G.: Geschichte Englands im 19. u. 20. Jh. München 1987. – Kluxen, K.: Gesch. Englands von den Anfängen bis zur Gegenwart. Stuttgart ⁴1991. – Gesch. Englands, Beiträge v. K.-F. Krieger u. a., 3 Bde. München ¹⁻²1993–96. – Großbritannien-Ploetz. Gesch. Großbritanniens u. Irlands zum Nachschlagen, bearb. v. C. Witz u. a. Freiburg im Breisgau u. a. ³1993, Nachdr. ebd. 1996. – Großbritannien in Gesch. u. Gegenwart, hg. v. W. D. Gruner u. B.-J. Wendt. Hamburg 1994. – Fischer, P. u. Burwell, G. P.: Kleines England-Lexikon. Wissenswertes über Großbritannien. München ³1995. – Großbritannien. Gesch., Politik, Wirtschaft, Gesellschaft, hg. v. H. Kastendieck. Frankfurt am Main u. a. ² 1999. – Becker, B.: Politik in Großbritannien. Einf. in das polit. System u. die Bilanz der ersten Reg.jahre Tony Blairs. Paderborn u. a. 2002. – Händel, H. u. Gossel, D. A.: Großbritannien. München ⁴2002.*

Großdeutsche, Vertreter einer nationalpolit. Richtung, die die dt. Frage durch den staatl. Zusammenschluss möglichst aller (geschlossen siedelnden) Deutschen in Mitteleuropa zu lösen suchten; sie knüpften in der Frankfurter Nationalversammlung 1848/49 an die Tradition der Befreiungskriege und danach v. a. an die Burschenschaften an, konnten sich aber nicht durchsetzen. Politisch wurde der großdt. Gedanke danach v. a. von der deutschnat. Bewegung in Österreich getragen. Beim Zerfall Österreich-Ungarns am Ende des Ersten Weltkrieges (1918) fand die großdt. Idee ihren Ausdruck in der Weimarer und der österr. Verf., die einen Anschluss ↑Deutschösterreichs an das Dt. Reich vorsahen; auch die Sudetendeutschen votierten für einen Anschluss an Dtl. (1918/19). Mit der militär. Niederlage Dtl.s und der Wiedererrichtung der Rep. Österreich (1945) wurde der großdt. Gedanke gegenstandslos.

Großdeutsches Reich, nach dem Anschluss Österreichs (März 1938) zunächst informelle, später offiziell gebrauchte Bez. für das Dt. Reich.

Großdeutsche Volkspartei, frühere liberal-nat. österr. Partei, hervorgegangen aus der deutschnat. Bewegung in Österreich-Ungarn, gegr. 1920 (Vorläufer: die Großdt. Vereinigung, gegr. 1919), forderte den Anschluss Österreichs an das Dt. Reich. 1920–32 war sie an der Reg. beteiligt. Nach dem Verbot 1934 traten die meisten ihrer Anhänger zu den Nationalsozialisten über.

Größe, 1) *Astronomie:* die ↑Größenklasse. **2)** *Physik:* (physikalische Größe), Eigenschaft eines physikal. Objekts, Vorgangs oder Zustands, die sich quantitativ erfassen (messen) lässt. Jede G. ist durch eine geeignete Messvorschrift definiert. Die Messung wird durch Vergleich mit ↑Einheiten durchgeführt, der den **Zahlenwert der G.** (früher Maßzahl) ergibt. Das Produkt aus Zahlenwert und Einheit ist der **Wert der Größe.** Man unterscheidet ↑Basisgrößen und von diesen **abgeleitete Größen.** Unter einer **G.-Art** versteht man die Gesamtheit aller G. einer bestimmten Art (Dimension), z. B. sind Meter und Zentimeter G. der G.-Art Länge. Eine G. wird i. d. R. durch ein Formelzeichen dargestellt.

Große Armee (frz. Grande Armée), die von Napoleon I. persönlich kommandierten Truppen der Feldzüge zw. 1805 und 1814; v. a. Bez. für das Vielvölkerheer, das er gegen Russland führte (etwa 450 000 Mann).

Große Australische Bucht, Bucht des Ind. Ozeans vor der S-Küste Australiens mit steiler, abweisender Küste vor der Nullarborebene.

Große Bank, größte der ↑Neufundlandbänke; ergiebiges Fischereigebiet.

GRO Große Ebene

Große Ebene (Nordchinesische Ebene), Küstenebene in N-China, zw. Bo Hai und unterem Jangtsekiang im Einzugsgebiet von Hai He, Hwangho und Huai He. Sie umfasst mit rd. 500 000 km² etwa 5 % der Fläche Chinas mit äußerst fruchtbaren Lössböden; in ihr leben rd. 22 % der Gesamtbev. des Landes; intensive Landwirtschaft, stark industrialisiert.

Große Fatra, Gebirgszug in der Slowakei, ↑Fatra.

Großefehn, Gem. im Landkreis Aurich, Ndsachs., im zentralen ostfries. Hochmoorgebiet, 12 000 Ew.; umfasst Fehndörfer und Geestorte; Metall verarbeitende und Textilindustrie.

Große Heidelberger Liederhandschrift, ↑Manessische Handschrift.

Große Kreisstadt, kreisangehörige Stadt in Bad.-Württ., Bayern und Sachsen mit besonderer, einem Stadtkreis angenäherter Rechtsstellung; sie nimmt Aufgaben wahr, die sonst von den Landratsämtern als unterer staatl. Verw.behörde wahrgenommen werden. Diese Stellung setzt eine gewisse Einwohnerzahl und regionale Bedeutung voraus.

Große Mauer, die ↑Chinesische Mauer.

Große Meteorbank, untermeer. Erhebung (Guyot) im nördl. Atlantik; steigt aus etwa 5 000 m Tiefe bis auf 275 m u. M. auf.

Großenhain, Krst. des Landkreises Riesa-Großenhain, Sachsen, an der Röder, 18 100 Ew.; Spinnereimaschinen-, Prüfgerätebau, Lebensmittel-, Textilind., Flachglaswerk. – Barocke Marienkirche (1744–48). – Bei einer seit 1205 belegten slaw. Siedlung wurde um 1200 vom Markgrafen von Meißen die Stadt angelegt. Seit 1994 Kreisstadt.

Größenklasse, *Astronomie:* (Größe), die Maßeinheit für die ↑Helligkeit eines Gestirns, wobei das Zeichen m (von lat. magnitudo, »Größe«) hinter die Zahlenangabe (bei Dezimalstellen über dem Komma) hochgestellt geschrieben wird. Bei Angaben von Helligkeitsdifferenzen ist auch die Abk. mag hinter der Zahlenangabe üblich. Die **G.-Einteilung** der ↑scheinbaren Helligkeit geht auf Ptolemäus zurück, der sechs Klassen unterschied: Die hellsten Sterne wurden als Sterne 1. Größe, die lichtschwächsten (mit dem bloßen Auge sichtbaren) als Sterne 6. Größe bezeichnet. In der Neuzeit wurde die Skala weiter unterteilt und erweitert; auch negative Werte sind zulässig. Nach N. R. Pogson (**pogsonsche Helligkeitsskale,** 1854) gilt: Zwei Sterne, deren scheinbare Helligkeiten im Verhältnis 1 : 2,512 stehen, unterscheiden sich um eine G.; damit entspricht ein Unterschied von 5 G. einem Intensitätsverhältnis von 1 : 100. Für den Nordhimmel wurde der Nullpunkt der Skale mithilfe des Polarsterns (G. 2ᵐ12) festgelegt, da dessen Helligkeit aber in geringem Maße schwankt, benutzt man heute eine große Zahl von Sternen (**Polsequenz**) als Eichpunkte. Der hellste Stern, Sirius, hat die G. −1ᵐ46; mit den lichtstärksten Instrumenten sind Sterne von 23ᵐ noch photometrisch nachweisbar. – Die ↑absolute Helligkeit eines Himmelskörpers wird auch in G. gemessen.

Großenkneten, Gem. im Landkreis Oldenburg, Ndsachs., auf der Wildeshauser Geest, 11 000 Ew.; Erdgasförderung und Erdgasaufbereitung mit Schwefelproduktion.

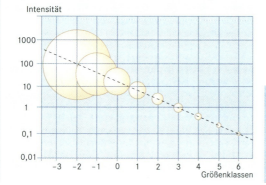

Größenklasse: Veranschaulichung der Größenklassen, eines photometrischen Maßes für die Helligkeit von Himmelskörpern, durch das geometrische Maß der Größe von Kreisflächen. Die Größenklassen sind eine lineare Funktion des Logarithmus der Strahlungsintensität der jeweiligen Objekte.

Größenordnung, die angenäherte Angabe einer Größe oder Anzahl durch Zehnerpotenzen, wenn eine genaue Angabe nicht nötig oder nicht möglich ist; z. B. liegt der Durchmesser eines Atomkerns in der G. von 10^{-14} m.
Größensystem, System von Größenarten, um physikal. Gesetzmäßigkeiten zu beschreiben; es ist durch die Wahl der Basisgrößen und eventuelle zusätzl. Festlegungen gekennzeichnet. Die Zahl der Basisgrößen, die von anderen Größen des gleichen G. unabhängig sind, entspricht dem Grad des G.; Grundlage des Internat. Einheitensystems ist ein Siebenersystem (↑SI-Einheiten).
Große Proletarische Kulturrevolution, ↑Kulturrevolution.
Grosser [grɔ'sɛːr], Alfred, frz. Historiker, *Frankfurt am Main 1. 2. 1925; wurde 1955–92 Prof. für polit. Wiss.en in Paris, setzt sich bes. für die dt.-frz. Verständigung ein; erhielt 1975 den Friedenspreis des Dt. Buchhandels.
Werke: In wessen Namen? (1969); Deutschlandbilanz (1970); Das Dtl. im Westen (1985); Ermordung der Menschheit. Der Genozid im Gedächtnis der Völker (1989).
Große Randstufe (engl. Great Escarpment), Steilabfall, der das Binnenhochland des südl. Afrika gegen die Randgebiete abgrenzt.
Großer Arber, Berg im Böhmerwald, ↑Arber.
Großer Bär, das Sternbild Ursa Maior (↑Bär).
Großer Bärensee (engl. Great Bear Lake), buchtenreicher See in NW-Kanada, 156 m ü. M., 31 328 km², bis 413 m tief; über acht Monate, oft bis Juli eisbedeckt, hat durch den **Großen Bärenfluss** Abfluss nach dem Mackenzie.
Großer Beerberg, der höchste Gipfel (982 m ü. M.) des Thüringer Waldes, südlich von Oberhof. Hochmoor.
Großer Belchen, Berg in den Vogesen, ↑Belchen.
Großer Belt, ein Teil der ↑Beltsee.
Großer Feldberg, höchster Berg des Taunus, ↑Feldberg.
Großer Fischfluss (engl. Great Fish River), **1)** einer der Hauptflüsse der Prov. Ost-Kap, Rep. Südafrika, mündet in den Ind. Ozean, 600 km lang, intensiv zur Bewässerung genutzt.

2) Nebenfluss des Oranje in Namibia, im Nama- und Namaqualand, 660 km lang, bildet in seinem Unterlauf den zweitgrößten Cañon der Erde (160 km lang, über 500 m tief), der zum Nationalpark erklärt wurde.
Großer Heuberg, Teil der Schwäb. Alb, ↑Heuberg.
Großer Hund, das Sternbild Canis Maior (↑Hund).
Großer Inselsberg, Berg im Thüringer Wald, 916 m ü. M.; Sendeanlagen. Über den G. I. führt der ↑Rennsteig.
Großer Kanal, ältester Kanal in China, ↑Kaiserkanal.
Großer Kurfürst, Beiname des Kurfürsten Friedrich Wilhelm von Brandenburg (↑Friedrich).
Großer Nordischer Krieg, ↑Nordische Kriege.
Großer Ölberg, ↑Ölberg.
Großer Preis, Abk. **GP** (frz. Grand Prix), im Automobilsport Bez. für einen Formel-1-Wertungslauf zur Fahrerweltmeisterschaft, wobei die Zahl der jährlich veranstalteten GP-Rennen variieren kann. – Daneben gibt es GP im Motorrad- und Motorbootsport, im Pferde- und Radsport sowie – mit Punktwertung und einem Finale für die Bestplatzierten – im Tennis, Badminton, in der Leichtathletik u. a. Turnierserien.
Großer Rat, 1) Kantonsrat, Landrat, die gesetzgebende, vom Volk meist nach dem Proporzsystem gewählte Behörde (Parlament) in den schweizer. Kantonen, in denen keine ↑Landsgemeinde besteht.
2) (Großrat), ↑Faschismus.
3) ↑Venedig, Geschichte.
Großer Roter Fleck, *Astronomie:* ein auch mit kleinen Fernrohren sichtbarer Wirbelsturm in der Atmosphäre des ↑Jupiters mit dem Charakter eines Hochdruckgebietes.
Großer Salzsee (engl. Great Salt Lake), abflussloser See in Utah, USA, in 1 280 m ü. M., in einem flachen Becken im O des Großen Beckens; die mittlere Tiefe beträgt 3 m; Zufluss und Verdunstung beeinflussen die stark schwankende Wasserfläche und unterschiedl. Salzgehalt (im südl. Teil rd. 5 %, im nördl. Teil rd. 17 %; bei Tiefstand bis 27 %). Der G. S. ist ein Rest des pleistozänen Lake Bonneville. Seit 1959 ist der See durch einen Eisenbahndamm zweigeteilt; Gewinnung von Salz, Pottasche und Magnesium.

GRO Großer Sankt Bernhard

Großer Sankt Bernhard (frz. Col du Grand Saint Bernard, italien. Colle del Gran San Bernardo), Alpenpass zw. Montblancgruppe und Walliser Alpen. Die 61 km lange Passstraße verbindet das Aostatal (Italien) mit dem Rhonetal (Schweiz). Der 5,8 km lange Straßentunnel verkürzt die Passstrecke um gut 10 km (↑Alpenstraßen, Übersicht). Durch ihn wird auch die Erdölleitung Genua–Aigle (Wallis) geführt. – Der G. S. B. wird seit vorröm. Zeit benutzt, für die Römer war er eine Hauptverbindung nach Gallien. Auf der Passhöhe liegt das Hospiz der Augustinerchorherren, gegr. im 11. Jh. (Kirche, 1678; Bibliothek, Museum); bekannt auch durch seine Hundezucht (↑Bernhardiner).

Großer Schneeberg (Glatzer Schneeberg), Berg im Glatzer Bergland, ↑Schneeberg.

Großer Senat, besonderer Spruchkörper bei den obersten Gerichtshöfen des Bundes (nicht beim Bundesverf.gericht), um innerhalb des Gerichts eine unterschiedl. Rechtsprechung der einzelnen Senate zu vermeiden. Beim Bundesgerichtshof bestehen je ein G. S. für Zivil- und für Strafsachen sowie zur Vermeidung von Divergenzen zw. den G. S. die »Vereinigten G. S.« als gemeinsamer Spruchkörper aus den Großen Senaten.

Großer Sklavensee (engl. Great Slave Lake), See in N-Kanada, 156 m ü. M., 28 568 km², bis 614 m tief, Hauptzufluss ist der Slave River, Ausfluss der Mackenzie.

Großer Sprung nach vorn, Bez. einer maoist. Kampagne (1958–60/61), ↑China (Geschichte).

Großer Türkenkrieg, Krieg der Habsburger und ihrer Verbündeten gegen das Osman. Reich (1683–99), ↑Türkenkriege.

Großer Vaterländischer Krieg, 1941 in der Sowjetunion geprägte und später dort übl. (offizielle) Bez. für den Krieg zw. der UdSSR und Dtl. 1941–45.

Großer Wagen (Großer Himmelswagen), Teil des Sternbilds Großer Bär (↑Bär).

Größerzeichen, das Zeichen > (»größer als«), das zur abkürzenden Schreibweise bei Ungleichungen verwendet wird, z. B. 5 > 4.

Große Sandwüste (Great Sandy Desert, Canningwüste), N-Teil des westaustral. Wüstengebietes, südlich des Kimberleyplateaus; etwa 520 000 km²; Sanddünen und Salzseen.

Großes Artesisches Becken (Great Artesian Basin, auch Großes Australisches Becken), Beckenlandschaft im zentralöstl. Australien, erstreckt sich über 2 000 km von N nach S und etwa 1 500 km von O nach W, fällt von 300 m ü. M. im O auf 12 m u. M. am Eyresee ab. Weidewirtschaftsgebiet dank zahlr. (mehr als 18 000) artes. Brunnen.

Großes Barriereriff (engl. Great Barrier Reef), längstes lebendes Korallenriff der Erde, vor der Küste von Queensland, Australien, reicht vom südl. Wendekreis bis vor die Mündung des Fly River (Neuguinea), über 2 000 km lang, über 200 000 km². 1975 wurde fast das gesamte G. B. unter Naturschutz gestellt; die UNESCO erklärte es 1981 zum Weltnaturerbe. Das aus versch. Rifftypen aufgebaute Korallenriff

Großes Barriereriff (Queensland, Australien)

ist eines der wichtigsten Touristenziele Australiens. Auf **Green Island** besteht ein Unterwasserobservatorium mit Museum und Aquarium. Im G. B. leben 4000 Weichtier-, über 450 Korallen-, 1500 Fisch-, 6 Schildkröten- und 24 Vogelarten.
Großes Becken (engl. Great Basin), abflusslose Großlandschaft in den westl. USA, zw. Sierra Nevada und Cascade Range im W und den Rocky Mountains im O, rd. 500000 km^2; unterteilt in einzelne, meist wüstenhafte Becken, die im N 1200–1500 m ü. M., im S unter 300 m ü. M. liegen. Im SW erstreckt sich das heiße und trockene **Death Valley**, im O liegt der **Große Salzsee**. Ackerbau ist nur bei Bewässerung möglich, große Bereiche werden für extensive Viehwirtschaft genutzt. Das ganze Gebiet ist reich an Bodenschätzen: Gold, Silber, Kupfer, Blei, Kohle.
Große Schütt, Donauinsel in der Slowakei, ↑Schütt.
Große Seen (engl. Great Lakes), die fünf großen zusammenhängenden und durch den Sankt-Lorenz-Strom zum Atlantik entwässernden Seen der USA und Kanadas: Oberer See, Michigan-, Huron-, Erie-, Ontariosee; mit rd. 245000 km^2 die größte Binnensüßwasserfläche der Erde.
Großes Haff, östl. Teil des ↑Stettiner Haffs.
Großes Hauptquartier, Bez. für den Sitz der dt. Obersten Heeresleitung im Ersten Weltkrieg. Das G. H. befand sich (nacheinander) in Koblenz, Luxemburg, Charleville-Mézières, Pleß, Bad Kreuznach, Avesnes-sur-Helpe (Dép. Nord) und Spa.
Große Sundainseln, die Inseln Borneo, Celebes, Java und Sumatra im Malaiischen Archipel.
Großes Walsertal, Seitental der Ill, ↑Walsertal.
Große Syrte *die* (Golf von Sydra), Bucht des Mittelmeeres an der Küste Nordafrikas, zw. Bengasi und Misurata in Libyen; vor der Wüstenlandschaft Syrtica.
Grosseteste ['grəʊstest], Robert, engl. Philosoph, Naturforscher und Theologe, * Stradbroke (Suffolk) um 1175, † Buckden (Buckinghamshire) 9. 10. 1253; 1214–21 Kanzler der Univ. Oxford, 1235 Bischof von Lincoln. G. wirkte durch Übersetzungen (u. a. »Nikomachische Ethik«) und Kommentare zu Aristoteles nachhaltig auf R. Bacon, Albertus Magnus, Duns Scotus u. a. ein. Lange vor Galilei und Descartes stützte sich G. in seiner Naturforschung (»Über den Regenbogen«; »Über die Farben«; »Über die Wärme der Sonne« u. a.) auf math.-quantitative Methoden. Seine Naturphilosophie wird von der neuplaton. Lichtmetaphysik getragen, mit deren Hilfe G. die Entstehung der Vielheit der Dinge aus der Einheit des Seins zu erklären suchte.
Grosseto, 1) Prov. im S der Toskana, Italien, 4504 km^2, 215600 Einwohner.
2) Hptst. von 1), in den toskan. Maremmen, 72600 Ew.; Museen; Landmaschinenbau. – In der von einer sechseckigen Befestigungsanlage umschlossenen Altstadt liegen der Dom (erbaut ab 1294, mit inkrustierter Fassade) und die got. Kirche San Francesco (13. Jh.). – Nordöstlich von G. lag die etrusk. Stadt **Rusellae.**
Große Vereinheitlichte Theorie (engl. Grand Unified Theory, Abk. GUT), Theorie, die versucht, die starke, schwache und elektromagnet. ↑Wechselwirkung in einer einheitl. Feldtheorie zu vereinigen. Eine derartige Vereinheitlichung setzt Energien in der Größenordnung von rd. 10^{15} GeV, wie sie im Frühkosmos kurz nach dem Urknall geherrscht haben sollen, voraus. Eine der Hauptaussagen der GUT ist die Instabilität von Leptonen und Quarks, aus der z. B. der Zerfall von Protonen in leichtere Teilchen folgt.
Große Victoriawüste (engl. Great Victoria Desert), abflusslose Halbwüste im südl. Australien, zw. der Nullarborebene und der Gibsonwüste, etwa 260000 km^2; Dünen, Salzseen und -sümpfe.
Großfamilie, Form der ↑Familie, bei der mehrere Generationen oder Kernfamilien in einer Hausgemeinschaft leben.
Groß-Friedrichsburg, ehem. kurbrandenburg. Festung an der Goldküste Afrikas, im heutigen Ghana; wurde 1683 unter dem Großen Kurfürsten angelegt, 1717 an die Niederländer verkauft.
Großfürst (russ. Weliki Knjas), russ. Titel, urspr. der Fürsten von Kiew, ab 1186 bei den Fürsten von Wladimir-Susdal in Gebrauch; nach Unterwerfung der anderen russ. Fürstentümer durch Moskau nur noch von der Moskauer Herrscherfamilie geführt (»G. der ganzen Rus«); sie behielt ihn auch nach der Annahme des Zarentitels (1547) und des Kaisertitels (1721), nach 1886 Titel nicht regierender männl. Mitgl. des Kaiserhauses. – Seit dem 14. Jh.

GRO Großfußhühner

Großglockner: Großglockner-Hochalpenstraße am Fuscher Törl

war G. auch Titel der litauischen Herrscher, nach 1569 Bestandteil des poln. Königstitels, der 1795 (3. Poln. Teilung) auf den russ. Kaiser überging. Ab 1809 führte der russ. Kaiser auch den Titel G. von Finnland. Die Habsburger führten seit 1765 den Titel eines G. von Siebenbürgen.
Großfußhühner (Megapodiidae), Familie der Hühnervögel auf den südasiat. Inseln, in Australien, Neuguinea und in O-Indonesien. Die G. verscharren ihre Eier unter aufgehäuften Pflanzenresten, um sie dort von der Gärungswärme ausbrüten zu lassen. Diese »Komposthaufen« können über 2 m hoch sein. Das **Thermometerhuhn** (Leipoa ocellata) in den Trockengebieten S-Australiens ist oft 11 Monate im Jahr mit der Herstellung und Wartung seiner Brutanlage beschäftigt.
Großgebietiger, die dem Hochmeister zur Seite stehenden obersten Amtsträger (Großkomtur, Marschall, Spittler, Trapier und Tressler) des Dt. Ordens.
Großgemeinde, polit. Gemeinde, i. d. R. durch Eingemeindungen entstanden und in historische gewachsene Ortschaften gegliedert; für diese können gemäß den Gemeindeordnungen unter Umständen eigene Ortsverwaltungen gebildet werden. Die G. ist eine eigene Körperschaft, kein Gemeindeverband.
Groß-Gerau, 1) Landkreis im RegBez. Darmstadt, Hessen, 453 km², 250 500 Einwohner.

2) Krst. von 1) in Hessen, im nördl. Hess. Ried, 23 200 Ew.; Metall verarbeitende, Zucker- und pharmazeut. Ind.; Obst- und Gemüsekonservenfabrik. – Fachwerkrathaus (1579). – Erhielt 1398 Stadt- und Marktrecht.
Großglockner, höchster Berg Österreichs, Hauptgipfel der ↑Glocknergruppe in den Hohen Tauern, 3 798 m ü. M.; an den Flanken stark vergletschert (Pasterze). Die **Großglockner-Hochalpenstraße,** zw. Bruck und Heiligenblut 47,8 km lang, führt aus dem ↑Fuscher Tal über das Fuscher Törl (2 428 m ü. M.) und den Pass Hochtor (2 576 m, im Tunnel 2 505 m ü. M.) ins Mölltal. Abzweigungen führen zur Edelweißspitze (2 572 m ü. M.) und zur Franz-Josephs-Höhe (2 362 m ü. M.) über der Pasterze.
Großgriechenland (grch. Megale Hellas, lat. Magna Graecia), im Altertum Bez. für das von grch. Siedlern bewohnte südl. Italien und Sizilien.
Großgrundbesitz, Großbesitz an Grundeigentum, der bestimmte Flächengrößen überschreitet, oft über mehrere 1 000 ha, meist einige 100 ha. – G. kann aus geschlossenen Flächen (Großbetrieben) und kleineren Einheiten (Parzellen, Bauernhöfen) bestehen. Eine besondere Bedeutung erlangte der G. in Lateinamerika (↑Latifundien).
Großhandel, Unternehmen, die Waren im eigenen Namen kaufen und ohne oder geringe Be- und Verarbeitung an Wiederverkäufer, Weiterverarbeiter oder gewerbl.

Großmährisches Reich | GRO

Verbraucher absetzen. Neben der Einteilung in Branchen wird zw. G.-Betrieben unterschieden, bei denen der Schwerpunkt im Zusammenstellen eines reichhaltigen Sortiments aus einem weit verzweigten Angebot (**kollektierender G.**) oder im Verteilen von Waren an viele Abnehmer (**distribuierender G.**) liegt. – Spitzenorganisation in Dtl. ist der Bundesverband des Dt. Groß- und Außenhandels e. V. (BGA).

Großherzog, Fürst im Rang zw. König und Herzog; Anrede: Königl. Hoheit. 1569 wurde der Titel G. erstmals in Italien (Erhebung des Herzogtums Florenz zum Großherzogtum Toskana) verliehen. – Den Titel erlangten im Rheinbund nach 1806 und durch den Wiener Kongress (1815) versch. dt. Fürsten; als Staatsoberhaupt führt ihn noch der G. von Luxemburg.

Großhirn, ↑Gehirn.

Großhundert, altes Zählmaß, entsprach 120 Stück.

Großinquisitor, ↑Inquisition.

Großkanizsa [-kaniʒa], Stadt in Ungarn, ↑Nagykanizsa.

Großkönig, 1) (griech. Megas Basileus), seit den Perserkriegen Bez. der Griechen für die Achaimenidenherrscher.

2) (König der Könige, pers. Schah-in-schah), ↑Schah.

Großkophta, von Cagliostro erfundenes Oberhaupt einer »Ägypt. Maurerei«; der Titel wurde von Goethe in seinem Lustspiel »Der Groß-Cophta« (1792) auf Cagliostro selbst übertragen.

Großkreis (Orthodrome), Schnittlinie der Oberfläche einer Kugel mit einer durch ihren Mittelpunkt M gelegten Ebene. G. auf der Erde sind z. B. der Äquator und die Meridiane (nicht die Breitenkreise).

Großkreuz, höchste Klasse der meisten Orden.

Großloge [-loːʒə], Verband von (mindestens drei) Freimaurerlogen, an dessen Spitze ein gewählter Großmeister steht. Oberste Instanz ist der Großlogentag.

Großmacht, Staat, der aufgrund seiner polit., militär. und wirtsch. Stärke die Fähigkeit besitzt, seine Ansprüche gegenüber anderen Staaten (z. B. bei Friedensschlüssen) durchzusetzen, diese in ihrer Politik zu beeinflussen und auf die Beziehungen der Staaten untereinander bestimmend einzuwirken. – Mit der Entwicklung der europ. Staatengemeinschaft in der Neuzeit entwickelten sich dort G., die meist in Konkurrenz zueinander traten; nur sie tauschten Botschafter untereinander aus. Um die Mitte des 18. Jh. hatte sich in Europa ein Kreis von fünf G. (↑Pentarchie) herausgebildet: die Habsburgermonarchie, Frankreich, Großbritannien, Russland, Preußen. Im 19. Jh. wurden die USA und Italien sowie Japan (als erste asiat. G.) in das System der G. einbezogen. – Nach dem Zweiten Weltkrieg nahmen die ↑Weltmächte weitgehend die Funktionen der bisherigen G. ein.

Großmährisches Reich, westslawische Staatsbildung in Mitteleuropa im 9. Jh. Die Siege Karls d. Gr. über die Awaren (791–796) befreiten die Slawenstämme und schufen die Voraussetzungen für deren Einfügung in das christl. Europa. Mit Kern in Moravia (vermutlich Mähren; nach neuerer Forschung auch im ungar. Tiefland zw. Donau und Theiß bzw. östlich davon lokalisiert) entstand um 830 ein frühfeudaler Staat; Fürst Mojmír I. (830–846) unterwarf 836 auch das Gebiet um Neutra. Sein Nachfolger Rastislaw konnte die fränk. Oberhoheit abschütteln. Um der fränk. Mission im Gegengewicht zu schaffen, wandte er sich 863 an den byzantin. Kaiser Michael III., der die Slawenapostel ↑Kyrillos und Methodios mit der Mission in Mähren beauftragte. Da ihre Tätigkeit auch von Rom gefördert wurde, das sich hier ein von den Franken unabhängiges Missionsgebiet zu schaffen suchte, geriet Mähren in die weltpolit. Spannungen zw. Rom, Byzanz und den Franken. 870 wurde Rastislaw durch seinen Neffen Swatopluk I. (870–894) an Ludwig den Deutschen ausgeliefert. Swatopluk unterwarf sich 874 freiwillig dem ostfränk. König und dehnte dafür seine Herrschaft nach NO aus, wahrscheinlich bis in das Gebiet der Wislanen an der oberen Weichsel (um Krakau) und über Böhmen. 880 wurde auf Swatopluks Bitte neben Methodios der Schwabe Wiching († nach 899) als Bischof von Neutra eingesetzt. Nach dem Tod des Methodios (885) setzten sich die Magyaren, von (dem ostfränk.) König Arnulf von Kärnten gegen die aufstand. Mährer zu Hilfe gerufen, um die Wende zum 10. Jh. in der Ebene zw. Donau und Theiß fest. Ein erneuter Ansturm der Magyaren brachte 906 das Ende des Großmährischen Reichs.

📖 *Eggers, M.: Das »G. R.« Realität oder Fiktion? Stuttgart 1995.*

Grossman, David, israel. Schriftsteller, *Jerusalem 25. 1. 1954; Themen seiner literar. Arbeiten sind v. a. die jüdisch-arab. Beziehungen und die Nachwirkungen des Holocaust. Romane: »Das Lächeln des Lammes« (1983), »Stichwort: Liebe« (1986), »Sei Du mir das Messer« (1998); Sachbücher: »Der gelbe Wind. Die israelisch-palästinens. Tragödie« (1987), »Der geteilte Israeli« (1992); schreibt auch Kinder- und Jugendbücher.

Grossmann, Rudolf, Grafiker, *Freiburg im Breisgau 25. 1. 1882, †ebd. 28. 11. 1941; neben E. Orlik bekanntester Grafiker der 1920er-Jahre in Berlin; zahlr. Buchillustrationen und Zeichnungen von Zeitgenossen; neben Einzelblättern auch graf. Folgen, u. a. »Berliner Bilder« (1911–13).

Großmeister, 1) *Freimaurerei:* der Vors. einer ↑Großloge.
2) *kath. Ordensrecht:* in den geistl. Ritterorden (z. B. dem Malteserorden) der auf Lebenszeit gewählte Obere.
3) *Schach:* (Internationaler G., Abk. GM bzw. IGM), nach dem Weltmeistertitel höchster Titel im Turnierschach, seit 1951 von der FIDE verliehen; vorher allg. für Sieger bei größeren internat. Turnieren.

Großmogul, ↑Mogul.
Großmoyeuvre [-mwa'jœvr], dt. Name der lothring. Stadt ↑Moyeuvre-Grande.
Großpolen, Woiwodschaft (poln. Województwo Wielkopolskie), Wwschaft (seit 1999) im westl. und mittleren Teil Polens, 29 826 km², 3,36 Mio. Ew.; Hptst. ist Posen.
Großräschen, Stadt im Landkreis Oberspreewald-Lausitz, Brandenburg, in der Niederlausitz, 12 300 Ew.; Braunkohlentagebau Meuro (bis Ende 1999), Brikettfabrik, elektrotechn. Ind., Stahlbau.
Großrechner (engl. mainframe), Computerklasse mit sehr großer Rechenleistung und großem Platzbedarf. G. werden (wie ↑Supercomputer) v. a. in Rechenzentren und Großbetrieben eingesetzt.
Großrussen, älterer Name der ↑Russen.
Großschanze, *nord. Skisport:* ↑Sprungschanze.
Großstadt, nach Festlegung des Internat. Instituts der Statistik (1887) eine Stadt mit mehr als 100 000 Ew. Im vorindustriellen Europa hatten die großen Städte, von wenigen Ausnahmen abgesehen, weit geringere Einwohnerzahlen. Im MA. genügten 20 000, im 18. Jh. noch 50 000 Ew. als untere G.-Grenze. Geographisch wird die G. definiert als ausgedehnte, geschlossene Ortsform mit überregionalem Einzugsgebiet, das auch Einflussbereiche von Mittel- und Kleinstädten umschließt. Typisch ist die Ausbildung einer City (Geschäfts-, Banken-, Bürohausviertel), der Wohn- und Industrieviertel. (↑Stadt)

Groß Strehlitz, Stadt in Polen, ↑Strzelce Opolskie.

Großtafelbau (Plattenbau), *Hochbau:* hoch industrialisierte Bauweise, bei der in einem ortsfesten Werk (Fabrik) raumgroße Decken- und Wandtafeln (bzw. -platten) mit eingesetzten Fenstern und Türen gebrauchsfertig hergestellt, zur Baustelle transportiert und dort nur noch zusammengesetzt werden. Der G. entwickelte sich in der UdSSR, Frankreich und Dänemark, bes. seit Mitte der 1950er-Jahre; heute allg. verbreitet.

Großtausend, altes Zählmaß, entsprach 1 200 oder 1 300 Stück.

größter gemeinsamer Teiler, Abk. g.g.T., die größte ganze positive Zahl, die zwei oder mehrere ganze Zahlen ohne Rest teilt. Beispiel: Der g.g.T. von 60 und 24 ist 12.

Grossular [german.-frz.-lat.] *der,* grüne und gelbgrüne Abart des Granats.

Groß|ullersdorf (tschech. Velké Losiny), Kurort im Nordmähr. Gebiet der Tschech. Rep., 432 m ü. M., 2 000 Ew.; schwefelhaltige Quellen; Papierindustrie. – An der Stelle eines mittelalterl. Kastells wurde 1580–89 ein Renaissanceschloss mit dreigeschossigem Arkadenhof errichtet. – Um eine 1516 erstmals erwähnte Papiermühle entwickelte sich die Ortschaft G. zu einem Zentrum der Büttenpapierherstellung.

Groß-Umstadt, Stadt im Landkreis Darmstadt-Dieburg, Hessen, im nördl. Vorland des Odenwalds, 20 800 Ew.; Kunstharzverarbeitung, Maschinenbau; Weinbau (»Odenwälder Weininsel«). – Das Ortsbild ist durch Adelshöfe des 15.–17. Jh. geprägt; spätgot. Pfarrkirche, Renaissancerathaus. – Der Königshof Umstadt kam 766 in Besitz des Klosters Fulda; seit 1263 Stadt.

Großunternehmen, Unternehmen, bei denen bestimmte Größenmerkmale erfüllt sind (z. B. bezüglich Anzahl der Beschäftigten, Umsatz, Bilanzsumme oder Höhe des investierten Kapitals). Die Merkmalsausprägungen werden je nach Wirtschaftszweig unterschiedlich hoch angesetzt. Einen Anhaltspunkt liefert für Dtl. das Publizitätsges., welches Unternehmen als G. einstuft, die mindestens zwei der drei folgenden Kriterien erfüllen: mindestens 5 000 Arbeitnehmer, mindestens 130 Mio. € Umsatzerlöse und mindestens 65 Mio. € Bilanzsumme. – Die wirtsch. Stärke des G. gegenüber kleineren Unternehmen liegt in der Nutzung von Rationalisierungseffekten durch Massenproduktion mit verstärktem Kapitaleinsatz, im stärkeren Einfluss auf Beschaffungs- und Absatzmärkte (einschl. des Arbeits- und Kapitalmarkts) sowie in der Möglichkeit, hoch spezialisierte Fachkräfte für besondere Aufgaben einzusetzen. (↑Unternehmenskonzentration)

Großvenediger, höchster Gipfel der Venedigergruppe der Hohen Tauern, Österreich, 3 666 m ü. M., stark vergletschert.

Großverband, *Militärwesen:* Bez. für die feste oder zeitlich begrenzte Zusammenfassung von Truppenteilen versch. Truppengattungen (einschl. Versorgungstruppen).

Groß-Vernatsch, in Südtirol Bez. für die Rebsorte ↑Trollinger.

Großwardein, Stadt in Rumänien, ↑Oradea.

Großwesir, Titel des höchsten Beamten in den islam. Staaten, bes. im Osman. Reich, wurde von der türk. Nationalversammlung 1922 abgeschafft.

Großwetterlage, die durch die mittlere Luftdruckverteilung am Boden charakterisierte Witterung über einem größeren Gebiet (etwa Europa) während eines mehrtägigen Zeitraums. Das ↑Wetter selbst kann während dieser Zeit wechseln, der Charakter der Witterung bleibt.

Grosz [grɔs], George, eigtl. Georg Ehrenfried G., Maler und Grafiker, * Berlin 26. 7. 1893, † Berlin (West) 6. 7. 1959; Mitbegründer der Berliner Dadagruppe (1918). In Gemälden und bes. in krassen Karikaturen entlarvte G. soziale Missstände der Weimarer Rep. und verspottete Bourgeoisie, Kirche, Kapitalismus und Militarismus. Er war 1926 O. Dix Hauptvertreter der verist. Richtung der ↑Neuen Sachlichkeit. Seine Porträts zeichnen sich durch ihre psycholog. Schärfe aus. Er illustrierte Werke von H. Ball, B. Brecht, R. Huelsenbeck, E. Toller, H. Kesten u. a. 1932 erhielt G. einen Lehrauftrag in New York, ab 1933 lebte er, in Dtl. als »entartet« verfemt und ausgebürgert (1938), in den USA (ab 1938 amerikan. Staatsbürger). 1946 erschien seine Autobiografie »A little Yes and a big No«. 1959 Rückkehr nach Berlin.
📖 *Fischer, L.: G. G. Neuausg. Reinbek ⁵2001.*

George Grosz: Porträt des Schriftstellers Max Herrmann-Neiße (1925; Mannheim, Städtische Kunsthalle)

Grotefend, 1) Georg Friedrich, Sprachwissenschaftler, * Hann. Münden 9. 6. 1775, † Hannover 15. 12. 1853, Großvater von 2); begründete mit einer 1802 der Göttinger Gesellschaft der Wiss.en vorgelegten Abhandlung die Entzifferung der ↑Keilschrift.
2) Hermann, Archivar und Historiker, * Hannover 18. 1. 1845, † Schwerin 26. 5. 1931, Enkel von 1); förderte die Entwicklung eines modernen Archivwesens und wurde durch grundlegende Beiträge zur histor. Chronologie bekannt.
Werk: Zeitrechnung des dt. MA. und der Neuzeit (2 Bde., 1891–98).

Grotenburg, Erhebung im Teutoburger Wald, 386 m ü. M., mit dem Hermannsdenkmal und einem vorgeschichtl. Ringwall.

grotesk [frz., von italien. grotta »Höhle«], willkürlich verzerrt, stark übersteigert, absonderlich übertrieben, lächerlich wirkend.

Groteske *die,* **1)** *bildende Kunst:* Ornament mit pflanzl. Formen, Tieren und Fabelwesen, die meist auf eine durch einen Kandelaber gebildete Mittelachse bezogen

sind. Raffaels Dekorationen der Loggien des Vatikan sind ein Hauptbeispiel der Verwendung der G. in der Hochrenaissance. In der dt. Renaissance wurde die G. von den Kleinmeistern viel verwendet und lebte weiter bis in den Frühbarock. Wieder aufgegriffen wurde die G. während der Gründerzeit in Dtl. (ab etwa 1870).
2) *Literatur:* Form der derbkom., drast. Darstellung, die mit bewusst karikierender Verzerrung oder satir. Übersteigerung v. a. das Paradoxe, Dämonische herausarbeitet. Sie kann zum Mittel der Gesellschaftskritik werden. Meister der G. in der Literatur waren u.a. E. T. A. Hoffmann, C. D. Grabbe, F. Kafka, C. Morgenstern, J. Ringelnatz; E. A. Poe, N. W. Gogol, M. A. Bulgakow.

Groteskfilm, Lustspielfilm mit oft völlig sinnloser Situationskomik (z. B. Pat und Patachon).

Groteskschriften, im ersten Drittel des 19. Jh. entstandene Antiquablockschriften (u.a. Gill-Grotesk, Futura, Univers) mit gleichmäßig starker Strichführung und ohne Serifen, deshalb auch **serifenlose Linearantiqua** genannt.

Grotesktanz, karikierender Tanz mit drast. Übertreibungen und verzerrenden Bewegungen.

Grotewohl, Otto, Politiker, *Braunschweig 11. 3. 1894, †Berlin (Ost) 21. 9. 1964; Buchdrucker, seit 1920 mehrmals braunschweig. Minister, 1925–33 MdR (SPD), 1938–39 in Haft, wurde 1945 in der SBZ einer der drei Vors. des Zentralausschusses der SPD. 1946 hatte er trotz einiger Vorbehalte entscheidenden Anteil am Zusammenschluss seiner Partei mit der KPD zur SED. 1946–50 war er zus. mit W. Pieck deren Vors., 1946–64 Mitgl. des Politbüros der SED, 1949–64 MinPräs. (Vors. des Ministerrats) und 1960–64 auch stellv. Vors. des Staatsrats der DDR.

Groth, Klaus, niederdt. Dichter, *Heide 24. 4. 1819, †Kiel 1. 6. 1899; urspr. Lehrer, wies u. a. durch seine Gedichtsammlung »Quickborn« (1852) in Dithmarscher Mundart, die Dorfgeschichten »Vertelln« (2 Bde., 1855–58) und die »Briefe über Hochdeutsch und Plattdeutsch« (1858) die Literaturfähigkeit der niederdt. Sprache nach.

Grothe, Franz, Komponist und Dirigent, *Berlin 17. 9. 1908, †Köln 12. 9. 1982; schrieb bes. Filmmusik (u. a. zu »Wir Wunderkinder«, 1958), das Musical »Das Wirtshaus im Spessart« (1977) sowie mehrere Operetten.

Grotius [niederländ. ˈxroːtsiys], Hugo, eigtl. Huigh de Groot, niederländ. Rechtsgelehrter und Staatsmann, *Delft 10. 4. 1583, †Rostock 28. 8. 1645; gilt als »Vater des Völkerrechts«, weil er, ausgehend vom naturrechtl. Ansatz, die Grundgedanken des klass. Völkerrechts entwickelte, die bis zum Ersten Weltkrieg uneingeschränkt galten. Er wurde 1613 Ratspensionär in Rotterdam. 1618 in Zusammenhang mit dem Remonstrantenstreit (↑Arminianer) zu lebenslanger Haft verurteilt, floh er nach Paris, wo er zw. 1621 und 1631 lehrte und 1625 sein Hauptwerk »De iure belli ac pacis« (dt. »Vom Recht des Krieges und des Friedens«) veröffentlichte. Bereits 1609 hatte er die Idee von der »Freiheit der Meere« in dem Werk »Mare liberum« niedergelegt. Als Gesandter Schwedens wirkte er 1635–45 in Frankreich.

Hugo Grotius

Grotowski, Jerzy, poln. Regisseur, *Rzeszów 11. 8. 1933, †Pontedera 14. 1. 1999; gründete 1959 das »Theaterlaboratorium« (seit 1965 in Breslau; 1984 aufgelöst), das neue, das Körperliche betonende Erfahrungs- und Ausdrucksweisen entwickelte; G. beeinflusste damit v. a. die Schauspielerausbildung.

Grottaferrata, italien. Gemeinde in Latium, Prov. Rom, in den Albaner Bergen, 18 800 Ew.; Weinbau. – Entstand um die über den Resten einer röm. Villa 1004 gegr. Basilianerabtei (reiche Bibliothek, u.a. Sammlung grch. Handschriften); in der Abteikirche (1025 geweiht) Mosaiken aus roman. Zeit und Fresken von 1609/10; frühchristl. Oratorium.

Grotte [italien.] *die,* Höhle von meist geringer Tiefe; im Altertum oft Gottheiten oder Nymphen geweiht, in Renaissance, Barock oder Romantik meist künstlich angelegt.

Grotten|olm, Schwanzlurch der Familie ↑Olme.

Groult [gru], Benoîte, frz. Schriftstellerin, *Paris 31. 1. 1920; Essays und Romane über die – auch sexuelle – Selbstbestimmung der Frau (sehr erfolgreich in dem Roman »Salz auf unserer Haut«, 1988); Autobiografie »Leben heißt frei sein« (1997).

Groundhostess [ˈɡraʊnd-, engl.] *die,* Angestellte einer Fluggesellschaft, der die Betreuung der Fluggäste auf dem Flughafen obliegt.

Ground Zero [ˈɡraʊnd ˈzɪərəʊ; engl. »Nullgrund«], amerikan. Name für den Punkt, über dem die erste Atombombe explodierte; seit dem Terroranschlag vom 11. 9. 2001 Bez. für das Areal des zerstörten World Trade Center in ↑New York. Den Wettbewerb um die Neubebauung des G. Z. gewann 2003 der Architekt D. ↑Libeskind. Für die Realisierung, die den Masterplan Libeskinds berücksichtigen soll, wurde jedoch David Childs (Partner des Architekturbüros Skidmore, Owings & Merrill) als »Design-Architekt und Projektleiter« ernannt. Die Grundsteinlegung erfolgte am 4. 7. 2004.

Groupe de Recherche d'Art Visuel [grup dərəˈʃɛrʃ daːrvizyˈɛl], Abk. **GRAV,** 1960 in Paris gegründete Künstlergruppe, die sich für die experimentelle Untersuchung visueller Phänomene, für eine Öffnung zur Technologie hin und eine Kunst der gezielten opt. Effekte, der Bewegung (Kinetik) und des Lichts einsetzte.

Groupe des Six [grup deˈsis] (Gruppe der Six), Gruppe von sechs frz. Komponisten (D. Milhaud, A. Honegger, F. Poulenc, Germaine Tailleferre, G. Auric, L. E. Durey), die sich ab 1918 in Paris zusammenfanden; gemeinsam war ihnen die Ablehnung R. Wagners. Bekanntestes Gemeinschaftswerk ist das Ballett »Die Hochzeit auf dem Eiffelturm« (1921).

Groupie [ˈɡruːpi, engl.] *das,* meist weibl. Fan, der möglichst engen Kontakt mit seinem Idol sucht.

Growl [ɡraʊl, engl.] *der* oder *das,* Spieleffekt im Jazz, hervorgerufen bes. auf Trompete und Posaune mithilfe von Dämpfern, halb gedrückten Ventilen, Flatterzunge oder vibrierenden Stimmbändern.

Groza [-z-], Petru, rumän. Politiker, *Băcia (Kr. Hunedoara) 7. 12. 1884, †Bukarest 7. 1. 1958; Rechtsanwalt, führte als Min.-Präs. (1945–52) einer kommunist. Reg. die Umwandlung Rumäniens in eine Volksdemokratie durch; 1952–58 Vors. des Präsidiums der Nationalversammlung (Staatsoberhaupt).

Grubenausbau, *Bergbau:* das Absichern und Offenhalten von Grubenräumen mithilfe eingebrachter Stützelemente aus Holz, Stahl, Leichtmetall, Beton, Mauerwerk oder Kombinationen davon. Der G. umfasst Verfahren zur Abstützung oder Verfestigung des den Grubenbau umgebenden Gesteins (des »Gebirges«). Die Anwendung der versch. Verfahren ist von dem Spannungszustand abhängig, der sich durch die Schaffung der Grubenräume in umgebenden Gebirgspartien entwickelt; in hartem oder zähem Gestein z. B. kann man bei wenig zerklüftetem Gebirge meist ganz auf den G. verzichten (v. a. im Erz-, Kali- und Steinsalzbergbau). In Schächten und im Normalfall auch in Hauptstrecken bzw. -querschlägen wird ein **starrer Ausbau,** z. B. mit hölzernen Bauelementen (Türstock), bogenförmigen Stahlbauelementen (Bogenausbau) oder Mauerwerk, angewendet. Da im Bereich des Abbaus stets stärkere Gebirgsbewegungen auftreten, denen ein starrer Ausbau nicht widerstehen kann, wird hier ein **formänderungsfähiger Ausbau,** z. B. mit Gelenkbögen oder hydraulisch betätigten Bauelementen, eingebracht, der während der stärksten Gebirgsdruckerscheinungen dem Druck ausweicht.

Grubenbahn, *Bergbau:* Schienenbahn in Bergwerken zum Transport von Personen und Material. Die Förderwagen werden in Zügen von Lokomotiven, durch Ketten oder Seile gezogen. Eine gleislose Technik ist die ↑LHD-Technik.

Grubenbewetterung (Bewetterung, Wetterführung), Gesamtheit der Einrichtungen und Maßnahmen zur planmäßigen Zufuhr von Frischluft **(Frischwetter)** zur Versorgung von Menschen und Maschinen in allen Grubenbauen, zur Verdünnung und Abfuhr **(Abwetter)** schädl. Gase (↑Schlagwetter), zur Kühlung oder Erwärmung und Regelung der Luftfeuchte (↑Wetter).

Grubenbrand, *Bergbau:* meist durch Selbstentzündung von Kohle, sulfid. Er-

zen, Methan-Luft-Gemischen (↑Schlagwetter), Kohlenstaubexplosionen u. a. entstehender Brand in Bergwerken.
Grubengas, Chemie: ↑Methan.
Grubenlampe, Bergbau: das ↑Geleucht.
Gruben|ottern (Lochottern, Crotalidae), Familie giftiger Schlangen mit einer paarigen Grube zw. Nasenloch und Auge als Sinnesorgan, das auf die Körperwärme der Beutetiere anspricht; z. B. ↑Klapperschlangen, ↑Buschmeister, ↑Lanzenschlangen.
Grubenschmelz, Technik der ↑Emailkunst.
Grubenwurm, ↑Hakenwürmer.
Grubenwurmkrankheit, die ↑Hakenwurmkrankheit.
Gruber, 1) Franz Xaver, österr. Organist, *Unterweizberg (heute zu Hochburg-Ach, Bez. Braunau am Inn) 25. 11. 1787, †Hallein 7. 6. 1863; komponierte 1816 »Stille Nacht, heilige Nacht« (Text von J. Mohr).
2) Karl, österr. Politiker, *Innsbruck 3. 5. 1909, †ebd. 1. 2. 1995; Jurist, Mitgl. der ÖVP, schloss als Außenmin. (1945–53) 1946 mit Italien das **G.-de-Gasperi-Abkommen** (↑Südtirol). 1954–57 und 1969–72 war er Botschafter in den USA, 1966–69 Staatssekretär im Bundeskanzleramt.
3) Max Ritter von (seit 1908), österr. Hygieniker, *Wien 6. 7. 1853, †Berchtesgaden 16. 9. 1927; entdeckte die ↑Agglutination der Bakterien durch Serum (**G.-Widal-Reaktion**).
Grüber, Heinrich, evang. Theologe, *Stolberg (Rhld.) 24. 6. 1891, †Berlin (West) 29. 11. 1975; leitete ab 1937 die von ihm gegr. Hilfsstelle für evang. Rassenverfolgte; deshalb 1940–43 im KZ; seit 1945 Propst in Berlin (Ost), 1949–58 Bevollmächtigter der EKD bei der Reg. der DDR.
📖 *Rink, S.: Der Bevollmächtigte. Propst G. u. die Reg. der DDR. Stuttgart u. a. 1996.*
Gruberová, Edita, österr. Sängerin (Sopran) slowak. Herkunft, *Bratislava 23. 12. 1946; seit 1970 Mitgl. der Wiener Staatsoper; trat bes. in Partien der Opern von W. A. Mozart, R. Strauss und G. Verdi hervor.
Grudziądz ['grudzjɔnts] (dt. Graudenz), Stadtkreis und Krst. in der Wwschaft Kujawien-Pommern, Polen, am rechten Weichselufer, 102 300 Ew.; Planetarium; Landmaschinenbau, Gummi-, Schuh-,

Möbel-, Tabak-, Nahrungsmittelindustrie – Nach starken Kriegszerstörungen wurde die Altstadt z. T. rekonstruiert; barocke ehem. Jesuitenkirche (zw. 1650 und 1720) mit Jesuitenkolleg, ehem. Benediktinerinnenkloster mit Heilig-Geist-Kirche (ehem. Spitalkapelle des 14. Jh.). – G., im Schutz einer Burg des Dt. Ordens entstanden, erhielt 1291 Culmer Recht, kam 1466 an Polen, 1772 an Preußen, 1920 wieder an Polen.
Grumach, Ernst, klass. Philologe, *Tilsit 7. 11. 1902, †London 5. 10. 1967; 1949–57 Prof. an der Humboldt-Univ. Berlin (Ost); Arbeitsgebiete: kret. Schrift, antike Philosophie und Goetheforschung; Mitherausgeber der »Berliner Ausgabe« von Goethes Werken (1952 ff.); »Aristoteles«, Werke in dt. Übersetzung (1956 ff.).
Grumbach, Wilhelm von, fränk. Reichsritter, *Rimpar 1. 6. 1503, †(hingerichtet) Gotha 18. 4. 1567, Schwager Florian Geyers; seine Kämpfe gegen den Würzburger Bischof Melchior von Zobel und Kurfürst August von Sachsen seit 1558 sind als **Grumbachsche Händel** bekannt. 1567 belagerte August das von G. verteidigte Gotha und ließ G. nach der Erstürmung vierteilen.
Grumbkow [-ko], Friedrich Wilhelm von, preuß. Generalfeldmarschall (seit 1737) und Politiker, *Berlin 4. 10. 1678, †ebd. 18. 3. 1739; als Vertrauter von König Friedrich Wilhelm I. 1711 Mitgl. des Generalkriegskommissariats, Vizepräs. des Generaldirektoriums (1723); G. förderte die preuß. Expansion nach Westen (Jülich, Berg).
Grumello, italien. Rotwein aus dem Veltlin (westlich von Sondrio), aus Nebbiolotrauben bereitet.
Grumiaux [gry'mjo], Arthur, belg. Violinist, *Villers-Perwin (Hennegau) 21. 3. 1921, †Brüssel 16. 10. 1986; Interpret der klass. Violinliteratur (v. a. Mozart, Beethoven, Brahms).
Grummet (Grumt, Öhmd, Emd), der getrocknete zweite Schnitt einer Wiese.
Grün, Farbempfindung, die durch Licht der Wellenlänge zw. 487 nm und 566 nm oder durch subtraktive Farbmischung der Grundfarben Blau und Gelb hervorgerufen wird.
Grün, 1) Anastasius, eigtl. Anton Alexander Graf von Auersperg, österr. Schriftsteller, *Laibach 11. 4. 1806, †Graz 12. 9.

1876; bewirtschaftete seit 1831 seine Güter in Krain. Als Politiker vertrat er in der Frankfurter Nationalversammlung (1848) und im österr. Herrenhaus (seit 1861) die dt.-liberale Richtung. Sein lyr. Werk, bes. der Romanzenkranz um Maximilian I. »Der letzte Ritter« (1830), ist vom schwäb. Dichterkreis beeinflusst. Die anonym erschienenen »Spaziergänge eines Wiener Poeten« (1831) sind ein bed. Zeugnis der polit. Lyrik des österr. Vormärz.
2) Max von der, Schriftsteller, *Bayreuth 25. 5. 1926; 1951–64 Bergmann im Ruhrgebiet, Mitbegründer der »Gruppe 61«, wurde bes. durch seine im Kohlenrevier spielenden, realist. und sozialkritisch geprägten Romane »Männer in zweifacher Nacht« (1962), »Irrlicht und Feuer« (1963) bekannt; bezog später auch unterhaltende Elemente ein (»Stellenweise Glatteis«, R., 1973, »Flächenbrand«, R., 1979); Erzählungen, Hör- und Fernsehspiele sowie Jugendbücher (»Die schöne Unbekannte«, 1997).

Grünalgen (Chlorophyceae), Klasse der Algen mit rd. 10 000 v. a. im Benthos oder Plankton des Süßwassers vorkommenden Arten. Die Grünfärbung bewirken Chlorophyll a und b in den Chloroplasten.

Grünbaum, Adolf, amerikan. Philosoph und Wissenschaftstheoretiker dt. Herkunft, *Köln 15. 5. 1923; emigrierte 1938 in die USA; lieferte u. a., ausgehend vom log. Empirismus (bes. H. Reichenbach), wichtige Analysen zu Zeit und Raum.

Grünbein, Durs, Lyriker, *Dresden 9. 10. 1962. Seine Verse bestechen durch die Leichtigkeit, mit der myth. Verweise, das Vokabular der Moderne und ein gleichsam »naturgeschichtl.« Blick kombiniert werden: u. a. in »Schädelbasislektion« (1991), »Falten und Fallen« (1994), »Nach den Satiren« (1999), »Erklärte Nacht« (2002). G. erhielt 1995 den Georg-Büchner-Preis.

Grünberg, 1) Stadt im Landkreis Gießen, Hessen, im Vorderen Vogelsberg, 13 800 Ew.; Fachschulen; feinmechan. und Textilindustrie. – Landgräfl. Schloss (1578–82), Renaissancerathaus (1586–87). – Erstmals 1222 als Stadt genannt.
2) Grünberg in Schlesien, Stadt in Polen, ↑Zielona Góra.

Grünbleierz, ↑Pyromorphit.

Grünblindheit, Form der ↑Farbenfehlsichtigkeit.

Grund, Bad, ↑Bad Grund (Harz).

Grund, 1) *allg.:* 1) Erdboden, Erdoberfläche, Boden eines Gewässers; 2) Untergrund, Hintergrund; 3) Ursache, Anlass.
2) *bildende Kunst:* (Malgrund) ↑Grundierung.
3) *Philosophie:* als log. G. oder Erkenntnis-G. dasjenige Urteil, das die Gültigkeit eines anderen (die Folgerung) begründet. In ontolog. Hinsicht liegt der G. als Seins-G. (Real-G.) im Seienden selbst (↑Arche); er bezeichnet den Inbegriff der Seinsbedingungen, die reale Ursache (↑Causa) eines Geschehens oder das Motiv (psycholog. Beweggrund) einer Handlung. – G. W. Leibniz stellte den Satz vom Widerspruch als logisch-ontolog. Grundsatz den ↑Satz vom zureichenden Grund zur Seite.

Grundanstrich, aus einem geeigneten Anstrichmittel bestehende Verbindungsschicht zw. Untergrund und späterer Anstrichschicht. Der G. kann auch als Korrosionsschutz dienen.

Grundausbildung, in der Bundeswehr der erste Abschnitt der Ausbildung des Soldaten; unterteilt in allgemein militär. (z. B. Sport, Wehrrecht, Gefechtsausbildung) und militärfachl. Ausbildung (z. B. zum Fahrer, Richtschützen).

Grundbass, Reihe der tiefsten Töne eines Musikwerkes als Grundlage seiner Harmonie. († Fundamentalbass)

Grundbau, Teilgebiet des Bauingenieurwesens, das sich mit der Theorie des Baugrundes, der Baugruben und der Gründungsmöglichkeiten (↑Gründung) befasst. Theoret. Grundlagen sind die ↑Bodenmechanik sowie die Hydraulik und im Zusammenhang mit der Deponietechnik auch die Chemie und Mikrobiologie. Der Ausführung eines G.-Bauwerks gehen i. Allg. Baugrunderkundungen voraus. Die Ergebnisse werden mit erdstat. Kenngrößen im **Gründungsgutachten** zusammengefasst.

Grundbegriff, *Mathematik:* Begriff, der in einem System zur Definition weiterer Begriffe benutzt wird (z. B. ein Axiom in einer axiomat. Theorie). In der traditionellen Fassung der euklid. Geometrie sind Punkt, Gerade und Ebene Grundbegriffe. Während man bis ins 19. Jh. versuchte, auch G. explizit zu definieren, verwendet man seit D. Hilbert undefinierte G. (implizite Definition).

Grundbesitz, im steuerlichen Bewertungsrecht Oberbegriff für: 1) die wirtsch.

Einheiten des land- und forstwirtsch. Vermögens (Betriebe der Land- und Forstwirtschaft), 2) die wirtsch. Einheiten des ↑Grundvermögens (Grundstücke) und 3) die Betriebsgrundstücke. Der G. ist Steuergegenstand der ↑Grundsteuer. Für den G. werden von den Finanzämtern nach Bodenart und Nutzung unterschiedl. ↑Einheitswerte festgesetzt.

Grundbuch, *Recht:* vom G.-Amt (i. d. R. das Amtsgericht) geführtes Buch (Register), in das im Interesse eines einwandfreien Rechtsverkehrs mit Grundstücken alle Beurkundungen und Tatsachen aufgenommen werden, die Rechtsverhältnisse an Grundstücken betreffen (G.-Ordnung vom 24. 3. 1897 i. d. F. v. 26. 5. 1994). Jedes Grundstück erhält im G. eine besondere Stelle **(G.-Blatt)**, jedoch kann über mehrere Grundstücke desselben Eigentümers, die im Bezirk des gleichen G.-Amts liegen, ein gemeinschaftl. G.-Blatt geführt werden. Jedes G.-Blatt besteht aus dem Bestandsverzeichnis (↑Kataster), das Angaben über das Grundstück enthält, und aus drei Abteilungen: 1) für Angaben über die Eigentumsverhältnisse, 2) für dingl. Belastungen mit Ausnahme der Grundpfandrechte und 3) für Grundpfandrechte. Das Verfahren ist streng formalisiert. Die Einsicht in das G. ist jedem gestattet, der ein berechtigtes Interesse nachweist. Die Begründung oder Änderung dingl. Rechte an Grundstücken ist ohne Eintragung in das G. i. d. R. nicht möglich (§§ 873 ff. BGB). Eintragungen bedürfen i. d. R. eines Antrags. Anträge, die das gleiche Recht betreffen, werden in der Reihenfolge ihres Eingangs bearbeitet, wodurch Rangfolgen von Rechten entstehen, die bereits vorher durch ↑Vormerkung gesichert werden können. Das G. genießt öffentl. Glauben (Publizitätswirkung). Ist es unrichtig, so kann derjenige, dessen Recht nicht richtig eingetragen ist, vom fälschlich Eingetragenen Zustimmung zur Berichtigung verlangen (§ 894 BGB). – In *Österreich* gilt das Allg. G.-Gesetz vom 2. 2. 1955 sowie Sonderrecht im Burgenland, in Tirol und Vorarlberg. Das G. besteht aus Hauptbuch (mit eigener Einlage je Grundstück, bestehend aus Gutsbestands-, Eigentums- und Lastenblatt), Urkundensammlung, Mappe und Register. In der *Schweiz* gelten Art. 942–977 ZGB mit ähnl. Grundsätzen wie in Deutschland.

📖 *Böhringer, W.: G.-Recht-Ost. Leitfaden für das G.-Verfahrensrecht in den neuen Bundesländern. Neuwied u. a. 1995. – Löffler, H.: G. u. Grundstücksrecht. Frankfurt am Main* ⁶*1996. – G., Grundstück, Grenze. Hb. zur G.-Ordnung unter Berücksichtigung katasterrechtl. Fragen, hg. v. M. Bengel. Neuwied u. a.* ⁵ *2000.*

Grundeigentum, das Eigentum an einem Grundstück. Es erstreckt sich auf den Raum über der Erdoberfläche und auf den Erdkörper unter der Oberfläche (§ 905 BGB). Der Grundeigentümer kann Einwirkungen nicht verbieten, die in solcher Höhe oder Tiefe vorgenommen werden, dass sie das G. nicht beeinträchtigen. Das G. unterliegt Beschränkungen, bes. aus dem Nachbarrecht, dem Baugesetzbuch, dem Landschaftsschutzrecht, dem Berg- und dem Wasserrecht, dem Grundstücksverkehrsgesetz (bei landwirtschaftlich genutztem G.). Zu Besonderheiten des G. in den neuen Ländern ↑Eigentum.

Grundeis, das sich auf dem Grund von Binnengewässern bildende Eis. Da es spezifisch leichter ist als Wasser, steigt es bei wachsender Masse auf. Wenn bei sehr tiefen Wintertemperaturen G. und Oberflächeneis ganz oder teilweise zusammenwachsen, kommt es zum Rückstau des nachdrängenden Wassers, oft zu verheerenden Überschwemmungen.

Grundeln, anderer Name für die Fische ↑Gründlinge, ↑Schmerlen, ↑Meergrundeln.

Gründeln, Art der Nahrungssuche unter Wasser bei auf dem Wasser schwimmenden Tieren (Enten, Schwäne u. a.); dabei werden nur Oberkörper und Hals untergetaucht.

Gründelwale (Monodontidae), Familie der Zahnwale mit dem etwa 4 m langen **Weißwal** oder **Belugawal** (Delphinapterus leucas) und dem 4–5 m langen **Narwal**

Gründelwale: (von oben) Weißwal und Narwal

(Monodon monoceros), bei dem das männl. Tier im Oberkiefer einen waagerechten, 2–3 m langen, schwach gedrehten Stoßzahn (ausnahmsweise zwei) trägt.

Gründerjahre (Gründerzeit), i. e. S. Bez. für die Jahre vom Ende des Dt.-Frz. Kriegs (1871) bis zum Beginn der großen Depression (1873), i. w. S. für die Zeit nach der Reichsgründung (etwa 1870–90). Der (bereits zeitgenöss.) Begriff veranschaulicht die Wachstumseuphorie, die im Zeichen weit gehenden Zollabbaus und der durch die frz. Kriegsentschädigung ausgelösten Geldschwemme den eigentl. Durchbruch der industriellen Revolution in Dtl. begleitete. Die rege Bautätigkeit, die sich auch in den 1890er-Jahren fortsetzte, ist dem Historismus verpflichtet.

Grunderwerbsteuer, Steuer auf den Erwerb von inländ. Grundstücken und darauf gerichtete Rechtsgeschäfte. Die Steuerpflicht wird durch Abschluss eines Kaufvertrags, hilfsweise durch die Auflassung, das Meistgebot in der Zwangsversteigerung u. a. Erwerbsvorgänge ausgelöst, nicht aber durch den Erwerb von Todes wegen. Die G. ist Landessteuer, jedoch seit 1983 bundeseinheitlich geregelt (G.-Ges. i. d. F. v. 26. 2. 1997); der Steuersatz beträgt 3,5 % der zu erbringenden Gegenleistung. Für das Finanzamt sind beide Vertragspartner Gesamtschuldner der G. Das Aufkommen betrug (2001) 4,85 Mrd. €.
    Gottwald, S.: G. Leitfaden für Praktiker. Neuwied 2002.

Grundfarben (Primärfarben), die in der Malerei und graf. Technik als Ausgangsfarben einer ↑Farbmischung verwendeten drei Farben, mit denen sich alle anderen Farben subtraktiv ermischen lassen. Die G. für den Mehrfarbendruck (↑Farbendruck) sind Gelb, Cyan (Blau) und Magenta (Purpur), die bezüglich Farbton, Sättigung und Dunkelstufe nat. und internat. genormt wurden (Normdruckfarben).

Grundfläche, ausgezeichnete ebene Begrenzungsfläche eines Körpers, z. B. eines Kegels, Prismas oder Zylinders.

Grundfreibetrag, ↑Einkommensteuer, ↑Existenzminimum.

Grundgebirge (früher auch Urgebirge), allg. Bez. für älteres Gesteinskomplexe unter dem jüngeren, diskordant auflagernden **Deckgebirge;** i. d. R. aus metamorphen Gesteinen und Tiefengesteinen bestehend.

Grundgehalt, ↑Besoldung.

Gründgens, Gustaf, Schauspieler, Regisseur und Theaterleiter, * Düsseldorf 22. 12. 1899, † Manila 7. 10. 1963 (auf einer Reise); ∞ 1925–28 mit Erika Mann, ∞ 1936–46 mit Marianne Hoppe; ab 1928 in Berlin; 1934–37 Intendant, 1937–45 Generalintendant des Preuß. Staatstheaters ebd., 1947–55 des Düsseldorfer, 1955–63 des Hamburger Dt. Schauspielhauses. G. war, auch im Film, ein bed. Darsteller zwielichtiger, dämon. Charaktere (»M«, 1931; »Tanz auf dem Vulkan«, 1938; »Friedemann Bach«, 1941; »Faust«, 1960; »Das Glas Wasser«, 1960). Er schuf beispielhafte Schauspiel- (Goethes »Faust«) und Operninszenierungen (Mozarts »Zauberflöte«, Verdis »Don Carlos«). Schrieb »Wirklichkeit des Theaters« (1953).
    ✤ siehe ZEIT Aspekte
    Goertz, H.: G. G. mit Selbstzeugnissen u. Bilddokumenten. Reinbek 23.–24. Tsd. 1995.

Gustaf Gründgens

Grundgesamtheit (Gesamtheit, Masse, Population), *Statistik:* eine genau abgegrenzte Menge von Objekten, den **statist. Einheiten** (z. B. Personen, Güter), die Träger von Merkmalen (wie Geschlecht, Preis) sind.

Grundgesetz, 1) (Staatsgrundgesetz), traditionell ein verfassungsrechtlich bes. bedeutsames Gesetz (keine vollständige Verfassung; z. B. das österr. Staats-G. von 1867; ↑Reichsgrundgesetz).
2) Abk. GG (G. für die Bundesrep. Dtl.), die Verf. der Bundesrep. Deutschland. Das G. wurde auf Initiative der drei westl. Siegermächte des Zweiten Weltkrieges vom Parlamentar. Rat erarbeitet und am 8. 5. 1949 mit 53 : 12 Stimmen beschlossen; es wurde am 23. 5. 1949 verkündet und trat am 24. 5. 1949 in Kraft, nachdem es von den Parlamenten der Bundesländer mit Ausnahme Bayerns gebilligt worden war. Das

G. legt die staatl. Grundordnung fest, indem es die Staatsform, die Aufgaben der Verf.organe und die Rechtsstellung der Bürger regelt. Mit dem Begriff »G.« sollte vor dem Hintergrund der dt. Teilung auf den provisor. Charakter dieser Verf. für die Bundesrep. Dtl. hingewiesen werden. Im Einigungsvertrag zw. den beiden dt. Staaten (1990) wurde die Aufhebung und Änderung von Teilen des G. (gilt im Gebiet der neuen Länder seit 3. 10. 1990) vereinbart, die sich durch die Wiederherstellung der Einheit Dtl.s als überholt erwiesen hatten. Das G. ist in 14 Abschnitte gegliedert, denen eine Präambel vorangestellt ist. In Abschnitt I (Art. 1–19) sind die Grundrechte niedergelegt. Abschnitt II (Art. 20–37) enthält Regelungen über die Staatsform der Bundesrep. Dtl. und über das Verhältnis von Bund und Ländern. Die Verf.änderung vom 21. 12. 1992 hat u. a. Art. 23 und 24 neu gestaltet mit dem Ziel, die Übertragung von Hoheitsrechten auf die EU deutlicher zu legitimieren und zu begrenzen und die Mitwirkungsrechte des Bundestages sowie des Bundesrates als der Vertretung der Länder in der Europapolitik zu verstärken. Diese Änderung ist ebenso wie die Ermöglichung des Kommunalwahlrechts für Bürger aus den Staaten der EU (Art. 28 Abs. 1) und die Übertragung von Aufgaben auf eine europ. Zentralbank (Art. 88) im Zusammenhang mit den Verträgen von Maastricht erfolgt. 1993 wurde das Asylrecht neu geregelt (Art. 16 a), 1994 das Staatsziel Umweltschutz neu in das G. aufgenommen (Art. 20 a) und 2000 Frauen der freiwillige Dienst mit der Waffe in der Bundeswehr ermöglicht (Art. 12 a). Die Abschnitte III–VI (Art. 38–69) sind den Verf.organen Bundestag, Bundesrat, Gemeinsamer Ausschuss, Bundespräs. und Bundesreg. gewidmet. Abschnitt VII (Art. 70–82) behandelt die Zuständigkeit und das Verfahren bei der Gesetzgebung (↑Gesetzgebungsverfahren) des Bundes. In den Abschnitten VIII und VIII a (Art. 83–91 b) folgen Bestimmungen über die Ausführung der Bundesgesetze, die Bundesverwaltung und die Gemeinschaftsaufgaben. Der Rechtsprechung ist Abschnitt IX (Art. 92–104) gewidmet. In Abschnitt X (Art. 104 a–115) schließen sich Regelungen über das Finanzwesen, in Abschnitt X a (Art. 115 a–115 l) über den Verteidigungsfall an. In Abschnitt XI (Art. 116–146) finden sich Übergangs- und Schlussbestimmungen. Das G. geht als Verf.gesetz allen anderen Rechtsnormen vor. Es kann selbst nur durch ein Gesetz geändert werden, das den Wortlaut des G. ausdrücklich ändert oder ergänzt und einer qualifizierten Mehrheit bedarf. Bestimmte elementare Verf.grundsätze dürfen auch im Wege der Verf.änderung nicht beseitigt werden (Art. 79 Abs. 3 GG). ❖ **siehe ZEIT Aspekte**

📖 *Stern, K.: Das Staatsrecht der Bundesrep. Dtl., auf mehrere Bde. ber. München ¹⁻²1980 ff. – Das Bonner G., begr. v. H. von Mangoldt, fortgef. v. F. Klein, auf 14 Bde. ber. München ³1985 ff. – G. Kommentar, bearb. v. T. Maunz u. G. Dürig, Loseblatt-Ausg., in 4 Ordnern. München ⁷1990 ff. – G.-Kommentar, begr. v. I. von Münch, hg. v. P. Kunig, 3 Bde. München ³⁻⁴1992–95. – Kröger, K.: Einführung in die Verfassungsgesch. der Bundesrep. Dtl. Vorgesch., Grundstrukturen u. Entwicklungslinien des G. München 1993. – Badura, P.: Staatsrecht. Systemat. Erläuterung des G. für die Bundesrep. Dtl. München ²1996. – G. Kommentar, hg. v. M. Sachs, bearb. v. U. Battis. München ³2003.*

Grundgewebe (Parenchym), *Botanik:* pflanzl. Dauergewebe, besteht aus lebenden, wenig differenzierten Zellen. Im G. laufen die wichtigsten Stoffwechselprozesse der Pflanze ab, außerdem gewährleistet es die Festigkeit der krautigen Pflanzenteile.

Grundhandelsgeschäft (Grundhandelsgewerbe), Gewerbebetrieb, der als ↑Handelsgewerbe galt, ohne dass er einer Eintragung ins Handelsregister bedurfte. Das HGB i. d. F. des Handelsrechtsreform-Ges. vom 22. 6. 1998 kennt G. nicht mehr.

Grundherrschaft, wiss. Bez. für einen Teilbereich adliger, kirchl. und königl. Herrschaft, der die europ. Agrar-, Sozial- und Verfassungsgeschichte vom Früh-MA. bis zur Bauernbefreiung des 18. und 19. Jh. entscheidend bestimmte. Die ältere G. war »Herrschaft über Land und Leute« mit der Pflicht des **Grundherrn** zu Schutz und Schirm gegenüber den **Grundholden** (meist Bauern). Diese unterstanden in unterschiedl. Abhängigkeitsverhältnissen der Gerichtsbarkeit des Grundherrn und hatten für das von ihnen bewirtschaftete Land oder auch nur für den grundherrl. Schutz Naturalabgaben bzw. Geld zu entrichten und Fronen zu leisten **(Grundlasten)**. Seit dem Spät-MA. entwickelte sich die jüngere G. als »Herrschaft über Grund und Boden«. Ostmitteleurop. Ausprägung der G. war die ↑Gutsherrschaft.

📖 *Strukturen der G. im frühen MA., hg. v. W. Rösener. München ²1993.*

Grundierung, 1) *bildende Kunst:* (Malgrund), auf Leinwand oder andere Bildträger aufgebrachte Beschichtung, die aus Pigmenten und Bindemitteln zusammengesetzt ist. Sie ermöglicht eine gute Haftung der Malschicht, tilgt Unebenheiten und vermag die Wirkung der Farbe zu steuern. **2)** *Technik:* auf Bauelemente und Konstruktionsteile aufgetragener Grundanstrich, der v. a. zur Untergrundvorbehandlung und -verbesserung dient. Dafür werden G.-Mittel wie Korrosionsschutz-, Imprägnier- oder Absperrmittel, die eine Beeinflussung des folgenden Anstrichs durch das Untergrundmaterial verhindern, verwendet.

Grundig, 1) Hans, Grafiker und Maler, *Dresden 19. 2. 1901, †ebd. 11. 9. 1958, ∞ mit 2); 1930 Mitbegründer der Dresdner Gruppe Asso (Assoziation revolutionärer bildender Künstler), 1940–44 im KZ Sachsenhausen interniert, 1946–48 Rektor der Hochschule für Bildende Künste in Dresden. Gestaltete sozial- und zeitkrit. Themen in einer expressiv-realist. Formensprache, deren Tiersymbolik den Faschismus entlarvt.

2) Lea, geb. Langer, Malerin und Grafikerin, *Dresden 23. 3. 1906, †ebd. 10. 10. 1977, ∞ mit 1); ab 1930 Mitgl. der Asso in Dresden. Sie befand sich 1936 und 1938/39 in Haft, emigrierte anschließend nach Palästina. G. wurde 1950 Prof. an der Hochschule für Bildende Künste in Dresden. Schuf v. a. Porträts; sie behandelte polit. Themen und gestaltete Illustrationen zu Märchen sowie Landschaftsdarstellungen. **3)** Max, Unternehmer, *Nürnberg 7. 5. 1908, †Baden-Baden 8. 12. 1989; gründete 1927 ein Rundfunkeinzelhandelsgeschäft und begann in den folgenden Jahren mit Produktion und Vertrieb von Trafos. Nach dem Zweiten Weltkrieg erzielte G. durch die Produktion von Radios als Selbstbaukasten (»Heinzelmann«) großen Erfolg. Innerhalb weniger Jahre entwickelte sich sein Unternehmen, seit 1972 **Grundig AG** (Sitz: Fürth), zu einem führenden Hersteller von Unterhaltungselektronik. 1984–97 lag die Unternehmensführung beim niederländ. Philips-Konzern; derzeitige Anteilseigner des Grundig-Konzerns (Sitz seit 1994: Nürnberg) sind die Bayer. Elektronik Beteiligungs GmbH & Co. KG (seit 1994), ein Konsortium bayer. Banken (seit 1997) und der Unternehmer Anton Kathrein (seit 1997). Nach erhebl. Umsatzeinbußen und gescheiterten Übernahmeverhandlungen musste der Konzern am 14. 4. 2003 Insolvenz anmelden.

Grundkapital, in Aktien aufgeteiltes Ei-

Hans Grundig: Sommergewitter über der Vorstadt (1933; Sankt Petersburg, Eremitage)

GRU Grundkarten

genkapital einer ↑Aktiengesellschaft; in der Bilanz als gezeichnetes Kapital auf der Passivseite auszuweisen (§ 152 Aktiengesetz).

Grundkarten, *Kartographie:* Karten und Kartenwerke, die wegen ihres Inhalts, ihrer Genauigkeit und Aktualität die Grundlage für andere Karten und Atlanten bilden oder zur Kartierung bestimmter themat. Inhalte geeignet sind. (↑Karte)

Grundlagenforschung, 1) die wiss. Beschäftigung mit den systemat. und method. Voraussetzungen einer wiss. Disziplin, z. B. der Mathematik (↑Formalismus), in diesem Sinne auch als »Grundlagentheorie« bezeichnet; 2) bes. in den Natur- und Technikwissenschaften verwendet für die auf neue Erkenntnisse gerichtete Forschung, ohne unmittelbar auf prakt. Anwendungen hin orientiert zu sein, z. B. die Forschungen in der Kosmologie.

Grundlasten, dauernde, vom Grundeigentümer zu tragende Lasten, einschl. der öffentl. Lasten (z. B. gemeindl. Erschließungskosten); früher bes. auch die auf dem bäuerl. Besitz lastenden Zins-, Dienst- und Zehntverpflichtungen.

Grundlastkraftwerk, Kraftwerk hoher Leistung, das im Dauerbetrieb den Grundbedarf an Elektroenergie deckt, meist Laufwasser-, Kohle- oder Kernkraftwerke; Ggs.: Spitzenlastkraftwerk (z. B. Gasturbinenkraftwerk, Pumpspeicherwerk).

Gründlinge (Grundeln, Gresslinge, Gobio), bis 20 cm lange Karpfenfische im Süß- und Brackwasser Eurasiens; Körper meist schlank, mit einem Paar relativ langer Oberlippenbarteln; u. a. der **Steingressling** (Gobio uranoscopus), in schnell fließenden Bächen des Donaugebietes.

Grundlini|e, 1) *Geometrie:* (Basis) ausgezeichnete gerade Begrenzungslinie einer ebenen Figur, z. B. eines Dreiecks. **2)** *Sport:* die an der Schmalseite eines (z. B. Tennis-)Spielfeldes verlaufende Begrenzungslinie, bei Torspielen (z. B. Fußball) auch als **Torlinie** bezeichnet. (↑Seitenlinie)

Grundlohn, tariflich festgelegtes Entgelt für die übl. Arbeitsleistung in versch. Lohnformen, unabhängig vom tatsächl. Leistungsergebnis.

Grundlsee, See im östl. Salzkammergut, Steiermark, Österreich, 709 m ü. M., 4,2 km², bis 64 m tief; entwässert durch die Traun. Am W-Ufer der Ort G. (Höhenluftkurort).

Grundmann, Herbert, Historiker, *Meerane 14. 2. 1902, †München 20. 3. 1970; Prof. in Königsberg (Pr), Münster und seit 1959 in München (gleichzeitig) Präs. der Monumenta Germaniae Historica, arbeitete bes. zur Geistesgesch. des MA. Er war auch Hg. des »Archivs für Kulturgeschichte« (1951–69) und der 8. und 9. Auflage des »Hb. der dt. Gesch.« von B. Gebhardt.

Weitere Werke: Religiöse Bewegungen im MA. (1935); Ketzergeschichte des MA. (1963); Geschichtsschreibung im MA. (1965).

Gründonnerstag [wohl von mhd. gronan »greinen, weinen«; vielleicht auch nach dem Brauch, an diesem Tag grünes Gemüse zu essen], der Donnerstag vor Ostern; nach 1. Kor. 11, 23 Tag des letzten Abendmahls Jesu.

Grundpfandrechte, die beschränkten dingl. Rechte ↑Hypothek, ↑Grundschuld und ↑Rentenschuld, die als Brief- oder Buch-G. entstehen können. Sie dienen zur Sicherung einer geldwerten Forderung und geben dem Gläubiger das Recht, sich aus dem belasteten Grundstück durch Zwangsvollstreckung zu befriedigen, wenn die Forderung nicht erfüllt wird. – Das *österr.* Recht kennt nur die Hypothek; in der *Schweiz* gibt es die Grundpfandverschreibung (entspricht der Sicherungshypothek, Art. 824 ff. ZGB), die Gült (Art. 847 ff. ZGB) und den Schuldbrief (Art. 842 ff. ZGB).

Grundrechenarten (Grundrechnungsarten), Bez. für die vier Rechenarten ↑Addition (»Zusammenzählen«), ↑Subtraktion (»Abziehen«), ↑Multiplikation (»Malnehmen«) und ↑Division (»Teilen«).

Grundrechte, der Einzelperson zustehende Freiheitsrechte, die in modernen Verf. meist verbürgt sind. Teilweise handelt es sich um Rechte, die als Menschenrechte jedem Einzelnen unabhängig von staatl. Verleihung oder Anerkennung als im Kern unantastbare und unveräußerl. Rechte zustehen, teilweise sind G. Elementarrechte, die vom Willen des Verf.gebers abhängen. In Dtl. sind die wichtigsten G. im GG, Abschnitt I, enthalten: die Menschenwürde; die freie Entfaltung der Persönlichkeit; das Recht auf Leben und körperl. Unversehrtheit und die Freiheit der Person; der Gleichheitssatz; die Glaubens-, Gewissens- und Bekenntnisfreiheit einschl. der

Grundrechte-Charta GRU

Religionsfreiheit; Meinungs-, Informations- und Pressefreiheit; die Versammlungsfreiheit; das Brief-, Post- und Fernmeldegeheimnis; die Freizügigkeit, die Koalitionsfreiheit einschließlich des Rechts zum Arbeitskampf u. a. Grundrechtsähnl. Verbürgungen sind auch in anderen Abschnitten enthalten, so das Widerstandsrecht, das Wahlrecht sowie die Justizgewährleistungsrechte (u. a. Anspruch auf rechtl. Gehör). Träger der G. sind natürl. Personen, jurist. Personen des Privatrechts insoweit, als sie ihrer wesensgemäß bedürfen, wobei bestimmte G. als »Menschenrechte« (z. B. die Menschenwürde) jedermann zustehen, während andere G. als »Bürgerrechte« i. Allg. nur Deutschen, im Kern jedoch auch Ausländern Schutz gewähren (z. B. Versammlungsfreiheit).

Ihrem Wesen nach sind G. Abwehrrechte des Bürgers gegen den Staat; gleichzeitig verbürgen sie das Recht auf Mitwirkung im staatl. Gemeinwesen und bilden die Grundlage für den Anspruch der G.-Träger auf Teilhabe an den staatl. Leistungssystemen im Rahmen des vernünftigerweise Möglichen.

Die G. wenden sich an alle drei Staatsgewalten und binden daher auch die gesetzgebende Gewalt. Diese darf ein G. durch Ges. grundsätzlich nur dann einschränken, wenn das G. diese Beschränkung ausdrücklich vorsieht (Gesetzesvorbehalt). In keinem Fall darf ein G. in seinem Wesensgehalt angetastet werden (Art. 19 Abs. 2). Inwieweit die Befehlswirkung der G. auch den nichtstaatl. Bereich erfasst, ist strittig; diese so genannte **Drittwirkung der G.** wird überwiegend abgelehnt und nur vereinzelt, bes. im Rahmen der Koalitionsfreiheit, bejaht.

Wer bestimmte G. zum Kampf gegen die freiheitl. demokrat. Grundordnung missbraucht, verwirkt sie (Art. 18 GG). Hierüber entscheidet das Bundesverfassungsgericht. Gegen eine Verletzung der G. durch die öffentl. Gewalt kann jedermann Verf.beschwerde erheben. Außerhalb des GG finden sich G. in vielen Landesverf. Diese G. bleiben gemäß Art. 142 GG insoweit in Kraft, als sie mit dem GG übereinstimmen. G. sind u. a. auch in der Europ. Menschenrechtskonvention und in der Europäischen ↑Grundrechte-Charta enthalten; sie haben jedoch keinen Verf.rang. –

In *Österreich* fehlt es derzeit noch an einer umfassenden Kodifikation der G. Enthalten sind G. im Bundes-Verfassungs-Ges., im Staatsgrund-Ges. von 1867 und in der als österr. Verf.recht in Geltung gesetzten Europ. Menschenrechtskonvention. In der *Schweiz* sind die G. (auch **Freiheitsrechte** gen.) im ersten Kapitel der Bundesverf. vom 18. 4. 1999, in Kraft seit 1. 1. 2000, und in den Kantonsverf. aufgeführt. Die Bundesverf. garantiert u. a. das Eigentum, die Wirtschaftsfreiheit, die Menschenwürde, die Glaubens- und Gewissensfreiheit, das Recht auf Ehe, die Pressefreiheit und auch weitere G., z. B. persönl. Freiheit, Meinungs-, Sprachen-, Versammlungsfreiheit, die in der vorhergehenden Bundesverf. von 1874 nicht ausdrücklich genannt, aber durch das Bundesgericht als ungeschriebene G. anerkannt waren.

Geschichte: Die G. leiten sich vom Naturrechtsgedanken der Antike, den german. Volksrechten und den Rechten der mittelalterl. Stände gegenüber der Obrigkeit her. Als Ursprung der modernen G. gelten die engl. ↑Magna Charta (1215), die ↑Petition of Right (1628), die ↑Habeas-Corpus-Akte (1679) und die ↑Bill of Rights (1689). In den USA wurden seit 1776 die G. des Einzelnen in den Verf. der Gliedstaaten und in Zusatzartikeln der Unionsverf. zusammengefasst. Daran lehnte sich in der Frz. Revolution die »Erklärung der Menschen- und Bürgerrechte« an (1789), das klass. Dokument der G., unter dessen Eindruck sich im 19. Jh. die verfassungsrechtl. Gewährleistung der G. in W-Europa durchsetzte. Die von der Frankfurter Nationalversammlung festgelegten »G. der Deutschen« von 1848 wurden Vorbild für die spätere dt. Rechtsentwicklung. Die Weimarer Reichsverf. von 1919 behandelte sie im 2. Hauptteil. 1933 wurden die wichtigsten G. außer Kraft gesetzt.

📖 *Rengeling, H.-W.:* Grundrechtsschutz in der Europ. Gemeinschaft. *München 1992. – Die Entwicklung der Menschen- u. Bürgerrechte von 1776 bis zur Gegenwart, hg. v. G. Commichau. Göttingen* ⁶1998. *– Schmalz, D.:* G. *Baden-Baden* ⁴2001.

Grundrechte-Charta [-k-] (Europäische Grundrechte-Charta, Charta der Grundrechte der EU), am 7. 12. 2000 auf dem Gipfeltreffen der Staats- und Reg.chefs der EU in Nizza verkündete Kodifikation der Grundrechte der EU. Die Charta wurde

GRU Grundrente

Grundrechte-Charta: Roman Herzog, Vorsitzender des Konvents zur Erarbeitung der EU-Grundrechte-Charta, erläutert am 25. 8. 2000 den Charta-Entwurf

durch einen Konvent unter Vorsitz von R. Herzog erarbeitet. Der Konvent hatte die Aufgabe, die Grundrechte, die in der Europ. Menschenrechtskonvention und in den Verf. der Mitgliedsstaaten der EU verankert sind, zusammenzufassen und zusätzlich die Europ. Sozialcharta zu berücksichtigen. Der Grundrechtskatalog der Charta geht aber über die in den Mitgliedsstaaten geltenden Grundrechte hinaus, d. h., er beinhaltet Grundrechte der »neuen Generation«, z. B. das Verbot des reproduktiven Klonens von Menschen (Art. 3 Abs. 2). Einklagbar sind die Rechte nicht. Grundrechtsschutz auf der Ebene des Gemeinschaftsrechts wird allein durch das Richterrecht des Europ. Gerichtshofs und nicht durch geschriebenes Gemeinschaftsrecht garantiert. Damit die Charta Bestandteil der Gemeinschaftsverträge wird, bedarf es der Ratifizierung durch die Mitgliedsstaaten.

Grundrente, 1) (Bodenrente), auf dem Eigentum an Grund und Boden beruhendes Einkommen, das über die Verzinsung des Kaufpreises des Bodens hinaus erzielt wird; kann Rente des land- und forstwirtsch. genutzten Bodens, des Bergwerksbodens und des Baugrunds sein. Die theoret. Erklärung der G. als **Differenzialrente** stammt von D. Ricardo und J. H. von Thünen. Es werden folgende G.-Arten unterschieden: **Bonitätsrente** (auf unterschiedl. Fruchtbarkeit des Bodens beruhend), **Intensitätsrente** (auf unterschiedl. Intensität der Bebauung beruhend), **Lagerrente** (auf unterschiedl. Marktferne basierend).

2) ↑Kriegsopferversorgung.

Grundriss, Bild eines Gegenstandes bei senkrechter ↑Projektion auf eine waagerechte Ebene.

Grundschrift, *graf. Technik:* im »gemischten Satz« die Schrift, aus der der größte Teil des Textes gesetzt ist, im Unterschied zu den Neben- und Auszeichnungsschriften.

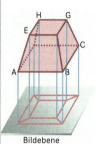

Grundriss (rote Linien) eines Pyramidenstumpfs

Grundschuld, ein Grundpfandrecht, das den Berechtigten ermächtigt, aus dem Grundstück eine bestimmte Geldsumme zu fordern (§ 1191 BGB). Im Unterschied zur Hypothek ist die Wirksamkeit der G. von einer bestimmten Forderung nicht abhängig, also nicht akzessorisch. Die G. entsteht durch Einigung und Eintragung ins Grundbuch. Sie kann als **Brief-G.** oder als **Buch-G.** (Erteilung eines G.-Briefs ausgeschlossen) bestellt werden. Fallen Gläubiger- und Schuldnerstellung zusammen (bes., wenn der G.-Gläubiger keine Befriedigung mehr verlangen kann oder der Eigentümer für sich selbst eine G. be-

stellt hat), so entsteht eine **Eigentümer-G.** Häufigster Fall der G. ist die **Sicherungs-G.**, die zur Sicherung einer bestehenden Forderung bestellt wird (allerdings auch hier keine Akzessorietät). Die G. erlischt durch Aufhebung oder Befriedigung aus dem Grundstück.
Grundschule, gemeinsame Pflichtschule für alle Kinder ab vollendetem 6. Lebensjahr (vorzeitige Einschulung oder Rückstellung ist möglich) in Dtl.; eingeführt 1920 (Art. 146 der Weimarer Verf.). Die G. gliedert sich in die Eingangsstufe (Klasse 1 und 2) sowie in die Grundstufe (Klasse 3 und 4). Der Übergang in die weiterführenden Schulen folgt teils nach dem 4. Schuljahr, teils nach dem Besuch einer Orientierungsstufe (Klasse 5 und 6). Die Gesamtschule beginnt nach dem 4. Schuljahr mit differenzierten Kursangeboten. – In *Österreich* bilden die Klassen 1–4 der Volksschule den Unterbau für die weiterführenden Schulen; in der *Schweiz* umfasst die Primarschule je nach Kanton vier oder sechs Schuljahre.
Grundsicherung, eine eigenständige, der Sozialhilfe vorgelagerte Sozialleistung zur Vermeidung von Armut im Alter und bei ↑Erwerbsminderung. Im Fall nicht bedarfsdeckender Renten oder Einkünfte älterer oder erwerbsgeminderter Menschen besteht zur Deckung des Lebensunterhalts bislang ein Anspruch auf Sozialhilfe, der aus unterschiedl. Gründen (z. B. Angst vor Stigmatisierung) oft nicht geltend gemacht wird. Die Sozialpolitik fordert seit langem eine vom Institut der Sozialhilfe unabhängige Mindestrente auf Sozialhilfeniveau. Dieser Forderung ist der Gesetzgeber – wenn auch nur bedingt – mit dem Ges. über eine bedarfsgerechte G. im Alter und bei Erwerbsminderung vom 26. 6. 2001 nachgekommen, das am 1. 1. 2003 in Kraft tritt. Anspruchsberechtigt können Personen sein, die das 65. Lebensjahr vollendet haben, oder Menschen, die aus medizin. Gründen voll erwerbsgemindert sind, wobei der Anspruch auf die G. unabhängig von einer Rentenberechtigung (↑Rentenversicherung) besteht. Die Leistungen sind – wie bei der Sozialhilfe – bedürftigkeitsabhängig, d. h., der Anspruch besteht nur dann, wenn der Lebensunterhalt nicht aus eigenem Einkommen und Vermögen des Antragstellers bestritten werden kann. Zu berücksichtigen sind auch Einkommen und Vermögen des nicht getrennt lebenden Ehegatten oder Partners einer eheähnl. Gemeinschaft. In Abweichung vom Recht der Sozialhilfe bleiben bei der Bedürftigkeitsprüfung im Rahmen der G. jedoch Unterhaltsansprüche der Antragsteller gegenüber ihren Kindern oder Eltern unberücksichtigt, sofern deren jährl. Gesamteinkommen unter 100 000 € liegt. Keinen Anspruch auf Leistungen haben Antragsteller, die in den letzten zehn Jahren ihre Bedürftigkeit vorsätzlich oder grob fahrlässig herbeigeführt haben. Leistungen der G. sind v. a.: Regelsätze zur Abdeckung des laufenden Lebensunterhalts; Übernahme angemessener Kosten für Unterkunft und Heizung; Übernahme von Beiträgen zur Kranken- und Pflegeversicherung; Mehrbedarfszuschlag von 20 % des maßgebenden Regelsatzes für gehbehinderte Anspruchsberechtigte. Die Leistungsbewilligung erfolgt für ein Jahr, Träger der G. sind die kreisfreien Städte und Gemeinden.
Grundsprache, Bez. für die mehreren verwandten Sprachen gemeinsame Vorstufe, entweder in Form einer tatsächlich bezeugten Sprache (z. B. die lat. Sprache als G. der roman. Sprachen) oder einer lediglich erschlossenen Sprache (z. B. die indogerman. Sprache als G. der german. Sprachen).
grundständig, *Botanik:* am Sprossgrund entspringend (Blatt).
Grundsteuer, Gemeindesteuer auf den Grundbesitz (bebaute und unbebaute Grundstücke, Eigentumswohnungen). Die **G. A** wird auf Betriebe der Land- und Forstwirtschaft erhoben, die **G. B** auf den nicht landwirtsch. genutzten Grundbesitz. Steuerbefreit ist Grundbesitz der öffentl. Hand, von Religionsgemeinschaften und Grundbesitz, der mildtätigen oder gemeinnützigen Zwecken dient. Nach dem G.-Ges. vom 7. 8. 1973 ist die G. bundeseinheitlich geregelt; ihre Berechnung erfolgt in einem mehrstufigen Verfahren. Durch Multiplikation des Einheitswertes des einzelnen Betriebs oder Grundstücks mit einer (bundeseinheitl.) **Steuermesszahl** ergibt sich der vom Finanzamt festgestellte **Steuermessbetrag,** aus dem sich durch Anwendung des von den Gemeinden bestimmten **Hebesatzes** (Prozentsatz auf den Steuermessbetrag) die Steuerschuld errechnet. Die Steuermesszahlen betragen

GRU Grundstimme

für Grundstücke zw. 2,6‰ und 6,0‰ (neue Bundesländer zw. 5‰ und 10‰), für Betriebe der Land- und Forstwirtschaft einheitlich 6‰. Das Aufkommen betrug (2001) 336,0 Mio.€ (G. A) und 8 739,8 Mio.€ (G. B). – In *Österreich* entspricht die G. weitgehend dem dt. System. In der *Schweiz* wird in zahlr. Kantonen eine G. (Liegenschaftssteuer) erhoben, die z.T. den Gemeinden zufließt.

Grundstimme, *Musik:* 1) die tiefste Stimme (Bassstimme); 2) die Hauptstimme der Orgel im Unterschied zu den Hilfsstimmen und Mixturen.

Grundstoffe, 1) *Chemie:* die ↑chemischen Elemente.
2) *Technik:* wichtige natürl. Rohstoffe (z. B. Stein- und Braunkohle, Erdgas, Mineralöle, Eisen- und Nichteisenerze, Kalisalze) und die aus ihnen hergestellten Rohmaterialien (z. B. Koks, Eisen und Stahl, Teerprodukte, Zement), die die Ausgangsbasis für die weiterverarbeitende Industrie bilden.

Grundstück (Immobilie), **1)** im Sinne des BGB und der Grundbuchordnung ein (bebauter oder unbebauter) räumlich abgegrenzter Teil der Erdoberfläche, der im Bestandsverzeichnis eines Grundbuchblattes unter einer besonderen Nummer gebucht ist, ohne Rücksicht auf die Art seiner Nutzung. Gebäude sind wesentl. Bestandteil eines G. und können nach §93 BGB nicht Gegenstand besonderer Rechte sein (Ausnahme Wohnungseigentum). In der DDR bildete sich vom G. abgesondertes Gebäudeeigentum heraus, das fortgeführt wird (Art. 233, §§3, 4, 8 EGBGB). Zur Klärung dieser Rechtsverhältnisse dient das ↑Sachenrechtsbereinigungsgesetz.
2) in den Bau- und Bodengesetzen die eine wirtsch. Einheit bildenden Bodenflächen (G. im wirtsch. Sinn, z. T. bestehend aus mehreren G. im Rechtssinn).

grundstücksgleiche Rechte, dingl. Rechte an Grundstücken, die rechtlich wie Grundstücke behandelt werden, z. B. Erbbaurecht, Wohnungseigentum.

Grundstückskaufvertrag, Kaufvertrag, durch den die Verpflichtung zur Übertragung des Eigentums an einem Grundstück begründet wird. Der gesamte Vertrag mit allen Nebenabreden bedarf einer notariellen Beurkundung (§311b BGB) und in den neuen Ländern der Genehmigung durch das Landratsamt bzw. die Stadtverwaltung. Ein G., durch den die Parteien vorsätzlich einen niedrigeren Kaufpreis als tatsächlich gezahlt beurkunden lassen, ist nichtig.

Grundstücksrechte, dingl. Rechte an einem Grundstück. Arten: 1) Grundeigentum; 2) grundstücksgleiche Rechte; 3) beschränkte dingl. Rechte, nämlich Dienstbarkeiten sowie Grundstücksverwertungsrechte (Grundpfandrechte), Grundstückserwerbsrechte (dingl. Vorkaufsrecht).

Grundstücksverkehr, im Sinne des Grundstücksverkehrs-Ges. vom 28. 7. 1961 die Veräußerung land- oder forstwirtsch. Grundstücke. Sie bedarf im Interesse einer gesunden Agrarstruktur der Genehmigung der nach Landesrecht zuständigen Landwirtschaftsbehörde, die nur unter engen Voraussetzungen versagt werden kann.

Grundstückswert, steuerrechtl. Begriff für den Wert eines Grundstücks im Sinne des Bewertungs-Ges. (↑Einheitswert). Was die Ermittlung von Verkehrswerten von Grundstücken betrifft, kann gemäß §§ 192 ff. Baugesetzbuch durch einen selbstständigen Gutachterausschuss auf Antrag des Eigentümers und anderer Berechtigter (auch ernsthafter Kaufinteressenten) ein kostenpflichtiges Gutachten erstellt werden. Die Gutachten dienen der Erstellung von Kaufpreissammlungen, aus denen sich für ein Gemeindegebiet durchschnittl. Lagewerte (Richtwerte) ergeben. Der zu ermittelnde Verkehrswert wird durch den Preis bestimmt, der nach Sach- und Rechtslage zu erzielen wäre.

Grundstückszusammenlegung, *Grundbuchrecht:* die Zusammenlegung mehrerer selbstständiger Grundstücke; diese können als ein Grundstück ins Grundbuch eingetragen **(Vereinigung)**, oder das eine Grundstück kann dem anderen zugeschrieben werden **(Zuschreibung)**. Bei der Vereinigung verbleiben die Belastungen auf dem jeweiligen Grundstücksteil, während sich bei der Zuschreibung die Belastungen des Hauptgrundstücks auf das zugeschriebene Grundstück erstrecken (jedoch nicht umgekehrt).

Grundstufe, 1) *Bildungswesen:* die 3. und 4. Klasse der ↑Grundschule.
2) *Sprachwissenschaft:* der ↑Positiv.

Grundton, der Ton, auf dem eine Tonleiter oder ein Akkord aufgebaut ist. Der G. liegt in der Akkordgrundstellung im Bass, bei Umkehrungen in anderen Stimmen.

Grundtvig ['grondvi], Nikolaj Frederik Severin, dän. Theologe, Historiker, Pädagoge und Schriftsteller, * Udby (auf Seeland) 8. 9. 1783, † Kopenhagen 2. 9. 1872; Bischof von Seeland; bemühte sich um religiöse und nat. Erneuerung und strebte eine freie dän. Volkskirche an (**Grundtvigianismus**); gründete 1844 die erste dän. Volkshochschule; war literarisch vielfältig tätig (Predigten, geistl. Lieder, Übersetzungen von Beowulf und Snorri Sturluson).

Grund|umsatz, *Physiologie:* der Energieumsatz bei Muskelruhe und Nüchternheit; er kann aus der Sauerstoffaufnahme und Kohlendioxidabgabe bei der Atmung errechnet werden.

Gründung, 1) *Bautechnik:* Unterbau eines Bauwerks, der dessen gesamte Lasten in den Baugrund überträgt. Die G. wird nach den Lehren des ↑Grundbaus so ausgebildet, dass das Bauwerk keinen Schaden durch zu große **Setzungen** (lotrechte, abwärts gerichtete Bewegungen infolge Verdichtung durch Eigengewicht) und Bodenpressung, durch **Grundbruch** (Versinken der G. unter seitl. Verdrängen des Bodens), Gleiten oder Kippen erleidet. Es ist bes. darauf zu achten, dass die G. bis in tragfähige und frostsichere Schichten reicht. Der Baugrund wird als tragfähig bezeichnet, wenn bei wirtschaftlich vertretbaren Abmessungen des G.-Körpers die zulässigen Setzungen des Baugrunds nicht überschritten werden und eine ausreichende Sicherheit gegen Grundbruch besteht. Bei dynamisch beanspruchten Bauwerken, in Erdbeben- und Bergbausenkungsgebieten sowie auf unsicheren Böden (z. B. Moore, Permafrostböden) sind besondere G. notwendig (z. B. Pilz-, Paraboloid-, Schachtelfundamente).

Eine **Flach-G.** wird gewählt, wenn sich ein tragfähiger Untergrund in Oberflächennähe befindet. Diese kann aus Streifenfundamenten (z. B. unter Wänden), aus Einzelfundamenten (z. B. unter Stützen) oder in Form von Flächen-G. aus einer Bodenplatte bestehen. – **Tief-G.** werden ausgeführt, wenn der tragfähige Untergrund erst in größerer Tiefe vorliegt. Hierbei werden die Kräfte durch Mantelreibung und Spitzenwiderstand in den Baugrund eingeleitet. Zu den wichtigsten Konstruktionen der Tief-G. gehören Ramm- oder Bohrpfähle (meist aus Stahl oder Stahlbeton), Brunnen, Schlitzwände oder Caissons (↑Druckluftgründung).

2) *Wirtschaft:* rechtl., finanzielle und organisator. Errichtung eines Unternehmens entsprechend den für die einzelnen Unternehmungsformen geltenden Vorschriften.

Grün|düngung, Düngungsart in Landwirtschaft und Gartenbau, bei der bevorzugt Stickstoff bindende Pflanzenarten (z. B. Lupine oder Wicke) zur Verbesserung der Bodenfruchtbarkeit angebaut und untergepflügt werden.

Grundurteil, *Prozessrecht:* ein Zwischenurteil, das in einem Rechtsstreit ergehen kann, in dem der eingeklagte Anspruch sowohl seinem Grund (besteht überhaupt ein Anspruch?) als auch seinem Betrag nach (wenn ja, wie viel?) streitig ist. Das Gericht entscheidet im G. vorab nur über den Grund (u. a. § 304 ZPO). Das G. ist mit Rechtsmitteln selbstständig anfechtbar.

Grundvermögen, eine der Vermögensarten, die durch Einheitsbewertung u. a. für die Grundsteuer festzustellen sind. Zum G. gehören, soweit es sich nicht um land- und forstwirtsch. Vermögen oder um Betriebsgrundstücke handelt: der Grund und Boden, Gebäude, sonstige Bestandteile und das Zubehör, die Erbbaurecht sowie das Wohnungseigentum und verwandte Rechte.

Grundvertrag (Grundlagenvertrag), der Vertrag vom 21. 12. 1972 über die Grundlagen der Beziehungen zw. der Bundesrep. Dtl. und der DDR, in Kraft getreten am 21. 6. 1973; er sollte gutnachbarl. Beziehungen auf der Grundlage der Gleichberechtigung dienen. Beide Staaten erklärten einen gegenseitigen Gewaltverzicht und verpflichteten sich, Sicherheit und Zusammenarbeit in Europa sowie eine internat. Rüstungsbegrenzung und Abrüstung zu fördern. Sie bekräftigten die Unverletzlichkeit der zw. ihnen bestehenden Grenze und die uneingeschränkte Achtung ihrer territorialen Integrität. Sie versicherten ihre Bereitschaft, prakt. und humanitäre Fragen zu regeln (z. B. Verbesserung des Post- und Fernmeldeverkehrs, Schaffung von Reiseerleichterungen, Familienzusammenführung) und vereinbarten den Austausch ↑ständiger Vertretungen. In einem »**Brief zur deutschen Einheit**« an die Reg. der DDR traf die Bundesrep. Dtl. die Feststellung, dass der Vertrag nicht im Widerspruch stehe zu dem polit. Ziel der Bundesrep. Dtl., auf einen Zustand des Frie-

GRU Grundwasser

dens in Europa hinzuwirken, in dem das dt. Volk in freier Selbstbestimmung seine Einheit wiedererlangt.

Grundwasser, Wasser, das durch Versickerung der Niederschläge oder aus Seen und Flüssen in den Erdboden eingedrungen ist; macht mengenmäßig den größten Teil des unterird. Wasservorkommens aus; es füllt die Hohlräume der lockeren Erde und des porösen und klüftigen Gesteins, also Klüfte, Spalten, Haarrisse, Poren, Zwischenräume in Lockergesteinen (z. B. Sand und Kies) oberhalb einer wasserundurchlässigen Schicht (**G.-Stauer**), zusammenhängend aus. Unterird. Teilstücke von sonst oberirdisch fließenden Flüssen, also v. a. Karstflüsse, werden nicht zum G. gerechnet. Lagern mehrfach durchlässige und undurchlässige Schichten übereinander, können sich mehrere **G.-Stockwerke** ausbilden, die von oben nach unten gezählt werden.

Als **G.-Oberfläche** (bei Brunnen spricht man von **G.-Spiegel**) wird die obere Grenzfläche des G. bezeichnet, die Grenze zwischen lufthaltigem und wassergesättigtem Erdboden. Der G.-Spiegel liegt bei stehendem G. waagerecht, bei fließendem G. ist er in Fließrichtung geneigt. Je nach Beschaffenheit des **G.-Trägers** fließt das G. mit unterschiedl. Geschwindigkeit; diese beträgt im feinen Dünensand nur 4–5 m pro Jahr, in groben Sanden aber 1–3 m pro Tag, in Kiesen 3–10 m und in Schottern bis zu 15 m pro Tag. Das G. tritt am oberen Rand der stauenden Schichten in Quellen wieder zutage, und zwar dort, wo diese Schichten die Erdoberfläche erreichen. Eine besondere Art ist das unter Druck stehende **gespannte G.,** das in artes. Brunnen zutage tritt.

Das G. ist für den Wasserbedarf der Pflanzen wichtig, heute aber auch in zunehmendem Maße für die Trinkwasserversorgung. Zunehmende Bedeutung gewinnt v. a. in Gebieten mit Wassermangel das **fossile G.,** das sich in früheren erdgeschichtl. Perioden im Erdboden angesammelt hat und seitdem dort unverändert lagert.

Zu **G.-Absenkungen** kommt es durch Bergbau, Flussregulierung und Grundwasserförderung. Neben punktartigen **G.-Verunreinigungen** (z. B. bei Altlasten) treten bes. die landwirtschaftlich genutzten Flächen als Verunreinigungsquellen in Erscheinung (v. a. Stickstoffverbindungen, Chloride und Schwermetalle aus der Düngung und der Gülleausbringung, aber auch Verunreinigungen durch den Einsatz von Pestiziden).

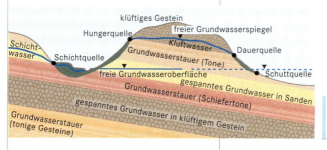

Grundwasser: schematische Darstellung der Grundwasservorkommen und Quellen

📖 Osterkamp, G.: Altlasten u. G. Berlin 1991. – Grundwasserschutz u. Grundwasserschadensfälle, hg. v. H. Pfaff-Schley. Berlin u. a. 1995.

Grundwasseranreicherung, indirekte Infiltration von Oberflächenwasser als unechtes oder künstl. Grundwasser zur Stabilisierung oder Vermehrung des unterird. Wasserhaushalts sowie zur Verbesserung der Wassergüte.

Grundwehrdienst, ↑Wehrpflicht.

Grundwerte, elementare Aufbauprinzipien menschenwürdiger Existenz als eines Lebens in Gemeinschaft. Grundlegend ist die Überzeugung von der Würde und Freiheit der menschl. Person, die in den Leitbegriffen der Frz. Revolution (»Liberté, Égalité, Fraternité«) ihren Ausdruck gefunden hat. Zu den G. zählen auch allg. Rechtsgüter und Institutionen (z. B. Leben, Ehe und Familie), sittl. Haltungen (z. B. Dialogfähigkeit) sowie Prinzipien gesellschaftl. und polit. Ordnungsgestaltung (z. B. Demokratie-, Rechtsstaats-, Sozialstaats-, Gemeinwohl-, Subsidiaritätsprinzip). ↑Grundrechte

Grundzahl, *Mathematik:* 1) gleichbedeutend mit natürl. Zahl; 2) die Basis einer ↑Potenz, eines ↑Logarithmus, auch eines Zahlensystems, z. B. ist 2 die G. (Basis) des Dualsystems.

Grundzustand, *Physik:* Zustand geringster Energie eines mikrophysikal. Systems, z. B. eines Atoms, Moleküls oder Atomkerns. Es kann nur durch die Zufuhr von Energie (↑Anregung) aus dem G. in einen **angeregten Zustand** gebracht werden.

Grüne, Bez. für polit. Gruppen, die die Ökologie in den Mittelpunkt ihrer Zielsetzungen stellen und – in Verbindung mit anderen Bewegungen, v. a. der Alternativ-, Frauen- und Friedensbewegung – eine grundlegende Umgestaltung der Ind.gesellschaft anstreben. Ihre unterschiedl., oft auch gegensätzl. Vorstellungen sind auf das Fernziel einer ökologisch und sozial verpflichteten Wirtschafts- und Gesellschaftsordnung ausgerichtet, die zugleich Partizipation und Selbstverwirklichung des Einzelnen gewährleisten soll. Grüne Organisationen und Parteien bildeten sich bes. in den europ. Ind.staaten aus Bürgerinitiativen im Zuge der Auseinandersetzungen um Umweltprobleme, die z. B. durch Verkehr, wirtsch. und militär. Großtechnologie (v. a. Kernenergie) sowie bestimmte industrielle und landwirtsch. Produktionsmethoden entstanden. Neben den ↑Grünen in Dtl. entstanden u. a. die **Grüne Partei der Schweiz** (Name seit 1987), in Österreich die **Grüne Alternative (Liste)**/GAL (gegr. 1986; seit 1994 Name **Die Grünen**).

Grüne Front, wirtschaftspolit. Bündnis u. a. zw. »Reichslandbund« und »Vereinigung der dt. Bauernvereine« (1929), umfasste bis 1933 die meisten berufsständ. Organisationen der Landwirtschaft. Die G. F. nahm Einfluss auf die Agrarpolitik (u. a. Forderung nach höheren Agrarzöllen); ging 1933 im ↑Reichsnährstand auf.

grüne Karte, *Hockey:* ↑Verwarnung.

Grüne Linie, *Zeitgeschichte:* ↑Gotenstellung.

Grünen, Die, 1980–93 bestehende polit. Partei; hervorgegangen aus versch. regionalen Gruppen (»grüne Listen«) sowie der »Grünen Aktion Zukunft«; bekannte sich zu den Grundwerten »ökologisch – sozial – basisdemokratisch – gewaltfrei«. 1983–90 im Bundestag vertreten. – 1989/90 entstand auch in der DDR eine **Grüne Partei,** die nach der Volkskammerwahl vom 18. 3. 1990 mit den Bürgerbewegungen das **Bündnis 90/Grüne** bildete und 1990 in den ersten gesamtdt. Bundestag einzog (zus. 8 Abg.). Nach dem »Assoziierungsvertrag« vom Nov. 1992 erfolgte im Mai 1993 der Zusammenschluss von ↑Bündnis 90 und Grüne zu einer neuen polit. Partei (↑Bündnis 90/Die Grünen).

Gruner + Jahr AG & Co. (Druck- und Verlagshaus G. + J. AG & Co.), Abk. G + J, in den Bereichen Zeitschriften und Zeitungen sowie Druckereien tätiges Unternehmen der Bertelsmann AG (Mehrheitsbeteiligung seit 1973), Hauptsitz: Hamburg, gegr. 1965 durch Fusion der Verlage von Richard Gruner, John Jahr und Gerd Bucerius, seit 1972 AG. Bei G + J erscheinen u. a. die Ztschr. »Stern«, »Brigitte«, »TV Today«, »Schöner Wohnen«, »Capital«, »Geo«; Beteiligung u. a. an »Financial Times Deutschland«, »National Geographic«, »Spiegel«.

grüner Punkt, ↑Duales System Deutschland AG.

grüner Star, das ↑Glaukom.

Grüner Veltliner (Weißgipfler, Manhardsrebe), spät reifende mitteleurop. Weißweinrebe mit großen, grünen, dickschaligen Beeren; ergibt helle, fruchtig-trockene Weine von mittlerem Säuregehalt und ansprechender Blume.

Grünes Gewölbe, ehem. Schatzkammer der sächs. Kurfürsten im Residenzschloss in Dresden, benannt nach dem ehem. grünen Anstrich einiger Architekturpartien der Raumgruppe. 1723 begründete August der Starke hier sein Schatzkammermuseum, das den kostbarsten wettin. Besitz an kunsthandwerkl. Arbeiten (v. a. Gold-, Silber-, Elfenbein-, Email- und Bronzearbeiten sowie Kleinodien, Waffen und Prunkstücke aller Art) – in beschränktem Maße auch öffentlich – zur Schau stellte. Beim Bombenangriff am 13. 2. 1945 wurden drei Zimmer des einmaligen, bis dahin weitgehend unverändert erhalten gebliebenen barocken Gesamtkunstwerks zerstört. Die bereits 1942 ausgelagerten Schätze wurden in die UdSSR transportiert und 1958 der Stadt Dresden zurückgegeben. 1974–2004 in einer Auswahl im ↑Albertinum präsentiert, werden die Werke ab 2006 in den restaurierten histor. Räumen des G. G. und einem **Neuen Grünen Gewölbe** (2004 eröffnet) im Dresdner Schloss ausgestellt.

grünes Trikot, ↑Straßenradsport (Übersicht).

Grunewald, Ortsteil des Bez. Wilmersdorf von Berlin. Jagdschloss G. (C. Theyss, 1542, heute Museum). – 1889 als Villenvorort im NO-Teil des gleichnamigen Kiefernforstes (rd. 30 km²) angelegt, 1920 nach Berlin eingemeindet.

Grünewald, Matthias (Mathis, Matthäus), vielleicht identisch mit Mathis Gothart, genannt Nithart (Neithart), Maler, Baumeister, Wasserbautechniker, *um 1470/80, †nach 1529? (letzte – umstrittene – Signatur). Identität und Lebenslauf können bislang nicht vollständig rekonstruiert werden. Stilkritisch gesichert ist die Begegnung mit A. Dürer, der italien. Renaissance und der niederländ. Kunst.

Matthias Grünewald: »Madonna mit Kind« vom Isenheimer Altar, Ausschnitt aus der Mitteltafel nach Öffnung des äußeren Flügelpaars (zwischen 1512 und 1516; Colmar, Musée d'Unterlinden)

Andererseits zeigt das Werk tiefe Verwurzelung in der mittelalterl. Welt, u. a. sind Einflüsse der Visionen der Mystikerin Birgitta nachweisbar (die gekrönte Maria des Isenheimer Altars). Der Bildraum ist von visionärem Licht erfüllt, mit dem sich eine leuchtende Farbigkeit verbindet. Die Gestalten sind in ihrer vollen Plastizität erfasst, Darstellungen des Leidens sind bis zum Naturalismus geführt. Zu den frühen Werken gehört die wahrscheinlich 1504 begonnene »Verspottung Christi« (München, Alte Pinakothek). Die Tafeln zum Frankfurter Heller-Altar dürften um 1510/11 entstanden sein (z. T. Frankfurt am Main, Städelsches Kunstinstitut; z. T. Donaueschingen, Gemäldegalerie). Zw. 1512 und 1516 darf G. im Antoniterkloster in Isenheim, Elsass, vermutet werden, wo sein Hauptwerk, der Isenheimer Altar (heute Colmar, Musée d'Unterlinden), entstand. Der Aschaffenburger Rahmen der Altartafel »Das Schneewunder« in Freiburg im Breisgau (Augustinermuseum) ist 1519 datiert, die Tafel war Teil eines Altars, zu dem als Mittelteil die »Stuppacher Madonna« (Stuppach, kath. Pfarrkirche) in Betracht kommt. Zw. 1520 und 1524 entstand die Erasmus-Mauritius-Tafel (München, Alte Pinakothek). Zum Spätwerk zählen die beiden Tafeln mit der »Kreuztragung« und der »Kreuzigung Christi« (Karlsruhe, Staatl. Kunsthalle), die »Beweinung Christi« (Aschaffenburg, Stiftskirche) und die »Hl. Katharina« (Cleveland, The Museum of Art), vermutlich Teil eines verschollenen Marienaltars für den Mainzer Dom (1974 erworben). Nur wenige Zeichnungen sind erhalten. Es wird angenommen, dass G. auch Bildhauer gewesen ist.
📖 *Reichenauer, B.:* G. Thaur u. a. 1992. – *Fraenger, W.:* Matthias G. Dresden u. a. ⁴1995. – *Marquard, R.:* M. G. u. der Isenheimer Altar. Erläuterungen, Erwägungen, Deutungen. Stuttgart 1996. – *Ziermann, H.:* Matthias G. München 2001.

grüne Welle, Zentralschaltung (Gruppensteuerung) aufeinander folgender Verkehrsampeln eines Hauptstraßenzuges derart, dass sie den Fahrzeugen bei Einhaltung einer bestimmten Fahrgeschwindigkeit ein Durchfahren ohne Halt gestatten.

Grüne Woche, jährlich in Berlin stattfindende Landwirtschaftsausstellung.

Grünfäule, 1) durch schädl. Pilze hervorgerufene grünfarbige Holzzersetzung. **2)** Obstfäulnis durch Pilze.

Grunge [grʌntʃ], Stil der Rockmusik, entstand aus Hardrock und Punk; lässigkraftvoller, rauer Sound mit eingängigen Pop-Melodien. G. wurde v. a. durch die amerikan. Band Nirvana populär.

Grüning, Uwe, Schriftsteller, *Pabianice (bei Lodz) 16. 1. 1942; Lyrik und Prosa, die tiefe Sorge um die existenzielle Bedrohung der Welt artikuliert (Roman »Das Vierstromland hinter Eden«, 1987; Gedichte »Grundlose Wanderschaft«, 1996), auch Übersetzungen.

Grüninger (Grieninger), Johannes, eigtl. J. Reynardi, Buchdrucker, *Markgröningen um 1455, †Straßburg um 1532; 1483–1531 in Straßburg tätig; verlegte bes. illustrierte Werke mit malerisch gearbeiteten Holzschnitten, wobei durch dichte Schraffuren eine dem Kupferstich ähnl. Wirkung erzielt wird (Vergilausgabe, 1502).

Grünkern, ↑Dinkel.

Grünknochen, ein Fisch, ↑Hornhechte.

Grünkohl, ein ↑Blätterkohl.

Grünland, das dauernd (Dauer-G.) oder mehrere Jahre hindurch (Wechsel-G.) als Wiese oder Weide genutzte Land; im Unterschied zum Ackerland. Ein geregelter Wasserhaushalt ist Voraussetzung für gutes Wachstum. Bes. geeignet ist das Küstenklima; natürl. Voraussetzungen bieten Flussniederungen, auch in trockenen Gebieten, wegen des hohen Grundwasserstands und das Höhenklima in Mittelgebirgslagen bis zur Vegetationsgrenze in höheren Gebirgen (Almwirtschaft). Die Pflanzen der G. bilden drei Hauptgruppen: Futtergräser, Kleearten, Kräuter (Bärenklau, Löwenzahn, Wiesenknopf u. a.). – Die frühere scharfe Abgrenzung zw. Wiesen- und Weidenutzung wird immer mehr zugunsten einer wechselnden Nutzung, die der Verbesserung der Grasnarbe und der Ertragserhöhung zugute kommt, aufgegeben. Das G. wird am besten durch einen geregelten Wechsel zw. Mähen und Beweiden (Mähweide) genutzt. Gleichmäßiges Abweiden wird durch Einteilen der Flächen in Koppeln erreicht.

Grünlilie (Chlorophytum comosum), graslilienartige Staude aus dem südl. Afrika mit langständigen weißen Blütenähren, an denen junge Pflänzchen mit Luftwurzeln treiben.

Grünling, 1) *Botanik:* (Grünreizker), ein Pilz, ↑Ritterling. **2)** *Zoologie:* (Grünfink, Carduelis chloris), grüngelber, sperlingsgroßer Finkenvogel mit kräftigem Schnabel.

Grünschiefer, schwach metamorphe Gesteine, die durch ihre Hauptbestandteile, v. a. Chlorit und Epidot, grün gefärbt sind; feinkörnig mit schiefrigem Gefüge.

Grünspan, grünes bis blaues, giftiges Gemenge von bas. Kupfer(II)-acetaten, das bei der Einwirkung von Essigsäure auf Kupfer entsteht. G. wird oft mit Patina verwechselt.

Grünstadt, Stadt im Landkreis Bad Dürkheim, Rheinl.-Pf., an der nördl. Haardt, 13 300 Ew.; Herstellung von Ton- und Schamottewaren, Druckind., Wellpappen-, Plastematerialfabrik; Weinbau. – Viele der zahlr. Barockbauten wurden nach schweren Kriegszerstörungen wieder aufgebaut. – 1556 erhielt G. Marktrechte.

Grunz|ochse, Art der Rinder, ↑Yak.

Gruppe, 1) *Chemie:* 1) Bestandteil eines Moleküls, z. B. die funktionelle G.; 2) ↑Periodensystem der chemischen Elemente. **2)** *Mathematik:* eine Menge von Elementen, für die eine Verknüpfung definiert ist, sodass jedem geordneten Paar von Elementen eindeutig ein drittes Element der G. zugeordnet ist. Bezüglich der Verknüpfung muss das ↑Assoziativgesetz gelten; in der G. muss ein neutrales Element (Einselement) und zu jedem Element ein inverses Element existieren. Erfüllt die G. außerdem das ↑Kommutativgesetz, so heißt sie **kommutative** oder **abelsche Gruppe.** Eine G. mit 6 Elementen **(endl. G.)** bilden z. B. die Permutationen (Vertauschungen) von 3 Elementen, eine G. mit unendlich vielen Elementen **(unendl. G.)** die durch Zusammenzählen verknüpften ganzen Zahlen $a = 0, \pm 1, \pm 2, \pm 3, ...$; hierbei ist die Null das neutrale Element, $-a$ das zu a inverse Element. – Die G.-Theorie findet vielseitige Anwendungen in Algebra, Geometrie, Kristallographie, Quanten-, Elementarteilchen-, Relativitätstheorie u. a. Die G. als Grundtyp einer abstrakten algebraischen Struktur wurde erstmalig von L. Kronecker formuliert (1882). Der G.-Begriff wurde maßgeblich u. a. durch N. H. Abel, É. Galois, C. Jordan, C. F. Klein, S. Lie und H. Weber geprägt. **3)** *Militärwesen:* 1) aus 8–12 Mann bestehende Teileinheit unter Führung eines G.-Führers (meist Unteroffizier ohne Portepee); 2–4 G. bilden einen Zug; 2) dem Bataillon vergleichbarer Truppenverband der Luftwaffe, Teil eines ↑Geschwaders. **4)** *Soziologie:* eine Mehrzahl von Menschen, die durch soziale Kontakte (gemeinsame Wertorientierungen, Interessen, Ziele u. Ä.) zeitlich relativ beständig miteinander verbunden sind, sodass sie eine soziale Einheit bilden. Jedes Mitgl. der G.

besitzt eine mehr oder minder eindeutig abgegrenzte Stellung und Aufgabe innerhalb der G.; es ist in seinem Verhalten durch bestimmte, seiner sozialen Stellung entsprechende ↑Rollen im Rahmen eines Systems gruppenspezif. Normen festgelegt. Die Einhaltung dieser Normen unterliegt einer sozialen Kontrolle mit positiven und negativen Sanktionen. Entscheidend für die G. sind ferner das Zusammengehörigkeitsgefühl ihrer Mitgl. (**G.-Bewusstsein**), das sich in Solidarität der Eigen-G. gegenüber Fremd-G. und Kooperation (**G.-Kohäsion**) innerhalb der G. sowie einer besonderen Sprache (G.-Sprache oder sogar G.-Jargon) äußert. Nach der Zahl der Mitgl. werden **Groß-** (z. B. polit. Parteien) und **Klein-G.** (soziolog. G.-Begriff i. e. S.; nicht mehr als etwa 25 Personen) unterschieden; nach der Entstehung und dem Charakter der Regelungen, denen die Mitgl. unterworfen sind, **formale G.** (planmäßig geschaffen, formales Regelsystem) und **informale G.** (psycholog. G.; spontane Beziehungen, ohne Satzungen, Gesetze u. Ä., kein formales Regelsystem); nach dem Grad der Intensität und Intimität der Beziehungen zw. **Primär-G.** (enge persönl. Beziehungen; bes. Familien, Spiel- oder Freundschafts-G.) und **Sekundär-G.** (durch bestimmte rationale Zielsetzungen organisiert). Die sozialpsycholog. Aspekte der Beziehungen und Interaktionen innerhalb und zw. G. werden im Rahmen der ↑Gruppendynamik erforscht. Prakt. Anwendung finden die Ergebnisse der G.-Forschung bes. in der ↑Gruppentherapie, ↑Gruppenpädagogik und bei der Zusammenstellung von Arbeitsteams (Wirtschaft, Militär).
📖 *Einführung in die Gruppensoziologie. Geschichte, Theorien, Analysen,* hg. v. B. Schäfers. Heidelberg u. a. ²1994. – Claessens, D.: *G. u. Gruppenverbände.* Neuausg. Hamburg 1995.

Gruppe 47, eine lockere Vereinigung von Schriftstellern und Kritikern, 1947 entstanden auf Initiative von H. W. Richter, A. Andersch, W. Kolbenhoff u. a. Ihre Gemeinsamkeit bildete kein literar. Programm, sondern hatte, aus der Erfahrung des Nationalsozialismus und des Zweiten Weltkrieges heraus, eine in den Grundzügen übereinstimmende politisch-zeitkrit., antiautoritäre Einstellung, die die Verantwortung des Schriftstellers in der Gesellschaft betonte. Ohne streng organisiert zu sein, wurde die Gruppe durch jährl. Herbsttreffen mit Lesungen, Kritik und Diskussionen (mit wechselnden Teilnehmern und Gästen) ein Kristallisationspunkt bedeutender dt.-sprachiger zeitgenöss. Lit. (u. a. Ilse Aichinger, Ingeborg Bachmann, H. Böll, G. Eich, H. M. Enzensberger, G. Grass, W. Hildesheimer, W. Höllerer, W. Jens, U. Johnson, H. Mayer, W. Schnurre, M. Walser, W. Weyrauch). Sie löste den Schriftsteller aus der Isolierung, sie setzte Maßstäbe des literar. Niveaus (unregelmäßige Verleihung des Literaturpreises der G. 47). Die letzte Tagung fand 1967 statt, ein nichtöffentl. Treffen bei H. W. Richter 1972; auf einer letzten Zusammenkunft in Saulgau 1977 löste sich die Gruppe auf.
❖ **siehe ZEIT Aspekte**

Gruppe 61, 1961 in Dortmund von F. Hüster ins Leben gerufener Arbeitskreis von Schriftstellern und Publizisten mit dem Ziel der künstler. Auseinandersetzung mit den sozialen und menschl. Problemen der industriellen Arbeitswelt. 1971 spaltete sich der ↑Werkkreis Literatur der Arbeitswelt ab, 1971 gab sich die G. 61 ein neues sozialkrit. Programm. Mitgl. u. a.: M. von der Grün, G. Wallraff.

Gruppe der 15, Zusammenschluss von 15 Ländern, 1989 als Abspaltung von der Bewegung der blockfreien Staaten entstanden. Die G. d. 15 versteht sich als neues Forum der Diskussion und Annäherung der Entwicklungsländer.

Gruppe der 77, Abk. **G 77**, loser Zusammenschluss von urspr. 77 Entwicklungsländern (2002: 134) zur koordinierten Durchsetzung gemeinsamer Interessen; formierte sich 1964, traf sich erstmals in Vorbereitung der 2. Welthandelskonferenz in Algier (UNCTAD II, 1968). In der G 77 werden v. a. Forderungskataloge der Entwicklungsländer zur Vorbereitung der einzelnen UNCTAD-Tagungen abgestimmt und das Vorgehen während der Verhandlungen koordiniert. Die wichtigsten Programme sind die **Charta von Algier** (1967) über die wirtsch. Rechte der Dritten Welt, das **Arusha-Programm** (1979) zur kollektiven Eigenständigkeit, die **Teheraner Deklaration** (1991) über eine neue Partnerschaft zw. Ind.- und Entwicklungsländern und das **Havanna-Programm** (2000) zu Problemen der Globalisierung. Wesentl.

Gruppendynamik GRU

Forderungen der G 77: besserer Zugang zu den Weltmärkten, zu billigem Kapital und zu moderner Technologie, Aufwendung von jährlich mindestens 0,7 % des Bruttoinlandsprodukts der Industrienationen für Entwicklungshilfe, Schuldenerlass.

Gruppe der Fünf, Gruppe russ. Komponisten (M. A. Balakirew, A. P. Borodin, Z. A. Kjui, M. P. Mussorgski und N. A. Rimski-Korsakow), auch **Mächtiges Häuflein** gen., die sich 1862 in Sankt Petersburg zusammenschlossen, um die Entwicklung einer nat. russ. Musik zu fördern (Einbeziehung der russ. Volksmusik, Verwendung nat. Sujets, Berücksichtigung der Eigenart der russ. Sprache).

Gruppe der Six [- sis, frz.], ↑Groupe des Six.

Gruppe der sowjetischen Streitkräfte in Deutschland, ↑GSSD.

Gruppenarbeit, *Betriebswirtschaftslehre:* Form der Arbeitsorganisation, bei der Gruppen gebildet werden, um Synergieeffekte zu erreichen und die sozialen Bedürfnisse der Mitarbeiter besser zu berücksichtigen. Die Gruppe mit einem aus ihrer Mitte gewählten Gruppensprecher teilt sich die Arbeit selbst ein, kann Arbeitsabläufe verbessern und übernimmt die volle Verantwortung für alle Arbeitsvorgänge und die Qualität der erzeugten Produkte. G. bietet mehr Abwechslung und erfordert höhere Qualifikation sowie die Übernahme größerer Verantwortung.

Gruppenarbeit, *Pädagogik:* 1) Begriff v. a. der Sozialpädagogik für eine Form der Jugendarbeit, ↑Gruppenpädagogik; 2) in der Unterrichtsdidaktik auch Bez. für differenzierten Unterricht in Gruppen, ↑Gruppenunterricht.

Gruppenbild, Darstellung mehrerer, aus bestimmten Gründen zusammengehöriger Menschen, häufig in einem bestimmbaren Raum. Vorstufen sind Stifterbildnisse und die Darstellungen von Angehörigen geistl. Bruderschaften. Das G. war v. a. in der niederländ. Malerei des 17. Jh. verbreitet, bes. als Korporationsbild der Ärzte (Rembrandts »Anatomie des Dr. Tulp«, 1632, Den Haag, Mauritshuis), der Vorsteher von Gilden und Wohltätigkeitsinstitutionen (**Regentenstücke;** die »Staalmeesters« von Rembrandt, 1662, Amsterdam, Rijksmuseum, und die »Regentinnen des Altmännerhauses in Haarlem« von F. Hals, 1664, London, National Gallery) und als Darstellung der Mitgl. von Schützengilden (**Schützenstück;** die ↑Nachtwache von Rembrandt). Als Familienporträt, das sich im 15. Jh. aus dem Bildmotiv der Hl. Familie entwickelte, blieb das G. bis ins 20. Jh. lebendig.

Gruppendynamik, ein von K. Lewin eingeführter Begriff zur Bez. der psychologisch erfassbaren dynam. Kräfte und Prozesse, welche die Einflüsse zw. den Mitgliedern einer überschaubaren Gruppe (Familie, Arbeitsteam, Schulklasse, Ver-

Gruppenbild: Francisco José de Goya y Lucientes, »Karl IV. und seine Familie« (1800; Madrid, Prado)

ein) kennzeichnen; daneben werden als G. auch die versch. Methoden und Techniken im pädagog. (↑Gruppenpädagogik) und therapeut. (↑Gruppentherapie) Rahmen bezeichnet, die der Verbesserung des Selbst- und Fremdverständnisses des Einzelnen, der sozialen Beziehungen sowie der Kommunikation und Kooperation dienen.

Gruppengeschwindigkeit, *Physik:* ↑Geschwindigkeit, ↑Welle.

Gruppenpädagogik, Teilbereich der Pädagogik, der sich mit Ergebnissen der Sozialpsychologie auseinander setzt und sie im Hinblick auf ihre Bedeutung für erzieher. Handeln befragt. Die G. befasst sich mit Erziehungsformen, die ↑soziales Lernen zum Ziel haben und sich dabei gruppendynam. Prozesse bedienen. Die für die Umsetzung dieser Erziehungsformen entwickelten gruppendynam. Trainingsmethoden (z. B. Verhaltenseinübung, Selbstwahrnehmung, Begegnung, themenzentriertes Lernen) haben Eingang in die psychotherapeut. Behandlung (Gruppentherapie), pädagog. Psychologie und Jugendarbeit (Gruppenarbeit) gefunden. (↑Gruppenunterricht)

Gruppenschaltung, *Elektrotechnik:* Installationsschaltung zum unabhängigen Schalten von meist zwei elektr. Stromkreisen von einer Betätigungsstelle. Es können versch. Schalterbauarten verwendet werden, z. B. **Gruppenschalter,** die es ermöglichen, jeweils abwechselnd einen Stromkreis zu- oder abzuschalten, jedoch niemals beide zus., oder **Serienschalter,** die es ermöglichen, die Stromkreise jeweils einzeln oder zus. zu- oder abzuschalten.

Gruppensex, Geschlechtsverkehr zw. drei oder mehr Personen, häufig als Partnertausch. G. war früher eine Erscheinungsform bestimmter Kulte zu besonderen Festen (Bacchanale, Orgien).

Gruppentherapie (Gruppenpsychotherapie), die psychotherapeut. Behandlung innerhalb einer Gruppe. Mehrere (meist 5–6) Patienten kommen regelmäßig mit dem nicht autoritär leitenden Therapeuten zusammen und arbeiten in gemeinsamer freier und spontaner Aussprache ihre Probleme durch. Eine möglichst hemmungsfreie Aussprache soll dazu beitragen, die eigenen Probleme in Worte zu fassen, wobei psych. Spannungen abgebaut und bewusste Verhaltensänderungen möglich werden sollen. Spezielle Fälle der G. sind die Familien- und die Paartherapie. Besondere Formen der G. sind z. B. ↑Psychodrama und ↑systemische Therapie. – Die G. gewinnt sowohl in der psychotherapeut. Praxis als auch in der (klin.) Psychiatrie zunehmend an Bedeutung.

Gruppenunterricht, Unterrichtsform, bei der die Klasse nach versch. Gesichtspunkten in Kleingruppen von drei bis acht Schülern eingeteilt wird. Das Unterrichtsziel kann mit arbeitsteiligen oder arbeitsgleichen, heterogen oder homogen zusammengesetzten Gruppen erreicht werden. Diese Sozialform des Unterrichts dient v. a. der Förderung von Kommunikation, Kooperation und Eigeninitiative der Schüler. Voraussetzungen sind vorherige Einübung des Arbeitsverfahrens und gemeinsame Planung. In der Arbeitsphase des eigtl. G. hat der Lehrer nur eine moderierende Funktion, um die Eigeninitiative der Schüler nicht zu behindern, während beim Zusammentragen der Ergebnisse wieder eine stärkere Führung des Unterrichts notwendig ist. Der G. wurde bes. von der ↑Reformpädagogik gefördert.

Gruppenversicherung, Versicherung einer Personengruppe (Betrieb, Verein); diese ist Versicherungsnehmer.

Grus, lat. Name des Sternbilds ↑Kranich.

Grus, *Geomorphologie:* bei der physikal. Verwitterung entstehender körnig-eckiger Gesteinsschutt in Sand- bis Feinkiesgröße. Der Vorgang heißt **Abgrusung.**

Gruša [ˈgruʃa], Jiří, tschech. Schriftsteller und Übersetzer, * Pardubitz (heute Pardubice) 10. 11. 1938; schreibt seit den 1960er-Jahren Lyrik (»Der Tornister«, 1962) und politisch engagierte Romane (»Mimner oder Das Tier der Trauer«, 1972; »Der 16. Fragebogen«, 1975); war Mitbegründer der ↑Charta 77, lebte nach Inhaftierung und Ausbürgerung aus der Tschechoslowakei seit den 1980er-Jahren im Exil in der Bundesrep. Dtl. In den 1990er-Jahren erschienen seine in dt. Sprache geschriebenen Gedichtbände »Babylonwald« (1991) und »Wandersteine« (1994); wurde 1990 zum tschech. Botschafter in Dtl. ernannt, seit 1998 Botschafter in Österreich.

Grušas [ˈgruʃas], Juozas, litauischer Schriftsteller, * Žadžiūnai (Kr. Schaulen) 29. 11. 1901, † Kaunas 26. 5. 1986; gehört als Romancier und Dramatiker (v. a. Stücke zu Gegenwartsthemen) zu den Expo-

nenten der litauischen Literatur; war auch als Dramaturg tätig.
Grusi (Grussi, Gurunsi), Stammesgruppe zw. Schwarzem und Weißem Volta in Burkina Faso, Togo und N-Ghana; treiben Feldbau und Viehhaltung, wohnen in Kegeldachhäusern; konnten ihre voltaischaltnigrit. Kultur und Religion bewahren.
Grusinilen, eingedeutschte russ. Bez. für ↑Georgien.
Grusinische Heerstraße, ↑Georgische Heerstraße.
Gruß, Worte und Gebärden bei Begegnungen, Ankunft oder Abschied. Die ursprüngl. G.-Gebärden drückten Friedfertigkeit, Unterwerfung unter den Begrüßten oder Verehrung des Göttlichen aus, am augenfälligsten in der ↑Proskynese. Die Römer grüßten Vertraute mit Händedruck und Umarmung. In german. Zeit gehörten zum G. das Ablegen der Waffen und das Anbieten von Geschenken. Die schon früh in ganz Europa verbreitete Sitte des Kniefalls vereinfachte sich zur Verbeugung. Die heutigen G.-Gebärden stammen aus der mittelalterl. Kultur: Aufstehen, Verneigen, Handschlag, Knicks, Umarmung, Kuss. Das Hutabnehmen kam im 15. Jh. auf, wurde allg. aber erst seit dem 17. Jh. üblich. Alte **Grußformeln** sind: arabisch: Es-selam aleikum (»Friede sei mit euch«), altgriechisch: Chaire (»Freue dich«), römisch: beim Begegnen: Ave (»Sei willkommen«), beim Gehen: Vale (»Bleibe gesund«), beim Begegnen und Abschied: Salve (»Befinde dich wohl«), althebräisch: Schalom lekha (»Friede sei mit dir«), christlich: Pax vobiscum (»Friede sei mit euch«). – Der **militär. G.** wird durch Anlegen der rechten Hand an die Kopfbedeckung erwiesen. Grußpflicht besteht in der Bundeswehr z. B. gegenüber dem Bundespräs., dem Bundeskanzler, dem Verteidigungsmin., gegenüber Generalen und Admiralen der NATO-Staaten sowie den unmittelbaren Vorgesetzten, ferner beim Hissen der Bundesflagge sowie beim Vortragen von Nationalhymnen.
Gruss, Peter, Molekularbiologe, *Alsfeld 28. 6. 1949; war Gastwissenschaftler in den USA (1978–82) und Prof. in Heidelberg (1982–86); wurde 1986 Direktor am Max-Planck-Institut für biophysikal. Chemie in Göttingen (dort seit 1990 auch Honorar-Prof. an der Univ.) und ist seit Juni 2002 Präs. der Max-Planck-Gesellschaft.

Grüssau (poln. Krzeszów), Ortsteil von ↑Kamienna Góra, Polen.
Grützbeutel, das ↑Atherom.
Grütze, *Lebensmittel:* grob gemahlenes, enthülstes Getreide (meist Hafer, Hirse, Gerste, Buchweizen), das mit Wasser, Milch oder Fleischbrühe gekocht wird.
Grützke, Johannes, Maler und Grafiker, *Berlin 30. 9. 1937; Vertreter eines kritisch-iron. Realismus, der sich kunstgeschichtl. Zitate sowie manierist. und barocker Stilmuster bedient. Sein 33 m langes Wandbild »Der Zug der Volksvertreter« (1987–90) wurde 1991 in der Paulskirche (Frankfurt am Main) montiert.
Gruyère [gry'jɛːr] *der,* Hartkäse aus der gleichnamigen Schweizer Landschaft (**Greyerzer Käse**, ↑Greyerz).
Gruyères [gry'jɛːr], Gemeinde in der Schweiz, ↑Greyerz.
Gryfice [gri'fitsɛ] (dt. Greifenberg in Pommern), Krst. in der Wwschaft Westpommern, Polen, 17 900 Ew.; Zucker-, Ofenkachelfabrik. – Vom Wohlstand im späten MA. zeugen die Stadttore und die Marienkirche (13.–15. Jh.). – G., 1262 als Stadt gegr., kam 1648 an Brandenburg, 1945 zu Polen.
Gryfino [gri'finɔ] (dt. Greifenhagen), Krst. in der Wwschaft Westpommern, Polen, an der Ostoder, 22 500 Ew.; chem., Holz-, Bekleidungsind.; Hafen. – G., 1254 als Stadt gegr., wurde 1640 durch schwed. Truppen zerstört (1740 Wiederaufbau), kam 1648 zu Brandenburg (verblieb jedoch noch bis 1679 bei Schweden) und 1945 zu Polen.
Grynberg, Uri Zwi, ↑Greenberg, Uri Zwi.
Gryphius, Andreas, eigtl. A. Greif, Dichter, *Glogau (heute Głogów) 2. 10. 1616, †ebd. 16. 7. 1664; besaß aufgrund einer vorzügl. Ausbildung (u. a. Gymnasium in Danzig) hervorragende Kenntnisse der klass. und neuen Sprachen; seit seinem 15. Lebensjahr als Privatlehrer tätig; 1638–45 Studium und Lehre an der Univ. Leiden, 1644–47 Bildungsreisen nach Italien und Frankreich, ab 1650 Syndikus der Stände des Fürstentums Glogau. G. gilt als der bedeutendste Lyriker und Dramatiker des dt. Barock, der zugleich auf lat. und volkssprachl. Traditionen zurückgriff; unter dem Eindruck des Dreißigjährigen Krieges wurde er zum Verkünder eines barocken Lebensgefühls von der Nichtigkeit und Vergänglichkeit alles Irdischen (»Vanitas«), zu

dem das religiöse Erleben der göttl. Allmacht in einem Spannungsverhältnis steht. Dies kommt bes. in den Oden und Sonetten zum Ausdruck (»Sonn- und Feyrtagssonette«, 1639; »Oden«, 1643). Seine nach frz. Vorbild in Alexandrinern verfassten Trauerspiele knüpfen an das Jesuitendrama an; die Helden bewähren sich gegenüber Versuchungen und Verfolgungen (»Leo Armenius«, 1650; »Catharina von Georgien«, 1657; »Cardenio und Celinde«, 1657; »Grossmüthiger Rechts-Gelehrter oder Aemilius Paulus Papinianus«, 1659). In derben und volkstüml. Lustspielen verspottete G. zeitgenöss. Torheiten (»Absurda Comica oder Herr Peter Squentz«, 1657/58; »Horribilicribrifax«, 1663).
📖 *Mannack, E.:* A. G. Stuttgart ²1986.

Grzimek [ˈɡʒiːmɛk], **1)** *Bernhard,* Tierarzt, *Neiße 24. 4. 1909, †Frankfurt am Main 13. 3. 1987; 1945–74 Direktor des Zoolog. Gartens Frankfurt am Main, 1960 Prof. in Gießen, 1964–68 Präs. des Dt. Naturschutzringes; setzte sich bes. für die Erhaltung der frei lebenden Tiere ein.

Bernhard Grzimek

Werke: Wir Tiere sind ja gar nicht so! (1941); Kein Platz für wilde Tiere (1954); Serengeti darf nicht sterben (1959); Einsatz für Afrika (1980); Tiere, mein Leben. Erlebnisse und Forschungen aus fünf Jahrzehnten (1984). – Hg.: Das Tier (seit 1960); G.s Tierleben, 16 Bde. (1967–74); G.s Enzyklopädie der Säugetiere, 5 Bde. (1987).

2) *Sabine,* Bildhauerin, *Rom 12. 11. 1942, Tochter von 3); lebt seit 1972 freischaffend in Berlin, Hauptthema ihrer Darstellungen ist die menschl. Gestalt in ihrer Sensibilität und Größe; auch collagierte Reliefs, Zeichnungen, Druckgrafik und Malerei.

3) *Waldemar,* Bildhauer, *Rastenburg (heute Kętrzyn) 5. 12. 1918, †Berlin (West) 26. 5. 1984, Vater von 2); vertrat einen expressiv gesteigerten Traditionalismus. Im Mittelpunkt seines Schaffens stand die menschl. Figur, v. a. als Aktdarstellung; seit 1960 konzentrierte er sich auf dynam. Gestaltungen stürzender, fliehender, bedrängter Körper, u. a. Skulpturengruppe für die Gedenkstätte KZ Sachsenhausen (1959/60).

G-Schlüssel (Violinschlüssel), Notenschlüssel auf der 2. Linie, mit der Schlüsselnote g¹. (↑Schlüssel)

GSF-Forschungszentrum für Umwelt und Gesundheit GmbH, Abk. **GSF,** Oberschleißheim (Neuherberg), 1960 gegr. als Gesellschaft für Strahlenforschung mbH (Gesellschafter: Bundesrep. Dtl. und Freistaat Bayern), Mitglied der ↑Hermann von Helmholtz-Gemeinschaft Deutscher Forschungszentren; wiss. Schwerpunkte sind Wirkungsforschung (Aufklärung von Mechanismen, die der schädigenden Wirkung von Chemikalien und Strahlung zugrunde liegen), Umweltforschung (Erfassung und Bewertung von Schadstoffbelastungen im gesamten Stoffkreislauf des Ökosystems) und Gesundheitsforschung (Bewertung der Belastung des Menschen und klinisch-experimentelle Forschung zur Verbesserung der Diagnostik und Therapie).

GSI, Abk. für ↑Gesellschaft für Schwerionenforschung mbH.

GSM [Abk. für engl. global system for mobile communication, »globales System für mobile Kommunikation«], internat. Standard für den digitalen Mobilfunk, der die Leistungsmerkmale digitaler Funknetze (wie die Anzahl der angebotenen Sprechkanäle, der belegbaren Frequenzen, des Übertragungsverfahrens) festlegt. GSM verwendet Frequenzen im 900- und 1 800-MHz-Bereich. In Europa arbeiten die Netze D1 und D2 nach dem **GSM-900-,** E1 und E2 nach dem **GSM-1 800-Standard.** Die derzeit im GSM vorhandenen 124 Funkkanäle sind in jeweils acht zeitversetzt arbeitende Sprechkanäle aufgeschlüsselt. Die GSM-Netze sind zellulär aufgebaut, wobei die Basisstationen jeder Zelle mit der Funkvermittlungsstelle in Kontakt stehen. GSM soll europaweit stufenweise von ↑UMTS abgelöst werden.

Gsovsky, *Tatjana,* Tänzerin, Choreographin und Tanzpädagogin russ. Herkunft, *Moskau 18. 3. 1901, †Berlin 29. 9. 1993; ab 1925 in Berlin, 1945–52 Ballettdirektorin an der Dt. Staatsoper in Berlin,

Guadalupe GUA

1954–66 an der Städt. (seit 1961 Dt.) Oper, daneben 1959–66 Ballettdirektorin in Frankfurt am Main; entwickelte mit ihrem 1955 gegr., internat. bekannten »Berliner Ballett« ein modernes Tanztheater auf klass. Grundlage. Als Choreographin bevorzugte sie literar. Stoffe von dramat. Gehalt (u. a. »Hamlet«, 1953; »Der rote Mantel«, 1954; »Tristan«, 1965).

GSSD, Abk. für Gruppe der sowjet. Streitkräfte in Deutschland, Bez. für die früher in der DDR stationierte sowjet. Streitkräftegruppierung; ging 1953 aus der »Gruppe der sowjet. Besatzungstruppen in Dtl.« (GSBD) hervor; Sitz des Kommandostabes war Wünsdorf bei Berlin; die Gesamtstärke der Streitkräfte lag bei etwa 380 000 Mann, gegliedert in 20 Divisionen und eine Luftlandearmee und ausgerüstet mit z. T. modernsten sowjet. Systemen. Militärisch aktiv wurde die GSSD bei der Berliner Blockade 1948/49 und beim Aufstand am 17. 6. 1953 in der DDR. 1989 in »Westgruppe der sowjet. Streitkräfte«, 1992 in »Westgruppe der Truppen« (WGT) umbenannt. Im Zusammenhang mit den Verhandlungen um die Wiederherstellung der dt. Einheit vereinbarten am 12. 10. 1990 die Bundesrep. Dtl. und die UdSSR in einem Vertrag (ergänzt durch ein finanzielles Begleitabkommen) den Abzug aller sowjet. Streitkräfte aus Dtl., der am 31. 8. 1994 abgeschlossen wurde.

GST, Abk. für ↑Gesellschaft für Sport und Technik.

Gstaad, schweizer. Kurort, Ortsteil von ↑Saanen.

G-Sterne, Sterne der ↑Spektralklasse G.

GS-Zeichen (GS – geprüfte Sicherheit), nach dem Geräte- und Produktsicherheits-Ges. vom 6. 1. 2004 mögl. Kennzeichnung von techn. Arbeitsmitteln und verwendungsfertigen Gebrauchsgegenständen, sofern diese einer sicherheitstechn. Bauartprüfung bei einer anerkannten Prüfstelle unterzogen worden sind. (↑CE-Kennzeichnung)

GTP, Abk. für Guanosintriphosphat, ↑Guanosin.

GTÜ, Abk. für Gesellschaft für Technische Überwachung mbH, größte Überwachungsorganisation freiberufl. Kfz-Sachverständiger für die techn. Fahrzeugüberwachung in Dtl., Sitz: Stuttgart. Die GTÜ führt seit 1990 v. a. Verkehrssicherheitsprüfungen, Änderungsabnahmen und Abgasuntersuchungen durch. Das Servicenetz umfasst über 15 000 GTÜ-Prüfstützpunkte (Autohäuser, Kfz-Werkstätten). Die GTÜ steht in Konkurrenz zur ↑technischen Prüfstelle u. a. Überwachungsorganisationen und verzeichnet zunehmende Marktanteile in Deutschland.

GTZ, Abk. für ↑Deutsche Gesellschaft für Technische Zusammenarbeit GmbH.

Guadalajara [guaðalaˈxara], **1)** Provinz in Spanien, in Kastilien-La Mancha, 12 214 km², 175 000 Einwohner.
2) Provinz-Hptst. in Kastilien-La Mancha, Spanien, nordöstlich von Madrid, am Henares, 63 600 Ew.; Bibliothek (Handschriftensammlung). – Unter den Kirchen, Klöstern und Palästen ragt der spätgotisch-mudéjare Palacio del Infantado (1461–1570) heraus. – Die Blütezeit G.s begann als arab. Neugründung; 1081 Rückeroberung durch die kastil. Könige.
3) Hptst. des Bundesstaates Jalisco, Mexiko, im westl. Hochland von Mexiko, 1 590 m ü. M., als Groß-G. 3,46 Mio. Ew.; Erzbischofssitz; zwei Univ., Museen, Theater, Zoo; Handels- und Ind.zentrum mit chem., Glas-, Papier-, Leder-, Textilind., Herstellung von Silberschmuck; Zentrum der mexikan. Folklore; Flughafen. – Kathedrale (zw. 1558 und 1616); das 1803 als Waisenhaus erbaute neoklassizist. Hospicio Cabañas wurde zum UNESCO-Welterbe erklärt. – G. wurde 1531 gegründet. 1818, 1875 und 1932 richteten Erdbeben schwere Schäden an.

Guadalcanal [gwɔdlkəˈnæl], größte der Salomoninseln im westl. Pazif. Ozean, 6 475 km², rd. 80 000 Ew.; Hauptort ist Honiara. Die gebirgige (bis 2 447 m ü. M.) und bewaldete Insel ist vulkan. Ursprungs. Im Zweiten Weltkrieg (Pazifikkrieg) war G. Schauplatz schwerer See- und See-Luft-Schlachten zw. den USA und Japan.

Guadalquivir [guaðalkiˈβir] *der,* Fluss in Südspanien, 657 km lang, entspringt im Andalus. Bergland, durchbricht die Sierra Morena, durchfließt, von Córdoba an schiffbar, das Tiefland von Niederandalusien und mündet in den Golf von Cádiz. Das Wasser des G. wird in großem Umfang zur Bewässerung genutzt.

Guadalupe [guaðaˈlupe], Stadt in der Extremadura, Spanien, Prov. Cáceres, in maler. Lage über dem gleichnamigen Fluss, 3 000 Ew.; G. ist der wichtigste Marienwallfahrtsort Spaniens. – Das 1340 gegr.

GUA Guadalupe Hidalgo

Guadeloupe: der Vulkan Soufrière im Süden von Basse-Terre

Kloster Nuestra Señora de G. (UNESCO-Weltkulturerbe) entwickelte sich bald zum reichsten Kloster Spaniens; burgartiger gotisch-mudéjarer Komplex mit zwei Kreuzgängen, prachtvolle Ausstattung; Museen.

Guadalupe Hidalgo [guaðaˈlupe iˈðalɣɔ], mexikan. Wallfahrtsort im Bundesdistrikt, im Vorortbereich der Stadt Mexiko. – Die Wallfahrtskirche Nuestra Señora de Guadalupe (1709, mit wundertätigem Marienbild) musste nach Senkung des Untergrunds geschlossen werden (heute Museum), ein Neubau wurde 1977 eingeweiht. – Der **Frieden von G. H.** beendete 1848 den Krieg zw. Mexiko und den USA um Texas.

Guadarrama, Sierra de, östl. Teil des Kastil. Scheidegebirges in Zentralspanien, erreicht im Pico de Peñalara 2430 m ü. M.

Guadeloupe [gwadˈlup] (La G.), Inselgruppe der nördl. Kleinen Antillen, frz. Überseedép., 1705 km², (2003) 440 000 Ew., Hptst. ist Basse-Terre. Die Hauptinsel G. mit 1513 km², eine Doppelinsel, besteht aus der gebirgigen, bewaldeten Insel Basse-Terre (mit dem Vulkan Soufrière, 1467 m ü. M.) im W und der flachen, waldlosen Insel Grande-Terre im O, die durch den Meeresarm Rivière Salée getrennt sind. Zu G. gehören außerdem die Inseln Marie-Galante, Îles des Saintes, Îles de la Petite Terre, La Désirade, Saint-Barthélemy und der N-Teil von Saint-Martin. Die Bev. ist überwiegend afrikan. Abstammung und lebt vom Anbau und der Verarbeitung von Zuckerrohr; auch Bananen- und Gemüseanbau; Fremdenverkehr. Haupthafen und internat. Flughafen: Pointe-à-Pitre. – G. wurde 1493 von Kolumbus entdeckt, 1674 frz. Kolonie, seit 1946 Überseedépartement.

Guadiana [guaðiˈana] der, Fluss in Spanien und in Portugal, 778 km, entspringt mit mehreren Quellflüssen in der Sierra de Cuenca, durchfließt Neukastilien und die Extremadura, bildet im Unterlauf z. T. die spanisch-portugies. Grenze, mündet in den Golf von Cádiz; im Mittellauf große Stauseen für die Bewässerung.

Guadix [guaˈðiks], Stadt in Andalusien, Prov. Granada, Spanien, 964 m ü. M. in einem Hochbecken, 19 800 Ew.; Bischofssitz; Alfagrasindustrie, Nahrungsmittelverarbeitung. – Reste der arab. Stadtmauer, Burg aus der Maurenzeit mit wuchtigen Türmen, Kathedrale (1510–1796) auf dem Unterbau der ehem. Hauptmoschee. Das Stadtviertel Barrio de Santiago besteht aus Höhlenwohnungen, die von Gitanos bewohnt werden.

Guajakbaum (Guaiacum), tropisch-amerikan. Gattung der Jochblattgewächse; Bäume oder Sträucher mit lederartigen Laubblättern. Zwei Arten liefern hartes, schweres, stark harzhaltiges **Guajak-** oder **Pockholz.**

Guajakol [Kw. aus Guajak und Alkohol] *das* (2-Methoxyphenol), gewürzartig riechende Verbindung, die in Guajakharz und äther. Ölen enthalten ist. G. wird als Zwischenprodukt für die Synthese von Riechstoffen sowie als Hustenmittel verwendet.

Guajave *die*, Myrtengewächs, ↑Guave.

Guajiro [-ˈxiro], Indianerstamm, ↑Goajiro.

Guam [engl. gwɔm], größte und südlichste

Insel der Marianen, im westl. Pazif. Ozean, nicht inkorporiertes Territorium der USA mit Selbstverwaltung, 549 km², (2002) 162 000 Ew.; Hptst. ist Agaña. Haupterzeugnisse sind Mais, Bataten, Taro, Maniok, Bananen, Ananas; Erdölraffinerie, Zementfabrik, Textil- und Kunststoffind.; Fremdenverkehr. – 1521 von F. de Magalhães entdeckt, 1898 von Spanien den USA abgetreten, 1941–44 von Japan besetzt; seit 1944 Militärbasis der USA.

Guanabarabucht (Baía de Guanabara), vom Zuckerhut und ähnlichen Glockenbergen flankierte Bucht vom Rio de Janeiro, Brasilien, etwa 400 km²; Naturhafen; seit 1974 durch eine Brücke (13,9 km lang) überspannt.

Guanahani [gwɔːnəˈhɑːnɪ], früherer Name für die Insel ↑San Salvador.

Guanajuato [gu̯anaˈxu̯ato], **1)** Bundesstaat im Hochland der Rep. ↑Mexiko. **2)** Hptst. von 1), im S der Sierra Madre Occidental, 2 080 m ü. M., 49 000 Ew.; Univ.; Zentrum eines Agrar- und Bergbaugebietes. – Das malerische kolonialzeitl. Stadtbild mit zahlr. Barockbauten und die alten Bergwerksanlagen wurden von der UNESCO zum Weltkulturerbe erklärt. – 1548 gegr., bald bed. Silberbergbauzentrum.

Guanako [span.] *das,* ↑Kamele.

Guanamine, zykl. organ. Verbindungen; G. und ihre Derivate haben Bedeutung für die Herstellung von **G.-Harzen,** die für Klebstoffe und Formmassen verwendet werden.

Guanchen [-tʃ-] (Guantschen), die Urbewohner der Kanar. Inseln, seit der span. Eroberung (15. Jh.; damals 25 000 bis 30 000 Menschen) im Eroberervolk aufgegangen. Die hellhäutigen G. verkörperten eine Vorstufe der heutigen Berberkultur mit Resten von Grabstockbau.

Guangdong [guaŋdʊŋ] (Kwangtung), Provinz in SO-China, am Südchines. Meer, 178 000 km², 71,43 Mio. Ew., Hptst. ist Kanton. Durch Gebirge vom Jangtsekiangtal abgeschirmtes Bergland mit Ebenen im Mündungsgebiet des Xi Jiang; umfasst auch die Halbinsel Leizhou. Aufgrund des subtrop. bis trop. Klimas ist G. ein bed. Produzent von Zuckerrohr, Reis, Zitrusfrüchten, Bananen, Ananas, Tee, Tabak und Erdnüssen; Seidenraupenzucht; Fischerei. Abbau von Ölschiefer, Wolframerz, Kohle, Eisenerzen; Seesalzgewinnung; Nahrungsmittelind., Metallverarbeitung, Maschinenbau, Düngemittelerzeugung. An der Küste die Wirtschaftssondergebiete Shenzhen, Zhuhai und Shantou für Auslandsinvestitionen.

Guangxi Zhuang [guaŋçi dʒ-] (Kwangsi Tschuang), autonomes Gebiet im S Chinas, grenzt an Vietnam, 236 000 km², 44,89 Mio. Ew. (davon 33 % Zhuang; 12 andere Nationalitäten), Hptst. ist Nanning. Im Einzugsgebiet des oberen Xi Jiang liegendes Bergland, das nach S zur Küstenebene am Golf von Tonking abfällt. Das subtrop. Monsunklima erlaubt v. a. im S den Anbau von Reis und Zuckerrohr; Obstbau. Im waldreichen N Gewinnung von Sandelholz und Kork; Abbau von Zinnerz, Kohle und Manganerz (größte Zinn- und Manganvorkommen des Landes); des Weiteren Lagerstätten von Silber, Zink, Bauxit und Quecksilber. Bedeutend ist die Energieerzeugung aus Wasserkraft; seit 2001 Baubeginn des Großprojektes Longtan am Hongshui He, das nach Fertigstellung 2009 (Gesamtkapazität: 5 400 MW; 9 Turbinen) das landesweit zweitgrößte Wasserkraftbauwerk nach dem Drei-Schluchten-Staudamm sein wird. Verarbeitung landwirtsch. Produkte, Maschinenbau, chem., Zement- und Elektronikindustrie. Wichtigster Investor und Haupthandelspartner ist Hongkong. – 1958 gegr.

Guangzhou [-dʒəʊ], Stadt in China, ↑Kanton.

Guanidin *das* (Iminoharnstoff), unbeständige kristalline, stark bas. Verbindung. **G.-Salze** werden vorwiegend aus Dicyanamid und Ammoniumsalzen hergestellt. G. und seine Derivate haben Bedeutung als Sprengstoffe (z. B. Nitro-G.), Pharmazeutika und Vulkanisationsbeschleuniger in der Gummiindustrie.

Guanin *das,* Purinbase der Nucleinsäure, in vielen tier. und pflanzl. Organen; in Haut und Schuppen von Fischen und Reptilien. G. ist eine der Basen des genet. Codes.

Guano [span., aus Ketschua huano »Mist«] *der,* phosphor- und stickstoffreiche Ablagerung von Exkrementen von Kormoranen u. a. Seevögeln warmer Klimate; durch Umsatz mit Kalk wird Calciumphosphat gebildet; wichtiger Phosphatrohstoff, der als Düngemittel abgebaut wird.

Guanosin *das,* Bestandteil der Ribonu-

GUA Guantánamo

cleinsäure; Nucleosid aus Guanin und Ribose. – Im Zellstoffwechsel ist bes. das **G.-Triphosphat (GTP)** wichtig, das im Organismus als Phosphatdonator und Energielieferant dient.

Guantánamo, Hptst. der Provinz G. im östl. Kuba, in der Küstenebene, 207 800 Ew.; Zuckerfabriken u. a. Ind.; Flughafen. – Die 12 km südlich von G. gelegene **Bucht von G.** (Bahía de G.) musste Kuba 1903 als Flottenstützpunkt (insges. 114 km², heute mit Befestigungen und Flughafen) für 99 Jahre an die USA abtreten; für kuban. Handelsschiffe wurde die freie Durchfahrt zugesichert. Gegen den 1934 erneuerten Vertrag protestiert Kuba seit 1959 und fordert die Rückgabe der Bucht.

◆ siehe ZEIT Aspekte

Francesco Guardi: Blick auf einen Platz mit Palast (1775/80; Sankt Petersburg, Eremitage)

Guanyin [chines.] (japan. Kannon), ostasiat. buddhist. Gottheit der Barmherzigkeit; v. a. in China verehrt; gilt als Erscheinungsform des Bodhisattva Avalokiteshvara (des Bodhisattvas des Mitleids). Seit dem 9. Jh. oftmals als weibl. Gottheit dargestellt, erinnert die Darstellung seit dem 13. Jh. (vielfach mit einem Kind) an christl. Mariendarstellungen.

Guaporé, Rio, rechter Nebenfluss des Río Mamoré, rd. 1 800 km; entspringt in Brasilien, bis zum Oberlauf schiffbarer Grenzfluss zw. Bolivien und Brasilien.

Guaraní der, Abk. **G**, Währungseinheit in Paraguay; 1 G. = 100 Céntimo (cts).

Guaraní, durch gemeinsame Sprache verbundene indian. Volksgruppen der Tupí-Guaraní-Sprachfamilie (↑ Tupí-Guaraní) in Südamerika, etwa 90 000 Angehörige. Fünf ehem. Reduktionen (Missionsdörfer) der Jesuiten in Argentinien (4) und in Brasilien (1) gehören zum UNESCO-Weltkulturerbe.

Guarda, Hptst. des Distrikts G. (5 518 km², 1991: 187 800 Ew.) im Zentrum der Beira Alta, Portugal, östl. der Serra da Estrêla in 1 050 m ü. M. gelegen, 18 200 Ew.; Textilind., Kfz-Montage; Eisenbahnknotenpunkt. – Kathedrale (14.–16. Jh.).

Guardafui, Kap [portugies. »hüte dich«], hohes Felsenkap an der NO-Spitze der Somalihalbinsel, Somalia.

Guardi, Francesco, italien. Maler, * Venedig 5. 10. 1712, † ebd. 1. 1. 1793; malte Ansichten von Venedig, venezian. Feste und stimmungsvolle Lagunenlandschaften. G. löste sich von der realist. Vedutenmalerei und schuf atmosphärisch schimmernde Bilder von diffuser räuml. Tiefe.

Guardia civil [ˈguardia θiˈβil], span. Gendarmerie, gegr. 1844, Teil des Heeres, untersteht dem Innenminister.

Guardian [italien. guardiano bzw. mlat. guardianus, eigtl. »Wächter«] der, in den franziskan. Ordensfamilien der jeweils auf drei Jahre ernannte Obere eines Konvents.

Guardian, The [ðə ˈɡɑːdjən], liberale brit. Handelszeitung, gegr. 1821 als »The Manchester Guardian«, seit 1855 Tageszeitung, seit 1959 jetziger Titel; übernahm 1993 den »Observer«, die älteste Sonntagszeitung der Welt (gegr. 1791).

Guardini, Romano, kath. Religionsphilosoph und Theologe italien. Herkunft, * Verona 17. 2. 1885, † München 1. 10. 1968; Prof. in Berlin (1939 Zwangsemeritierung), Tübingen und München; führende Persönlichkeit der kath. Jugendbewegung (Quickborn) und der dt. liturg. Bewegung. G. befasste sich, von einem christlich-existenziellen Denkansatz ausgehend, u. a. mit der Frage, wie der religiöse Mensch die Lebensprobleme gelöst hat bzw. löst, so in Studien über B. Pascal (»Christliches Bewußtsein«, 1935), Augustinus und Hölderlin (»Die Bekehrung des Aurelius Augustinus«, 1936; »Hölderlin«, 1939), in »Der Mensch und der Glaube, Versuche über die religiöse Existenz in Dostojewskijs großen

Romanen« (1933) sowie in »Das Ende der Neuzeit« (1950). – 1952 erhielt G. den Friedenspreis des Dt. Buchhandels, 1962 den Erasmuspreis.
📖 *Gerl, H.-B.: R. G. Leben u. Werk, 1885–1968. Neuausg. Leipzig 1990. – Brüske, G.: Anruf der Freiheit. Anthropologie bei R. G. Paderborn u. a. 1998.*

Guareschi [gua'reski], Giovanni, italien. Schriftsteller, *Fontanelle (heute zu Roccabianca, Prov. Parma) 1. 5. 1908, † Cervia 22. 7. 1968; Verfasser heiter-satir. Romane und Erzählungen, v. a. um den streitbaren Priester Don Camillo und den kommunist. Bürgermeister Peppone (»Don Camillo und Peppone«, R., 1948; mehrere Fortsetzungen und Verfilmungen).

Guarini, 1) Giovanni Battista, italien. Dichter, *Ferrara 10. 12. 1538, † Venedig 7. 10. 1612; schuf mit seinem Schäferdrama »Il pastor fido« (1580; dt. »Der treue Schäfer«) die neue Gattung der Tragikomödie.
2) Guarino, italien. Baumeister, Mathematiker, Philosoph, *Modena 17. 1. 1624, † Mailand 6. 3. 1683; Theatinermönch, führte die von F. Borromini eingeleitete Entwicklung der Barockarchitektur zu einem Höhepunkt. Er gestaltete Innenräume in der Durchdringung zylindr. Raumkörper, mit ineinander sich schneidenden runden und ovalen Kompartimenten und konkav und konvex schwingenden Wänden, wobei auch der Langbau zentralisierenden Tendenzen unterliegt. Seine von frei schwingenden Rippen vergitterten Kuppeln erzeugen eine verklärende Lichtwirkung. G. war von starkem Einfluss auf dt. Baumeister (Brüder Dientzenhofer, B. Neumann). Bauten G.s in Turin: San Lorenzo (um 1668–80, 1687 posthum vollendet); Cappella della Santissima Sindone am Dom (1668–82, 1694 posthum vollendet); Fassade des Palazzo Carignano (1679–85).

Guarneri (Guarnerius), italien. Geigenbauerfamilie in Cremona. Der Stammvater Andrea G. (*vor 1626, † 1698) war Schüler des Nicola Amati; Giuseppe Antonio G. (*1698, † 1744) gilt als der bedeutendste italien. Geigenbauer neben A. Stradivari. Das von ihm benutzte Zeichen IHS (= Iesum Habemus Socium) trug ihm den Beinamen »del Gesù« ein.

Guaschmalerei, ↑ Gouachemalerei.

Guastalla, Stadt in der Emilia-Romagna, Italien, Prov. Reggio nell'Emilia, am Po, 13 900 Ew.; Käsereien, Leder-, Holzindustrie. – Dom (16. Jh.), barocker Palast Gonzaga mit Groteskendekorationen. – G., im 7. Jh. von Langobarden gegr., kam 1539 an die Familie Gonzaga, wurde 1621 Herzogtum und kam 1748 an Parma; 1806 erhielt Napoleons Schwester Pauline Borghese das Herzogtum, 1815 wurde es seiner Gemahlin Marie Louise überlassen, 1848 fiel es an Modena und wurde mit diesem 1860 mit dem Königreich Italien vereinigt.

Guatemala

Fläche	108 889 km²
Einwohner	(2003) 12,347 Mio.
Hauptstadt	Guatemala
Verwaltungsgliederung	22 Departamentos
Amtssprache	Spanisch
Nationalfeiertag	15. 9.
Währung	1 Quetzal (Q) = 100 Centavo (c, cts)
Zeitzone	MEZ – 7 Std.

Guatemala (amtlich span. República de Guatemala; dt. Rep. G.), Staat in Zentralamerika, zw. Pazifik und Karib. Meer, grenzt im W und N an Mexiko, im NO an Belize, im SO an Honduras und El Salvador. **Staat und Recht:** Nach der Verf. vom 15. 1. 1986 (1994 durch Referendum revidiert) ist G. eine präsidiale Rep. mit Mehrparteiensystem. Staatsoberhaupt und Reg.chef ist der auf 4 Jahre direkt gewählte Präs. Er ernennt und entlässt die Mitgl. des Kabinetts. Die Legislative liegt beim Kongress (158 Abg., für 4 Jahre gewählt). Einflussreichste Parteien: Große Nat. Allianz (GANA, Dreiparteienbündnis), Republikan. Front G.s (FRG), Nat. Einheit der Hoffnung (UNE), Partei des Nat. Fortschritts (PAN), Allianz Neue Nation (ANN).
Landesnatur: G. ist überwiegend ein Gebirgsland. Im nordwestl. Zentrum liegen

GUA Guatemala

Guatemala: Sololá am Atitlánsee im zentralen Hochland des Landes, im Hintergrund der Vulkan San Pedro

die bis 3 800 m hohen Altos Cuchumatanes (nördl. Zweig der Kordilleren); der südl. Zweig der Kordilleren, die Sierra Madre, setzt sich aus Kettengebirgen, Bergländern und Hochflächen zusammen. Am Abfall zur 30–50 km breiten Küstenebene am Pazifik liegt längs einer erdbebenreichen Bruchzone eine Reihe von z. T. noch aktiven Vulkanen (Tajumulco 4 220 m ü. M., Tacaná 4 064 m ü. M.). Im N (Petén) hat G. Anteil an der Hügellandschaft der Halbinsel Yucatán, im O am karib. Küstentiefland. Starke Erdbeben haben im Land mehrfach schwerste Zerstörungen verursacht. – G. hat trop. Klima (Regenzeit von Mai bis November); die mittleren Jahrestemperaturen nehmen von 25–30 °C im Tiefland auf 18-20 °C im mittleren Hochland ab. Der N ist von immerfeuchtem Regenwald (erhebl. Raubbau an vielen wertvollen Holzarten wie Mahagoni und Harthölzern), z. T. auch von Kiefernsavannen bedeckt. Die luvseitigen Gebirge tragen trop. Berg- und Nebelwald, im trockeneren Binnenhochland treten Eichen-Kiefern-Mischwälder und Savannen auf. Das pazif. Küstentiefland wird von trop. Feucht- (im W) und Trockenwald (im O) eingenommen.
Bevölkerung: G. ist das einzige Land Zentralamerikas mit überwiegend indian. Bev. (rd. 55 % sind reine Indianer, v. a. Quiché und Cakchiquel, 42 % Mestizen, so genannte »Ladinos«); 3 % sind Weiße und Schwarzafrikaner (an der Karibikküste). Der N (Petén) und das karib. Küstentiefland sind dünn besiedelt, Hauptsiedlungsraum ist das südl. Hochland. Das Bev.wachstum beträgt 2,6 %; über die Hälfte der Bewohner leben unter der Armutsgrenze. 40 % der Einwohner leben in der Stadt. – Über 70 % der Bev. gehören der kath. Kirche an, 25–30 % prot. Kirchen. – Es besteht eine neunjährige allgemeine Schulpflicht. Die Analphabetenquote beträgt 31 %. Es gibt fünf Univ.; älteste Univ. ist die Universidad de San Carlos (gegr. 1676) in Guatemala.
Wirtschaft und Verkehr: G. gehört zu den industriell am weitesten entwickelten Ländern Zentralamerikas, obwohl auch hier der Agrarbereich dominiert, der zwei Drittel des Exportwerts erbringt. Rd. 40 % der Gesamtfläche werden landwirtschaftlich genutzt. Die meisten kleinbäuerl. Betriebe produzieren weitgehend für den Eigenbedarf, überwiegend im Hochland (u. a. Mais, Bohnen, Reis). Wenige (z. T. US-amerikan.) Großbetriebe liefern den größten Teil der Exportgüter, so 80 % des Kaffees (größter Produzent Zentralamerikas; Anbau im Hochland), Baumwolle, Rohrzucker, Kardamom sowie Bananen, bes. im pazif. Küstentiefland, wo auch extensive Rinderhaltung betrieben wird. Etwa 30 % des Landes sind noch mit Wald (v. a. unkontrollierter Holzeinschlag zur Brennholzgewinnung und Rodung zur Anlage von Plantagen und Weiden) und Buschland bedeckt. Der in den Wäldern von Petén gesammelte Chicle (Saft des Sapotillbaums) dient als Rohstoff für die Kaugummiind. der USA. Relativ wenig genutzt werden die Bodenschätze (u. a. Blei, Zink, Chrom, Kupfer); seit 1975 wird Erdöl gefördert und teilweise exportiert. Die Ind. stellt v. a. Nahrungsmittel, Getränke und Textilien

Guatemala GUA

her. 70 % der Ind.betriebe befinden sich in der Hauptstadt. Bedeutung hat auch das Kunsthandwerk der Indianer (bes. Weberei). Der Fremdenverkehr spielt zunehmend eine wichtige Rolle, Anziehungspunkte sind v. a. die Zeugnisse der Mayakultur. - Von rd. 14 000 km Straßen haben 3 100 km eine feste Decke. Die Carretera Interamericana durchzieht das Hochland, parallel zu ihr verläuft die Carretera Pacifica im pazif. Tiefland. Wichtigste Häfen sind Puerto Quetzal bei San José und Champerico (Fischereihafen) am Pazifik, Santo Tomás de Castilla bei Puerto Barrios an der karib. Küste. Nahe der Hptst. liegt der internat. Flughafen Aurora.

Geschichte: G. ist altes Siedlungsgebiet der Maya; etwa ab 1200 beherrschten die Stämme der Quiché und Cakchiquel das Hochland. Ab 1524 drangen die Spanier unter der Führung von P. de Alvarado in das Land ein und gründeten 1570 die Audiencia de G., die später zus. mit den Territorien der heutigen Staaten Honduras, El Salvador, Costa Rica und einem Teil S-Mexikos das Generalkapitanat G. bildete. Dieses löste sich 1821 von Spanien und schloss sich dem Kaiserreich Mexiko an, 1823-39 der Zentralamerikan. Föderation. Machtkämpfe zw. Liberalen und Konservativen bestimmten bis ins 20. Jh. hinein die Politik, zunehmend beeinflusst von den Pflanzergesellschaften aus den USA, bes. der United Fruit Company.

General J. Ubico (1931-44) gelang zwar eine gewisse Stabilisierung von Staat und Wirtschaft, doch ging sie einher mit verstärkten sozialen Repressionen. Nach seinem Sturz bemühten sich seine - gewählten - Nachfolger J. J. Arévalo (1945-51) und J. Arbenz Guzmán (1951-54) um Reformen (u. a. radikale Bodenreform mit Enteignung in- und ausländ. Grundbesitzer), doch wurden diese nach einem von den USA unterstützten Putsch 1954 wieder zurückgenommen. Seit der Wende von den 1950er- zu den 1960er-Jahren entwickelten sich die sozialen Spannungen in G. zu einem Bürgerkrieg zw. den Militärs der Reg. und der Guerilla-Organisation URNG (Nationale Revolutionäre Einheit Guatemalas). Bis 1965/66 regierten von neuem die Militärs, auch die folgenden gewählten Regierungen wurden von ihnen beherrscht. Der Putsch von General J. E. Ríos Montt 1982 setzte die Verf. außer Kraft, jede Opposition wurde mit Gewalt unterdrückt. 1983 übernahm ebenfalls durch Putsch General O. H. Mejía Victores die Macht, er führte schrittweise eine Zivilverw. ein und ließ 1984 Wahlen zu einer verfassunggebenden Versammlung abhalten. Dennoch blieben auch unter dem gewählten Präs. M. V. Cerezo Arévalo (1985-91) die Militärs in wichtigen Machtpositionen.

Das innenpolit. Klima wurde weiterhin von Gewalt, Putschversuchen und Guerillabewegungen bestimmt (fast 200 000 Opfer). Durch die Verleihung des Friedensnobelpreises 1992 an die Quiché-Indianerin Rigoberta Menchú wurde die Aufmerksamkeit der Weltöffentlichkeit bes. auf die Unterdrückung der indian. Bev. gelenkt. Unter Präs. J. Serrano Elias (1991-93) begannen Friedensgespräche in Anwesenheit eines UN-Vertreters. Nachdem der Präs. im Mai 1993 die Verf. suspendiert hatte, wurde er selbst vom Militär abgesetzt, zum Nachfolger wurde der Menschenrechtsbeauftragte R. de León Carpio (im Amt bis Anfang 1996) ernannt. Unter seiner Reg. wurden die Friedensgespräche mit der URNG - trotz vieler Rückschläge - weitergeführt. Die Guerilla-Organisation rief erstmals zur Beteiligung an den Präsidentschaftswahlen Ende 1995 auf, die der Kandidat der PAN, E. A. Arzú Irigoyen, im Jan. 1996 im 2. Wahlgang gewann. Im April 1996 verkündete die URNG einen unbefristeten Waffenstillstand, am 29. 12. 1996 trat das Friedensabkommen in Kraft, in den folgenden Jahren wurde das Land allmählich entmilitarisiert. Die Präsidentschaftswahlen im Dez. 1999 entschied im 2. Wahlgang A. Portillo (FRG) für sich. Er wurde zum Jan. 2004 von O. Berger abgelöst, der mit dem aus drei kleinen konservativen Parteien bestehenden Bündnis GANA die Präsidentschaftswahlen im Dez. 2003 gewann. Seine wichtigsten Aufgaben sind die Überwindung der schweren Wirtschaftskrise und die Fortführung der inneren Befriedung des Landes, zu der die Aufarbeitung der Menschenrechtsverletzungen und die Teilhabe der indian. Bev. am gesellschaftl. und polit. Leben gehören.

📖 *Riekenberg, M.: Zum Wandel von Herrschaft u. Mentalität in G. Köln u. a. 1990. - Politik u. Gesch. in Argentinien u. G. (19./20. Jh.), hg. v. M. Riekenberg. Frankfurt am Main 1994. - Brosnahan, T: Ostmexiko-, G.- u. Belize-Handbuch. Dt. Bearb.:*

GUA Guatemala

Guatemala: Nationalpalast in der Hauptstadt

U. Schwark. A. d. Engl. Bremen 1995. – G. – Ende ohne Aufbruch, Aufbruch ohne Ende? Aktuelle Beiträge zu Gesellschaftspolitik, Wirtschaft u. Kultur, hg. v. F. Birk. Frankfurt am Main 1995. – Honner, B.: G.-Handbuch. Bielefeld ³1995.

Guatemala (Ciudad de G.), Hptst. der Rep. G. und bedeutendste Stadt Zentralamerikas, im zentralen Hochland, 1 500 m ü. M., 1,02 Mio. Ew.; wirtsch. und kulturelles Zentrum des Landes; Erzbischofssitz; fünf Univ., Museen, botan. und zoolog. Garten; Verkehrsknotenpunkt an der Carretera Interamericana, internat. Flughafen. – Die koloniale Altstadt (u. a. fünfschiffige Kathedrale, begonnen 1782, Türme nach Erdbebenschäden erneuert) wurde von der UNESCO zum Weltkulturerbe erklärt. – 1776 erfolgte die Gründung (die beiden Vorgängerstädte wurden 1541 bzw. 1773 durch Naturkatastrophen zerstört), erneute schwere Erdbeben 1917/18 und 1976.

guatemaltekische Literatur, zählt zur lateinamerikan. Literatur in span. Sprache. Der Modernismus fand seine bedeutendste Ausprägung in der Prosa von E. Gómez Carrillo (* 1873, † 1927). Indigenist. und sozialkrit. Romane schreibt M. Monforte Toledo (* 1911), Essayist und Lyriker war L. Cardoza y Aragón (* 1904, † 1992). Als hervorragendste Gestalt gilt M. Á. Asturias (Nobelpreis für Literatur 1967). Die um 1960 einsetzende Repression zwang viele Autoren ins Exil. Die Gegenwartsliteratur vertreten u. a. M. A. Carrera (* 1945), der in Mexiko lebende A. Monterroso (* 1921), M. A. Flores (* 1937) und F. Galich (* 1951).

Guattari, Félix, französ. Philosoph und Psychoanalytiker, * Villeneuve-les-Sablons (Dép. Oise) 1930, † Paris 29. 8. 1992; Schüler J. Lacans; arbeitete ab 1953 als Psychoanalytiker an der alternativen Klinik »La Borde« (Cour-Cheverny), bemüht um eine »revolutionäre psychiatr. Praxis« (Selbstverwaltung, dynam. Gruppenstrukturen u. a.). G. und G. Deleuze bestimmten (entgegen S. Freud und Lacan) in »Anti-Ödipus« (1972) und »Tausend Plateaus« (1980), bewusst antiwissenschaftlich, das Unbewusste als lediglich sozial bedingt.

Guave [zu span. guyaba, aus einer mittelamerikan. Indianersprache] die (Guajave, Psidium guajava), in den Tropen angebautes Myrtengewächs; kleiner, weiß blühender Baum oder Strauch mit apfel- bis birnenförmigen Früchten mit hohem Vitamin-C-Gehalt; Verwendung z. B. als Frischobst oder Saft.

Guayana (engl. Guiana, frz. Guyane), Landschaft im NO Südamerikas, zw. Orinoco, Atlant. Ozean und Amazonastiefland, umfasst etwa 1,5 Mio. km², größtenteils gebirgig (Bergland von G., rd. 1 000–1 500 m ü. M., im Pico da Neblina 3 014 m) und mit trop. Regenwald (die inneren Plateaus mit Savannen) bedeckt; im SW-Teil ragen steilwandige Tafelberge (in Venezuela Tepuis gen.) und Plateaus auf, von denen die Flüsse z. T. in gewaltigen Wasserfällen (↑Angelfall) herabstürzen. Längs der Küste erstreckt sich ein tropischfeuchtes, z. T. versumpftes Tiefland.

Geschichte: Die Küste von G. wurde 1499 entdeckt. Da das Gebiet nicht fest an portugies. oder span. Interessen gebunden war, nahmen es im 16./17. Jh. Niederländer,

Engländer und Franzosen ein. Bis 1815/16 wurden die Besitzungen häufig ausgetauscht, der Wiener Kongress und der Vertrag von London teilten G. in Britisch-G. (heute ↑Guyana), in Niederländisch-G. (↑Surinam) und ↑Französisch-Guayana. Das bedeutend größere Hinterland gehört zu Brasilien und Venezuela.

Guayaquil [-'kil], Haupthafen und größte Stadt Ecuadors, am Golf von G. (bis 170 km breit) des Pazifiks, 1,97 Mio. Ew.; Erzbischofssitz; drei Univ., TH, Forschungsinstitute; Erdölraffinerien, chem., Eisen-, Holzind.; internat. Flughafen; Vorhafen Puerto Maritimo. – G. wurde 1537 gegr.; erlitt 1942 schwere Erdbebenschäden.

Guaymas (amtl. Heroica G.), Stadt im Bundesstaat Sonora, Mexiko, am Golf von Kalifornien, 105 000 Ew.; Seebad; Fischfang und -verarbeitung; Hafen.

Gubaidulina, Sofia Asgatowna, russ.-tatar. Komponistin, * Tschistopol (Tatarstan) 24. 10. 1931; lebt seit 1992 in Dtl. Ihre Werke, im westl. Ausland seit Mitte der 60er-Jahre mit zunehmendem Erfolg aufgeführt, fanden in ihrer Heimat erst nach der Perestroika öffentl. Resonanz. Ihre Kompositionen sind eine Synthese westl. und östl. Musikkultur.
Werke: Orchesterwerke: Concerto (1978; für Orchester u. Jazzband); Sieben Worte (1982; für Violoncello, Bajan [Knopfharmonika] und Streicher); Stimmen ... verstummen ... (1986; Sinfonie); Violoncellokonzert (1991); Zeitgestalten (1995); Im Schatten des Baumes (1998; für Koto, Bass-Koto, Zheng und Orchester). – Vokalsinfon. Werke: Nacht in Memphis (1968; Kantate für Mezzosopran, Männerchor und Orchester); Alleluja (1990; für Chor, Knabensopran, Orgel und Orchester). – Kammermusik: 4 Streichquartette (1979–94); Im Anfang war der Rhythmus (1984; für 7 Schlagzeuger); Konzert für Violine, Flöte und Kammerorchester (1997). – Vokalwerke: Hommage à T. S. Eliot (1987; für Sopran und Oktett); Sonnengesang (1997; für Kammerchor, Violoncello und 2 Schlagzeuge). – Ballett: Medea-Landschaften (1992). – Klavierwerke, Filmmusiken.

Gubbio, Stadt in Umbrien, Prov. Perugia, Italien, in einem Hochbecken des Apennin, 31 600 Ew.; Bischofssitz, Inst. für umbr. Studien, Museum, Gemäldegalerie; Wollverarbeitung, Majolikaherstellung. – G. ist reich an Bauten des MA. und der Renaissance, u. a. Dom (13./14. Jh.), Palazzo dei Consoli (14. Jh.) und Palazzo Ducale (1476 begonnen). – G. ist das antike **Iguvium,** einst eine bedeutende umbr. Stadt; Fundort der ↑Iguvinischen Tafeln.

Guben (1961–90 Wilhelm-Pieck-Stadt Guben), Stadt im Landkreis Spree-Neiße, Brandenburg, an der Lausitzer Neiße, 26 200 Ew.; chem. Ind., Tuch-, Hutwerk; Ausbau des Areals des ehem. Chemiefaserwerkes zum Industriepark; Grenzübergänge nach Polen. Der östlich der Neiße gelegene Teil G.s gehört seit 1945 als eigenständige Stadt **Gubin** (29 300 Ew.) zu Polen (Wwschaft Lebus), bildet aber mit G. eine Eurostadt. – G. wurde um 1200 gegründet, erhielt 1235 Magdeburger Stadtrecht, kam 1303 mit der Niederlausitz an Brandenburg, 1367 an Böhmen, 1635 an Kursachsen, 1815 an Preußen. G. war bis 1993 Kreisstadt.

Gucci [-tʃi], italien. Modeunternehmen, 1904 von Guccio G. (* 1881, † 1953) in Florenz als Lederwarenfabrik gegr.; mit Übernahme der Fabrik durch die Söhne wurde das Angebot von Taschen auf Schuhe, Tücher, Krawatten und seit 1978 auf klass. Damen- und Herrenmode erweitert. Der entscheidende Aufschwung kam 1994 mit dem US-amerikan. Designer Tom Ford (* 1962), der die »G.-Mode« durch einen minimalist., erotisch-körperbetonten Stil unter Verwendung neuester Materialien und bevorzugt hochhackiger Schuhe zu einer verjüngten Prestigemarke bes. bezüglich des Accessoires machte; auch Parfüms.

Guckkastenbühne, neuzeitl. Bühnenform, die sich seit dem 17. Jh. gleichzeitig mit dem Entstehen fester Theaterbauten allgemein durchsetzte (erstmals 1619 im Teatro Farnese in Parma; Ende des 19. Jh. in ganz Mitteleuropa verbreitet). ↑Theater

Gudbrandsdal ['gubransda:l], wald- und siedlungsreiche Talschaft O-Norwegens mit alter bäuerl. Kultur, wichtiges Fremdenverkehrsgebiet.

Gudea, neusumer. Stadtfürst (um 2080 bis 2060 v. Chr.) der so genannten 2. Dynastie von Lagasch; beherrschte den größten Teil S-Babyloniens. Seine Bauinschriften auf Tonzylindern sind die bedeutendsten Zeugnisse der älteren sumer. Literatur. Von ihm sind Stand- und Sitzbilder überliefert, bed. Zeugnisse der sumer. Kunst.

GUD Gudenå

Gudenå [ˈguːðnɔː], längster (158 km) und wasserreichster Fluss Dänemarks, in O-Jütland, mündet in den Randersfjord.

Guderian, Heinz, Generaloberst (seit 1940), * Culm (heute Chełmno) 17. 6. 1888, † Schwangau 14. 5. 1954; nach 1934 maßgeblich am Aufbau der dt. Panzerwaffe beteiligt, war im Zweiten Weltkrieg Befehlshaber einer Panzerarmee (im Dez. 1941 abgesetzt). 1943 wurde er Generalinspekteur der Panzertruppen, 1944/45 war er Chef des Generalstabs des Heeres.

Gudrun, Heldin des mittelhochdt. Epos ↑Kudrun.

Gudzuhn, Jörg, Schauspieler, * Seilershof (Landkreis Oberhavel) 23. 3. 1945; kam 1976 an das Maxim Gorki Theater und 1987 an das Dt. Theater; auch Rollen bei Fernsehen und Film: »Die Grünstein-Variante« (1984, Fernsehfilm), »Fallada – letztes Kapitel« (1988), »Ende der Unschuld« (1991, Fernsehfilm), »Das Phantom – Die Jagd nach Dagobert« (1994, Fernsehfilm), »Viel Spaß mit meiner Frau« (1997, Fernsehfilm).

Guebwiller [gebviˈlɛːr], Stadt in Frankreich, ↑Gebweiler.

Guedes [-z], Joaquim, brasilian. Architekt und Städteplaner, * São Paulo 18. 6. 1932; einer der wichtigsten Vertreter der postmodernen Architektur in Brasilien.

Guelfen und Ghibellinen [gɛ-, gi-], die großen italien. Parteien, deren Entstehung auf die Kämpfe zw. Anhängern des Welfen (italien. »Guelfi«) Otto IV. und des Staufers Friedrich II. (nach dem alten stauf. Besitz Waiblingen »Waiblinger« gen., italien. »Ghibellini«) in den Jahren 1212–18 zurückgeht; die Bez. ist zuerst um 1240 in Florenz nachweisbar. Die päpstlich gesinnten Gegner des Kaisertums, die Guelfen, kämpften z. T. erbittert gegen die Anhänger des Reiches, die Ghibellinen. Nach dem Untergang der Staufer (1268) wurden die Bezeichnungen auf andere polit. und soziale Gegensätze übertragen (z. B. Guelfen: Volkspartei, Ghibellinen: Adel). Obwohl der Gebrauch der Bez. 1334 verboten wurde, blieben sie als Namen der unversöhnl. Parteien in den italien. Städten bis ins 17. Jh. lebendig.

Guêpière [gɛˈpjɛːr], Pierre Louis Philippe de la, frz. Baumeister und Architekturtheoretiker, * um 1715, † Paris 30. 10. 1773. Die von ihm geschaffenen Lustschlösser Solitude bei Stuttgart (1763–67; zus. mit J. F. Weyhing) und Monrepos bei Ludwigsburg (1764–67) vermittelten die klassizistisch strengen Formen des Louis-seize nach Süddeutschland.

Guercino [guerˈtʃiːno], eigtl. Giovanni Francesco Barbieri, gen. il G. (»der Schielende«), italien. Maler, getauft Cento (heute zu Budrio, Prov. Bologna) 8. 2. 1591, † Bologna 22. 12. 1666. Seine malerische weiche, doch kraftvolle Helldunkelmalerei von barockem Pathos wich unter zunehmendem Einfluss von G. Reni einer Ton-in-Ton-Malerei mit kalter Lichtgebung. Wichtige Werke sind u. a. Grablegung der hl. Petronilla (1621, Rom, Museo Capitolino); Deckenfresko (Aurora) im Casino Ludovisi (1621), Rom.

Guéret [geˈrɛ], Hptst. des frz. Dép. Creuse, 437 m ü. M. im Zentralmassiv, 15 700 Ew.; Schmuckherstellung, Metallverarbeitung. – Schloss (Hôtel des Moneyroux, 15. und 16. Jh.). – G. wurde im 13. Jh. Hptst. der Grafschaft Marche.

Guericke [ˈgeː-] (Gericke), Otto von (seit 1666), Ingenieur und Physiker, * Magdeburg 30. 11. (20. 11. alten Stils) 1602, † Hamburg 21. 5. (11. 5. alten Stils) 1686; studierte in Leipzig, Helmstedt und Jena Jura und ergänzte seine Ausbildung durch naturwiss. Studien in Leiden; Ratsherr und Bürgermeister von Magdeburg; erfand die Luftpumpe, untersuchte Ausdehnung und Druck der Luft und führte Versuche mit luftleer gepumpten Kesseln durch. Damit gelang ihm der experimentelle Nachweis, dass ein Vakuum künstlich herstellbar ist. Weithin berühmt wurde er durch öffentl. Demonstrationsversuche, z. B. durch die von ihm konstruierten ↑Magdeburger Halbkugeln. G. erfand außerdem ein Manometer, baute ein über 10 m langes, mit Wasser gefülltes Hebebarometer («Wettermännchen»), erkannte die Beziehungen zw. Wetter und Luftdruck und befasste sich mit Effekten der elektr. Abstoßung, Influenz und Leitung (erste Elektrisiermaschine). 📖 Schneider, D.: Otto v. G. Ein Leben für die alte Stadt Magdeburg. Stuttgart ²1997.

Guéridon [geriˈdɔ̃, frz.] der, hohes, zierl., häufig rundes Abstelltischchen, das in der Barockzeit aufkam und zu den Luxusmöbeln gehörte.

Guerilla [geˈriʎa; span. »kleiner Krieg«] die, seit den span. Befreiungskämpfen (1808–14) gegen die frz. Besetzung in Gebrauch gekommene Bez. für bewaffnete Erhebungen in Form irregulärer Kriegführung gegen den eigenen Staat bzw. ein fremdes Besatzungs- oder Kolonialregime mit dem Ziel, die bestehende Herrschaftsordnung zu verändern; auch Bez. für diese Einheiten selbst bzw. ihre Mitgl. (**Guerilleros**) insgesamt. Die G. kämpft verstreut in bewegl. Einheiten und bevorzugt den Überraschungsangriff, den Hinterhalt und die Sabotage. Mao Zedong und Che Guevara haben den G.-Krieg als schlagkräftiges Instrument der Volksbefreiung gegen kolonialist. und neokolonialist. Regime propagiert. Nach dem Völkerrecht genießen G.-Kämpfer im Falle ihrer Gefangennahme den Status von Kriegsgefangenen, sofern sie die Waffen offen tragen. – Die Stadt-G. (z. B. die Tupamaros in Uruguay) konzentrieren ihre Zerstörungsaktionen auf die Verletzlichkeit hoch zivilisierter städt. Lebensformen, um die Ind.gesellschaften in ihren »Metropolen« zu schwächen. (↑Partisan)

Guérin [ge'rɛ̃], Maurice de, frz. Dichter, *Schloss Le Cayla (bei Albi) 4. 8. 1810, †ebd. 19. 7. 1839; gestaltete in formvollendeten Prosagedichten pantheist. und romant. Lebensgefühl (»Der Kentauer«, 1840; »Die Bacchantin«, 1861).

Guernica y Luno [gɛr'nika i 'luno], Stadt im span. Baskenland, ↑Gernika-Lumo.

Guernsey ['gəːnzɪ], eine der direkt der brit. Krone unterstehenden ↑Kanalinseln, 63 km² groß, 58 900 Ew.; an der O-Küste liegt der Hauptort und Hafen Saint Peter Port. Mildes Klima, daher Anbau von Tomaten und Blumen, Fremdenverkehr; Elektronikind.; internat. Finanzzentrum.

Guerrero [gɛ'rrero], Bundesstaat im S von ↑Mexiko.

Guerrouj [gɛ'rui], Hicham El, marokkan. Leichtathlet (Mittelstreckenläufer), *Berkane (bei Oujda) 14. 9. 1974; über 1 500 m Weltmeister (1997, 1999, 2001, 2003) und Hallenweltmeister (1995, 1997), über 3 000 m Hallenweltmeister (2001), Doppelolympiasieger 2004 (1 500 m, 5 000 m).

Guevara [gɛ'βara], Antonio de, span. Schriftsteller, *Treceño (Prov. Santander) um 1480, †Mondoñedo (Prov. Lugo) 3. 4. 1545; Franziskaner (seit 1505), 1512 Hofprediger, Chronist Karls V., dann Bischof von Guadix (1528) und Mondoñedo (1542). Als Moralphilosoph zeichnete er in seinem Fürstenspiegel »Lustgarten und Weckuhr« (1529) in fiktiven Briefen Kaiser Mark Aurels das Idealbild des Herrschers.

Guevara Serna [ge'βara -], Ernesto, gen. Che Guevara, kuban. Politiker, *Rosario (Argentinien) 14. 6. 1928, † in Bolivien 9. 10. 1967; Arzt, beteiligte sich als Guerillaführer am Aufstand von F. Castro Ruz gegen die Herrschaft von F. Batista y Zaldívar auf Kuba. Als Präs. der kuban. Nationalbank (1959–61) und Industrie-Min. (1961–65) hatte er maßgebl. Anteil an der Sozialisierung der kuban. Wirtschaft und Gesellschaft. Ab 1966 suchte er in Bolivien eine revolutionäre Bewegung aufzubauen, wurde gefangen genommen und sofort erschossen. G. S. wurde eine Leitfigur der Befreiungsbewegungen in der Dritten Welt und der Studentenbewegung von 1968. Er schrieb u. a. Aufsätze zur Guerillastrategie.

📖 *Löwy, M.: Che Guevara. A. d. Frz. Köln* ²*1993.* – *May, E.: Che Guevara mit Selbstzeugnissen u. Bilddokumenten. Reinbek 67.–69. Tsd. 1994.*

Gugelhupf [zu Gugel und Humpen], österr., schweizer., elsäss. und süddt. Bez. für einen Napfkuchen aus Hefeteig.

Guggenheim, 1) Meyer, amerikan. Unternehmer, *Lengnau (bei Biel, Schweiz) 1. 2. 1828, †Palm Beach (Fla.) 15. 3. 1905; wanderte 1847 in die USA aus, wurde durch Finanzierung von Blei- und Silberhütten zum Begründer des G.-Unternehmen. Einer seiner sieben Söhne, der Unternehmer Daniel G. (*1856, †1930) gründete die »Daniel and Florence G. Foundation« und den »G. Fund for the Promotion of Aeronautics«.

2) Paul, schweizer. Völkerrechtslehrer, *Zürich 15. 9. 1899, †Genf 31. 8. 1977; Prof. in Genf, Mitgl. des Ständigen Schiedshofs in Den Haag (seit 1952); schrieb »Lb. des Völkerrechts« (2 Bde., 1948–51).

3) Peggy (Marguerite), amerikan. Kunstsammlerin, *New York 26. 8. 1898, †Venedig 23. 12. 1979; baute mit Unterstützung von P. Mondrian und M. Duchamp eine der bedeutendsten Privatsammlungen moderner Plastik und Malerei auf. 1947 übersiedelte sie damit in den Palazzo Venier dei Leoni in Venedig, der seit 1979 öffentlich zugänglich ist.

Guggenheim-Museum, Museum für moderne Kunst in New York, gestiftet 1937 von dem amerikan. Unternehmer Solomon Guggenheim (*1861, †1949), Onkel von M. und Peggy Guggenheim. Das Museum wurde 1959 eröffnet; Entwurf von F. L.

GUG Guglielmi

Wright; Erweiterungsbau (1988–92) nach Plänen von C. Gwathmey und R. Siegel. Größter Satellit des New Yorker Stammhauses ist das G.-M. in Bilbao (1997 eröffnet; Entwurf von F. O. Gehry).
Guglielmi [guʎˈʎɛlmi], Pietro Alessandro, italien. Komponist, *Massa 9. 12. 1728, †Rom 18. 11. 1804; einer der erfolgreichsten Vertreter der italien. Opera buffa; schrieb über 100 Opern sowie Kirchenmusik.

Guggenheim-Museum in New York von Frank Lloyd Wright (1956–59)

Guicciardini [guittʃarˈdiːni], Francesco, italien. Politiker und Geschichtsschreiber, *Florenz 6. 3. 1483, †Arcetri (heute zu Florenz) 22. 5. 1540; war vielseitig in der europ. Politik tätig, v. a. im Dienst der Medici (bis 1537); Freund N. Machiavellis. Seine »Storia d'Italia« ist die erste Geschichte Gesamtitaliens, von 1492–1532 (verfasst 1537–40).
Guide [frz. gid, engl. gaɪd] der, 1) Reisebegleiter; jemand, der Touristen führt. 2) Reiseführer (als Handbuch).
Guido von Arezzo, italien. Musiktheoretiker, *Arezzo (?) um 992, †17. 5. 1050 (?); Benediktiner; führte die Notierung von Melodien auf Linien im Terzabstand sowie die Benennung der Hexachordtöne c–a mit den Silben ut–re–mi–fa–sol–la (↑Solmisation) ein.
Guignol [giˈɲɔl; frz. »Hanswurst«] der, lustige Person des frz. Marionetten- und Handpuppentheaters. Die Figur wurde im 18. Jh. von dem Puppenspieler Laurent Mourguet (*1769, †1844) für sein Marionettentheater in Lyon geschaffen; später wurde G. zur Bezeichnung für die Rolle und für das frz. Puppentheater an sich. Das Theater »Le Grand-Guignol« (gegr. 1895, Name seit 1899; geschlossen 1962) auf dem Montmartre in Paris widmete sich hingegen speziell der Aufführung von Horrorstücken. Daher werden solche Stücke selbst auch als **Grand-Guignol** bezeichnet.
Guilbert [gilˈbɛːr], Yvette, frz. Diseuse und Schauspielerin, *Paris 20. 1. 1867, †Aix-en-Provence 2. 2. 1944; ab 1890 Star der Pariser Revue- und Varieteebühnen, ab 1926 auch beim Film; H. de Toulouse-Lautrec stellte sie in zahlr. Lithographien dar.
Guildford [ˈgɪlfəd], Stadt in der Cty. Surrey, SO-England, am Durchbruch des Wey durch die North Downs, 56 700 Ew.; anglikan. Bischofssitz, Univ.; Maschinenbau, Brauegewerbe. – Kirche Saint Mary (um 1180), Backsteinbauten der Spätrenaissance; die Kathedrale wurde ab 1936 erbaut.
Guildhall [ˈgɪldhɔːl; engl. »Gildenhalle«] die, Rathaus in England (bes. in London).
Guilin [gweɪ-] (Kweilin), Stadt im autonomen Gebiet Guangxi Zhuang, China, am bis hierher schiffbaren Li Jiang, 300 000 Ew.; PH; elektron., Düngemittel-, pharmazeut., Reifen- und Textilind.; internat. Flughafen. Touristenzentrum: G. liegt in einer einzigartigen Landschaft inmitten von höhlenreichen Turmkarstfelsen. – 18 km nordwestlich die Minggräber Jinjiang Wang Ling.
Guillaume [giˈjoːm], Charles Édouard, frz. Physiker schweizer. Herkunft, *Fleurier (bei Môtiers, Kt. Neuenburg) 15. 2. 1861, †Paris 13. 6. 1938; beteiligte sich an der Entwicklung standardisierter »nationaler Meter«; entwickelte Nickellegierungen (Invar, Elinvar), deren Ausdehnung und Elastizität praktisch temperaturunabhängig sind. Diese fanden v. a. im Uhrenbau weite Verwendung. Für seine Verdienste um die Präzisionsphysik erhielt G. 1920 den Nobelpreis für Physik.
Guillaume-Affäre [giˈjoːm-], Bez. für den innenpolit. Wirbel, den die Enttarnung des DDR-Agenten Günter Guillaume (*1927, †1995) und seine Verhaftung am 24. 4. 1974 auslöste. Guillaume war 1956 im Auftrag des Ministeriums für Staatssicherheit der DDR (MfS) in die Bundesrep. Dtl. gekom-

men und hatte ab 1970 im Bundeskanzleramt gearbeitet (ab Okt. 1972 als persönl. Referent des Bundeskanzlers in Parteiangelegenheiten). Vor dem Hintergrund der G. legte W. Brandt am 7. 5. 1974 sein Amt als Bundeskanzler nieder; 1994 erschienen posthum seine »Notizen zum Fall G« (u. a. auch Abrechnung mit H. Wehner).

Guillaume de Lorris [giˈjoːm də lɔˈris], altfrz. Dichter, *zw. 1200 und 1210, † nach 1240; Verfasser des ersten Teils des ↑Roman de la rose.

Guillaume de Machault [giˈjoːm də maˈʃo], frz. Dichter und Komponist, ↑Machault, Guillaume de.

Guillaume d'Orange [giˈjoːm dɔˈrãːʒ], ↑Wilhelmslied.

Guillem [giˈjɛm], Sylvie, frz. Tänzerin, * Paris 25. 2. 1965; ausgebildet an der Pariser Oper, wurde sie 1984 von R. Nurejew zur Étoile des Pariser Opernballetts ernannt; seit 1989 ist sie freischaffend tätig. Neben den großen klass. Rollen umfasst ihr Repertoire neue Stücke von Choreographen wie M. Béjart, W. Forsythe und M. Ek.

Guillemin [frz. gijˈmɛ̃], Roger, amerikan. Physiologe frz. Herkunft, * Dijon 11. 1. 1924; verfasste bed. Forschungsarbeiten über die ↑Releasinghormone und Hypothalamushormone; erhielt 1977 mit A. Schally und Rosalyn Yalow den Nobelpreis für Physiologie oder Medizin.

Guillén [giˈʎen], **1)** Jorge, span. Lyriker, * Valladolid 18. 1. 1893, † Málaga 6. 2. 1984; lebte 1938–77 im Exil; bed. Vertreter der ↑Poésie pure. Sein Lebenswerk, der Gedichtband »Cántico« (1928, 75 Gedichte; bis 1950 auf 334 Gedichte erweitert; dt. Ausw. u. d. T. »Lobgesang«) ist ein Lobgesang auf die Schöpfung.
2) Nicolás, kuban. Dichter, * Camagüey 10. 7. 1902, † Havanna 16. 7. 1989; knüpfte an die kuban. Folklore an und verband sprachl., bildl. und rhythm. Intensität mit sozialrevolutionärer Aussage (»Bitter schmeckt das Zuckerrohr«, 1947; »Auf dem Meere der Antillen fährt ein Schiffchen aus Papier«, 1977; »Umgeblätterte Seiten«, Memoiren, 1982).

Guilloche [giˈjoʃ, frz.] *die,* Muster aus regelmäßig ineinander verschlungenen Linien, auf Gegenständen aus Metall, Elfenbein, Holz u. a. zur Verzierung sowie auf Geldscheinen, Wertpapieren, Urkunden u. a. zum Schutz gegen Fälschung.

Guillotine [gijɔˈtiːnə; nach dem frz. Arzt J. I. Guillotin, * 1738, † 1814] *die,* seit 1792 Hinrichtungsgerät der Frz. Revolution, durch das mittels eines in Führungsschienen schnell herabfallenden Beils der Kopf vom Rumpf getrennt wird. Nach 1798 wurde die G. als Fallbeil in mehreren dt., von Frankreich annektierten Ländern eingeführt.

Guimarães [gimaˈrãiʃ], Stadt in N-Portugal, nordöstlich von Porto, 22 100 Ew.; techn. Institut der Univ. Braga; Textilien, Eisen und Gummi verarbeitende Industrie. – Das histor. Zentrum gehört zum UNESCO-Weltkulturerbe. Oberhalb der Stadt liegt die mächtige Burg (10./11. Jh.), etwas tiefer der got. Palast der Bragança (15. Jh.). In der Altstadt zahlr. Kirchen, Klöster und Paläste. – G. wurde im 12. Jh. erste Hptst. Portugals.

Guimarães Rosa [gimaˈrãiʃ ˈrrɔza], João, brasilian. Schriftsteller, ↑Rosa, João Guimarães.

Guimard [giˈmaːr], Hector, frz. Architekt, Innenarchitekt und Designer, * Lyon 10. 3. 1867, † New York 20. 5. 1942; wichtiger Vertreter des Art nouveau. Sein Hauptwerk ist das Castel Béranger in Paris (1894–98), berühmt wurde er durch seine Gestaltung der Eingänge der Pariser Metrostationen (1899 ff.).

Guinea [ˈgɪnɪ, engl.] *die* (frz. Guinée), wichtige Goldmünze Englands seit 1663, aus Gold von der Guineaküste geprägt, zunächst 20, seit 1717 21 Schilling wert. 1816 durch den **Sovereign** ersetzt.

Guinea [giˈneːa], alte Bez. für das Küstengebiet (und das anschließende Tiefland) Westafrikas, zw. Senegal und Kunene; bis zum Kamerunberg **Ober-G.,** südlich davon **Nieder-G.** genannt. Ober-G. ist meist mit trop. Regenwald bedeckt, der in Nieder-G. nach S in Savanne und schließlich in Wüste übergeht. – Die frühere Gliederung Ober-G.s in Pfeffer-, Elfenbein-, Gold- und Sklavenküste ergab sich aus den dort gehandelten Gütern der frühen Kolonialzeit.

Guinea [giˈneːa] (amtlich frz. République de Guinée; dt. Rep. G.), Staat in Westafrika, grenzt im NW an Guinea-Bissau, im N an Senegal und Mali, im SO an die Rep. Elfenbeinküste, im S an Liberia und Sierra Leone, im W an den Atlantik.

Staat und Recht: Nach der am 23. 12. 1991 in Kraft getretenen Verf. (2001 modifiziert) ist G. eine präsidiale Rep. Staatsoberhaupt, Oberbefehlshaber der Streitkräfte und oberster Inhaber der Exekutive

GUI Guinea

Guinea

Fläche	245 857 km²
Einwohner	(2003) 8,48 Mio.
Hauptstadt	Conakry
Verwaltungsgliederung	4 Großregionen und 1 Hauptstadtdistrikt
Amtssprache	Französisch
Nationalfeiertag	2. 10.
Währung	Guinea-Franc (F.G.)
Zeitzone	WEZ

ist der auf 7 Jahre direkt gewählte Präs. (seit 2003 unbegrenzte Wiederwahl möglich). Er ernennt und entlässt den MinPräs. und die übrigen Mitgl. des Kabinetts. Die Legislative liegt bei der Nationalversammlung (114 Abg., für 5 Jahre gewählt). Die Verf. bekennt sich zur Gewaltenteilung und fixiert allgemeine Menschen- und Bürgerrechte, die in der Praxis bisher allerdings nur in Ansätzen realisiert sind. Seit 3. 4. 1992 ist die Bildung polit. Parteien gesetzlich geregelt. Wichtigste Parteien: Partei für Einheit und Fortschritt (PUP), Union für Fortschritt und Erneuerung (UPR).
Landesnatur: G. ist v. a. ein Berg- und Tafelland. Hinter der 300 km langen, nur 50–90 km breiten, von Mangroven- und Palmsümpfen durchsetzten Küstenebene steigt das Land in Stufen zum Hochland des Fouta-Djalon (1 500 m ü. M.) an, Quellgebiet von Niger, Senegal, Gambia und Konkouré. Nach O dehnt sich das Mandingplateau aus; im SO erreichen die Nimbaberge 1 752 m ü. M. – G. liegt im Bereich der wechselfeuchten Tropen mit einer Regenzeit (April bis November an der Küste und im SO, Mai bis Oktober im NO). – Im S Regenwälder, im SO Feucht-, im N und NO Trockensavannen. Die Hochflächen, durch Brandrodung weitgehend entwaldet, tragen Grasfluren.
Bevölkerung: Die wichtigsten ethn. Gruppen sind Fulbe (40%), Malinke (26%), Susu (11%), Kissi (7%) und Kpelle (5%). Das jährl. Bevölkerungswachstum liegt bei 2,5%. Die Bev.-dichte in den einzelnen Landesteilen ist sehr unterschiedlich, etwa ein Fünftel der Bev. konzentriert sich auf die Agglomeration Conakry. Weitere wichtige Städte sind Kindia, Nzérékoré, Kankan und Labé. 33% der Bev. leben in Städten. – Etwa 85% der Bev. (v. a. Fulbe, Malinke und Susu) sind Muslime, knapp 10% werden traditionellen afrikan. Religionen zugerechnet, rd. 4% sind Christen. – Es besteht eine sechsjährige Grundschulpflicht. Die Analphabetenrate beträgt 65%. Univ. gibt es in Conakry (gegr. 1963) und Kankan (gegr. 1963, seit 1987 Univ.status).
Wirtschaft und Verkehr: Guinea zählt zu den ärmsten Ländern der Erde. Die Mehrheit der Bev. lebt von der Landwirtschaft (28% der Gesamtfläche sind Acker- und v. a. Weideland, 59% bewaldet). Anbau von Reis, Maniok und Süßkartoffeln zur Eigenversorgung, für den Export Kaffee, Ananas, Bananen, Erdnüsse. Viehwirtschaft v. a. bei den Nomaden in den tsetsefreien Trockensavannen. Fanglizenzen für die Fischfanggebiete haben v. a. ausländ. Unternehmen. – G. ist reich an mineral. Rohstoffen: Bauxit (30% der Weltreserven), Eisenerz, Diamanten, Erdöl, Uranerz, Gold u. a. und hat ein großes hydroelektr. Potenzial (viele Wasserkraftwerke). Der Bergbau bringt rd. 85% der Exporterlöse. Größtes Ind.unternehmen ist das Tonerdewerk in Fria; auch Verarbeitung land- und forstwirtsch. Produkte. Haupthandelspartner ist Frankreich. – Hauptverkehrsträger ist die Straße (rd. 30 500 km Haupt- und Nebenstraßen); Haupteisenbahnlinie ist die Verbindung zw. Conakry und Kankan (662 km lang); den Bergbauunternehmen und dem Gütertransport dienen Privatbahnen (insgesamt 399 km). Conakry besitzt einen der größten Seehäfen Westafrikas und einen internat. Flughafen; der Hafen Kamsar im nördl. Küstenteil dient dem Bauxitexport.
Geschichte: Der bedeutendste vorkoloniale Staat im heutigen G. war das islam. Reich der Fulbe im Hochland des Fouta-Djalon. Nach 1870 war die Stadt Kankan Kern des Reichs von Samory Touré. 1891 entstand die Kolonie Frz.-G. (1895–1958 Teil von Frz.-Westafrika). Nachdem die Bev. auf Initiative des MinPräs. Sekou Touré den Beitritt zur Frz. Gemeinschaft 1958 abgelehnt hatte, entließ Frankreich G.

Guinea-Bissau GUI

Guinea: Blick auf die Hauptstadt Conakry

in die Unabhängigkeit. Gestützt auf die Einheitspartei »Demokrat. Partei G.s« (frz. Abk. PDG), verfolgte Touré als Staatspräs. (1958–84) einen sozialrevolutionären Kurs nach innen und eine Politik der Blockfreiheit nach außen, lehnte sich aber dabei stark an die kommunist. Staaten an. Nach seinem Tod (März 1984) übernahm Anfang April 1984 das Militär die Macht und löste die PDG auf; Oberst Lansana Conté wurde Staatspräs. Nach Annahme der neuen Verf. (durch Referendum 1990) folgten 1993 Präsidentschaftswahlen, aus denen der Amtsinhaber Conté als Sieger hervorging (Wiederwahl 1998 und 2003). Bei den Parlamentswahlen 1995 und 2002 errang die Partei des Präs. (PUR) die absolute Mehrheit. Ein Prozess der Demokratisierung sowie wirtsch., sozialer und staatl. Stabilisierung zeichnet sich jedoch bisher nur in Ansätzen ab. Mitte 2000 kam es zu bewaffneten Auseinandersetzungen mit Liberia, nachdem sich beide Regierungen gegenseitig die Unterstützung gegen sie gerichteter Rebellen vorgeworfen hatten. In diesem Zusammenhang rief Präs. Conté offen zur Verfolgung von Flüchtlingen aus Sierra Leone und Liberia auf, von denen rd. 500 000 in G. leben. Erst nach internat. Vermittlung konnte der Konflikt Anfang 2001 allmählich entschärft werden.

 Günther, M. u. Heinbuch, G.: Reiseland G. Moers 1995.

Guinea-Bissau [gi-] (amtlich portugies. República da Guiné-Bissau; dt. Rep. Guinea-Bissau), Staat in Westafrika, grenzt im N an Senegal, im O und S an Guinea, im W an den Atlantik, in dem die zu G.-B. gehörenden Bissagosinseln liegen.

Staat und Recht: Nach der Verf. vom 7. 7. 1999 ist G.-B. eine präsidiale Republik. Staatsoberhaupt und oberster Inhaber der Exekutive ist der auf 5 Jahre direkt gewählte Präs. (einmalige Wiederwahl möglich). Er ernennt die Reg. unter Vorsitz des MinPräs. Die Legislative liegt bei der Nationalversammlung (102 Abg., für 5 Jahre gewählt). Einflussreichste Parteien: Partido da Renovação Social (PRS), Resistência de Guiné-Bissau-Movimento Bafatá (RGB-MB), Partido Africano da Independência da Guiné e Cabo Verde (PAIGC; frühere Einheitspartei), Aliança Socialista Guineense (ASG) sowie das aus 4 Parteien bestehende Bündnis Plataforma Unida.

Landesnatur: G.-B. besteht aus dem flachen, an der 160 km langen Küste durch tief ins Land eingreifende Ästuare stark gegliederten Festland und den etwa 60 vorgelagerten Bissagosinseln. In den Ästuaren sind die Gezeiten bis über 100 km flussaufwärts bemerkbar; durch den dadurch bewirkten Rückstau kommt es in der Regenzeit (Mai bis Anfang Nov.) zu weiten Überschwemmungen. Auf den Inseln und im Küstenbereich gibt es Mangroven- und Regenwälder, die nach O in Feuchtsavanne übergehen. Das Klima ist randtropisch.

GUI Guineastrom

Guinea-Bissau

Fläche	36 125 km²
Einwohner	(2003) 1,493 Mio.
Hauptstadt	Bissau
Verwaltungsgliederung	8 Regionen und die Hauptstadt
Amtssprache	Portugiesisch
Nationalfeiertag	24. 9.
Währung	CFA-Franc
Zeitzone	WEZ

Bevölkerung: Die einheim. Bev. gehört zu etwa 25 Völkern und Stämmen, die größten sind Balante, Fulbe, Malinke, Mandjako. Daneben gibt es Kapverdier und Portugiesen, ferner Syrer und Libanesen. 24 % der Gesamtbev. leben in Städten. – Rd. 40 % der Bev. (v. a. unter den Fulbe und Malinke) sind Muslime, über 10 % Christen (überwiegend Katholiken); traditionellen afrikan. Religionen wird knapp die Hälfte der Bev. zugerechnet. – Es besteht eine sechsjährige Grundschulpflicht. Die Analphabetenquote beträgt 61 %. Es gibt drei Fachschulinstitute (Medizin, Recht, Pädagogik).

Wirtschaft und Verkehr: Grundlagen sind Landwirtschaft und Fischerei (über 60 % des Bruttoinlandsprodukts). Für den Eigenbedarf werden bes. Reis, Mais, Bohnen, Süßkartoffeln und Maniok angebaut, exportiert werden Erdnüsse (Anbau auf den Plateaus im östl. Landesteil), Palmöl, Kokos- und Cashewnüsse; die Küstenfischerei (Fische und Krustentiere für den Export) wurde in den letzten Jahren modernisiert. Die vorhandenen Bodenschätze werden kaum genutzt (Bauxit bei Boe, Phosphat, Gold, Diamanten, Erdöl). Die Ind. beschränkt sich auf die Verarbeitung von Nahrungsmitteln. Nahezu alle Konsumgüter und Ind.ausrüstungen müssen eingeführt werden. Haupthandelspartner ist Portugal. – Das Straßen- (insgesamt etwa 4 400 km, davon knapp 500 km asphaltiert) und Wasserwegenetz ist wenig ausgebaut, eine Eisenbahnlinie existiert nicht; Haupthafen ist Bissau; internat. Flughafen Bissalanca nahe Bissau.

Geschichte: Das 1446 für Portugal in Besitz genommene Gebiet wurde 1879 als Portugiesisch-Guinea Kolonie, 1951 portugies. Überseeprovinz; sie erhielt 1955 Autonomie. Unterstützt von der Rep. Guinea und dem Befreiungskomitee der OAU, kämpfte die PAIGC unter Führung von A. Cabral (* 1924, ermordet 1973) in einem Guerillakrieg für die staatl. Unabhängigkeit Portugiesisch-Guineas. 1973 rief die PAIGC den Staat »Guinea-Bissau« aus, dessen Unabhängigkeit die portugies. Regierung (nach dem polit. Umbruch in Portugal) 1974 anerkannte. Die PAIGC strebte zus. mit dem in Kap Verde regierenden Flügel der Partei den Zusammenschluss beider Staaten an. Nach innerparteil. Auseinandersetzungen musste Präs. L. Cabral (1973–80) nach einem Putsch sein Amt an J. B. Vieira (PAIGC) abtreten. Die PAIGC spaltete sich, die Kapverden nahmen seitdem eine eigenständige Entwicklung. Bei den ersten freien Wahlen 1994 zum Parlament siegte die bisher herrschende PAIGC, bei den gleichzeitigen Präsidentschaftswahlen konnte sich Vieira durchsetzen. Durch einen Militärputsch im Mai 1999 wurde Staatspräs. Vieira gestürzt und Malam Bacai Sanha (PAIGC) als Übergangspräs. eingesetzt. Bei den Präsidentschaftswahlen im Jan. 2000 siegte Kumba Yala (PRS), der jedoch im Nov. 2002 das Parlament auflöste, Neuwahlen mehrfach verhinderte, die Meinungsfreiheit einschränkte sowie gegen Korruption und Misswirtschaft keine Maßnahmen einleitete. Nach zahlr. Streiks übernahm in der Folge eines unblutigen Putsches im Sept. 2003 das Militär die Macht. Wenig später wurde Henrique Rosa neuer Übergangspräs. und es wurde eine Übergangsreg. gebildet. Neuwahlen sind angekündigt.

📖 *Meier, Wolfgang: Problematik sozialrevolutionärer Regime in der »dritten Welt«. Eine vergleichende Betrachtung der Entwicklungen in G.-B. (1974–1990) u. Nicaragua (1979–1990). Marburg 1993.*

Guineastrom [gi-], nach O gerichtete Meeresströmung im Atlant. Ozean, vor der S-Küste W-Afrikas.

Guineawurm [gi-], der ↑Medinawurm.
Guinness [ˈgɪnɪs], Sir (seit 1959) Alec, brit. Schauspieler, *London 2. 4. 1914, † Midhurst (Cty. West Sussex) 5. 8. 2000; spielte am Old-Vic-Theater und auf internat. Tourneen v. a. Shakespearerollen; dann bes. im Film: »Adel verpflichtet« (1950), »Ladykillers« (1955), »Die Brücke am Kwai« (1957), »Unser Mann in Havanna« (1959); »Lawrence von Arabien« (1962), »Krieg der Sterne« (1977), »Reise nach Indien« (1984), »Eine Handvoll Staub« (1988), »Kafka« (1991), »Stumme Zeugin« (1994); veröffentlichte 1998 »Adel verpflichtet. Tagebuch eines noblen Schauspielers«.
Guinness-Buch der Rekorde [ˈgɪnɪs-], seit 1955 im Auftrag der irischen Brauerei »Guinness« (Sitz: Dublin; gegr. 1759) jährlich herausgegebenes Buch, in dem Rekorde und Superlative aller Art aufgelistet sind. Das Buch geht auf eine Idee des Guinness-Geschäftsführers Sir Hugh Beaver (*1890, †1967) Anfang der 1950er-Jahre zurück und wird heute weltweit in über 50 Sprachen herausgegeben. – Die Anerkennung eines **Guinness-Rekords** muss formell beantragt werden und erfolgt nach Prüfung durch die Guinness-Redaktion, die ihn mit dem Bucheintrag als eine Leistung ausweist, die besondere Fähigkeiten erfordert und sich durch ungewöhnl. Dimensionen (Menge, Größe, Geschwindigkeit u. a.) auszeichnet.
Guipúzcoa [giˈpuθkoa], Prov. im Baskenland, Spanien, 1 980 km², 673 600 Ew., Hptst.: San Sebastián.
Güiraldes [guiˈraldɛs], Ricardo, argentin. Schriftsteller, *Buenos Aires 13. 2. 1886, †Paris 8. 10. 1927; schrieb avantgardist. Lyrik; schloss sich dem Ultraismus an und gründete 1924 mit J. L. Borges die Literaturzeitschrift »Proa«. Der z. T. autobiograf. Bildungsroman »Das Buch vom Gaucho Sombra« (1926) schildert lyrisch-realistisch die argentin. Pampa und ihre Bewohner.
Guiraut de Bornelh [giˈro də bɔrˈnɛj], provenzal. Troubadour, *um 1138, †um 1215; Teilnehmer des 3. Kreuzzugs im Gefolge von Richard Löwenherz; galt den Zeitgenossen als »Meister aller Troubadoure«; überliefert sind 125 Liebes-, Rüge- und Klagelieder.
Guiro [ˈgiːro, span.] (Guero), lateinamerikan. Rhythmusinstrument, das aus einem mit Rillen versehenen ausgehöhlten Flaschenkürbis besteht; mit einem Stäbchen wird über die Rillen gestrichen.
Guisan [giˈzã], Henri, schweizer. General, *Mézières (Kt. Waadt) 21. 10. 1874, † Pully (bei Lausanne) 8. 4. 1960; Dipl.-Landwirt, 1939–45 Oberbefehlshaber des schweizer. Heeres; plante die Konzentration der Abwehrkräfte im Alpenmassiv (»Reduit-Plan«).
Guiscard [gisˈkaːr], ↑Robert.
Guise [giːz, gɥiːz], frz. Herzogsgeschlecht, Nebenlinie des Hauses Lothringen (frz. Lorraine), nach der Stadt G. an der Oise. Unter Claude I. de Lorraine (*1496, †1550) wurde die Grafschaft 1528 zum Herzogtum, seine Tochter Maria (*1515, †1560) heiratete 1538 Jakob V. von Schottland und war die Mutter Maria Stuarts. Ihre Brüder François I. de Lorraine (*1519, †1563) und Charles de Lorraine (*1524, †1574), seit 1538 Erzbischof von Reims, seit 1547 Kardinal (der »Kardinal von Lothringen«), waren die Häupter der streng kath. Partei in Frankreich. François entfesselte 1562 die Hugenottenkriege und wurde vor Orléans ermordet. Sein Sohn Henri I. de Lorraine (*1550, †1588), maßgeblich an der Vorbereitung und Ausführung der ↑Bartholomäusnacht beteiligt, war der Führer der kath. Liga von 1576. König Heinrich III., den er ganz unter seinen Einfluss zu bringen suchte, ließ ihn in Blois ermorden. 1675 starb das Haus G. aus.
Guisui, früherer Name von ↑Hohhot, China.
Guitry [giˈtri], Sacha, eigtl. Alexandre Pierre Georges G., frz. Schriftsteller, Schauspieler und Filmregisseur, *Sankt Petersburg 21. 2. 1885, †Paris 24. 7. 1957; schrieb rd. 130 erfolgreiche Komödien für das Boulevardtheater (»Nicht zuhören, meine Damen«, 1950), Libretti für Operetten und geistreich-iron. Filme nach eigenen Texten.
Guittone d'Arezzo, gen. Fra Guittone d'Arezzo, italien. Dichter, *Arezzo um 1225, †Florenz um 1294; schrieb Liebeslyrik, später stark latinisierende moralisch-didakt., religiöse und polit. Kanzonen.
Guiyang [gweɪjaŋ] (Kweijang), Hptst. der Prov. Guizhou, China, 1 075 m ü. M., 1,07 Mio. Ew.; Univ., TU, Fachhochschulen für Landwirtschaft und Medizin; Stahlwerk, Aluminiumhütte (Bauxitabbau nördl. von G.), Maschinenbau, chem., Textilind.; Verkehrsknotenpunkt, Flughafen.

Guizhou [gweɪdʒɔu] (Kweitschou, Kweichow), Prov. in SW-China, 176 000 km², 35,25 Mio. Ew. (darunter Miao, Puyi und Angehörige anderer Völker), Hptst. ist Guiyang. Überwiegend dünn besiedeltes, stark zerschnittenes Kalksteinplateau in durchschnittlich 1 000 m Höhe mit mildem und feuchtem Klima. In den grundwassernahen Talungen und Becken werden Reis, Weizen, Mais angebaut; außerdem Seidenraupenzucht und Tungölgewinnung. Bergbauprodukte: Quecksilber, Kohle, Bauxit, Manganerze; Eisen- und Stahlind., Maschinenbau, Elektro-, Zement- und Düngemittelindustrie.

Guizot [giˈzo], François, frz. Politiker und Historiker, *Nîmes 4. 10. 1787, †Val-Richer (Dép. Calvados) 12. 9. 1874; wurde 1812 Prof. an der Sorbonne; Gründer der konstitutionell-royalistischen Partei der »Doktrinäre«; 1832–37 Unterrichtsmin., 1840–48 Außenmin., 1847/48 MinPräs. Seine Ablehnung einer Wahlreform war ein Anlass zur Revolution von 1848. Seine Schriften, u. a. »Histoire de la révolution d'Angleterre« (2 Bde., 1826/27), »Histoire de la civilisation en France« (5 Bde., 1828–30), beruhen auf ausgedehnter Quellenforschung.

Gujar [-dʒ-] (Gudschar, Gudscharaten), Stammeskaste in NW-Indien und Pakistan, z. T. Hindus, z. T. Muslime. Die über 2 Mio. G. betreiben Viehhaltung und Ackerbau. Sie sprechen Gujarati.

Gujarat [guːdʒə-], Bundesstaat im W von Indien, grenzt an Pakistan und ans Arab. Meer, 196 024 km², 50,59 Mio. Ew., Hptst. ist Gandhinagar. G. wird vorwiegend von Tiefland eingenommen. Im N greifen Ausläufer des Arawalligebirges nach G. hinein (im Januar 2001 verheerendes Erdbeben mit über 17 000 Toten, rd. 170 000 Verwundeten, 1,1 Mio. Obdachlosen). Auf der zw. dem Golf von Khambhat (im O) und dem Golf von Kutch (im NW) ins Arab. Meer vorstoßenden Halbinsel Kathiawar steigt der Girnar bis 1 117 m ü. M. an. Das durch den Monsunwechsel (Regenzeit von Juni bis September) bestimmte Klima zeigt beträchtliche räuml. Unterschiede. Hauptanbauprodukte sind Hirse, Reis, Erdnüsse, Baumwolle und Tabak; Gewinnung von Bauxit, Kalkstein, Erdöl und Salz; Erdölraffinerie bei Vadodara.

Gujarati [guːdʒə-] *das,* neuindoar. Sprache, von insgesamt etwa 20–35 Mio. Menschen bes. im ind. Bundesstaat Gujarat gesprochen.

Gujranwala [gʊdʒˈrɑnwɑːlə], Stadt in Pakistan, im Pandschab, 1,125 Mio. Ew.; elektrotechn. Ind., Metallverarbeitung.

Gu Kaizhi [-dʒi] (Ku K'ai-chih), chines. Maler, *Wuxi um 344, †um 405; bekanntester unter den ältesten, als Künstlerpersönlichkeiten fassbaren Malern; diente am Hof in Nanking und wurde bes. für seine profane Figurenmalerei gepriesen; von seinen Werken sind nur Kopien erhalten.

GULAG (Gulag, GULag), Abk. für russ. Glawnoje Uprawlenije **Lag**erei, Hauptverwaltung des stalinist. Straflagersystems in der UdSSR, zu Beginn der 1930er-Jahre eingerichtet. In den ihr unterstehenden Lagern waren bes. zur Zeit der Zwangskollektivierung und der »Säuberungen« (Große ↑Tschistka) in den 1930er-Jahren, aber auch nach dem Zweiten Weltkrieg Millionen von Menschen interniert, um schwerste Zwangsarbeit zu leisten, die häufig zum Tod führte. Obwohl der GULAG 1956 offiziell aufgelöst wurde, bestanden etliche Straf- und Arbeitslager in der Sowjetunion weiter. – Der Name G. wurde der internat. Öffentlichkeit v. a. durch den literarisch-dokumentierenden Bericht »Der Archipel GULAG« (3 Bde., Paris 1973–75) von A. Solschenizyn bekannt.

📖 *Stettner, R.: »Archipel G.«: Stalins Zwangslager – Terrorinstrument u. Wirtschaftsgigant. Paderborn 1996.*

Gulasch [ungar., verkürzt aus gulyás hús »Fleisch, wie es die Rinderhirten essen«] *das* oder *der,* urspr. ungar. Gericht; gewürfelte Fleischstücke, in Schmalz mit Zwiebeln, Salz, Kümmel, Majoran und Paprika geschmort.

Gulaschkanone, ↑Feldküche.

Gulbenkian [engl. gʊlˈbeŋkjən], Calouste Sarkis, armen. Erdölmagnat, *Skutari (heute zu Istanbul) 1. 3. 1869, †Lissabon 20. 7. 1955; seit 1902 brit. Staatsbürger, erwarb durch Tätigkeit in der Erdölind. Aserbaidschans und Beteiligung an der Iraq Petroleum Comp. eines der größten Vermögen der Erde. Seine bed. Kunstsammlung ging in eine Stiftung ein, die 1969 in Lissabon das **Museum Calouste G.** eröffnete (Erweiterungsbau 1983).

Gulbranssen, Trygve, norweg. Schriftsteller, *Christiania (heute Oslo) 15. 6. 1894, †Gut Hobøe (bei Eidsberg, Prov. Hedmark) 10. 10. 1962; bekannt v. a. durch die Romantrilogie über ein norweg. Bauerngeschlecht auf Björndal: »Und ewig singen die Wälder« (1933); »Das Erbe von Björndal« (1934, umfasst Teil 3).

Gulbransson, Olaf, norweg. Grafiker, Zeichner und Maler, *Christiania (heute Oslo) 26. 5. 1873, †Tegernsee 18. 9. 1958; lebte seit 1902 in München, wo er als Karikaturist für den »Simplicissimus« arbeitete.

Gulda, Friedrich, österr. Pianist, *Wien 16. 5. 1930, †Weißenbach am Attersee (OÖ) 27. 1. 2000; wurde mit Beethoven-Zyklen bekannt, sein Repertoire umfasste jedoch Werke vom Barock bis zur Moderne und zum Jazz, auch Jazzsaxophonist und Komponist.

Gulden: Rheinischer Gulden, Vorder- und Rückseite

Gulden [zu mhd. guldin pfenni(n)c »goldene Münze«] (mundartl. Gülden), numismat. Begriff mit sehr unterschiedl. Bedeutung. *Deutschland* und *Österreich:* Der **Gold-G.** wurde als Zählwert zunächst dem älteren Rechnungspfund gleichgestellt (= 20 Schillinge = 240 Pfennige) und verdrängte vielfach das Pfund als Rechnungsbegriff, als er im Kurswert stieg, ohne dass ihm noch ein geprägtes Geldstück entsprach (so genannter Rechnungs-G., auch Zähl-G.). Er wurde zuerst im 14. Jh. als Nachahmung des florentin. Fiorino geprägt; daher hieß er auch **Florin** oder **Floren** (Abk. fl, Fl). Die silbernen **G.-Groschen** wurden ab Ende des 15. Jh., die silbernen **Reichsguldiner** 1524, 1551 und 1559 (Letzterer als **G.-Taler** = 60 Kreuzer) geschaffen. Seit 1623 gab es nebeneinander v.a. den »G. rheinisch« = 23 Reichstaler und den »G. fränkisch« = 56 Reichstaler; als Münze geprägt wurde nur der »G. rheinisch«, stärker erst wieder seit etwa 1670. In Süd-Dtl. entstand erst 1837 eine einheitl. G.-Währung mit Ausprägung des G. als Münze (bis 1875). Nach Einführung der Kronenwährung in Österreich (1892) blieben die Silber-G. als Zweikronenstücke kursfähig. – *Ungarn:* ↑Forint. – *Niederlande:* 1601 entstand ein Silber-G. zu 28 Stüvern; 1679 entstand ein neuer holländ. G. zu 20 Stüvern, seit 1816 zu 100 Cent, bis 1967 in Silber geprägt, seitdem in Kupfernickellegierung; seit 1973 ohne Goldbindung.

Guldin, Habakuk, als Jesuit Paul G., schweizer. Mathematiker, *St. Gallen 12. 6. 1577, †Graz 3. 11. 1643; stellte die nach ihm benannten (bereits im Altertum bekannten) baryzentr. Regeln zur Berechnung des Rauminhalts von Drehkörpern auf.

Gülle, Gemenge von Wasser, Harn und Kot, das bei der strohlosen Tierhaltung anfällt; organ. Dünger, dessen konzentrierte Ausbringung auf Felder, u.a. durch die Einsickerung von Nitraten in das Grundwasser, problematisch ist.

Gullfoss [ˈgydlfɔs; isländ. »Goldfall«] *der,* wasserreicher Wasserfall im SW Islands; die Hvitá stürzt hier 31 m tief in eine Basaltschlucht.

Gullstrand [ˈgyl-], Allvar, schwed. Augenarzt, *Landskrona 5. 6. 1862, †Stockholm 28. 7. 1930; führte u.a. die nach ihm benannte Spaltlampe (G.-Lampe) und den stereoskop. Augenspiegel ein. Für Arbeiten über die Dioptrik des Auges erhielt er 1911 den Nobelpreis für Physiologie oder Medizin.

Gully [ˈgʊlɪ, engl.] *der,* auch *das* (Sinkkasten), Einlaufschacht der Straßenabwässer zur Kanalisation.

Gumbinnen, Stadt in Russland, ↑Gussew.

Gumiljow, Nikolai Stepanowitsch, russ. Lyriker, *Kronstadt (Gebiet Leningrad) 15. 4. 1886, †Petrograd 24. 8. 1921, 1910–18 ∞ mit A. Achmatowa; wegen des Verdachts der Teilnahme an einer Verschwörung erschossen, 1986 rehabilitiert; Mitbegründer, Theoretiker und einer der bedeutendsten Dichter des ↑Akmeismus.

Gumma *das* (Gummigeschwulst, Syphilom), derb-elast., knotige, zu geschwürigem Zerfall neigende Gewebeneubildung; tritt im Spätstadium der Syphilis auf.

Gummersbach, Krst. des Oberberg. Kreises, NRW, 250 m ü. M. im Berg. Land,

GUM Gummi

53 000 Ew.; Abteilung der FH Köln; elektrotechn., Metall-, Textil-, Kunststoffind., Anlagen- und Kesselbau; zentraler Ort eines Erholungsgebiets mit regem Fremdenverkehr. – G. wurde 1857 Stadt.

Gummi [lat.], 1) Sammelbez. für vulkanisierten ↑Kautschuk; 2) wasserlösl. Anteil der ↑Gummiharze.

Gummiarabikum das (Gummi arabicum), vorwiegend im Sudan aus der Rinde von Akazien gewonnene farblose bis braune Substanz, die sich in warmem Wasser zu einer zähen, klebrigen Flüssigkeit löst. G. besteht v. a. aus Salzen des Polysaccharids Arabinsäure (u. a. aus D-Galaktose, L-Arabinose und D-Glucuronsäure). Es hat als Verdickungs- und Bindemittel nur noch geringe Bedeutung.

Gummibaum, 1) das Maulbeergewächs **Ficus elastica,** Feigenart in O-Indien und im Malaiischen Archipel; bis 25 m hoher Baum mit lederartigen, oberseits glänzend dunkelgrünen, bis 30 cm langen Blättern (jung eingerollt und von einem roten Nebenblatt umhüllt); liefert Kautschuk; auch Zimmerpflanze. **2)** das Wolfsmilchgewächs **Hevea brasiliensis,** ein Kautschuklieferant.

gummieren, eine Klebstoff- oder Gummischicht auf ein Material auftragen; z. B. metall. Werkstoffe mit einer Kautschukmischung beschichten, die ggf. vulkanisiert wird; in der Textilind. Latex oder Kunststoff (oft in mehreren Schichten) auf ein Gewebe auftragen, um es wasserdicht zu machen.

Gummiharze, eingetrocknete Milchsäfte bestimmter Pflanzen. Sie sind Mischungen von meist alkohollösl. natürl. ↑Harzen mit in Wasser aufquellbaren oder lösl. gummiartigen Stoffen.

Gummistrumpf, elastischer, eng anliegender Strumpf, der durch Zusammenpressen die Durchblutung des erkrankten Beins (bes. bei Krampfadern oder zur Vermeidung von Thrombosen, v. a. bei Operationen) günstig beeinflusst.

Gumpoldskirchen, Marktgem. im Bez. Mödling, Niederösterreich, 3 300 Ew.; landwirtsch. Fachschule; Herstellung von Leder- und Metallwaren, Maschinen; Weinbauzentrum mit zahlr. Buschenschenken (Fremdenverkehr); nahebei Freigut **Thallern,** ein Gut des Stiftes Heiligkreuz mit got. Kapelle.

Gümri (bis 1924 Alexandropol, bis 1992 Leninakan), Stadt im W von Armenien, 1 529 m ü. M., 120 000 Ew.; TH; Textil-, Maschinenbau-, Lebensmittelindustrie. – Wurde im Dez. 1988 durch schwere Erdbeben nahezu völlig zerstört, 50 000 Menschen kamen ums Leben. – G. entstand 1834 an der Stelle der mittelalterl. Stadt **Kumairi.**

Guðmundsson ['gvyðmyndsɔn], Kristman, isländ. Schriftsteller, * Þverfell (Borgarfjörður) 23. 10. 1901, † Reykjavík 20. 11. 1983; seine anfangs in norweg., später in isländ. Sprache geschriebenen Erzählwerke (»Morgen des Lebens«, R., 1929; »Kinder der Erde«, R., 1935) behandeln psych. Probleme junger Menschen, Familien- und Ehekonflikte sowie Stoffe der isländ. Geschichte.

Gümüşhane [-ʃaːnɛ], Hptst. der Prov. G., Türkei, 1 225 m ü. M., im Pont. Gebirge, 25 900 Ew.; früher Mittelpunkt des pont. Silberbergbaus.

Gun [gʌn, engl.] das oder der, Jargon-Bez. für eine Spritze, mit der Rauschgift in die Vene gespritzt wird.

Gundahar (Gundikar), König der Burgunder (seit etwa 413) im Gebiet von Worms, 436 von den hunn. Söldnern des Aetius besiegt und getötet. Er ist der Gunther des Nibelungenliedes.

Gundelsheim, Stadt am Neckar, Landkreis Heilbronn, Bad.-Württ., 7 500 Ew.; Siebenbürg. Museum; Konservenfabrik, Betonwerk u. a. Ind.; Weinbau. – Die Stadt wird überragt von Schloss Horneck (15.–18. Jh., Museum), das 1420–1525 Sitz der Deutschmeister des Dt. Ordens war. – G. erhielt 1378 Stadtrecht.

Gundermann (Glechoma), Gattung der Lippenblütler mit fünf Arten im gemäßigten Eurasien. Einzige einheim. Art ist die **Gundelrebe (Efeu-G.,** Glechoma hederacea), krautige, mehrjährige Pflanze mit kriechenden, an den unteren Knoten bewurzelten Stängeln, meist violette oder blaue Blüten.

Günderode (Günderrode), Karoline von, Dichterin, * Karlsruhe 11. 2. 1780, † Winkel (heute zu Oestrich-Winkel) 26. 7. 1806; Stiftsdame in Frankfurt am Main, Freundin von Bettina von Arnim und C. Brentano, veröffentlichte unter dem Pseud. **Tian** romant. Gedichte (»Gedichte und Phantasien«, 1804; »Poetische Fragmente«, 1805). Ihre unglückl. Liebe zu G. F. Creuzer trieb sie zum Selbstmord.

📖 *Arnim, B. von: Die G.* Neuausg. Frankfurt am Main 1994.

Gundersen-Methode [nach dem Norweger Gunder Gundersen], nord. *Skisport:* Austragungsmodus für den Langlauf in der ↑nordischen Kombination. Die Startreihenfolge entspricht dabei dem Resultat des vorangegangenen Sprunglaufs, d. h., der Führende startet zuerst. Die Punktdifferenzen beim Springen werden in Zeitrückstände umgerechnet (0,16 Punkte eine Sekunde, 10 Punkte eine Minute). Wer dann zuerst im Ziel ankommt, ist Sieger. – Beim Langlauf und Biathlon wird ähnlich verfahren (↑Jagdrennen).

Gundestrup [ˈgonəsdrob], Ort im Amt Ålborg in Jütland, Dänemark, Fundort eines großen Kultgefäßes **(Silberkessel von G.)**, das entweder eine ostkelt. Arbeit oder eine keltisch beeinflusste thrak. Arbeit wohl der 1. Hälfte des 1. Jh. v. Chr. aus N-Bulgarien ist.

Gundolf, Friedrich, eigtl. F. Gundelfinger, Literarhistoriker, * Darmstadt 20. 6. 1880, † Heidelberg 12. 7. 1931; gehörte zum Kreis um S. George. Seine auf dessen Kunsttheorie beruhenden geisteswiss. Arbeiten gingen von der Einheit von Künstler und Werk aus; große Künstler verstand er als Symbolgestalten ihrer Epoche (u. a. »Shakespeare und der deutsche Geist«, 1911; »Goethe«, 1916; »George«, 1920; »Shakespeare«, 2 Bde., 1928).

Gundremmingen, Gem. im Landkreis Günzburg, Bayern, nahe der Donau, 1 300 Ew. Das 1966 in Betrieb genommene Demonstrationskernkraftwerk wurde 1977 stillgelegt. Seit 1984 neues Kernkraftwerk (installierte Leistung 1 300 MW je Block).

Gundulić [-litɕ], Ivan (Đivo Franov), ragusäischer Dichter, * Ragusa (heute Dubrovnik) 8. 1. 1589, † ebd. 8. 12. 1638; bedeutendster Vertreter der südslaw. Barockliteratur, schrieb Schäferspiele (»Dubravka«, 1628), religiöse Dichtungen und das (unvollendete) Heldenepos »Die Osmanide« (1621/22–38), in dem er seiner Vision einer Befreiung von der Türkenherrschaft künstler. Ausdruck gab.

Gunnar, Burgunderkönig, ↑Gunther.

Gunnarsson [ˈgyn-], Gunnar, isländ. Schriftsteller, * Valþjófsstaður 18. 5. 1889, † Reykjavík 21. 11. 1975; schrieb Romane in dän., später auch isländ. Sprache über isländ. Gegenwart und Geschichte: »Die Leute auf Borg« (4 Tle., 1912–14),

»Vikivaki« (1932), »Die Eindalsaga« (1952).

Gunn-Effekt [ˈgʌn-], das 1963 von dem amerikan. Physiker J. B. Gunn (* 1928) entdeckte Auftreten von Stromschwingungen in einkristallinen Halbleitern, an die über ohmsche Kontakte eine genügend große Gleichspannung (elektr. Feldstärke über 2 kV/cm) angelegt ist. Diese **Gunn-Dioden** werden im **Gunn-Oszillator** zur Erzeugung von Mikrowellen ausgenutzt.

Gundestrup: »Silberkessel von Gundestrup«, teilweise vergoldet (wohl 1. Hälfte des 1. Jh. v. Chr.; Kopenhagen, Nationalmuseum)

Gunnere die (Gunnera), auf der südl. Halbkugel verbreitete Gattung der Gunneragewächse (Gunneraceae) mit rhabarberähnl. Blättern, plumpen Blütenkolben; als Zierpflanze wird u. a. die Art **Gunnera chilensis** kultiviert.

Gunpowder Plot [ˈgʌnpaʊdə plɔt, engl.], die ↑Pulververschwörung.

Güns, dt. Name der ungar. Stadt ↑Kőszeg.

Günsel (Ajuga), Lippenblütlergattung mit rd. 50 Arten; Kräuter (auch Halbsträucher) mit gegenständigen Blättern und lebhaft gefärbten Blüten, mit unscheinbarer Ober- und dreilappiger Unterlippe. Der **Kriechende G.** (Ajuga reptans) mit meist blauen oder rötl. Blüten kommt häufig in Wäldern und auf Wiesen vor.

Günstigkeitsprinzip (Begünstigungsprinzip), Grundsatz des Arbeitsrechts, dass bei voneinander abweichenden Vereinbarungen (z. B. im Tarif- und Einzelvertrag) die Vorschrift vorgeht, die für den Arbeitnehmer eine günstigere Regelung enthält (§ 4 Abs. 3 Tarifvertragsgesetz).

Gunther (nord. Gunnar), in der german. Heldensage Name des burgund. Königs. ↑Gundahar. Die Heldendichtung ver-

GUN Günther

knüpfte den Untergang der Burgunder mit einer Familienfehde (Nibelungenlied).
Günther, 1) Agnes, geb. Breuning, Schriftstellerin, *Stuttgart 21. 7. 1863, †Marburg 16. 2. 1911; bekannt v. a. durch den Roman »Die Heilige und ihr Narr« (2 Tle., 1913/14, posthum).
2) Anton, österr. kath. Theologe, *Lindenau (heute Lindava, Nordböhm. Gebiet) 17. 11. 1783, †Wien 24. 2. 1863; Schüler B. Bolzanos; suchte auf der Grundlage einer Anthropologie das kath. Dogma als Wiss. zu begründen und damit die Übereinstimmung von Offenbarung und Vernunft zu beweisen. Seine Werke wurden 1857 auf den Index gesetzt.
3) Dorothee, Gymnastikpädagogin, Schriftstellerin, *Gelsenkirchen 8. 10. 1896, †Köln 18. 9. 1975; gründete 1924 in München mit C. Orff die »G.-Schule für Gymnastik, Musik und Tanz«, in der das »Orff-Schulwerk« und die Lehrmethode »Elementarer Tanz« entwickelt wurden.
4) Egon, Filmregisseur, Schriftsteller, *Schneeberg 30. 3. 1927; seine Filme beruhen meist auf literar. Vorlagen, u. a.: »Lots Weib« (1965), »Erziehung vor Verdun« (1973), »Lotte in Weimar« (1975), »Die Leiden des jungen Werthers« (1976), »Exil« (1981), »Morenga« (1985), »Heimatmuseum« (1988), »Stein« (1991), »Die Braut« (1999).
5) Ignaz, Bildhauer, *Altmannstein (Landkreis Eichstätt) 22. 11. 1725, begraben München 28. 6. 1775; Meister des bayer. Rokoko, seit 1754 in München v. a. für kirchl. Auftraggeber tätig; schuf neben grazilen Gewandfiguren mit verhaltenen Ausdrucksgebärden in dezenter Farbigkeit auch Altäre und Ausstattungen für Kirchen, v. a. in Rott a. Inn, Weyarn (Landkreis Miesbach), Starnberg und Mallersdorf (Landkreis Straubing-Bogen).
6) Johann Christian, Dichter, *Striegau (heute Strzegom) 8. 4. 1695, †Jena 15. 3. 1723; schrieb Lyrik (darunter Liebes-, Studenten- und Klagelieder) von großer Unmittelbarkeit, die ihn zum Vorläufer der modernen Erlebnislyrik machte.
7) Matthäus, Maler, *Tritschenkreut (heute zu Peißenberg) 7. 9. 1705, †Haid (heute zu Raisting) 30. 9. 1788; malte v. a. Wand- und Deckenfresken in süddt. Rokobauten (Kirchen in Amorbach, Rott a. Inn u. a.) oft in Zusammenarbeit mit Wessobrunner Stuckatoren.

Günther von Pairis, mittellat. Dichter, *in der Diözese Basel um 1150, †Pairis (bei Orbey, Dép. Haut-Rhin) nach 1210; Kleriker; dichtete für Konrad von Schwaben den »Solymarius«, eine Geschichte des 1. Kreuzzugs nach der Prosa Roberts von Saint-Rémy. 1186/87 schrieb er den »Ligurinus«, ein Versepos auf Kaiser Friedrich I., in dem er die Auffassung des Hofes von der stauf. Reichsidee darstellte. 1207/08 fasste er in der »Historia Constantinopolitana« Abt Martins Augenzeugenbericht vom 4. Kreuzzug in versgeschmückter Prosa zusammen.
Gunung Jaya [- ˈdʒaja] (früher Carstenszspitzen, Gunung Sukarno), vergletscherter Vulkan im Zentralgebirge Neuguineas, im indones. Teil der Insel; 5033 m ü. M., höchster Berg Neuguineas und des indones. Staatsgebietes; 1962 erstmals von H. Harrer bestiegen.
Gunung Kinabalu, höchster Berg des Malaiischen Archipels, ↑Kinabalu.
Günz die, rechter Nebenfluss der Donau, 54 km lang, entsteht durch den Zusammenfluss von Östl. und Westl. Günz, die bei Obergünzburg entspringen, mündet bei Günzburg.
Günzburg, 1) Landkreis im RegBez. Schwaben, Bayern, 763 km², 121 600 Einwohner.
2) Krst. von 1) in Bayern, an der Mündung der Günz in die Donau, 19 800 Ew.; Große Krst., Maschinenbau, Nahrungsmittelindustrie. – Schloss und Hofkirche (16.–17. Jh.), Torturm (1621), Frauenkirche (1736–41). – G., an der Stelle des Römerkastells **Gontia** errichtet, wurde 1303 Stadt, war vom 15. Jh. bis 1805 Verw.sitz der österr. Markgrafschaft Burgau, kam 1805 an Bayern.
Gunzenhausen, Stadt im Landkreis Weißenburg-G., Bayern, an der Altmühl, 16 600 Ew.; Kunststoffverarbeitung, elektrotechn., Metall verarbeitende Ind.; Fremdenverkehr. – Gut erhaltene Stadtmauer mit zahlr. Türmen. – G. entwickelte sich im 13. Jh. zur Stadt.
Guomindang, GMD [chines. »Nat. Volkspartei«] die (Kuomintang, Abk. KMT), chines. Partei, 1912 hervorgegangen aus der von Sun Yat-sen 1905 gegründeten Geheimgesellschaft **Tongmenghui** (»Schwurbrüderschaft«), die maßgeblich an der Revolution von 1911 beteiligt war. Die GMD wandte sich gegen den restaura-

tiven Kurs von Yuan Shikai (1912-16 Präs. der Rep. China), der die Partei im Nov. 1913 auflöste. 1923 vereinbarte Sun Yat-sen mit der Komintern sowjet. Hilfe beim Wiederaufbau der GMD (Berater M. Borodin). Sie ging mit der KPCh eine enge Bindung ein und bildete mit ihr eine »nat. Einheitsfront« (1923-27). Sie gab sich 1924 ein neues Grundsatzprogramm, das auf den »drei Volksprinzipien« nat. Unabhängigkeit, Volksregierung und soziale Neugestaltung (bes. eine Bodenreform) beruhte. Nach Sun Yat-sens Tod (1925) setzte sich Chiang Kai-shek als Führer der GMD durch, stellte mit den unter sowjet. Militärberatung (General W. Blücher) aufgestellten GMD-Truppen auf dem »Nordfeldzug« (1926-28) die Einheit Chinas wieder her und brach mit dem kommunist. Bündnispartner (Bürgerkrieg 1927-37). Im chinesisch-japan. Krieg (1937-45) wurde auf Betreiben Mao Zedongs eine neue Einheitsfront zw. der GMD und der KPCh gegen Japan gebildet. Nach der japan. Niederlage wurde die GMD in einem weiteren Bürgerkrieg (1945-49) vom chines. Festland vertrieben; sie zog sich nach Taiwan zurück, wo sie seit 1949 die führende Reg.partei ist.

Guo Moruo (Kuo Mo-jo), chines. Gelehrter, Schriftsteller und Politiker, *Leshan (Prov. Sichuan) 16. 11. 1892, † Peking 12. 6. 1978; schrieb Kurzgeschichten, Gedichte und Dramen mit zunächst romant., seit 1927 sozialkrit. und polit. Einschlag, Untersuchungen zur frühen chines. Geschichte, übersetzte u. a. Goethe. Bekleidete u. a. während der Kulturrevolution wichtige polit. Ämter (u. a. war er stellv. MinPräs. und Erziehungsminister).

Guo Xi [-çi] (Kuo Hsi), chines. Landschaftsmaler, *Wenxian (Prov. Henan) um 1020, † Kaifeng um 1090; Autor des Traktats »Die erhabene Schönheit von Wald und Strom«, einer der wichtigsten Quellen zum Verständnis früher chines. Landschaftsmalerei.

Guppy [nach dem engl.-westind. Naturforscher R. J. L. Guppy] der (Millionenfisch, Poecilia reticulata), lebend gebärender Zahnkarpfen aus dem nördl. Südamerika; einer der beliebtesten Aquarienfische mit deutl. Geschlechtsdimorphismus (Männchen kleiner, etwa 3 cm, aber wesentlich bunter, Weibchen 6 cm lang); in der Natur nützl. Vertilger von Mückenlarven.

Gupta, nordind. Dynastie (320 bis Anfang des 6. Jh.); Kerngebiet ihres Großreiches (**G.-Reich**) war Magadha (etwa das heutige Bihar). Samudragupta (um 335-375) begründete die Großmachtstellung der Dynastie (Eroberungszüge bis nach SO-Indien); höchste Machtentfaltung und kulturelle Blüte unter Chandragupta II. (375 bis 413/15), dessen Reich auch weite Gebiete Zentralindiens einschloss. Seit Beginn des 6. Jh. beherrschten die Hunnen große Teile des Reiches.

Gurage, Sammelbez. für mehrere ethn. Gruppen im südl. Hochland von Äthiopien, etwa 1,5 Mio. Menschen; vorwiegend Christen, doch blieben z. T. alte Glaubenselemente erhalten. Die im O lebenden G. sind Muslime und in den Oromo aufgegangen; eigenständig blieben nur die Harari. Die G.-Sprachgruppe (zahlr. Sprachvarianten) gehört zum südl. Zweig der semit. Sprachen Äthiopiens.

Gurgel, volkstüml. Bez. für den vorderen, Schlund und Kehlkopf enthaltenden Teil des Halses; meist auf Tiere bezogen.

Gurgltal, Hochgebirgstal in Tirol, ↑Ötztal.

Gurjew, bis 1992 Name der kasach. Stadt ↑Atyrau.

Guppy: (von oben) Männchen und Weibchen der Wildform

Gurk, 1) die, linker Nebenfluss der Drau in Kärnten, Österreich, 120 km lang, entspringt östlich der Turracher Höhe in den Gurktaler Alpen, mündet östlich von Klagenfurt.

2) Markt- und Wallfahrtsort an der oberen G., N-Kärnten, Österreich, 1 400 Ew. - Die Pfarr- und ehem. Domkirche Mariä Himmelfahrt (um 1140-1200 erbaut) ist ein bed. roman. Bauwerk mit reicher Ausstattung (Glasgemälde, um 1260-70; Wandmalereien, nach 1260; hundertsäulige Krypta von 1174 mit Grab der hl. Hemma; Hochaltar von 1626-32). - Das Bistum G. wurde

GUR Gurke

Gurk 2): Domkirche Mariä Himmelfahrt (um 1140–1200)

1072 gegr., der Bischofssitz 1787 nach Klagenfurt verlegt.

Gurke (Cucumis sativus), Art der Kürbisgewächse, Wärme liebendes, frostempfindl. einjähriges Fruchtgemüse mit gelben Blüten; die Frucht ist eine vielsamige Großbeere, nach der Form der Früchte unterscheidet man Schlangen- (Salat-), Walzen- und Traubengurke.

Gurkenbaum (Averrhoa), Gattung der Sauerkleegewächse mit zwei Arten: **Echter G. (Blimbing**, Averrhoa bilimbi) und **Karambole** (Averrhoa carambola) im malaiischen Gebiet; 10–12 m hohe Bäume mit säuerl., essbaren Beerenfrüchten (↑Carambola).

Gurkenkraut, ↑Borretsch.

Gurkha (Ghurka), **1)** (Gorkha), hinduist. Volk, das 1768/69 Nepal eroberte und seither die Führungsschicht stellt. Die G. sprechen das indoar. Nepali. **2)** Bez. für nepales. Soldaten in der brit. und ind. Armee.

Gurktaler Alpen, Gebirgsgruppe der Ostalpen zw. Katschberg und Neumarkter Sattel, Österreich (Kärnten, Steiermark, Salzburg), im **Eisenhut** 2441 m ü. M.; im SW die Nockberge; Alm- und Forstwirtschaft.

Gurlitt, 1) Cornelius Gustav, Architekt und Kunsthistoriker, * Nischwitz (heute zu Tallwitz, bei Wurzen) 1. 1. 1850, † Dresden 25. 3. 1938, Vater von 3); bahnbrechend wirkte seine »Geschichte des Barock-Stiles, des Rococo und des Klassicismus« (3 Bde., 1887–89).
2) Manfred, Dirigent und Komponist, * Berlin 6. 9. 1890, † Tokio 29. 4. 1972; ab 1924 Generalmusikdirektor an der Staatsoper und Lehrer an der Hochschule für Musik in Berlin, ab 1939 wirkte er in Tokio; schrieb Opern (z. B. »Wozzeck«, 1926), Kammermusik u. a.
3) Wilibald, Musikforscher, * Dresden 1. 3. 1889, † Freiburg im Breisgau 15. 12. 1963, Sohn von 1); war Prof. in Freiburg im Breisgau, setzte sich für die Wiederbelebung alter Musik und die Pflege histor. Instrumente (Rekonstruktion einer Praetorius-Orgel) ein; gab den Personenteil der 12. Aufl. des »Riemann Musik-Lexikons« (2 Bde., 1959–61) heraus.
4) Wolfgang, Kunsthändler und Verleger, * Berlin 15. 2. 1888, † München 26. 3. 1965; gab in seinem Verlag für Grafik Blätter der dt. Expressionisten heraus; als Händler förderte er bes. die Maler der »Brücke«. Nach der teilweisen Vernichtung seiner Sammlung (1943) eröffnete er 1945 eine Galerie in München.

Gürteltiere GUR

Gurma, sudan. Volk in NO-Ghana, N-Togo und im SO von Burkina Faso. Die über 1 Mio. G. sind mit den ↑Mosi verwandt und politisch von ihnen beeinflusst.

Gurnia (Gournia), Ruinenstätte an der N-Küste O-Kretas, minoische Stadtanlage, die fast in ihrer ganzen Ausdehnung freigelegt wurde, mit Wohnhäusern und Werkstätten sowie einem kleinen palastartigen Zentrum. Blütezeit im 16. und 15. Jh. v. Chr. Um 1450 v. Chr. wurde G. durch Feuer zerstört; im 13. Jh. v. Chr. teilweise wieder besiedelt.

Gürsel, Cemal, türk. General, *Erzincan 1895, †Ankara 14. 9. 1966; führte 1960 den Putsch gegen die Reg. Menderes; 1961–66 Staatspräsident.

Gursky, Andreas, Fotograf, *Leipzig 15. 1. 1955; studierte an der Folkwang-Schule für Gestaltung in Essen und an der Staatl. Kunstakademie in Düsseldorf; war Meisterschüler von Bernd Becher. G. wurde u. a. mit großformatigen Farbfotografien bekannt. Alltägl. Situationen und Landschaften bilden den Stoff seiner konzeptuell angelegten Fotografien, in denen der Mensch mehr indirekt anwesend ist. G. geht dabei über die bloße Dokumentation von Realität hinaus und vermittelt durch die distanzierte, kommentarlose Präsentation von Vorhandenem eindeutig seine Sicht auf die Dinge (»Paris-Montparnasse«; 1993). Großformate nutzt der Künstler auch zur Koppelung unterschiedl. Medien, wie Fotografie und Malerei (»Rhein«; 1996). Einzelne Bildsequenzen werden z. T. mit digitaler Technik montiert und bearbeitet.

Gurt, 1) *allg.:* kräftiges Band (Schmalgewebe), breiter Riemen, auch zum Anschnallen (↑Sicherheitsgurt).
2) *Bautechnik:* Bez. für die obere und untere Begrenzung (**Ober-G.** bzw. **Unter-G.**) eines Vollwand- oder Fachwerkträgers. – Bei Walzstahlprofilen heißen die horizontal zum senkrechten Steg verlaufenden Teile G. oder ↑Flansch.

Gurtbogen (Gurtgewölbe), quer zur Längsachse eines Gewölbes verlaufender Verstärkungsbogen, der zwei ↑Joche voneinander trennt.

Gürtel, Kleidungszubehör aus Stoff, Leder, Metall oder Kunststoff, das oft mit einer Schnalle geschlossen wird; dient zum Zusammenhalten der Kleidung über den Hüften, auch zum Anhängen von Gegenständen des tägl. Gebrauchs, so auch des Geldbeutels. Der G. aus Fell, Leder, Rinde oder aufgereihten Tierzähnen tritt bereits in der Altsteinzeit auf. Aus der Bronzezeit liegen G.-Scheiben aus Knochen und Geweih vor. In der Antike gab es runde Fibeln als Verschluss. Die G.-Schnalle wurde erst im hohen MA. üblich. Bis zum 14. Jh. wurde der G. fast stets oberhalb der Hüfte umgelegt; im letzten Drittel des 14. Jh. kam beim Mann der tief sitzende Dusing aus Metallgliedern in Gebrauch. Seit dem 16. Jh. ist der Frauengürtel mehr Schmuckelement.

Gürtelechsen (Cordylidae), afrikan. Familie der Echsen mit oft stacheligen, am Schwanz wirtelig angeordneten Schuppen.
Gürtelmaus, Art der ↑Gürteltiere.
Gürtelreifen, ↑Reifen.
Gürtelringen, *Sport:* die ↑Glima.
Gürtelrose (Zoster, Herpes zoster), stark schmerzhafte Virusinfektion, die v. a. als Hauterkrankung im Versorgungsgebiet meist nur eines Nervs auftritt; sie entsteht durch Reaktivierung des Erregers der Windpocken (Varicella-Zoster-Virus), der nach Überstehen dieser Kinderkrankheit entlang der peripheren Nervenfasern v. a. in die Spinalganglien wandert und dort über Jahre latent verbleibt. Als Ursache für den erneuten Ausbruch in Form der G. wird z. T. eine örtl. Störung der zellulären Immunität angenommen. Die G. beginnt mit leichter Beeinträchtigung des Allgemeinbefindens, leicht erhöhter Temperatur und neuralg. Schmerzen. Innerhalb von 2–3 Tagen treten dann gruppenweise hellrote, kleine Knötchen auf, die sich nach einigen Stunden in Bläschen umwandeln. Betroffen ist meist der Rumpf (mit »gürtelförmiger« Ausbreitung), auch das Gesicht im Bereich des Drillingsnervs. Die örtl. Lymphknoten sind regelmäßig beteiligt. Die G. dauert 2–4 Wochen, verläuft bei jüngeren Menschen gewöhnlich leicht, kann jedoch bei älteren Personen nach Abklingen der Hauterscheinungen noch unangenehme neuralg. Schmerzen hinterlassen. – Die *Behandlung* umfasst v. a. die Gabe von Virostatika und Schmerzmitteln sowie die äußerl. Anwendung von austrocknenden Schüttelmixturen.

Gürteltiere (Dasypodidae), Familie der Zahnarmen in Amerika; Oberseite und Schwanz sind mit Hornplatten bedeckt, die Gürtel bilden können. Viele G. schützen

GUR Gurtförderer

sich durch Zusammenrollen, andere durch Eingraben. Das **Riesen-G.** (Priodontes giganteus) ist mit 150 cm Länge am größten, der nur bis 18,5 cm lange **Gürtelmull** (Chlamyphorus truncatus) Südamerikas am kleinsten. Die **Kugel-G.** (Tolypeutes) stellen zusammengerollt eine voll gepanzerte Kugel dar. Bei den **Weich-G.** (Dasypus) sind die Hornplatten fast lederartig.

Gürteltiere: Riesengürteltier

Gurtförderer, ein mechan. Stetigförderer, ↑Fördermittel.
Gürtner, Franz, Politiker, *Regensburg 26. 8. 1881, †Berlin 29. 1. 1941; Mitgl. der Bayer. Mittelpartei (deutschnational), 1922–32 Justizmin. Bayerns, 1932–41 des Dt. Reiches, 1934–41 zugleich Preußens, übertrug im Sinne der nat.-soz. Gleichschaltungspolitik die Landesjustizverwaltungen der dt. Länder auf das Reich (Abschluss 1935).
Gurtstraffer, ↑Sicherheitsgurt.
Gurtung, 1) *Bautechnik:* ↑Gurt.
2) *Schalungsbau:* Aussteifung von Schalungen.
Guru [Sanskrit »ehrwürdiger Lehrer«] *der,* geistl. Lehrer in Indien; i. e. S. der spirituelle Meister im Hinduismus, von seinen Schülern als *ihr* frei gewählter geistl. Führer verehrt, der sie in die Religion einführt und sie auf *ihrem* Weg zum Heil begleitet. – In Nordamerika und Europa wird der Begriff G. überwiegend im Zusammenhang mit so genannten **G.-Bewegungen** (»Guruismus«) gebraucht (↑Divine Light Mission; ↑Bhagvan-Bewegung; ↑Hare-Krishna-Bewegung; Bewegung des G. ↑Sai Baba; ↑Neohinduismus).
📖 *Hummel, R.:* G.s, Meister, Scharlatane. Zw. Faszination u. Gefahr. Freiburg im Breisgau u. a. 1996.
Gurunsi, Stammesgruppe in Burkina Faso und Ghana, ↑Grusi.
Gurvitch [gyrˈvitʃ], Georges, frz. Soziologe, *Noworossisk 2. 11. 1894, †Paris 12. 12. 1965; Vertreter einer dialektisch orientierten Wissenssoziologie, die die engen wechselseitigen Beziehungen zw. Gesellschaft und den jeweiligen Theorien über die Gesellschaft betont. Er schrieb u. a. »Grundzüge der Soziologie des Rechts« (1940), »Dialektik und Soziologie« (1962).
Gürzenich [nach einer Kölner Adelsfamilie], Festsaalbau in Köln, 1441–47 errichtet, im Zweiten Weltkrieg bis auf die Außenmauern zerstört, 1952–54 im Äußeren in den alten Formen wieder aufgebaut, Innenraum als moderner Festsaal eingerichtet (1996/97 Umbau). Im G. finden die Konzerte des G.-Orchesters (seit 1993 G.-Orchester Kölner Philharmonie) statt.
GUS, Abk. für **G**emeinschaft **U**nabhängiger **S**taaten, lockerer Staatenbund, gegr. am 8. 12. 1991 durch das Abkommen von Minsk zunächst von Russland, der Ukraine und Weißrussland. Am 21. 12. 1991 traten ihm bei einem Treffen in Almaty acht weitere frühere Sowjetrepubliken (Armenien, Aserbaidschan, Kasachstan, Kirgistan, Moldawien, Tadschikistan, Turkmenistan und Usbekistan) bei, die zuvor ihre Unabhängigkeit erklärt hatten. Aserbaidschan suspendierte 1992–93 seine Mitgliedschaft, 1993 erfolgte der Beitritt Georgiens (Vertragsratifizierung 1994); das Gründungsmitgl. Moldawien ratifizierte erst 1994 den GUS-Vertrag.
Mit Bildung der GUS wurde die UdSSR offiziell aufgelöst. Die Mitgl.staaten einigten sich auf die Konstituierung gemeinsamer Organe (u. a. Rat der Staatsoberhäupter, Interparlamentar. Versammlung, Exekutivsekretariat) und ein einheitl. Kommando über die strateg. Streitkräfte (1993 aufgelöst und durch den »Vereinigten Stab für die Koordinierung der militär. Zusammenarbeit in der GUS« ersetzt). Die Effektivität dieser Gremien und Institutionen war z. T. dadurch eingeschränkt, dass aufgrund nat. Interessen versch. Beschlüsse von einzelnen Republiken nicht mitgetragen wurden bzw. dass nicht alle Mitgl.länder in allen Organen mitarbeiteten; v. a. aber bewirkten nat. und wirtschaftlich-polit. Spannungen zw. einzelnen Republiken eine zunehmende Instabilität der Gemeinschaft. Im März 1992 wurde die Aufstellung einer GUS-Friedenstruppe zur Eindämmung nat. Konflikte beschlossen. Im Mai 1992 vereinbarten Russland, Armenien, Ka-

sachstan, Kirgistan, Tadschikistan und Usbekistan einen militär. Beistandspakt (späterer Beitritt von Aserbaidschan, Georgien und Weißrussland), 1999 verließen ihn Aserbaidschan, Georgien und Usbekistan aber wieder; die verbliebenen Staaten einigten sich 2001 auf die Schaffung einer gemeinsamen Eingreiftruppe für den Krisenfall bzw. für den Kampf gegen den (v. a. islamist.) Terrorismus und unterzeichneten im Mai 2003 ein Abkommen für die Gründung eines neuen Militärpakts.

Schon 1993 war ein Rahmenabkommen über die Schaffung einer Wirtschaftsunion geschlossen worden (u. a. mit dem Ziel der Schaffung einer Freihandelszone). Angesichts der Probleme bei der Reintegration großer Teile des ehem. Unionsterritoriums unter Führung Russlands, dessen Hegemonieanspruch neben der Ukraine zunehmend auch andere GUS-Staaten entgegentraten, leitete v. a. Russland einen Prozess verstärkter Zusammenarbeit mit einzelnen Staaten bzw. kleineren Ländergruppen ein. In diesem Sinne vereinbarten im März 1996 Russland, Weißrussland, Kasachstan und Kirgistan eine **Gemeinschaft Integrierter Staaten** (Abk.: **GIS**; im Febr. 1999 Beitritt Tadschikistans); deren Mitgl.länder beschlossen im Okt. 2000 die Bildung einer Euras. Wirtschaftsgemeinschaft. Im April 1996 begründeten Russland und Weißrussland eine **Gemeinschaft Souveräner Republiken** (Abk.: **GSR**; Unterzeichnung von Unionsverträgen am 2. 4. 1997 und am 8. 12. 1999); im Rahmen des Entwurfs einer neuen Verf.-Akte wurde 2003 für die Staatenverbindung der amtl. Name »Unionsstaat Belarus' und Russlands« festgelegt (im Zusammenhang mit der Errichtung eines einheitl. Wirtschaftsraumes für den 1. 1. 2005 russ. Rubel als gemeinsame Währung avisiert). Auch ohne Beteiligung Russlands bemühten sich versch. aus der ehem. Sowjetunion hervorgegangene Staaten um Zusammenarbeit; so gründeten Georgien, die Ukraine, Aserbaidschan und Moldawien 1996 die Gruppe **GUAM** (nach den Anfangsbuchstaben der beteiligten Länder, nach dem Beitritt Usbekistans 1999 **GUUAM**). 2002 bildeten Kasachstan, Kirgistan, Tadschikistan und Usbekistan die **Central Asian Cooperation Organization (CACO).**

📖 Götz, R. u. Halbach, U.: Polit. Lexikon GUS. München ³1996.

Gusenbauer, Alfred, österr. Politiker, *St. Pölten 8. 2. 1960; nach Studium in Wien und Tätigkeiten bei der SPÖ sowie der Kammer für Arbeiter und Angestellte in Niederösterreich wurde G. im Febr. 2000 zum Vors. der SPÖ gewählt.

Gusinde, Martin, Ethnologe und Anthropologe, *Breslau 29. 10. 1886, †Mödling 18. 10. 1969; seit 1911 Priester (Steyler Missionare); erforschte die heute nahezu ausgestorbenen Feuerländer 1918–24 auf vier Expeditionen (»Die Feuerland-Indianer«, 4 Bde., 1931–74). Weitere Expeditionen galten den Pygmäen und Buschleuten in Afrika, den Negritos auf den Philippinen und den kleinwüchsigen Ayom in Ostneuguinea.

Gusle die (Gusla), einsaitige südslaw. Kniegeige; Begleitinstrument der Heldenliedsänger **(Guslar).**

Gusli die, russ. zitherähnl. Volksmusikinstrument mit flachem, meist trapezförmigem Korpus und urspr. 5–7, später 18–32 Saiten, die mit den Fingern oder einem Plektron angerissen werden.

Gusmão [guʃˈmãu], José Alexandre (»Xanana«), einer der Führer der Unabhängigkeitsbewegung von Osttimor, *Laleia (Distrikt Manatuto) 20. 6. 1946; übernahm nach der Okkupation Osttimors (Dez. 1975) durch die indones. Armee Ende 1978 die Führung des militärischen Flügels der FRETILIN (portugies. Abk. für »Front für ein unabhängiges Osttimor«) und wurde 1981 Präs. der FRETILIN. Seit Beginn des 1980er-Jahres suchte er eine Lösung des Konflikts auf dem Verhandlungsweg (z. B. 1983 kurzzeitiger Waffenstillstand und Bemühung um Friedensgespräche). 1992 von der indones. Besatzungsmacht festgenommen, 1993 zu lebenslanger Haft verurteilt (später Umwandlung der Strafe in 20 Jahre Gefängnis). In Abwesenheit im April 1998 zum Präs. des von versch. Gruppierungen Osttimors in Portugal gegründeten Nationalrates des timor. Widerstandes gewählt, wurde er aufgrund internat. Drucks im Febr. 1999 in Hausarrest entlassen und nach dem Unabhängigkeitsreferendum in Osttimor im Sept. 1999 freigelassen; kehrte im Okt. 1999 in seine Heimat zurück. 2000 wurde er Vors. des osttimor. Nationalrats (Rücktritt März 2001). Im April 2002 erfolgte seine Wahl zum ersten Präs. Osttimors.

Gussasphalt der, Straßenbau: ein Ge-

GUS Gusseisen

misch aus Sand und Splitt, Bindemittel (↑Bitumen), Füllstoffen und Zusätzen, wird an der Baustelle (z. B. Straße) heiß eingebaut und benötigt keine Verdichtung.
Guss|eisen, Eisen-Kohlenstoff-Silicium-Legierung mit 2 bis 4% Kohlenstoff, 0,5 bis 3% Silicium und weiteren aus Vorprozessen stammenden Begleitelementen wie Mangan, Phosphor und Schwefel. Man unterscheidet drei Arten graphitischen G. – G. **mit Lamellengraphit (GG,** früher Grauguss), G. **mit Kugelgraphit (GGG)** und G. **mit Vermiculargraphit (GGV)** –, die alle eine graue Bruchfläche haben, sowie zementit. oder weißes G. – **Temperguss** und **Hartguss** – mit weißen Bruchflächen.
Gussew (dt. Gumbinnen), Stadt im Gebiet Kaliningrad (Königsberg), Russland, an der Mündung der Rominte in die Pissa, 28 100 Ew.; elektrotechn. und Milch verarbeitende Ind., Trikotagenfabrik.
Gussfüllung (Inlay), *Zahnmedizin:* gegossene Zahnfüllung, die nach einem Abdruck der präparierten Zahnhöhle im zahntechn. Labor hergestellt wird; meist aus einer Gold- oder Silberlegierung, die einzementiert wird.
Gussglas, ein gegossenes und gewalztes Flachglas, ↑Glas.
Güssing, Bez.-Hptst. im südl. Burgenland, Österreich, am Fuß eines Basaltkegels, 4000 Ew.; Nahrungsmittel- und Lederwarenindustrie, Mineralwasserversand; Wildpark. – Burg (12./13. und 16./17. Jh.), Franziskanerkloster (1649 vollendet) mit wertvoller Bibliothek.
Gustafsson, Lars, schwed. Schriftsteller, *Västerås 17. 5. 1936; lebt und lehrt in Austin (Tex.); in krit., fantasievollen Romanen analysiert er das Lebensgefühl seiner Generation; 1996 veröffentlichte er die Biografie »Palast der Erinnerungen«; G. wurde auch mit Lyrik und Essays bekannt.
Weitere Werke: Romane: Herr Gustafsson persönlich (1971); Wollsachen (1973); Das Familientreffen (1975); Der Tod eines Bienenzüchters (1978); Die dritte Rochade des Bernard Foy (1986); Nachmittag eines Fliesenlegers (1991); Die Sache mit dem Hund (1993); Windy erzählt (1999).
Gustav, schwed. Könige: **1)** G. I. **Eriksson Wasa,** König (1523–60), *Lindholmen oder Rydboholm (Uppland) 12. 5. 1496 oder 3. 5. 1497, †Stockholm 29. 9. 1560, Großvater von 2); begann 1521 von Dalarna aus den Kampf gegen das dän.

Unionskönigtum, erreichte mithilfe Lübecks die Kapitulation Stockholms, wurde 1523 zum König gewählt. Der »Reformationsreichstag« von Västerås beschloss 1527 die Einführung der Reformation und die Einziehung des Kirchenguts. Im Bund mit Dänemark brach G. in der Grafenfehde die Ostseeherrschaft Lübecks. 1544 setzte er auf dem Reichstag in Västerås die Errichtung des Erbkönigtums für das Haus Wasa durch. Als Nationalheld wurde G. auch in der Literatur gefeiert (A. Kotzebue, 1800; A. Strindberg, 1899).
2) G. II. **Adolf,** König (1611–32), *Stockholm 19. 12. 1594, ✕ bei Lützen 16. 11. 1632, Sohn von Karl IX., Enkel von 1); gewann mithilfe seines Kanzlers A. Oxenstierna den oppositionellen Adel für sich, indem er ihm die »konstitutionelle« Mitwirkung an der Reg. zusicherte (verstärkt durch die Reichstagsordnung von 1617, die Ritterhausordnung von 1626 und die erweiterte Zusammenarbeit mit dem Reichsrat). Die Friedensschlüsse von Knäred mit Dänemark (1613) und von Stolbowo mit Russland (1617, Gewinn Kareliens und Ingermanlands) ermöglichten den Kampf gegen Polen, das 1629 Livland abtreten musste. V. a. die Bedrohung der schwed. Großmachtstellung durch das Vordringen der habsburgisch-kaiserl. Macht an die Ostsee ließen ihn, von Frankreich unterstützt, 1630 in den Dreißigjährigen Krieg eingreifen; er besiegte die kaiserl. Truppen in allen Schlachten, bis er im Kampf gegen das Heer Wallensteins fiel. Sein Leben ist oft literarisch behandelt worden (C. F. Meyer, 1882; A. Strindberg, 1903).
📖 *Barudio, G.:* G. Adolf – der Große. Eine polit. Biographie. Neuausg. Frankfurt am Main 1985. – *Berner, F.:* G. Adolf, der Löwe aus Mitternacht. Tb.-Ausg. München 1985. – *Findeisen, J.-P.:* G. II. Adolf von Schweden. Der Eroberer aus dem Norden. Graz u. a. 1996.
3) G. III., König (1771–92), *Stockholm 24. 1. 1746, †ebd. 29. 3. 1792, Sohn König Adolf Friedrichs und Luise Ulrikes, einer Schwester Friedrichs d. Gr., Vater von 4); beendete 1772 in einem unblutigen Staatsstreich die Herrschaft der Stände, aber seine kostspieligen Kriege (gegen Dänemark 1788/89, gegen Russland 1788–90) riefen wieder eine Adelsopposition hervor. Der Offiziersverschwörung in Finnland begegnete er mit der »Vereinigungs- und

Sicherheitsakte« (1789), die ihm fast unumschränkte Macht gab und einen Teil der Adelsprivilegien auf andere Stände übertrug. Eine Adelsverschwörung führte zu seiner Ermordung durch J. J. Anckarström. – G., selbst musisch tätig, gründete 1773 die Königl. Oper, stiftete 1786 die Schwed. Akademie. – Seine Ermordung behandelte G. Verdi in »Ein Maskenball« (1859), seinen zwiespältigen Charakter u. a. A. Strindberg (1900).
📖 *Gerste, R. D.: Der Zauberkönig. G. III. u. Schwedens goldene Zeit. Göttingen 1996.*
4) G. IV. Adolf, König (1792–1809), *Stockholm 1. 11. 1778, †St. Gallen 7. 2. 1837, Sohn von 3); bis 1796 unter Vormundschaft, verlor 1806 als Gegner Napoleons I. Vorpommern; weigerte sich, der Kontinentalsperre beizutreten, und wurde von Frankreich, Russland und Dänemark angegriffen. Nach dem Verlust Finnlands wurde er von einer Offiziersverschwörung gestürzt. Der Reichstag erklärte ihn und seine Erben des Thrones für verlustig.
5) G. V., König (1907–50), *Schloss Drottningholm 16. 6. 1858, †ebd. 29. 10. 1950, Sohn Oskars II., Vater von 6), seit 1881 ⚭ mit der bad. Prinzessin Viktoria († 1930); setzte sich in beiden Weltkriegen für die Neutralität der nordeurop. Staaten ein.
6) G. VI. Adolf, König (1950–73), *Stockholm 11. 11. 1882, †Helsingborg 15. 9. 1973, Sohn von 5); Archäologe, veranlasste als Kronprinz schwed. Ausgrabungen in Griechenland (Asine); seit 1905 ⚭ mit Margret, Prinzessin von Großbritannien und Irland († 1920), seit 1923 mit Lady Louise Mountbatten († 1965).
Gustav-Adolf-Werk e. V. – Diasporawerk der Evangelischen Kirche in Deutschland, Abk. GAW, Hilfswerk zur Förderung der evang. Diaspora mit Sitz in Leipzig; entstanden aus dem 1832 zum 200. Todestag des schwed. Königs Gustav II. Adolf in Leipzig gegründeten **Gustav-Adolf-Verein.** Das GAW ist das älteste Hilfswerk der Evang. Kirche in Dtl.
Güstrow [-o:], **1)** Landkreis in Meckl.-Vorp., 2 058 km², 111 200 Einwohner. **2)** Krst. von 1) in Meckl.-Vorp., 33 100 Ew.; FH für öffentl. Verw. und Rechtspflege, Ernst-Barlach-Stiftung mit Atelierhaus (Wohnhaus und Atelier des Künstlers, 1930/31 erbaut), Gertrudenkapelle (15. Jh.) und neuem Ausstellungs- und Archivgebäude; Schlossmuseum; Zuckerfabrik, Möbel- und Türenbau, Bettfedernwerk, Maschinen- und Anlagenbau. – Marktplatz mit klassizistischem Rathaus (1797/98), Bürgerhäuser des 16.–18. Jh., Marienkirche (im 14. Jh. begonnen, im 19. Jh. verändert), got. Dom (1226 bis um 1350) mit wertvoller Ausstattung (u. a. Apostelfiguren von C. Berg, nach 1532; Grabmäler Güstrower Fürsten, 16. Jh.; Neuguss des 1937 eingeschmolzenen Güstrower Ehrenmals [»Schwebender«] von E. Barlach, 1927). Das Schloss (1558–94, 1795 verändert; im 19. Jh. und 1964–75 restauriert) ist ein Hauptwerk der norddt. Renaissance. – G. wurde vor 1226 gegr. und erhielt 1228 Stadtrecht; es war 1235–1436 Residenz der Fürsten von Werle, 1520/56–1695 der Herzöge von Mecklenburg-Güstrow.

Güstrow 2): Renaissanceschloss (1558–94; später verändert)

Gut, 1) *allg.:* Besitz; landwirtschaftlicher (Groß-)Grundbesitz, Landgut.
2) *Schifffahrt:* sämtl. Tauwerk in der Takelage eines Schiffes. Man unterscheidet stehendes G. (Pardunen, Stage, Wanten), das allgemein fest installiert ist, und laufendes G., das bei der Bedienung von Ladegeschirren, Segeln usw. bewegt wird.
3) *Wirtschaftstheorie:* jedes Mittel zur Befriedigung menschl. Bedürfnisse. Man unterscheidet nach der Verfügbarkeit **freie Güter,** die in ausreichender Menge zur Verfügung stehen (z. B. Luft), sodass jeder seinen Bedarf vollständig decken kann, und **wirtsch. Güter,** deren Merkmal die Knappheit ist. Bei Letzteren unterscheidet

man zw. nicht beliebig vermehrbaren (z. B. Kunstwerke) und beliebig vermehrbaren Gütern, deren Menge durch Kosten verursachende Produktion vergrößert werden kann. Man unterscheidet ferner **Konsumgüter,** die unmittelbar Bedürfnisse decken, und **Produktionsmittel,** mit deren Hilfe Konsumgüter hergestellt werden und die somit nur mittelbar menschl. Bedürfnisse befriedigen. Konsumgüter werden in **Verbrauchsgüter** (zum einmaligen Verbrauch) und **Gebrauchsgüter** (länger nutzbar), die Produktionsmittel in **Produktionsgüter** (Roh-, Hilfs-, Betriebsstoffe) und **Investitionsgüter** (Anlagegüter) gegliedert. **Komplementäre Güter** ergänzen sich gegenseitig (z. B. Leuchte und Glühlampe), **substitutive Güter** können sich gegenseitig ersetzen (z. B. Butter und Margarine). **Materielle Güter** sind körperlich, **immaterielle Güter** hingegen unkörperlich. **Sachgüter** sind materielle Realgüter; sie können unbewegl. (Immobilien) oder bewegl. Natur (Mobilien) sein. Zu den immateriellen Realgütern zählen z. B. Arbeits- und Dienstleistungen sowie Informationen, Rechte, Ideen und **Nominalgüter** (Geld oder Ansprüche auf Geld). **Private Güter (Individualgüter)** können unter Ausschluss anderer Wirtschaftssubjekte individuell genutzt bzw. konsumiert werden, während bei **öffentl. Gütern (Kollektivgütern)** die Möglichkeit gemeinsamer Nutzung besteht.

GUT [Abk. für engl. Grand Unified Theory], ↑Große Vereinheitlichte Theorie.

Gutach *die,* **1)** linker Nebenfluss der Kinzig, entspringt bei Triberg im Schwarzwald, bildet den Triberger Wasserfall, mündet bei Hausach. Durch das landschaftlich reizvolle G.-Tal führt mit 38 Tunneln die Schwarzwaldbahn. Bei Hausach liegt das Freilichtmuseum »Vogtsbauernhof«.
2) Oberlauf der ↑Wutach.

Gut|achten, Aussage eines Sachverständigen in einer sein Fachgebiet betreffenden Frage. – Im *Prozessrecht* 1) Aussagen eines Sachverständigen über den Beweisgegenstand vor Gericht. Sie betreffen gewöhnlich Tatsachenfragen. Durch das G., das der freien richterl. Beweiswürdigung unterliegt, soll die dem Gericht fehlende Sachkunde ersetzt werden. 2) Beurteilung der Rechtslage in einem bestimmten Einzelfall (Rechts-G., Votum). 3) bindende Feststellung von bestimmten Tatsachen (z. B. Schaden, Wert, Preis) durch den Schiedsgutachter. – In der *Medizin* ist jeder Arzt zur Erstattung von G. gesetzlich verpflichtet. Diese, aufgrund seiner Fachkenntnisse schriftlich oder mündlich abgegebene Äußerung eines (Fach-)Arztes zur Person (z. B. als Abstammungs-G. oder psychiatr. G.) oder zu einem Krankheitsfall (beispielsweise zur Rentenfähigkeit oder Arbeitsunfähigkeit) wird in der Regel von Straf-, Zivil- oder Sozialgerichten, auch von Versicherungsträgern (z. B. der Berufsgenossenschaft), angefordert.

Gute *das,* zentraler Begriff der antiken und mittelalterl. Metaphysik und der Ethik. **Metaphysik:** An Sokrates' Untersuchungen zum G. anknüpfend, entwickelt Platon seinen ontolog. Begriff des Guten. Die »Idee des G.« ist höchste Wirklichkeit und Grundstruktur alles Seienden, deren Ursprung. Selbst Über-Seiendes, ist das G. nicht erkennbar, sondern kann nur erschaut werden. Jedes Seiende und jede Seele strebt es, wenn auch nicht immer darum wissend, an. So ist das G., ein ontolog. Grundbegriff, zugleich Grundlage der Ethik, Ziel des sittl. Handelns und des gerechten Staates. Über Aristoteles (das G. ist das, »wonach alles strebt«), Plotin (das Eine ist zugleich das G.) und Augustinus (Gott ist oberstes Prinzip des sittl. G.) gingen Platons Gedanken in die Scholastik ein: Gott ist das »höchste G.« (summum bonum), durch Teilhabe am G. gewinnt Seiendes sein Sein und innere Gutheit in dem Maße, in dem es sein eigenes Wesen verwirklicht.

Ethik: Als sittl. Wert an sich ist das G. urspr. eng mit der Metaphysik verbunden, gewinnt jedoch in dem Maße Selbstständigkeit, wie sich die Ethik von der Metaphysik löst. Als höchstes G. galt in der Antike das Glück (Eudämonie), das z. B. Sokrates in der Einsicht, Epikur in der Gelassenheit (Ataraxie), Aristoteles und die Stoa in der Tugendhaftigkeit erblickten. Kant wandte sich von einer inhaltl. Bestimmung des G. ab und stellte ihr ein formales Prinzip des Sittlich-Moralischen (↑kategorischer Imperativ) entgegen. Dagegen setzte die materiale Wertethik M. Schelers eine Hierarchie intuitiv erfasster objektiver Werte. Die sprachanalytisch orientierte »Metaethik« (G. E. Moore) fragt nach dem Bedeutungsgehalt von »gut«, »schlecht«, »gerechtfertigt« usw. und der Bedeutung von moral. bzw. eth. Sätzen.

📖 *Nishida, K.: Über das G. Eine Philosophie der reinen Erfahrung. A. d. Japan. Frankfurt am Main ²1993. – Wuketits, F. M.: Verdammt zur Unmoral? Zur Naturgesch. von Gut u. Böse. München 1993.*

Gü|te *die, Elektrotechnik:* das Verhältnis der in einem verlustbehafteten Bauelement mit Blindwiderstand vorliegenden ↑Blindleistung zur umgesetzten ↑Wirkleistung; gleichzeitig ein Maß für die Dämpfung eines schwingungsfähigen Systems (z. B. ↑Schwingkreis) bei Resonanz. Der reziproke Wert der G. ist der **Verlustfaktor**.

Gut|edel (Chasselas), ertragreiche und -sichere Rebsorte, mit kleinen hellgrünen oder rötl. Beeren; Tafel- und Keltertraube. Der **Weiße G.** in Südbaden und der Westschweiz liefert leichte, säurearme Weine.

gute Dienste, *Völkerrecht:* diplomat. Bemühungen eines Staates, andere, sich streitende Staaten zur friedl. Streitbeilegung zu bewegen; die g. D. sind keine Einmischung in fremde Angelegenheiten (Intervention).

Güteklasse, behördlich oder durch Vereinbarung von Erzeugern oder Verbänden geschaffene Qualitätsstufe für bestimmte Erzeugnisse (↑Handelsklasse).

Gutenberg, 1) Erich, Betriebswirtschaftler, *Herford 13. 12. 1897, †Köln 22. 5. 1984; Prof. seit 1938, u.a. in Jena und Frankfurt am Main, Köln; arbeitete v. a. über betriebl. Produktions- und Unternehmenstheorie. G. verstand den Betrieb als Gesamtheit der Teilfunktionen Produktion, Absatz und Finanzen, dessen Prozesse vom dispositiven Faktor Unternehmensführung gesteuert werden.
2) Johannes, eigtl. J. Gensfleisch zur Laden gen. G., Buchdrucker, *Mainz zw. 1397 und 1400, †ebd. 3. 2. 1468; Erfinder des Buchdrucks mit bewegl. Metallettern; 1434–44 in Straßburg nachweisbar, 1448 in Mainz bezeugt, seit Anfang 1450 war J. Fust sein Teilhaber. G. muss um 1450 die Technik der Herstellung völlig gleicher, auswechselbarer Metalltypen mithilfe geschnittener Stahlstempel, Kupfermatrizen und des Handgießinstruments zumindest im Prinzip beherrscht haben; er hatte mehrere Typen. Die 42-zeilige Bibel (»G.-Bibel«; in 48 Exemplaren erhalten) ist das Haupterzeugnis der gutenberg-fustschen Gemeinschaftsdruckerei; sie war im Frühsommer 1456 vollendet. Wie groß der Anteil P. Schöffers (†1502 oder 1503) ist, der um 1452 als Mitarbeiter G.s zum Bibeldruck kam, ist unsicher. Zw. Fust und G. kam es zum Prozess, und anscheinend ist Fust das Druckgerät mitsamt einem Teil der Typen zugesprochen worden. 1458 war G. zahlungsunfähig (er kam wegen Straßburger Zinsschulden in die Acht). 1465 wurde G. zum »Hofmann« Erzbischof Adolfs von Nassau (womit sein Lebensunterhalt gesichert war). – Mainz, dessen Universität den Namen G.s trägt, ist seit 1900 Sitz des **G.-Museums** und seit 1901 der **G.-Gesellschaft** (G.-Jahrbuch, seit 1926; G.-Preis, seit 1968).

📖 *Kapr, A.: J. G. Persönlichkeit u. Leistung. München ²1988. – Venzke, A.: J. G. Der Erfinder des Buchdrucks. Zürich 1993. – Presser, H.: J. G. Reinbek 44.–45. Tsd. 1995.*

Johannes Gutenberg: Nachbau einer Gutenberg-Presse im Gutenberg-Museum Mainz

Gutenberg-Wiechert-Diskontinuität, ↑Wiechert-Gutenberg-Diskontinuität.

Gutenberg-Zone [nach dem dt.-amerikan. Geophysiker B. Gutenberg, *1889, †1960] (Low-Velocity-Zone), Zone im oberen Erdmantel (↑Erdinneres) mit geringerer Fortpflanzungsgeschwindigkeit der Erdbebenwellen, 100–300 km tief (weniger unter Ozeanen, mehr unter Kontinenten).

Güterabschätzung, Feststellung des Geldwerts eines landwirtsch. Betriebs oder seiner Bestandteile.

Güterabwägung, das Prinzip, ein recht-

lich höherwertiges Gut im Konfliktfall dem geringerwertigen Gut vorzuziehen.
Gütergemeinschaft, ↑eheliches Güterrecht.
guter Glaube (lat. bona fides), die Überzeugung, dass man sich bei einer bestimmten Handlung oder in einem bestimmten Zustand in seinem guten Recht befindet, bes., dass man Rechte vom Berechtigten erworben habe. Im Interesse des redl. Rechtsverkehrs schützt v. a. das bürgerl. Recht den durch den äußeren Rechtsschein begründeten g. G. **(Gutglaubensschutz),** soweit nicht schwer wiegende Gründe entgegenstehen. Das Ges. verwehrt das Berufen auf den g. G., wenn das Vertrauen auf den eigenen g. G. auf Fahrlässigkeit beruhte oder eine entgegengesetzte positive Kenntnis (also »böser Glaube«) vorhanden war. Hauptanwendungsfall der Lehre vom g. G. ist der Erwerb von bewegl. Sachen oder Grundstücksrechten (gutgläubiger Erwerb, §§ 892, 932 ff. BGB, ↑Ersitzung). Keinen gutgläubigen Erwerb gibt es i. d. R. bei gestohlenen oder auf andere Weise ↑abhanden gekommenen Sachen. – Ähnl. Bedeutung hat der g. G. im *österr.* (§ 367 ABGB) und im *schweizer.* Recht (Art. 933 ZGB).
Guter Hirt, im Anschluss an Joh. 10, 1–16 entstandenes Bildmotiv der christl. Kunst (↑christliche Symbole).
Güterrecht, ↑eheliches Güterrecht.
Guterres [-iʃ], António Manuel, portugies. Politiker, * Santos-o-Velho (bei Lissabon) 30. 4. 1949; studierte Elektrotechnik; wurde 1974 Mitgl. und 1992 Gen.-Sekr. des Partido Socialista (PS); 1976–83 und erneut ab 1985 Parlaments-Abg.; ab Nov. 1999 Präs. der Sozialist. Internationale; übernahm 1995 das Amt des MinPräs. Portugals (wieder gewählt 1999). Nach einer Wahlniederlage seiner Partei bei Regionalwahlen im Dez. 2001 erklärte er seinen Rücktritt als Reg.chef und Gen.-Sekr. des PS.
Gütersloh, Albert Paris, eigtl. Albert Conrad Kiehtreiber, österr. Maler und Schriftsteller, *Wien 5. 2. 1887, †Baden (NÖ) 16. 5. 1973; Prof. in Wien; begann mit dem Expressionismus mit begründeten Roman »Die tanzende Törin« (1910); die späteren Werke erinnern an Jean Paul. Als »Universalchronik« und »kath. Chronik« verstand G. den Roman »Sonne und Mond« (1962). Als Maler gehörte G. zur »Wiener Schule des phantast. Realismus«.

Gütersloh, 1) Kreis im RegBez. Detmold, NRW, 967 km², 348 000 Einwohner.
2) Krst. von 1) in NRW, unweit des Teutoburger Waldes, 94 100 Ew.; Botan. Garten; Druckerei und Verlagswesen sowie Medienindustrie (Bertelsmann AG), Herstellung von Haushaltsmaschinen, Nahrungsmittel-, Textil-, Möbelind.; Stadtbibliothek von Peter Friedeberg (1982–84). – G. ist seit 1825 Stadt.
Gütertrennung, ↑eheliches Güterrecht.
Güterumschlag, urspr. die Be- und Entladungen der Binnen- und Seeschiffe, heute allg. die Be- und Entladetätigkeiten im Güterverkehr.
Güterverbindung, in der Schweiz bis 31. 12. 1987 der gesetzl. Güterstand (↑eheliches Güterrecht).
Güterverkehr, Beförderung von Gütern durch Eisenbahnen, Kfz, Schiffe, Luftfahrzeuge und Rohrleitungen. Die längste Tradition hat die Binnen- und Seeschifffahrt. Bedeutsam wurden diese auch, als mit der Industrialisierung der Transport von Massengütern immer wichtiger wurde. Nach dem Zweiten Weltkrieg nahm der Eisenbahn-G. zugunsten des Güterkraftverkehrs ständig ab. Ursachen für diese Entwicklung waren neben der Internationalisierung der Zulieferung und Produktion (»global sourcing«) die zunehmende Integration der Märkte in Europa sowie der Verkehrswegebau und die Liberalisierung der Verkehrsmärkte innerhalb der EU, die die Transportkosten weiter gesenkt haben. Unter den Aspekten der Verkehrssicherheit und der Umweltverträglichkeit wird jedoch erörtert, ob eine Verlagerung des G. von der Straße auf weniger belastende Verkehrsträger (Eisenbahn, Binnenschifffahrt) zumindest auf langen Strecken mittels des ↑kombinierten Verkehrs möglich ist. Der Straßen- oder Güterkraftverkehr umfasst den gewerbl. **Güterfernverkehr,** den gewerbl. **Güternahverkehr** (Beförderung von Gütern innerhalb der Gemeinde oder der Nahzone) und den **Werkverkehr** (werkeigener Nah- und Fernverkehr). Im Rahmen des Nahverkehrs dürfen Güter innerhalb der Grenzen eines Gemeindebezirks oder innerhalb der Nahzone (75 km um den Standort) befördert werden. Der Verkehr darüber hinaus gilt als Fernverkehr. Der gewerbl. Güternahverkehr mit Lkw mit einer Nutzlast von mehr als 750 kg oder mit Zugmaschinen bedarf der Erlaub-

nis, die Aufnahme des gewerbl. **Güterlinienahverkehrs** zusätzlich der Genehmigung. Er unterliegt dem Beförderungs- und Tarifzwang. Für den Werkfernverkehr gilt anders als im Werknahverkehr ein besonderes Lizenzierungsverfahren. In *Österreich* und der *Schweiz* ist der relativ hohe Anteil der Eisenbahnen an der inländ. G.-Leistung charakteristisch.

❖ siehe ZEIT Aspekte

Güterverkehrszentren, Gewerbegebiete, die speziell für Unternehmen des Güterverkehrs (Speditionen, Reedereien) und deren Nebengewerbe (Lagerei, Reparaturwerkstätten) geschaffen worden sind. G. dienen zur Konsolidierung des Güterquell- und -zielverkehrs eines abgegrenzten Gebietes sowie zum Umschlag im ↑kombinierten Verkehr.

Güterverteilzentren, Einrichtungen zur Sortierung und Koordinierung von Sendungen für ein abgegrenztes Liefergebiet. Sofern dieses ein Stadtzentrum umfasst, handelt es sich um ↑Citylogistik.

gute Sitten, die in einer bestimmten Rechtsgemeinschaft herrschenden moral. Grundanschauungen. Nach § 138 BGB ist ein Rechtsgeschäft, das gegen die g. S. verstößt, nichtig. Wer einem andern in einer gegen die g. S. verstoßenden Weise vorsätzlich Schaden zufügt, hat nach § 826 BGB den Schaden zu ersetzen, auch wenn er formal in Ausübung eines Rechts gehandelt hat. Ähnliches gilt in *Österreich* (§§ 879, 1295 ABGB) und in der *Schweiz*.

Güteverfahren, im *Arbeitsgerichtsprozess* Verfahren, in dem der Vors. bei Beginn der mündl. Verhandlung eine gütl. Einigung zu erstreben und mit den Parteien das Streitverhältnis zu erörtern hat (§ 54 Arbeitsgerichts-Ges.). – Im *Zivilprozess* hat seit 2002 (Zivilprozessreform) der mündl. Verhandlung zum Zweck der Beilegung des Rechtsstreits eine Güteverhandlung vorauszugehen, es sei denn, die Güteverhandlung erscheint aussichtslos oder es hat bereits ein Einigungsversuch vor einer außergerichtl. Gütestelle stattgefunden (§ 278 ZPO). Durch Landesrecht kann seit 2000 bestimmt werden, dass u. a. bei Streitigkeiten mit geringem Streitwert die Erhebung der Klage erst zulässig ist, nachdem die außergerichtl. Streitbeilegung vor einer anerkannten Gütestelle versucht worden ist (§ 15 a EGZPO).

gute Werke (lat. bona opera), in der *Religionsgeschichte* Bez. für der Gottheit wohlgefällige Handlungen und Opfer des Menschen; in der *christl. Theologie* die dem Christen aus seinem Glauben erwachsenden eth. Forderungen und religiösen Pflichten. Ihr Verdienstcharakter ist zw. der kath. und der reformator. Theologie umstritten. Die kath. Theologie hält (unter Berufung auf Röm. 2, 6 und 1. Kor. 3, 8) an der Heilsnotwendigkeit und Verdienstlichkeit der im Stande der ↑Gnade vollbrachten g. W. fest und erkennt auch natürl. g. W. als möglich an. Luther (und mit ihm die reformator. Theologie) sprach sich entschieden gegen den Verdienstcharakter der g. W. aus und stellte in der Schrift »Von den g. W.« (1520) als einziges g. W. den Glauben an Jesus Christus (Röm. 3, 24 f. und 28; 4, 5) und die daraus folgende Liebesgesinnung heraus. Für Luther sind g. W. Früchte des Glaubens und sind mit ihm untrennbar verbunden (↑Rechtfertigung).

Gütezeichen, Wort- und/oder Bildzeichen zur Kennzeichnung und Garantie einer bestimmten Qualität von Waren oder Leistungen. Eine gesetzl. Regelung der G. fehlt, sie können aber nach ihrer Anerkennung als ↑Kollektivmarke in das vom Patentamt geführte Markenregister eingetragen werden. G. dürfen nicht für Einzelerzeugnisse, sondern nur für Warenarten und Leistungskategorien geschaffen werden. († RAL Deutsches Institut für Gütesicherung und Kennzeichnung e. V.) – Abb. S. 150

Gutgewicht, beim Handelskauf Vergütung für Gewichtsverluste, die durch das Auspacken oder Sortieren der Waren entstehen.

Gutglaubensschutz, ↑guter Glaube.

Guthaben, Habensaldo eines Kontos; die Gutschriften übersteigen die Lastschriften.

Guthrie-Test [ˈgʌθrɪ-; nach dem amerikan. Kinderarzt R. Guthrie, * 1916, † 1995] (Guthrie-Hemmtest), mikrobiolog. Test zur Früherkennung der ↑Phenylketonurie in der ersten Lebenswoche (am 4. bis 5. Lebenstag, beruht auf der Förderung des Wachstums des Bacillus subtilis durch das im Blut des Kindes vermehrt vorhandene Phenylalanin.

Guti *der* (Goldhase), Nagetier, Art der ↑Agutis.

Gutland, 1) Gebiet im südl. Teil ↑Luxemburgs.

2) Gebiet um Bitburg.

Gutman, Natalia Grigorjewna, russ. Violoncellistin, * Kasan 14. 11. 1942; studierte am Moskauer Konservatorium bei M. L. Rostropowitsch; Auftritte mit namhaften Orchestern in Europa, den USA und Japan und als Interpretin von Kammermusik (zus. mit Oleg Kagan [Violine] und Elisso Wirssaladse [Klavier]). Ihr Repertoire reicht von der Musik des Barock bis zu zeitgenöss. Werken.

Gutschein, Urkunde, aus der sich ergibt, dass der Aussteller dem Inhaber oder dem in der Urkunde Genannten zu einer Leistung verpflichtet ist. Es kann sich um eine Inhaberkarte oder um einen Schuldschein handeln. G. spielen v.a. in der Werbung eine Rolle. Gegen deren Einsendung oder Überbringung werden Information, Warenproben, Geschenkartikel oder Geldbeträge angeboten.

Gutschrift, Buchung auf der Habenseite des Kontos (Ggs.: Lastschrift).

Gutshaus, beim Landgut das Hauptgebäude mit Wohnungen für den Besitzer und das Gesinde, mit Büro, Wirtschaftsräumen und Gastzimmern. In größerer Form, bes. bei den ehem. Rittergütern, hieß es **Herrenhaus** und war der Familie und der Gutsverwaltung vorbehalten.

Gutsherrschaft, Bez. für eine vom 15. bis 19. Jh. in O-Mitteleuropa vorherrschende entwickelte Form der Grundherrschaft bzw. des Großgrundbesitzes. Merkmale sind der ausgedehnte, arrondierte Besitz, der Besitz der Ortsherrschaft und häufig Schlüsselstellung der herrschaftl. Eigenbzw. Gutswirtschaft im Dorfverband. Der **Gutsherr** war Obrigkeit in vollem Umfang, der **Gutsbezirk** ein Territorialstaat im Kleinen. Im Verlauf der ↑Bauernbefreiung entfielen die polit. und rechtl. Seite der G., während die wirtsch. Vorherrschaft des Großgrundbesitzes in Ost-Dtl. erhalten blieb. 1927 wurden in Dtl. die Gutsbezirke durch Gesetz praktisch aufgelöst.

📖 *G. als soziales Modell,* hg. v. J. Peters. München 1995.

GutsMuths, Johann Christoph Friedrich, Pädagoge, * Quedlinburg 9. 8. 1759, † Ibenhain (heute zu Waltershausen) 21. 5. 1839; Vertreter der philanthrop. Leibeserziehung; versuchte der Gymnastik im Schulturnen einen neuen Inhalt zu geben, setzte sich für Spiele und für das Schwimmen im Turnunterricht ein, ließ als Erzieher der Anstalt Schnepfenthal (heute Stadtteil von Waltershausen) den ersten Sportplatz in Dtl. anlegen.

Gutswirtschaft, Großgrundbesitz, der einheitlich landwirtsch. genutzt wird; im Zuge der Bauernbefreiungen aus grund- oder gutsherrl. Verhältnissen entwickelt, bes. in den östl. Landesteilen Preußens. Die G. entstand im 18. Jh. in England, meist in der Form des Pachtguts (daher »Farm«), das als Rentenquelle diente. Ihr Vorbild wirkte bes. auf Nordwest-Dtl. und Mittelschweden, v.a. aber im Bereich der Gutsherrschaft in O-Mitteleuropa, dort meist in Form des Eigenguts oder der Domänenpacht.

Kraftfutter, landwirtschaftliche Reinigungsmittel

Bier

Butter, Käse

RAL-Gütezeichen

Holzschutzmittel

Mehrscheiben-Isolierglas

Recycling-Baustoffe

Wäschepflege

Gütezeichen: Beispiele aus der Liste der RAL-Gütezeichen für verschiedene Produkte

Guyana GUY

Renato Guttuso: Ein Mann, einen Platz überquerend (1958; Moskau, Puschkin-Museum)

Guttapercha [malaiisch] *die* oder *das*, aus dem Milchsaft von Palaquiumbäumen (Seifenbaumgewächse; Malaysia, Indonesien) gewonnenes Produkt, das im Ggs. zum Naturkautschuk hart und hornartig ist und bei 70–100 °C in einen plast. Zustand übergeht. Diente früher als Kitt und Dichtmasse.

Gut|templerorden (Internationaler Guttemplerorden, engl. International Organization of Good Templars, Abk. I. O. G. T.), den Werten der Freiheit und Gleichberechtigung aller Menschen verpflichtete, politisch und konfessionell unabhängige Bewegung, die sich bes. in der Suchtkrankenhilfe und Suchtprävention (Alkoholismus) engagiert; gegr. 1851 in den USA.

Güttler, Ludwig, Trompeter, *Sosa (Landkreis Aue-Schwarzenberg) 13. 6. 1943; war 1969–80 Solotrompeter der Dresdner Philharmonie, dann solistisch tätig; Interpret v. a. von Bläsermusik des 17./18. Jahrhunderts.

Guttural [lat.] *der*, ein Kehllaut (↑Laut).

Guttuso, Renato, italien. Maler und Grafiker, *Bagheria (Prov. Palermo) 2. 1. 1912, †Rom 18. 1. 1987; Hauptvertreter des sozialist. und Vorläufer des sozialkrit. Realismus in Italien (Bilder von Bergarbeitern, Fischern und polit. Diskussionen).

Gutzkow [-ko:], Karl, Schriftsteller, *Berlin 17. 3. 1811, †Frankfurt am Main 16. 12. 1878; Journalist, Hg. von Zeitschriften, 1846–49 Dramaturg am Dresdner Hoftheater, 1861–64 Gen.-Sekr. der Dt. Schillerstiftung in Weimar. G. war eine führende Persönlichkeit des ↑Jungen Deutschland; er schrieb scharfe Literaturkritiken, gesellschaftskrit., z. T. satir. Romane (»Die Ritter vom Geiste«, 9 Bde., 1850/51; »Der Zauberer von Rom«, 9 Bde., 1858–61) und Dramen. Einen Skandal verursachte der Roman »Wally, die Zweiflerin« (1835), der freisinnig religiöse Probleme erörtert und für die damalige Zeit freimütige erot. Schilderungen enthält.

GuV, Abk. für ↑Gewinn-und-Verlust-Rechnung.

Guwahati, Stadt in Indien, ↑Gauhati.

Guyana (amtlich engl. Co-operative Republic of Guyana), Staat im nördl. Südamerika, grenzt im N an den Atlantik, im O an Surinam, im S und SW an Brasilien und im W an Venezuela.

Staat und Recht: Nach der Verf. vom 6. 10. 1980 (mehrfach, zuletzt 2000, revidiert) ist G. eine präsidiale Rep. mit Mehrparteiensystem. Staatsoberhaupt und oberster Inhaber der Exekutivgewalt (Reg.chef) ist der Präs. (für 5 Jahre gewählt). Die Legislative liegt bei der Nationalversammlung (65 Abg.). – Wichtige Parteien: Progressive Volkspartei (PPP), Nat. Volkskongress (PNC).

Guyana	
Fläche	214 969 km²
Einwohner	(2003) 765 000
Hauptstadt	Georgetown
Verwaltungsgliederung	10 Regionen
Amtssprache	Englisch
Nationalfeiertag	23. 2.
Währung	1 Guyana-Dollar (G$) = 100 Cent (¢)
Zeitzone	MEZ − 5 Std.

GUY Guyana

Guyana: Parlamentsgebäude in Georgetown

Landesnatur: Die Berg- und Hügellandschaften im Landesinnern sind Teil des Berglands von ↑Guayana. Im Roraima an der Grenze zu Venezuela werden 2810 m ü. M. erreicht. Die bis 70 km breite Küstenebene, meist Schwemmland, z. T. 1-5 m unter dem Flutspiegel des Meeres und durch Deiche geschützt, ist Hauptanbau- und -siedlungsgebiet des Landes. Das Klima ist tropisch mit jährl. Niederschlägen von 1500–3000 mm (zwei Regenzeiten). Rd. 80% der Fläche sind von trop. Regenwald bedeckt, der im SW in Feuchtsavannen übergeht. Entlang der Küste verläuft ein Gürtel aus Mangroven und Sumpfwäldern.

Bevölkerung: Die Bev. ist auf die Küstengebiete konzentriert; rd. 51% sind Inder, die nach der Aufhebung der Sklaverei als Plantagenarbeiter einwanderten. Die Schwarzen (31%) und Mulatten (11%) sind Nachkommen der Negersklaven; daneben auch Weiße (v. a. Portugiesen) und Chinesen. Restgruppen der ursprüngl. Indianerbevölkerung (Guayana-Indianer) leben v. a. im Landesinnern. In Städten leben 38% der Bev. – Über 50% der Bev. sind Christen (bes. Katholiken, Anglikaner und Pfingstler), rd. 34% Hindus, rd. 9% Muslime. – Es besteht eine achtjährige allgemeine Schulpflicht. Die Analphabetenquote beträgt 1,5%; Univ. in Georgetown (gegr. 1963).

Wirtschaft und Verkehr: Gemessen am Bruttosozialprodukt je Ew. gehört G. zu den ärmsten Ländern Lateinamerikas. Ein Großteil der Wirtschaft wurde bisher vom Staat kontrolliert, seit Anfang der 1990er-Jahre erfolgt eine Liberalisierung der Wirtschaft. Ausländ. Besitz wurde 1970–76 nationalisiert; seit Ende der 1980er-Jahre erfolgen wieder Privatisierungsprogramme. Hauptwirtschaftszweige sind Landwirtschaft und Bauxitabbau. Auf rd. 2,5% der Gesamtfläche (Küstenebene) werden Zuckerrohr, Reis, Kokospalmen, Orangen, trop. Früchte und Gemüse für den Eigenbedarf angebaut. Der Waldreichtum wird wegen Mangels an Transportmöglichkeiten nur in den Randgebieten genutzt. Die Fischerei gewinnt an Bedeutung. Neben dem Bauxitabbau erlangt die seit Beginn der 1990er-Jahre zunehmende Goldförderung sowie die Förderung von Diamanten und Manganerz Wichtigkeit. In der Ind. dominieren die Bauxitaufbereitung, Zuckerrohr- und Holzverarbeitung. Wichtigste Ausfuhrwaren sind Gold, Zucker, Bauxit und Reis. Haupthandelspartner sind die USA, Kanada, Großbritannien, Trinidad und Tobago. – Das Straßennetz (rd. 8000 km) ist nur im Küstenbereich gut ausgebaut; die Verbindung mit dem Landesinnern erfolgt v. a. über die Flüsse. Die wenigen Eisenbahnlinien dienen dem Gütertransport. Wichtigste Seehäfen sind Georgetown und New Amsterdam; internat. Flughafen bei Georgetown.

Geschichte: Nach der Aufteilung von ↑Guayana 1816 wurde das Gebiet britisch (seit 1831 Britisch-Guayana, seit 1928 Kronkolonie). Es erhielt 1961 eine Selbstverw., 1966 die Unabhängigkeit (im Rahmen des Commonwealth unter der brit. Krone), 1970 wurde G. Republik. Nach Verabschiedung einer neuen Verf. (1980) übernahm der bisherige MinPräs. L. F. Burnham (PNC) das Amt des Staatspräs., sein Nachfolger wurde 1986 D. Hoyte

(PNC). Ende der 1980er-Jahre gab G. den bis dahin verfolgten sozialist. Kurs auf und öffnete sich langsam der Marktwirtschaft. Die (durch Verhängung des Ausnahmezustandes) auf Okt. 1992 verschobenen Wahlen gewann die oppositionelle PPP. Ihr Führer C. Jagan wurde neuer Präs., nach seinem Tod 1997 übernahm seine Witwe Janet Jagan das Amt, nach ihrem Rücktritt 1999 Finanzmin. B. Jagdeo.

Guyau [gҷi'jo], Jean-Marie, frz. Philosoph, *Laval 28. 10. 1854, †Menton 31. 3. 1888; neben A. Fouillée der wichtigste Vertreter des frz. dynam. Naturalismus. In Ethik, Religion und Ästhetik sah er Ausdrucksformen des Lebensdrangs auf seinen höheren Stufen, in der Lebensentfaltung das Ziel der Natur und eine eth. Forderung.

Guyenne [gҷi'jɛn] die, seit dem 13. Jh. Name für das verkleinerte Herzogtum ↑Aquitanien.

Guyot [gҷi'jo; nach dem amerikan. Geographen A. H. Guyot, *1807, †1884] der, untermeer. Kuppe vulkan. Entstehung, mit tafelbergartigem Gipfelplateau, häufig im Pazif. Ozean.

GVG, Abk. für Gerichtsverfassungsgesetz (↑Gerichtsverfassung).

GVP, Abk. für ↑Gesamtdeutsche Volkspartei.

Gwalior, Stadt im Bundesstaat Madhya Pradesh, Indien, am Rand des Dekhan zur Gangesebene, 691 000 Ew.; Univ.; Textil-, Schuh-, Papier-, Zigaretten-, Glas-, Nahrungsmittelind.; Verkehrsknotenpunkt. – Oberhalb der Stadt liegt die gewaltige alte Festung mit Ruinen, hinduist. Tempeln des 11. und 12. Jh. und dschainist. Kolossalskulpturen (Mitte 15. Jh.), die unmittelbar aus dem Felsen gemeißelt sind. – G. war von der Mitte des 18. Jh. bis 1947 Mittelpunkt eines Marathenfürstenstaates.

Gwardeisk (dt. Tapiau), Stadt im russ. Gebiet Kaliningrad (Königsberg), im ehem. Ostpreußen, am Ausfluss der Deime aus dem Pregel, 12 700 Ew.; Lebensmittel-, Holzindustrie. – Ordensburg (im Kern 14. Jahrhundert).

Gweru (bis 1982 Gwelo), Stadt in Simbabwe, Verw.sitz der Prov. Midlands, 1420 m ü. M., 163 900 Ew.; kath. Bischofssitz; Landwirtschafts- und Bergbauzentrum; Bahnknotenpunkt.

Gwisdek, Michael, Schauspieler, *Berlin 14. 1. 1942; spielt seit den 1970er-Jahren Theaterrollen (u. a. an der Volksbühne und am Dt. Theater Berlin), seit den 1980er-Jahren auch größere Filmrollen (z. b. in »Der Fall Bachmeier – Keine Zeit für Tränen«, 1984; »Der Tangospieler«, 1991; »Nachtgestalten«, 1999) und Filmregie (z. B. »Treffen in Travers«, 1989).

Gwynedd ['gwɪneð], Unitary Authority in Wales, 2 535 km², 116 800 Ew.; Verw.sitz Caernarvon. – Die Burgen und befestigten Städte, die Eduard I. errichten ließ, gehören als bed. Zeugnisse mittelalterl. Architektur zum UNESCO-Weltkulturerbe.

Gy, Einheitenzeichen für ↑Gray.

Gyangzê (Gjangtse, chines. Jiangzi, auch Chiangtzu), wichtiger Handelsplatz in Tibet, China, 4000 m ü. M., am Tsangpo, an der Straße Lhasa–Kaschmir, rd. 20 000 Ew.; Teppich-, Wollweberei. Im Klosterbezirk zwei Klöster, Riesenstupa, dreistöckige Versammlungshalle (15. Jahrhundert).

Gydan, flache Halbinsel im N Westsibiriens, Russland, an der Karasee, etwa 400 km lang und bis 400 km breit; Strauchtundra; Erdgasvorkommen.

Gyges, König von Lydien (seit 685 v. Chr.?), †(gefallen) 652 v. Chr.; bemächtigte sich durch Entthronung des Lyderkönigs Kandaules der Herrschaft; unternahm Eroberungszüge gegen kleinasiat. Griechenstädte. – Nach Herodot zeigte Kandaules dem G. seine Gemahlin unbekleidet, worauf diese G. zwang, Kandaules zu töten und die Herrschaft an sich zu reißen. Nach Platon hat G. den Kandaules mithilfe eines unsichtbar machenden Ringes ermordet. – Drama von F. Hebbel »G. und sein Ring« (1856).

Gymnadenile [grch.] die, die ↑Händelwurz.

Gymnaestrada [-nɛ-] die, internat. Turnfest (ohne Wettkämpfe) mit gymnast. und turner. Schaudarbietungen.

Gymnasium [grch. »Sportstätte, wo mit nacktem Körper geturnt wird«] das, weiterführende Schule, deren Abschluss (Abitur) i. d. R. Voraussetzung für das Studium an einer wiss. Hochschule ist. An Gesamtschulen kann das Abitur an der gymnasialen Oberstufe abgelegt werden. Die Normalform des G. wird unterteilt in die Sekundarstufe I (i. d. R. Klasse 5–10) und die Sekundarstufe II (gymnasiale Oberstufe). Die Klassen 5 und 6 werden meist als Einführungs- oder Orientierungsstufe geführt. Die gymnasiale Oberstufe ist als Kurssys-

GYM Gymnastik

tem organisiert, innerhalb dessen die Schüler die Schwerpunkte ihrer gymnasialen Schullaufbahn unter Beachtung versch. Richtlinien selbst bestimmen können. Neben der Normalform des G. mit einer acht- bis neunjährigen Schulzeit gibt es **G. der Aufbauform,** die an die Realschule anschließen und mit dem Abitur bzw. oft einer fachgebundenen Hochschulreife abgeschlossen werden; Formen sind u. a. Fach-G., techn. G., Wirtschafts-G. Für Berufstätige stehen im Rahmen des zweiten Bildungsweges **Abend-G.** oder Kollegs zur Verfügung.

Im antiken Griechenland war das G. (Gymnasion) urspr. eine Stätte der körperl. Ertüchtigung für die männl. Jugend; später wurde es zunehmend auch Ort der mus. und geistigen Bildung. Aus den Dom- und Klosterschulen des MA. sowie den humanist. Gelehrtenschulen des 16. Jh. entwickelte sich das G. in der heutigen Gestalt in der Epoche des Neuhumanismus, wobei Latein und Griechisch Hauptfächer wurden **(humanist. G.).** Dieses G. gewann im 19. Jh. das Privileg, den Hochschulzugang zu vermitteln; erst um 1900 erhielten auch die inzwischen neben dem G. entstandenen **Real-G.** (Latein, moderne Fremdsprachen) und **Oberrealschulen** (Naturwiss.en, moderne Fremdsprachen) die gleichen Rechte.

📖 *Kraul, M.: Das deutsche G. 1780–1980. Frankfurt am Main 1984. – Burkert, H. D.: G. u. Gymnasialität. Aspekte einer Gymnasialpädagogik. Essen 1994. – Schmidt, Arno: Das G. im Aufwind. Aachen ²1994.*

Gymnastik [zu grch. gymnázesthai »mit nacktem Körper turnen«], System von Übungen für die körperl. Erziehung und Ausbildung. In der Gegenwart sind die Hauptmittel der G. v. a. Übungsformen ohne und mit Handgerät sowie an speziellen Großgeräten, deren Anwendung und Ausführung als Einzel-, Partner- oder Gruppenübungen durch charakterist. Verfahren gekennzeichnet sind. Je nach Aufgabe werden versch. Arten unterschieden: die **Grund-G.** als Bestandteil der allg. Körpererziehung, die **Spezial-G.** als Bestandteil der gezielten Vorbereitung in sportl. Disziplinen, die **Ausgleichs-G.** (die z. B. zur Korrektur von Haltungsfehlern oder zur Stabilisierung eines labilen Kreislaufs eingesetzt wird); die **Kranken-G.** als Bestandteil therapeutisch-rehabilitativer Maßnahmen; die **rhythm. Sport-G.,** die Erziehung zur fließenden, durch den Rhyhtmus geformten Bewegung (die als selbstständige Sportart für Athletinnen betrieben wird). Grundformen der Bewegung in der G. sind u. a. Gehen, Laufen, Hüpfen, Springen, Schwingen, Werfen und Stoßen.

Der Begriff G. wurde im 5. Jh. v. Chr. geprägt und kennzeichnete in der Antike die Summe des Wissens, das die **Gymnasten,** die Lehrer der Körperübungen, von der körperl. Ausbildung und Erziehung besaßen. Entsprechend verstanden zunächst auch J. C. F. GutsMuths und F. L. Jahn unter G. alle für pädagog. Zwecke geeigneten Körperübungen ihrer Zeit, wobei F. L. Jahn später den Begriff G. durch Turnen ersetzte und auch neue Geräte, wie Reck, Barren, Klettergerüst, sowie neue Übungen erfand. In Dtl. wurde die Entwicklung des Turnens v. a. durch den Ausbau der Geräteübungen sowie einfacher Vorübungen bestimmt, für die speziell seit A. Spieß unter der Bezeichnung **Freiübungen** das bereits von J. H. Pestalozzi für seine **Elementar-G.** erdachte Prinzip der Bewegungsmöglichkeiten sowie eine unnatürl. Stilisiertheit galten. Neue inhaltl. Aspekte erhielt die G. in Dtl. durch die G.-Bewegung. Sie richtete sich gegen das inzwischen erstarrte und formalisierte Turnen. Verdient machten sich bei diesem Richtungswandel u. a. Bess Mensendieck, Rudolf Bode (* 1881, † 1970)), H. Medau, Isadora und Elizabeth Duncan, R. Laban und Mary Wigman.

📖 *Missmahl, I.: G. Reinbek 44.–46. Tsd. 1991. – Einsingbach, T. u. Wessinghage, T.: Funktionelle Ausgleichsgymnastik. München u. a. 1993. – Schmidt, Natascha u. Ott, D.: Funktionelle G. für Kinder u. Jugendliche. Aachen 1996.*

Gymnich, Schloss im Stadtteil G. (seit 1969) von Erftstadt, eine Wasserburg aus Hauptburg (1655), Schlosskapelle (1547) und Vorburg (18. Jh.); 1971–90 Gästehaus der Bundesregierung.

Gymnologie [verkürzt aus Gymnastik und ...logie] *die,* Lehre von den Körperübungen und der Bewegungstherapie.

Gymnospermen [grch.], ↑Nacktsamer.

gynäko... [von grch. gynḗ, Genitiv: gynaikós, »Weib«, »Frau«], in Zusammensetzungen: Frau..., weiblich.

Gynäkologie [grch.] *die* (Frauenheil-

Gyroantrieb GYR

Győr: Blick auf die Altstadt

kunde), Fachgebiet der Medizin, das sich mit dem Verhüten, Erkennen und Heilen von Erkrankungen der weibl. Geschlechtsorgane sowie der Physiologie und Pathologie von Schwangerschaft und Geburt befasst (G. und ↑Geburtshilfe).

Gynäkomastie [grch.] *die,* Vergrößerung der männl. Brustdrüse bes. durch hormonelle Störungen.

Gynander [grch.] *der* (Mosaikzwitter, Gynandromorphe), Bez. für Individuen, die mosaikartig aus Bezirken mit männl. und weibl. Geschlechtsmerkmalen bestehen (Chromosomenmosaike). G. sind nur bei Gliederfüßern bekannt; sie sind nicht fähig zur Fortpflanzung. Bei **Halbseiten-G.** (Halbseitenzwittern) sind die Geschlechtsunterschiede auf die beiden Körperhälften verteilt. Phänotypisch deutlich ausgeprägte **Gynandrie (Gynandromorphismus)** tritt nur bei Organismen auf, deren Geschlechtsentwicklung nicht hormonell gesteuert wird.

Gynandrie [grch.] *die, Biologie:* 1) ↑Gynander; 2) weibliche Scheinzwittrigkeit, ↑Pseudohermaphroditismus.

Gynözeum [grch.-lat.] *das* (Gynäzeum), die Gesamtheit der Fruchtblätter einer Blüte.

Gyöngyös ['djøndjøʃ], Stadt in N-Ungarn, am Südfuß des Matragebirges, 33 200 Ew.; Mittelpunkt eines Wein- und Obstbaugebietes, agrarwiss. Univ.; Fertigung von Transistoren und Industrierobotern. In der Nähe Braunkohlenbergbau mit Großkraftwerk.

Győr [djø:r] (dt. Raab), Bez.-Hptst. in W-Ungarn, oberhalb der Mündung der Raab in die Donau, 127 300 Ew.; Hochschulen, Franz-Liszt-Akademie für Musik, Museen; Ind.zentrum (Fahrzeug-, Maschinenbau, Textil- u. a. Ind.); Flusshafen. – Dom (um 1100 erwähnt, im 15. Jh. erweitert, im 17. Jh. umgebaut, klassizist. Fassade 1823; Hochaltarbild und Fresken von F. A. Maulbertsch), Ignatiuskirche (1635 bis 1641, 1726–38 barock umgestaltet; Deckengemälde von P. Troger [1744], Karmeliterkirche (1721–25; Altarbilder von M. Altomonte), befestigte Bischofsburg (16. Jh.). – G., das röm. **Arrabona,** wurde 1001 ungar. Bischofssitz, 1271 königl. Freistadt.

Gyrasehemmer, die ↑Chinolone.

Gyrator [grch.] *der,* ein mit aktiven Bauelementen aufgebautes elektr. Übertragungsglied, dessen Ausgangsstrom der Eingangsspannung und dessen Ausgangsspannung dem Eingangsstrom proportional ist. Mit einem G. kann ein Widerstand in ein Leitwert und umgekehrt gewandelt werden. Da er auch Induktivitäten durch Kapazitäten simulieren kann (und umgekehrt), werden G. auch als **Richtungsphasenschieber** bezeichnet. Sie haben in einer Richtung keine Phasenverschiebung, in der Gegenrichtung jedoch eine Phasenverschiebung um π.

Gyre [zu grch. gŷros »Kreis«] *die,* Drehachse, eine Kristallsymmetrieachse.

Gyroantrieb, *Fahrzeugtechnik:* Antriebssystem, das die kinet. Energie eines in Rotation versetzten Schwungrades ausnutzt. Gyrobusse mit Elektro-G. werden z. B. mit

GYR gyromagnetischer Effekt

einem Schwungrad von 800 kg Masse betrieben, das an der Ladestation innerhalb weniger Minuten durch einen Elektromotor auf etwa 3 000 Umdrehungen pro Minute beschleunigt wird. Auf diese Weise lässt sich eine Energie von rd. 20 MJ (rd. 5,5 kWh) speichern. Der mit dem Schwungrad verbundene Elektromotor wird im Fahrbetrieb als Generator benutzt, der den Strom für den Fahrmotor des Busses liefert. Ist die Drehzahl bis etwa auf die halbe Maximalzahl abgesunken, muss der Bus wieder eine Ladestation anfahren. Vorteile des G. sind v. a. der abgasfreie Betrieb und die Unabhängigkeit von Oberleitungen. – Der G. kann auch als Kombination aus Dieselmotor und Hochgeschwindigkeitsschwungrad eingesetzt werden, z. B. bei Gabelstaplern, wobei die wiedergewonnene Bremsenergie in Form kinet. Energie gespeichert und dann für Hebe- und Transportarbeiten genutzt wird.

gyromagnetischer Effekt, die Erscheinung, dass bei Änderung der Magnetisierung eines para- oder ferromagnet. Körpers wegen der Kopplung der magnet. Momente mit dem Spin der Elektronen ein mechan. Drehmoment auftritt (↑Einsteinde-Haas-Effekt) oder umgekehrt eine Rotation des Systems eine Magnetisierung erzeugt **(Barnett-Effekt).**

gyromagnetischer Faktor, der ↑Landé-Faktor.

Gyros [grch.] *das,* grch. Gericht aus am senkrechten Drehspieß gegrilltem Fleisch.

Gyroskop [grch.] *das,* Gerät zur Untersuchung von Kreiselbewegungen unter Einfluss äußerer Kräfte.

Gyrotron [grch.] *das,* Kombination von Laufzeitröhre und Zyklotronresonanzmaser zur Erzeugung und Verstärkung hoher Leistungen bei Zentimeter- und Millimeterwellen.

Gyrovagen [grch.-lat.], im Mönchtum des christl. Altertums die umherziehenden, vagabundierenden Mönche.

Gyrus [grch.-lat. »Kreis«] *der,* Windung, insbesondere Hirnwindung, z. B. Gyri cerebri (Windungen des Großhirns).

Gysi, Gregor, Politiker, *Berlin 16. 1. 1948; Rechtsanwalt, von Dez. 1989 bis Jan. 1993 Vors. der SED-Nachfolgepartei (seit Febr. 1990 PDS), Okt. 1990 bis 2002 MdB (1998–2000 Fraktionsvorsitzender); war 2001–2002 Mitgl. des Berliner Abgeordnetenhauses und Jan. bis Ende Juli 2002 Senator für Wirtschaft, Arbeit und Frauen sowie Bürgermeister eines SPD-PDS-Senats. – G. bestreitet, wissentlich (als IM) mandantenbezogene Informationen an die DDR-Staatssicherheit weitergegeben zu haben.

Gyttja [schwed.] *die* (Halbfaulschwamm), graue bis schwarze, vorwiegend organogene wasserreiche Ablagerung am Boden nährstoffreicher Gewässer bei beschränktem Sauerstoffzutritt und Verwesung der leicht zersetzl. Stoffe.

Gyula [ˈdjulɔ], Stadt in SO-Ungarn, an der Weißen Körös, nahe der Grenze zu Rumänien, 33 300 Ew.; Fleischwaren-, Textilindustrie. – G. erhielt im 15. Jh. Stadtrecht; 1566–1694 stand es unter osman. Herrschaft. Die Burg, ein massiver Ziegelbau aus dem 14. Jh., ist heute Museum.

GZ-Bank AG, internat. tätige Geschäftsbank und genossenschaftl. Zentralbank; entstanden 2000 durch Fusion von GZB-Bank Genossenschaftl. Zentralbank AG Stuttgart und SGZ-Bank Südwestdt. Genossenschafts-Zentralbank AG; Sitz der Hauptverwaltungen: Frankfurt am Main und Stuttgart (Niederlassung in Karlsruhe); fusionierte 2001 mit der DG Bank Dt. Genossenschaftsbank AG zur ↑DZ-Bank AG Deutsche Zentralgenossenschaftsbank.

GZB-Bank Genossenschaftliche Zentralbank AG Stuttgart, Geschäftsbank und zentrales Kreditinstitut genossenschaftl. Unternehmen in Bad.-Württ., Sitz: Stuttgart; entstanden 1970, seit 1993 jetziger Name; verschmolz 2000 mit der SGZ-Bank Südwestdt. Genossenschafts-Zentralbank AG zur ↑GZ-Bank AG.

GZS Gesellschaft für Zahlungssysteme mbH, von der dt. Kreditwirtschaft 1982 gegr. Gemeinschaftseinrichtung zur Abwicklung des bargeldlosen und kartengestützten Zahlungsverkehrs; Sitz: Bad Vilbel bei Frankfurt am Main. Das Stammkapital halten zu je 40 % die privaten Banken und Sparkassen, zu 20 % die genossenschaftl. Kreditinstitute. Die GZS erfüllt für Emittenten der Euro- und der Visacard Service- und Dienstleistungsfunktionen, fungiert als zentrale Verrechnungsstelle für inländ. und grenzüberschreitende Transaktionen und unterstützt die Kreditinstitute bei der Entwicklung neuer Zahlungssysteme. Der Transaktionsumsatz betrug (2001): 35 Mrd. €, 1 078 Beschäftigte.

h, H, 1) Konsonant; der 8. Buchstabe des dt. Alphabets; Hauchlaut im lat. Alphabet und meist in den german. Sprachen, im Tschechischen, Polnischen, Ungarischen, Türkischen; in den roman. Sprachen ist h ohne eigenen Lautwert (Ausnahme: Rumänisch).
2) *Chemie:* **H**, chem. Symbol für ↑Wasserstoff.
3) *Einheitenzeichen:* **H** für ↑Henry, **h** für ↑Stunde.
4) *Formelzeichen:* **H** für ↑Enthalpie, ***H*** für ↑magnetische Feldstärke, *h* für das ↑plancksche Wirkungsquantum und *h* (gesprochen »h quer«) für die Größe $h/2\pi$.
5) *Münzwesen:* **H**, Kennbuchstabe der Münzstätte, auf dt. Reichsmünzen 1872–82 für Darmstadt; auf österr. 1781–1805 für Günzburg (heute Bayern), auf schweizer. 1817 für Genf. Auch Anfangsbuchstabe des Namens des Münzherrn.
6) *Musik:* die siebte Stufe der C-Dur-Tonleiter. **h**, Zeichen für **h**-Moll, **H** für **H**-Dur.

7) *Vorsatzzeichen:* **h** für ↑hekto...
ha, Einheitenzeichen für ↑Hektar.
Ha., Abk. für den Bundesstaat **Ha**waii, USA.

Haack, Hermann, Geograph und Kartograph, *Friedrichswerth (bei Gotha) 29. 10. 1872, †Gotha 22. 2. 1966; seit 1897 in der Geograph. Anstalt Justus Perthes in Gotha tätig, die 1955 nach ihm umbenannt wurde; gab »Stielers Handatlas« (1921–25 und 1934–40) u. a. Atlanten sowie geograph. Zeitschriften heraus.

Haacke, Hans, Künstler, *Köln 12. 8. 1936; lebt seit 1965 in New York; befasst sich mit der modellhaften Darstellung opt., physikal., biolog. Abläufe sowie seit 1969 auch mit sozialpolit. Themen. 1993 gestaltete er zus. mit dem Koreaner N. J. Paik den preisgekrönten dt. Ausstellungspavillon auf der 45. Kunstbiennale in Venedig. 1995 entstand sein erstes Bühnenbild für das von J. Kresnik an der Berliner Volksbühne inszenierte Tanztheaterstück »Ernst

h, H 1): Druckschriftvarianten

HAA Haager Friedenskonferenzen

Jünger«. Sein umstrittenes Erdkunstwerk mit der Leuchtschrift »Der Bevölkerung« wurde am 12.9. 2000 im Innenhof des Berliner Reichstages installiert.
Haager Friedenskonferenzen, die auf Anregung des russ. Kaisers Nikolaus II. 1899 (26 Staaten) und 1907 (44 Staaten) in Den Haag abgehaltenen Konferenzen über Fragen des Kriegsrechts, der Abrüstung und der friedl. Beilegung internat. Streitigkeiten. Hauptergebnisse waren die ↑Haager Landkriegsordnung und die Errichtung des Ständigen Schiedsgerichtshofes (↑Schiedsgerichtsbarkeit).
Haager Konventionen (Haager Abkommen), versch. Vereinbarungen der in Den Haag abgehaltenen Konferenzen: 1) I. bis XIII. Haager Abkommen von 1907 zur friedl. Erledigung internat. Streitfälle, zur Kriegführung zu Wasser und zu Lande (↑Haager Landkriegsordnung); 2) über die internat. Hinterlegung von gewerbl. Mustern und Modellen 1925 (↑Pariser Verbandsübereinkunft); 3) über internat. Privatrecht, Familienrecht und Zivilprozessrecht, u.a. Übereinkommen über den Zivilprozess (1954, erstmals 1896), über Kaufrecht (1964), über die Zustellung von Schriftstücken (1965), über die Beweisaufnahme im Ausland (1970), seit 1955 »Haager Konferenz des Internat. Privatrechts« als ständige Einrichtung (Satzung von 1951); 4) über internat. Wechsel- und Scheckrecht (1910, 1912); 5) über den Schutz von Kulturgut bei bewaffneten Konflikten (1954).
Haager Landkriegsordnung, Abk. **HLKO,** als eines der Ergebnisse der Haager Friedenskonferenz von 1907 das Abkommen über die »Ordnung der Gesetze und Gebräuche des Landkriegs« (↑Kriegsrecht). Die HLKO bindet die Staaten, die sie ratifiziert haben, und definiert für diese den Begriff des Kriegführenden, regelt die Behandlung von Kriegsgefangenen und den Einsatz bestimmter Kampfmittel und Kampfmethoden (Verbot der Verwendung von Giftgasen und der Beschießung unverteidigter Orte und Wohnstätten), bekräftigt die Unantastbarkeit des Privateigentums, den Schutz der Ehre, des Lebens, der Rechte der Bürger. Diese Grundregeln wurden ergänzt durch die ↑Genfer Vereinbarungen vom 12.8.1949.
Haager Schiedshof, Kurzbez. des Ständigen Schiedsgerichtshofs in Den Haag (↑Schiedsgerichtsbarkeit).
Haager Tribunal, ↑Kriegsverbrechertribunal.
Haar die (Haarstrang), Höhenzug in Westfalen, bis 390 m ü. M.; bildet den S-Rand der Westfäl. Bucht, setzt sich nach W im Ardey fort.
Haar|ausfall (Haarschwund, Alopecie), vorübergehender oder dauernder, örtlich begrenzter oder diffuser Verlust der Kopf- oder Körperbehaarung. Der **allg. H.** (Alopecia androgenetica) betrifft v. a. Männer. Er setzt als **vorzeitiger H.** (Alopecia praematura) bereits im 3. Lebensjahrzehnt an Stirnecken (»Geheimratsecken«) und Haarwirbeln (»Tonsur«) ein. Die Haare fallen stärker aus, werden nicht mehr so lang, sind dünner und glanzlos. Nach Ausfall der nachgebildeten Wollhaare bleibt entweder ein seitl. und hinterer Haarkranz zurück (Stirnglatze) oder die gesamte Kopfhaut bildet sich zur haarlosen Glatze um. Als Ursachen gelten erbl. Anlage, erhöhter Androgenspiegel, möglicherweise auch die häufig zugleich vorliegende Seborrhö. Als begrenzter H. kann diese Form auch bei Frauen in der Menopause auftreten (vermehrte Androgenbildung). Eine Beeinflussung des vorzeitigen H. ist durch Behandlung der Seborrhö möglich, beim weibl. Typ zusätzlich durch antiandrogene Hormontherapie. Beim **kreisförmigen H.** (Alopecia areata, Pelade) treten plötzlich runde, kahle Stellen am behaarten Kopf auf, unter Umständen auch im Bereich der Bart-, Augenbrauen- und Körperbehaarung; Heilung erfolgt meist spontan. Äußerlich ähnlich ist der ebenfalls kreisförmige **atroph. H.** (Alopecia atrophicans) mit zusätzl. narbigen Veränderungen, bes. in der Scheitelgegend; Ursache sind wahrscheinlich versch. Hauterkrankungen. Der **symptomat. H.** (Alopecia symptomatica diffusa) beginnt meist hinter den Ohren als Begleiterscheinung versch. Krankheiten.
Haarbalgmilbe (Demodex folliculorum), eine 0,3–0,4 mm lange Milbe mit wurmförmig verlängertem, quer geringeltem Hinterkörper und vier Paaren stummelförmiger Beine; die H. lebt streng wirtsspezifisch in den Haarbälgen und Talgdrüsen der Säugetiere (einschl. des Menschen), sie verursacht bes. bei Hunden den gefährlichen **Haarbalgmilbenausschlag (Demodexräude, Demodikose).**

Haare HAA

Haar der Berenike [nach Berenike II.] (lat. Coma Berenices), im Frühjahr am Abendhimmel sichtbares Sternbild des nördl. Himmels mit einem offenen Sternhaufen (z. T. mit bloßem Auge sichtbar) sowie dem **Coma-Haufen** mit etwa 1 000 Galaxien in rd. 350 Mio. Lichtjahren Entfernung.

Haardt [mhd. hart »Wald«] *die* (Hardt), der östl. Gebirgsrand des Pfälzerwaldes, Rheinl.-Pf., fällt steil zum Oberrheingraben ab und wird längs der Dt. Weinstraße begleitet von vorwiegend tertiärem Hügelland mit dichter Besiedlung, Weinbau, Kastanienhainen, Obstgärten und Mandelbaumalleen. – Urspr. wurde der gesamte Pfälzerwald H. genannt.

Haare, 1) (Pili), ein- oder mehrzellige, meist fadenförmige Keratinbildungen der Epidermis mancher Tiere und des Menschen. Bei den Wirbeltieren haben nur die Säugetiere H. Sie dienen v. a. der Temperaturregulation und als Strahlenschutz, haben aber auch Tastsinnesfunktion und stellen einen Schmuckwert oder Tarnschutz dar. Man unterscheidet den über die Epidermis herausragenden **Haarschaft** und die in einer grubenförmigen Einsenkung steckende **Haarwurzel**, die an ihrem Ende zur **Haarzwiebel** verdickt ist. In diese ragt von unten her eine zapfenförmige, bindegewebige Lederhautpapille **(Haarpapille)** hinein. Sie enthält ein Blutgefäßnetz sowie Pigmentzellen und versorgt die teilungsfähigen Zellen der Haarzwiebel. Von dieser Haarmatrix aus wächst und regeneriert sich das Haar (bei Zerstörung der Matrix oder der Papille ist keine Haarbildung mehr möglich). Nach oben zu sterben die Haarzellen ab und verhornen. Aus unvollständig verhornten und eingetrockneten Zellen bildet sich das **Haarmark**. Um das Mark herum liegt die **Haarrinde**, in deren Zellen Farbstoffe abgelagert sind, die die Haarfarbe bedingen. Die Haarwurzel ist außen vom **Haarbalg**, einer bindegewebigen Schicht aus verdickten Zellen der Lederhaut, umgeben. Die H. sitzen meist schräg in der Haut. Sie können durch einen kleinen glatten Muskel **(Haarbalgmuskel)** aufgerichtet werden. Zw. Muskel und Haar liegen ein bis zwei Talgdrüsen **(Haarbalgdrüsen)**, die in den Haarbalg münden. Ihr öliges Sekret hält das Haar geschmeidig. Der Mensch hat insgesamt 300 000 bis 500 000 H., davon entfallen etwa 25% auf die Kopfbehaarung. Ein menschl. Haar ist 40–100 µm dick. Es wächst täglich zw. 0,25 und 0,40 mm (Augenbrauen nur etwa halb so viel). Ist das Wachstum beendet, löst sich das Haar unter Verdickung seines untersten Endes von der Papille ab. Nach einer Ruhezeit bildet diese ein neues Haar, das im selben Kanal wächst, das alte Haar mitschiebt, bis dieses ausfällt. Wenn die Pigmentzellen keinen Farbstoff mehr haben, wird das neue Haar grau. Treten zw. den verhornten Zellen feine Luftbläschen auf, werden die H. weiß. – Die Dichte des Haarkleides felltragender Säugetiere der gemäßigten Breiten liegt zw. 200 (Sommerkleid) und 900 (Winterkleid) H. je cm^2. Auf größeren Haut- bzw. Fellbezirken liegen die H. i. Allg. in bestimmten Richtungen **(Haarstrich)**. Der Haarstrich ist häufig der Hauptfortbewegungsrichtung angepasst (verläuft also von vorn nach hinten) oder entspricht der Schutzfunktion des Haarkleides (v. a. gegen Regen; daher meist vom Rücken zum Bauch verlaufend).

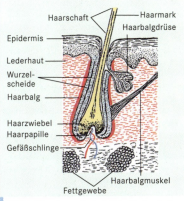

Haare 1): schematischer Schnitt durch die Haarwurzelbasis des Menschen

📖 Balabanova, S.: *... aber das Schönste an ihr war ihr Haar, es war rot wie Gold ... H. im Spiegel der Kultur u. Wissenschaft.* Ulm 1993. – Shell, H.: *Erkrankungen der H. Leitfaden zur rationellen Diagnostik und Therapie.* Stuttgart 1997.

2) (Pflanzenhaare, Trichome), den tier. H. ähnl. Auswüchse der Oberhautzellen, teils einzellig (z. B. Wurzel-H., Brenn-H.), teils vielzellig (z. B. Glieder-H., Schuppen, Zotten). Die zu einfachen **Papillen** aufge-

HAA Haarfärbemittel

stülpten Oberhautzellen verursachen den Samtglanz vieler Laub- und Blütenblätter und schützen das Blatt vor Benetzung; **Wurzel-H.** saugen Wasser auf; **Drüsen-H.** scheiden Sekrete aus; **Woll-, Seiden- und Schuppen-H.** schützen vor zu starker Erwärmung; **Kletter-H.** erhöhen die Haftfähigkeit eines Klettersprosses; **Flug-H.** verringern die Fallgeschwindigkeit bei Früchten und Samen; **Borsten-H.** sind starre, mit Kieselsäure oder Kalk durchsetzte H.; die gleichfalls verkieselten **Brenn-H.** (↑Nesselgewächse) schützen vor Tierfraß; **Fühl-H.** vermitteln Berührungsreize. H. können auch an den Wänden von Hohlräumen des Pflanzenkörpers vorkommen **(innere H.).**

Haarlem: Fleischhalle, von Lieven de Key erbaut (1602-03; heute Provinzialarchiv)

Haarfärbemittel, kosmet. Mittel, die den Farbton der Haare verändern. Temporäre Farbänderungen werden durch wasserlösl. Farbstoffe erzeugt, die leicht wieder ausgewaschen werden können (z. B. Tönungsfestiger). Für semipermanente Farbänderungen, die bei wiederholtem Haarwaschen verblassen, eignen sich Metallsalzlösungen (z. B. Silbernitrat) und pflanzl. H. (z. B. Henna). Permanente Färbungen werden v. a. durch Oxidations-H. erreicht, die als Farbentwickler ein Oxidationsmittel enthalten. Der Farbstoff wird dabei in die Haarschäfte eingelagert.

Haargarn, Garn aus groben Tierhaaren; meist gemischt mit anderen Fasern versponnen; verwendet v. a. in der Teppichindustrie.

Haargefäße, die ↑Kapillaren.

Haargurke (Sicyos), Kürbisgewächsgattung mit etwa 50 Arten in Amerika; u. a. kletternde Kräuter mit ledrig-holzigen, meist stacheligen Früchten.

Haarkristall, der ↑Whisker.

Haarlem, Hptst. der niederländ. Prov. Nordholland, westl. Schwerpunkt in der ↑Randstad Holland, 147800 Ew.; Sitz eines kath. und eines altkath. Bischofs, Fachhochschulen, Frans-Hals-Museum; Zentrum der Blumenzwiebelzucht (seit dem 16. Jh.); Druckereien, Kranbau, pharmazeut., Schokoladen-, Maschinen-, Textil-, Elektroind.; bei H. Industriepark Waarderpolder. Durch Schifffahrtskanäle ist H. mit Amsterdam und Leiden verbunden, durch den Spaarne mit dem Nordseekanal; westlich von H. liegt das Seebad Zandvoort. – Den Mittelpunkt von H. bildet der Grote Markt mit seinen Renaissancebauten und der Grote Kerk (Ende 14.-16. Jh.); ehem. Fleischhalle (1602-03; heute Provinzialarchiv); Rathaus (um 1250 begonnen, im 14./15. Jh. und im 17. Jh. verändert); Kathedrale (1898-1906) im neuromanisch-byzantin. Stil. – Zw. 918 und 938 erwähnt, als Sitz der Grafen von Holland (Stadtrecht 1245) schon im MA. eine wohlhabende Stadt; Blütezeit bes. im 17. Jh. (Schiffbau, Tuchmacherei, Brauerei, Seifensiederei).

Haarlemmermeer, Großgemeinde (185 km^2) in der Prov. Nordholland, Niederlande, 108900 Ew.; auf dem Gebiet des gleichnamigen einstigen Sees, der 1848-52 eingepoldert wurde; Anbau von Weizen, Mais, Zuckerrüben, Blumen und Gemüse; im NO der Großflughafen Schiphol.

Haarlineal, *Messtechnik:* Prüfmittel aus gehärtetem Stahl mit einer messerartigen Kante zum Prüfen der Ebenheit von Werkstückkanten und -flächen durch Beobachten des zw. Werkstück und Linealkante sichtbaren Lichtspalts.

Haarlinge (Läuslinge, Kieferläuse, Mallophaga), weltweit verbreitete Ordnung flach gedrückter 0,8-11 mm großer, flügelloser Insekten, die parasitisch im Federkleid der Vögel (Federlinge) und im Fell der Säugetiere leben; fressen Keratin der Hautschuppen, Feder- und Haarteile.

Haarmode HAA

Haarmode: 1 assyrische Haar- und Barttracht (8. Jh. v. Chr.); 2 griechische Haartracht (um 500 v. Chr.); 3 römische Haartracht (50 n. Chr.); 4 männliche Haartracht (13. Jh.); 5 weibliche Haartracht (14. Jh.); 6 niederländische Haartracht (um 1630); 7 Hochfrisur im späten Rokoko (um 1770); 8 und 9 Empirefrisuren (um 1805); 10 Biedermeierfrisur (um 1830); 11 Frisur um 1900; 12 Bubikopf (um 1925); 13 Tellerfrisur (1947/48); 14 und 15 Frisuren der 1970er-Jahre

Haarmode (Frisur), die Art, in der das Kopfhaar oder sein Ersatz getragen wird. Assyrer und Perser salbten und kräuselten ihr Haar oder trugen wie die vornehmen Ägypter große Perücken. Bei den Griechen gingen die Männer im 5. Jh. v. Chr. zum kurzen Haarschnitt über; die Frauen kannten kunstvoll hochgestecktes Haar. Die Römer trugen bis um 300 v. Chr. langes, danach geschorenes und gesalbtes Haar. Bei den Kelten galt ebenso wie bei den Germanen langes Haar als ein Zeichen männl. Würde und Freiheit. Die Gallier banden das Haar am Hinterkopf zusammen, die meisten Germanen ließen es frei herabwallen, nur die Karolinger (Franken) trugen kurz geschorenes Haar. Im MA. trugen die Männer bis ins 14. Jh. langes, gelocktes, zunächst bis auf die Schultern fallendes, dann etwas kürzeres Haar; die unverheirateten Frauen ließen es offen oder zu Zöpfen geflochten herabhängen, verheiratete Frauen verbargen es unter Kopftuch oder Haube. Im 15. und 16. Jh. trugen die Männer meist kurz geschorenes Haar. Bei den Frauenfrisuren des 15. Jh. war für Dtl. der breite, um den Kopf oder an beide Schläfen gelegte Zopf kennzeichnend. In der 1. Hälfte des 16. Jh. hielten die Frauen das Haar am Hinterkopf mit der Netzhaube zusammen; in Dtl. war daneben auch ein Hängezopf üblich. Zu Anfang des 17. Jh. kam für die Männer wieder lang herabfallendes, gelocktes Haar auf. Für das 18. Jh. ist die Zopf- oder Haarbeutelperücke beim Mann charakteristisch. In der 1. Hälfte des 18. Jh. trugen die Frauen eine flachere und schlichtere Frisur, die um 1770 zu einem hohen, gepuderten Aufbau, meist als Perücke, anwuchs. Die Frz. Revolution beseitigte Perücke, Puder, Haarbeutel und Zopf; die Frauen trugen halb offenes, gelocktes Haar, die Männer zunächst langes, dann im 19. Jh. kurz geschorenes Haar mit unterschiedl. Schnitt. In der Zeit des Klassizismus folgten grch. Knoten, Tituskopf und ↑Chignon. Im 19. Jh. entstanden schnell wechselnde flache oder hochgetürmte Locken- oder Zopftrachten, z. T. unter freier Benutzung histor. H. 1872 wurde die ↑Ondulation, 1901 die ↑Dauer-

HAA Haarmücken

welle erfunden. Nach 1920 kam kurz geschnittenes Haar (Bubikopf) allg. in Mode. Seit den 1950er-Jahren ist der Wechsel der H. bei männl. Jugendlichen bes. auffallend; oftmals von Musikstars (z. B. E. Presley, The Beatles) kreiert, fanden diese Frisuren, zunächst schichtenspezifisch als zur Schau getragene gesellschaftl. Überzeugung (»Langhaarige«) und dann als so genannter **Look** allg. Verbreitung. Zur Mode von Mary ↑Quant passten die geometrisch geschnittenen Föhnfrisuren des Briten Vidal Sassoon (* 1928). Hippiebewegung und Studentenrevolte förderten mit den langen, oft betont ungepflegten Haaren gruppenbezogene Jugendmoden, wie gegen Ende der 1970er-Jahre die provokativen Frisuren der Punkmode (↑Punk) mit grellbunten Haaren und Irokesenschnitt (Haarkamm) bis hin zur Skinhead-Glatze. Die H. der Gegenwart ist einerseits kurzlebigen Modetrends unterworfen, andererseits bleiben auch klass. Frisuren (u. a. Bubikopf) aktuell.
📖 *Die Frisur. Eine Kulturgeschichte der H. ...*, hg. v. M. Jedding-Gesterling u. G. Brutscher. München 1988.

Haarmücken (Märzfliegen, Bibionidae), artenreiche Familie fliegenähnl. Mücken, oft stark behaart, mit kurzen Fühlern und kräftigen Beinen. Häufig die **Garten-H.** (Bibio hortulanis), die Larven sind schädlich durch Wurzelfraß.

Haar|risse, feine, etwa 0,2 mm breite Risse, die bei Putz, Beton, gebranntem Ton u. a. dadurch entstehen, dass sich die Oberflächenschichten beim Abbinden oder Brennen rascher zusammenziehen als das Innere. Bei Metallen entstehen H. durch zu rasche, ungleichmäßige oder zu tiefe Abkühlung.

Haarsterne (Crinoidea), Klasse der Stachelhäuter mit gepanzertem, kelchförmigem Körper, fünf meist gabelartig verzweigten, mit Seitenfortsätzen **(Pinnulae)** besetzten Armen, durch einen Stiel am Meeresboden befestigt. Bei den **Federsternen** (Familie **Comatulidae**) löst sich der Kelch während der Jugendentwicklung vom Stiel und wird frei beweglich, während der Kelch der **Seelilien** (Ordnung **Pentacrinoidea**) sessil bleibt. H. leben von Planktonorganismen. Die gestielten Seelilien leben im Stillwasser der Tiefsee; die stiellosen Federsterne, z. B. der **Mittelmeerhaarstern,** sitzen bes. in der Küstenregion auf Algen oder Korallenstöcken. Sie können durch Auf- und Abbewegung ihrer Arme schwimmen.

Haarstrang (Peucedanum), staudige Doldenblütlergattung mit zerschlitzten Blättern, 120 Arten in Eurasien und Afrika; heimisch der bis 2 m hohe, gelblich blühende, knollige **Echte H.** (Peucedanum officinale) auf Halbtrockenrasen.

Haarstrang, Höhenzug in Westfalen, ↑Haar.

Haarwasser, meist 40–50%ige alkohol. Lösung mit Wirkstoffen, die den Haarboden günstig beeinflussen sollen (z. B. Pantothensäure, Hormone oder durchblutungsfördernde Substanzen).

Haarwild, die jagdbaren Säugetiere.

Haarwurzelstatus (Trichogramm), Ergebnis der lichtmikroskop. Untersuchung von Haarwurzeln zur Ermittlung der Ursache eines Haarausfalls; der Normalbefund zeigt mindestens 80 % Anagenhaare (Haare in der Wachstumsphase), etwa 1 % Katagenhaare (Haare in der Übergangsphase), bis zu 20 % Telogenhaare (Haare in der Ruhephase) und bis zu 2 % dystroph. Haare.

Haarzunge, grünlich bis schwärzlich verfärbte Zunge mit haarartig verlängerten verhornten Papillen. Als Ursache der H. wird eine Störung der Mundflora vermutet, tritt gelegentlich nach Chemotherapie auf.

Haas, 1) Arthur Erich, österr. Physiker, * Brünn 30. 4. 1884, † Chicago 20. 2. 1941; Prof. in Leipzig, Wien und Notre Dame (Ind.) in den USA; benutzte 1910 als Erster das Quantenkonzept, um die Atomstruktur aufzuklären; untersuchte auch kosmolog. Probleme.
2) Friedrich Joseph, Arzt und Philanthrop, * Bad Münstereifel 10. 8. 1780, † Moskau 16. 8. 1853; studierte in Jena und Wien, Augenarzt in Moskau, Leibarzt Alexanders I.; erreichte für schwache Gefangene Befreiung von den Ketten; kümmerte sich um die Familien Deportierter. Sein beträchtl. Vermögen spendete er für Arme und Gefangene.
3) Joseph, Komponist, * Maihingen (bei Nördlingen) 19. 3. 1879, † München 30. 3. 1960; Schüler von M. Reger; lehrte 1921–50 an der Akademie der Tonkunst in München (komponierte u. a. die Oper »Tobias Wunderlich«, 1937; geistl. Musik; Kammer-, Klavier-, Orchestermusik, Lieder).

4) [frz. a:s], Monique, frz. Pianistin, *Paris 20. 10. 1909, † ebd. 9. 6. 1987; v. a. Interpretin klass. und zeitgenöss. Klaviermusik.
5) Thomas (Tommy), Tennisspieler, *Hamburg 3. 4. 1978; Weltmeister der unter Vierzehnjährigen (1992) und Vizeweltmeister der unter Achtzehnjährigen (1995); ab 1996 Profi; gewann sechs ATP-Turniere und wurde 2000 Olympiazweiter im Einzel.
6) Wander Johannes de, niederländ. Physiker, *Lisse (Prov. Südholland) 2. 3. 1878, † Bilthoven (Prov. Utrecht) 26. 4. 1960; Prof. in Delft, Groningen und Leiden; wies mit A. Einstein 1915 den ↑Einstein-de-Haas-Effekt nach, führte grundlegende Untersuchungen über Paramagnetismus bei sehr tiefen Temperaturen, über Superfluidität des Heliums durch. Unabhängig von W. F. Giauque benutzte H. 1927 das Verfahren der adiabat. Entmagnetisierung paramagnet. Salze zum Erreichen von Temperaturen unterhalb 1 K.
7) Willy, Publizist, *Prag 7. 6. 1891, † Hamburg 4. 9. 1973; gehörte in Prag zum Kreis um F. Kafka. 1925 mit E. Rowohlt Gründer (bis 1933 Hg.) der Wochenzeitung »Die literar. Welt«; emigrierte nach Prag, 1939 nach Indien; nach seiner Rückkehr (1948) Kritiker.

Haavelmo, Trygve Magnus, norweg. Volkswirtschaftler und Statistiker, *Skedsmo (bei Oslo) 19. 12. 1911; stellte die These auf, dass auch von einem ausgeglichenen Staatshaushalt unter bestimmten Bedingungen expansive Wirkungen auf den Konjunkturverlauf ausgehen können **(H.-Theorem);** erhielt 1989 den Nobelpreis für Wirtschaftswiss. für Arbeiten zur Ökonometrie und Wachstumstheorie.

Hába ['haːba], Alois, tschech. Komponist, *Vizovize (bei Zlín) 21. 6. 1893, † Prag 18. 11. 1973; Verfechter eines auf Viertel-, Fünftel- und Sechsteltönen aufgebauten Tonsystems; schrieb Kammer-, Klaviermusik, Orchesterwerke, Opern (»Die Mutter«, 1931), Lieder; auch theoret. Schriften.

Habakuk, alttestamentl. Prophet und Verf. des gleichnamigen Buches. Das **Buch H.** gehört zu den ↑Kleinen Propheten, gilt in der Forschung als einer der rätselhaftesten Texte des A. T. und ist in Deutung (Heils- und Kult- oder Gerichtsprophetie) und Datierung (vor 612, zw. 612 und 538 oder um 330 v. Chr., anspielend auf die Chäldäer, Assyrer oder Alexander d. Gr.?) umstritten. Themen sind des Propheten die Klage über die Not Israels und die Ankündigung von Gottes Gericht über die Gottlosen.

Habana, La, Hptst. Kubas, ↑Havanna.

Habaner, die Nachkommen der Hutterer (↑Hutter) in der westl. Slowakei, die im 19. Jh. zur Annahme der römisch-kath. Konfession gezwungen wurden.

Habanera [aβaˈnera] *die,* lateinamerikan. Tanz in mäßig bewegtem $^2/_4$-Takt, ben. nach der kuban. Hptst.; bekannt aus G. Bizets Oper »Carmen«.

Habaner Fayencen [-faˈjãːsən], Bez. für volkstüml. ↑Fayence, die bes. im 17. und 18. Jh. von den ↑Habanern hergestellt wurde.

Habasch (Habash), Georges, palästinens. Guerillaführer, *Lod (bei Tel Aviv) 1925; Arzt; marxistisch-leninistisch orientiert, war 1967–2000 Vors. (Generalsekretär) der »Volksfront für die Befreiung Palästinas« (englische Abkürzung: PFLP). Unter seiner Führung beteiligte sich diese mit terrorist. Aktionen gegen die internat. Luftfahrt am Kampf gegen Israel. H. verfolgte das Ziel, unter Auflösung des Staates Israel in Palästina einen Staat auf der Grundlage marxistisch-leninist. Gesellschaftsvorstellungen zu schaffen. Er geriet oft in Gegensatz zur Linie der PLO und ihres Vors. J. ↑Arafat, besonders seit den »Osloer Friedensverträgen« 1993, die er vehement ablehnte. – Sein Nachfolger als Generalsekretär der »Volksfront für die Befreiung Palästinas« ab April (Rücktrittserklärung) bzw. Juli 2000 (Amtsübergabe), Abu Ali Mustafa Sibri, wurde am 27. 8. 2001 in Ramallah mit einem gezielten israelischen Raketenangriff getötet (Vergeltungsaktion wegen der führenden Beteiligung der PFLP an der »zweiten« Intifada).

Habdala [hebr.] *die,* vom jüd. Hausherrn in der häusl. Feier beim Ausgang des Sabbats oder eines Feiertags gesprochenes lobpreisendes Gebet.

Habe, Hans, eigtl. H. Békessy, Publizist und Schriftsteller ungar. Herkunft, *Budapest 12. 2. 1911, † Locarno 29. 9. 1977; schrieb Zeit- und Unterhaltungsromane: »Das Netz« (1969), »Palazzo« (1975); Publizistik, Autobiografisches.

Habeas-Corpus-Akte [lat. »du habest den Körper«] (Habeaskorpusakte), eines der engl. Staatsgrundgesetze zum Schutz

HAB habemus Papam

der persönl. Freiheit, 1679 als Reaktion auf die willkürl. Verhaftungen unter Karl II. beschlossen; hiernach darf kein engl. Untertan ohne gerichtl. Überprüfung und Anordnung verhaftet oder in Haft gehalten werden. Befristete Aufhebung ist nur durch Parlamentsbeschluss bei Gefährdung der öffentl. Sicherheit zulässig – ähnl. Grundrechte enthält z. B. Art. 104 GG.

habemus Papam [lat., »wir haben einen Papst«], der Ruf, mit dem der Erste Kardinaldiakon von der Außenloggia der Peterskirche in Rom die vollzogene Papstwahl bekannt gibt.

Haben, *Buchführung:* rechte Seite eines Kontos, die bei Aktivkonten zur Eintragung der Abgänge (Aktivpostenabnahme) und bei Passivkonten zur Eintragung der Schuldenzunahme (Passivpostenzunahme) benutzt wird. Bei Eigenkapitalkonten weist die H.-Seite die Kapitalzunahme durch Gewinn oder Einlagen aus, bei Erfolgskonten die Erträge. Ggs.: Soll.

habent sua fata libelli, »(auch) Bücher haben ihre Schicksale« (nach dem lat. Grammatiker Terentianus Maurus, um 200 n. Chr.).

Habenzinsen, Zinsen, die eine Bank für die hereingenommenen Gelder (Einlagen) zahlt.

Haber, 1) Fritz, Chemiker, * Breslau 9. 12. 1868, † Basel 29. 1. 1934; arbeitete auf den Gebieten Elektrochemie, Thermodynamik, organ. und physikal. Chemie; entdeckte das Verfahren, Stickstoff und Wasserstoff durch Anwendung hoher Drücke, hoher Temperaturen und bestimmter Katalysatoren zu Ammoniak zu vereinigen, das C. Bosch für die großtechn. Ammoniaksynthese ausbaute (**H.-Bosch-Verfahren**), erhielt dafür 1918 den Nobelpreis für Chemie. Im Ersten Weltkrieg förderte er den Einsatz von Giftgas (1915 Chlorgas, 1917 Senfgas).

📖 *Stoltzenberg, D.: F. H. Chemiker, Nobelpreisträger, Deutscher, Jude. Eine Biographie. Weinheim u. a. 1994.*

2) Heinz, Physiker und Schriftsteller, * Mannheim 15. 5. 1913, † Hamburg 13. 2. 1990; lehrte 1952–56 an der Univ. Los Angeles (Calif.); ab 1958 Sendereihen für das dt. Fernsehen; Gründer und Hg. der Ztschr. »Bild der Wissenschaft«; schrieb zahlreiche allgemein verständl. naturwiss. Sachbücher.

Häberlin, Paul, schweizer. Philosoph und Pädagoge, * Kesswil (Kt. Thurgau) 17. 2. 1878, † Basel 29. 9. 1960; entwarf auf der Grundlage einer im Geist-Trieb-Dualismus wurzelnden Anthropologie eine vom Gedanken der Triebüberwindung getragene Pädagogik, Psychologie und Kulturtheorie.
Werke: Der Mensch (1941); Philosophia perennis. Eine Zusammenfassung (1952).

Habermann, Hugo Freiherr von, Maler, * Dillingen a. d. Donau 14. 6. 1849, † München 27. 2. 1929; Schüler von K. von Piloty, beeinflusst von W. Leibl; wurde 1904 Präs. der Münchner Sezession, 1905 Prof. der Akademie in München. H. war erfolgreich mit weibl. Porträts und Akten mit delikatem Kolorit und starken Licht-Schatten-Effekten.

Habermas, Jürgen, Philosoph und Soziologe, * Düsseldorf 18. 6. 1929; 1964–71 und 1983–94 Prof. in Frankfurt am Main, 1971–81 Direktor am Max-Planck-Inst. zur Erforschung der Lebensbedingungen der wiss.-techn. Welt in Starnberg; Friedenspreis des Dt. Buchhandels 2001. Themen der krit. Theorie aufnehmend, wendet H. sich gegen das Selbstverständnis der Wiss.en, v. a. der Sozialwiss.en, des Positivismus und Rationalismus, reine Theorie, getrennt von gesellschaftl. Beeinflussung, schaffen zu können. H. sucht einerseits ihre erkenntnisleitenden Interessen, andererseits ihre normativen Grundlagen herauszuarbeiten (»Erkenntnis und Interesse«, 1968; »Technik und Wiss. als Ideologie«, 1968). Die Wiss.en seien immer schon in die Lebenswelt eingebettet, in scheinbar rein objektiven Aussagen seien die eth. Normen von Gleichheit der Diskursteilnehmer und gegenseitiger Anerkennung gegenwärtig (»Theorie des kommunikativen Handelns«, 2 Bde., 1981). In »Faktizität und Geltung« (1992) lässt er der Gesellschaftstheorie und der Diskursethik in seiner Theorie der Moderne die Rechts- und Staatstheorie folgen. – H.' Kritik an neokonservativen Tendenzen löste 1986 den †Historikerstreit aus.
Weitere Werke: Strukturwandel der Öffentlichkeit (1962); Der philosoph. Diskurs der Moderne (1985); Wahrheit und Rechtfertigung (1999); Die Zukunft der menschl. Natur. Auf dem Wege zur liberalen Eugenik? (2001).

📖 *Das Interesse der Vernunft. Rückblicke auf das Werk von J. H. seit »Erkenntnis u.*

Interesse«, hg. v. S. Müller-Doohm. Frankfurt am Main 2000.

Habibie, Bacharuddin Jusuf, indones. Politiker, *Pare-Pare (Sulawesi) 25. 6. 1936; Ingenieur für Flugzeugbau; studierte und arbeitete bis 1974 in Dtl., wurde in Indonesien 1978 Staatsmin. für Forschung und Technologie, im März 1998 Vizepräs. Nach dem nach seiner Rückkehr nach Indonesien zunächst persönl. Berater von Präs. Suharto, 1978 Staatsmin. für Forschung und Technologie und im März 1998 Vizepräs. Nach dem durch Bev.proteste erzwungenen Rücktritt Suhartos war H. von Mai 1998 bis Okt. 1999 Staatspräsident.

Habichte (Accipitrinae), mit über 50 Arten weltweit verbreitete Unterfamilie etwa 25–60 cm großer Greifvögel; mit meist kurzen, runden Flügeln, relativ langem Schwanz und langen, spitzen Krallen. H. schlagen ihre Beute (bes. Vögel) im Überraschungsflug. In Mitteleuropa kommen **Hühnerhabicht** (Accipiter gentilis), 48 bis 61 cm groß, und **Sperber** (Accipiter nisus), 28–38 cm groß, vor.

Habichtskraut (Hieracium), Gattung der Korbblütler; Milchsaft führende, ausdauernde Kräuter mit meist gelben, orangefarbenen oder roten, nur Zungenblüten enthaltenden Köpfchen. Heimisch sind u. a. die beiden gelb blühenden Arten **Wald-H.** (Hieracium murorum), bis 60 cm hoch, mit mehrköpfigen Blütenständen, und **Kleines H.** (**Mausohr,** Hieracium pilosella), bis 30 cm hoch, stark behaart mit einzeln stehenden Blütenköpfchen.

Habichtswald, Teil des Hess. Berglandes, westlich von Kassel, durch tertiären Vulkanismus entstanden, im Hohen Gras bis 615 m ü. M.; Naturpark (Naherholungs- und Wintersportgebiet).

Habilitation [lat.] *die,* das förml. Verfahren zum Erwerb der akadem. Lehrbefugnis (lat. »Venia Legendi«). Es besteht aus der Einreichung einer wiss. Abhandlung an einer wiss. Hochschule (**H.-Schrift),** einem Vortrag vor dem betreffenden Fachbereich bzw. der für das Fach zuständigen Fakultät mit anschließender wiss. Aussprache (**Kolloquium**) sowie der öffentl. **Antrittsvorlesung.** Der Habilitierte führt den Titel **Dr. habil.** Die H. als Voraussetzung für die Erlangung eines Professorenamtes an dt. Hochschulen wird gemäß der Hochschuldienstrechtsreform langfristig entfallen (↑Hochschulen).

Habimah [hebr. »Bühne«], 1916 in Moskau von Naum L. Zemach gegründetes hebr. Theater, 1927 Spaltung der Truppe in einen »amerikan.« und einen »jüd.« Teil und ab 1931 mit dem größten Teil des Ensembles in Palästina, seit 1958 »Nationaltheater Israels«; 1970 wurde in Tel Aviv ein neues Haus eröffnet. Die H. führte die drei »Klassiker« des hebr. Theaters zum Erfolg: »Der Ewige Jude« (D. Pinski, 1919), »Der Dybuk« (S. Anski, 1922) und »Der Golem« (H. Leivick, 1924).

Habit [frz., zu Habitus] *das* oder *der,* Amtskleidung, Ordenstracht.

Habichte: Hühnerhabicht

Habit ['hæbɪt, engl.] *das* oder *der,* in der amerikan. Psychologie und Pädagogik Bez. für das zur (ererbten) Anlage Hinzuerworbene; auch kleinste Einheit im Lernprozess.

Habitat [lat.] *das,* **1)** Wohnstätte, Wohnraum, Wohnplatz.

2) Standort, an dem eine Tier- oder Pflanzenart regelmäßig vorkommt.

Habitué [(h)abi'tye:, lat.-frz.] *der,* österr., sonst veraltet für: ständiger Besucher, Stammgast.

Habitus [lat.] *der,* äußeres Erscheinungsbild und Verhalten; Gestalt von Menschen, Tieren, Pflanzen, auch Kristallen.

Habrachćicy [-tʃitsy], sorb. Name der Stadt ↑Ebersbach/Sa.

Habsburg [»Habichtsburg«], Stammburg der Habsburger über dem rechten Aare-

ufer bei Brugg, Kt. Aargau, Schweiz, um 1020 erbaut.
Habsburg, eigentlich **Habsburg-Lothringen,** Franz Josef Otto (von), Publizist und Politiker, *Villa Wartholz (bei Reichenau an der Rax, NÖ) 20. 11. 1912; ältester Sohn Karls I. Ab 1919 im Exil, ab 1954 in Dtl. wohnhaft, nahm er neben der österr. 1978 auch die dt. Staatsbürgerschaft an. 1973 wurde er Präs. der Paneuropa-Union, 1979 – auf der Liste der CSU (seit 1982 Mitgl.) – MdEP (bis 1999).
Baier, S. u. Demmerle, Eva: O. von H. Die Biographie. Wien ³2002. – Brook-Shepherd, G.: O. von H. Biographie. Graz u. a. 2002.
Habsburger, europ. Dynastie, seit Mitte des 10. Jh. am Oberrhein als schwäb. Dynastengeschlecht nachweisbar, das sich nach der ↑Habsburg benannte. Der Aufstieg der im Elsass, am Oberrhein und zw. Aare und Reuss begüterten H. begann mit der Wahl Rudolfs I. 1273 zum Röm. König und mit der Belehnung seiner Söhne Albrecht I. und Rudolf II. 1282 mit den Herzogtümern Österreich und Steiermark. Mit dem Erwerb von Kärnten und Krain (1335), Tirol (1363), Freiburg im Breisgau (1368), Triest (1383) und Görz (1500) wurden die Voraussetzungen für die Hausmacht der H. geschaffen; seit dem 15. Jh. wurde dafür die Bez. **Haus Österreich (Casa d'Austria)** gültig. Im 14. und 15. Jh. gingen die althabsburg. schweizer. Besitzungen verloren; 1379 teilten sich die H. in eine Albertin. Linie (Nieder- und Oberösterreich) und eine Leopoldin. Linie (Steiermark, Kärnten, Krain, Tirol), die sich 1411 in den jüngeren steier. und Tiroler Zweig teilte. Seit Albrecht II. (1438/39) Röm. Könige, gewannen die H. mit Friedrich III. (1440–93) 1452 die Krone des Hl. Röm. Reiches, dessen Träger sie (außer 1742–45) bis 1806 blieben. Durch die dynast. Heiratspolitik Maximilians I. (1492–1519) vollzog sich der Aufstieg der H. zur europ. Großmacht (↑Bella gerant alii, tu, felix Austria nube!). Nach Trennung der span. und der dt. Linie nach dem Tod Karls V. (1556) bestimmte die span. Linie mit Philipp II. den Höhepunkt der Macht des Hauses; der dt. Linie gelang (bei neuen dynast. Teilungen 1564–1619) erst seit 1683 die österr. Großmachtbildung. Trotz der zahlr. Verwandtenehen zw. beiden Linien konnten die H. nach dem Erlöschen der span. Linie (1700) nur die europ. Nebenländer des span. Erbes gewinnen (↑Spanischer Erbfolgekrieg). Nachdem die Dynastie mit dem Tod Karls VI. (1740) im Mannesstamm erloschen war, entstand durch die Ehe seiner Tochter Maria Theresia mit dem lothring. Herzog, dem späteren Röm. Kaiser Franz I. Stephan, die als Habsburg-Lothringer (genealogisch: Lothringer) bezeichnete, im 19. und 20. Jh. weit verzweigte Dynastie. 1804 errichtete Franz II. (I.) das österr. Kaisertum, das mit dem Thronverzicht Karls I. 1918 endete.
Wandruszka, A.: Das Haus Habsburg. Die Geschichte einer europ. Dynastie. Wien u. a. ⁷1989. – Die H. im dt. SW, hg. v. F. Quarthal u. G. Faix. Stuttgart 1999. – Okey, R.: The Habsburg monarchy. From enlightenment to eclipse. New York 2000. – Die H. Ein biograph. Lexikon, hg. v. B. Hamann. Unveränd. Neuaufl. Wien u. a. 2001. – Heimann, H.-D.: Die H. Dynastie u. Kaiserreiche. München 2001.
Habsburgergesetz, österr. Gesetz vom 3. 4. 1919, hob die Herrscherrechte des Hauses Habsburg-Lothringen für Österreich auf und verwies alle Habsburger, die nicht auf ihre Vorrechte verzichteten, des Landes. 1955 wurde das H. Bestandteil des österr. Staatsvertrages.
Hácha ['ha:xa], Emil, tschechoslowak. Politiker, *Schweinitz (heute Trhové Sviny, bei Budweis) 12. 7. 1872, †(im Gefängnis) Prag 27. 6. 1945; Jurist, 1925–38 Präs. des Obersten Verwaltungsgerichts, wurde im Nov. 1938 Staatspräs., unterzeichnete am 15. 3. 1939 das Ultimatum, das das »Protektorat Böhmen und Mähren« schuf; er blieb (in passiver Rolle) Staatspräsident.
Hachenburg, Stadt im Westerwaldkreis, Rheinl.-Pf., 5 500 Ew.; FH der Dt. Bundesbank, Landschaftsmuseum Westerwald; Geschenkartikelherstellung, Druckerei, Brauerei. – Mächtiges Schloss (im Kern mittelalterlich, 1717–46 zur barocken Hufeisenanlage erw.), Marktplatz mit barocken Giebelhäusern. – Ende des 12. Jh. gegr.; 1247 Stadt.
Hachette [a'ʃɛt], frz. Kommunikationsunternehmen (gegr. 1826), tätig in den Bereichen Buch (Hachette Livre: Nachschlagewerke, Sachbücher, Schulbücher, Kinderbücher), Zeitschriften (ehem. Filipacchi-Gruppe u. a. mit »Elle«, »Télé 7 Jours«) sowie Rundfunk und Film; gehört zur ↑Lagardère SCA.

Hachinohe [-tʃ-] (Hatschinohe), Hafenstadt in Japan, im NO der Insel Honshū, 242 700 Ew.; Textilind., Holzverarbeitung, Fischereizentrum.

Hachiōji [-tʃiodʒi] (Hatschiodschi), Stadt in Japan, westlich von Tokio, 503 400 Ew.; Maschinenbau, Seiden-, Nahrungsmittel- u. a. Ind. – Mausoleum des Kaisers Yoshihito.

Hachse (Hechse, süddt. Haxe), Sprunggelenk (Kniebug) der Schlachttiere.

Hacienda [aˈsjɛnda], ↑ Hazienda.

Hackbau, Art der Feldbestellung mit der Hacke als Hauptgerät; charakteristisch ist die Pflege der einzelnen Pflanze.

Hackbrett, zitherähnl. Musikinstrument. Die über einen flachen, meist trapezförmigen hölzernen Schallkörper gespannten Metallsaiten werden mit zwei Klöppeln angeschlagen; heute noch in den Alpen und in SO-Europa beliebt in der Volksmusik.

Hackenfuß, ↑ Fußdeformitäten.

Hacker [ˈhækə; zu engl. to hack »(zer)hacken«] *der*, in den 1970er-Jahren in den USA entstandener Begriff für das intensive und begeisterte (auch zwanghafte) Arbeiten (»Hacken«) eines Computerfreaks auf der Tastatur, insbesondere für einen Benutzer, der Programmierprobleme durch Ausprobieren zu lösen sucht. Heute bezeichnen sich computerbegeisterte, erfahrene Anwender selbst als H.; illegal bzw. in krimineller Absicht handelnde H. nennt man ↑ Cracker.

📖 *Kurtz, G.: Das Anti-H.-Buch.* Bonn ³2002. – *Klau, P.: H., Cracker, Datenräuber. Datenschutz selbst realisieren, akute Gefahren erkennen, jetzt Abhilfe schaffen.* Braunschweig u. a. 2002.

Hacker, Friedrich, amerikan. Psychiater und Psychoanalytiker österr. Herkunft, * Wien 19. 1. 1914, † Mainz 23. 6. 1989; emigrierte 1938 in die USA; Prof. in Los Angeles (Calif.); Gründer und Präs. der Sigmund-Freud-Gesellschaft; arbeitete v. a. über Gewalt in der Massengesellschaft.

Hackert, Jacob Philipp, Maler, * Prenzlau 15. 9. 1737, † San Piero di Careggi (heute zu Florenz) 28. 4. 1807; seit 1768 in Rom, wo er eine führende Rolle unter den Deutschrömern spielte; seit 1786 königl. Kammermaler in Neapel. 1799 ließ er sich in der Nähe von Florenz nieder; hier entstanden klassizist. Landschaftsbilder in der Nachfolge von C. Lorrain und italien. Veduten.

Hackethal, Karl Heinrich Julius, Mediziner, * Reinholterode (Landkreis Eichsfeld) 6. 11. 1921, † Bernau 17. 10. 1997; trat für umfassende Reformen im Gesundheitswesen ein und übte Kritik an der ärztl. Berufsordnung und -ethik sowie der medizin. Versorgung und Krebsvorsorge in Deutschland.

Hackfleisch (Gehacktes, Gewiegtes, Geschabtes), fein zerkleinertes Muskelfleisch warmblütiger Schlachttiere.

Hackfrüchte, Kulturpflanzen, deren Anbau (weiter Standraum) das Hacken des Bodens (zur Unkrautregulierung und Bo-

Jacob Philipp Hackert: Antike Landschaft mit Phaetons Grab (1785; Moskau, Puschkin-Museum)

HAC Hackl

dendurchlüftung) notwendig macht; i. e. S.: alle Wurzel- (Zucker-, Futter-, Steckrüben) und Knollenfrüchte (Kartoffeln, Topinambur); i. w. S.: Mais, Sonnenblume, Gemüse.

Hackl, Georg (Schorsch), Rennrodler, * Berchtesgaden 8. 9. 1966; u. a. Einsitzer-Olympiasieger 1992, 1994 und 1998, Weltmeister 1989, 1990 und 1997 sowie Europameister 1988 und 1990; Weltcupsieger 1989 und 1990. Sportler des Jahres 1998.

Georg Hackl

Hackman ['hækmən], Gene, eigtl. Eugene Allen H., amerikan. Filmschauspieler, * San Bernardino (Calif.) 30. 1. 1930; spielt Charakterrollen, u. a. in den Filmen »Bonnie und Clyde« (1967), »French Connection« (2 Tle., 1971–75), »Zwölf Stunden Angst« (1989), »Die Firma« (1993), »Schnappt Shorty« (1996), »Absolute Power« (1997), »Im Zwielicht« (1998), »Staatsfeind Nr. 1« (1998), »Under Suspicion« (2000).

Hackmann, Werner, Sportfunktionär, * Hamburg 17. 4. 1947; u. a. 1972–94 in der Politik tätig, seit 1995 Mitgl., 1997/98 Geschäftsführer und 1998–2002 Vorstandsvorsitzender des Hamburger SV, 1998 bis 2000 Mitgl. des DFB-Ligaausschusses, seit 18. 12. 2000 Präs. des neu gegründeten ↑ Ligaverbands und DFB-Vizepräsident.

Hack|ordnung, *Verhaltensforschung:* eine spezielle ↑ Rangordnung in Hühnergemeinschaften. – Im übertragenen Sinn auch im *Sport* in den Mannschaftsspielen (z. B. Fußball, Eishockey) gebrauchter Ausdruck, der die Hierarchie und Machtstruktur innerhalb eines Teams beinhaltet. I. d. R. stehen die Führungsspieler, dominante Charaktere vorausgesetzt, in der H. an vorderster Position.

Hacks, Peter, Schriftsteller, * Breslau 21. 3. 1928, † Groß-Machnow (bei Berlin) 28. 8. 2003; lebte ab 1955 in Berlin (Ost), arbeitete 1960–63 für das Berliner Ensemble. H. demontierte in seinen Komödien am Beispiel histor. und mythologischer Stoffe überkommene Heldenbilder (»Die Schlacht bei Lobositz«, 1958; »Der Müller von Sanssouci«, 1958); die Gegenwartsstücke »Die Sorgen und die Macht« (mehrfach überarbeitet, 3. Fassung 1962) und »Moritz Tassow« (1965) wurden seinerzeit von der SED-Kritik hart verurteilt. Das gesamte umfangreiche dramat. Werk ist von klassizist. Formstrenge und hoher Sprachkunst gekennzeichnet (so auch die Bearbeitungen »Der Frieden«, 1962, und »Die Vögel«, 1980, beide nach Aristophanes). Sein am meisten gespieltes Stück ist das Monodrama »Ein Gespräch im Hause Stein über den abwesenden Herrn von Goethe« (1976); auch Lyrik (gesammelt u. d. T. »Die Gedichte«, 2000), Erzählungen, Kinderbücher, Essays (»Die Maßgaben der Kunst. Gesammelte Aufsätze 1959–1994«, 1996; »Zur Romantik«, 2001).

Häcksel [von hacken] (Häckerling), auf Häckselmaschinenklein geschnittenes Stroh oder Heu als Viehfutter; heute selten.

Hacksilber, primitives Zahlungsmittel aus zerbrochenen oder zerhackten silbernen Münzen und Schmuckgegenständen. H. ist in Schatzfunden des 9.–12. Jh. in N- und O-Europa verbreitet.

Hadal [von grch. Hades »Unterwelt«] *das* (Hadopelagial), *Ökologie:* Zone der Tiefseegräben der Weltmeere, die nach unten an die Zone des Abyssals anschließt, ohne Licht (aphotisch) ist und hydrostat. Drücke über 60 MPa aufweist. Die Lebenswelt der das H. bewohnenden Tiere und Mikroorganismen wird als **Hadon** bezeichnet.

Hadamar, Stadt im Landkreis Limburg-Weilburg, Hessen, im Limburger Becken, 12 200 Ew.; Staatl. Glasfachschule; Glas-, Textilindustrie. – Nach Brand (1540) schachbrettartige Neuanlage um zwei große Marktplätze, zahlr. Fachwerkhäuser, Renaissanceschloss. – H. erhielt 1324 Stadtrecht. – Die Landesheilanstalt H. war zw. Jan. und Aug. 1941 eines der Zentren der NS-Tötungsaktionen im Rahmen des »Euthanasie«-Programms (Gaskammern).

Hadamard [ada'ma:r], Jacques Salomon, frz. Mathematiker, * Versailles 8. 12. 1865, † Paris 17. 10. 1963; Prof. in Paris, war einer der führenden Mathematiker seiner Zeit und ist Mitbegründer der Funktionalanalysis.

Haddock [ˈhædək, engl.] *der,* kalt geräucherter Schellfisch ohne Kopf und Gräten.

Hadeln (Land Hadeln), Landschaft im N des Landkreises Cuxhaven, Ndsachs., im Elb-Weser-Winkel, umfasst an der Elbe ackerbaulich genutztes Marschenland, feuchtes niedriges Marschensietland und, begrenzt von einem Steinwall (ehem. Kliff), die Moränenlandschaft der Geest mit dem Wingst (74 m ü. M.) und dem Westerberg (56 m ü. M.).

Haderer, *Jägersprache:* ↑Gewaff.

Hadern, Textilabfälle, die gereinigt und gerissen als Faserrohstoff für die Herstellung von Feinpapier (H.-Papier aus 100 % H., v. a. als Dokumentenpapier) verwendet werden; hadernhaltiges Papier enthält mindestens 10 % Hadern.

Hadernkrankheit, ↑Milzbrand.

Hadersleben (dän. Haderslev), Stadt im Amtskreis Sønderjylland, Dänemark, an der **Haderslebener Förde** der Ostsee, 31 500 Ew.; luther. Bischofssitz; Maschinenbau, Textilind. – Got. Dom mit roman. Bauresten (13.–15. Jh.). – H. erhielt 1292 Stadtrecht und gehörte 1864–1920 zur preuß. Prov. Schleswig-Holstein.

Hades [grch.], *grch. Mythos:* Gott der Unterwelt, wie Zeus Sohn des Titanen Kronos und der Rhea, raubte ↑Persephone; als Herr der unterird. Reichtümer **Pluton** (röm. **Pluto**) gen.; später gleichgesetzt mit der Unterwelt selbst (röm. Orcus).

Hadewijch von Antwerpen [-wɛjx -], fläm. (brabant.) Mystikerin und Dichterin des 13. Jh.; war vermutlich Begine und ist Repräsentantin der niederländ. religiösen Frauenbewegung im Hoch-MA. Ausgehend von ihrer bes. von Augustinus beeinflussten Gottes- und Seelenlehre (v. a. in »Strofische gedichten«, hg. 1942) thematisiert H. v. A. in ihrer Liebesmystik den Weg des Aufstiegs und der myst. Einigung der Seele mit Gott, einen Weg, den sie als Nachfolge des menschl. Lebens Jesu Christi begreift (»Visioenen«, herausgegeben 1924–26).

Hadid, Zaha M., brit. Architektin irak. Herkunft, * Bagdad 31. 10. 1950; seit 1979 eigenes Architekturbüro in London; zählt zu den führenden Vertreterinnen des Dekonstruktivismus. H. machte mit grafisch brillanten Entwurfszeichnungen einer zukunftweisenden Architektur auf sich aufmerksam. Ihre ungewöhnl. Raumkonzepte versteht sie als Aufbruch zu neuen Lebensformen, wobei sie ihre Vorbilder u. a. in den russ. Konstruktivisten sieht. H. erhielt für mehrere Projekte Auszeichnungen (Wettbewerb um das Klubhaus »The

Zaha Hadid: Feuerwehrhaus der Firma Vitra in Weil am Rhein (1993)

Peak« in Hongkong, 1982; Medienzentrum Zollhof 3 in Düsseldorf, 1989; Opernhaus der Welsh National Opera in Cardiff, 1994). Realisiert wurden u. a. die Moonsoon-Bar in Sapporo (1989/90) und das Feuerwehrhaus der Firma Vitra in Weil am Rhein (1993). Zu ihren neuesten Bauten gehören die Skisprungschanze am Bergisel in Innsbruck (1999–2002) und das »Science Center« in Wolfsburg (Eröffnung 2003). H. befasst sich auch mit Kostüm- und Bühnenbildentwürfen. Pritzker-Preis 2004.

Hadith [arab. »Mitteilung«, »Erzählung«] *der*, Aussprüche Mohammeds enthaltende kanon. Textsammlung (abgeschlossen im 9. und 10. Jh.); im Islam neben dem Koran Quelle religiöser Vorschriften.

Haditha, Stadt im W Iraks, am Euphrat, 50 000 Ew.; Erdölraffinerie; bei H. Staudamm mit Kraftwerk (seit 1986; 600 MW).

Hadjar al-Aswad [-dʒ-; arab. »schwarzer Stein«] *der*, an der SO-Ecke der ↑ Kaaba in Mekka eingemauerter Meteorit, bereits in vorislam. Zeit Gegenstand religiöser Verehrung.

Hadjdj [hadʒ, arab.] *der* (Haddsch, Hadsch), die Pilgerfahrt nach Mekka; eine der fünf Grundpflichten (»Pfeiler«) des Islam, jedem Muslim, der körperlich und finanziell dazu in der Lage ist, einmal in seinem Leben vorgeschrieben; findet im letzten Monat des islam. Mondjahres statt.

Hadjdji [hadʒi, arab.-türk.] *der* (Hadschi), Mekkapilger (↑ Hadjdj); auch Bez. für den christl. Jerusalempilger im Orient.

Hadloub (Hadlaup), Johannes, schweizer. Minnesänger, 1302 in Zürich nachgewiesen, † ebd. an einem 16. 3. vor 1340; Freund des Züricher Ratsherren Rüdiger Manesse († 1304), dichtete neben konventionellen Minneliedern auch Herbst- und Erntelieder. Von G. Keller in den »Züricher Novellen« (1878) dargestellt.

Hadramaut (Hadhramaut, Hadramut), Landschaft im S der Arab. Halbinsel, im O Jemens; Kalksteinhochland mit vorgelagerter, 30–60 km breiter, wüstenhafter Küstenregion am Golf von Aden mit der Hafenstadt Makalla und einigen kleineren Palmoasen. Im Innern der 2–4 km breite Talzug des Wadi H. mit Bewässerungskulturen und Städten mit Lehmbauhochhäusern (Schibam u. a.). – H. bildete seit etwa 750 v. Chr. ein selbstständiges Reich (Hauptstadt Schabwa), das seit dem 3. Jh. n. Chr. zum südarab. Großreich der Himjaren gehörte und mit diesem im 6. Jh. unter abessin., dann unter pers. Herrschaft kam. An der Handelsstraße von Indien nach Ägypten gelegen, erlebte H. im MA. eine wirtsch. und kulturelle Blüte. Im 19. Jh. brit. Einflussgebiet, dann dem brit. Protektorat Aden einverleibt, das der Verw. Britisch-Indiens unterstand (↑ Jemen).

Hadrian, eigtl. Publius Aelius Hadrianus, röm. Kaiser (seit 117), *Italica (Spanien) 24. 1. 76, † Baiae (heute Baia, Prov. Neapel) 10. 7. 138; ordnete Heer und Verwaltung neu, schützte die Grenzen (↑ Hadrianswall, ↑ Limes); ließ prächtige Bauwerke errichten: in Athen das Olympieion, in Rom den Pantheonneubau und sein Mausoleum (die heutige Engelsburg), bei Tibur (Tivoli) eine große Palastanlage (Hadriansvilla). H. gründete zahlr. Städte, u. a. Hadrianopolis (heute Edirne).
📖 *Perowne, S.: H. Sein Leben u. seine Zeit.* München ²1977.

Hadrian, Päpste: **1) H. I.** (772–95), Römer, † Rom 25. 12. 795; rief 773 gegen den Langobardenkönig Desiderius Karl d. Gr. zu Hilfe, der ihm die ↑ Pippinsche Schenkung von 754 bestätigte (↑ Kirchenstaat). **2) H. IV.** (1154–59), eigtl. Nikolaus Breakspear, einziger Papst engl. Herkunft, *1110/20, † Anagni (heute Prov. Frosinone) 1. 9. 1159; krönte Friedrich I. Barbarossa zum Kaiser, geriet jedoch bald mit ihm in Widerstreit; unter seinem Pontifikat begann das Ringen zw. Kaisertum und Papsttum um die weltl. Herrschaft. **3) H. VI.** (1522–23), eigtl. Adrian Florisz Boeyens, Niederländer, bis zur Wahl Johannes Pauls II. (1978) letzter nicht italien. Papst, *Utrecht 2. 3. 1459, † Rom 14. 9. 1523; Erzieher des späteren Kaisers Karl V., strebte nach durchgreifender Kirchenreform, um der luther. Reformation in Dtl. entgegenzuwirken.

Hadrianswall, auf Befehl Kaiser Hadrians ab 122 n. Chr. in England zw. Solway Firth und Tynemündung angelegter Grenzwall (Limes) zum Schutz der N-Grenze der röm. Prov. Britannia; ein rd. 120 km langer, 5–6 m hoher Doppelwall (z. T. Steinmauer, z. T. Erdwall; UNESCO-Weltkulturerbe).

Hadronen [grch.], Sammelbez. für die stark wechselwirkenden ↑ Elementarteilchen, also Baryonen, Mesonen und ihre

Resonanzen; zu den H. zählen auch das Proton und das Neutron. Alle H. sind aus ↑Quarks aufgebaut.

Hadrumetum, phönikische Handelskolonie in N-Afrika, an der Küste südlich von Karthago, im 9. Jh. v. Chr. von Tyros aus gegr., später eine der wichtigsten Städte der Karthager; unter Trajan zur röm. Kolonie erhoben; heute die Stadt ↑Sousse.

Hadsch *der,* ↑Hadjdj.

Hadubrand, Sohn des Hildebrand, ↑Hildebrandslied.

Hadwig, Herzogin von Schwaben, ↑Hedwig.

Haebler, Ingrid, österr. Pianistin, *Wien 20. 6. 1926; wurde v. a. als Interpretin der Werke von J. Haydn, W. A. Mozart, F. Schubert und R. Schumann bekannt.

Haeckel ['hɛ-], Ernst, Zoologe und Naturphilosoph, *Potsdam 16. 2. 1834, †Jena 9. 8. 1919; führender Vertreter der Evolutionstheorie, dt. Verfechter der Abstammungslehre C. Darwins. Mit seiner Urzeugungstheorie und der ↑biogenetischen Grundregel suchte er die Deszendenztheorie weiter zu untermauern (»Natürl. Schöpfungsgeschichte«, 1868). Den Entwicklungsgedanken zu einer auch geistige und gesellschaftl. Prozesse einschließenden Weltanschauung erweiternd (»Die Welträtsel«, 1899), begründete H. seinen mechanist. ↑Monismus.

📖 *Keitel-Holz, K.: E. H. Forscher, Künstler, Mensch. Eine Biographie. Frankfurt am Main 1984.*

Haecker ['hɛ-], Theodor, Kulturphilosoph, *Eberbach (heute zu Mulfingen, Hohenlohekreis) 4. 6. 1879, †Ustersbach (bei Augsburg) 9. 4. 1945; vertrat, geprägt von S. Kierkegaard und J. H. Newman (Konversion zum Katholizismus 1921), entschieden den Primat des Geistigen und eine kath. Kulturphilosophie gegenüber den lebensphilosoph., rassenbiolog., aber auch allgemein dogmat. Strömungen; 1936 Rede-, 1938 Publikationsverbot.

📖 *Mayr, Florian: T. H. Eine Einf. in sein Werk. Paderborn u. a. 1994.*

Haeduer, Gallierstamm, ↑Aeduer.

Haein-Sa ['hɛinʃa], Tempelgruppe in Süd-Korea auf dem Berg Kaya, Prov. Kyŏngsangbuk-do. Die ursprüngl. Anlage wurde 802 von buddhist. Mönchen errichtet. Die erhaltenen rd. 50 Bauten stammen aus dem 15.–18. Jh. In zwei Hallen werden über 81 000 Druckstöcke der buddhist. Schriftensammlung »Tripitaka« in chines. Übersetzung aufbewahrt (UNESCO-Weltkulturerbe).

Haeju ['hɛdʒu], Hptst. der Prov. Hwanghaenam-do, Nord-Korea, 229 200 Ew.; eisfreier Hafen am Gelben Meer; Industriezentrum.

Haemanthus [grch.-lat.] *der,* die ↑Blutblume.

Haemophilus influenzae, gramnegative Bakterien, u. a. Erreger von Krankheiten der oberen Luftwege.

Hal**erbin,** Stadt in China, ↑Harbin.

Hafelekar, Gipfel der Nordkette des Karwendelgebirges bei Innsbruck in Tirol, Österreich, 2 334 m ü. M.; durch Seilbahnen erschlossen.

Hafen, 1) *Wasserbau:* natürl. oder künstl., gegen Sturm, See- und Eisgang schützender Anker- und Anlegeplatz für Schiffe mit

Hafen 1): Hamburger Binnenhafen

HAF Hafen

Hafen 1): Jachthafen bei Seedorf auf Rügen

Einrichtungen und Anlagen für Verkehr und Güterumschlag, Schiffsreparatur und -ausrüstung. Zu unterscheiden sind: 1) nach der Verkehrsart **See-H.** und **Binnen-H.** Ein See-H. besteht oft aus einem offenen Teil, dem **Außen-H.**, und einem geschlossenen Teil; der ebenfalls als Binnen-H. bezeichnet wird 2) nach der geograph. Lage oder der Lage am Gewässer **Küsten-H., Insel-H., Flussmündungs-H., Vor-H.**, (H. an der Flussmündung, der einem flussaufwärts liegenden See-H. zugeordnet ist), **Lagunen-H., Fluss-H.** und **Kanal-H.**; 3) nach der Verbindung zw. H. und Wasserstraße **offener H.** (Wasserstände im H. und in der Wasserstraße ständig ausgespiegelt), **Tide-H.** (offener H. im Tidegebiet, gegen Sturmfluten eventuell durch ein Sperrwerk geschützt) und **geschlossener H.**, entweder durch eine ↑Schleuse jederzeit zugänglich **(Schleusen-H.)** oder durch ein Dockhaupt abgeschlossen und damit nur begrenzt zugänglich **(Dock-H.)**; 4) nach der Form **Atoll-H.** (vor der Küste angelegter H. ohne feste Landverbindung), **Parallel-H.**, früher **Lände** (einfachste Form des Binnenhafens, entsteht durch Erweiterung des Fahrwassers bei entsprechendem Uferausbau, H.-Wasserfläche auf ihrer ganzen Länge nicht durch Bauwerke von der Wasserstraße getrennt), **Dreieck-H.** (dreieckförmige H.-Wasserfläche, die nicht durch Bauwerke von der Wasserstraße getrennt ist), **Molen-H.** (H.-Wasserfläche durch ↑Molen von der Wasserstraße abgetrennt) und **Stich-H.** (H.-Wasserfläche landeinwärts der Wasserstraße gelegen, durch eine H.-Einfahrt mit ihr verbunden); 5) nach dem Zweck, z. B. Schutz- oder Winter-H., Not-H., Liege-H., Handels-H., Industrie-H., Werft-H., Fähr-H., Kriegs-H. und Jacht-H.; 6) nach dem Umschlaggut, z. B. Massengut-H., Stückgut-H., Container-H., Öl-H., Fischerei-H., Erz-H., Holz-H., Getreide-H.; 7) nach der Verkehrsbedeutung Lokal-H., Regional-H., Welt-H.; 8) nach Zollgrenzen ↑Freihafen und Zollhafen.

Der Umschlag erfolgt zw. Schiff und Lagerplatz oder Speicher, beim kombinierten Verkehr zw. Schiff und Eisenbahn oder Lkw oder auch von Schiff zu Schiff, je nach Art des jeweiligen Umschlagguts mit Kränen, Verladebrücken, Transportbändern, Schüttern (z. B. bei Kohle), Saugluftanlagen (z. B. bei Getreide) oder Druckrohrleitungen (z. B. bei Öl). Stückgüter werden mit H.-Kränen verladen oder palettiert von Gabelstaplern im **Truck-to-Truck-Handling** umgeschlagen. Dem Beladen von Containerschiffen dienen **Containerterminals** mit großen Freiflächen und besonderen Verladebrücken. (z. B. Bremerhaven). Durch Verwendung von ↑Containern wird u. a. der Umschlag beschleunigt. Daneben spielen über kurze und mittlere Entfernungen ↑Roll-on-roll-off-Schiffe und ↑Fähren eine wichtige Rolle. H. müssen Straßen- und Bahnanschluss (Gleise bis auf den Kai) besitzen.

Föhl, A. u. Hamm, M.: Die Industriegeschichte des Wassers. Düsseldorf 1985. – See- u. Flußhäfen vom Hochmittelalter bis zur Industrialisierung, hg. v. H. Stoob. Köln u. a. 1986. – Biebig, P. u. Wenzel, H.: Seehäfen der Welt. Berlin 1989.

2) *Glastechnik:* Gefäß aus feuerfester Keramik; dient bei einem Glasschmelzofen (**H.-Ofen**), in dem Glas in mittelgroßen Mengen erschmolzen wird, zur Aufnahme des Schmelzgutes. H. werden heute nur noch in Mundblashütten und bei der Spezialglasherstellung eingesetzt.

Hafer (Avena), Gattung der Süßgräser mit rd. 35 Arten vom Mittelmeergebiet bis Zentralasien und N-Afrika; einjährige Pflanzen mit zwei- bis mehrblütigen Ährchen in Rispen. Die bekannteste Art ist der 60–150 cm hohe, in zahlr. Sorten angebaute **Saat-H.** (Avena sativa), wird v. a. als Körnerfutter für Pferde und Futterstroh verwendet. Aus den entspelzten, gequetschten Körnern werden u. a. Haferflocken, -grieß und -mehl hergestellt. In Dtl. wild vorkommende Arten sind u. a. **Wind-H.** (Avena fatua) und **Sand-H.** (Avena strigosa). In der Weltgetreideproduktion steht H. (im Jahr 2000: 25,9 Mio. t) nach Reis, Mais, Weizen und Gerste an 5. Stelle.

Haff [mhd. haf »Meer«], durch eine Nehrung vom offenen Meer weitgehend abgeschnürte ehem. Meeresbucht an Flachküsten, meist mit Süßwasserzufuhr, ↑Lagune. – Eine **Haffküste** ist z. B. die südl. Ostseeküste mit Kurischem, Frischem und Stettiner Haff.

Haffner, Sebastian, eigtl. Raimund Pretzel, Publizist, * Berlin 27. 12. 1907, † ebd. 2. 1. 1999; arbeitete u. a. für die »Vossische Zeitung«, emigrierte 1938 nach Großbritannien, lebte seit 1954 in Berlin; schrieb u. a. »Winston Churchill« (1967), »Die verratene Revolution. Dtl. 1918/19« (1969), »Anmerkungen zu Hitler« (1978), »Preußen ohne Legende« (1978), »Von Bismarck zu Hitler« (1987); posthum erschien »Gesch. eines Deutschen. Die Erinnerungen 1914–1933« (2000).

Hafis [arab. »Bewahrer«] *der,* in den islam. Ländern Ehrentitel eines Mannes, der den Koran auswendig kennt.

Hafis (Hafiz), Beiname des pers. Dichters **Schams od-Din Mohammed,** * Schiras um 1320, † ebd. 1388; besang in seinen Ghaselen den Wein, die Liebe (auch die Knabenliebe), die Schönheit der Natur und verspottete Heuchler und Philister; sie wurden in einem ↑Diwan gesammelt, dessen Übers. von J. von Hammer-Purgstall (1812/13) Goethe zum »West-östl. Divan« anregte.

Haflinger [nach einem Dorf bei Meran], kleines Gebirgspferd, aus Arabern und einheim. Gebirgspferden gezüchtet; fuchsfarben mit hellem Schweif und heller Mähne.

Hafner, Philipp, österr. Schriftsteller, * Wien 27. 9. 1735, † ebd. 30. 7. 1764; suchte das Stegreifstück und die Hanswurstiaden zu reformieren; mit seinen mundartlich gefärbten Possen und Singspielen begann eine Blütezeit des Wiener Volksstücks. »Megära, die förchterliche Hexe« (1764). »Evakathel und Schnudi« (1765).

Hafis: Buchillustration in einer persischen Handschrift aus dem 16. oder 17. Jh. mit Gedichten aus dem »Diwan«

Hafnerware (Hafnerkeramik), Irdenware einfachen Brandes mit gefärbten Bleiglasuren, zum größten Teil handwerksmäßig hergestelltes Gebrauchs- und Ziergeschirr,

HAF Hafnium

auch Ofenkacheln; Blütezeit 16. Jh.; Zentren u. a. Nürnberg, Oberösterreich, Sachsen.

Hafnium [nach lat. Hafnia »Kopenhagen«] *das,* chem. Symbol **Hf**, metall. Element aus der 4. Nebengruppe des Periodensystems, Ordnungszahl 72, relative Atommasse 178,49, Dichte (bei 25 °C) 13,31 g/cm^3, Schmelzpunkt 2 233 °C, Siedepunkt 4 603 °C. – Das 1923 entdeckte, leicht zieh- und walzbare Metall ist dem Zirkonium, mit dem es stets zus. auftritt, sehr ähnlich und deswegen nur schwer von ihm zu trennen. Das für die Gewinnung wichtigste Mineral ist der Zyrtolith, eine Varietät des ↑Zirkons, mit einem H.-Gehalt von etwa 5 %. H. dient als Legierungsmetall und wird aufgrund seines hohen Neutronenabsorptionsquerschnitts v. a. für Steuerstäbe in Kernreaktoren verwendet.

Haft [mhd. »Fessel«, »Band«], **1)** (Strafhaft), früher in Dtl. und in Österreich leichteste ↑Freiheitsstrafe. Im *schweizer.* Recht sind H.-Strafen von einem Tag bis zu drei Monaten vorgesehen (Art. 39 StGB). **2)** (Untersuchungshaft, Abk. U-Haft), nach §§ 112 ff. StPO eine Maßnahme, deren Sinn in der Sicherstellung des Strafverfahrens gegen einen Beschuldigten liegt. Sie darf nur dann angeordnet werden, wenn gegen den Beschuldigten **dringender Tatverdacht** und ein **Haftgrund** besteht, nämlich Flucht, Flucht- oder Verdunkelungsgefahr (bei bestimmten Delikten auch Wiederholungsgefahr), und die Anordnung der U-Haft nicht unverhältnismäßig zur Tat und zur Strafe erscheint. Bei bestimmten schweren Straftaten kann allerdings U-Haft auch ohne diese Voraussetzungen angeordnet werden. Sie wird durch einen schriftl. richterlichen **H.-Befehl** angeordnet. Der Beschuldigte ist nach der Festnahme unverzüglich dem zuständigen Richter vorzuführen, der ihn spätestens am nächsten Tag zu vernehmen und über die Aufrechterhaltung der Untersuchungs-H. zu entscheiden hat. Gegen den H.-Befehl kann der Beschuldigte **H.-Beschwerde** einlegen oder ein ↑Haftprüfungsverfahren beantragen. Beruht die Untersuchungs-H. nur auf Fluchtverdacht, so kann der Haftbefehl z. B. gegen Sicherheitsleistung (Kaution) oder unter Auflagen außer Vollzug gesetzt werden (§§ 116 ff. StPO). Über sechs Monate hinaus darf U-Haft nur aus wichtigem Grund aufrechterhalten werden. Ähnl. Regelungen enthalten §§ 175 ff. *österr.* StPO und die kantonalen StPO der *Schweiz.* **3)** H. kann aufgrund verschiedener rechtl. Regelungen auch als prozessuales ↑Ordnungsmittel (z. B. bei Nichterscheinen trotz Ladung), als Erzwingungs-H. (wenn z. B. eine rechtmäßig verhängte Geldbuße nicht gezahlt wird) oder als Sicherungs-H. (z. B. bei persönl. ↑Arrest zur Verhinderung einer Vermögensverschiebung) angeordnet werden. Ausländer können zur Vorbereitung und Sicherstellung der Abschiebung durch richterl. Anordnung in Abschiebungs-H. (§ 57 Ausländer-Ges.) genommen werden.

Haftdolde (Caucalis), Doldenblütlergattung mit Hakenfrüchten; mitteleurop. Feldunkraut ist die bis 30 cm hohe **Acker-H.** (Caucalis platycarpos).

Hafte, Bez. für großflügelige Insekten, bes. ↑Eintagsfliegen und Netzflügler.

Haftentschädigung, ↑Strafverfolgung.

Häftlingshilfe, 1) soziale Entschädigung für gesundheitl. Schäden nach dem H.-Gesetz i. d. F. v. 2. 6. 1993; Leistungen können Deutsche beanspruchen, die nach der Besetzung ihres früheren Aufenthaltsortes oder nach dem 8. 5. 1945 in der sowjet. Besatzungszone bzw. der DDR oder den Vertreibungsgebieten oder aus polit., von ihnen nach freiheitlich demokrat. Auffassung nicht zu vertretenden Gründen in Gewahrsam genommen worden sind und dadurch eine gesundheitl. Schädigung erlitten. **2)** ehem. Strafgefangenen ggf. gewährte soziale Unterstützung (§ 72 Bundessozialhilfegesetz).

Haftmann, Werner, Kunsthistoriker, *Głowno (Wwschaft Lodz) 28. 4. 1912, †Waakirchen (Landkreis Miesbach) 28. 7. 1999; Hauptgegenstand der kunsthistorischen Arbeiten Werner Haftmanns ist die Malerei des 20. Jahrhunderts. Von seinen zahlreichen Publikationen erlangte vor allem das zweibändige Werk »Malerei im 20. Jahrhundert« große Bedeutung, das seit seinem Erscheinen zu den Standardwerken der Kunstwissenschaft gehört. Die intensive Beschäftigung mit der unter den Nationalsozialisten verfemten Kunst fand ihren Niederschlag auch in der von Arnold Bode ins Leben gerufenen **documenta** in Kassel, die sich eine Rehabilitation der

Haftpflicht HAF

Vorkriegskunst zum Ziel gesetzt hatte. So war H. maßgeblich an der Konzeption der ersten drei Ausstellungen (1955, 1959, 1964) beteiligt. 1967 zum Direktor der Berliner Nationalgalerie berufen, prägte er deren Sammlung und Ausstellungen bis zu seinem krankheitsbedingten Ausscheiden im Jahre 1974 entscheidend. Als sein Hauptverdienst muss hierbei die Wiedereingliederung der durch die Mauer isolierten Galerie in den internationalen Verband gelten.
Werke: Malerei im 20. Jh., 2 Bde. (1954 bis 1955); Verfemte Kunst. Malerei der äußeren und inneren Emigration (1986).
Haftorgane, morpholog. Bildungen, mit deren Hilfe manche Tiere oder Pflanzen an (glatten) Flächen Halt finden können. Dies geschieht v. a. durch Reibung, Adhäsion und/oder Saugkraft. – Bei Pflanzen sind H. u. a. **Hapteren,** wurzelähnl. Ausstülpungen an der Basis des Vegetationskörpers bei versch. Algen, Flechten und Moosen; **Haftscheiben,** scheibenförmige H. an der Basis bes. größerer mariner Braun- und Rotalgen sowie an den Ranken des Wilden Weins; **Haftwurzeln,** umgebildete, auf Berührungsreize ansprechende, sprossbürtige Wurzeln mancher Kletterpflanzen (z. B. Efeu). – Bei Tieren erfolgt das Anheften an einen Gegenstand durch aktives Ansaugen mit **Saugnäpfen** oder -gruben, z. B. bei Saugwürmern; durch von Drüsen abgesonderte Klebstoffe, z. B. Byssusdrüse der Miesmuschel; durch Adhäsionswirkung mithilfe besonderer Strukturen der Körperoberfläche,

z. B. der **Haftlappen** am Klauenglied von Insekten oder der **Haftlamellen** der Geckos.

Haftorgane bei Pflanzen: 1 Hapteren bei einer Braunalgenart, 2 Sprossstück des Wilden Weins mit Haftscheiben, 3 Sprossstück des Gemeinen Efeus mit Haftwurzeln

Haftpflicht, allg. die Verpflichtung zum Schadensersatz aus unerlaubter Handlung, ferner die von versch. Gesetzen auferlegte Pflicht, einem anderen auch den durch ein nicht schuldhaft herbeigeführtes Ereignis erwachsenen Schaden zu ersetzen (↑Gefährdungshaftung). Sie ist im Wesentlichen im BGB (z. B. für Tierhalter, Gebäudebesitzer), im StVG, im H.-Gesetz, im Luftverkehrs-Ges. (↑Luftrecht), im Atom-Ges. normiert. Das H.-Gesetz regelt die Haftung für die bes. beim Betrieb von Eisenbahnen (Eisenbahn-H.) und Energieanlagen herbeigeführten Personen- und Sachschäden. Der Unternehmer haftet zwingend, sofern er nicht nachweist, dass der Unfall durch höhere Gewalt oder durch eigenes Verschulden des Verletzten verursacht worden ist. Der Schadensersatz umfasst Behandlungskosten und Ersatz weiterer Vermögensnachteile, bei Tötung die Beerdigungskosten sowie eine Geldrente für unterhaltsberechtigte Angehörige. Bei Verlust oder Minderung der Erwerbsfähigkeit ist eine Geldrente von jährlich höchstens 36 000 € oder ein Kapitalhöchstbetrag von 600 000 € vorgesehen. Wegen eines immateriellen Schadens bei Verletzung des Körpers oder der Gesundheit kann auch Schmerzensgeld verlangt werden. Bei Sachschäden beträgt die Haftungshöchstgrenze 300 000 €. – Über die H. im Straßenverkehr ↑Straßenverkehrshaftung. – Das *österr.* Recht lässt grundsätzlich nur für Verschulden haften (§§ 1295, 1306 ABGB). Besondere Vorschriften bestehen nach dem Eisenbahn- und Kraftfahrzeug-

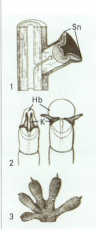

Haftorgane bei Tieren: 1 Querschnitt durch einen Saugnapf (Sn) vom Fangarm eines Kraken, 2 Beinspitze einer Fransenflüglerart mit eingezogener (links) und ausgedehnter Haftblase (Hb Haftblase, K Kralle), 3 Fußunterseite eines Geckos mit Haftlamellen

HAF Haftpflichtversicherung

haftpflicht-Ges., dem Atomhaftungs-Ges. 1999 und dem Luftfahrt-Ges. Das *schweizer.* Recht geht auch von der Verschuldenshaftung aus (Art. 41 OR). Ohne Verschulden wird u. a. für Schäden aus Werkmängeln, von Tieren oder Kindern sowie vom Halter eines Motorfahrzeugs verursachte Schäden gehaftet.

Haftpflichtversicherung, ein Versicherungszweig, der dem Versicherungsnehmer (und mitversicherten Personen) Schutz bei Schadensersatzansprüchen Dritter gewährt. I. d. R. werden Personen- und Sachschäden ersetzt, durch besondere Vereinbarungen sind auch Vermögensschäden versicherbar. Bei vorsätzl. Handeln durch den Versicherungsnehmer besteht kein Schutz. Die vereinbarten Versicherungssummen stellen die Deckungsgrenze dar. Unterschieden werden: H. des Privatbereiches (z. B. Privat-H., Haus- und Grundbesitzer-H.), der Berufs-H. (z. B. Ärzte, Notare), die Betriebs-H., die Gewässerschaden-H., die Produkt-H., die Vermögensschaden-H. u. a. Formen. (↑Kraftfahrtversicherung)

Haftprüfungsverfahren, gerichtl. Verfahren während der Untersuchungshaft zur Prüfung, ob der Haftbefehl aufzuheben oder Haftverschonung anzuordnen ist. Die Haftprüfung kann statt der Haftbeschwerde jederzeit beantragt werden, sie findet, wenn der Beschuldigte keinen Verteidiger hat, nach dreimonatiger Untersuchungshaft von Amts wegen statt.

Hagelkorn: derber, nicht druckempfindlicher Knoten durch Sekretstau von Lidranddrüsen

Haftschalen, ↑Kontaktlinsen.
Haftung, 1) svw. Schuld, Verbindlichkeit, auch die Verpflichtung zum Einstehen für fremde Schuld; 2) Verantwortlichkeit für den Schaden eines anderen mit der Folge, dass dem Geschädigten Ersatz zu leisten ist; 3) das Unterworfensein des Schuldners unter den Vollstreckungszugriff des Gläubigers (persönl. H.); 4) die Verwertbarkeit einer fremden Sache durch den Gläubiger eines an der Sache bestehenden Pfandrechts oder Grundpfandrechts.

Haftung des Arbeitnehmers, ↑Arbeitnehmerhaftung.
Haftzeher, die ↑Geckos.
Hafun, Kap, östlichster Punkt des afrikan. Kontinents (51°23′ östl. Länge), in NO-Somalia.
Hag [ahd. »Einhegung«], Teil einer Flur, der durch Hecken und Gehölze eingezäunt oder eingefriedet ist; auch die Hecke selbst.
Haganah [hebr. »Selbstschutz«] *die,* 1920 gegründete militär. Organisation zum Schutz der isolierten jüd. Siedlungen in Palästina gegen die arab. Übergriffe; 1948 in der Armee Israels aufgegangen.
Hagar (Vulgata: Agar), die ägypt. Magd Saras und Nebenfrau Abrahams; Mutter Ismaels. (1. Mose 16)
Hagebutte, beerenartige rote Sammelnussfrucht versch. Rosenarten, v. a. der Heckenrose. Das rote Fruchtfleisch ist reich an Vitamin C.
Hagedorn, Friedrich von, Dichter, *Hamburg 23. 4. 1708, †ebd. 28. 10. 1754; von Horaz, engl. und frz. Dichtern inspirierter Anakreontiker und Fabeldichter; bewirkte eine Wiederbelebung der Tierfabel.
Hagel, atmosphär. Niederschlag in Form von Eiskörnern **(H.-Körner, Schloßen)**, durchsichtig oder mit schneeartigem, undurchsichtigem Kern und vereister Schale. H. setzt Graupelbildung voraus und entsteht in hoch reichenden Gewitterwolken bei raschem Aufstieg warmer, wasserreicher Luft. Seine Bahn (H.-Strich) ist scharf begrenzt, außerhalb fällt Regen. (↑Atmosphäre, ↑Gewitter)
Hagelkorn (grch. Chalazion), bis erbsengroßer Knoten am Augenlid durch chron. Entzündung der Meibom-Drüsen; im Unterschied zum ↑Gerstenkorn nicht schmerzhaft. *Behandlung:* operatives Ausschälen.
Hagelschnur, die ↑Chalaza.
Hagelstange, Rudolf, Schriftsteller, *Nordhausen 14. 1. 1912, †Hanau 5. 8. 1984; schrieb Lyrik (»Venezianisches

Hagenauer HAG

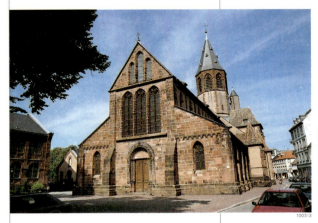

Hagenau: Pfarrkirche Saint-Georges; Außenbau von Südwesten. Die Georgskirche geht in ihrer heutigen Gestalt auf eine 1184 geweihte romanische Basilika zurück.

Credo«, 1946; »Ballade vom verschütteten Leben«, 1952; »Flaschenpost«, 1982) von betonter Formkunst, später spielerisch-unterhaltende Romane und Erzählungen (»Spielball der Götter«, 1959; »Der große Filou«, 1976); heiterer und unterhaltender Art; außerdem Autobiografie (»Tränen gelacht«, 1977), Reisebücher, Essays.

Hagemeister, Karl (Carl), Maler, * Werder (Havel) 12. 3. 1848, † ebd. 6. 8. 1933; Schüler von F. Preller d. Ä. in Weimar, ab 1873 mit C. Schuch befreundet, der ihn stark beeinflusste. Ein Parisaufenthalt (1884/85) vermittelte ihm nachhaltige Eindrücke des frz. Impressionismus. H. malte großformatige Landschaftsbilder, (v. a. Havelmotive und Seestücke), Stillleben und Figurenbilder.

Hagen, kreisfreie Stadt im RegBez. Arnsberg, NRW, am Nordrand des Sauerlands, 202 100 Ew.; Fernuniv.-Gesamthochschule, Abteilung der Märk. FH; Stadttheater, Osthaus-Museum (v. a. Gemälde des Expressionismus), Westfäl. Freilichtmuseum, techn. Kulturdenkmale (Kaltwalzmuseum); Papier- und Backwarenind., Batterieherstellung, Metallverarbeitung. – Zahlreiche Bürgerhäuser im Jugendstil. – Um 1000 erstmals erwähnt; kam 1324 zur Grafschaft Mark, 1614 an Brandenburg-Preußen; Stadtrecht 1746.

Hagen, Nina, eigtl. Catharina H., Rocksängerin, * Berlin (Ost) 11. 3. 1955; Tochter der Schauspielerin Eva Maria Hagen; Vertreterin eines schrillen Punkrock; verließ 1976 die DDR und gründete 1977 in Berlin (West) die »N. H. Band«, die bis 1979 bestand. Sie spielte auch in Filmen mit (u. a.

»Cha Cha«, 1979; »Lilien in der Bank«, 1992). Seit 1989 lebt sie in Paris.

Hagen am Teutoburger Wald, Gem. im Landkreis Osnabrück, Ndsachs., 14 200 Ew.; Luftkurort.

Hagenau (frz. Haguenau), Stadt im Unterelsass, Dép. Bas-Rhin, Frankreich, 30 400 Ew.; Holz-, Zementind., Tabakverarbeitung, Herstellung von Elektrogeräten und Fahrrädern, Brauereien; Hopfenanbau. – Roman. Kirche Saint-Georges (dreischiffige Säulenbasilika, 1143 bis um 1190), got. Kirche Saint-Nicolas (1425 geweiht), Reste der Stadtbefestigung. – H. entstand nach 1035 um eine Jagdpfalz im Reichswald **Hagenauer Forst,** Friedrich Barbarossa verlieh 1164 das Stadtrecht, 1260 wurde H. Reichsstadt. Seit dem 14. Jh. Hauptort der elsäss. ↑Dekapolis und Sitz der kaiserl. Landvogtei im Unterelsass; kam 1648 an Frankreich.

Hagenauer, 1) Friedrich, Bildschnitzer und Medailleur, * Straßburg um 1500, † Köln nach 1546, wahrscheinlich Sohn von 3); bekannt sind 235 Holzmodelle für Bildnismedaillen.

2) Johann Baptist, Bildhauer, * Straß (heute zu Ainring, bei Freilassing) 22. 6. 1732, † Wien 9. 9. 1810; anfangs Kleinplastiken im Rokokostil, seit 1756 auch größere Skulpturen, mit denen er sich dem Klassizismus näherte (Mariensäule in Salzburg, Statuen für die Parkanlagen in Nymphenburg und Schönbrunn).

3) (Hagnower), Niclas, auch Nikolaus von Hagenau, Bildschnitzer, * Hagenau um 1445, † Straßburg (?) vor 1538, wahrscheinlich Vater von 1); seit 1493 in Straßburg nachweisbar, wo er den Hochaltar (Fronaltar) des Münsters schuf (1500/01, 1682 zerstört; Fragmente in St. Marx und in St. Stephan ebd.). Als sein Meisterwerk gelten die Schreinfiguren des Isenheimer Altars (um 1490; Colmar Musée d'Unterlinden), ein Höhepunkt spätgot. Plastik am Oberrhein.

Hagenbach-Bischoff-Verfahren [nach dem schweizer. Mathematiker Eduard Hagenbach-Bischoff, *1833, †1910], Verfahren zur Ermittlung einer proportionalen Sitzverteilung bei Verhältniswahl (↑Wahlrecht)., das z. B. in der Schweiz bei Nationalratswahlen angewendet wird. Dabei wird zunächst die Gesamtzahl der gültigen Stimmen durch die Zahl der zu Wählenden, vermehrt um 1, geteilt und der sich ergebende Quotient auf die nächst höhere ganze Zahl aufgerundet. In der **Erstverteilung** erhält jede Partei so viele Mandate zugeteilt, wie dieser Quotient in ihrer Stimmenzahl enthalten ist. Können dadurch nicht alle Mandate vergeben werden, wird die Stimmenzahl jeder Partei durch die um 1 vermehrte Zahl der ihr bereits zugewiesenen Mandate dividiert; das erste noch zu vergebende Mandat erhält diejenige Partei, die hierbei den größten Quotienten aufweist. Dies wird so lange wiederholt, bis alle Mandate vergeben sind **(Restmandatsverteilung).** Sofern sich hierbei zwei oder mehr gleich große Quotienten ergeben, geht das Mandat an diejenige Partei, die bei der Erstverteilung den größten Rest aufwies; sind auch diese Restzahlen gleich groß, erhält diejenige Partei das Mandat, deren infrage stehender Bewerber die größere Stimmenzahl aufweist. – Wie das ↑d'hondtsche Höchstzahlverfahren begünstigt das H.-B.-V. die größeren Parteien.

Hagenbeck, Carl, Tierhändler, *Hamburg 10. 6. 1844, †ebd. 14. 4. 1913; gründete 1907 den Tierpark Stellingen bei Hamburg, leitete einen Zirkus; schrieb »Von Tieren und Menschen« (1908).

Hagengebirge, verkarsteter Gebirgsstock der Salzburger Kalkalpen mit mehreren Höhlen, zw. Königssee (Bayern) und Salzachtal (Österreich), im Kahlersberg 2350 m ü. M.

Hagenhufendorf, mittelalterl. Siedlungstyp auf gerodetem Waldland im nordwestl. Dtl., verbreitet um Stadthagen und nördlich von Hannover; dem ↑Waldhufendorf verwandt, mit Allmende ausgestattet. Die H. haben ihren Namen vermutlich nach dem Hagenrecht (Recht auf Einhegung des zur Nutzung erhaltenen Grund und Bodens).

Hagenow [-noː], Stadt im Landkreis Ludwigslust, Meckl.-Vorp., südwestlich von Schwerin, 12400 Ew.; Lebensmittelind. – Das zw. 1190 und 1195 erstmals erwähnte H. wurde 1370 als Stadt bezeichnet, erhielt aber erst 1754 volles Stadtrecht. Bis 1994 Krst., war H. Verw.sitz des Kreises Hagenow.

Hagen-Poiseuille-Gesetz [-pwaˈzœj-; nach dem Wasserbauingenieur G. Hagen, *1793, †1884, und dem frz. Mediziner J. L. M. Poiseuille, *1799, †1869], Gesetz für die laminare Strömung von Flüssigkeiten durch kreisförmige Röhren: Das pro Zeiteinheit durch den Rohrquerschnitt vom Innenradius r und der Rohrlänge l strömende Flüssigkeitsvolumen Q ist gegeben durch: $Q = \pi r^4 \Delta p / 8 \eta l$, wobei Δp der Druckunterschied zw. Röhrenanfang und -ende und η die dynam. Viskosität ist. Mithilfe des H.-P.-G. kann man die Viskosität von Flüssigkeiten durch Strömungsmessungen ermitteln, es spielt z. B. beim Blutkreislauf eine Rolle.

Hagen von Tronje (altnord. Högni), Gestalt der Nibelungen- und Walthersage, u. a. in den in der älteren »Edda« erhaltenen Teilen der verschollenen dt. Vorstufen des ↑Nibelungenliedes; hier ist Högni Bruder bzw. Halbbruder der Burgunderbrüder Gunnar, Godomar und Giselher. – Im Nibelungenlied ist H. v. T. mit den Burgunderkönigen verwandt und treuer Lehns- und Gefolgsmann Gunthers. Er rächt durch den Mord an Siegfried die Kränkung seiner Herrin Brunhilde in der Brautnacht. Im zweiten Teil des Epos wird er von Kriemhild erschlagen, da er die Preisgabe des Hortverstecks verweigert. – H. v. T. ist auch Gestalt des Epos ↑Kudrun (Sohn des Königs Sigebant von Island) sowie des lat. Epos ↑Waltharius.

Hagestolz, urspr. Besitzer eines Nebenguts (Hag), das meistens zu klein war, um eine Familie zu ernähren, deshalb übertragen auf einen (älteren) unverheirateten Mann.

Haggada [hebr. »Erzähltes«] *die,* Bez. der vorwiegend erzählenden Teile des ↑Talmuds; erfasst im Ggs. zur ↑Halacha alle nicht gesetzl. Bereiche und enthält v. a. Er-

Hagia Sophia in Istanbul (532–537, Minarette aus der Zeit nach der türkischen Eroberung 1453)

zählungen, Legenden und Predigten. Besondere Bedeutung hat die **Passah-H.**, die die Befreiung aus der ägypt. Sklaverei schildert und am ersten Abend des Passahfestes, der Sederfeier (Seder), verlesen wird.

Haggai [hebr. »der am Festtag Geborene«], in der Vulgata Aggäus, einer der zwölf ↑Kleinen Propheten im A.T.; trat nach der Überlieferung des **Buches H.** (wahrscheinlich zusammengestellt am Beginn des 4. Jh. v. Chr.) um 520 v. Chr. auf und forderte den Wiederaufbau des Tempels in Jerusalem.

Haghbat (Achpat), ehem. Wehrkloster in Armenien, nordöstlich der Stadt Alaverdi. – Auf seinem Areal entstanden vom 10. bis 13. Jh. vier Kirchen (u. a. die aus einem Kuppelsaal bestehende Heilig-Kreuz-Kirche, 976–991), eine Bibliothek, ein Glockenturm und ein Refektorium (UNESCO-Weltkulturerbe).

Hagiasmos [grch.] *der,* Wasserweihe der orth. Kirche (zur Erinnerung an die Taufe Jesu).

Hagia Sophia [grch. »heilige Weisheit«] *die,* die ehem. Sophienkirche in Istanbul (UNESCO-Weltkulturerbe), das bedeutendste Bauwerk der ↑byzantinischen Kunst, eine Verbindung von Langhausbau und kuppelgewölbtem Zentralbau; 360 vollendet, nach Brand (404) 415 neu geweiht, nach Zerstörung unter Kaiser Justinian 532–537 von Anthemios von Tralleis unter Mitarbeit von Isidor von Milet neu errichtet; im Innern Marmor und Mosaiken; seit 1453 (Eroberung Konstantinopels durch die Türken) Moschee, seit 1934 Museum. Der Bau wird beherrscht von der Hauptkuppel (Durchmesser zw. 31,9 m und 30,87 m, Scheitelhöhe 56,2 m); sie wird in der Hauptachse durch zwei Halbkuppeln mit je drei Nebenkuppeln abgestützt; im N und S zweigeschossige Folge von Gewölben.

📖 *Jantzen, H.:* Die H. S. des Kaisers Justinian in Konstantinopel. Köln 1967. – *Strube, C.:* Polyeuktoskirche u. H. S. München 1984.

Hagiographen [zu grch. hágios »heilig« und gráphein »schreiben«], 1) die dritte und späteste Gruppe der Bücher des A. T. (hebr. ketuvim »Schriften«; ↑Bibel); 2) die Verfasser von Heiligenviten.

Hagiographie [grch.] *die,* Lebensbeschreibung der Heiligen; Bez. der wiss. Disziplin, die die Heiligen zum Gegenstand hat. Das bekannteste hagiograph. Sammelwerk ist die ↑Legenda aurea des Jacobus de Voragine.

Hagios Nikolaos (Ajios Nikolaos), Hptst. des Verw.gebiets (Nomos) Lassithi im O der Insel Kreta, Griechenland, an der

Mirabellobucht der N-Küste, 8 100 Ew.; Badeort; Hafen.

Hagnower, Niclas, Bildschnitzer, ↑ Hagenauer, Niclas.

Hagondange [agɔ̃'dãʒ] (dt. Hagendingen), Gem. in Lothringen, Dép. Moselle, Frankreich, 8 300 Ew.; Kokereien, Stahlwerk, Zementindustrie.

Hague, Cap de la [kap də la' a:g], Kap an der NW-Spitze der Halbinsel Cotentin, in der Normandie, Frankreich, 182 m ü. M.; Wiederaufarbeitungsanlage für radioaktive Abfälle.

Häher, Bez. für einige Arten der Rabenvögel (↑ Eichelhäher, ↑ Tannenhäher).

Hahn, 1) *Biologie:* Bez. für das Männchen bei den Hühnervögeln u. a. Vogelgruppen. **2)** *Technik:* Vorrichtung zum Absperren einer Rohrleitung (Absperrorgan) oder zum Regeln der Durchflussmenge. **3)** *Waffenkunde:* Teil der Abzugs- und Zündungseinrichtung bei Hand- und Faustfeuerwaffen.

Hahn, Hochfläche im Hunsrück westlich von Kirchberg (Hunsrück), Rheinl.-Pf.; bei Lautzenhausen Flughafen und Industriepark.

Hahn, 1) Friedemann, Maler, *Singen (Hohentwiel) 24. 5. 1949. In seiner figurativen Malerei verknüpft er die gest. Behandlung der Oberfläche mit der Darstellung einer histor. Person, z. B. in einer Gemäldereihe, in der er nach fotograf. Motiven u. a. Schauspieler in filmtyp. Posen wiedergibt.
2) Hermann, Bildhauer, *Veilsdorf 28. 11. 1868, †Pullach i. Isartal 18. 8. 1942; wurde 1902 Prof. an der Münchner Akademie; in seinen neuklassizist. Monumentalwerken wirkt der Einfluss A. von Hildebrands nach; schuf die Denkmäler für F. Liszt in Weimar (1900) und für J. W. von Goethe in Chicago (1914) sowie Bildnisbüsten (H. Wölfflin, 1901) und Medaillen.
3) Hilary, amerikan. Violinistin, *Lexington (Virginia) 27. 11. 1979; debütierte 1991 als Solistin mit dem Baltimore Symphony Orchestra und begann eine internat. Karriere; zu ihrem Repertoire gehören u. a. Werke von J. S. Bach, Beethoven und Brahms, aber auch von S. Barber und L. Bernstein.
4) Kurt, Pädagoge, *Berlin 5. 6. 1886, †Salem (Bad.-Württ.) 14. 12. 1974; leitete 1920–33 das Landerziehungsheim Schloss ↑Salem, gründete 1934 eine Salem-Schule in Gordonstoun (Schottland); gab das Vorbild der Kurzschulen für Kurzlehrgänge (Ausbildung in versch. Rettungsdiensten).
5) Otto, Chemiker, *Frankfurt am Main 8. 3. 1879, †Göttingen 28. 7. 1968; ab 1928 Direktor des Kaiser-Wilhelm-Inst. (später Max-Planck-Inst.) für Chemie, 1946–60 Präs. der Max-Planck-Ges.; arbeitete v. a. auf dem Gebiet der Radiumforschung und der Kernchemie, fand zus. mit Lise Meitner zahlr. radioaktive Elemente, u. a. 1917 das Protactinium, und entdeckte mit F. Straßmann 1938 die Spaltung von Urankernen bei Neutronenbestrahlung (↑ Kernspaltung), wofür er den Nobelpreis für Chemie des Jahres 1944 erhielt.

Otto Hahn

📖 *O. H. Leben u. Werk in Texten u. Bildern,* hg. v. D. Hahn. Frankfurt am Main 1988. – Hoffmann, K.: *Schuld u. Verantwortung – O. H.: Konflikte eines Wissenschaftlers.* Berlin u. a. 1993.

6) Ulla, Schriftstellerin, *Brachthausen (heute zu Kirchhundem) 30. 4. 1946; charakteristisch für ihre Gedichte ist die Spannung zw. Emotion und Artistik, Ironie und Trauer (u. a. »Herz über Kopf«, 1981; »Unerhörte Nähe«, 1988; »Galileo und zwei Frauen«, 1997). Im Roman »Das verborgene Wort« (2001) zeichnet sie ein lebendiges Panorama des rhein. Milieus der Nachkriegszeit.

Hähnel, Ernst, Bildhauer, *Dresden 9. 3. 1811, †ebd. 22. 5. 1891; Mitarbeiter von G. Semper am Hoftheater in Dresden und ab 1848 Prof. der dortigen Akademie, schuf Denkmäler und Bildnisbüsten; gilt als Mitbegründer der Dresdner Bildhauerschule der 2. Hälfte des 19. Jahrhunderts.

Hahnemann, Christian Friedrich Samuel, Arzt, *Meißen 10. 4. 1755, †Paris 2. 7. 1843; trat als Hygieniker, Pharmazeut, Psychiater hervor und begründete die

Homöopathie; schrieb u. a. »Organon der rationellen Heilkunde« (1810); »Reine Arzneimittellehre«, 6 Bde. (1811–20).
Hahnenfuß (Ranunculus), Gattung der H.-Gewächse mit über 400 weltweit verbreiteten Arten; meist ausdauernde Kräuter. In Mitteleuropa u. a. **Scharfer H.** (Ranunculus acris), häufig auf Wiesen und Weiden, mit goldgelben Blüten; **Kriechender H.** (Ranunculus repens) auf feuchten Böden, mit dottergelben, bis 3 cm großen Blüten. Beide Arten sowie der **Gift-H.** (Ranunculus sceleratus), mit kleinen, blassgelben Blüten, sind giftig. In den Alpen wächst der **Gletscher-H.** (Ranunculus glacialis) mit großen, innen weißen, außen meist rosaroten oder tiefroten Blüten. Als Zierpflanze und Schnittblume beliebt ist v. a. die **Ranunkel** (Asiat. H., Ranunculus asiaticus) mit verschiedenfarbigen, einzelnen, gefüllten Blüten.
Hahnenkamm, 1) *Botanik:* Bez. für Zierpflanzen der Gattung Brandschopf (Celosia) mit hahnenkammähnl. Blütenstand.
2) *Zoologie:* fleischige, meist kammartig gezackte Hautbildung am Kopf der Kammhühner, bes. ausgeprägt bei den Hähnen (zur Paarungszeit bes. groß).
Hahnenkamm, Berg in den Kitzbüheler Alpen, Tirol, Österreich, 1 668 m ü. M. (Seilbahn von Kitzbühel); jährlich internat. Skirennen.
Hahnenkampf, Kampf zweier häufig mit eisernen Sporen versehener Hähne, oft mit Wetten verbundene Veranstaltung in Lateinamerika, SO-Asien, S-Europa.
Hahnenklee-Bockswiese, Kurort im Oberharz, Ndsachs., seit 1972 Stadtteil von Goslar, auch Wintersportplatz. – Holzkirche (1908) in der Art norweg. Stabkirchen.
Hahnentritt, 1) *Biologie:* Keimscheibe im Hühnerei.
2) *Textiltechnik:* klein karierte, hahnenfußähnl. Flächenmuster in Geweben, bei denen in Kette und Schuss zwei helle und zwei dunkle Fäden wechseln.
3) *Zoologie:* (Zuckfuß), bei Pferden und Rindern auftretende Bewegungsstörung an einer oder beiden Hintergliedmaßen infolge Entzündung. Die erkrankte Gliedmaße wird bes. im Schritt zuckend gebeugt und schnell in die Höhe gezogen.
Hahn-Meitner-Institut Berlin GmbH, Abk. **HMI,** 1971 gegründetes Forschungsinstitut mit rd. 800 Mitarbeitern (2002);

wird von der Bundesrep. Dtl. (zu 90 %) und vom Land Berlin finanziert, Mitgl. der ↑Hermann von Helmholtz-Gemeinschaft Deutscher Forschungszentren; Aufgaben sind naturwiss. Grundlagenforschung und anwendungsorientierte Forschung mit den Schwerpunkten Struktur- und Festkörperforschung sowie Solarenergieforschung.
Haida, Stamm der Nordwestküstenindianer, u. a. auf den Queen Charlotte Islands (Kanada) und der Prince of Wales Island (Alaska); etwa 2 000 Menschen; hoch entwickelte Schnitzkunst.
Haider, 1) Jörg, österr. Politiker, * Bad Goisern 26. 1. 1950; Jurist, 1983–98 Landesobmann der FPÖ in Kärnten, 1989–91 und seit 1999 dort Landeshauptmann; Klubobmann der FPÖ im Nationalrat (1986–89 und 1992–99) sowie Bundesobmann seiner Partei (seit 1986, Rücktritt 28. 2. 2000); führte die FPÖ bis 2002 zu bed. Wahlerfolgen (Reg.beteiligung unter der ÖVP ab Febr. 2000; verantwortlich für den Bruch der Koalition im Sept. 2002).
2) Karl, Maler, * Neuhausen (heute zu München) 6. 2. 1846, † Schliersee 29. 10. 1912; gehörte zu dem Kreis um W. Leibl, malte Landschaften von oft schwermütiger Stimmung und Porträts in altmeisterl. Stil.

Hahnenfuß: Gift-Hahnenfuß (Höhe 20–80 cm)

Haiderabad, Stadt in Indien, ↑Hyderabad.
Haiduken, die ↑Heiducken.
Haie (Haifische, Selachii), Ordnung der Knorpelfische mit halsständigen Kiemenschlitzen und raspelartigem Hautbesatz aus rückwärts gerichteten zahnähnl.

HAI Haifa

Schuppen. Die Zähne des Gebisses stehen in mehreren Reihen, die nach Abnutzung der vordersten von hinten nachrücken. Hinter jedem Auge liegt ein Spritzloch. Fast alle H. sind Meeresbewohner, nur wenige Arten leben im Süßwasser. Die frei schwimmenden H. gebären lebend, die auf dem Meeresboden lebenden Arten legen Eier in Hornkapseln ab. Alle H. sind Fleischfresser. Zur Ordnung der H. gehören 19 Familien mit rd. 250 Arten. Raubfische, die auch dem Menschen gefährlich werden können, sind u.a. die bis zu 7 m langen **Grau-H.** (**Menschen-H., Blau-H.**, Carcharhinidae), die nach der T-ähnlichen Kopfform benannten **Hammer-H.** (Sphyrnidae) sowie die **Makrelen-H.** (Isuridae) mit dem etwa 7 m langen **Weißen Hai** (Carcharodon carcharias). Von den ebenfalls **Grau-H.** genannten Hexanchidae sind Angriffe auf Menschen nicht bekannt. Harmlose Planktonfresser sind die bis zu 12 m langen **Riesen-H.** (Cetorhinidae) und die bis zu 18 m langen **Wal-H.** (Rhincodontidae); ungefährlich sind auch die weichtierfressenden austral., nur 1 m langen **Dorn-H.** (Squalidae). – Das Fleisch kleiner Arten wird geräuchert, das größerer zu Fischmehl verarbeitet. Aus der Leber wird Vitamin-A-reicher Tran gewonnen.

📖 *Hass, H.* u. *Eibl-Eibesfeldt, I.:* Wie H. wirklich sind. München ⁴1991. – H., bearb. v. M. Bright. A. d. Engl. Stuttgart 2001.

Haifa, Hafenstadt in Israel, am Fuß des Karmels, 255 300 Ew.; Sitz des melchit. Erzbischofs von Akko; internat. Zentrum der Bahai-Religion; Univ., TH; Bibliotheken, Museen, Theater, zoolog. Garten; Erdölraffinerien, chem., Textilind., Metallverarbeitung, Werft; Endpunkt der Ölleitung von Elat; Flugplatz. – Bronzezeitl. und antike Siedlungsspuren. Als Stadt im 2. Jh. n. Chr. erstmals erwähnt, in der Kreuzfahrerzeit befestigt; 1100 eingenommen und zerstört.

Haiger, Stadt im Lahn-Dill-Kr., Hessen, im Dilltal, am Rand des Westerwaldes, 20 300 Ew.; Eisen-, Stahl-, Gummi-, Holzverarbeitung, elektrotechn., Möbel-, feinkeram. u.a. Industrie. – H. erhielt 914 Stadtrecht; 1945 durch Luftangriffe schwer zerstört.

Haigerloch, Stadt im Zollernalbkreis, Bad.-Württ., im tief eingeschnittenen Eyachtal, 10 800 Ew.; Textil- und feinmechan. Ind., Kunststoffwerk, Brauerei. Zu H. gehört **Bad Imnau**. – Über der Stadt das Schloss (1580–1662) mit barockisierter Schlosskirche; im Felsenkeller unter der Kirche Atommuseum (Forschungsstätte der dt. Atomforscher 1944/45). – Im 12./13. Jh. bestanden zwei Städte (Ober- und Unterstadt), die im 15. Jh. vereinigt wurden.

Haikou, Hptst. der Prov. Hainan und Hauptort der gleichnamigen Insel (↑Hainan), in S-China; 280 200 Ew.; Konservenindustrie; Hafen.

Haiku *das,* japan. Gedichtform aus drei Versen zu 5 – 7 – 5 Silben. Vom Spielerischen ausgehend, findet das H. zu metaphys. Tiefe, angedeutet im Bild eines Augenblicks.

Hail, Oasenstadt in Saudi-Arabien, im Innern der Arabischen Halbinsel, am Fuß des Djebel Schammar, über 40 000 Ew.; Verkehrsknotenpunkt (früher Karawanenstation) an der Pilgerstraße Bagdad–Mekka; Flugplatz.

Hailar, Oberlauf des ↑Argun.

Haile Mariam, äthiop. Offizier und Politiker, ↑Mengistu Haile Mariam.

Haile Selassie I. [amhar. »Macht der Dreifaltigkeit«] (früher Tafari Makonnen), Kaiser von Äthiopien (1930–74), *Edjersso (Prov. Harar) 23. 7. 1892, †Addis Abeba 27. 8. 1975; leitete ab 1916 als Thronfolger die Reg. der Kaiserin Zauditu; machte sich 1928 durch einen Staatsstreich zum »Negus« (König) und ließ sich 1930 zum Kaiser krönen; verfolgte eine behutsame Modernisierungspolitik; erreichte die Aufnahme seines Landes in den Völkerbund (1923). Nach dem italien. Angriff auf sein Land (1935) ging er im Mai 1936 nach London ins Exil. Nach der Kapitulation der italien. Truppen vor brit. Verbänden kehrte er im Mai 1941 nach Äthiopien zurück. Mit Hilfe aus Ost und West suchte er die Wirtschaft Äthiopiens zu entwickeln. 1945 sicherte er seine Herrschaft auch über Eritrea. 1963 trug er entscheidend zur Gründung der OAU bei. Als Vermittler in afrikan. Streitigkeiten gewann er internat. hohes Ansehen. Wachsende Unzufriedenheit mit der feudalen Struktur des Landes löste im Febr./März 1974 einen Militärputsch aus. Am 12. 9. 1974 setzte das regierende Militärkomitee H. S. I. ab und inhaftierte ihn.

Hailey [ˈheɪlɪ], Arthur, kanad. Schriftsteller, *Luton (Großbritannien) 5. 4. 1920; schrieb Unterhaltungsromane, v. a. Politthriller (»Hotel«, 1965; »Airport«, 1968; »Reporter«, 1990; »Der Ermittler«, 1997).

Haimonskinder, Sagenzyklus um Karl d. Gr. und seinen Gegner Reinold von Montalban: Die vier Söhne (Allard, Renaut, Guiscard und Richard) des Grafen Haimon (Aymon) von Dordogne leben am Hofe Karls; sie fliehen, nachdem Renaut Karls Neffen erschlagen hat, werden verfolgt und unterwerfen sich zuletzt dem Kaiser. Die Sage gründet auf Legenden um den hl. Reinold († um 750) und historisch auf Ereignisse unter Karl Martell; frz. Volksbuch (Lyon 1493; dt. 1531).

Hainan, trop. Insel vor der S-Küste Chinas, vom Festland durch die 28 km breite **H.-Straße** getrennt; als Prov. (seit 1988) 34 000 km², 7,87 Mio. Ew., Hptst. ist Haikou. Abgesehen vom flachen N besteht die Insel meist aus Hügel- und Bergland. Für den Anbau von Zuckerrohr, Kaffee, Kokospalmen, Kautschuk- und Feigenbäumen, Ananas, Bananen und Reis (drei Ernten) wurde der größte Teil des trop. Regenwaldes gerodet. Förderung und Verhüttung von Eisenerz; Salzgärten; Fischerei; zunehmender Tourismus; Luftwaffen- und Marinestützpunkt. H. entwickelt sich zur größten Wirtschaftssonderzone Chinas.

Hainau, früherer Name der polnischen Stadt ↑Chojnów.

Hainaut [ɛ'no], frz. Name der belgischen Provinz ↑Hennegau.

Hainbuche: Zweig mit weiblichen und Zweig mit männlichen Blütenkätzchen (oben), darunter Zweig mit Fruchtstand und Einzelfrucht

Hainbuche (Carpinus), Gattung der Birkengewächse mit 26 Arten, in Mittel- und S-Europa, Mittel- und O-Asien und im atlant. Nordamerika; in Dtl. nur die **H. (Weißbuche,** Carpinus betulus), 20–28 m hoch, mit grauer, glatter Rinde. Sie trägt nach 30–40 Jahren Früchte, blüht Ende April bis Mai. Das Holz ist kernlos, weißgrau, schwer, hart, elastisch, druckfest (Maschinen-, Drechsler-, Stellmacherholz).

Hainbund, der ↑Göttinger Hain.

Hainburg an der Donau, Stadt im Bez. Bruck an der Leitha, Niederösterreich, 5 700 Ew.; Heimat- und Tabakmuseum; Tabak-, Textil- und Mühlenind. 1996 wurde bei H. a. d. D. der »Nationalpark Donau-Auen« (110 km²) errichtet. – Gut erhaltenes mittelalterl. Stadtbild; starke Befestigung mit zwölf Türmen und drei Toren. – Seit 1244 Stadt.

Hainich *der,* Muschelkalkhochfläche am W-Rand des Thüringer Beckens, bis 494 m ü. M.; Nationalpark (76,1 km²; einzigartige Buchenbestände).

Hainichen, Stadt im Landkreis Mittweida, Sachsen, im Mittelsächs. Hügelland, 10 400 Ew.; Gellertmuseum; Baustoff-, Konfektions-, Leder-, Futtermittelind., Möbelbau. – Wurde 1282 erstmals urkundlich als Stadt erwähnt; war bis 1994 Kreisstadt.

Hainisch, Michael, österr. Politiker, *Aue (heute zu Gloggnitz, Bez. Neunkirchen) 15. 8. 1858, †Wien 26. 2. 1940; beschäftigte sich mit agrar- und sozialpolit. Fragen, gründete Volksbüchereien, gehörte der Gesellschaft der sozialreformer. »Fabier« an. H., der gemäßigt großdt. Positionen vertrat, war erster Bundespräs. der Rep. Österreich (1920–28).

Hainleite *die,* bewaldete Muschelkalkhöhenzug am N-Rand des Thüringer Beckens, bis 463 m ü. M.; setzt sich nach W im Dün fort, im O durch die Thüringer Pforte von der Schmücke getrennt.

Hainschnirkelschnecke, eine Art der ↑Schnirkelschnecken.

Haiphong [-f-], Stadt mit Provinzstatus (1 503 km²) im N von Vietnam, (1993) 1,58 Mio. Ew.; kath. Bischofssitz; Glas-, chem., Textil-, Nahrungsmittelind., Werften, Zementwerke; Haupthafen des Tongkingdeltas; Ausgangspunkt der Bahn nach Hanoi. – H. wurde 1874 gegründet.

Haithabu [altnord. Haiðaby »Siedlung auf der Heide«], 804 als **Sliesthorp,** um 850 als **Sliaswich** bezeugter Handelsplatz an der Schlei, gegenüber dem heutigen Schleswig. Spätestens seit 750 befand sich südlich des späteren Halbkreiswalles eine Sied-

HAI Haitham

lung, die fries. Kaufleuten als Umschlagplatz am Handelsweg vom Niederrhein zur Ostsee diente. Seit Mitte des 9. Jh. entwickelte sich H. zum bedeutendsten Handelsplatz N-Europas; Handwerker siedelten sich an, eine Münzstätte wurde eingerichtet. Gegen Ende des 9. Jh. setzten sich in dem bisher dän. H. schwed. Wikinger fest. 934 wurde es von König Heinrich I. erobert und gehörte vorübergehend zum Regnum Teutonicum (Reich der Deutschen). 983/984 ging es an Dänemark verloren; um 1050 zerstört. – Seit 1900 werden in H. umfangreiche Ausgrabungen durchgeführt. Bei der Siedlung lagen Friedhöfe und Fürstengräber. Im N außerhalb des Walls ein Burgberg; im W schließt das ↑Danewerk an. Eine wichtige Quelle für die Geschichte H.s sind die im 18. und 19. Jh. gefundenen vier Runensteine in altdän. und altschwed. Sprache. – Nördlich des Halbkreiswalles das Wikinger-Museum Haithabu.
📖 *Jankuhn, H.: H. Ein Handelsplatz der Wikingerzeit. Neumünster* [8]*1986.*

Haitham (Abu Ali al-Hasan Ibn al-Hasan Ibn al-H., lat. Alhazen), arab. Naturforscher, * Basra um 965, † Kairo nach 1039; einer der bedeutendsten Universalgelehrten des MA., führte (qualitative) Experimente in die Naturforschung ein, schrieb über 200 math., medizin. und naturphilosoph. Abhandlungen. Seine »Große Optik« war bis zu den Arbeiten von J. Kepler maßgebend.

Haiti (amtlich frz. République d'Haïti, kreol. Repiblik Dayti; dt. Rep. Haiti), Staat in Mittelamerika, im Bereich der Westind. Inseln, umfasst den westl. Teil der Insel Hispaniola und grenzt im O an die Dominikan. Republik.
Staat und Recht: Nach der Verf. vom 28. 4. 1987 ist H. eine präsidiale Rep.; Staatsoberhaupt und oberster Inhaber der Exekutivgewalt ist der auf 5 Jahre direkt gewählte Präs.; er ernennt den MinPräs., der vom Parlament bestätigt wird. Die Legislative liegt beim Zweikammerparlament, bestehend aus Senat (27 Mitgl., für 6 Jahre gewählt) und Abg.haus (83 Abg., für 4 Jahre gewählt). – Einflussreichste Parteien: Fanmi Lavalas (FL), Mouvement Chrétien National (Mochrena), Pati Louvri Baryè (PLB) und Organisation du Peuple en Lutte (OPL).
Landesnatur: H. umfasst das westl. Drittel der Insel ↑Hispaniola und ist durch vier

Haiti

Fläche	27 750 km²
Einwohner	(2003) 8,33 Mio.
Hauptstadt	Port-au-Prince
Verwaltungsgliederung	9 Départements
Amtssprachen	Französisch und Kreolisch
Nationalfeiertag	1. 1.
Währung	1 Gourde (Gde.) = 100 Centime (cts.)
Zeitzone	MEZ – 6 Std.

Gebirgszüge mit dazwischen liegenden Becken bzw. Ebenen gegliedert. Die höchste Erhebung liegt im SO (Pic de la Selle, 2 680 m ü. M.). – Das randtrop. Klima ist sommerfeucht. Regenzeit und winterl. Trockenzeit wird durch das Relief differenziert. Bis auf die Trockengebiete mit Sukkulenten und Dornsträuchern im Regenschatten der Gebirge und der anschließenden Senkenzonen ist das ursprüngl. Pflanzenkleid durch die landwirtsch. Nutzung stark dezimiert. Den Niederschlägen und Höhenlagen entsprechend zeigt es den Wandel von immergrünem Regen- und Bergwald zu regengrünem Feucht- und Trockenwald, Feucht- und Trockensavanne. Hurrikane verursachen oft große Schäden.
Bevölkerung: Die heutigen Bewohner sind zu 95 % Schwarzafrikaner, die Nachkommen der im 18. Jh. aus Westafrika für die Plantagenarbeit eingeführten Sklaven; knapp 5 % sind Mulatten, die überwiegend in den Städten leben und die Ober- und Mittelschicht bilden, nur 0,1 % Europäer. Das durch die hohe Geburtenrate bedingte Bev.wachstum (2 %) wird durch die ebenfalls hohe Sterberate, bes. die Säuglingssterblichkeitsquote (fast 10 %), sowie durch starke Auswanderung (jährlich etwa 50 000 Ew.) gebremst. In Städten leben 36 % der Einwohner. – Nominell gehört mit rd. 98 %

Haiti HAI

fast die gesamte Bev. einer christl. Kirche an (rd. 75% Katholiken; rd. 23% Protestanten). Die eigentl. Volksreligion H.s ist jedoch die Religion des ↑Wodu, deren Kulthandlungen im Leben von etwa drei Viertel der Bev. eine mehr oder weniger große Bedeutung einnehmen. – Es besteht eine sechsjährige Grundschulpflicht. Die Analphabetenquote beträgt 50%; Univ. in Port-au-Prince (gegr. 1920).

Wirtschaft und Verkehr: H. ist ein übervölkerter Agrarstaat mit dem geringsten Pro-Kopf-Einkommen Lateinamerikas. Die Landwirtschaft beschäftigt etwa 70% der Erwerbstätigen, trägt jedoch nur noch rd. 30% zum Ausfuhrwert (v. a. Kaffeeexport) bei. Infolge ungünstiger klimat. Bedingungen (Trockenperioden, Wirbelstürme), wachsender Erosionsschäden (Vernichtung der Wälder durch Raubbau und Brandrodung) und einer im Vergleich zu anderen lateinamerikan. Ländern extremen Zersplitterung der Anbaufläche deckt der Anbau von Mais, Reis, Bataten, Maniok, Bohnen u. a. nur rd. 60% des Eigenbedarfs. Großbetriebe in den Küstenebenen erzeugen Zucker, Sisal und Baumwolle für den Export. Die umfangreichen Rohstoffvorkommen werden kaum genutzt. Neben der überwiegend auf der Landwirtschaft basierenden Kleinind. erfolgt, begünstigt durch niedrige Löhne, die Weiterverarbeitung von importierten Halbfertigwaren der Bekleidungs-, Spielzeug- und Elektronikind. durch ausländ. Unternehmen. Eine wichtige Devisenquelle sind die Überweisungen im Ausland lebender Haitianer. Der Tourismus spielt im Unterschied zur benachbarten Dominikan. Rep. keine Rolle. – H. ist verkehrsmäßig noch wenig erschlossen. Von dem etwa 4160 km langen Straßennetz sind 1011 km asphaltiert. Die letzte Eisenbahnlinie wurde 1990 stillgelegt. Wichtigste Häfen sind Port-au-Prince und Cap Haïtien; internat. Flughafen in Port-au-Prince.

Geschichte: Die Insel wurde 1492 von Kolumbus entdeckt und **Hispaniola** (span. Española), später nach der Hptst. Santo Domingo frz. **Saint-Domingue** genannt. 1697 musste Spanien im Frieden von Rijswijk den westl. Teil an Frankreich abtreten, der sich zur reichsten frz. Kolonie entwickelte. In der Folge der Frz. Revolution brach 1791 ein Aufstand der farbigen Bev. gegen die weiße Oberschicht aus, der von F. D. Toussaint Louverture geführt wurde. Nach der Sklavenbefreiung (1794) vertrieb er – nun im Dienst Frankreichs – engl. und span. Invasoren; der Krieg endete 1804 mit dem Sturz der frz. Herrschaft und der Ausrufung eines unabhängigen Staates H. unter Kaiser Jacques I. (eigtl. J. J. Dessalines). Nach dessen Ermordung 1806 spaltete sich H. in eine Mulattenrep. im S und einen Negerstaat im N; 1808 kam der östl. Teil der Insel wieder unter span. Kontrolle. 1820/22 vereinigten sich alle Teilstaaten; Präs. und Diktator der gesamten Insel war bis 1844 J. P. Boyer. Nach seinem Sturz gründeten span. Kreolen die ↑Dominikanische Republik. Der nun auf den W der Insel beschränkte Staat H. wurde 1849–59 von Kaiser Faustin I. (eigtl. F. Soulouque) regiert, danach herrschten Anarchie und Bürgerkrieg. 1915–34 besetzten die USA das Land, das noch bis 1947 unter amerikan. Finanzkontrolle blieb. Nach Machtkämpfen und Unruhen wurde 1957 F. Duvalier zum Präs. gewählt, 1964 ernannte er sich zum Präs. auf Lebenszeit.

Haiti: Strand im Südosten der Insel

Gegen seine Willkürherrschaft kam es wiederholt zu Aufständen und Putschversuchen. Sein von ihm selbst bestimmter Nachfolger wurde 1971 sein Sohn J.-C. Duvalier, der das diktator. Regime weiterführte, bis er 1986 nach erneuten Unruhen ins Exil gehen musste. Die privilegierte

Stellung der Anhänger Duvaliers in Militär und Verwaltung wurde auch in der folgenden Zeit nicht angetastet. Vor dem Hintergrund landesweiter Unruhen und eines von versch. gesellschaftl. Kräften getragenen Aufrufs zum Generalstreik trat der 1988 durch Putsch an die Macht gelangte Präs. P. Avril im März 1990 zurück. Aus den ersten freien Präsidentschaftswahlen seit mehr als 30 Jahren im Dez. 1990 ging J.-B. Aristide, ein Anhänger der Befreiungstheologie, als Sieger hervor (Amtsantritt: Febr. 1991). Von der Armee unter Führung von R. Cédras Ende Sept. 1991 gestürzt, musste er ins Exil gehen. Internat. Sanktionen gegen das Militärregime verschärften die wirtsch. und sozialen Probleme. Unter dem Druck einer Seeblockade (seit Okt. 1993) und einer militär. Invasion (Sept. 1994) unter Führung der USA traten die Militärmachthaber zurück. Im Okt. 1994 konnte Aristide seine Amtsgeschäfte wieder aufnehmen. Bei den Präsidentschaftswahlen von Dez. 1995, bei denen Aristide verfassungsgemäß nicht mehr kandidierte, wurde R. Préval (wie Aristide Vertreter der damals einflussreichsten Partei OPL) zum Staatspräs. gewählt (Amtsantritt: 7. 2. 1996). Die Interventionsstreitkräfte wurden im Febr. 1996 durch eine UN-Friedenstruppe ersetzt. Trotz internat. Wirtschafts- und Finanzhilfe ist die Gesellschaft mit großer Armut und Kriminalität konfrontiert. Der politisch instabilen Führung gelang es bisher nicht, tragfähige demokrat. Strukturen auszubauen. Nach den Parlamentswahlen 2000, durch die Aristide erneut Präs. wurde, nahmen die Spannungen zu. Zur Jahreswende 2003/04 weitete sich der Widerstand gegen Aristide, dem v. a. Machtmissbrauch und mangelnde Unterstützung ärmerer Bev.-Schichten vorgeworfen wurden, zur Rebellion. Die polit. Opposition distanzierte sich zunächst von den Aufständischen, die den Rücktritt des Präs. forderten, und setzte sich für Neuwahlen ein. Vom N und W des Landes ausgehend, besetzten die bewaffneten Rebellen unter Führung von Guy Philippe anfangs einzelne Städte, kontrollierten dann fast die Hälfte des Landes und rückten im Febr. 2004 auf die Hauptstadt vor. Nach Plünderungen, blutigen Ausschreitungen und zunehmender Eskalation der Gewalt sowie nach internat. Druck trat Aristide am 29. 2. 2004 zurück und floh ins Ausland.

Gemäß der Verf. übernahm der Vors. des Obersten Gerichts, Boniface Alexandre, das Amt des Staatspräs. Unmittelbar nach dem Rücktritt von Aristide traf nach einem entsprechenden Beschluss des UN-Sicherheitsrates eine von den USA geführte multinat. Friedenstruppe in H. ein, um Stabilität und Ordnung wiederherzustellen. Die innenpolit. Situation blieb jedoch weiterhin gespannt. Am 13. 3. 2004 wurde der UN-Diplomat und Wirtschaftsfachmann Gérard Latortue als Präsident vereidigt. Seine Aufgabe wird es sein, Wahlen zu organisieren. – Im Sept. 2004 richtete der Hurrikan »Jeanne« in H. katastrophale Schäden an. Allein in Gonaïves rechnen die Behörden mit mehr als 2000 Toten, Hunderttausende wurden obdachlos, der Ausbruch von Seuchen ist zu befürchten.

📖 *Ferguson, J.: Papa Doc, Baby Doc. H. and the Duvaliers. Neuausg. Oxford 1989. – Métraux, A.: Voodoo in H. A. d. Frz. Gifkendorf 1994. – Bernecker, W. L.: Kleine Geschichte H.s. Frankfurt am Main 1996.*

Haitink, Bernard, niederländ. Dirigent, * Amsterdam 4. 3. 1929; wurde 1961 neben E. Jochum Kodirigent und war 1964–88 alleiniger Chefdirigent des Concertgebouworkest Amsterdam; 1987–2002 Musikdirektor der Covent Garden Opera in London, ab Spielzeit 2002/03 Leiter der Sächs. Staatskapelle Dresden.

Hajdúszoboszló [ˈhɔjduːsobosloː], Stadt in O-Ungarn, im Heiduckenland, 24 000 Ew.; Heilbad dank heißer kochsalz-, jod- und bromhaltiger Quellen; Erdgasförderung.

Hajek, Otto Herbert, Bildhauer, * Kaltenbach (heute Nové Hutě, bei Vimperg, Südböhm. Gebiet) 27. 6. 1927; schuf abstrakte, z. T. begehbare Plastiken (»Raumknoten«) sowie »Farbwege«, die über Skulpturen, Fassaden, Straßen und Plätze verlaufen; später auch Gemälde, in denen geometr. Formen und reine Farben dominieren.

📖 *O. H. H. – ein Leben im öffentl. Raum, hg. v. J. Stulle u. a. Stuttgart u. a. 2002.*

Hájek [ˈhaːjɛk], Jiří, tschechoslowak. Politiker, * Krhanice (Mittelböhmen) 6. 6. 1913, † Prag 22. 10. 1993; Tscheche; Jurist und Historiker. Als Außenmin. (1968) förderte er maßgeblich den »Prager Frühling«; April 1970 aus der KP ausgeschlossen. Als Aktivist der Bürgerbewegung (u. a. Charta 77) war er nach 1989 u. a. Berater der Nationalversammlung.

Hajime [ˈhadʒime, japan.], Kommando des Kampfrichters bei den Budokünsten (außer Taekwondo), mit dem er dazu auffordert, den Kampf zu beginnen.

Hakama [japan.] *der,* schwarzer Hosenrock (beim ↑Aikido und ↑Kendo).

Häkeln, Handarbeitstechnik, bei der nur mit einer Nadel gearbeitet wird. Die **Häkelnadel** hat an einem Ende einen Widerhaken, mit dem der Arbeitsfaden aufgenommen und durch eine bereits gearbeitete Masche gezogen wird, wodurch eine neue Masche entsteht. Die versch. Maschenarten können in zahlreichen Varianten und unterschiedl. Kombinationen gearbeitet werden.

Otto Herbert Hajek: Stahlskulptur »Wandlungen«, Höhe 3,90 m (1986–88; Seoul, Olympischer Skulpturenpark)

Haken, 1) *Boxen:* mit angewinkeltem Arm geführter Schlag beim Nahkampf (abrupt ausgeführt: **Jab**); auch als Aufwärts-H. **(Uppercut).**
2) *Jägersprache:* Eckzahn der Bache sowie ↑Grandel.

Haken, Hermann, Physiker, *Leipzig 12. 7. 1927; Prof. in Stuttgart; Arbeiten zur Festkörperphysik und Quantenoptik (bes. zur Theorie des Lasers) sowie zu kooperativen Phänomenen und Selbstorganisation; begründete die ↑Synergetik.

Hakenbüchse, die Feuerwaffe ↑Arkebuse.

Hakenkreuz (altind. Swastika), Kreuz, dessen vier gleich lange Balken rechtwinklig (Winkelmaßkreuz) oder bogenförmig gestaltet sind. Das H. kommt in Europa, Asien, vereinzelt ostwärts bis Polynesien (Marquesasinseln), selten in Afrika und Mittelamerika vor. Es ist als Sonnenrad, Thors Hammer, als doppelte Wolfsangel, sich kreuzende Blitze, als Spiralmotiv gedeutet worden. – Als Symbol wurde es u. a. von antisemit. Organisationen übernommen. A. Hitler monopolisierte das H. – als Kampfabzeichen – für die NSDAP (H.-Flagge; ↑deutsche Farben).

Hakenlilie (Crinum), Gattung trop. und subtrop. Amaryllisgewächse; Zwiebelpflanzen mit großen Blüten in einer mehrblütigen Scheindolde; auch Zierpflanzen.

Hakenpflug, Vorläufer des heutigen ↑Pfluges; in Europa seit der Jungsteinzeit bekannt.

Hakenwürmer (Ancylostomatidae), Familie bis etwa 3 cm langer, parasit. Fadenwürmer; hauptsächlich im Dünndarm von Säugetieren (einschl. Mensch); beißen sich in der Darmwand fest und saugen Blut; verursachen die ↑Hakenwurmkrankheit. Beim Menschen kommen v. a. **Grubenwurm** (Ancylostoma duodenale) und **Todeswurm** (Necator americanus) vor.

Hakenwurmkrankheit (Grubenkrankheit, Tunnelkrankheit, Ankylostomiasis), in den feuchtwarmen Gebieten der Tropen und Subtropen sowie bei entsprechenden Bedingungen (Berg- und Tunnelbau) auch in den gemäßigten Zonen auftretende chron. Wurmkrankheit (Befall des Dünndarms) bei Mensch und Tier (**Dochmiasis** bei Fleischfressern und Wiederkäuern). Erreger sind die ↑Hakenwürmer. Die Larven dringen durch die unverletzte Haut der Füße ein und gelangen über Blutbahn, Lunge und obere Luftwege in den Dünndarm, wo sich die ausgewachsenen Würmer festbeißen und Blut saugen. Anfangs kommt es zu Atembeschwerden und Bronchitis, dann zu Verdauungsstörungen, Leibschmerzen, bei stärkerem Befall zu ausgeprägter Anämie. Die von den geschlechtsreifen Weibchen in großer Zahl abgelegten Eier gelangen mit dem Kot ins Freie und entwickeln sich in feuchtem Milieu innerhalb weniger Tage zu infektionsreifen Larven. Der Nachweis der Wurm-

eier im Stuhl ermöglicht eine sichere Diagnose. – *Behandlung:* medikamentös mit Wurmmitteln (Benzimidazolderivate).
Hakim [arab., türk., pers.] *der,* 1) [ˈhaːkim] Herrscher; Gouverneur; Richter (im Orient).
2) [haˈkiːm], **Hekim,** Arzt; Weiser, Philosoph (im Orient).
Hakka, nordchines. Volk, seit etwa 1300 in Provinzen S-Chinas, auf Hainan und Taiwan ansässig.
Hakkâri (früher Çölemerik), Prov.-Hptst. in SO-Anatolien, Türkei, in 1 660 m ü. M. oberhalb einer Schlucht gelegen, 30 300 Ew.; die Prov. ist überwiegend von Kurden besiedelt.
Häkkinen, Mika, finn. Automobilrennfahrer, * Helsinki 28. 9. 1968; Formel-1-Fahrer 1991–2001; 20 Grand-Prix-Siege 1997–2001; Weltmeister 1998, 1999 (»McLaren-Mercedes«). – Seit 2003 Rallyefahrer.
Hakodate, Stadt und größter Hafen auf der Insel Hokkaidō, Japan, an der Tsugarustraße, 294 000 Ew.; Univ.fakultät für Fischfang; Fischereiwirtschaft, Schiffbau, Erdölraffinerie, petrochem. Ind., Eisenverarbeitung; durch Eisenbahnfähre und ↑Seikantunnel mit Aomori auf Honshū verbunden; Flughafen.
Håkon [ˈhoːkɔn], norweg. Könige:
1) **H. IV. Håkonsson** (H. der Alte), König (1217–63), * 1204, † Kirkwall (Orkneyinseln) 17. 12. 1263; erlangte erst nach langen inneren Kämpfen 1247 die Krönung. Unter ihm wurden 1261 Grönland, 1262 Island mit Norwegen vereinigt.
2) **H. VI. Magnusson,** König (1355–80), * 1340, † 1380; Sohn des norwegischschwed. Königs Magnus Eriksson, bahnte durch seine Vermählung mit der dän. Königstochter Margarete (1363) die Vereinigung der drei nord. Reiche an.
3) **H. VII.,** König (1905–57), * Charlottenlund (bei Kopenhagen) 3. 8. 1872, † Oslo 21. 9. 1957; wurde nach der Aufhebung der Personalunion zw. Norwegen und Schweden König; regierte streng konstitutionell, suchte in beiden Weltkriegen die Neutralität zu wahren; lebte 1940–45 im Exil in Großbritannien.
Hakone, erloschener Vulkan auf der Insel Honshū, Japan, zw. dem Fuji und der Sagamibucht. Im Zentrum der Caldera (Durchmesser bis 12 km) liegt der Kamiyama (1 438 m ü. M.).

Håkon Magnus [ˈhoːkɔn -], Kronprinz von Norwegen, * Oslo 20. 7. 1973; Sohn von König Harald V. und Königin Sonja; wurde nach der Inthronisation Haralds V. (Jan. 1991) Thronfolger; absolvierte seinen Militärdienst bei der Marine, studierte 1995–99 Staatswissenschaften an der Univ. Berkeley (Kalifornien); heiratete am 25. 8. 2001 die aus bürgerl. Hause stammende Mette-Marit Tjessem Høiby (* 19. 8. 1973), die wegen ihres früheren Lebenswandels (u. a. Kontakte zum Drogenmilieu) in der norwegischen Öffentlichkeit nicht unkritisch aufgenommen worden war und die ihren nichtehel. Sohn Marius (* 1. 1. 1997) in die Verbindung einbrachte.
Halacha [hebr.»Wandel«] *die,* Bez. der gesetzl. Teile des ↑Talmuds; enthält die rabbin. Schuldiskussionen und die daraus abgeleiteten verbindl. Regeln für das religiöse und Alltagsleben (Zivil- und Kriminalrecht).
Halali [frz.] *das,* a) Jagdruf oder Jagdhornsignal, wenn das gehetzte Wild gestellt ist; b) Jagdhornfanfare, die das Ende einer Jagd anzeigt.
Halbacetale, *Chemie:* sehr unbeständige Verbindungen aus je einem Molekül eines Aldehyds und eines Alkohols. Stabiler sind ringförmige H., die viele Zuckerarten bilden.
Halbaffen (Prosimiae), Unterordnung der Herrentiere in Afrika und SO-Asien, bes. auf Madagaskar. H. sind dämmerungs- oder nachtaktive Baumtiere; Greifkletterer mit entgegenstellbaren Daumen und Innenzehen; Hände und Füße mit haftfähigen Fingerbeeren und platten Nägeln, nur an der 2. Zehe eine Putzkralle. Zu den H. gehören die Koboldmakis, Galagos, Loris, Fingertiere, Indris und Lemuren.
Halbbantamgewicht, *Sport:* ↑Profiboxen (Übersicht).
Halbbildverfahren, *Fernsehtechnik:* ein Fernsehverfahren, bei dem jedes Fernsehbild in Form zweier **Halbbilder** übertragen wird, die jeweils genau die Hälfte der laut Fernsehstandard pro Bild festgelegten Zeilenzahlen (Vollbild 625 Zeilen) umfassen. Das eine Halbbild enthält die geraden, das andere die ungeraden Zeilen, die ineinander »geschrieben« (verkämmt) werden. Bedingt durch die **Halbbildfrequenz,** die pro Sekunde übertragene Anzahl an Halbbildern (50 Hz), erfährt der Betrachter

eine (vermeintl.) Verdoppelung der Bildfolgefrequenz und damit eine große Flimmerfreiheit. Techn. Grundlage ist das ↑Zeilensprungverfahren.
Halbblut, 1) dt. Bez. für einen ↑Mestizen, gelegentlich auch für die in Kanada lebenden Métis (Mischlinge mit einem indian. und einem frz.-sprachigen Elternteil). **2)** *Pferdezucht:* urspr. Bez. für ein Zuchtprodukt aus Warmblut und Vollblut; heute fälschlich für alle Pferde mit einem Elternteil Vollblut verwendet.
Halbdistanz, *Boxen:* Schlagabtausch bei größerer Annäherung der Gegner (etwa die Hälfte der jeweiligen Reichweite), im Unterschied zur »Distanz« (volle Ausnutzung der Reichweite) und zum ↑Nahkampf.
halbdurchlässig, ↑semipermeabel.
Halbe, Max, Schriftsteller, *Güttland (heute Koźliny, bei Danzig) 4. 10. 1865, † Gut Neuötting (heute zu Windhöring, Landkreis Altötting) 30. 11. 1944; lebte seit 1895 in München; befreundet mit F. Wedekind, O. E. Hartleben, L. Thoma. Sein Drama »Jugend« (1893) war ein großer Theatererfolg der Zeit.
Halbedelsteine, veraltet für Schmucksteine geringeren Wertes (↑Edelsteine).
Halbeinkünfteverfahren, ↑Körperschaftsteuer.
Halberstadt, 1) Landkreis im RegBez. Magdeburg, Sa.-Anh., 665 km², 78 600 Einwohner.
2) Krst. von 1) in Sa.-Anh. im nördl. Harzvorland, 42 200 Ew.; städt. Museum, Vogelkundemuseum Heineanum, Gleimhaus (Wohnhaus von J. W. L. Gleim, heute Museum); Waggon-, Landmaschinenbau, Elektronik-, Möbel-, Gummi- und Kunststoff verarbeitende Ind., Fleischwarenherstellung (»Halberstädter Würstchen«). – Die im Zweiten Weltkrieg schwer zerstörte Altstadt wurde im Wesentlichen bis 1998 wiederhergestellt. Zu den wichtigsten Bauten gehören Stephansdom (13.–15. Jh. über Vorgängerbauten, mit bed. Ausstattung und Domschatzsammlung), Liebfrauenkirche (12. Jh., roman. Chorschranken um 1200, Triumphkreuz aus dem 2. Viertel des 13. Jh.), Moritz- (11. Jh., um 1240 umgebaut), Burchardi- (1. Hälfte 13. Jh.), Martini- (Ende 13. Jh. begonnen, auf Vorgängerbau des 12. Jh.; an der W-Front frei stehende Rolandsfigur von 1433), Katharinen- (14. Jh.), Andreaskirche (Anfang 14. Jh.), Dompropstei (1591–1611); Bürgerhäuser (15.–17. Jh.). – H. wurde um 804 Bischofssitz, erhielt 989 eine stadtgleiche Stellung (u. a. Markt-, Münz-, Zollrecht); 1315–26 Hansestadt. H. kam 1648 mit dem säkularisierten Bistum H. (danach Fürstentum) an Brandenburg-Preußen; am 8. 4. 1945 Vernichtung von 82 % der Altstadt durch Bombenangriff.

Halberstadt 2): Triumphkreuzgruppe im Stephansdom (1220–30)

Halb|erzeugnis (Halbfabrikat, Halbzeug), erst teilweise erstelltes oder bearbeitetes Erzeugnis.
Halb|esel (Asiatischer Wildesel, Pferdeesel, Equus hemionus), knapp 1–1,5 m schulterhohe Art der Unpaarhufer (Familie Pferde) in den Steppen und Wüsten Asiens; mit esel- und pferdeartigen Merkmalen; mehrere Unterarten, u. a. Mongol. H. **(Kulan);** Pers. H. **(Onager);** Tibet. H. **(Kiang).** – Abb. S. 190
Halbfaulschlamm, ↑Mudd.
Halbfedergewicht, *Sport:* ↑Profiboxen (Übersicht).
Halbfigurenbild, gemalte Darstellung eines Menschen bis zur Taille.
Halbfliegengewicht, *Sport:* ↑Gewichtsklassen (Übersicht), ↑Profiboxen (Übersicht).
Halbflugball, *Tennis:* der ↑Halfvolley.
Halbformat *das, Fototechnik:* Bildformat in der Größe 18 mm × 24 mm.
Halbfranzband, *Buchbinderei:* ↑Franzband.
Halbfreie, ↑Freie.
Halbgefrorenes, ein nur leicht gefrorenes sahniges Speiseeis.

HAL Halbgewebeband

Halbesel: Kulane

Halbgewebeband (früher Halbleinenband), *Buchbinderei:* Bucheinband, der mit einem auf Vorder- und Rückendeckel schmal übergreifenden Geweberücken, aber sonst mit Papier überzogen ist; im Unterschied zum **Ganzgewebeband,** bei dem Deckel und Rücken mit Leinen oder heute meist leinenartig strukturiertem Gewebe überzogen sind.

Halbinsel, ein deutlich ins Meer oder in einen See vorspringender Teil des festen Landes, z. B. Jütland, Italien, der Balkan. Häufig sind H. ehemalige Inseln, die durch Anschwemmungen mit dem Festland verbunden sind, z. B. Gibraltar, die Krim.

Halbkantone, Untergliederung von drei alten Kantonen der Schweiz: **Unterwalden** seit 1150 in Obwalden und Nidwalden, **Basel** seit 1833 in Basel-Stadt und Basel-Landschaft, **Appenzell** seit 1597 in Appenzell Innerrhoden und Appenzell Ausserrhoden. Die H. haben die gleiche Stellung wie Kantone; sie sind vollwertige Bundesglieder. Die Schweiz besteht deshalb aus 26 Kantonen. H. senden nur ein Mitgl. in den Ständerat und zählen bei Verf.revisionen im Bund mit einer halben Stimme.

Halbkonsonant, ↑Halbvokal.

Halblederband, *Buchbinderei:* Bucheinband, der mit einem auf Vorder- und Rückendeckel schmal übergreifenden Lederrücken, aber sonst mit Papier oder Gewebe überzogen ist; im Unterschied zum **Ganzledereinband,** der sich vom ↑Franzband durch den Falz unterscheidet.

Halbleichtgewicht, *Sport:* ↑Gewichtsklassen (Übersicht).

Halbleinen, Gewebe mit Baumwollgarn in der Kette und (mindestens 40 Massenprozent) Leinengarn im Schuss; wird v. a. für Geschirr- und Tischtücher verwendet.

Halbleiter, Festkörper, die bei Zimmertemperatur eine elektr. Leitfähigkeit aufweisen und bei tiefen Temperaturen Isolatoren sind. Starre Grenzen zw. H., Metallen und Isolatoren kann man nicht ziehen. Zweckmäßiger ist eine Einteilung nach der Lage der ↑Fermi-Energie im Energiespektrum der Elektronen. Die wichtigsten H.-Materialien sind Silicium (Si) und Germanium (Ge). Neben diesen **Element-H.** haben **Verbindungs-H.,** v. a. Verbindungen von Elementen aus der III. und V. oder II. und VI. Hauptgruppe des Periodensystems, das heißt die **III-V-H.** (GaAs, InP, GaP, InSb u. a.) oder **II-VI-H.** (CdS, PbS, PbSe, CdSe, CdTe, ZnS u. a.), inzwischen große Bedeutung. Auch gewisse Oxide (z. B. Cu_2O) und Carbide (z. B. SiC) sind halbleitend.

Das elektr. Verhalten der H. wird durch das ↑Energiebändermodell erklärt: Anders als bei Metallen wird das bei tiefen Temperaturen unbesetzte Leitungsband (LB) des H. durch eine verbotene Zone von den voll besetzten Valenzbändern (VB) getrennt, da die Fermi-Energie der Elektronen innerhalb der Bandlücke liegt, d. h., es gibt keine frei bewegl. Elektronen. Der Energieabstand vom VB zum LB ist beim H. jedoch wesentlich kleiner als beim Isolator. Bei Energiezufuhr, z. B. durch therm. oder opt. Anregung, können einzelne Elektronen das VB verlassen und ins LB springen,

Halbleiterbauelemente HAL

wobei gleichzeitig im VB ein unbesetzter Zustand (Loch, Defektelektron) entsteht (**Generation**). Sowohl Elektronen im LB als auch Defektelektronen im VB können sich im Kristall frei bewegen und liefern einen Beitrag zur elektr. Leitfähigkeit. Im Ggs. zu Metallen haben die quasifreien Elektronen im H. aufgrund der **Rekombination** von Elektronen und Löchern aber nur eine begrenzte Lebensdauer. In starken elektr. Feldern können einzelne Ladungsträger in H. so viel Energie aufnehmen, dass sie lawinenartig weitere Ladungsträger erzeugen (Stoßionisation, Lawinendurchbruch), oder es gelangen durch das Feld einzelne Elektronen ins LB (↑Zener-Effekt).

Bei einem **Eigen-H.** werden die Elektronen aus dem idealen Kristallgitter herausgelöst, darum ist ein hoher Energiebetrag (Aktivierungsenergie) erforderlich. Diese **Eigenleitung** tritt bei allen H. ein, wenn die Temperatur so groß wird, dass die therm. Energie der Elektronen der Breite der verbotenen Zone vergleichbar wird. Stammen die Elektronen aus einem gestörten Gitterbereich (Fehlordnung) oder von Fremdatomen (Störstelle), deren Konzentration oft sehr gering sein kann, so ist die Aktivierungsenergie meist sehr viel kleiner (**Störstellen-H.**). Bei der dabei auftretenden **Störstellenleitung (Störleitung)** wird unterschieden, ob die Störstellen Elektronen zur Leitung abgeben (Elektronenleitung, n-Leitung, **n-Typ-H.**) oder aus den Gitterbindungen aufnehmen (Defektelektronenleitung, p-Leitung, **p-Typ-H.**). Substanzen, bei denen beide Leitungsarten auftreten, heißen **amphotere H.**, z. B. Bleisulfid (PbS). Durch **Dotierung**, d. h. den Einbau bestimmter Elemente, die Elektronen binden (Akzeptoren) oder abgeben (Donatoren), kann n- oder p-Leitung eingestellt werden, z. B. in Germanium und Silicium n-Leitung (n-dotierter H.) durch Arsen, Antimon, Phosphor und p-Leitung (p-dotierter H.) durch Aluminium, Gallium, Indium, Bor. Für die Bindung in einem Siliciumkristall zu den nächsten Gitternachbarn werden vier Valenzelektronen je Atom benötigt. Bei Einbau eines fünfwertigen Phosphoratoms (Donator) bleibt ein Elektron übrig, das an der Gitterbindung nicht beteiligt und nur locker an das Phosphoratom gebunden ist; d. h., es existiert ein besetzter Elektronenzustand knapp unterhalb des LB. Analog entsteht durch den Einbau eines dreiwertigen Boratoms (Akzeptor) ein unbesetzter Elektronenzustand knapp oberhalb des VB. Dies erklärt die im Vergleich zum Eigen-H. niedrige Aktivierungsenergie zur Erzeugung eines bewegl. Elektrons im LB bzw. eines Defektelektrons im VB.

📖 Müller, Rudolf: *Grundlagen der H.-Elektronik.* Berlin u. a. [7]1995. – Goßner, S.: *Grundlagen der Elektronik. H., Bauelemente und Schaltungen.* Aachen [2]2002.

Halbleiterbauelemente, Sammelbez. für alle Bauelemente der Elektronik, deren

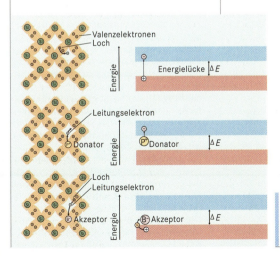

Halbleiter: Schema der Ladungsträger eines (von oben) undotierten, n-dotierten und p-dotierten Halbleiters mit dazugehörigen Energiebändermodellen

HAL Halbleiterblocktechnik

wesentl. Wirkungsweise auf den durch die Festkörperphysik beschriebenen Gesetzen und Effekten bei der Bewegung von Ladungsträgern in einem ↑Halbleiter beruht. Man unterscheidet nach der Ausnutzung der physikal. Effekte rein elektr. (z. B. ↑Diode, ↑Transistor, ↑Thyristor), thermoelektr. (z. B. ↑Heißleiter), optoelektron. (z. B. ↑Lumineszenzdiode), magnetoelektr. (z. B. Feldplatte), piezoelektr. und akustoelektron. H.; neben diesen diskreten Bauelementen werden auch monolithisch ↑integrierte Schaltkreise (z. B. Halbleiterspeicher) zu den H. gezählt.

📖 Müller, Rudolf: *Bauelemente der Halbleiter-Elektronik.* Berlin u. a. ⁴1991. − Tietze, U. u. Schenk, C.: *Halbleiter-Schaltungstechnik.* Berlin u. a. ¹²2002.

Halbleiterblocktechnik, Verfahren der Mikroelektronik, bei denen die elektron. Schaltungen in monolith. Technik im Halbleitereinkristall (meist Silicium) selbst hergestellt werden. Dazu manipuliert man die elektr. Leitfähigkeit und den Leitungstyp durch Dotierung und epitakt. Aufwachsen (↑Epitaxie) unterschiedl. Schichten. Wichtige Herstellungstechniken sind ↑Bipolartechnik und ↑MOS-Technik. Im Ggs. zu den **Schichttechniken** (↑Dickschichttechnik, ↑Dünnschichttechnik) übernimmt das Halbleitersubstrat nicht nur die mechan., sondern auch die elektron. Funktionen.

Halbleiterdetektor (Halbleiterzähler), ein Strahlungsnachweisgerät, dessen Wirkungsweise auf dem Sperrschichteffekt an einem pn-Übergang beruht. Beim Anlegen einer Spannung bildet sich eine Dipolschicht und in ihr ein starkes elektr. Feld aus, das Elektronen und Löcher, die durch eine einfallende Strahlung (Alpha-, Beta-, Gammastrahlung) erzeugt werden, beschleunigt. Der resultierende Stromstoß ist ein Maß für die Energie der einfallenden Strahlung.

Halbleiter|elektronik, ↑Elektronik.

Halbleitergleichrichter, Halbleiterbauelement; nutzt die Abhängigkeit des elektr. Widerstands von der Richtung der Polarität der angelegten Spannung (↑Gleichrichter).

Halbleiterkühlelement, ↑Peltier-Element.

Halbleiterlaser [-leızə, engl.], Festkörperlaser, bei dem kohärentes Licht in Halbleitern, meist durch Leitungsband-Valenzband-Übergänge, entsteht. Die Energiezufuhr kann durch opt. Anregung, Elektronenstrahlanregung oder in den für die Anwendung wichtigen ↑Laserdioden durch Stromfluss, meist durch einen flussgepolten p-n-Übergang, erfolgen.

Halbleiterphysik, Teilgebiet der Festkörperphysik, das sich mit den physikal. Eigenschaften der ↑Halbleiter und ihrer theoret. Erklärung aus dem mikroskop. Aufbau beschäftigt. Daneben befasst sich die H. mit der Entwicklung von Prozesstechnologien (↑Kristallzüchtung, ↑Epitaxie, ↑Lithographie) als Grundlage z. B. für Halbleiter-, Mikro- und Optoelektronik und Photonik.

Halbleiterschutzgesetz, Gesetz über den Schutz der Topographien (dreidimensionale Strukturen) von mikroelektron. Halbleitererzeugnissen (↑Chip) vom 22. 10. 1987; diese können Gegenstand des Patentschutzes, soweit sie Eigenart aufweisen, oder des Gebrauchsmusterschutzes sein.

Halbleiterspeicher, Oberbegriff für die in der Informatik verwendeten ↑Speicher aus halbleitenden Materialien (bes. Silicium), die in spezieller Technik (z. B. Bipolartechnik, MOS-Technik) hergestellt werden. H. werden wegen der hohen benötigten Speicherzellendichte stets als ↑integrierte Schaltkreise ausgeführt; die Speicherkapazität je ↑Chip liegt heute im Mega- bis Gigabit-Bereich. Nach dem Verwendungszweck werden H. in Festwert- (↑ROM) und Schreib-Lese-Speicher (↑RAM) unterteilt.

halblogarithmisches Papier, Zeichenpapier mit aufgedrucktem Koordinatensystem, dessen eine Achse logarithmisch skaliert ist.

Halbmesser, der halbe Durchmesser von Flächen und Kurven, die einen Mittelpunkt haben; bei Kreis und Kugel **Radius** genannt.

Halbmetalle, chem. Elemente, die teils metall., teils nichtmetall. Eigenschaften aufweisen. Zu den H. gehören Bor, Silicium, Germanium, Arsen, Antimon, Selen, Tellur und Polonium. Die elektr. Leitfähigkeit der H. ist bei Raumtemperatur relativ gering, nimmt aber mit zunehmender Temperatur und/oder zunehmender Dotierung stark zu, was die H. als elementare Halbleiter kennzeichnet.

Halbmittelgewicht, *Sport:* ↑Gewichtsklassen (Übersicht), ↑Profiboxen (Übersicht).

Halbmond, 1) *Astronomie:* eine Phase des ↑Mondes.
2) *Heraldik:* gemeine Figur in Form einer Mondsichel, oft von Sternen begleitet; seit dem 13. Jh. Wahrzeichen des Islams; zus. mit einem Stern seit Beginn des 19. Jh. Emblem des Osman. Reiches; heute Symbol im Wappen und in der Flagge islam. Staaten. Zum **Roten H.** ↑Rotes Kreuz.
halbpart, zu gleichen Teilen.
Halbritter, Kurt, Karikaturist, *Frankfurt am Main 22. 9. 1924, †Cty. Sligo (Irland) 21. 5. 1978; ab 1962 Mitarbeiter der Ztschr. »Pardon«; auch satir. Bücher: »Adolf Hitlers ›Mein Kampf‹. Gezeichnete Erinnerungen an eine große Zeit« (1968), »Gesellschaftsspiele« (posthum 1978).
Halbschatten, der Bereich, in dem eine Lichtquelle nur teilweise abgeschattet erscheint (↑Schatten).
Halbschwergewicht, *Sport:* ↑Gewichtsklassen (Übersicht), ↑Profiboxen (Übersicht).
Halbseitenblindheit (grch. Hemianopsie), Sehstörung, die in einem halbseitigen Ausfall des Gesichtsfeldes eines oder beider Augen besteht, verursacht durch Schädigung der Nervenbahnen vor, in oder nach der Sehnervenkreuzung.
Halbseitenlähmung (Hemiplegie), Lähmung einer Körperhälfte, z. B. bei ↑Schlaganfall.
Halbstarke, Schlagwort bes. in den 1950er-Jahren für die seit dieser Zeit verstärkt auftretenden Gruppen sozial unangepasster (meist männl.) Jugendlicher, die sich durch auffälliges, häufig aggressives Verhalten Geltung zu verschaffen suchten. Parallele Erscheinungen: ↑Rocker, Teddy-Boys in Großbritannien, Provos in den Niederlanden; in der Folgezeit traten in ähnl. Bewegungen z. T. politisch-ideolog. Motive stärker in den Vordergrund (Beatgeneration, Gammler, Hippies).
Halbstoff (Halbzeug), *Papier-* und *Pappeverarbeitung:* Oberbegriff für Faserstoffe pflanzl. Herkunft (z. B. Zellstoff, Halbzellstoff, Holzschliff), die für die Herstellung von Papier, Pappe und Karton verwendet werden.
Halbstrauch, Pflanze, deren unterer Teil holzig und ausdauernd ist; der obere Teil stirbt jährlich ab und wird im Frühjahr durch Neutriebe ersetzt, z. B. Salbei, Ysop.
Halbtaucher, ↑Offshoretechnik.

Halbton, 1) *graf. Technik* und *Fotografie:* Bez. für kontinuierlich ineinander übergehende Grau- oder Farbwerte einer Vorlage, eines Negativs oder Positivs.
2) *Malerei:* Effekt, der durch Farbaufträge in unterschiedl. Stärke entsteht, sodass die darunter liegenden Farbschichten stärker oder schwächer durchscheinen. Damit wird der Übergang von Licht zu Schatten simuliert.
3) *Musik:* im zwölfstufig temperierten Tonsystem das kleinste Intervall (kleine Sekunde), im Unterschied zum Ganzton (große Sekunde), der in zwei Halbtöne zerlegbar ist. Man unterscheidet **diaton. H.** (↑Diatonik), die einer Dur- oder Molltonleiter angehören (z. B. e–f), und **chromat. H.** (↑Chromatik), die durch Erhöhung oder Erniedrigung einer Tonleiterstufe entstehen (z. B. f–fis), und **enharmon. H.,** die eine doppelt verminderte Terz darstellen (z. B. gis–heses).
Halbvokal, Vokal, der durch seine Position vor oder nach dem Silben tragenden Vokal oder zw. den Silben tragenden Vokalen an Klangfülle und Öffnungsgrad beträchtlich verloren hat, z. B. [i̯] in »Allianz« und »Eis« sowie [u̯] in »Auto«. Da die H. nicht Silben bildend sind und in konsonant. Funktion auftreten, werden sie auch als **Halbkonsonanten** bezeichnet.
Halbwachs [alb'vaks], Maurice, frz. Soziologe, *Reims 11. 3. 1877, †KZ Buchenwald 16. 3. 1945; betonte v. a. die verhaltensprägende Kraft der sozialen Klassen und stellte so die Verbindung zw. Soziologie und Sozialpsychologie her.
Halbwelt, Verdeutschung des Lustspieltitels »Le demi-monde« (1855) von A. Dumas d. J., der unter H. die wegen eines Fehltritts aus ihrer Klasse Ausgeschlossenen verstand; später: elegant auftretende, aber zwielichtige, anrüchige Gesellschaftsschicht.
Halbweltergewicht, *Sport:* ↑Gewichtsklassen (Übersicht), ↑Profiboxen (Übersicht).
Halbwertsbreite, die Breite einer statist. Verteilungskurve (meist eine gaußsche Kurve) in halber Höhe des maximalen Ordinatenwertes der Kurve.
Halbwertszeit, Formelzeichen $T_{1/2}$, die Zeit, in der eine (meist exponentiell) abfallende Größe auf die Hälfte ihres Anfangswertes abgesunken ist. Die **physikal. H.** ist die für jedes Isotop eines radioaktiven

HAL Halbwüste

Halbwertszeiten radioaktiver Nuklide

Thorium 219	1,05 Mikrosekunden
Stickstoff 13	9,96 Minuten
Kalium 42	12,36 Stunden
Jod 131	8,02 Tage
Strontium 90	28,64 Jahre
Cäsium 137	30,17 Jahre
Radium 226	1 600 Jahre
Kohlenstoff 14	5 730 Jahre
Plutonium 239	24 110 Jahre
Uran 235	703,8 Mio. Jahre

Elements charakterist. Zeitdauer, in der von einer urspr. vorhandenen Anzahl radioaktiver Kerne bzw. instabiler Elementarteilchen die Hälfte zerfallen ist. Die **effektive H.** gibt an, nach welcher Zeit sich die Aktivität einer radioaktiven Substanz im Organismus auf die Hälfte reduziert hat. Zur Abnahme führen radioaktiver Zerfall (physikal. H.) und Ausscheidung aus dem Organismus (biolog. Halbwertszeit).

Halbwüste, Übergangsgebiet zw. Vollwüste und Steppe oder Savanne mit durchschnittl. Jahresniederschlägen von etwa 100–125 mm.

Halbzeug, 1) *Fertigungstechnik:* ↑ Halberzeugnis.

2) *Hüttentechnik:* techn. Erzeugnisse, die meist durch Schmieden oder Walzen von Roherzeugnissen hergestellt werden und für die Weiterverarbeitung zu Fertigerzeugnissen bestimmt sind. Man unterscheidet flaches, quadrat., rechteckiges und vorprofiliertes H. sowie H. für nahtlose Rohre.

3) *Papier-* und *Pappeverarbeitung:* ↑ Halbstoff.

Haldane [ˈhɔːldeɪn], **1)** John Scott, brit. Physiologe und philosoph. Schriftsteller, *Edinburgh 2. 5. 1860, †Oxford 14. 3. 1936, Bruder von 2). Seine Untersuchungen (bes. über die Physiologie der Atmungsorgane) waren von großer prakt. Bedeutung für die industrielle Hygiene.

2) Richard Burdon, Viscount H. of Cloan (seit 1911), brit. Politiker, *Edinburgh 30. 7. 1856, †Cloan (bei Perth, Schottland) 19. 8. 1928, Bruder von 1); seit 1885 liberales Mitgl. des Unterhauses. Als Kriegsmin. (1905–12) führte er eine Neuordnung des brit. Heeres nach preußisch-dt. Muster durch; 1912 verhandelte er in Berlin erfolglos über eine dt.-brit. Verständigung in der Flottenfrage.

Halde, Anhäufung von bergbaul., aufbereitungs- oder hüttentechn. Schüttgütern (z. B. Abraum, Kohle, Erze, Schlacken) zur vorübergehenden oder dauernden Lagerung.

Halden (bis 1928 Fredrikshald), Stadt im SO von Norwegen, am Iddefjord (schwed. Grenze), 26 000 Ew.; Holz-, Schuh-, Metall-, elektrotechn. Ind.; unterird. Kernreaktor. – H. wird überragt von der Festung Fredriksten, vor der 1718 der schwed. König Karl XII. fiel.

Haldensleben, Krst. des Ohrekreises, Sa.-Anh., an der Ohre und am Mittellandkanal, 21 200 Ew.; Museum (mit dem Nachlass der Gebrüder Grimm); keram. Ind., Maschinenbau, Flachglasfabrik, Versandhaus; Binnenhafen. – Marienkirche (14./15. und 17. Jh.), Rolandsfigur zu Pferde (Sandsteinkopie des im Museum befindl. hölzernen Originals von 1528), Rathaus (im Kern 1701–03, klassizist. Umbau von 1815–23), von der Stadtbefestigung u. a. Bülstringer (13. Jh.) und Stendaler Tor (14. und 16. Jh.) erhalten. – 966 erstmals als Dorf erwähnt, daneben um 1150 Neuanlage der Stadt Neu-Haldensleben.

Halder, Franz, Generaloberst (1940), *Würzburg 30. 6. 1884, †Aschau i. Chiemgau 2. 4. 1972; im Ersten Weltkrieg Generalstabsoffizier, ab 1938 Chef des Generalstabs des Heeres, beteiligte sich in der Sudetenkrise (Aug.–Sept. 1938) und zu Beginn des Zweiten Weltkrieges (1939/40) an Staatsstreichsplänen gegen Hitler. Nach dem dt. Angriff auf die Sowjetunion (Juni 1941) geriet er über strateg. Fragen mit Hitler in Konflikt und wurde von diesem 1942 abgesetzt. Nach dem 20. 7. 1944 verhaftet, war er bis Kriegsende im KZ.
Werke: Kriegstagebuch (3 Bände, 1962 bis 1964).
📖 *Ueberschär, G. R.: Generaloberst F. H. Göttingen u. a. 1991.*

Hale [heɪl], George Ellery, amerikan. Astrophysiker, *Chicago (Ill.) 29. 6. 1868, †Pasadena (Calif.) 21. 2. 1938; Direktor des Yerkes-Observatoriums bei Chicago und des von ihm gegründeten Mount-Wilson-Observatoriums bei Pasadena, entdeckte die Magnetfelder der Sonnenflecken, erfand den Spektroheliographen und das Spektrohelioskop und war an der Planung des 5-m-Spiegels auf dem Mount Pa-

lomar (Calif.) maßgeblich beteiligt (**H.- Teleskop**).
📖 *Wright, H.: Explorer of the universe. A biography of G. E. H. New York 1966, Nachdr. New York 1994.*
Haleakala [hɑːleɪɑːkɑːˈlɑː], erloschener Vulkan auf der Hawaii-Insel Maui, USA, 3055 m ü. M., Teil des H. National Park. Der Krater (34 km Umfang) ist einer der größten der Erde.
Haleb, Stadt in Syrien, ↑Aleppo.
Hale-Bopp [heɪl-; nach den amerikan. Amateurastronomen A. Hale und T. Bopp], am 23. 7. 1995 entdeckter Komet (1995 O1) mit einer Umlaufzeit von 3000 Jahren, einem Kerndurchmesser von 20 bis 45 km und einer Ionenschweiflänge von etwa 100 Mio. km. Der sehr helle Komet war im März 1997 bis auf 197 Mio. km an die Erde herangekommen.
Hálek, Vítězslav, tschech. Schriftsteller, *Dolínek (bei Prag) 5. 4. 1835, †Prag 8. 10. 1874; schrieb v. a. Lyrik und Novellen aus dem bäuerl. Milieu (»Fuhrmann Poldi«, 1873); neben J. Neruda Gründer der neueren tschech. Dichterschule.
Halesia *die,* ↑Schneeglöckchenbaum.
Halesowen [ˈheɪlzəʊən], Stadt in der Metrop. County West Midlands, südwestlich von Birmingham, England, 57900 Ew.; Stahl-, elektrotechn. Ind., Werkzeug- und Maschinenbau.

Hale-Bopp: der Komet Hale-Bopp mit dem blau leuchtenden Plasma- und dem weiß bis rötlich schimmernden Staubschweif (März 1997)

Halévy [aleˈvi], Ludovic, frz. Schriftsteller, *Paris 1. 1. 1834, †ebd. 8. 5. 1908; schrieb, meist zus. mit H. Meilhac, Lustspiele und Libretti für J. Offenbach (»Die schöne Helena«, 1864; »Pariser Leben«, 1866) und G. Bizet (»Carmen«, 1875).
Haley [ˈheɪlɪ], Bill, amerikan. Rocksänger und -gitarrist, *Highland Park (Mich.) 6. 7. 1925 (oder 1927 ?), †Harlingen (Tex.) 9. 2. 1981; entwickelte einen Rock-'n'-Roll-Stil aus Elementen von Country and Western, Rhythm and Blues und Dixieland-Jazz; berühmtester Hit »Rock around the clock«.

Bill Haley

Halfa [arab.] *die,* Pflanzenfaser, ↑Alfa.
Halfcourt [ˈhɑːfkɔːt, engl.] *der, Tennis:* ↑Court.
Halffter Jiménez [ˈalftɛr xiˈmenɛθ], Christóbal, span. Komponist und Dirigent, *Madrid 24. 3. 1930; zunächst an M. de Falla, dann an B. Bartók und I. Strawinsky orientiert, verwendet in seinem kompositor. Schaffen auch elektron. und aleator. Techniken; schrieb u. a. Orchesterwerke (z. B. »Memento a Dresden«, 1996), Kantaten und Konzerte.
Halfpipe [ˈhɑːfpaɪp; engl. »halbe Röhre«] *die, Sport:* 1) meist künstlich angelegte kanalartige Schneekonstruktion zum wettkampfmäßig betriebenen Snowboarding, der (olymp.) Disziplin H.; 2) halbrunde Metallrampe mit einer überhöhten Seite zum Steilwandfahren beim Inlineskating bzw. Skateboarding.
Halfvolley [ˈhɑːfvɔli, engl.] *der* (Halbflugball), *Tennis:* unmittelbar nach dem Aufprallen (knapp über dem Boden) geschlagener Ball.
Halifax [ˈhælɪfæks], Edward Wood, 1. Earl of H. (seit 1944), brit. konservativer Politiker, *Powderham Castle (Cty. Devon) 16. 4. 1881, †Garrowby Hall (bei York) 23. 12. 1959; sah sich als Vizekönig von Indien (1925–31) mit der ind. Unabhängigkeitsbewegung konfrontiert; 1935–38 und 1940 Lordsiegelbewahrer und Führer des Oberhauses. Als Außenmin. (1938–40) un-

HAL Halifax

terstützte H. die Politik Chamberlains; 1941–46 Botschafter in Washington.
Halifax ['hælɪfæks], **1)** Stadt in der Metrop. County West Yorkshire, N-England, in den Pennines, 91 100 Ew.; Textil- und Volkskundemuseum; Kammgarn-, Bekleidungs-, Süßwarenind., Teppichherstellung, Webereien, Werkzeugmaschinenbau. – Pfarrkirche im Perpendicular Style.
2) Hptst. der Prov. Nova Scotia, Kanada, 113 900 Ew. (Agglomeration 332 500 Ew.); kath. Erzbischofssitz, fünf Univ., Konservatorium, Museen; Erdölraffinerien und chem. Ind., Trockendocks, Schiffbau, Zuckerraffinerien; eisfreier Hafen an der SO-Küste der Halbinsel, internat. Flughafen. – Über der Stadt die 1828 auf den Fundamenten von 1749 erbaute Zitadelle. – Wichtiger Marinestützpunkt Kanadas in beiden Weltkriegen.
Halikarnạssos, antike Hafenstadt an der SW-Küste Kleinasiens, heute das türk. Seebad **Bodrum**. – Seit dem 11. Jh. v. Chr. von Dorern besiedelt, unter dem Satrapen Mausolos († 353 v. Chr.) prunkvoll ausgebaut; 334 v. Chr. von Alexander d. Gr. zerstört; Heimat Herodots.
Halịt [zu grch. háls »Salz«] *der,* das ↑Steinsalz.
Halithẹrium [grch.] *das,* ausgestorbene Gattung der Seekühe aus dem europ. Oligozän und Miozän.
Halitọse [zu lat. halitus »Hauch«, »Dunst«] *die,* der ↑Mundgeruch.
Họlitsch, Stadt in der Ukraine, ↑Galitsch.
halkyọnisch [grch.], ↑alkyonisch.
Hạll, 1) Kurort in Österreich, ↑Bad Hall.
2) Hall in Tirol (1940–75 Solbad Hall in Tirol), Stadt im Inntal, östlich von Innsbruck, Österreich, am Fuß der Bettelwurfkette (2 725 m ü. M.), 11 500 Ew.; Bergbaumuseum; Metall- (Röhrenwerk) und Textilind., Holzverarbeitung. – Das Stadtbild wird durch die Bürgerhäuser v. a. des 15. und 16. Jh. geprägt; spätgot. Pfarrkirche, Rathaus (1447), Münzertor, Stiftskirche (1570 geweiht, 1691–92 barock erneuert). – 1303 Stadtrecht; 1477–1809 Münzstätte (↑Taler); 1875–1967 Kurort; die seit 1232 bezeugte Saline wurde 1967 stillgelegt.
Hall [hɔ:l], **1)** Asaph, amerikan. Astronom, * Goshen (Conn.) 15. 10. 1829, † Annapolis (Md.) 22. 11. 1907; entdeckte die beiden Marsmonde, bestimmte Sternentfernungen und Abstände von Doppelsternen.

2) Edwin Herbert, amerikan. Physiker, * Gorham (Me.) 7. 11. 1855, † Cambridge (Mass.) 20. 11. 1938; Prof. an der Harvard University, arbeitete über galvanomagnet. und thermoelektr. Erscheinungen, entdeckte 1879 den ↑Hall-Effekt.
3) Sir (seit 1977) Peter, brit. Regisseur, * Bury Saint Edmunds 22. 11. 1930; hatte 1955 ersten Erfolg mit einer Inszenierung von S. Becketts »Warten auf Godot«, wirkte als Direktor avantgardistischer Theater. War Gründer und 1960–68 Leiter der Royal Shakespeare Company, 1974–88 erster Direktor des National Theatre in London, 1984–90 künstler. Leiter der Festspiele in Glyndebourne.
4) Willis, engl. Schriftsteller, * Leeds (Yorkshire) 6. 4. 1929; schrieb, z. T. mit K. Waterhouse, realist. Dramen (»Das Ende vom Lied«, 1959), ferner Romane, Hör- und Fernsehspiele, Filmdrehbücher.
Hallạdj [-dʒ] (Halladsch, al-Halladj), Husain Ibn Mansur, islam. Mystiker, * Tur (bei Bajgah, Fars) 858, † (hingerichtet) Bagdad 27. 3. 922; lehrte die völlige Einswerdung des Mystikers mit Gott. Als Grund für seine Hinrichtung wird meist sein berühmter Ausspruch (arab.:) »Ana l-hakk«, »Ich bin die (göttl.) Wahrheit«, genannt, der im Sinne einer Inkarnationslehre interpretiert und als Glaubensabfall vom Islam geahndet worden sei. Schon zu Lebzeiten von großem Einfluss, lebt seine Spiritualität im ↑Sufismus fort.
Họlland, südschwed. Prov. (Län), 5 454 km², 273 500 Ew.; Hptst. ist Halmstad.
Họlle, 1) (frz. Hal), Stadt und Wallfahrtsort in der Prov. Flämisch-Brabant, Belgien, 33 500 Ew.; Maschinenbau, Papier-, Getränke- und Nahrungsmittelindustrie. – Basilika Notre Dame (14./15. Jh.). Die »Schwarze Madonna«, der die Wallfahrt gilt, ist eine Holzstatuette des 13. Jahrhunderts.
2) RegBez. in Sa.-Anh., 4 430 km², 851 500 Ew.; umfasst die Landkreise Burgenlandkreis, Mansfelder Land, Merseburg-Querfurt, Saalkreis, Sangerhausen und Weißenfels sowie die kreisfreie Stadt Halle (Saale).
3) Halle (Saale), kreisfreie Stadt in Sa.-Anh., Verw.sitz des Saalkreises und des RegBez. Halle, im NW der Leipziger Tieflandsbucht, an der Saale, 243 000 Ew.; Sitz der Martin-Luther-Univ. Halle-Wittenberg (1694 gegr., 1817 mit der Univ. Wittenberg vereinigt), der Dt. Akademie der

Hall-Effekt HAL

Halle 3): Roter Turm (1418–1506) auf dem Marktplatz, links davon die Marktkirche St. Marien (1529–54)

Naturforscher »Leopoldina«, der Nationalstiftung der Bundesrep. Dtl. für Kunst und Kultur (Bundeskulturstiftung); Hochschule für Kunst und Design, Kirchenmusikschule, Fraunhofer-Inst. für Werkstoffmechanik, Inst. für Wirtschaftsforschung H., drei Max-Planck-Inst., Technologie- und Gründerzentrum H., Biozentrum, Umweltforschungszentrum H.-Leipzig, Univ.- und Landesbibliothek Sa.-Anh., Landesamt für Archäolog. Denkmalpflege/Landesmuseum für Vorgeschichte; Opernhaus, Neues Theater, Museen, u. a. Geiseltal-, Halloren- und Salinemuseum, Beatlesmuseum; Händelhaus und Händelfestspiele, Kultur- und Kongresszentrum »Händel-Halle« (1996–98 erbaut), ↑Franckesche Stiftungen; botan. Garten, Zoo. Maschinen- und Fahrzeugbau, Waggonbau (H.-Ammendorf), Lebensmittel- und Druckind.; in der Nähe bei Schkeuditz der internat. Flughafen Leipzig-H.; Hafen. – Nach Zerstörungen im Zweiten Weltkrieg wieder aufgebaut bzw. erhalten: auf dem Marktplatz der Rote Turm (1418–1506), die Marktkirche St. Marien (1529–54), das Händel-Denkmal (1858). In der Altstadt u. a. Häuser des 16.–18. Jh., die Moritzkirche (1388–1511), die spätgot. Ulrichskirche (1975/76 zum Konzertsaal umgestaltet), der Dom (um 1280 begonnen; 1520–25 umgebaut), die Neue Residenz (1531–37); Moritzburg (1484–1503, 1637 zerstört), im 1901–13 ausgebauten O- und S-Flügel die Staatl. Galerie Moritzburg. Die spätklassizist. Gebäude der Univ. wurden 1832–34 errichtet. An der Saale auf einem Porphyrfelsen Burg Giebichenstein (bereits 961 erwähnt; heute Sitz der Hochschule für Kunst und Design). – Wegen der Salzquellen seit vorgeschichtl. Zeit besiedelt; um 806 fränk. Kastell. Saline und Siedlung 961 bezeugt; kam 968 zum Erzbistum Magdeburg; um 1150 Stadtrecht, später Hansestadt (Beitritt zw. 1262 und 1281); 1503–1680 Residenz der Erzbischöfe von Magdeburg. H. fiel 1680 an Brandenburg-Preußen; die Univ. wurde ein Mittelpunkt der Aufklärung und des Pietismus (A. H. Francke, C. Thomasius, C. Wolff). 1945–52 Hptst. von Sa.-Anh., 1952–90 Hptst. des DDR-Bezirks Halle. **Halle-Neustadt,** 1964 gegr., 1967 zur Stadt erklärt, wurde 1990 H. eingegliedert. (↑Halloren)

📖 *Frenzel, R.-M. u. Frenzel, R.: Kunst- u. Kulturführer Leipzig–Halle u. Umgebung. Leipzig 1993.*

4) Halle (Westf.), Stadt im Kreis Gütersloh, NRW, am Teutoburger Wald, 19 900 Ew.; Herstellung von Bekleidung, Süßwaren, Arzneimitteln, Wälzlagerfabrik. – Nahebei Wasserschloss Tatenhausen (16. bis 18. Jh.). – Seit 1719 Stadt.

Hall-Effekt [ˈhɔːl-], von E. H. Hall entdeckte physikal. Erscheinung: In einem stromdurchflossenen elektr. Leiter tritt in einem homogenen Magnetfeld, dessen

HAL Hälleflinta

Feldlinien senkrecht zur Richtung des elektr. Stromes verlaufen, ein elektr. Spannungsgefälle senkrecht zur Stromrichtung und senkrecht zur Richtung der magnet. Feldlinien auf. Die durch den Leiter fließenden Ladungsträger werden durch die dabei auf sie wirkende ↑Lorentz-Kraft seitlich abgelenkt und häufen sich so lange an den seitl. Begrenzungsflächen des Leiters, bis sich ein von ihrer Raumladung erzeugtes elektr. Gegenfeld, das **Hall-Feld,** ausgebildet hat. In dem sich dann einstellenden stationären Zustand fließt wieder ein unabgelenkter Strom. (↑Quanten-Hall-Effekt)
Hälleflinta [schwed. »Felsenfeuerstein«], feinkörniger, dicht erscheinender metamorpher Quarzporphyr im skandinav. Grundgebirge.

tion und Division, zur Modulation und Demodulation sowie zum Aufbau von **Hall-Motoren** (Außenläufermotoren ohne mechan. Kommutator und mit einem Ferritmagneten als Rotor).
Halleluja [hebr. »Preiset Jahwe«] (Vulgata: Alleluja) *das,* in den Psalmen Aufruf zum Lob Gottes; in die christl. Liturgie übernommen.
Hallenfußball, i. w. S. Fußballspiel auf überdachtem Spielfeld, i. e. S. ↑Futsal.
Hallenkirche, Kirchentyp aus mehreren etwa gleich hohen Schiffen, wobei die inneren Stützen nur Lasten, aber keinen Gewölbeschub tragen. H. erhalten ihre Beleuchtung vom Chor, der seit 1300 meist als **Hallenchor,** d. h. in etwa gleicher Höhe wie das Schiff, ausgebildet ist, oder

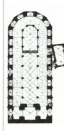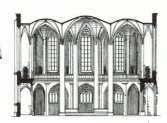

Hallenkirche: Grundriss und Querschnitt von Sankt Martin in Amberg (1421–83)

Hallein, Bez.-Hptst. südlich von Salzburg, Österreich, an der Salzach, 445 m ü. M., 18 400 Ew.; Fachschule für Holz- und Steinbearbeitung, Keltenmuseum; wichtiges Ind.zentrum mit Zellstoff-, chem. Ind., Werkzeugmaschinenbau u. a.; Marmorbrüche. Am **Dürrnberg** (770 m ü. M.) Salzbergbau mit Bergwerksmuseum und Schaustollen sowie der Kurort Bad Dürrnberg (Solebad). Hier liegt auch eines der bedeutendsten vorgeschichtl. Gräberfelder Mitteleuropas. – Gut erhaltenes Stadtbild mit zahlr. Häusern des 15./16. Jh. mit Barock- und Rokokofassaden. – Seit 1230 Stadt; vom 13. bis 16. Jh. bedeutendste Saline im österr.-bayer. Raum.
Hall-Element [ˈhɔːl-; nach E. H. Hall] (Hall-Effekt-Element, Hall-Generator), ein auf dem ↑Hall-Effekt beruhendes magnetoelektr. Halbleiterbauelement. In **Hall-Sonden** wird mit konstanter Stromstärke die Stärke von Magnetfeldern oder von zur magnet. Flussdichte proportionalen Größen ermittelt. H.-E. dienen weiterhin als kontaktlose Signalgeber **(Hall-Kopf),** zur Leistungsmessung, zur elektr. Multiplika-

von einem Westfenster sowie von den nun größeren Fenstern der Seitenschiffe. Der Chor wurde auch als Umgangschor ausgebildet. Häufig fehlen bei den H. die Türme, die Front wird von einer breiten Fassade bestimmt.
Hallenradsport, zusammenfassende Bez. für ↑Kunstradsport, ↑Radball und ↑Radpolo.
Haller, 1) Albrecht von (1749), schweizer. Arzt, Naturforscher, Dichter, * Bern 16. 10. 1708, † ebd. 12. 12. 1777, Großvater von 2); gilt als Begründer der Experimentalphysiologie; ferner den Zusammenhang von Gewebestruktur und Funktion nach. – Im Hauptstück seiner Gedichtsammlung »Versuch Schweizer. Gedichten« (1732), »Die Alpen«, stellt er die verweichlichende Zivilisation der Städte dem Idyll der Alpenwelt gegenüber. Andere Gedichte behandeln religiöse, eth. und metaphys. Fragen und tragen bereits Züge von Schillers Gedankenlyrik. Im Alter schrieb H. mehrere Romane über Grundmodelle staatl. Ordnungsformen (»Usong«, 1771; »Fabius und Cato«, 1774).

2) Carl Ludwig von, schweizer. Staatstheoretiker und Politiker, *Bern 1. 8. 1768, †Solothurn 20. 5. 1854, Enkel von 1); u. a. 1806–17 Prof. für Staatsrecht in Bern; 1814–20 (Übertritt zum Katholizismus) Mitgl. des Großen Rats von Bern, 1834–37 von Solothurn. H. war einer der bedeutendsten Staatstheoretiker der Restaurationszeit (»Die Restauration der Staatswiss.«, 6 Bde., 1816–34). Den Ideen der Frz. Revolution stellte er eine streng patriarchal. und legitimist. Staatsauffassung entgegen, die stark auf den preuß. Konservativismus wirkte.

3) Heinz, Finanzwissenschaftler, *Schwenningen (heute zu Villingen-Schwenningen) 19. 3. 1914, †Stäfa 12. 6. 2004; Prof. in Kiel (1954–57), Heidelberg (1957–67) und Zürich (1967–81); daneben 1970–72 Staatssekr. im Bundesfinanzministerium; gilt als Begründer der modernen Finanzwiss. in Dtl.

4) Hermann, schweizer. Bildhauer, *Bern 24. 12. 1880, †Zürich 23. 11. 1950; schuf, von A. Maillol beeinflusst, weibl. Akte, von sinnl. Anmut, auch Porträtbüsten; gilt als Begründer der modernen Plastik in der Schweiz.

5) Johannes, Historiker, *Keinis (Estland) 16. 10. 1865, †Tübingen 24. 12. 1947; erforschte bes. das Kaisertum und Papsttum im MA. und schuf mit »Epochen der dt. Geschichte« (1923) ein viel beachtetes Werk.

Hallertau (Holledau), Landschaft im Tertiärhügelland Bayerns, zw. Amper und Isar im S sowie der Donau im N; größtes dt. Hopfenanbaugebiet mit den Zentren Mainburg und Wolnzach.

Halley [ˈhælɪ], Edmond, engl. Astronom und Mathematiker, *Haggerston (heute zu London) 8. 11. 1656, †Greenwich 25. 1. 1742; ab 1720 königl. Astronom in Greenwich. H. gab 1679 einen Sternkatalog des Südhimmels heraus, entwickelte u. a. eine Formel zur barometr. Höhenmessung und erkannte den Zusammenhang zw. Erdmagnetismus und Polarlichtern (1716). 1705 sagte er die Wiederkehr des nach ihm benannten **Halleyschen Kometen** von 1682 für 1758/59 voraus.

Halleyscher Komet [ˈhælɪ-; nach E. Halley], bekanntester der period. Kometen mit einer Umlaufzeit von rd. 76 Jahren, dessen lang gestreckte ellipt. Bahn weit über die Neptunbahn hinausreicht. Der H. K. wird seit mehr als 2 000 Jahren beobachtet. Die von mehreren Raumsonden (z. B. ↑Giotto) bei seiner letzten Annäherung an die Erde 1986 übermittelten Daten gaben u. a. Aufschluss über den Kometenkern; seine Abmessungen sind etwa $16 \times 8 \times 8$ km, die Dichte beträgt 0,1 bis $0,5 \, g/cm^3$.

📖 *Calder, N.:* Jenseits von Halley. Die Erforschung von Schweifsternen durch die Raumsonden Giotto u. Rosetta. A. d. Engl. Berlin u. a. 1994.

Halligen, die kleineren Inseln ohne Winterdeiche im nordfries. Wattenmeer vor der W-Küste Schleswig-Holsteins: Gröde-Appelland, Habel, Hamburger Hallig, Hooge, Norderoog, Nordmarsch-Langeneß, Nordstrandischmoor, Oland, Süderoog und Südfall; insgesamt 2 281 ha, 330 Ew. Die H. sind Teil des Marschlandes, das im Zusammenhang mit dem nacheiszeitl.

Halleyscher Komet (1986)

HAL Hallimasch

Meeresspiegelanstieg durch Schlickablagerungen entstanden ist. Die größeren H. haben Sommerdeiche, die nicht eingedeichten H. werden bei Sturmfluten ganz oder teilweise überschwemmt. Die Siedlungen liegen auf ↑Wurten; die Bewohner leben v. a. von Milchviehwirtschaft und Fremdenverkehr.

📖 *Riecken, G.:* Die H. im Wandel. Husum ²1985. – *Wohlenberg, E.:* Die H. Nordfrieslands. Heide ⁵1985.

Hallimasch (Hutdurchmesser 5–12 cm)

Hallimasch (Armillariella mellea), gelblich brauner, in Büscheln auf Baumstümpfen und totem Holz lebender Blätterpilz. Er kann auch auf lebende Bäume übergreifen. Gekocht ist der H. essbar, jedoch kann sein Genuss allerg. Reaktionen hervorrufen.

Hall in Tirol, ↑Hall.

Halljahr, *Judentum:* das ↑Jubeljahr.

Hallore [zu mhd. hal »Salzwerk«], (seit dem 15. Jh.) Bez. für die Salzarbeiter der Salinen in Halle (Saale); sie bildeten eine streng gegliederte Zunft.

Halloween [ˈhæləʊiːn] *das,* auf den Brit. Inseln und in den USA der Vorabend von Allerheiligen (31. 10.); urspr. ein keltisch-angelsächs. Fest zur Feier von Winter- und Jahresanfang (1. 11.); heute sehr populäres (Kinder-)Fest in den USA, seit den 1990er-Jahren u. a. auch in Dtl. (Kindermaskeraden, Heischegänge).

📖 *Dewald, D.:* Kelten – Kürbis – Kulte. Kleine Kulturgeschichte von H. Stuttgart 2002. – *Rogers, N.:* H. From pagan ritual to party night. Oxford 2002.

Halloysit [nach dem belg. Geologen J. B. J. Baron d'Omalius d'Halloy, * 1783, † 1875]

der, knolliges oder erdiges, muschelig brechendes monoklines Tonmineral; chem. Zusammensetzung:
$Al_4[(OH)_8|Si_4O_{10}] \cdot 4H_2O$.

Hallraum, geschlossener Raum mit harten, glatten, den Schall fast voll reflektierenden Wänden, bes. um künstl. ↑Nachhalle zu erzeugen.

Hall-Sonde [ˈhɔːl-], ↑Hall-Element.

Hallstatt, Marktgem. im Salzkammergut, am Westufer des Hallstätter Sees, Oberösterreich, 511 m ü. M., 1 000 Ew.; Bundesfachschule für Holzbearbeitung, Prähistor. Museum; Fremdenverkehr. Am Hang des Plessen der Salzberg (Seilbahn) mit dem größten Salzbergbaubetrieb Österreichs (Solegewinnung, 49 km lange Soleleitung nach Ebensee); Schaubergwerk. Das Salz ist seit der späten Bronzezeit abgebaut worden. – Die Kulturlandschaft H.-Dachstein-Salzkammergut wurde zum UNESCO-Welterbe erklärt. – H. erhielt 1311 Marktrecht. – Das Gräberfeld bei H., vom Ende der Urnenfelderzeit bis zur frühen La-Tène-Zeit belegt, wurde 1846–1939 wiss. untersucht (über 2 000 Brand- und Körperbestattungen mit reichen Grabbeigaben; ↑Hallstattkultur).

Hallstätter See, lang gestreckter, von der Traun durchflossener See im oberösterr. Salzkammergut, am N-Fuß des Dachsteingebirges, Österreich, 508 m ü. M., 8,6 km², bis 125 m tief. Schiffsverkehr zw. Hallstatt und Obertraun.

Hallstattkultur, nach dem Gräberfeld oberhalb von ↑Hallstatt benannte mitteleurop. Kultur der älteren Eisenzeit (von NO-Frankreich bis zum NW der Balkanhalbinsel). Die H. entwickelte sich aus der Urnenfelderkultur der jüngeren Bronzezeit und zeigt Einwirkungen grch. und etrusk.

Hallstattkultur: eine der Bronzefiguren, die, auf Räder montiert, die Totenliege des Keltenfürsten von Hochdorf trugen (530–520 v. Chr.; Stuttgart, Württembergisches Landesmuseum)

Hallström HAL

Hallstattkultur: Der wieder aufgeschüttete Grabhügel von Hochdorf in Baden-Württemberg (Höhe 6 m, Durchmesser 60 m) vermittelt einen Eindruck vom Aussehen eines frühkeltischen Prunkgrabes der späten Hallstattzeit.

Kultur. Träger der H. waren krieger. Bauern. Für die Spätstufe ist ein frühkelt. Kriegeradel durch reich ausgestattete Gräber (u. a. ↑Hochdorf, ↑Vix) und feste Fürstensitze (↑Heuneburg) bezeugt. Das Pferd spielte als Reit- und Zugtier eine große Rolle. Die größte technolog. Leistung der H. war die Einführung des Eisens als Nutzmetall v. a. für sehr harte Schwertklingen. Die Bronze- und Edelmetalltechnik blieb auf hohem Stand, auch die reich mit geometr. Mustern verzierten Tongefäße sind von vorzügl. Qualität.
📖 *Hallstatt. Bilder aus der Frühzeit Europas,* hg. v. U. Schaaff. Wien u. a. 1980.

Hallstattzeit, Kulturperiode am Anfang der älteren ↑Eisenzeit im Bereich der ↑Hallstattkultur und benachbarter Gruppen. Die H. wird in mehrere Stufen unterteilt. I. Allg. werden die Stufen »Hallstatt C« und »Hallstatt D« als H. bezeichnet, die Stufen »Hallstatt A« und »Hallstatt B« sind deckungsgleich mit der zur jüngeren ↑Bronzezeit gerechneten Urnenfelderzeit. Die ältere H. (»Hallstatt C«) begann etwa um 700 v. Chr. und ging um 600 in die jüngere H. (»Hallstatt D«) über, die in der 2. Hälfte des 5. Jh. in die La-Tène-Zeit wechselt.
📖 *Die H. Frühform europ. Einheit,* hg. v. K. Pömer, Ausst.-Kat. Schloß Lamberg, Steyr. Linz 1980.

Hallstein, 1) Ingeborg, Sängerin (Koloratursopran), *München 23. 5. 1937; wurde 1961 Mitgl. der Bayer. Staatsoper in München; trat auch als Lied- und Oratoriensängerin hervor.
2) Walter, Politiker (CDU), *Mainz 17. 11. 1901, †Stuttgart 29. 3. 1982; Jurist, 1930–41 Prof. in Rostock, 1941–48 in Frankfurt am Main, 1950–51 Staatssekr. im Bundeskanzleramt, 1951–58 im Auswärtigen Amt (H.-Doktrin), 1969–82 MdB. H. war ein entschiedener Verfechter der polit. Integration Europas (1958–67 Präs. der EWG-Kommission, 1968–74 der Europ. Bewegung).

Hallsteindoktrin, ein Grundsatz der Deutschlandpolitik der Bundesrep. Dtl. in der Zeit des Ost-West-Konfliktes, nach W. ↑Hallstein benannt, verkündet in der Reg.erklärung vom 29. 9. 1955, drückte – gestützt auf das GG – den Anspruch der Bundesrep. Dtl. aus, ganz Dtl. völkerrechtlich allein zu vertreten. Die Bundesreg. durfte keine völkerrechtl. Beziehungen zu Staaten aufnehmen oder aufrechterhalten, die die DDR diplomatisch anerkannten (Ausnahme UdSSR). Mit ihrer Deutschland- und ↑Ostpolitik gab die Bundesreg. unter W. Brandt 1969 die H. auf. Der Beitritt der Bundesrep. Dtl. und der DDR (1973) zur UNO markierte den Schlusspunkt dieser Entwicklung.
📖 *Booz, R. M.: Hallsteinzeit. Dt. Außenpolitik 1955–1972.* Bonn 1995. – *Kilian, W.: Die Hallstein-Doktrin.* Berlin 2001.

Hallström, Lasse, schwed. Filmregisseur, *Stockholm 6. 6. 1946; drehte seit den 1970er-Jahren in Schweden Sketche für das Fernsehen, Videos für die Gruppe

ABBA und Spielfilme (»Mein Leben als Hund«, 1985); seit den 1990er-Jahren auch in Hollywood; seine zahlr. Romanverfilmungen (z. B. »Gottes Werk und Teufels Beitrag«, 1999, nach dem gleichnamigen Roman von J. Irving) thematisieren v. a. Familien- und Außenseitergeschichten.
Weitere Filme: ABBA – The Movie (1977); Die Kinder von Bullerbü (1986); Gilbert Grape – Irgendwo in Iowa (1993); Chocolat (2000).
Hạllux [nlat.] *der,* die große Zehe, auch Großzehe. **H. malleus,** Hammerzehenbildung der Großzehe. **H. valgus,** Ballen(groß)zehe mit Abknickung im Großzehengrundgelenk zur Kleinzehenseite hin (Belastungsdeformität).
Halluzination [lat.] *die,* Sinnestäuschung, Trugwahrnehmung. Obwohl kein entsprechender Umweltreiz vorliegt, wird die halluzinator. Wahrnehmung als real empfunden.
Halluzinogẹne [lat.-grch.] (Psychodysleptika, Psychotomimetika), auf das Zentralnervensystem (und die Psyche) wirkende Substanzen (Rauschgifte, z. B. Haschisch), die Sinnestäuschungen verursachen oder Sinneseindrücke verändern.
Hạllwachs, Wilhelm, Physiker, * Darmstadt 9. 7. 1859, † Dresden 20. 6. 1922; entdeckte 1888 durch Entladung einer negativ aufgeladenen Metallplatte bei UV-Bestrahlung den äußeren ↑Photoeffekt.
Hạllwiler See, See im schweizer. Mittelland, Kt. Aargau, die S-Spitze im Kt. Luzern, 449 m ü. M., 10,3 km^2, bis 48 m tief, vom Aabach entwässert. Nördlich das Wasserschloss **Hallwil** (12.–16. Jh., Museum).
Halm, durch Knoten gegliederter Stängel der Gräser.
Hạlma [grch. »Sprung«], Brettspiel für zwei Personen mit je 19 Steinen oder für drei oder vier Personen mit je 13 Steinen, die in den Ecken des Spielbrettes in durch farbige Linien abgeteilten »Höfen« aufgestellt werden und durch Ziehen bzw. Überspringen von eigenen oder fremden Steinen in den diagonal gegenüberliegenden Hof zu bringen sind.
Halmahẹra [indones. »Mutterland« oder »großes Land«], größte Insel der Molukken, Indonesien, 17 800 km^2, über 100 000 Ew.; in vier gebirgige Halbinseln gegliedert, mit z. T. noch tätigen Vulkanen; Anbau von Gewürzen, Reis und Mais, Nutzung von Sago- und Kokospalmen.

Halmfliegen (Chloropidae), artenreiche Familie wenig flugtüchtiger Fliegen, oft schwarz und gelb gezeichnet; die Larven minieren meist in Stängeln von Gräsern. (↑Fritfliege)
Hạlmich, Regina, Boxerin, * Karlsruhe 22. 11. 1976; als Amateurin Europameisterin 1994, danach Profi; 1994 Europameisterin im Superfliegen- und 1995 im Fliegengewicht; seit 1995 Weltmeisterin im Juniorfliegengewicht; 1998–2000 und seit 2003 Weltmeisterin im Fliegengewicht; 44 Kämpfe, 43 Siege (30-malige Titelverteidigung bis Juli 2003).
Hạlmstad, Hptst. des Verw.gebietes (Län) Halland, S-Schweden, Hafenstadt am östl. Kattegat, 84 800 Ew.; Freilichtmuseum; Stahlwerk, Getreidemühlen, Metall- und Textilindustrie. – Got. Hallenkirche am Markt, ehem. Schloss (16./17. Jh.), Fachwerkhäuser (v. a. 17. Jh.). – Wurde 1307 zur Stadt erhoben.
Halmyrolỵse [grch.] *die,* submarine Verwitterung, chem. Zersetzung von Gesteinen und Mineralneubildung unter Einfluss des Meerwassers.
Hạlo [von grch. hálōs »Hof um eine Lichtquelle«] *der,* **1)** *Astronomie:* (galaktischer Halo), die das Milchstraßensystem u. a. Galaxien umgebende, angenähert kugel-

Halo 2): Sonnenhalo im Gegenlicht

Halogenide HAL

Halo 2): 22°-Ring um die Sonne, aufgenommen im Juli 1990 in Lappland, Schweden

förmige Hülle aus Kugelsternhaufen und RR-Lyrae-Sternen (**H.-Population**).
2) *atmosphär. Optik:* Lichterscheinung, die durch Brechung oder Spiegelung, selten durch Beugung an den Eiskristallen in der Atmosphäre entsteht. Am häufigsten treten H. in Form von Ringen um Sonne und Mond auf, jedoch werden auch die auf gleiche Art entstehenden Lichterscheinungen in Form von Flecken oder Streifen zu den H.-Erscheinungen gerechnet. **Spiegelungs-H.** sind weiß (Lichtsäule, Lichtkreuz, Untersonne und Horizontalkreis). **Brechungs-H.** erscheinen durch die Zerlegung des Lichtes in die Spektralfarben meist farbig; zu ihnen zählen der 22°-Ring (kleiner oder gewöhnl. Ring), der 46°-Ring (großer Ring), Nebensonnen, Zirkumzenitalbogen, Zirkumhorizontalbogen und die versch. Berührungsbogen. H. treten in Zirruswolken auf; sie sind bei gleichmäßigem, dünnem Zirrostratus am häufigsten und am besten ausgeprägt.

Halo|effekt [auch: ˈheɪloʊ-] (Hofeffekt), 1) subjektive Beurteilung der Eigenschaften eines Menschen nach einem zentralen Merkmal, das alle anderen überstrahlt (z. B. Erscheinungsbild, Geruch, bes. Leistung); 2) Bez. einer Fehlerquelle bei Befragungen (Ausstrahlung einer Frage auf die folgenden).

Haloforme, Trihalogenderivate des Methans mit der allg. Formel CHX_3 (X = Fluor, Chlor, Brom oder Jod), bei denen eine Krebs erzeugende Wirkung vermutet wird. H. entstehen in sehr geringen Mengen bei der Chlorierung von Trinkwasser.

Halogene [von grch. háls »Salz«], Gruppe der reaktionsfähigen nichtmetall. Elemente Fluor, Chlor, Brom, Jod und das instabile Astat (7. Hauptgruppe des Periodensystems). Infolge ihrer starken Elektronegativität verbinden sich H. mit fast allen Elementen zu Halogeniden oder zu Interhalogenverbindungen.

Halogenglühlampe (Halogenlampe), spezielle ↑Glühlampe mit einem Glühfaden (Wendel) aus Wolfram, Halogenzusatz zum Füllgas und einem stark verkleinerten Lampenkolben aus Quarz- oder Hartglas. Die im Betrieb von der Wendel abdampfenden Wolframatome verbinden sich in einer kühleren Zone in der Nähe der Kolbenwand mit dem Halogen (i. Allg. Brom), das bei der Kolbentemperatur (über 250 °C) aus der entsprechenden Halogenverbindung freigesetzt wird. Das gebildete Wolframhalogenid (z. B. Wolframbromid) schlägt sich aufgrund der hohen Temperatur nicht auf der Kolbenwand nieder, sondern bleibt dampfförmig. In Wendelnähe dissoziiert das Wolframhalogenid wieder und das Wolfram setzt sich auf der Wendel ab, während das Halogen in den Kreislauf zurückkehrt. Durch diesen Kreisprozess wird eine Kolbenschwärzung durch Ablagerungen verhindert und gleichzeitig die Wendel regeneriert. H. zeichnen sich durch hohe Lichtausbeuten, lange Lebensdauer, konstanten Lichtstrom und sehr kleine Abmessungen aus. Außer für Flutlicht, Fotografie, Projektoren und Kfz-Scheinwerfer werden H. auch zunehmend im Wohnbereich eingesetzt. – Abb. S. 204

Halogenide [grch.], Verbindungen der Halogene mit stärker elektropositiven Ele-

HAL Halogenierung

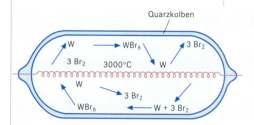

Halogenglühlampe: Schema des Kreislaufs in einer Halogenlampe (W Wolfram, Br_2 Brom, WBr_6 Wolframbromid)

menten. Man unterscheidet salzartige H. (z. B. Natriumchlorid, NaCl), kovalente H. (Halogenwasserstoffe, Interhalogenverbindungen, Halogenkohlenwasserstoffe), komplexe H. (mit Halogenidionen als Komplexliganden).

Halogenierung [grch.-lat.], Einführung eines Halogenatoms in eine organ. Verbindung, z. B. durch Addition.

Halogenkohlenwasserstoffe, Verbindungen, die sich von Kohlenwasserstoffen ableiten, indem Wasserstoff- durch Halogenatome ersetzt werden; ↑Chlorkohlenwasserstoffe, ↑Fluorkohlenwasserstoffe, ↑Fluorchlorkohlenwasserstoffe.

Halokinese, schwerkraftbedingte Wanderung von Salzgesteinen, die von Gesteinen höherer Dichte überlagert sind, in der Erdkruste; führt zur Bildung von Salzstöcken.

Halone [Kw. aus engl. halogenated hydrocarbon], Kurzbez. für ↑Halogenkohlenwasserstoffe, die als ↑Feuerlöschmittel verwendet werden. H. sind als Brom-FCKW den FCKW verwandt und schädigen wie diese die Ozonschicht der Erde, mit einem fünf- bis zehnmal so starken Effekt. In Dtl. ist der Betrieb von Halonlöschanlagen seit 1993 verboten, ähnl. Verbote gelten auch in anderen Ländern.

Halonen, Tarja Kaarin, finn. Politikerin, *Helsinki 24. 12. 1943; Juristin; ab 1970 Anwältin der Zentralorganisation der finn. Gewerkschaften, wurde als Mitgl. der Sozialdemokrat. Partei 1979 Abg. des Parlaments; war 1987–90 Sozial- und Gesundheitsmin., 1990–91 Justiz- und 1995–2000 Außenmin.; seit 1. 3. 2000 erster weibl. Staatspräs. Finnlands.

Halong, Bucht von [»herabgestiegener Drache«], Teil des Golfes von Tongking (Südchines. Meer), Vietnam, vor der Stadt Hong Gai, 1 500 km². Die Insellandschaft aus rd. 1 600 turmartig aus dem Wasser aufragenden bizarren, z. T. bewachsenen Karstgipfeln ist UNESCO-Weltnaturerbe.

Halophyten [grch.], die ↑Salzpflanzen.

Halothan das, $CF_3-CHClBr$, ein Halogenkohlenwasserstoff; häufig (in Kombination mit Lachgas) verwendetes Inhalationsnarkotikum.

Hals (Collum, Cervix), Körperteil zw. Kopf und Rumpf, der Bewegungen des Kopfes gegenüber dem Rumpf ermöglicht. Beim Menschen besteht die H.-Wirbelsäule aus sieben H.-Wirbeln, von denen die beiden oberen zu einem speziellen Kopfdrehgelenk (H.-Gelenk, Nackengelenk) umgebildet sind. Zum H. gehören Nacken, Schlund und Speiseröhre, Luftröhre, Kehlkopf und Zungenbein sowie Schilddrüse und Nebenschilddrüsen. Die **H.-Muskulatur** ummantelt die Eingeweidestrang und erlaubt Kopfbewegungen.

Hals, Frans, niederländ. Maler, *Antwerpen zw. 1580 und 1585, begraben Haarlem 1. 9. 1666; malte Porträts (wohlhabende Bürger, Bauern, Soldaten u. a.), Gruppenbilder sowie einige Genrebilder. Für seine frühen Bilder sind ein leuchtendes Kolorit und eine detaillierte Umrisszeichnung charakteristisch. In den 1620er-Jahren wurde der Aufbau seiner Bilder freier, die Pinselführung lockerer, die Farben heller und nun formgebend angewendet. Die Dargestellten strahlen Lebensfreude aus. Im Spätwerk bevorzugte H. graue, braune und v. a. schwarze Töne, der zuvor heitere Ausdruck wandelte sich in tiefen Ernst. Das F.-H.-Museum in Haarlem bewahrt einen Großteil seiner Werke.

📖 *Grimm, C.: F. H. Das Gesamtwerk.* Stuttgart u. a. 1989.

Hal Saflieni, Ortsteil von Paola (Rep. Malta), 5 km südöstl. von Valletta; einzigartiges Höhlenlabyrinth (sog. Hypogäum), eines der wichtigsten Monumente der Jungsteinzeit (UNESCO-Weltkulturerbe).

Es diente bereits um 3000 v. Chr. vermutlich als Friedhof und Kultstätte. Im Zentrum der Anlage, deren Gänge und Kammern mit Ornamenten und Wandmalereien ausgestattet waren (z. T. noch erkennbar), befand sich ein Sanktuarium.

Halsbandaffäre, Skandalaffäre am frz. Hof (1785/86), in die der Kardinal Rohan und A. ↑Cagliostro verwickelt waren. Ein Diamanthalsband, das der bei Hof in Ungnade gefallene Kardinal erstand, um es durch die Gräfin de La Motte-Valois der Königin Marie-Antoinette übergeben zu lassen, wurde von der Gräfin veruntreut. Die H. schadete dem Ansehen des Königtums sehr. Literarisch wurde der Stoff u. a. von Goethe und A. Dumas d. Ä. behandelt.

Halsberger, Unterordnung der ↑Schildkröten.

Hals|eisen, im MA. ein eisernes Halsband an einem Pfahl oder öffentl. Gebäude (Rathaus), in das der Verurteilte eingeschlossen und so öffentlich zur Schau (an den Pranger) gestellt wurde; es diente zur Vollstreckung von Ehrenstrafen.

halsen, ein Segelschiff vor dem raumen (d. h. von schräg hinten einfallenden) Wind wegdrehen. Die hierbei ausgeführte Drehung ist die **Halse.**

Halsfistel, Fehlbildung im mittleren oder seitl. Halsbereich, bedingt durch Zurückbleiben von Resten embryonaler Gänge oder Schlundfurchen; erkennbar an kleinen absondernden Öffnungen in der Haut.

Halsgericht (Hochgericht), seit dem 13. Jh. ein Gericht, das über Leben oder Tod des Angeklagten bei schweren Verbrechen zu urteilen hatte; später Ausdehnung der Zuständigkeit auf alle Strafsachen. Ab dem 15. Jh. entstanden **H.-Ordnungen,** die das Verfahren vor den H. regelten, z. B. die ↑Bambergische Halsgerichtsordnung (1507).

Hälsingborg [-'bɔrj], Stadt in Schweden, ↑Helsingborg.

Hälsingland, histor. Prov. und Landschaft in Schweden, am Bottn. Meerbusen, ein fluss- und seenreiches Waldgebiet mit Holzwirtschaft, an der Küste und in Tälern Landwirtschaft.

Halske, Johann Georg, Elektrotechniker, * Hamburg 30. 7. 1814, † Berlin 18. 3. 1890; gründete 1847 mit W. von Siemens die »Telegraphenbauanstalt von Siemens & Halske«, Berlin. 1867 trat H. aus der Firma aus; er erwarb sich danach Verdienste um den Ausbau des Berliner Kunstgewerbemuseums.

Halskragen, Halsschmuck der Frauen in der älteren, z. T. noch der jüngeren Bronzezeit.

Halskrause, gefältelte Rüsche, meist aus feiner Leinwand, als Halsabschluss des Hemdes; die steif gestärkte, separate H. der span. Mode der 2. Hälfte des 16. Jh. erreichte in der 1. Hälfte des 17. Jh. ihr größtes Volumen im **Mühlsteinkragen.**

Hals-Nasen-Ohren-Heilkunde, Abk. **HNO** (Otorhinolaryngologie), Fachgebiet der Medizin, das die Erkennung und Behandlung aller Erkrankungen der Ohren (einschl. Gleichgewichtsorgan), der Nase und Nasennebenhöhlen, der Mundhöhle, des Rachens, des Kehlkopfs, der Luftröhre und der oberen Anteile von Speiseröhre und Bronchien umfasst. Teilgebiete sind **Phoniatrie** und **Pädaudiologie** (Behandlung von Sprach- und Stimmstörungen sowie von Hörbehinderungen im Kindesalter).

Frans Hals: Bildnis eines jungen Mannes (um 1640; Sankt Petersburg, Eremitage)

Halsschlagader (Halsarterie, Karotis), paarige Arterie des Halses der Wirbeltiere, die den Kopf und das Gehirn mit Blut versorgt. Die H. verläuft beim Menschen beiderseits der Luftröhre und des Kehlkopfes.

Halswender, Unterordnung der ↑Schildkröten.

HAL Halswirbelsäulensyndrom

Halswirbelsäulensyndrom, das ↑Zervikobrachialsyndrom.
Haltepunkt, *Schießlehre:* Bez. für den Punkt im oder am Ziel, auf den die Visierlinie einer Waffe gerichtet sein muss, um das Ziel zu treffen.
Halter, *Straßenverkehrsrecht:* derjenige, der ein Kfz für eigene Rechnung gebraucht und die tatsächl. Verfügungsgewalt besitzt, die ein solcher Gebrauch voraussetzt. H. und Eigentümer müssen nicht identisch sein.
Halteren [grch.] (Schwingkölbchen), rückgebildete Hinterflügel der Fliegen und Mücken mit Bewegungs- und Lagesinnesorganen; sind für die Stabilisierung des Fluges von Bedeutung.
Haltern, Stadt im Kr. Recklinghausen, NRW, im südl. Münsterland, 36 200 Ew.; Westfäl. Römermuseum; Kalksandsteinwerke, Holzverarbeitung; Stausee der bei H. in die Lippe mündenden Stever. – 1017 erstmals erwähnt; wurde 1289 zur Stadt erhoben.
Haltiatunturi (schwed. Haldefjäll), mit 1 328 m ü. M. der höchste Berg Finnlands, im NW, an der Grenze zu Norwegen.
Haltung, 1) *Medizin:* die ↑Körperhaltung. **2)** *Psychologie:* ↑Einstellung.
Halunke [tschech.; urspr. »Henkersknecht«] *der,* jemand, dessen Benehmen oder Tun als gemein oder hinterhältig angesehen wird; scherzhaft: frecher kleiner Junge.
Halver, Stadt im Märk. Kreis, NRW, im Sauerland, 17 400 Ew.; Gesenkschmieden, Metallveredelungs-, Kleineisen- u. a. Industrie.
Halwa [arab.] *das,* oriental. Süßigkeit aus einer flockigen Mischung von zerstoßenem Sesamsamen und Honig oder Sirup.
Halys *der,* antiker Name des ↑Kızılırmak.
Halysschlange (Agkistrodon halys), bis 75 cm lange Grubenotter, rötlich braun bis graubraun mit dunkel gerandeten Querflecken; lebt im äußersten SO-Europa bis O-Asien.
Ham (Vulgata: Cham), bibl. Gestalt; Sohn Noahs (1. Mos. 5, 32); nach der ↑Völkertafel (1. Mose 10, 6 ff.) legendärer Stammvater der ↑Hamiten.
Häm *das,* Eisen-Porphyrin-Komplex, prosthet. Gruppe von Hämoglobin, Cytochromen u. a.; ist für die rote Farbe des Blutes verantwortlich.

häm..., häma..., hämo... [grch. haĩma »Blut«], in Zusammensetzungen: blut...
Hama, Prov.-Hptst. in Syrien, am Orontes in einer fruchtbaren Ebene, 229 000 Ew.; Textil-, Nahrungsmittel-, Zementind., Kunstdüngerwerk. – H., biblisch **Hamath,** ist der südlichste Fundort hethit. Hieroglyphen-Inschriften und war Anfang des 1. Jt. Hauptstadt eines syrisch-hethit. Kleinstaates. – Bei einem Aufstand der Muslimbruderschaft 1982 wurde die Innenstadt mit zahlr. wertvollen Moscheen stark zerstört.
Hamada, Felswüste, ↑Hammada.
Hamadan [nach der Stadt in Iran] *der,* handgeknüpfter Teppich (aus Kamelwolle) mit stilisierter Musterung.
Hamadan, Prov.-Hptst. in Westiran, 1 868 m ü. M. am Fuß der östl. Zagrosvorberge, 401 300 Ew.; Teppichweberei, Saffianlederarbeiten; Straßenknotenpunkt und Marktzentrum. – H., das antike **Ekbatana,** war etwa 715–550 v. Chr. Hptst. des Mederreiches, später Sommersitz der pers. und parth. Könige; 1220 und 1386 von den Mongolen zerstört.
Häm|agglutination *die,* Zusammenballung (↑Agglutination) der roten Blutkörperchen.
Hamamatsu, Stadt auf Honshū, Japan, 561 600 Ew.; bed. Industriestadt mit Musikinstrumenten-, Fahrzeugbau (Yamaha), Textil-, chem. und Nahrungsmittelind.; Flugplatz.
Hamamelisgewächse [grch.] (Zaubernussgewächse, Hamamelidaceae), in O-Asien heim. Pflanzenfamilie, Bäume und Sträucher. Die **Zaubernuss** (Hamamelis virginiana), dem Haselnussstrauch ähnlich, wird in Dtl. als Zierstrauch angepflanzt; Auszüge aus Rinde und Blättern werden für medizin. und kosmet. Präparate verwendet.
Haman, Wesir von Xerxes I., ↑Esther.
Ham and Eggs [ˈhæm ənd ˈɛgz; engl. »Schinken und Eier«] *Pl.,* engl. Bez. für gebratene Schinken(speck)scheiben mit Spiegeleiern.
Hämangiom [grch.] *das,* das ↑Blutgefäßmal.
Hamann, 1) Johann Georg, Gelehrter und philosoph. Schriftsteller, * Königsberg 27. 8. 1730, † Münster 21. 6. 1788; wandte sich, beeinflusst von G. Bruno, Leibniz, Spinoza und der neuplaton. Philosophie, gegen die rationalist. Strömungen der Auf-

klärung und hob die Geschichtlichkeit des Menschen sowie die Schöpferkraft der Intuition als wesentl. Quelle menschl. Erkenntnis hervor. H. war als Sprachphilosoph von großem Einfluss auf Herder, Goethe und die Romantiker; auch Einfluss auf Hegel und Schelling sowie die Existenzphilosophie S. Kierkegaards.
Werke: Sokrat. Denkwürdigkeiten (1759); Kreuzzüge des Philologen (1762); Metakritik über den Purismus der Vernunft (1784).
📖 *Berlin, I.: Der Magus im Norden. J. G. H. u. der Ursprung des modernen Irrationalismus. A. d. Engl. Berlin 1995.*
2) Richard, Kunsthistoriker, *Seehausen (Bördekreis) 29. 5. 1879, †Immenstadt i. Allgäu 9. 1. 1961; war 1913–49 Prof. in Marburg (1947–50 auch in Berlin), wo er das »Bildarchiv Foto Marburg« und 1929 das Forschungsinst. für Kunstgesch. gründete. Sein Hauptwerk ist die »Gesch. der Kunst« (2 Bde., 1933–52).

Hamar, Hptst. der Prov. Hedmark, Norwegen, am Mjøsensee, 26 300 Ew.; Sitz eines luth. Bischofs; Nahrungsmittel-, Metall-, Holzindustrie. – Auf einer Landzunge im See Ruinen des Doms (12. Jh.) und der Bischofsburg (Freilichtmuseum).

Hamari [ˈhɔmɔri], Julia, ungar. Sängerin (Alt), *Budapest 21. 11. 1942; wirkte bei Festspielen (Salzburg, Glyndebourne) mit, gewann v. a. als Lied- und Oratoriensängerin internat. Ruf.

Hamartie [grch. »Irrtum, Verfehlung«] *die,* in der Tragödientheorie des Aristoteles das Fehlverhalten des Helden, das zur Katastrophe führt.

Hamas [auch haˈmaːs; arab. »Eifer«], auch Kw. für Harakat al-muqawama al-islamija, »islam. Widerstandsbewegung«, hervorgegangen 1987 aus der palästinens. Organisation der Muslimbruderschaft; propagiert in ihrer Charta als zentrales Ziel die völlige Zerstörung Israels, verantwortlich für Terrorakte v. a. gegen israel. Militär- und Zivilpersonen in Israel, im Gazastreifen und im Westjordanland. (↑Palästina, Geschichte)

Hamasa [arab. »Tapferkeit«] *die,* Titel berühmter arab. Anthologien.

Hämatin [grch.] *das,* Eisen(III)-Komplex des Protoporphyrins, bildet sich aus ↑Häm durch Oxidation, im Blut unter patholog. Bedingungen.

Hämatit [grch.] *das,* das Mineral ↑Eisenglanz.

Hämatokrit [grch.] *der,* Anteil der Blutkörperchen (zelluläre Bestandteile) am gesamten Blutvolumen; Abweichungen von der Norm (beim Mann etwa 40–54%, bei der Frau etwa 37–47%) dienen der Krankheitserkennung.

Hämatologie [grch.] *die,* Spezialgebiet der inneren Medizin, das sich mit der Erkennung und Behandlung von Bluterkrankungen und ihren Ursachen befasst.

Hamamelisgewächse: Blütenzweige von Hamamelis mollis

Hämatom [grch.] *das,* der ↑Bluterguss.

Hämaturie [grch.] *die* (Blutharnen, Erythrozyturie), krankhafte Ausscheidung ungelöster roter Blutkörperchen im Harn; dabei unterscheidet man zw. **Makro-H.** (mit bloßem Auge sichtbare Rotfärbung des Harns) und **Mikro-H.** (mit mikroskop. Nachweis der roten Blutkörperchen im Harnsediment). Akute und chron. Harnblutungen können bei allen Tumoren der Niere, des Harnleiters, der Blase, der Harnröhre und der Prostata sowie bei Harnsteinen u. a. auftreten. (↑Hämoglobinurie)

Hambach, Braunkohlentagebau in NRW, östlich des Ortes H. (Gem. Niederzier, südöstlich von Jülich); Förderung (2002): 38,1 Mio. t Rohbraunkohle zur Stromerzeugung; im verbleibenden Abbaufeld lagern rd. 1,9 Mrd. t gewinnbarer Kohle auf einer Fläche von rd. 43 km²; 1978 Aufschluss, seit 1984 Abbau (mit den größten Schaufelradbaggern der Erde).

Hambach an der Weinstraße, seit 1969 Stadtteil von Neustadt an der Weinstraße,

HAM Hamborn

Rheinl.-Pf.; über dem Ort das Hambacher Schloss (seit Mitte des 19. Jh. »Maxburg«; seit 1688 Ruine, 1981/82 restauriert; Museum), auf dem vom 27. 5. bis 30. 5. 1832 das **Hambacher Fest** stattfand, die erste Massenkundgebung (etwa 30 000 Teilnehmer; Hauptredner: J. G. A. Wirth) für ein freies und einiges Dtl.; der Dt. Bundestag reagierte u. a. mit völliger Unterdrückung der Presse- und Versammlungsfreiheit.
Hamborn, seit 1929 Stadtteil von Duisburg.
Hamburg (Freie und Hansestadt Hamburg), Land (Stadtstaat) der Bundesrep. Dtl., an der Niederelbe, mit der Insel Neuwerk in der Elbmündung 755 km^2 (davon 61 km^2 Wasserflächen), mit (2001) 1,726 Mio. Ew.; unterteilt in die Stadtbezirke H.-Mitte, Altona, Eimsbüttel, H.-Nord, Wandsbek, Bergedorf und Harburg.
Landesnatur: H. liegt an der Einmündung von Alster und Bille in die Niederelbe, 110 km oberhalb ihrer Mündung in die Nordsee, noch im Bereich von Ebbe und Flut. Das Land hat Anteil an drei Naturräumen: am Rand der südholstein. Geest, die zw. Blankenese und Bergedorf steil zur Elbe abfällt, am überwiegend von Flussmarschen erfüllten Urstromtal der Niederelbe und im S mit den Harburger Bergen am Endmoränengebiet der Schwarzen Berge. Die Naturlandschaften sind größtenteils in Kulturlandschaften umgewandelt worden. Das Schwergewicht der Bebauung liegt nördlich der Elbe. Südlich der Norderelbe liegen die Ind.- und Hafengebiete. Der Hafen, ein offener Tidehafen, erstreckt sich über die ganze Breite des Stroms. Die großen Elbbrücken am oberen Ende des Hafens und zwei ↑Elbtunnel für Fußgänger und Fahrzeuge dienen der Bewältigung des immer stärker werdenden Verkehrs.
Bevölkerung: Bis 1910 wuchs die Bev. im damaligen Stadtgebiet bereits auf über 1 Mio. Menschen an, 1964 war mit 1,857 Mio. Ew. der Höchststand erreicht. Danach einsetzende Bev.verluste durch eine niedrige Geburtenrate und Abwanderung wurden durch einen stetigen Zuzug von Ausländern und Zuzüge aus den neuen Bundesländern aufgefangen. 1998 waren 18,7 % der Ew. Ausländer. – Rd. 37,3 % der Bev. gehören der Nordelbischen Evang.-Luth. Kirche (Sprengel H.) an, rd. 10,6 % der kath. Kirche, etwa 3 % anderen (über 80) christl. Kirchen und Gemeinschaften. In H. leben etwa 120 000 Muslime. Die jüd. Gemeinde zählt rd. 2 700 Mitglieder.
Institutionen: H. ist der Sitz mehrerer Bundeseinrichtungen, darunter die Bundesforschungsanstalt für Fischerei, die Bundesforschungsanstalt für Forst- und Holzwirtschaft, das Bundesamt für Seeschifffahrt und Hydrographie, die Biolog. Anstalt Helgoland, der Dt. Wetterdienst (Seewetteramt) mit Meteorolog. Observatorium, Instrumentenamt und Flugwetterwarte. Mit dem Internat. Seegerichtshof nahm 1996 die erste UNO-Institution in Dtl. ihre Arbeit auf. Weitere wiss. Institutionen sind: Dt. Elektronen-Synchrotron (DESY), Max-Planck-Inst. für Meteorologie, Max-Planck-Inst. für ausländ. und internat. Privatrecht, Frankfurter-Institut für Toxikologie und Umweltmedizin, Heinrich-Pette-Inst. für Experimentelle Virologie und Immunologie, UNESCO-Inst. für Pädagogik, Dt. Übersee-Inst., Bernhard-Nocht-Inst. für Schiffs- und Tropenkrankheiten, HWWA-Inst. für Wirtschaftsforschung, Schiffbauversuchsanstalt, Hans-Bredow-Inst. für Rundfunk und Fernsehen, Inst. für Friedensforschung und Sicherheitspolitik, Inst. für die Gesch. der dt. Juden, Joachim-Jungius-Ges. für Wiss. e. V., Hamburger Sternwarte, Univ. (gegr. 1919), TU H.-Harburg, mehrere FH, Hochschulen für Wirtschaft und Politik, für bildende Künste, für Musik und Theater, Univ. der Bundeswehr. Weitere kulturelle Einrichtungen sind Museen, darunter Kunsthalle (Erweiterungsbau von 1997), Museum für Kunst und Gewerbe, Museum für Völkerkunde, Museum für Hamburgische Geschichte, Altonaer Museum/Norddt. Landesmuseum, Helms-Museum/Museum für Vor- und Frühgesch., mehrere Bibliotheken, Planetarium, Staatsoper (älteste dt. Oper, gegr. 1678), Dt. Schauspielhaus, Thalia-Theater u. a. private Theater, botan. Garten und Hagenbecks Tierpark.
Wirtschaft und Verkehr: H. hat als Handels-, Verkehrs- und Dienstleistungszentrum überregionale, z. T. weltweite Bedeutung und zählt zu den wichtigsten Ind.standorten in Dtl. H. ist Sitz von über 3 000 Import- und Exportfirmen sowie 95 Generalkonsulaten, ist nach Frankfurt am Main wichtigster dt. Bankenplatz und gilt als ältester und heute größter dt. Versicherungsplatz; außerdem ist es eine wichtige Messe- und Kongressstadt (»Congress

Hamburg HAM

Hamburg: die evangelische Hauptkirche St. Katharinen (14./15. Jh.), links dahinter der Nikolaikirchturm (1882)

Centrum H.«). H. verfügt über eine Wertpapier-, Versicherungs- sowie zwei Warenbörsen. Ein bes. dynam. Dienstleistungszweig ist die Medienwirtschaft, in der H. in Dtl. führend ist (Presse- und Buchverlage, Musik- und Filmwirtschaft, Werbung und Design). Bed. sind der Seefischmarkt, Blumen-, Gemüse- und Obstgroßmärkte. In den Vier- und Marschlanden gibt es zahlr. Gartenbau- und Obstbaubetriebe. Bei der Wirtschaftsstrukturveränderung in den letzten Jahrzehnten entwickelten sich zukunftsträchtige Industriebranchen: zivile Luftfahrtind., Elektronik-, feinmechan. und opt. Ind. und der Maschinenbau im Vergleich zum traditionellen Schiffbau. Weitere wichtige Zweige sind die Mineralölverarbeitung, die chem. Ind., die Nichteisenmetall- und Nahrungsmittel- und Genussmittelind. (Kaffee, Tee u. a.). – H. ist, gemessen am Seegüterumschlag, der größte Seehafen in Dtl. und der viertgrößte in Europa. Gesamtfläche: 74 km². Mit dem Containerzentrum Waltershof gehört H. zu den sieben größten Containerhäfen der Erde. Mit dem Hinterland und der Ostsee ist H. durch Binnenwasserstraßen verbunden (Oberelbe, Elbe-Seitenkanal, Nord-Ostsee-Kanal). H. ist der größte Eisenbahnknotenpunkt im nördl. Europa (moderner Rangierbahnhof in Maschen); dichtes S- und U-Bahnnetz; internat. Flughafen Fuhlsbüttel.

Stadtbild: Einem Stadtbrand fielen 1842 zahlr. Gebäude zum Opfer; im Zweiten Weltkrieg richteten Luftangriffe schwere Zerstörungen an. Wiederhergestellt wurden u. a. die barocke Kirche Sankt Michaelis (1648–73, mehrfach restauriert, nach dem Zweiten Weltkrieg wieder aufgebaut), deren Turm (»Michel«) das Wahrzeichen der Stadt ist (daneben die Krameramtswohnungen von 1676/77). Auch die Türme der anderen vier Hauptkirchen blieben trotz Errichtung zahlr. Bürohochhäuser für die Silhouette der Stadt bestimmend: Sankt Jacobi (14. Jh.) mit Schnitger-Orgel (1689–93), Sankt Katharinen (14./15. Jh.), Sankt Petri (14. Jh., nach dem Stadtbrand 1844–49 als neugot. Backsteinhallenkirche errichtet) und Sankt Nikolai, von der nur der Turm erhalten ist. Aus dem 19. Jh. stammen die Börse (1839–41) und die Staatsoper. In der Altstadt sind das Rathaus (1886–97), die Ellerntorsbrücke und einige Häuser des 17./18. Jh. erhalten. Städtebaulich von großem Reiz ist die Umgebung der Binnenalster mit dem Jungfernstieg. An den Kanälen (Fleeten) des Freihafens liegt die 1884–1910 errichtete Speicherstadt im Stil des Historismus. Bauten des frühen 20. Jh. sind die Musikhalle (1904–08), die Landungsbrücken (1907–09) und der Elbtunnel (1907–11); das Postzollamt von F. Schumacher (1913–15) und das Museum für Hamburgische Geschichte (1914–23). Eines der eindrucksvollsten Beispiele der Architektur der 1920er-Jahre ist das Kontorhausviertel mit Chilehaus, Sprinkenhof, Shellhaus. Zahlr. Neubauten entstanden nach dem Zweiten Weltkrieg (u. a. Geschäftsbauten, Ladenpassagen). – Auch die Außenbezirke und Vororte verfügen über bemerkens-

HAM Hamburg

Hamburg: Blick von der Lombardsbrücke über die Binnenalster zum Rathaus (1886–97)

werte Baudenkmäler. In Altona wurde die barocke Hauptkirche wiederhergestellt; erhalten sind klassizist. Gebäude (1801 bis 1825) an der Palmaille, das Neue Rathaus (1896–98). In Blankenese befinden sich Villenbauten, u. a. von H. van de Velde, H. Muthesius und P. Behrens. In Wandsbek liegt das Schimmelmann-Mausoleum (1782–91), in Bergedorf die Kirche Sankt Petri und Pauli (um 1500 und 17. Jh.). – Weltbekannt ist das Vergnügungsviertel Sankt Pauli mit der Reeperbahn zw. Innenstadt und Altona.

Verfassung: Nach der Verf. vom 6. 6. 1952 (1996 revidiert) liegt die Legislative bei der Bürgerschaft (121 Abg., auf 4 Jahre gewählt), diese wählt den Präs. des Senats (Erster Bürgermeister). Der Erste Bürgermeister beruft mit Zustimmung der Bürgerschaft seinen Stellv. (Zweiter Bürgermeister) sowie die übrigen Mitgl. des Senats (Reg.) und besitzt Richtlinienkompetenz. 1996 wurden plebiszitäre Elemente (Volksbegehren, Volksentscheid) eingeführt.

Geschichte: H. wurde 810 als fränk. Stützpunkt angelegt und um 825 zur **Hammaburg** ausgebaut. 831 wurde das **Bistum H.** gegründet, das 848 mit dem seit 787 bestehenden Bistum Bremen zum Erzbistum Bremen-Hamburg vereinigt wurde (↑Ansgar) und rechtlich bis zum Westfäl. Frieden (1648) bestand. 1188 erfolgte die Erweiterung H.s durch die Neustadt (ab 1189 Handels-, Zoll- und Schiffahrtsprivilegien auf der Niederelbe), 1215 der Zusammenschluss von Alt- und Neustadt. H. war eines der ersten Mitgl. der Hanse (im 14. Jh. deren wichtigster Umschlagplatz zw. Nordsee- und Ostseeraum). Seit dem Spät-MA. wurde die Stadt durch den 1190 (?) erstmals nachweisbaren, vom Patriziat gewählten Rat regiert, seit etwa 1460 und endgültig seit 1510 war sie Reichsstadt. 1529 wurde in H. die Reformation eingeführt, 1558 die erste Börse in Deutschland und im nördl. Europa gegründet. 1616–25 entstand die Befestigung. Kulturelle Blüte im 17./18. Jh. (u. a. 1678 Gründung der ersten dt. Oper; 1767 des Hamburg. Nationaltheaters). 1806 frz. Besetzung; trat 1815 als Freie Stadt dem Dt. Bund, 1867 dem Norddt. Bund und 1871 dem Dt. Reich, erst 1888 dem Dt. Zollverein bei. 1921 parlamentarisch-demokrat. Verf. (mit Senat und Bürgerschaft). 1933 nach Auflösung der Bürgerschaft einem nat.-soz. Reichsstatthalter unterstellt; 1937 durch Eingliederung von Altona (mit Blankenese), Harburg-Wilhelmsburg und Wandsbek sowie 28 Landgem. Bildung von **Groß-H.** (bei Ausgliederung von Cuxhaven und Geesthacht).

Hämeenlinna HAM

Nach dem staatl. Zusammenbruch Dtl.s 1945 wurde H. Teil der brit. Besatzungszone, 1949 Land der Bundesrep. Dtl. Führende Partei wurde die SPD, die 1946–2001 – außer 1953–57 (K. Sieveking, CDU) – den Ersten Bürgermeister stellte: 1946–53 und 1957–60 M. Brauer, 1961–65 P. Nevermann, 1965–71 H. Weichmann, 1971–74 P. Schulz, 1974–81 H.-U. Klose, 1981–88 K. von Dohnanyi, 1988–97 H. Voscherau, 1997–2001 O. Runde. Nach einem Senat aus CDU, »Partei Rechtsstaatl. Offensive« und FDP 2001–04 unter Ole von Beust (CDU) Aufkündigung der Koalition und Neuwahlen 2004, die eine Alleinregierung der CDU, wiederum unter O.v. Beust, zum Ergebnis hatten.

📖 *Bracker, J.: H. Von den Anfängen bis zur Gegenwart.* Hamburg ³1992. – *Thede-Ottowell, A.-M.: H. Vom Alsterhafen zur Welthafenstadt.* Hamburg 1996. – *Kleßmann, E.: Geschichte der Stadt H.* Hamburg ⁷2002.

Hamburg, Erzbistum, errichtet 1994 aus Teilen des Bistums Osnabrück (einschließlich des Gebietes des ehem. Bischöfl. Amtes Schwerin) und zu einem kleinen Teil des Bistums Hildesheim; geschichtlich an die Tradition des 831 gegründeten Bistums H. (↑Hamburg, Geschichte) anknüpfend. Suffraganbistümer: Hildesheim und Osnabrück.

Hamburg-Amerika-Linie Abk. **H.A.L.** (Hamburg-Amerikanische Packetfahrt-Actien-Gesellschaft, Abk. HAPAG), Hamburg, 1847 gegr. Reederei für Personen- und Frachtverkehr von Hamburg nach New York, zunächst mit Seglern, seit 1855 mit Dampfern. Bis zum Ersten Weltkrieg größte Schifffahrtsges. der Welt (194 Ozeandampfer mit 1,36 Mio. BRT); das Schifffahrtsnetz bediente weltweit regelmäßig 400 Häfen; nach dem Ersten Weltkrieg Wiederaufbau 1920–26 mit den »United American Lines« (Harriman-Gruppe), seit 1930 mit dem Norddt. Lloyd. 1935 ging die Mehrheit an das Dt. Reich über. Nach der Reprivatisierung 1941 wurde der Nordatlantikdienst von der neu gegründeten »Dt. Amerika Linie G.m.b.H.« übernommen. Neuaufbau 1949 mit dem Norddt. Lloyd und der Reederei E. Ruß; 1970 Fusion mit dem Norddt. Lloyd zur ↑Hapag-Lloyd AG.

Hamburger [ˈhæmbəːgə] *der,* aus den USA übernommene Bez. für eine flache Frikadelle, meist in ein Brötchen eingelegt und gewürzt.

Hamburger, Käte, Philosophin und Literaturhistorikerin, *Hamburg 21. 9. 1896, †Stuttgart 8. 4. 1992; emigrierte 1934 nach Schweden; Prof. in Stuttgart; bed. Beiträge zur Literaturtheorie und Ästhetik (»Die Logik der Dichtung«, 1957) sowie zum Wahrheitsbegriff (»Wahrheit und ästhet. Wahrheit«, 1979).

Hamburger Abkommen, Vereinbarung der Länder der Bundesrep. Dtl. zur Vereinheitlichung des allgemein bildenden Schulwesens (1964, letzte Fassung 1971); ↑Schule.

Hamburger Kultur, Kulturgruppe der jüngeren Altsteinzeit, ben. nach Fundplätzen am N-Rand von Hamburg mit Hinterlassenschaften eiszeitlicher Rentierjäger (Überreste altsteinzeitl. Zeltanlagen, Geräte aus Feuerstein und Rengeweih).

Hamburgische Landesbank – Girozentrale [- ˈʒiro-], öffentlich-rechtl. Kreditinstitut; gegr. 1938; Sitz: Hamburg; Eigentümer: Freie und Hansestadt Hamburg, Landesbank Schlesw.-Holst. – Girozentrale; fusionierte 2003 mit der Landesbank Schlesw.-Holst. zur ↑HSH Nordbank AG.

Hamburgisches Wattenmeer, Nationalpark (seit 1990) an der Nordseeküste, 11 700 ha, zw. dem Niedersächs. und dem Schleswig-Holstein. Wattenmeer.

Hamburg-Mannheimer Versicherungs-AG, Hamburg, gegr. 1899, betreibt Versicherungen aller Art; seit 1997 Tochtergesellschaft der ↑Ergo Versicherungsgruppe AG.

Hamburg-Wechsler-Intelligenztest, Abk. **HAWI,** dt. Bearbeitung des ↑Wechsler-Tests zur Prüfung der Intelligenz von Kindern (HAWIK) und Erwachsenen (HAWIE), standardisiert vom Psycholog. Inst. der Univ. Hamburg. Er besteht aus einem Verbal- und einem Handlungsteil.

Häme, 1) (schwed. Tavastland,) histor. Landschaft in S-Finnland, umfasst den waldreichen SW der Finn. Seenplatte, die heutigen Provinzen Keski-Suomi und Häme.

2) (schwed. Tavastehus,) Provinz in Finnland; 19 226 km², 732 900 Ew.; Verw.sitz ist Hämeenlinna.

Hämeenlinna (schwed. Tavastehus), Hptst. der finn. Prov. Häme, am Vanajasee, 45 400 Ew.; Schul- und Garnisons-

HAM Hamel

stadt; Sibelius-Haus; Textilind., Druckereien, Kaltwalzwerk; Fremdenverkehr. – Im 14. Jh. um eine Burg (heute Museum) entstanden, wurde 1638 schwed. Festung.
Hamel, Peter Michael, Komponist, *München 15. 7. 1947; verbindet in seiner Musik, inspiriert durch Reisen nach Asien, europ. und asiat. Klangelemente; schrieb Orchesterwerke (»Inselmusik«, 1990, für Violine und Orchester; »Drei Stücke für Bigband und Orchester«, 1997), Vokal- und Kammermusik sowie Bühnenwerke (Musiktheater »Ein Menschentraum«, 1981).
Hameln, Krst. des Landkreises H.-Pyrmont, Ndsachs., an der Weser; 58 600 Ew.; Institut für Solarenergie; Museum; Elektro-, Teppich-, Nahrungsmittel-, chem. Ind., Maschinen- und Getriebebau; Fremdenverkehr. – Im späten 16. und im 17. Jh. entwickelte sich H. zum Mittelpunkt der Weserrenaissance; Werksteinbauten (Rattenfängerhaus, 1602/03; Dempterhaus, 1607/08; Hochzeitshaus, 1610–17) und Fachwerkhäuser (u. a. Stiftsherrenhaus, 1558) bestimmen das Bild der Altstadt. Die Münsterkirche St. Bonifatius ist eine got. Hallenkirche; Marktkirche St. Nikolaus (13. Jh., 1957/58 verändert wieder aufgebaut). Bekannt ist die Sage vom ↑Rattenfänger vom Hameln. – In günstiger Verkehrslage bestand schon in sächs. Zeit eine Siedlung; H. (um 1200 Stadtrechte) gehörte zunächst zur Abtei Fulda und kam 1277 zum Herzogtum Braunschweig-Lüneburg (später Hannover; bis 1866).
Hameln-Pyrmont, Landkreis im Reg.-Bez. Hannover, Ndsachs.; 796 km², 162 600 Ew.; Verw.sitz: Hameln.
Hamersley Range ['hæməzlɪ 'reɪndʒ], Gebirgszug in Westaustralien, im Mount Bruce 1 235 m ü. M.; Teil der Bergbauregion ↑Pilbara mit bed. Eisenerzlagern.
Hamhŭng, Hptst. der nordkorean. Provinz Hamgyŏngnam, nordwestlich von Hŭngnam (gemeinsames Wirtschaftsgebiet), 709 700 Ew.; Hochschulen; Eisen- und Stahl-, Textil- und Nahrungsmittelind., Maschinen- und Fahrzeugbau.
Hami (Chami, Kumul), Oasenstadt im O des autonomen Gebietes Sinkiang, China, 860 m ü. M., etwa 50 000 Ew.; Kreuzungspunkt wichtiger Karawanenstraßen mit der Eisenbahn Peking–Ürümqi; Flugplatz.
Hämiglobin [grch.-lat.] *das* (Methämoglobin), ein dreiwertiges Eisen enthaltender Blutfarbstoff, der durch Oxidation aus dem ↑Hämoglobin entsteht, aber keinen Sauerstoff binden kann. H. kann durch ein in den Blutzellen vorkommendes Enzym wieder zu dem für die Atmung allein verwertbaren, zweiwertiges Eisen enthaltenden Hämoglobin reduziert werden. Zu vermehrter Bildung von H. kann es unter dem Einfluss von Chemikalien kommen.
Hamilkar Barkas, karthag. Heerführer, *um 290 v. Chr., ✕ Spanien 229/228 v. Chr., Vater Hannibals; führte im 1. Pun. Krieg 247–241 einen für die Römer verlustreichen Kleinkrieg in W-Sizilien; ging 237 nach Spanien, dessen südl. Teil er für Karthago eroberte.
Hamilton ['hæmɪltən], **1) Mount H.,** Berg in Kalifornien, USA, in der Diablo Range des Küstengebirges, 1 333 m ü. M.; Standort der ↑Lick-Sternwarte.
2) Stadt in Schottland, südlich von Glasgow, 50 000 Ew.; Zentrum der Local Authority South Lanarkshire; Metall-, Elektro-, Teppich- und Wirkwarenind.; Marktzentrum. Kohlenbergbau bis 1947.
3) Hafen- und Industriestadt in der Provinz Ontario, Kanada, am W-Ende des Ontariosees, 322 400 Ew.; Univ., Kunstgalerie; Eisen- und Stahlind., Gummiwaren- und chem. Ind., Maschinenbau.
4) Hptst. der Bermudainseln, auf Hamilton Island, 1 100 Ew.; kath. Bischofssitz; Hafen. – 1790 gegr., seit 1815 Verw.sitz.
5) Stadt auf der Nordinsel Neuseelands, am Waikato River, 159 200 Ew.; Univ.; Nahrungsmittelind., Brauerei, Landmaschinenbau. In der Nähe, in Ruakura und Rukuhia, landwirtsch. Forschungsstationen.
Hamilton ['hæmɪltən], **1)** Alexander, amerikan. Politiker, *Insel Nevis (Kleine Antillen) 11. 1. 1755 (1757?), †(an den Folgen eines Duells) New York 12. 7. 1804; im Nordamerikan. Unabhängigkeitskrieg 1777–81 Adjutant G. Washingtons, danach Anwalt in New York; hatte 1787 wesentl. Anteil an der Schaffung der neuen Verf. der USA. Als Führer der Federalist Party trat er für eine starke Bundesgewalt ein; als erster Schatzmin. der USA (1789–95) ordnete er das durch den Unabhängigkeitskrieg zerrüttete Finanz- und Wirtschaftsleben (Gründung einer Nationalbank); Gegner des demokrat. Programms von T. Jefferson.
2) Lady Emma, geb. Lyon, *Great Neston

(Cty. Cheshire) um 1765, †Calais 15. 1. 1815; seit 1791 ∞ mit dem brit. Gesandten in Neapel, Sir William H. (*1730, †1803); Vertraute der Königin Karoline von Neapel-Sizilien, 1798–1805 Geliebte Admiral H. Nelsons.

Lady Emma Hamilton (Gemälde von George Romney)

3) Richard, brit. Maler, *London 24. 2. 1922; Hauptvertreter der engl. Pop-Art, verwendet in seinen Werken Fotografien und Bildzitate der Medien und der Werbung.
4) Sir (seit 1816) William, schott. Philosoph, *Glasgow 8. 3. 1788, †Edinburgh 6. 5. 1856; zunächst Jurist, bildete Lehren der Schott. Schule (↑englische Philosophie) und I. Kants weiter; einer der Wegbereiter der Algebra der Logik. Schrieb: »Discussions on philosophy and literature« (1846), »Lectures on metaphysics and logic«, 4 Bde. (1849/50).
5) Sir (seit 1835) William Rowan, irischer Mathematiker und Physiker, *Dublin 4. 8. 1805, †Dunsink (bei Dublin) 2. 9. 1865; entwickelte die geometr. Optik aus Variationsprinzipien, übertrug dieses Konzept auf die klass. Mechanik (**H.-Prinzip**) und führte die Kräftefunktion in die Dynamik ein; entdeckte 1843 die ↑Quaternionen als Verallgemeinerung der komplexen Zahlen.
Hamilton-Jacobi-Theorie [ˈhæmɪltən-; nach W. R. Hamilton und C. G. J. Jacobi],

besondere math. Formulierungsweise der mechan. Bewegungsgleichungen, die deren Integration wesentlich erleichtert. Eine wichtige Rolle in der H.-J.-T. spielt die **Hamilton-Funktion** $H = H(q_i, p_i, t)$ der verallgemeinerten Koordinaten q_i und verallgemeinerten Impulse p_i. In abgeschlossenen Systemen ist H die Summe aus potenzieller und kinet. Energie; in der Quantenmechanik, bei der an die Stelle der klass. Größen die entsprechenden Operatoren treten, geht H in den **Hamilton-Operator** $\hat{H}$ (Energieoperator) über, der ein quantenmechan. System vollständig charakterisiert.
Hämin [grch.] *das,* eisenhaltiger Porphinfarbstoff.
Hamiten, in der bibl. ↑Völkertafel (1. Mos. 10) die auf die vier Söhne Hams zurückgehenden Völker, die N-Afrika und S-Arabien bewohnten. Danach Bez. (heute veraltet) für eine Sprach- und Völkergruppe in N- und NO-Afrika.
hamitosemitische Sprachen (afroasiatische Sprachen, früher Hamitensprachen), afrikanische Sprachfamilie, in N-, NO- und Zentralafrika verbreitet, rd. 250 Sprachen. Die Zweige sind in sich unterschiedlich strukturiert. Zu den h. S. gehören die Berbersprachen (↑Berber), die kuschit. Sprachen (↑Kuschiten), die ↑tschadischen Sprachen, die semit. Sprachen Äthiopiens (z. B. Amharisch), diverse Formen des Arabischen (in N- und O-Afrika und der Sudanzone) sowie die ägypt. Sprache.
Hamlet, Prinz der altdän. Sage. Die älteste Aufzeichnung der bereits in der Lieder-Edda erwähnten Sage findet sich bei Saxo Grammaticus. Ein nicht erhaltenes, T. ↑Kyd zugeschriebenes H.-Drama (**Ur-Hamlet**) scheint Vorlage für Shakespeares Tragödie »Hamlet, Prinz von Dänemark« gewesen zu sein, die in zwei Versionen (1603 und 1604) überliefert ist: Prinz H. erhält vom Geist seines kurz zuvor von eigenen Bruder Claudius ermordeten Vaters, des Königs von Dänemark, den Auftrag, das an ihm begangene Verbrechen zu rächen. Der Mörder hatte sich des Throns bemächtigt und die Witwe des Königs geheiratet. H., bei Shakespeare ein sensibler Grübler, führt den Auftrag schließlich aus, findet jedoch in einem Zweikampf selbst den Tod. Neuere Bearbeitungen des H.-Stoffes schufen F. Freiligrath, A. Döblin,

HAM Hamm

G. Hauptmann, K. Gutzkow, T. Stoppard, G. Britting und Heiner Müller.
📖 *Loquai, F.: H. u. Deutschland. Zur literar. Shakespeare-Rezeption im 20. Jh.* Stuttgart u. a. 1993.
Hamm, kreisfreie Stadt im RegBez. Arnsberg, NRW, zu beiden Seiten der Lippe, am NO-Rand des Ruhrgebietes, 183 800 Ew.; Institut für Heilpädagogik, Studienzentrum der Fernuniv. Hagen; in umfangreichen Parks Museen, Freilichtbühne und Ausstellungsgelände, im Maximilianpark der Glaselefant von Horst Rellecke (* 1951); in Uentrop hinduist. Tempel (eingeweiht 2002); Bahnknotenpunkt; Steinkohlenbergbau, Draht-, Eisenind., Röhrenwerke, Maschinenbau, chem., Nahrungsmittelind.; das Kernkraftwerk in Uentrop wurde 1991 endgültig stillgelegt. Hafen am **Datteln-H.-Kanal.** – 1227 als planmäßige Siedlung gegr., 1279 Stadtrechtsbestätigung; im 15. Jh. Mitgl. der Hanse; fiel 1614, endgültig 1666 an Brandenburg-Preußen (bis 1809 Hptst. der Grafschaft Mark).
Hammada [arab. »die Unfruchtbare«] *die* (Hamada), in der Sahara Bez. für eine mit grobem und kantigem Gesteinsschutt bedeckte Wüstenebene.
Hammam [arab.] *der,* im islam. Bereich Badehaus für die vom Islam vorgeschriebenen rituellen Waschungen; auch für die normale Körperhygiene.
Hammamet, Stadt in Tunesien, am Golf von H., südöstlich von Tunis, 49 500 Ew.; Fischereihafen; großes Seebadezentrum. – Die ummauerte Altstadt mit Hauptmoschee und Kasba wurde im 15. Jh. von span. Mauren neu angelegt.
Hammam Lif, Heil- und Seebad in N-Tunesien, 17 km südöstlich von Tunis, 37 500 Ew.; radioaktive Thermalquellen.
Hammarskjöld [-ʃœld], Dag, schwed. Politiker, * Jönköping 29. 7. 1905, † (ungeklärter Flugzeugabsturz) bei Ndola (Sambia) 18. 9. 1961; Jurist und Volkswirtschaftler, 1941–48 Präs. der Reichsbank, 1951–53 stellv. Außenminister. Als Gen.-Sekr. der UNO (seit 1953) versuchte er deren Rolle als friedensstiftende Macht zu stärken. 1961 erhielt H. posthum den Friedensnobelpreis. ✣ **siehe ZEIT Aspekte**
📖 *Hoffmann-Herreros, J.: D. H. Politiker – Schriftsteller – Christ.* Mainz 1991.
Hamm-Brücher, Hildegard, Politikerin, * Essen 11. 5. 1921; Chemikerin; 1948 bis 2002 Mitgl. der FDP (Austritt im Zusammenhang mit den antiisraelischen Aktionen von J. Möllemann); war 1969–72 Staatssekretärin im Bundesministerium für Bildung und Wiss., 1972–76 stellv. Bundesvors. der FDP, 1976–82 Staatsministerin im Auswärtigen Amt, 1976–90 MdB, 1994 Kandidatin für das Amt des Bundespräsidenten.
Hammel (Schöps), *Tierzucht:* zum Zweck der Mästung kastriertes männl. Schaf.
Hammelburg, Stadt im Landkreis Bad Kissingen, Bayern, an der Fränk. Saale, 12 200 Ew.; Weinbau (seit dem 8. Jh.); Herstellung von Textilmaschinenzubehör. – Kath. Pfarrkirche (1389–1461), Kellereischloss (1726 ff.). – Seit 1277 als Stadt bezeichnet.
Hammelsprung, parlamentar. Abstimmungsverfahren, bei dem die Abgeordneten den Sitzungssaal durch die »Ja«- oder »Nein«-Tür oder durch eine dritte Tür (bei Stimmenthaltung) betreten müssen. Die Schriftführer zählen die Eintretenden laut. Der H. erfolgt nur, wenn sich das Parlamentspräsidium über das Abstimmungsergebnis auch nach der ↑Gegenprobe nicht einig ist.
Hammer, 1) *Anatomie:* mit dem Trommelfell und dem Amboss verbundenes Gehörknöchelchen im ↑Ohr.
2) *Technik:* Schlagwerkzeug; besteht aus H.-Kopf und H.-Stiel (Helm), der meist mithilfe eines Keils im »Auge« des Kopfes befestigt ist. Die breite Schlagfläche des meist stählernen Kopfes heißt **Bahn,** die spitze oder schmale Fläche **Finne (Pinne).** H. werden als Hand-H. betrieben oder als Maschinen-, Druckluft-, Elektrohammer.
Hammerfest, Hafenstadt in N-Norwegen, auf der Insel Kvaløy unter 70° 38' n. Br. (nördlichste Stadt Europas), 9 500 Ew.; Robbenschlag, Fischfang; Konservenfabrik; Fremdenverkehr; eisfreier Hafen. – Im Zweiten Weltkrieg durch dt. Truppen niedergebrannt; Wiederaufbau in Steinbauweise.
Hammerhai, ↑Haie.
Hammerklavier (Hammerflügel), ↑Klavier.
Hammer-Purgstall, Joseph Freiherr von (seit 1835), österr. Orientalist, Dichter und Historiker, * Graz 9. 6. 1774, † Wien 23. 11. 1856; gab Europa entscheidende Impulse zur Erforschung des islam. Orients. Seine

Hammurapi HAM

Hammerfest: das nach 1945 wieder aufgebaute Stadtzentrum

Übersetzung des »Diwan des Hafis« (1812) regte Goethe zum »West-östl. Divan« an.
Hammerschlag, 1) *Textiltechnik:* wie gehämmert aussehendes Muster, v. a. beim **Taft-Cloqué** (Kleiderkrepp aus Wolle oder Chemiefasern).
2) *Werkstoffkunde:* die beim Hämmern oder Schmieden von glühendem Stahl abspringenden feinen Teilchen aus ↑Zunder.
Hammerstein-Equord [-ˈeːkvɔrt], Kurt Freiherr von, Generaloberst (1934), * Hinrichshagen (Kr. Müritz) 26. 9. 1878, † Berlin 25. 4. 1943; 1930–34 Chef der Heeresleitung; nach seinem Rücktritt 1934 aktiv in militär. Widerstandskreisen; zu Beginn des Zweiten Weltkrieges Oberbefehlshaber der Armeegruppe A an der Westfront; wurde entlassen, bevor er die geplante Festnahme Hitlers durchführen konnte.
Hammer und Sichel, kommunist. Symbol des »sozialist. Aufbaus« des von Lenin postulierte Bündnis von Arbeitern und Bauern. Zus. mit dem fünfzackigen Stern bildete es das Staatssymbol der UdSSR.
Hammerwerfen, *Leichtathletik:* Wurfdisziplin, bei der aus einer Drehbewegung heraus ein Wurfhammer aus einem Kreis von 2,135 m Durchmesser geschleudert wird und innerhalb eines Wurfsektors von 40° aufkommen muss. Der Wurfhammer besteht aus einem Kopf, dem Verbindungsdraht von mindestens 3 mm Dicke aus Stahl und einem dreieckförmigen Handgriff. Das Gesamtgewicht des Geräts beträgt 7,26 kg (für Frauen 4 kg). (↑Leichtathletik, Übersicht)
Hammerzehe, angeborene oder erworbene Abknickung einer (meist der zweiten) Zehe im Mittelgelenk.
Hammett [ˈhæmɪt], Dashiell, amerikan. Schriftsteller, * in der Cty. Saint Marys (Md.) 27. 5. 1894, † New York 10. 1. 1961; mit R. Chandler Schöpfer des modernen Kriminalromans (»hard boiled novel«), u. a. »Bluternte« (1929), »Der Malteser Falke« (1930), »Der dünne Mann« (1934). Die spröden Dialoge seiner einsamen Detektive und patholog. Delinquenten prägten Filme der »schwarzen Serie« nach seinen Vorlagen.
Hamminkeln, Stadt (seit 1995) im Kr. Wesel, NRW, 26 800 Ew.; Maschinenbau u. a. Industrie.
Hammond [ˈhæmənd], Stadt in Indiana, USA, nahe dem Michigansee, 84 200 Ew.; Stahlind., Maschinenbau, Erdölraffinerien.
Hammondorgel [ˈhæmənd-, engl.], ein- bzw. zweimanualiges mechanisch-elektron. Tasteninstrument mit Pedal, enthält für jeden Ton eine gleichmäßig rotierende Profilscheibe mit elektromagnet. Tonabnehmer; zahlr. elektron. Einrichtungen gestatten vielfältige Klangeffekte; 1934 von dem amerikan. Ingenieur Laurens Hammond (* 1895, † 1973) entwickelt. – Abb. S. 216
Hammurapi (Chammurapi, Hammurabi), König von Babylonien (1728–1686 v. Chr.), aus der 1. Dynastie von Babylon, einer der bedeutendsten altoriental. Herrscher; eroberte Larsa, Eschnunna und Mari und schuf ein ganz Mesopotamien umfassendes Großreich. H. kodifizierte das Straf-, Zivil- und Handelsrecht. Seine in altbabylon. Sprache abgefasste und auf

HAM hämo...

einer Dioritstele eingemeißelte Gesetzessammlung, der **Codex H.**, wurde 1902 in Susa gefunden (heute im Louvre, Paris). 📖 *Klengel, H.: König H. und der Alltag Babylons. Neuausg. Düsseldorf u. a. 1999.*

Hammondorgel

hämo... [grch., vgl. häm...], blut...
Hämoblastosen [grch.] (volkstüml. Blutkrebs), Sammelbez. für bösartige Erkrankungen des Blut bildenden Systems, i. e. S. die Formen der Leukämie, i. w. S. auch Retikulose, bösartiges Lymphom, Lymphogranulomatose und Plasmozytom.
Hämochromatose [grch.] *die* (Siderophilie, Eisenspeicherkrankheit), vermehrte Eisenablagerung im Organismus mit Dunkelfärbung der Haut und Diabetes (Bronzediabetes) sowie Funktionsstörung zahlr. Organe; erbl. Stoffwechselstörung oder nach vermehrter Eisenzufuhr entstehende Erkrankung.
Hämocyanin [grch.] *das,* bei Sauerstoffzutritt bläulich gefärbter, sonst farbloser bis schwach gelber kupferhaltiger Bestandteil des Blutes niederer Tiere; transportiert Sauerstoff.
Hämodialyse [grch.], ↑künstliche Niere.
Hämodynamik [grch.], Lehre von den physikal. Grundlagen der Blutbewegung, im Wesentlichen der die Mechanik der Herz- und Gefäßfunktion umfassende Teil der Physiologie des Blutkreislaufs.
Hämofiltration [grch.-lat.], insbesondere bei chron. Niereninsuffizienz und akutem Nierenversagen sowie bei Vergiftungen zur Entfernung harnpflichtiger bzw. giftiger Substanzen aus dem Blut eingesetztes extrakorporales Blutreinigungsverfahren.
Hämoglobin [grch.-lat.] *das,* Abk. **Hb**, aus einem Eiweißanteil, dem Globin, und einem eisenhaltigen Farbstoffanteil, dem Häm, bestehendes Chromoproteid, das als das am weitesten verbreitete Atmungspigment (roter Blutfarbstoff) im Blut aller Wirbeltiere (einschließlich Mensch) sowie bei manchen Wirbellosen vorkommt. Die Funktion des H. besteht sowohl darin, in den Atmungsorganen Sauerstoff aufzunehmen und an die Orte des Verbrauchs im Körpergewebe zu transportieren, als auch darin, das dort gebildete Kohlendioxid aufzunehmen und den Atmungsorganen zuzuführen, wo es nach außen freigesetzt wird. Bei vielen Wirbellosen tritt das H. frei im Blutplasma auf. Bei den Wirbeltieren ist das H. nur in roten Blutkörperchen (Erythrozyten) enthalten (etwa 95% der Trockensubstanz); im Blutplasma ist H. normalerweise an ↑Haptoglobine gebunden. Das menschl. H. hat eine Molekularmasse von etwa 68 000; seine beiden α-Ketten enthalten je 141, seine beiden β-Ketten je 146 Aminosäuren bekannter Sequenz. – Kohlenmonoxid wird vom H. wesentlich fester gebunden als Sauerstoff und verdrängt diesen, worauf die hohe Giftigkeit schon geringer CO-Mengen beruht. – Bei den meisten Säugetieren unterscheidet sich das fetale vom mütterl. H. durch eine höhere Bindungsfähigkeit für Sauerstoff, wodurch die O_2-Versorgung des Fetus sichergestellt wird. – 5,5 Liter des menschl. Blutes enthalten etwa 745 (bei der Frau) bis 820 g (beim Mann) H.; ein zu niedriger H.-Gehalt führt zur ↑Anämie.
Hämoglobin|ämie [grch.-lat.] *die,* das Auftreten größerer Mengen freien Hämoglobins im Blut, durch Austritt des Hämoglobins aus den roten Blutkörperchen infolge ↑Hämolyse. Ein Teil des freien Hämoglobins im Blut wird an bestimmte Globuline (Haptoglobine) gebunden. Reicht die Bindungsfähigkeit nicht mehr aus, kommt es zur ↑Hämoglobinurie.
Hämoglobinopathien [grch.-lateinisch.], Gruppe erbl. Blutkrankheiten, bei denen das Globin (Eiweißkomponente des Hämoglobins) eine gegenüber dem normalen Blutfarbstoff abnorme Zusammensetzung aufweist. Bei den mischerbigen (heterozygoten) Formen entwickelt sich gewöhnlich nur eine leichte hämolyt. Anämie (Blutar-

mut infolge verkürzter Lebensdauer der roten Blutkörperchen), während die reinerbigen (homozygoten) H. meist stärker ausgeprägt sind. Die Krankheitszeichen sind u. a. Müdigkeit, Schwäche, Atemnot. Häufige H. sind die ↑Sichelzellenanämie und die ↑Thalassämie.

Hämoglobin|urie [grch.-lat.] *die,* Ausscheidung des aus den roten Blutkörperchen herausgelösten Hämoglobins im Harn im Unterschied zur ↑Hämaturie. Häufigste Ursache der H. sind Vergiftungen (auch Pilzvergiftungen), schwere Infektionskrankheiten (z. B. Sepsis, Typhus) und Komplikationen bei Bluttransfusionen.

Hämolymphe, meist farblose, dem Blut vergleichbare Körperflüssigkeit wirbelloser Tiere (z. B. Gliederfüßer, Weichtiere) mit offenem Blutgefäßsystem. H. umspült alle Organsysteme in der Leibeshöhle direkt.

Hämolyse [grch.] *die,* Auflösung der roten Blutkörperchen infolge der Zerstörung ihrer Hüllmembran. Ursachen sind Formabweichungen der roten Blutkörperchen, Antigen-Antikörper-Reaktionen, Einwirkung von Giften und Strahlung.

Hämoperfusion, extrakorporales Blutreinigungsverfahren zur Entfernung giftiger Substanzen, v. a. lipophiler und proteingebundener Substanzen, aus dem Blut durch Adsorbenzien (Neutralharze, beschichtete Aktivkohle); eingesetzt z. B. bei Schlafmittel- oder Insektizidvergiftung.

Hämophilie [grch.] *die,* die ↑Bluterkrankheit.

Hämoptoe [grch.] *die* (Hämoptyse), der ↑Bluthusten.

Hamor, sorb. Name der Gem. ↑Boxberg/O.L.

Hämorrhagie [grch.] *die,* die ↑Blutung. **hämorrhagische Diathese,** das ↑Blutungsübel.

Hämorrhoiden [grch.], sackartige, zuweilen knotenförmige Erweiterungen der Venen im unteren Mastdarm- und Afterbereich. H. entstehen meist auf der Grundlage einer anlagebedingten Bindegewebeschwäche durch Druckerhöhung im Bauchraum (durch Pressen bes. bei hartem Stuhlgang). **Äußere H.** sitzen außerhalb des Afterschließmuskels. Sie schwellen beim Pressen gewöhnlich zu weichen Knoten an. **Innere H.** sind innerhalb des Afterschließmuskels lokalisiert. Anfangs machen sie keine Beschwerden, doch bluten sie häufig, v. a. bei hartem Stuhl. – *Behandlung:* Stuhlregulierung (viel Bewegung, ballaststoffreiche Kost) und Anwendung schmerzlindernder, entzündungshemmender Zäpfchen oder Salben; bei stärkerer Ausprägung ist eine Verödung durch Injektion oder operative Entfernung erforderlich.

📖 *Kirsch, J. J.:* H. *u. der kranke Enddarm. Ein Ratgeber.* Stuttgart 2002.

Hämosiderin [grch.] *das,* eisenhaltiger Proteinkomplex, der durch Zerfall des Blutfarbstoffs (Hämoglobin) nach Blutaustritt ins Gewebe, z. B. beim Bluterguss, gebildet wird. H. ist auch normaler Bestandteil vieler Organe, bes. von Leber und Milz, dient neben ↑Ferritin der Eisenspeicherung im Organismus.

Hämostase [grch.] *die,* die ↑Blutstillung. **Hämostyptika** (Hämostatika), ↑Blutstillung.

Hämotherapie, Übertragung (Transfusion) von Blut, Blutbestandteilen (rote Blutkörperchen, Granulozyten, Blutplättchen) oder speziellen Blutpräparationen (z. B. Blutgerinnungsfaktoren), aber auch von Blutplasma und Plasmaexpandern.

Hampe, Karl, Historiker, * Bremen 3. 2. 1869, † Heidelberg 14. 2. 1936; schrieb, ausgehend von krit. Quellenforschung, u. a. »Dt. Kaisergesch. in der Zeit der Salier und Staufer« (1909).

Hampi, Dorf im Bundesstaat Karnataka, S-Indien, war die Hauptstadt des Hindureiches ↑Vijayanagar.

Hampshire ['hæmpʃɪə], Cty. in S-England, 3 769 km², 1,62 Mio. Ew.; Verw.sitz: Winchester.

Hampson [hæmpsn], Thomas, amerikan. Sänger (Bariton), * Elkhart (Ind.) 28. 6. 1955; gehörte 1981–84 zum Ensemble der Dt. Oper am Rhein Düsseldorf-Duisburg und wechselte dann an die Züricher Oper, gastiert an den bed. Opernbühnen der Welt sowie bei Festspielen; auch Lied- und Konzertsänger.

Hampstead ['hæmpsted], Stadtteil im NW Londons.

Hampton ['hæmptən], Stadt in SO-Virginia, USA, 133 800 Ew.; Armee- und Luftwaffenstützpunkt; Forschungszentrum der NASA; Lkw-Montage (DaimlerChrysler), Fischkonservenind.; Hafen am N-Ufer der Hampton Roads, Teil des Mündungsgebietes des James River in den Atlantik.

Hampton ['hæmptən], Lionel, amerikan. Jazzmusiker (Schlagzeuger, Vibraphonist, Pianist), *Louisville (Ky.) 12. 4. 1908(?), †New York 31. 8. 2002; als Mitgl. des Benny-Goodman-Quartetts (1936–40) führte H. erstmals das Vibraphon als vollgültiges Jazzinstrument ein; leitete 1940–65 ein sehr populäres Orchester, mit dem er v. a. Rhythm and Blues und Swing spielte.

Hamster (Cricetini), Gattungsgruppe 5–35 cm körperlanger Nagetiere (Familie Wühler) mit 16 Arten in Eurasien; Körper gedrungen mit mäßig langem bis stummelartigem Schwanz und meist großen Backentaschen, in denen die Tiere Nahrungsvorräte (v. a. Getreidekörner) für den Winterschlaf in ihre unterird. Wohnbauten eintragen. – In Mitteleuropa kommt nur der **Feldhamster** (Cricetus cricetus) vor; Körper etwa 30 cm lang; er unterbricht seinen Winterschlaf etwa alle fünf Tage, um zu fressen. (↑Goldhamster)

Hamsun, 1) Knut, eigtl. Pedersen, norweg. Schriftsteller, *Lom (Gudbrandsdal) 4. 8. 1859, †Gut Nørholm bei Grimstad (Aust-Agder) 19. 2. 1952, ∞ mit 2); führte in der Jugend ein Wanderleben (1883–85 und 1886–88 in den USA). Seine Werke zeigen starkes Naturgefühl, Glaube an eine alles durchwaltende Lebenskraft. H. gestaltet oft das Irrationale im Handeln seiner einsamen Figuren (»Hunger«, R., 1890; »Mysterien«, R., 1892; »Pan«, R., 1894; »Victoria«, Nov., 1898; »Schwärmer«, R., 1904). 1920 erhielt er den Nobelpreis für seinen Roman »Segen der Erde« (2 Bde., 1917). Spätere Werke stellen das Altersproblem dar, auch den Übergang der bäuerl. Gesellschaft in die moderne Zivilisation, der der Erzähler skeptisch gegenübersteht (R.-Trilogie »Landstreicher«, »August Weltumsegler«, »Nach Jahr und Tag«, 1927–33); auch Dramen, Erinnerungen. H., der die Besetzung Norwegens durch Dtl. begrüßte, wurde 1948 wegen Landesverrats verurteilt.

📖 *Ferguson, R.: K. H. Leben gegen den Strom. A. d. Engl. München u. a. 1990. – Hamsun, T.: Mein Vater K. H. A. d. Norweg. Neuausg. München 1993.*

2) Marie, geb. Andersen, norweg. Schriftstellerin, *Elverum (Hedmark) 19. 11. 1881, †Gut Nørholm bei Grimstad (Aust-Agder) 5. 8. 1969, seit 1909 ∞ mit 1); schilderte liebevoll und anschaulich das Leben und Fühlen der Kinder (»Die Langerudkinder«, 1925) sowie Erinnerungen an Knut Hamsun.

Hamun-e Helmand, brackiger See und Salztonebene im iranisch-afghan. Grenzgebiet, in das der Helmand mündet, rd. 500 m ü. M.

Han [x-], oriental. Herberge, Karawanserei.

Han (Chinesen, Hanchinesen), mongolides Volk in Ostasien, das Staatsvolk von China. In der VR China machen die H. etwa 92 % der Bev. aus, in Taiwan 98 %, insgesamt in Ostasien etwa 1,3 Mrd. Menschen. Als Auslandschinesen (z. T. naturalisiert) leben viele H. in SO-Asien, bes. in Thailand (7,3 Mio.), Malaysia (5,9 Mio.), Indonesien (4 Mio.) und Singapur (2,6 Mio.).

Han, Fluss in Süd-Korea, ↑Hangang.

Han, Name mehrerer Dynastien in China (↑China, Geschichte).

Han, Ulrich (latinisiert Udalricus Gallus), Buchdrucker, *Ingolstadt um 1425, †Rom 1479 (1480?); druckte seit 1467 in Rom über 100 Schriften; war der zweite Drucker, der Holzschnitte (1467), und der erste, der Musiknoten (im »Missale Romanum« von 1476) druckte.

Haná ['hana:], Fluss und gleichnamige Landschaft in der Tschech. Rep., ↑Hanna.

Hanau, 1) Krst. des Main-Kinzig-Kreises, Hessen, an der Mündung der Kinzig in den Main, 87 600 Ew.; Sitz der dt. Gesellschaft für Goldschmiedekunst, Zeichenakademie für das Edelmetallgewerbe, Histor. Museum, Verkehrsknotenpunkt im Rhein-Main-Ballungsraum und Handelshafen; Reifen- und Schaumgummiwerke, Schmuckherstellung, opt. und feinmechan. Ind., Herstellung von Quarzlampen, Brennelementefabrik der Siemens AG (1995 stillgelegt bzw. nicht in Betrieb gegangen). Die Absicht der Bundesregierung (Dez. 2003), die teilweise demontierte Anlage nach China zu exportieren, ist v. a. wegen einer möglichen militärischen Nutzung der Bestandteile der hochradioaktiven Brennelemente heftig umstritten. – Spätgot. Marienkirche (15./16. Jh.), Niederländisch-Wallon. Kirche (17. Jh.), Altstädter Rathaus (16. Jh.; heute Dt. Goldschmiedehaus) mit Justitiabrunnen, Neustädter Rathaus (18. Jh.); Schloss Philippsruhe (1701–12) im frz. Barockstil; vollständig erhaltene Kur- und Badeanlagen in **Wilhelmsbad** (1777–82). – 1143 erstmals er-

wähnt, 1303 zur Stadt erhoben; 1597 angesiedelte Niederländer und Wallonen brachten Wohlstand; 1736 kam H. an Hessen-Kassel; erlitt 1945 schwere Zerstörungen.
2) ehem. Grafschaft. Die Herren von Dorfelden (1166 erwähnt) nannten sich seit 1191 nach der Burg H. (am Main) und wurden 1429 Reichsgrafen; 1736 erloschen. 1458–1625 Grafschaftsteilung in die ältere Linie **H.-Lichtenberg**, die 1480 Besitzungen v. a. im Unterelsass erbte (1736 an Hessen-Darmstadt; elsäss. Gebiete 1697 an Frankreich; rechtsrhein. Gebiete 1803 an Baden), und die Linie **H.-Münzenberg** (1736 an Hessen-Kassel).

Hanbaliten, Anhänger einer der vier Rechtsschulen (Madhhabs) des sunnit. Islam. In der Glaubens- und Pflichtenlehre streng den islam. Kerntraditionen verpflichtet, prägt die Anfang des 9. Jh. entstandene hanbalit. Schule bes. den wahhabit. Islam (↑Wahhabiten) und ist v. a. in Saudi-Arabien vertreten.

Hancock [ˈhænkɔk], **1)** Herbie, eigtl. Herbert Jeffrey H., amerikan. Jazzmusiker (Keyboards, Komposition), *Chicago (Ill.) 12. 4. 1940; spielte u. a. bei M. Davis (1963–68), wandte sich etwa 1970 mit seiner Gruppe »Head-Hunters« (gegründet 1968) dem Rockjazz, mit seinem »V.S.O.P.«-Quintett (gegr. 1976) wieder verstärkt dem akust. Jazz zu. H. komponierte u. a. die Filmmusiken zu »Blow up« und »Um Mitternacht«.
2) John, amerikan. Politiker, *Braintree (Mass.) 23. 1. 1737, † Quincy (Mass.) 8. 10. 1793; Kaufmann; einer der populärsten Führer der »Patrioten« in Neuengland; 1775–77 Präs. des zweiten Kontinentalkongresses, 1780–93 (mit Unterbrechung 1785–86) erster Gouv. von Massachusetts.

Hand (lat. Manus), *Anatomie:* Endabschnitt der oberen Gliedmaßen des Menschen bzw. der Vordergliedmaßen vierfüßiger Wirbeltiere. Beim Menschen ist der armwärts liegende Teil der H., die **H.-Wurzel** (Carpus), schmal. Hier vermitteln die kleinen H.-Wurzelknochen (beim Menschen acht in zwei Reihen angeordnete Knochen, bei den vierfüßigen Wirbeltieren häufig 12 Knochen) den gelenkigen Übergang (**H.-Gelenk**) zw. Unterarm und Mittel-H. An die H.-Wurzel schließen sich Mittel-H. und ↑Finger an. Die **Mittel-H.** besteht aus fünf lang gestreckten Mittelhandknochen (Metacarpalia). Von diesen ist nur der Mittelhandknochen des Daumens frei beweglich, sodass er den übrigen Fingern gegenübergestellt (opponiert) werden kann. Hierauf beruht die Fähigkeit des Greifens und Haltens. Die **Hohl-H.** (**H.-Teller**) zeigt charakterist. Furchen und Linien; der **H.-Rücken** ist leicht gewölbt. Die **H.-Muskulatur** ist bes. beim Menschen sehr differenziert. Die H. und Finger bewegenden Muskeln liegen teils am Unterarm, teils entspringen sie an der H. selbst. – Im Rechtsleben des MA., dessen Schriftwesen unterentwickelt war, kam der H. in Rechtsbrauchtum und Symbolik

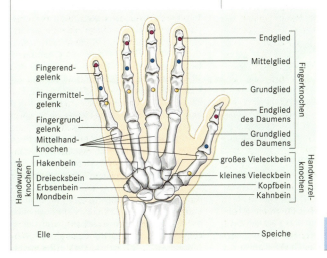

Hand: Knochen der rechten Hand (Innenseite) des Menschen

HAN Handakten

als Zeichen der bestimmenden Gewalt besondere Bedeutung zu.
Handakten, Akten der Staats- und Rechtsanwälte, die innerdienstl. und sonstige vertraul. Schriftstücke enthalten. Die Einsicht in die H. der Staatsanwaltschaft ist niemandem gestattet. Dagegen hat der Verteidiger grundsätzlich das Recht auf Einsicht in die Ermittlungsakten (vor Abschluss der Ermittlungen einschränkbar).
Handarbeit, 1) *allg.:* körperl. Arbeit im Unterschied zur geistigen Arbeit.
2) *Textiltechnik:* (Nadelarbeit) zusammenfassende Bez. für handwerklich hergestellte Stickereien, Strick-, Häkel-, Filet- und Knüpfarbeiten sowie Applikationen, Durchbrucharbeiten und Spitzen. Nicht dazu gehören Stopfen, Nähen, Weben.
Handauflegung, in den Religionen weit verbreiteter Gestus zur Übermittlung des Segens, aber auch der Heilung und der Weihe bei der Übertragung eines Priester- oder Herrscheramtes. – In den *christl. Kirchen* ist die H. in der kath., orth. und anglikan. Kirche das äußere, die Übertragung des Hl. Geistes versinnbildlichende Zeichen des Weihesakraments, in den evang. (v. a. luther.) Kirchen der Taufe, Konfirmation, Trauung und Ordination begleitende symbol. Handlung, verstanden als die persönl. Zueignung von Fürbitte und Segen.

Handball: C. Schwarzer beim Seitfallwurf

Handball, Sportspiel zw. zwei Mannschaften, bei dem es darum geht, einen Ball mit der Hand in das gegner. Tor (Höhe 2 m) zu befördern und den Gegner beim Angriff auf das eigene Tor abzuwehren. Die Mannschaft, die nach Abschluss der Spielzeit die meisten Tore erzielt hat, ist Sieger. Benutzt wird ein Hohlball mit Leder- oder Kunststoffhülle, die Spielzeit beträgt 2×30 Minuten. – Ursprünglich als Spiel auf fußballgroßen Feldern entwickelt (**Feld-H.**), wurde er etwa ab 1965 mehr und mehr vom Hallen-H. verdrängt. Heute wird H. von Frauen und Männern nur noch in einer vom Feld-H. abweichenden Form auf kleineren Feldern und fast ausschließlich in Hallen gespielt. Im **Hallen-H.** besteht jede Mannschaft aus zehn Feldspielern und zwei Torhütern, von denen gleichzeitig höchstens sieben (sechs Feldspieler, ein Torwart) auf dem Spielfeld sein dürfen. Das Spiel wird von zwei gleichberechtigten Schiedsrichtern geleitet, die von einem Zeitnehmer (im Hallen-H. gilt effektive Spielzeit) und einem Sekretär unterstützt werden. Der Ball darf mit allen Körperteilen außer Unterschenkel und Fuß gespielt werden. Dies gilt nicht für den Torwart innerhalb seines Torraums; außerhalb gilt er als Feldspieler. Mit dem Ball in der Hand dürfen höchstens drei Schritte gemacht werden (»Dreischritteregel«). Ferner darf der Ball nicht länger als drei Sekunden in der Hand bzw. auf dem Boden festgehalten werden (»Dreisekundenregel«). – Für den auf Freiplätzen ausgeübten Kleinfeld-H. gelten die Regeln des Hallenhandballs.
Weltdachverband des H. ist die International H. Federation (IHF; gegr. 1946, Sitz: Basel), europ. Dachverband die Europ. H. Föderation (EHF; gegr. 1991, Sitz: Wien). Für Vereinsmannschaften finden auf internat. Ebene Europapokalwettbewerbe statt: für Landesmeister (Männer seit 1957, Frauen seit 1961; seit 1994: Champions League) und Pokalsieger (Männer seit 1976, Frauen seit 1977), außerdem der EHF-Pokal (seit 1994 [1982–93: IHF-Pokal], ähnlich dem UEFA-Pokal im Fußball) und der Challenge-Cup (1994–2000: City-Cup). ↑Sportarten (Übersicht).
Handbremse, über Handhebel bediente Bremse; sie wirkt durch mechan. Übertragungselemente auf die Bremsbacken. Bei Kfz ist die H. eine Ausführungsart der nach § 41 der Straßenverkehrszulassungsordnung vorgeschriebenen zweiten, unabhängigen Bremse, die das Fahrzeug auch auf einer geneigten Fahrbahn und insbesondere in Abwesenheit des Fahrzeugführers im Stillstand hält (**Feststellbremse**).

Bei Eisenbahnen dienen H. zum Abbremsen beim Rangieren oder zum Festhalten bei Gefällstrecken.

Handdeutung, die ↑Chirologie.

Handdienste, ↑Fron.

Handel, Beschaffung von Sachgütern und deren Verkauf ohne nennenswerte Veränderung, i.w.S. jeder Austausch von wirtsch. Gütern (Nominal- und Sachgüter, Informationen, Rechte, Dienstleistungen); auch die Gesamtheit der H.-Betriebe. Nach dem Kriterium des Absatzgebietes wird zw. Binnen-H. und Außen-H., nach der Abnehmergruppe und der Absatzmenge zw. Groß-H. und Einzel-H., nach dem H.-Objekt zw. Waren-H., Effekten-H., Devisen-H., Immobilien-H., nach den Eigentumsverhältnissen der Waren zw. Eigen-H. (H. in eigenem Namen und auf eigene Rechnung) und Kommissions-H. (H. im eigenen Namen, aber für fremde Rechnung) unterschieden. **H.-Vermittlung** ist die Anbahnung und Pflege der Verbindungen zw. H.-Partnern zur Förderung von Absatz und/oder Beschaffung, ohne dass Eigentum an Ware erworben wird. Gesamtwirtsch. nimmt der H. eine Mittlerrolle zw. den Produzenten sowie zw. Produzenten und Konsumenten ein. Vor dem Warenumschlag werden Kontakte zw. den Marktpartnern hergestellt und notwendige Informationen und Beratungen durchgeführt (Kontakt-, Informations-, Beratungsfunktion). Sachleistungen der verschiedensten Produzenten werden im Sortiment des Händlers vereinigt (Warenumgruppierungsfunktion). Die Überbrückung der Entfernungen führen Handelsbetriebe selbst aus oder übertragen sie besonderen Einrichtungen des Transportgewerbes (Raumüberbrückungsfunktion). Durch die Lagerhaltung gleicht der H. zeitl. Differenzen zw. Erzeugung und Nachfrage aus (Zeitausgleichsfunktion). Stoffl. Veränderungen der H.-Waren haben lediglich den Charakter von Nebenleistungen (Veredlungsfunktion). **Geschichte:** Im Altertum entwickelte sich der H. bes. um das Mittelmeer. Phöniker, Karthager und Griechen waren nacheinander die führenden Seehandelsvölker. Im Röm. Reich wurden für die Getreideversorgung von Rom die Produktionsüberschüsse vieler Anrainerländer des Mittelmeers herangezogen. Nach dem Zerfall des Röm. Reichs in der Völkerwanderungszeit blieb nur Byzanz ein wichtiger Mittelpunkt für die H.-Beziehungen zw. Ost und West. Der H.-Verkehr zw. Europa und dem Orient erhielt weiter durch die Kreuzzüge Auftrieb und bewirkte seit dem 12.Jh. die wirtsch. Blüte der oberitalien. H.-Städte (Pisa, Venedig, Genua). Von Italien gingen wichtige H.-Wege nach Dtl., wo die großen süddt. H.-Städte, bes. Augsburg, Ulm, Nürnberg, Regensburg, aufblühten und mächtige Welthandelshäuser (Fugger, Welser) entstanden. Im N hatte sich gleichzeitig in den Anrainerländern der Ost- und Nordsee ein neues wichtiges H.-Gebiet entwickelt, das von der ↑Hanse beherrscht wurde. Das Zeitalter der Entdeckungen veränderte die zwischenstaatl. H.-Beziehungen völlig. Ihr Schwerpunkt verlagerte sich in die Anrainerländer der Nordsee und des Atlant. Ozeans. Die Niederlande und bes. England wurden die führenden Welthandelsmächte. Unter dem Einfluss der liberalen Wirtschaftslehre des ↑Freihandels nahmen die H.-Beziehungen einen gewaltigen Aufschwung. Der Kreis der beteiligten Mächte erweiterte sich ständig; Mittel- und Südafrika, Süd- und Ostasien, Australien und Ozeanien wurden für Europa erschlossen, das zunächst der Mittelpunkt der Weltwirtschaft blieb. Es entstand eine weltwirtsch. Arbeitsteilung zw. dem vorwiegend industriell eingestellten Nord- und Mitteleuropa und den Rohstoffländern im Osten und in Übersee. Seit Beginn des 20.Jh. entwickelten sich die USA zur führenden H.-Macht. Der Erste wie auch der Zweite Weltkrieg brachten zunächst eine starke Schrumpfung des Welt-H. und eine stärkere Bedeutung der Überseeländer für den H. Nach dem Zweiten Weltkrieg war der Welt-H. (↑Weltwirtschaft) durch fortschreitende Liberalisierung (GATT, WTO) und Globalisierung bei gleichzeitiger regionaler Blockbildung (z.B. EG, EFTA, RGW, ASEAN, Mercosur, NAFTA) geprägt. Im Binnenhandel verlagerte sich das Schwergewicht auf H.-Ketten, Verbrauchermärkte, SB-Warenhäuser und neue Betriebsformen (z.B. ↑Cash-and-carry-Großhandel, ↑Discounter).

📖 *Müller-Hagedorn, L.: Der H. Stuttgart 1998. – Eggert, U.: Der H. im 21. Jh. Düsseldorf, Berlin 2001. – Der H. im Informationszeitalter,* hg. v. *D. Möhlenbruch und M. Hartmann. Wiesbaden 2002.*

HAN Händel

Händel, Georg Friedrich, Komponist, *Halle (Saale) 23. 2. 1685, †London 14. 4. 1759; Sohn eines Wundarztes, war zunächst als Geiger in Hamburg, 1707–10 in Italien, dann als Hofkapellmeister in Hannover und seit 1712 meist in London tätig, wo er 1713 Hofkomponist wurde (1727 engl. Staatsbürgerschaft). 1719 gründete er in London die Royal Academy of Music, das königl. Opernhaus, das sich 1728 wegen wirtsch. Misserfolge wieder auflösen musste. H., der v. a. als Organist und Orgelimprovisator an die Öffentlichkeit trat, erblindete während der Komposition des Oratoriums »Jephta« (1751/52). Er führte in der Instrumentalmusik den italien. Sonaten- und Konzertstil, auf musikdramat. Gebiet die italien. Barockoper und das Oratorium zu einer Vollendung, die ihm als erstem dt. Musiker Weltruf verschafften.
✦ **siehe ZEIT Aspekte**

Georg Friedrich Händel (Ausschnitt aus einem Gemälde von Balthasar Denner, um 1726–28; London, National Portrait Gallery)

Weitere Werke: Opern: Almira (1705), Agrippina (1709), Il pastor fido (1712, Neufassung 1734), Radamisto (1720), Giulio Cesare (1724; dt. Julius Cäsar), Arianna (1734), Alcina (1735), Atalanta (1736), Serse (1738; dt. Xerxes, darin das bekannte »Largo«). – Oratorien: Esther (1720, Neufassung 1732), Israel in Ägypten (1739), Messias (1742, darin das »Halleluja«), Judas Makkabäus (1747). – Sonstige Vokalwerke: Acis und Galatea (1719/20, Neufassung 1732), Johannes-Passion (1704), Utrechter Te Deum und Jubilate (1713), Passion nach Brockes (1717), Dettinger Te Deum (1743), 22 Anthems, 9 Arien. – Instrumentalwerke: 6 Concerti grossi op. 3 (1733), 12 Concerti grossi op. 6 (1739), Wassermusik (1715–17), Feuerwerksmusik (1749), etwa 20 Orgelkonzerte, zahlr. Trio- und Solosonaten (u. a. für Violine, Oboe, Block- und Querflöte), über 20 Klaviersuiten.
📖 *Friedenthal, R.:* G. F. H. mit Selbstzeugnissen u. Bilddokumenten. Reinbek [19]1995. – *Schmelzer, H.-J.:* Siehe, Dein König kommt – Leben und Musik des G. F. H.. Düsseldorf 1995. – *Lewin, W. u. Margraf, M.:* G. F. H. Biographie. Berlin [2]1996. – *Hogwood, C.:* G. F. H. A. d. Engl. Frankfurt am Main 2000.

Handel-Mazzetti, Enrica Freiin von, österr. Schriftstellerin, *Wien 10. 1. 1871, †Linz 8. 4. 1955; schrieb breit angelegte, dem kath. Barock verpflichtete histor. Romane, u. a. »Meinrad Helmpergers denkwürdiges Jahr« (1900).

Handeln, reflektierte, willentl. Tätigkeit im Ggs. zum passiven, instinktgebundenen Verhalten. – In der *Philosophie* spielt der Begriff des H. eine zentrale Rolle im Pragmatismus (J. Dewey), als kommunikatives H. im Ggs. zum strateg. (rein auf Nutzen und Erfolg zielendes) H. bei J. Habermas und bei H. Jonas, der vom veränderten Wesen menschl. H. angesichts der neuartigen Dimensionen der Technik spricht. – In der *Soziologie* bedeutet H. i. e. S. das **soziale H.,** das sinnhaft auf andere Personen ausgerichtet und damit abhängig vom jeweiligen kulturellen Rahmen wertbestimmt und normengeleitet ist.

Handel per Erscheinen, Handel mit Wertpapieren vor Erscheinen der Stücke, d. h., bevor lieferbare Stücke zur Verfügung stehen.

Handel per Termin, andere Bez. für ↑Termingeschäfte.

Handelsabkommen, ↑Handelsvertrag.

Handelsakademie, in Österreich berufsbildende höhere Schule (fünfjähriges Wirtschaftsgymnasium), die an die achte Schulstufe anschließt und mit einer Reifeprüfung abschließt.

Handelsbeschränkungen, ↑Handelshemmnisse.

Handelsbilanz, 1) *Außenwirtschaft:* die ↑Zahlungsbilanz.
2) *Betriebswirtschaftslehre:* ↑Bilanz.
Handelsblatt, überregionale Wirtschafts- und Finanzzeitung, gegr. 1946, erscheint börsentäglich in Düsseldorf; Auflage (2004, 1. Quartal): 144 000 Exemplare.
Handelsbrauch (Usance), Verkehrssitte im Handel; entsteht durch längere gleichmäßige Übung der Angehörigen eines Geschäftszweiges und hat gewohnheitsrechtl. Charakter. Auf den H. ist unter Kaufleuten nach § 346 HGB Rücksicht zu nehmen. Er gilt, anders als allg. ↑Geschäftsbedingungen, ohne Rücksicht auf Willen oder Kenntnis der Vertragspartner, kann aber vertraglich ausgeschlossen werden. Im Streitfall wird der H. durch Gutachten der Industrie- und Handelskammern festgestellt.
Handelsbriefe, kaufmänn. Korrespondenz. H. unterliegen der ↑Aufbewahrungspflicht.
Handelsbücher (Geschäftsbücher), Bücher, in denen ein Kaufmann seine Handelsgeschäfte und die Lage seines Vermögens nach den Grundsätzen ordnungsgemäßer ↑Buchführung ersichtlich macht. H. müssen zehn Jahre aufbewahrt werden.
Handelsflagge (engl. Merchant Flag), die ↑Flagge der Handelsschiffe, die häufig der Staatsflagge ähnelt; sie muss von jedem im Schiffsregister eingetragenen Handelsschiff (Kauffahrteischiff) am Heck oder an der ↑Gaffel geführt werden **(Kauffahrteiflagge),** wenn die Bekanntgabe der Nationalität erforderlich ist (bes. beim Einlaufen in einen Hafen und beim Auslaufen).
Handelsflotte (Handelsmarine), die Gesamtheit der seegängigen, v. a. zur Güterbeförderung im Seehandel eingesetzten Schiffe (↑Handelsschiff), die in das Seeschiffsregister des betreffenden Staates eingetragen sind. Der Wert einer H. hängt von den Merkmalen Schiffsklasse, Typ, Alter, Geschwindigkeit der Schiffe ab. Man unterscheidet v. a. Schiffe für Personenbeförderung, Trockenfrachtschiffe, Containerschiffe und Tankschiffe, die in »großer Fahrt«, »mittlerer Fahrt« und »Küstenfahrt« eingesetzt werden. Weil sie Billigflaggenländer sind, verfügen Panama (114,4 Mio. BRZ) und Liberia (51,5 Mio. BRZ) über die weltgrößten H. Die H. der Welt umfassen (2000) Schiffe mit einer Bruttoraumzahl von 558,1 Mio. (↑Schifffahrt)
Handelsgeographie, Zweig der Geographie, befasst sich mit den räuml. und funktionalen Erscheinungen des Binnen- und Außenhandels, dem räumlich differenzierten Konsumentenverhalten sowie im Außenhandel mit dem Ursprungs- und Zielgebiet eines Handelsgutes.
Handelsgericht, umgangssprachl. für: die landgerichtl. ↑Kammer für Handelssachen.
Handelsgeschäft, jedes Geschäft eines Kaufmanns, das zum Betrieb seines Handelsgewerbes gehört. Auf H. findet das Handelsrecht Anwendung (§§ 343 ff. HGB), das BGB nur, wenn handelsrechtl. Vorschriften fehlen. Meist genügt es, wenn bei einem H. eine Partei Kaufmann ist **(einseitiges H.),** in Ausnahmefällen müssen beide Kaufmann sein **(zweiseitiges H.).** Auch das Unternehmen des Kaufmanns.
Handelsgesellschaft, die Vereinigung von mehreren Personen zum Betrieb eines Handelsgewerbes unter gemeinsamer Firma. H. sind entweder ↑Personengesellschaften (OHG, KG, EWIV) oder ↑Kapitalgesellschaften (AG, GmbH, KGaA).
Handelsgesetzbuch, Abk. **HGB,** das Gesetzbuch vom 10. 5. 1897, in Kraft seit 1. 1. 1900, das das Handelsrecht regelt. Sein Vorgänger war das »Allg. Dt. H.«, das 1862–64 in den einzelnen dt. Bundesstaaten eingeführt wurde. Das H. ist in fünf Bücher aufgeteilt (Handelsstand, Handelsgesellschaften und stille Gesellschaft, Handelsbücher, Handelsgeschäfte, Seehandel). Zum H. sind mehrfach Änderungen ergangen, bes. in Durchführung von Richtlinien des Rates der EU. – In *Österreich* wurde das dt. H. 1938 eingeführt und blieb nach 1945 in Kraft. In der *Schweiz* ist das Handelsrecht im Obligationenrecht vom 30. 3. 1911 enthalten.
Handelsgewerbe, jeder Gewerbebetrieb, der nach Art und Umfang einen in kaufmänn. Weise eingerichteten Geschäftsbetrieb (Betrieb unter einer Firma, kaufmänn. Buchführung) erfordert. Wer ein solches H. betreibt, ist kraft Gesetzes ↑Kaufmann im Sinne des HGB (§ 1), auch ohne Eintragung im Handelsregister. Nach § 2 HGB gilt darüber hinaus ein gewerbl.

HAN Handelsgut

Unternehmen, das nicht schon nach § 1 Abs. 2 H. ist, dann als H., wenn die Firma des Unternehmens im Handelsregister eingetragen ist (Kaufmann durch freiwillige Eintragung). Die Bestimmungen zum H. sind durch das Handelsrechtsrefom-Ges. vom 22. 6. 1998 verändert worden, ↑Grundhandelsgeschäfte kennt das HGB nicht mehr.

Handelsgut (Handelsware), Gegenstand eines Handelsumsatzgeschäftes (Waren, Effekten, Devisen). Bei Vorliegen einer Gattungsschuld ist grundsätzlich H. mittlerer Art und Güte zu liefern (§ 360 HGB).

Handelshemmnisse (Handelsbeschränkungen), Eingriffe in den internat. Handel, die im Ggs. zum ungehinderten internat. Handelsverkehr (↑Freihandel) Ausmaß, Struktur und/oder Richtung der Handelsströme zw. verzerren. Es wird zw. **tarifären H.** (z. B. ↑Zoll) und nichttarifären H. unterschieden. Die **nichttarifären H.** werden unterteilt in formale (preisbezogene und mengenbeschränkende Maßnahmen) sowie administrative H. Zu den preisbezogenen Maßnahmen gehören z. B. Einfuhrbardepots, Abschöpfungen, Einfuhrzuschläge und -nebenabgaben, staatl. Beihilfen und Subventionen. Mengenbeschränkende H. sind u. a. Einfuhr- und Ausfuhrverbote sowie Einfuhr- und Ausfuhrkontingente, Einfuhr- und Ausfuhrmindestpreise, freiwillige Selbstbeschränkungsabkommen beim Export und internat. Kartelle. Öffentl. Auftragsvergabe zugunsten inländ. Produzenten oder geringe Publizität bei Ausschreibungen, Außenhandelsmonopole, Einfuhrüberwachung und Ursprungskontrollen, Verbraucherschutzbestimmungen, techn. Normen und Standards, Embargos, Menschenrechts- und Sozialklauseln stellen Beispiele für administrative und sonstige H. dar. H. sind Instrumente des Protektionismus, durch die die Wettbewerbsfähigkeit inländ. Unternehmen künstlich verbessert wird. Ihre Beseitigung ist u. a. Aufgabe der ↑Welthandelsorganisation.

Handelshochschulen, seit Ende des 19. Jh. aus höheren Lehranstalten entstandene Form der FH zur Ausbildung des Diplomkaufmanns, -volkswirts und -handelslehrers. Die ältesten H. entstanden in Leipzig (1898; 1994 als universitäre wirtschaftswiss. und erste private Hochschule in den neuen Bundesländern neu gegründet), St. Gallen (1899), Köln (1901), Frankfurt am Main (1901), Berlin (1906); in Mannheim (1908), München (1910) und Königsberg (1915). ↑Wirtschaftshochschulen.

Handelskammern, ↑Industrie- und Handelskammern.

Handelskauf, Kauf von Waren oder Wertpapieren, wenn dies ein Handelsgeschäft ist. Das HGB (§§ 373–382) regelt einige Abweichungen vom allg. Kaufrecht des BGB, das im Übrigen auch dem H. zugrunde liegt. Die Pflichten der Parteien werden verstärkt, die Abwicklung der Verträge wird vereinfacht und beschleunigt. Wichtigste Besonderheit bei zweiseitigen H. ist die Rügepflicht, d. h. die Pflicht, Mängel des Gutes dem Verkäufer unverzüglich anzuzeigen, andernfalls entfallen die Gewährleistungsrechte. Der kombinierten Regelung aus BGB und HGB gehen allerdings Parteiabreden (heute bes. allg. Geschäftsbedingungen) vor.

Handelsklasse, nach dem H.-Gesetz (i. d. F. v. 1972) Maßstab zur Bestimmung der Güte von landwirtsch. und fischereiwirtsch. Erzeugnissen.

Handelsklauseln, Abreden in Kaufverträgen, die die Willensentscheide der Vertragsparteien festlegen und die Angebots-, Liefer- und Zahlungsbedingungen zw. Käufern und Verkäufern bei nat. und internat. Handelsgeschäften regeln. Die internat. übl. Lieferbedingungen sind in den **Incoterms 2000** (Abk. für **In**ternational **Co**mmercial **Terms 2000**) festgeschrieben. Die Incoterms wurden 1936 von der Internat. Handelskammer Paris aufgestellt und seither mehrmals überarbeitet, zuletzt zum 1. 1. 2000. Die Incoterms bestimmen Liefer- und Abnahmeverpflichtungen, Verteilung der Kosten, Gefahrübergang, Transportversicherung u. a. Für den nat. Geltungsbereich sind die H. in den **Trade Terms** (engl.; frz. Termes commerciaux) fixiert, die für jedes Land eine einheitl. Auslegung international gebräuchl. Lieferbedingungen enthalten (z. B. CIF, FOB).

Handelskompanien, große, durch Monopole, Privilegien und Territorialhoheitsrechte begünstigte Handelsges., die bes. während des Merkantilismus v. a. den Überseehandel beherrschten und zur Kolonisierung vieler Länder beitrugen. Bekannt wurden bes. die engl. **Ostind. Kompanie** (East India Company, gegr. 1600), die niederländ. **Ostind. Kompanie** (gegr.

1602), die engl. **Hudson's Bay Company** (gegr. 1670) und die frz. Ost- und die Westind. Kompanie (beide gegr. 1664). In Preußen war nur die Seehandlung (↑Preußische Staatsbank) von Bedeutung. H. gehen auf die zur Selbsthilfe gegr. kaufmänn. Organisationen (Genossenschaften, Gilden, Hansen) der Fernhändler des 10./11. Jh. zurück, die ab dem 16. Jh. vom Staat Schutz und Unterstützung erhielten. Gegen finanzielle Abgaben gestatteten zahlr. Staaten ihren H. die Anwendung polit. Machtmittel (Bau von Forts und Faktoreien, Münz- und Gerichtshoheit, Vertrags- und Bündnisrechte, Anwendung militär. Gewalt).

Handelskrieg, eine Form des ↑Wirtschaftskrieges.

Handelslehrer, Lehrkraft für den Unterricht an kaufmänn. Berufs-, Berufsfach- (Handels-) und Fachschulen. Voraussetzung ist das Studium eines wirtschaftswiss. und eines anderen Faches an einer wiss. Hochschule.

Handelsmakler, selbstständiger Kaufmann, der gewerbsmäßig Verträge über Kauf oder Verkauf von Waren, Wertpapieren oder sonstigen Gegenständen des Handelsverkehrs vermittelt (§§ 93 ff. HGB; Ggs. Zivilmakler, ↑Makler). Er führt seine Geschäfte aufgrund einzelner Aufträge aus, ohne durch Vertrag ständig damit betraut zu sein. Der H. hat den Vertragsschluss zu vermitteln. Er ist gegenüber seinem Auftraggeber wie auch gegenüber der anderen Partei des zu vermittelnden Vertrags aufgrund eines gesetzl. Schuldverhältnisses zur Interessenwahrung und zur ordnungsmäßigen Durchführung des Auftrags verpflichtet; er haftet gegenüber beiden Parteien bei schuldhaft verursachtem Schaden. Für seine Vermittlung steht dem H. eine Provision (Courtage) zu. – In *Österreich* gelten die §§ 93–104 HGB, in der *Schweiz* ist der »Mäklervertrag«, ohne Unterscheidung zw. Zivil- und H., in den Art. 412 ff. OR geregelt.

Handelsmarine, die ↑Handelsflotte.

Handelsmarke, Mittel zur Kennzeichnung von Waren oder Dienstleistungen, das von einem Handelsbetrieb genutzt wird (↑Marken).

Handelsmünzen (Tauschgeld), Münzen, deren Kaufkraft auf ihrem Substanzwert beruht. Verbreitete H. der Neuzeit waren die Mariatheresientaler.

Handelsname, die ↑Firma; i. w. S. Oberbegriff für alle geschäftl. Kennzeichnungen (auch Marken).

Handelspolitik, Kurzbez. für Außenhandels- und Außenwirtschaftspolitik (↑Außenwirtschaft).

Handelsprivilegien, Vorrechte, die Einzelpersonen oder Gesellschaften, z. T. auch Städten, für Handelszwecke erteilt wurden. Urspr. obrigkeitl. Handelsregelungen (Stapelrechte, Handelsmonopole), wurden im 17. und 18. Jh. als Konzessionen an ↑Handelskompanien verliehen, in Dtl. seit 1886 an Kolonialgesellschaften.

Handelsrecht, vom bürgerl. Recht abgegrenzter Teil des Privatrechts, der die Rechtssätze über den Handelsverkehr umfasst. Das dt. H. ist v. a. im ↑Handelsgesetzbuch enthalten. Nebengesetze regeln die AG, GmbH, Genossenschaft, das Wechselrecht, das Versicherungsrecht u. a.
📖 *Wörlen, R.: Grundzüge des Privatrechts, Bd. 4: Grundbegriffe aus dem H. u. Überblick über das Gesellschaftsrecht. Köln u. a.* ²1996. – *Canaris, C.-W.: H. Ein Studienbuch, begr. v. K.-H. Capelle. München* ²³2000. – *Brox, H.: H. u. Wertpapierrecht. München* ¹⁵2001. – *Klunzinger, E.: Grundzüge des H. München* ¹²2002.

Handelsregister, öffentl., vom Amtsgericht geführtes Register, in dem die rechtl. Verhältnisse der Kaufleute und Handelsgesellschaften (Firma, Inhaber, Gesellschafter, Haftungs- und Vertretungsverhältnisse u. a.) aufgezeichnet werden. Es besteht aus zwei Abteilungen: A für Einzelkaufleute und Personengesellschaften, B für Kapitalgesellschaften. Eintragungen werden im Bundesanzeiger und einer örtl. Zeitung bekannt gemacht (§§ 8 ff. HGB). Einsicht in H. ist jedem gestattet. Gutgläubige sind in ihrem Vertrauen auf die Richtigkeit der Eintragungen geschützt. – Zu *Österreich* ↑Firmenbuch, in der *Schweiz* werden H. bei kantonalen Behörden geführt.

Handelsrichter, ehrenamtl. kaufmänn. Beisitzer der ↑Kammern für Handelssachen; von der Justizverw. auf Vorschlag der IHK für 3 Jahre ernannt.

Handelssachen, Rechtsstreitigkeiten nach § 95 Gerichtsverfassungs-Ges., die auf Antrag vor der Kammer für H. verhandelt werden, z. B. Klagen gegen Kaufleute aus zweiseitigen Handelsgeschäften sowie Wechsel- und Scheckklagen.

HAN Handelsschiff

Handelsschiff, ein Fahrzeug, das Fahrgäste und Güter aller Art gegen Entgelt über See befördert. Es muss nach den Vorschriften der Klassifikationsgesellschaften erbaut sein, den Vorschriften der Sicherheitsbehörden (z. B. Seeberufsgenossenschaft, Board of Trade) genügen und in das Schiffsregister seines Heimatstaates eingetragen sein. Das Maß für die Gesamtgröße von H. ist die Bruttoraumzahl, BRZ.

Handelsschiff: Bereits die Phönizier benutzten Handelsschiffe (Relief).

Handelsschulen, berufsvorbereitende Berufsschulen auf kaufmänn. Gebiet (meist 2–3 Jahre); der Abschluss gilt als Fachoberschulreife. Die **höheren H.** sind ein- und zweijährige Berufsfachschulen, die Fachoberschulreife bzw. mittleren Bildungsabschluss voraussetzen. Ihr Besuch führt zur Fachhochschulreife.
Handelsspanne (Verkaufsspanne), die Differenz zw. dem Verkaufspreis (meist einschließlich Mehrwertsteuer) und dem Einkaufs- bzw. Einstandspreis (einschließlich Bezugskosten, meist ohne Vorsteuer) einer Ware, meist in Prozent des Verkaufspreises. Mit der H. sollen die zu den Wareneinstandskosten hinzutretenden Handlungskosten gedeckt und ein Gewinn erzielt werden.
Handelsstraßen, alte Wege des Fernhandels, durch Handelsbeziehungen für bestimmte Güter (z. B. Gold, Salz, Pelze, Seide, Bernstein, Wein) entstanden.
Handelsvertrag, langfristige und umfassende oder kurzfristige **(Handelsabkommen)** Vereinbarung über die Außenhandelsbeziehungen zw. zwei oder mehreren Staaten, v. a. hinsichtlich des Grades an Freizügigkeit von Waren-, Dienstleistungs-, Kapital- und Personenverkehr. H. können Regelungen zu folgenden Bereichen enthalten: wechselseitige Handelsfreiheit, ungehinderte Ein-, Aus- und Durchfuhr, Niederlassungsfreiheit für die Staatsangehörigen der beteiligten Staaten, Rechtsschutz für Ausländer, Rohstofflieferungen, Investitionsförderung, wirtsch. und techn. Zusammenarbeit, Schutz ausländ. Investitionen gegen Enteignung und Nationalisierung, Patent-, Marken- und Musterschutz, Anerkennung ausländ. Handelsgesellschaften, Zugang zu den Häfen, Zoll- und Besteuerungsverfahren. – Neben zweiseitigen H. haben nach dem Zweiten Weltkrieg multilaterale Abmachungen zur gegenseitigen Bindung der Zollsätze, Festlegung von Handels- und Zahlungserleichterungen und Zusicherung gegenseitiger Gleichbehandlung wachsende Bedeutung erlangt (GATT, WTO, UNCTAD, AFTA, NAFTA und H. zw. Integrationsräumen wie zw. EG und ASEAN).
Handelsvertreter, selbstständiger Gewerbetreibender, der aufgrund eines dauernden Vertragsverhältnisses für eines oder mehrere Unternehmen ständig Geschäfte vermittelt **(Vermittlungsvertreter)** oder abschließt **(Abschlussvertreter).** Der H. hat Anspruch auf Provision für alle auf seine Tätigkeit zurückzuführenden Geschäfte (§§ 84 ff. HGB). – In *Österreich* gilt das H.-Gesetz 1993 und in der *Schweiz*, wo der **Agent** dem H. entspricht, Art. 418 a ff. Obligationenrecht.
Handelsware, das ↑Handelsgut.
Handelswert, gemeiner, im Handelsverkehr zu erzielender Durchschnittspreis (Marktpreis) der Ware.
Händelwurz (Gymnadenia), Gattung der Orchideen mit rd. 10 Arten in Europa und im gemäßigten Asien; Blüten in dichten Ähren, Lippe gespornt. In Dtl. v. a. auf Flachmooren und feuchten Wiesen die 10–60 cm hohe **Mücken-H.** (Gymnadenia conopsea) mit rosa bis purpur gefärbten Blüten.
Handfeste, *Rechtsgeschichte:* Formalakt, bei dem zur rechtswirksamen Bekräftigung einer Willenserklärung das Rechtssymbol einer Partei von der anderen mit der Hand berührt wurde; galt in späterer Zeit auch für Beurkundungsakte.
Handfeuerwaffe, Schusswaffe, die – im Unterschied zum Geschütz – von einer Per-

son getragen und eingesetzt wird: Gewehr, Maschinenpistole, Maschinengewehr und Faustfeuerwaffe (Pistole, Revolver).
Handgeld, 1) *Brauchtum:* (Drangeld, Treugeld), früher Rechtsbrauch der symbol. Anzahlung einer kleinen Geldsumme bei mündl. Abschluss eines Vertrages; bis ins 18. Jh. Werbungsgeld für Söldner. – In Form von drei »Ehetalern« früher eine der Gaben des Bräutigams an die Braut am Hochzeitstag.
2) *Recht:* die ↑Draufgabe.
Handgranate, für den Nahkampf verwendeter Wurfkörper. Nach der Wirkung werden Splitter-H. (auch Spreng-H. gen.) sowie die H. mit Brand- oder Nebelsätzen unterschieden, hinsichtlich der Form Eier-H., H. mit zylinderförmigem Körper und Stiel-H. mit stielartigem Griff.
Handharmonika, ein Musikinstrument, ↑Ziehharmonika.
Handheld [ˈhɛnthɛlt, engl.] (Handheld-Computer), tragbarer Computer, der bei der Bedienung »in der Hand gehalten« werden kann. H. verfügen über PC-Funktionen wie Büroprogramme und erlauben digitale Kommunikation. – Sie werden seit Anfang der 1990er Jahre produziert. Inzwischen haben sich zahlr. Modelle und unterschiedl. Bez. herausgebildet. Mit Blick auf ihre Abmessungen werden H. auch als **Palmtop** (in Anlehnung an den Begriff Laptop), mit Blick auf ihre Funktion auch als **PDA** (engl. für *p*ersonal *d*igital *a*ssistent) oder **Organizer** bezeichnet. Viele H. mit Tastatur werden auch **Handheld-PC,** viele ohne Tastatur auch **Pocket-PC** genannt. Stiftgeräte heißen **Penpad** oder **Pen-Computer.** Die Mehrheit der H. lässt sich mit einem Desktop-Computer verbinden, entweder über Datenkabel oder über Infrarotverbindung, auch über eine »Docking-Station«, die an den Desktop-Computer angeschlossen ist.
Handikap [ˈhɛndikɛp; engl.] *das* (Handicap), **1)** *allg.:* Benachteiligung, Vorbelastung, Erschwerung.
2) *Sport:* urspr. ein in Irland übl. Tauschverfahren, dann übertragen ein Wettkampf, bei dem die ungleichen Aussichten der Teilnehmer durch Punkt-, Masse- oder Distanzvorgaben von einem Unparteiischen ausgeglichen werden. In diesem Sinn wird die Bez. H. beim Galopprennen für ein Ausgleichsrennen verwendet, bei dem die Gewinnaussichten der Pferde durch einen (Gewichts-)Ausgleich einander angepasst werden.
Handkauf, Barkauf, bei dem die Ware sofort gegen Geld getauscht wird.
Handke, Peter, österr. Schriftsteller, *Griffen (Bez. Völkermarkt) 6. 12. 1942; begann mit Dramatik, die Sprach- und Bewusstseinsschablonen kritisierte (»Publikumsbeschimpfung«, 1966; »Das Mündel will Vormund sein«, 1969), ähnlich in Lyrik- und Prosabänden (»Die Innenwelt der Außenwelt der Innenwelt«, 1969; »Die Angst des Tormanns beim Elfmeter«, Erz., 1970; »Wunschloses Unglück«, Erz., 1972 u. a.). Später wandte er sich zunehmend einer lyr., hochstilisierten Schreibweise zu; zentrales Thema der Prosa und auch der Arbeiten für das Theater wurde die Entfremdung zw. Subjekt und Umwelt (»Der Ritt über den Bodensee«, Stück, 1971; »Die linkshändige Frau«, Erz., 1976; »Langsame Heimkehr«, Erz., 1979; »Über die Dörfer«, Dr., 1981; »Die Fahrt mit dem Einbaum«, Stück, 1999). Seit Ende der 1980er-Jahre hat die Prosa deutl. autobiografische Züge (u. a. die Essays »Versuch über die Müdigkeit«, 1989; »Versuch über den geglückten Tag«, 1991; die Romane »Mein Jahr in der Niemandsbucht«, 1994; »In einer dunklen Nacht ging ich aus meinem stillen Haus«, 1997; »Der Bildverlust oder Durch die Sierra de Gredos«, 2002). Als Verteidiger serb. Positionen in den Balkankonflikten (»Eine winterliche Reise zu den Flüssen Donau, Save, Morawa und Drina oder Gerechtigkeit für Serbien«, 1996) gab er 1999 als Protest gegen die NATO-Bombardements den 1973 erhaltenen Georg-Büchner-Preis zurück.
📖 *Pichler, G.:* Die Beschreibung des Glücks. P. H., eine Biogr. Wien 2002.
Handkuss, 1) Grußform der Ehrerbietung, die mit dem span. Hofzeremoniell Ende des 16. Jh. nach Dtl. kam; bes. älteren (verheirateten) Damen erwiesen; heute kaum noch üblich. – Abb. S. 229
2) in der lat. Liturgie seit dem 4. Jh. der Brauch, dem Bischof die Hand bzw. den Bischofsring zu küssen; kaum noch üblich.
Handl, Jacob (latinisiert Jacobus Gallus), österr. Komponist slowen. Herkunft, *Reifnitz (heute Ribnica, bei Kočevje) zw. 15. 4. und 31. 7. 1550, † Prag 18. 7. 1591; einer der Meister der kath. Kirchenmusik der Gegenreformation, bes. vier- bis achtstimmige und mehrchörige Motetten in venezian. Stil.

Handlesekunst, ↑Chiromantie.
Handling ['hændlıŋ, engl.] *das,* Handhabung (bes. in Bezug auf Computeranwendungen).
Handlung, 1) *Literatur:* Geschehnisfolge in literar. Werken, kann sich in Haupt- und Neben-H., äußere und innere H. gliedern.
2) *Psychologie:* bewusstes, zielorientiertes, zeitlich und logisch strukturiertes Verhalten (auch bewusstes Unterlassen). Das H.-Ziel und z. T. auch der geistige Ablauf sind in geistigen Bildern repräsentiert; jede komplexe menschl. Tätigkeit wird durch psych. Vorgänge geregelt **(H.-Regulation).** Die ↑Handlungstheorie befasst sich u. a. mit der hierarch. Struktur miteinander verknüpfter H. **(H.-Ebenen).**
3) *Recht:* ↑Rechtshandlung. – Im Strafrecht stellt der H.-Begriff, der seit langem diskutiert wird, eines der vier Glieder in der Definition der Straftat dar. Bei der Definition der H. wird teils auf das Vorliegen einer vom Willen beherrschten Körperbewegung (natürl. H.-Begriff), teils auf die willkürl. Veränderung der Außenwelt (kausaler H.-Begriff), auf die Sozialerheblichkeit menschl. Verhaltens (sozialer H.-Begriff), auf die vom Ziel her gelenkte Steuerung des Kausalverlaufs (finaler H.-Begriff) oder auf die vermeidbare Nichtvermeidung verbotener Erfolge (negativer H.-Begriff) abgestellt. Keiner der rivalisierenden H.-Begriffe hat sich durchsetzen können. – Im Zivilrecht ist H. ein bewusstes Verhalten (also kein Tun im Schlaf oder unter Hypnose), das bestimmte Rechtsfolgen herbeiführt. Die unerlaubte rechtswidrige H. löst Schadensersatzansprüche aus.
Handlungsfähigkeit, die Fähigkeit zum rechtswirksamen Handeln. Sie umfasst die ↑Geschäftsfähigkeit und die ↑Deliktsfähigkeit. Die H. setzt die natürl. Fähigkeit zur Willensbildung voraus und fehlt deshalb vielfach Minderjährigen, für die der gesetzl. Vertreter handelt. Für jurist. Personen handeln ihre Organe (z. B. Vorstand). Gleiches gilt in *Österreich* und in der *Schweiz.*
Handlungsgehilfe (kaufmännischer Angestellter), Angestellter in einem Handelsgewerbe, der aufgrund eines entgeltl. Arbeitsvertrages zur Leistung kaufmänn. Dienste verpflichtet ist, z. B. Buchhalter, Kassierer, Verkäufer, Einkäufer, Handlungsreisende. Seine Rechtsstellung ist in §§ 59 ff. HGB geregelt, jedoch ist wegen der mangelnden Selbstständigkeit des H. bes. das Arbeitsrecht von Belang. In Bezug auf den Arbeitgeber dürfen H. in dessen Handelszweig keine eigenen Geschäfte machen oder nebenher ein anderes Handelsgewerbe betreiben. Ein Wettbewerbsverbot nach Ausscheiden aus dem Betrieb ist schriftlich zu vereinbaren, darf zwei Jahre nicht überschreiten und ist entschädigungspflichtig.
Handlungstheorie, die Gesamtheit der wiss. Modelle, die die Abläufe menschl. Handelns beschreiben und erklären; z. B. die »Feldtheorie des Handelns« von K.↑Lewin. Neuere Ansätze betonen stärker die interne kognitive Repräsentation sich überschneidender Handlungen und Handlungsziele, die Rückkoppelungen zw. der aktuell ausgeführten Handlung und ihrem geistigen Bild sowie die hierarch. Organisation diverser kognitiv repräsentierter Handlungspläne.
Handlungsvollmacht, die von einem Kaufmann oder Prokuristen erteilte, nicht in einer Prokura bestehende Vollmacht (§ 54 HGB) zum Betrieb eines Handelsgewerbes im Ganzen **(General-H.)** oder zur Vornahme einer bestimmten Art **(Gattungs-H.)** oder einzelner zu einem Handelsgewerbe gehöriger Geschäfte **(Spezial-H.).** Die H. kann formlos erteilt werden und wird nicht in das Handelsregister eingetragen. Sie ist gegenüber der Prokura in ihrer Wirkung schwächer, berechtigt z. B. nicht zu Grundstücksgeschäften, Darlehnsaufnahme oder Prozessvertretung. – Gleiches gilt im *österr.* (§ 54 HGB) und *schweizer.* (Art. 462 OR) Recht.
Handmehr, in der Schweiz Bez. für durch Handaufheben geübtes Verfahren der Mehrheitsermittlung bei Abstimmungen.
Hand-out ['hændaʊt, engl.] *das* (Handout), ausgegebene Informationsunterlage, Informationsschrift (z. B. bei Tagungen).
Handpferd, *Pferdesport:* vom Reiter an der rechten Hand mitgeführtes reiterloses Pferd, auch das rechte Pferd im Gespann (ohne Reiter).
Handpresse, *graf. Technik:* Druckpresse einfacher Bauart für Handbetrieb, auf der Korrekturabzüge sowie kleine, sorgfältig ausgestattete Druckauflagen (Originalgrafik) hergestellt werden. Sie wurde zuerst von J. Gutenberg konstruiert und blieb bis heute als Spindel- und Kniehebelpresse im Prinzip unverändert. Der **H.-Druck**

Handschrift HAN

Handkuss 1): Handküsse waren noch zu Beginn des 20. Jh. eine weit verbreitete Form der Ehrerbietung

wurde durch die Ausbreitung der Schnellpresse verdrängt, seit 1891 bes. von William Morris wieder angewandt, in Dtl. 1907 in der Ernst-Ludwig-Presse in Darmstadt und in der Bremer Presse (1911–34) zu hoher buchkünstler. Leistung gesteigert.

Handpuppe, bewegl. Theaterfigur (↑Figurentheater). Die durch das Kostüm verdeckte Hand des Spielers bildet den Körper der Puppe, auf dem Zeigefinger sitzt ihr ausgehöhlter, übergroßer Kopf, Daumen und Mittelfinger werden in die Arme gesteckt. Die traditionellen Figuren (Kasperl, Großmutter, König, Prinzessin, Räuber, Hexe u. Ä.) sind die wesentl. Rollenträger des **H.-Theaters,** wobei Kasperl als die lustige Figur die Hauptrolle spielt **(Kasperltheater).**

Handregeln, Merkregeln der *Elektrotechnik,* mit denen man die Richtung von Kraftwirkungen, Strömen und Magnetfeldern ermitteln kann. Die **Linkehandregel** ergibt die Richtung der im magnet. Feld auf einen Stromleiter wirkenden Kraft: Hält man die linke Hand so, dass die magnet. Feldlinien (ausgehend vom Nordpol N) senkrecht in die (innere) Handfläche eintreten und der Strom in Richtung der Finger fließt, dann gibt der Daumen die Richtung der Kraft an. Die **Rechtehandregel** ergibt die Richtung des induzierten Stromes in einem im magnet. Feld bewegten Leiter: Hält man die rechte Hand so, dass die magnet. Feldlinien senkrecht in die (innere) Handfläche eintreten und der Daumen in die Bewegungsrichtung des Leiters weist, dann geben die Finger die Richtung des induzierten Stromes an. – Entsprechende Regeln lassen sich mithilfe der zueinander senkrecht gestellten Daumen (D), Zeigefinger (Z) und Mittelfinger (M) der rechten oder der linken Hand aufstellen **(Dreifingerregeln).** Bei der Linkehandregel ergibt D die Richtung der Kraft, wenn Z in Magnetfeldrichtung und M in Stromrichtung weist, bei der Rechtehandregel ergibt M die Richtung des Induktionsstromes, wenn Z in Magnetfeldrichtung und D in Bewegungsrichtung weist.

Handschar [türk.] *der* (Kandschar), arabisch-türk. Krummschwert mit zweifach gebogener, in eine Spitze auslaufender zweischneidiger Klinge.

Handschlag, im älteren dt. Recht eine Form des Vertragsabschlusses oder der Begründung vertragl. Haftung; hat sich in der Volkssitte ebenso wie in manchen Handelsbräuchen erhalten.

Handschrift, 1) *allg.:* der sichtbare Ausdruck der individuellen Schreibbewegung. Die H. ist von der seel. und körperl. Verfassung wie vom Alter abhängig und in den feineren Einzelheiten fast stets unnachahmbar; daher die Rechtsverbindlichkeit der Unterschrift. (↑Graphologie) **2)** *Buchkunde:* Abk. Hs., i. e. S. das handschriftl. ↑Buch, bes. des MA. in der Form des Codex (↑Kodex); i. w. S. alles handschriftlich Geschriebene, so das ↑Autograph und das Manuskript für Druckwerke. Mit der Entstehung und Geschichte befasst sich die Handschriftenkunde, mit der Entzifferung die ↑Paläographie. **Geschichte:** Vorläufer sind die ägypt. Totenbücher (Papyrusrollen), die starken Einfluss auf die spätantike westl. und byzantin. H.-Kunst ausübten. Geschrieben wurde seit dem 4. Jh. n. Chr. auf den mit Zirkelstichen und blinden Prägestichen linierten Pergamentblättern (seit dem 13. Jh. auch Papier) mit Rohrfedern und Tinte. Überschriften und wichtige Stellen im Text wurden durch rote Farbe hervorgehoben (rubriziert), die Anfangsbuchstaben kleinerer Absätze oft abwechselnd blau und rot geschrieben (Lombarden). Anfangsbuchstaben größerer Kapitel (Initia-

229

len), Randleistenverzierungen und Illustrationen (↑Buchmalerei) wurden meist von Miniatoren ausgeführt. Pracht-H. wurden v. a. im frühen und hohen MA. in den Skriptorien der Klöster, bes. der Benediktiner und Zisterzienser, hergestellt.

Handschrift 2): Seite aus einer Handschrift der altisländischen »Snorra-Edda« (14. Jh.).

Wichtige Schreibschulen entstanden u. a. in Vivarium (Kalabrien), Luxeuil-les-Bains, Bobbio, Corbie, Sankt Gallen, auf der Reichenau, in Fulda und Regensburg. In der Renaissance wurden v. a. an den Fürstenhöfen kostbare H. gefertigt. – H.-Sammlungen befinden sich heute meist im Besitz großer Bibliotheken und sind häufig nach diesen benannt (z. B. Codex Vaticanus); kostbar ausgestattete H.: Codex argenteus, Codex aureus, ↑Manessische Handschrift.

 Mittelalterl. H. und Miniaturen, bearb. v. J. Günther. Hamburg 1994. – *H. und Miniaturen,* bearb. v. G. Bologna. A. d. Italien. Eltville am Rhein 1995.

Handschuhe, Bekleidung für die Hand und oft auch des Unterarmes zum Schutz, als Herrschaftszeichen oder als Schmuck und mod. Accessoire, aus Pelz, Leder, Wolle, Seide, Leinen, Kunststoff oder Metall, genäht, gestrickt, gewirkt oder geschmiedet. Der Ausführung nach sind Finger-, Faust- und Halb-H. zu unterscheiden. – H. waren schon der Antike bekannt. Im MA. durften die Bauern nur Faust-H. tragen. Finger-H. gehörten seit dem 10. Jh. zum geistl. Ornat. – H. galten im MA. als Sinnbild der Belehnung und Standeserhö-

hung, das Zuwerfen eines H. als Zeichen der Herausforderung (Fehde-H.). Nachdem vom 16. Jh. bis zum 19. Jh. der kostbare, z. T. aufwendig bestickte Damen-H. dominierte, wurden H. im 20. Jh. wieder mehr zum Zweckgegenstand.

Handschuh|ehe, Eheschließung durch Boten oder Stellvertreter; in Dtl. wegen des Erfordernisses der gleichzeitigen Anwesenheit beider Partner bei der Eheschließung nicht möglich.

Handstück, *Geologie:* etwa handgroße Gesteinsprobe für petrograph. Sammlungen oder Untersuchungen.

Handwerk, handwerksmäßig betriebenes Gewerbe, das im Verzeichnis der H.-Ordnung (Anlage A) als Gewerbe aufgeführt ist. Wesentl. Merkmale des H. im Vergleich zur Ind.: geringere Betriebsgröße, geringerer Grad der Technisierung und Arbeitsteilung, überwiegend Einzelfertigung aufgrund individueller Bestellung im Ggs. zur Massenfertigung der Ind. auf Vorrat, stärkere Fertigung für den lokalen Bedarf (Kundennähe). Unternehmen, in denen die handwerkl. Produktionsweise überwiegt, werden zum Wirtschaftszweig H. (**H.-Wirtschaft**) zusammengefasst. Abgrenzungskriterium ist die Eintragung in die H.-Rolle. In Dtl. ist das H. nach der Ind. der bedeutendste Wirtschaftszweig; 2001 erzielten 603 300 Handwerksunternehmen (ohne handwerksähnl. Gewerbe) mit 5,32 Mio. Beschäftigten einen Umsatz von 499,8 Mrd. €.

Organisation: Im H. sind berufl. Selbstverwaltung und wirtsch. Interessenvertretung miteinander verknüpft. Die **H.-Innung** (↑Innungen) bildet die gemeinsame Grundlage für zwei Organisationsrichtungen: den regionalen (öffentl.-rechtl.) Zweig: Innung, Kreishandwerkerschaft, H.-Kammer, und den fachl. (privatrechtl.) Zweig: Landesinnungsverband und Bundesinnungsverband. – Auf Bundesebene sind die beiden Organisationsformen im Dt. Handwerkskammertag (DHKT; Sitz: Berlin) und in der Bundesvereinigung der Fachverbände des Dt. H. (BFH; Sitz: Bonn) zusammengeschlossen. H.-Kammern und zentrale Fachverbände des H. bilden den Zentralverband des Dt. H. (ZDH) als Gesamtvertretung. Diese zentralen Zusammenschlüsse sind privatrechtl. Natur. H. ist auch Bez. für eine Gruppe von Berufen, deren amtl. Berufsbild als Grundlage für die Ausbildung vorliegt. Die Zahl der **H.-Berufe** ändert sich ständig, da traditionelle Berufe aussterben und neue (bes. im Dienstleistungssektor und techn. H.) entstehen. Die Ausbildung erfolgt nicht nur in H.-Betrieben, sondern auch in Industrie- und Verkehrsunternehmen sowie öffentl. Betrieben. Das H.-Recht ist Teil des Gewerberechts. Seine Grundlagen sind in der **H.-Ordnung** i. d. F. v. 24. 9. 1998 geregelt. Der selbstständige Betrieb eines H. als stehendes Gewerbe ist nur den in der H.-Rolle eingetragenen natürl. und jurist. Personen gestattet. Dies setzt bei Ersteren i. d. R. die Ablegung der Meisterprüfung in dem zu betreibenden oder einem verwandten H. voraus. H.-Berechtigungen aus der DDR sind unter Aufrechterhaltung vergleichbarer Besitzstände übergeleitet worden. In den Mitgl.staaten der EU erworbene gleichwertige Qualifikationen werden anerkannt. Die **H.-Rolle** ist ein von den H.-Kammern geführtes Verzeichnis, in das die selbstständigen Handwerker mit dem von ihnen betriebenen Handwerk einzutragen sind. Über die Eintragung ist eine Bescheinigung (Handwerkskarte) auszustellen.

Handwerk: Logo des deutschen Handwerks

Geschichte: Das H. geht in allen Kulturen aus der geschlossenen Hauswirtschaft hervor. Erst wenn Gegenstände über den Familienbedarf hinaus mit dem Ziel des Erwerbs und Gewinns hergestellt werden, kann man von einem selbstständigen, für einen Markt produzierenden H. sprechen. In Mitteleuropa entstand im 11./12. Jh. ein freier Handwerkerstand. Seine Blütezeit fiel mit derjenigen der Stadtwirtschaft im Hoch- und Spät-MA. zusammen. Die Handwerker desselben Berufszweiges schlossen sich zu ↑Zünften zusammen, die auch Lebensgemeinschaften bildeten und durch strenge Einhaltung der die Qualitätsarbeit betonenden Vorschriften und durch Aufrechterhaltung der althergebrachten Lehrfolge (Lehrling, Geselle, Meister) Standesehre und -stolz bewahrten. Seit dem 16. Jh. erstarrten die alten Formen. Als Wettbewerber des H. kamen Verlagssystem und Fabrik auf. Seit Ende des 18. Jh. geriet das H. durch die Massenerzeugung der Manufakturen, dann der Fabriken in eine schwere Krise. Aus Protest gegen die Beseitigung der überlieferten Zunftrechte und Lebensformen entstand in der 1. Hälfte des 19. Jh. die **Handwerkerbewegung** (Allgemeiner Dt. Handwerkerkongress 1848 in Frankfurt am Main), die die Einrichtung einer berufsständ. H.-Ordnung bewirkte. 1897 wurden die H.-Kammern eingerichtet. Das Problem des wirtsch. und sozialen Fortbestands des H. entstand durch die starke industrielle Entwicklung um 1900. Auf Qualitätsarbeit beruhende H.-Betriebe konnten sich behaupten, neue H.-Zweige kamen hinzu. Trotz der Überlegenheit von Ind. und Großbetrieben auf Einzelgebieten hat das H. seine Stellung in der Volkswirtschaft behalten.

📖 *Sinz, H.*: Lexikon der Sitten u. Gebräuche im H. Freiburg im Breisgau u. a. 1986. – Lexikon der alten H., hg. v. R. Reith. München ²1991. – *Saenger, I.*: H., Service, Kundendienst. München 2002.

Handwerkergenossenschaften, Selbsthilfeeinrichtungen der selbstständigen Handwerker mit wirtsch. Zielsetzung; Mitte des 19. Jh. in Abwehr gegen die Großbetriebe der Ind. und später des Handels geschaffen. Unterschieden werden Einkaufs-, Absatz-, Rohstoff-, Produktionsgenossenschaften.

Handwerkerversicherung, die Sozialversicherung der selbstständigen Handwerker, Teil der gesetzl. Rentenversicherung; seit 1992 geregelt im Sozialgesetzbuch (SGB VI).

handwerksähnliche Gewerbe, diejenigen Gewerbe (derzeit 57), die in der Anlage B zu § 18 Abs. 2 der Handwerksordnung aufgeführt sind und in handwerksähnl. Betriebsform betrieben werden. Beginn und Ende eines h. G. sind der zuständigen Handwerkskammer anzuzeigen. Meist handelt es sich um kleinbetrieblich organisierte Gewerbetätigkeiten, für deren Ausübung keine vollhandwerkl. Berufsausbildung erforderlich ist (z. B. Bodenleger, Fahrzeugverwerter).

Handwerkskammer, die Selbstverwal-

HAN Handwerksmesse

Bäckerhandwerk | Holz und Kunststoff verarbeitendes Handwerk | Keramikerhandwerk | Maler- und Lackiererhandwerk

Metallhandwerke | Steinmetz-, Stein- und Holzbildhauerhandwerk | Uhrmacherhandwerk (Uhren, Schmuck und Zeitmesstechnik) | **Handwerkszeichen:** Zeichen verschiedener Handwerksfachverbände

tungskörperschaft des öffentl. Rechts zur Vertretung der Handwerksinteressen (§§ 90 ff. Handwerksordnung). Aufgaben der H.: Förderung von Handwerk und handwerkl. Einrichtungen, Regelung der Berufsausbildung sowie der Gesellen- und Meisterprüfungsordnung, Führung der Handwerksrolle, Bestellung von Sachverständigen, Beilegung von Streitigkeiten zw. Handwerkern und ihren Kunden, Unterstützung Not leidender Handwerker, Aufsicht über die Innungen und Kreishandwerkerschaften. Die H. werden von der obersten Landesbehörde errichtet, die auch die Aufsicht ausübt. Zur H. gehören die selbstständigen Handwerker und die Inhaber handwerksähnl. Betriebe des H.-Bezirks sowie die Gesellen, andere Arbeitnehmer mit einer abgeschlossenen Berufsausbildung und die Auszubildenden dieser Gewerbetreibenden. Die H. werden durch Beiträge und Gebühren der Mitgl.betriebe (Pflichtmitgliedschaft für alle Handwerks- und handwerksähnl. Gewerbebetriebe) finanziert. Organe sind die Vollversammlung (von den gewählten Mitgl. müssen ein Drittel Gesellen oder andere Arbeitnehmer sein), der Vorstand sowie die Ausschüsse. In Dtl. bestehen (2002) 55 H.; sie sind in den Ländern zu **H.-Tagen,** auf Bundesebene zum **Dt. H.-Tag** (Sitz: Berlin) zusammengeschlossen.

Handwerksmesse, Kurzbez. für die seit 1949 jährlich zunächst als Dt. H. München, ab 1962 als **Internat. H. München** (Abk. **I. H. M.**) stattfindende Wirtschaftsveranstaltung; weltweit größte Messe ihrer Art.

Handwerksrolle, ↑Handwerk.

Handwerkszeichen, Symbol für die Zugehörigkeit zu einem Handwerkerstand (1956–94); 1994 durch das neue Logo des dt. Handwerks ersetzt. Die Handwerksfachverbände führen daneben eigene (z. T. alte) Berufszeichen.

Handy [ˈhɛndɪ, Kunstwort zu engl. handy »handlich«; im Engl. als »mobile (phone)« oder »portable (phone)« bez.] *das,* umgangssprachl. Bez. für ein ↑Mobiltelefon, das durch handl. Größe und eine geringe Masse (< 100 g) mobil eingesetzt werden kann. In Kfz verwendeten (und im Unterschied zum Autotelefon nicht fest eingebauten) H. müssen mit einer Freispracheinrichtung ausgestattet sein. Moderne Geräte verfügen über Hochleistungsakkus, die eine Gesprächsdauer von mehreren Stunden gewährleisten, sowie Sprachsysteme und Touchscreen. H. sind inzwischen multifunktionale Geräte (z. B. mit Wecker-, Taschenrechner-, Browser-, Kamerafunktion), mit denen schriftl. Kurznachrichten (↑SMS), Bilder, Fotos und Videosequenzen (↑MMS) versendet werden können; mithilfe von ↑WAP oder ↑i-Mode wird der mobile Zugriff auf Internetseiten ermöglicht. – Den ersten Prototyp eines H. entwickelte 1973 die amerikan. Firma Motorola Inc., sie brachte 1983 das erste H. auf den Markt.

Handyman [ˈhɛndɪmən, engl.] *der,* Bastler, Heimwerker.

Handzeichen, gekürzte Namensunterschrift (Initiale, Paraphe); ein die Namensunterschrift ersetzendes Zeichen von Analphabeten (meist drei Kreuze). H. müssen notariell beglaubigt sein, wenn für einen Vertrag Schriftform mit eigenhändiger Unterschrift vorgeschrieben ist (§ 126 BGB).
Handzeichnung, *Kunst:* ↑Zeichnung.
Hanefiten (Hanafiten), Anhänger einer der vier Rechtsschulen (Madhhabs) des sunnit. Islam. Die im 8. Jh. entstandene hanefit. Schule lässt als subsidiäres Rechtsfindungsprinzip das »Für-gut-Halten« mittels eines Vernunfturteils zu. Im Osman. Reich war sie die offizielle Rechtsschule, heute ist sie in dessen Nachfolgestaaten (u. a. der Türkei), in Afghanistan, Pakistan, Zentralasien, Indien und der VR China verbreitet und umfasst etwa ein Drittel aller Muslime.

Hanf: Gewöhnlicher Hanf; a männliche blühende Pflanze, b männliche Blüte, c weibliche Pflanze mit Früchten, d weibliche Blüte mit Tragblatt, e vom Tragblatt umgebene Frucht

Hanf (Cannabis), Gattung der H.-Gewächse mit der einzigen Art **Gewöhnlicher H.** (Cannabis sativa). Beheimatet ist der H. in Indien, Iran und Afghanistan. Die bis 3,5 m hohen einjährigen Pflanzen sind zweihäusig und besitzen handförmig gefiederte Blätter. Bei den weibl. Blütenständen sitzen v. a. an den Tragblättern der Blüten Drüsen, die ein Harz (↑ Haschisch) ausscheiden. Die harzverklebten, getrockneten Pflanzenteile (v. a. die Blütenstände) liefern das Marihuana. Eine aus Asien stammende Kulturform des Gewöhnl. H. ist der **Faser-H.** (**Kultur-H.,** Cannabis sativa ssp. sativa), angebaut in Asien, Europa, N-Afrika, Nordamerika, Chile und Australien. Er wird bei weitem Pflanzenabstand bis 3 m hoch und grobfaserig (**Riesen-H., Schließ-H., Seiler-H.**), bei dichter Aussaat niedrig und feinfaserig (**Spinn-H.**). Die Stängelfaser (**Bastfaser, Weich-H.**) des H. dient zur Herstellung von Nähgarnen (H.-Garn), Bindfäden, Schnüren und Seilen sowie von Segeltuch, Gurten, Matten und Teppichen. Sie besteht aus zu Bündeln vereinigten Einzelfasern. Fasern aus männl. und weibl. Pflanzen unterscheiden sich voneinander durch ihre Feinheit. Die Fasern werden durch Schwingen und Hecheln gewonnen. Die H.-Faser ist weißlich, grünlich oder gelblich, je heller, desto besser die Fasereigenschaften. Die H.-Samen (nüsschenartige Früchte, auch als Vogelfutter verwendet) liefern ein grünl. Öl, das u. a. zur Seifenherstellung verwendet wird. – Der landwirtschaftl. H.-Anbau, 1982 aus betäubungsmittelrechtl. Gründen verboten, ist seit 1996 in Dtl. wieder erlaubt. Die jetzt zugelassenen H.-Sorten dürfen jedoch nur max. 0,3% des Rauschgifts Tetrahydrocannabinol (THC) enthalten. H. gilt als nachwachsender Rohstoff.
Geschichte: Schon um 2800 v. Chr. soll der H. zur Anfertigung von Kleidern und Seilen angebaut worden sein. Die Griechen lernten H. erst nach dem 5. Jh. v. Chr. kennen und gaben ihn unter dem Namen »kannabis« an die Römer weiter. Spätestens im 3. Jh. v. Chr. war H. den Germanen, im 3. Jh. v. Chr. auch den Galliern im Rhonetal bekannt. Die betäubende Wirkung des H. wurde im Abendland durch die arab. Medizin bekannt.

📖 *Behr, H.-G.: Von H. ist die Rede. Kultur u. Politik einer Droge.* Neuausg. Frankfurt am Main ³1995. – *H. & Co. Die Renaissance der heim. Faserpflanzen,* hg. v. F. Waskow. Göttingen ²1996. – *Treek, B. v.: Das große Cannabis-Lexikon. Alles über H. als Kulturpflanze u. Droge.* Berlin 2000.

Hänfling (Carduelis), Gattung meist kleiner, bräunl. bis grauer Finkenvögel mit

HAN Hang

sechs Arten auf der Nordhalbkugel. Zu den H. gehört u.a. der bis 13 cm lange, in Europa, Kleinasien und NW-Afrika vorkommende **Blut-H.** (Carduelis cannabina). In Mittel- und Nordeuropa, im nördl. Asien und nördl. Nordamerika kommt der ebenso große **Birkenzeisig** (Carduelis flammea) vor.
Hang, *Geomorphologie:* geneigtes Stück der Erdoberfläche. Nach der H.-Neigung unterscheidet man Steil- und Flach-H.; in Flusstälern mit Mäandern erscheinen ↑Gleithang und ↑Prallhang. Übersteile H. (50° und mehr) heißen Wände.
Hang|abtriebskraft, *Mechanik:* ↑geneigte Ebene.
Hangang (Han), Zufluss zum Gelben Meer in Süd-Korea, 514 km lang, entspringt im Taebaekgebirge, mündet in einer Trichtermündung westsüdwestlich von Seoul.
Hangar [frz.] der, Halle zur Unterbringung, Wartung und Reparatur von Flugzeugen.
Hangbewegung, die Verlagerung von Gesteinen und Böden an Hängen durch Schwerkraftwirkung. Im Einzelnen lassen sich unterscheiden: **Kriechen (Bodenkriechen),** langfristig verlaufende, sich nicht beschleunigende Bewegung ohne ausgeprägte Gleitflächen; dabei kommt es zu Hakenschlagen (-werfen) und talwärts gebogenem Säbelwuchs der Bäume. **Gleiten,** H. miteinander verbundener Massen längs einer oder mehrerer Gleitflächen mit Verbindung zum Liegenden. Das Ergebnis ist die Rutschung **(Bergrutsch). Fließen,** H. in Lockergesteinen, die zu Erd- und Blockströmen (↑Solifluktion) führt. **Fallen,** sehr schnell verlaufende H., wobei die Gesteinsmassen ihren inneren Zusammenhang völlig verlieren; Ergebnis: Fels- und Bergsturz, Schutthalden.
Hangchow [-dʒəʊ], Stadt in China, ↑Hangzhou.
Hängebahn, *Transportwesen:* **1)** Personentransportmittel für den öffentl. Nahverkehr, das zur Kategorie der ↑Einschienenbahnen gehört; bei den modernen H. verkehren die Kabinenwagen bedarfsgesteuert und vollautomatisch. Bisher kam nur die **H-Bahn** von Siemens in Dortmund (1984, erweitert 1993) zum Einsatz. **2)** flurfreies, innerbetriebl. Lastentransportmittel mit hoch liegender Schienenführung und daran hängendem Fahrgestell; der Antrieb erfolgt meist durch Elektromotoren **(Elektrohängebahn).**
Hängebank, *Bergbau:* Plattform in der Schachthalle, von der aus Personen und Material auf den Förderkorb gelangen, meist einige Meter über Grund. Eine ebenerdige H. heißt **Rasenhängebank.**
Hängegleiten, das Fliegen mit einem Gleitflugzeug (Hängegleiter), in dem der Pilot nicht sitzt, sondern sich mit einem Gurtgeschirr einhängt, die Arme auf Stützen auflegt und den Hängegleiter allein durch Verlagerung seines Körperschwerpunktes steuert. (↑Drachenfliegen)
Hängematte, geflochtenes, gewebtes oder geknüpftes langes rechteckiges Ruhenetz zum Schlafen oder Sitzen, meist zw. Pfosten oder Baumstämmen aufgehängt; urspr. bei den Völkern Süd- und Mittelamerikas. H. aus Segeltuch waren früher bei Raummangel auf Schiffen üblich.
Hängende Gärten, eine nur literar. bezeugte antike Gartenform; bes. bekannt sind die H. G. der assyr. Königin Semiramis (Ende 9./Anfang 8. Jh. v. Chr.) in der Königsburg zu Babylon, nach grch. Überlieferung von Nebukadnezar II. (605–562 v. Chr.) für seine Gemahlin erbaut; eines der sieben Weltwunder. Ob die Subkonstruktionen an der NO-Ecke des Palastes in Babylon auf die H. G. zurückzuführen sind, ist fraglich.
Hangendes, *Geologie:* die über einer bestimmten Gesteinsschicht liegende, bei ungestörter Lagerung jüngere Schicht. Die unterlagernde Schicht heißt im Ggs. dazu **Liegendes.**
Hängepartie, *Schach:* Partie, die nach Ablauf der für die ersten (i. Allg.) 40 Züge angesetzten Bedenkzeit (bei größeren Turnieren meist 150 min) nicht beendet ist und zu einem späteren Zeitpunkt fortgeführt wird.
Hängerolle, hochformatiges Rollbild, im Ggs. zur ↑Querrolle zum Aufhängen bestimmt, auf Stoff oder Papier gemalt, oben und unten mit je einem waagerechten Holzstab; wichtigste Bildform in der chines., korean. und japan. Kunst.
Hängetal, Seitental, dessen Sohle an der Einmündung höher liegt als die des Haupttales; häufig in glazial überformten Tälern.
Hängewerk, Tragwerk zum Überspannen großer Räume, bes. beim Holz- oder Stahlbau; die Hängesäulen sind durch Streben gegen die Auflager abgesteift. An-

wendung bei Dach- oder Brückenkonstruktionen.

Hangö, Stadt in Finnland, ↑Hanko.

Hang-over ['hæŋ'ɔʊvə, engl.] *der* (Hangover), die unerwünschten und unangenehmen Nachwirkungen von zentral dämpfenden Arzneimitteln (bes. Schlafmittel, Narkotika) oder ionisierenden Strahlen (so genannter Strahlenkater) sowie für das schlechte Befinden nach übermäßigem Alkoholkonsum.

Hangtäter, Täter, der durch wiederholte Ausführung einen Hang zu erkennen gibt, erhebl. Straftaten zu begehen, namentlich solche, durch welche die Opfer seelisch oder körperlich schwer geschädigt werden oder schwerer wirtsch. Schaden angerichtet wird, und der dadurch für die Allgemeinheit gefährlich ist. Als Hang wird eine eingewurzelte, aufgrund charakterl. Veranlagung bestehende oder durch Übung erworbene intensive Neigung zu Rechtsbrüchen definiert. Der Hang kann auch auf Willensschwäche beruhen. Vom H. gesondert zu betrachten ist der Triebtäter. Ein H. kann, wenn er schon mehrfach verurteilt worden ist und mindestens zwei Jahre Freiheitsentzug verbüßt hat, in Sicherungsverwahrung genommen werden (§ 66 StGB).

Hangtschou, Stadt in China, ↑Hangzhou.

Hangwind, durch den tägl. Wechsel von Ein- und Ausstrahlung bei heiterem Wetter entstehende Luftströmung an Hängen, die tagsüber aufwärts, nachts abwärts fließt. Der Aufwind wird beim Segelfliegen genutzt.

Hangzhou [-dʒɔʊ] (Hangchow, Hangtschou), Hptst. der ostchines. Küstenprovinz Zhejiang, am S-Ende des Kaiserkanals und am Mündungstrichter des Fuchun Jiang in die seichte H.-Bucht, 1,1 Mio. Ew.; Univ., TU, Lehranstalt für schöne Künste, Observatorium, zoolog. Garten; Seiden-, Baumwoll-, Papier-, Tee-, Stahl- und chem. Ind., Maschinenbau, Erdölraffinerie; Hafen. – Der **Westsee** (Xihu) ist Touristenziel mit kunsthistorisch bed. Denkmälern: Pavillon (17./18. Jh.), Stupas (17. Jh.) u. a. auf mehreren Inseln, Grabmal eines Generals (12. Jh.) am N-Ende; westlich des Sees das Tempelkloster Lingyin Si (heutige Gebäude 19./20. Jh.), gegenüber die über 200 m hohe Felswand Feilai Feng mit Höhlentempeln und buddhist. Reliefdarstellungen (10.–14. Jh.). – H. war 1127–1279 unter dem Namen **Linan** Hptst. der Südl. Songdynastie, damals schon Millionenstadt.

Hanif [arab.] *der,* nach dem Koran diejenigen Gläubigen, die schon in vorislam. Zeit nur einen Gott verehrten, ohne sich zu einer der monotheist. Religionen (Judentum, Christentum) zu bekennen und somit im islam. Verständnis »Muslime« vor dem Islam darstellten (bes. ↑Abraham).

Han Jiang [-dʒɪaŋ], Fluss in China, ↑Han Shui.

Hankar [ã'ka:r], Paul, belg. Architekt, *Frameries (bei Mons) 10. 12. 1859, †Saint-Gilles 17. 1. 1901; Vertreter des belg. Jugendstils, befreite die Architektur von historisierenden Tendenzen.

Hankiang, Fluss in China, ↑Han Shui.

Hanko (schwed. Hangö), Hafenstadt und Seebad auf der südwestlichsten Landzunge Finnlands, 11 000 Ew. (46% Schwedisch sprechend); Eisen- und Stahlwerk, Herstellung von Radio- und Fernsehgeräten, Konservenind.; Eisenbahnfährverbindung mit Lübeck-Travemünde. – Seit 1270 als Handelsplatz belegt; erhielt 1878 Stadtrecht. 1940–44 war H. an die Sowjetunion verpachtet.

Hankou, Stadtteil der Stadt ↑Wuhan, China.

Hanks [hæŋks], Tom, amerikan. Schauspieler, *Concord (Calif.) 9. 7. 1956; zunächst Bühnenrollen; erfolgreiche Filme (mehrfacher Oscarpreisträger) waren u. a. »Eine Klasse für sich« (1991), »Schlaflos in Seattle« (1992), »Philadelphia« (1993), »Forrest Gump« (1994), »Apollo 13« (1995), »Der Soldat James Ryan« (1998), »E-M@il für dich« (1998), »The Green Mile« (1999), »Road to Perdition« (2001); auch Regiearbeiten (»That Thing You Do«, 1996).

Hann, Julius Ferdinand Edler von (seit 1910), österr. Meteorologe, *Schloss Haus (bei Linz) 23. 3. 1839, †Wien 1. 10. 1921; bedeutendster Meteorologe und Klimatologe seiner Zeit, führte erstmals thermodynam. Begriffe in die Meteorologie ein, entwickelte eine neue Theorie der Berg- und Talwinde; grundlegende Arbeiten zur Klimatologie (»Hb. der Klimatologie«, 1883, 3 Bde., 1908–11), und »Lb. der Meteorologie«, 2 Bde., 1901).

Hanna *die* (tschech. Haná), rechter Nebenfluss der March in Mähren, Tschech.

Rep., 54 km lang, fließt durch die fruchtbare Beckenlandschaft **Große Hanna,** mündet nordwestlich von Kremsier.

Hạnna [hebr. »die Begnadete«] (Vulgata Anna), **1)** *A. T.:* Mutter des Propheten Samuel (1. Sam. 1, 20).
2) *N. T.:* Prophetin am Tempel in Jerusalem z. Z. der Geburt Jesu (Lk. 2, 36 ff.).

Hannaken, die mähr. Bewohner der Niederung an der ↑Hanna. Das **Hannakische** ist ein tschech. Dialekt.

Hạnnas (Vulgata Annas), nach Lk. 3,2 jüd. Hohepriester (6–15 n. Chr.); nach Joh. 18,13 ff. maßgeblich am Prozess gegen Jesus beteiligt.

Sven Hannawald

Hạnnawald, Sven, Skispringer, *Erlabrunn (Landkreis Aue-Schwarzenberg) 9. 11. 1974; u. a. Olympiasieger 2002 (Mannschaft), Weltmeister 1999 (Mannschaft) sowie Skiflugweltmeister 2000 und 2002; gewann die Vierschanzentournee 2001/02 (erster Springer, der bei einer Tournee alle vier Wettbewerbe gewann). Sportler des Jahres 2002.

Hännes|chen-Theater, ein Stockpuppentheater in Köln, gegründet 1802 von J. C. Winters (*1772, †1862). Die Figuren (z. B. der Namensgeber Hänneschen und dessen Verlobte Bärbelchen) stehen auf rd. 2 m hohen Standstangen und werden von unten durch einfache Drehbewegung geführt. Sie sprechen vorwiegend in Kölner Mundart.

Hạnnibal [punisch »Günstling des Baal«], karthag. Feldherr, *Karthago 247/246 v. Chr., †(Selbstmord) Libyssa in Bithynien 183 v. Chr., Sohn des Hamilkar Barkas; einer der größten Heerführer und Staatsmänner des Altertums, unterwarf nach dem Tode seines Schwagers Hasdrubal (221) das östl. Spanien bis zum Ebro, eroberte 219 gegen den Einspruch Roms Sagunt, überschritt den Ebro und bot dadurch den Anlass für den 2. Pun. Krieg. H. überschritt 218 mit seinem Heer und 37 Kriegselefanten die verschneiten Alpen, siegte über die Römer am Ticinus und an der Trebia sowie 217 am Trasimen. See. Mit dem großen Sieg bei Cannae (216) erschütterte er die röm. Machtstellung. Süditalien fiel nach und nach in H.s Hand. Durch ein Bündnis mit Philipp V. von Makedonien und die Unterstützung von Syrakus konnte H. den allg. Krieg gegen Rom entfesseln, zersplitterte aber gleichzeitig seine Kräfte. Ohne nennenswerte Unterstützung aus Karthago wurde H. seit 215 in die Defensive gedrängt. Nach der Niederlage seines Bruders Hasdrubal am Metaurus (207) zog sich H. nach Kalabrien zurück. 203 wurde er nach Karthago zurückgerufen, das von den Römern unter der Führung von Scipio d. Ä. bedroht war; 202 wurde H. von Scipio bei Zama geschlagen. Damit war die Großmachtstellung Karthagos vernichtet. 196 setzte H. eine Neugestaltung der Verf. und eine Reform des Finanzwesens durch. Unter dem Druck seiner karthag. Gegner musste er fliehen. Am Hof Antiochos' III. von Syrien entwarf er bei Ausbruch des syrisch-röm. Krieges (192) einen Kriegsplan. Nach dem Sieg Roms 190/189 floh er zu König Prusias I. nach Bithynien. Als auch hier die Römer seine Auslieferung forderten, tötete sich H. selbst durch Gift. (↑Punische Kriege) 📖 *Schreiber, H.:* H. Wien 1986. – *Faber, G.:* Auf den Spuren von H. Neuausg. Rastatt 1988. – *Seibert, J.:* H. Darmstadt 1993.

Hannibal: Die in Hannibals Armee eingesetzten Elefanten verbreiteten in Italien zunächst großen Schrecken. Eine Terrakottastatuette aus Pompeji aus spätrepublikanischer Zeit stellt einen Kriegselefanten mit einem Turm auf seinem Rücken dar.

Hannibal ante portas! [lat. »Hannibal vor den Toren!«], Schreckensruf der Römer, als Hannibal 211 v. Chr. gegen die Hauptstadt zog; eigtl. **Hannibal ad portas!** [»Hannibal bei den Toren«], so u. a. angeführt bei Cicero »Philippica« 1, 5, 11 und »De finibus« 4, 9, 22.

Hann. Münden (Hannoversch Münden, bis 1990 Münden), Stadt im Landkreis Göttingen, Ndsachs., am Zusammenfluss von Fulda und Werra, 26 100 Ew.; Hess. Forstl. Versuchsanstalt; Herstellung von Verpackungsfolien, Gummiwaren und Luftgewehrmunition, Kunststoff verarbeitende Industrie. – Altstadt mit zahlreichen Fachwerkbauten, gotische Sankt-Blasius-Kirche, Rathaus im Renaissancestil (1603–19), Welfenschloss (1562–1584, jetzt Amtsgericht und Museum). – Münden ist 1183 als Stadt bezeugt. Der heutige Name geht auf die einstige Zugehörigkeit zum Königreich Hannover zurück.

Hanno, 1) karthag. Seefahrer, führte in der 1. Hälfte des 5. Jh. v. Chr. eine Flottenexpedition entlang der W-Küste Afrikas, gelangte wahrscheinlich bis zum Golf von Guinea. Sein Fahrtenbericht ist in grch. Übersetzung (»Periplus«) erhalten.
2) H. der Große, karthag. Heerführer um 240 v. Chr.; polit. Gegner des Hamilkar Barkas; nach Livius warnte er die Karthager 218 v. Chr. vergebens vor einem Krieg mit Rom.

Hannongfayencen [-fa'jãsən], in der Straßburger Fayencefabrik unter Leitung der Familie Hannong seit 1721 hergestellte Fayencen, in deren Formenreichtum und mannigfaltigem Dekor sich frz. (Rouen) und dt. Einflüsse (Meißen) verbinden; 1755–80 in Frankenthal produziert.

Hannover [-fər], **1)** RegBez. des Landes Ndsachs., 9 046 km², 2,16 Mio. Ew.; umfasst die kreisfreie Stadt H. und die Landkreise Diepholz, Hameln-Pyrmont, H., Hildesheim, Holzminden, Nienburg (Weser), Schaumburg.
2) Landkreis im RegBez. H., Ndsachs., 2 086 km², 604 000 Einwohner.
3) Hptst. von Ndsachs., Sitz der Verw. des RegBez. H. und des Landkreises H., kreisfreie Stadt, 515 200 Ew. Die Stadt liegt am Südrand der Norddt. Tiefebene an der Leine und am Mittellandkanal; die Ausläufer des Weserberglandes grenzen an das Stadtgebiet. H. ist eine bed. Ind.- und Handelsstadt und als Verw.- und Kulturzentrum Niedersachsens Sitz der Landesreg.; außerdem der Wasser- und Schifffahrtsdirektion Mitte, Bundesanstalt für Geowiss. und Rohstoffe, Bundessortenamt, Landesarbeitsamt Niedersachsen-Bremen, Niedersächs. Finanzgericht, Landesarbeitsgericht u. a. Gerichte; Kirchenamt der Evang. Kirche in Dtl., Landeskirchenamt der Evang.-Luther. Landeskirche, Akademie für Raumforschung und Landesplanung, Max-Planck-Inst. für experimentelle Endokrinologie, Fraunhofer-Inst. für Toxikologie und Aerosolforschung, Dt. Inst. für Kautschuk-Technologie; Univ., medizin. und tierärztl. Hochschulen, Hochschule für Musik und Theater, zwei FH; Niedersächs. Landesmuseum, Kestner-Museum, Kunstmuseum, Histor. Museum, Wilhelm-Busch-Museum, Niedersächs. Landesbibliothek, Niedersächs. Hauptstaatsarchiv, mehrere Theater, u. a. neues Schauspielhaus (1992); zoolog. Garten. Wichtige Ind.branchen sind Maschinen- und Fahrzeugbau, Gummiind., Herstellung von Bürobedarf, Nahrungs- und Genussmittel-, elektrotechn. und elektron. sowie chem. Ind. Große Wirtschaftsunternehmen und Versicherungen haben in H. ihren Sitz. Die Stadt ist ein bed. Messestandort (H.-Messe, CeBIT u. a.); günstige Verkehrslage mit internat. Flughafen (H.-Langenhagen), vier Häfen am Mittellandkanal, Autobahnkreuz. Mit weitläufigen Wald- und Grüngebieten, Parkanlagen und dem 1934–36 angelegten Maschsee weist H. einen hohen Wohn- und Freizeitwert auf. Im Jahr 2000 fand in H. die Weltausstellung EXPO 2000 (Motto »Mensch–Natur–Technik«) statt.

Stadtbild: Nach starken Zerstörungen im Zweiten Weltkrieg wurde eine moderne City aufgebaut. Erhalten bzw. wieder aufgebaut wurden u. a. Marktkirche (14. Jh.), Kreuzkirche (1333), Altes Rathaus (15. Jh.), Neues Rathaus (1903–08, Innenausstattung 1910–13), Leineschloss (18./19. Jh., seit 1962 Landtagsgebäude) und Opernhaus (1848–52). In **H.-Herrenhausen** berühmte Barock-Gartenanlagen.
Geschichte: Vor 1100 entstand die Marktsiedlung **Honovere** (1202 als Stadt bezeichnet, 1241 Bestätigung und Erweiterung der Stadtrechte durch den Herzog von Braunschweig-Lüneburg). Im 13. Jh. rasche wirtsch. Entwicklung; 1368 Mitgl. der Hanse. Im 14. Jh. erhielt H. weitge-

HAN Hannoveraner

Hannover 3): Neues Rathaus (1903–08)

hende Selbstständigkeit vom Stadtherrn, wurde aber 1636 Residenz des welf. Fürstentums Braunschweig-Lüneburg (Calenberg). 1837 Residenz des Königreichs H., 1866 Verw.sitz der preuß. Provinz H., 1946 Landeshauptstadt.

📖 *H. Porträt einer Landeshauptstadt,* hg. v. B. Häussermann. Hannover 1988. – Schrader, E.: *Der Große Garten zu Herrenhausen,* H. Hannover ²1989. – *H.-Chronik,* hg. v. K. Mlynek u. W. R. Röhrbein. Hannover 1991.

4) histor. Land in NW-Dtl., fast ausschl. auf dem Gebiet des heutigen Ndsachs., ehemals Kernland des Königreichs H.; Herzstück war das welf. Teilfürstentum Calenberg (Reg.sitz seit 1636 in H.). Herzog Ernst August (1676–98) sicherte die Einheit des Landes (Primogenitur) und erreichte 1692 die Erhebung zum Kurfürstentum (reichsrechtlich Kurbraunschweig, allg. jedoch **Kur-H.** gen.).

Kurfürstentum H.: Ernst Augusts Gemahlin Sophie von der Pfalz brachte als Enkelin Jakobs I. dem Haus H. die Anwartschaft auf den engl. Thron. Ihr Sohn Georg Ludwig (1698–1727) begründete als Georg I. die Personalunion mit Großbritannien (1714–1837); H. wurde von einem königl. Statthalter und einem Geheimen Rat regiert. 1705 wurde das Fürstentum (Lüneburg-)Celle, 1712/19 das Herzogtum Bremen und das Herzogtum Verden erworben. 1757/58 und 1803/06–13 französisch (1801 und 1805 preußisch) besetzt, kam der S zum Königreich Westphalen (1807–13). 1813 befreit, wurde H. am 12. 10. 1814 zum Königreich erhoben.

Königreich H.: Auf dem Wiener Kongress (1814/15) erhielt H. Ostfriesland, Emsland, Osnabrück, Hildesheim, Goslar. 1819 wurde eine Verf. (zwei Kammern) oktroyiert. König Ernst August (1837–51) hob das liberale Staatsgrundgesetz von 1833 auf und provozierte ganz Dtl. bewegende Verfassungskämpfe (↑Göttinger Sieben). Nach einer Reform 1848/49 kam es unter Georg V. (1851–66) zu erneuter Reaktion; nach der Niederlage im Dt. Krieg wurde H. von Preußen annektiert.

Preußische Provinz H.: Gegen den Verlust der Eigenstaatlichkeit (preuß. Verf., 1. 10. 1867) leistete v. a. die Dt.-Hannoversche Partei Widerstand; es kam zur Beschlagnahme des königl. Vermögens (↑Welfenfonds). Nach Gebietsaustauschen (1922 und 1932/33) mit anderen dt. Ländern kam es nach 1945 unter der brit. Militärreg. zu neuen Selbstständigkeitsbestrebungen; das wieder errichtete Land H. (23. 8. 1946) ging aber am 1. 10. 1946 im neu gebildeten Land Ndsachs. auf.

Hannoveraner [-vər-], Pferderasse vom Typ des Deutschen Reitpferds aus der histor. Region Hannover, Hochleistungsturnierpferde, seit etwa 200 Jahren gezüchtet.

Hänny, Reto, schweizer. Schriftsteller, *Tschappina (bei Thusis) 13. 4. 1947; autobiograf. Prosa, die den Zusammenhang zw. Heimat, Sprache und Identität zeigen will (»Am Boden des Kopfes. Verwirrungen eines Mitteleuropäers in Mitteleuropa«, 1991).

Hanoi [haˈnɔj], Hptst. von Vietnam, im Tongkingdelta am Roten Fluss, als Stadtprovinz 920 km², (1993) 2,16 Mio. Ew.; Erzbischofssitz; Univ., TH, land- und forstwirtsch. Hochschulen, Kunstakademie, Militärakademie; Museen, Ho-Chi-Minh-Mausoleum, botan. Garten; Maschinenbau, Kugellagerfabrik, Herstellung von Fahrrädern, Gummi-, Nahrungsmittel-, Textil- und chem. Ind.; Flusshafen, internat. Flughafen. – Bed. Bauten u. a. die Ein-Pfeiler-Pagode der Göttin Quan-Am (Mitte des 11. Jh.) als Nationalheiligtum und der dem Konfuzius geweihte Tempel der Literatur (gegr. 1070, im Wesentl. 15. Jh.). Älteste Befestigungsanlagen stammen wohl aus dem 3. Jh. v. Chr. – Vor dem 10. Jh. bereits chines. Herrschaftszentrum, wurde 1010 als **Thang Long** Hptst. des annamit. Reiches; erhielt 1831 (nach Verlegung der Landeshptst. nach Huê 1802) den Namen **Ha Noi** (»Stadt zw. zwei Flüssen«). 1873 und 1882 von Franzosen erobert; ab 1887 Sitz des Generalgouv. von Frz.-Indochina, 1940–45 unter japan. Besetzung. In H. rief am 2. 9. 1945 Ho Chi Minh die Demokrat. Rep. Vietnam aus; 1946–54 erneut von frz. Truppen besetzt; wurde 1954 Hptst. Nord-Vietnams (im Vietnamkrieg durch amerikan. Bombenangriffe stark zerstört), seit 1976 Hptst. Vietnams.

Hanotaux [anɔˈto], Gabriel, frz. Historiker und Staatsmann, *Beaurevoir (Dép. Aisne) 19. 11. 1853, †Paris 11. 4. 1944; förderte als Außenmin. die koloniale Ausdehnung Frankreichs (bes. in Afrika) und die Annäherung an Russland. 1897 Mitgl. der Académie française.

Werke: Gesch. des zeitgenöss. Frankreich, 1871–1900 (4 Bde., 1903–08); Histoire des colonies françaises (6 Bde., 1929–34, mit A. Martineau).

Hansabund, liberale wirtschaftspolit. Vereinigung, 1909 in Berlin als Interessenvertretung von Handel, Gewerbe und Ind. gegr., wandte sich gegen agrar. Konservativismus und die starke Bevorzugung der Landwirtschaft, gegen Sozialismus und Planwirtschaft; löste sich 1934 auf.

Hans-Adam II., Fürst von und zu Liechtenstein, *Zürich 14. 2. 1945; 1984 zum Stellv. des Regierenden Fürsten ernannt, wurde nach dem Tod seines Vaters Franz Joseph II. 1989 Staatsoberhaupt; übergab am 15. 8. 2004 die Amtsgeschäfte an seinen Sohn Erbprinz Alois, blieb aber weiterhin formales Staatsoberhaupt.

Hanság [ˈhɔnʃaːg, ungar.], Moorgebiet beiderseits der österreichisch-ungarischen Grenze, ↑Waasen.

Hans-Böckler-Preis, seit 1980 vom DGB jährlich verliehener Preis (nach dem ehem. DGB-Vors. benannt) an Personen, die sich um Arbeitnehmerinteressen verdient gemacht haben.

Hans-Christian-Andersen-Preis, internat. Kinder- und Jugendliteraturpreis, der seit 1956 alle zwei Jahre vom Internat. Kuratorium für das Jugendbuch (Sitz: Zürich) in Form einer Goldmedaille an einen lebenden Schriftsteller verliehen wird. Seit 1966 wird daneben eine Medaille an einen Kinderbuchillustrator verliehen.

Hanse [mhd., von ahd. hansa »Kriegerschar, Gefolge«], im MA. Bez. für Gemeinschaften von Kaufleuten im Ausland zu gemeinsamer Vertretung von Handelsbelangen sowie zu gegenseitigem Schutz. Die Ursprünge liegen in der Privilegierung dt. Kaufmannsgenossenschaften im Ausland. Im Zuge der dt. Ostsiedlung verlagerte sich das Gewicht der H. zunehmend in den Ostseeraum (2. Hälfte des 12. Jh. H.-Kontore in ↑Nowgorod und Smolensk). Unter der Leitung Lübecks formierte sich ein (erst seit 1356 förml.) Bündnis der westfäl., sächs., wend., pommerschen und preuß. Städte (H.-Quartiere). In der Folgezeit wurde die H. immer wieder in Kämpfe mit den skandinav. Herrschern verwickelt. Zur Zeit der größten Blüte, die mit dem Frieden von Stralsund (1370; Sieg über Waldemar IV. von Dänemark) begann, gehörten alle bed. Städte nördlich der Linie Köln–Dortmund–Göttingen–Halle–Breslau–Thorn–Dünaburg–Dorpat der H. an. Im Vordergrund standen wirtsch. Ziele; eine polit. Zielsetzung (wie die süddt. Städtebünde) besaß die H. nicht. Mit der Schließung des hans. Kontors von Nowgorod (1494) setzte der Niedergang der H. ein; 1598 wurde das Londoner Kontor

HAN Hanselmann

Hanse – Ausbreitung und Handelswege

(»Stalhof«) geschlossen. Nach dem Dreißigjährigen Krieg (1618–48) setzten Lübeck, Hamburg und Bremen die hans. Tradition fort (letzter H.-Tag 1669).
Organisation: Zum Kern der H. zählten 70 (vorwiegend dt.) Städte, weitere 130 Städte, auch außerhalb des Reichs, waren locker an sie gebunden. Leitendes Organ waren die H.-Tage als Hauptversammlungen der Mitglieder. Unterste Stufe der hans. Organisation war i. d. R. der Rat der jeweiligen H.-Stadt.
📖 Dollinger, P.: Die H. A. d. Frz. Stuttgart ⁴1989. – Ziegler, U.: Die H. Aufstieg, Blütezeit u. Niedergang der ersten europ. Wirtschaftsgemeinschaft. Bern 1994. Stoob, H.: Die H. Graz 1995.
Hanselmann, Johannes, evang. Theologe, * Ehingen a. Ries (Landkreis Donau-Ries) 9. 3. 1927, Rotthalmünster (Landkreis Passau) 2. 10. 1999; leitete 1966–73 das »Haus der Kirche« in Berlin (West); war 1975–94 Landesbischof der Evang.-Luth. Kirche in Bayern, 1987–90 auch Präs. des Luth. Weltbundes; war als Catholica-Beauftragter der VELKD (ab 1991) maßgeblich an den der Verabschiedung der »Gemeinsamen Erklärung zur Rechtfertigungslehre« (31. 10. 1999) unmittelbar vorausgehenden kirchl. Gesprächen beteiligt.
Hänsel und Gretel, Märchen der Brüder Grimm, in deren Fassung Kinder aus Not von den Eltern im Wald ausgesetzt werden und zu dem Kuchenhaus einer Hexe gelangen, die sie verzehren will. Sie täuschen sie jedoch, und Gretel gelingt es, die Hexe in den Ofen zu schieben. – Einzelne Motive gehen auf Märchen von G. Basile und C. Perrault zurück. Märchenoper von E. Humperdinck (1893).

Hansemann, David, preuß. Wirtschaftspolitiker, *Finkenwerder (heute zu Hamburg) 12. 7. 1790, †Schlangenbad 4. 8. 1864; setzte sich für ein neues Steuersystem und für eine wirtsch. Lösung der sozialen Frage ein; 1848 preuß. Finanzmin., dann bis 1851 Leiter der Preuß. Bank. H. gründete 1825 die Aachener Feuerversicherungsges., 1851 die Disconto-Ges. in Berlin, 1862/64 die Erste Preuß. Hypotheken AG.

Hansen, 1) Christian Frederik, dän. Baumeister, *Kopenhagen 29. 2. 1756, †ebd. 10. 7. 1845; Hauptvertreter des dän. Klassizismus, baute Bürgerhäuser im damals dän. Holstein (u. a. das Waisenhaus in Altona, 1792–94) sowie das Rathaus (1815, heute Gerichtsgebäude) und die Frauenkirche in Kopenhagen (1811–29).
2) Hans Christian, dän. Politiker, *Århus 8. 11. 1906, †Kopenhagen 19. 2. 1960; während der dt. Besetzung in der Widerstandsbewegung, war 1953–58 Außenmin., 1955–60 Vors. der Sozialdemokrat. Partei und Ministerpräsident.
3) Theophil Edvard Freiherr von (seit 1884), dän. Baumeister, *Kopenhagen 13. 7. 1813, †Wien 17. 2. 1891; tätig in Athen, seit 1846 in Wien, wo seine historisierende Architektur die Neugestaltung der Stadt (u. a. an der Ringstraße) mitbestimmte (Kunstakademie, Börse, Parlament).

Hanshin [-ʃ-], Bez. für die Hafengemeinschaft Kōbe-Ōsaka auf Honshū, Japan, sowie für das nach N bis Kyōto reichende Wirtschaftsregion an der Ōsakabucht; nach Keihin das bedeutendste japan. Industriegebiet; umfasst als Planungsregion 431 km² mit rd. 10 Mio. Menschen.

Han Shui [- ʃui] (Han Jiang, Hankiang), linker Nebenfluss des Jangtsekiang in Mittelchina, entspringt im westl. Qinling, mündet in Wuhan, rd. 1 500 km lang.

Hans im Glück, Märchen von der Einfalt und Narrheit der Menschen: Hans tauscht einen Goldklumpen gegen ein Pferd, dieses wiederum gegen eine Kuh, bis er nach weiteren Tauschgeschäften einen Schleifstein erhält, der ihm in einen Brunnen fällt. Das Motiv des Tauschhandels, bei dem ein Ding jeweils gegen ein schlechteres weggegeben wird, was am Schluss aber doch von Vorteil ist, begegnet schon in der isländ. »Gautreks-Saga« (um 1265).

Hanslick, Eduard, österr. Musikschriftsteller und Musikkritiker, *Prag 11. 9. 1825, †Baden (bei Wien) 6. 8. 1904; förderte J. Brahms, stand der Musik R. Wagners ablehnend gegenüber; schrieb »Vom Musikalisch-Schönen« (1854), »Concerte, Componisten und Virtuosen« (1886) u. a.

Hanson [hænsn], Duane, amerikan. Bildhauer, *Alexandria (Minn.) 17. 1. 1925, †Boca Raton (Fla.) 6. 1. 1996; arrangierte lebensgroße, minutiös nachgebildete Figuren mit charakterisierender Kleidung und Objekten zu spezifisch sozialen Szenen; auch Environments.

Hansson, Per Albin, schwed. Politiker, *Fosie (bei Malmö) 28. 10. 1885, †Stockholm 6. 10. 1946; war 1920–26 Verteidigungsmin., seit 1925 Vors. der Sozialdemokrat. Partei; 1932–46 MinPräs.; verfolgte im Zweiten Weltkrieg eine Politik der Neutralität.

Han Suyin, eigtl. Elizabeth Comber, engl. Schriftstellerin chinesisch-belgischer Abstammung, *Henan 12. 9. 1917; erfolgreiche Unterhaltungsromane über Ostasien und bes. China.

Hans von Tübingen, Maler, *um 1400/05, †Wiener Neustadt vor Febr. 1462; Hauptvertreter des ausgehenden weichen Stils (↑schöner Stil) in Österreich; von der burgundisch-frz. Malerei beeinflusste Tafelbilder, Zeichnungen, Holzschnitte und Glasfenster.

Hanswurst, dt. Prototyp der kom. Figur oder lustigen Person, entstanden aus der Verschmelzung versch. Bühnenfiguren (z. B. täpp. Bauer des Fastnachtsspiels, ↑Pickelhering der engl. Wanderbühnen, Arlecchino der ↑Commedia dell'Arte). Als Name erscheint H. zuerst in einer niederdt. Übersetzung von S. Brants »Narrenschiff« (1519) als **Hans Worst.** Als Gestalt auf dt. Bühnen war er v. a. im 17. und 18. Jh. populär, wurde in der Frühaufklärung von Gottsched bekämpft, im Theater der Aufklärung in zivilisierterer Form als ↑Harlekin eingesetzt und vom Schauspiel des Sturm und Drang wieder mit derb-komischen Zügen ausgestattet. – Abb. S. 242

Hantaviren, zur Familie der Bunyaviren gehörende Gattung der RNA-Viren; können durch die Ausscheidungen kleiner Nagetiere (z. B. Mäuse) auf den Menschen übertragen werden und das Hanta-Fieber hervorrufen, eine Infektionskrankheit, die u. a. zu Blutungen und Nierenversagen führen kann.

HAN Hantel

Hantel, Sportgerät aus zwei durch Griff oder Stange verbundenen Kugeln oder Scheiben. Sie werden als Freiübungs- oder Kugel-H. für Gymnastik, als Kurz- oder Lang-H. für das (Konditions-)Training verwendet. Beim Gewichtheben benutzt man veränderbare **Scheiben-H.** mit auswechselbaren Gewichtsscheiben.

Hanswurst (Kupferstich von Christian Friedrich Fritzsch, 18. Jh.)

Hanum [türk. und pers., »Dame«] *die,* Höflichkeitsanrede an Frauen im Türkischen und Persischen.

Hanuman [Hindi] (Hanumat), *ind. Mythologie:* ein Affenkönig; im altind. Epos ↑Ramayana Verbündeter Ramas bei dessen Zug gegen den Dämonenfürsten Ravana; gilt in Indien als Schutzpatron der Ringer und Wanderasketen und wird von der Landbevölkerung als Gott verehrt.

Hanussen, Erik Jan, eigtl. Hermann Steinschneider, Hellseher und Magier, * 1889, † (ermordet) bei Berlin 24. 3. (?) 1933; Abkömmling einer mähr. Rabbinerfamilie; trat ab 1930 in Berlin auf; faszinierte dort als Okkultist die Gesellschaft und verkehrte auch mit NS-Größen; von der SA erschossen.

📖 *Kugel, W.: H. Die wahre Gesch. des Hermann Steinschneider.* Düsseldorf 1998.

Hanyang, Stadtteil der Stadt ↑Wuhan, China.

Haora (Howrah), Stadt im Bundesstaat West Bengal, NO-Indien, am Hugli gegenüber von Kalkutta, 950 400 Ew.; botan. Garten; Werften, Metall-, Textilind.; Flusshafen.

Haori [japan.] *der,* über dem Kimono getragener knielanger Überwurf mit angeschnittenen Ärmeln.

HAPAG, ↑Hamburg-Amerika-Linie.

Hapag-Lloyd AG, Hamburg, 1970 durch Fusion von ↑Hamburg-Amerika-Linie und ↑Norddeutschem Lloyd entstandenes Transport- und Logistikunternehmen; seit 1997 Tochtergesellschaft der Preussag AG (seit 2002 TUI AG). Nach Neuordnung des Unternehmens (1999) gehören zur H.-L. AG u. a. die Hapag-Lloyd Container Linie, die Hapag-Lloyd Kreuzfahrten sowie im Logistikbereich Pracht Spedition + Logistik GmbH, Aleco S. A. und VTG-Lehnkering AG.

Haparanda, die nördlichste Hafenstadt Schwedens, an der Mündung des Torneälv in den Bottn. Meerbusen, 10 900 Ew.; Schul- und Marktort. – 1812 gegründet.

haploid [grch.], *Biologie:* Bez. für Zellen mit einfachem Chromosomensatz (↑Chromosomen); Ggs.: diploid.

Haploidisierung, *Genetik:* Herstellung von haploiden Zellen oder Individuen durch Stimulation der Zellteilung unbefruchteter Eizellen (z. B. bei Fröschen) oder durch Auskeimenlassen von Pollenkörnern zu haploiden Zellkulturen, aus denen sich dann haploide Pflanzen entwickeln können. Die H. ermöglicht es, Gene von diploiden Organismen im haploiden Zustand zu analysieren (z. B. rezessive Gene).

Haplologie [grch.-nlat.] *die, Sprachwissenschaft:* Verschmelzung zweier gleicher oder ähnl. Laute (Lautfolgen), z. B. »Zauberin« statt »Zaubererin«.

Happening [ˈhæpənɪŋ; engl. »Ereignis«] *das,* »lebendig gemachte Pop-Art« (W. Vostell), eine Form der ↑Aktionskunst (seit 1958), hebt die Grenzen zw. Kunst und Leben auf. Unter Einbeziehung der Zuschauer kommt ein überraschendes Erlebnis zustande; beispielhaft für die Aufhebung der Grenzen zw. unterschiedl. Medien. Zu den Hauptvertretern gehörten

A. Kaprow in den USA und W. Vostell in Deutschland. Parallel zum H. entwickelten sich die Fluxusbewegung (↑Fluxus) und die Aktionskunst der Vertreter des »Wiener Aktionismus«. Der Begriff H. wurde von der künstler. auf die polit. Szene übertragen. Heute ist das H. in **Aktionen** lebendig, z. B. von W. Vostell (Fluxus-Zug, 1981). Die ↑Performance ist eine modifizierte Weiterentwicklung des H.

❖ **siehe ZEIT Aspekte**

happy [ˈhæpi, engl.], in glückseliger, zufriedener Stimmung.

Happyend [hɛpiˈɛnt; engl. »glückl. Ende«] *das* (Happy End), glückl. Ausgang eines (konfliktbeladenen) Geschehens (v. a. in Romanen, Filmen u. a.).

Happy Few [ˈhæpi ˈfjuː, engl.], glückl., bevorzugte Minderheit.

Happyhour [ˈhæpiˈauə, engl.] *die* (Happy Hour), festgesetzte Zeit, in der v. a. die Getränke in bestimmten Lokalen zu einem ermäßigten Preis angeboten werden.

Haptene [grch.] (Halbantigene), niedermolekulare Verbindungen, die erst nach Koppelung an Eiweißkörper zu voll wirksamen ↑Antigenen werden und dann deren Spezifität bestimmen.

Hapteren [grch.], *Botanik:* 1) Haftorgane festsitzender Algen; 2) Haftfäden der Schachtelhalmsporen.

Haptik [grch.] *die,* Lehre vom Tastsinn.

Haptoglobine, Glykoproteine, die beim Transport und Abbau von Hämoglobin mitwirken.

Haptotropismus *der,* die Fähigkeit (z. B. der Ranken von Kletterpflanzen), nach einem Berührungsreiz den berührten Körper zu umschlingen.

Harakiri [japan. »Bauchaufschneiden«] *das* (Seppuku), in Japan seit dem 12. Jh. eine dem Kriegerstand (Samurai) vorbehaltene Art des rituellen Selbstmords; diente v. a. der Wahrung der eigenen Ehre (um der Gefangenschaft zu entgehen, einer Strafe zuvorzukommen oder die Loyalität gegenüber dem Herrn zu beweisen). Unter Einhaltung zeremonieller Regeln schnitt sich der H. Begehende von links nach rechts den Leib auf, worauf ihm ein Sekundant den Kopf abschlug. Seit dem 17. Jh. auch ehrenvolle Todesstrafe für Adlige (bis 1873).

Harald, Herrscher:
Dänemark: **1) H. Blatand** [»Blauzahn«], König (etwa 940–985 oder 987), Sohn Gorms des Alten; ließ sich um 965 taufen; eroberte Teile Norwegens, wurde durch Kaiser Otto II. 974 besiegt; von seinem Sohn Svend Gabelbart vertrieben, fiel H. im Krieg gegen ihn.
Norwegen: **2) H. I. Harfågre** [»Schönhaar«], König (860–930), *850, †930; vereinigte Ende des 9. Jh., bes. nach der Schlacht am Hafrsfjord (bei Stavanger), die norweg. Gebiete zu einem Reich.
3) H. III. Hardråde [»der Strenge«], König (1047–66), *1015, †25. 9. 1066; diente in der kaiserl. Leibwache in Konstantinopel; trat 1047 die Nachfolge von König Magnus dem Guten an; zog 1066 zur Eroberung Englands aus, wo er in der Schlacht von Stamford Bridge (bei York) fiel.
4) H. V., König (seit 1991), *Skaugum (bei Oslo) 21. 2. 1937; Sohn König Olafs V. und Prinzessin Märthas von Schweden, ⚭ seit 1968 mit Sonja Haraldsen; besuchte die norweg. Kriegsschule, studierte Volkswirtschaft und polit. Wissenschaften.

Haram [arab. »geweihter Platz«] *das,* heiliger, nur Muslimen zugänglicher Bezirk; als »die beiden hl. Bezirke« bezeichnet man im Islam diejenigen von Mekka und Medina; ebenfalls als H. gilt der islam. Heiligtumsbezirk mit ↑Felsendom und ↑Al-Aksa-Moschee auf dem Tempelberg in Jerusalem.

Haran, altoriental. Gebiet und Stadt, ↑Harran.

Harappakultur (Induskultur), nach Harappa am Ravi (Pandschab, Pakistan), einem der Hauptausgrabungsplätze, benannte Hochkultur (4. Jt. bis Mitte des 2. Jt. v. Chr.), v. a. im Industal, in Sind, im Pandschab und Gujarat, auf der Halbinsel Kathiawar und an der Küste Belutschistans sowie in Afghanistan verbreitet. Bed. Stadtanlagen neben Harappa v. a. Mohenjo-Daro, Chanhu-Daro, Kot Diji, Kalibangan, Lothal; Verwendung einer Hieroglyphenschrift, kunstvolle Keramik. Eine Besonderheit sind die zahlr. Siegel aus Speckstein mit qualitätvollen Tierdarstellungen. – Abb. S. 244

📖 *Jansen, M.: Die Indus-Zivilisation. Wiederentdeckung einer frühen Hochkultur. Köln 1986.*

Harar (Harer), Provinzhauptstadt in O-Äthiopien, 1 855 m ü. M., 131 100 Ew. (Galla, Somal); Zentrum der Muslime in Äthiopien. In der fruchtbaren Umgebung

HAR Harare

Anbau von Kaffee, Bananen, Hirse; bei H. landwirtsch. Hochschule. – Stadtmauer und Moschee aus dem 16. Jahrhundert.
Harare (bis 1982 Salisbury), Hptst. von Simbabwe, im Zentrum des Maschonalandes, 1 500 m ü. M., auf einer Hochebene, 1,893 Mio. Ew.; kath. und anglikan. Erzbischofssitz, kultureller Mittelpunkt mit Univ., Polytechnikum, Musik- und Kunsthochschulen, Theater, Museen; internat. Buchmesse. H. ist Verkehrs- und Handelszentrum des Landes (Tabak, Mais) mit vielseitiger Verarbeitungsind. (Textilien, Nahrungs-, Genussmittel, Maschinen, Elektrogeräte, Zement); Goldraffinerie; internat. Flughafen. – 1890 als Fort gegründet.

Harappakultur: Tänzerin aus Bronze

Harass [frz.] *der*, Lattenkiste oder Korb zum Verpacken zerbrechl. Waren wie Glas, Porzellan o. Ä.
Harbel, Stadt in Liberia, östlich von Monrovia, 60 000 Ew.; Zentrum der liberian. Kautschukerzeugung; südlich von H. internat. Flughafen Robertsfield.
Harbig, Rudolf, Leichtathlet, *Dresden 8. 11. 1913, ✕ 5. 3. 1944; u. a. Europameister 1938 (800 m); lief 1939 Weltrekorde über 400 m und 800 m (bestand bis 1955), 1941 über 1 000 m.
Harbin (Charbin, Haerbin), Hptst. der Prov. Heilongjiang, in der Mandschurei, NO-China, am Songhua Jiang, 2,4 Mio. Ew.; 1949 begann die Entwicklung zur Ind.stadt (Kraftwerksmaschinen, Elektromotoren, Kugellager, Werkzeug- und Landmaschinen u. a.) und zum kulturellen Mittelpunkt (Univ., Fachhochschulen, Bibliotheken, Museen); Eisenbahnknotenpunkt, von April bis Oktober eisfreier Flusshafen, Flughafen. – H. wurde 1898 im Zusammenhang mit der von Russen errichteten »Ostchines. Eisenbahn« zur Handelsstadt ausgebaut; 1932 von Japanern besetzt und als **Pinkjiang (Pinkiang)** Mandschukuo zugeschlagen; seit 1949 Provinzhauptstadt.
Harbou [ˈharbu], Thea von, Schriftstellerin, *Tauperlitz (heute zu Döhlau, Kr. Hof) 27. 12. 1888, †Berlin 1. 7. 1954; ∞ 1921–23 mit Filmregisseur F. Lang; schrieb Unterhaltungsromane, z. T. verfilmt (»Das ind. Grabmal«, 1917; »Nibelungenbuch«, 1924; »Metropolis«, 1926).
Harburg, 1) Landkreis im RegBez. Lüneburg, Ndsachs.; 1 245 km², 233 800 Ew.; Verw.sitz ist Winsen (Luhe).
2) Stadtbez. von Hamburg.
Harburger Berge (Schwarze Berge), Endmoränenzug der nördl. Lüneburger Heide, im Stadtgebiet von Hamburg und in Ndsachs., bis 155 m ü. M.; fällt steil zum Alten Land ab.
Harburg (Schwaben), Stadt im Landkreis Donau-Ries, Bayern, am Durchbruch der Wörnitz durch die Fränk. Alb, 5 800 Ew.; Zement- und Kalkfabrik. – Im über der Wörnitz gelegenen Schloss, einem wuchtigen Wehrbau, die Fürstlich-Oettingen-Wallersteinsche Kunstsammlung. – 1093 erstmals erwähnt.
Hard, Markt-Gem. westlich von Bregenz, Vorarlberg, Österreich, 398 m ü. M., 11 500 Ew.; Textil- und Kunststoffind., Metallverarbeitung.
Hardangerarbeit, aus Norwegen stammende Weißstickerei, deren Musterung quadratisch ausgezogene und umstopfte Durchbruchfelder enthält (Durchbruchstickerei). **Hardanger** ist ein poröser, gitterartiger Vorhang- und Stickereistoff aus Leinen in Leinwand- oder Panamabindung.
Hardangerfiedel, volkstümliches nor-

weg. Streichinstrument mit vier Griff- und vier Resonanzsaiten.

Hardangerfjord, maler. Fjord im W Norwegens, z.T. in der Landschaft **Hardanger**, etwa 120 km lang, stark verzweigt. Östlich liegt die **Hardangervidda**, die größte Hochfläche Skandinaviens (1 200 bis 1 400 m ü. M.) mit dem 78 km² großen Plateaugletscher des **Hardangerjøkul** (bis 1 862 m ü. M.); arkt. Klima und arkt. Pflanzenwuchs; Wander- und Skigebiet. 1981 wurde ein Nationalpark (3 430 km²) eingerichtet.

Hardbop [ˈhɑːdbɔp, engl.] *der*, Jazzstil der 1950er- und 60er-Jahre, der an der O-Küste der USA v. a. von schwarzen Musikern als Reaktion auf den »weißen« Westcoastjazz ausgeprägt wurde. Der H. stellt in stilist. Hinsicht die Fortsetzung des ↑Bebop dar, gleichzeitig jedoch dessen Glättung und z.T. Vereinfachung. Die zunehmende Schematisierung führte um 1960 zum ↑Free Jazz.

Hardcopy [ˈhɑːdkɔpɪ, engl.] *die, Informatik:* die Zeichen- bzw. Textausgabe mithilfe eines Druckers oder Plotters, also in einer gegenständl. Form.

Hardcore [ˈhɑːdkɔː; engl. »harter Kern«] *der*, 1) kurz für **H.-Film** bzw. **H.-Porno**, ein pornograph. Film, in dem geschlechtl. Vorgänge z.T. in Großaufnahme und mit genauen phys. Details gezeigt werden; 2) eine Ende der 1970er-Jahre in den USA aufgekommene, bes. kompromisslose Variante des Punkrock. – Inzwischen steht der Begriff auch in einer verallgemeinerten Bedeutung für jede Art kultureller Kompromisslosigkeit.

Hardcore-Malerei [ˈhɑːdkɔː-], unterkühlt-distanzierte Form der Tafelmalerei, die ihren Ausgang in der amerikan. Pop-Art nahm (u.a. M. Ramos) und sich im amerikan. Fotorealismus fortsetzt. Ihre Ikonographie bezieht sie aus dem Themenrepertoire der modernen Reklame.

Hardcover [ˈhɑːdkʌvə, engl.] *das*, Buch mit festem Einband.

Harddisk [ˈhɑːd-, engl.], ↑Festplattenspeicher.

Harddrink [ˈhɑːd-, engl.], hochprozentiges alkohol. Getränk; Ggs.: Softdrink.

Harddrug [ˈhɑːdˈdrʌg, engl.] *die*, im Jargon für Rauschgift, das süchtig macht.

Hardedge [ˈhɑːdedʒ; engl. »harte Kante«] *die*, abstrakte Malweise innerhalb der Farbfeldmalerei mit klar begrenzten Farbzonen, in den USA der 1950er-Jahre als Gegenbewegung zum ↑abstrakten Expressionismus entwickelt.

Harden, 1) [ˈhɑːdn], Sir (seit 1936) Arthur, brit. Chemiker, *Manchester 12. 10. 1865, †London 17. 6. 1940; erhielt 1929 für Arbeiten über Kohlenhydratvergärung und Gärungsenzyme mit H. von Euler-Chelpin den Nobelpreis für Chemie.
2) Maximilian, eigtl. Felix Ernst Witkowski, Publizist und Schriftsteller, *Berlin 20. 10. 1861, †Montana (Kt. Wallis) 30. 10. 1927; 1875–88 Schauspieler, 1889 Mitbegründer der Berliner »Freien Bühne«. Mit seiner Wochen-Ztschr. »Die Zukunft« (1892–1922) und in vielen Vorträgen (Pseudonym **Apostata**) griff er das persönl. Regiment Wilhelms II. und seiner Berater (H. von Moltke, P. zu Eulenburg) an. Nach 1918 wurde er heftiger Kritiker der Weimarer Rep., aber auch Zielscheibe antisemit. Angriffe. H. verbrachte seine letzten Jahre in der Schweiz.

Hardenberg, 1) F. Freiherr von, der Dichter ↑Novalis.
2) Karl August Freiherr von, Fürst (seit 1814), preuß. Staatsmann, *Essenrode (heute zu Lehre, Kr. Helmstedt) 31. 5. 1750, †Genua 26. 11. 1822; bis 1782 in hannover. Staatsdienst, verwaltete als preuß. Min. 1791–98 Ansbach-Bayreuth als Prov. und war 1795 beim Abschluss des Baseler Friedens maßgebend beteiligt. 1798–1806 leitete er neben C. von Haugwitz die preuß. Neutralitätspolitik; erst durch den Zusammenbruch von 1806/07 wurde er auf Verlangen Napoleons I. nach dem Tilsiter Frieden 1807 entlassen. Seit 1810 Staatskanzler, setzte er im Bemühen, den preuß. Staat vom aufgeklärten Absolutismus zum Liberalismus zu führen, die von K. Reichsfreiherr vom und Stein in Gang gesetzten Reformen fort (**steinhardenbergsche Reformen;** ↑preußische Reformen). 1810 führte er die Gewerbefreiheit ein und säkularisierte das Kirchengut. Seiner Idee staatsbürgerl. Gleichheit entsprach die Judenemanzipation (1812). Dem Adel musste H. im Regulierungsedikt (1811) zur Ablösung der Grundherrschaft (↑Bauernbefreiung) und in der Deklaration von 1816 entgegenkommen. Seinen Ruf als Staatsmann von europ. Rang begründete er in seiner abwartenden Koalitionspolitik in den Befreiungskriegen. Auf dem Wiener Kongress

1814/15 konnte er für Preußen bed. Gebietszuwachs erreichen; danach schuf er eine mustergültige Verwaltung. Mit der Teilnahme Preußens am metternichschen System der Restauration schwand sein polit. Einfluss, v. a. nach den Karlsbader Beschlüssen (1819). – »Denkwürdigkeiten...« (5 Bde., hg. 1877).
📖 *Vogel, B.: Allgemeine Gewerbefreiheit. Die Reformpolitik des preuß. Staatskanzlers H. (1810–1820). Göttingen 1983. Hermann, I.: H. Der Reformkanzler. Berlin 2003.*

Harderwijk [haːrdərˈwɛik], Stadt in der Prov. Gelderland, Niederlande, am Veluwemeer, 38 400 Ew.; Kunststoff-, Metall verarbeitende u. a. Industrie.

Harding [ˈhaːdɪŋ], Warren Gamaliel, 29. Präs. der USA (1921–23), *Blooming Grove (Ohio) 2. 11. 1865, †San Francisco 2. 8. 1923; Republikaner, wurde 1920 als Gegner der Reformbewegung und der Weltkriegspolitik W. Wilsons zum Präs. gewählt. Außenpolitisch setzte er durch, dass die USA dem Völkerbund fernblieben.

Hardliner [ˈhaːdlaɪnə, engl.] *der,* Vertreter eines harten (polit.) Kurses.

Hardouin-Mansart [arˈdwɛ̃ mɑ̃ˈsaːr], Jules, frz. Baumeister, ↑Mansart.

Hardrock [ˈhaːdrɔk, engl.], Stilrichtung der Rockmusik, entstand zu Beginn der 1970er-Jahre aus Rock'n'Roll und Blues. Kennzeichnend sind stampfende Drumbeats im ⁴/₄-Takt, laute, verzerrte Gitarrenriffs, teils melod. Keyboardsektionen. Vertreter: Deep Purple, Led Zeppelin, AC/DC, Aerosmtih u. a.

Hardstuff [ˈhaːdstʌf, engl.] *der,* starkes Rauschgift (z. B. Heroin, LSD).

Hardt *die,* Teil des Pfälzerwaldes, ↑Haardt.

Hardt, Ernst, Schriftsteller, *Graudenz 9. 5. 1876, †Ichenhausen (Kr. Günzburg) 3. 1. 1947; 1919–24 Generalintendant des Nationaltheaters in Weimar, 1926–33 Leiter des Westdt. Rundfunks in Köln; schrieb Lyrik, Dramen (»Tantris der Narr«, 1907, »Gudrun«, 1911), Erzählungen.

Hardtmuth, Joseph, österr. Fabrikant und Baumeister, *Aspern an der Zaya (NÖ) 20. 2. 1752, †Wien 23. 5. 1816; erfand die keram. Bleistiftmine (1795) und eine der chines. gleichwertige Tusche (1808).

Hardtop [ˈhaːdtɔp; engl. »festes Verdeck«] *das* oder *der,* festes, abnehmbares Verdeck bei Kfz, als elektrohydraul. H. auch versenkbar.

Hardwar [»Tor des Hari«] (Gangadwara), Stadt im Bundesstaat Uttar Pradesh, Indien, am Ganges, 200 000 Ew.; Univ., bed. hinduist. Wallfahrtsort; Elektroindustrie.

Hardware [ˈhaːdwɛə; engl. »Metallwaren«] *die,* Oberbegriff für die maschinentechn. Ausrüstung eines Computersystems.

Hardy [ˈhaːdɪ], **1)** Oliver, amerikan. Filmkomiker, *Atlanta (Ga.) 18. 1. 1892, †Los Angeles (Calif.) 7. 8. 1957; bildete mit S. ↑Laurel das Paar »Laurel and Hardy« (»Stan und Ollie«, »Dick und Doof«).
2) Thomas, engl. Schriftsteller, *Upper Bockhampton (Cty. Dorset) 2. 6. 1840, †Max Gate (Cty. Dorset) 11. 1. 1928; entwickelte, bes. unter dem Einfluss Schopenhauers, ein pessimist. Weltbild, das seine Romane beherrscht (»Under the Greenwood Fancy Day«, 1872; »Die Heimkehr«, 3 Bde., 1878; »Tess von D'Urbervilles«, 3 Bde., 1891; »Juda der Unberühmte«, 1895).

Hardy-Weinberg-Regel [ˈhaːdɪ-], von dem brit. Mathematiker G. H. Hardy (*1877, †1947) und dem dt. Biologen W. Weinberg (*1862, †1937) 1908 unabhängig voneinander aufgestellte Regel über die Verteilung von Erbmerkmalen in großen Populationen, nach der die ursprüngl. Proportionen von ↑Allelen in allen folgenden Generationen erhalten bleiben (Konstanz der Genfrequenzen); grundlegende Regel der Populationsgenetik. Werden Genfrequenzen gefunden, die nicht der H.-W.-R. entsprechen, ist Evolution erfolgt. Daher gelten alle Erscheinungen, die die nach der H.-W.-R. erwarteten Genfrequenzen ändern, als Faktoren der Evolution.

Hare [hɛə], **1)** David, engl. Dramatiker und Regisseur, *Saint Leonards (Cty. East Sussex) 5. 6. 1947; seine satir., z. T. bissigschockierenden Dramen, die sich mit Erscheinungen (z. B. dem Rockmilieu in »Teeth 'n smiles«, 1976), Ideologien (»A map of the world«, 1982; dt. »Eine Weltkarte«) und Lebensweisen (»Wrecked eggs«, 1986; Uraufführung als »Einfach Eier«) des 20. Jh. auseinander setzen, machten ihn zu einem der bedeutenden Vertreter des brit. Gegenwartstheaters.
Werke: Die Bucht von Nizza (1986, dt.), Falscher Frieden (1995, dt.), Skylight (1995), Via Dolorosa (1998).

2) Richard Mervyn, brit. Moralphilosoph, *Backwell (bei Bristol) 21. 3. 1919, †Ewelme (Oxfordshire) 29. 1. 2002; war u. a. 1966–83 Prof. in Oxford. Nach einer vornehmlich metaethisch-deskriptiv ausgerichteten Untersuchung der im Alltag üblichen moral. Reden und Argumentationen (»The language of morals«, 1952; dt. »Die Sprache der Moral«) suchte H. die gewonnenen Erkenntnisse für eine normative Theorie moral. Argumentierens fruchtbar zu machen (»Freedom and reason«, 1963; dt. »Freiheit und Vernunft«). Als die wesentl. Kennzeichen moralischer Sprache sieht H. ihren Empfehlungscharakter (»Präskriptivismus«) und ihren Anspruch auf Universalisierbarkeit an.
Weitere Werke: Essays on philosophical method (1971); Practical inferences (1971); Applications of moral philosophy (1972); Moral thinking (1981; dt. Moralisches Denken); Plato (1982; dt. Platon); Essays in ethical theory (1989); Essays on bioethics (1993).

Ha**re-Krishna-Bewegung** [-ˈkriʃna-] (offiziell Internationale Gesellschaft für Krishna-Bewusstsein, engl. International Society for Krishna Consciousness, Abk. ISKCON), 1966 in New York von dem Inder A. C. Bhaktivedanta Svami Prabhupada (eigtl. Abhay Charan De, *1896, †1977) mit dem Anspruch gegr. Gesellschaft, die westl. Gesellschaft durch die Einführung der Verehrung ↑Krishnas und die Verbreitung des Krishna-Bewusstseins spirituell zu erneuern. Die (meist jugendl.) Anhänger berufen sich bes. auf die ↑Bhagavadgita, leben vegetarisch und üben (außerhalb der Ehe) sexuelle Enthaltsamkeit. Tracht: safrangelbe Kutte. Seit dem Tod des Gründers teilen sich mehrere Gurus (geographisch aufgeteilt) in die Leitung der H.-K.-B.

Ha**rem** [arab. »verboten«] *der,* im Islam Bez. für einen geheiligten, nach außen bes. geschützten Bereich, der nicht Berechtigten (Nichtmuslimen) grundsätzlich verschlossen sein kann bzw. gegenüber dessen Unverletzlichkeit von Muslimen und Nichtmuslimen strikte Achtung erwartet wird; bes. die hl. Bezirke Mekkas und Medinas (↑Haram), aber auch der eingefriedete Teil des Hofes einer Moschee und das Gelände eines islam. Friedhofs. Außerhalb der islam. Welt ist das Wort H. v. a. als kulturgeschichtl. Begriff verbreitet, der den für Außenstehende unzugängl., für Frauen bestimmten Teil des Hauses in der traditionellen städt. Kultur islam. Länder bezeichnet. Ein Sonderfall des H. waren die weitläufigen, von Eunuchen bewachten Frauenabteilungen der Herrscherpaläste mit bisweilen Hunderten von Bewohnerinnen. In der Türkei verschwand der H. offiziell seit Einführung der Einehe (1926). Auch in den übrigen islam. Ländern geht die Verbreitung des H. zurück.

📖 *Gost, R.: Die Gesch. des H. Düsseldorf 2002.*

Haremhab (Horemheb, grch. Harmais), letzter ägypt. König (um 1333–1306 v. Chr.) der 18. Dynastie; schuf durch die

Harem des Topkapı-Serails des osmanischen Sultanspalasts in Istanbul

HAR Haren (Ems)

Abwehr der Hethiter und innenpolit. Reformen die Grundlagen für einen Wiederaufstieg Ägyptens nach den Wirren der Amarnazeit. Sein reich geschmücktes Felsengrab befindet sich im Tal der Könige; sein vor der Thronbesteigung in Sakkara angelegtes Grab wurde 1975 wieder entdeckt.

Harfe: Pedalharfe von Dietrich Storck, Straßburg (um 1780)

Haren (Ems), Stadt im Landkreis Emsland, Ndsachs., nahe der niederländ. Grenze an der kanalisierten Ems, 21 900 Ew.; Mühlen- und Freilichtschifffahrtsmuseum; Werften, Kunststoffverarbeitung; Versuchsanlage der Magnetschwebebahn »Transrapid«.

Hare-Niemeyer-Verfahren [nach dem Engländer T. Hare, * 1806, † 1891, und dem dt. Mathematiker H. Niemeyer, * 1931], Verfahren der Sitzverteilung bei Verhältniswahl (↑Wahlrecht). Die Stimmenzahl für die jeweilige Partei wird mit der Gesamtzahl der zu vergebenden Sitze multipliziert und das Produkt durch die Gesamtzahl der Stimmen aller Parteien geteilt. Jede Partei erhält so viele Sitze, wie ganze Zahlen auf sie entfallen. Die Restsitze werden in der Reihenfolge der höchsten Zahlen nach dem Komma an die Parteien vergeben. – Anders als das ↑d'hondtsche Höchstzahlverfahren oder das ↑Hagenbach-Bischoff-Verfahren begünstigt das H. die kleineren Parteien.

Häresie [grch. »Wahl«, das »Gewählte«] *die,* in der grch. und hellenist. Antike Bez. für ein Bekenntnis religiösen oder polit. Inhalts eine wiss. Lehrmeinung; in der frühen Kirche seit dem 2. Jh. Bez. für eine von den Normen der Orthodoxie abweichende theolog. Auffassung; im MA. identisch mit dem Begriff der Ketzerei; im kath. Kirchenrecht das Leugnen oder Bezweifeln des kirchl. Dogmas (↑Glaubensdelikte); im prot. Verständnis (entscheidende) Verkürzung bzw. Entstellung der Botschaft des Evangeliums.

📖 *Lambert, M. D.: Ketzerei im Mittelalter. A. d. Engl. Freiburg im Breisgau u. a. 1991.*

Härẹtiker *der,* Anhänger einer ↑Häresie; Ketzer.

Harfe, Saiteninstrument, das mit den Fingerkuppen beider Hände angezupft wird. Die Saiten verlaufen von einem schräg aufsteigenden Resonanzkörper zum quer verlaufenden Saitenhalter, der durch die Vorderstange gestützt wird. Die H. ist seit dem 3. Jt. v. Chr. in Ägypten nachweisbar. Im 8. Jh. wurde sie auf den Brit. Inseln und um 1000 auf dem europ. Festland bekannt. Im 18. Jh. war sie beliebtes Hausinstrument, seit dem 19. Jh. v. a. Orchesterinstrument. Bei der 1720 von J. Hochbrucker entwickelten **Pedal-H.** konnten alle gleichnamigen Töne durch je ein Pedal um einen Halbton erhöht werden. Die moderne **Doppelpedal-H.** gestattet eine zweifache Erhöhung und damit die Einstellung aller Tonarten. Kennzeichnende Spielmanier ist die Ausführung gebrochener Akkorde (arpeggio).

📖 *Zingel, H. J.: Lexikon der H. Laaber 1977.*

Harfenschnecken (Harpidae), Familie der Schnecken in trop. Meeren mit längs gerippter Schale; die **Davidsharfe** (Harpa ventricosa) ist beliebtes Sammelobjekt.

Harfouch [-'fux, -'fuʃ], Corinna, Bühnen- und Filmschauspielerin, * Suhl 16. 10. 1954; spielt seit den 1970er-Jahren Bühnenrollen (u. a. am Berliner Ensemble als Gretchen in Goethes »Urfaust«, an der Berliner Volksbühne als General Harras in Zuckmayers »Des Teufels General« und am Wiener Burgtheater als Enzensbergers »Die Tochter der Luft«); seit den 1980er-Jahren auch Filmrollen (z. B. »Die Schauspielerin«, 1988; »Treffen in Travers«, 1989; »Das Versprechen«, 1993; »Gefährliche Freundin«, 1996; »Solo für Klarinette«, 1998; »Der Untergang«, 2004).

Hargeysa (Hargeisa), Stadt in NW-Somalia, nahe der Grenze zu Äthiopien, 400 000 Ew.; Regionalverwaltung; Handelszentrum eines Agrargebiets; Flughafen.

Harich, Wolfgang, Philosoph, * Königsberg (Pr) 9. 12. 1923, † Berlin 15. 3. 1995; 1945 Mitgl. der KPD, 1946–56 der SED; 1949 Prof. in Berlin, 1953–56 Chefredakteur der »Dt. Ztschr. für Philosophie«; 1957 wegen »Bildung einer konspirativen staatsfeindl. Gruppe« zu zehn Jahren Zuchthaus verurteilt, 1964 entlassen; lebte 1979–81 in der BRD. Verfasste u. a. »Zur Kritik der revolutionären Ungeduld« (1969), »Kommunismus ohne Wachstum?« (1975). 1989 wurde die Kontroverse mit seinem einstigen oppositionellen Mitkämpfer W. Janka durch diesen öffentlich gemacht, worauf H. mit der Replik »Keine Schwierigkeiten mit der Wahrheit« (1993) reagierte.

Harig, Ludwig, Schriftsteller, * Sulzbach/Saar 18. 7. 1927; stellt Sprachmuster und Klischees mit experimentellen Techniken (Permutation, Collage, Montage u. a.) infrage und demonstriert die absurde Komik der Logik (»Reise nach Bordeaux«, R., 1965; »Weh' dem, der aus der Reihe tanzt«, R., 1990; »Wer mit den Wölfen heult, wird Wolf«, R., 1996).

Haring ['hærɪŋ], Keith, amerikan. Maler und Objektkünstler, Bühnen- und Kostümbildner, * Kutztown (Pa.) 4. 5. 1958, † New York 16. 2. 1990; Hauptvertreter der Graffiti-Art (↑Graffiti) in den USA. Seine von Comics abgeleiteten Figuren sind oft in vieldeutiger Aktion dargestellt.
 K. H., hg. v. G. Celant, Beiträge v. B. Blinderman u. a. A. d. Engl. München ²1994. – K. H. – heaven and hell, hg. v. G. Adriani, Ausst.-Kat. Museum für Neue Kunst, ZKM Karlsruhe. Ostfildern-Ruit 2001.

Häring, 1) Bernhard, kath. Theologe, * Böttingen (Landkr. Tuttlingen) 10. 11. 1912, † Gars a. Inn (Landkr. Mühldorf a. Inn) 3. 7. 1998; Redemptorist, 1957–87 Prof. an der Lateran-Univ. in Rom; theolog. Berater auf dem 2. Vatikan. Konzil; zahlr. Werke zur Moraltheologie und zu Zeitfragen.

2) Hugo, Architekt, * Biberach an der Riß 22. 5. 1882, † Göppingen 17. 5. 1958; einer der führenden dt. Architekturtheoretiker. Seine Vorstellungen vom »organ. Bauen« (↑Neues Bauen) suchte H. u. a. im Gut Garkau bei Gleschendorf in Schlesw.-Holst. (1924/25) sowie in den Siedlungsbauten in Berlin-Zehlendorf (1926) und in Berlin-Siemensstadt (1929–30) zu realisieren.

Haringey [ˈhærɪŋɡeɪ], Stadtbezirk (seit 1965) im N von London, 216 100 Einwohner.

Hariri, Abu Mohammed al-Kasim ibn Ali al-H., arab. Philologe und Schriftsteller, * Al-Maschan (bei Basra) 1054, † Basra 10. 9. 1122; bekannt durch seine ↑Makamen, meisterl. arab. Kunstprosa.

Hari Rud *der,* Fluss in Zentralasien, etwa 1 100 km lang, entspringt im Kuh-e Baba und durchfließt W-Afghanistan, der Unterlauf bildet die Grenze Irans zu Afghanistan, dann zu Turkmenistan; versiegt mit einem Delta in der Wüste Karakum.

Keith Haring: The Boxers (1987; Berlin, Potsdamer Platz)

Härjedalen, histor. Prov. und Gebirgslandschaft im nordwestl. Mittelschweden, wald- und moorreich; Forst- und Viehwirtschaft.

Harkins [ˈhaːkɪnz], William Draper, amerikan. Chemiker, *Titusville (Pa.) 28. 12. 1873, †Chicago (Ill.) 7. 3. 1951; zeigte in kernchem. Arbeiten die Möglichkeit der Energieerzeugung durch Kernfusion, sagte 1920 das Neutron voraus und bestimmte die relative Häufigkeit der Elemente im Weltall. Nach der **H.-Regel** treten die chem. Elemente mit geraden Ordnungszahlen (Kernladungszahlen) in der Natur häufiger auf als solche mit ungeraden.

Harkort, Friedrich, Industrieller und Politiker, *Harkorten (bei Hagen) 25. 2. 1793, †Hombruch (heute zu Dortmund) 6. 3. 1880; einer der führenden rhein. Unternehmer während der Frühindustrialisierung (Kupfer-, Walz- und Eisenwerke); führte den engl. Maschinenbau in Dtl. ein. – H. entwickelte 1844 ein Modell zur Integration der Arbeiter in die bürgerl. Gesellschaft und zur Sozialpolitik (u. a. Hebung der Volksbildung, Arbeiterschutz-Ges., Verbot von Kinderarbeit, Arbeitszeitbegrenzung).

Harlan, Veit, Filmregisseur, *Berlin 22. 9. 1899, †Capri 13. 4. 1964; Schauspieler, Regisseur, drehte nat.-soz. Propagandafilme wie »Jud Süß« (1940), »Kolberg« (1945); war ∞ mit der schwed. Schauspielerin Kristina Söderbaum (* 1912, † 2001).

Harlekin [italien.-frz.] *der,* dem ↑Arlecchino der ↑Commedia dell'Arte entsprechende lustige Bühnenfigur; auf dt. Bühnen löste er Ende des 17. Jh. zeitweise den eher grobian. ↑Hanswurst ab. Der H. erscheint als kom. Figur in Possen **(Harlekinaden).**

Harlem [ˈhaːləm], Stadtteil von New York, USA, im N von Manhattan; v. a. von Farbigen und Puertoricanern bewohnt.

Harlem Brundtland, Gro, norweg. Politikerin, ↑Brundtland, Gro Harlem.

Harlemjump [ˈhɑːləmˈdʒʌmp, engl.], *der,* in den 1930er-Jahren in Harlem entstandener Tanz; musikalisch Vorläufer des ↑Rhythm and Blues.

Harlingen [ˈharlɪŋə], Hafenstadt in der Prov. Friesland, Niederlande, an der Waddenzee, 15 300 Ew.; Fischkonservenind. und Schiffbau; Endpunkt eines Kanalnetzes; Fischerei- und Handelshafen (Großbritannien, Skandinavien). – Gut erhaltenes Stadtbild mit Giebelhäusern des 16.–18. Jh., barockes Rathaus.

Harlinger Land, Marschlandschaft in Ndsachs., im N der ostfries. Halbinsel; Zentren sind Esens und Wittmund; von den Sielhäfen und Küstenbadeorten Bensersiel, Neuharlingersiel und Harlesiel besteht Fährverkehr zu den ostfries. Inseln Langeoog, Spiekeroog und Wangerooge.

Harlow [ˈhɑːləʊ], Stadt in der engl. Cty. Essex, nordöstlich von London, 74 600 Ew.; vielfältige Leichtind. in mehreren Ind.parks. – H. wurde 1947 als New Town gegründet.

Harmagedon [grch., wohl aus hebr. har-Maḡiddô »Berg von Megiddo«] *das* (Armageddon), nach Apk. 16,16 der Ort, an dem sich die gottfeindl. Mächte (die »Könige der ganzen Welt«, zusammengeführt durch drei »unreine« Geister) zum endzeitl. letzten großen Kampf versammeln; im engl. Sprachgebrauch auch Begriff für (polit.) Katastrophe.

Harmattan [afrikan.] *der,* trockenheißer, Staub führender, aus NO kommender Passatwind in der westl. Sahara und in Oberguinea, der in den Wintermonaten oft wochenlang weht.

Harmin [grch.] (Banisterin) *das,* Alkaloid aus der Steppenraute Peganum harmala und südamerikan. Banisteriaarten; halluzinogenes Rauschmittel der Indianer Südamerikas.

Harmodios und Aristogeiton, zwei durch Freundschaft verbundene athen. Freiheitshelden, erdolchten 514 v. Chr. Hipparch, den Sohn des Tyrannen Peisistratos; sie wurden hingerichtet.

Harmonia [grch. »Eintracht«], *grch. Mythos:* Tochter des Ares und der Aphrodite, mit Kadmos vermählt. Bei Euripides ist H. Mutter der Musen, später allegor. Verkörperung der Eintracht.

Harmonie [zu Harmonia], **1)** *allg.:* Ordnung, Ebenmaß, Übereinstimmung, Eintracht.

2) *Ästhetik:* die intuitiv erfassbare Übereinstimmung aller Teile der Erscheinung.

3) *Musik:* der Zusammenklang gleichzeitig erklingender Töne im Unterschied zu der linear sich entwickelnden Melodie.

Harmonielehre, *Musik:* Lehre von der Verbindung der Akkorde im ↑Tonsatz. Die Grundlage aller harmon. Bewegung sind die Dreiklänge auf der Tonika, der Dominante und der Subdominante und ihre Umkehrungen; die Grundform der harmon. Beziehungen ist die Kadenz. Von wesentl. Bedeutung ist ferner die ↑Modulation, der Übergang von einer Tonart in die andere.

Den Abschluss bildet die Lehre von der chromat. Alteration und ↑Enharmonik sowie die von der Behandlung der harmoniefremden Töne. – Die H. geht in den Grundzügen auf J.-P. Rameau zurück; sie bildet die Grundlage der Musik des 19. Jh., und war bis um 1920 wichtigster Teil der Musiktheorie.

📖 *LaMotte, D. de: H. München u. a. ⁹1995.*

Harmoniemusik, die von einem Orchester mit gemischter Besetzung aus Holz- und Blechblasinstrumenten ausgeführte Musik (im Ggs. zur reinen Blechblasmusik), z. B. die Militärmusik.

Harmonieorchester *das*, Blasorchester.

Harmonik *die, Musik:* das Ganze der musikal. Erscheinungen, der Klang- oder Akkordvorrat und dessen Verwendung.

Harmonika *die,* Musikinstrument, ↑Glasspiel, ↑Ziehharmonika, ↑Mundharmonika.

Harmoniker *der,* Musiktheoretiker im alten Griechenland.

harmonische Analyse, *Mathematik:* die ↑Fourier-Analyse.

harmonische Folge, Zahlenfolge, bei der jedes Glied außer dem ersten der harmon. ↑Mittelwert der beiden Nachbarglieder ist; i. e. S. die Zahlenfolge $1, 1/2, 1/3, 1/4 \ldots$; die daraus gebildete divergente Reihe $1 + 1/2 + 1/3 + 1/4 + \ldots$ ist eine **harmon. Reihe.**

harmonischer Oszillator, schwingungsfähiges System (Oszillator), bei dem die rücktreibende Kraft der Auslenkung aus der Ruhelage proportional ist; führt harmon. ↑Schwingungen aus, deren Weg-Zeit-Diagramm eine Sinuskurve ist.

harmonisches Mittel, *Statistik:* ↑Mittelwert.

harmonische Teilung, die Teilung einer Strecke $\overline{AB}$ durch einen inneren Punkt C und einen äußeren Punkt D im gleichen Verhältnis, sodass die Proportion $\overline{AC}:\overline{CB} = \overline{AD}:\overline{BD}$ gilt; A, B, C, D heißen **harmon. Punkte,** vier durch sie gelegte Strahlen mit gleichem Ausgangspunkt **harmon. Strahlen.** Jede beliebige Gerade wird von ihnen wieder in harmon. Punkten A_1, B_1, C_1, D_1 geschnitten. – Die Bez. h. T. ist aus der Musiklehre übernommen. Gibt eine Saite AD den Grundton und liefert AB die große Terz und AC die Quinte dazu, so sind A, B, C, D harmon. Punkte.

harmonisieren *Musik:* eine Melodie mit passenden Akkorden oder Figuren begleiten.

harmonisierter Verbraucherpreisindex, Abk. HVPI, seit 1997 in der EU verwendeter, in allen Mitgl.ländern gleich abgegrenzter Index zur einheitl. Erfassung der Lebenshaltungskosten privater Haushalte. Dem HVPI, der monatlich für jeden EU-Staat durch die nat. statist. Ämter sowie von Eurostat für die EU und für die Euro-Zone berechnet wird, liegt ein vereinheitlichter Warenkorb zugrunde. Damit sollen länderspezif. Besonderheiten bei der Erfassung der Lebenshaltungskosten ausgeschaltet und eine größtmögliche Vergleichbarkeit der Inflationsraten erreicht werden.

Harmonium [grch.-lat.] *das,* Tasteninstrument, dessen orgelartige Töne durch frei schwingende (durchschlagende) Metallzungen entstehen, die durch einen Luftstrom in Schwingung versetzt werden. Mit zwei Pedalen werden Blasebälge betätigt, die Luftstrom (je nach System Druckwind oder Saugwind) erzeugen und über einen Magazinbalg die Zungen in Schwingung versetzen. Jedes größere H. besitzt mehrere Zungenreihen, die durch Registerzüge eingeschaltet werden, und Sondereinrichtungen (Fortezug, Oktavkoppel). – Nach zahlr. Vorläufern wurde das H. erstmals 1840 unter dieser Bez. von dem frz. Instrumentenbauer A. F. Debain (*1809, †1877) gebaut. Das H. war als Orgelersatz beliebt.

📖 *Grossbach, J.: Das H. Frankfurt am Main 1991.*

Harmotom [zu grch. harmós »Zusammenfügung«] *der,* weißes bis graues monoklines Mineral, ein Zeolith mit der chem. Zusammensetzung $Ba[Al_2Si_6O_{16}] \cdot 6H_2O$.

Harn (Urin), flüssiges, v. a. H.-Stoff enthaltendes Ausscheidungsprodukt der Nieren der Säugetiere und des Menschen. Durch den H. werden v. a. die stickstoffhaltigen Endprodukte aus dem Eiweiß- und Nucleinsäurestoffwechsel, aber auch nicht verwertbare, u. a. giftige oder im Überschuss zugeführte Nahrungsbestandteile sowie Blut- und Gewebesubstanzen als Schlacken- und Schadstoffe aus dem Körper entfernt. Die H.-Bildung erfolgt in den Nieren, wobei aus dem Blut der stark wässrige, ionen- und glucosehaltige **Primär-H.** abgepresst wird. Der größte Teil davon (beim Menschen etwa 99 %) wird in das Blut rückresorbiert, sodass die Schlackenstoffe im **Sekundär-** oder **End-H.** (beim Menschen täglich 1–2 l) stark angereichert sind. Über die beiden H.-Leiter wird der H. von den Nieren in die H.-Blase weitergeleitet. Durch die H.-Bildung und H.-Ausscheidung werden der Salz- und Wasserhaushalt des Organismus (Volumen und Osmolarität des Blutes) sowie das Säure-Basen-Gleichgewicht (pH-Wert) des Blutes reguliert.

Harnack, Adolf von (seit 1914), evang. Theologe, Kirchenhistoriker, *Dorpat (heute Tartu) 7. 5. 1851, † Heidelberg 10. 6. 1930; ab 1888 Prof. in Berlin; seit 1890 Mitgl. der Preuß. Akademie der Wiss.en; seit 1911 Präs. der »Kaiser-Wilhelm-Ges. zur Förderung der Wiss.en«; stellte das Aufeinander-bezogen-Sein von Wiss., Bildung und Christentum heraus, beschrieb das Evangelium als »die alleinige Grundlage aller sittl. Kultur« und befasste sich als Kirchenhistoriker bes. mit der Gesch. des frühen Christentums. – »Lb. der Dogmengesch.« (3 Bde., 1886–90, Nachdr. 1964).

📖 *Döbertin, W.: A. v. H. Theologe, Pädagoge, Wissenschaftspolitiker. Frankfurt am Main 1985.*

Harnblase (Vesica urinaria), häutig-muskulöses Hohlorgan als Sammelbehälter für den von den Nieren ausgeschiedenen und durch die ↑Harnleiter zugeleiteten Harn der meisten Wirbeltiere und des Menschen. Die H.-Wand ist von dicken, ring- und längsförmig verlaufenden glatten Muskelzügen durchsetzt und innen mit einer Schleimhaut ausgekleidet. Die H. sammelt den Harn und entleert ihn nach Erschlaffung der Schließmuskeln in zeitl. Abständen durch die ↑Harnröhre. Das Fassungsvermögen beträgt i. Allg. bis zur Entleerung (Miktion) der gespeicherten Harnmenge 200–500 cm³. Der willkürl. Schließmuskel liegt in der H.-Wand und verschließt den Abgang der Harnröhre.

Harnblasenentzündung, die ↑Blasenentzündung.

Harnblasenkrebs, der ↑Blasenkrebs.

Harnflut, die ↑Polyurie.

Harn|inkontinenz, Unvermögen, den Harn willkürlich zurückzuhalten; tritt auf bei Schwäche des Schließmuskels, Rückenmarkerkrankung, Blasenentzündung, Tumoren der Harnblase und gynäkologisch bedingter Harnblasensenkung.

Harnisch, 1) *Geologie:* an Verwerfungen u. a. durch Reibung von Gestein gegen Gestein in der Bewegungsrichtung geschrammte oder geglättete, z. T. glänzende (Spiegel-)Flächen.

2) *Textiltechnik:* die Gesamtheit der Schnüre, die die Litzen an der ↑Webmaschine mit den Platinen der Jacquardmaschine (↑Jacquardgewebe) verbindet, womit mustergerechte Platinenbewegungen auf die in den Litzen eingefädelten Kettfäden übertragen werden.

3) *Waffenwesen:* aus beweglich verbundenen Eisenplatten zusammengesetzte, durch den Helm vervollständigte Rüstung, wie sie vom Spät-MA. bis ans 17. Jh. im Kampf und Turnier getragen wurde. – Der H. besteht aus Halsschutz, Brust, Armschienen, Handschuhen (»Hentzen«, wenn ungefingert), Bauch- und Gesäßreifen, Schamkapsel, Beinzeug (Beintaschen, Diechlingen, Kniekacheln, Beinröhren oder -schienen, Schuhen); für das Turnier Verstärkungsstücke, für die schwere Turnierlanze der an der Brust befestigte Rüsthaken. Das Gewicht eines H. betrug durchschnittlich 25–35 kg. – Im späten 15. und im 16. Jh. wurde auch das Pferd bei Turnieren geharnischt (**Rossharnisch**).

Harnkanälchen, ↑Niere.

Harnleiter (Ureter), paariger, häutigmuskulöser Schlauch, der beim Menschen und den meisten Wirbeltieren den Harn aus dem Nierenbecken in die Harnblase leitet.

Harnoncourt [harnɔ̃'ku:r], Nikolaus, österr. Dirigent, Violoncellist und Musikforscher, *Berlin 6. 12. 1929; war 1952–69 Mitgl. der Wiener Symphoniker; Forschungen zur Aufführungspraxis der Renaissance- und Barockmusik und zur Spieltechnik alter Instrumente. Der von ihm 1953 begründete »Concentus musicus«, Wien, musiziert auf Originalinstrumenten. H. setzte sich seit 1981 in Zürich und Wien für eine historisch fundierte, lebendige Wiedergabe der Opern Mozarts ein.

Härnösand, Hptst. des Verw.gebietes (Län) Västernorrland, Schweden, am Bottn. Meerbusen, 26 800 Ew.; Hafen- und Handelsplatz für N-Schweden; Sitz eines luther. Bischofs; Holzverarbeitung, Cellulose-, Tabakind., elektrotechn. Ind. – Der alte Teil der 1586 gegr. Stadt liegt auf der Insel **Härnö**.

Harnröhre (Urethra), Ausführungsgang der Harnblase beim Menschen und bei den Säugetieren. Beim Mann ist die H. 18–20

Harnzucker HAR

cm lang; nach Einmündung der Samenleiter wird sie als **Harnsamenleiter** bezeichnet; dieser durchzieht den Penis und mündet an dessen Spitze aus. Die H. der Frau, 3–5 cm lang, mündet in den Scheidenvorhof.
Harnröhrenentzündung (Harnröhrenkatarrh, Urethritis), durch Gonokokken (Trippererreger), versch. Bakterien, Trichomonaden (Geißeltierchen) oder chron. Reizzustände verursachte Entzündung der Harnröhrenschleimhaut.
Harnsäure (2,6,8-Trihydroxypurin), weiße, geruchlose Kristalle bildende chem. Verbindung von geringer Wasserlöslichkeit. Sie tritt in zwei tautomeren Formen (Keto- und Enolform) auf. Ihre Salze heißen Urate. H. ist das Endprodukt des Eiweißstoffwechsels von Reptilien und Vögeln. Beim Menschen und Affen ist H. das Endprodukt des Purinstoffwechsels, bei anderen Säugetieren wird H. durch das Enzym Uricase in Allantoin umgewandelt. Der Mensch scheidet je Tag durchschnittlich 1 g H. aus, bei Ausscheidungsstörungen kann die Substanz in den Geweben abgelagert werden (Gicht).
Harnsediment, Bodensatz des frisch gelassenen Harns; die mikroskop. Betrachtung gibt Hinweise auf Nieren- und Blasenkrankheiten. Nicht organ. Bestandteile sind Salze, die kristallin im Harn ausfallen. Organ., aber im Harn des Gesunden kaum enthaltene Bestandteile sind v. a. abgeschilferte Epithelien, weiße und rote Blutkörperchen (Leukozyten und Erythrozyten), Eiweiße.
Harnsteine (Nierensteine), vorwiegend in den Nieren entstehende feste, sandkorn- bis apfelgroße Gebilde, die bei chron. Entzündungen oder bei Stoffwechselstörungen auftreten. Je nach Sitz unterscheidet man Nierenkelch-, Nierenbecken-, Harnleiter-, Blasen- und Harnröhrensteine, nach der Zusammensetzung v. a. Calciumoxalat-, Harnsäure-, Calciumphosphat-, Xanthin-, Magnesium-Ammonium-Phosphat- und Cystinsteine. – *Behandlung:* ↑Lithotripsie, ↑Urolitholyse und Operation.
📖 *Stark, R.: Harnstein-Nachsorge in der urolog. Praxis.* Berlin 2000.
Harnstoff (Carbamid, Kohlensäurediamid), farblose, kristalline, in Wasser leicht lösl. chem. Verbindung, die bei 132,7 °C schmilzt. Durch das Enzym Urease wird H. in Ammoniak und Kohlendioxid gespalten. – H. wird technisch aus Ammoniak und Kohlendioxid hergestellt. Etwa 85 % der H.-Produktion werden als Düngemittel verwendet. H. dient darüber hinaus zur Herstellung von Aminoplasten u. a. Im menschl. Körper ist H. das wichtigste Endprodukt des Proteinstoffwechsels. Aus Aminosäuren abgespaltenes giftiges Ammoniak wird in der Leber zu ungiftigem H. umgesetzt **(Harnstoffzyklus).** Die tägliche, mit dem Urin ausgeschiedene H.-Menge liegt zw. 20 und 35 g.

$$\begin{matrix} H_2N \\ \end{matrix} C = O$$

Harnstoff: Strukturformel

Harnstoffharze, ↑Aminoplaste.
harntreibende Mittel (Diuretika), Arzneimittel, die eine vermehrte Wasser- und Salzausscheidung mit dem Harn herbeiführen. Sie entlasten das Herz, indem sie das Volumen in den Gefäßen vermindern und Flüssigkeitsansammlungen im Organismus beseitigen. Die h. M. dienen v. a. zur Behandlung von Ödemen und Bluthochdruck. Man unterscheidet Benzothiadiazinderivate (Saluretika), Schleifendiuretika, Aldosteronantagonisten und Kalium sparende Diuretika.
Harnvergiftung (Urämie), stets mit akutem oder chron. Nierenversagen verbundene Anreicherung stickstoffhaltiger Stoffwechselabbauprodukte im Blut. Symptome der H. sind u. a. quälender Durst, Erbrechen, Benommenheit bis zur Bewusstlosigkeit mit Krampfanfällen. – *Behandlung:* Hämodialyse, Peritonealdialyse (unterstützt durch diätet. Maßnahmen); eventuell Nierentransplantation.
Harnverhaltung (Ischurie), akute oder chron. Behinderung oder Aufhebung der Harnentleerung aus der Harnblase, z. B. bei Vergrößerung der Prostata oder bei narbigen Verengungen der Harnröhre (Harnröhrenstriktur).
Harnwege, Sammelbez. für die Organe, die der Weiterleitung und Ausscheidung des Harns dienen: Harnkanälchen (↑Niere), ↑Harnleiter, ↑Harnblase, ↑Harnröhre.
Harnzucker, im Harn enthaltener Zucker, v. a. Glucose; die normale Konzentration liegt bei 15 mg/100 ml, eine höhere bedeutet ↑Glukosurie.

Harnzwang (Strangurie), schmerzhafter Drang zum Harnlassen bei Entzündungen von Harnblase und Harnröhre.

Harold II. [engl. 'hærəld], gen. H. Godwinson, letzter angelsächs. König (1066), *1020, ⚔ bei Hastings 14. 10. 1066; besiegte am 25. 9. 1066 den norweg. König Harald III. Hardråde, unterlag jedoch in der Schlacht bei Hastings Herzog Wilhelm von der Normandie (Wilhelm der Eroberer).

Harpalyke, ein Mond des Planeten Jupiter.

Harper ['hɑːpə] (früher Cape Palmas), Hafenstadt und Handelszentrum am Kap Palmas, Liberia, 11 000 Ew.; Hafen, Flugplatz.

Harpokrates, ägypt. Gott, ↑Horus.

Harpsichord ['hɑːpsɪkɔːd, engl.] *das,* engl. Bez. für ↑Cembalo.

Harpune [niederländ.] *die,* Wurfspeer oder Pfeil mit Widerhaken und Fangleine. Als eisernes Geschoss mit Widerhaken und einem beim Einschuss explodierenden Sprengkörper als Spitze oder als elektr. H. mit Strom führender Leine wird die H. beim Walfang eingesetzt. Die H. gehört zu den ältesten und am weitesten verbreiteten Jagd- und Fanggeräten; bei den Eskimo, mit zusätzl. Vorschaft und einem durch Riemen mit der Spitze verbundenen Luftsack, hat sie ihre höchste Entwicklung erreicht.

Harpyie [grch.] *die,* **1)** *grch. Mythos:* weibl. Unheilsdämon mit Flügeln und Vogelkrallen oder Vogel mit Frauenkopf.
2) *Heraldik:* der ↑Jungfrauenadler.
3) *Zoologie:* (Harpia harpyia), südamerikanischer adlerartiger Greifvogel, 80–100 cm groß, mit kräftigen Fängen und starkem Schnabel.

Harran (Haran), altoriental. Gebiet und Name der antiken Stadt ↑Karrhai. Das heutige Dorf H. liegt im Zentrum des türk. Teils der **H.-Ebene,** die sich südlich von Şanlıurfa bis jenseits der syr. Grenze hinzieht. Die fruchtbaren Lösslehmböden der trockenheißen Ebene sollen im Rahmen des ↑Südostanatolien-Projekts auf einer Fläche von rd. 142 000 ha durch den doppelröhrigen Urfatunnel (26,4 km) mit Wasser aus dem Atatürkstausee bewässert werden. Auf dem bereits bewässerten ersten Drittel dieser Fläche (erste Übersalzungserscheinungen) erfolgt vorwiegend Baumwollanbau. Typisch für die Landschaft sind die bienenkorbförmigen Häuser aus Lehmziegeln.

Harrer, Heinrich, österr. Alpinist und Forschungsreisender, *Hüttenberg (Kärnten) 6. 7. 1912; war 1938 an der Erstdurchsteigung der Eigernordwand beteiligt; danach nominell Mitgl. der SS geworden, nahm er 1939 an einer dt.-österr. Expedition zum Nanga Parbat teil; floh 1944 aus brit. Internierung in Indien nach Tibet, wo er bis 1951 blieb (seit Anfang 1946 Aufenthalt in Lhasa); befreundet mit dem Dalai-Lama. H. schrieb u. a. »Sieben Jahre in Tibet« (1952, verfilmt 1997).

Heinrich Harrer

Harriman ['hærɪmən], William Averell, amerikan. Bankier und Politiker, *New York 15. 11. 1891, †Yorktown Heights (N. Y.) 26. 7. 1986; Mitgl. der Demokrat. Partei, im Zweiten Weltkrieg 1941–43 als Sondergesandter Präs. F. D. Roosevelts in Großbritannien und der UdSSR mit der Organisation des Lend-lease-Systems betraut; 1943–46 Botschafter in Moskau, 1946 in London, 1946–48 Handelsmin., 1948–50 Sonderbeauftragter für den Marshallplan, 1961 Sonderbotschafter von Präs. J. F. Kennedy, 1965–69 von Präs. L. B. Johnson. 1968–69 leitete er die amerikan. Delegation bei der Pariser Vietnam-Konferenz.

Harris ['hærɪs], **1)** Sir Arthur Travers, gen. Bomber Harris, brit. Luftmarschall, *Cheltenham (Cty. Gloucestershire) 13. 4. 1892, †Goring-on-Thames (Cty. Oxfordshire) 5. 4. 1984; wurde während des Zweiten Weltkriegs im Febr. 1942 Chef des Oberkommandos der brit. Bomberverbände (»Bomber Command«) und initiierte das Flächenbombardement gegen die dt. Großstädte mit seinen verheerenden Wirkungen auf die Zivilbev. (u. a. im Juli 1943 die Zerstörung Hamburgs und den

angloamerikan. Großangriff auf Dresden am 13./14. 2. 1945).
2) Bill, eigtl. Willard Palmer H., amerikan. Jazzmusiker (Posaunist), *Philadelphia (Pa.) 28. 10. 1916, † Hallandale (Fla.) 21. 8. 1973; spielte u. a. im Orchester von W. Herman; ging ab 1950 mit »Jazz at the Philharmonic« auf Tournee. Seine techn. Perfektion wirkte schulebildend.
3) Don »Sugar Cane«, amerikan. Jazzmusiker, *Pasadena (Calif.) 18. 6. 1938, † Los Angeles (Calif.) 1. 12. 1999; gehörte zu den führenden Jazzrockgeigern.
4) Frank (John Thomas), amerikan. Schriftsteller, *Galway (Irland) 14. 2. 1856, † Nizza 26. 8. 1931; gehörte zum Freundeskreis von M. Beerbohm, G. B. Shaw und O. Wilde; schrieb »Die Bombe« (1908, R.), »Oscar Wilde« (Biografie, 2 Bde., 1916), »Mein Leben und Lieben« (4 Bde., 1922-27).
5) Joel Chandler, amerikan. Schriftsteller, *bei Eatonton (Ga.) 9. 12. 1848, † Atlanta (Ga.) 3. 7. 1908; veröffentlichte wichtige Texte afroamerikan. Volkskultur, die er im Süden sammelte und die er in der Sprache schwarzer Landarbeiter von dem alten »Uncle Remus« erzählen lässt.
6) Roy (Leroy), amerikan. Komponist, *Lincoln County (Okla.) 12. 2. 1898, † Santa Monica (Calif.) 1. 10. 1979; verarbeitete in seinen Werken national-folklorist. Elemente.

Harrisburg [ˈhærɪsbəːg], Hptst. des Bundesstaates Pennsylvania, USA, am Susquehanna River, 50 900 Ew.; Schwerind., Maschinenbau, elektrotechn., Schuhindustrie. – Bei H. das Kernkraftwerk Three Mile Island (schwerer Reaktorunfall 1979). – Um eine 1718 gegr. Handelsstation entstanden.

Harrison [ˈhærɪsn], **1)** Benjamin, 23. Präs. der USA (1889-93), *North Bend (Ohio) 20. 8. 1833, † Indianapolis 13. 3. 1901; Republikaner, förderte den Wirtschaftsimperialismus der USA.
2) George, brit. Rockmusiker (Gitarrist und Sänger), *Liverpool 25. 2. 1943, † Beverly Hills (Calif.) 29. 11. 2001; Mitglied der ↑Beatles.
3) Wallace, amerikan. Architekt, *Worchester (Mass.) 28. 9. 1895, † New York 2. 12. 1981; zus. mit Max Abramowitz (*1908) maßgeblich an Planung und Bau des Hauptquartiers der UN (1947-52) in New York beteiligt; sein Hauptwerk ist das Metropolitan Opera House in New York (1962-66).

Harrod [ˈhærəd], Sir (seit 1959) Henry Roy Forbes, brit. Volkswirtschaftler, *London 13. 2. 1900, † Holt (Cty. Norfolk) 8. 3. 1978; Arbeiten zur Wachstumstheorie (**H.-Domar-Modell**) sowie zu internat. Wirtschafts- und Währungsbeziehungen.

Harrogate [ˈhærəgɪt], Stadt in der Cty. North Yorkshire, N-England, 66 200 Ew.; Heilbad mit eisen- und schwefelhaltigen Quellen, Kongressstadt und Messezentrum; Leder- und Bekleidungsindustrie. – Gebäude des »Royal Bath« von 1897.

Harry [ˈhæri, engl.] *der,* Jargon-Bez. für Heroin.

Harsanyi [ˈhɔrʃɔnji], John Charles, amerikan. Volkswirtschaftler ungar. Herkunft, *Budapest 29. 5. 1920, † Berkeley (Calif.) 9. 8. 2000; 1950 Emigration nach Australien, seit 1961 in den USA; sein Hauptarbeitsgebiet war die Spieltheorie und deren Anwendung auf die Erklärung wirtsch. und sozialen Verhaltens. Für seine Beiträge zu Gleichgewichtsanalysen in der Spieltheorie erhielt H. 1994 zus. mit J. F. Nash und R. Selten den Nobelpreis für Wirtschaftswissenschaften.

Harsch, verfestigter Schnee; **Wind-H.** entsteht durch Oberflächenverdichtung als Folge von Winddruck, **Sonnen-H.** durch Schmelzen und erneutes Gefrieren der Schneeoberfläche.

Harsdorff, Caspar Frederik, dän. Baumeister, *Kopenhagen 26. 5. 1735, † ebd. 24. 5. 1799; 1770 Hofbaumeister; nach dem Brand von 1795 prägte er mit klassizist. Bürgerhäusern das Stadtbild von Kopenhagen. Ferner errichtete er die Kolonnaden am Schlossplatz von Amalienborg (1795).

Harsdörffer, Georg Philipp, Dichter, *Nürnberg 1. 11. 1607, † ebd. 17. 9. 1658; gründete mit J. Klaj 1644 den Nürnberger Dichterkreis. Seine »Frawen-Zimmer Gespräch-Spiele« (8 Bde., 1641-49), ein Werk zur Frauenbildung, behandeln in zwanglosen Dialogen alle Gegenstände des Wissens. Seine Theorie entwickelte er in seinem später als »Nürnberger Trichter« sprichwörtlich gewordenen Werk »Poetischer Trichter...« (3 Bde., 1647-53).

Harsewinkel, Industriestadt im Kr. Gütersloh, NRW, im Münsterland an der Ems, 80 m ü. M., 23 000 Ew.; Landmaschinenfabrik, Metallverarbeitung, Fleischwaren-, elektrotechn. und Holzverarbeitungsindustrie. – Kath. Pfarrkirche Mariä Empfängnis (1222 geweiht und in den folgenden Jahrhunderten mehrfach umgestaltet; reiche Ausstattung).

Härte 2): mohssche Härteskala

Härtestufe	Mineral		
1	Talk	mit Fingernagel ritzbar	mit Taschenmesser oder Stahlnagel ritzbar
2	Gips		
3	Kalkspat		
4	Flussspat		
5	Apatit	etwa gleich hart wie Fensterglas	
6	Orthoklas	ritzen Fensterglas	
7	Quarz		
8	Topas		
9	Korund		
10	Diamant		

Harshavardhana [-ʃ-] (Harsha), nordind. König (606–647); errichtete in der Nachfolge der Guptas das hinduist. Großreich von Kanauj, das den gesamten N Indiens umfasste, aber nach seinem Tod zerfiel. Förderer von Hinduismus und Buddhismus, bekannt durch eine Biografie seines Hofdichters Banabhatta.
Harstad [ˈhɑːrsta], Hafenstadt auf der norweg. Insel Hinnøy, Prov. Troms, 23 000 Ew.; Werften, Fischerei, Fischöl- und Konservenfabriken, Margarineherstellung, Textil-, chem. Ind.; Hauptbasis für die Offshoreunternehmungen in N-Norwegen.
Hart, 1) Heinrich, Schriftsteller, * Wesel 30. 12. 1855, † Tecklenburg 11. 6. 1906, Bruder von 2); zusammen gaben sie die »Kritischen Waffengänge« (1882–84) heraus und wurden damit zu Vorkämpfern des Naturalismus.
2) Julius, Schriftsteller, * Münster 9. 4. 1859, † Berlin 7. 7. 1930, Bruder von 1); enger Mitarbeiter seines Bruders; schrieb pantheist. Gedankenlyrik.
Hartblei, *Werkstoffkunde:* Blei-Antimon-Legierung mit 0,7–21 % Antimon; dient u. a. zur Herstellung weiterer Legierungen und wird für Lagerwerkstoffe sowie im chem. Apparatebau verwendet.
Harte [hɑːt], Francis Bret(t), amerikan. Schriftsteller, * Albany (N. Y.) 25. 8. 1836, † Camberley (bei London) 5. 5. 1902; verbindet in seinen Goldgräbergeschichten das Motiv vom edlen Bösewicht mit dem Lokalkolorit des Wilden Westens.
Härte, 1) *Chemie:* (H. des Wassers) ↑ Wasserhärte.
2) *Mineralogie:* das Maß des Widerstandes, den ein Mineral (Kristall) der mechan. Verletzung seiner Oberflächenschichten entgegensetzt. Nach der **mohsschen Härteskala** sind die Minerale in zehn Härtegrade eingeteilt. Jedes darin eingeordnete Mineral wird von dem nachfolgenden Mineral geritzt und ritzt selbst das vorangehende.
3) *Physik:* Durchdringungsfähigkeit von Strahlungen (elektromagnet. Wellen oder Teilchenstrahlen, z. B. ↑ Röntgenstrahlen) durch Materie; sie ist umso größer, je kleiner die Wellenlänge, d. h. je höher die Energie der Strahlung ist.
4) *Werkstoffkunde:* ↑ Härteprüfung.
Hartebeests, südafrikan. ↑ Kuhantilopen.
Härten (Aushärtung), **1)** *Kunststofftechnologie:* bei Kunststoffen der durch chem. Reaktionen bewirkte Übergang bestimmter Kunstharze in unschmelzbaren und unlösl. Zustand. Durch das H. werden i. Allg. gleichzeitig hohe Härte und mechan. Festigkeit, gutes elektr. Isoliervermögen sowie andere günstige Werkstoffeigenschaften erreicht. Es tritt meist durch Erwärmen der Harze auf etwa 80–200 °C **(Wärme-H.),** nach Zusatz katalytisch wirkender Härter auch schon bei Raumtemperatur **(Kalt-H.)** oder durch Einwirkung energiereicher Strahlung **(Strahlungs-H.** ein. Die Stoffe reagieren dabei über bestimmte, bes. reaktionsfreudige Molekülgruppen durch Polykondensation, Polymerisation oder Polyaddition zu räumlich vernetzten Makromolekülen weiter. Es können auch Gemische verschiedenartiger Stoffe miteinander härten, wobei unter Umständen die eine Komponente als Härtungsmittel dient. Beispiele härtbarer Harze sind v. a. bestimmte Phenolharze (Resole), ferner Aminoplaste, Epoxidharze und ungesättigte Polyester. Sie bilden als **Duroplaste** eine Hauptgruppe innerhalb der Kunststoffe.
2) *Metallurgie:* Verfahren zur Verbesserung der mechan. Eigenschaften, wie Härte, Festigkeit und Zähigkeit, bei Metallen und Legierungen, bes. Stahl, durch Wärmebehandlung; die Verbesserung dieser Eigenschaften wird durch Gefügeände-

rungen im Werkstoff hervorgerufen, die unter der Wirkung der Wärme erfolgen. H. erfolgt in drei Arbeitsgängen: Erwärmen, Halten auf Härtetemperatur und ↑Abschrecken. – Beim H. von Stählen bildet sich der sehr harte, aber spröde ↑Martensit, sodass es bei Belastung zu vorzeitigem Sprödbruch kommen kann. Durch **Vergüten,** das H. und nachfolgende ↑Anlassen auf Temperaturen zw. 400 und 750 °C, wird die Sprödigkeit beseitigt, wobei auch die Härte geringfügig abnimmt. – Unter **Randschicht-H.** versteht man das H. einer dünnen Randschicht eines Werkstückes durch schnelles Erwärmen der Oberfläche und sofortiges Abschrecken; es dient der Erhöhung der Verschleißfestigkeit. Mit Brennhärten (oder Flamm-H.), Induktions-H. und Laser-H. wird dabei die Art der Erwärmung der Oberfläche durch Brenner, Induktion oder Laser bezeichnet. – Beim **Einsatz-H.** wird die Oberfläche eines Werkstückes aus kohlenstoffarmem Stahl mit Kohlenstoff angereichert und anschließend gehärtet. Die Zufuhr des Kohlenstoffs **(Aufkohlen)** erfolgt durch Einbringen der Werkstücke in Kohlenstoff abgebende Einsatzmittel, die fest, flüssig oder gasförmig sein können (Pulver-, Salzbad- bzw. Gasaufkohlen). Durch **Nitrier-H.** wird beim Glühen in einer Ammoniakatmosphäre Stickstoff in die Oberfläche des Werkstückes eingebracht; dabei entfällt das Abschrecken.

Hartenfels, Renaissanceschloss in ↑Torgau.

Härteparagraph (Härteklausel), Bestimmung in Gesetzen oder Vertragswerken, die eine nach den allg. Regeln sich ergebende, als unerwünscht erachtete Härte im Einzelfall ausgleichen soll. So können z. B. im Steuerrecht nach § 227 AO Steuern erlassen werden.

Härteprüfung, Ermittlung der Härte eines Werkstoffs (bes. eines Metalls) durch stat. oder dynam. Härteprüfverfahren. Stat. H.: Bei der **Brinell-H.** wird eine Kugel aus gehärtetem Stahl oder Hartmetall (Durchmesser D) durch eine bekannte Kraft F in den Stoff gedrückt und der Durchmesser des Kugeleindrucks (Durchmesser d) gemessen. Daraus lässt sich die **Brinell-Härte (HB)** berechnen. Bei der **Vickers-H.** wird eine Diamantpyramide in den Prüfstoff eingedrückt und die Diagonale des Eindrucks gemessen. Durch Vergleich mit Tabellenwerten lässt sich die **Vickers-** oder **Pyramidenhärte (HV)** bestimmen. Bei der **Rockwell-C-H.** ist der Prüfkörper ein Diamantkegel mit abgerundeter Spitze und einem Kegelwinkel von 120°, der in zwei Stufen in die Probe eingedrückt wird; bei der **Rockwell-B-H.** dagegen eine gehärtete Stahlkugel; die Eindringtiefe wird jeweils mit einer Messuhr gemessen. Nach einer Formel lässt sich daraus die **Rockwell-Härte (RHC** oder **RHB)** ermitteln. Dynam. H.: Die Schlag-H. mit dem Poldihammer ergibt die **Poldihärte (HBp),** die mit dem Kugelschlaghammer die **Schlaghärte.** Die **Rückprall-, Rücksprung-** oder **Fall-H.** mit dem Skleroskop (Fallhammer mit Diamantspitze) ergibt die **Rückprall-, Fall-** oder **Skleroskophärte.**

📖 Domke, W.: *Werkstoffkunde u. Werkstoffprüfung.* Neudruck Düsseldorf 1998. – H. an Metallen u. Kunststoffen, Beiträge von W. Weiler u. a. Ehningen ²1990.

Hartfaserplatte, eine ↑Holzfaserplatte.

Hartford [ˈhɑːtfəd], Hptst. des Bundesstaates Connecticut, USA, am Connecticut River, 139 800 Ew.; kath. Erzbischofssitz, Trinity College (gegr. 1823); Hauptsitz des amerikan. Versicherungsgewerbes und Finanzzentrum; elektrotechn. Ind. und Instrumentenbau. – Zahlr. Bauten des 18. und 19. Jh., u. a. Mark Twain House. – H. wurde 1635 als **Newtown** um ein niederländ. Fort gegründet.

Hartgewebe, Schichtpressstoffe aus kunstharzgetränkten Gewebebahnen, u. a. als schlagfeste Isolierstoffe in der Elektrotechnik sowie zur Herstellung von geräuscharmen Zahnrädern u. Ä. eingesetzt.

Hartgummi, mit 25–50 % Schwefel vulkanisierter Natur- oder Synthesekautschuk; der hohe Schwefelgehalt führt zu einer starken Quervernetzung des Kautschuks während der ↑Vulkanisation, wodurch Vulkanisate mit hoher Härte entstehen; internat. Name **Ebonit.** Als H. werden heute auch schwefelarme oder -freie Kautschukderivate bezeichnet, die durch Zusatz von Harzen gehärtet werden (Pseudoebonite). H. dient als chemikalienbeständiger Werkstoff mit gutem elektr. Isolationsvermögen; durch Kunststoffe ersetzt.

Hartguss, ↑Eisen.

Harth, Philipp, Bildhauer, *Mainz 9. 7. 1887, †Bayrischzell 25. 12. 1968; schuf meisterhafte Tierplastiken.

Hartha, Stadt im Landkreis Döbeln, Sachsen, im Mittelsächs. Hügelland, 8 100 Ew.; Bau von Vergasermotoren und Stoßdämpfern; elektrotechn., Hausschuh- und Textilindustrie, Spindelfabrik.

Hart|heugewächse (Johanniskrautgewächse, Hypericaceae), artenreiche Familie meist trop. und subtrop. Pflanzen, darunter das ↑Johanniskraut.

Hartlaub, 1) Felix, Schriftsteller, *Bremen 17. 6. 1913, †bei Berlin (?) April 1945, Sohn von 3) und Bruder von 2); war u. a. Sachbearbeiter im Führerhauptquartier; schrieb von eigentümlich-realist. Stil und objektiver Darstellung geprägte Erzählungen, Dramen und Tagebücher (postum veröffentlicht).
2) Geno(veva), Schriftstellerin, *Mannheim 7. 6. 1915, Tochter von 3) und Schwester von 1), dessen Werke sie herausgab; schrieb psychologisch feinfühlige Romane (»Die Tauben von San Marco«, 1953); Erzählungen, Hörspiele u. a.
3) Gustav Friedrich, Kunsthistoriker, *Bremen 12. 3. 1884, †Heidelberg 30. 4. 1963, Vater von 1) und 2); 1923–33 Direktor der Kunsthalle Mannheim, ab 1946 Prof. in Heidelberg; H. prägte 1923 den Stilbegriff ↑Neue Sachlichkeit. Er verfasste u. a. »Die Graphik des Expressionismus in Dtl.« (1947).

Hartlaubgewächse, subtrop. Pflanzen, mit ledrigen, immergrünen Blättern; meist Holzgewächse.

Hartleben, Otto Erich, Schriftsteller, *Clausthal 3. 6. 1864, †Salò (Italien) 11. 2. 1905; schrieb gesellschaftskrit. Dramen, Novellen in der Art von Maupassant. Ein großer Theatererfolg war die Offizierstragödie »Rosenmontag« (1900).

Hartlepool [ˈhɑːtlɪpuːl], Hafenstadt in der Cty. Cleveland, NO-England, an der Nordsee, 87 300 Ew.; Industriepark mit chem. Industrie; Kernkraftwerk.

Hartley [ˈhɑːtlɪ], Leslie Poles, engl. Schriftsteller, *Whittlesey (Cty. Cambridgeshire) 30. 12. 1895, †London 13. 12. 1972; Romane und Erzählungen, u. a. »Das Goldregenhaus« (1944), »Der sechste Himmel« (1946), »Der Zoll des Glücks« (1953).

Hartline [ˈhɑːtlaɪn], Haldan Keffer, amerikan. Physiologe, *Bloomsburg (Pa.) 22. 12. 1903, †Fallston (Md.) 17. 3. 1983; führte grundlegende mikroelektr. Untersuchungen an den Lichtrezeptoren des Auges durch; erhielt 1967 mit R. A. Granit und G. Wald den Nobelpreis für Physiologie oder Medizin.

Härtling, Geländeerhebung, die infolge ihres widerstandsfähigeren Gesteins weniger abgetragen wurde als ihre Umgebung und diese nun überragt, z. B. der Pfahl im Bayer. Wald oder der Scheibenberg im Erzgebirge.

Härtling, Peter, Schriftsteller und Publizist, *Chemnitz 13. 11. 1933; vielseitiges Werk, u. a. Lyrik, Kinderbücher (z. B. »Oma«, 1975; »Fränze«, 1989) sowie zeitkrit. (u. a. »Das Windrad«, 1983) und biograf. Romane um bed. Künstlerpersönlichkeiten, in denen H. histor. Prozesse und individuelle Erfahrungen kunstvoll miteinander verknüpft (u. a. »Hölderlin«, 1976; »Schubert«, 1992; »Schumanns Schatten« 1996); bed. Herausgebertätigkeit.

Hartmangan|erz, Mineral, der ↑Psilomelan.

Hartmann, 1) Eduard von, Philosoph, *Berlin 23. 2. 1842, †Groß-Lichterfelde (heute zu Berlin) 5. 6. 1906; suchte eine auf die Ergebnisse der modernen Naturwissenschaften gegründete Metaphysik zu entwickeln: erklärte das absolute Unbewusste – eine Art Synthese zw. Hegels absolutem Geist, dem Willensbegriff Schopenhauers und Schellings Begriff des Unbewussten – für den letzten Weltgrund, den Allgeist und die Weltsubstanz; war Begründer des neueren ↑Vitalismus, erkenntnistheoretisch einer der ersten »krit. Realisten«; näherte sich dem Buddhismus.
Werke: Philosophie des Unbewußten (1869); Ästhetik, 2 Bde. (1886–88); Gesch. der Metaphysik, 2 Bde. (1899/1900); System der Philosophie im Grundriß, 8 Bde. (hg. 1907–09).
2) Karl Amadeus, Komponist, *München 2. 8. 1905, †ebd. 5. 12. 1963; schrieb, von der Schönberg-Schule angeregt, u. a. Sinfonien, die Kammeroper »Des Simplicius Simplicissimus Jugend« (1935; Neufassung 1955), Instrumentalkonzerte, Kammermusik.
3) Max, Biologe und Naturphilosoph, *Lauterecken (Kr. Kaiserslautern) 7. 7. 1876, †Buchenbühl (heute zu Weiler-Simmerberg, Allgäu) 11. 10. 1962; erforschte bes. einzellige Tiere, später allg. Fragen der Befruchtung und Geschlechtsbestimmung (Theorie der relativen Sexualität).
Weitere Werke: Die Sexualität (1943);

Die philosoph. Grundlagen der Naturwiss.en (1948); Einführung in die allg. Biologie (1956).
4) Moritz, österr. Schriftsteller und Politiker, *Duschnik (heute Daleké Dušníky, bei Příbram) 15. 10. 1821, † Oberdöbling (heute zu Wien) 13. 5. 1872; 1848/49 Mitgl. der Frankfurter Nationalversammlung, Vertreter der äußersten Linken; am Wiener Oktoberaufstand 1848 und am Badischen Aufstand 1849 beteiligt; schrieb u. a. »Kelch und Schwert« (Ged., 1845).
5) Nicolai, Philosoph, *Riga 20. 2. 1882, † Göttingen 9. 10. 1950; gehörte anfänglich zur Marburger Schule des Neukantianismus, entwickelte dann, bes. von E. Husserl, M. Scheler und der traditionellen Ontologie beeinflusst, eine realist. Lehre vom Sein; Grundgedanke war die Gliederung der realen Welt in Seinsschichten: Materie, Leben, Bewusstsein, Geist. Vom realen Sein unterscheidet H. eine Sphäre des idealen Seins, die das Gebiet des »objektiven Geistes« umfasst und in der sowohl die Werte (materiale ↑Wertethik) als auch Sprache, Kunst und Wiss. existieren.
Werke: Grundzüge einer Metaphysik der Erkenntnis (1921); Ethik (1926); Das Problem des geistigen Seins (1933); Zur Grundlegung der Ontologie (1935); Philosophie der Natur (1950); Teleolog. Denken (1951); Ästhetik (hg. 1953).
📖 *Morgenstern, M.: N. H. zur Einführung. Hamburg 1997.*
6) Paul, Schauspieler, *Fürth 8. 1. 1889, † München 30. 6. 1977; Vertreter des Heldenfachs (Faust), auch in Filmen.

Hartmannbund (Verband der Ärzte Deutschlands e. V.), von dem Arzt Hermann Hartmann (*1863, †1923) im Jahr 1900 in Leipzig gegr. Ärzteverband.

Hartmannsweilerkopf (frz. Vieil Armand), Berg in den Südvogesen, Frankreich, 957 m ü. M., im Ersten Weltkrieg schwer umkämpft; Gedenkstätte für 30 000 gefallene Franzosen.

Hartmann von Aue, mittelhochdt. Dichter, *zweite Hälfte des 12. Jh., † Anfang des 13. Jh.; bezeichnet sich in seinem Werk selbst als gelehrten Ritter. Welchem der alemann. Orte namens Aue (Eglisau, Reichenau, Au bei Freiburg, Obernau bei Tübingen) er zuzuordnen ist, ist nicht mehr zu klären. Strittig ist auch, ob er am Kreuzzug 1189/90 oder 1197/98 teilgenommen hat. H. verfasste Lieder der hohen Minne, der Absage an die Minnekonvention, Kreuzzugslieder, eine didakt. Minnelehre, das »Büchlein«. Nach dem Vorbild des frz. Epikers Chrétien de Troyes schuf er die ersten mhd. Artusromane »Erec« und »Iwein«. Neben diesen sind noch zwei höf. Verslegenden erhalten: »Der arme Heinrich«, die Geschichte eines Ritters, der sich einseitig dem Weltleben widmet, schließlich, vom Aussatz befallen, durch die Opferbereitschaft einer Jungfrau geheilt wird, und »Gregorius«, die höf. Gestaltung der Legende von der doppelten Blutschande. Der klare, rhetorisch einprägsame Versstil H.s wurde Vorbild für spätere Dichtergenerationen.
📖 *Cormeau, C. u. Störmer, W.: H. von Aue. Epoche – Werk – Wirkung. Nachdr. München 1998.*

Hartmetalle, Sammelbez. für gegossene oder gesinterte Werkstoffe hoher Härte, bes. Warmhärte, die für stark auf Verschleiß beanspruchte Teile wie Bohrer, Fräser u. a. Schneidwerkzeuge, für Ziehsteine, Glasschneider, Pressmatrizen u. Ä. dienen. Sie bestehen aus einem oder mehreren metall. ↑Hartstoffen (z. B. Wolfram-, Titan- oder Tantalcarbid) und einem Bindemittel (Hilfsmetall) der Eisengruppe, v. a. Kobalt.

Hartog ['hartɔx], Jan de, niederländ. Schriftsteller, *Haarlem 22. 4. 1914, † Houston (Tex.) 22. 9. 2002; schrieb über das Seefahrermilieu, u. a. »Hollands Glorie« (R., 1940), die Komödie »Das Himmelbett« (1951) und »Die Spur der Schlange« (R., 1983).

Hartpapier, Schichtpressstoffe aus Kunstharz und Papier. H. haben hohe Festigkeit, Wärmebeständigkeit und ein außerordentl. Isolationsvermögen; verwendet als Isolierstoff in der Elektrotechnik, mit Kupferauflage als Ausgangsmaterial für ↑gedruckte Schaltungen.

Hartree ['hɑːtrɪ], Douglas Rayner, brit. Physiker und Mathematiker, *Cambridge 27. 3. 1897, † ebd. 12. 2. 1958; entwickelte zus. mit dem russ. Physiker W. A. Fock (*1898, † 1974) die **H.-Fock-Methode**, ein quantenmechan. Verfahren zur näherungsweisen Berechnung der Wellenfunktionen und Eigenwerte von Mehrelektronensystemen (z. B. in Atomen).

Hartriegel (Hornstrauch, Cornus), Gattung der Familie **H.-Gewächse** (Cornaceae); Bäume oder Sträucher mit rd. 45

HAR Hartsalz

Arten in der gemäßigten Zone der N-Halbkugel. In Mitteleuropa kommen vor: **Roter H.** (**Blutweide,** Cornus sanguinea), 1–5 m hoch, und **Kornelkirsche** (**Herlitze, Gelber H.**, Cornus mas), 2–6 m hoch, mit essbaren roten Früchten.
Hartsalz, meist aus Steinsalz, Sylvin und Kieserit oder Anhydrit bestehendes Salzgestein.
Hartschaumstoffe, ↑Schaumkunststoffe.
Hartschaumverband, ↑Gipsverband.
Hartschier [von italien. arciere »Bogenschütze«] der, Bez. für die Angehörigen der Residenzwache (Leibgarde) der bayer. Könige bis 1918.
Hartschlägigkeit (Bauchschlägigkeit), *Tiermedizin:* die ↑Dämpfigkeit.
Härtsfeld (Härdtsfeld), waldreiche wellige Hochfläche der nordöstl. Schwäb. Alb, zw. der Brenz und dem Ries.
Hartspann (Muskelhärte, Myogelose), tastbare Verspannungen in Skelettmuskeln; Folgeerscheinung unzureichender oder einseitiger stat. Beanspruchung der Muskulatur. Ursachen sind nervale Fehlsteuerung, örtl. Durchblutungs- und Stoffwechselstörungen.

Karl Hartung: Delfoss (1962/63)

Hartspiritus, durch Zusatz von Celluloseester, Seife oder Kieselgur in feste Form gebrachter Brennspiritus.
Hartstoffe (Hartmetallvorstoffe), Sammelbez. für Stoffe mit großer Härte und Verschleißfestigkeit, die v. a. als Schleifmittel, beim Verschleißschutz und zur Herstellung von ↑Hartmetallen eine Rolle spielen. Metall. H. sind hochschmelzend, mit metall. Charakter und zeichnen sich durch gute elektr. sowie therm. Leitfähigkeit aus; hierzu gehören v. a. ↑Carbide, ↑Nitride und Carbonitride der Übergangsmetalle (z. B. Wolframcarbid, Tantalcarbid). Nichtmetall. H. sind Nichtleiter, im reinen Zustand durchscheinend und besitzen die größte Härte (z. B. Diamant, Borcarbid).
Hartung [ahd. hart »stark«, »streng«], alte Bez. für ↑Januar.
Hartung, 1) Hans, frz. Maler und Grafiker dt. Herkunft, * Leipzig 21. 9. 1904, † Antibes 8. 12. 1989; ging 1935 nach Paris, gehört zu den führenden Künstlern der gegenstandslosen Malerei, zu der er schon 1922 gelangte. Mit seinen Gemälden und Zeichnungen der 1930er-Jahre, die der Écriture automatique der Surrealisten nahe stehen, erwies er sich als Protagonist der informellen Kunst. Seine späteren Bilder verbinden den gest. Schwung mit einer sorgsamen Ausführung und vermitteln so zw. Action-Painting und der École de Paris, zu deren Hauptvertretern H. gehörte. Seit 1964 Experimente mit der Fotografie.
📖 *H. H., bearb. v. J. Harten u. a., Ausst.-Kat. Berlin 1981.*
2) Hugo, Schriftsteller, * Netzschkau 17. 9. 1902, † München 2. 5. 1972; schrieb den Roman vom Kampf um Breslau 1945 »Der Himmel war unten« (1951), v. a. aber die durch Verfilmungen bekannten Romane »Ich denke oft an Piroschka« (1954) und »Wir Wunderkinder« (1958).
3) Karl, Bildhauer, * Hamburg 2. 5. 1908, † Berlin (West) 19. 7. 1967. Sein plast. Werk umfasst großzügig rhythmisierte Figuren und seit 1933 gegenstandsfreie, aber stark naturbezogene Arbeiten.
Hartwell ['hɑːtwəl], Leland H., amerikan. Genetiker, * Los Angeles (Calif.) 30. 10. 1939; arbeitet seit 1973 an der University of Washington und ist seit 1997 Präs. und Direktor des Fred Hutchinson Cancer Research Center der University of Washington in Seattle, eines der führenden Krebszentren der USA. H. entdeckte eine Kategorie von Genen, die den Zellzyklus kontrollieren. Eines dieser Gene hat eine zentrale Funktion bei Beginn eines jeden neuen Zellzyklus und wird deshalb Start genannt. Durch die Einführung des Be-

griffs Kontrollstation (checkpoint) vermittelte er eine neue Perspektive des Zellzyklus. H. erhielt mit T. R. Hunt und P. M. Nurse 2001 den Nobelpreis für Physiologie oder Medizin.

Suzuki Harunobu: Frau vor dem Spiegel, Farbholzschnitt (Genua, Museo di Arte Orientale »E. Chiossone«)

Hartz IV, ↑Arbeitsmarktreform.
Hartz-Kommission, von der Bundesreg. 2002 eingesetzte Kommission unter Leitung von P. Hartz (VW-Manager) zur Erarbeitung von Vorschlägen für eine ↑Arbeitsmarktreform.
Haruden (Charuden), german. Volk. Die H. sandten 58 v. Chr. Hilfstruppen zu Ariovist und huldigten 5 n. Chr. Kaiser Augustus. Sie werden bei Ptolemäus als Bewohner Jütlands erwähnt.
Harun ar-Raschid [»Harun der Rechtgeleitete«], abbasid. Kalif (786–809), *Raj 763 oder 766, †Tus (bei Meschhed) 24. 3. 809; führte das Kalifenreich zu höchster Blüte; ließ in Bagdad prächtige Bauten errichten, förderte Wiss. und Kunst; soll (nach Überlieferung abendländ. Quellen) durch Gesandtschaften mit Karl d. Gr. in Verbindung gewesen sein; in den Erzählungen von »Tausendundeiner Nacht« als gerechtigkeitsliebender Herrscher mit ritterl. Sinn geschildert.
Harunobu, Suzuki, japan. Maler und Holzschnittmeister, *Edo (heute Tokio) 1724 (?), †ebd. 29. 6. 1770; als führender Vertreter des Ukiyo-e hatte er entscheidenden Anteil an der vollen Ausbildung des Vielfarbendruckes.
Haruspex [lat.] *der,* bei den Etruskern und im alten Rom der Orakelpriester, der aus Wunderzeichen, aus den Eingeweiden der Opfertiere, auch aus Blitz und Donner weissagte.
Harvard-Klassifikation [ˈhɑːvəd-], am Harvard-Observatorium von A. J. Cannon und E. C. Pickering erarbeitetes Klassifikationsschema für Sternspektren (↑Spektralklassen).
Harvard University [ˈhɑːvəd juniˈvəːsɪtɪ], die älteste und eine der führenden (privaten) Univ. der USA, Sitz: Cambridge (Mass.); hervorgegangen aus dem ältesten College der Neuenglandkolonien, gegr. 1636 aus öffentl. Mitteln und Stiftung des puritan. Geistlichen John Harvard (*1607, †1638). Angeschlossen sind Museen, Verlag, Bibliothek (über 12,6 Mio. Bde.) und Observatorium.
Harvey [ˈhɑːvɪ], **1)** Lilian, brit. Filmschauspielerin, *Hornsey (heute zu London) 19. 1. 1907, †Cap d'Antibes 27. 7. 1968; bildete mit Willy Fritsch das volkstümlichste Liebespaar des dt. Films, u. a. in »Die Drei von der Tankstelle« (1930), »Der Kongreß tanzt« (1931), »Ein blonder Traum« (1932); emigrierte 1939 nach Paris, später in die USA.
2) William, engl. Anatom und Arzt, *Folkestone 1. 4. 1578, †Hampstead (heute zu London) 3. 6. 1657; Leibarzt Jakobs I. und Karls I.; entdeckte 1628 den großen Blutkreislauf.
Harwich [ˈhærɪdʒ], Hafenstadt und Seebad in der Cty. Essex, O-England, 14 200 Ew.; chem. Ind. und Schiffsreparaturanlagen; einer der Hauptfährhäfen des Landes. – Im Ortskern georgian. Häuser. – Seit 1319 Stadt.
Haryana, Bundesstaat in NW-Indien, 44 212 km², 21,08 Mio. Ew.; Hptst. Chandigarh. – H. entstand 1966 durch Abtrennung der Hindi sprechenden Gebiete von dem Bundesstaat Punjab.
Harz *der,* nördlichstes dt. Mittelgebirge, in

HAR Harzburg, Bad

Ndsachs. (westl. Ober-H.) und Sa.-Anh. (Unter-H. und östl. Teil des Ober-H.es mit dem Brocken), ein kleiner Teil des südl. Unterharzes auch in Thür., etwa 90 km lang und 30 km breit, im Brocken nach amtl. Angaben 1 141 m, nach anderen Angaben 1 142 m ü. M. Der H. ist eine Pultscholle mit steilen Randstufen im N und allmähl. Abdachung nach SO, aufgebaut aus überwiegend paläozoischen, z. T. metamorphen Gesteinen. Er gliedert sich in Ober- und Unterharz. Der **Ober-H.** wird aus einer Rumpffläche in rd. 600 m Höhe (Clausthaler Hochfläche) und dem sich darüber erhebenden Bergland des Brockenmassivs in Höhenlagen von 800–900 m ü. M. gebildet. Er wird von einem dichten Gewässernetz stark zertal und ist überwiegend mit Fichtenforsten bestanden. Der ebenfalls von weiten Hochflächen geprägte **Unter-H.** im SO, dessen östl. Gebirgsrand von Flüssen (z. B. Bode) stark zerschnitten ist, liegt in 350–500 m Höhe im Regenschatten des Brockens, der etwa 1 700 mm Niederschlag/Jahr erhält (dagegen Ober-H. 900 mm, Unter-H. von W nach O 750–580 mm); das Maximum der Niederschläge fällt im Winter (über 100 Schneetage). Im Unter-H. sind überwiegend Misch- und Laubwälder verbreitet. Zum Schutz vor Hochwasser wurden zahlr. Talsperren angelegt: im niedersächs. Teil an Oker, Grane, Innerste, Söse, Oder, Ecker, im sächsisch-anhalt. Teil an der Bode; sie dienen außerdem der Trinkwasserversorgung in weiten Teilen Nord-Dtl.s, der Energiegewinnung und der Erholung. Für die Besiedlung des H.es war der heute bedeutungslos gewordene Bergbau (Silber-, Blei-, Kupfer-, Zinkerze, Schwerspat) von entscheidender Bedeutung. Seit 968 wurden am Rammelsberg bei Goslar (bis 1988) sowie im Ober-H. Erze gefördert. Der Ost-H. wird von Schmalspurbahnen durchzogen: **Harzquerbahn** (60 km) von Wernigerode nach Nordhausen (Abzweigung der 22 km langen **Brockenbahn** von Drei Annen-Hohne zum Brockengipfel) und die mit ihr verbundene **Selketalbahn** (35,7 km) von Gernrode nach Harzgerode und Stiege. Wichtigste Einnahmequelle der Bev. ist heute der ganzjährige Fremdenverkehr; Fremdenverkehrszentren sind in Ndsachs. u. a. Braunlage, Sankt Andreasberg, Goslar, Bad Harzburg, Clausthal-Zellerfeld und Bad Grund (Harz), in Sachs.-Anh. Wernigerode, Blankenburg (Harz), Ilsenburg (Harz), Stolberg (Harz), Bad Suderode, Gernrode, Harzgerode und Schierke; in Rübeland Tropfsteinhöhlen. Im Unter-H. spielt die Landwirtschaft eine größere Rolle. 1990 wurde in Sachs.-Anh. der Nationalpark Hochharz (58,7 km²) und 1994 in Ndsachs. der an ihn grenzende Nationalpark Harz (158 km²) eingerichtet.

📖 *Walz, J.: Der H. Im Herzen Deutschlands, Reisen in einer zweitausend Jahre alten Kulturlandschaft. Köln 1993. – Bergbau u. Hüttenwesen im u. am H., hg. v. K. H. Kaufhold. Hannover ²1994.*

Harzburg, Bad, ↑Bad Harzburg.

Harzburger Front, der Zusammenschluss von NSDAP, DNVP, Stahlhelm u. a. Verbände (»Nat. Opposition«) unter Führung A. Hitlers, A. Hugenbergs und F. Seldtes gegen die Reg. H. Brüning (**Harzburger Tagung** 11. 10. 1931); forderte die Auflösung des Reichstags und des preuß. Landtags; scheiterte 1932, als die Deutschnationalen es ablehnten, die Wahl Hitlers zum Reichspräs. zu unterstützen; im Jan. 1933 als Kulisse zur Reg.bildung Hitlers wiederbelebt.

Harzburger Modell, Konzeption der Unternehmensführung, in deren Mittelpunkt die Delegation von Entscheidungsbefugnissen und Verantwortung steht; 1966 von Reinhard Höhn, dem Begründer der »Akademie für Führungskräfte der Wirtschaft«, Bad Harzburg, entwickelt. Durch feste Abgrenzung der Aufgabenbereiche mit entsprechenden Kompetenzen für jeden Mitarbeiter soll der »autoritär-patriarchal. Führungsstil« abgelöst werden.

Harze, Sammelbegriff für organ., nicht kristalline Stoffe mit mehr oder weniger breiter Verteilung der molaren Massen. Normalerweise haben H. einen Schmelz- oder Erweichungsbereich, sind im festen Zustand spröde und brechen dann muschelartig. Sie neigen zum Fließen bei Raumtemperatur. – **Natur-H.** sind pflanzl. (z. B. Kanadabalsam) oder tier. Ursprungs (z. B. Schellack). Je nach Alter unterscheidet man rezente H. (frisch gewonnene) und fossile H. (z. B. Bernstein). **Kunst-H.** sind durch Polymerisation, Polyaddition oder Polykondensation gewonnene H. (z. B. Aminoplaste, Epoxid- und Phenolharze), die ggf. durch Naturstoffe (fette Öle, Natur-H.) modifiziert sind (z. B. Alkydharze). Als Kunst-H. bezeichnet man auch durch chem. Umsetzungen (Veresterung, Verseifung u.a.) veränderte Natur-H. Im Ggs. zu den Natur-H. kann ein großer Teil der Kunst-H. durch Vernetzung in Thermodure überführt werden. – H. werden z.B. als Bindemittel für Formmassen, Klebstoffe und Lacke sowie zur elektr. Isolation (z.B. als Gießharze) verwendet (↑Reaktionsharze).

Harzer Roller, Zuchtform des Kanarienvogels.

Harzfluss (Resinose), bei Nadelhölzern nach Verwundung einsetzende, sehr reichliche Abgabe von Harz.

Harzgerode, Stadt im Landkreis Quedlinburg, Sa.-Anh., im Unterharz, am Endpunkt einer Zweigstrecke der Selketalbahn, 4900 Ew.; Metall-, Holz- und pyrotechn. Industrie (im Ortsteil Silberhütte). Im Selketal der zu H. gehörende Erholungsort **Alexisbad** (früher Kurbad). – Schloss (1549–52), Fachwerkhäuser. – Ersterwähnung 993, Stadtrecht seit 1338. Vom 16. bis 18. Jh. Silbererzbergbau.

Harz|öl, bei der trockenen Destillation des Kolophoniums entstehendes Öl (z.B. für Firnisse, Lacke, Schmieröl).

Harzsäuren, in Naturharzen (z.B. zu 90% in Kolophonium) enthaltene Carbonsäuren, z.B. Abietin- und Pimarsäure. Ihre Salze heißen Harzseifen.

Harzseifen (Resinate), Salze der Harzsäuren, bes. Alkalisalze sowie Calcium-, Zinksalze u.a.; Zusatz zu Kernseifen, Waschmitteln, Pflanzenleim, zur Herstellung von Trockenstoffen. Calcium-H. und Zink-H. sind Bestandteil von Farben und Klebstoffen.

Harzvorland, weitgehend lössbedeckte, fruchtbare Landschaften im N, O und SW des Harzes. Das nördl. H. liegt zw. dem N-Rand des Harzes und dem Aller-Urstromtal, das östl. H. ist dem Unterharz vorgelagert, zw. der Bode im W, dem Flechtinger Höhenzug im N und der Leipziger Tieflandsbucht im O, das südwestl. H. ist eine Schichtstufenlandschaft zw. Harz und Eichsfeld.

Hasa, El- (El-Ahsa), größte Palmenoase Saudi-Arabiens und ehem. Ostprovinz am Pers. Golf, 58000 km², etwa 800000 Ew.; Erdölvorkommen (Mittelpunkt Dhahran).

Hasan, islam. Herrscher: **1) H.,** der 5. Kalif (661), * Medina 625, † ebd. 669; ältester Sohn des Kalifen Ali und von Mohammeds jüngster Tochter Fatima; wurde nach der Ermordung seines Vaters (24. 1. 661) in Irak zum Kalifen ausgerufen, verzichtete aber gegen eine hohe Abfindungssumme nach sechs Monaten zugunsten von Moawija I. (* um 605, † 680). – Die Schiiten verehren H. als zweiten ↑Imam.
2) Hasan II. (Hassan II.), König von Marokko, * Rabat 9. 7. 1929, † ebd. 23. 7. 1999; bestieg 1961 den Thron, regierte mit großer Machtfülle; 1961–63 und 1965–67 auch MinPräs. Im Nahostkonflikt vertrat er eine gemäßigte Linie, lehnte aber den israelisch-ägypt. Friedensvertrag von 1979 ab. Im Konflikt um ↑Westsahara schlug er einen nationalist. Kurs ein.

Hasara, Volk in Asien, ↑Hazara.

Hasard [frz. az'a:r »Zufall«] *das,* kurz für H.-Spiel, das Glücksspiel.

Haschee [von frz. hacher »hacken«] *das* (Haché), *Gastronomie:* Gericht aus fein zerkleinertem, gegartem Fleisch oder Innereien (z.B. Lungenhaschee), mit pikant abgeschmeckter Sauce gebunden.

Haschimiten (Haschemiten), arab. Geschlecht in Irak und Jordanien, das seinen Ursprung auf Haschim (†um 540) zurückführt, der als Urgroßvater Mohammeds gilt. Die Nachfahren Hasans, des Enkels Mohammeds, waren die scherif. Emire von Mekka. Husain I., seit 1908 Scherif von Mekka, erklärte sich 1916 zum König von Arabien, herrschte aber nur im Hidjas (bis 1924); von seinen Söhnen wurden Feisal (I.) 1921 König des Irak und Abd Allah (Ibn al-Husain) 1921 Emir (1946 König) von Transjordanien. Die H. wurden 1958 in Irak gestürzt; sie regieren bis heute in Jordanien (↑Husain II., Abdullah II.).

Haschisch [arab. »Gras«] *das* auch *der,* weit verbreitetes Rauschgift, das durch Extraktion aus dem Harz des Indischen Hanfs gewonnen wird. Die wirksamen Bestandteile, Tetrahydrocannabinol und andere Cannabinolabkömmlinge, befinden sich in einem harzartigen Sekret, das von Drüsenhaaren an Blüten, Blättern und Stängeln (bes. der weibl. Pflanzen) ausgeschieden wird. Beim **Marihuana** handelt es sich um die getrockneten blühenden Triebspitzen. H. ruft (individuell unterschiedlich) Euphorie, Halluzinationen hervor und kann zu psych. Abhängigkeit führen. In Dtl. unterliegen H. und Hanf- (Cannabis-)Produkte als nicht verkehrsfähige Betäubungsmittel dem Betäubungsmittelgesetz.

HAS Hasdrubal

📖 *Kuntz, H.: Cannabis ist immer anders. H. u. Marihuana.* Weinheim u. a. 2002. – *Cannabis, Straßenverkehr u. Arbeitswelt. Recht – Medizin – Politik,* hg. v. F. Grotenhermen u. M. Karus. Berlin u. a. 2002.

Hạsdrubal, karthagische Feldherren: **1)** Schwiegersohn des Hamilkar Barkas, †(ermordet) 221 v. Chr.; erweiterte die karthag. Macht in Spanien, wo er Cartagena gründete; schloss 226 mit den Römern den Ebrovertrag, der den Ebro zur Grenze der röm.-karthagischen Einflussgebiete in Spanien erklärte.
2) Sohn des Hamilkar Barkas, Bruder des Hannibal, † 207 v. Chr.; bekämpfte die Römer in Spanien; 207 wollte er seine Truppen mit denen Hannibals vereinen, fiel jedoch vorher in der Schlacht am Metaurus.

Haselnuss: Haselstrauch mit reifen Früchten

Hase, 1) *Astronomie:* (lat. Lepus), ein Sternbild des Südhimmels, das von unseren Breiten aus im Winter am Abendhimmel sichtbar ist.
2) *Zoologie:* ein Säugetier, ↑Hasen.
Hạse *die,* rechter Nebenfluss der Ems, entspringt im Teutoburger Wald, durchfließt Osnabrück und Artland, mündet in Meppen; 193 km lang. Von der oberen H. besteht eine Abflussverbindung (Bifurkation) über Else und Werre zur Weser.
Hạse, Karl August von (seit 1883), evang. Theologe, *Niedersteinbach (heute zu Langensteinbach, Kr. Mittweida) 25. 8. 1800, †Jena 3. 1. 1890; ab 1830 Prof. für Kirchengesch. in Jena, 1848/49 Mitgl. der Frankfurter Nationalversammlung; verstand Gesch. als »Anschauung« (im Sinne von F. W. J. Schelling) und sah in der Kirchengesch. jeweils geschichtlich bedingte und legitimierte Gestaltungen des christl. Glaubens.

Hašek [ˈhaʃɛk], Jaroslav, tschech. Schriftsteller, *Prag 30. 4. 1883, † Lipnice nad Sázavou (bei Havlíčkův Brod) 3. 1. 1923; persiflierte in vielen Satiren und Humoresken die österr.-ungar. Monarchie. Weltruhm erlangte er mit dem satir. Roman »Die Abenteuer des braven Soldaten Schwejk während des Weltkrieges« (unvollendet, 4 Bde., 1921–23; auch verfilmt). K. Vaněk vollendete den Roman und schrieb eine Fortsetzung. Brecht nutzte den Stoff für sein Stück »Schweyk im zweiten Weltkrieg« (1957).

Hasel, 1) *Botanik:* ↑Haselnuss.
2) *Zoologie:* der (Häsling, Rüssling, Leuciscus leuciscus), 20–30 cm langer karpfenartiger Weißfisch in Süßwasser und Haffen Mittel- und N-Europas; Köderfisch.

Haselạnt [frz.] *der,* Spaßmacher, Narr.
Haselhuhn (Tetrastes bonasia), ein in dichten Wäldern Eurasiens lebendes rebhuhngroßes Raufußhuhn; rostfarben, weiß und schwarz, der Hahn schwarzkehlig, mit Schopf.
Haselmaus, ↑Schlafmäuse.
Haselnuss (Hasel, Corylus), Gattung der Birkengewächse mit 15 Arten, in der nördl. gemäßigten Zone. Die männl. Blüten sitzen in langen, hängenden Kätzchen, die weibl. in knospenähnl. Blütenständen, die hartschaligen, meist einsamigen Früchte in je einer becher- oder schlauchförmigen Hochblatthülle. Heimisch ist der **Haselstrauch** (**Waldhasel,** Corylus avellana), wächst in Gebüschen und Wäldern Europas; bis 5 m hoch, mit öl- und eiweißreichen einsamigen Früchten (Haselnüsse).
Haselnussbohrer (Haselrüsselkäfer, Curculio nucum), ein 5–9 mm langer gelbbrauner Rüsselkäfer mit langem, dünnem Rüssel; bes. in Haselnussbeständen ein gefürchteter Schädling.
Haselünne, Stadt im Landkreis Emsland, Ndsachs., 12 000 Ew., an der Hase; Branntweinbrennereien, Textilindustrie. – H. erhielt 1250 Stadtrechte, die 1272 erneuert wurden.
Haselwurz (Asarum), Gattung der Osterluzeigewächse, bes. unter Haselsträuchern wachsend. Die kriechende, staudige, gif-

tige **Europäische H.** (Asarum europaeum) hat ledrige, wintergrüne Blätter, braune, glockige Blüten und kapselförmige Früchte.

Haselnussbohrer

Hasen [ahd. haso, eigtl. »der Graue«] (Leporidae), Familie der Hasentiere; fast weltweit verbreitet. H. sind überwiegend nachtaktiv und fressen Pflanzen. Die H. umfassen Echte H. und ↑Kaninchen. Die **Echten H.** (Gattung Lepus) bewohnen Kultursteppen und lichte Wälder. Sie sind schnelle »Läufer« mit stark verlängerten Hinterbeinen (im Fluchtlauf sollen sie bis 80 km/h erreichen), ihre Neugeborenen sind behaart und haben offene Augen (Nestflüchter). In Europa kommen zwei Arten vor: 1) der **Feld-H.** (Lepus europaeus), 40–70 cm lang mit graugelbem bis braunem Fell. Die Häsin **(Setz-** oder **Satz-H.)** wirft 2- bis 4-mal im Jahr in einer Mulde (Sasse). Der männl. H. heißt **Rammler.** Der Feld-H. drückt sich bei Gefahr nieder, verhält sich ruhig und beobachtet scharf; dies wurde als Schlafen (mit »offenen Augen«) missdeutet. 2) der **Schnee-H.** (Lepus timidus); Körperlänge etwa 45–70 cm; angepasst an kühlere Klimate, besiedelt er auch Hochlagen (Alpen) und nord. Gebiete (Tundra), wechselt hier sein im Sommer braunes Fell mit dem weißen Winterkleid.

Hasenauer, Karl Freiherr von (seit 1873), österr. Baumeister, * Wien 20. 7. 1833, † ebd. 4. 1. 1894; Vertreter des Wiener Historismus, der bei seinen Bauten Stilelemente der Renaissance und des Barock neu belebte. Er schuf mit G. Semper den Plan für den Hofbautenkomplex an der Wiener Ringstraße mit Naturhistor. und Kunsthistor. Museum (1871–91), Burgtheater (1874–88) und Neuer Hofburg (1881–94, vollendet 1913), die er mit Innendekor im Makartstil versah. An der Ausführung der Bauten war Semper bis 1876 beteiligt.

Hasenclever, Walter, Schriftsteller, * Aachen 8. 7. 1890, † (Selbstmord) Lager Les Milles (bei Aix-en-Provence) 21. 6. 1940; wurde unter dem Eindruck des Ersten Weltkrieges radikaler Pazifist, musste 1933 Dtl. verlassen; expressionist. Lyriker und Dramatiker (»Der Sohn«, 1914; »Antigone«, 1917), schrieb später unterhaltsame, geistreiche Komödien (»Ein besserer Herr«, 1926; »Ehen werden im Himmel geschlossen«, 1928).

Hasenhacke (Kurbe), bei Pferden auftretende Erkrankung, bei der es zu einer kuppelförmigen Hervorwölbung an der Hinterfläche des Sprunggelenks kommt. Es werden weiche **(Sehnen-H.)** und harte H. **(Knochen-H.)** unterschieden.

Hasenlattich (Prenanthes), Korbblütlergattung mit dem **Purpur-H.** (Prenanthes purpurea); bis 2 m hohe Staude in europ., asiat. und nordamerikan. Bergwäldern, mit purpurfarbenen, lang gestielten Blütenköpfchen in lockerem Gesamtblütenstand.

Hasenmäuse: Langschwanzchinchilla (Kopf-Rumpf-Länge etwa 25 cm)

Hasenmäuse (Lagidium), südamerikan. Nagetierfamilie; nachtaktive, bis kaninchengroße Steppentiere. Wertvolles silbergraues, seidenweiches Pelzwerk liefert die Gattung **Chinchilla** mit zwei Arten (Kurzschwanzchinchilla und Langschwanzchinchilla), die in Pelztierfarmen gezüchtet werden und als frei lebende Wildtiere fast ausgerottet sind.

Hasen|ohr (Bupleurum), Doldenblütlergattung; Kräuter mit meist kleinen gelben Blüten in Doppeldolden und ungeteilten Blättern.

Hasen|öhrl, Friedrich, österr. Physiker, *Wien 30. 11. 1874, ✕ Folgaria (Prov. Trient) 7. 10. 1915; verfasste Untersuchungen zur Hohlraumstrahlung und machte 1904 erste Aussagen zur Äquivalenz von Masse und Energie, die später von A. Einstein verallgemeinert wurden.

Hasenpest, die ↑Tularämie.

Hasenpfeffer, Ragout aus den nicht zum Braten geeigneten Teilen des Hasen (Bauchlappen, Rippen, Läufe).

Hasenscharte, ↑Spaltbildung.

Häsitation [lat.] *die,* Zögern, Zaudern.

Haskala [hebr. »Aufklärung«] *die,* Bez. der durch die europ. Aufklärung inspirierten, wirtsch., geistig und sozial motivierten jüd. Emanzipationsbestrebungen der jüd. Aufklärer **(Maskilim)** in W- und Mitteleuropa (18. Jh.) sowie in O-Europa (um die Wende vom 18. zum 19. Jh.). Grundlegend für die H. waren der neue Religionsbegriff der Aufklärung (Vernunftreligion) und das Ideal einer neuen Humanität, wie es v. a. von M. Mendelssohn vertreten wurde, der als »Vater der H.« gilt. Hauptanliegen war die Zuwendung zur nichtjüd. Umwelt und Wiss. und, damit verbunden, der Auszug aus dem (materiellen und geistigen) Getto. In W- und Mitteleuropa führte die H. im 19. Jh. zur Assimilierung v. a. des jüd. Bürgertums, in O-Europa scheiterte sie weitgehend am Widerstand orth.-jüd. Kreise. Pogrome, nat.-religiöse und sozialist. Bestrebungen führten hier zum Zionismus.
📖 *Allerhand, J.:* Das Judentum in der Aufklärung. Stuttgart 1980.

Haskil, Clara, schweizer. Pianistin rumän. Herkunft, *Bukarest 7. 1. 1895, †Brüssel 7. 12. 1960; v. a. Mozart-, aber auch bed. Beethoven-, Schubert- und Chopin-Interpretin.

Haslach im Kinzigtal, Stadt im Ortenaukreis, Bad.-Württ., im mittleren Schwarzwald, 6 900 Ew.; Hansjakob-Museum, Trachtenmuseum; Werkzeug- und Maschinenbau, Holzverarbeitung; Fremdenverkehr. – Denkmalgeschütztes Fachwerksemble der Altstadt. – Wurde 1278 als Burg und Stadt genannt.

Häsling, ein Fisch, ↑Hasel.

Haslinger, Josef, österr. Schriftsteller, *Zwettl (NÖ) 5. 7. 1955; seit 1996 Prof. am Dt. Literaturinstitut; Erzähler und Essayist, bes. bekannt wurde sein im Stil eines Politthrillers geschriebener Roman »Opernball« (1995, 1998 verfilmt).
Werke: Der Tod des Kleinhäuslers Ignaz Hajek (Nov., 1985); Hausdurchsuchung im Elfenbeinturm (Essays, 1996); Das Vaterspiel (R., 2000); Klasse Burschen. Polit. Essays (2001).

Haslital (Hasli), Tal der oberen Aare im schweizer. Kt. Bern, vom Grimselpass bis zum Brienzer See, 40 km lang. Hauptorte sind Guttannen und Innertkirchen im steilen und felsigen **Oberhasli,** Meiringen im breiten und offenen **Unterhasli.** Intensive Nutzung der Wasserkraft (Stauseen); lebhafter Fremdenverkehr, oberhalb von Meiringen liegt das Wintersportgebiet **Hasliberg** (1 045 m ü. M.), auch Viehwirtschaft, Heimgewerbe.

Hasmonäer, in der nicht bibl. jüd. Literatur Bez. für die ↑Makkabäer.

Haspel, Vorrichtung zum Auf- bzw. Abwickeln von Fäden, Drähten, Bändern u. a.

Haspengau (niederländ. Haspengouw, frz. Hesbaye), Agrargebiet in Mittelbelgien, westlich der Maas; im S-Teil Anbau von Weizen, Mais und Zuckerrüben, im feuchteren N Grünlandwirtschaft, auch Obstkulturen.

Haspinger, Johann Simon (Ordensname Joachim), Tiroler Freiheitskämpfer, *Sankt Martin im Gsies (Pustertal) 28. 10. 1776, †Salzburg 12. 1. 1858; Kapuziner, stellte sich 1809 neben A. Hofer und J. Speckbacher an die Spitze des Tiroler Aufstands gegen Franzosen und Bayern.

Hass, intensives Gefühl der Abneigung und Feindseligkeit bis hin zur Aggression gegen Personen oder soziale Gruppen, in der die Motive und Eigenheiten des Gehassten nicht mehr wahrgenommen werden (blinder H.). Insofern wird der H. vom »gerechten Zorn« unterschieden. Die grch. *Naturphilosophie* (Empedokles) sah in H. und Liebe die beiden grundlegenden kosm. Kräfte, durch deren Wirken alles entsteht und vergeht.
📖 *Klein, M. u. Riviere, J.:* Seel. Urkonflikte. Liebe, Haß u. Schuldgefühl. A. d. Engl. Neuausg. Frankfurt am Main 9.–10. Tsd. 1992.

Hass, Hans, österr. Zoologe, Wien *23. 1. 1919; unternahm seit 1937 Unterwasserexpeditionen und Forschungsreisen, u. a. ins Karib. Meer, im Roten Meer, am Großen

Ernst Hassebrauk: »Stillleben mit Chinaschale«, Kreide und Aquarell (1967; Frankfurt an der Oder, Galerie Junge Kunst)

Barriereriff Australiens, auf den Galápagosinseln, den Malediven, Ceylon, den Nikobaren und bei Singapur (Bücher und Filme).

Hạssan II., König von Marokko, ↑ Hasan II.

Haßberge, 1) Keuperhöhenzug in Unterfranken, zw. Grabfeld und Main, in der Nassacher Höhe 511 m ü. M.
2) Landkreis im RegBez. Unterfranken, Bayern; 957 km², 88 500 Ew.; Krst. ist Haßfurt.

Hạsse, 1) Johann Adolf, Komponist, getauft Bergedorf (heute zu Hamburg) 25. 3. 1699, † Venedig 16. 12. 1783; in Venedig, Dresden und Wien als Kapellmeister tätig, ⚭ mit der italien. Opernsängerin Faustina Bordoni (* 1700, † 1781); bed. Komponist der italien. Opera seria; schuf ferner Orchester- und Kammermusik, Oratorien und kirchl. Werke.
2) O. E. (Otto Eduard), Schauspieler, * Obersitzko (heute Obrzycko, Wwschaft Großpolen) 11. 7. 1903, † Berlin (West) 12. 9. 1978; spielte u. a. an den Münchner Kammerspielen, an Berliner Bühnen sowie in Filmen (»Entscheidung vor Morgengrauen«, 1951; »Canaris«, 1954; »Die Ehe des Herrn Mississippi«, 1961; »Lulu«, 1962).

Hạssebrauk, Ernst, Maler und Grafiker, * Dresden 28. 6. 1905, † ebd. 30. 8. 1974; beeinflusst von O. Kokoschka, malte er Porträts, Stadtlandschaften und Stillleben mit leuchtenden Farben und expressivem Pinselduktus.

Hạssel, 1) Kai-Uwe von, Politiker (CDU), * Gare (Tansania) 21. 4. 1913, † Aachen 8. 5. 1997; Kaufmann, 1953–54 und 1965–80 MdB; 1954–62 Min.-Präs. von Schlesw.-Holst., 1963–66 Bundesverteidigungs- und 1966–69 Bundesvertriebenenmin., war 1969–72 Präs., 1972–76 Vizepräs. des Bundestages, 1973–80 Präs. der Europ. Union Christl. Demokraten und 1979–84 MdEP.
2) Odd, norweg. Physikochemiker, * Oslo 17. 5. 1897, † ebd. 11. 5. 1981; Prof. in Oslo, erforschte die Konformation des Cyclohexans und seiner Derivate, erhielt für diese stereochem. Untersuchungen mit D. H. R. Barton 1969 den Nobelpreis für Chemie.

Hasselblad Award [- ə'wɔːd], jährl. (seit 1980) von der schwed. Hasselblad Foundation verliehener Kunstpreis, der Fotografen für herausragende Leistungen ehrt; gilt als bedeutendste internat. Auszeichnung für Fotografie (500 000 skr).

Hạssell, Ulrich von, Diplomat, * Anklam 12. 11. 1881, † (hingerichtet) Berlin-Plötzensee 8. 9. 1944; Jurist, 1932–38 Botschafter in Rom, nach seiner Entlassung in der Widerstandsbewegung tätig, war für den Fall von Hitlers Sturz als Außenmin. in einer Reg. unter Reichskanzler C. Goerdeler vorgesehen. Nach dem 20. 7. 1944 wurde er zum Tode verurteilt.

Hạsselt, Hptst. der Prov. Limburg, Belgien, zw. Haspengau und Kempenland, 67 800 Ew.; kath. Bischofssitz; Brauereien, Brennereien, Lebensmittel-, Möbel-, elektrotechn. Ind., Maschinenbau; Hafen am

HAS Haßfurt

Albertkanal. – Gotische Kathedrale (13. bis 16. Jh.), Beginenhof (18. Jh.). – Erhielt 1252 Stadtrecht.
Haßfurt, Krst. des Landkreises Haßberge, Bayern, am Main, 13 000 Ew.; Schuh-, Marmeladenfabrik, Messgerätebau. – Drei Stadttore (16. Jh.), got. Pfarrkirche, spätgot. »Ritterkapelle«. – Seit 1243 Stadt.
Hassi Messaoud [asimɛsaˈud] (Hassi Masud), Zentrum der Erdölförderung in der alger. Sahara; Raffinerie; Flughafen; Ausgangspunkt zahlr. Erdöl- und Erdgasleitungen.
Hassi Rmel, Erdgaszentrum in der nördl. alger. Sahara, nordwestlich von Ghardaïa, Flughafen; Pipeline (2 500 km) über Tunesien nach Sizilien.
Hassium [nach dem Land Hessen] *das,* chem. Symbol **Hs,** bei der Gesellschaft für Schwerionenforschung (GSI) in Darmstadt 1984 durch Verschmelzung von ^{208}Pb und ^{58}Fe nach Emission eines Neutrons künstlich erzeugtes chem. Element, ein Transactinoid mit der Kernladungszahl 108. Das Isotop ^{269}Hs hat mit 9,3 s die längste Halbwertszeit.
Haßler (Hasler), Hans Leo von (seit 1595), seit 1605 Haßler von Roseneck, Komponist, getauft Nürnberg 26. 10. 1564, † Frankfurt am Main 8. 6. 1612; in Augsburg, Prag, Nürnberg, Dresden tätig, neben M. Praetorius bedeutendster dt. Meister der Stilwende um 1600. Seine Motetten und Messen sind von der venezian. Schule beeinflusst. In seinen weltl. Liedern verdeutschte er die italien. Villanella und Canzonetta und schuf damit Vorbilder des homophonen Gesellschaftslieds.
Haßloch, Gemeinde im Landkreis Bad Dürkheim, Rheinl.-Pf., im Oberrhein. Tiefland, 20 700 Ew.; Herstellung von Blechemballagen; großer Freizeitpark.
Hasta [lat.] *die,* altröm. Stoßlanze, durch das ↑Pilum verdrängt.
Hastings [ˈheɪstɪŋz], Stadt in der Cty. East Sussex, SO-England, am Ärmelkanal, 81 900 Ew.; Seebad mit 5 km langer Promenade. – Über der Stadt die Ruine der 1069 begonnenen Burg. – Durch den Sieg Wilhelms des Eroberers bei H. (1066) über den angelsächs. König Harold II. kam England unter normann. Herrschaft.
Hastings [ˈheɪstɪŋz], Warren, brit. Kolonialpolitiker, * Churchill (Cty. Oxfordshire) 6. 12. 1732, † Daylesford 22. 8. 1818;

1772 Gouv. von Bengalen, 1774–85 erster Gen.-Gouv. in O-Indien; 1785 nach England zurückgekehrt, wurde er des Amtsmissbrauchs und der Erpressung angeklagt, 1795 freigesprochen.
HASYLAB, Abk. für **H**amburger **Sy**nchrotronstrahlungs**lab**or, Experimentieranlage am ↑Deutschen Elektronen-Synchrotron.
Hata, Sahachirō, japan. Bakteriologe, * Tsumo 23. 3. 1873, † Tokio 22. 11. 1938; entwickelte mit P. ↑Ehrlich das Syphilismittel Salvarsan.
Hatha-Yoga [Sanskrit] *der* oder *das,* auf Körperübungen (Asanas) in Verbindung mit Atemübungen (Pranayama) aufbauende Form des ↑Yoga, in Europa oft mit diesem gleichgesetzt; soll der Gesundheit dienen und die ↑Kundalini zu höheren Bewusstseinsebenen aufsteigen lassen.
Hathor [ägypt.»Haus des Horus«] (grch. Athyr), ägypt. Himmels-, auch Liebesgöttin; Gattin des Horus. In Theben als Totengöttin verehrt; dargestellt mit Kuhhaupt oder Kuhhörnern. Nach ihr war der 3. Monat des ägypt. Jahres benannt.
Hatoyama, Ichirō, japan. Politiker, * Tokio 1. 1. 1883, † ebd. 7. 3. 1959; Jurist, gründete 1945 die Liberale Partei neu, wegen seines Anteils an der Kriegspolitik von der polit. Tätigkeit bis 1952 ausgeschlossen, war danach Gegenspieler S. Yoshidas. 1954–56 als Führer der Liberaldemokrat. Partei MinPräs.; erreichte die Aufnahme Japans in die UNO (1956).
Hatra (arab. El-Hadr), antike Stadt in Irak (100 km südwestlich von Mosul), lag an der Kreuzung wichtiger Handelsstraßen. Innerhalb der runden Stadtmauern wurden Teile der parth. Stadt des 1.–3. Jh. mit Palast und Großem Tempel freigelegt. Im Schutt des Haupttempels und weiterer Tempel fand man mehrere Hundert Statuen aus Marmor und Kalkstein (streng frontale Darstellung) sowie Bronze; UNESCO-Weltkulturerbe.
Hatschepsut, ägypt. Königin, Tochter von Thutmosis I., Gemahlin ihres Halbbruders Thutmosis II.; regierte 1490–1468 v. Chr. zunächst als Vormund ihres Stiefsohns Thutmosis III., dann als Königin; unternahm Handelsreisen nach ↑Punt, erbaute u. a. den Tempel von Deir el-Bahari (W-Seite von Theben).
Hatschinohe, Stadt in Japan, ↑Hachinohe.

Hatschiodschi [ha'tʃioːdʒi], Stadt in Japan, ↑Hachiōji.

Hạtta, Mohammed, indones. Politiker, *Fort de Kock (heute Bukittinggi, Sumatra) 12. 8. 1902, †Jakarta 14. 3. 1980; rief nach dem militär. Zusammenbruch Japans 1945 zus. mit Sukarno die unabhängige Rep. Indonesien aus, erreichte als Min.-Präs. (1948–50) 1949 deren Anerkennung durch die Niederlande. 1945–49 und 1950–56 war er Vizepräs. Indonesiens. Als Verfechter einer Demokratie nach westeurop. Muster lehnte er den Gedanken Präs. Sukarnos ab, Indonesien nach dem Prinzip einer »gelenkten Demokratie« zu regieren.

Hatteras ['hætərəs], schmale Nehrungsinsel vor der Atlantikküste von North Carolina, USA; zahlr. Badeorte; an der Landspitze Kap H. wegen häufiger Stürme Gefahren für die Schifffahrt.

Hạttersheim am Main, Stadt (seit 1970) im Main-Taunus-Kreis, Hessen, 24 700 Ew.; feinmechan. Ind., Kartonagenfabrik.

Hạttingen, Stadt im Ennepe-Ruhr-Kr., NRW, an der Ruhr, 58 500 Ew.; Produktion von Ind.gasen, Textilverarbeitung, Maschinenbau. – Seit 1854 Ansiedlung von Schwerind. (Henrichshütte, Ende der 1980er-Jahre geschlossen).

Hạtto I., Erzbischof von Mainz (891–913), *um 850, †5. 5. 913; führte unter Ludwig IV., dem Kind, die Reichsreg., verhalf 911 Konrad I. zur Königswürde und wurde sein Kanzler. (↑Mäuseturm)

Hattrick ['hættrɪk; von engl. hat »Hut« und trick »Kunststück«] *der, Sport:* urspr. im Kricket gebräuchl. Ausdruck für das drei- oder mehrfache Abwerfen des »Wicket« durch den Werfer; später auf den Fußball übertragen: dreimaliger Torerfolg eines Spielers in einem Spiel, ohne dass zw. den Treffern ein Torerfolg eines eigenen oder gegner. Spielers liegt.

Hạttusa (Hattuscha), Hptst. des Hethiterreiches, ↑Boğazkale.

Hạtzfeld (Hatzfeldt), edelfreies Geschlecht aus Oberhessen, erwarb 1380/1430 die Herrschaft Wildenburg. Melchior von H. (*1593, †1658), kaiserl. General im Dreißigjährigen Krieg, wurde 1635 in den Grafenstand erhoben und erhielt 1641 die schles. Herrschaft Trachenberg, die von König Friedrich II. von Preußen 1741 zum (preuß.) Fürstentum erhoben wurde. Linien: **H.-Trachenberg** (1748 Reichsfürsten-, 1803 preuß. Fürsten- würde bestätigt), **H.-Wildenburg** (1870 preuß. Fürstenwürde). – Bekannte Vertreter: Sophie Gräfin von H.-Trachenberg (*1805, †1881) ist als Freundin und Anhängerin von F. Lassalle bedeutsam; ihr Sohn Paul Graf von H.-Wildenburg (*1831, †1901) wurde 1885 Botschafter in London, wo er für ein dt.-brit. Einvernehmen wirkte.

Hạubach, Theodor, Journalist, *Frankfurt am Main 15. 9. 1896, †(hingerichtet) Berlin-Plötzensee 23. 1. 1945; Mitgl. der SPD, führend im Reichsbanner Schwarz-Rot-Gold, gehörte seit 1942 dem Kreisauer Kreis an. Nach dem 20. 7. 1944 wurde er verhaftet.

Haubarg (Hauberg, Heuberg), Typ des niederdt. Hallenhauses, in dessen hohem Mittelraum (Gulf, Vierkant) Heu gestapelt wird.

Haube 2): verschiedene Formen: 1 Hennin; 2 Hörnerhaube; 3 Stuarthaube; 4 Fontange

Haube, 1) *Architektur:* geschweiftes Turmdach.
2) *Mode:* haarverhüllende weibl. Kopfbedeckung aus Leinen, Seide, Spitze, Samt oder Brokat von einfacher rundl. bis zu vielfältig gekniffter Form, findet sich bereits im Altertum, entwickelte sich jedoch erst seit dem späten MA. zu einem wichtigen, religiös und standesmäßig gebunde-

nen Bestandteil der weibl. Tracht. Dominierten im 19. Jh. versch. modische H.-Formen (Kapotte, Schute), so wurde die H. im 20. Jh. fast ausschließlich zum Kälteschutz.
3) *Zoologie:* a) aufrichtbarer Federschopf auf dem Vogelkopf (z. B. Haubenlerche); b) der Netzmagen der ↑Wiederkäuer.
Hauben|adler (Spizaetus), Gattung der Greifvögel, mit Schopf; in Afrika, SO-Asien, Südamerika.
Haubenlerche, Art der ↑Lerchen.
Haubenstock-Ramati, Roman, österr. Komponist poln. Herkunft, *Krakau 27. 2. 1919, †Wien 3. 3. 1994; 1973–89 Prof. an der Musikhochschule in Wien; bediente sich als vielseitiger Avantgardist aller neueren Techniken; komponierte die Oper »Amerika« (1966, Neufassung 1992); Antioper »La comédie« (1969); Beschäftigung mit musikal. Formen (»musikal. Grafiken«, »Mobiles«). – Schrieb »Musik-Graphik. Pre-Texte« (1980).
Haubentaucher, Vogelart, ↑Steißfüße.
Haubitze, *Waffenkunde:* ↑Geschütze.
Hauchlaut, *Sprache:* ↑Laut.
Hauck, Albert, evang. Theologe, *Wassertrüdingen (bei Gunzenhausen) 9. 12. 1845, †Leipzig 7. 4. 1918; Prof. in Erlangen und Leipzig; verfasste mit der »Kirchengesch. Dtl.s« (5 Bde. 1887–1911; Bd. 5, 2 posthum hg. 1920) eines der klass. Werke der Geschichtsschreibung des 19. Jahrhunderts.
Hauenstein, Name zweier Pässe im Schweizer Kettenjura, die Basel mit dem Mittelland verbinden: **Oberer H.,** 731 m ü. M., 12 km lange Passstraße von Waldenburg nach Balsthal, und **Unterer H.,** 691 m ü. M., 10 km lange Passstraße von Läufelfingen nach Olten, unterfahren von dem 8 134 m langen **H.-Basistunnel** der Eisenbahnlinie Basel–Olten. Zw. beiden Pässen ein 3,2 km langer Autobahntunnel (Belchentunnel).
Hauer, 1) *Bergbau:* Bergmann, der vorwiegend im Streckenvorbau tätig ist.
2) *Zoologie:* Eber, männl. Hausschwein.
Hauer, Josef Matthias, österr. Komponist und Musiktheoretiker, *Wiener Neustadt 19. 3. 1883, †Wien 22. 9. 1959; gelangte unabhängig von A. Schönberg zu einer Zwölftonmusik, deren Grundlagen er theoretisch begründete: »Vom Wesen des Musikalischen« (1920), »Zwölftontechnik« (1925); schrieb u. a. die Oper »Salambo« (1930) sowie Lieder und Orchesterwerke.

Haufen, *Militärwesen:* in den Heeren des Spät-MA. verwendete Bez. für eine Vielzahl von Soldaten sowie für eine Schlachtformation (u. a. Gevierthaufen).
Haufendorf, ein geschlossen bebautes Dorf mit unregelmäßigem Grundriss und häufig unterschiedlich großen Höfen. In Mitteleuropa ist das H. die häufigste Dorfform. Zum H. gehörte die Gewannflur.
Haufenschluss, *Logik:* eine Paradoxie folgender Art: Ein Getreidekorn bildet keinen Haufen. Wenn ein Korn (n Körner) keinen Haufen bildet, so bilden auch $n + 1$ Körner keinen Haufen (usw.). Also bilden auch beliebig viele Körner keinen Haufen.
Haufenstern, zu einem ↑Sternhaufen gehörender Stern; Ggs.: Feldstern.
Haufenveränderliche, die ↑RR Lyrae-Sterne.
Haufenwolke, dt. Bez. für Cumulus (Kumulus), ↑Wolken.
Hauff, 1) Reinhard, Filmregisseur, *Marburg 23. 5. 1939; wurde nach »Ausweglos« (1970, Drehbuch zus. mit M. Walser) durch die film. Biografie über den legendären bayer. Räuber »Mathias Kneissl« (1971) bekannt; es folgten u. a. »Die Verrohung des Franz Blum« (1974), »Paule Pauländer« (1976), »Messer im Kopf« (1979), »Stammheim« (1985); seit 1993 Direktor der Dt. Film- und Fernsehakademie.
2) Wilhelm, Schriftsteller, *Stuttgart 29. 11. 1802, †ebd. 18. 11. 1827; schrieb Gedichte (»Morgenrot, Morgenrot«), die witzig-fantast. »Mitteilungen aus den Memoiren des Satans« (2 Bde., 1826/27), den Roman »Lichtenstein« (3 Bde., 1826), mit dem er im Gefolge W. Scotts neben W. Alexis den histor. Roman in Dtl. begründete. »Der Mann im Monde« (2 Bde., 1826) ahmt die Manier des Unterhaltungsschriftstellers H. Clauren (*1771, †1854) nach. Lebendig blieben u. a. seine Märchen (u. a. »Kalif Storch«, »Zwerg Nase«, »Das kalte Herz«). Seit Anfang 1827 leitete H. das »Morgenblatt für gebildete Stände«.
📖 *W. H. Aufsätze zu seinem poet. Werk,* hg. v. U. Kittstein. St. Ingbert 2002.
Häufigkeit, *Stochastik:* die Zahl m **(absolute H.),** die angibt, wie oft ein bestimmtes Merkmal bei n-maliger Möglichkeit seines Eintreffens (bei n-maliger Messung) auftritt; der Quotient m/n ist die **relative H.** dieses Ereignisses.

Häufungspunkt, grundlegender Begriff der Mengenlehre; ein Punkt ist H. einer Menge, wenn in jeder noch so kleinen Umgebung von ihm unendlich viele Punkte der Menge liegen. Ein H. muss der Menge nicht angehören; z. B. ist die Null H. der Menge der Brüche von der Form $1/n$ ($n = 1, 2, 3 ...$), ohne ein Element dieser Menge zu sein.

Haufwerk, *Bergbau:* körniges Gemenge; aus einer Lagerstätte gewonnener, noch nicht fertig aufbereiteter Rohstoff, z. B. Erz, Kohle.

Haugesund [ˈhœjgəsun], Hafenstadt in SW-Norwegen, 29 900 Ew.; Fischfang und -verarbeitung, Werften; Servicefunktionen für die Erdölförderung in der Nordsee; 700 m lange Brücke zur dicht besiedelten Insel Karmøy (Aluminiumfabrik).

Haughey [ˈhɔːɪ], Charles, irischer Politiker, *Castlebar (Cty. Mayo) 16. 9. 1925; Rechtsanwalt, mehrfach Min., 1979–92 Vors. der Fianna Fáil, 1979–81, 1982 und 1987–92 Ministerpräsident.

Hauhechel (Ononis), Schmetterlingsblütlergattung, meist in den Mittelmeerländern; einjährige Kräuter und Stauden, viele drüsig behaart mit dreizähligen Blättern. Die bis 60 cm hohe **Dornige H.**, auch **Hachel(kraut)** oder **Hachelwurz** (Ononis spinosa), mit rötl. Blüten, ist auf Brach- und Kulturland Unkraut, auf nährstoffarmen Sandböden bodenverbessernd.

Haumesser, ein Messer, das sich vom Griff an nach der Spitze hin verbreitert, wodurch die Wucht beim Schlagen erhöht wird; dient bes. zum Wegbahnen in trop. Waldgebieten (z. B. **Parang** der Malaien, **Buschmesser** in Afrika, **Machete** in Lateinamerika).

Haupt, 1) *Bautechnik:* die im gemauerten Verband sichtbare Seite eines behauenen Natursteins.

2) *Wasserbau:* Teil einer Schleuse, der das Schleusentor aufnimmt, bei Binnenschiffsschleusen **Ober-H.** und **Unter-H.,** bei Seeschleusen **Außen-H.** und **Binnen-H.**; zur Unterteilung einer langen Schleusenkammer **Mittelhaupt.**

Hauptanschluss, *Telekommunikation:* unmittelbar an das öffentl. Telefonnetz angeschlossene Sprechstelle. Bei **Einzelanschlüssen** ist nur ein, bei **Gemeinschaftsanschlüssen** sind mehrere Telefone durch eine gemeinsame Amtsleitung an die Vermittlungsstelle angeschlossen.

Hauptbuch, systemat. Zusammenfassung der im **Grundbuch** (chronolog. Aufzeichnung aller Geschäftsvorfälle) enthaltenen Informationen. Im H. werden die Sachkonten (Bestands- und Erfolgskonten) geführt. In der einfachen Buchführung werden im H. die Geschäftsvorfälle mit Kunden und Lieferanten (Debitoren, Kreditoren) erfasst; entspricht dem Kontokorrentbuch der doppelten Buchführung.

Hauptebene, *Optik:* ↑ Kardinalelemente.

Hauptintervention, *Zivilrecht:* ↑ Intervention.

Hauptkirche, nicht amtl. Bez. für die älteste oder bedeutendste Kirche einer Stadt. Am geläufigsten ist die Verwendung des Begriffs für die H. Roms: San Giovanni in Laterano, San Pietro in Vaticano (Peterskirche), San Paolo fuori le mura, Santa Maria Maggiore, San Croce in Gerusalemme, San Sebastiano ad Catacumbas. – In den reformator. Kirchen regional (z. B. in Hamburg) noch bestehende Einrichtung von Kirchen mit Vorrangstellung; mit der H. verbunden ist das Amt des **Hauptpastors.**

Hauptkomponente (Hauptstern), die massereichste oder hellste Komponente in einem Doppel- oder Mehrfachsternsystem.

Häuptling, die oberste Herrschaftsinstanz in Verwandtschafts- und Lokalgruppen. Der H. steht an der Spitze eines Dorfes **(Dorf-H.)** oder Stammes **(Stammes-H.).** Die Stellung des H. beruht v. a. auf prakt. oder religiösen Kenntnissen, auch auf Leistungen und dem so bedingten Ansehen. Die Macht der H. war bes. bei einigen nordamerikan. Indianerstämmen durch einen Rat begrenzt.

Hauptman [-mæn], Herbert Aaron, amerikan. Mathematiker und Biophysiker, *New York 14. 2. 1917; seit 1972 Forschungsdirektor der Medical Foundation in Buffalo (N. Y.); erhielt für die Entwicklung einer statist. Methode zur direkten Kristallstrukturbestimmung mit Röntgenstrahlen 1985 mit J. Karle den Nobelpreis für Chemie.

Hauptmann, militär. Dienstgrad der Offiziere. Der H. ist Führer einer Einheit.

Hauptmann, 1) Carl, Schriftsteller, *Obersalzbrunn (heute Bad Salzbrunn) 11. 5. 1858, †Schreiberhau 4. 2. 1921, Bruder von 2); sein Werk ist geprägt durch die schles. Gebirgslandschaft und beeinflusst von der älteren schles. Mystik; nach naturalist. Heimatdichtung (»Mathilde«, R., 1902) und dem neuromant. Künstlerroman »Einhart der Lächler« (1907) gelangte er zu expressionist. Ausdrucksformen (»Krieg. Ein Tedeum«, 1914); auch Lyrik und Aphorismen.

Gerhart Hauptmann

2) Gerhart, Schriftsteller, * Obersalzbrunn (heute Bad Salzbrunn) 15. 11. 1862, † Agnetendorf 6. 6. 1946, Bruder von 1); betrieb künstler. und wiss. (histor.) Studien, lebte seit Ende 1884 in Berlin, heiratete 1885 die Großkaufmannstochter Marie Thienemann und wurde damit finanziell unabhängig; nach einer schweren Lebenskrise 1893 wurde die Ehe getrennt; 1891 Übersiedlung nach Schlesien (Schreiberhau, dann Agnetendorf), verbrachte dort auch zurückgezogen die nat.-soz. Zeit. H.s Werk ist vielgestaltig und unterschiedl. Stilrichtungen verpflichtet. Immer steht der unterdrückte, scheiternde Mensch im Mittelpunkt. Einen spektakulären Erfolg erzielte er mit dem sozialen Drama »Vor Sonnenaufgang« (1889), das dem Naturalismus in Dtl. zum Durchbruch verhalf, und mit der dramat. Bearbeitung des Weberaufstands von 1844 »Die Weber« (1892, 1. Fassung in schles. Mundart u.d.T. »De Waber«). Auch die Komödie »Der Biberpelz« (1893) und die Tragödien »Fuhrmann Henschel« (1899), »Rose Bernd« (1903) und »Die Ratten« (1911) sind naturalist. Milieudarstellung und Sozialkritik verpflichtet. Parallel dazu entstanden neuromant. Dichtungen, so »Hannele Matterns Himmelfahrt« (1893, 1897 u.d.T. »Hanneles Himmelfahrt«) und »Die versunkene Glocke« (Märchenspiel, 1897), auch Bearbeitungen überlieferter Stoffe (u. a. »Florian Geyer«, Dr., 1896; »Atridentetralogie«, zus. hg. 1949). Unter seiner Prosa ragt die naturalistisch-psycholog. Novelle »Bahnwärter Thiel« (in »Die Gesellschaft«, 1888) hervor. H., der den Zeitgenossen als wichtigster Repräsentant der modernen dt. Literatur galt, erhielt 1912 den Nobelpreis für Literatur.
Werke: Und Pippa tanzt! (Märchenspiel, 1906); Der Narr in Christo Emanuel Quint (R., 1910); Vor Sonnenuntergang (Dr., 1932); Das Abenteuer meiner Jugend (Autobiografie, 1937).
📖 *Tank, K. L.: G. H. mit Selbstzeugnissen u. Bilddokumenten. Reinbek 1993. – Hilscher, E.: G. H. Leben u. Werk. Neuausg. Berlin 1996. – Leppmann, W.: G. H. Eine Biographie. Neuausg. Frankfurt am Main 1996.*

Hauptnenner, das kleinste gemeinsame Vielfache der Nenner mehrerer ungleichnamiger Brüche, z. B. ist der H. von $^2/_3$, $^1/_2$ und $^3/_4$ gleich 12.
Hauptpunkt, *Optik:* ↑Kardinalelemente.
Hauptquartier, die Befehlszentrale der Armee und übergeordneter Großverbände.
Hauptrefinanzierungsgeschäfte, zu den geldpolit. Instrumenten der EZB zählende Geschäfte, denen im Rahmen der ↑Offenmarktpolitik eine Schlüsselfunktion zukommt und die als befristete Transaktionen von den nat. Zentralbanken im Wege von Standardtendergeschäften (Mengen- oder Zinstender) mit einer Laufzeit von etwa zwei Wochen durchgeführt werden. Über H. können sich Geschäftsbanken gegen Hinterlegung von refinanzierungsfähigen Sicherheiten beim Europ. System der Zentralbanken auf Zeit Zentralbankgeld beschaffen. Der für H. erhobene Zinssatz (**Hauptrefinanzierungssatz**) hat die Funktion eines Leitzinses der EZB.
Hauptreihe, der Bereich im ↑Hertzsprung-Russell-Diagramm, in dem sich die meisten der die Sterne repräsentierenden Bildpunkte (**H.-Sterne**) befinden.
Hauptsache, als *prozessualer* Begriff in erster Linie der ↑Streitgegenstand eines gerichtl. Verfahrens. Im *materiellen* Recht bedeutet H. die ↑Sache selbst im Unterschied zu ↑Bestandteil und ↑Zubehör.
Hauptsatz, 1) *Naturwissenschaften:* Bez. für einen fundamentalen Satz eines Wissenschaftsgebietes, z.B. die drei H. der ↑Thermodynamik.
2) *Sprachwissenschaft:* selbstständiger Satz (↑Syntax, Übersicht).
Hauptschild, *Heraldik:* bei mehreren aufeinander gelegten Schilden der größte (auch Rückenschild).

Haus HAU

Hauptschlagader, die ↑Aorta.
Hauptschlussmotor, ↑Elektromotor.
Hauptschule, auf der Grundschule oder der Orientierungsstufe aufbauende, weiterführende, organisatorisch selbstständige oder mit der Realschule zusammengefasste Schule (↑integrierte Klassen für Haupt- und Realschüler). Die H. umfasst das 5.–9., in einigen Ländern das 5.–10. Schuljahr, bei sechsjähriger Grundschulzeit oder einer schulartunabhängigen Förder- oder Orientierungsstufe das 7.–9./10. Schuljahr. Der qualifizierte H.-Abschluss der 10. Klasse ermöglicht den Besuch einer Berufsfachschule, der einfache H.-Abschluss den Besuch der Berufsaufbauschule, über die der Weg zur Fachoberschule möglich ist.
📖 *Die H. Materialien – Entwicklungen – Konzepte,* hg. v. *H.-J. Ipfling u. U. Lorenz.* Bad Heilbrunn 1991. – *H. konkret,* hg. v. *B. Lehmann.* Langenau 1994. – *Rekus, J.: Die H. Alltag, Reform, Gesch., Theorie.* München 1998.
Hauptspeicher, *Informatik:* der ↑Arbeitsspeicher.
Hauptstadt, die Stadt, in der Reg. und Parlament eines Staates ihren Sitz haben, oft die größte Stadt. In Bundesstaaten unterscheidet man Bundes- und Landeshauptstadt.
Hauptsünden, *kath. Theologie:* die ↑sieben Hauptsünden.
Haupt- und Staatsaktion, Repertoirestück der dt. Wanderbühnen des 17. und des frühen 18. Jh., v. a. nach fremdsprachigen Vorlagen: Hauptaktion im Ggs. zu lustigen Nach- und Zwischenspielen, Staatsaktion wegen des (pseudo)historisch-polit. Inhalts; stets im höf. Milieu spielend, typisch sind Krönungsszenen, Festgelage, Tanz, Krieg, Abenteuer, Intrigen und derbe Possen einer lustigen Person.
Hauptvalenzbindung, ↑chemische Bindung.
Hauptverband des Deutschen Einzelhandels e. V., Abk. **HDE,** Köln, Spitzenorganisation des dt. Einzelhandels für (2002) rd. 430 000 selbstständige Unternehmen mit 2,8 Mio. Beschäftigten; gegr. 1947. Der HDE stützt sich in seiner Arbeit auf 15 Landes- (Tarifträgerverbände), 74 Regional- und 26 Bundesfachverbände.
Hauptverhandlung, im ↑Strafprozess das Kernstück der **Hauptverfahrens** (§§ 226–275 StPO). Die öffentl., mündl.

und unmittelbare H. findet in ununterbrochener Gegenwart der Richter und Schöffen statt, auch der Angeklagte muss grundsätzlich anwesend sein, Staatsanwalt, Protokollführer und Verteidiger dürfen wechseln. In der H. wird der Angeklagte zunächst zur Person, später zur Sache vernommen, die Anklageschrift von der Staatsanwaltschaft verlesen, es folgt die Beweisaufnahme, u. a. durch Anhören von Zeugen und Sachverständigen; danach folgen die Schlussvorträge (Plädoyers) des Anklägers und des Verteidigers, der Angeklagte erhält das letzte Wort. Das Hauptverfahren schließt mit der Verkündung des Urteils, das auf der in der H. gewonnenen Überzeugung des Gerichts beruht (Grundsatz der Unmittelbarkeit der H.). – Die Rechtslage in *Österreich* und in der *Schweiz* ist ähnlich.
Hauptversammlung, die Versammlung der Anteilseigner als Organ einer ↑Aktiengesellschaft oder einer Kommanditgesellschaft auf Aktien.
Hauptverteidigungskräfte (engl. Main Defence Forces), Bez. für den Teil der Streitkräfte, der aktive und teilaktive Verbände sowie Reservisten umfasst und die Basis des Landes- oder Bündnisverteidigung bildet, z. B. in der ↑Bundeswehr und der ↑NATO.
Hauptverwaltungen, seit 2002 Bez. für die ↑Landeszentralbanken.
Hauptwirt, *Biologie:* der ↑Endwirt.
Hauptwort, *Sprachwiss.:* ↑Substantiv.
Hauran der, i. w. S. die Gesamtheit der jungtertiären und quartären Vulkanlandschaften S-Syriens und N-Jordaniens; dank fruchtbarer Böden schon im Altertum dicht besiedelt. 1685/1711 und im 19. Jh. wanderten Drusen aus dem Libanon dorthin aus. I. e. S. die niederschlagsbegünstigten südsyr. Ackerebenen südlich des Djebel Drus mit basalt. Verwitterungsböden; Getreideanbau.
Haus, 1) das ↑Wohnhaus; i. w. S. auch das aus Wänden und Dach gebildete Gebäude, ohne Rücksicht auf seinen Zweck. Früher wurden einzelne Räume mit H. (hûs) bezeichnet, so im vorarlberg. Bauern-H. die Küche mit Herd. – Vielfach bildete das H., die **H.-Gemeinschaft** (↑Familie), eine besondere Kultgemeinschaft mit eigenen ↑Hausgöttern. Römer und Germanen kannten den häusl. Opferherd, der im Christentum später durch den H.-

HAU Hausa

Altar ersetzt wurde. Mit Wurzeln im antiken und german. H.-Recht entwickelte sich im MA. mit dem H. die kleinste Rechts-, Wirtschafts- und Herrschaftseinheit eines H.-Herrn, v. a. des Adels (nach O. Brunner »ganzes H.« gen.; seit jüngster Zeit wiss. umstritten); erst durch die Herrschaftsausweitung im Absolutismus schrumpfte das H. zum bürgerl. Haushalt. – Während des MA. erfolgte im Bereich des Hochadels eine Differenzierung: Die bediensteten und nicht bediensteten H.-Genossen des Fürsten bildeten den Hof, die Familienmitgl. (Dynastie) das H. (Herrscher-H.); rechtlich selbstständige dynast. Seitenlinien bildeten schon im MA. eigene Häuser. Die Zugehörigkeit zum H. regelten ↑Hausgesetze. (↑Bauernhaus, ↑Bürgerhaus)
2) *Astrologie:* ↑Häuser.

Hausa (Haussa), islamisierte Völkergruppe Afrikas, in der zentralen Sudanzone, etwa 22 Mio.; bildet keine kulturelle oder polit. Einheit. Wichtige Zentren der H. sind Kano, Sokoto und das Josplateau in N-Nigeria. Viele H. sind Händler, die auf zahlr. westafrikan. Märkten auftreten. Sie treiben aber auch Hackbau sowie Groß- und Kleinviehzucht. In Handwerk und Siedlungsweise zeigen sich mittelmeer. Einflüsse. Seit etwa 1000 n. Chr. bildeten die H. Staaten, die wichtigsten waren Kano, Gobir, Katsina, Daura, Biram, Rano und Zaria. Seit dem 14. Jh. setzte sich in ihnen der Islam durch. Zu Beginn des 19. Jh. gliederte die islam. Reformbewegung des ↑Osman dan Fodio (aus dem Volk der ↑Fulbe) die meisten H.-Staaten seinem Reich ein. Gegen Ende des 19. Jh. gelangten die H. unter die Herrschaft europ. Kolonialmächte.

Hausanschluss, Anschluss sämtl. Installationen des Gebäudes wie Gas, Wasser, Elektrizität und Telefon an das örtl. Netz.

Hausapotheke, Zusammenstellung von häufig gebrauchten Arznei- und Verbandmitteln für die erste Hilfe und häusl. Krankenpflege.

Hausarbeit, die überwiegend von Frauen geleistete Arbeit im Haushalt, Tätigkeiten wie Waschen, Putzen, Einkaufen u. Ä., die Kindererziehung, aber auch die Betreuung pflegebedürftiger Angehöriger umfassend. Die H. garantiert als reproduktive Arbeit (wirtschaftswiss. Terminus **Haushaltsproduktion**) in hohem Maße, dass die Lebens- und Arbeitskraft einer Gesellschaft erhalten bleibt, gilt (sozial)rechtlich jedoch nicht als Erwerbsarbeit und wird trotz ihres beträchtl. Ausmaßes und ihrer gesellschaftl. Bedeutung nicht in die Berechnung des Sozialprodukts einbezogen. (↑Hausfrau; ↑Frauenarbeit)

Hausbank, Bank, mit der ein Unternehmen überwiegend zusammenarbeitet.

Hausbesetzung, das Einziehen in leer stehende Häuser durch Personen oder Personengruppen ohne die Erlaubnis des Eigentümers bzw. gegen dessen Widerspruch. Die H. richtet sich zum einen gegen die Vernichtung von Wohnraum aus Gründen der Bodenspekulation und gegen die Verdrängung der Wohnbev. in den Städten, zum andern will sie auf mangelnde soziale Einrichtungen (z. B. Jugendhäuser) in dicht besiedelten Stadtvierteln hinweisen. Oft steht auch das Ziel im Vordergrund, in für abbruchreif erklärten Häusern durch Renovierungsarbeiten (»Instandbesetzung«) eigene Lebensräume gemeinschaftlich zu gestalten. H., die meist in Konflikt zu rechtsstaatl. Normen stehen, finden seit Beginn der 1970er-Jahre statt und führten zu Diskussionen um die Sozialbindung des Eigentums und die Planungspraxis der Stadtverwaltungen.
❖ **siehe ZEIT Aspekte**
📖 *Artkämper, H.:* Hausbesetzer, Hausbesitzer, Hausfriedensbruch. Berlin u. a. 1995.

Hausbesorger, österr. Bez. für Personen, die auf privatrechtl. Grundlage bestimmte häusl. Dienste verrichten; ihre Rechtsstellung regelt das H.-Ges. vom 11. 12. 1969. § 23 des Mietrechtsges. bestimmt, in welchem Umfang die H.-Kosten auf Mieter umlagefähig sind.

Hausbock (Hylotrupes bajulus), Art der Bockkäfer, der gefährlichste einheim. Schädling des verbauten Nadelholzes (Dachstühle, Tür- und Fensterrahmen, Telegrafenpfähle u. a.); 10–20 mm lang, braunschwarz, flach gedrückt. 5–10 mm lange und 4–5 mm breite Fluglöcher im Holz kennzeichnen äußerlich den Befall.

Hausbuchmeister (Meister des Hausbuchs), Zeichner, Kupferstecher und Maler, gegen Ende des 15. Jh. meist am Mittelrhein tätig, ben. nach einer Hausbuchhandschrift auf Schloss Wolfegg (Oberschwaben), deren Zeichnungen zu den lebendigsten Bildzeugnissen des ausgehenden MA. gehören (Turniere, Jagden, Bade- und Frauenhausszenen, Planetenbilder). Zeichnungen und Kupferstiche mit meist weltl. Thematik. Als maler. Hauptwerk gilt der um 1475 entstandene Passionsaltar (Teile in Museen von Freiburg im Breisgau, Berlin, Frankfurt am Main). Von den 89 bekannten Kaltnadelradierungen befinden sich 82 im Amsterdamer Kupferstichkabinett.

Hausbuchmeister: Auszug zur Jagd (Kupferstich)

Hausdorff, Felix, Pseudonym Dr. Paul Mongré, Mathematiker, *Breslau 8. 11. 1868, †(Selbstmord) Bonn 26. 1. 1942; veröffentlichte vor seiner Lehrtätigkeit unter Pseudonym philosoph. Essays und literar. Abhandlungen. Prof. in Leipzig (1901–10), Greifswald (1913–21) und Bonn (1910–12, 1921–33). Er befasste sich zunächst mit Wahrscheinlichkeitsrechnung und Geometrie. H. Hauptarbeitsgebiete waren Mengenlehre und Topologie, bes. die Theorie metr. Räume; sein Hauptwerk »Grundzüge der Mengenlehre« (1914) gehört auch heute noch zu den Standardwerken der Mathematik.

Hausegger, Siegmund von, österr. Komponist und Dirigent, *Graz 16. 8. 1872, †München 10. 10. 1948; komponierte, der Neudt. Schule verpflichtet, u. a. sinfon. Dichtungen (»Barbarossa«, 1900), Opern (»Zinnober«, 1898), Chorwerke, Lieder.

Hausen (Huso huso), ein bis 9 m langer und 1 400 kg schwerer Störfisch des Kasp. und Schwarzen Meeres, steigt zum Laichen in die Zuflüsse, z. B. Donau, auf. Sein Rogen liefert Kaviar.

Hausenstein, Wilhelm, Kunsthistoriker, Publizist und Diplomat, *Hornberg 17. 6. 1882, †München 3. 6. 1957; leitete 1934–43 die literar. Beilage der »Frankfurter Zeitung«, erhielt 1936 Schreibverbot; war 1953–55 Botschafter in Paris. H. schrieb Kunst- und Reisebücher, Erzählungen und Erinnerungen (»Giotto«, 1923; »Europ. Hauptstädte«, 1932; »Pariser Erinnerungen«, 1961).

Hauser, 1) Arnold, brit. Literatur- und Kunstsoziologe ungar. Herkunft, *Temesvar 8. 5. 1892, †Budapest 28. 1. 1978; seit 1938 in Großbritannien. H. versuchte, die Geschichte der Kunst sozialhistorisch und soziologisch darzustellen und zu begründen (»Sozialgesch. der Kunst und Lit.«, 2 Bde., 1951; »Philosophie der Kunstgesch.«, 1958; »Der Manierismus«, 1964). **2)** Erich, Bildhauer und Grafiker, *Rietheim (Kr. Tuttlingen) 15. 12. 1930, †Rottweil 28. 3. 2004; großformatige Skulpturen aus Edelstahlplatten, -kuben und -röhren, meist als Freiplastiken konzipiert. **3)** Kaspar, Findelkind, *(nach eigenen Angaben) 30. 4. 1812, †Ansbach 17. 12. 1833; tauchte 1828 in Nürnberg auf. Nach eigenen Angaben war er allein in einem dunklen Raum aufgewachsen. Des Findlings, dessen geistige Entwicklung begrenzt blieb, nahm sich bes. der Rechtsgelehrte Anselm von Feuerbach an. Früh tauchte die Behauptung auf, er sei ein von der Gräfin von Hochberg beiseite geschaffter Erbprinz von Baden (1996 durch Genanalyse widerlegt, 2002 durch neue Untersuchung wieder in Erwägung gezogen). H. starb an den Folgen einer am 14. 12. 1833 erlittenen Stichwunde. – Der Stoff wurde auch literarisch behandelt: Gedichte (u. a. P. Verlaine, G. Trakl), Romane (K. Gutzkow, J. Wassermann u. a.) und Schauspiele (P. Handke); Filme von W. Herzog (1974) und Peter Sehr (1994). **4)** Kaspar, eines der Pseudonyme von Kurt ↑ Tucholsky.

Häuser (Felder), *Astrologie:* die 12 Bereiche, in die der Himmelsraum zur Bestimmung der Gestirnstellung aufgeteilt wird. Sechs H. liegen unter, sechs über dem Horizont. Den Beginn eines jeden H. nennt

HAU Hausfrau

man **Spitze.** Die Spitze des ersten H., die im Augenblick der Geburt aufgeht, heißt **Aszendent.** Die Spitze des siebten H. geht im Augenblick der Geburt unter und heißt **Deszendent.**

Hausfrau, die einen Familienhaushalt führende (Ehe-)Frau; auch als Berufsbez. gebraucht. Trotz rechtl. Anerkennung der grundsätzl. Gleichwertigkeit der Tätigkeit im Haushalt und der außerhäusl. Erwerbstätigkeit des Ehepartners (Eherechtsreform 1977) und trotz Erkenntnis der volkswirtsch. Bedeutung der H.-Tätigkeit (↑Frauenarbeit) ist deren gesellschaftl. Wertschätzung nach wie vor deutlich niedriger als die der bezahlten Erwerbsarbeit. (↑Hausmann)

Hausfrauenvereine, Vereine, die die Anerkennung der Hausfrauentätigkeit als Beruf mit entsprechender wirtsch., sozialer und rechtl. Sicherung, Fortbildung usw. erstreben. Der erste dt. H. wurde 1873 in Berlin gegründet. Dachverband ist der **Dt. Hausfrauen-Bund e. V.,** Bonn; daneben existiert die **Dt. Hausfrauengewerkschaft e. V.** (gegr. 1979), Berlin, die 2000 den Namen **dhg – Verband der Familienfrauen und -männer e. V.** annahm.

Hausfriedensbruch, Straftat, die begeht, wer in die Wohnung, Geschäftsräume oder das befriedete Besitztum eines anderen sowie in abgeschlossene Räume, die zum öffentl. Dienst oder Verkehr bestimmt sind, widerrechtlich eindringt oder diese trotz Aufforderung des Berechtigten nicht verlässt. Berechtigt ist derjenige, der gegenüber dem Täter das stärkere Recht besitzt (u. U. sogar dem Mieter gegenüber dem Vermieter). H. ist gemäß § 123 StGB mit Geldstrafe oder mit Freiheitsstrafe bis zu einem Jahr (Antragsdelikt), der schwere H. (§ 124, begangen durch eine gewalttätige Menschenmenge) bis zu zwei Jahren bedroht. – Eine entsprechende Regelung enthält Art. 186 des *schweizer.* StGB; § 109 des *österr.* StGB erfasst als H. das Erzwingen des Eintritts mit Gewalt oder durch Drohung mit Gewalt.

Hausgeister, im Glauben vieler Völker kollektive Schutzgeister des Hauses (↑Geister).

Hausgesetze (Hausverträge), auf autonomer Rechtsetzungsbefugnis beruhende Sonderregelungen des hohen Adels in Dtl. für das Erb-, Familien- und Vermögensrecht (z. B. die Pragmatische Sanktion von 1713). Art. 109 Weimarer Reichsverf. gab den Ländern die Möglichkeit, die H. durch Gesetz aufzuheben, was nur z. T. geschah (so in Preußen 1920).

Hausgewerbetreibender, eine Person (Selbstständiger), die in eigener Arbeitsstätte (Wohnung oder Betriebsstätte) mit nicht mehr als zwei fremden Hilfskräften im Auftrag eines Gewerbetreibenden oder Zwischenmeisters Waren herstellt, bearbeitet oder verpackt, die Verwertung der Arbeitsergebnisse jedoch dem Gewerbetreibenden überlässt (§ 2 Heimarbeits-Ges.). H. sind gewerbesteuerpflichtig.

Hausgötter, die ↑Laren und ↑Penaten.

Haushalt, 1) *Finanzwissenschaft:* i. e. S. der ↑Haushaltsplan; i. w. S. als **öffentl. H.** oder **Staats-H.** die öffentl. Finanzwirtschaft mit ihren Einnahmen und Ausgaben. Der finanzwirtsch. Bereich wird dabei nicht vollständig erfasst, da z. B. erwerbswirtsch. Bundesunternehmen und Sondervermögen des Bundes lediglich mit ihren Zuführungen oder Ablieferungen zum öffentl. H. aufgeführt werden und deren Wirtschaftspläne nur in Anlagen oder Erläuterungen zum H.-Plan erscheinen sowie Steuererleichterungen, zinsverbilligte Kredite und Gewährleistungen unberücksichtigt bleiben. Die geplanten finanzwirtsch. Aktivitäten werden im H.-Plan (Soll-Etat) und im mittelfristigen Finanzplan, die in der abgelaufenen Periode tatsächlich entstandenen Ausgaben und Einnahmen in der **H.-Rechnung** (Ist-Etat) erfasst. Ergänzende Informationsquellen zum Bundes-H. sind v. a. der Finanz- und der Subventionsbericht.

2) *Soziologie, Statistik:* (Privathaushalt) zus. wohnende und wirtschaftende Personengruppe ohne Rücksicht auf ihre verwandtschaftl. Beziehung. Es wird zw. Ein- und Mehrpersonen-H. unterschieden. Da H. und Kernfamilie (Eltern mit ihren Kindern) häufig identisch sind (Familien-H.), werden diese Begriffe auch synonym verwendet. In Europa haben v. a. die nördl. Länder einen hohen Anteil von Einpersonen-H. an allen H.; 2000 betrug dieser in Dänemark 37,1 %, Finnland 36,9 %, Dtl. 36,1 % gegenüber 11,5 % in Spanien und 14,2 % in Portugal (1999). Durchschnittlich leben in einem H. in Dtl. (2001) 2,15 Personen (1970: 2,74). – Um den Einfluss des jeweiligen Einkommensniveaus eines H. auf dessen Einnahme- und Ausgabeverhalten

Haushaltsplan HAU

sowie dessen Vermögen und H.-Ausstattung zu ermitteln und um auch möglichst realist. Warenkörbe zur Preisindexberechnung zu bilden, konstruiert die amtl. Statistik versch. **H.-Typen,** die sich nach Erwerbstätigkeit, Einkommenshöhe und Kinderzahl unterscheiden.
Haushaltbesteuerung, die Veranlagung aufgrund der Zusammenrechnung der Einkünfte von Ehegatten. (↑ Ehegattenbesteuerung)
Haushaltsfreibetrag, Freibetrag im Rahmen der Einkommensteuer für Alleinstehende, zu deren Haushalt mindestens ein Kind gehört, für das ein Kinderfreibetrag gewährt wird. Der H. wird bei der Ermittlung des zu versteuernden Einkommens vom Einkommen abgezogen; bei Lohnsteuerpflichtigen ist er in die Lohnsteuertabelle (Steuerklasse II) eingearbeitet. Nachdem das Bundesverfassungsgericht den H. 1998 für verfassungswidrig erklärt hatte, wird er seit 2002 durch die Berücksichtigung des Erziehungsbedarfs eines Kindes unabhängig vom Familienstand ersetzt (↑ Kinderbetreuungsfreibetrag, ↑ Kinderbetreuungskosten) und 2004 aufgehoben. Der H. betrug 2002 und 2003: 2 340 €. (↑ Entlastungsbetrag für Alleinerziehende)
Haushaltshilfe, in der gesetzl. Kranken-, Renten- oder Unfallversicherung im Falle von Krankheit, Entbindung oder Kur bzw. bei Rehabilitationsmaßnahmen dem Versicherten zustehender Anspruch auf Führung des Haushalts durch eine Ersatzkraft, wenn dem Versicherten die Weiterführung des Haushalts nicht möglich ist, in dem betroffenen Haushalt ein behindertes oder ein noch nicht zwölf Jahre altes Kind lebt und eine andere im Haushalt lebende Person die Haushaltsführung nicht übernehmen kann. Statt der gestellten Ersatzkraft kann der Versicherte selbst jemanden verpflichten, wobei die dadurch entstandenen Kosten ersetzt werden. H. kann auch im Rahmen der Sozialhilfe erfolgen.
Haushaltshilfe, ↑ geringfügige Beschäftigung.
Haushaltsplan (frz. Budget, État), Gegenüberstellung der für eine Finanzperiode (Haushaltsjahr) vorgesehenen Ausgaben und Einnahmen öffentl. Gebietskörperschaften (Bund, Länder, Gemeinden) sowie Parafiski (z. B. Sozialversicherung). Der H. (Soll-Etat) ist der zahlenmäßige Niederschlag der geplanten finanzwirtsch. Aktivitäten der öffentl. Gebietskörperschaften; er wird vom Parlament im Haushaltsgesetz verabschiedet und ist politisch und rechtlich bindend. Der H. spiegelt in seinen veranschlagten finanziellen Aufwendungen das polit. Programm der Reg. wider. Die nachträgl. Haushaltsrechnung (Ist-Etat) enthält die in der abgelaufenen Periode tatsächlich entstandenen Ausgaben und Einnahmen.
Der H. des Bundes und der Länder umfasst die Einzelpläne und den Gesamtplan. Die **Einzelpläne** enthalten die Einnahmen, Ausgaben und Verpflichtungsermächtigungen der einzelnen Ministerien bzw. Verwaltungszweige (Gliederung nach dem Ressort- oder Ministerialprinzip) und sind unterteilt in Kapitel und Titel. Der **Gesamtplan** besteht aus der Zusammenfassung der Einnahmen, Ausgaben und Verpflichtungsermächtigungen der Einzelpläne (Haushaltsübersicht), der Berechnung des Finanzierungssaldos (Finanzierungsübersicht) und einer Darstellung der Einnahmen aus Krediten und der Tilgungsausgaben (Kreditfinanzierungsplan). Ein **Nachtragshaushalt** wird aufgestellt, wenn Ausgaben in der Finanzperiode nötig sind, die über den urspr. Voranschlag hinausgehen.
Der Haushalts- oder Budgetkreislauf entsprechend dem Haushaltsrecht umfasst mehrere Phasen. 1. Phase: Vorbereitung und Aufstellung des H. durch die Exekutive (»Exekutivbudget«) in einem von unten nach oben ablaufenden Koordinationsprozess. Danach erstellt das Bundesfinanzministerium einen H.-Entwurf, der im Kabinett beraten, verabschiedet und als offizieller Regierungsentwurf an Bundesrat und -tag weitergeleitet wird. 2. Phase: Parlamentar. Beratung des Entwurfs und Verabschiedung als Haushaltsgesetz; 3. Phase: Durchführung des H. durch die Exekutive (Haushaltsvollzug); 4. Phase: Abrechnung in der Haushalts- und Vermögensrechnung; 5. Phase: ↑ Finanzkontrolle anhand der Haushaltsrechnung durch die Rechnungshöfe und -kammern.
Rechtlich bestimmen v. a. das Grundgesetz (Art. 110 ff. GG), das Haushaltsgrundsätze-Ges. und die Bundes- bzw. Landeshaushaltsordnungen Inhalt, Form, Vorbereitung und Durchführung des H. Wichtige darin festgelegte Normen (Haushalts-

HAU Haushaltstheorie

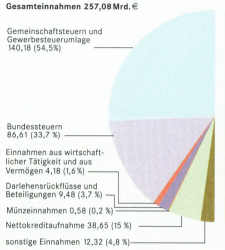
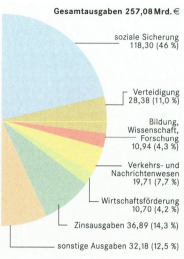

Haushaltsplan: Einnahmen und Ausgaben im Bundeshaushalt 2003 (in Mrd. €)

grundsätze) sind die Grundsätze der Vollständigkeit, der Einheit, des Budgetausgleichs sowie das ↑Nonaffektationsprinzip. Weitere Grundsätze beinhalten die Forderungen nach Öffentlichkeit, Klarheit, Genauigkeit und Vorherigkeit des H. Wenn ein Teil der Staatsausgaben durch Kredite gedeckt wird, nennt man den H. defizitär.
Die Auswirkungen, die vom Umfang und der Zusammensetzung eines H. auf den Wirtschaftsprozess ausgehen, und das Verhältnis, in dem diese zu den von der Wirtschaftspolitik verfolgten Zielen stehen, werden von der ↑Finanzpolitik untersucht. Wichtige Indikatoren sind in diesem Zusammenhang staatswirtschaftl. Quoten wie die Staats-, Steuer- und Verschuldungsquote. (↑Staatsschulden)
Geschichte: Im 15. und 16. Jh. existierte in Haushaltsangelegenheiten ein dualist. System, da das vom Landesfürsten verwaltete **Camerale** (zur Bestreitung der fürstl. Hofhaltung und Zivilverwaltung) einem landständ. **Contribunale** (Landkasten; v. a. für Militärausgaben durch Steuerbewilligung) gegenüberstand und beide voneinander unabhängig waren. Bis zum beginnenden 18. Jh. entwickelten sich in Preußen nach dem Niedergang der Stände Ansätze einer planmäßigen Haushaltsord-

nung. Den Ursprung des modernen Haushaltsrechts bildet das Steuerbewilligungsrecht der Stände, später der Volksvertretungen.
📖 *Haushaltsrecht.* hg. v. J. Schuy. Heidelberg [19]2003.
Haushaltstheorie, Teil der mikroökonom. Theorie neben der Produktions- und Preistheorie. Die H. i. e. S. untersucht die Bestimmungsgründe für die Nachfrage nach Konsumgütern, i. w. S. auch diejenigen für das Angebot an Produktionsfaktoren bzw. Arbeit. Dabei unterstellt die H., dass der subjektive Nutzen das Maß der Bedürfnisbefriedigung ist und jeder Haushalt versucht, seinen Nutzen zu maximieren.
Haushaltswissenschaft, untersucht interdisziplinär die techn., betriebswirtsch. und sozialen Probleme bei der Führung von Privat- oder Großhaushalten (Kantinen, Krankenhäuser, Heime).
Hausherrschaft, in Antike und german. Vorzeit die Gewalt des Hausherrn. Adelsherrschaft entstand durch H.; diese war die Basis des Herrschaftsgefüges der alteurop. bürgerl. Gesellschaft. Ihr Fundament waren Großfamilie und erbl. Besitz, die einen der staatl. Hoheitsgewalt unmittelbar entzogenen Friedensbereich bildeten. Die H. stand neben Staatlichkeit und Lehnswesen, war damit jedoch vielfältig verbunden.
Haushofer, 1) Albrecht, Geograph und

Schriftsteller, *München 7. 1. 1903, † (hingerichtet) Berlin 23. 4. 1945, Sohn von 2); seit 1940 Prof. für polit. Geographie in Berlin. Nach dem 20. 7. 1944 wurde H. verhaftet und in Moabit erschossen. Seine »Moabiter Sonette« (postum 1946) sind ein ergreifendes Zeugnis der Widerstandsbewegung.
2) Karl, Geopolitiker, *München 27. 8. 1869, † (Selbstmord) Pähl (bei Weilheim i. OB) 10. 3. 1946, Vater von 1); 1921–39 Prof. der Geographie in München, Hauptvertreter der Geopolitik (Mitgründer und Herausgeber der »Ztschr. für Geopolitik«, seit 1924). Seine Lehren wurden vom Nationalsozialismus aufgegriffen.

Haus-, Hof- und Staatsarchiv, Abteilung des Österr. Staatsarchivs in Wien, die zentrale Überlieferungen zur Gesch. des Hl. Röm. Reichs (bis 1806) und des Kaiserreichs Österreich (1804–1918) enthält.

Haushuhn, Sammelbez. für die aus dem ↑Bankivahuhn gezüchtete Hühnerrassen. Die rd. 150 Hühnerrassen lassen sich in fünf große Gruppen zusammenfassen: **Legerassen** mit einer Legeleistung von nahezu 300 über 60 g schweren Eiern pro Huhn im Jahr (z. B. Weißes Leghuhn); **Zwierassen,** die zur Eier- und Fleischnutzung gezüchtet werden (z. B. Dt. Sperber); **Fleischrassen,** die v. a. der Fleischgewinnung dienen; bis 6 kg schwer (z. B. Dt. Langschan). **Zierhühner** werden aus Liebhaberei gehalten (z. B. Zwerghühner). **Kampfhühner** (für Hahnenkämpfe) bilden die wohl älteste H.-Rasse.

Hauskrone, privates, erbl. Herrschersymbol einer Dynastie. Die von Kaiser Rudolf II. 1602 nach dem Vorbild der Reichskrone (Kaiserkrone) gestiftete habsburg. H. (auch **rudolfin. H.** gen.) wurde 1804 zur offiziellen Insignie des neuen Kaisertums Österreichs.

Häusler, traditionelle Bez. für einen armen Bauern, der gewöhnlich Haus und Wirtschaftsräume, meist auch eine oder einige Parzellen Land besaß, die aber zur Lebenshaltung allein nicht ausreichten.

häusliche Pflege, ↑Pflegeversicherung.

Hausmacht, im MA. zunächst der erbl. Besitz des Königsgeschlechts; im Investiturstreit (11./12. Jh.) kamen im Hl. Röm. Reich die noch nicht an die Kirche übertragenen Reste des Reichsguts hinzu. Zuerst gelang den Staufern Friedrich I. Barbarossa und Heinrich VI. der Aufbau einer großen Hausmacht. Nach dem Interregnum (1254–73) konnten sich nur noch Wahlkönige mit großer H. durchsetzen. Die **H.-Politik,** bes. zielstrebig von Habsburgern und Hohenzollern verfolgt, führte zur Landesherrschaft und zum Flächenstaat.

Hausmann, Mann, der seine berufl. Tätigkeit eingeschränkt oder aufgegeben hat, um einen größeren Anteil an der Hausarbeit und der Erziehung der Kinder zu übernehmen; als Bez. in den frühen 1970er-Jahren analog zu Hausfrau gebildet.

Hausmann, 1) Manfred, Schriftsteller, *Kassel 10. 9. 1898, †Bremen 6. 8. 1986; seit 1967 Ältestenprediger der ev.-reformierten Gemeinde in Bremen-Rönnebeck. Der durch Naturerlebnis und Vagabundenromantik geprägten Frühzeit folgte in der Nachkriegszeit die Wendung zu entschiedenem Christentum; schrieb Erzählungen, Dramen (»Das Worpsweder Hirtenspiel«, 1946), Romane (»Abel mit der Mundharmonika«, 1932) und Essays; ferner Betrachtungen, Erinnerungen, Predigten; übersetzte grch., hebr., japan., chines., eskimoische Werke.
2) Raoul, österr. Schriftsteller, Fotograf und Kunsttheoretiker, *Wien 12. 7. 1886, †Limoges 1. 2. 1971; Mitbegründer der Berliner Dada-Bewegung, emigrierte 1933. H.s Bedeutung beruht v. a. auf seinen Leistungen auf dem Gebiet der Fotomontage, die er als einer der ersten dt.-sprachigen Künstler anwandte. Ab 1930 war er verstärkt als Fotograf tätig. Er schrieb u. a. eine Geschichte des Dadaismus »Courier Dada« (1958).

Hausmannit [nach dem Mineralogen J. F. L. Hausmann, *1782, †1859] *der,* bräunlich schwarzes, metallisch glänzendes tetragonales Mineral der chem. Zusammensetzung Mn_3O_4, kommt in hydrothermalen und metamorphen Manganerzlagerstätten vor.

Hausmarke (Hauszeichen), Zeichen, das in Hausbalken, in die bewegl. und unbewegl. Habe eingeschnitten, eingebrannt oder eingezeichnet wurde und das Eigentum kennzeichnete.

Hausmeier (lat. Maiordomus), urspr. Vorsteher der Hausverwaltung an german. Fürstenhöfen, im ↑Fränkischen Reich unter den Merowingern Vorstand der königl. Hofhaltung; seit Anfang des 7. Jh. auch Führer des krieger. Gefolges, verdrängten allmählich die Königsmacht. Das H.-Amt erlosch 751 mit der Absetzung des letzten Merowingers Childerich III. und der Wahl des H. Pippin d. J. zum König. Damit begann der Aufstieg der ↑Karolinger.

Hausministerium, in Monarchien eine Hofbehörde, die die Angelegenheiten des fürstl. Hauses verwaltete, als Heroldsamt fungierte und vorgesetzte Stelle aller Hofchargen war.

Hausmusik, in der Familie sowie in bürgerlich-ständ. Gemeinschaften gepflegtes, oft von Laien ausgeführtes Musizieren, für das sich Sonderformen der Instrumental- und Vokalmusik herausgebildet haben. Bis um 1750 war die H. der Hauptteil der weltl. Musik (z. B. Kanons, Madrigale, Klaviermusik, Triosonaten). Im 19. und beginnenden 20. Jh. bildeten Bearbeitungen größerer Formen (Opern, Sinfonien) einen wichtigen Teil der H.-Literatur. In neuerer Zeit haben Jugendmusikbewegungen und Schulmusik die H.-Pflege mit alter und neuer Sing- und Spielmusik gefördert.

Hausner, Rudolf, österr. Maler und Grafiker, *Wien 4. 12. 1914, †Mödling 25. 2. 1995; Vertreter der ↑Wiener Schule des phantastischen Realismus; malte in einer altmeisterl. Technik.

Hausrat, alle bewegl. Sachen des Haushalts, v. a. Möbel, Gardinen, Teppiche, Geschirr und Wäsche; i. d. R. auch der Familien-Pkw, nicht jedoch Gegenstände des persönl. Gebrauchs.

Hausratsverordnung, VO vom 21. 10. 1944 (mit späteren Änderungen) über die Behandlung der Ehewohnung und des Hausrats nach der Scheidung. Können sich die geschiedenen Ehegatten nicht einigen, wer von ihnen Ehewohnung und Hausrat erhalten soll, kann auf Antrag der Richter nach seinem Ermessen eine Regelung unter Berücksichtigung v. a. des Wohls der Kinder treffen.

Hausratversicherung (Verbundene H.), kombinierte Versicherung von allen Gegenständen, die im Haushalt zur Einrichtung gehören bzw. zum Gebrauch oder Verbrauch dienen, sowie gesondert genannter weiterer Sachen (z. B. Wertsachen bis zu bestimmten Entschädigungsgrenzen). Schutz besteht nach den Allgemeinen H.-Bedingungen von 2000 gegen Schäden durch Feuer, Einbruchdiebstahl, Vandalismus, Sturm/Hagel und Leitungswasser. Haushaltsglas und Fahrräder sind nicht mehr eingeschlossen.

Hausrecht, das Recht zur Wahrung des Hausfriedens. H. hat, wer die Befugnis besitzt, über die tatsächl. Benutzung des geschützten Raumes zu bestimmen, z. B. auch der Mieter gegenüber dem Vermieter.

Hausruck *der,* 30 km langer, bewaldeter Mittelgebirgszug zw. Inn und Traun im oberösterr. Alpenvorland, im Göbelsberg bis 801 m ü. M. Braunkohleabbau um Ampflwang (1995 eingestellt). Eine Bahnlinie quert den H. in einem 600 m langen Tunnel.

Haussa, Völkergruppe Afrikas, ↑Hausa.

Hausschwamm (Serpula lacrimans), Ständerpilz mit weißem bis grauem, watte- und strangartigem Myzel und rostbraunen, weiß umrandeten Fruchtkörpern (Breite bis 20 cm); zerstört das Holz feuchter Gebäude, aber auch Papier, Stroh, textile Gewebe. Seine Myzelstränge können Mauerwerksfugen durchwachsen. Schutzmaßnahmen: Das Holz muss nach dem Einbau austrocknen können und trocken bleiben (Sperrschichten gegen eindringende Feuchtigkeit, chem. Imprägnierung).

Hausse [(h)oːs; frz.] *die,* stärkeres und länger anhaltendes Steigen aller oder einzelner Wertpapier-, Devisen- oder Rohstoffkurse; Ggs.: Baisse. Der **Haussier** (engl. **Bull**) spekuliert »à la hausse«, d. h. auf steigende Börsenkurse.

Haussegen, 1) die ↑Haussegnung.

2) mit Zaubersprüchen und -zeichen versehene Zettel oder Rollen oder gedruckte Schutzbriefe frommen oder mag. Charakters, die Haus und Hof vor Unglück wahren sollen. An Türen und Wände geheftete, zumeist im ↑Herrgottswinkel aufbewahrte H. zählen zu den geistl. Bilderbogen, z. B. der »Christl. Haussegen«, »Tobiassegen«, »Haussegen Jacobs« u. a. bisweilen zugleich als Stallsegen gebräuchl. Formen. Neben Andachtsbildern dienen auch Schutzzeichen wie der Drudenfuß, drei Kreuze oder die Initialen C+M+B der Hl. Drei Könige dem gleichen Zweck.

Haussegnung, Hausweihe, bereits im 7. Jh. bezeugter Brauch, mit in der Osternacht geweihtem Wasser Haus, Feld und Weinberg zu besprengen; später auch auf andere Tage (Epiphanie, Fertigstellung eines neuen Hauses) ausgedehnt.

Häusser, Robert, Fotograf, *Stuttgart 8. 11. 1924; gehört mit seinen der subjektiven Fotografie zuzuordnenden Bildern zu den bedeutenden Vertretern der modernen Fotografie in Deutschland.

Haußmann, Leander, Theaterregisseur, *Quedlinburg 26. 6. 1959; inszeniert seit den 1980er-Jahren v. a. klassische Texte, u. a. in Weimar, Bochum (1995–1999 Intendant des Schauspielhauses) und Berlin; seine Interpretationen gelten als kühn und verblüffend. H. trat 1999 auch als Filmregisseur (»Sonnenallee«) hervor.

Haussmann [frz. os'man], Georges Eugène Baron (seit 1853), frz. Staatsbeamter, *Paris 27. 3. 1809, †ebd. 12. 1. 1891; war 1853–70 unter Napoleon III. Präfekt von Paris; führte unter Zerstörung des histor. Stadtbilds die großzügige Modernisierung von Paris durch (breite Boulevards, Radialstraßen, Sternplätze, Parkanlagen). Seine Vorstellungen wirkten auf den Städtebau der Gründerzeit.

Hausspinne (Winkelspinne, Tegenaria ferruginea), Spinne mit Fanggewebe und Lauerröhre in und an Gebäuden.

Haussuchung, ↑Durchsuchung.

Haustechnik (techn. Gebäudeausrüstung), Planung, Projektierung und Ausführung der Heizungs-, Lüftungs-, Klimatisierungs-, Elektro- und sanitärtechn. Anlagen, der Gasinstallation, der Aufzüge, der Brandschutzeinrichtungen sowie der Kommunikation und Nachrichtenübermittlung in einem Gebäude. Die haustechn. Einrichtungen werden heute nach Möglichkeit in bes. Installationswänden und -schächten oder leicht einzubauenden Installationszellen zusammengefasst.

Haustiere, vom Menschen zur Nutzung ihrer Produkte oder Arbeitsleistungen oder aus Liebhaberei gezüchtete und gehaltene Tiere: Hund, Katze, Schwein, Rind, Schaf, Ziege, Rentier, Kamel, Lama, Wasserbüffel, Jak, Arbeitselefant, Pferd, Esel, Maultier, Kaninchen, Huhn, Ente, Pute, Perlhuhn, Gans, Taube, versch. Singvögel u. a. Viele H. sind auf bestimmte Bereiche der Erde beschränkt, wie Kamel und Rentier, andere, bes. der Hund, fast überall verbreitet. (↑Domestikation) – *Geschichte:* Den Hund als H. findet man bereits vor über 10 000 Jahren (ältester Nachweis vor etwa 15 000 Jahren), Rind und Schwein in der Jungsteinzeit, später Schaf, Ziege und Esel. Das Pferd wurde gegen Ende der jüngeren Steinzeit gezähmt, erst später gezüchtet. Seit etwa 5 000 Jahren werden Taube und Huhn als H. genutzt, Gans und Ente erst seit dem Altertum.

📖 *Herre, W. u. Röhrs, M.:* H. – *zoologisch gesehen.* Stuttgart u. a. ²1990. – *Benecke, N.: Der Mensch u. seine H.* Köln 2001.

Haustorium [lat.] *das* (Saugfortsatz), zapfenartiges ein- oder mehrzelliges Organ der Schmarotzerpflanzen zum Eindringen in die Wirtspflanze, um ihr Nährstoffe und Wasser zu entziehen.

Haustürgeschäft, Vertragsabschluss über eine entgeltl. Leistung, der in bestimmten räuml. Bereichen getätigt wird, bes. am Arbeitsplatz, in der Privatwohnung (Haustür), bei Kaffeefahrten, in öffentl. Verkehrsmitteln. Das H. kann vom Kunden (Verbraucher) gemäß §§ 312, 355 BGB innerhalb von zwei Wochen (früher eine Woche) frei widerrufen werden (in Textform oder durch Rücksendung der Sache). Die Frist beginnt mit dem Zeitpunkt zu laufen, zu dem der Verbraucher eine deutlich gestaltete Belehrung über sein Widerrufsrecht in Textform mitgeteilt worden ist. Das Widerrufsrecht besteht nicht bei Versicherungsverträgen oder wenn die Verhandlung auf Bestellung des Verbrauchers geführt wurde, die Leistung sofort erbracht und bezahlt wurde und das Entgelt 40 € nicht übersteigt, die Willenserklärung des Verbrauchers von einem Notar beurkundet wurde.

Haus- und Grundeigentümervereine, Organisationen der privaten Haus- und Grundeigentümer zur Interessenvertretung gegenüber Behörden und Mieterverbänden sowie zur Mitgliederberatung. Spitzenverband ist der Zentralverband der Dt. Haus-, Wohnungs- und Grundeigentümer e. V., Berlin.

Haus|urne, vorgeschichtl. Urne in Hausform als Behälter für den Leichenbrand; verbreitet gegen Ende der jüngeren Bronzezeit und in der älteren Eisenzeit (10.–6. Jh. v. Chr.) zuerst in Mittelitalien, dann in Mittel-Dtl. (eisenzeitl. H.-Kultur im Harz-Saale-Gebiet) und in Skandinavien. Verwandt sind die **Fensterurnen.**

Hauswirtschaft, 1) *allg.:* die selbstständige Wirtschaftsführung in einem Privathaushalt, einem Anstaltshaushalt (zum Beispiel im Krankenhaus) oder in kleineren Gewerbebetrieben. Instrumente rationeller H. sind Haushaltsbuch und Haushaltsbudget. Die H. ist Gegenstand der Haushaltswissenschaft.

HAU Hauswirtschafterin

2) *Volkswirtschaftslehre:* (geschlossene H.) von K. Bücher geprägte Bez. für eine Wirtschaftsstufe, bei der die Wirtschaftssubjekte im Rahmen einer Hausgemeinschaft (Familie, Sippe) ausschließlich für den Eigenbedarf produzieren. Der Begriff H. entspricht etwa dem der ↑Subsistenzwirtschaft.

Hauswirtschafterin, Ausbildungsberuf (drei Jahre) mit Schwerpunkt für städtische und ländl. private Haushalte.

hauswirtschaftliche Schulen, Schulen zur Erlernung der Haushaltsführung und Ausbildung zu hauswirtsch. Berufen. Zu den h. S. zählen die hauswirtsch. Berufsschulen, die Berufsaufbauschulen (1- bis 2-jährig; Fachschulreife), die hauswirtsch. Berufsfachschulen und Fachschulen sowie die Fachoberschulen (Fachhochschulreife).

Hauswirtschaftsleiterin, Hausangestellte in leitender Stellung. Die städt. H. leitet hauswirtsch. Großbetriebe (z. B. Kantinen, Küchen von Kliniken), die ländl. H. größere landwirtsch. Betriebe; meist 2-jährige Fachschulausbildung.

Hauswurz (Hauswurzel, Sempervivum), Gattung der Dickblattgewächse; Stauden mit fleischigen, sternförmigen oder kugelrunden Blattrosetten, aus denen sich ein Blütenstängel erhebt. Die **Echte H.** oder **Dachwurz** (Sempervivum tectorum) galt früher als blitzableitende Zauberpflanze. Viele Arten sind Zierpflanzen.

Haut, 1) *Anatomie, Zoologie:* (Cutis, Derma, Integument), den ganzen Körper bei Wirbeltieren und beim Menschen umgebendes Organsystem; setzt sich zusammen aus der oberflächl. Ober-H. und der tiefer liegenden Leder-H., auf die ohne scharfe Abgrenzung in die Tiefe die Unter-H. folgt. Die **Ober-H. (Epidermis)** gliedert sich in die tiefe, dauernd teilungsfähige und für den Zellnachschub verantwortl. **Keimschicht** (Stratum germinativum) sowie die oberflächl. **Hornschicht** (Stratum corneum), deren verhornte Zellen laufend abgeschilfert werden. Abkömmlinge der Ober-H. sind Drüsen, Nägel und Haare. An der **Leder-H. (Corium)** unterscheidet man die äußere, an die Ober-H. mit warzen- oder leistenförmigen Fortsätzen (Bindegewebepapillen) grenzende Schicht (Papillarschicht, Stratum papillare) sowie die innere, durch ein grobmaschiges Netzwerk von Bindegewebefasern ausgezeichnete Schicht (Geflechtschicht, Stratum reticulare), die der H. ihre Festigkeit verleiht. Die **Unter-H. (Subcutis)** schließt sich ohne scharfe Grenze der Leder-H. an und besteht vorwiegend aus Binde- und Fettgewebe; dient in erster Linie der Wärmeisolation des Körpers, daneben auch als Druckpolster und zur Speicherung von Reservestoffen. Der Säureschutzmantel der H. wehrt Bakterien ab. Die Pigmente der Keimschicht,

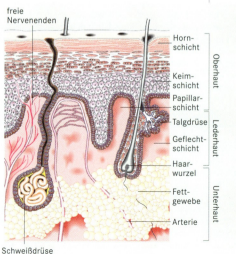

Haut 1): schematischer Querschnitt durch die Haut des Menschen

die auch in den verhornten Zellen verbleiben, absorbieren Licht und UV-Strahlung. Durch die Absonderung von Schweiß ist die H. an der Regulation des Wasserhaushaltes und v. a. an der Temperaturregulation beteiligt. Schließlich ist die reichlich mit Sinnesrezeptoren ausgestattete H. ein Sinnesorgan, das dem Zentralnervensystem eine Vielfalt von Wahrnehmungen vermittelt. – Bei wirbellosen Tieren ist die H. meist eine einschichtige Epidermis. – Über die H. bei Pflanzen ↑Epidermis.
📖 *Achenbach, R. K.: Der H.-Ratgeber. Alles über Haut, Haare, Nägel. Stuttgart ³1997.*
2) *Lederherstellung:* Rohmaterial für die Herstellung von ↑Leder. Der Gerber versteht unter H. nur die Körperdecken der großen Schlachttiere (z. B. Rinder, Pferde, Schweine) sowie die zur Lederherstellung geeigneten H. von Meeressäugetieren, Reptilien, Amphibien und Fischen; die Körperdecken kleinerer Schlachttiere (z. B. Kälber, Schafe, Ziegen) werden als **Felle** bezeichnet.
Hautbois [oˈbwa, frz.] *die,* frz. Bez. für Oboe.
Haute-Corse [otˈkɔrs], Dép. auf Korsika, 4 666 km², 142 000 Ew.; Hptst. ist Bastia.
Haute Couture [otkuˈtyːr; frz. »hohe Schneiderkunst«] *die,* Bez. für das richtungweisende Modeschaffen der Pariser Modesalons, seit 1868 zusammengeschlossen in der »Chambre Syndicale de la Couture Parisienne«. In den 1950er-Jahren entstand der H. C. mit der italien. Alta Moda (1960 institutionalisiert) eine erste ernst zu nehmende Konkurrenz. Seit den 1960er-Jahren führte der Erfolg junger Modedesigner zum ↑Prêt-à-porter. Über die Zugehörigkeit eines Modesalons zur H. C. entscheiden genau festgelegte Richtlinien.
Hauteffekt, *Physik:* der ↑Skineffekt.
Haute-Garonne [otgaˈrɔn], Dép. in S-Frankreich, 6 309 km², 1,046 Mio. Ew.; Hptst. ist Toulouse.
Hautelisse [(h)oːtˈlɪs] *die,* 1) Webart mit senkrechter Kette (Längsfäden); 2) Wand- oder Bildteppich, der mit senkrechter Kette (Längsfäden) gewebt ist.
Haute-Loire [otˈlwaːr], Dép. in Frankreich, im Zentralmassiv, 4 977 km², 209 000 Ew.; Hptst. ist Le Puy-en-Velay.
Haute-Marne [otˈmarn], Dép. in Frankreich, in der Champagne, 6 211 km², 195 000 Ew.; Hptst. ist Le Puy-en-Velay.
Haute-Normandie [otnɔrmãˈdi], Region im NW Frankreichs, umfasst die Dép. Eure und Seine-Maritime, 12 318 km², 1,779 Mio. Ew.; Hptst. ist Rouen.
Hautes-Alpes [otˈzalp], Dép. in Frankreich, in der Dauphinée, 5 549 km², 121 000 Ew.; Hptst. ist Gap.
Haute-Saône [otˈsoːn], Dép. in Frankreich, in der Franche-Comté, 5 360 km², 230 000 Ew.; Hptst. ist Vesoul.
Haute-Savoie [otsavˈwa], Dép. in O-Frankreich, in den Alpen, 4 388 km², 632 000 Ew.; Hptst. ist Annecy.
Hautes-Pyrénées [otpireˈne], Dép. in SW-Frankreich, in der Gascogne, 4 464 km², 223 000 Ew.; Hptst. ist Tarbes.
Haute-Vienne [otˈvjɛn], Dép. in Frankreich, im Limousin, 5 520 km², 354 000 Ew.; Hptst. ist Limoges.
Hautevolee [(h)oːtvoˈleː, frz.] *die, spöttisch:* vornehme, feine Gesellschaft.
Hautfarbe, Farbton der menschl. Haut, der im Wesentlichen von der Menge der in die Haut eingelagerten Farbstoffkörner, aber auch von der Dicke, vom Fettgehalt und von der Durchblutung der Haut sowie von der Einlagerung von Carotin abhängt. Die Fähigkeit zur Pigmentbildung ist erblich fixiert. Ein völliges Fehlen der Farbstoffbildung liegt bei ↑Albinismus vor.
Hautflügler (Hymenoptera), weltweit verbreitete Insektenordnung mit etwa 110 000 Arten. Ihre Entwicklung ist eine vollkommene Verwandlung (mit Larven- und Puppenstadium). Vollinsekten haben zwei Paar häutige Flügel, manche sind jedoch flügellos. Der Legeapparat der Stechimmen ist in einen kurzen Giftstachel umgebildet. Man unterscheidet die beiden Unterordnungen **Pflanzenwespen** (Symphyta), z. B. Blattwespen, und **Taillenwespen** (Apocrita), z. B. Ameisen, Bienen.
Hautgout [oˈguː, frz.] *der,* typ. Geruch und Geschmack gereiften Wildfleisches; *übertragen:* Anrüchigkeit.
Hautgrieß (lat. Milien), stecknadelkopfgroße, in die Haut eingelagerte Hornperlen, als weißgelbl. Knötchen v. a. im Gesicht. Entfernung durch Ausschälen.
Hauthorn (Cornu cutaneum), hornartige spitze Wucherung der Oberhaut; v. a. auf der Gesichtshaut älterer Menschen auftretend. Das H. muss operativ entfernt werden, da es zum Krebs entarten kann.

HAU Hautkrankheiten

Hautkrankheiten (Dermatosen), krankhafte Veränderungen der Haut und/oder ihrer Anhangsgebilde. Nach der Ursache unterscheidet man: 1) entzündl. H. durch Bakterien und Protozoen (z. B. Furunkulose, Milzbrand), durch Viren (z. B. Herpes simplex, Gürtelrose, Warzen), durch Parasiten (z. B. Krätze) oder Pilze (↑Hautpilzkrankheiten); 2) allergisch und autoimmun bedingte H. (z. B. Ekzem, Nesselsucht); 3) H. durch physikal. oder chem. Schädigungen (Verbrennung, Sonnenbrand, Erfrierung und Verätzung); 4) H. durch unbekannte Ursachen (z. B. Schuppenflechte, Blasenausschlag); 5) gut- und bösartige Hautneubildungen (z. B. Fibrom, Melanom, Hautkrebs); 6) angeborene Hautfehlbildungen (u. a. Muttermal, Behaarungsanomalien); 7) H. mit Hautschwund oder Hautverdickung (z. B. Verhornung, Schwielen); 8) H. durch Störungen der Hautdrüsenfunktion (z. B. Akne, Seborrhö); 9) exanthemat. H. im Gefolge bestimmter Infektionskrankheiten (z. B. Röteln, Masern, Windpocken).
📖 *Christophers, E. u. Ständer, M.: Haut- u. Geschlechtskrankheiten. München u. a.* ⁶*1997. Orfanos, C. E.: Therapie der Hautkrankheiten. Berlin u. a.* ²*2002.*

Hautkrebs (Hautkarzinom), Sammelbez. für bösartige Wucherungen der Haut. Nach Entstehung und Art der Neubildung unterscheidet man v. a. das Basaliom, das ↑Plattenepithelkarzinom und das ↑Melanom. Das von den Basalzellen der Oberhaut ausgehende **Basaliom** ist ein Hauttumor, der bes. im Gesicht älterer Menschen auftritt und meist lange Zeit gutartig bleibt. Wichtig ist das frühzeitige Erkennen und Behandeln.

Hautleisten, die ↑Papillarlinien.

Haut-Médoc [ome'dɔk], Weinbaulandschaft in SW-Frankreich, westlich der Gironde, mit sechs örtl. Appellations contrôlées, in denen Spitzenrotweine erzeugt werden.

Hautpilzkrankheiten (Dermatomykosen), durch Hautpilze verursachte Infektionskrankheiten der Oberhaut, der Haare oder Nägel. Die Übertragung der H. kann vom Menschen auf den Menschen, von Tieren auf den Menschen, bes. aber von pilzverseuchten Gegenständen (z. B. Kleidungsstücke, Badematten) auf die menschl. Haut erfolgen. Nach der Übertragung gedeihen die Pilze am besten in feuchter Umgebung, also auf Hautpartien, die häufig schweißbedeckt sind bzw. länger feucht bleiben (bes. in den Zehenzwischenräumen als Fußpilz, auch in Leistenbeuge, Analfalte oder Achselhöhle). Die häufigsten H. sind ↑Favus, ↑Mikrosporie, ↑Soor, ↑Trichophytie und ↑Blastomykosen.

Hautreizmittel (Irritanzien), Stoffe, die eine Durchblutungssteigerung der Haut bewirken und indirekt (durch Reizung der Hautnerven) die Tätigkeit innerer Organe beeinflussen, z. B. Senf- oder Kampferöl.

Haut-Rhin [o'rɛ̃], Dép. in Frankreich, im Elsass, 3 525 km², 708 000 Ew.; Hptst. ist Colmar.

Hauts-de-Seine [odə'sɛn], Dép. in Frankreich, umfasst den westl. Vorortbereich von Paris, 176 km², 1,426 Mio. Ew.; Hptst. ist Nanterre.

Hauttuberkulose, ↑Tuberkulose.

Häutung (Ekdysis), period., hormonal gesteuertes Abstoßen der wachstumsunfähigen Körperbedeckung und ihre Erneuerung. Krebse, Insekten, Spinnen, die einen starren Hautpanzer haben, können ohne H. nicht wachsen. Schlangen streifen als so genanntes **Natternhemd** ihre alte, verhornte Haut ab.

Hautwolf, *Medizin:* volkstüml. Bez. für Wundsein (Intertrigo).

Haüy [a'ɥi], René Just, frz. Mineraloge, *Saint-Just-en-Chaussée (Dép. Oise) 28. 2. 1743, †Paris 1. 6. 1822; gilt durch seine grundlegenden Arbeiten über den Aufbau der Kristalle als Begründer der Kristallographie.

Haüyn [ha'ɥiːn] der, Mineral, ↑Sodalith.

Hauzenberg, Stadt im Landkreis Passau, Niederbayern, 546 m ü. M., 12 400 Ew.; Granitwerke, Graphitbergwerk, Spirituosen-, Knopf-, Wäschefabrik, Metallwaren- u. a. Industrie; (Besucherbergwerk mit Museum). – Stadtrecht seit 1978.

Havanna der, vollaromat. Zigarrentabak aus Kuba (auch Name der Zigarre aus Havanna).

Havanna (span. La Habana, amtl. San Christóbal de la Habana), Hptst. der Rep. Kuba und der Prov. La Habana, an der NW-Küste der Insel, bildet eine eigene Prov., 2,24 Mio. Ew.; Erzbischofssitz; Univ., Akademie der Wiss., Museen, Nationaloper u. a. Theater. Aus H. und Umgebung kommt über ein Drittel der kuban. Industrieproduktion; Hauptbedeutung haben Erdölraffinerie, Stahlwerk, Maschi-

Havanna: Kathedrale San Cristóbal (um 1660–1724)

nen- und Schiffbau, chem., Tabak- und Nahrungsmittelindustrie. H. besitzt einen der besten karib. Naturhäfen (von Tunnel unterquert), etwa 15 km südlich internat. Flughafen. – Die nur 200 m breite Hafeneinfahrt wird von drei Forts (16. und 18. Jh.) flankiert. Hinter der Uferpromenade, der Calzada de Malecón, liegt das alte Zentrum. In der Altstadt u. a. Kathedrale San Cristóbal (um 1660 bis 1724), Kloster Santa Clara (1635–44, heute Arbeitsministerium), Kirche La Merced (18. Jh.), Casa de Gobierno (1776–92), Rathaus (1773–92) und Palacio de los Capitanes Generales (Admiralitätspalast; 1776–90; Stadtmuseum). Nahebei das Castillo de la Fuerza (1544–83); Kapitol (1929; heute Sitz der Akademie der Wiss.en). – Die Altstadt mit vielen Renaissance- und Barockhäusern und die Festung sind UNESCO-Weltkulturerbe. – H. ist eine der ältesten Stadtgründungen der Neuen Welt, sie wurde 1515 von den Spaniern (zunächst im S der Insel) gegründet und entwickelte sich in der 2. Hälfte des 16. Jh. zur wichtigsten span. Handels- und Hafenstadt in Westindien (Sammelplatz der span. Silberflotten); seit 1552 Hptst. Kubas.

📖 *Grau, G.: H. Ein Reiseführer durch Geschichte u. Gegenwart. Neuausg. Hamburg 1988.*

Havant [ˈhævənt], Stadt in der Cty. Hampshire, S-England, 46 500 Ew.; pharmazeut., Spielwaren-, elektrotechn. und Kunststoffind.; Fremdenverkehr (auf Hayling Island vor der Küste im Ärmelkanal).

Havarie [niederländ.] *die* (Haverei), Seeunfall durch Kollision, Grundberührung oder ein anderes, das Schiff schädigendes Ereignis. – Im *Seehandelsrecht* Verluste und Schäden eines Schiffes oder seiner Ladung während der Seereise. Die **kleine H.** umfasst alle Kosten der Schifffahrt (§ 621 HGB; z. B. Lotsengelder); bei fehlender Abrede trägt sie der Verfrachter. Die **große H.** umfasst alle Schäden, die der Kapitän dem Schiff, der Ladung oder beiden zur Rettung aus einer gemeinsamen Gefahr mit Absicht zufügt, sowie die dadurch verursachten Kosten (§§ 700 ff. HGB). Der Schaden wird auf Schiff, Fracht und Ladung umgelegt (↑ Dispache). Die **besondere H.** umfasst alle nicht zur großen oder kleinen H. zu zählenden Unfallschäden. Sie wird von den Eigentümern des Schiffes und der Ladung getrennt getragen (§ 701 HGB).

Havas S. A. [aˈvas -], frz. Medienunternehmen, Sitz: Neuilly-sur-Seine; gegr. 1835 von C. L. Havas als Nachrichtenagentur, aus der die AFP hervorging; heute v. a. aktiv in den Bereichen Verlage (u. a. Larousse), Zeitungen und Zeitschriften (u. a. L'Express); Hörfunk und Fernsehen (Beteiligung an Canal plus); wurde 1998 Teil des Mischkonzerns Vivendi S. A. (seit 2000 Vivendi Universal S. A.).

Havel [-f-; zu altnord. haf »See«] *die*, bedeutendster rechter Nebenfluss der Elbe, 343 km lang, davon 243 km schiffbar, entspringt auf der Mecklenburg. Seenplatte östlich der Müritz, bildet zahlr. seenartige Erweiterungen (**Havelseen**, z. B. Tegeler,

HAV Havel

Wannsee, Templiner See), mündet bei Werben. Zuflüsse sind von rechts Rhin und Dosse, von links Spree, Nuthe und Plaue. Die H. liegt in dem verkehrswichtigen Kanalsystem zw. Elbe und Oder, zu dem u. a. gehören: der Oder-H.-Kanal als Teil des Großschifffahrtswegs Berlin–Stettin, der Teltowkanal (zur Spree), der Elbe-H.-Kanal (zur Elbe). Berlin kann von der Schifffahrt durch den H.-Kanal umgangen werden.

Havel [ˈhavɛl], Václav, tschech. Dramatiker und Politiker, * Prag 5. 10. 1936; verwendet, geschult an E. Ionesco, Elemente des absurden Theaters, um die Sinnlosigkeit in den mechanisierten Beziehungen der heutigen Gesellschaft aufzudecken, u. a. »Das Gartenfest« (1964), »Die Benachrichtigung« (1965), »Audienz« (1976), »Die Sanierung« (1989); ab 1969 Publikationsverbot (ab 1977 Veröffentlichungen im Ausland); 1977 Mitbegründer und Sprecher der Bürgerrechtsbewegung »Charta 77«; mehrfach inhaftiert (zuletzt 1989); erhielt 1989 den Friedenspreis des Dt. Buchhandels, 1991 den Internat. Karlspreis. – Im Nov. 1989 als Mitbegründer und Sprecher des Bürgerforums einer der Initiatoren und Symbolfiguren der »sanften Revolution« und des demokrat. Umbaus; 1989–92 Staatspräs. der ČSFR

Václav Havel

(Juli 1990 bestätigt; Rücktritt nach der slowak. Unabhängigkeitserklärung vom 17. 7. 1992); versuchte vergeblich, der staatl. Auflösung der ČSFR entgegenzuwirken; wurde im Januar 1993 Präs. der Tschech. Republik (Ende der Amtszeit nach Wiederwahl 1998 am 2. 2. 2003).

❖ siehe ZEIT Aspekte

📖 *Kriseová, E.: V. H. Dichter u. Präsident. Die autorisierte Biographie. A. d. Tschech. Reinbek 1993. – Keanes, J.: V. H. Biographie eines trag. Helden. A. d. Engl. München 2000.*

Havelberg [-fəl-], Stadt im Landkreis Stendal, Sa.-Anh., nahe der Havelmündung, 6 600 Ew.; Prignitz-, Naturmuseum; Pferdemarkt; Möbelind., Schiffswerft. – Die Stadt wird vom Dom St. Marien (12.–14. Jh.) beherrscht, einer dreischiffigen Basilika mit wuchtigem Westwerk; Stiftsgebäude (nach 1150; mit Prignitzmuseum). – H. entstand im 10. Jh.; erhielt Stadtrecht im 12. Jh. und war bis 1994 Kreisstadt. – Das **Bistum H.**, 948 gegr., bestand bis 1571.

Havelkanal [-fəl-], 1951/52 erbauter Kanal zur Umgehung Westberlins, 34,9 km lang, für Schiffe bis zu 1 000 t befahrbar.

Havelland [-fəl-], **1)** Landkreis in Brandenburg, 1 707 km², 150 300 Ew.; Kreisstadt ist Rathenow.
2) Landschaft westlich von Berlin. Zwischen trockenen Grundmoränenplatten (u. a. Ländchen Glin, Ländchen Bellin) liegen die Niederungen im Bereich des Thorn-Eberswalder und des Warschau-Berliner Urstromtals. Das **Havelländ. Luch** im Zentrum und das **Rhinluch** im N sind Flachmoorgebiete, deren landwirtsch. Nutzung erst durch die im 18. Jh. erfolgte Trockenlegung und Entwässerung (1718–25 Anlage des Havelländ. Großen Hauptkanals) möglich wurde. Am Rand des H., an der Havel, liegen die Städte Potsdam, Brandenburg an der Havel und Rathenow. 1998 wurde der 1 315 km² große Naturpark West-H. eingerichtet.

Havelock [nach dem brit. General Sir Henry Havelock, * 1795, † 1857] *der,* seit Mitte des 19. Jh. Herrenmantel mit hüftlanger Pelerine; um 1900 auch von der Damenmode übernommen.

Havemann, Robert, Physikochemiker und polit. Theoretiker, * München 11. 3. 1910, † Grünheide/Mark (Kr. Oder-Spree) 9. 4. 1982; seit 1932 Mitgl. der KPD, leitete ab 1943 eine Widerstandsgruppe, deshalb 1943 zum Tode verurteilt, 1943–45 inhaftiert; war u. a. 1947–64 Prof. für physikal. Chemie an der Humboldt-Univ. in Berlin (Ost). H., zunächst Stalinist, wurde prominentester DDR-Dissident (1964 aller Funktionen enthoben, Ausschluss aus der SED), 1977–79 Hausarrest; im Nov. 1989 von der SED posthum rehabilitiert. – »Dialektik ohne Dogma?« (1964); »Fragen, Antworten, Fragen« (1970). ❖ siehe ZEIT Aspekte

Hawaii HAW

📖 *R. H. Dokumente eines Lebens*, hg. v. D. Draheim u. a. Berlin 1991. – *Vollnhals, C.: Der Fall H. Ein Lehrstück polit. Justiz.* Berlin 1998.

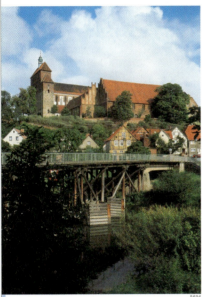

Havelberg: Blick über die Havel auf den das Stadtbild beherrschenden Dom St. Marien (1170 geweiht, nach Brand bis 1330 umgebaut)

have, pia anima! [lat. »sei gegrüßt, fromme Seele!«], Inschrift auf Grabsteinen o. Ä. (↑Ave)

Haverei *die*, ↑Havarie.

Havering [ˈheɪvərɪŋ], Stadtbezirk im NO Londons, 230 900 Ew.; Wohngebiet mit junger Industrie.

Havilland [ˈhævɪlənd], Olivia de, amerikan. Filmschauspielerin engl. Herkunft, *Tokio 1. 7. 1916; mit dramat. Rollen berühmt, u. a. in »Vom Winde verweht« (1939), »Der schwarze Spiegel« (1941), »Fackeln im Sturm« (1986; Fernsehserie), »The Woman He Loved« (1988).

Havixbeck, Gemeinde im Kreis Coesfeld, NRW, 100 m ü. M. am östl. Fuß der Baumberge, 11 000 Ew.; Museen; Ausflugs- und Erholungsort, in der Umgebung mehrere Wasserschlösser.

Havlíčkův Brod [ˈhavliːtʃkuːf ˈbrɔt] (dt. Deutsch-Brod), Stadt im Ostböhm. Gebiet, Tschech. Rep., an der Sazawa, 25 200 Ew.; Textil-, chem. und Maschinenindustrie. – Im 13. Jh. als dt. Bergmannssiedlung gegr., 1422 von den Hussiten zerstört; wurde 1637 zur Freien Stadt erhoben.

Hawadja [xawaːdʒa], im Arabischen Titel und Anrede bes. für Christen und Europäer.

Hawaii [haˈvaɪ, auch haˈvaii, engl. həˈwɑːiː], Abk. **Ha.**, Bundesstaat der USA, umfasst die **Hawaii-Inseln** (engl. Hawaiian Islands), im zentralen N-Pazifik, 28 313 km² (Landfläche: 16 759 km²), (2001) 1,22 Mio. Ew.; Hptst. ist Honolulu auf Oahu.

Landesnatur, Bevölkerung: Der Archipel besteht aus acht Hauptinseln (die größten sind ↑Hawaii, Kauai, Oahu, Molokai, Maui) und mehr als 120 kleinen Inseln, Atollen und Klippen (meist unbewohnte Koralleninseln). Die Inseln verdanken, abgesehen von Korallenriffen, ihre Entstehung Vulkanen, die sich aus Tiefen bis 5 400 m u. M. in Höhen bis zu 4 205 m ü. M. (Mauna Kea) erheben. Noch aktiv sind der Mauna Loa und der Kilauea. Das Klima ist mild und ausgeglichen. Im Ggs. zu den feuchten Luvseiten mit trop. Vegetation bleiben die Leeseiten der Inseln relativ trocken. Die Bev. besteht aus Weißen (bes. aus den übrigen Staaten der USA zugewandert), Japanern, Filipinos, Hawaiianern (12,3 %), Chinesen u. a., die in zunehmendem Maße verschmelzen.

Wirtschaft, Verkehr: An erster Stelle steht der Fremdenverkehr. Anbau und Verarbeitung von Zuckerrohr und Ananas (wichtigste Exportgüter, v. a. zum amerikan. Festland) in hoch mechanisierten Plantagen, daneben Kaffee, Gemüse, Bananen, Blumen (Orchideen). Zw. den Inseln besteht reger Schiffs- und Flugverkehr. Haupthafen und internat. Flughafen ist Honolulu.

Geschichte: 1778 entdeckte J. Cook die von Polynesiern etwa seit 800 n. Chr. besiedelten H.-Inseln und nannte sie **Sandwich Islands**. Um 1800 vereinte Kamehameha I. (*1753, †1817) die Inseln zu einem Königreich, das ab 1850 zunehmend unter den Einfluss der USA geriet (1887 Errichtung der amerikan. Marinebasis Pearl Harbor). Nach Gründung der Rep. (1894) wurden die H.-Inseln 1898 von den USA annektiert (1900–1959 Territorium); seit 1959 50. Bundesstaat.

📖 *Stahn, E.: H. Reiseführer mit Landeskunde.* Neuausg. Dreieich 1995. – *Cunning-*

HAW Hawaii

Hawaii: der Jachthafen der Hauptstadt Honolulu auf Oahu

ham, S.: Mana. Magie u. Spiritualität auf H. A. d. Engl. Neuausg. Bern u. a. 1996.
Hawaii [ha'vaɪ, auch ha'vaɪi, engl. hə-'wɑːiː], die größte der H.-Inseln, 10 458 km² groß, berühmt durch ihre großartige Vulkanlandschaft mit den Vulkanen Mauna Loa (4 169 m ü. M.), Kilauea (1 243 m ü. M.) und dem erloschenen Mauna Kea (4 205 m ü. M.), dem höchsten Berg der Inselgruppe. Der Nationalpark »Vulkane von H.« ist UNESCO-Weltnaturerbe.
Hawaiianer, die polynes. Bewohner von Hawaii; ihre Zahl betrug zur Zeit der Entdeckung durch J. Cook etwa 500 000, heute leben nur noch rd. 240 000 Nachkommen (meist Mischlinge) der Ureinwohner auf den Inseln.
Hawaiigitarre, große Gitarre mit hohem Steg, Bünden und bis zu 10 oder 12 Metallsaiten, die mit einem Schlagring oder Plektron angerissen und durch einen in der linken Hand gehaltenen Metallriegel verkürzt werden, wodurch das charakterist. Glissando- und Vibratospiel zustande kommt. Die H., die in Jazz und Unterhaltungsmusik auch als Elektrogitarre vorkommt, wurde in der zweiten Hälfte des 18. Jh. auf Hawaii entwickelt.

Hawk [hɔːk; engl. »Falke«], Flugabwehrraketensystem zur Bekämpfung von Flugzielen in niedrigen und mittleren Höhen; bestehend aus einem Startgerät mit drei Lenkflugkörpern (Durchmesser jeweils 36 cm, Länge 5,03 m); Bekämpfungsreichweite: rd. 40 km, Geschwindigkeit: bis zu 3 Mach. Das 1971–83 umgerüstete System wird seitdem als **I Hawk** (Improved Hawk) bezeichnet und soll etwa im Jahre 2005 durch das System ↑MEADS abgelöst werden.
Hawke [hɔːk], Robert (»Bob«) James Lee, austral. Politiker, * Bordertown (Südaustralien) 9. 12. 1929; 1970–80 Präs. des austral. Gewerkschaftsdachverbands, 1983–91 Führer der Labor Party und Premierminister.
Hawking ['hɔːkɪŋ], Stephen William, brit. Physiker, * Oxford 8. 1. 1942; seit 1977 Prof. in Cambridge, schuf eine Theorie der ↑Schwarzen Löcher und bahnbrechende theoret. Arbeiten über den Ursprung und die Entwicklung des Kosmos (Versuch einer ↑Großen Vereinheitlichten Theorie). H. ist aufgrund einer seltenen Nervenerkrankung (amyotroph. Sklerose) an den Rollstuhl gefesselt und kann sich nur per Computer mit seiner Umwelt verständigen. Sein Buch »Eine kurze Geschichte der Zeit« (1988) wurde ein Welterfolg.

❖ **siehe ZEIT Aspekte**

Weitere Werke: Die illustrierte kurze Geschichte der Zeit (2000); Das Universum in der Nussschale (2001).
📖 *Ferguson, K.: Das Universum des S. H. Eine Biographie. A. d. Amerikan.* München ³2000. – *Filkin, D.: S. H. Universum. A. d. Engl.* München 2000.

Hawkins ['hɔ:kɪnz], Coleman, amerikan. Jazzmusiker (Tenorsaxophon, Klavier, Klarinette), *Saint Joseph (Mo.) 21. 11. 1904, †New York 19. 5. 1969; wirkte schulebildend auf Saxophonisten des Swing, Modern Jazz und Free Jazz.

Hawks [hɔ:ks], Howard, amerikan. Filmregisseur, *Goshen (Ind.) 30. 5. 1896, †Palm Springs (Calif.) 26. 12. 1977; Meister des film. Erzählens; drehte u. a. Gangsterfilme und Komödien (»Leoparden küsst man nicht«, 1938; »Tote schlafen fest«, 1946; »Blondinen bevorzugt«, 1953; »Rio Bravo«, 1959; »El Dorado«, 1966).

Hawn ['hɔ:n], Goldie Jeanne, amerikan. Filmschauspielerin und Produzentin, *Washington 21. 11. 1945; seit ihrem sensationellen Karrierestart in »Die Kaktusblüte« (1969) im komödiant. Genre, z. B. in Actionkomödien wie »Schütze Benjamin« (1980), »Overboard – Ein Goldfisch fällt ins Wasser« (1987), »Ein Vogel auf dem Drahtseil« (1989), ernstere Rollen in »Der Tod steht ihr gut« (1992), »Getäuscht« (1992), »Der Club der Teufelinnen« (1996), »Alle sagen: I love you« (1996), »Town and Country« (1999).

Haworth ['hɔ:əθ], Sir (seit 1947) Walter Norman, brit. Chemiker, *Chorley (Cty. Lancashire) 19. 3. 1883, †Birmingham 19. 3. 1950; untersuchte u. a. die Struktur von Polysacchariden, synthetisierte (nach der Strukturaufklärung) als Erster Vitamin C; erhielt 1937 mit P. Karrer den Nobelpreis für Chemie.

Hawthorne ['hɔ:θɔ:n], Nathaniel, amerikan. Schriftsteller, *Salem (Mass.) 4. 7. 1804, †Plymouth (N. H.) 19. 5. 1864; einer der bedeutendsten Schriftsteller des 19. Jh. in den USA; stand den Transzendentalisten nahe. Die Gesch. Neuenglands gehört zum Kern seines Erzählwerks, u. a. die Romane »Der scharlachrote Buchstabe« (1850), »Das Haus mit sieben Giebeln« (1851), »Der Marmorfaun« (1860). Seine Short Storys sind frühe und wichtige Beiträge zu dieser Gattung.
📖 *Green, J.: Engl. Suite. Literar. Porträts.* A. d. Frz. Neuausg. München 1992.

Hawthorne-Studi|en ['hɔ:θɔ:n-], in den Hawthorne-Werken, Chicago, der Western Electric Co. zw. 1927 und 1932 durchgeführte Untersuchungen über Verhalten und Leistung der Arbeiter am Arbeitsplatz, die zeigten, dass, auch in hoch rationalisierten Betrieben, soziale Beziehungen bes. durch informelle Gruppen die Arbeitsleistung in starkem Maße bestimmen. Die Tatsache, dass die den Versuchspersonen während der Untersuchung zuteil gewordene Aufmerksamkeit auch bei Verschlechterung der äußeren Arbeitsbedingungen zu höherer Arbeitsleistung führte, wurde als **Hawthorne-Effekt** bekannt. Die Ergebnisse der H. wirkten als grundlegende Impulse auf die Entwicklung der Betriebssoziologie und die Ausgestaltung betriebl. Personal- und Sozialpolitik. (↑Human Relations)

Hax, Herbert, Betriebswirtschaftler, *Köln 24. 9. 1933; Prof. u. a. in Köln (seit 1976); 1989–2000 Mitgl. des Sachverständigenrats zur Begutachtung der gesamtwirtsch. Entwicklung; beschäftigt sich v. a. mit Finanzierungs-, Investitions-, Entscheidungs- und Organisationstheorie.

Haxe, süddt. für ↑Hachse.

Haxel, Otto, Physiker, *Neu-Ulm 2. 4. 1909, †Heidelberg 26. 2. 1998; Prof. in Göttingen und Heidelberg, arbeitete über Struktur und Umwandlung von Atomkernen; entwickelte ab 1949 (unabhängig von M. Goeppert-Mayer) zus. mit H.-D. Jensen ein Schalenmodell des Atomkerns.

Hay [heɪ], John Milton, amerikan. Politiker und Schriftsteller, *Salem (Ind.) 8. 10. 1838, †Newbury (N. H.) 1. 7. 1905; 1898–1905 Außenmin. Im britisch-amerikan. **H.-Pauncefote-Vertrag** (1901) sicherte H. den USA das alleinige Recht zum Bau eines Kanals in Mittelamerika (↑Panamakanal), zu dessen Verw. und zur Regelung der Durchfahrt.

Háy ['ha:i], Gyula (Julius), ungar. Dramatiker, *Abony (Bez. Pest) 5. 5. 1900, †Ascona (Schweiz) 7. 5. 1975; emigrierte als Kommunist 1919 nach Dtl., dann in die UdSSR, kehrte 1945 nach Ungarn zurück, war 1956 führend im Petöfi-Kreis, nach dem Volksaufstand 1956 zu Gefängnis verurteilt, nach dreijähriger Haft 1960 amnestiert. H. schrieb histor. und soziale Dramen, u. a. »Haben« (1938), »Gerichtstag« (1946); Autobiografie »Geboren 1900« (1971).

HAY Haya de la Torre

Haya de la Torre ['aja -], Víctor Raúl, peruan. Politiker, *Trujillo 22. 2. 1895, †Lima 2. 8. 1979; indian. Abstammung, gründete 1921 die peruan. Volksuniversität González Prada. 1923–30 im Exil in Mexiko, gründete dort die ↑Alianza Popular Revolucionaria Americana (APRA), die in Peru unter dem Namen Partido Aprista Peruano (PAP) Fuß fasste, lebte 1934–45 und 1953–57 im Exil. 1962 in Peru zum Staatspräs. gewählt, jedoch verhinderten Militärs seinen Amtsantritt. 1978–79 war er Präs. der Verfassunggebenden Versammlung Perus.

Haydée [aɪ-], Marcia, brasilian. Tänzerin, *Niterói 18. 4. 1937; wurde 1962 unter Ballettdirektor J. Cranko Primaballerina am Württembergischen Staatstheater Stuttgart; leitete 1976–96 das Stuttgarter Ballett, seit 1987 Choreographin (u. a. »Dornröschen«, 1987; »Herbst«, 1988; »Giselle und die Wilis«, 1989; »Die Planeten«, 1991).

Haydn, 1) Joseph, österr. Komponist, *Rohrau (Bez. Bruck an der Leitha) 31. 3. 1732, †Wien 31. 5. 1809, Bruder von 2); Sohn eines Schmiedemeisters, wurde 1740 am Stephansdom in Wien Chorknabe; 1761–90 war er Kapellmeister des Fürsten Esterházy, erst in Eisenstadt, dann auf Schloss Esterházy in Fertőd. 1791/92 und 1794/95 hatte er in London große Erfolge. In Wien übernahm er 1795 die Leitung der hier neu gegründeten esterházyschen Kapelle. Größte Bedeutung erlangte H. mit seinen Streichquartetten und Sinfonien, in denen er dem Formenbau und der Satztechnik das klass. Gepräge verlieh. Er legte den Grund für das Schaffen Mozarts und Beethovens, bes. für deren Sinfonik. Von H. stammt auch die Melodie zur österr. Kaiserhymne »Gott erhalte Franz den Kaiser«, die später zur Melodie der dt. Nationalhymne wurde; Variationen darüber im »Kaiserquartett« (op. 76, Nr. 3).
Weitere Werke: 106 Sinfonien, u. a.: »Abschiedssinfonie«, »Oxford«, »Sinfonie mit dem Paukenschlag« (die Beinamen der Sinfonien stammen nicht von H.); Kassationen, Divertimenti u. a.; Konzerte für Klavier, Violine, Violoncello, Kontrabass, auch für Bläser; über 70 Streichquartette, zahlr. Klavier- und Streichtrios, Geigen-, Klaviersonaten, Stücke für Baryton u. a.; 20 Opern, darunter die kom. Opern: Der krumme Teufel (1752, nicht erhalten), Der Apotheker (1768); Oratorien: Die Schöpfung (1798), Die Jahreszeiten (1801); Kirchenmusik, darunter Heilig-, Theresien-, Nelson-, Pauken-, Schöpfungs- und Harmoniemesse, Stabat mater, Passionsoratorium: Die sieben Worte des Erlösers am Kreuz (umgearbeitet aus 7 Orchesteradagios; auch für Streichquartett); Lieder, Kanons.
📖 Finscher, L.: J. H. u. seine Zeit. Laaber 2000. – Schaefer, H.: J. H. Leben u. Werk. Ein Konzertbuch. Berlin 2000.

2) Michael, österr. Komponist, getauft Rohrau (Bez. Bruck an der Leitha) 14. (15.?) 9. 1737, †Salzburg 10. 8. 1806, Bruder von 1); wurde 1781 als Nachfolger von Mozart Hof- und Domorganist in Salzburg, schuf Kirchenmusik und Instrumentalwerke.

Hayek, Friedrich August von, brit. Volkswirtschaftler österr. Herkunft, *Wien 8. 5. 1899, †Freiburg im Breisgau 23. 3. 1992; 1927–31 Direktor des von ihm gegründeten Österr. Instituts für Konjunkturforschung, 1931–50 Prof. an der London School of Economics, 1950–62 in Chicago, 1962–68 in Freiburg im Breisgau; Vertreter des Neoliberalismus und Verfechter einer liberalen Wirtschafts- und Gesellschaftsordnung. H. ist Mitbegründer der Mont Pèlerin Society und erhielt 1974 (zus. mit G. Myrdal) den Nobelpreis für Wirtschaftswissenschaften.
Werke: Der Weg zur Knechtschaft (1944); Individualismus und wirtsch. Ordnung (1948); Wirtschaft, Wiss. und Politik (1963); Recht, Gesetzgebung und Freiheit, 3 Bde. (1973–79).

Joseph Haydn

Hayes [heɪz], Joseph, amerikan. Schriftsteller, *Indianapolis (Ind.) 2. 8. 1918; schrieb Kurzgeschichten, Hörspiele, Broadwaystücke, Kriminalromane (»An einem Tag wie jeder andere«, 1954; »Morgen ist es zu spät«, 1985).

Haym, Rudolf, Literarhistoriker und Publizist, *Grünberg in Schlesien 5. 10. 1821, †Sankt Anton am Arlberg 27. 8. 1901; gründete 1858 die »Preuß. Jahrbücher«. Grundlegend für die Romantikforschung war sein Werk »Die Romant. Schule« (1870).

Haynau, Stadt in Polen, ↑Chojnów.

Hayward ['heıwəd], Stadt in Kalifornien, USA, an der San Francisco Bay, 126 500 Ew.; Zweig der California State University; elektrotechn. Industrie.

Hayworth ['heıwɔ:θ], Rita, eigtl. Margarita Carmen Cansino, amerikan. Filmschauspielerin, *New York 17. 10. 1919, †ebd. 14. 5. 1987; galt in den 1940er-Jahren als das populärste Pin-up-Girl des amerikan. Films. ∞ u. a. mit O. Welles; in Tanzfilmen war sie u. a. Partnerin von F. Astaire und G. Kelly.

Hazara ['haz-; von pers. hazār »tausend«; hier: Tausendschaft] (Hasara, Hesoreh), Sammelname für heute in Afghanistan, Iran, Pakistan, Turkmenistan, Usbekistan und Kasachstan ansässige Bev.gruppen, die sich im 13./14. Jh. nach dem Mongoleneinfall aus fremden (u. a. mongol.) und altansässigen Elementen im afghan. Raum herausgebildet haben. Die H., die keine ethn. Einheit bilden, gehören der schiit. Richtung des Islam an.

Hazięnda [span.] *die* (Hacienda), landwirtsch. Großbetrieb in den ehem. span. Kolonien Mittel- und Südamerikas.

Hazlitt ['hæzlıt], William, engl. Schriftsteller, *Maidstone 10. 4. 1778, †London 18. 9. 1830; schrieb krit. Essays, z. B. »The Characters of Shakespeare's plays« (1817).

HBC, Abk. für ↑Hudson's Bay Company.

H-Bombe, Wasserstoffbombe, ↑ABC-Waffen.

Hb-Wert, der ↑Färbekoeffizient.

h. c., Abk. für lat. honoris causa, ehrenhalber. Doktor h. c., Ehrendoktor.

HCH, Abk. für ↑Hexachlorcyclohexan.

HCMOS-Technik [HCMOS, Abk. für engl. high speed complementary metal oxide semiconductor], Weiterentwicklung der ↑CMOS-Technik, wobei gegenüber dieser Halbleitertechnologie mit verringerten Schichtdicken bzw. Leiterbahnbreiten gearbeitet wird.

HDE, Abk. für ↑Hauptverband des Deutschen Einzelhandels e. V.

HDI, Abk. für ↑Human Development Index.

HD-Öl, Kurzbez. für Heavy-Duty-Öl, ein Motorenöl, dem ↑Additive zur Reinhaltung des Motors, Erhöhung der Scherfestigkeit, Verhinderung der Korrosion sowie bei Mehrbereichsölen (↑Motorenöle) zur Erweiterung des nutzbaren Viskositätsbereichs über eine größere Temperaturspanne zugesetzt sind.

HDTV [Abk. für engl. high definition television »hochauflösendes Fernsehen«], ein Fernsehsystem, das mit höherer Zeilenzahl je Bild, höherer Bildwechselfrequenz und breitbandigeren Videosignalen arbeitet als die übl. ↑Fernsehnormen. Bei einem größeren Bildschirmformat (Breite-Höhe-Verhältnis 16 : 9, bisher 4 : 3) liefert HDTV damit brillantere, flimmerfreie Bilder und eine deutlich verbesserte Tonqualität. Die in Japan entwickelten und in Europa modifizierten Standards sehen bisher eine analoge Bild-, jedoch eine digitale Tonübertragung vor. Die Ausstrahlung analoger HDTV-Sendungen erfordert eine bis zu fünfmal so große Übertragungskapazität und folglich eine weitaus größere Kanalbandbreite als das konventionelle Fernsehen; eine Übertragung ist daher nur über Satellit und Kabel möglich. Das digitale HDTV hat den Vorteil einer Datenkompression, die eine schmalbandige Ausstrahlung der Programme auch durch terrestr. Sender ermöglicht.

HDÜ, Abk. für Hochspannungsdrehstromübertragung, ↑elektrische Energieübertragung.

He, chem. Symbol für ↑Helium.

Headhunter ['hɛdhʌntə]; engl. »Kopfjäger«] *der,* auf die Direktvermittlung von Führungskräften spezialisierter Personalberater, der i. d. R. im Auftrag eines Unternehmens tätig wird. Potenzielle Bewerber werden durch den H. angesprochen und dem Mitarbeiter suchenden Betrieb für dessen Personalauswahl vorgeschlagen. **Headhunting** zählt nicht zur Arbeitsvermittlung i. e. S., sondern eher zur Abwerbung.

Head|set ['hɛd-, engl.] *das,* Kombination aus Kopfhörer und Mikrofon, die ein freihändiges Kommunizieren ermöglicht, z. B. als Freisprecheinrichtung oder Datenhelm.

Head-Zonen ['hɛd-; nach dem brit. Neurologen Henry Head, *1861, †1940], Hautareale, die bestimmten inneren Organen zugeordnet sind, bei deren Erkrankung sie in charakterist. Weise schmerzempfindlich sind.

Heaney ['hi:nɪ], Seamus Justin, irischer Dichter, *Castledawson (Cty. Derry) 13. 4. 1939; lebt seit 1972 in der Rep. Irland; Gastprofessuren an engl. und amerikan. Univ. Seine Lyrik steht in der keltisch-nat. und bäuerl. Tradition seiner kath. Vorfahren; »Preoccupations« (Prosa, 1980), in dt. Auswahl »S. H. Ausgewählte Gedichte 1963–75« (1984), »The haw Lantern« (Ged., 1987), »Die Wasserwaage« (1996). 1995 erhielt er den Nobelpreis für Literatur, 2000 den Whitbread-Preis für seine Übertragung des altengl. Heldenepos »Beowulf« ins heutige Englisch.

Heard-Insel ['hɜ:d-] (engl. Heard Island), vergletscherte vulkan. Felsinsel im Südpolarmeer (etwa 370 km², bis 2 745 m ü. M.), gehört mit der 10 km nördlich gelegenen **Shag-Insel** und den 40 km westlich liegenden **McDonald-Inseln** (zus. 412 km²) seit 1947 zum Austral. Bund. Die Heard- und McDonald-Inseln zählen zum UNESCO-Weltnaturerbe.

Hearing ['hɪərɪŋ, engl.] *das*, Vernehmung, Befragung; öffentl. (parlamentar.) Anhörung, auch mit Aussprache.

Hearne [hɜ:n], Samuel, engl. Forschungsreisender, *London 1745, †England im Nov. 1792; erkundete im Dienst der brit. Hudson's Bay Company während mehrerer Reisen zw. 1769 und 1772 große Gebiete des nördl. Nordamerika, erreichte in Begleitung von Indianern als erster Europäer auf dem Landweg das Nordpolarmeer.

Hearst [hɜ:st], William Randolph, amerikan. Zeitungsverleger, *San Francisco 29. 4. 1863, †Beverly Hills (Calif.) 14. 8. 1951; baute das Mehrmedienunternehmen Hearst Corporation (u. a. »Cosmopolitan«, »Esquire«) auf.

Heartfield ['hɑ:tfi:ld], John, eigtl. Helmut Herzfeld, Grafiker, Bildpublizist und Bühnenbildner, *Berlin 19. 6. 1891, †Berlin (Ost) 26. 4. 1968, Bruder von W. Herzfelde; Mitgründer der Berliner Dada-Gruppe, setzte die Fotomontage als polit. Agitationsmittel ein; emigrierte 1933 über Prag nach Großbritannien. Nach 1950 arbeitete er als Plakat- und Buchkünstler in Leipzig und Berlin; für B. Brecht u. a. schuf H. Bühnenbilder.

📖 *Töteberg, M.: J. H. mit Selbstzeugnissen u. Bilddokumenten. Reinbek 1994.*

Heath [hi:θ], Edward Richard George, brit. Politiker, *Broadstairs (Cty. Kent) 9. 7. 1916; Mitgl. der Konservativen Partei, zw. 1959 und 1964 Min. (u. a. 1960–63 Lordsiegelbewahrer), führte 1961–63 die Verhandlungen mit der EWG über den Beitritt seines Landes, scheiterte aber am Widerstand des frz. Staatspräs. C. de Gaulle. 1965–75 Führer der Konservativen im Unterhaus, setzte H. als Premiermin. (1970–74) den Beitritt seines Landes zu den Europ. Gemeinschaften durch.

Heathrow ['hi:θrəʊ], internat. Flughafen im W Londons, England, im Stadtbezirk (London Borough) Hillingdon.

Heatpipes ['hi:tpaɪps, engl.] (Wärmerohre), Vorrichtung für den Wärmetransport, zur Rückgewinnung von Abwärme oder zur automat. Kühlung. H. sind teilevakuierte Metallrohre, deren Innenwan-

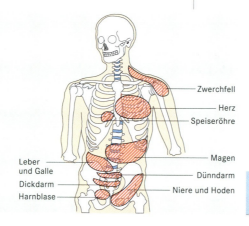

Head-Zonen: Hautempfindlichkeitsbereiche (rot-weiß gestrichelt) bei Erkrankungen oder Störungen der genannten Organe

dungen mit einer porösen Schicht mit Kapillarstruktur ausgekleidet sind. Diese Schicht ist mit einer niedrig siedenden Flüssigkeit getränkt. Am wärmeren Rohrende verdampft die Flüssigkeit und nimmt dabei Verdampfungswärme auf. Am kühleren Ende kondensiert sie und gibt die Verdampfungswärme ab. Durch die Kapillarwirkung der Oberflächenschicht fließt das Kondensat wieder zum wärmeren Rohrende zurück. Schon bei einer Temperaturdifferenz von 3 bis 5 °C zw. den Enden der in sich geschlossenen H. können mehrere Kilowatt Wärmeleistung übertragen werden. Mit H. können Wärmetauscher gebaut werden, die z. B. der Abluft einer Heizungsanlage Wärme entziehen und kältere Frischluft vorwärmen; dadurch kann der Brennstoffbedarf wesentlich gesenkt werden.

John Heartfield: Der Sinn des Hitlergrußes, Titelblatt der »Arbeiter-Illustrierten Zeitung« (1932)

Heaviside [ˈhevɪsaɪd], Oliver, brit. Physiker und Elektroingenieur, * Camden Town (heute zu London) 18. 5. 1850, † Paignton (heute zu Torbay) 3. 2. 1925; u. a. Privatgelehrter; wichtige Arbeiten auf dem Gebiet der Elektrostatik und der elektromagnet. Induktion, die zur Weiterentwicklung des Telefons führten; entwickelte einen math. Formalismus der der Vektorrechnung ähnlich ist, und verwandte auch schon Operatoren. Heaviside entdeckte 1901 unabhängig von A. E. Kennelly die Existenz einer reflektierenden ionisierten Schicht in der Atmosphäre (↑ Kennelly-Heaviside-Schicht).

Heavymetal [ˈhevɪmetl, engl. »Schwermetall«] *das* (Heavyrock), aggressivere Variante des ↑ Hardrock.

Hebamme, ausgebildete, staatlich geprüfte und anerkannte Geburtshelferin. Neben Beratung während der Schwangerschaft und Hilfe bei der Entbindung pflegt sie Mutter und Kind in den ersten Tagen des Wochenbetts. H. können in freier Praxis oder an einer Klinik tätig sein. Der Beruf kann auch von Männern ausgeübt werden **(Entbindungspfleger).**
📖 *Gubalke, W.: Die H. im Wandel der Zeiten.* Hannover ²1985.

Hebbel, Friedrich, Dichter, * Wesselburen 18. 3. 1813, † Wien 13. 12. 1863; autodidakt. Studien in Hamburg, studierte dann Jura in Heidelberg und München; nach Reisen ab 1845 in Wien, seit 1846 ∞ mit der Burgschauspielerin Christine Enghaus. H. bewahrte den strengen Stil der Tragödie, nahm aber bereits z. T. Züge des modernen Theaters (A. Strindberg, F. Wedekind) vorweg. Die geschichtl. Dialektik seiner Dramen (von ihm auch theoretisch formuliert) macht den gewaltsamen Untergang des Helden zur Bedingung der Überwindung einer überalterten Geschichtsepoche. Damit suchte H. der trag. Notwendigkeit angesichts der Transzendenzlosigkeit der Moderne einen überindividuellen Sinn zu geben. Einen versöhnl. Trost für das trag. Individuum wie in der Klassik gibt es bei H. nicht mehr (»Genoveva«, 1843; »Agnes Bernauer«, 1852; »Gyges und sein Ring«, 1856; »Die Nibelungen«, Uraufführung 1861; 2 Bde., 1862). Das bürgerl. Trauerspiel »Maria Magdalene«, 1844) gibt ein detailreiches Bild des dt. Kleinbürgertums und gestaltet wie auch das bibl. Drama »Judith« (1841) das Zeitproblem der Emanzipation der Frau in psycholog. Eindringlichkeit; außerdem prosanahe, gedankenschwere Gedichte, Erzählungen, das Hexameterepos »Mutter und Kind« (1859) und Tagebücher (2 Bde., zuerst hg. 1885–87).
📖 *Stolte, H.: Im Wirbel des Seins. Erkun-*

dungen über H. Heide 1991. – Matthiesen, H.: F. H. mit Selbstzeugnissen u. Bilddokumenten. Reinbek 1992.
Hebe, *grch. Mythos:* Göttin der Jugend, Tochter des Zeus und der Hera; Mundschenkin der Götter, Gemahlin des Herakles; von den Römern der Iuventas gleichgesetzt.
Hebebaum, Stange mit Abstützvorrichtung zum Anheben von Lasten durch Hebelwirkung.
Hebebühne, *Fördertechnik:* hydraulisch oder mit Elektromotor bewegte Plattform oder ähnl. Einrichtung zum Anheben von Lasten (z. B. Kfz), oder als heb- und senkbare Arbeitsbühne (Arbeitskorb).
Hebei (Hopei, Hopeh, 1421–1928 Chihli), Provinz in NO-China, am Golf von Bo Hai, 187700 km^2, 67,44 Mio. Ew.; Hptst.: Shijiazhuang. Kernraum von H. ist der nördlich des Hwangho gelegene, aus fruchtbarem Schwemmland gebildete Teil der Großen Ebene, im W und N von Gebirgsländern umrandet. Die Provinz ist heute der größte Baumwollproduzent Chinas, außerdem Anbau von Weizen, Mais, Hirse, Sojabohnen, Bataten und Ölfrüchten, in den Bergländern auch Obstbau; Kohle-, Eisen- und Kupfererzvorkommen; an der Küste Salzgewinnung. Hauptwirtschaftszentren sind Peking und Tientsin. Eisen- und Stahlind., Maschinenbau, Textilindustrie.
Hebel, *Mechanik:* um eine fest stehende Achse drehbarer starrer Körper, oft in Form einer geraden oder gewinkelten **(Winkel-H.)** Stange. Am H. herrscht Gleichgewicht, wenn das Drehmoment aller an ihm angreifenden Kräfte gleich null ist **(H.-Gesetz).** Für den einfachen geraden H., an dessen einem Ende eine Kraft (F_1 oder K) angreift und dessen anderes Ende eine Last (F_2 oder L) trägt, gilt dann die Gleichung: Kraft × Kraftarm = Last × Lastarm; dabei sind **Kraftarm** und **Lastarm** die Entfernungen der Angriffspunkte von Kraft und Last von der Drehachse. Beim **einarmigen H.** greifen die Kräfte am gleichen H.-Arm an, beim **zweiarmigen H.** an je einem Arm. Der H. gehört zu den ältesten einfachen Maschinen; mit ihm lassen sich mit kleinem Kraftaufwand und großem H.-Arm große Kräfte an einem entsprechend kleinen Arm erzeugen (Hebebaum, Schere, Zange).
Hebel, Johann Peter, Dichter, *Basel 10. 5. 1760, †Schwetzingen 22. 9. 1826; seit 1791 Lehrer am Gymnasium in Karlsruhe, 1808–14 Gymnasialdirektor, 1819 evang. Prälat und Mitgl. der Ständeversammlung. Bed. alemann. Mundartdichter (»Alemann. Gedichte«, 1803); schrieb bildkräftig, mit heiter-ernsten Szenen und Betrachtungen. Die Kurzerzählungen, als »Kalendergeschichten« im »Rheinländ. Hausfreund« erschienen, den H. 1808–15 und später herausgab, erlangten große Volkstümlichkeit; veröffentlichte außerdem die Sammlung »Schatzkästlein des rhein. Hausfreundes« (1811).
📖 *J. P. H.,* hg. v. C. Pietzcker u. G. Schnitzler. Freiburg im Breisgau 1996.
Hebelgriffe, *Sport:* im Budo Angriffe auf ein Gelenk, bes. ein Armgelenk des Gegners **(Armhebel);** im Judo nur am Ellbogengelenk erlaubt. Im Ringen alle Griffe, bei denen Arme und Oberkörper des Angreifers als Hebel angesetzt werden, um den Gegner aus dem Gleichgewicht und am Boden in eine gefährl. Lage zu bringen.
hebephrene Schizophrenie [grch.] *die,* in der Pubertät beginnende Form der Schizophrenie mit läppisch-albernem Verhalten, Antriebs- und Gefühlsverarmung, seltener auch Denkstörungen.
Heber, Vorrichtung zur Entnahme von Flüssigkeiten aus offenen Gefäßen. Der **Stech-H.** wird durch Ansaugen der Flüssigkeit, z. B. mit einem Gummiballon, gefüllt, oben geschlossen und aus der Flüssigkeit gehoben. Der **Saug-H.** oder **Winkel-H.,** eine gebogene Röhre, wird mit Flüssigkeit gefüllt und mit dem kurzen Ende in das Gefäß getaucht; es fließt dabei so lange Flüssigkeit heraus, wie die Ausflussöffnung tiefer liegt als der Flüssigkeitsspiegel im Gefäß. Der **Gift-H.** ist eine

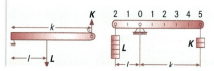

Hebel: einarmiger Hebel, zweiarmiger Hebel, Winkelhebel (von links); K Kraft, L Last, k Länge des Kraftarms, l Länge des Lastarms

Sonderform des Saug-H. mit Hahn und einem besonderen Saugrohr.
Hebesatz, von den Gemeinden festzulegender Prozentsatz bei der Grund- und Gewerbesteuer, mit dem der Steuermessbetrag zu vervielfältigen ist, um die Höhe der Steuerschuld zu berechnen.
Hebewerk, ein ↑Schiffshebewerk.
Hebezeuge, Förder- und Transportmittel, die das Heben von Lasten ermöglichen.

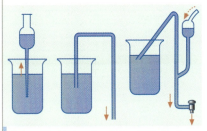

Heber: Stechheber, Saugheber, Giftheber (von links nach rechts)

Hebra, Ferdinand Ritter von, österr. Dermatologe, *Brünn 7. 9. 1816, †Wien 5. 8. 1880; schuf die Grundlagen der modernen Dermatologie und ihre (z. T. noch gültige) Nomenklatur.
Hebräer (Ebräer, grch. Hebraio, lat. Hebraeui), im A. T. Bez. für die Angehörigen des Volkes Israel (1. Mos. 40, 15 u. a.); im N. T. für die Aramäisch sprechenden Juden in Palästina (Apg. 6, 1).
Hebräerbrief, in Briefform gekleidete, vor 95 n. Chr. entstandene Schrift des N. T. mit unbekanntem Verf. und Adressaten; im 2. Jh. fälschlich Paulus zugeschrieben. Eine christl. Gemeinde (oder Gruppe) wird bestärkt, am Glauben festzuhalten; das A. T. wird auf Christus bezogen ausgelegt, der als der wahre Hohepriester und ↑Mittler des neuen Bundes bezeichnet wird.
hebräische Bibel, das hl. Buch des Judentums; im christl. Sprachgebrauch »Altes Testament« gen. (↑Bibel).
hebräische Literatur, die in hebr. Sprache in den letzten 200 Jahren entstandenen literar. Werke, wobei das religiöse Schrifttum ausgeschlossen bleibt (↑jüdische Literatur). Im MA. und in der Renaissance gab es neben dem religiösen Schrifttum nur vereinzelt profane Literatur (Liebes- und Weinlyrik in Spanien und Italien); sie setzte erst mit der Aufklärung im 18. Jh. v. a. in Dtl. ein, im 19. Jh. aber auch in Polen und Russland. Dort erreichte die europ. Periode der h. L. ihren Höhepunkt durch Mendele Moicher Sforim und J. L. Perez, v. a. jedoch durch C. N. Bialik. Mit dem Aufkommen der zionist. Bewegung zu Beginn des 20. Jh. wurde Palästina zum neuen Zentrum der h. L. Als Lyriker traten A. Schlonski, N. Alterman und Lea Goldberg hervor. Die Prosa erfuhr durch das umfangreiche Romanwerk von S. J. Agnon einen neuen Höhepunkt. Nach 1945 und der 1948 erfolgten Gründung des Staates Israel nahmen die Katastrophe des europ. Judentums in der Hitlerzeit und aktuelle polit. und soziale Entwicklungen breiten Raum ein, so etwa bei J. Amichai und A. Megged, A. Oz, A. Appelfeld. Weltweite Verbreitung erlangte das humorist. Werk E. Kishons. Zu nennen sind u. a. auch A. B. Jehoschua, B. Tammuz, D. Shahar, M. Shalev, Y. Kaniuk, Y. Kenaz, D. Grossman, ferner Y. Hoffmann, Dalia Ravikovitsch, U. Orlev und Batya Gur; bed. Vertreter der israel. Gegenwartsdramatik ist J. Sobol.
📖 *Stemberger, G.: Geschichte der jüd. Literatur. Eine Einführung.* München 1977. – *Hauptwerke der h. L., hg. v. L. Prijs.* Zürich 1978. – *Stemberger, G.: Epochen der jüd. Literatur an ausgewählten Texten.* München 1982. – *Hebrew writers. A general directory, hg. v. G. Shaked. Ramat Gan 1993.*
hebräische Schrift. Die althebräische Schrift geht auf das aus 22 Buchstaben bestehende Alphabet der Phöniker zurück, das die Israeliten um 1200 v. Chr. übernahmen; sie wurde seit dem 5. Jh. v. Chr. durch die aramäische Schrift verdrängt; diese ist seit dem 1. Jh. v. Chr. als so genannte Quadratschrift die vorherrschende Schrift. Im MA. entwickelte sich in Mitteleuropa die »Raschischrift«, eine Halbkursive, in der v. a. religiös-rechtl. Schrifttum geschrieben wurde. Heute gibt es neben der Quadratschrift eine Kursive, in der handschriftl. Texte abgefasst werden; auch jidd. Texte bedienen sich der h. S. – Die h. S. wird von rechts nach links geschrieben. Ab dem 8. Jh. n. Chr. wurden die Bücher des A. T., Gebetbücher u. a. nach ursprünglich von so genannten Massoreten festgelegten Regeln vokalisiert (Punktation). – Tabelle S. 296
hebräische Sprache, dem kanaanäischen Zweig der semit. Sprachen zugehö-

Hebraistik

hebräische Schrift

Konsonantenzeichen				
Name	Zeichen	moderne Schreibschrift	wissenschaftliche Umschrift	gängige Wiedergaben
Aleph	א	k	'[1]	–
Bet	ב	ב	v, b[2]	v (w), b
Gimel	ג	ג	ḡ, g[2]	g
Dalet	ד	ד	ḏ, d[2]	d
He	ה	ה	h[4]	h
Waw	ו	/	w	w (v)
Zajin	ז	ל	z	z, s
Chet	ח	ח	ḥ	ch, h
Tet	ט	ט	ṭ	t
Jod	י	,	y	j, y
Kaf	כ ך[3]	כ ך[3]	ḵ, k[2]	ch, kh, k
Lamed	ל	ל	l	l
Mem	מ ם[3]	מ ם[3]	m	m
Nun	נ ן[3]	נ ן[3]	n	n
Samech	ס	ס	s	s
Ajin	ע	ע	'	–
Pe	פ ף[3]	פ ף[3]	f, p[2]	f, p
Zade	צ ץ[3]	צ ץ[3]	ẓ	z, tz, s
Kof	ק	ק	q	k, q
Resch	ר	ר	r	r
Sin	שׂ	שׂ	ś	s
Schin	שׁ	שׁ	š	sch, sh
Taw	ת	ת	ṯ, t[2]	th, t

Vokalzeichen		
Name	Zeichen	wissenschaftliche Umschrift
Patach	־	a
Kametz	ָ	ā
Kametz Chatuf	ָ	o
Segol	ֶ	æ
Sere	ֵ	e
Chirek	ִ	i
Cholem	ֹ	o
Kibutz	ֻ	u
Chatef Patach	ֲ	ă
Chatef Segol	ֱ	ĕ
Chatef Kametz	ֳ	ŏ
Schwa (Murmelvokal)	ְ	ĕ

1) Wird am Wortanfang nicht wiedergegeben; wird am Wortende durch Querstrich über dem letzten Vokal wiedergegeben. – 2) Das zweite Zeichen gibt den entsprechenden hebräischen Buchstaben mit Dagesch lene (»·«, z. B. im »בּ«), das heißt mit der Aussprache als Verschlusslaut wieder. – 3) Das zweite Zeichen ist die Buchstabenvariante am Wortende. – 4) Wird am Wortende durch Trema über dem letzten Vokal wiedergegeben.

rige Sprache, seit 1948 Amtssprache in Israel; verwandt mit dem Phönikischen, Moabitischen und Aramäischen. Sie entstand nach der Landnahme der Israeliten (um 1200 v. Chr.) aus der Angleichung des eigenen Dialekts an die kanaanäische Landessprache. Außer einigen Inschriften und den Texten der Schriftrollen von ↑Qumran sind die Bücher des A.T. das einzige Denkmal des **Althebräischen** (Bibelhebräisch); dieses wurde seit dem 5. Jh. v. Chr. durch die aramäische Staatssprache des Achaimenidenreiches zurückgedrängt. Etwa um die Zeitenwende entstand das **Mischna-** oder **Mittelhebräische,** das u. a. in der umfangreichen Literatur von Talmud und Midrasch seinen Niederschlag fand. Durch die Verschmelzung des Bibelhebräischen mit dem Mischnahebräischen gegen Ende des 19. Jh. wurde das **Neuhebräische (Iwrit)** geschaffen.
📖 *Rabin, C.: Die Entwicklung der h. S.* Wiesbaden 1988. – *Harshav, B.: Hebräisch.* A. d. Engl. Frankfurt am Main 1995.
Hebraistik die, Wiss. von der hebräischen Sprache und Kultur, bes. als wiss. Beschäftigung christl. Gelehrter mit der hebräischen Sprache des Alten Testaments.
Hebriden, 1) (engl. Hebrides), Inselgruppe vor der W-Küste Schottlands. Verwaltungsmäßig bilden die Äußeren H. als **Western Isles** (3 134 km², 27 900 Ew., die z. T. Gälisch sprechen; Verw.sitz: Stornoway) eine der drei schott. Islands Areas; die Inneren H. gehören zur Highland Region und zum Verw.gebiet Argyll and Bute. Von den etwa 500 felsigen Inseln und Klippen, zus. 7 285 km², sind weniger als 100

bewohnt. Der 210 km lange Bogen der **Äußeren H.** (Hauptinseln Lewis with Harris, North Uist, South Uist, Barra) wird durch die Meeresgebiete The Minch, The Little Minch und H.-See von den **Inneren H.** getrennt, die unmittelbar vor der Küste Schottlands liegen (Hauptinseln Skye, Rhum, Coll, Tiree, Mull, Jura, Islay). Das Klima ist kühl, sturmreich und feucht, die Pflanzenwelt besteht v. a. aus atlant. Grasheide und Moor. Wenig Ackerbau (Gerste, Hafer), Schafzucht, Fischfang; Tweedherstellung, Whiskybrennereien, Fremdenverkehr. – Die im 1. Jt. v. Chr. von Kelten besiedelten H. wurden im 6. Jh. christianisiert (Columban d. Ä.). Seit dem 9. Jh. unter norweg. Herrschaft, kamen die H. 1266 an Schottland.

2) (Neue Hebriden), Inselgruppe im Pazifik, ↑Vanuatu.

Hebron (arab. Al-Chalil, El-Khalil), arab. Stadt im ↑Westjordanland, südlich von Jerusalem, auf dem Hochland von Judäa, 927 m ü. M., rd. 100 000 Ew., im Zentrum etwa 400 jüd. Siedler; private palästinens. Hochschule (gegr. 1971, 1980 Univ.status); Pilgerverkehr (aber keine Hotels); Kunsthandwerk; Anbau von Tafeltrauben. – In sechs Höhlen Begräbnisstätte der Patriarchen, v. a. von Abraham (Machpelahöhle); darüber die viel besuchte Moschee (Masdjid Ibrahim, vor dem 10. Jh.). – Seit dem 3. Jt. v. Chr. besiedelt, um 1000 v. Chr. unter König David kurzzeitig Hptst. von Judäa (A. T.), 638–1100 unter arab. und 1517–1917 unter osman. Herrschaft. – Mit dem **H.-Abkommen** (17. 1. 1997, Zusatzprotokoll zum Interimsabkommen) wurde der weitere Abzug aus dem Westjordanland vereinbart.

Hebung, 1) *Geologie:* Aufwärtsbewegung von Erdkrustenteilen durch Bruchtektonik (Schollenverschiebung an Verwerfungen), Gebirgsbildung (Orogenese) oder andere weiträumige Niveauänderungen (Epirogenese) oder durch vulkan. Tätigkeit.

2) *Literaturwissenschaft:* betonte Silbe eines Wortes im Vers (↑Metrik).

Hecheln, *Spinnerei:* Aufteilen grober Bastfaserbündel zu feinen, verspinnbaren Teilbündeln; erfolgt mit der Hechelmaschine.

Hechingen, Stadt im Zollernalbkreis, Bad.-Württ., am Nordrand der Schwäb. Alb, am Fuß von Berg und Burg ↑Hohenzollern, 19 200 Ew.; Textilind., Maschinenbau, Holzverarbeitung. – Ehem. Franziskanerklosterkirche St. Luzen (1586–89); röm. Gutshof (Ende 1. Jh. n. Chr.; Freilichtmuseum) im Ortsteil Stein. – 786 erstmals erwähnt; im 13. Jh. zur Stadt ausgebaut; seit 1423 Sitz der Grafen, seit 1623 der Fürsten von Hohenzollern-H.; 1850–1945 preußisch.

Hecht

Hecht (Esox lucius), bis 1,5 m langer und 35 kg schwerer, schlanker Raubfisch der euras. und nordamerikan. Binnengewässer; Speisefisch.

Hechtbarsch, der ↑Zander.

Hechter [ɛʃˈtɛːr], Daniel, frz. Modeschöpfer, *Paris 30. 7. 1938; eröffnete 1962 in Paris sein eigenes Prêt-à-porter-Haus für sportive Damenmode; ab 1970 auch Herrensportmode.

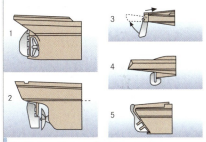

Heck: verschiedene Heckformen; 1 Dampferheck, 2 Kreuzerheck, 3 Spiegel- oder Plattgattheck, 4 Jachtheck, 5 Spitzgattheck

Heck, der hintere Teil eines Fahrzeugs, insbesondere der (über das Wasser herausragende) hintere Teil eines Schiffes. Man unterscheidet: das ellipt. **Dampfer-H.** älterer Schiffe; das bei Fracht- und Fahrgastschiffen bevorzugte **Kreuzer-H.;** das v. a. bei Segel- und Motorbooten zu findende **Spiegel-** oder **Plattgatt-H.;** das **Jacht-H.** bei Rennjachten, das bugähnlich gestaltete **Spitzgatt-H.** bei Fischkuttern und das **Tunnel-H.** mit tunnelförmig gewölbtem Unterwasserteil bei Binnenschiffen.

Heck, Philipp von (seit 1912), Rechtsge-

HEC Heckantrieb

lehrter, *Sankt Petersburg 22. 8. 1858, †Tübingen 22. 6. 1943; Prof. in Greifswald, Halle und Tübingen; wegweisender Vertreter der Interessenjurisprudenz.

Heckantrieb, *Kraftfahrzeugtechnik:* ein ↑Hinterradantrieb.

Heck des Schiffes (Achterschiff, Hinterdeck, lat. Puppis), Sternbild des südl. Himmels, Teil des früheren Sternbildes Schiff Argo.

Hecke, dichte Pflanzung von Gehölzen als Schutz-, Grenz- oder Zier-H.; bietet auch Unterschlupf für Tiere (z. B. Vögel, Insekten).

Heckel, Erich, Maler, Grafiker, *Döbeln 31. 7. 1883, †Hemmenhofen (heute zu Gaienhofen, Kr. Konstanz) 27. 1. 1970. Als Mitbegründer der ↑Brücke hatte er wesentl. Anteil an der Entstehung des Expressionismus in Deutschland. Als Grafiker trat er v. a. mit Holzschnitten und Lithographien hervor.

📖 Henze, A.: E. H. Leben u. Werk. Stuttgart u. a. 1983.

Zvi Hecker: Heinz-Galinski-Schule in Berlin (1991–96)

Heckelphon *das,* 1904 von Wilhelm Heckel (*1856, †1909) gebaute Baritonoboe mit kugelförmigem Schallstück und vollem, weichem Ton, eine Oktave tiefer als die Oboe.

Heckenkirsche, *Botanik:* das ↑Geißblatt.

Heckenlandschaft, durch eingehegte Fluren, meist Blockfluren, gekennzeichnete Kulturlandschaft; das Flurbild wird durch Hecken oder Wallhecken (Knick) bestimmt. Die Hecken dienen neben der Abgrenzung dem Frost- und Windschutz sowie als Feuchtigkeitsregler. H. finden sich in S-Skandinavien, N-Deutschland, auf den Brit. Inseln, in NW-Frankreich (dort Bocage gen.) und auf der Iber. Halbinsel.

Heckenmünze, im 16. und 17. Jh. Münzstätte, in der gesetzwidrig Münzen geprägt wurden; auch die dort hergestellten Münzen selbst. (↑Kipper und Wipper)

Heckenrose, Wildart der Rose.

Heckentheater, Form des Naturtheaters in Spätbarock und Rokoko; in Schlossparks angelegt mit festem Zuschauerraum sowie Kulissen aus kunstvoll beschnittenen Hecken, Lauben, Springbrunnen und Pavillons; z. B. Schlossparktheater in Hannover-Herrenhausen oder Schwetzingen. (↑Freilichtbühne)

Hecker, 1) Friedrich, Politiker, *Eichtersheim (heute zu Angelbachtal, Rhein-Neckar-Kreis) 28. 9. 1811, Saint Louis (Mo.) 24. 3. 1881; war Mitgl. der zweiten bad. Kammer und in der Revolution von 1848 ein Führer der radikalen Linken; führte mit G. von Struve den bewaffneten Aufstand in Baden (am 20. 4. 1848 niedergeschlagen); floh in die Schweiz, 1849 in die USA; dort Oberst bei den Unionstruppen im Sezessionskrieg.

2) Zvi, israel. Architekt, *Krakau 31. 5. 1931; emigrierte 1940 nach Israel. Während seine frühen Bauten streng geometr. kristalline Strukturen zeigen, wird dies zunehmend zugunsten einer Synthese von geometr. und organ. Elementen aufgegeben (u. a. Heinz-Galinski-Schule in Berlin, 1991–96).

Heckman [-mən], James Joseph, amerikan. Volkswirtschaftler und Ökonometriker, *Chicago (Ill.) 19. 4. 1944; Prof. an der University of Chicago seit 1977; gilt als Begründer einer mikroökonom. Methodik, die es erlaubt, das Verhalten von Individuen, Haushalten oder Unternehmen auf dem Arbeitsmarkt, im Berufsleben, in der Ausbildung oder bei Lohnverhandlungen zu deuten. Seine Studien über die Wirksamkeit von Sozialprogrammen bzw. arbeitsmarktpolit. Maßnahmen liegen im Grenzbereich zw. Ökonomie, Sozialwiss. und Statistik. H. erhielt 2000 zus. mit D. L. McFadden den Nobelpreis für Wirtschaftswiss.en für die Entwicklung von Theorien und Methoden zur Analyse selektiver Stichproben.

Heckmann, 1) Herbert, Schriftsteller,

Heddal: Stabkirche (Mitte 13. Jh.)

*Frankfurt am Main 25. 9. 1930, † Bad Vilbel 18. 10. 1999; Mithg. der »Neuen Rundschau«; Romane (»Benjamin und seine Väter«, 1961), Erzählungen, Kinderbücher; 1982–96 Präs. der Dt. Akademie für Sprache und Dichtung.

2) Otto Hermann Leopold, Astronom, *Opladen (heute zu Leverkusen) 23. 6. 1901, † Heidelberg 14. 5. 1983; Prof. in Göttingen und Hamburg, 1941–62 Direktor der Hamburger Sternwarte, 1962–73 Gründungsdirektor der Europ. Südsternwarte; Arbeiten zur Astrometrie, Photometrie, Stellarstatistik und Kosmologie.

Heckscher, Eli Filip, schwed. Volkswirtschaftler, *Stockholm 24. 11. 1879, † ebd. 26. 11. 1952; beschäftigte sich v. a. mit Außenwirtschaftstheorie; entwickelte 1933 mit B. Ohlin eine Theorie internat. Güterströme (**H.-Ohlin-Theorem**).

Hecuba, latinisierte Form von Hekuba (↑ Hekabe).

Heddal, Ort in O-Telemark bei Notodden, S-Norwegen, mit der größten erhaltenen norweg. Stabkirche (Mitte 13. Jh.) mit Wandmalereien (14. Jh.) im Innern.

Hedebostickerei [dän. hedebo »Heidebewohner«], dän. Weißstickerei auf grobem Leinen.

Hedenbergit der, Mineral aus der Reihe der ↑ Pyroxene.

Hederich [zu lat. hederaceus »efeuartig«], Name mehrerer Pflanzen, u. a. ↑ Ackerrettich.

Hedge-Fonds ['hedʒ-], seit 2004 auch in Dtl. zugelassene Investmentfonds, die eine hochspekulative Anlagepolitik betreiben und Verlustrisiken durch verschiedenartige Hedginginstrumente zu begrenzen suchen. So werden z. B. Gelder in bestimmte Hochzinswährungen investiert und durch Kreditaufnahmen in Niedrigzinswährungen finanziert.

Hedging ['hedʒɪŋ; engl. to hedge »sichern«] das (Hedgegeschäft), Sicherungsgeschäft zur Ausschaltung oder Begrenzung von Preisrisiken bei börsengängigen Objekten. Beim **Rohstoff-H.** wird eine am Kassamarkt gekaufte Rohstoffmenge in gleicher Menge gleichzeitig per Termin (entspricht dem vorgesehenen Verkaufszeitpunkt der Fertigware) verkauft. Mit dem **Finanz-H.** werden Zinsänderungs- oder Wechselkursrisiken im Handel mit Devisen, Edelmetallen oder Wertpapieren minimiert.

Hedin, Sven Anders, schwed. Asienforscher, *Stockholm 19. 2. 1865, † ebd. 26. 11. 1952; unternahm ab 1894 mehrere Expeditionen nach Zentralasien (bes. Tibet) und 1923 eine Reise um die Welt. 1927–35 erforschte er mit wiss. Mitarbeiterstab die Gobi und Chinesisch-Turkestan. Verfasste wiss. Berichte und volkstüml. Reiseschilderungen.

Werke: Southern Tibet, 11 Bde. Text, 3 Bde. Atlas (1917–22); Zentralasien-Atlas (in Lieferungen seit 1940). Volkstüml. Reisebücher: Im Herzen von Asien, 2 Bde. (1903); Transhimalaja, 3 Bde. (1909–12); Der wandernde See (1937) u. a.

Hedingebirge, der ↑ Transhimalaja.

Hedjra [-dʒ-], *Islam:* die ↑Hidjra.

Hedmark, Prov. (Fylke) in S-Norwegen, vom Mjøsensee im W bis zur schwed. Grenze im O, 27 388 km², (1999) 186 300 Ew.; Hauptstadt ist Hamar.

Hedonismus [zu grch. hēdonḗ »Freude«, »Vergnügen«, »Lust«] *der,* als Sonderform des Eudämonismus die philosoph. Lehre, dass das Streben nach Lust alles menschl. Handeln und Verhalten entscheidend bestimmt bzw. bestimmen sollte. Dem von Aristippos begründeten H. stand auch Epikur nahe. Während der psycholog. H. (S. Freud) im Streben nach Lust einen entscheidenden Beweggrund menschl. Tuns erblickt, vertritt der eth. H. die moralphilosoph. These, Lust sei um ihrer selbst willen erstrebenswert.

Hedschas, arab. Landschaften, ↑Hidjas.

Hedschra, *Islam:* die ↑Hidjra.

Hedwig, Herrscherinnen:
Polen: **1)** H. (poln. Jadwiga), Königin (1382–99), * um 1374, † Krakau 17. 7. 1399; jüngste Tochter Ludwigs I. von Ungarn und Polen, nach dessen Tod (1382) vom poln. Adel auf den Thron erhoben und 1384 gekrönt, seit 1386 ∞ mit dem Großfürsten Jagiełło von Litauen. Die Heirat legte den Grund zur polnisch-litauischen Union.
Schlesien: **2) H. die Heilige,** Herzogin, * Andechs 1174, † Zisterzienserinnenkloster Trebnitz (bei Breslau) 15. 10. 1243; Gemahlin Herzog Heinrichs I. von Schlesien, stiftete viele Kirchen und Klöster; 1267 heilig gesprochen; Patronin Schlesiens (Tag: 16. 10.).
Schwaben: **3) Hadwig,** Herzogin, * um 940, † 28. 8. 994; Tochter Herzog Heinrichs I. von Bayern, ∞ mit Herzog Burchard II. († 973), Schülerin von ↑Ekkehart II.

Heeger [ˈhiːgə], Alan J., amerikan. Chemiker, * Sioux City (Ia.) 22. 1. 1936; Prof.; erhielt mit A. G. MacDiarmid und H. Shirakawa für die Entdeckung und Entwicklung von elektrisch leitenden Polymeren 2000 den Nobelpreis für Chemie.

Heem, Jan Davidsz. de, niederländ. Maler, * Utrecht 1606, † Antwerpen 26. 4. 1684; einer der Hauptmeister der in grauen und gelbbraunen Farben gehaltenen Vanitasstillleben; nach 1635 entstanden Früchte- und Blumenstillleben mit liebevoll ausgeführten Details in warmem Helldunkel. Sein Sohn Cornelis (* 1631, † 1695) arbeitete ebenfalls als Stilllebenmaler.

Heemskerck, Maarten van, niederländ. Maler und Zeichner, * Heemskerk (Prov. Nordholland) 1498, † Haarlem 1. 10. 1574; Schüler des Jan van Scorel; sein Italienaufenthalt (1532–36) brachte ihn mit dem röm. Manierismus der Michelangelo-Schule in Verbindung; er schuf große Altarblätter und Flügelaltäre (u. a. Laurentius-Altar aus Alkmaar, 1538–42; Linköping, Dom).

Heemstede [-steːdə], Garten- und Blu-

Jan Davidsz. de **Heem**: Früchtestillleben (um 1660; Moskau, Puschkin-Museum)

menstadt in der Prov. Nordholland, Niederlande, 26 000 Ew.; Industrieparks.
Heer [ahd. heri, urspr. »das zum Krieg Gehörige«], Bez. für die Landstreitkräfte eines Staates. Nach Organisation und Aufbau gliedern sich H. zum einen in versch. Truppengattungen (z. B. Artillerie, Pioniere, Panzertruppen), zum anderen in Truppenkörper der unterschiedlichsten Größe (z. B. Kompanien, Brigaden, Korps). I. d. R. ab der Brigadeebene bestehen die Truppenkörper aus Einheiten und Verbänden der unterschiedl. Truppengattungen.
Heer, 1) Friedrich, österr. Kulturhistoriker und Publizist, * Wien 10. 4. 1916, † ebd. 18. 9. 1983; seit 1962 Prof. an der Univ. Wien, daneben 1961–71 Chefdramaturg des Burgtheaters.
Werke: Aufgang Europas, 2 Bde. (1949); Europ. Geistesgesch. (1953); Europa – Mutter der Revolutionen (1964); Der Kampf um österr. Identität (1980).
2) Jakob Christoph, schweizer. Schriftsteller, * Töss (heute zu Winterthur) 17. 7. 1859, † Rüschlikon 20. 8. 1925; 1899–1902 Schriftleiter der »Gartenlaube« in Stuttgart; Romane mit effektvollen Hochgebirgsschilderungen.
Heerbann [ahd. heriban »Aufgebot der waffenfähigen Freien zum Kriegsdienst«], bei den Germanen das Aufgebot zur Teilnahme an einem Feldzug (**Heerfahrt**). Im frühen MA., bes. bei den Franken, bezeichnete H. sowohl die militär. Hoheitsgewalt des Königs, die bei Nichtbefolgung Geldstrafe vorsah, als auch das aufgebotene Heer selbst.
Heeresfliegertruppe, Truppengattung des dt. Heeres. Die H. führt Verbindungs-, Aufklärungs-, Überwachungs-, Transport- und Kampfaufgaben (u. a. Panzerabwehr) durch; sie ist hierfür mit unterschiedl. Hubschraubern ausgestattet.
Heeresflugabwehrtruppe, Truppengattung des dt. Heeres, ↑ Flugabwehr.
Heeresgruppe, die Zusammenfassung mehrerer Armeen unter einheitl. Führung.
Heerfolge, im MA. die Verpflichtung der Vasallen, Kriegs- und Waffendienste für den Lehnsherrn zu leisten.
Heerlen [ˈheːrlə], Stadt im S der Prov. Limburg, Niederlande, 95 700 Ew.; Fern-Univ.; Geolog. und Thermenmuseum; bis 1974 Zentrum des südlimburg. Steinkohlenbergbaus; nach dessen Einstellung ent-wickelte sich H. zu einem Industrie- und Dienstleistungszentrum. – H. entstand aus einer röm. Siedlung des 3. Jh. (Reste röm. Thermen).
Heermann, Johannes, evang. Geistlicher und Kirchenlieddichter, * Raudten (heute Rudna, Wwschaft Niederschlesien) 11. 10. 1585, † Lissa (heute Leszno) 17. 2. 1647; wurde 1608 zum »Poeta laureatus« gekrönt. Seine volkstüml. Kirchenlieder (»Herzliebster Jesu«) werden z. T. noch heute gesungen.
Heerschild, im Lehnsrecht des Hoch-MA. die Fähigkeit zum Erwerb eines Ritterlehens. Der Sachsen- und der Schwabenspiegel kannten eine H.-Ordnung von sieben Stufen: 1) König, 2) geistl. Fürsten, 3) weltl. Fürsten, 4) Grafen und Freiherren, 5) schöffenbar Freie und Ministerialen, 6) die Mannen der Vorigen, 7) übrige Ritterbürtige.
Heesters, Johannes, österr. Operettensänger und Schauspieler niederländ. Herkunft, * Amersfoort 5. 12. 1903; neben Bühnentätigkeit auch Filme: »Der Bettelstudent« (1936), »Die Fledermaus« (1944), »Die Csárdásfürstin« (1951) u. a.; Erinnerungen: »Es kommt auf die Sekunde an« (1978), »Ich bin gottseidank nicht mehr jung« (1993).
Hefei (Hofei, bis 1912 Luchow, Lutschou, Luzhou), Hptst. der Prov. Anhui, China, 733 300 Ew.; Univ., TU, Fachhochschulen; Eisen-, Stahl-, Aluminiumwerke, chem., Textilindustrie. – Am Osttor Tempel aus der Qingzeit (6. Jahrhundert).
Hefen, 1) *Botanik:* mikroskopisch kleine einzellige **Hefepilze** (Saccharomyces u. a. Gatt.), die die alkohol. ↑ Gärung bewirken. Durch Reinzucht obergäriger Rassen und Nährlösungen (v. a. Melasse) wird **Back-H.** hergestellt, die als **Press-H.** oder auch **Trocken-H.** in den Handel kommt. Die in der Natur frei vorkommende **Wein-H.** wird heute ausschl. als Reinzucht-H. gezüchtet. Die **Bier-H.** sind dagegen nur als Kulturstämme bekannt; hier werden untergärige und obergärige Stämme unterschieden. Ebenfalls zu den H. wird die **Nähr-H.** (Eiweiß-H.) gerechnet.
2) *Kellereitechnik:* feste Stoffe, die sich nach der alkohol. Gärung von untergärigem Bier und Wein absetzen (**Drusen, Geläger**) oder bei obergärigem Bier an die Oberfläche steigen (**Geest**); H. bestehen

vorwiegend aus lebenden oder toten Hefezellen, Eiweißen u. a. organ. Stoffen; sie dienen noch zur Herstellung von wein- und branntweinartigen Getränken minderer Güte (**Hefepresswein, Hefewein, Hefebranntwein**).

Georg Wilhelm Friedrich Hegel (Ausschnitt aus einem Gemälde von Jakob Schlesinger, um 1825)

Hefner-Alteneck, Friedrich von, Elektrotechniker, * Aschaffenburg 27. 4. 1845, † Biesdorf (zu Berlin) 7. 1. 1904; erfand u. a. 1872/73 den Trommelanker und 1878/79 die Differenzialbogenlampe. – Die nach ihm benannte **Hefner-Kerze** (Einheitenzeichen HK) war 1896–1948 gesetzl. Einheit der Lichtstärke (1 HK = 0,903 cd).

Heft, *Technik:* Handgriff an Werkzeugen und Waffen.

Heften, *Buchbinderei:* das formschlüssige Vereinigen von Bogen, Blättern o. ä. Teilprodukten mit Draht, Faden oder anderen Verbindungselementen zur Blockherstellung.

Hegau *der,* alte Kulturlandschaft in Bad.-Württ., nordwestlich des Bodensees, mit zahlr. Bergkegeln aus jungvulkan. Gestein, z. B. dem Hohentwiel (686 m ü. M.), Hohenhewen (846 m ü. M.), die meisten von Burgruinen gekrönt; Hauptort ist Singen. – Die 787 erstmals urkundlich erwähnte Grafschaft H. fiel gegen 1180 an die Staufer; der Kern des H. gehörte seit dem späten MA. zur Landgrafschaft Nellenburg, die 1805 von Österreich an Württemberg, 1810 an Baden kam.

Hegel, Georg Wilhelm Friedrich, Philosoph, * Stuttgart 27. 8. 1770, † Berlin 14. 11. 1831; studierte am Tübinger Stift zus. mit F. Hölderlin und F. W. J. Schelling, wurde 1805 außerordentl. Prof. in Jena, 1808 Rektor des Gymnasiums in Nürnberg, 1816 Prof. in Heidelberg und 1818 J. G. Fichtes Nachfolger in Berlin. – Als angehender Theologe beteiligte sich H., zunächst von der Aufklärung (v. a. J.-J. Rousseau) beeinflusst, an den Auseinandersetzungen um das Christentum und wandte sich staatsphilosoph. Problemen zu. Einen ersten Höhepunkt ihrer Entwicklung fand H.s Philosophie in seiner »Phänomenologie des Geistes« (1807), die er u. a. in der »Enzyklopädie der philosoph. Wissenschaften im Grundrisse« (1817) ausgestaltete. Im Mittelpunkt seines Systems, in dem er die tradierte aristotel. Metaphysik, die modernen naturwiss. Methoden, das moderne Naturrecht (J. Locke, T. Hobbes) und die Theorie der bürgerl. Gesellschaft (D. Stewart, A. Smith, D. Ricardo) zum Ausgleich zu bringen versucht, steht das Absolute, der Weltgeist, in seinen versch. Ausgestaltungen. In der »Wiss. der Logik« (2 Bde., 1812–16) stellt H. das Absolute im Zustand des »An-sich-Seins«, in seiner abstrakt-log. Form dar. Die Naturphilosophie beschreibt es – als »Für-sich-Sein« – im Zustand der Entäußerung: In der materiellen Welt der Natur gewinnt das Absolute dingl. Form. Zu sich selbst kommt es durch das immer stärker erwachende Selbstbewusstsein des menschl. Geistes (sein »An-und-für-sich-Sein«). Weltgeschichte ist demnach der notwendig fortschreitende Prozess des absoluten Geistes, in welchem er sich seiner Freiheit bewusst wird. Als subjektiver Geist konkretisiert sich das Absolute im menschl. Individuum, als objektiver Geist in Familie, Gesellschaft, Staat, als absoluter Geist in Kunst, Religion und Philosophie. Das Absolute ist für H. nichts unbewegt Substanzielles wie für Parmenides, sondern prozesshaft im Sinne Heraklits; es entwickelt sich »dialektisch«. Die Dialektik ist keine äußerl. Denktechnik, sondern die Entwicklung in Gegensätzen und Widersprüchen (Dreischritt von These, Antithese und Synthese)

gehört notwendig zu Geist und Begriff, damit aber auch zur Wirklichkeit selbst (Realdialektik). – Gehalt und Methoden der Philosophie H.s waren von großem Einfluss sowohl auf philosophisch-geisteswiss. wie auf politisch-soziales Denken. Bes. nachhaltig wirkten die »Phänomenologie des Geistes« (1807), in der einzelne Formen des Bewusstseins und sittl. Einstellungen als für geschichtl. Epochen repräsentativ erscheinen, die Philosophie der Weltgeschichte (die Staaten als Manifestationen der Volksgeister, aus der geschichtl. Abfolge ergibt sich »Fortschritt im Bewusstsein der Freiheit«), die v. a. in den »Grundlinien der Philosophie des Rechts« (1820) dargestellte Rechts- und Staatsphilosophie (»Sittlichkeit« zeigt sich hiernach konkret in der Familie, in der bürgerl. Gesellschaft und im Staat); Letztere, ein konstitutionell-monarchisch geprägter Liberalismus, wurde v. a. von konservativen Ideologen ausgewertet. Zur Wirkungsgesch. ↑Hegelianismus, ↑Neuhegelianismus.
📖 Taylor, C.: H. A. d. Engl. Frankfurt am Main ³1997. – Schnädelbach, H.: H. zur Einführung. Hamburg 1999. – Wiedmann, F.: G. W. F. H. mit Selbstzeugnissen u. Bilddokumenten. Reinbek 81.–82. Tsd. 1999.

Hegelianismus der, die an Hegel anschließenden philosoph. Richtungen: Während die **Rechts-** oder **Althegelianer** (K. F. Göschel u. a., später auch J. E. Erdmann) Hegels Philosophie mit dem Christentum in Einklang sahen und in konservativem Sinn auslegten, gingen die **Links-** oder **Junghegelianer** (A. Ruge, B. Bauer, L. Feuerbach, D. F. Strauß, K. Marx, F. Engels u. a.) von den geistesgeschichtlich revolutionären Momenten bei Hegel aus und stellten den Menschen und sein Selbstbewusstsein in den Mittelpunkt. Marx und Engels übernahmen Hegels dialekt. Methode, gaben ihr aber eine andere, von L. Feuerbachs Anthropologie geprägte materialist. Grundlage (↑Marxismus). Seit 1900 kam Hegels Philosophie zu neuer großer Wirkung (in Italien: B. Croce, G. Gentile; in Russland wirkte die radikale Deutung der Linkshegelianer u. a. auf M. A. Bakunin, W. I. Lenin, G. W. Plechanow; in Dtl.: T. Litt, H. Freyer u. a.), und K. Fischer und W. Dilthey leiteten den ↑Neuhegelianismus ein. Aus unorthodox marxist. Sicht (G. Lukács, E. Bloch) und durch Vertreter der ↑Frankfurter Schule (T. W. Adorno, H. Marcuse) wurde Hegel neu eingeschätzt. In Frankreich führten v. a. Jean Wahl und A. Kojève Hegels Philosophie in die Diskussion ein und beeinflussten damit eine große Zahl marxist. orientierter Philosophen (J.-P. Sartre, M. Merleau-Ponty, J. Hyppolite u. a.).

Hegemon [grch. »Anführer«] der, Fürst, der über andere Fürsten herrscht.

Hegemonie [grch. »Führung«] die, in der internat. Politik die Vormachtstellung eines Staates gegenüber anderen. Sie gründet sich auf die Anerkennung der polit. (ideolog.), militär., wirtsch. und/oder kulturellen Überlegenheit eines Staates seitens anderer Staaten. H. geht über bloße Einflussnahme hinaus, endet aber unterhalb der Schwelle unmittelbarer Herrschaftsausübung. Im Ggs. zu einem mit Gewalt erzwungenen Über- und Unterordnungsverhältnis schließt H. – idealtypisch gesehen – das Moment der Freiwilligkeit und Gleichberechtigung der Partner innerhalb des H.-Systems ein. In der polit. Realität überschreitet die H. eines Staates über andere jedoch oft die Schwelle zur Herrschaft im Sinne einer Über- und Unterordnung. – Beispiele hegemonialer Bestrebungen sind z. B. die Auseinandersetzungen in der Antike zw. Athen und Sparta, im MA. zw. Venedig und Genua, in der Neuzeit zw. Österreich und Preußen, zw. Frankreich und England. Nach dem Zweiten Weltkrieg entwickelte sich unter ideolog. Vorzeichen im Ost-West-Konflikt zw. den Führungsmächten USA und UdSSR ein Kampf um den beherrschenden Einfluss in der Welt.

Hegenbarth, Josef, Maler und Grafiker, *Böhmisch Kamnitz (heute Česká Kamenice, bei Děčín) 15. 6. 1884, †Dresden 27. 7. 1962; arbeitete für die Ztschr. »Jugend«, »Simplicissimus« und »Ulenspiegel«; seine Buchillustrationen zeigen einen ausgeprägten Sinn für das Groteske und Fantastische; Szenen aus der Märchen- und Zirkuswelt; bekannt auch seine Tierdarstellungen.

Hegesias von Kyrene, grch. Philosoph der kyrenaischen Schule um 330–270 v. Chr.; bestimmte in pessimist. Abwendung von dem Hedonismus dieser Schule eine Indifferenz gegen jegl. Lust- und Glücksstreben als Ziel und Endzweck menschl. Handelns.

Hegewald, Bez. für Waldstücke, die keiner normalen forstwirtschaftl. Nutzung unterliegen, sondern eine bestimmte Schutzwirkung ausüben sollen, z.B. in Trockengebieten als Wasserspeicher, an Steilhängen gegen die Erosion.

Hegner, Johann Ulrich, schweizer. Schriftsteller, *Winterthur 7. 2. 1759, † ebd. 3. 1. 1840; Friedensrichter in Winterthur, bedeutendster Volksschriftsteller der Schweiz vor J. Gotthelf (z.B. »Die Molkenkur«, R., 1812–19, 3 Bde.).

Hegung, feierl. Eröffnung des ↑ Dings; erfolgte durch das Einhegen der Gerichtsstätte mit Zweig, Pflock und Seil, verbunden mit formelhaften Erklärungen der Richter an die Anwesenden; stellte das Ding unter einen besonderen Frieden.

Hehlerei, Straftat, die begeht, wer Sachen, von denen er weiß oder den Umständen nach annehmen muss, dass sie durch strafbare Handlung erlangt sind, ankauft, sich oder einem Dritten verschafft, sie absetzt oder absetzen hilft, um sich oder einen Dritten zu bereichern. Strafe: Freiheitsstrafe bis zu fünf Jahren oder Geldstrafe; bei gewerbsmäßiger H. und gewerbsmäßiger Banden-H. Freiheitsstrafe bis zu zehn Jahren, außerdem droht Erweiterter Verfall (§§ 259, 260, 260a StGB). – Ähnl. Strafvorschriften in § 164 *österr.* StGB sowie Art. 160 *schweizer.* StGB.

Hehn, Victor, balt. Kulturhistoriker, *Dorpat 8. 10. 1813, † Berlin 21. 3. 1890; stilistisch hervorragende kulturhistor. Schriften und Reiseberichte (»Italien«, 1867; »Gedanken über Goethe«, 1887).

Heian-Zeit [heıan-], Periode in der Geschichte Japans (794–1185); ben. nach Heian-kyō (heute Kyōto), das zu Beginn dieser Zeit Hauptstadt wurde.

Heide, 1) *Botanik:* (Erica), Gattung der Heidekrautgewächse; Zwergsträucher mit kleinen, nadelförmigen Blättern, in Feuchtheiden und Mooren die **Glocken-H.** (Erica tetralix) mit rosa Blüten in endständigem Blütenstand, in Gebirgskiefernwäldern die **Schnee-H.** (Erica herbacea) mit fleischfarbenen Blüten, häufig als Zierpflanze kultiviert. († Heidekraut) **2)** *Geographie:* urspr. Rechtsbegriff für die mageren Weiden und Wälder sandiger Gegenden; östlich der Elbe die Bez. für Kiefernwälder (z.B. Jungfernheide); heute i. Allg. eine Pflanzengesellschaft von Zwergsträuchern, Gräsern und Kräutern auf nährstoffarmen Böden. In der H. des nordwestdt. Tieflandes († Lüneburger Heide) und seinen Nachbarländern hatte sich Heidekraut anstelle urspr. Eichenwälder weit verbreitet, begünstigt durch die Beweidung mit Heidschnucken. Heute ist sie bis auf wenige Naturschutzgebiete in Kiefernforste umgewandelt. Die seltenen natürl. **Sumpf-H.** sind nur die Ausläufer der atlant. **Zwergstrauch-H.,** die entlang der europ. Atlantikküste auftritt. Auf subalpiner Stufe treten im Hochgebirge **Alpenrosen-H.** auf, darüber Zwergstrauch-H. Die kontinentalen **Steppen-H.** bilden gehölzarme Magerrasen, die sich durch extensive Weidewirtschaft über ihre wenigen natürl. Standorte (erdarme Felsen) ausdehnen. Den Hauptanteil bilden Heidekrautgewächse, Stauden und Wacholder.

Heide, Krst. des Kreises Dithmarschen, Schlesw.-Holst., auf dem Geestrand, 20 700 Ew.; Klaus-Groth-Museum, Heimatmuseum; Maschinenbau, elektron. Ind. – H., 1434 erstmals urkundlich erwähnt, war 1447–1559 Hauptort des Bauernfreistaates Dithmarschen; 1870 Stadt.

Martin Heidegger

Heidegger, Martin, Philosoph, *Meßkirch 26. 9. 1889, † Freiburg im Breisgau 26. 5. 1976; wurde 1923 Prof. in Marburg, 1928 in Freiburg im Breisgau; Schüler und Nachfolger E. Husserls. Ausgehend von der Grunderfahrung der Seinsvergessenheit bzw. Seinsferne der abendländ. Metaphysik, greift H. seit seinem grundlegenden Werk »Sein und Zeit« (1927) die Frage nach dem »Sein« auf, das er vom Seienden abhebt (ontolog. Differenz). Zu H.s Philosophie gehört unabtrennbar eine ontolog. Sprachdeutung und stark reflektierte neue Terminologie. Als Seinsweisen der menschl. Existenz (»Existenzialien«) stellt H. »Befindlichkeit« (»Geworfenheit«), »Verstehen« (»Entwurf«), »Rede«, »Ver-

fallen«, »Sein zum Tode«, »Gewissen« und »Geschichtlichkeit« heraus. Die Grundverfassung des (menschl.) Daseins fasst er als »In-der-Welt-Sein«, sein konkretes Sein als »Angst« und »Sorge«, seinen tiefsten ontolog. Sinn als »Zeitlichkeit«. Methodisch knüpft er v. a. an die ↑ Phänomenologie und die ↑ Hermeneutik an.
Die bisherige Metaphysik seit Platon gilt H. als Verstellung des Seins durch ausschließl. Thematisierung des Seienden; sie führt zu den modernen Wiss. und der Technik, in denen sich der Versuch einer Weltbemächtigung manifestiert. Ein ursprünglicheres Verständnis von Sein klingt dagegen in der vorsokrat. Philosophie an (Sein als »Anwesenheit«, mit Zeit in Verbindung stehend); dieses wird von H. weitergeführt, und neue Denkwege münden in eine andere Form von Verbindlichkeit des Wissens und Handelns. H. hat weit über den philosoph. Bereich (so u. a. auf J.-P. Sartre) hinaus gewirkt, bes. auf Theologie (R. Bultmann), Psychologie (L. Binswanger, E. Fromm, E. Drewermann), Literatur und Kunst. ❖ **siehe ZEIT Aspekte**
Weitere Werke: Vom Wesen des Grundes (1929); Was ist Metaphysik? (1929); Vom Wesen der Wahrheit (1943); Erläuterungen zu Hölderlins Dichtung (1944); Über den Humanismus (1949); Holzwege (1950); Zur Seinsfrage (1956); Identität und Differenz (1957); Unterwegs zur Sprache (1959); Nietzsche, 2 Bde. (1961); Die Technik und die Kehre (1962); Wegmarken (1967); Zur Sache des Denkens (1969).
📖 *Steiner, G.: M. H. Eine Einf. A. d. Engl. München u. a. 1989. – Biemel, W.: M. H. Reinbek* ¹³*1996. – Figal, G.: M. H. zur Einf. Hamburg* ³*1999. – Safranski, R.: Ein Meister aus Dtl. H. u. seine Zeit. Tb.-Ausg. Frankfurt am Main 2001.*

Heidekraut (Besenheide, Calluna), Gattung der H.-Gewächse mit der einzigen Art **Calluna vulgaris** auf Moor- und Sandböden Europas und an den Küsten Nordamerikas; 20–100 cm hoher Zwergstrauch mit bis 3 mm langen, nadelförmigen Blättern; Blüten in einseitswendigen Trauben; Blütenkrone purpur-violett, selten weißlich. (↑Heide)

Heidelbeere [zu ahd. heitperi »auf der Heide wachsende Beere«] (Vaccinium), Gattung der Heidekrautgewächse mit rd. 150 Arten in Europa und N-Asien. Eine auf sauren Böden in Nadel- und Laubwäldern weit verbreitete Art ist die **Blaubeere** (H. im engeren Sinn, Bickbeere, Vaccinium myrtillus), ein sommergrüner Zwergstrauch mit einzeln stehenden, kugeligen, grünl. bis rötl. Blüten. Die wohlschmeckenden blauschwarzen, bereiften Beeren (Heidelbeeren) werden u. a. zu Saft, Wein, Marmelade und Kompott verarbeitet.

H<u>ei</u>delberg, Stadt in Bad.-Württ., am Austritt des Neckars aus dem Odenwald in die Oberrheinebene, Stadtkreis und Verw.sitz des Rhein-Neckar-Kreises, 140 300 Ew.; Ruprecht-Karls-Univ. (gegr. 1386) mit Südasien- und Dolmetscherinstitut, Heidelberger Akademie der Wiss., Max-Planck-Institute für Kernphysik, für medizin. Forschung, für Astronomie, für ausländ. öffentl. Recht und Völkerrecht, Dt. Krebsforschungszentrum, Europ. Zentrallabor für Molekularbiologie (EMBO), Hochschule für Kirchenmusik, PH, FH der Stiftung Rehabilitation H., Hochschule für Jüd. Studien, Hochschule für Musik und Darstellende Kunst H.-Mannheim; Landessternwarte; Kurpfälz. Museum, Dt. Apothekenmuseum, Völkerkundemuseum, Theater, botan. und zoolog. Garten. Textil-, Elektro-, Fahrzeug- und Maschinenbau-, Leder und Holz verarbeitende, Zement-, Tabak-, chem. und Kunststoffind., ferner bed. Verlage. Sitz des Hauptquartiers des amerikan. Heeres in Europa und der NATO-Kommandobehörde »Joint Headquarters Centre« (bis 2000 LANDCENT gen.).
Stadtbild: H. gilt als eine der schönsten dt. Städte mit Anziehungspunkt des internat. Fremdenverkehrs; oberhalb von Stadt und Schloss die Ausflugsziele Molkenkur und Königstuhl (Bergbahn). Bed. Baudenkmäler sind neben dem ↑Heidelberger Schloss die spätgot. Heiliggeistkirche mit Hallenchor (15. Jh.), die im 19. Jh. umgebaute Peterskirche (1485), das Renaissancehaus »Zum Ritter« (1592), das barocke Rathaus (1701–05), die Jesuitenkirche (1712–51) und Kolleg (1703–34), die Alte Univ. (1712), Karlstor (1773–81) und Alte Brücke mit Neckartor (1786–88).
Geschichte: H. war röm. Kastell, später Zivilsiedlung, zuerst 1196 erwähnt, kam 1214 an die Wittelsbacher, 1329 an die pfälz. Wittelsbacher und wurde die Grundlage der pfälz. Territorialmacht (vom 13. Jh. an bis 1720 Residenz); 1689 und 1693 im Pfälz. Erbfolgekrieg von frz. Trup-

HEI Heidelberger Katechismus

Heidelberg: Blick über den Neckar auf die Altstadt, darüber das Schloss

pen vollständig zerstört; seit 1803 zu Baden. Die 1386 gegründete Ruprecht-Karls-Univ. war im Humanismus und nach der Reformation ein geistiger Mittelpunkt (↑Heidelberger Katechismus). Nach ihrer Neugründung 1803 gelangte sie zu Weltruhm; seit der Romantik nahm sie eine kulturelle Sonderstellung ein.
📖 *H.-Lesebuch, hg. v. M. Buselmeier. Frankfurt am Main u. a.* ⁴*1994.* – *Heinemann, G.: H., Heidelberg* ³*1996.*

Heidelberger Katechismus, neben Luthers Kleinem Katechismus der bedeutendste evang. Katechismus des 16. Jh., 1563 auf Veranlassung Kurfürst Friedrichs III. von der Pfalz von den ref. Theologen Zacharias Ursinus (* 1534, † 1583) und Caspar Olevianus (* 1536, † 1587) verfasst; fand als Bekenntnisschrift weite Verbreitung in den ref. Kirchen.

Heidelberger Liederhandschrift, ↑Manessische Handschrift.

Heidelberger Schloss, das auf einem bewaldeten Vorsprung des Königstuhls aus rotem Sandstein erbaute Schloss in Heidelberg, entstanden aus einer mittelalterl. Burg, von den Kurfürsten mehrmals erweitert und umgebaut; im Pfälz. Erbfolgekrieg 1689 und 1693 von den Franzosen verwüstet. 1764 wurde es durch Blitzschlag zerstört und ist seitdem weitgehend Ruine (1897–1900 Restaurierung). Die bedeutendsten der den Innenhof umgebenden Gebäude sind im O der Ottheinrichsbau (unter Otto Heinrich seit 1556 erbaut, ein Meisterwerk der dt. Renaissancearchitektur, dessen Fassade mit reichem Figurenprogramm erhalten ist), im N der Friedrichsbau (unter Friedrich IV. 1601–07 von J. Schoch errichtet; um 1900 restauriert) und zw. beiden der Gläserne Saalbau mit seiner dreigeschossigen offenen Laube (seit 1544). Aus älterer Zeit sind z. T. erhalten der got. Ruprechtsbau, die got. Brunnenhalle, der Bibliotheks- und der Frauenzimmerbau. Dem Innenhof abgewandt sind der Engl. Bau (1612–15) im palladian. Stil, ben. nach der engl. Gemahlin von Friedrich V., und der Fassbau mit dem großen Fass (1751; 221 726 Liter).
📖 *Oechelhäuser, A. von: Das H. S. Heidelberg* ⁹*1998.*

Heidelbergmensch (Homo heidelbergensis), Bez. für den ältesten in Europa gefundenen Menschen. Vom H. wurde 1907 in pleistozänen Schichten einer Sandgrube bei Mauer nur der robuste kinnlose Unterkiefer gefunden; dadurch lässt sich die Frage, ob der H. noch den Frühmenschen (Homo-erectus-Gruppe) oder bereits dem archaischen Homo sapiens oder dem Neandertaler zuzurechnen ist, nicht mit Sicherheit entscheiden. – Archäometr. Forschungen klassifizierten den H. 1992 wissenschaftlich als Homo erectus heidelbergensis und datierten ihn in eine Warmzeit des frühen Mittelpleistozäns (zw. 600 000 und 750 000 Jahre alt).

Heiden, im christlichen Sprachgebrauch urspr. Bez. für alle Menschen, die nicht die Taufe empfangen hatten; seit Beginn der Neuzeit nur noch für Bekenner nichtmonotheist. Religionen gebraucht (also nicht für Juden und Muslime) und heute fast durchgängig durch den Begriff »Nichtchristen« ersetzt.

Heidenau, Stadt im Landkreis Sächsische Schweiz, Sachsen, an der Elbe, 17 700 Ew.; Reifenwerk, Betrieb der Netz- und Seiltechnik, Möbelbau, Papier-, Druckindustrie. – Barockpark Großsedlitz (angelegt 1719–23 durch J. C. Knöffel für Graf Wackerbarth; mit Oberer Orangerie von 1720), 1723 von August dem Starken erworben und danach nach Versailler Muster neu gestaltet. Das heutige Friedrichsschlösschen entstand 1872–74. – H. erhielt 1924 Stadtrecht.

Heidenburg (Heidenmauer, Heidenschanze, Heidenwall), volkstümlich für Reste vor- und frühgeschichtl. Befestigungen.

Heidenchristen, im 1. Jh. Bez. für die Christen nicht jüd. Herkunft; das ↑Apostelkonzil klärte ihre Stellung zur judenchristl. Jerusalemer ↑Urgemeinde und befreite sie (bis auf ein Minimum an rituellen Forderungen) vom jüd. ↑Zeremonialgesetz. Die heidenchristl. Gemeindebildungen des 1. Jh. gehen v. a. auf die Missionstätigkeit des Paulus und seiner Schüler zurück. (↑Judenchristen)

Heidenheim, Landkreis im RegBez. Stuttgart, Bad.-Württ., 627 km², 137 000 Ew.; Verw.sitz ist Heidenheim an der Brenz.

Heidenheim an der Brenz, Krst. des Landkreises Heidenheim, Bad.-Württ., Große Kreisstadt auf der östl. Schwäb. Alb, 491 m ü. M., 52 100 Ew.; Württemberg. Verwaltungs- und Wirtschaftsakademie, Berufsakademie; Stahl- und Maschinenbau, Textil- und elektrotechn. Industrie. – Über der Stadt das mächtige Renaissanceschloss **Hellenstein** mit Schlosskirche und Naturtheater (heute Museum und Freizeitpark). – Entwickelte sich aus einer röm. Siedlung (großes Ausgrabungsgelände); 1335 erstmals als Stadt bezeichnet.

Heidenreich, Elke, Schriftstellerin, *Korbach 15. 2. 1943; erfolgreich als Kulturjournalistin und Publizistin (u. a. »Also... Kolumnen aus ›Brigitte‹«, 1988, weitere Bände 1992, 1996, 1999); schreibt auch erzählende Prosa (»Der Welt den Rücken«, 2001), Kinderbücher (»Am Südpol, denkt man, ist es heiß«, 1998), Hörspiele und Drehbücher.

Heidenreichstein, Stadt im Waldviertel, Niederösterreich, 560 m ü. M., 4 800 Ew.; Torf- und Moormuseum; Textil-, Metallwaren- u. a. Industrie.

Heidenstam [ˈhɛj-], Verner von, schwed. Dichter, *Olshammar (bei Örebro) 6. 7. 1859, †Övralid (Östergötland) 20. 5. 1940; schrieb Romane, den Novellenzyklus »Karl XII. und seine Krieger« (1897–99) und Gedichte. Nobelpreis für Literatur 1916.

Heidensteine (Hünensteine), volkstümlich für vorgeschichtl. Steinsetzungen (↑Hinkelstein, ↑Menhir).

Heider, Werner, Komponist, Pianist und Dirigent, *Fürth 1. 1. 1930; schuf unter Anwendung neuester musikal. Techniken Kompositionen, die z. T. Einflüsse des Jazz erkennen lassen, u. a. Ballett »Modelle« (1964), »Kunst-Stoff« für Elektroklarinette, präpariertes Klavier und Tonband (1971), »VI Exerzitien« für Orgel (1987), »Ausdruck« für Gitarre solo (1997).

Heiderauch, der ↑Höhenrauch.

Heidschnucke, anspruchslose, unveredelte Schafrasse der Lüneburger Heide; genügsam, spät reif und wenig fruchtbar. H. besitzen ein fettarmes, nach Wild schmeckendes Fleisch.

Elke Heidenreich

Heiducken [ungar. haidú »Söldner«, »Büttel«] (Haiduken), Bez. für ungar. Hirten, später für Söldner, die Ende des 15. Jh. die Grenze gegen die Osmanen verteidigten; seit dem 18. Jh. auch Bez. für Gerichtsdiener und Lakaien der ungar. Magnaten. – In SO-Europa Sammelbez. für Räuberbanden, die es schon vor der türk. Besetzung gab (z. B. ↑Klephten), die aber unter der türk. Herrschaft als Freischärler auch zu Trägern nat. und religiöser Opposition der Balkanvölker wurden. In verherrlichenden serb. und bulgar. Volksliedern (**H.-Lieder**) werden die H. als nat. Helden gefeiert, die ihre Beute mit den Armen teilten.

HEI Heiduczek

Heilbronn 2): Marktplatz mit Renaissancerathaus

Heiduczek [-tʃ-], Werner, Schriftsteller, *Hindenburg (Oberschlesien; heute Zabrze) 24. 11. 1926; Romane und Erzählungen über Konflikte der Kriegs- und Nachkriegszeit; am bekanntesten wurde der Roman »Tod am Meer« (1977), in dem er kritisch Anspruch und Wirklichkeit der DDR-Gesellschaft reflektiert; auch Nacherzählungen von Werken der Weltliteratur.

Heifetz, Jascha, amerikan. Violinist russ. Herkunft, *Vilnius 2. 2. 1901, †Los Angeles (Calif.) 10. 12. 1987; seit 1917 in den USA; einer der besten Violinvirtuosen seiner Zeit.

Heijermans [ˈhɛj-], Herman, niederländ. Schriftsteller, *Rotterdam 3. 12. 1864, †Zandvoort 22. 11. 1924; Hauptvertreter des naturalist. niederländ. Dramas, stellte unter dem Einfluss sozialist. Ideale derbrealistisch das Leben der Seeleute und Kleinbürger dar (»Ahasver«, Dr., 1893; »Das siebente Gebot«, Dr., 1900); auch Romane.

Heil, 1) *Geschichtswissenschaft:* seit dem german. Altertum bis ins 11. Jh. die auf göttl. Abstammung oder glücklich vollbrachten Taten beruhende charismat. Auszeichnung von Menschen, bes. Königen und Heerführern.
2) *Religionswissenschaft* und *Theologie:* Bez. der Daseinsweise und/oder der über die (z. B. durch den Tod gesetzten) Grenzen der menschl. Existenz hinausweisenden Dimension, die den Menschen individuell oder kollektiv durch die Religionen zugesagt und mit exklusivem Anspruch vermittelt wird (z. B. Befreiung von der Macht der Sünde, ein Bund mit Gott, ein endzeitl. Gottesreich, religiöse Erkenntnis, Erlösung, Glück, Gnade, Nirvana, Unsterblichkeit). Zur Erlangung des H. können **Heilsmittel** (Gebet, Sakramente, gute Werke) sowie das Beschreiten eines **Heilsweges** (Meditation, Kontemplation u. a.) dienen. H. wird aber auch als göttl. Gnadengabe angesehen, die den Menschen durch einen Erlöser (↑Heiland) oder einen ↑Messias vermittelt wird.

Heil, Axel, Maler, *Karlsruhe 30. 3. 1965; realisiert vorzugsweise ironisch-konzeptionelle Combine-Paintings und Installationen.

Heiland [ahd. heilant, zu heilan »heilen«, »erlösen«], im Christentum Bez. Jesu Christi als Erlöser. – In religionswiss. Betrachtung eine vergleichbare Funktion hat der Messias im Judentum, der Gott Krishna im Hinduismus und der Buddha Amitabha im Buddhismus.

Heilanstalt, Einrichtung zur Aufnahme und stationären Behandlung von erkrankten Personen (z. B. Suchtkranken), die einer spezif. länger dauernden und in den allg. Krankenhäusern nicht durchführbaren Behandlung bedürfen. – **Recht:** ↑Maßregeln der Besserung und Sicherung, ↑Unterbringung.

Heilanzeige, *Medizin:* die ↑Indikation.
Heilbäder, 1) staatl. anerkannte Kurorte mit natürl. ↑Heilquellen.
2) *Medizin:* der Krankheitsbehandlung dienende Bäder (↑Bad).
Heilbräuche, nicht wiss. Praktiken zur Wiederherstellung der Gesundheit bei

Mensch und Tier. Wichtig ist die Beziehung zw. dem Kranken und dem »Wissenden«, dem man oft übernatürl. Heilungskräfte zuschreibt.

Heilbronn, 1) Landkreis im RegBez. Stuttgart, Bad.-Württ., 1 100 km², 321 000 Einwohner. **2)** kreisfreie Stadt in Bad.-Württ., Verw.sitz des Landkreises H., in einer Weitung des Neckartales, 119 300 Ew.; FH für Technik und Wirtschaft, Museen. Mittelpunkt eines Gemüse-, Obst- und Weinbaugebiets; die Ind. umfasst Nahrungs- und Genussmittel-, chem. Ind., Fahrzeug- und Werkzeugbau, Elektronik-, Textilind.; Salzbergwerk; Hafen am (kanalisierten) Neckar. – In der Altstadt (1944 fast völlig zerstört) sind wiederhergestellt das Renaissancerathaus, die Kilianskirche (13. bis 16. Jh.) mit 62 m hohem Renaissanceturm, der Deutschhof (16.–18. Jh.) und das Käthchenhaus am Markt. – Auf röm. Siedlungsgebiet entstanden, 741 als Königshof erwähnt, 1281 Stadt, 1371–1803 Reichsstadt; kam 1803 an Württemberg.

Heilbrunn, Bad, ↑Bad Heilbrunn.

Heilbutt, ↑Plattfische.

Heilfasten, die ↑Fastenkur.

heilig, in den Religionen Bez. dessen, was einer Gottheit angehört und/oder zu ihrem Dienst bestimmt ist (z. B. ↑heilige Stätten, ↑heilige Zeiten, ↑heilige Schriften) und durch diese Beziehung auch Ausdruck der in der Gottheit selbst (dem Heiligen) repräsentierten Heiligkeit ist. – In der Religionswiss. seit R. Otto Bez. für »das ganz Andere« (»Numen«), das dem Menschen in seiner Doppelnatur als »tremendum« (das Furcht Erregende schlechthin) und »fascinosum« (das Fesselnde, Anziehende schlechthin) gegenübertritt.

📖 *Otto, R.: Das Heilige. Neuausg. München 50.–53. Tsd. 1991. – Eliade, M.: Das Heilige u. das Profane. A. d. Frz. Neuausg. Frankfurt am Main u. a. ³1995.*

Heilige, in den Religionen Menschen, die in besonderer Weise Vorbilder, Lehrer, Bekenner oder Märtyrer des Glaubens sind: im *Islam* »Freunde Gottes« (Wali Allah); im *Buddhismus* die »Erleuchteten« (Buddhas und Bodhisattvas); im N. T. die Mitgl. der Gemeinde Jesu Christi (z. B. 1. Kor. 1, 2; Kol. 3, 12); im *frühen Christentum* die Märtyrer; seit dem 10. Jh. (993, ↑Ulrich von Augsburg) in der *kath. (lat.) Kirche* die nach ihrem Tod und abgeschlossenem Heiligsprechungsprozess sowie päpstl. Bestätigung (↑Heiligsprechung) in der Gesamtkirche als Fürbitter bei Gott amtlich verehrten Zeugen des Glaubens; in der *orth. Kirche* die verstorbenen (»vor dem Thron Gottes stehenden«) und in ihren ↑Ikonen im Gottesdienst wirkmächtigen Zeugen des Glaubens (Märtyrer, große Kirchenväter u. a.); in den *luther. Kirchen* in Anschluss an Luther Vorbilder des Glaubens zur Stärkung des eigenen Glaubens ohne besondere Verehrung. Die *ref. Kirchen* lehnen jegl. H.-Verehrung ab.

Heilige Allianz, auf Veranlassung des russ. Kaisers Alexander I. am 26. 9. 1815 von den Monarchen Russlands, Österreichs und Preußens unterzeichnete Absichtserklärung, die Prinzipien der christl. Religion (Gerechtigkeit, Liebe, Frieden) zur Grundlage ihrer Innen- und Außenpolitik zu machen; vom österr. Kanzler Metternich in ein konservatives Bündnis zur Erhaltung der Ordnung von 1815 gewandelt. Die H. A., der alle christl. Mächte außer Großbritannien und dem Hl. Stuhl beitraten und deren Politik sich v. a. auf Monarchenkongressen (der erste in Aachen, 1818) manifestierte, wurde zum Inbegriff der Restauration; sie zerbrach schließlich am Interessengegensatz der Großmächte im grch. Unabhängigkeitskrieg.

Heilige der letzten Tage (Kirche Jesu Christi der Heiligen der letzten Tage), die ↑Mormonen.

Heilige Drei Könige, ↑Drei Könige.

Heilige Familile, die häusl. Gemeinschaft des Kindes Jesus mit Maria und Joseph; in der kath. Kirche seit dem 17. Jh. als Vorbild der christl. Familie verehrt, u. a. durch das **Fest der H. F.** (Sonntag nach Epiphanie). – Abb. S. 310

heilige Kriege (Glaubenskriege), Bez. für Kriege im Namen einer religiösen Idee, z. B. im Islam der ↑Djihad; im europ. MA. die ↑Kreuzzüge.

Heilige Lanze, die Lanze, mit der nach Joh. 19, 34 ein röm. Kriegsknecht (in einer späteren Legende ↑Longinus gen.) die Seite des gekreuzigten Christus durchstach; nach der Legende von der Kaiserin Helena aufgefunden.

Heilige Liga, Bez. mehrerer Fürstenbünde im 16. und 17. Jh., meist mit Unterstützung des Hl. Stuhls geschlossen. (↑Liga)

Heilige Nacht, die Nacht der Auferste-

HEI Heiligenbeil

hung Jesu Christi (↑Ostern), im heutigen Sprachgebrauch die seiner Geburt (↑Weihnachten).
Heiligenbeil, Stadt in Russland, ↑Mamonowo.
Heiligenberg, Gemeinde im Bodenseekreis, Bad.-Württ., Luftkurort nordöstlich von Überlingen, 726 m ü. M., 3000 Ew. – Renaissanceschloss der Fürsten von Fürstenberg (begonnen 1559) mit prunkvollem Rittersaal (1580–84, in den 1950er-Jahren restauriert) und Schlosskapelle (1590 bis 1607).
Heiligenbild, die bildl. Darstellung von Heiligen, i. e. S. solche Darstellungen, die nicht einem dokumentar., sondern einem religiösen Zweck (Erbauung, Belehrung, Verehrung) dienen (↑Bilderverehrung); bereits in der frühchristl. Kunst belegt (↑Orans). – In den Ostkirchen ↑Ikone.

Heilige Familie (Gemälde von Pompeo Batoni, um 1740; Moskau, Puschkin-Museum)

Heiligenblut, Fremdenverkehrsort in den Hohen Tauern, Kärnten, Österreich, im oberen Mölltal, 1300 m ü. M., 1200 Ew.; südl. Endpunkt der Großglockner-Hochalpenstraße; Mühlenfreilichtmuseum, spätgot. Wallfahrtskirche (1491 geweiht).
Heiligendamm, Ostseebad, Ortsteil von ↑Bad Doberan.
Heiligenhafen, Stadt im Kr. Ostholstein, Schlesw.-Holst., am Fehmarnsund, 9200 Ew.; Ostseebad; Bootswerft, Strandkorbfabrik, Fischerei; Hafen, Jachthafen. – Frühgot. Stadtkirche. Erhielt im 13. Jh. Stadtrecht.
Heiligenhaus, Stadt im Kr. Mettmann, NRW, im westl. Bergischen Land, 29 200 Ew.; Schloss- und Beschlag-, Elektroind., Gießereien, Maschinenbau, Kunststoffverarbeitung. – 1947 Stadt.
Heiligenkreuz, Gemeinde im südl. Wienerwald, Niederösterreich, 1300 Ew.; Wallfahrts- und Ausflugsort. Zisterzienserabtei mit roman. Basilika (12. Jh.) und Kreuzgang (13. Jh.), wertvolle Bibliothek.
Heiligenlegende (Heiligenvita), i. w. S. die Legende um das Leben eines Heiligen; i. e. S. die schriftlich fixierte (legendar.) Vita eines Heiligen sowie das Buch, das (legendar.) Lebensbeschreibungen von Heiligen enthält.
Heiligenschein (Nimbus, Gloriole), *Kunst:* Lichtkreis, Lichtscheibe oder Strahlenkranz bei göttl. oder hl. Gestalten. Der die ganze Figur kreisförmig umgebende H. heißt **Aureole,** der mandelförmige **Mandorla;** beide in der christl. Kunst fast ausschl. Zeichen für Christus und Maria. Den H. findet man auch in der ind. und der ostasiat. Kunst.
Heiligenschrein, ↑Schreinaltar.
Heiligenstadt, Heilbad, Krst. des Landkreises Eichsfeld in Thür., im Eichsfeld, an der Leine, 17 100 Ew.; Kurbetrieb (seit 1950 Heilbad); Metall-, Plastik-, Papierindustrie. – Got. Stiftskirche St. Martin (1304–1487), ehemaliges Jesuitenkolleg (1739/40), Barockschloss (1736–38). – Wurde 973 erstmals urkundlich erwähnt und erhielt um 1227 Stadtrecht. Um 1460 wurde in H. der Bildhauer und -schnitzer T. Riemenschneider geboren.
Heiligenvita, ↑Heiligenlegende.
Heiliger, Bernhard, Bildhauer, *Stettin 11. 11. 1915, †Berlin 25. 10. 1995; lehrte 1949–84 an der Hochschule für Bildende Künste in Berlin (West). Sein Werk umfasst figürl., von der menschl. Figur ausgehende, z. T. abstrakte Plastiken und bed. Porträtbüsten, in neuerer Zeit auch Collagen.
Heiliger Abend (Heiligabend), der Abend vor ↑Weihnachten.
Heiliger Geist (grch. Hagion Pneuma, lat. Spiritus Sanctus), bibl. Bez. des Geistes Gottes; beschreibt im A. T. die Schöp-

fermacht Gottes (1. Mose 1, 2), die Leben spendet (1. Mose 2, 7) und den Menschen mit Weisheit und Erkenntnis ausrüstet; im N. T. der »Geist des Herrn«, der zu einem neuen Leben im Glauben befreit (2. Kor. 3, 17), die Kirche begründet (Apg. 2, 33), leitet und ihr beisteht; in der christl. Theologie neben dem Vater und dem Sohn die dritte und mit ihnen wesensgleiche Person der ↑Trinität. – In der bildenden Kunst wird der H. G. nach Mk. 1, 10 f. symbolisch als Taube oder nach Apg. 2, 3 f. als Flammenzunge dargestellt.

📖 *Congar, Y.: Der H. G. A. d. Frz. Freiburg im Breisgau u. a. ³1991. – Welker, M.: Gottes Geist. Theologie des H. G. Neukirchen-Vluyn ²1993.*

Heiliger Rock, der nach Joh. 19, 23 von den Soldaten unter dem Kreuz verloste ungenähte Leibrock Christi, dessen Besitz im MA. viele Städte für sich in Anspruch nahmen (Rom, Konstantinopel, Wittenberg, Argenteuil). Eine besondere Stelle nimmt der H. R. im Dom zu Trier ein (öffentlich ausgestellt zuletzt 1996).

📖 *Der hl. Rock zu Trier. Studien zur Gesch. u. Verehrung der Tunika Christi, anlässlich der Heilig-Rock-Wallfahrt 1996 im Auftrag des Bischöflichen Generalvikariats hg. v. E. Aretz. Trier ²1996.*

Heiliger Stuhl, *Völkerrecht:* Bez. des Oberhaupts der kath. Kirche in seiner Eigenschaft als Völkerrechtssubjekt. Die historisch gewachsene völkerrechtl. Subjektqualität des H. S. trat bes. nach dem territorialen Verlust des Kirchenstaates (1870) hervor, als zahlreiche Staaten dennoch mit dem H. S. diplomat. Beziehungen unterhielten. Sie blieb auch nach Abschluss der Lateranverträge (1929) und dem Entstehen des souveränen Vatikanstaats als neuem Völkerrechtssubjekt erhalten und ist von diesem getrennt zu betrachten. Der H. S. nimmt am völkerrechtl. Verkehr teil und schließt völkerrechtl. Verträge und Konkordate.

Heiliger Synod, 1721–1917 das kollektive Leitungsorgan der ↑russisch-orthodoxen Kirche.

Heiliger Vater, Ehrentitel und Anredeform des Papstes.

Heilige Schrift, zusammenfassende Bez. für das A. T. und N. T.; die ↑Bibel.

heilige Schriften, die Aufzeichnungen und Sammlungen religiöser Texte, die von einer Religionsgemeinschaft anerkannt (kanonisiert) sind. Je nach der Eigenart der betreffenden Religion enthalten sie Mythen, Lehrreden des Religionsstifters, Ritualbestimmungen, eth. Gebote und Rechtssatzungen. Hl. Schriften sind im *Hinduismus* u. a. die ↑Bhagavadgita, im *Buddhismus* das ↑Tipitaka, im *Parsismus* das ↑Awesta, im *Sikhismus* der ↑Granth, im *Judentum* die ↑hebräische Bibel und der ↑Talmud, im *Christentum* die ↑Bibel, im *Islam* der ↑Koran.

Heiliges Grab, 1) Grabstätte Jesu, nach Mt. 27, 60 ein einzelnes Felsengrab vor den Toren Jerusalems; im 4. Jh. mit einer Höhle identifiziert, über der Konstantin d. Gr. die Jerusalemer ↑Grabeskirche errichten ließ.

2) *bildende Kunst:* seit dem frühen MA. bis ins 18. Jh. v. a. in der roman. Baukunst häufige Nachahmung der Jerusalemer Grabeskirche bzw. des Grabes Christi als zentraler Kirchenbau (Michaelskapelle in Fulda, 822), als Einbau in eine Kirche (im Konstanzer Münster, um 1280) oder als Figurengruppe, meist im Seitenschiff einer Kirche (Freiburger Münster, um 1330).

Heiliges Jahr, das ↑Jubeljahr.

Heiliges Land, aus dem A. T. (Sach. 2, 16) übernommener Name für Palästina (↑Gelobtes Land).

Heiliges Offizium, *kath. Kirchenrecht:* ↑Offizium.

Heiliges Römisches Reich, amtl. Bez. für den Herrschaftsbereich des abendländ. Röm. ↑Kaisers und der in ihm verbundenen Reichsterritorien (Dtl., Italien [seit 951] und Burgund [seit 1033]); staatsrechtlich in einem längeren Prozess aus dem Ostfränk. Reich hervorgegangen (zumeist ab 911/19 angesetzt), 1806 aufgelöst. Seit 962 durch das Kaisertum Ottos I. mit der Tradition des Röm. Reichs verbunden (↑Reichsidee); seit dem 11./12. Jh. »Reich der Deutschen« (lat. »Regnum Teutonic[or]um«; Zuordnung wiss. umstritten), nach 1870/71 auch »erstes« bzw. »altes Reich« genannt. **Romanum Imperium** (seit 1034) gehörte bereits zum Kaisertitel Karls d. Gr.; als **Sacrum Imperium** wird das Reich seit 1157 in Urkunden Kaiser Friedrichs I. Barbarossa bezeichnet. Seit 1254 bürgerte sich in den Königsurkunden die lat. Bez. **Sacrum Romanum Imperium** ein. In dt. Urkunden tritt die Bez. H. R. R. bei Kaiser Karl IV. (1346/55–78) auf; nach 1442 mit dem Zusatz: **Dt. Nation** (lat. **Nationis**

Germanicae; als Gesamtformel seit 1512 gebräuchlich). (↑deutsche Geschichte) 📖 *Ehlers, J.: Entstehung des dt. Reiches. München 1994. – Petersohn, J.: Rom u. der Reichstitel »Sacrum Romanum Imperium«. Frankfurt am Main 1994. – Aretin, K. O. von: Das Alte Reich. 1648–1806. 3 Bde. Stuttgart 1993–97. – Press, V.: Das Alte Reich. Ausgewählte Aufsätze. Berlin 1997. – Schmidt, G.: Gesch. des Alten Reiches. Staat u. Nation in der frühen Neuzeit 1495–1806. München 1999.*

heilige Stätten (Heiligtümer), in den Religionen Bez. für alle Bauten, Orte, Städte, Regionen und natürl. Stätten (z. B. Haine, Bäume, Quellen, Höhlen, Berge) mit spezifisch religiöser Bedeutung, z. B. als Wohnorte der Gottheit, Orte der Gottesoffenbarung, geschehener Wunder oder bedeutender Ereignisse im Leben der Religionsstifter. Oft ist (geschichtlich) mit ihnen ein ↑Asylrecht, häufig auch ein auf den Vorschriften der kult. ↑Reinheit bzw. der gebotenen Ehrfurcht vor der Gottheit beruhender Verhaltenskodex verbunden. Aus ihnen erklärt sich die Sitte, in Tempeln und Moscheen die Schuhe auszuziehen, in Kirchen die Kopfbedeckung abzunehmen oder – wie in der Synagoge – den Kopf zu bedecken oder zu verhüllen (urspr. in bewusstem Ggs. zum barhäuptigen christl. Gebet).
📖 *Hl. Stätten, hg. v. U. Tworuschka. Darmstadt 1994.*

heilige Zeiten, in den Religionen Tage und Zeitabschnitte, die vom Alltag durch das Verbot der übl. Tätigkeit, das Gebot der (Arbeits-)Ruhe, Fastengebote u. a. abgegrenzt und durch besondere ↑Festtage gekennzeichnet sind.

Heiligkreuz, Woiwodschaft H. (poln. Województwo Swiętokrzyskie), Wwschaft (seit 1999) im SO Polens, 11 672 km², 1,32 Mio. Ew.; Hptst. ist Kielce.

Heiligsprechung (Kanonisation), in der kath. Kirche die auf der Grundlage eines abgeschlossenen, kirchenrechtlich genau geordneten Verfahrens **(H.-Prozess)** in liturg. Form erfolgende, seit 1234 dem Papst vorbehaltene feierl. und endgültige Erklärung, durch die ein zuvor selig Gesprochener unter die ↑Heiligen aufgenommen und seine amtl. Verehrung in der Gesamtkirche gestattet wird; setzt den Nachweis weiterer, nach der ↑Seligsprechung auf seine Fürbitte hin geschehener Wunder voraus.
📖 *Marckhoff, U.: Das Selig- u. Heiligsprechungsverfahren nach kath. Kirchenrecht. Münster u. a. 2002.*

Heiligung, Christentum: der Anspruch und das Bestreben, ein dem Evangelium gemäßes Leben als Christ zu führen; in der pfingstkirchlich geprägten Frömmigkeit die Vervollkommnung des Glaubens durch Bekehrung (»Wiedergeburt« im Hl. Geist) und Praktizierung der Geistesgaben (↑Charisma).

Heilkunde, die ↑Medizin.

Heiller, Anton, österr. Komponist, Organist und Dirigent, *Wien 15. 9. 1923, †ebd. 25. 3. 1979; schrieb v. a. Kirchenmusik und weltl. Orgelmusik.

Heilmeyer, Ludwig, Internist, *München 6. 3. 1899, †Desenzano del Garda (Prov. Brescia) 6. 9. 1969; arbeitete v. a. auf den Gebieten Hämatologie und Chemotherapie.

Heilongjiang [-dʒjaŋ] (Heilungkiang), Prov. im äußersten NO Chinas, 454 000 km², 37,73 Mio. Ew.; Hptst.: Harbin. H. umfasst den Kleinen Chingan, den nördl. Abschnitt des zentralen mandschur. Berglandes und das Sumpfgebiet an den Unterläufen von Songhua Jiang und Ussuri. Bei gemäßigtem Klima Anbau von v. a. Sommerweizen, Zuckerrüben, Sojabohnen, Sonnenblumen und Flachs. Kohlenlagerstätten bei Shuangyashan, Erdölfeld Daqing nordwestlich von Harbin, Holz verarbeitende Industrie (zahlr. Papierfabriken).

Heilong Jiang [- dʒjaŋ], Strom in Ostasien, ↑Amur.

Heilpädagogik, frühere Bez. für ↑Sonderpädagogik.

Heilpflanzen (Arzneipflanzen), Pflanzen, die aufgrund ihres Wirkstoffgehaltes ganz oder teilweise zu Heilzwecken verwendet werden.

Heilpraktiker, Berufsbez. für Personen, die entsprechend dem H.-Gesetz vom 17. 2. 1939 i. d. F. v. 2. 3. 1974 der staatl. Genehmigung zur Ausübung der Heilkunde (mit Beschränkungen, z. B. keine Impfungen, Zahnmedizin, Geburtshilfe oder Behandlung von meldepflichtigen Krankheiten, keine Verordnung von verschreibungspflichtigen Arzneimitteln) besitzen und beim zuständigen Gesundheitsamt registriert sind. Die Ausbildung ist gesetzlich nicht festgelegt; es gibt private H.-Schulen mit etwa 2-jähriger Ausbildungszeit. Behandlungskosten werden von den gesetzl. Krankenversicherungen nicht übernommen.

Heilpflanzen HEI

Heilpflanzen (Auswahl)

deutscher Name	lateinischer Name	verwendete Pflanzenteile	Inhaltsstoffe	Anwendung
Arnika	Arnica montana	Blüten	ätherisches Öl, Bitterstoffe, Flavonoide	äußerlich bei Blutergüssen und Mundschleimhautentzündungen
Baldrian	Valeriana officinalis	Wurzel	ätherisches Öl, Valepotriate	bei Nervosität, Schlafstörungen
Bärentraube	Arctostaphylos uva-ursi	Blätter	Hydrochinonverbindungen, Gerbstoffe	bei Entzündungen der ableitenden Harnwege
Echte Kamille	Chamomilla recutita	Blüten	ätherisches Öl mit Chamazulen	bei innerlichen und äußerlichen Entzündungen, Magen-Darm-Beschwerden
Eibisch	Althaea officinalis	Wurzel, Blätter	Schleim, Stärke, Pektin	bei Reizhusten, Magen-Darm-Katarrhen, Bronchitis, Entzündungen des Rachenraums
Engelwurz	Angelica archangelica	Wurzelstock	ätherisches Öl, Bitterstoffe	bei Magenverstimmung, Verdauungsstörungen
Eukalyptus	Eucalyptus globulus	Blätter	ätherisches Öl mit Zineol	bei Erkältungskrankheiten
Fenchel	Foeniculum vulgare	Früchte	ätherisches Öl	appetitanregend, verdauungsfördernd, bei Blähungen, Magen-Darm-Krämpfen, Erkrankungen der Atemwege
Ginkgobaum	Ginkgo biloba	Blätter	Flavonoide, Procyanidine, Diterpenoide, Ginkgolide, Bilobalid	bei arteriellen peripheren Durchblutungsstörungen, Hirnleistungsstörungen, Konzentrations- und Gedächtnisschwäche
Ginseng	Panax ginseng	Wurzel	Ginsenoide, ätherisches Öl, Phytosterole, Peptidoglykane	bei Müdigkeits- und Schwächegefühl, nachlassender Leistungs- und Konzentrationsfähigkeit
Holunder (Schwarzer Holunder)	Sambucus nigra	Blüten	ätherisches Öl, Flavonoide	bei fieberhaften Erkältungen (schweißtreibend)
Huflattich	Tussilago farfara	Blüten	ätherisches Öl, Schleim, Bitterstoffe	bei entzündeten Schleimhäuten
Johanniskraut	Hypericum perforatum	Kraut	Hypericin, Phloroglucinderivate, Flavonoide, Biflavonoide, Gerbstoffe, Pektin, Cholin, Xanthone	bei nervöser Unruhe, Angst und depressiven Verstimmungen
Knoblauch	Allium sativum	Zwiebeln	ätherisches Öl, Allizin	appetitanregend, verdauungsfördernd
Kümmel	Carum carvi	Früchte	ätherisches Öl, fettes Öl, D-Carvon	bei leichten krampfartigen Beschwerden im Magen-Darm-Kanal, Blähungen, Völlegefühl
Lein (Flachs)	Linum usitatissimum	Samen	fettes Öl, Schleim	bei chronischer Verstopfung, Magenschleimhautentzündung
Linde	Tilia cordata, Tilia platyphyllos	Blüten	Flavonoide, Gerb- und Schleimstoffe, ätherisches Öl	bei Erkältungskrankheiten
Löwenzahn	Taraxacum officinale	Wurzel, ganze Pflanze	Bitterstoffe	appetitanregend, bei Verdauungsbeschwerden, Blutreinigungsmittel
Mariendistel	Silybum marianum	Früchte	Silymarin (Silibinin, Silidianin, Silicristin)	bei toxischen Lebererkrankungen, unterstützend bei chronisch-entzündlichen Lebererkrankungen einschließlich der Leberzirrhose und bei bestimmten Verdauungsstörungen

HEI Heilquellen

Heilpflanzen (Auswahl; Fortsetzung)

deutscher Name	lateinischer Name	verwendete Pflanzenteile	Inhaltsstoffe	Anwendung
Melisse	Melissa officinalis	Blätter	ätherisches Öl mit Zitronellal und Zitral	bei Nervosität, Magen-Darm-Beschwerden
Mistel	Viscum album	Kraut	Polypeptide (Viscotoxine), Lektine, Flavonoide, biogene Amine, Phenylpropanderivate, Lignane	milde blutdrucksenkende Wirkung, wirkt unterstützend auf das Immunsystem
Pfefferminze	Mentha piperita	Blätter	ätherisches Öl mit Menthol, Gerb- und Bitterstoffe	bei Magenschleimhautentzündungen, Magen-Darm-Koliken, Gallenbeschwerden
Ringelblume	Calendula officinalis	Blüten	Triterpenglykoside, Carotinoide, ätherisches Öl, Bitterstoffe	bei entzündlichen Veränderungen der Mund- und Rachenschleimhaut, zur Wundheilung
Rosskastanie	Aesculus hippocastanum	Samen	Aescin, Purinderivate, Flavonoide	bei chronischer Veneninsuffizienz mit Schmerzen oder Schweregefühl in den Beinen
Salbei	Salvia officinalis	Blätter	ätherisches Öl, Gerbstoffe, Diterpenbitterstoffe, Triterpene, Steroide, Flavonoide	bei Entzündungen der Mund- und Rachenschleimhaut, vermehrter Schweißsekretion
Schafgarbe	Achillea millefolium	Blüten, Kraut	ätherisches Öl mit Azulen, Bitterstoffe	appetitanregend, verdauungsfördernd, bei Magenbeschwerden
Senna	Cassia acutifolia	Blätter, Früchte	Anthrachinonglykoside, Schleim, weinsaure Salze	bei Verstopfung
Spitzwegerich	Plantago lanceolata	Kraut	Glykoside, Schleim, Kieselsäure	bei Katarrhen der oberen Atemwege
Teufelskralle	Harpagophytum procumbens	Wurzel	Glykoside (Harpagosid, Harpagid, Procumbid, ein Phytosterongemisch, ungesättigte Fettsäuren, Triterpene, Flavonoide, freie Säuren (Zimt-, Chlorogensäure)	unterstützend bei degenerativen Erkrankungen des Bewegungssystems, Appetitlosigkeit
Thymian	Thymus vulgaris	Kraut	ätherisches Öl mit Thymol, Gerb- und Bitterstoffe, Saponine	bei Katarrh der Atemwege, krampfartigem Husten
Traubensilberkerze	Cimicifuga racemosa	Wurzelstock	Triterpenglykoside (Actein, Cimicifugosid), Isoflavone, Harze	bei klimakterischen neurovegetativen Beschwerden
Weißdorn	Crataegus laevigata	Blüten, Blätter, Früchte	oligomere Procyanidine, Flavonoide (Hyperosid, Quercetin, Vitoxinrhamnosid), biogene Amine, Triterpensäuren, Sterine, Purine, Katecholgerbstoffe	bei Altersherz, Herzinsuffizienz
Wermut	Artemisia absinthium	Kraut	ätherisches Öl, Bitter- und Gerbstoffe	bei Verdauungsstörungen, Magenleiden, Appetitlosigkeit

Heilquellen (Heilwässer), Quellwässer oder aus Quellsalzen hergestellte künstl. Mineralwässer mit nachweisbaren gesundheitsfördernden Wirkungen, die teils auf ihren chem. Bestandteilen, z. B. Kohlensäure, Natriumsulfat (**Mineralquellen**), teils auf ihren physikal. Eigenschaften (**Thermalquellen**) beruhen. H. dienen zu Trink-, Bade- und Inhalationskuren.

Heilsarmee (engl. Salvation Army),

Heimarbeit HEI

evang. Freikirche, hervorgegangen aus der von dem Methodistenprediger W. Booth und seiner Frau Catherine 1865 gegr. »Ostlondoner Christl. Mission« (1878 in H. umbenannt). Die H. ist nach militär. Muster organisiert, wirkt bes. in Großstädten und verbindet ihre evangelist. Tätigkeit (u. a. Straßenmusik und -predigt) mit einer umfassenden, den sog. Randgruppen der Gesellschaft verpflichteten Sozialarbeit. Die H. hat weltweit rd. 3 Mio. Mitgl. (»Salutisten« [»Heilssoldaten«]), darunter über 25 000 Offiziere (ordinierte Geistliche), und ist in 108 Ländern tätig. Sitz des dt. Hauptquartiers ist Köln, des internat. Hauptquartiers London (Sitz des Generals der Heilsarmee).
📖 *Gnewekow, D.* u. *Hermsen, T.: Die Geschichte der H.* Opladen 1993.

Heilsberg, Stadt in Polen, ↑Lidzbark Warmiński.

Heilsbronn, Stadt im Landkreis Ansbach, Bayern, 9 100 Ew.; Herstellung von Fleisch- und Wurstwaren sowie von Spielwaren, Metall-, Holz- und Kunststoffverarbeitung. – Die ehem. Klosterkirche, heute ev. Pfarrkirche (»Münster«), wurde 1149 geweiht und im 13. und 15. Jh. gotisch erweitert; sie war bis 1625 Grablege der fränk. Hohenzollern. – H. erhielt 1932 Stadtrecht.

Heilserum, Blutserum (Immunserum) von Tier oder Mensch, das nach natürl. oder künstl. Immunisierung mit Antigenen gewonnen wird und eine hohe Konzentration von spezif. Antikörpern enthält. Es wird auch als Immunglobulinfraktion (↑Immunglobulinprophylaxe) verwendet und dient der passiven Immunisierung v. a. gegen Wundstarrkrampf, Diphtherie, Botulismus, Gasbrand, Tollwut, Hepatitis B oder Schlangenbiss.

Heilsgeschichte, Begriff jüdisch-christl. theolog. Denkens, der (im Ggs. zum mythisch-religiösen Denken) Geschichte als den konkreten örtl. und zeitl. Raum begreift, in dem sich Gottes Heil für den Menschen erfahrbar ereignet, und als Prozess, der auf ein von Gott gesetztes Ziel hinführt. (↑Geschichtstheologie)

Heilsweg, in Religionen das dem Menschen zur Erlangung des ↑Heils gebotene und durch religiöse Vorschriften verbindlich vorgeschriebene Verhalten.

Heilungkiang, 1) Strom in Ostasien, ↑Amur.

2) Prov. in China, ↑Heilongjiang.

Heilungsbewegung, zusammenfassende Bezeichnung für Gemeinschaften, die die Genesung von Krankheiten durch außermedizin. (religiöse) Mittel erstreben, z. B. durch Handauflegung, Gebetsheilung, aber auch die Einsicht in religiöse »Irrtümer«. Als klass. H. gilt die ↑Neugeistbewegung; stark durch das Element geistlich-geistigen Heilens geprägt sind ↑Christian Science und darüber hinaus heute u. a. der auf den Heilpraktikergehilfen Bruno Gröning (* 1906, † 1959) und seine Lehre vom »göttl. Heilstrom« zurückgehende »Bruno-Gröning-Freundeskreis« (verbreitet in Dtl., Westeuropa und den USA) sowie versch. Angebote des Esoterikmarktes.

Heilzauber, *Volkskunde:* vom Glauben an die übernatürl. Verursachung geprägter Gegen- oder Abwehrzauber gegen Krankheiten (z. B. Besprechen, Gesundbeten); häufig ↑Analogiezauber, begleitet nicht selten die ↑Heilbräuche.

Heim, vorwiegend öffentl. Einrichtung der Sozial-, Kranken- sowie der Kinder- und Jugendhilfe.

Heim, Karl, evang. Theologe, * Frauenzimmern (heute zu Güglingen, Kr. Heilbronn) 20. 1. 1874, † Tübingen 30. 8. 1958; 1920–39 Prof. für systemat. Theologie in Tübingen; versuchte als einer der wenigen evang. Theologen des 20. Jh. das christl. Erbe (des schwäb. Pietismus) mit dem neuzeitl. naturwiss. Denken zu verbinden (»Der evang. Glaube und das Denken der Gegenwart«, 6 Bde., 1931–52).

Heimaey ['hɛjmaɛi], einzige ständig bewohnte Insel der Westmännerinseln vor der SW-Küste Islands, 13 km², 4 800 Ew. Die einzige Siedlung, der Hafenort Vestmannaeyjar, musste 1973 wegen eines Vulkanausbruchs, der Teile der Stadt unter Asche begrub, für mehrere Monate evakuiert werden. – Abb. S. 316

Heimarbeit, Arbeit, die von einem arbeitnehmerähnl. Personenkreis in selbst gewählter Arbeitsstätte (bes. in eigener Wohnung) im Auftrag eines Gewerbetreibenden selbstständig und ohne direkte Zeitkontrolle (direktionsfrei) geleistet wird. Die Verwertung der Arbeitsergebnisse wird dem Auftraggeber überlassen. Die dadurch bedingte wirtsch. Abhängigkeit begründet eine soziale Schutzbedürftigkeit, die das H.-Gesetz vom 14. 3. 1951 (HAG) zu gewährleisten versucht: Melde-

HEI Heimat

pflicht durch den Auftraggeber (bei der obersten Arbeitsbehörde des Landes oder der von ihr bestimmten Stelle), Fürsorgepflicht des Auftraggebers, Kündigungsschutz (Kündigungsfrist mindestens vier Wochen zum 15. oder zum Ende des Kalendermonats, bei längerer Beschäftigung gestaffelt), Entgeltschutz, Gefahren- und Arbeitsschutz. In modernen Volkswirtschaften gewinnt H. durch neue Telekommunikationsmittel als eine Form der Telearbeit zunehmend an Bedeutung. – In Österreich enthält das H.-Gesetz ähnl. Schutzbestimmungen wie in Dtl. In der Schweiz gilt das Bundes-Ges. über H. vom 20. 3. 1981; daneben bestehen Sondernormen für die Uhrenind. u. a. Wirtschaftszweige.

schließlich auch Weltauffassungen prägen. Insoweit kommen dem Begriff grundlegend eine äußere, auf den Erfahrungsraum zielende, und eine auf die Modellierung der Gefühle und Einstellungen zielende innere Dimension zu, die (zumal der Begriff H. zunächst mit der Erfahrung der Kindheit verbunden ist) dem Begriff eine meist stark gefühlsbetonte, ästhet., nicht zuletzt ideolog. Komponente verleihen.

📖 *Krockow, C. Graf von:* H. Erfahrungen mit einem dt. Thema. Neuausg. München 1992. – H. Auf der Suche nach der verlorenen Identität, hg. v. J. Riedl. Wien 1995. – *Schmidt, T. E.:* H. Leichtigkeit u. Last des Herkommens. Berlin 1999. – Das Erbe der Provinz. H.-Kultur u. Geschichtspolitik nach 1945, hg. v. H. Knoch, Göttingen 2001.

Heimatarmee, die ↑Armia Krajowa.

Heimatgemeinde, in der Schweiz die Gemeinde, in der eine Person das Gemeindebürgerrecht besitzt; verfügt die Person über mehrere Bürgerrechte, gilt als H. der Ort, an dem sie zuletzt wohnte oder dessen Bürgerrecht zuletzt erworben wurde. Entsprechendes gilt für den **Heimatkanton.**

Heimatkunst, i. w. S. jede aus dem Gefühl der Heimatverbundenheit erwachsene Kunst; in der Literatur eine in Volkstum und heimatl. Landschaft wurzelnde Dichtung. Die Heimat war selbstverständl. Rahmen vieler Schriftsteller des 19. Jh. (in der deutschsprachigen Literatur z. B. J. P. Hebel, B. Auerbach, L. Anzengruber, J. Gotthelf, F. Reuter, P. Rosegger, L. Ganghofer). Ende des 19. Jh. wurde H. v. a. von F. Lienhard und dem Literaturhistoriker Adolf Bartels (* 1862, † 1945) zum Programm erhoben. Der Dekadenzdichtung, dem Symbolismus und Naturalismus der Großstadt sollten ideale Werte entgegengestellt werden. Damit wurde aus der Idyllisierung des Dorf- und Landlebens eine Heroisierung archaischer Lebensformen. Diese von Bartels vertretene völk. Richtung der H. mündete in die Blut-und-Boden-Dichtung des Nationalsozialismus. In der deutschsprachigen Gegenwartsliteratur gibt es zahlr. Neuansätze für eine stark sozialkrit., antiidyllische H., z. T. als Mundartdichtung (u. a. F. X. Kroetz, A. Brandstetter, F. Zauner).

Heimaey: Hafenort Vestmannaeyjar; beim Vulkanausbruch (Januar bis Juli 1973) drohte der von rechts kommende Lavastrom den Hafen zu verschließen (Aufnahme Juli 1973).

Heimat, subjektiv von einzelnen Menschen oder kollektiv von Gruppen, Stämmen, Völkern, Nationen erlebte territoriale Einheit, zu der ein Gefühl besonders enger Verbundenheit besteht. Im allgemeinen Sprachgebrauch ist H. zunächst auf den Ort (auch als Landschaft verstanden) bezogen, in den der Mensch hineingeboren wird, wo die frühen Sozialisationserlebnisse stattfinden, die weithin Identität, Charakter, Mentalität, Einstellungen und

heimatlose Ausländer, fremde Staatsangehörige oder Staatenlose, die als ↑Displaced Persons von internat. Organisationen betreut wurden, nicht Deutsche im

Sinne des Art. 116 GG sind und am 30. 6. 1950 ihren Aufenthalt im Geltungsbereich des GG oder in Berlin (West) hatten. Ihr ausländerrechtl. Sonderstatus bestimmt sich nach dem Ges. über die Rechtsstellung h. A. im Bundesgebiet vom 25. 4. 1951. Sie sind in weiten Bereichen dt. Staatsangehörigen gleichgestellt.

Heimatmuse|um, Typ eines lokal ausgerichteten Museums mit dem Ziel, die Denkmäler der heim. Natur und Kultur zu sammeln, zu erhalten und im größeren Zusammenhang zu erforschen.

Heimatrecht, ein vererbl., durch Geburt, Heirat, Verleihung oder Ersitzung erworbenes Gemeindebürgerrecht, das in Dtl. für die Stammes- oder Staatszugehörigkeit bis ins 19. Jh. (1867 Gesetz über die Freizügigkeit, ↑Indigenat) bestimmend war. Heute erfüllen die einheitl. Staatsangehörigkeit, die Freizügigkeit und die Garantie gleicher staatsbürgerl. Rechte (Art. 11, 33 GG) die Funktion des früheren H. In *Österreich* wurde das H. am 30. 6. 1939 aufgehoben, entscheidend ist heute der ordentl. Wohnsitz; in der *Schweiz* hat jeder Schweizer Bürger neben dem Schweizerbürgerrecht das kantonale und das Gemeindebürgerrecht. – Im *internat. Privatrecht* das Recht des Staates, dem jemand angehört. – Im *Völkerrecht* das Recht, Aufenthalt und Wohnsitz frei zu wählen, nicht willkürlich seiner Heimat und Staatsangehörigkeit verlustig zu gehen und Freizügigkeit zu genießen; gehört zu den Menschenrechten.

Heimatschein, in der Schweiz der Bürgerrechtsausweis des Schweizers im Inland; er muss im Inland verbleiben.

Heimatvertriebene, ↑Vertriebene, ↑Landsmannschaft.

Heimburg, Gregor, Rechtsgelehrter und Humanist, *Schweinfurt um 1400, †Wehlen (heute Stadt Wehlen, bei Pirna) August 1472; trat gegen die polit. Ansprüche des Papsttums auf; 1460 von Pius II. exkommuniziert; versöhnte sich jedoch kurz vor seinem Tod mit der Kirche.

Heimchen, Art der ↑Grillen.

Heimcomputer [-kɔmpjuːtər] (Homecomputer), in der ursprüngl. Bedeutung ein v. a. für private Zwecke eingesetzter, wenig leistungsfähiger Computer. Die Bez. H. wird heute kaum noch verwendet, da eine genaue Abgrenzung zu den ↑Personalcomputern nicht mehr möglich und sinnvoll ist.

Heimdall, nordgerman. Gott, der alles sehende Wächter der Götter; warnt die Asen zu Beginn der Götterdämmerung vor den nahenden Feinden.

Heimeran, Ernst, Schriftsteller, Verleger, *Helmbrechts (Kr. Hof) 19. 6. 1902, †Starnberg 31. 5. 1955; gründete 1922 in München den **Ernst Heimeran Verlag** (zweisprachige Ausgaben antiker Autoren u. a.), der 1980 eingestellt wurde; H. schrieb heitere Erzählungen und geistreiche essayist. Prosa (»Das stillvergnügte Streichquartett«, 1936).

Heimerziehung, die im Rahmen der Kinder- und Jugendhilfe vorübergehend oder dauernd durchgeführte Erziehung von Kindern und Jugendlichen in einem Heim (§ 34 SGB VIII). H. soll die Rückkehr in die Familie zu erreichen versuchen, die Erziehung in einer anderen Familie vorbereiten oder die Verselbstständigung des Jugendlichen fördern. H. kann bei Verwaisung erfolgen oder wenn die Eltern ihrer Erziehungspflicht nicht angemessen nachkommen. Auch wenn die körperl. bzw. seelisch-geistige Situation des Kindes sonderpädagog. Betreuung fern vom Wohnort erfordert, wird auf H. zurückgegriffen. – Die H. legt zur Vermeidung von spezif. Störungen, die bei Heimkindern auftreten können, Wert auf familienähnl. Kleingruppen oder Wohngemeinschaften.

Heimfall, *Recht:* **1)** im Lehnsrecht Rückfall eines Lehnsgutes an den Lehnsherrn, wenn keine Erben des Vasallen vorhanden waren. Vom H. leitet sich das Erbrecht des Fiskus ab, wenn weder Ehegatte noch Verwandte des Erblassers vorhanden sind (§ 1936 BGB).

2) (Heimfallrecht, Anfallrecht), die Verpflichtung des Nutzungsberechtigten, die jeweilige Sache unter bestimmten Voraussetzungen auf den Eigentümer zurückzuübertragen; ggf. bei Erbbau- und Dauerwohnrecht.

Heimgesetz, Gesetz i. d. F. v. 5. 11. 2001, das den Betrieb von Altenheimen u. a. Einrichtungen für pflegebedürftige oder behinderte Volljährige regelt und dem Schutz der Heimbewohner dienen soll.

Heimkehle, Gipshöhle am S-Rand des Harzes, bei Uftrungen, Sa.-Anh., 1 700 m lang, davon etwa 700 m touristisch erschlossen. – Von März 1944 bis April 1945 befand sich in der H. eine Rüstungsfabrik, in der Häftlinge des Nebenlagers »Mittel-

bau Dora« des KZ Buchenwald unter unmenschl. Bedingungen eingesetzt wurden.
Heimkehrer, im Sinn des 1992 aufgehobenen H.-Gesetzes in das Bundesgebiet aus fremdem Gewahrsam zurückgekehrte Deutsche, die wegen ihrer Zugehörigkeit zu militär. o. ä. Verbänden kriegsgefangen waren; ferner Internierte, Verschleppte, z. T. auch Zivilarbeiter, Ausländer, Staatenlose, die auf dt. Seite in militär. oder ähnl. Verbänden gekämpft hatten.
heimliches Gericht, das ↑Femgericht.
Heimskringla [altnord. »Weltkreis«] *die,* das Hauptwerk des ↑Snorri Sturluson, wohl um 1230 entstanden; behandelt die Geschichte der norweg. Könige bis 1177; besteht aus 16 Sagas und ist das klass. Werk der island. Prosaliteratur.
Heimsoeth [-zø:t], Heinz, Philosoph, *Köln 12. 8. 1886, †ebd. 10. 9. 1975; Philosophiehistoriker, Studien zu Paracelsus, G. Bruno, J. G. Fichte und F. Nietzsche, insbes. Forschungen zu I. Kant.
Werke: Die sechs großen Themen der abendländ. Metaphysik und der Ausgang des MA. (1922); Transzendentale Dialektik. Ein Kommentar zu Kants Kritik der reinen Vernunft, 4 Bde. (1966–71).
Heimstätte, früher Grundstück, bestehend aus einem Einfamilienhaus mit Nutzgarten, oder landwirtsch. oder gärtner. Anwesen, zu dessen Bewirtschaftung die Familie nicht ständiger Hilfe bedurfte. H. wurden u. a. durch Bund, Länder, Gemeinden zu günstigen Bedingungen ausgegeben. Mit der Aufhebung (1993) des Reichsheimstätten-Ges. von 1920 verloren die H. ihre mit Einschränkungen bei Veräußerung und Vererbung verbundene H.-Eigenschaft.
Heimstättengesetz, *amerikanische Geschichte:* ↑Homestead Act.
Heimsuchung Mariä (lat. Visitatio Beatae Mariae Virginis), Marienfest oriental. Herkunft zum Gedächtnis der in Lk. 1, 39–56 geschilderten Begegnung der werdenden Mütter Maria und Elisabeth; Tag: 31. 5. (seit 1969), in den deutschsprachigen Diözesen weiterhin am 2. 7.
Heimtücke, Hinterlist, Arglist; als bewusstes Ausnutzen der Arglosigkeit und Wehrlosigkeit des Opfers Tatbestandsmerkmal des Mordes.
Heimtückegesetz, Kurzbez. des nat.-soz. Ausnahme-Ges. »gegen heimtück. Angriffe auf Staat und Partei und zum Schutz der Uniformen« vom 20. 12. 1934, das der Sicherung der nat.-soz. Herrschaft diente; seine unklaren und weit gefassten Tatbestände erlaubten den Behörden, die polit. Opposition einzuschüchtern und zu unterdrücken.
Heimvolkshochschule, Abk. HVHS, ↑Volkshochschule.
Heimweh, durch Distanz von der vertrauten Umgebung bedingtes Mangelgefühl (H.-Depression); verursacht v. a. durch geringe Bereitschaft oder Fähigkeit, sich an eine neue Umgebung zu gewöhnen.
Heimwehren (Heimatwehren, Heimatschutz), paramilitär. österreichische Selbstschutzverbände, entstanden nach dem Ersten Weltkrieg in den Nationalitätenkämpfen, v. a. in Kärnten 1919. Nach den Unruhen 1927 entwickelten sich die H. zu einer polit. Kampfbewegung. Am Vorbild des italien. Faschismus ausgerichtet, traten sie im Programm von Korneuburg (1930) für eine diktator., am Führerprinzip ausgerichtete Staatsführung und einen ständ. Gesellschaftsaufbau (»Austrofaschismus«) ein. Unter ihrem Bundesführer Fürst E. R. ↑Starhemberg unterstützten sie 1933/34 Bundeskanzler E. Dollfuß bei der Errichtung eines autoritären Reg.systems. 1936 gingen die H. in der »Vaterländischen Front als »Frontmiliz« auf.
Hein, Freund, 1774 von M. Claudius in die Lit. eingeführte volkstüml. Bez. für den Tod.
Hein, Christoph, Schriftsteller, *Heinzendorf (heute Jasienica, Wwschaft Niederschlesien) 8. 4. 1944; Theaterarbeit in Berlin (Ost) bis 1979; vielseitges dramat. und erzähler. Werk, das psychologisch glaubwürdig menschl. Vereinsamung gestaltet (Nov. »Der fremde Freund«, 1982, auch u. d. T. »Drachenblut«), z. T. am Beispiel histor. Stoffe (»Die Ritter der Tafelrunde«, 1989); Übersetzer und Essayist. 1998 bis 2000 erster Präs. des gesamtdt. P. E. N.
Weitere Werke: Stücke: Die wahre Geschichte des Ah Q (1984); Passage (1988); Randow (1994). – Romane: Horns Ende (1985); Der Tangospieler (1989); Das Napoleon-Spiel (1993); Willenbrock (2000). – Autobiografie: Von allem Anfang an (1997).
Heine, 1) Heinrich, bis 1825 Harry H., Dichter, *Düsseldorf 13. 12. 1797, †Paris 17. 2. 1856; Sohn eines jüd. Tuchhändlers;

nach kaufmänn. Lehrzeit Jurastudium in Bonn, Göttingen und Berlin; 1824 Besuch bei Goethe; 1825 Abschluss seines Studiums in Göttingen und Übertritt zum Protestantismus. 1831 ging H. als Korrespondent der Augsburger »Allg. Zeitung« nach Paris, wo er mit den Saint-Simonisten sympathisierte und u. a. mit L. Börne, J. P. de Béranger, V. Hugo, H. de Balzac und G. Sand zusammentraf. Auch die Kontakte mit K. Marx (ab 1844 Mitarbeit an dessen »Dt.-Frz. Jahrbüchern«) waren für H. polit. Entwicklung von Bedeutung. 1841 heiratete er Crescence Eugénie Mirat (»Mathilde«, *1815, †1883). Seit 1848 war er aufgrund eines Rückenmarkleidens an seine »Matratzengruft« gefesselt; in dieser Zeit stand ihm unter anderem Elise Krinitz (»Mouche«, *1830, †1897) zur Seite.

H. erwarb frühen literar. Ruhm als Lyriker. Seine »Gedichte« (1822) und das »Lyr. Intermezzo« (1823) erschienen, vermehrt um den Zyklus »Die Heimkehr« und die Gedichte aus den Reiseberichten »Harzreise« und »Die Nordsee« (1827), als »Buch der Lieder«. Von der Romantik übernahm er das Volksliedhafte; das Charakteristikum seiner Lyrik besteht in der witzig-iron. Brechung traditioneller Motive; lyr. Subjektivität bezeichnet seine nachklass. Stellung in der Übergangszeit zum Realismus. In den »Neuen Gedichten« (1844) wandte sich H. polit. Ereignissen seiner Zeit zu. In der Sammlung »Romanzero« (1851) herrscht ein pessimist. Grundton vor. Viele seiner Lieder und Balladen wurden von F. Schubert, R. Schumann und F. Mendelssohn Bartholdy vertont. Beispielhafte realist. Gestaltungen gelangen ihm als Reiseschriftsteller; unter dem Sammeltitel »Reisebilder« erschienen 1826–31 u. a. »Harzreise«, »Ideen. Das Buch Le Grand«, »Die Bäder von Lucca«. Durch seinen witzig-pointierten, kritisch-entlarvenden und polem. Stil schuf H. eine moderne feuilletonist. Prosa. Das Verbot des Schriften des Jungen Deutschland und seiner eigenen (Bundestagsbeschluss 1835) stützte sich auf seinen Beitrag »Zur Gesch. der Religion und Philosophie in Dtl.« (in »Der Salon«, Bd. 2, 1835). Mit der berühmt gewordenen Schrift »Zur Gesch. der neueren schönen Lit. in Dtl.« (2 Bde., 1833, ²1836 u. d. T. »Die romant. Schule«) wollte er zwischen dt. und frz. Kultur vermitteln. Für seine beißende Satire über die dt. Zustände und den zeitgenöss. polit. Utopismus (anachronist. Idee von Kaiser und Reich) wählte H. die Form des Versepos sowohl für »Deutschland. Ein Wintermärchen« (1844 in »Neue Gedichte«) als auch für »Atta Troll. Ein Sommernachtstraum« (1847). Außerdem verfasste H. »Aus den Memoiren des Herrn von Schnabelewopski« (Essay, 1834), »Florentin. Nächte« (Essay) und »Elementargeister« (Essay, beide 1837), »Der Rabbi von Bacharach« (R.-Fragment), »Über Ludwig Börne. Eine Denkschrift« (Essay, 1840). H. war während des Nationalsozialismus als »jüdisch entartet« und »Fremdling in der dt. Dichtung« diffamiert.

📖 *Mende, F.: H. H. Chronik seines Lebens u. Werkes.* Berlin ²1981. – *Marcuse, L.: H. H.* Reinbek 145.–148. Tsd. 1992. – *Mayer, Hans: Der Weg H. H.s.* Frankfurt am Main 1998. – *Reich-Ranicki, M.: Der Fall H.* Neuausg. München 2000. – *H. H. Neue Wege der Forschung,* hg. v. C. Liedtke. Darmstadt 2000.

Heinrich Heine (Jugendbildnis)

2) Helme, Schriftsteller und Illustrator, *Berlin 4. 4. 1941; veröffentlicht seit 1976 (»Elefanteneinmaleins«) v. a. humorvolle Bilderbücher und Cartoons mit meist tier. Helden. Bes. beliebt sind seine »Freunde« (1982); zeichnete auch den Drachen Tabaluga.

Weitere Werke: Na warte, sagte Schwarte (1976); Fantadu (1979); Die wunderbare Reise durch die Nacht (1989); Der Club (2001).

3) Thomas Theodor, satir. Zeichner, *Leipzig 28. 2. 1867, †Stockholm 26. 1. 1948; Mitbegründer und führender Mitarbeiter des ↑Simplicissimus; schuf hart konturierte satir. Zeichnungen, auch Jugendstilgrafik (Plakate, Buchschmuck); 1933 aus der Preuß. Akademie der Künste ausgeschlossen, floh er nach Prag, 1942 nach Schweden (1947 schwed. Staatsbürger).

Heinemann, Gustav, Politiker und Rechtsanwalt, *Schwelm 23. 7. 1899, †Essen 7. 7. 1976; 1933–45 führend für die Bekennende Kirche tätig, trat 1945 der CDU bei; war u. a. 1945–67 Mitgl. des Rats und 1949–55 Präses der Synode der EKD, 1946–49 Oberbürgermeister von Essen und 1947–48 Justizmin. von NRW. Aus Protest gegen die Wiederbewaffnung trat er 1950 als Bundesinnenmin. (seit 1949) zurück. 1952 Austritt aus der CDU, 1953 Gründungsmitgl. der Gesamtdt. Volkspartei (GVP) und deren Vorsitzender. Nach der Selbstauflösung der GVP schloss sich H. 1957 der SPD an, 1957–69 MdB; 1966–69 Bundesjustizmin. (betrieb die Große Strafrechtsreform, die Reform des Unehelichenrechts und die des polit. Strafrechts). Als Bundespräs. (1969–74) bemühte sich H. v. a. um eine Aussöhnung der Deutschen mit ihren Nachbarn.
📖 *Braun, J.: Der unbequeme Präsident. Karlsruhe 1972.*

Gustav Heinemann

Heine-Medin-Krankheit [nach dem Orthopäden Jacob von Heine, *1800, †1879, und dem schwed. Kinderarzt Karl O. Medin, *1847, †1927], die spinale ↑Kinderlähmung.

Heinichen, Johann David, Komponist und Musiktheoretiker, *Krößuln (heute zu Krauschwitz, Kr. Weißenfels) 17. 4. 1683, †Dresden 16. 7. 1729; seit 1717 Kapellmeister am Dresdner Hof, schrieb Kirchen-, Orchester- und Kammermusik, zahlr. Opern und das Lehrbuch »Der Generalbaß in der Composition« (1728).

Heinicke, Samuel, Pädagoge, *Nautschütz (bei Eisenberg, Thür.) 10. 4. 1727, †Leipzig 30. 4. 1790; gründete 1778 in Leipzig die erste dt. Taubstummenschule; schuf den Taubstummenunterricht, der nicht auf die Gebärdensprache, sondern auf eine artikulierte Lautsprache (Oralsystem) zielt.

Heinkel, Ernst Heinrich, Flugzeugkonstrukteur, *Grunbach (heute zu Remshalden) 24. 1. 1888, †Stuttgart 30. 1. 1958; entwickelte zahlr. Flugzeugtypen, u. a. das erste Raketenflugzeug (He 176, 1939) und das erste Flugzeug mit Turbinenluftstrahltriebwerk (He 178, 1939). Die von ihm 1922 gegr. **Ernst-Heinkel-Flugzeugwerke**, Warnemünde, wurden nach dem Zweiten Weltkrieg z. T. enteignet; Nachfolgeunternehmen fusionierten mit der Daimler-Benz AG und den Vereinigten Flugtechn. Werken.

Heinlein [ˈhiːnlɪn], Robert (Anson), amerikan. Schriftsteller, *Butler (Mo.) 7. 7. 1907, †Carmel (Calif.) 7. 5. 1988; zählt mit seinen zahlr. Romanen und Kurzgeschichten zu den Klassikern der Science-Fiction-Literatur.

Heinrich, Herrscher:
Heiliges Römisches Reich: **1)** H. I., König (919–936), Herzog von Sachsen (seit 912), *um 875, †Memleben 2. 7. 936, Vater von Otto I. und 9); Liudolfinger, von König Konrad I. zum Nachfolger designiert (von neuerer Forschung angezweifelt), 919 von Franken und Sachsen gewählt. Die Anerkennung Herzog Burchards I. von Schwaben und Herzog Arnulfs des Bösen von Bayern (Gegenkönig) erlangte er, indem er ihnen Sonderrechte, bes. die Kirchenhoheit, beließ. 925 wurde Lothringen wieder für das Ostreich gewonnen. Den 926 mit den Ungarn geschlossenen Waffenstillstand nutzte H. zur Anlage von Burgen im östl. Sachsen; 933 schlug er die Ungarn bei ↑Riade. 927–929 brachte er die Slawen östlich der Elbe (Brandenburg) und Böhmen unter dt. Oberhoheit, 934 das Land zw. Eider und Schlei (dän. Mark). 935 schloss er einen Freundschaftsvertrag mit den Königen von Westfranken und Hochburgund, die gegen ihre Anerkennung durch H. endgültig auf Lothringen verzichteten. – Im populären Verständnis gilt H. als »Grün-

der des dt. Reichs«. Dennoch ist wiss. nicht unbestritten, inwieweit das (spätere) »Hl. Röm. Reich« im Beginn zu Recht bei H. anzusetzen und ob nicht die Prozesshaftigkeit seines Werdens stärker zu betonen sei. – Um H. als den »ersten dt. König« sind Sagen entstanden, die meist an seinen Beinamen »auceps« (Vogelfänger) anknüpfen (z. B. Gedicht von J. N. Vogl, »Herr Heinrich sitzt am Vogelherd ...«, vertont von C. Loewe, 19. Jh.).
📖 *Diwald, H.: Heinrich der Erste. Die Gründung des Dt. Reiches. Bergisch-Gladbach 1987. – Ehlers, J.: Entstehung des dt. Reiches. München 1994. – Althoff, G.u. Keller, H.:H. u. Otto der Große. Neubeginn auf karoling. Erbe. Göttingen, Zürich ²1994. – Fried, J.:Der Weg in die Gesch.. Die Ursprünge Dtl. bis 1024. Berlin 1994. – Brühl, C.: Dtl. – Frankreich. Die Geburt zweier Völker. Köln u. a. ²1995. – Beumann, H.: Die Ottonen. Stuttgart u. a. ⁴1997.*

2) H. II., der Heilige, König (seit 1002), Kaiser (seit 1014), *Bad Abbach 6. 5. 973, † Pfalz Grone (bei Göttingen) 13. 7. 1024, Enkel von 9); letzter Liudolfinger (bayer. Linie), als **H. V.** seit 995 Herzog von Bayern, 1002 gegen Markgraf Ekkehard I. von Meißen und Herzog Hermann II. von Schwaben als Nachfolger Ottos III. zum König gewählt; ließ sich 1004 zum König von Italien krönen und erlangte 1014 die Kaiserkrönung. Bolesław I. Chrobry von Polen musste ihm nach mehreren Feldzügen (1002–18) huldigen (1013 und 1018). H. förderte die Kirchen- und Klosterreform (Höhepunkte des Reichskirchensystems); 1007 stiftete er das Bistum Bamberg. Heilig gesprochen 1146; Tag: 13. 7.
📖 *Weinfurter, S.: H. II. (1002 –1024). Herrscher am Ende der Zeiten. Regensburg ³2002.*

3) H. III., König (regierte 1039–56), Herzog von Bayern (1027) und Schwaben (1038), König von Burgund (1038), Kaiser (seit 1046), *28. 10. 1017, † Pfalz Bodfeld (im Harz) 5. 10. 1056, Vater von 4); Salier, Sohn Konrads II., 1026 zum König gewählt, 1028 gekrönt, trat die Herrschaft nach dem Tod seines Vaters (1039) an. Von den Ideen der kluniazens. Reform bestimmt, griff er in die Auseinandersetzungen um den Papstthron ein und ließ 1046 die streitenden Päpste Gregor VI., Benedikt IX. und Sylvester III. absetzen und den Bischof Suitger von Bamberg als Klemens II. zum Papst erheben, der ihn am 24. 12. 1046 zum Kaiser krönte. In der Folge wirkte er als Patricius von Rom bei der Erhebung von drei weiteren dt. Bischöfen zu Päpsten mit und besetzte Bistümer und Abteien des Reichs mit Anhängern der kirchl. Reformbewegung. Mit H. erlangte das dt. Königtum seinen größten Einfluss auf die Kirche. 1041 unterwarf er Herzog Břetislav I. von Böhmen, auch Ungarn musste die dt. Lehnshoheit anerkennen. 1043 ∞ mit ↑Agnes von Poitou.

4) H. IV., König (seit 1056), Kaiser (seit 1084), *Goslar(?) 11. 11. 1050, † Lüttich 7. 8. 1106, Sohn von 3); 1053 zum König gewählt, 1054 gekrönt; stand zunächst unter Vormundschaft seiner Mutter Agnes von Poitou. 1062 entführte Erzbischof Anno II. von Köln den König, verlor aber die Regentschaft an Erzbischof Adalbert von Bremen (bis 1066). H.s Versuch, die königl. Macht wiederherzustellen, führte zum Aufstand der Sachsen (1075 niedergeschlagen). Die Frage der Besetzung des Erzbistums Mailand leitete den Machtkampf mit Papst Gregor VII. ein (↑Investiturstreit). Als Gregor VII. H. mit Absetzung drohte, ließ H. seinerseits Gregor absetzen (1076), worauf dieser ihn bannte. Fürsten und Bischöfe beschlossen in Trebur die Absetzung des Königs, wenn dieser sich nicht mit dem Papst aussöhne. 1077 erreichte H. in ↑Canossa die Lösung vom Bann. Dennoch wurde Rudolf von Rheinfelden zum Gegenkönig gewählt, gegen den sich H. jedoch behaupten konnte, ebenso gegen den folgenden Gegenkönig Hermann von Salm. Als Gregor VII. ihn 1080 erneut bannte, ließ H. ihn absetzen und Erzbischof Wibert von Ravenna als Klemens III. zum Papst wählen, der ihn 1084 in Rom zum Kaiser krönte. Während des 2. Italienzugs (1090–97) empörte sich sein Sohn Konrad gegen ihn. 1098 ließ H. ihn ächten und seinen zweiten Sohn Heinrich (V.) zum König wählen. Auch dieser erhob sich (1104) und zwang ihn 1105 zur Abdankung.
📖 *Vogel, J.: Gregor VII. u. H. IV. Berlin 1983. – Boshof, E.: H. IV. Herrscher an einer Zeitenwende. Göttingen u. a. ²1990.*

5) H. V., König (1106–25), Kaiser (seit 1111), *wohl 11. 8. 1086, † Utrecht 23. 5. 1125, Sohn von 4); letzter Salier; 1098 zum König gewählt, 1099 gekrönt, erhob sich 1104 gegen seinen Vater, erreichte 1105 die

HEI Heinrich

Anerkennung, lehnte später wie sein Vater das kirchl. Investiturverbot ab. 1111 setzte er Papst Paschalis II. gefangen, erzwang das Privileg der Investitur und die Kaiserkrönung; eine röm. Synode widerrief den Vertrag. Im Reich erhoben sich die sächs. und thüring. Fürsten und besiegten ihn in der Schlacht am Welfesholz in der Nähe von Eisleben (11. 2. 1115). Verhandlungen mit Papst Kalixt II. führten 1122 zum ↑Wormser Konkordat, das den Investiturstreit beendete.

6) H. VI., König (1190–97), Kaiser (seit 1191), König von Sizilien (seit 1194), *Nimwegen 1165, †Messina 28. 9. 1197; Sohn Kaiser Friedrichs I., 1169 zum König gewählt und gekrönt, ∞ 1186 mit Konstanze, der Erbin des normann. Königreichs Sizilien, 1191 zum Kaiser gekrönt. Den Versuch, die Erbansprüche seiner Frau durchzusetzen, musste er wegen der Fürstenopposition in Dtl. zunächst abbrechen, die jedoch nach der Gefangennahme des engl. Königs Richard Löwenherz, ihres wichtigsten Verbündeten, zusammenbrach. 1194 söhnte sich H. mit Heinrich dem Löwen aus; in Palermo wurde er zum König von Sizilien gekrönt. Unter H. erreichte die Staufermacht ihren Höhepunkt. Sein Plan, das dt. Königtum für sein Haus erblich zu machen, scheiterte jedoch 1196.
📖 *Seltmann, I.: H. VI. Herrschaftspraxis u. Umgebung. Erlangen 1983.*

7) H. (VII.), König von Sizilien (1212), König im dt. Reichsgebiet und Herzog von Schwaben (1220–35), *Sizilien 1211, †Martirano (Prov. Catanzaro) 10. (12.?) 2. 1242; Sohn Kaiser Friedrichs II., der ihm die Reg. in Dtl. überließ (bis 1228 unter Vormundschaft). Durch seine städtefreundl. Politik geriet er in Konflikt mit den Fürsten, die ihm 1231 als Reichsgrundgesetz das »Statutum in favorem principum« abnötigten (1232 von Friedrich II. bestätigt; ↑Landesherrschaft). 1234 empörte er sich gegen seinen Vater, musste sich 1235 unterwerfen und wurde seitdem gefangen gehalten; er starb an den Folgen eines Selbstmordversuchs.
📖 *Thorau, P.: König H. (VII.), das Reich u. die Territorien. Berlin 1998.*

8) H. VII., König (1308–13), Kaiser (seit 1312), *1274 (1275?), †Buonconvento (bei Siena) 24. 8. 1313; Luxemburger; nach der Ermordung Albrechts I. (1308) zum König gewählt. 1310 gewann er für seinen Sohn Johann das Königreich Böhmen und zog nach Italien, wo ihn Dante und die Ghibellinen begeistert empfingen. 1311 in Mailand zum italien. (»langobard.«) König gekrönt, 1312 in Rom zum Kaiser.

Bayern: **9) H. I.,** Herzog (948–55), *Nordhausen um 920, †Regensburg 1. 11. 955, Sohn von 1), Großvater von 2); war an den Verschwörungen von 938/39 und 941 gegen König Otto I., seinen Bruder, beteiligt. 948 erhielt er das Herzogtum Bayern als Lehen.

Bayern und Sachsen: **10) H. X., der Stolze,** Herzog von Bayern (1126–38) und Sachsen (1137–39), *vor 1108, †Quedlinburg 20. 10. 1139, Vater von 11); Welfe, ∞ 1127 mit Gertrud, Tochter König Lothars III. von Supplinburg. Während Lothars 2. Italienzug (1136/37) wurde er mit dem Herzogtum Tuszien belehnt. 1137 gab ihm Lothar auch Sachsen und designierte ihn zu seinem Nachfolger. Dennoch wurde der Staufer Konrad (III.) gewählt. Konrad ächtete H., gab Bayern an Leopold IV. von Österreich, Sachsen an Albrecht den Bären, doch behauptete sich H. in Sachsen bis zu seinem Tod.

11) H. der Löwe, Herzog von Sachsen (1142–80) und Bayern (1156–80), *um 1129, †Braunschweig 6. 8. 1195, Sohn von 10); bekam 1142 das seinem Vater entzogene Herzogtum Sachsen zurück, erst 1156 auch Bayern, das jedoch um das neue Herzogtum Österreich verkleinert war. Er erstrebte bes. die Stärkung der Herzogsgewalt und die Mehrung des welf. Besitzes um Braunschweig, das er zur Residenz ausbaute. Durch die Neugründung Lübecks (1159) brach er dem dt. Ostseehandel Bahn, den er durch Verträge mit Gotland, Schweden, Nowgorod förderte. 1176 überwarf er sich mit Kaiser Friedrich I. Barbarossa, als er dem Kaiser seine Hilfe gegen den Lombardenbund verweigerte. Er wurde 1180 geächtet, seine Herzogtümer wurden neu vergeben. Nach anfängl. Widerstand unterwarf er sich 1181 und ging nach England in die Verbannung (seit 1168 in 2. Ehe ∞ mit Mathilde, Tochter Heinrichs II. von England). 1194 söhnte er sich mit Heinrich VI. aus, blieb jedoch auf den welf. Eigenbesitz um Braunschweig-Lüneburg beschränkt.
📖 *Jordan, K.: H. der Löwe. Eine Biographie. Neuausg. München 1993. – Hiller, H.: H. der Löwe. Frankfurt am Main ⁵1995.*

Braunschweig-Wolfenbüttel: **12) H. Julius,** Herzog (1589-1613), *Schloss Hessen (bei Wolfenbüttel) 15. 10. 1564, †Prag 30. 7. 1613; seit 1578 Bischof von Halberstadt, wo er die Reformation durchführte, 1582-85 auch von Minden. 1592 rief er engl. Komödianten an seinen Hof, für die er selbst Stücke schrieb. Er war vertrauter Ratgeber Kaiser Rudolfs II.
Deutscher Orden: **13) H. von Plauen,** Hochmeister (1410-13), *im Vogtland um 1370, †Lochstädt (heute Pawlowo, auf der Kur. Nehrung) 9. 11. 1429; seit 1391 Ordensritter, seit 1399 Komtur; verteidigte nach der Niederlage des Ordens bei Tannenberg (1410) die Marienburg gegen die Polen, wurde zum Hochmeister gewählt und handelte den 1. Thorner Frieden aus (1411). Beim Versuch, die Verw. des Ordensstaats zu reorganisieren, wurde er 1413 gestürzt.
England: **14) H. I.,** auch H. Beauclerc, König (1100-35), *Selby (Yorkshire) 1068, †Lyons-la-Forêt (bei Rouen) 1. 12. 1135; Sohn Wilhelms I., des Eroberers, bemächtigte sich nach dem Tod seines Bruders Wilhelm II. Rufus des Throns; gab seinen Untertanen eine Charta (»Charta libertatum«); herrschte seit 1106 auch in der Normandie.
15) H. II., auch H. Kurzmantel, König (1154-89), *Le Mans 5. 3. 1133, †Chinon 6. 7. 1189, Sohn Gottfrieds V., Graf von Anjou (Plantagenet), und Mathildes, der Tochter Heinrichs I., Begründer der Dynastie Plantagenet und des ↑Angevinischen Reiches, erbte von seinem Vater 1151 Anjou mit Maine und Touraine, von seiner Mutter England und die Normandie; durch die Heirat mit Eleonore von Aquitanien (1152) gewann er noch Poitou, Guyenne und Gascogne. 1171/72 eroberte er auch einen Teil Irlands. H. stärkte das Königtum gegenüber den Baronen und erließ gegen die Machtansprüche des Papstes 1164 die Konstitutionen von Clarendon, wodurch er in Konflikt mit seinem ehem. Kanzler, Erzbischof Thomas ↑Becket, geriet.
16) H. III., König (1216-72), *Winchester 1. 10. 1207, †Westminster (heute zu London) 16. 11. 1272; Sohn Johanns I. ohne Land; 1264 durch die aufständ. Barone unter Simon von Montfort bei Lewes besiegt und gefangen genommen; von seinem Sohn Eduard (I.) 1265 (Schlacht bei Evesham) wieder befreit.

17) H. IV., Herzog von Bolingbroke, König (1399-1413), *Schloss Bolingbroke (bei Spilsby, Cty. Lincolnshire) April(?) 1366, †Westminster (heute zu London) 20. 3. 1413, Enkel Eduards III., Vater von 18); stürzte Richard II. Mit ihm gelangte die Linie Lancaster auf den Thron. H. schlug 1403 eine Rebellion der Barone und 1408 den Aufstand in Wales unter Owen Glendower nieder.
18) H. V., König (1413-22), *Monmouth 16. 9.(?) 1387, †Vincennes 31. 8. 1422, Sohn von 17), Vater von 19); errang im Hundertjährigen Krieg gegen Frankreich 1415 bei Azincourt einen Sieg und zog in Paris ein; 1420 (Frieden von Troyes) wurde sein Anspruch auf die frz. Krone anerkannt und durch die Heirat mit der Tochter Karls VI. von Frankreich, Katharina, gefestigt.
19) H. VI., König (1422-61 und 1470/71), *Windsor 6. 12. 1421, †London 21./22. 5. 1471, Sohn von 18). Unter ihm verlor England im ↑Hundertjährigen Krieg bis 1453 alle Besitzungen in Frankreich. In den ↑Rosenkriegen wurde H. 1461 durch Eduard IV. (Haus York) gestürzt, gelangte 1470 noch einmal auf den Thron; 1471 (Schlacht bei Tewkesbury) wieder von Eduard verdrängt. H. starb auf ungeklärte Weise im Tower.
20) H. VII., König (1485-1509), *Pembroke Castle (Wales) 28. 1. 1457, †Richmond (heute zu London) 21. 4. 1509, Vater von 21); Erbe der Thronansprüche des Hauses Lancaster; stürzte Richard III. durch seinen Sieg bei Bosworth (1485, Ende der ↑Rosenkriege) und begründete die Dynastie Tudor.
21) H. VIII., König (1509-47), *Greenwich (heute zu London) 28. 6. 1491, †Westminster (heute zu London) 28. 1. 1547, Sohn von 20); führte drei Kriege gegen Frankreich (1511-15, 1522-25, 1543-46) und besiegte 1513 König Jakob IV. von Schottland bei Flodden (Cty. Northumberland). Obwohl er ein gläubiger Katholik war und persönlich gegen Luther auftrat, trennte er die engl. Kirche von Rom, nachdem Papst Klemens VII. unter dem Druck des Kaisers die Nichtigkeitserklärung seiner 1509 geschlossenen Ehe mit Karls V. Tante Katharina (und damit die kirchenrechtl. Legitimierung seines Verhältnisses mit Anna Boleyn) verweigerte. Nach Annahme der Supremaktsakte durch das Parla-

ment (1534) proklamierte sich H. zum Oberhaupt der Kirche von England und forderte den Suprematseid, dessen Verweigerung mit der Todesstrafe bedroht wurde (Opfer u. a. T. More). Die Bannbulle von Papst Paul III. 1538 bestimmte ihn zum Anschluss an den dt. Protestantismus. In der Folge (1538–40) wurden die Klöster eingezogen und zugunsten des Kronschatzes verkauft. H. heiratete noch fünfmal:

Heinrich VIII., König von England und Irland, auf einem Gemälde von Hans Holbein d. J. (1536; Madrid, Sammlung Thyssen-Bornemisza)

1533 Anna Boleyn (hingerichtet 1536), 1536 Jane Seymour († 1537), 1540 Anna von Cleve (kurz danach geschieden), 1540 Katharina Howard (hingerichtet 1542); Katharina Parr (∞ seit 1543) überlebte ihn.
📖 Baumann, U.: H. VIII. mit Selbstzeugnissen u. Bilddokumenten. Reinbek ²1994.
Frankreich: **22)** H. II., König (1547–59), * Saint-Germain-en-Laye 31. 3. 1519, † (infolge einer Turnierverwundung) Paris 10. 7. 1559; Sohn von Franz I., Vater von 23), ∞ seit 1533 mit Katharina von Medici, setzte 1552 im Bund mit den dt. Protestanten (Vertrag von Chambord) den Kampf gegen Kaiser Karl V. fort und nahm Metz, Toul und Verdun in Besitz; im Frieden von Cateau-Cambrésis (1559) mit Spanien und England musste er auf Mailand verzichten; festigte die frz. Königsmacht.
23) H. III., König (1574–89), * Fontainebleau 19. 9. 1551, † Saint-Cloud 2. 8. 1589, dritter Sohn von 22); 1573/74 König von Polen, kehrte nach dem Tod seines Bruders Karl IX. nach Frankreich zurück, begann 1586 einen Krieg gegen die ↑Hugenotten, bis er 1588, um sich dem mächtigen Einfluss der kath. Liga zu entziehen, deren Führer, Herzog Henri von Guise, und dessen Bruder ermorden ließ. Von der Liga für abgesetzt erklärt, verband er sich mit dem Führer der Hugenotten, Heinrich (III.) von Navarra, wurde aber während der Belagerung des ligist. Paris ermordet. Mit H. erlosch das Haus Valois.
24) H. IV., König (1589–1610), seit 1562 König H. III. von Navarra, * Pau 13. 12. 1553, † (ermordet) Paris 14. 5. 1610; Sohn von Anton von Bourbon und Johanna von Albret. Als Kalvinist war er seit 1569 der Führer der Hugenotten; bei seiner Vermählung mit Margarete von Valois kam es 1572 zur ↑Bartholomäusnacht. Nach dem Tod des kinderlosen H. III. fiel ihm die frz. Krone zu, doch wurde er von der kath. Liga und Philipp II. von Spanien bekämpft, bis er durch den Übertritt zum Katholizismus (1593) die Hauptstadt Paris gewann (»Paris ist eine Messe wert«) und allgemein anerkannt wurde. Den Hugenotten gewährte H. 1598 mit dem Edikt von Nantes Gewissens- und Kultfreiheit sowie einen festen Rechtsstatus. Mit Finanzmin. Sully begann er den inneren Wiederaufbau und schuf damit die Grundlagen des absolutist. frz. Staates. In der Außenpolitik verfolgte er einen antihabsburg. Kurs mit dem Ziel eines europ. Gleichgewichts. Ging als frz. Idealherrscher in die Lit. ein (u. a. bei Voltaire, A. Dumas d. Ä., H. Mann).
📖 *Saint-René Taillandier, M. M.:* H. IV. Der Hugenotte auf Frankreichs Thron. A. d. Frz. Neuausg. München 1995.
Meißen: **25)** H. III., der Erlauchte, Markgraf (1221–88), * 1215 oder 1216, † 1288; Wettiner, erhielt 1243 das Pleißenland, erstritt im hessisch-thüring. Erbfolgekrieg (1247/49–63) die Landgrafschaft Thüringen und die Pfalzgrafschaft Sachsen; teilte 1263 die Herrschaft mit seinen Söhnen, behielt Meißen und die Ostmark; in der »Maness. Liederhandschrift« als Minnesänger vertreten.

Österreich: **26) H. II. Jasomirgott,** Markgraf (1141–56) und Herzog (1156–77), Herzog von Bayern (1143–56), *1114, †13. 1. 1177; Babenberger, verzichtete 1156 zugunsten H.s des Löwen auf Bayern, wofür Österreich zum Herzogtum erhoben wurde.
Portugal: **27) H. der Seefahrer,** Infant, *Porto 4. 3. 1394, †Sagres 13. 11. 1460; wurde 1419 Gouv. des Königreichs Algarve, 1420 Großmeister des Christusordens; er veranlasste seit 1418 viele Entdeckungsfahrten längs der afrikan. Westküste bis Guinea und legte damit den Grund für die portugies. See- und Kolonialmacht.
Preußen: **28) H.,** Prinz, preuß. General und Staatsmann, *Berlin 18. 1. 1726, †Rheinsberg 5. 8. 1802; Bruder von König Friedrich II., d. Gr., einer der führenden preuß. Heerführer im Siebenjährigen Krieg (Sieg bei Freiberg, 29. 10. 1762). 1772 ging aus seinen Verhandlungen mit Katharina II. von Russland die 1. Poln. Teilung hervor; 1795 drängte er zum Abschluss des Baseler Friedens.
Sachsen: **29) H. X., der Stolze,** Herzog, ↑Heinrich 10).
30) H. der Löwe, Herzog, ↑Heinrich 11).
Thüringen: **31) H. Raspe (IV.),** Landgraf (1227–47), *um 1204, †auf der Wartburg 16. 2. 1247; Ludowinger, Bruder Landgraf Ludwigs IV., verwies seine Schwägerin Elisabeth die Heilige von der Wartburg. Von Kaiser Friedrich II. 1242 zum Reichsverweser für Konrad IV. bestellt, ließ er sich 1246 auf Betreiben des Papstes zum Gegenkönig wählen, konnte aber seinen Sieg über Konrad IV. (5. 8. 1246) nicht mehr nutzen.
Heinrich, Willi, Schriftsteller, *Heidelberg 9. 8. 1920; realist. Kriegs- und Heimkehrerromane, Unterhaltungsromane (»Das geduldige Fleisch«, 1955; »Die Gezeichneten«, 1958).
Heinrich der Glichesaere [-ˈgliːçəsæːrə, »Gleisner«], Dichter der 2. Hälfte des 12. Jh., wohl aus dem Elsass; verfasste um 1185 das älteste dt. Tierepos »Reinhart Fuchs« (vier Bruchstücke erhalten; vollständig überliefert ist eine Bearbeitung des 13. Jh.); das satirisch-lehrhafte Werk benutzte die Tierfabel zur Kritik an den stauf. Herrschern.
Heinrich der Teichner, mhd. Spruchdichter, †vor 1377; vermutlich aus der Steiermark. Sein ab etwa 1350 entstandenes Werk von rd. 720 Reimreden mit insgesamt 70 000 Versen ist eines der umfangreichsten des dt. Spätmittelalters.
Heinrich der Vogelaere [-lɛːrə], mhd. Epiker der 2. Hälfte des 13. Jh.; stammte vielleicht aus Tirol; verfasste vermutlich um 1275 im Stil höf. Poesie Teile des Gedichts »Dietrichs Flucht«; unsicher ist auch, ob er der Autor der »Rabenschlacht« ist.
Heinrich-Hertz-Teleskop, ↑Graham, Mount.
Heinrich von dem Türlin, mhd. Epiker der 1. Hälfte des 13. Jh., aus Kärnten; überliefert »Der aventiure crône«, ein um 1220 verfasstes Epos, das den Artus-Stoff gestaltet.
Heinrich von Freiberg, mhd. Epiker vom Ende des 13. Jh.; vermutlich aus Freiberg in Sachsen; verfasste um 1290 eine dem Stil Gottfrieds von Straßburg angepasste Fortsetzung von dessen unvollendetem Tristan-Epos.
Heinrich von Meißen, ↑Frauenlob.
Heinrich von Melk, mhd. Dichter der 2. Hälfte des 12. Jh.; wahrscheinlich Laienbruder des Klosters Melk, ritterl. Abkunft. Zugeschrieben werden die zeit- und kirchenkrit. Gedichte »Erinnerung an den Tod« und »Priesterleben«.
Heinrich von Morungen, mhd. Lyriker vom Ende des 12. Jh. und Anfang des 13. Jh. Sein Stammsitz war wahrscheinlich die Burg Morungen bei Sangerhausen; gilt neben Reinmar dem Alten und Walther von der Vogelweide als wichtigster Vertreter mhd. Minnesangs.
Heinrich von Mügeln, mhd. Dichter des 14. Jh.; stammte aus Mügeln (bei Pirna); zeitweise am Hofe Kaiser Karls IV. in Prag; Chronist und Übersetzer im Dienst versch. Fürstenhöfe. Sangsprüche (zu Ehren Karls IV.), das allegorisierende Reimpaargedicht »Der meide kranz«; Minnelieder.
Heinrich von Ofterdingen, sagenhafter (historisch nicht nachgewiesener) Sänger des 13. Jh.; der Name stammt aus dem mhd. Gedicht »Singerkriec ûf Wartburc« (um 1260); Romanfragment von Novalis (1802), Novelle von E. T. A. Hoffmann (1819), bei R. Wagner mit »Tannhäuser« verschmolzen.
Heinrich von Veldeke [f-], mhd. Dichter der 2. Hälfte des 12. Jh. Sein Versroman

»Eneit« (vollendet bis 1186), die mittelalterl. Umformung von Vergils »Aeneis«, war wegbereitend für die Entwicklung des höf. Epos.

Heinsberg, 1) Kreis im RegBez. Köln, NRW, 628 km², 252 300 Einwohner. **2)** Krst. von 1), in NRW, nahe der niederländ. Grenze in der Niederrhein. Bucht, 40 600 Ew.; Chemiefaser-, Bau-, Metall- und Schuhind., Anlagenbau. – Kath. Propsteikirche (14.–15. Jh.; Krypta, um 1130); im Torbogenhaus (16. Jh.) das Heimatmuseum. – H. erhielt 1255 Stadtrecht.

Heinse, Johann Jakob Wilhelm, Dichter, *Langewiesen (bei Ilmenau) 15. 2. 1746, †Aschaffenburg 22. 6. 1803; verkündete das schrankenlose Recht auf Sinnengenuss, Schönheit und Kraft, bes. in seinem Hauptwerk »Ardinghello und die glückseligen Inseln« (2 Bde., 1787). Musiktheoret. Ausführungen enthält »Hildegard von Hohenthal« (R., 3 Tle., 1795–96). Die kunstphilosoph. Erörterungen des Romans bilden den Beginn einer modernen Kunstbetrachtung. Bed. auch als Übersetzer (Petronius, T. Tasso, L. Ariosto).

H-I-Gebiet [»H-Eins«], Gebiet des interstellaren Raumes mit neutralem atomarem Wasserstoff mit einer Temperatur von typischerweise 80 bis 100 K. – In der Nähe von heißen Sternen ist der Wasserstoff ionisiert und bildet die etwa 8 000 bis 10 000 K heißen sichtbaren Emissionsnebel; solche Raumbereiche werden als **H-II-Gebiete** bezeichnet. (↑interstellare Materie)

Heinsius [ˈhɛjnsiːys], Daniel, niederländ. Dichter und klass. Philologe, *Gent 9. 6. 1580, †Leiden 25. 2. 1655; seine lat. und niederländ. Gedichte beeinflussten u. a. M. Opitz; Hg. der Werke klass. Autoren (Terenz, Ovid, Vergil).

Heintel, Erich, österr. Philosoph, *Wien 29. 3. 1912; Schüler Robert Reiningers (*1869, †1955), Prof. in Wien 1960–82. H. bildet aus Elementen der aristotel. Metaphysik und der Transzendentalphilosophie I. Kants im Sinne der hegelschen Dialektik eine Metaphysik des Erlebens; in diesem werde die absolute Wirklichkeit offenbar.

Heinz-Galinski-Preis, von der »Heinz-Galinski-Stiftung« der Jüd. Gemeinde zu Berlin vergebener Preis (dotiert mit 10 000 €; früher 25 000 DM), mit dem jährlich eine Persönlichkeit geehrt wird, die sich im Sinne Heinz Galinskis (*1912, †1992; 1949–92 Vors. der Jüd. Gemeinde zu Berlin, ab 1988 auch Vors. des Zentralrats der Juden in Dtl.) um Verständigung, Aussöhnung und Beziehungen des gegenseitigen Respekts zw. den Völkern und Religionen verdient gemacht hat. Zu den bisherigen Preisträgern gehören Siegfried Lenz, Richard von Weizsäcker, Hans-Jochen Vogel und der Schauspieler Dietmar Schönherr. – Preisträger seit 2000: Israel Singer (2000), Arno Lustiger und Wolf Biermann (2001), Joseph (Joschka) Fischer (2002), Jan Philipp Reemtsma (2003).

Heirat, die Eheschließung, ↑Eherecht; über Bräuche bei der Eheschließung ↑Hochzeit.

Heiratsbuch (früher Heiratsregister), Personenstandsbuch, in dem die Eheschließung in Anwesenheit der Ehegatten und etwaiger Trauzeugen vom Standesbeamten beurkundet wird. In *Österreich:* Ehebuch, in der *Schweiz:* Eheregister.

Heiratsklassen, *Völkerkunde:* Unterteilungen einer Gesellschaft zur Regelung der Heiratsordnung; ergeben sich aus dem Zusammenwirken zweier oder mehrerer patrilinearer und matrilinearer exogamer Abstammungsgruppen, die sich überschneiden.

Heiratsschwindel, das Vortäuschen ernst gemeinter Heiratsabsichten. H. kann als ↑Betrug strafbar sein, wenn das Opfer aufgrund der Täuschung und in Erwartung der Eheschließung dem Täter Vermögenswerte zuwendet.

Heiratsvermittlung, ↑Ehevermittlung.

Heiseler, 1) Bernt von, Schriftsteller, *Großbrannenberg (heute zu Brannenburg, Kr. Rosenheim) 14. 6. 1907, †ebd. 24. 8. 1969, Sohn von 2); Verfasser von sprachlich wohlgeformten christl. Laien- und Volksspielen, Dramen, Romanen und Essays, u. a. »Hohenstaufen-Trilogie« (Dr., 1948).

2) Henry von, Schriftsteller aus dt.-russ. Familie, *Petersburg 23. 12. 1875, †Vorderleiten (heute zu Soyen, Kr. Rosenheim) 25. 11. 1928, Vater von 1); kam 1898 nach Dtl., trat mit dem George-Kreis in Verbindung; formstrenger Lyriker und Dramatiker.

Heisenberg, Werner Karl, Physiker, *Würzburg 5. 12. 1901, †München 1. 2. 1976; 1927–41 Prof. für theoret. Physik in Leipzig, 1941–45 Direktor des Kaiser-Wilhelm-Inst. für Physik in Berlin; wandte sich während der Zeit des Nationalsozialismus gegen die u. a. von P. Lenard vertretene »dt. Physik«, wurde dennoch zum Leiter des dt. Kernenergieprojektes ernannt; 1946–70 Direktor des Max-Planck-Inst. für Physik und Astrophysik (Göttingen, ab 1958 in München) sowie Prof. in Göttingen und München. Gemeinsam mit M. Born und P. Jordan begründete H. die ↑Quantenmechanik in Matrizenform und stellte 1927 die für sie grundlegende und später nach ihm benannte ↑Unschärferelation auf. Weitere Arbeiten H.s förderten die Quanten- und Wellenmechanik, die Atom- und Kernphysik, die Physik der kosm. Strahlung und der Elementarteilchen, die Theorie der Supraleitung und des Ferromagnetismus. Seit etwa 1953 arbeitete H. an einer einheitl. Feldtheorie der Materie (»heisenbergsche Weltformel«). H., der als einer der größten Physiker des 20. Jh. gilt, setzte sich in zahlr. populären Publikationen auch intensiv mit den philosoph. und gesellschaftspolit. Problemen auseinander, die die moderne Physik aufwirft. 1933 erhielt er den Nobelpreis für Physik für das Jahr 1932.

Werke: Die physikal. Prinzipien der Quantentheorie (1930); Das Naturbild der heutigen Physik (1955); Physik und Philosophie (1959); Der Teil und das Ganze (1969); Schritte über Grenzen (1971).
📖 Cassidy, D. C.: W. H. Leben u. Werk. A. d. Amerikan. Heidelberg u. a. 2001. – Cattaneo, M.: W. H. Von der Quantenrevolution zur Weltformel. Heidelberg 2001. – Fischer, E. P.: W. H. Das selbstvergessene Genie. München 2002.

Heiserkeit, klanglose, raue oder belegte Stimme, hervorgerufen durch krankhafte Veränderungen der Stimmbänder oder auf Erkrankungen des Kehlkopfs beruhenden Stimmstörungen.

Heisig, Bernhard, Maler und Grafiker, * Breslau 31. 3. 1925; anfangs stilistisch beeinflusst von A. Menzel und G. Courbet, später von L. Corinth, O. Kokoschka und M. Beckmann; gestaltet v. a. histor. und zeitgeschichtl. Themen in dynamisch-expressiver Auffassung, auch Porträts und Stillleben; umfangreiches graf. Œuvre. – Seine Söhne Johannes H. (* 1953) und Walter Eisler (* 1954) arbeiten ebenfalls als Maler und Grafiker.

Heiß, 1) Hermann, Komponist, * Darmstadt 29. 12. 1897, † ebd. 6. 12. 1966; Schüler u. a. von J. M. Hauer; leitete ab 1955 ein Studio für elektron. Komposition in Darmstadt; schrieb Orchestermusik und zahlr. elektron. Werke.
2) Robert, Philosoph und Psychologe, * München 22. 1. 1903, † Freiburg im Breisgau 21. 2. 1974; Prof. für Psychologie; fachübergreifende Arbeiten (»Die Lehre vom Charakter«, 1936; »Allg. Tiefenpsychologie«, 1956; »Die großen Dialektiker des 19. Jh.: Hegel, Kierkegaard, Marx«, 1963).

Heißdampf, überhitzter ↑Dampf.
Heißdampfkühler, Einrichtung bei Dampferzeugern zur Regelung der Endtemperatur der ↑Überhitzer. Beim **Oberflächenkühler** wird ein Teil des Heißdampfes in Rohrbündeln durch den Wasser- oder Dampfraum geführt; beim schneller reagierenden **Einspritzkühler** wird fein verteiltes Kondensat in einen in die Dampfleitung eingebauten Raum gespritzt, der zur Oberflächenvergrößerung mit Ringen oder Kugeln gefüllt ist.

Bernhard Heisig: Der Kriegsfreiwillige (1982/86; Berlin, Galerie Brusberg)

Heißenbüttel, Helmut, Schriftsteller, * Rüstringen (heute zu Wilhelmshaven) 21. 6. 1921, † Glückstadt 19. 9. 1996; schrieb Gedichte (»Topographien«, 1956), des Weiteren sprach- und formexperimentierende Werke, u. a. »Textbuch« (1960–87; 11 Bde.); »Projekt Nr. 1. D'Alemberts Ende« (1970); »Wenn Adolf Hitler den

Krieg nicht gewonnen hätte« (1979); »Das Ende der Alternative« (1980); »mehr ist dazu nicht zu sagen. neue Herbste« (1983); konsequenter Vertreter der konkreten Poesie; auch Essays und Hörspiele.

heißer Draht, seit 1963 bestehende direkte Fernschreibverbindung vom Weißen Haus (Washington) zum Kreml (Moskau); der unmittelbare Kontakt soll friedensgefährdende Fehldeutungen von Maßnahmen des anderen vermeiden.

heißer Tag, *Meteorologie:* Tag mit einem Höchstwert der Temperatur von mindestens 30 °C; ein h. T. wurde in Mitteleuropa früher auch als **Tropentag** bezeichnet.

heißes Geld (Hot Money), aus spekulativen Gründen ins Ausland transferiertes Geld, um aus mögl. Währungsabwertungen oder -aufwertungen Gewinn zu erzielen. Weil bei h. G. ständig mit einem plötzl. Abzug gerechnet werden muss, wird in den Anlageländern versucht, den unerwünschten Zufluss durch Nichtverzinsung u. a. abzuwehren.

heiße Zone, *Geographie:* die Tropen.

Heißgasmotor, der ↑Stirlingmotor.

Heißhunger, anfallartig auftretendes übersteigertes Hungergefühl, z. B. bei Magenfunktionsstörungen, zu niedrigem Blutzuckerspiegel, Diabetes und zentralnervösen Regulationsstörungen.

Heißlauf, unzulässig hohe Erwärmung von Lagern, Getrieben u. a. durch Reibung infolge nicht ausreichender Schmierung, Kühlung oder anderer Schäden.

Heißleiter (NTC-Thermistor), ein Thermistor mit negativem Temperaturkoeffizienten; mit steigender Temperatur nimmt der Widerstand eines H. ab, die Leitfähigkeit zu. H. werden aus gesinterten Metalloxiden hergestellt und z. B. als Temperatursensoren oder -regler eingesetzt; Ggs.: Kaltleiter.

Heißluftbad, trockene Heißluftbehandlung als Vollbad (↑Sauna) oder als Teilbad mit Heißluftduschen oder -kästen (Lufttemperatur 70–90 °C); bewirkt Anregung des Stoffwechsels und der Hauttätigkeit; angewendet z. B. bei degenerativen Gelenkerkrankungen oder Muskelverspannungen.

Heißluftdusche (auch: Heißlufttrockner), elektrisch betriebener Ventilator, dessen Luftstrom durch Heizdrähte erwärmt wird; im Haushalt (als Haartrockner), in Medizin und Technik verwendet.

Heißsiegeln, Verfahren zum Verbinden thermoplast. Schmelzschichten von Verpackungsmaterialien durch Heißpressen.

Heißwassergeräte, meist elektrisch betriebene Geräte zur Bereitung und Speicherung von Warmwasser bis etwa 85 °C (Warm- oder Heißwasserspeicher; mit hochwertiger Wärmeisolierung, 5–80 Liter Inhalt). **Boiler** (Inhalt 5 Liter) zählen zu den Kochendwassergeräten (meist ohne Wärmeisolierung; bis 100 °C). Mit Strom oder Gas betriebene **Durchlauferhitzer** sind Druckgeräte, die sich nur bei Wasserentnahme einschalten.

Heisterbach, Stadtteil von Königswinter, NRW, mit ehem. Zisterzienserabtei, 1189 gegr., 1803 aufgehoben. Erhalten ist von der Abteikirche (1202–37) der Chorabschluss.

heiter, *Meteorologie:* gesagt von einem Tag mit einem Tagesmittel der Bewölkung von weniger als zwei Achtel.

Heitersheim, Stadt im Landkreis Breisgau-Hochschwarzwald, Bad.-Württ., 5 500 Ew.; Maschinen- und Apparatebau u. a. Industrie. – Das ehem. Malteserschloss (16. Jh.) beherbergt soziale Einrichtungen und das Johanniter- und Maltesermuseum. – Der Ort erhielt 1810 Stadtrecht (1952 erneuert).

Heiti [altnord.] *das,* in der altnord. Dichtung eingliedrige Begriffsumschreibung durch Gebrauch von altertüml. oder metaphor. Wörtern, die dadurch allein der poet. Sprache zugehörig empfunden werden (z. B. »Renner« statt »Ross«).

Heizer [ˈhaɪzə], Michael (Mike), amerikan. Künstler, *Berkeley (Calif.) 4. 11. 1944; Vertreter der Land-Art; v. a. Projekte in den Wüsten von Nevada und Arizona; seit den 70er-Jahren auch Holz- und Steinskulpturen, monochrome Bilder sowie abstrakte Zeichnungen und Grafiken.

Heizgas, 1) gasförmiger Brennstoff unterschiedl. Zusammensetzung und versch. hoher Heizwerte, der zu Heiz- und Kochzwecken, zur Energieerzeugung, in der Metallurgie usw. benutzt wird (Erdgas u. a.).

2) bei der Verbrennung fester oder flüssiger Brennstoffe entstehendes Gas (Mischung aus Stickstoff, Kohlendioxid, Sauerstoff und Wasserdampf), das einen großen Teil der frei werdenden therm. Energie enthält.

Heizkessel, Wärmeerzeuger mit Feue-

Heizung HEI

rungen für feste, flüssige oder gasförmige Brennstoffe, der die Wärmeenergie für Heizzwecke bei der Raumheizung, Warmwasserbereitung o. Ä. bereitstellt. Die bei der Verbrennung der Brennstoffe entstehende Verbrennungswärme wird an Wärmeträger (Wasser, Wasserdampf) abgegeben und zum Wärmeverbraucher (Heizkörper, Wärmetauscher) transportiert. Der **Brennwertkessel** nutzt die Kondensationswärme des Brennstoffs (↑Brennwerttechnik) und arbeitet mit Rauchgasrückkühlung, d. h., die Rauchgase durchlaufen einen zweiten Wärmetauscher. Schadstoffe werden dadurch im Kessel gebunden und gelangen nicht in die Umwelt. Der Brennwertkessel erreicht gegenwärtig einen ↑Normnutzungsgrad von 108 %.

Heizkissen, elektrisch erwärmbares Kissen mit allseitig geschlossener, feuchtigkeitsdichter Hülle in einem Stoffbezug; dient als Bett-, Leib- oder Fußwärmer sowie für Heilzwecke. Der Heizkörper besteht aus einem in ein Isoliermaterial eingebetteten ↑Heizleiter mit Temperaturregler und Schmelzsicherung.

Heizkörper, Bestandteil einer Heizungsanlage, dessen Innenraum von einem Wärmeträger (Warmwasser, Dampf, Öl) durchströmt oder in dem elektr. Energie in Wärmeenergie umgewandelt wird. Der H. dient der Raumerwärmung; die Wärmeabgabe erfolgt v. a. durch Konvektion und in geringerem Maß durch Strahlung.

Heizkostenverteiler, Gerät zur Erfassung der Wärmeabgabe von Heizkörpern als Grundlage der Heizkostenberechnung. Der nach dem Verdunstungsprinzip arbeitende H. ermittelt die im Lauf einer Heizperiode verdunstende Flüssigkeitsmenge, die durch die Betriebsdauer und die mittlere Heizkörpertemperatur bestimmt ist; aus ihr wird der Heizkostenanteil errechnet. Genauer sind H. mit elektr. Messgrößenerfassung, bei denen die Differenz zw. Heizkörper- und Raumtemperatur zur Ermittlung der Wärmeabgabe erfasst und an einen elektron. Zentralzähler weitergeleitet wird. H. dienen lediglich der Feststellung prozentualer Verbrauchsanteile (dagegen zeigen ↑Wärmezähler den Gesamtwärmeverbrauch an).

Heizkraftwerk, Wärmekraftwerk, in dem Elektrizität und nutzbare Wärme (↑Fernwärme) durch ↑Kraft-Wärme-Kopplung aus anderen Energieformen erzeugt werden.

Heizleiter (Heizwiderstand), elektr. Leiter mit hohem elektr. Widerstand und hoher Temperaturbeständigkeit, der zur Wärmeerzeugung genutzt wird; verwendet werden v. a. Nickel-Chrom- und Eisen-Chrom-Aluminium-Legierungen; für höhere Temperaturen eignen sich u. a. Siliciumcarbid und hochschmelzende Metalle in nicht oxidierender Atmosphäre (z. B. Molybdän, Wolfram).

Heizlüfter, elektr. Raumheizgerät mit eingebautem Ventilator und stufenweiser Einstellung der Heizleistung, bei dem Luft angesaugt, über die Heizspiralen geleitet und erwärmt in den Raum ausgeblasen wird.

Heizöl, flüssiger Brennstoff aus Erdöl, Schieferöl, Steinkohlen- oder Braunkohlenteerölen, der für Feuerungs- und Brennzwecke geeignet sein muss. Nach der Viskosität unterscheidet man die Sorten: **EL** (extra leichtflüssig, bes. für kleine Heizanlagen), **L** (leichtflüssig), **M** (mittelflüssig), **S** (schwerflüssig, v. a. für Großverbraucher). H. EL wird aus Gasölfraktionen der Erdöldestillation gemischt; um das missbräuchl. Verwendung als Dieselkraftstoff zu verhindern, muss H. EL mit Zusatzstoffen (Furfural und roter Farbstoff) gekennzeichnet sein. H. S besteht meist aus Rückständen der Erdöldestillation; H. L und H. M sind Produkte der Braun- und Steinkohlenschwelung. H. besitzt einen hohen Heizwert (bis zu 42 000 kJ/kg für H. EL).

Heizölsteuer, ↑Mineralölsteuer.

Heizung, Vorrichtung oder Anlage zum Erwärmen von Räumen zur Schaffung einer physiologisch günstigen Umgebung. Eine H.-Anlage besteht im Wesentlichen aus der Wärmeerzeugungsanlage und den zur Wärmeabgabe bestimmten Teilen. Die Wärme wird entweder durch Verbrennung fossiler Brennstoffe oder durch Umwandlung aus elektr. Energie erzeugt. Zur einfachsten und ältesten Form der H., der **Einzel-H.**, gehören alle Arten von Öfen, die ihre Wärme durch Konvektion oder Strahlung abgeben. Die Öfen unterscheidet man nach Baustoffen oder nach Brennstoffen bzw. Energieart. – Der **Kachelofen** zählt zu den Speicheröfen. Seine Ummantelung nimmt Wärme auf und gibt sie langsam, vorwiegend durch Konvektion ab. Bei keram. oder eisernen **Dauerbrand-**

HEI Heizung

öfen für Kohle und Koks sind Füllschacht und Verbrennungsraum voneinander getrennt. Durch selbsttätige Regulierung der Luftzufuhr wird die Zimmertemperatur in beschränktem Umfang konstant gehalten. – An den **Ölöfen,** in denen hochwertige leichte mineral. Öle verbrannt werden, ist ein Heizöltank mit Schwimmerregelventil angebaut. Über ein Regulierventil fließt dem Verdampfungsbrenner das Heizöl zu. Das Heizöl kann aber auch vom Keller durch Pumpen den Öfen zugeführt werden. – In **Gasöfen** (Strahlungs-, Konvektionsöfen) wird Heizgas verbrannt. In Strahlungsöfen erhitzt die Gasflamme Heizflächen aus Metall oder Schamotte, die die Wärme abstrahlen. Konvektionsöfen werden als Glieder- oder v. a. als Kaminöfen gebaut; die Wärmeabgabe erfolgt über Wärmeaustauscher. – Bei **elektr. Öfen** wird durch elektr. Energie in einem aufgewickelten Widerstandsdraht oder einem Stab Wärme erzeugt. Man unterscheidet Strahlungsheizkörper (z. B. Wand-, Deckenstrahler) sowie Konvektionsheizkörper (z. B. ↑Heizlüfter) mit und ohne Ventilator zur Luftumwälzung. In elektr. Speicheröfen wird, meist mit verbilligtem Nachtstrom, Wärme speicherndes Material aufgeheizt; die Wärmeabgabe kann reguliert werden. (↑Elektrospeicherheizung) – Zur zentralen Versorgung ganzer Gebäudegruppen dient die Fernheizung ↑Fernwärme. Bei der **Zentral-H.**

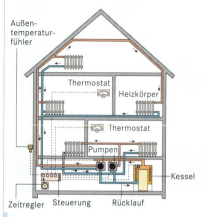

Heizung: Schema einer Zentralheizungsanlage mit elektronischer Temperaturregelung

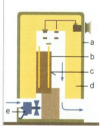

Heizung: Elektrospeicherheizung; a Außenverkleidung, b Speicherkern, c Heizkörper, d Isolierung, e Ventilator

werden die zu beheizenden Räume von einer meist im Keller angeordneten zentralen Wärmequelle aus mit Wärme versorgt. Als Wärmeträger dienen Warmwasser, Dampf oder Luft. Weitaus am häufigsten ist die **Warmwasser-H.,** bei der das Wasser in einem Heizkessel durch die Verbrennung von Koks, Gas oder Öl bis etwa 90 °C (in einer **Druck-H.** oder **Heißwasser-H.** auf 110 °C) erwärmt und durch Rohrleitungen zu den Heizkörpern transportiert wird. Nach der Art des Wasserumlaufs unterscheidet man Schwerkraft- und Pumpenheizung. Bei der **Schwerkraft-H.** erfolgt der Wasserkreislauf wegen der unterschiedl. Dichte zw. erwärmtem (Vorlauf) und abgekühltem Wasser (Rücklauf). Die **Pumpen-H.** wird bei größeren Gebäuden angewendet; hierbei wird das Wasser mit einer elektr. Pumpe umgewälzt. – Bei der **Dampf-H.** wird der Dampf im Niederdruckdampfkessel erzeugt und gibt seine Verdampfungswärme in den Heizkörpern ab. Das dabei niedergeschlagene Wasser (Kondensat) fällt durch eine besondere Fallleitung in den Kessel zurück. Wegen der schlechten zentralen Regelbarkeit und geringen Wärmespeicherung werden Dampf-H. nur noch im industriellen Bereich oder in Gebäuden, die nur kurzzeitig, aber schnell beheizt werden müssen (z. B. Kirchen), angewendet. – **Niedertemperatur-H.** verwenden Heizmittel mit Temperaturen zw. 30 und 60 °C. Sie gehören aufgrund der verringerten Wärmeverluste zu den Energie sparenden Heizsystemen. Nur als Niedertemperatur-H. betreibbar sind die ↑Solarheizung, bei der mittels Sonnenkollektoren die Sonnenenergie genutzt wird, und die ↑Wärmepumpe, die die Umwelt (z. B. Luft, Wasser, Erdreich) als Wärmequelle nutzt. Zu den Niedertemperatur-H. gehört auch die **Warmluft-H.,** bei der mehrere Räume gleichzeitig meist von einem zentral gelegenen Kachelofen über Luftkanäle beheizt werden.

Heizwert, Reaktionswärme, die bei der vollständigen Verbrennung einer bestimmten Masse (in kg) bzw. Stoffmenge (in mol) eines festen oder flüssigen Brennstoffs freigesetzt wird. Dabei ist im Unterschied zum Brennwert Voraussetzung, dass das bei der Verbrennung gebildete Wasser im gasförmigen Zustand anfällt. Bei festen und flüssigen Brennstoffen unterscheidet man zw. **spezif.** (bezogen auf 1 kg Brennstoff) und **molarem** (bezogen auf die Stoffmenge von 1 mol) **Heizwert.** Bei gasförmigen Brennstoffen wird der H. auf 1 m³ Gas im ↑Normzustand bezogen.

Hekabe (latinisiert Hecuba, Hekuba), *grch. Mythos:* Gemahlin des Königs Priamos von Troja; Mutter von Hektor, Paris und Kassandra; nach Trojas Zerstörung Sklavin des Odysseus.

Hekataios von Abdera, *grch.* Schriftsteller der 2. Hälfte des 4. Jh. v. Chr. Sein Werk über Ägypten schildert idealisierend den Ptolemäerstaat.

Hekataios von Milet, *grch.* Geograph und Historiograph, * um 560, † um 480 v. Chr.; Forschungsreisender, verfasste eine »Erdbeschreibung« (die ihr entsprechende kreisrunde Erdkarte teilt die Welt erstmals in Europa und Asien ein).

Hekate *grch. Mythos:* (latinisiert Hecate), urspr. kleinasiat. Muttergottheit, von den Griechen übernommen; als Herrin der Zauberei mit Fackel und Geißel erschien sie umgeben von heulenden Hunden, Schutzgöttin der »Dreiwege« (Schnittpunkt von drei Wegen), daher meist dreigestaltig oder dreiköpfig dargestellt; oft gleichgesetzt mit Artemis oder Persephone.

Hekatombe [grch.] *die,* urspr. im alten Griechenland ein Opfer von 100 Rindern; später Bez. für jedes Massenopfer.

Hekatoncheiren [grch. »Hundertarmige«], *grch. Mythos:* die riesenhaften Söhne von Uranos und Gaia; Riesen mit 50 Köpfen und 100 Armen; Helfer des Zeus gegen die Titanen.

Hekla *die,* Vulkan im südl. Island, ein 7 km langer Rücken aus Laven und Aschen, 1491 m ü. M.; letzte Ausbrüche: 1947, 1970, 1980–81, 1991, 2000.

Hektar [von grch. hekatón »hundert« und lat. area »Fläche«] *das* auch *der,* Einheitenzeichen **ha,** gesetzl. Einheit zur Angabe der Fläche von Grund- und Flurstücken: 1 ha = 100 a = 10 000 m².

Hektik [grch.-mlat.] *die,* übersteigerte Betriebsamkeit, fieberhafte Eile.

hekto... [von grch. hekatón »hundert«], Vorsatzzeichen **h,** Vorsatz vor Einheiten für den Faktor 100, z. B. 1 Hektoliter = 1 hl = 100 Liter, 1 Hektopascal = 1 hPa = 100 Pa = 1 Millibar.

Hektor [grch. »Erhalter«], *grch. Mythos:* der Haupteld der Trojaner, Sohn des Königs Priamos und der Hekabe, Gatte der Andromache; fiel im Zweikampf mit Achill, dessen Freund Patroklos er getötet hatte.

Hekuba, latinisierte Form von ↑Hekabe.

Hel [altnord., eigtl. »die Bergende«] *die,* eine der Totenwohnstätten der german. Mythologie; jedoch gelangen die Ertrunkenen zur Ran, die gefallenen Krieger nach Walhall. Personifiziert ist H. Göttin der Unterwelt.

Hel [xɛl] (dt. Hela), Stadt und Seebad in der Wwschaft Pommern, Polen, an der Spitze der Halbinsel Hela (↑Putziger Nehrung), 4 800 Ew.; Fischereimuseum; Fischverarbeitung; Fischerei-, Marinehafen.

Helanca® [Kw.] *das,* hoch elast. Kräuselgarn aus Nylon.

Held, urspr. der sich durch Tapferkeit und Kampfgewandtheit auszeichnende Mann, insbesondere in den german. Sagen der berühmte Krieger edler Abkunft (im grch. Mythos ↑Heros); im neueren Sprachgebrauch der Literatur- bzw. Filmkritik eine Person, die im Mittelpunkt eines Dramas, Romans oder Films steht; auch Rollenfach im Theater.

Held, 1) Al, amerikan. Maler, * New York 12. 10. 1928; bed. Hauptvertreter des ↑Hardedge; dynam. Bildarchitekturen zw. räuml. Illusion und linearer Abstraktion. **2)** Kurt, eigtl. K. Kläber, Schriftsteller, * Jena 4. 11. 1897, † Sorengo (bei Lugano) 9. 12. 1959; ∞ mit L. Tetzner; emigrierte 1933 in die Schweiz. Besondere Beachtung fanden seine Jugendbücher (»Die rote Zora und ihre Bande«, 1941). **3)** Martin, Bühnen- und Filmschauspieler, * Berlin 11. 11. 1908, † ebd. 31. 1. 1992; spielte ab 1951 bei den (heutigen) Staatl. Schauspielbühnen Berlin; Charakterdarsteller; auch Filme: »Canaris« (1954), »Rosen für den Staatsanwalt« (1959).

Heldbock, Art der ↑Bockkäfer.

Heldenbuch, handschriftliche oder gedruckte Sammlungen von Heldendichtungen des 15. und 16. Jh. Das **Gedruckte H.** erschien 1477; es enthält »Ortnit«, »Wolfdietrich«, den »Großen Rosengarten« und »Laurin«. Das **Dresdner H.** (1472 geschrieben) enthält, sprachlich überarbeitet, diese und einige andere Dichtungen. Das **Ambraser H.** wurde zw. 1504 und 1516 geschrieben; 17 der 25 in diesem H. aufgezeichneten Dichtungen des MA. sind allein hier überliefert worden (»Kudrun«, »Erec« u. a.).

Heldenepos, Großform der Heldendichtung. Die Bez. H. ist in Unterscheidung zum höf. Epos, der ↑Spielmannsdichtung oder auch dem Kunstepos (L. Ariosto, T. Tasso, F. G. Klopstock) ein Synonym für das Epos in strengem Sinn, das histor. Geschehen und z. T. auch myth. Überlieferung reflektiert und sich um Heldengestalten kristallisiert. Alle frühen Epen sind Heldenepen: »Gilgamesch-Epos«, »Mahabharata«, »Ramayana« sowie »Ilias« und »Odyssee«, vorbildlich für viele hellenist. und röm. sowie mittelalterl. geistl. Epen und z. T. die Episierungen german. Heldenlieder (»Waltharius«, »Beowulf«). In der europ. Literatur des MA. waren die Heldenepen eine der wichtigsten Gattungen, Beispiele sind die frz. Chansons de Geste (»Rolandslied«) und das mhd. »Nibelungenlied«.

Heldenlied, die knappere und ältere Variante der Heldendichtung (gegenüber dem umfangreicheren ↑Heldenepos). Das H. konzentriert sich auf die Höhepunkte der Handlung und hat episch-dramat. Charakter. Die Personenzahl ist reduziert. Der Text liegt nicht unbedingt fest und zeigt ein schlichtes Metrum. – Von diesen internat. nachweisbaren »rhapsod.« H. unterscheiden sich das aus dem frühen und hohen MA. erhaltenen Denkmäler german. H.-Dichtung (»Hildebrandslied«, »Finnsburglied« und die H. der altnord. Literatur wie die »Edda«). Die metr. Form ist der Stabreimvers. Ein großer Teil der Eddalieder wird der **Heldenballade,** einer stark lyr. Gattung, zugerechnet, die v. a. in der mittelalterl. dän. Volksdichtung bezeugt ist.

Heldensage, v. a. in Heldenlied und -epos fixierte Sage. Die H.-Überlieferung der einzelnen Völker ordnet sich meist zyklisch zu Sagenkreisen, in deren Mittelpunkt jeweils ein überragender Held, ein göttl. Heros oder ein ganzes Geschlecht steht, z. B. Gilgamesch, Rama, Herakles, Theseus, die Argonauten, die Labdakiden (Ödipus), die Atriden, Achill, Odysseus, Äneas, Siegfried und die Nibelungen, Dietrich von Bern (Theoderich), König Artus, Karl d. Gr., der Cid. Der H. stehen die isländ. Sögur (↑Saga) nahe.

📖 *See, K. von: German. H. Stoffe, Probleme, Methoden. Eine Einf.* Wiesbaden ²1981. – *Young, E.: Kelt. H. A. d. Engl.* Stuttgart ³1996.

Helder der oder das, Marschland, ↑Groden.

Hęldt, Werner, Maler, *Berlin 17. 11. 1904, †Sant' Angelo (auf Ischia) 3. 10. 1954; sein Hauptthema, die Berliner Stadtlandschaft, wird in stillebenartiger Inszenierung mit teils symbol. Requisiten ausgestattet und ins Lyrisch-Melancholische transponiert; im Spätwerk zeichenhaft vereinfachte Formen.

Hęlena, grch. *Mythos:* Tochter des Zeus und der Leda, Schwester der Dioskuren, Gemahlin des Menelaos. Als schönste Frau von Aphrodite dem ↑Paris versprochen, wurde sie von diesem entführt und gab so Anlass zum Trojan. Krieg.

Helena ['hɛlɪnə], Hptst. des Bundesstaates Montana, USA, 1 270 m ü. M. in den Rocky Mountains, 24 600 Ew.; Handelszentrum eines Agrar- und Erzbergbaugebietes; Metallindustrie. – 1864 aus einem Goldgräberlager entstanden.

Hęlena, eigtl. Flavia Iulia H., Kaiserin (Augusta) seit 325, *Drepanon (Bithynien) um 250, †329 (?); in Rom bestattet (Porphyrsarkophag im Vatikan); Mutter Konstantins d. Gr.; stammte nach christl. Überlieferung aus einfachen Verhältnissen und lebte seit 306 am Hof ihres Sohnes, der sie für die christl. Religion gewann. H. hatte großen Einfluss am kaiserl. Hof. Während einer Pilgerfahrt ins Hl. Land soll sie das ↑Kreuz Christi aufgefunden haben. – Heilige; Tag: 18. 8., in der orth. Kirche 21. 5.

Helęne, ein Mond des Planeten ↑Saturn.

Helenenkraut, ein ↑Alant.

Helfe, ↑Litze.

Helferzellen, Typ der T-Lymphozyten (↑Lymphozyten).

Hęlfferich, Karl, Politiker (DNVP), *Neustadt an der Weinstraße 22. 7. 1872, †(Eisenbahnunglück) bei Bellinzona 23. 4. 1924; finanzierte als Staatssekretär im Reichsschatzamt (1915/16) die Kriegskos-

Helgoland HEL

Helgoland

ten v. a. durch große Anleihen. 1916/17 leitete er als Staatssekretär das Reichsamt des Innern und war zugleich Vizekanzler. H. wandte sich gegen den uneingeschränkten U-Boot-Krieg. Nach Ende des Ersten Weltkrieges übernahm er 1920 den Vorsitz der DNVP. H. erzwang den Rücktritt M. Erzbergers als Reichsfinanzminister. Er bekämpfte als Wortführer der Rechtsopposition die auf Verständigung mit den Weltkriegsgegnern gerichteten Bemühungen der Reg. in der Reparationsfrage als »Erfüllungspolitik«.
Helgen, die ↑Helling.
Helgoland, Insel in der Dt. Bucht, gehört zum Kr. Pinneberg, Schlesw.-Holst., 2,09 km², 1 600 Ew.; umfasst eine bis 61 m hohe, aus Buntsandstein gebildete Felseninsel (»Oberland«) mit dem an der S-Seite künstlich vorgeschütteten sandigen »Unterland« (1952 wiederhergestellt, mit Hafenanlagen) sowie eine 1,5 km östlich gelegene, bis 1720 mit der Insel zusammenhängende Düneninsel (»Düne«). Die Kliffkanten des Oberlandes werden durch Betonmauern geschützt; als einzelner Felsturm blieb nur die »Lange Anna« erhalten. Die Düne hat einen Flugplatz und dient als Badestrand. H. ist Seeheilbad, hat Vogelwarte, meeresbiolog. Anstalt, Erdbebenwarte, Wetterdienst, Seenotrettungsstation, Fischereischutzhafen; bed. Ausflugsverkehr.

Geschichte: H., von Friesen besiedelt, kam 1402 an Schleswig. Im Hoch-MA. wurden Kupfererze abgebaut und verhüttet. 1714 kam es an Dänemark, das es 1814 an Großbritannien abtreten musste. Im **H.-Sansibar-Vertrag** vom 1. 7. 1890 erkannte das Dt. Reich die brit. Oberhoheit über Sansibar und Witu an und bekam dafür H. und den ↑Caprivi-Zipfel. Aufgrund des Versailler Vertrags mussten die starken Befestigungen geschleift werden. 1935 wurde H. erneut militärisch ausgebaut. Ein brit. Bombenangriff am 18. 4. 1945 vernichtete den Ort H. vollständig. Nach dem Zweiten Weltkrieg wurde die Bev. ausgewiesen. Die Sprengung des U-Boot-Bunkers und der Festungswerke am 18. 4. 1947 riss auch einen Teil der Steilküste mit. Da-

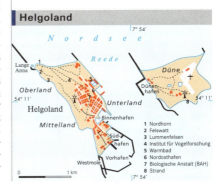

HEL Helgoländer Bucht

nach diente H. der brit. Luftwaffe als Übungsziel für Bombenabwürfe. Am 1. 3. 1952 kam H. an Dtl. zurück (Wiederaufbau bis 1960). ❖ **siehe ZEIT Aspekte**
📖 *Förster, M.-B.: Felseninsel H. Ein geolog. Führer. Stuttgart 2000. – Herms, M.: Flaggenwechsel auf H. Der Kampf um einen militär. Vorposten in der Nordsee. Berlin 2002. – Müller, Christian u. Rickmers, H. P.: Auf H. ist alles anders. Hamburg 2002.*

Helgoländer Bucht, innerer Teil der Deutschen Bucht.

heliakisch [grch.], die Sonne betreffend, zur Sonne gehörig; z. B. heliak. ↑Aufgang.

Heliand [altniederdt. »Heiland«], anonym überlieferte altsächs. Evangeliendichtung in Stabreimversen aus dem 9. Jh. Basierend auf zeitgenöss. Bibelkommentaren und der Evangelienharmonie des Tatian wird das Leben Christi erzählt, wobei für das heimische adl. und geistl. Publikum german. Elemente eingefügt wurden, um den noch nicht lange bekehrten Sachsen die christl. Botschaft nahe zu bringen. So erscheint z. B. Jesus als german. Fürst, die Jünger werden als seine Gefolgsleute dargestellt, die ihm durch german. Gefolgstreue verbunden sind. Seinen Namen erhielt das Werk 1830 von J. A. Schmeller.

Helianthin [grch.] *das,* ↑Methylorange.

Helicobacter pylori, weltweit verbreitetes Stäbchenbakterium, das überwiegend die Schleim bildenden Zellen des Magens (Nebenzellen) befällt und infiziert. Es wird bei fast allen Magen- und Zwölffingerdarmgeschwüren gefunden und wird inzwischen als wichtigste Ursache dieser Erkrankungen angesehen. Zur Beseitigung von H. p. wird die ↑Eradikationstherapie angewendet.

Helikon [grch.] *das,* Blechblasinstrument; eine Basstuba (↑Tuba), die nahezu kreisrund gewunden ist und beim Spiel über die Schulter gehängt wird. Das bes. in der Militärmusik verwendete H. war vermutlich Vorbild für das später entwickelte Sousaphon (↑Sousa).

Helikon *der* (neugrch. Elikon), Kalkgebirge in Griechenland, zw. dem Golf von Korinth und der Kopaisebene in Böotien, bis 1 748 m ü. M.; galt als Sitz der Musen.

Helikopter [grch.] *der,* ↑Hubschrauber.

helio... [grch.], sonnen...

Heliodor [grch.] *der,* hellgelbgrüner Edelstein, Varietät des Beryll.

Heliodor, grch. Sophist und Erzähler aus Emesa (heute Homs) in Syrien, verfasste im 3. Jh. den Abenteuerroman »Aithiopika«, der den europ. Roman im 16.–18. Jh. beeinflusste.

Heliogabal (Elagabal), eigtl. Varius Avitus Bassianus, röm. Kaiser (218–222), *Emesa (heute Homs) 204, †(ermordet) Rom 11. 3. 222; war Hohepriester des Sonnengottes Elagabal in Syrien, führte als Kaiser dessen Verehrung in Rom ein.

Heliograph [grch. »Sonnenschreiber«] *der,* 1) allg. jedes astronom. Fernrohr zur Beobachtung und Fotografie der Sonne; 2) der **Sonnenscheinautograph,** ein Messgerät zur Registrierung der Sonnenscheindauer.

Heliogravüre [grch.-frz.] *die* (Photogravüre, Gravüre), Reproduktionsverfahren des Tiefdrucks, bei dem die Druckplatte mithilfe fotograf. Prozesse präpariert wird. Auf eine mit angeschmolzenem Asphaltstaub versehene Kupferplatte wird das Halbtonbild mittels Pigmentpapier übertragen und mit Eisenchloridlösungen geätzt; auch Bez. für die Drucke selbst. Die H. wurde 1879 erfunden und bes. 1890–1910 zur einfarbigen Illustrierung anspruchsvoller Bücher verwendet.

Heliometer [grch. »Sonnenmesser«] *das,* Fernrohr zum Messen kleinster Winkel und Abstände am Himmel. Die beiden Hälften eines längs eines Durchmessers zerschnittenen Objektivs, von denen jedes ein fokales Sternbild erzeugt, können messbar gegeneinander verschoben werden. Mit einem H. bestimmte F. W. Bessel 1838 die erste Sternparallaxe; im 20. Jh. von fotograf. Methoden abgelöst.

Hélion [elˈljɔ̃], Jean, frz. Maler, *Couterne (Dép. Orne) 21. 4. 1904, †Paris 27. 10. 1987; Autodidakt, schuf neben abstrakten Kompositionen buntfarbige figurative Bilder (Straßenszenen), mit denen er auf die Pop-Art wirkte; wandte sich in den 1970er-Jahren einer abstrahierenden Malerei in der Nachfolge von H. Matisse zu; schuf Ölbilder, Gouachen und Zeichnungen.

Heliopolis [griechisch »Sonnenstadt«], **1)** (ägypt. Iunu, im A. T. On), altägypt. Stadt, heute Vorstadt von Kairo; bed. Kultort des Schöpfergottes Atum und des Sonnengottes Re; von der Stadt ist nur ein Obelisk Sesostris' I. (1971–1926 v. Chr.) erhalten.

2) grch. Name von ↑Baalbek.

Helioregulation [grch.-lat.], bei vielen in

Hochgebirgen, Steppen, Savannen und Wüsten lebenden Tieren (z. B. Insekten, Reptilien) vorkommende Form der Regulation des Wärmehaushaltes, bei der der Körper nach dem Sonnenstand orientiert und somit maximaler oder minimaler Strahlung ausgesetzt wird. Die H. hilft, starke Temperaturschwankungen zw. Tag und Nacht auszugleichen.

Helios, Name zweier dt., von den USA gestarteter Raumsonden zur Erforschung der Sonne und des sonnennahen interplanetaren Raumes. Helios A wurde 1974, Helios B 1976 gestartet. Sie erreichten mehrfache Sonnenannäherung auf nur 0,31 (Helios A) bzw. 0,29 AE (Helios B). Die für 18 Monate ausgelegte Betriebsdauer wurde um viele Jahre überschritten: Helios A wurde 1981 aufgegeben, Helios B erst 1986.

Helios, grch. *Mythos:* der Sonnengott, Sohn des Titanen Hyperion; fährt täglich in dem mit feurigen Rossen bespannten Sonnenwagen über den Himmel, nachts in einem goldenen Becher, der ihm als Nachen dient, auf dem Okeanos nach Osten zurück.

Helioskop [grch. »Sonnenbetrachter«] *das,* eine Prismen- oder Polarisationsvorrichtung zur Abschwächung des Sonnenlichts bei Beobachtung der Sonne durch ein Fernrohr.

Heliosphäre [grch.], der sich weit über die Bahnen der äußeren Planeten hinaus erstreckende Bereich um die Sonne, in dem der ↑Sonnenwind mit seinen Magnetfeldern wirksam ist. Die Birnenform der H. wird durch die Relativbewegung der Sonne zum angrenzenden interstellaren Gas bedingt.

Heliostat [grch.] *der,* ↑Siderostat.

Heliotherapie [grch.], Behandlung mit Sonnenlicht (↑Sonnenbad).

Heliotrop [grch., eigtl. »was sich zur Sonne hinwendet«], **1)** *das, Botanik:* (Sonnenwende, Heliotropium), Gattung der Raublattgewächse in den Tropen und Subtropen sowie in der warmgemäßigten Zone; Kräuter oder Halbsträucher. In Dtl. kommt nur die 15–30 cm hohe, weißbläulich blühende, einjährige **Europ. Sonnenwende** (Skorpionskraut, Heliotropium europaeum) in Unkrautgesellschaften und in Weinbergen vor. Versch. mehrjährige Arten sind beliebte Topf- und Gartenpflanzen.

2) *das, Optik:* von C. F. Gauß entwickelter Sonnenspiegel zum Sichtbarmachen entfernter Vermessungspunkte, heute i. Allg. durch Scheinwerfer ersetzt.

3) *der, Mineralogie:* (Blutjaspis), dunkelgrüner, rot gefleckter ↑Chalcedon.

Heliotropin [grch.] *das* (Piperonal), nach der Heliotropblüte duftende organ. Verbindung (aromat. Aldehyd), in der Parfümerie verwendet.

heliozentrisch [grch.], auf die Sonne als Mittelpunkt bezogen. – Im **heliozentr. Weltsystem** bewegen sich die Erde und die anderen Planeten um die Sonne. Die heliozentr. Planetentheorie wurde 1543 von N. ↑Kopernikus veröffentlicht. (↑Astronomie)

Heliozoen [grch.], die ↑Sonnentierchen.

Heliport [grch.-lat.; Kw. aus Helikopter und Airport] *der,* Landeplatz für Hubschrauber.

Heliskiing [-ʃiiŋ; Kw. aus engl. helicopter und skiing] *das,* Skilaufen auf abgelegenen Pisten in großen Höhen (Gletscher, offene Hänge), zu denen man sich mit einem Hubschrauber bringen lässt.

Helium [grch.] *das,* **He,** farbloses chem. Element aus der Gruppe der Edelgase. Ordnungszahl 2, relative Atommasse 4,002602, Dichte 0,1785 g/l, Schmelzpunkt −272,2 °C (bei 26 bar Druck), Siedepunkt −268,93 °C. – H. ist geruchlos, unbrennbar, äußerst reaktionsträge (es gibt keinerlei bekannten Verbindungen) und innerhalb der Erdatmosphäre und der Erdkruste außerordentlich selten. Es kommt in allen Uran- und Thoriummineralen vor, in denen es durch radioaktive α-Zerfallsprozesse entstanden ist, in Mineralquellen, in der Luft (4,6 cm^3 He in 1 m^3 Luft). Im Weltall ist es nach Wasserstoff das zweithäufigste Element. Techn. Gewinnung vorwiegend aus Erdgas. H. ist die einzige bekannte Substanz, die keinen ↑Tripelpunkt besitzt und am absoluten Nullpunkt flüssig bleibt; es wird aber fest (gefriert) unter äußerem Druck. Die beiden natürl. Isotope ^{3}He und ^{4}He werden bei 3,2 K bzw. 4,2 K flüssig. Flüssiges ^{4}He tritt in zwei versch. Modifikationen auf: oberhalb des Lambdapunkts von 2,184 K in normalflüssiges **He I,** unterhalb als supraflüssiges **He II.** ^{3}He zeigt ↑Suprafluidität erst unterhalb 2,7 mK. He II ist der beste bekannte Wärmeleiter. H. wird wegen seiner geringen Dichte und Unbrennbarkeit zum Füllen

HEL Heliumbrennen

von Luftschiffen, Ballonen, Gasthermometern, als Zusatz zu Taucher-Atemgemischen, als indifferente Atmosphäre bei chem. und techn. Prozessen, als Kühlgas in Kernreaktoren und zum Erzeugen tiefster Temperaturen verwendet. In der Raumfahrt dient H. als Kompensationsfüllgas für Raketentreibstofftanks.

Heliumbrennen, *Astronomie:* ↑Drei-Alpha-Prozess.

Heliummethode (Helium-4-Methode, Uran-Thorium-Helium-Methode, U-Th-He-Methode), Methode zur numer. Altersbestimmung von Gesteinen und Fossilien, die auf dem Alphazerfall von Uran (U) und Thorium (Th) sowie deren radioaktiven Tochternukliden beruht. Als Edelgas akkumulieren sich die radiogen freigesetzten ^{4}He-Atome (Alphateilchen) im Mineral, die massenspektrometrisch nachgewiesen werden. Wegen der leichten Diffusion des relativ kleinen Heliumatoms aus dem Kristallgitter erwiesen sich die U-Th-He-Alter häufig als zu jung, sodass die H. durch andere geochronolog. Verfahren weitgehend verdrängt wurde. Etwa seit 1990 erfährt die H. eine Wiederbelebung, v. a. in Verbindung mit der Kernspaltungsspuren-Methode zur Niedertemperaturchronometrie von Gesteinen.

Helix [grch. »Windung«, »Spirale«] *die,* **1)** *Anatomie:* Ohrleiste, Ohrkrempe; äußerer, umgebogener Rand der menschl. Ohrmuschel.
2) *Zoologie:* Gattung der ↑Weinbergschnecken.

Helixstruktur, stabile wendelförmige räuml. Anordnung der Bausteine (niedrigmolekulare Molekülreste) von Makromolekülen, z. B. die Doppelhelix der DNA.

Helizität [zu Helix] (Spiralität) *die,* Projektion des Spinvektors eines Elementarteilchens auf dessen Bewegungsrichtung. Die H. ist eine innere Eigenschaft von Teilchen mit der Ruhemasse null (Photonen, Neutrinos) und charakterisiert einen Schraubensinn.

Hell, Rudolf, Elektrotechniker und Unternehmer, *Eggmühl 19. 12. 1901, †Kiel 11. 3. 2002; erfand 1925 die Fernsehbildzerlegerröhre (»lichtelektron. Bildzerlegerröhre«) und 1929 (Patent) den Vorläufer des heutigen Faxgerätes, die »Vorrichtung zur elektron. Übertragung von Schriftzeichen«, die als **H.-Schreiber** berühmt wurde. H. entwickelte 1954 eine elektromechan. Graviermaschine (»Klischograph«), die den Druck von Bildern in Zeitungen erheblich beschleunigte, und in den 1960er-Jahren ein Urmodell des Farbscanners (»Cholograph«). 1964 zerlegte er mit der »Digiset-Anlage«, einer computergesteuerten Lichtsatzanlage, erstmals Zeichen in digitale Elemente.

Hellabrunn, Tierpark von München.

helladische Kultur, die festländ. grch. Frühkultur, ↑ägäische Kultur.

Hellas, 1) antike Bez. für Griechenland, 1822 für den neugrch. Staat wieder aufgegriffen.
2) bei Homer in der »Ilias« eine Landschaft im südöstl. Thessalien, in der »Odyssee« bereits für ganz Mittelgriechenland verwendet; die Heimat der Hellenen.

Hellbrunn, seit 1935 Stadtteil von Salzburg, mit Barockschloss, Park und Wasserspielen, 1613–19 von Santino Solari (*1576, †1646) für Erzbischof Markus Sittikus von Salzburg errichtet.

Helldunkel (italien. Chiaroscuro, frz. Clair-obscur), Gestaltungsmittel in Malerei und Grafik, bei dem der Ggs. von Hell und Dunkel Komposition und Bildwirkung bestimmt. Zugleich treten die Lokalfarben und die Schärfe der Umrisszeichnung immer mehr zugunsten einer maler. Gesamtwirkung zurück; Beginn der **H.-Malerei** um 1500 bei Leonardo da Vinci, weitere Höhepunkte um 1600 bei Caravaggio und bes. bei Rembrandt.

Helle, *grch. Mythos:* Schwester des Phrixos, floh mit ihm vor ihrer Stiefmutter Ino auf einem goldenen Widder (↑Goldenes Vlies), stürzte dabei ins Meer, das danach Hellespont genannt wurde.

Hellebarde [mhd. helmbarte, aus helm »Axtstiel« und barte »Beil«] *die,* Hieb- und Stoßwaffe des Fußvolks im späteren MA., etwa 2 m lang, mit Stoßklinge, Beil und Reißhaken, seit dem 16. Jh. durch langen Spieß oder ↑Pike verdrängt.

Hell|empfindlichkeitskurven, grafische Darstellung der Hellempfindlichkeit des menschl. Auges in Abhängigkeit von der Wellenlänge des Lichts. Der **(spektrale) Hellempfindlichkeitsgrad** ist eine physiolog. Funktion des Auges, die die Fähigkeit beschreibt, Licht einer bestimmten Wellenlänge gerade noch wahrzunehmen. An den Grenzen des sichtbaren Spektralgebietes, etwa bei 380 und 750 nm, wird der Hellempfindlichkeitsgrad null; der

Höchstwert wird gleich 1 gesetzt. Die sich daraus ergebenden, internat. für Normalbeobachter genormten H. bilden die Grundlage der ↑Photometrie: Die $V(\lambda)$-Kurve gilt für Verhältnisse beim Tagessehen (photop. Sehen), die $V'(\lambda)$-Kurve für Nachtsehen (skotop. Sehen).

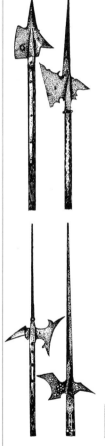

Hellebarde: verschiedene Formen aus dem 15.–17. Jh.

Helleniden, zusammenfassende Bez. für die Faltengebirge, die das westl. Griechenland in südsüdöstl. Richtung durchziehen, im Pindos 2637 m ü. M. erreichen, sich jenseits des Golfs von Patras und des Golfs von Korinth in den Gebirgen der Peloponnes fortsetzen und sich bogenförmig über Kreta bis Rhodos erstrecken.

Hellenismus [grch.-lat.] *der,* Begriff zur histor. Einordnung des Zeitraumes zw. Alexander d. Gr. und der röm. Kaiserzeit, eingeführt von J. G. Droysen. Er umfasst die Ausbreitung grch. Kultur über die sich seit 326 v. Chr. bis zum Indus wie auch nach W erstreckende hellenist. Staatenwelt. Diese **Hellenisierung** einte die Kultur und führte zu großartigen Kulturleistungen; Griechisch wurde Weltsprache. – In der Spätantike unterschied H. das Selbstverständnis des grch. Heidentums von der christl. Religiosität. († Griechenland, Geschichte, ↑ griechische Kunst, ↑ griechische Literatur, ↑ griechische Philosophie)
📖 Grant, M.: *Von Alexander bis Kleopatra. Die hellenist. Welt. A. d. Engl. Neuausg.* Bindlach 1987. – Walbank, F.: *Die hellenist. Welt. A. d. Engl. Tb.-Ausg.* München ⁴1994. – Gehrke, H.-J.: *Geschichte des H.* München ²1995.

Hellenistik *die,* Wiss., die sich mit der hellen. Sprache und Kultur befasst.

hellenistische Staaten, die auf dem Boden der Staatsgründung Alexanders d. Gr. (zw. Griechenland, Ägypten und Indus) im Lauf der Kämpfe zw. den ↑Diadochen nach 323 v. Chr. entstandenen Staaten, in denen eine grch. Minderheit herrschte: die Ptolemäer in Ägypten 323–30 v. Chr.; die Seleukiden in Persien (bis ins 2. Jh. v. Chr.), Syrien und in Teilen Kleinasiens 312–63 v. Chr.; die Antigoniden erst in Kleinasien und Syrien, etwa 276–168 v. Chr. in Makedonien; später Pergamon unter den Attaliden 261–133 v. Chr.; außerdem das gräkobaktr. Reich (↑Baktrien) mit Blüte um 250 bis 140 v. Chr.; ferner die syrakusan. Großmacht Anfang des 3. Jh. v. Chr. auf Sizilien.

Heller (Haller, Häller), urspr. der Pfennig der Königl. Münzstätte Schwäbisch Hall; ein Silberpfennig, erstmals etwa 1200 erwähnt, seit dem 13. Jh. weit geschätzte Handelsmünze; seit dem 17. Jh. eine Kupfermünze. Im Allg. setzte sich der H. als Halbpfennig durch. Im 19. Jh. waren süddt. H. meist $^1/_8$ Kreuzer (in der Schweiz bis 1850) = $^1/_{480}$ Gulden, mitteldt. H. = $^1/_{24}$ Groschen = $^1/_{720}$ Taler; nur um Frankfurt am Main waren H. und Pfennig gleichbedeutend. – In Österreich-Ungarn wurde der H. 1892 neu belebt als $^1/_{100}$ Krone; als **Haléř** (tschech.) noch in der Tschech. Republik, als **Halier** (slowak.) in der Slowak. Republik (= $^1/_{100}$ Krone); als **Fillér** noch in Ungarn (= $^1/_{100}$ Forint) üblich.

Heller, 1) Agnes, ungarisch-amerikan. Philosophin, *Budapest 12. 5. 1929; studierte bei G. Lukács; Lehrtätigkeit in Australien und New York; befasst sich v. a. mit der Kritik des real existierenden Sozialismus und des westl. Gesellschaftssystems, dem Verhältnis von Politik und Ethik und der Beziehung zw. Verstand und Gefühl: Jede wiss. Feststellung ist immer mit Wertentscheidungen verknüpft.
Werke: Alltag und Geschichte (1970); Theorie der Gefühle (1980); Der sowjet. Weg (1983); Der Affe auf dem Fahrrad (1998; Erinnerungen).
2) André, österr. Liedermacher und Aktionskünstler, *Wien 22. 3. 1947; wurde bekannt mit poet.-satirischen Liedern über Wien; gründete 1975 (mit Bernhard Paul, *1947) den »Zirkus Roncalli«; inszenierte künstler. Großprojekte: u. a. 1981/82 in Wien das Varietee »Flic-Flac«; 1983 in Lissabon »Theater des Feuers« (Großfeuerwerk; ähnlich 1984 Berlin); 1985/86 chines. Akrobatik »Begnadete Körper«; 1987 in Hamburg Vergnügungspark »Luna-Luna-Jahrmarkt der modernen Kunst«; 1988/89 die Show »Body & Soul«; ab 1989 Tournee mit dem »Chines. Nationalzirkus«; 1995 bei Wattens die Installation »Kristallwelten« (in einem unterird. Raumsystem). H. schrieb u. a. den Roman »Schattentaucher« (1987); 1999 künstler. Gestaltung der »Brockhaus Enzyklopädie« zur Jahrtausendwende.
3) Eva, Schriftstellerin, *8. 4. 1948; schreibt Romane, die traditionelle Frauenrollen satirisch umkehren (u. a. »Beim nächsten Mann wird alles anders«, 1987; »Erst die Rache, dann das Vergnügen«, 1997).
4) Hermann, Staatsrechtslehrer und Politologe, *Teschen 17. 7. 1891, †Madrid 5. 11. 1933; 1919 Zusammenarbeit mit G. Radbruch in Kiel, 1928 Prof. in Berlin, 1932 in Frankfurt am Main, 1933 Emigration. In seinen staatsrechtl. Werken postulierte H. die Pflicht der Rechtswiss., für eine gerechte Ordnung einzutreten, nicht der Erforschung staatl. Herrschaftswillens den Vorrang einzuräumen. Die polit. Wiss. (als deren »Vater in Dtl.« ihn H. Mommsen bezeichnete) verstand er als Wiss. für die Demokratie. Seine Lehre stellte ihn in Ggs. zu C. Schmitt, als dessen Antipode er gilt.
Werke: Hegel und der nat. Machtstaatsgedanke (1921); Sozialismus und Nation (1925); Souveränität (1927); Europa und der Faschismus (1929); Rechtsstaat oder Diktatur (1930).
5) [ˈhelə], Joseph, amerikanischer Schriftsteller, *Brooklyn (N. Y.) 1. 5. 1923, †East Hampton (N. Y.) 12. 12. 1999; sein Roman »Der IKS-Haken« (1961, dramatisiert 1971) ist eine Entlarvung der Sinnlosigkeit des Krieges; schrieb ferner u. a.: »Was geschah mit Slocum« (R., 1974), »Weiß Gott« (R., 1984), »Rembrandt war 47 und sah dem Ruin ins Gesicht« (R., 1988), »Einst und jetzt« (Autobiografie, 1998).
Hellerau, ab 1909 angelegte Gartenstadt, seit 1950 Stadtteil von ↑Dresden.
Helleristninger [norweg.] *die,* Felszeichnungen, -bilder der Jungsteinzeit und Bronzezeit in Schweden und Norwegen.
Hellerkraut (Thlaspi), Gattung der Kreuzblütler in der gemäßigten Zone der N-Halbkugel; in Dtl. häufig das **Acker-H.** (Thlaspi arvense) mit kleinen weißen Blüten und flachen, breit geflügelten Schotenfrüchten.
Hellespont [grch.] *der,* in der Antike Name der ↑Dardanellen.
Hellfeldbeleuchtung, Beleuchtungsart in der Mikroskopie, bei der das beleuchtende Licht direkt in das Objektiv des Mikroskops eintritt. Die H. erfordert kontrastreiche Objekte; sie erscheinen dunkel oder farbig auf hellem Untergrund.
Helligkeit, 1) *Astronomie:* ein Maß für die Strahlung eines kosm. Objekts, ausgedrückt in ↑Größenklassen. Man unterscheidet versch. H., insbesondere ↑scheinbare Helligkeit (Zeichen *m*) und ↑absolute Helligkeit (Zeichen *M*). Die H. eines astronom. Objekts hängt von der verwendeten Messapparatur (Strahlungsempfänger einschl. Farbfilter) ab, wodurch der wirksame Wellenlängenbereich (Farbbereich) festgelegt wird. Bei der **visuellen H.** ist das z. B. der sichtbare, bei der **fotograf. H.** der fotografisch wirksame Bereich. Die **bolometrische H.** ist ein Maß für die Gesamtstrahlung eines Objekts. Die richtige Angabe der H. eines Himmelskörpers ist die Voraussetzung, um dessen Entfernung von der Erde bestimmen zu können.
2) *Optik:* Stärke einer Lichtempfindung. In der Farbmetrik ist die H. neben Farbton und Sättigung die dritte Eigenschaft zur Charakterisierung einer ↑Farbe.
Helling *die* (Helgen), die geneigte Ebene, auf der ein Schiff gebaut wird und von der

es vom Stapel läuft; als Längs-H. (für Seeschiffe) und Quer-H. (für Binnenschiffe).
Hellman [-mən], Lillian, amerikan. Schriftstellerin, * New Orleans (La.) 20. 6. 1905, † Martha's Vineyard (Mass.) 30. 6. 1984; schrieb psycholog., sozialkrit. Dramen, Filmdrehbücher; autobiografisch ist »Die Zeit der Schurken« (1976).
Hellmann, Hans Gustav Adolf, Physiker, * Wilhelmshaven 14.10. 1903, † Moskau 29. 5. 1938; einer der Mitbegründer der Quantenchemie; befasste sich u. a. mit dem Ausbau der Quantenmechanik und ihrer Anwendung auf chem. Probleme, bes. mit der Deutung der chem. Bindung. H. emigrierte 1934 in die Sowjetunion; er wirkte am Karpov-Institut für Physikal. Chemie in Moskau, dort u. a. Untersuchungen der elementaren Reaktionskinetik sowie Veröffentlichung der ersten Lehrbücher zur »Quantenchemie« (1937). Während der Großen ↑Tschistka wurde H. denunziert, verschleppt und ermordet; 1958 formal rehabilitiert, konnte sein Schicksal aber erst 1989 aufgeklärt werden.
Hellmesberger, Wiener Musikerfamilie:
1) Georg, Violinist, Dirigent und Komponist, * Wien 24. 4. 1800, † Neuwaldegg (heute zu Wien) 16. 8. 1873, Vater von 2) und Großvater von 3); war Dirigent der Hofoper und Mitgl. der Hofkapelle in Wien; Lehrer von J. Joachim und L. Auer.
2) Joseph, Violinist und Dirigent, * Wien 3. 11. 1828, † ebd. 24. 10. 1893, Sohn von 1) und Vater von 3); seit 1877 Hofkapellmeister; Leiter eines Streichquartetts.
3) Joseph, Violinist, Komponist und Dirigent, * Wien 9. 4. 1855, † ebd. 26. 4. 1907, Sohn von 2) und Enkel von 1); seit 1890 Hofkapellmeister in Wien, 1904/05 in Stuttgart; schrieb v. a. Operetten und Ballette.
Hellpach, Willy, Psychologe und Politiker (DDP), * Oels (heute Oleśnica) 26. 2. 1877, † Heidelberg 6. 7. 1955; 1922–25 bad. Min. für Kultur und Unterricht, 1924/25 bad. Staatspräs.; trat bes. durch seine geopsycholog. Studien über den Einfluss von Klima und Landschaft auf den Menschen hervor.
Hellriegel, Thomas, Triathlet, * Bruchsal 14. 1. 1971; gewann u. a. 1997 als erster Europäer den »Ironman Hawaii« (1995 und 1996 Zweiter) sowie den »Ironman USA« (1999).
Hell's Angels [hels 'eɪndʒəlz, engl. »Höllenengel«] *Pl.*, in den USA eine seit den 1950er-Jahren bekannte Motorradrockerbande, tritt v. a. an der W-Küste in Erscheinung.
Hell-Schreiber, von R. Hell 1929 als Patent angemeldeter Bildschreiber, der Vorläufer des heutigen Faxgerätes. Der H.-S. zerlegt jedes Schriftzeichen in einen Raster von sieben Zeilen und sieben Spalten und überträgt die einzelnen Rasterelemente spaltenweise als elektr. Impulsfolge. Er arbeitet auf der Senderseite wie ein Drucktelegraf, auf der Empfängerseite wie ein Bildtelegraf.
Hellsehen, (Clairvoyence, Luzidität), Form der außersinnl. Wahrnehmung, bei der im Unterschied zur ↑Telepathie angenommen wird, dass sie direkt von objektiven Dingen oder Ereignissen in der physikal. Welt herrührt; auch das Erkennen des räumlich Verborgenen, des unerschließbaren Zukünftigen oder Vergangenen.

Hellerkraut: Acker-Hellerkraut

Hellweg [von älter Hallweg, als »Salzweg« oder »Heerweg«, auch als »Weg zur Hölle« gedeutet], im MA. Name für große Durchgangsstraßen, bes. für den wohl aus vorrömisch-german. Zeit stammenden Verbindungsweg zw. Rhein (Ruhrort) und Weser (Minden) über Dortmund, Soest, Paderborn. Der Name übertrug sich auf

HEL Helm

die Ebene (H.-Börde) zw. Lippe und dem Haarstrang. Dem H. folgt über weite Strecken die heutige Bundesstraße 1 (Ruhrschnellweg). – Karl d. Gr. baute den H. zur Heerstraße aus.
Helm [ahd., zu helan »verdecken«], 1) *Baukunst:* kegel-, zelt- oder pyramidenförmiges Turmdach.
2) *Heraldik:* seit dem 14. Jh. Hauptbestandteil des Wappens (Oberwappens); ist immer mit einem **H.-Kleinod** (**H.-Figur, H.-Zier**) versehen.
3) *Militärwesen:* haubenförmiger Kopfschutz; in den Kulturen des Alten Orients seit dem 3. Jt. v. Chr. nachweisbar; aus Stoff oder Leder gefertigt und gelegentlich mit Kupfer verstärkt; aus Metall in Europa seit myken. Zeit belegt. Grch. und röm. H. waren zunächst aus Leder, später aus Bronze oder Eisen gefertigt. Im 6. Jh. kam der **Spangen-H.** auf, dessen Metallgerüst

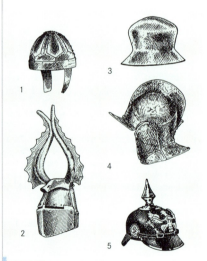

Helm 3): 1 alemannischer Spangenhelm (um 600), 2 Topfhelm mit Helmzier aus Leder (um 1375), 3 Eisenhut (15. Jh.), 4 Prunksturmhaube (um 1500), 5 Pickelhaube (1895)

mit Platten aus Horn, Leder oder Metall ausgefüllt war. Im 11. und 12. Jh. verbreitete sich der **normann. H.** in ganz Europa, abgelöst von dem **Topf-H.** mit Augenschlitzen. Bald nach 1300 entstand für den Gesichtsschutz die Haube mit hochklappbarem Visier (**Hundsgugel**). Den gebräuchlichsten H. der leicht bewaffneten Krieger stellte der spätmittelalterl. **Eisenhut** dar. Aus diesem ging Anfang des 15. Jh. die **Schaller** hervor, deren breiter Rand Gesicht und Nacken deckte. Im 15. Jh. wurde der vollkommen geschlossene H. entwickelt, der auch den Hals schützte. Seit Mitte des 16. Jh. wurden leichtere H. bevorzugt (z. B. **Sturmhaube**). Preußen führte 1842 die **Pickelhaube** ein, einen Leder-H. mit Metallspitze. Im Ersten Weltkrieg entwickelte man den **Stahlhelm,** der in neuester Zeit in versch. Streitkräften durch leichtere H. aus Kunststoff ersetzt wird.

Helmand (Hilmend) *der,* größter Fluss Afghanistans, 1 130 km lang, entspringt im Kuh-e Baba, durchfließt als Fremdlingsfluss das Sistanbecken und mündet im Endsee Hamun-e Helmand, verlagert oft die Mündung; bes. im Unterlauf zur Bewässerung genutzt; Stausee bei Kajakai (107 km^2).

Helmbohne (Faselbohne, Lablab, Dolichos lablab), in den Tropen und Subtropen angebauter Schmetterlingsblütler mit meist violetten Blütentrauben und purpurvioletten Hülsenfrüchten. Die jungen Hülsen und die Samen dienen als Gemüse.

Helmbrechts, Stadt im Landkreis Hof, Bayern, auf der Münchberger Hochfläche, im Naturpark Frankenwald, 600 m ü. M., 10 000 Ew.; Textilind., Kunststoffverarbeitung. – Erhielt 1422 Stadtrecht.

Helme *die,* linker Nebenfluss der Unstrut, in Thür. und Sa.-Anh., 90 km lang, entspringt im Ohmgebirge (Unteres Eichsfeld), durchfließt die Goldene Aue, mündet bei Artern (Unstrut); bei Kelbra (Kyffhäuser) der H.-Stausee (35,6 Mio. m^3 Stauraum).

Helmer, Oskar, österr. Politiker, * Gattendorf (heute Gattendorf-Neudorf, Bez. Neusiedl am See) 16. 11. 1887, † Wien 13. 2. 1963; Mitgl. der SPÖ, 1920–34 Sekr. seiner Partei in NÖ, 1934–44 mehrfach verhaftet, war 1945–59 Innenmin. und stellv. Vors. der SPÖ.

Helmholtz, Hermann Ludwig Ferdinand von (seit 1882), Physiker und Physiologe, * Potsdam 31. 8. 1821, † Charlottenburg (heute zu Berlin) 8. 9. 1894; Prof. in Königsberg (Pr), Bonn, Heidelberg, Berlin, ab 1888 Präs. der Physikalisch-Techn. Reichsanstalt in Charlottenburg. H. bestimmte erstmals die Fortpflanzungsgeschwindigkeit der Nervenerregung, erfand den Au-

genspiegel, erklärte physiolog. Vorgänge des Sehens und der Akustik (↑ohmsches Gesetz) und entwickelte die Klanganalyse mit Resonatoren. Er gab eine exakte Begründung des Prinzips von der Erhaltung der Energie, berechnete die Wirbelbewegung von Flüssigkeiten, bereitete eine umfassende Elektrizitätslehre vor und prägte den Begriff der elektr. Elementarladung. Bedeutend sind auch seine erkenntnistheoret. Untersuchungen über die Geometrie sowie über Wahrnehmung, Zählen und Messen.
Werke: Über die Erhaltung der Kraft (1847); Hb. der physiolog. Optik (1856 bis 1867); Vorlesungen über theoret. Physik, 6 Bde. (1897–1907).
📖 *Rechenberg, H.:* H. v. H. Bilder seines Lebens u. Wirkens. Weinheim u. a. 1994. – *Koenigsberger, L.:* H. v. H. 3 Bd. Hildesheim 2003.

Helmholtz-Funktion, die ↑freie Energie.
Helmholtz-Resonator [nach H. von Helmholtz], akust. Resonator zur Klang- bzw. Schallanalyse, bestehend aus einer Metallhohlkugel mit einer Öffnung, durch die der Schall eindringt. Enthält der zu analysierende Schall einen Teilton mit einer Frequenz, die mit der Eigenfrequenz des H.-R. übereinstimmt, so wird der Teilton verstärkt wahrgenommen.
Helmholtz-Spulen [nach H. von Helmholtz], Anordnung aus zwei gleichen, flachen Zylinderspulen, die sich koaxial im Abstand ihres Radius gegenüberstehen und vom gleichen Strom durchflossen werden. H.-S. dienen zur Erzeugung allseitig zugängl. homogener Magnetfelder.
Helminthiasen, die ↑Wurmkrankheiten.
Helmkraut (Scutellaria), Gattung der Lippenblütler; in Dtl. v. a. das 10–50 cm hohe **Sumpf-H.** (Gemeines H., Scutellaria galericulata) mit blauvioletten Blüten.
Helmkrone, Blatt- oder Blätterkrone zur Krönung der Wappenhelme; seit dem 15. Jh. auch als Kennzeichen des Adelsstands.
Helmold von Bosau, Chronist, *vor 1125, †nach 1177; schildert in seiner 1162–72 verfassten »Chronica Slavorum« die Christianisierung der östlich der Unterelbe lebenden Westslawen von Karl d. Gr. bis in seine Zeit. Die Chronik wurde von Arnold von Lübeck fortgesetzt.
Helmond, Stadt in der Prov. Nordbrabant, Niederlande, 77 600 Ew.; Fahrzeug- und Maschinenbau, Herstellung von Stahlröhren, Kartonagen, Möbelstoffen; Industriehafen. – Rathaus 1402 als Schloss gebaut, im Park Plastiken von A. Maillol. – H. erhielt 1220 Stadtrecht.
Helmont, Franciscus Mercurius van (d. J.), fläm. Arzt und Naturphilosoph, *bei Brüssel 1614, †Berlin 1699; entwickelte, beeinflusst von Paracelsus, der Kabbala und Anne Conway, eine spekulative Naturphilosophie und Monadenlehre, mit der er auf Leibniz' Metaphysik wirkte.
Helmstedt, 1) Landkreis im VerwBez. Braunschweig, Ndsachs., 674 km², 99 700 Einwohner.
2) Krst. von 1) in Ndsachs., in der Mitte des Braunkohlengebiets zw. Elm und Lappwald, 26 600 Ew.; Heimatmuseum; Braunkohlenbergbau, Metall- und Holzverarbeitung, Textilindustrie. – Ehem. Benediktinerklosterkirche St. Ludgeri (11. Jh.), Kloster Marienberg (12. Jh.), Juleum (Aula und Auditoriengebäude der ehem. Univ., 1592–97). – 1247 wurden H. Stadtrechte bestätigt, 1426–1518 war H. Hansestadt; 1576–1810 bestand die Landesuniversität Academia Julia.
Helmzier, herald. Helmschmuck, z. B. Hörner, Flügel, Federn; gehört zum Oberwappen; wurde auch zu einem vom Wappenschild unabhängigen Symbol. (↑Helm, ↑Heraldik)
Heloise (frz. Héloïse), *Paris 1101, †Kloster Le Paraclet (bei Nogent-sur-Seine) 1164; Schülerin, Geliebte und heiml. Gemahlin des ↑Abälard; später Nonne, Äbtissin; »Die neue H.« (1761), Briefroman von J.-J. Rousseau.
Heloten [grch.], die Staatssklaven im alten Sparta, Nachkommen der von den Dorern unterworfenen Bev. Lakoniens und Messeniens. Sie bestellten die Landanteile der Spartiaten und dienten im Krieg als Waffenknechte. Persönlich rechtlos und zunehmend verelendet, unternahmen die H. wiederholt Aufstände.
Helpter Berge, z. T. bewaldeter Endmoränenzug südöstlich von Neubrandenburg, höchster Teil der Mecklenburg. Seenplatte mit Meckl.-Vorp.; bis 179 m ü. M.; Sendeanlagen.
Helsingborg [hɛlsiŋˈbɔrj] (bis 1971 Hälsingborg), Hafenstadt an der engsten Stelle des Sunds, Schweden, Verw.gebiet Skåne, 116 900 Ew.; Museen; Sitz von Reedereien; Schiffbau, elektrotechn., chem. Ind., Scho-

HEL Helsingfors

koladenfabriken, Zuckerraffinerie; Eisenbahn- und Autofähre nach Helsingør. – Von der Burg ist der Turm »Kärnan« (14. Jh.) erhalten; Marienkirche (13. Jh., Anfang 15. Jh. spätgotisch umgebaut). – 1070 erstmals erwähnt.

Helsingfors, schwedisch für ↑Helsinki.

Helsingør [hɛlseŋˈøːr], Hafenstadt auf Seeland, Dänemark, an der engsten Stelle des Sunds, 56 900 Ew.; internat. Hochschule; Handels- und Schifffahrtsmuseum; Werften; Maschinen-, Brauerei-, Textilind.; Eisenbahn- und Autofähre nach Helsingborg. – In beherrschender Lage am Sund Renaissanceschloss Kronborg (1574–84, 1629 durch Brand zerstört, unter Christian IV. fast unverändert wieder aufgebaut; durch Shakespeares »Hamlet« bekannt), das zum UNESCO-Weltkulturerbe gehört; Dom St. Olai, ein spätgot. Backsteinbau (1521 geweiht) auf Resten einer roman. Kirche. – H. erhielt 1426 Stadtrecht und erlangte Bedeutung mit der Erhebung des Sundzolls (1425–1857).

Helsinki (schwed. Helsingfors), Hptst. von Finnland und des VerwBez. Uusimaa (Nyland), liegt auf einer in den Finn. Meerbusen ragenden Landzunge, 546 300 Ew. (davon rd. 7 % schwedischsprachig); Sitz der Reg. und des Reichstags; eines luther., eines russ.-orthodoxen und eines kath. Bischofs; Univ. (seit 1828), TH, zwei Wirtschaftshochschulen, Veterinärmedizin. Hochschule, Musikhochschule, Akademie der Wiss.en u. a. wiss. Gesellschaften, Nationalbibliothek, Museen (u. a. Museum für zeitgenöss. Kunst von S. Holl, 1998 eröffnet; Theater, Opernhaus (Neubau von E. Hyvämäki, J. Karhunen und R. Parkkinen 1993 eröffnet), Festhalle »Finlandia«, botan. und Tiergarten; Olympiastadion (1938 erbaut, Olymp. Spiele 1952). H. ist der wichtigste Ind.standort Finnlands mit Papierind., Maschinen- und Fahrzeugbau, Holz- und Metallverarbeitung, chem. Ind., Werften, Aluminium-, Elektro-, Textil-, Bekleidungs-, Nahrungs- und Genussmittelind., Porzellanfabrik. Der Hafen hat v. a. für die Einfuhr und für den Passagierverkehr Bedeutung; internat. Flughafen.

Stadtbild: Zahlr. Buchten, Halbinseln und Inseln (Schären) bestimmen das Bild der »weißen Stadt des Nordens«. H. wurde seit 1816 nach Planung von J. C. L. ↑Engel ausgebaut; seine klassizist. Bauten beherrschen bis heute das Zentrum um den Senatsplatz: Regierungspalais, Universitätsbibliothek, Nikolaikirche. Engels Stil wirkte bis in die 1880er-Jahre fort (ehem. Ständehaus, Reichsarchiv). Östlich vom Zentrum liegt auf der Halbinsel Katajanokka (Wohnort mit Beispielen eines national geprägten Jugendstils) die orthodoxe Uspenski-Kathedrale (1868). Im Stil der finn. Nationalromantik entstanden der Hauptbahnhof (1910–14) von Eliel Saarinen, das Nationaltheater (1902), das Nationalmuseum (1910), die Kirche von L. Sonck (1908) im Stadtteil Kallio, auch einige Geschäftshäuser. Ein herausragender Monumentalbau ist das neoklassizist. Reichstagsgebäude von J. S. Sirén (1931). 1971 wurde die Konzert- und Kongresshalle »Finlandia« von A. Aalto vollendet; er plante auch die Neugestaltung des gesamten Bereichs um die Töölöbucht und des Bahnhofsviertels. Dem Zentrum im SO vorgelagert liegen die Ruinen der Festung Suomenlinna (1748–72, UNESCO-Weltkulturerbe); im westl. Vorortbereich die TH in Otaniemi (1961 begonnen von Aalto u. a.) und die Gartenstadt Tapiola.

Geschichte: 1550 vom schwed. König Gustav I. Wasa an der Mündung des Vantaanjoki gegr., 1640 als offene Meer verlegt; wurde 1812 Hptst. des russ. Großfürstentums Finnland; 1973 und 1975 Tagungsort der ↑KSZE (»Schlussakte von H.« vom 1. 8. 1975).

Heluan (Hilwan, Hulwan), Stadt in Ägypten, 25 km südlich von Kairo, am rechten Nilufer, 328 000 Ew.; Univ., Forschungsinstitut für Astronomie und Geophysik; Eisenhütten- und Stahlwerk, Zement- und Düngemittelind.; nahebei Automobilwerk. H. ist auch Kurort (Schwefeltherm en).

Helvetia, 1) lat. Name der Schweiz.

2) *die,* seit Anfang des 19. Jh. Personifikation der Schweiz, allegor. nat. Repräsentationsfigur (u. a. Bundesdenkmal in Genf, 1869).

Helvetiler, kelt. Stamm, der Anfang des 1. Jh. v. Chr. aus Süd-Dtl. in das Schweizer Mittelland einwanderte. Beim Versuch, das südl. Gallien zu erobern, wurden sie von Caesar 58 v. Chr. bei Bibracte besiegt und zum Rückzug gezwungen.

Helvetik, bez. der Schweiz. Bez. der Epoche 1798–1803 (↑Helvetische Republik) im Unterschied zur anschließenden Mediationszeit 1803–13; leitete die Modernisierung ein.

Hemer HEM

Helsinki: Stadtzentrum mit Nikolaikirche (1830–52)

Helvetische Gesellschaft, 1761 gegr. schweizer. Vereinigung zur Überbrückung religiöser und kantonaler Gegensätze; 1848 aufgelöst. Die **Neue H. G.,** gegr. 1914 u. a. wegen der starken Einwanderung, bemüht sich heute um die polit., wirtsch. und geistige Selbstständigkeit der Schweiz sowie um den Kontakt zw. den Auslandsschweizern.

Helvetische Konfession (Confessio Helvetica), Name zweier reformator. Bekenntnisschriften: 1. H. K. 1536, 2. H. K. 1566; zunächst Bekenntnis der ref. Kirchen der dt.-sprachigen Schweiz, später auch der ref. Kirchen von Schottland, Ungarn, Böhmen und Polen.

Helvetische Republik, amtl. Name der Schweiz nach dem Ende der alten Eidgenossenschaft und nach der Besetzung durch frz. Revolutionstruppen Jan. bis März 1798 (erste bürgerlich-demokrat. Rep.; helvet. Verf. vom 12. 4. 1798), bestand de jure bis 1815; umstrittene Epoche der schweizer. Geschichte (Helvetik).

Helvetische Revolution, in der Schweiz Bez. für die Geschehnisse, ausgehend von Basel (20. 1. 1798), die zur Gründung der Helvet. Rep. führten (↑Schweiz, Geschichte).

Helvetismus [lat.] *der, Sprachwissenschaft:* eine innerhalb der dt. Sprache nur in der Schweiz übliche sprachl. Ausdrucksweise (z. B. Blocher für Bohnerbesen).

Helvétius [εlveˈsjys], Claude Adrien, frz. Philosoph, * Paris 26. 1. 1715, † ebd. 26. 12. 1771; Vertreter der frz. Aufklärung; entwickelte eine auf dem Prinzip der Selbstliebe gegr. sensualistisch-mechanist. Moralphilosophie. Sein Hauptwerk »De l'esprit« (1758) wurde als staats- und religionsgefährdend öffentlich verbrannt.

Heman [ˈhiːmæn, engl.] *der,* bes. männlich und potent wirkender Mann.

Hemd [ahd. hemidi »Gewand«], Kleidungsstück von Männern und Frauen. Urspr. diente das kittelartige H. als Obergewand bei Ägyptern, Griechen, Römern (Chiton, Tunika), seit dem MA. als Untergewand und Leibwäsche, meist aus Leinen genäht. Seit dem 17. Jh. sind Männer- und Frauen-H. stärker voneinander unterschieden und erfuhren seitdem mod. Veränderungen. Im 20. Jh. kam das Unter-H. aus Trikotware auf, seit den 1960er-Jahren ist es als T-Shirt auch Teil der Oberbekleidung. Das Nacht-H. ist seit dem 16. Jh. allg. in Gebrauch.

Hemel Hempstead [ˈheməl ˈhempstɪd], Stadt in der Cty. Hertfordshire, England, nordwestlich von London, 79 200 Ew.; Industrieparks mit Elektro-, Elektronik-, Papierindustrie und Maschinenbau. – H. H. wurde 1947 zur ↑New Town bestimmt.

Hemer, Stadt im Märkischen Kreis,

NRW, am N-Rand des Sauerlandes, 36900 Ew.; Eisen-, Maschinen-, Papierindustrie. Naturschutzgebiet Felsenmeer und Heinrichshöhle. – Seit 1936 Stadt.
Hemeralopie [grch.] *die,* ↑Nachtblindheit.
Hemessen [ˈheːməsə], Jan Sanders van, fläm. Maler, *Hemiksem (bei Antwerpen) um 1500, †Haarlem (?) nach 1575; 1524 Meister in Antwerpen, ab 1551 in Haarlem tätig; Begründer des fläm. Sittenbildes; oft lebensgroße Halbfiguren in bibl. und profanen Szenen.
hemi... [grch.], halb...
Hemianopsie [grch.] *die,* die ↑Halbseitenblindheit.
Hemicellulosen [grch.] (Polyosen), pflanzl. Polysaccharide, die im Unterschied zur Cellulose verzweigte Ketten bilden und aus versch. Monosacchariden aufgebaut sind. Der Polymerisationsgrad liegt zw. 50 und 200. **Hexosane** bestehen aus Hexosen. Aus Pentosen sind die **Pentosane** aufgebaut, die z. B. in Roggenmehl vorkommen. Die wichtigste H. ist das in bestimmten Hölzern, Kleie und Stroh enthaltene Xylan (Holzgummi).
Hemiedrie [zu grch. hédra »Sitz«] *die* (hemiedrische Kristallklasse), jede Kristallklasse, bei der nur die Hälfte der möglichen, den ↑Holoedrien zukommenden Flächen eines Kristallsystems ausgebildet ist. Als **Hemimorphie** bezeichnet man die hier mögl. Ausbildung von Kristallformen.
Hemikranie [grch.-lat.] *die,* einseitiger Kopfschmerz (↑Migräne).
Hemimorphie, ↑Hemiedrie.
Hemimorphit [grch.] *der* (Kieselgalmei), farbloses bis hellgrünes oder braunes rhomb. Mineral der chem. Zusammensetzung $Zn_4[(OH)_2|Si_2O_7] \cdot H_2O$, das mit Zinkspat das wichtige Zinkerz Galmei bildet; entsteht sedimentär und in der Oxidationszone sulfid. Blei-Zink-Lagerstätten.
Hemingway [ˈhemɪŋweɪ], Ernest, amerikan. Schriftsteller, *Oak Park (Ill.) 21. 7. 1899, †(Selbstmord) Ketchum (Id.) 2. 7. 1961; 1918 Sanitätsfreiwilliger an der italien. Front (»In einem anderen Land«, R., 1929); 1921–27 als Korrespondent in Europa (v. a. Paris, wo er mit Gertrude Stein, E. Pound und F. Scott Fitzgerald zusammentraf); 1936/37 Berichterstatter im Span. Bürgerkrieg (»Wem die Stunde schlägt«, R., 1940). H. ist Vertreter der ↑Lostgeneration. Seine Reportagen, Essays (über den Stierkampf: »Tod am Nachmittag«, 1932), Erzählungen (»Die grünen Hügel Afrikas«, 1932), Short Storys (»Schnee auf dem Kilimandscharo«, 1936), Kurzromane (»Der alte Mann und das Meer«, 1952) und Romane (»Fiesta«, 1926; »Über den Fluß und die Wälder«, 1950; »Inseln im Strom«, hg. 1970) sind vornehmlich Verarbeitungen eigener Erlebnisse und Ereignisse seiner Zeit. Er suchte Bewährung in der Konfrontation mit Formen der Gewalt und des Todes, die sich ihm in existenziellen Grundsituationen des Lebens (Krieg, Stierkampf) boten. Die nüchterne, emotionslose Sprache besitzt eine durch Symbole und Metaphern erkennbare Tiefendimension, die ein objektives Korrelat zur Erlebniswelt darstellt. 1954 erhielt H. den Nobelpreis für Literatur. ✧ **siehe ZEIT Aspekte**
Weitere Werke: Gefährl. Sommer (Reportagen, hg. 1985); Der Garten Eden (R., hg. 1986).
📖 *Burgess, A.:* E. H. A. d. Amerikan. Neuausg. München ³1989. – *Rodenberg, H.-P.:* E. H. Reinbek 1999.

Ernest Hemingway

Hemiole [grch.] *die,* in der Mensuralnotation Einfügung schwarzer Noten, bezeichnet den Übergang von einer 2 × 3-teiligen in eine 3 × 2-teilige Taktgruppe.
Hemiplegie [grch.] *die,* die ↑Halbseitenlähmung.
Hemisphäre [grch.], **1)** *Anatomie:* seitl. gewölbter Abschnitt des Großhirns (**Großhirn-H.**) und des Kleinhirns (**Kleinhirn-H.**), jeweils paarig angelegt. **2)** *Geographie:* Halbkugel, bes. der Erde.
Hemlocktanne [engl.] (Tsuga), Gattung der Kieferngewächse in Nordamerika, O-Asien und im Himalaja; mit kleinen Zapfen und zwei silberweißen Streifen auf der Nadelunterseite. Die **Kanad. H.** (Tsuga canadensis) wird im mitteleuropäi-

schen Raum als Zier- und Forstbaum angepflanzt.

Hemmel, Peter (auch Peter von Andlau), Glasmaler, *vermutlich Andlau (Elsass) um 1420, †nach 1501; unterhielt in Straßburg die bedeutendste Glasmalerwerkstatt des ausgehenden MA. Erhalten sind große Fenster von leuchtender Farbigkeit und virtuoser Beherrschung der Glasmaltechnik in Straßburg, Ulm, Nürnberg, München, Salzburg.

Hemmingstedt, Gemeinde im Kr. Dithmarschen, Schlew.-Holst., in der Dithmarscher Marsch, 2 900 Ew.; Erdölraffinerie, durch Pipelines mit dem Hafen in Brunsbüttel und den ostholstein. Erdölfeldern verbunden. – In der **Schlacht von H.** (17. 2. 1500) erlitt ein Söldnerheer unter König Johann von Dänemark und Herzog Friedrich von Holstein eine schwere Niederlage gegen die zahlenmäßig unterlegenen Dithmarscher Bauern (unter Wulf Isebrand), die ihre Freiheit behaupten konnten.

Hemmschuh (Bremsschuh), auf eine Schiene gesetzte keilförmige Vorrichtung aus Stahl zum Abbremsen von Schienenfahrzeugen beim Rangieren oder zu deren Sicherung im Stillstand.

Hemmung, 1) *Psychologie:* Störung des Antriebs durch seel. Widerstand emotionaler oder moral. Art. Die **bewusste H.** richtet sich bes. gegen Triebe und Instinkthandlungen. Die **unbewusste H.** wird v. a. durch Verdrängung oder durch gleichzeitig einander entgegengesetzte Bewusstseinsimpulse verursacht. – H., ein Zentralbegriff der Tiefenpsychologie, wird von S. Freud schon in seinen psycholog. Frühwerken für die Folge psych. Konflikte verwendet. Im Sprachgebrauch der (klin.) Psychiatrie versteht man unter H. die Verzögerung der Antriebsfunktionen und damit aller assoziativen, sensor. und motor. Leistungen (**Gehemmtheit**).
2) *Technik:* bei mechan. Uhren zw. Schwingsystem (Pendel, Unruh) und Gehwerk eingeschaltete Vorrichtung; besteht aus dem pendelnden Anker und dem H.-Rad (Gang-, Anker-, Steigrad). Sie hemmt das Ablaufen des Räderwerks im Rhythmus der Periodendauer des Schwingsystems, sodass das Zeigerwerk synchron mit dem Schwingsystem abläuft. Verbreitet sind die Stiftanker-H. und die Palettenanker-H.

Hempel, Carl Gustav, amerikan. Wissenschaftstheoretiker dt. Herkunft, *Oranienburg 8. 1. 1905, †Princeton (N. J.) 9. 11. 1997; war 1948–55 Prof. in New Haven (Conn.), 1955–73 in Princeton (N. J.); entwickelte gemeinsam mit Paul Oppenheim (*1885, † 1977) eine Theorie des Erklärens (**H.-Oppenheim-Schema**). Seine Methode der Typen- und Skalenbildung hat bes. die Exaktheit der empir. Sozialforschung gefördert.
Werke: Der Typusbegriff im Lichte der neuen Logik (mit P. Oppenheim, 1936); Philosophie der Naturwiss.en (1966).

Hemsterhuis [-hœjs], Frans, niederländ. Philosoph und Kunsttheoretiker, *Groningen 27. 12. 1721, † Den Haag 7. 7. 1790; vertrat einen ästhetisch bestimmten Neuplatonismus; bezeichnet die Materie als »geronnenen Geist«. Seine Vorstellung eines goldenen Zeitalters und seine Begriffe der poet. Wahrheit und der Schönheit wirkten auf J. G. Herder, F. H. Jacobi, F. Hölderlin und die Romantik (bes. Novalis).

HEMT [eɪtʃiːemˈtiː;, Abk. für engl. **h**igh **e**lectron **m**obility **t**ransistor, »Transistor mit hoher Elektronenbeweglichkeit«], ein Feldeffekttransistor mit künstl. Mikrostruktur auf Galliumarsenidbasis für Höchstfrequenz-Halbleiterbauelemente. Beim HEMT ist der Kanal undotiert, sodass die Elektronen im Kanal eine hohe Beweglichkeit aufweisen. Die Ladungsträger werden von den Donatoren der n-dotierten Schicht geliefert und bilden eine dünne Schicht Leitungselektronen hoher Konzentration. HEMT eignen sich für Gigabitanwendungen.

Henan (Honan), vom Hwangho durchflossene Prov. im nördl. China, 167 000 km², 92,56 Mio. Ew.; Hptst. und wichtiger Eisenbahnknotenpunkt ist Zhengzhou. H. ist dank fruchtbarer Lössböden bed. Anbaugebiet für Weizen, Baumwolle, Tabak und Ölpflanzen; Seidenfabrikation (Honanseide); Steinkohlenabbau und Schwerind. bei Anyang.

Hench [hentʃ], Philip Shoewalter, amerikan. Endokrinologe, *Pittsburgh (Pa.) 28. 2. 1896, †Ocho Rios (Jamaika) 30. 3. 1965; erforschte die Heilwirkung von Cortison bei rheumat. Erkrankungen sowie dessen chem. Bau. H. erhielt 1950 mit T. Reichstein und E. C. Kendall den Nobelpreis für Physiologie oder Medizin.

Henckels, Paul, Bühnen- und Filmschauspieler, * Hürth 9. 9. 1885, † Schloss Hugenpoet (heute zu Essen) 27. 5. 1967; feinsinnig charakterisierender Darsteller etwas schrulliger Figuren (»Der Maulkorb«, 1938; »Die Feuerzangenbowle«, 1944).

Henckel von Donnersmarck, schles. Adelsgeschlecht, aus der Zips stammend; erwarb 1623 die schles. Herrschaften Beuthen und Oderberg; 1636 in den Freiherren-, 1651 in den Grafenstand erhoben. Guido Graf H. von D. (*1830, †1916), seit 1901 Fürst von Donnersmarck, war ein bed. Großindustrieller.

Hendaye [ã'daj], frz. Grenzstadt gegen Spanien, Dép. Pyrénées-Atlantiques, 11 600 Ew.; nördlich das Seebad **H.-Plage.**

Hendeka [grch.] (Elfmänner), im alten Athen eine jährlich durch das Los bestellte Gerichtsbehörde, der ein Teil der Strafjustiz oblag.

Henderson ['hendəsn], **1)** Arthur, brit. Politiker, * Glasgow 13. 9. 1863, † London 20. 10. 1935; war 1908-10 und 1914-17 Vors. sowie 1911-34 Sekr. der Labour Party, beteiligte sich 1918 maßgeblich an der Umformung der Labour Party von einer lockeren Vereinigung versch. Arbeiterorganisationen zu einer sozialist. Partei. 1924 war in Innen-, 1929-31 Außenmin. Für seine Tätigkeit als Vors. der Genfer Abrüstungskonferenz (1932/33) erhielt er 1934 den Friedensnobelpreis.
2) Fletcher, amerikan. Pianist und Arrangeur, * Cuthbert (Ga.) 18. 12. 1898, † New York 29. 12. 1952; mit Benny Goodman einer der Begründer des Swing.

Hendiadyoin [grch.-mlat. »eins durch zwei«] *das* (Hendiadys), *Stilkunde:* 1) die Ausdruckskraft verstärkende Verbindung zweier synonymer Substantive oder Verben, z. B. bitten und flehen; 2) das bes. in der Antike beliebte Ersetzen eines Attributs durch eine reihende Verbindung mit »und« (z. B.: die Masse und die hohen Berge statt der Masse der hohen Berge).

Hending [altnord. »Reim«] *die,* Silbenreim der altnord. Skaldendichtung, zeigt sich innerhalb eines Verses als Binnenreim, unter Gleichklang der silbenschließenden Konsonanten.

Hendricks, Barbara, amerikan. Sängerin (Sopran), * Stephens (Ark.) 20. 11. 1948; wurde als Liedinterpretin (frz., dt., russ., engl. Lieder, Negrospirituals) sowie als Opernsängerin bekannt.

Hendrix ['hɛndrɪks], Jimi, eigtl. James Marshall H., amerikan. Rockmusiker (Gitarre, Gesang) afrikanisch-indian. Herkunft, * Seattle (Wash.) 27. 11. 1942, † London 18. 9. 1970; expressiver Starsolist der Rockmusik, erweiterte die Gitarrentechnik (elektr. Klangverfremdung).

Hengelo, Stadt in der Prov. Overijssel, Niederlande, am Twentekanal, 78 300 Ew.; Maschinenbau, Elektrotechnik, chem. Ind. auf der Basis von Kochsalzverarbeitung, Brauereien; Hafen.

Hengist und Horsa [wohl altengl. »Hengst und Ross«], legendäres (Bruder-)Paar, nach der Überlieferung die Führer der ersten Angelsachsen, die sich Mitte des 5. Jh. in SO-England als Söldner niederließen, später die röm. Herrschaft abstreiften und Britannien unterwarfen.

Hengsbach, Franz, kath. Theologe, * Velmede (heute zu Bestwig) 10. 9. 1910, † Essen 24. 6. 1991; 1957-91 Bischof von Essen, seit 1988 Kardinal; erlangte als »Ruhrbischof« weit über sein Bistum hinaus Popularität, u. a. durch sein großes sozialpolit. Engagement.

Hengst, männl. Tier bei Pferd, Esel, Zebra, Kamel, Dromedar.

Hengyang (bis 1912 Hengchow), Handelsstadt in der Prov. Hunan, China, am Endpunkt der Schiffahrt auf dem Xiang Jiang für große Motorschunken, 487 100 Ew.; Maschinenbau, Herstellung von Walzstahlprodukten und Düngemitteln, nahebei kaum erschlossene Lager von Kupfer, Zinn, Zink, Magnesium, Arsen. – Im N der Stadt liegt der Wallfahrtsberg **Hengshan,** einer der fünf heiligen Berge des Daoismus; die 40 Hallen und Pavillons des »Hängenden Klosters« wurden im 6. Jh. in die Felswand geschlagen.

Henie ['hɛni], Sonja, norweg. Eiskunstläuferin (1941 amerikan. Staatsbürgerschaft), * Christiania (heute Oslo) 8. 4. 1912, † (auf dem Flug von Paris nach Oslo) 12. 10. 1969; u. a. Olympiasiegerin 1928, 1932, 1936, Weltmeisterin 1927-36, Europameisterin 1931-36.

Hen kai pan [grch. »eins und alles«], antike Formel – ansatzweise bei Parmenides, ausgeführt bei Plotin – für Einheit und Ewigkeit des Kosmos, für das wechselseitige Ineinander-verwoben-Sein aller Dinge; seit Lessing für den ↑Pantheismus.

Henkel, Hans-Olaf, Industriemanager, * Hamburg 14. 3. 1940; 1987-93 Vors. der Geschäftsführung und seit 1995 des Aufsichtsrates der IBM Dtl. GmbH, seit 1989 Vizepräs. der IBM Corp.; 1995–2000 Präs. (ab 2001 Vizepräs.) des Bundesverbandes der Dt. Industrie e. V. (BDI).

Henkel KGaA, Holding des 1876 von Fritz Henkel (*1848, †1930) gegründeten Chemiekonzerns; Sitz: Düsseldorf; Unternehmensbereiche: Wasch- und Reinigungsmittel, Kosmetik und Körperpflege, Klebstoffe, Oberflächentechnik.

Henker, ↑Scharfrichter.

Henlein, 1) Konrad, sudetendt. Politiker, *Maffersdorf (heute Vratislavice nad Nisou, bei Liberec) 6. 5. 1898, †(Selbstmord) in alliierter Gefangenschaft 10. 5. 1945; gründete 1933 die »Sudetendt. Heimatfront« (seit 1935 »Sudetendt. Partei«). Er forderte, von der nat.-soz. Regierung in Dtl. finanziell und politisch unterstützt, 1938 den Anschluss des Sudetenlandes an das Dt. Reich. 1938/39 war er Reichskommissar, 1939–45 Gauleiter und Reichsstatthalter im Sudetenland.
2) Peter (fälschlich Hele), Mechaniker, *Nürnberg um 1480, †ebd. Sept. 1542; baute als Erster um 1510 kleine, tragbare Uhren in Dosenform (mit vierzigstündigem Gang und Stundenschlag); nicht zu verwechseln mit den später aufgekommenen ↑Nürnberger Eiern.

Henna [arab.] *die,* rotgelber Farbstoff, der aus den mit Kalkmilch zerriebenen Blättern und Stängeln des ligusterähnl., in den Tropen und Subtropen angebauten H.-Strauchs (Lawsonia inermis) gewonnen wird; schon im Altertum zum Rotfärben der Fingernägel, Haare und Haut verwendet.

Henneberg, ehem., seit 1310 gefürstete Grafschaft in Franken und Thüringen, benannt nach der Burg H., südwestlich von Meiningen. 1274 Teilung in die Linien **H.-Schleusingen** (bis 1583), **H.-Aschach** (bis 1549) und **H.-Hartenberg-Römhild** (bis 1379). Nach Aussterben der Grafen von H. (**Henneberger**; 1583) kam – nach Coburg (1353) – auch der größte Teil von H. an die Wettiner, 1660 Teilung in einen kursächs. Teil (1815 an Preußen) und Sachsen-Meiningen (1680–1918 Herzogtum); Schmalkalden kam zu Hessen-Kassel (1866 an Preußen; 1944 zu Thüringen).

Hennef (Sieg), Stadt im Rhein-Sieg-Kreis, NRW, an der unteren Sieg, 40 000 Ew.; Philosophisch-theolog. Hochschule der Redemptoristen, Akademie für Arbeitssicherheit und Verwaltung; Gießerei, Herstellung von Waagen, Büromöbeln, Land- und Straßenbaumaschinen, Pumpen. – Burg Blankenburg, um 1150 gegr., ist ein gut erhaltenes Beispiel einer hochmittelalterl. Großburganlage. – H. erhielt 1981 Stadtrecht.

Hennegau (niederländ. Henegouwen, frz. Hainaut), Prov. im SW von Belgien, 3 786 km², 1,280 Mio. Ew.; Hptst. ist Mons; umfasst v. a. ein fruchtbares Hügelland (Weizen-, Zuckerrüben-, Gemüseanbau; Viehzucht), der SO-Teil reicht in die bewaldeten Ardennen. Der Steinkohlenbergbau ist seit 1984 erloschen; Eisen-, Glas-, Stein-, Zement-, Elektro-, Textil-, chem. Industrie. – Die aus einem karoling. Gau hervorgegangene Grafschaft H. an der W-Grenze des Hl. Röm. Reichs kam durch Erbe 1051 zu Flandern; seit 1299 mit Holland und seit 1323 auch mit Seeland vereinigt, fiel 1345 mit Holland an die Wittelsbacher, 1433 an Burgund, 1477 an Habsburg, teilte dann die Geschichte der südl. ↑Niederlande. Der südl. H. (Valenciennes, Maubeuge) kam 1659 an Frankreich, gehört z. T. seit 1830 zu Belgien.

Hennigsdorf, Stadt im Landkreis Oberhavel, Brandenburg, an der Havel und am Havelkanal, am Stadtrand von Berlin; 25 900 Ew.; Technologiezentrum für Schienenverkehr, Elektrostahlwerk, Lokomotivbau.

Hennin [ɛˈnɛ̃, frz.] *der* (burgundische Haube), im 15. Jh. hohe, kegelförmige Frauenhaube (aus einer oriental. Tracht übernommen), deren Spitze mit einem lang herabhängenden Schleier geschmückt war.

Henoch [hebr. Hǎnôk »der Eingeweihte«] (Enoch), bibl. Gestalt; einer der Urväter Israels; nach 1. Mos. 4, 17 Sohn des Kain, nach 1. Mos. 5, 18 ff. Sohn des Jared und Vater des Methusalem. (↑Henochbücher)

Henochbücher, drei zw. 170 v. Chr. und 300 n. Chr. entstandene, in versch. Sprachen verfasste, erhaltene apokryphe Apokalypsen (äthiop., slaw. und hebr. Henochbuch), die unter der Verfasserschaft des Henoch im Umlauf gebracht wurden und in denen die Gestalt Henochs eine wesentl. Rolle spielt.

Henotheismus [zu grch. heîs »einer« und theós »Gott«] *der,* Eingottverehrung; von F. M. ↑Müller in die Religionswiss. eingeführter Begriff für die Verehrung einer bevorzugten Gottheit durch den Gläubigen innerhalb einer polytheist. Religion, als sei diese Gottheit die einzige (subjektiver Monotheismus).

Henri [ã'ri], frz. Könige, ↑Heinrich.

Henri [ã'ri], Großherzog von Luxemburg (seit 2000), *Schloss Betzdorf 16. 4. 1955; ältester Sohn des bisherigen Großherzogs Jean; ∞ seit 1981 mit der Exilkubanerin Maria Teresa Mestre (*1956); besuchte die brit. Militärakademie in Sandhurst und studierte 1975–80 Polit. Wiss.en in Genf; wurde 1980 Mitgl. des Staatsrates, übernahm 1998 als Lieutenant-représentant (Statthalter) einen Großteil der Amtsgeschäfte von seinem Vater und trat am 7. 10. 2000 offiziell die Thronfolge an.

Henri [engl. 'henrɪ, frz. ã'ri], Florence, amerikanisch-frz. Malerin und Fotografin, *New York 28. 6. 1893, †Laboissière-en-Thelle (Dép. Oise) 24. 7. 1982; studierte Malerei u.a. bei K. Schwitters in Berlin und bei F. Léger in Paris, ab 1927 Studium der Fotografie am Bauhaus. Ab 1929 in Paris, war bis 1963 v.a. als Fotografin tätig.

Henrich, Dieter, Philosoph, *Marburg 5. 1. 1927; Prof. in Berlin, Heidelberg und München; Schüler von H.-G. Gadamer. H. erforscht die klass. dt. Philosophie und bemüht sich u.a. um eine Metaphysik der Moderne.

Werke: Fichtes ursprüngl. Einsicht (1967); Hegel im Kontext (1971); Selbstverhältnisse (1982); Ethik zum nuklearen Frieden (1990); Der Grund im Bewusstsein. Untersuchungen zu Hölderlins Denken (1794–1795) (1992); Versuch über Kunst u. Leben (2001).

Henrichenburg, altes Schiffshebewerk im Stadtgebiet von ↑Waltrop, wo der von Dortmund kommende Dortmund-Ems-Kanal mit dem Rhein-Herne-Kanal zusammentrifft.

Henrici, Christian Friedrich, Pseud. Picander, Schriftsteller, *Stolpen (bei Dresden) 14. 1. 1700, †Leipzig 10. 5. 1764; verfasste Kirchenlieder und geistl. Texte, u.a. für die »Matthäuspassion« J. S. Bachs; daneben derb-realist. Komödien.

Henriquatre [ãri'katr(ə)] der, nach Heinrich IV. von Frankreich benannter Spitzbart.

Henry ['henrɪ; nach J. Henry] das, Einheitenzeichen **H**, SI-Einheit der Induktivität. 1 H ist gleich der Induktivität einer geschlossenen Windung, die, von einem elektr. Strom der Stärke 1 A durchflossen, im Vakuum den magnet. Fluss 1 Weber umschlingt; $1\,H = 1\,Wb/A = 1\,Vs/A$.

Henry ['henrɪ], engl. Könige, ↑Heinrich.

Henry, 1) ['henrɪ], Joseph, amerikan. Physiker, *Albany (N. Y.) 17. 12. 1797, †Washington 13. 5. 1878; Hochschullehrer, entdeckte gleichzeitig mit M. Faraday die Induktionserscheinungen, war an der Entwicklung des Morsetelegrafen beteiligt, schuf das amerikan. System der Wetterberichterstattung.

2) ['henrɪ], O., eigtl. William Sidney Porter, Schriftsteller, amerikan. *Greensboro (N. C.) 11. 9. 1862, †New York 5. 6. 1910; charakteristisch für seine ↑Shortstorys, vielfach aus dem Alltagsleben New Yorks nach 1900, sind die Betonung iron. Zufälle und ihr überraschender Schluss.

3) [ã'ri], Pierre, frz. Komponist, *Paris 9. 12. 1927; gilt als der konsequenteste Vertreter der »musique électroacoustique«, die sich ausschließlich auf die Produktion von Tonbandmusiken beschränkt. Ausdrucksmittel sind dabei neben rein elektron. Klangmaterial v.a. Umweltgeräusche, Textsequenzen und musikal. Zitate aus eigenen oder fremden, auch traditionellen Werken oder der Rockmusik, die zu einer vielschichtigen Collage zusammengesetzt werden. H. schuf eine Fülle von Tonband-Begleitmusiken für Bühne, Film, Fernsehen und Rundfunk sowie Hörspiel- und Ballettmusiken u.a. in Zusammenarbeit mit M. Béjart.

Henry-Gesetz ['henrɪ-; nach dem engl. Physiker und Chemiker William Henry, *1774, †1836], ↑Absorption.

Henscheid, Eckhard, Schriftsteller, *Amberg 14. 9. 1941; arbeitet mit F. K. Waechter und R. Gernhardt an satir. Zeitschriften, schreibt assoziationsreiche, satir. Prosa. Bekannt wurde er u.a. durch seine »Trilogie des laufenden Schwachsinns« (1973–78).

Weitere Werke: Dummdeutsch. Ein satirisch-polemisches Wörterbuch (1985; mit C. Poth); Über die Wibblinger. Geschichten und Bagatellen (1993); Über Manches. Ein Lesebuch (1996); Goethe unter Frauen (1999).

Hensel, 1) Luise, Dichterin, *Linum (bei Neuruppin) 30. 3. 1798, †Paderborn 18. 12. 1876; Tochter eines prot. Predigers, befreundet mit C. Brentano; konvertierte 1818 zum kath. Bekenntnis; schrieb

schlicht-fromme geistl. Lieder (»Müde bin ich, geh' zur Ruh...«).
2) **Walther**, eigtl. Julius Janiczek, Musikerzieher, *Mährisch-Trübau (heute Moravská Třebová, Nordmähr. Gebiet) 8. 9. 1887, † München 5. 9. 1956; gründete 1923 den für die Jugendmusikbewegung bedeutsamen »Finkensteiner Bund«.

Henselmann, Hermann, Architekt, *Roßla (Landkreis Sangerhausen) 3. 2. 1905, † Berlin 19. 1. 1995; 1945–49 Direktor der Hochschule für Bauwesen in Weimar, 1953–59 Chefarchitekt von Berlin (Ost) und 1966–72 Direktor des Inst. für Städtebau und Architektur der Dt. Bauakademie. Zu seinen Werken in Berlin gehören u. a. Hochhaus und Wohnbebauung an der Weberwiese (1951); später u. a. Entwürfe für das Zentrum von Berlin (Ost) mit Fernsehturm (1965–69) und Haus des Lehrers mit Kongresshalle am Alexanderplatz (1961–64), des Weiteren für die markanten Hochhäuser der Universitäten in Leipzig (1969–74) und Jena (1969–72).

Henson [ˈhensn], James Maury, genannt Jim H., amerikan. Puppenfilmproduzent, *Greenville (Miss.) 24. 9. 1936, † New York 16. 5. 1990; trat seit 1950 mit eigenen Handpuppen im Fernsehen auf (seit 1955 mit den ↑ Muppets); 1976 folgte die Fernsehreihe »The Muppets Show«, 1983 die »Fraggles«, zuletzt »Teenage Mutant Ninja Turtles« und »Die Hexen« (beide 1990).

Hentig, Hartmut von, Erziehungswissenschaftler, *Posen 23. 9. 1925; ab 1963 Prof. in Göttingen, 1968–87 in Bielefeld, 1987–93 Vizepräs. der Dt. Akad. für Sprache und Dichtung; Veröffentlichungen zur Didaktik, zur Schul- und Hochschulreform und zur Alternativschulpädagogik.

Hentrich, Helmut, Architekt, *Krefeld 17. 6. 1905, † Düsseldorf 7. 2. 2001; arbeitete mit H. Petschnigg (*1913, †1997) & Partnern (HPP) zusammen; konzipierte zahlr. Bürobauten, v. a. das Thyssenhaus (»Dreischeibenhaus«) in Düsseldorf (1957–60) und das Finnlandhaus in Hamburg (1966), das erste Hochhaus mit Hängekonstruktion in Europa.

Henze, Hans Werner, Komponist, *Gütersloh 1. 7. 1926; Schüler von W. Fortner; entwickelte eine äußerst vielgestaltige musikal. Sprache, in der sich moderne Strukturformen (serielle Techniken, Aleatorik, Elemente des Jazz, Geräuschmontage) ebenso finden wie Rückgriffe auf traditionelle Stilmittel. 1988 initiierte er in München ein Festival für experimentelles Musiktheater; schrieb »Musik und Politik. Schriften und Gespräche 1955–1984« (1984) und gab die Aufsatzsamml. »Neue Aspekte der musikal. Ästhetik« (1979–90, 4 Bde.) heraus.
Weitere Werke: Opern: Boulevard Solitude (1952); König Hirsch (1956, Neufass. 1963); Der Prinz von Homburg (1960, revidierte Fassung 1991); Der junge Lord (1965); Die Bassariden (1966); Wir erreichen den Fluss (1976); Die engl. Katze (1983); Das verratene Meer (1990); Venus und Adonis (1997); Funkopern, Ballette, Orchesterwerke (u. a. 10 Sinfonien), Kammer- und Vokalmusik.

Hepar [grch.] *das,* die ↑ Leber.

Heparin [grch.] *das,* blutgerinnungshemmendes saures Mucopolysaccharid mit breitem Wirkungsspektrum und einer relativen Molekülmasse von 6 000–30 000. H. ist die stärkste im Körper vorkommende organ. Säure. Es hemmt die Thrombinbildung und die Umwandlung von Fibrinogen in Fibrin. Das medizinisch verwendete H. wird aus Schweinedarmschleimhaut und Rinderlunge gewonnen; angewendet z. B. bei Thrombose, Embolie oder zur Herzinfarkt- und Thromboseprophylaxe.

Hepartest, Vorprobe zum qualitativen Nachweis von Schwefel in organ. und anorgan. Stoffen. Schwefelhaltige Substanzen werden durch Glühen von Holzkohlepulver und Soda zu Natriumsulfid reduziert und färben Silberblech schwarz.

Hepatitis [grch.] *die* (Leberentzündung), herdförmig oder diffus auftretende Entzündung des Leberparenchyms mit nachfolgender Leberzellschädigung. Sie kann durch Viren, Bakterien, Protozoen, Parasiten, Lebergifte, auch Alkohol und Arzneimittel verursacht werden. Häufigste Erkrankung ist die meldepflichtige, diffuse **akute Virus-H.** In Abhängigkeit vom Erregertyp werden versch. Formen unterschieden. Die **Virus-A-H. (H. epidemica)** tritt v. a. bei Jugendlichen auf. Die Übertragung der mit dem Stuhl ausgeschiedenen Viren geschieht in erster Linie über den Mund (oral) infolge einer Schmier- und Schmutzinfektion oder durch verunreinigte Lebensmittel (auch Trinkwasser). Nach einer Inkubationszeit von 15 bis 45 Tagen kommt es zur Erkran-

HEP Hepatose

kung, die lebenslange Immunität gegen diesen Erregertyp hinterlässt. Bislang ist nur eine passive Immunisierung durch Gammaglobuline möglich. Die **Virus-B-H. (Serum-, Transfusions-** oder **Inokulations-H.)** wird v. a. durch Einbringen des in Blut, Speichel, Schweiß u. a. Körperflüssigkeiten enthaltenen Erregers in die Blutbahn (parenteral) übertragen, z. B. bei Bluttransfusionen, durch verunreinigte Spritzen, zunehmend häufiger auch durch Geschlechtsverkehr, und hat eine Inkubationszeit von 40 bis 160 Tagen. Der Verlauf ist häufig schwerer als bei der Virus-A-H. und kann in eine chron. Form übergehen. Neben der passiven Immunisierung ist auch die für Risikogruppen empfohlene vorbeugende Impfung mit antigenhaltigem Serum möglich. Neben diesen Formen bestehen Infektionen, die als **Virus-C-H.** bezeichnet werden und nach Übertragung und Verlauf der Virus-B-H. ähneln. Eine Schutzimpfung ist noch nicht möglich. – Die **H. D** wird durch einen virusähnl. Erreger (Viroid) hervorgerufen. Eine Schutzimpfung gegen Virus-B-H. schützt auch gegen diese Form. Die **H. E** tritt akut auf; sie kommt nur in Teilen Asiens, Afrikas und Mittelamerikas vor. Die **H. G** wurde 1995 entdeckt, es bestehen viele Ähnlichkeiten zu H. C. Die H. mit unbekanntem Agens (fehlender Nachweis von H.-Viren A–G) wurde früher als Non-A-Non-B-H. bezeichnet. – Die Symptome einer H. bestehen zunächst in »grippalen« Erscheinungen, wie Glieder- und Kopfschmerzen, Appetitlosigkeit, Übelkeit, »Druck« in der Magen- und Lebergegend und mäßigem Fieber, später Gelbsucht mit hellem Stuhl und dunkelbraunem Harn. Nach stark unterschiedl. Krankheitsdauer (etwa 12 Wochen) kommt es meist zur Abheilung; 10–15 % der Virus-B, Virus-C- oder Virus-D-H. gehen in ein chron. Stadium über, das ausheilen oder aber zu einer Leberzirrhose führen kann. – Eine ursächl. *Behandlung* ist nicht möglich; allg. Maßnahmen sind Bettruhe, kohlenhydrat-, vitamin- und eiweißreiche (1,5 g je kg) Diät, Fettreduktion, Verzicht auf alkohol. Getränke für mindestens ein Jahr.

Hepatose [grch.] *die,* Stoffwechselstörung der Leberzellen mit unterschiedlich ausgeprägter Gewebeschädigung und/oder Funktionsminderung, z. B. bei Fehlernährung (Fettleber u. a.), Stoffwechselstörungen oder Vergiftungen durch Phosphor oder Tetrachlorkohlenstoff.

Audrey Hepburn

Hepburn [ˈhebən], **1)** Audrey, Filmschauspielerin britisch-niederländ. Herkunft, *Brüssel 4. 5. 1929, †Tolochenaz (bei Lausanne) 20. 1. 1993; urspr. Tänzerin; wurde zum internat. Filmstar durch Rollen u. a. in »Ein Herz und eine Krone« (1953), »Sabrina« (1954), »Krieg und Frieden« (1956), »Frühstück bei Tiffany« (1960), »My fair lady« (1964).
2) Katharine, amerikan. Filmschauspielerin, *Hartford (Conn.) 11. 5. 1907, †Old Saybrook (Conn.) 29. 6. 2003; spielte eindrucksvolle Charakterrollen in Filmen wie »Die Frau, von der man spricht« (1942), »African Queen« (1951), »Plötzlich im letzten Sommer« (1959), »Grace Quigleys letzte Chance« (1984); schrieb »Ich. Geschichten meines Lebens« (1991).

Katharine Hepburn

Hephaistos (lat. Hephaestus), *grch. Mythos:* Gott des Feuers und der Schmiedekunst, Sohn des Zeus und der Hera, Gemahl der Aphrodite, von den Römern dem Vulcanus gleichgesetzt; dargestellt als kräftiger, hinkender Mann in Handwerkertracht mit Hammer oder Zange.

Hephthaliten (chines. Hua oder Yeda), nomad. Stammesverband, nach den byzantin. u.a. Geschichtsquellen den Hunnen zuzurechnen (auch als **Weiße Hunnen** bezeichnet); sie wanderten im 4.Jh. aus der Altairegion in das Oxusgebiet (W-Turkestan) ein und griffen das Sassanidenreich an. Auf dem Höhepunkt ihrer Macht im 5. Jh. herrschten sie über Sogdiana, Baktrien sowie den W des Tarimbeckens und eroberten N-Indien; um 558 wurden sie von den Westtürken (Türküt) unterworfen.

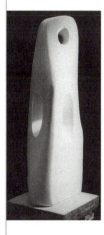

Barbara Hepworth: Totem (1961/62)

Heppenheim (Bergstr.), Krst. des Landkreises Bergstraße, Hessen, am W-Rand des Odenwaldes, 25 400 Ew.; Nahrungsmittel-, Textil-, Maschinen-, Holz-, Metall-, feinmechan. u. a. Ind.; Wein-, Obstbau; Festspiele. – Maler., z. T. mittelalterl. Stadtbild mit Rathaus (Untergeschoss 1551, Fachwerkaufbau um 1695) und ehem. Kurmainzer Amtshof (wohl nach 1237 angelegt; spätere Um- und Ausbauten); unterhalb der Ruine Starkenburg (1065) Reste der Stadtbefestigung. – Um 755 urkundlich erwähnt, seit 1318 Stadt.
Heptachord [grch.] *der* oder *das, Musik:* Folge von sieben diaton. Tonstufen (große Septime).
Heptagon [grch.] *das,* das Siebeneck, ein ↑Polygon.
Heptameron, Das [grch. »Siebentagewerk«, zu heptá »sieben«], Novellensammlung der Margarete von Navarra (hg. 1559).
Heptanal *das,* ↑Önanthaldehyd.
Heptane, flüssige, gesättigte Kohlenwasserstoffe (C_7H_{16}), in Benzinfraktionen enthalten.

Heptatonik [grch.] *die, Musik:* die siebenstufige Skala des diaton. Tonsystems.
Heptode *die,* eine ↑Elektronenröhre mit sieben Elektroden.
Heptose *die,* Zuckerart, ↑Zucker.
Hepworth [ˈhepwə:θ], Dame (seit 1965) Barbara, brit. Bildhauerin, * Wakefield 10. 1. 1903, † Saint Ives (Cornwall) 20. 5. 1975; Menschen- und Tierdarstellungen in abstrahierender Form, auch gegenstandslose Plastik in Stein, Holz, Metall.
Hera, grch. *Mythos:* Tochter des Kronos und der Rhea, Schwester und Gemahlin des Zeus, Beschützerin der Ehe und der Frauen, Mutter von Hephaistos, Ares, Hebe, Eileithyia. Die Römer setzten sie der Juno gleich. Ihre Attribute waren Zepter, Diadem, Schleier und Pfau. Dargestellt wurde sie in strenger, hoheitsvoller Schönheit, meist mit einem Stirnreif, u. a. in ihrem Heiligtum **(Heraion)** von Argos (Goldelfenbeinbildwerk, Kopf durch Münzbilder bekannt), in Olympia (6. Jh. v. Chr.), Samos.
HERA [Abk. für Hadron-Elektron-Ring-Anlage], ↑Deutsches Elektronen-Synchrotron.
Heracleum [grch.] *das,* die Pflanzengattung ↑Bärenklau.

Hera: Zeus entschleiert Hera (Metope aus Selinunt, um 460 v. Chr.)

Herakleia, Name mehrerer antiker Städte, z. B. **H. Pontike** in Bithynien, heute die türk. Stadt Ereğli am Schwarzen

HER Herakleios

Meer; **H.** am Latmosgebirge östlich von Milet, mit gut erhaltener Befestigung; **H.** in Lukanien, am Golf von Tarent, beim heutigen Policoro; hier schlug Pyrrhos I. 280 v. Chr. die Römer.
Herakleios, byzantin. Kaiser (610–641) armen. Herkunft, *in Kappadokien 575, †11. 2. 641; wehrte die Awaren und Perser ab, unterlag aber 636 den Arabern und verlor Syrien, Palästina und Ägypten.

Herakles und Omphale (Gemälde von François Boucher; Moskau, Puschkin-Museum)

Herakles (lat. Hercules, Herkules), *grch. Mythos:* Sohn des Zeus und der Alkmene; von Geburt an von Hera verfolgt: Sie schickte zwei Schlangen in die Wiege, die H. jedoch erwürgte. Von Hera mit einem Wahnsinnsanfall geschlagen, tötete H. seine Kinder. Zur Entsühnung musste er für König Eurystheus zwölf Arbeiten (Dodekathlos) verrichten: Zuerst tötete H. den Nemeischen Löwen, dessen Fell, das kein Pfeil durchdringen konnte, er als Mantel trug, danach reinigte er u. a. in einem Tag die Ställe des Königs Augias von Elis, bändigte den Kret. Stier, tötete die Lernäische Hydra (ihr Gift machte seine Pfeile tödlich), fing den Erymanth. Eber, raubte die goldenen Äpfel der Hesperiden und entführte den Höllenhund Kerberos aus der Unterwelt. Zur Buße für seinen Jähzorn musste er der lyd. Königin Omphale drei Jahre dienen. Danach vollbrachte er zahlr. weitere Taten, u. a. befreite er Prometheus und half den Göttern beim Kampf gegen die Giganten. Um sich seine Liebe zu erhalten, sandte ihm seine Gattin Deianira das durch das Blut des rachsüchtigen Kentauren ↑Nessos vergiftete Hemd; dadurch von Schmerzen gepeinigt, verbrannte er sich auf dem Berge Öta. Mit seinem Tod war Hera versöhnt, H. wurde mit ihrer Tochter Hebe vermählt und in den Olymp aufgenommen. – H. war grch. Nationalheros, dem göttl. Ehren zukamen, er war Heil- und Orakelgott, Beschützer der Jugend, der Gymnasien und Paläste. Attribute des H.: Löwenfell, Bogen, Köcher, Keule, Füllhorn.
Die Taten des H. wurden von der frühgrch. Kunst oft dargestellt, so auf Vasenbildern, auf den Metopen des Tempels von Selinunt (6. Jh. v. Chr.) und des Zeustempels von Olympia (5. Jh. v. Chr.). In späterer Zeit erscheint H. als bärtiger Mann von gewaltigem Körperbau (Farnes. Sammlungen, Neapel, Archäolog. Nationalmuseum).
Schefold, K. u. Jung, F.: Die Urkönige Perseus, Bellerophon, H. u. Theseus in der klass. u. hellenist. Kunst. München 1988.
Heraklessäulen (Herkulessäulen), nach altgrch. Auffassung die Bergfelsen beiderseits der Straße von Gibraltar (die Säulen, die Herakles aufgerichtet haben soll).
Herakliden, *grch. Mythos:* die Nachkommen des Herakles, die im 80. Jahr nach der Zerstörung Trojas fast die gesamte (einst Herakles gehörende) Peloponnes zurückeroberten. Der Mythos spiegelt die Eroberung der Peloponnes durch die Dorer.
Heraklion (ngrch. Iraklion), Hptst. des Verw.gebietes H. an der N-Küste der Insel Kreta, Griechenland, 115 100 Ew.; griechisch-orth. Bischofssitz, Teil der Univ. Kreta; archäolog. Museum mit Samml. minoischer Kultur (↑ägäische Kultur); Industrie; Hafen, Flughafen. – Zahlr. Bauwerke aus venezian. Zeit: Hafenkastell, Befestigungsanlage mit Toren, Loggia, Zeughaus, Morosini- und Bembobrunnen. – War im Altertum Hafenort von Knossos, kam 961 an Byzanz, nach 1204 an die Venezianer, die die Stadt zur Festung **Candia** ausbauten. Bis 1913 war H. fast ausschließl. von Türken und Juden bewohnt.
Heraklit (grch. Herakleitos), grch. Philosoph, *um 550 v. Chr., †um 480 v. Chr.; lebte in Ephesos. Er lehrte, alles Sein befinde sich im Strom des Entstehens und

Vergehens (panta rhei), im »Krieg« der Gegensätze verwirkliche sich die der Welt immanente Weltvernunft (Logos). H. denkt die Welt als ewig, nicht erschaffen, nicht vergehend. Diese Lehre vom Wesen des Seins fasste er teils in rätselhaft-dunkle Formeln, teils in Sinnbilder: Am bekanntesten ist das Bild vom Fluss, dessen Wasser ständig wechselt und der dennoch derselbe bleibt. Das Feuer als Inbegriff steter Wandelbarkeit setzte er als Prinzip des Seienden, der Weltvernunft. – H. übte bed. Einfluss auf die Sophistik, Platon und die Stoa, auf Hegel, Hölderlin und Nietzsche aus; auch die Theoretiker des dialekt. Materialismus beriefen sich auf Heraklit.

Heraldik [frz. »Heroldskunst«, zu héraut »Herold«] *die,* histor. Hilfswissenschaft, die **Wappenkunde** (Geschichte, Regeln und Gesetze der Wappenanfertigung und -führung; auch **theoret. H. gen.**) und **Wappenkunst** (Entwurf und Darstellung von Wappen gemäß herald. Regeln; auch **prakt. H. gen.**) umfasst. Die **Wappenbeschreibung (Blasonierung)** wird vom Schildträger aus gedacht, nennt also »rechts«, was vom Beschauer aus »links« ist, und umgekehrt. Hauptbestandteile eines vollständigen Wappens (Vollwappen) sind Schild und Helm mit Helmzier und Helmdecken. Der **Schild** ist mit linearen Einteilungen (Heroldsstücken) gemustert oder trägt im »Feld« eine oder mehrere Figuren (Heroldsbilder). Die linearen Einteilungen bilden Plätze in mindestens zwei Farben. Leere Flächen können durch ornamentale Musterung belebt (damasziert) werden. Die Figuren dienen vielfach zur bildl. Darstellung des Namens des Wappeninhabers (redendes Wappen). Manche Lebewesen, Pflanzen oder »gemeine Figuren« werden wegen eines bestimmten Sinngehalts als **Wappenbilder** bevorzugt (Löwe, Adler, Rose, Lilie). Wappenschild und Figuren sind mit »heraldischen Farben« (Tinkturen) und »Metallen« versehen. Der **Helm,** teilweise mit einer Helmkrone ausgestattet, ruht auf dem oberen Schildrand. Die Helmzierden (Zimier, von frz. cimier) sind formenreich. Sie waren urspr. plast. Aufbauten auf dem Helm. Oft wiederholen sie die Bilder des Schildes.

In Siegeln leben die Wappen fort; sie sind eine Hauptquelle für die Kenntnis der Wappenbilder. Ihre rechtl. Bedeutung überträgt sich auch auf die Wappen, sodass Inhaber versch. Rechte auch mehrere Wappen führten oder führen. Die bei Rundsiegeln in die Hohlräume komponierten Figürchen entwickelten sich seit dem 15. Jh. zu ständigen Begleitfiguren, die schließlich als Schildhalter zu vielen hochadligen Wappen gehören. Weitere Verzierungen (Prachtstücke, Prunkstücke) können aus Spruchbändern mit Wahlsprüchen und aus zusätzl. Fahnen bestehen, bei fürstl. Wappen auch aus Lorbeer-, Eichen-, Öl- und Palmzweigen; dazu kommen seit Ende des

Heraldik: Seite aus dem Wappenbuch von Johann Siebmacher (Ausgabe von 1612)

17. Jh. **Wappenmäntel** und **Wappenzelte** (Thronzelte, »Pavillons«).
In **Wappenbüchern,** meist nach Ständen oder Territorien gesonderte Sammlungen von Wappen, wurden diese seit dem 13. Jh. beschrieben und dokumentiert; als eines der bedeutendsten gilt das von Johann Siebmacher († 1611) schon 1596/1605 begonnene und später bis 1806 fortgeführte Wappenbuch.
📖 *Oswald, G.: Lexikon der H. Neuausg. Mannheim 1985. – Volborth, C. von: H. Stuttgart u. a. ²1992. – Familiengesch. u. Wappenkunde, bearb. v. A. F. Kaiser u. E. D. Linder. Augsburg 1994. – Wappenfibel. Hb. der H., begr. v. A. M. Hildebrandt. Neustadt a. d. Aisch ¹⁹1998. – Filip, V. V.: Einf. in die H. Stuttgart 2000. – Neubecker, O.: Wappenkunde. Sonderausg. München 2002. – Ders.: H. Wappen – ihr Ursprung, Sinn u. Wert. München 2002.*

Heranwachsende, im ↑Jugendstrafrecht Personen, die zur Zeit der Tat mindestens 18, aber noch nicht 21 Jahre alt sind.

Herat [nach der Stadt H.] *der,* dichter, kurz geschorener meist rotgrundiger Teppich; im Fond und in der Hauptbordüre mit Heratimuster, in den Nebenbordüren mit kleinen Blüten versehen.

Herat, Stadt im NW von Afghanistan, am Hari Rud, 930 m ü. M., 177 300 Ew.; Handelszentrum einer intensiv genutzten Flussoase mit vielseitigem Handwerk und Teppichherstellung. – Das bereits in altpers. Inschriften erwähnte H. wurde unter Alexander d. Gr. neu gegründet, um 660 von den Arabern und 1221 von den Mongolen erobert; unter den Timuriden im 15. Jh. Blütezeit als Residenz sowie Handels-, Wiss.- und Kulturzentrum; unter den Safawiden (1502–1722) Zentrum von Khorasan; fiel 1863 an Afghanistan. Ruine der Zitadelle (9./10. Jh.), Freitagsmoschee (um 1175 errichtet, Fayencedekor aus safawid. Zeit).

Heratimuster [nach der Stadt Herat] *das,* Teppichmuster aus Sternen, Rosetten, Blüten und Blättern in geometr. Anordnung.

Hérault [e'ro], **1)** *der,* Fluss in S-Frankreich, 160 km lang, entspringt in den Cevennen, durchquert die Garrigues in tiefen Schluchten und mündet bei Agde ins Mittelmeer.
2) Dép. in S-Frankreich, im Languedoc, 6 101 km², 896 000 Ew.; Hptst. ist Montpellier.

Herausgabeanspruch, das Recht, die Herausgabe einer Sache (Übertragung des Besitzes) zu verlangen. Ein H. kann sich z. B. aus Vertrag (§ 546 BGB), aus Eigentum oder Besitz (§§ 861, 985, 1007 BGB), ungerechtfertigter Bereicherung (§ 812 BGB) oder der Erbenstellung (§ 2018 BGB) ergeben; er setzt gegenüber dem Besitzer ein »besseres Recht« zum Besitz voraus. – Das Familienrecht kennt den Anspruch auf Herausgabe des Kindes an den Personensorgeberechtigten (§ 1632 BGB).

Herausgeber, die publizistisch und rechtlich für Sammlung, Bearbeitung und Veröffentlichung von Texten und Bildern, Ton- und Bildaufzeichnungen verantwortliche natürl. oder jurist. Person oder Personengruppe. Bei Zeitungen, Zeitschriften und Reihenwerken ist der H. oft zugleich der wirtschaftlich verantwortl. Verleger oder der presserechtlich verantwortl., leitende Redakteur. Der H. kann auch Urheber eines ↑Sammelwerks sein.

Herba [lat. »Pflanze«], *Pharmazie:* die getrockneten oberird. Teile krautiger Heilpflanzen, z. B. **H. Thymi,** der arzneilich verwendete Teil des Thymians.

Herbarium [lat.] *das,* wissenschaftlich geordnete Sammlung getrockneter (gepresster), meist auf Papier befestigter Pflanzen; urspr. Kräuterbuch, auch Drogenmuseum.

Herbart, Johann Friedrich, Philosoph und Pädagoge, *Oldenburg 4. 5. 1776, † Göttingen 14. 8. 1841; Prof. in Königsberg (Pr) und Göttingen; Bekanntschaft mit Pestalozzi. Von Demokrits Atom- und Leibniz' Monadenlehre beeinflusst und gegen Kants Metaphysikkritik gewendet, nahm er eine Vielheit einfacher und unveränderl. Wesen (»Reale«) an, durch deren Beziehungen untereinander der Schein des Mannigfachen und Veränderlichen hervorgebracht werde. Diese »realist.« Metaphysik übertrug H. auf die Psychologie (die »Reale« der Seele erscheinen als Vorstellungen bzw. Triebe) und gründete hierauf seine wiss. Pädagogik. Aufgabe des Unterrichts sei es, von der Klärung der Vorstellungen über deren Verbindung (Assoziation) und Systematisierung bis zur »Methodik« zu führen (Begründer des **Herbartianismus:** T. Ziller, W. Rein, F. W. Dörpfeld. u. a.).
Werke: Allg. Pädagogik (1806); Psychologie als Wiss., 2 Bde. (1824/25); Allg. Metaphysik, 2 Bde. (1828/29).

Träger, F.: *H.s realist. Denken.* Würzburg 1982. – **Heesch, M.:** *J. F. H. zur Einführung.* Hamburg 1999.

Herberger, Josef (Sepp[l]), Fußballlehrer, *Mannheim 28. 3. 1897, † ebd. 28. 4. 1977; 1936–42 Reichsfußballtrainer; 1949–64 DFB-Bundestrainer (Weltmeister 1954).

Herberge zur Heimat, erstmals 1854 in Bonn durch C. T. Perthes gegr. Herbergstyp zur Betreuung wandernder Handwerksgesellen gegen geringes Entgelt; im 20. Jh. zur planmäßigen Fürsorge für ökonomisch und sozial Entwurzelte ausgebaut; in Dtl. zusammengefasst in der Bundesarbeitsgemeinschaft für Nichtsesshaftenhilfe e. V.

Herbert, 1) [ˈhəːbət], Edward Lord of Cherbury, engl. Philosoph und Politiker, *Eyton-on-Severn (Cty. Shropshire) 3. 3. 1583, † London 20. 8. 1648, Bruder von 2); entwickelte im Zeitalter der Religionskriege Grundlehren einer Vernunftreligion, begründete damit den engl. Deismus und bereitete die darauf beruhende engl. Aufklärung vor.
2) [ˈhəːbət], George, engl. Dichter, *Montgomery Castle (Wales) 3. 4. 1593, † Bemerton (bei Salisbury) 3. 3. 1633, Bruder von 1); Geistlicher, schrieb religiöse Dichtungen, gehörte zu den ↑Metaphysical Poets.
3) [ˈxɛr-], Zbigniew, poln. Schriftsteller, *Lemberg 29. 10. 1924, † Warschau 28. 7. 1998; erstrebte in Dramen, Hörspielen, Lyrik formale Vervollkommnung traditioneller literar. Vorbilder, suchte die Situation des modernen Menschen zu erfassen (»Ein Barbar in einem Garten«, Essays, 1962; »Bericht aus einer belagerten Stadt...«, Gedichte, 1983; »Stillleben mit Kandare«, 1994; »Opfer der Könige«, 1996).

Herbin [ɛrˈbɛ̃], Auguste, frz. Maler, *Quiévy (bei Cambrai) 29. 4. 1882, † Paris 1. 2. 1960; gehörte zu den Begründern der Gruppe Abstraction-Création und war bis 1937 Mithg. ihrer Schriften. Mit seinen Kompositionen von stark farbigen einfachen geometr. Figuren beeinflusste er V. Vasarely und die Op-Art.

Herbizide [zu lat. herba »Pflanze« und caedere »töten«], chem. Unkrautbekämpfungsmittel. Nach ihrem Wirkungsspektrum werden sie in **nicht selektive H.** (**Total-H.**) zur Vernichtung jegl. Pflanzenwuchses und **selektive H.,** die nur bestimmte Pflanzenarten vernichten und zur Unkrautbekämpfung in Kulturpflanzenbeständen eingesetzt werden, eingeteilt. H. wirken entweder als Ätzmittel **(Kontakt-H.),** die die Pflanzen an den vom Wirkstoff getroffenen Stellen zerstören, oder als **systemische H.** (dazu gehören auch die Wuchsstoff-H.), die von der Pflanze aufgenommen, im Leitgewebe transportiert werden und Stoffwechsel- und Wachstumsstörungen hervorrufen.

Herbolzheim, Stadt im Landkreis Emmendingen, Bad.-Württ., 9 000 Ew.; Kleinmotorenwerk, Maschinenbau, Metall- und Holzbau, Kunststoffverarbeitung und -bearbeitung; Wein- und Obstbau; kath. Pfarrkirche St. Alexius (1754), Wallfahrtskapelle Maria Sand (1747). – Das 1810 verliehene, 1935 aufgehobene Stadtrecht wurde 1949 erneuert.

Herbolzheimer, Peter, Jazzmusiker (Posaunist, Komponist, Arrangeur), *Bukarest 31. 12. 1936; lebt seit 1951 in der Bundesrep. Dtl., gründete 1969 die Bigband »Rhythm Combination & Brass«, die eine Verbindung von Jazz, Rock und lateinamerikan. Musik suchte. 1988 wurde er Leiter des Bundesjazzorchesters.

Herborn, Stadt im Lahn-Dill-Kreis, Hessen, östlich des Westerwaldes, an der Dill, 21 400 Ew.; Theolog. Seminar der Ev. Kirche in Nassau und Nassau, Museum; Eisen-, Metallverarbeitung, Herstellung von Heiz- und Kochgeräten, Flugzeugküchen, Maschinen und anderem. – Gut erhaltenes Ortsbild mit Fachwerkhäusern (16.–18. Jh.), Schloss der Grafen von Nassau (v. a. 14. Jh.), Rathaus (1589–91). – Erhielt 1251 Stadtrecht. War 1584–1817 Sitz der »Hohen Schule«, einer Verbreitungsstätte der prot. Lehre.

Herbort von Fritzlar, mhd. Epiker, vermutlich Geistlicher, verfasste zw. 1190 und 1217 in Reimversen das »Liet von Troye«, die älteste dt. Bearbeitung des Trojan. Krieges.

Herbrechtingen, Stadt im Landkreis Heidenheim, Bad.-Württ., an der Brenz, im O der Schwäb. Alb, 13 100 Ew.; Textilind., Glühlampenfabrik. – Stiftskirche des ehem. Klosters (13.–14. Jh.).

Herbst, eine ↑Jahreszeit.

Herbst, Alban Nicolai, Schriftsteller, *Refrath (bei Köln) 7. 2. 1955; verknüpft in seiner Prosa spielerisch philosophische, histor., ästhet. und literar. Kategorien (u. a. Roman »Wolpertinger oder Das Blau«, 1993; »Eine sizilische Reise. Fan-

tast. Bericht«, 1995; »Buenos Aires. Anderswelt. Kybernet. Roman«, 2001).
Herbstfärbung, im Herbst vor dem Laubfall einsetzende Buntfärbung der grünen Blätter. Durch Abbau des Chlorophylls werden die roten Carotinoide und gelben Xanthophylle farbwirksam, Braunfärbung entsteht erst beim Absterben der Blätter durch braune, wasserlösl. Farbstoffe.
Herbstmond (Scheiding), alter dt. Name für den Monat September.
Herbstpunkt (Waagepunkt), Schnittpunkt des Himmelsäquators und der Ekliptik, in dem die Sonne bei Herbstanfang steht. (↑Äquinoktium)
Herbstzeitlose (Colchicum autumnale), giftiges Liliengewächs des europ. Graslandes; entwickelt aus einer zwiebelähnl. Knolle im Herbst nur die sehr langröhrige, krokusähnl., lilafarbene Blüte und im nächsten Frühjahr das Kraut mit der blasigen, zuletzt braunen Fruchtkapsel. Bes. die Samen enthalten das Alkaloid **Colchicin.**
Herburger, Günter, Schriftsteller, *Isny im Allgäu 6. 4. 1932; schildert, z.T. mit utop. Perspektiven, die Realität dt. Gegenwart (»Die Eroberung der Zitadelle«, Erz., 1972; »Thuja«, 1991, R.), die späteren Werke suchen durch Material- und Metaphernreichtum ein totales Bild der Wirklichkeit zu zeichnen (»Elsa«, 1999, R.); schreibt auch Kinderbücher (»Birne kann alles«, 1971; »Birne brennt durch«, 1975), Hörspiele, Filmdrehbücher sowie Lyrik (z.T. Prosagedichte): »Das brennende Haus« (1990), »Im Gebirge« (1998), »Eine fliegende Festung« (2002).
Hercegovina [-tsɛ-], histor. Landschaft, ↑Herzegowina.
Herculaneum, Ruinenstätte südöstlich von Neapel, bei und z.T. unter der heutigen Stadt **Ercolano.** H. wurde wie Pompeji durch den Ausbruch des Vesuvs 79 n.Chr. verschüttet. Erste Ausgrabungen im 18.Jh.; systemat. Grabungen seit 1927 legten u.a. zwei- bis dreistöckige Häuser mit Balkonen, ein Theater (1.Jh. v.Chr.) und zwei Thermen frei. In den reich ausgemalten Häusern kamen neben zahlr. dekorativen Bildwerken auch Reste des Mobiliars zum Vorschein. Die vor der Stadt (UNESCO-Welterbe) gelegene Villa der Pisonen enthielt eine reiche Bibliothek von Papyrusrollen, philosoph. Schriften und viele Statuen und Büsten aus Bronze und Marmor.

Herculano de Carvalho e Araújo [irku-ˈlɑnu ðə karˈvaɫu i araˈuʒu], Alexandre, portugies. Geschichtsforscher und Dichter, *Lissabon 28. 3. 1810, †Vale de Lobos (Distr. Santarém) 13. 9. 1877; seit 1856 Hg. der »Portugalae monumenta historica«; Mitbegründer der portugies. romant. Schule; schrieb grundlegende histor. Werke, religiös-polit. Dichtungen und histor. Romane.

Hẹrcules, 1) *Astronomie:* lat. Name des Sternbilds ↑Herkules.
2) *grch. Mythos:* lat. für ↑Herakles.

Hẹrcules X-1, Abk. **Her X-1,** Röntgenquelle im Sternbild Herkules; Prototyp einer Klasse von pulsierenden Röntgensternen. Her X-1 besteht aus einem rotierenden Neutronenstern und einem blauen Überriesen, von dem Materie auf den Neutronenstern überströmt, dabei wird Röntgenstrahlung ausgesendet.

Herculịna die, erster Planetoid, bei dem (1978) Hinweise auf die Existenz eines Planetoidensatelliten gefunden wurden.

Hercynịt [von lat. Hercynia silva »Herzynischer Wald«] *der,* Mineral, ein schwarzer, im Dünnschliff tiefgrüner ↑Spinell.

Herd, 1) *Haushaltstechnik:* Gerät zum Kochen, Braten und Backen von Speisen **(Koch-H., Küchen-H.)** und/oder zum Heizen (Ofen); früher meist durch Holzoder Kohlebefeuerung, heute i.d.R. mit Gas (↑Gaskochgeräte) oder elektrisch (↑Elektroherd) beheizt. Moderne H. sind eine Kombination aus getrennt installierten Kochmulden und Backöfen, die seit dem Vordringen der Einbauküchen den klass. Stand-H. vielfach ersetzen. Seit den 1970er-Jahren ist der ↑Mikrowellenherd verbreitet. – Urspr. befand sich eine zum Kochen, Backen und Wärmen dienende H.-Stelle im Zentrum des Hauptraumes auf dem Erdboden. Im MA. wurde der H., immer noch eine offene Feuerstelle, bis auf Tischhöhe aufgemauert. Mit der Einführung des Rauchfangs rückte der H. von der Raummitte in Wandnähe. Der neuzeitl. Haushalts-H. entwickelte sich aus dem geschlossenen »Spar-H.«, der Roste zur Steinkohlenfeuerung und eine eiserne H.-Platte mit Öffnungen, in die Töpfe eingehängt werden konnten, besaß; die meisten dieser H. waren bereits mit Bratofen, Wärmeschrank und Wasserkasten ausgestattet.

Herder GmbH & Co. KG, Verlag

Um 1860 lösten transportable Metall-H. die bis dahin gemauerten H. ab. Anfang des 19. Jh. wurden erste Versuche mit Gasbeheizung unternommen, die ersten Elektro-H. kamen Ende des 19. Jh. auf. – In vielen *Religionen* kam dem H. im Zusammenhang mit dem als heilig geltenden Feuer besondere Bedeutung zu. So wurden bei manchen Völkern, in prähistor. Zeit auch in W-Europa, die Toten bei der H.-Stelle begraben. In der Antike diente der H. der Familie und größeren Verbänden als Kultstätte. Auch im *Brauchtum* spielte der H. eine Rolle: Die Braut wurde bei der Aufnahme in die Hausgemeinschaft um den H. geführt, das neugeborene Kind um den H. getragen. Das Ausschütten des H.-Feuers auf offener Straße bedeutete Vertreibung von Haus und Hof.
🕮 *Über den H., hg. v. P. Zec u. V. Orazem. Essen 1995.*
2) *Hüttentechnik:* beim metallurg. Ofen der Teil, auf den das Einsatzgut aufgetragen wird. – Bei der Erzaufbereitung eine schwach geneigte, stoßweise bewegte Platte, auf der das mit Wasser vermengte Gut langsam fließt, sodass die wertvollen schweren Erzteilchen liegen bleiben, während die Sandkörnchen mit dem Wasser weggeschwemmt werden **(H.-Aufbereitung).**
3) *Medizin:* (Krankheits-H., Fokus), Sitz eines örtl. Krankheitsprozesses, der über die direkte Umgebung hinaus durch Toxinstreuung, Erreger- oder Antigenausbreitung Fernwirkungen im Körper auslösen kann († Herdinfektion).
Herdbuch (Zuchtbuch, Stammbuch), zentral geführtes Register von Zuchttieren mit Angaben zur Identifizierung der Tiere, über Nachzucht, Entwicklung u.a.; bei Pferden **Stutbuch** genannt.
Herde, Ansammlung von meist größeren Säugetieren (Antilopen, Büffel, Pferde).
Herdecke, Stadt im Ennepe-Ruhr-Kreis, NRW, an der Ruhr, 26 100 Ew.; Eisenwarenherstellung, chem. und Kunststofffabriken; Wasserkraftwerk am Hengsteysee (Ruhrstausee). – 1355 Markt- und 1739 Stadtrecht.
Herdentrieb, bei manchen Tieren eigene Tendenz, in einer Herde zusammenzuleben und sich entsprechend zu verhalten (z.B. Einhalten einer Rangordnung).
Herder, Johann Gottfried von (seit 1802), Schriftsteller, Theologe, Philosoph, *Moh-

rungen (heute Morąg, Wwschaft Ermland-Masuren) 25. 8. 1744, † Weimar 18. 12. 1803; studierte Theologie und Philosophie, von Kant und Hamann gefördert; Prediger in Riga; unternahm 1769 eine Seereise nach Nantes, die seine Wendung von der Aufklärung zum Sturm und Drang bewirkte, dessen bedeutendster Theoretiker er wurde; 1776 als Generalsuperintendent nach Weimar berufen (1801 Oberkonsistorialpräs.); befreundet mit C. M. Wieland und Jean Paul. Seine Gedanken und Denkanstöße, bes. auf den Gebieten der Sprachphilosophie (»Abhandlung über den Ursprung der Sprache«, 1772), der Geschichtsphilosophie, der Literatur- und Kulturgeschichte sowie der Anthropologie waren für die europ. Geistesgeschichte zukunftsweisend. H. wurde bekannt durch die Schriften »Über die neuere dt. Lit.« (3 Bde., 1767) und »Krit. Wälder« (Ästhetik, 3 Bde., 1769). Das »Journal meiner Reise im Jahre 1769« (gedruckt 1846) enthält den Grundriss seiner Ideen in Form eines weltumfassenden Kulturprogramms; gewann mit seinen Ideen (bes. auch mit seinem Begriff der »originalen Poesie«) großen Einfluss auf Goethe (1770 erste Begegnung in Straßburg); 1778/79 Hg. der Samml. »Volkslieder« (1807 u.d.T. »Stimmen der Völker in Liedern«), darin u.a. Übersetzungen aus dem Englischen, v.a. Shakespeare, aus dem Schottischen, Griechischen, Lateinischen, Italienischen, Spanischen, Dänischen); 1784–91 »Ideen zur Philosophie der Geschichte der Menschheit«.
🕮 *Zaremba, M.: J. G. H. Prediger der Humanität. Köln u.a. 2002.*
Herder-Dorn|eich, Philipp, Volkswirtschafter und Sozialpolitiker, *Freiburg im Breisgau 17. 7. 1928; gilt als Wegbereiter der neuen polit. Ökonomie, bekannt v.a. durch Arbeiten zur Gesundheitsökonomie, Theorie der sozialen Steuerung, zu sozialen Problemen moderner Industriegesellschaften und zum Verbandswesen.
Herder GmbH & Co. KG, Verlag, Verlagsbuchhandlung in Freiburg i. Br.; 1801 als Herdersche Verlagsbuchhandlung von Bartholomä Herder (*1774, †1839) in Meersburg gegr., seit 1808 in Freiburg; Schwerpunkte sind Nachschlagewerke, theolog. und religiöses Schrifttum sowie Jugend- und Taschenbücher; seit 1952 Buchclub Herders Buchgemeinde (v.a. für christl. Leser).

Herd|infektion (Fokalinfektion), Erkrankung, die von einem chron. Krankheitsherd durch dauernde oder schubweise Ausschwemmung von Bakterien, insbes. Streptokokken und deren Toxine, verursacht wird. Ausgangsherde sind oft Entzündungsvorgänge und Eiterungen in den Gaumenmandeln, im Zahn-Kiefer-Bereich, innerhalb von Nasennebenhöhlen, Gallenblase, Blinddarm und Harnröhre. Typ. H. entzündl. und entzündlich-allerg. Art sind z. B. Gelenkrheumatismus, Herz- und Nierenentzündungen.

Heredia [e'reðja], Hptst. der Provinz H., Costa Rica, 1137 m ü. M., 76400 Ew.; Univ. (gegr. 1973); Zentrum des Kaffeeanbaus und -handels.

Heredia [ere'dja], José-Maria de, frz. Dichter, *La Fortuna (bei Santiago de Cuba) 22. 11. 1842, †auf Schloss Bourdonné (Dép. Yvelines) 3. 10. 1905; neben C. M. Leconte de Lisle der bedeutendste Vertreter der ↑Parnassiens; schrieb formvollendete Sonette (»Trophäen«, 1893).

Hereford ['herɪfəd], Stadt in der Cty. H. and Worcester, im westl. England, am Wye, 54300 Ew.; anglikan. Bischofssitz; Marktzentrum mit Obstverarbeitung, Brauerei; Metall-, Möbel-, elektrotechn. Industrie. – Kathedrale (12.–15. Jh.) mit wertvoller »Kettenbibliothek« (Handschriften und Inkunabeln), mittelalterl. Brücke über den Wye. – Seit 676 Bischofssitz.

Hereford and Worcester ['herɪfəd ænd 'wʊstə], Cty. in SW-England, 3926 km², 694300 Ew.; Hptst. ist Worcester.

Hérens [e'rã], Bezirk im Kt. Wallis, Schweiz, 471 km², 9300 Ew.; umfasst das von der Borgne durchflossene **Val d'Hérens** (dt. Eringental), ein 35 km langes südl. Seitental der Rhone (bis Sitten), und dessen Seitental **Val d'Hérémence;** Luftkurorte: Evolène, Arolla, Chandolin, Salay; bei Euseigne Erdpyramiden (Naturdenkmal).

Herero (Ovaherero, früher fälschlich Damara gen.), Bantuvolk in Namibia, Angola und Botswana, etwa 160000 Angehörige, vorwiegend Christen. Die H. sind traditionell Rinderhirten; Mittelpunkt ihrer Kultur sind Ahnenverehrung und Rinderkult. Bei den Himba im N (Kaokoveld) hat sich die ursprüngl. Lebensweise weitgehend erhalten. Ihre Sprache, eine formenreiche Tonsprache, gehört zu den südwestl. Bantusprachen (↑Bantu). – Im 18. Jh. von N und NW als nomad. Rinderzüchter eingewandert, kämpften die H. gegen die Nama, kamen 1884 unter dt. Oberhoheit (↑Namibia). 1904 wurden die H. nach einem Aufstand am Waterberg geschlagen und in die Kalahari abgedrängt; Zehntausende kamen um, viele flohen nach Betschuanaland. ❖ **siehe ZEIT Aspekte**
⌑ *Sundermeier, T. u. Kuvare, S.: Die Mbanderu. Sankt Augustin 1977.*

Herford, 1) Kreis im RegBez. Detmold, NRW, 450 km², 255400 Einwohner.
2) Krst. von 1) in NRW, an der Werre, zw. Teutoburger Wald und Wiehengebirge, 65700 Ew.; Hochschule für Kirchenmusik der Ev. Kirche von Westfalen, Theater, Nordwestdt. Philharmonie; Möbel-, Textil-, Kunststoff-, Teppich-, Metall verarbeitende Industrie. – Spätroman. Münsterkirche (13. Jh.) mit got. Anbauten (14./15. Jh.), hochgot. Marienkirche (1350 vollendet); Fachwerkhäuser (16.–18. Jh.). – H. ging aus einem Frauenstift (gegr. 789, aufgehoben 1802) hervor. Vermutlich im 12. Jh. wurde H. Stadt.

Hergesell, Hugo, Meteorologe, *Bromberg 29. 5. 1859, † Berlin 6. 6. 1938; Leiter des Aeronaut. Observatoriums in Lindenberg bei Berlin, nach dem Ersten Weltkrieg des Dt. Flugwetterdienstes; Arbeiten über den Aufbau der Atmosphäre.

Hergot, Hans, Buchdrucker und Buchhändler, *Nürnberg, †(hingerichtet) Leipzig 20. 5. 1527; druckte ab 1524 in Nürnberg v. a. Schriften der Reformatoren, das N. T. und reformationsfreundl., volkstüml. Broschüren; wegen Verbreitung der revolutionär-utop. Schrift »Von der neuen Wandlung eines christl. Lebens« enthauptet.

Hering, Loy, Bildhauer, *Kaufbeuren um 1484/85, † Eichstätt um 1554; schuf mit der Sitzfigur des hl. Willibald im Eichstätter Dom (1512–14) ein Meisterwerk der Renaissancekunst; auch Altäre, Epitaphe, Grabplatten.

Heringe (Clupea), Gattung der Heringsfische mit zwei Arten in gemäßigten und kalten Gewässern des nördl. Atlantiks und nördl. Pazifiks. Der H. i. e. S. ist der bis 40 cm lange **Atlant. H.** (Clupea harengus) mit grünlich blauem Rücken, silberglänzenden Körperseiten, bläulich durchscheinenden Flossen und gekielter Bauchkante. Er kommt in riesigen Schwärmen v. a. in planktonreichen Meeresgebieten vor. Nach Ort und Zeitpunkt der Laichabgabe werden zahlr. H.-Rassen unterschieden, z. B. **Herbst-H.** (laichen im Spätherbst in der Nordsee), **Frühjahrs-H.** (laichen im Frühjahr in den norweg. Fjorden). Ein Weibchen legt etwa 20 000–70 000 Eier ab. Die Jugendentwicklung erfolgt im Küstenbereich, erst mit 2–3 Jahren wandern die etwa 20 cm langen Jung-H. von der Küste ab. Die Geschlechtsreife tritt im Alter von 3 bis 7 Jahren ein, die Lebensdauer beträgt etwa 20 Jahre. Der Atlant. H. ist einer der wirtsch. wichtigsten Nutzfische, der in verschiedensten Formen auf den Markt gebracht (z. B. **Voll-H., Matjes-H., Grüner H., Bückling, Brat-H.**) und zu Konserven verarbeitet wird, daneben aber auch zur Gewinnung von Tran und Fischmehl dient. – Der **Pazif. H.** (Clupea pallasii) im nördl. Pazifik und im Weißen Meer ist dem Atlant. H. sehr ähnlich, bleibt jedoch meist kleiner als dieser. Seine Bauchkante ist vor den Bauchflossen ungekielt. Auch er ist ein wirtsch. bed. Nutzfisch. – H.-Fischerei wurde schon im 7. Jh. in Europa betrieben. Um 900 war der gesalzene H. bereits im Handel begehrt. Im 13. Jh. entwickelte sich die H.-Fischerei bes. in der westl. Ostsee bei der schwed. Landschaft Schonen. Der Handel lag in den Händen der Hanse.

Heringe: Atlantischer Hering

Heringen (Werra), Stadt im Landkreis Hersfeld-Rotenburg, Hessen, im Werratal, nördlich der Rhön, 8400 Ew.; Kalibergwerk; Metall- und Holzverarbeitung. – Seit 1977 Stadt.

Heringsdorf, Gemeinde im Landkr. Ostvorpommern, Meckl.-Vorp., an der NO-Küste der Insel Usedom, 3500 Ew.; Ostseebad (Kurbad) mit 508 m langer Seebrücke (Pier); Bau von Strandkörben; Sternwarte; Flugplatz bei Garz. – H. entstand nach 1818 aus dem Fischerdorf Neukrug.

Heringskönig (Petersfisch, Zeus faber), bis etwa 60 cm langer Knochenfisch im Mittelmeer und an der O-Küste des Atlantiks; Speisefisch.

Heris [nach dem iran. Ort H.] *der,* Sammelbez. für handgeknüpfte Gebrauchsteppiche aus dem iran. Aserbaidschan.

Herisau, Hauptstadt des Kt. Appenzell Ausserrhoden, Schweiz, an der Glatt, 774 m ü. M., 16 100 Ew.; Kunststoffverarbeitung, Textil- und Kabelind., Maschinen- und Apparatebau; Fremdenverkehr. – Schöne Bürgerhäuser, v. a. aus dem 18. Jh., mit Treppentürmen. – H. ist seit 1876 Hauptort des äußeren (evang.) Rhoden.

Herking, Ursula, Schauspielerin und Kabarettistin, * Dessau 28. 1. 1912, † München 17. 11. 1974; ab den 1930er-Jahren beim Kabarett ("Kabarett der Komiker", "Die Katakombe in Berlin"; "Die kleine Freiheit" in München); zahlr. Filmrollen.

Herkomer [ˈhəːkəmə], Sir (seit 1907) Hubert von (seit 1899), brit. Maler und Grafiker dt. Herkunft, * Waal (bei Landsberg a. Lech) 26. 5. 1849, † Budleigh Salterton (Cty. Devon) 31. 3. 1914; lebte seit 1856 in Großbritannien; zunächst Illustrator für das Wochenblatt "The Graphic"; wurde später mit Bildern sozialer Thematik, Porträts und Genreszenen bekannt.

Herkules (lat. Hercules), **1)** *Astronomie:* Sternbild des nördl. Himmels mit dem Hauptstern ↑Ras Algethi, am sommerl. Abendhimmel gut beobachtbar. Innerhalb des H. liegen die Kugelsternhaufen M 13 und M 92 sowie die Röntgenstrahlungsquelle Hercules X-1.
2) *grch. Mythos:* ↑Herakles.

Herkunft, Soziologie: Begriff, der sowohl die regionalen bzw. lokalen (z. B. Stadt oder Land) wie auch die sozioökonom. (Schicht, Klasse) Besonderheiten der Geburt (Abstammung) oder der Erziehungs- und sonstigen Prägungsverhältnisse eines Menschen bezeichnet.

Herkunftsangabe (Herkunftsbezeichnung), Information eines Warenanbieters über die Herkunft einer Ware, mit der sich i. d. R. bestimmte Erwartungen im Hinblick auf ihre Beschaffenheit und Qualität verbinden. Es können geograph., betriebl. und personengebundene H. unterschieden werden. Der Gebrauch unzutreffender H. ist wettbewerbswidrig (§ 3 UWG). Dem Schutz geograph. H. dient das Marken-Ges., internat. u. a. die ↑Pariser Verbandsübereinkunft.

Herlin (Herlein), Friedrich, Maler, * Rothenburg ob der Tauber um 1430, † Nördlingen zw. 6. 6. und 11. 11. 1500; malte unter dem Einfluss der niederländ. Kunst,

HER Herlitze

bes. des Rogier van der Weyden. – Altäre in Nördlingen, u.a. Altarflügel des Hochaltars von St. Georg (1462–65; Nördlingen, Städt. Museum); Flügel des Hochaltars von St. Jakob in Rothenburg ob der Tauber (1466/67).

Herlitze, anderer Name für die Kornelkirsche (↑Hartriegel).

Hermagor-Pressegger See, Bezirkshptst. in Kärnten, Österreich, an der Mündung des Gitschtales in das Gailtal, erstreckt sich südwärts bis zur italien. Grenze (Naßfeldpass), 7 300 Ew.; Holz- u. a. Ind.; Fremdenverkehr. – H. wurde 1288 Markt, 1930 Stadt.

Herman [ˈhəːmən], **1)** Jerry, amerikan. Komponist, *New York 10. 7. 1933; schrieb u. a. die Musicals (auch Songtexte) »Hello Dolly« (1964, nach T. Wilders Komödie »The Matchmaker«), »La cage aux folles« (1983, nach J. Poirets gleichnamiger Komödie).

2) Woody, eigtl. Woodrow Charles H., amerikan. Jazzmusiker (Klarinettist), *Milwaukee (Wis.) 16. 5. 1913, †Los Angeles 29. 10. 1987; widmete sich mit seiner 1936 gegr. Band zunächst dem Blues, seit 1945 dem Swing und nahm später Elemente des Bebop auf. Seit den 70er-Jahren leitete er ein Orchester, das stilistisch dem Rockjazz nahe stand.

Hermann, Georg, eigtl. G. H. Borchardt, Schriftsteller, *Berlin 7. 10. 1871, †KZ Birkenau(?) 19. 11. 1943; schrieb Romane aus dem Berliner Judentum der Biedermeierzeit: »Jettchen Gebert« (1906), »Henriette Jacoby« (1909).

Hermann, Herrscher:
Deutscher Orden: **1) H. von Salza**, Hochmeister (1209–39), aus thüring. Dienstmannengeschlecht, *um 1170, †Salerno 20. 3. 1239; Vertrauter Kaiser Friedrichs II., dem er als Diplomat große Dienste leistete. Unter H. besaß der Orden 1211–25 das Burzenland und begann mit der Unterwerfung der heidn. ↑Preußen. Die ihm von Friedrich II. 1226 ausgestellte »Goldbulle von Rimini« begründete die Landesherrschaft des Dt. Ordens in Preußen.

Köln: **2) H. V.**, Graf von Wied, Kurfürst und Erzbischof (1515–47), *Altwied (heute zu Neuwied) 14. 1. 1477, †ebd. 15. 8. 1552; führte 1543 reformatorische Neuerungen im Erzbistum Köln ein, die aber keine Unterstützung fanden; 1546 wurde er exkommuniziert, 1547 von Karl V. zur Abdankung gezwungen.

Sachsen: **3) H. Billung**, Herzog (seit 961?), †Quedlinburg 27. 3. 973; wurde von König Otto I., d. Gr., 936 als Markgraf an der unteren Elbe (»Billunger Mark«) gegen Slawen und Dänen eingesetzt, erhielt 953/954 Sachsen; mit Otto besiegte er die Elbslawen 955.

Thüringen: **4) H. I.**, Landgraf (1190 bis 1217), Pfalzgraf von Sachsen (seit 1181), *um 1155, †Gotha 25. 4. 1217; baute die Wartburg aus und machte sie zu einem Mittelpunkt der höf. Kultur. Unter ihm soll um 1207 der »Sängerkrieg« auf der Wartburg stattgefunden haben.

Hermännchen, Mauswiesel, ↑Marder.

Hermann der Cherusker, im 17. Jh. aufgekommener verdeutschter Name des ↑Arminius.

Hermannsburger Mission (urspr. Evang. Gemeindemission, heute Evangelisch-Lutherisches Missionswerk in Niedersachsen), luther. Missionsgesellschaft mit Sitz in Hermannsburg (Landkreis Celle), dort 1849 von dem luther. Theologen Georg Ludwig Harms (*1808, †1865) gegr.; wirkte zuerst v. a. im südl. Afrika, in Äthiopien und in Indien; heute Partnerkirchen in Afrika, Indien und Lateinamerika.
📖 *Vision: Gemeinde weltweit. 150 Jahre H. M. u. Evang.-Luther. Missionswerk in Niedersachsen*, hg. v. E.-A. Lüdemann zus. mit einem Arbeitskreis im Evang.-Luther. Missionswerk in Niedersachsen. Hermannsburg 2000.

Hermannsdenkmal, von E. von Bandel 1838–75 gebautes Denkmal für den Cheruskerfürsten ↑Arminius auf der Grotenburg bei Detmold im Teutoburger Wald.

Hermannsschlacht, die Schlacht im ↑Teutoburger Wald 9 n. Chr. (↑Arminius, ↑Varusschlacht). – Schauspiele von Klopstock (1769), H. von Kleist (1839; UA), C. D. Grabbe (1838).

Hermannstadt (rumän. Sibiu), Hptst. des Bezirks Sibiu in Siebenbürgen, Rumänien, nördlich der Südkarpaten, 169 500 Ew.; H. ist Sitz eines rumän.-orthodoxen und eines dt. evang.-luther. Bischofs; Univ., Museen, rumän. und dt. Theater; Landmaschinen- und Apparatebau, Holzverarbeitung, Leichtind.; Verkehrsknotenpunkt, Flughafen. – Die in Ober- und Unterstadt gegliederte Stadt hat ihr mittelalterl. Gepräge weitgehend bewahrt. Reste der starken Umwallung (14.–17. Jh.) mit Basteien und Wehrtürmen, spätgot. evang. Pfarrkirche, spätgot. Rathaus, barockes Brukenthal-Palais (um 1790; heute Museum mit bed. Bibliothek), kath. Kirche (1726–28). – H., als dt. Siedlung im 12. Jh. entstanden, wurde 1241/42 von den Mongolen zerstört, erhielt Mitte des 14. Jh. Stadtrecht, war Mittelpunkt der Siebenbürger Sachsen.

Hermann von Helmholtz-Gemeinschaft Deutscher Forschungszentren, Abk. **HGF,** Zusammenschluss außeruniversitärer fachübergreifender Forschungszentren (bis 1995 **Arbeitsgemeinschaft der Großforschungseinrichtungen, AGF**); Sitz der Geschäftsstelle ist Bonn. Gegenwärtig (2003) gehören der HGF 15 Forschungseinrichtungen **(Helmholtz-Zentren)** an. Sie sind naturwiss.-technisch ausgerichtet und bearbeiten im Rahmen der staatl. Forschungspolitik, grundfinanziert durch Bund (90 %) und Länder (10 %), Vorhaben der Grundlagenforschung, Vorsorgeforschung und technolog. Entwicklung im vorindustriellen Bereich. Mitgl. der HGF sind u. a.: ↑Alfred-Wegener-Institut für Polar- und Meeresforschung (AWI), ↑Gesellschaft für Biotechnologische Forschung mbH (GBF), ↑Forschungszentrum Jülich GmbH (FZJ), ↑Forschungszentrum Karlsruhe GmbH (FZK), ↑GKSS-Forschungszentrum Geesthacht GmbH (GKSS), ↑GSF-Forschungszentrum für Umwelt und Gesundheit GmbH (GSF), ↑Hahn-Meitner-Institut Berlin GmbH (HMI), ↑UFZ-Umweltforschungszentrum Leipzig-Halle GmbH (UFZ).

Hermans, Willem Frederik, niederländ. Schriftsteller, *Amsterdam 1. 9. 1921, †Utrecht 27. 4. 1995; entlarvte in seinen aggressiven, stilistisch und psychologisch ausgefeilten Romanen menschl. Handlungen und Bestrebungen als tragikom., oft neurotisch geprägten Selbstbetrug (u. a. »Die Tränen der Akazien«, 1949); ferner Novellen und Essays.

Hermaphrodit [grch.] *der,* ein Lebewesen, das männl. und weibl. Geschlechtszellen produziert (↑Zwitter); urspr. Bez. einer oriental. Zwittergottheit, die im grch. Mythos als Sohn des Hermes und der Aphrodite **(Hermaphroditos)** galt.

Hermaphroditismus *der,* echtes ↑Zwittertum.

Hermas, christl. Schriftsteller, Mitgl. der röm. Christengemeinde. Seine Mahnschrift über die Buße der Christen und die Heiligkeit der Kirche: »Poimen« (Der Hirt des H., vor 150) gehört zum ältesten christl. Schrifttum und ist ein wichtiges Dokument für die Bußdisziplin der frühen Kirche.

Hermannstadt: Blick auf die Altstadt

Herme [grch.] *die,* im Altertum Kultpfeiler mit dem bärtigen Kopf des Hermes, Armansätzen und einem ↑Phallus, meist an Wegkreuzungen aufgestellt; seit dem 4. Jh. auch mit der Darstellung anderer Götter. Seit dem späten 6. Jh. kamen die in der röm. Kunst beliebten **Doppel-H.** mit zwei nach entgegengesetzten Seiten gerichteten Köpfen auf.

Hermelin [Verkleinerung von ahd. harmo »Wiesel«] *das,* **1)** *Heraldik:* Art des herald. Pelzwerks (schwarze Kreuzchen auf silbernem oder weißem Grund) oder als Helmzier vorkommendes Wappentier.
2) *Kürschnerei:* Pelz aus dem weißen Winterfell des Hermelins.
3) *Zoologie:* eine Art der ↑Marder.

Hermeneutik [zu grch. hermēneúein »erklären«] *die,* i. e. S. die Kunst und Theorie der Auslegung von Texten, i. w. S. das Verstehen von Sinnzusammenhängen in menschl. Lebensäußerungen aller Art. – Bis zum 18. Jh. war die **hermeneutica sa-**

cra als Deutung hl. Texte unterschieden von der **hermeneutica profana,** die sich mit der klass. Literatur der Antike beschäftigte. F. D. E. Schleiermacher bestimmte die H. als »Kunstlehre des Verstehens«, die von W. Dilthey als methodolog. Grundlegung der Geisteswiss. verstanden und ausgebaut wurde. – Die **hermeneut.** (»verstehende«) **Methode,** die in Ggs. zur erklärenden der Naturwiss. gesetzt wird, will Bedeutung und Sinn von Äußerungen und Werken des menschl. Geistes aus sich und in ihrem Zusammenhang verstehen. – Dass »Verstehen« nicht allein Methode einer Wiss., sondern der Geisteswiss. vorgeordnet ist, entwickeln M. Heidegger und H.-G. Gadamer in der **philosoph. H.**: »Verstehen« wird als Weise des menschl. Existierens selbst begriffen. Der Verstehende muss immer schon ein Vorverständnis von dem haben, was Gegenstand des Verstehens ist **(hermeneut. Zirkel).** – Zentrum der theolog. H. und Ziel ihrer (exeget.) Bemühungen ist die immer neue Übersetzung der bibl. (Sprach-)Wirklichkeit in die jeweilige (Sprach-)Wirklichkeit der Gegenwart unter Wahrung des unverkürzten ↑Kerygmas, vollzogen in der christl. Predigt. Traditions-, Schrift- und Vernunftprinzip bilden die grundlegenden hermeneut. Denkansätze, unterschieden nach die Bibelauslegung normierenden »Instanzen« Lehramt, (göttlich inspirierte) Hl. Schrift und (historisch-krit.) Vernunft. Wesentl. hermeneut. Ansätze des 20.Jh. begreifen die bibl. Botschaft als Ausdruck von Existenzerfahrungen (R. Bultmann, Heideggers »Hermeneutik des Daseins« aufgreifend), Sprachereignis, in dem sich Heil ereignet (Gerhard Ebeling, *1912, †2001), archetypisch zur Sprache gebrachte, den Menschen in seiner Zerrissenheit heilende Urwünsche, -erfahrungen und -zusagen (E. Drewermann).
📖 *Seminar: Philosoph. H.,* hg. v. H.-G. Gadamer u. a. Frankfurt am Main ⁴1985. – *H. in der Kontroverse,* Beiträge v. F. J. Wetz u. a. Frankfurt am Main 1995. – Grondin, J.: *Von Heidegger zu Gadamer. Unterwegs zur H.* Darmstadt 2001.

Hermes, grch. *Mythos:* grch. Gott, von den Römern dem Merkur gleichgesetzt, Sohn des Zeus und der Nymphe Maia; galt als erfinderisch und listig. Urspr. ein Natur- und Hirtengott, wurde er später Götterbote, Gott des Handels, der Wege, Wanderer, Diebe, des Schlafs und Traums, Begleiter der Verstorbenen in die Unterwelt, Erfinder der Lyra. H. wurde als anmutiger Jüngling mit Heroldsstab, Flügelschuhen und Reisehut dargestellt. Die Römer, die in H. bes. den Gott der Kaufleute sahen, gaben ihm zu den übergekommenen Attributen noch den Geldbeutel bei. In der Spätantike spielte er als ↑Hermes Trismegistos eine Rolle.

Hermes, 1) Andreas, Politiker (CDU), *Köln 16. 7. 1878, †Krälingen (heute zu Altenahr) 4. 1. 1964; Landwirt, zunächst Mitgl. des Zentrums, 1920–21 Reichsernährungs-, 1922–23 Reichsfinanzmin. und 1928–33 Präs. der Vereinigung der christl. deutschen Bauernvereine, schloss sich in der Zeit des Nationalsozialismus der Widerstandsbewegung an; 1945 an der Gründung der CDU in der SBZ beteiligt; seitdem deren Vors., musste als Gegner der Bodenreform im Dez. 1945 zurücktreten; seit 1946 in West-Dtl.; 1947–54 Präs. des Dt. Bauernverbands, 1947–61 des Dt. Raiffeisenverbands.

2) Georg, kath. Philosoph und Theologe, *Dreierwalde (heute zu Hörstel) 22. 4. 1775, †Bonn 26. 5. 1831; ab 1807 Prof. der Dogmatik in Münster, 1820 in Bonn; versuchte in Auseinandersetzung mit Kant eine rationale Begründung des kirchl. Dogmas; sah in der (autonomen) prakt. Vernunft die Begründung des christl. (Offenbarungs-)Glaubens. – Das auf den Auffassungen von H. aufbauende und im 19. Jh. an den kath. theolog. Fakultäten und Hochschulen Preußens weit verbreitete Lehrsystem des so genannten **Hermesianismus** wurde 1835 von Papst Gregor XVI. verurteilt.

3) Johann Timotheus, evang. Theologe und Schriftsteller, *Petznick (heute Piasecznik, Wwschaft Westpommern) 31. 5. 1738, †Breslau 24. 7. 1821; Prof. der Theologie in Breslau, schrieb im Sinne der Aufklärung den kulturgeschichtlich bedeutsamen Roman »Sophiens Reise von Memel nach Sachsen« (5 Bde., 1769–73). Daneben entstanden u. a. zahlr. Andachtsschriften und Predigten.

Hermes Kreditversicherungs-AG, Unternehmen für Warenkredit-, Investitionsgüterkredit-, Kautions-, Vertrauensschadenversicherungen, Sitz: Hamburg; gegr. 1917; gewährt Exportgarantien und -bürgschaften im Auftrag und für Rechnung des

Bundes zur Deckung wirtsch. und polit. Risiken (**Hermes-Deckung**); gehört seit 2002 zur ↑Euler Hermes S. A. und firmiert seit Juni 2003 unter **Euler Hermes Kreditversicherungs-AG**.
Hermes Trismegistos [grch. »Hermes, der dreimal Größte«], grch. Name des ägypt. Gottes Thot, der in der Spätantike mit Hermes gleichgesetzt wurde. Er soll die **hermet. Schriften** verfasst haben (Corpus Hermeticum), meist grch., auch lat. und kopt. Texte aus dem 2.–3. Jh. n. Chr., die eine myst. Geheimlehre, beeinflusst von ägypt. und orph. Mysterien und neuplaton. Gedankengut, verkünden. Sie wirkten auf die christl. Gnosis sowie auf Albertus Magnus, Paracelsus und die Freimaurer.
hermetisch [nach dem ägypt. Gott Hermes Trismegistos], 1) luft- und wasserdicht (verschlossen); 2) eine geheimnisvolle Ausdrucksweise bevorzugend.
Hermetismus *der* (italien. Ermetismo), Stilrichtung der Lyrik des 20. Jh., insbesondere der 30er-Jahre, die in der Tradition des frz. Symbolismus steht; bekannteste Vertreter sind die Italiener E. Montale, G. Ungaretti und S. Quasimodo. Wesentl. Merkmale des H. sind Dunkelheit und Vieldeutigkeit der Aussage. In Dtl. hat die Lyrik von S. George, G. Benn und P. Celan hermet. Züge.
Herminonen (Hermionen, Erminonen), nach Tacitus eine der drei Stammesgruppen der ↑Germanen.
Hermite [ɛrˈmit], Charles, frz. Mathematiker, * Dieuze (Dép. Moselle) 24. 12. 1822, † Paris 14. 1. 1901; arbeitete über Analysis und Zahlentheorie, bewies (1873) die Transzendenz der eulerschen Zahl; zeigte, dass Gleichungen 5. Grades mit ellipt. Funktionen lösbar sind.
Hermlin, Stephan, eigtl. Rudolf Leder, Schriftsteller, * Chemnitz 13. 4. 1915, † Berlin 6. 4. 1997; 1936–45 in der Emigration, ging 1947 nach Berlin (Ost); schrieb form- und sprachbewusste, oft pathet. Lyrik zu antifaschist. Widerstand und sozialist. Aufbau (»Zweiundzwanzig Balladen«, 1947), Prosa (»Die erste Reihe«, Porträtskizzen, 1951; »Scardanelli«, Hörspiel, 1970; »Abendlicht«, autobiograf. Erz., 1979; »Erzählungen«, Samml., 1990).
Hermongebirge (Hermon, arab. Djebel esch-Scheich), aus Jurakalken aufgebauter Bergrücken in Vorderasien, über den Hauptkamm verläuft die libanesisch-syr. Grenze. Der SW-Gipfel ist mit 2 814 m ü. M. die höchste Erhebung Syriens. Durch Entwaldung stark verkarstet.
Hermosillo [ɛrmoˈsijo], Hptst. des Bundesstaates Sonora, NW-Mexiko, 406 400 Ew.; Erzbischofssitz; Univ.; Zentrum eines Bewässerungsfeldbaugebietes; Flughafen.

Hermes mit dem Dionysosknaben (Marmorplastik des Praxiteles, 4. Jh. v. Chr.; Olympia, Archäologisches Museum)

Hermsdorf, Stadt im Saale-Holzland-Kreis, Thür., westlich von Gera, 9 100 Ew.; Staatl. Fachschule für Technik und Gestaltung; elektrokeram. Ind.; nahebei ↑Bad Klosterlausnitz. – 1256 erstmals urkundlich erwähnt, seit 1969 Stadt.
Hermunduren (Ermunduren), german. Stamm der Elbgermanen, siedelten ab dem 1. Jh. v. Chr. im Gebiet von mittlerer Elbe und Saale. Aus den H. gingen die Thüringer hervor.
Hermupolis (ngrch. Ermupolis), Hptst. der Kykladen, Griechenland, an der O-Küste der Insel Syros, 13 000 Ew.; kath. und orth. Bischofssitz; Handelszentrum;

Fischerei; wichtiger Hafen. – Neben der ehem. venezian. Oberstadt wurde 1834 die Neustadt gegründet.

Hernández [ɛrˈnanðεθ], **1)** (Fernández), Gregorio, span. Bildhauer, *in Galicien um 1576, †Valladolid 22. 1. 1636; überwand den Manierismus der kastil. Schule zugunsten eines neuen, realist. Stils. Seine in leuchtenden Farben bemalten und vergoldeten Holzbildwerke wurden z. T. mit echter Gewandung ausgestattet (**Estofadoskulptur**).

2) [ɛrˈnandes], José, argentin. Schriftsteller, *Pueyrredón (bei Buenos Aires) 10. 11. 1834, †Buenos Aires 21. 10. 1886; schilderte in der zum Nationalepos gewordenen volkstüml. Dichtung »Martín Fierro« (2 Tle., 1872–78) das Leben der Gauchos; schrieb auch didakt., polit. und biograf. Prosa.

3) Miguel, span. Lyriker, *Orihuela 30. 10. 1910, †Alicante (im Gefängnis) 28. 3. 1942; nahm am Span. Bürgerkrieg auf republikan. Seite teil. Seine neoklassizist. Lyrik war von großem Einfluss auf die span. Dichtung nach dem Bürgerkrieg.

Herne, kreisfreie Stadt im RegBez. Arnsberg, NRW, im mittleren Ruhrgebiet, südlich der Emscher, 174 000 Ew.; Bücherei des dt. Ostens, Westfäl. Museum für Archäologie (2003 eröffnet); Universitätskliniken der Ruhr-Univ. Bochum; Stahl-, elektrotechn., chem. Ind.; Häfen am Rhein-Herne-Kanal, Verbindungskanal zum Dortmund-Ems-Kanal. – Im Herrenhaus von Schloss Strünkede (16. und 17. Jh.) Emschertalmuseum. Im Ortsteil **Wanne-Eickel** (1975 eingemeindet) Mineralquelle. – H. wurde 1897 Stadt; 1856–1978 bed. Steinkohlenbergbau.

Hernile [lat.] *die, Medizin:* der ↑Eingeweidebruch.

Hero, grch. Priesterin der Aphrodite in Sestos, in der Sage Geliebte des **Leander** aus Abydos, der jede Nacht zu ihr über den Hellespont schwamm. Sie stürzte sich, als Leander bei einem Sturm ertrank, ins Meer.

Herodes, jüd. Herrscher und Tetrarchen: **1)** H. der Große, Herrscher des jüd. Staates (seit 37 v. Chr.), *um 73 v. Chr., †4 v. Chr.; 47 Stratege in Galiläa, 43 in röm. Dienst; sicherte sich mit röm. Hilfe die Herrschaft in Judäa und machte es zu einem starken Föderiertenstaat. Der jüd. Kult wurde nicht angetastet. H. ließ den Tempel von Jerusalem großzügig umbauen und erweitern; befahl nach Mt. 2, 16 ff. den bethlehemitischen Kindermord. Nach dem Tod des H. teilte Kaiser Augustus das Reich unter dessen Söhne Archelaos (6 n. Chr. abgesetzt und verbannt), H. Antipas und H. Philippos.
📖 *Grant, M.: H. der Große. A. d. Engl. Bergisch Gladbach 1982.*

2) H. Agrippa I., Tetrarch (37–44), *10 v. Chr., †44 n. Chr., Enkel von 1); ließ nach Apg. 12,1 ff. Petrus einkerkern und Jakobus d. Ä. hinrichten.

3) H. Agrippa II., Tetrarch, *um 28, †um 100 n. Chr., Sohn von 2); Anhänger Kaiser Vespasians, erhielt 53 und 61 einige Tetrarchien; berühmt ist sein Gespräch mit dem Apostel Paulus (Apg. 25, 13–26, 32).

4) H. Antipas, Tetrarch (4 v. Chr. bis 39 n. Chr.), *20 v. Chr., †nach 39 n. Chr., Sohn von 1); erhielt von Kaiser Augustus Galiläa und Peräa, ließ nach Mt. 14, 1–21 auf Betreiben seiner Gemahlin Herodias Johannes den Täufer hinrichten; 39 n. Chr. von Kaiser Caligula verbannt.

Herodot: Marmorkopie einer Büste aus dem 5. Jh. v. Chr. (Athen, Agoramuseum)

Herodot (grch. Herodotos), grch. Geschichtsschreiber (»Vater der Geschichtsschreibung«), *Halikarnassos um 490 v. Chr., †um 425 v. Chr.; unternahm weite Reisen nach Asien, Afrika und Europa. In Athen war er mit Perikles und Sophokles befreundet. 444 v. Chr. beteiligte er sich an der Gründung der att. Kolonie Thurioi (Thurii) in Italien. Sein in ion. Dialekt geschriebenes Werk umfasst die Gesch. Griechenlands bis 479 v. Chr., bes. die Perserkriege; zugleich gibt es ein farbenreiches Bild von den Ländern und Völkern der damals bekannten Welt. Glanzstücke der Erzähl- und Charakterisierungskunst sind die über das Werk verstreuten Anekdoten und Novellen. – Die Zuverlässigkeit

der Berichte H.s ist durch die neue Forschung vielfach bestätigt worden.
📖 *Schadewaldt, W.: Tübinger Vorlesungen,* Bd. 2: *Die Anfänge der Geschichtsschreibung bei den Griechen.* Frankfurt am Main ³1990. – *Erbse, H.: Studien zum Verständnis H.s.* Berlin u. a. 1992.
Heroin [grch.] *das* (Diacetylmorphin, Diamorphin), halbsynthet. Morphinderivat; gefährlichstes, körperlich und seelisch abhängig machendes Rauschgift. Herstellung und Abgabe von H. sind in Dtl. wie in den meisten anderen Ländern verboten; medizinisch wird H. nicht verwendet, da seine Abhängigkeit erzeugende Wirkung stärker als die des Morphins ist. Die kontrollierte Abgabe von H. zur Substitution bei schwerer Drogenabhängigkeit wird kontrovers diskutiert.
Heroine [zu Heros] *die,* Darstellerin weibl. Heldenrollen.
heroisch-galanter Roman, nach frz. Vorbildern (M. Le Roy de Gomberville, G. de Costes de La Calprenède, Madeleine de Scudéry) entstandene Sonderform des höf. Romans der Barockzeit. Im Mittelpunkt der Handlung vor einem pseudohistor. Hintergrund stehen Figuren aristokrat. Herkunft, die in Liebessituationen (galante Situationen) eine Fülle von Missgeschicken erleiden. Vertreter dieser Romanform in Dtl. sind D. C. von Lohenstein, Herzog Anton Ulrich von Braunschweig-Wolfenbüttel, P. von Zesen, H. A. von Ziegler und Kliphausen.
Herold [frz., aus dem German., eigtl. »Heerwalter«] *der,* herrschaftl. Bote, Verkündiger; im MA. ein durch Personen- und Wappenkenntnis qualifizierter Diener von Fürsten u. a., der, bes. bei Turnieren, die Funktionen eines Zeremonienmeisters ausübte.
Heroldsamt, Behörde in Monarchien zur Aufsicht über das Adels- und Wappenrecht sowie zur Führung der Adelsmatrikel; in Republiken z. T. von herald. Vereinen übernommen.
Heroldsdichtung (heraldische Dichtung, Wappendichtung), seit Ende des 13. Jh. Preisdichtung auf Rüstung und Wappen, verbunden mit dem Lob ihrer Träger. Bedeutende Vertreter waren der fahrende Dichter Peter Suchenwirt (*um 1320/30, †1395) und Konrad von Würzburg.
Heron von Alexandria, grch. Mechaniker und Mathematiker der 2. Hälfte des 1. Jh. n. Chr.; verfasste Schriften über Mechanik, Pneumatik und Vermessungskunde, beschrieb eine Art Theodolit und einen Wegemesser. Der von H. v. A. beschriebene **Heronsball** ist ein Gefäß mit einer Röhre, in der durch den Druck eingeblasener zusammengepresster Luft Wasser hochgetrieben wird; nach diesem Prinzip funktionieren z. B. Spritzflaschen und Zerstäuber.
Heros [grch.] *der,* göttähnl. Held, Halbgott, der wunderbare Taten vollbringen kann. Nach dem Mythos entstammt er meist der Verbindung eines Gottes oder einer Göttin mit einem Menschen. Der **Heroenkult** ist neben dem Götterkult ein bed. Element der grch. Religion. Er reicht bis in die myken. Zeit zurück und setzt den Totenkult für die Könige fort. Die Kulte waren lokal gebunden. Die bekanntesten grch. Heroen sind Herakles und Theseus.
Herostrat [nach dem Griechen Herostratos, der 356 v. Chr. den Artemistempel zu Ephesus in Brand steckte, um berühmt zu werden] *der,* Verbrecher aus Ruhmsucht.
Héroult [e'ru], Paul Louis Toussaint, frz. Metallurge, *Harcourt (Dép. Eure) 10. 4. 1863, †bei Antibes 9. 5. 1914; leitete mit der Darstellung von Aluminium aus Tonerde und Kryolith mittels Elektrolyse (patentiert 1886) die industrielle Aluminiumgewinnung ein; entwickelte am Anfang des 20. Jh. den nach ihm benannten Lichtbogenofen zur Erzeugung von Qualitätsstahl.
Herpangina [grch.-lat.] *die* (Zahorsky-Krankheit), durch Viren verursachte, kurz dauernde, akute, fieberhafte, gutartige Infektionskrankheit (bes. bei Kindern), u. a. mit Rachen- und Gaumenentzündung sowie Bläschenbildung in der Mundhöhle.
Herpes [grch.] *der,* mit Bläschenbildung verbundene Haut- und Schleimhauterkrankung, i. e. S. der **H. simplex** (Bläschenflechte). Bei diesem handelt es sich um eine durch Tröpfchen- oder Schmierinfektion (z. B. beim Geschlechtsverkehr) übertragene Hautkrankheit, die entsprechend dem beteiligten Erregertyp des Herpes-simplex-Virus v. a. an den Übergangsstellen zw. Haut- und Schleimhaut oder an den Geschlechtsteilen (**H. genitalis**) auftritt. Die Symptome bestehen in einem nach Juckreiz und Spannungsgefühl unter geringfügigem Brennen plötzlich hervortretenden Ausschlag von gruppiert angeordneten, stecknadelkopfgroßen Bläschen

auf gerötetem Grund; nach Erguss des serösen Inhalts und Eintrocknung kommt es zur Abheilung. Je nach Lokalisation unterscheidet man **H. labialis** an den Lippen und **H. corneae** an der Hornhaut des Auges. Die Erstinfektion mit dem Virus findet meist im frühen Kindesalter statt, i.d.R. als »stummer Infekt«, und führt zur Bildung von Antikörpern, ohne jedoch eine Immunität zu hinterlassen. Häufig verbleibt der Erreger in Ruhe (Latenz) im Körpergewebe, sodass es bei Störungen des immunolog. Gleichgewichts immer wieder zu Rückfällen kommt, so z.B. bei fiebrigen Erkrankungen, auch während der Menstruation oder provoziert durch Sonneneinstrahlung. Die *Behandlung* besteht in der äußerl. Anwendung austrocknender Puder oder Salben und der Einnahme von Virostatika.

Herpesviren, Gruppe DNA-haltiger Viren, deren Vertreter beim Menschen und einer Reihe von Tieren unterschiedl. Krankheitsbilder verursachen, die sich meist auf Gewebe ektodermaler Herkunft beschränken. Zu den H. gehören u.a. das Herpes-simplex-Virus (↑Herpes), das Zytomegalievirus, das Varizellenvirus (Erreger der Windpocken) und das ↑Epstein-Barr-Virus.

Herpetologie [grch.] *die,* Wiss. von den Amphibien und Reptilien.

Herr [ahd. herro, zu dem Komparativ heriro »älter«, »ehrwürdiger«], **1)** *allg.:* urspr. jeder Höhergestellte, im frühen MA. Standesbez. für den Angehörigen des Adels; seit dem 17. Jh. Höflichkeitsbez. gegenüber Adligen, Ratsherren und Geistlichen; im 18. Jh. auch für bürgerl. Honoratioren; seit dem 19. Jh. Anrede für einen Mann jedes Standes.
2) *Bibel:* Bez. und Anrede Gottes (↑Kyrios).

Herrenalb, Bad, ↑Bad Herrenalb.

Herrenberg, Große Kreisstadt im Landkreis Böblingen, Bad.-Württ., am W-Rand des Schönbuchs, 29 300 Ew.; Metall-, Gipsverarbeitung, Arzneimittelherstellung. – H., im 13. Jh. als Stadt angelegt, wird überragt von der mächtigen Kollegiatsstiftskirche (14.–18. Jahrhundert).

Herrenchiemsee [-'ki:m-], Schloss König Ludwigs II. von Bayern, nach dem Vorbild von Versailles auf der **Herreninsel** im Chiemsee 1878–85 von G. von Dollmann und ab 1883 J. von Hofmann erbaut (»Neues Schloss«, heute Museum). Das »Alte Schloss« (17. Jh., mit Bibliothek und Kaisersaal) ist der Rest eines ehem. Augustinerchorherrenstifts (1130 gegründet).

Herrenhaus, 1) bes. bei den ehem. Rittergütern Bez. für das ↑Gutshaus.
2) bis 1918 Bez. der 1. Kammer des preuß. Landtags (seit 1855), des österr. (1861–65) und österr.-ungar. Reichsrats (ab 1867).

Herrenh<u>au</u>sen, Stadtteil von ↑Hannover.

herrenlose Sache, Sache, die nicht im Eigentum einer Person steht, entweder, weil sie von Anfang an herrenlos ist (z.B. wilde Bienen) oder das Eigentum an ihr aufgegeben wurde (§§ 959, 960 BGB). Jeder kann sich h. S. aneignen, wenn die Aneignung nicht gesetzlich verboten ist oder das Aneignungsrecht (z.B. im Jagdrecht) eines andern nicht verletzt wird. Verlorene Sachen sind nicht herrenlos. – In *Österreich* gelten für die h. S. ähnl. Bestimmungen (§§ 287, 381 ff. ABGB). Das *schweizer.* Recht entspricht dem dt. (Art. 658, 664, 666, 718, 729 ZGB).

Herrentiere, die ↑Primaten.

Herrera [ɛ'rrɛra], **1)** Fernando de, span. Lyriker, *Sevilla um 1534, †ebd. 1597; bed. Vertreter des Petrarkismus, den er in seiner Liebeslyrik pflegte; schrieb Oden nach klass. Vorbildern.
2) Francisco, gen. el Viejo, span. Maler, *Sevilla (?) um 1576, †Madrid 1656, Vater von 3); Vertreter der barocken Malerschule von Sevilla, malte religiöse Bilder und Genredarstellungen (v.a. Küchenstücke, so genannte »Bodegones«); charakteristisch ist der starke Hell-Dunkel-Kontrast. H. war auch Kupferstecher und Medailleur.
3) Francisco, gen. el Mozo, span. Maler und Baumeister, *Sevilla 1622, †Madrid 25. 8. 1685, Sohn von 2); 1672 Hofmaler in Madrid; Stillleben und Genrebilder in lichten Farben und skizzenhafter Technik. Er entwarf die Wallfahrtskirche Nuestra Señora del Pilar in Saragossa (1681 begonnen, nach seinem Tod nach geänderten Plänen von V. Rodríguez Tizón 1753 vollendet).
4) Juan de, span. Baumeister, *Mobellán (heute Valdáliga, Prov. Santander) um 1530, †Madrid 15. 1. 1597; schuf den der italien. Renaissance ausgehenden klass. Baustil Spaniens: schmucklos und sparsam. Sein Meisterwerk ist der Escorial.

Herrschaft HER

Herrenchiemsee: Neues Schloss

Herrera y Tordesillas [ɛˈrrɛra i tɔrðeˈsiʎas], Antonio de, span. Geschichtsschreiber, *Cuéllar (bei Segovia) 1549(?), †Madrid 29. 3. 1625; von Philipp II. zum Historiographen Kastiliens und beider Indien ernannt. Seine »Historia general ...« (4 Bde., 1601-15) ist eine wertvolle Quelle zur Gesch. der Entdeckungen.

Herrgottswinkel, eine mit Kruzifix (und Heiligenbildern) geschmückte Ecke der kath. bäuerl. Wohnstube.

Herrhausen, Alfred, Bankfachmann, *Essen 30. 1. 1930, †(Bombenattentat) Bad Homburg v. d. Höhe 30. 11. 1989; seit 1971 Vorstandsmitgl. der Dt. Bank AG, seit 1988 alleiniger Vorstandssprecher; wirtschaftspolit. Berater von H. Kohl.

Herriot [ɛrˈjo], Édouard, frz. Politiker, *Troyes 5. 7. 1872, †Saint-Genis-Laval (Dép. Rhône) 26. 3. 1957; trat während der Dreyfusaffäre der Liga für die Verteidigung der Menschen- und Bürgerrechte bei und schloss sich der Radikalsozialist. Partei an; 1905-40 und 1945-57 Bürgermeister von Lyon; 1924/25, 1926 und 1932 MinPräs. (1924/25 zugleich Außenmin.); 1936-40 Präs. der Deputiertenkammer. Im Zweiten Weltkrieg geriet H. nach der Niederlage Frankreichs in Gegensatz zum Vichy-Regime, das ihn 1942 unter Polizeiaufsicht stellte; 1944 wurde er in Dtl. interniert. 1947-54 war er Präs. der Nationalversammlung, danach deren Ehrenpräsident.

Herrmann-Neiße, Max, eigtl. M. Herrmann, Schriftsteller, *Neisse (heute Nysa) 23. 5. 1886, †London 8. 4. 1941; wandte sich mit sozialer Thematik dem Expressionismus zu. In seiner späteren Lyrik in der Emigration suchte er Heimweh und »Trauer der Erde« zu überwinden.

Herrnhut, Stadt im Landkreis Löbau-Zittau, Sachsen, im Lausitzer Bergland, 2 900 Ew.; Völkerkundemuseum; Herstellung von Adventssternen. – Vogtshof (1730, 1746 schlossartig erweitert) und Kirchsaal (schlichter Barockbau von 1756) und Archiv der Brüdergemeine. – H. entstand ab 1722 durch die Ansiedlung mähr. Exulanten (Böhm. Brüder) auf dem Gut des Grafen N. L. von Zinzendorf.

Herrnhuter Brüdergemeine, die ↑Brüdergemeine.

Herrschaft, die universell verbreitete, institutionalisierte Form der Machtausübung, der sozialen Über- und Unterordnung. H. regelt verbindlich die Beziehungen zw. den Mitgl. einer Gesellschaft oder einer sozialen Gruppe. H. bedarf der Gehorsamsbereitschaft der ihr Unterworfenen und der Legitimierung der Machtausübung, um auf Dauer bestehen zu können; dabei ist es wesentlich, ob Herrschende und Beherrschte eine gemeinsame Wert- und Rechtsordnung anerkennen und inwieweit H.-Ausübung – im Ggs. zu Willkür und Gewalt – berechenbar für die Betroffenen ist.

Im polit. Raum ist der Staat die organisierte Form der H.; H.-Formen unterscheidet man u. a. nach der Zahl der Herrschenden (Monarchie, Oligarchie, Demokratie), der Art des Staatsoberhauptes (Monarchie, Republik), der Qualität der polit. Ordnung (Diktatur, Demokratie) oder nach bestimmenden Standes- und Personengruppen: Aristokratie, Hierokratie, Gerontokratie sowie Bürokratie und Technokratie, die ein qualifiziertes Personal erfordern, und Meritokratie, die bestimmte Verdienste zugrunde legt. M. Weber unterschied folgende idealtyp. Formen von H.: 1) die **traditionale H.**, fußend auf dem Glauben an die Heiligkeit altüberkommener Ordnungen und Gewalten (Gerontokratie, Patriarchat, Ständewesen); 2) die **charismat. H.**, die auf dem Glauben an die außeralltägl. Qualitäten einer Persönlichkeit beruht (Typ »Führer und Gefolgschaft«); 3) die **rationale (legale) H.** aus dem Glauben an die Legalität gesetzter Ordnungen und an das Anweisungsrecht ihrer Vertreter (bürokrat. Verwaltungsstab). Das Interesse der zeitgenöss. Sozialwiss. richtet sich dagegen mehr auf strukturelle H.-Phänomene und die in der Gegenwart gleichzeitig anzutreffenden Strukturtypen von H.: Es werden i.d.R. zwei Grundtypen staatl. H. unterschieden: die konstitutionelle oder demokrat. sowie die autokrat. oder diktator. Herrschaft. Als konstitutionelle oder demokrat. H. wird ein H.-System verstanden, in dem Gewaltenteilung in der Regierungsweise, pluralist. Strukturen in den H.-Verhältnissen der Gesellschaft, die Geltung der Menschenrechte und die Beteiligung des Staatsbürgers an der Ausübung der staatl. H. sichtbar werden. Staaten, in denen diese Prinzipien nicht beachtet werden, gelten als autokratisch-diktator. H.-Systeme; dabei ist meist eine starke ideolog. Durchdringung von Staat und Gesellschaft festzustellen.

📖 *Dahrendorf, R.: Pfade aus Utopia. Neuausg. München u. a. ²1986. – Arendt, H.: Elemente u. Ursprünge totaler H. A. d. Engl. Neuausg. München ⁴1995. – Macht u. H. Sozialwissenschaftl. Konzeptionen u. Theorien, hg. v. P. Imbusch. Opladen 1998.*

Herrsching a. Ammersee, Gemeinde im Landkreis Starnberg, Oberbayern, 9 500 Ew.; Bayer. Beamtenfachhochschule; Bootswerften; Ausflugs- und Fremdenverkehr.

Hersbruck, Stadt im Landkreis Nürnberger Land, Bayern, an der Pegnitz, 12 200 Ew.; Dt. Hirtenmuseum; Messgeräteherstellung, Industrieofenbau, Herstellung und Bearbeitung von Kunststofffolien; Zentrum des als **Hersbrucker Gebirge** bezeichneten Hopfenbaugebietes. – Großenteils erhaltener Mauerring mit Tortürmen; Schloss (16./17. Jh.). – H. wurde um 1360 Stadt.

Hersch [ɛrʃ], Jeanne, schweizer. Philosophin und Schriftstellerin, *Genf 13. 7. 1910, †ebd. 5. 6. 2000; Prof. in Genf; Schülerin von K. Jaspers, trat durch frz. Übersetzungen und Kommentare zu seinen Werken hervor; beschäftigte sich auch mit den Menschenrechten und Fragen der polit. Philosophie.

Herschbach [ˈhəːʃbak], Dudley Robert, amerikan. Chemiker, *San José (Calif.) 18. 6. 1932; seit 1963 Prof. an der Harvard University; entwickelte mit Y. T. Lee die Methode der gekreuzten Molekularstrahlen zur Erforschung der chem. Reaktionskinetik und erhielt dafür mit diesem und mit J. C. Polanyi 1986 den Nobelpreis für Chemie.

Herschel [ˈhəːʃəl], **1)** Sir (seit 1816) Friedrich Wilhelm, brit. Astronom dt. Herkunft, *Hannover 15. 11. 1738, †Slough (bei Windsor) 25. 8. 1822, Vater von 2); urspr. Musiker von Beruf, ab 1757 in England. H. befasste sich mit dem Bau von Teleskopen, der größte von ihm hergestellte Spiegel verfügte über 1,22 m ⌀ und 12 m Brennweite. Er untersuchte systematisch Doppelsterne, Nebel und Sternhaufen, entdeckte 1781 den Uranus und 1787 dessen beide äußere Monde und stellte u. a. 1783 die Eigenbewegung des Sonnensystems fest.

2) Sir (seit 1831) John Frederick William, brit. Astronom, *Slough (bei Windsor) 7. 3. 1792, †Collingwood (Cty. Kent) 11. 5. 1871, Sohn von 1); beobachtete (1834–38) am Kap der Guten Hoffnung den südl. Sternhimmel und erstellte eine detaillierte Durchmusterung des Südhimmels (1847); katalogisierte Nebel, Sternhaufen und Doppelsterne; bed. Arbeiten zur Astrofotografie.

Hersey [ˈhəːsɪ], John (Richard), amerikan. Schriftsteller, *Tientsin (China) 17. 6. 1914, †Key West (Fla.) 24. 3. 1993; schrieb den dokumentar. Bericht »Hiroshima« (1946) u. a. Prosa in dokumentar. Stil.

hertzsche Wellen HER

Hersfeld, Bad, ↑Bad Hersfeld.
Hersfeld-Rotenburg, Landkreis im Reg.-Bez. Kassel, Hessen, 1097 km², 130 000 Ew.; Krst. ist Bad Hersfeld.
Hershey [ˈhə:ʃɪ], Alfred Day, amerikan. Biologe, *Owosso (Mich.) 4. 12. 1908, †Syosset (N. Y.) 22. 5. 1997; erhielt für Forschungen über genet. Struktur und Vermehrungsmechanismus der Viren 1969 den Nobelpreis für Physiologie oder Medizin, zus. mit S. E. Luria und M. Delbrück.
Hershko Avram, israel. Biochemiker, *Karcag (Ungarn) 31. 12.1937; seit 1972 Prof. am technion-Israel Institute of Technology in Haifa; 2004 Nobelpreis für Chemie zus. mit A. Chiechanover und I. ↑Rose.
Herstellkosten, Summe der Kosten, die einem Unternehmen durch die Herstellung eines Wirtschaftsguts entstehen.
Herstellungskosten, Begriff des Handels- und Steuerrechts zur Bewertung selbst erstellter Wirtschaftsgüter in der ↑Bilanz. Im Ggs. zu den Herstellkosten umfassen sie keine kalkulator. Bestandteile (z. B. Eigenkapitalzinsen).
Herten, Stadt im Kr. Recklinghausen, NRW, am nördl. Rand des Ruhrgebietes, 68 700 Ew.; Staatl. Umweltamt; Steinkohlenbergbau, Fleischwarenind., Maschinen-, Apparatebau, Kunststoffverarbeitung. – Wasserschloss (um 1520). – 1936 wurde H. Stadt.
Hertford [ˈhɑ:fəd], Hptst. der Cty. Hertfordshire, England, im N von London, 21 700 Ew.; Schulzentrum; Nahrungsmittelindustrie.
Hertfordshire [ˈhɑ:fədʃɪə], Cty. im mittleren England, 1 643 km², 1,011 Mio. Ew.; Hptst. ist Hertford.
Hertling, Georg Freiherr (seit 1914 Graf) von, Politiker und Philosoph, *Darmstadt 31. 8. 1843, †Ruhpolding 4. 1. 1919; 1876 Mitbegründer der Görres-Gesellschaft; arbeitete an einer katholisch geprägten Staats- und Sozialphilosophie; 1875–90 und 1896–1912 MdR (Zentrum; seit 1909 Vors. der Fraktion); wurde 1912 bayer. MinPräs., 1917/18 Reichskanzler und preuß. MinPräs. (Rücktritt am 30. 9. 1918).
Hertogenbosch [hɛrtoːxənˈbɔs] (ʼs-Hertogenbosch), Stadt in den Niederlanden, ↑Herzogenbusch.
Hertz [nach H. R. Hertz] *das,* Einheitenzeichen **Hz,** SI-Einheit der Frequenz eines period. Vorgangs: $1\,\text{Hz} = 1\,\text{s}^{-1} = 1/\text{Sekunde}$.

Hertz, 1) Gustav, Physiker, *Hamburg 22. 7. 1887, †Berlin (Ost) 30. 10. 1975, Neffe von 2); Prof. in Halle (Saale), Berlin und Leipzig (1954–61), leitete 1935–45 das Forschungslaboratorium der Siemens-Werke; untersuchte mit J. Franck die Anregung von Atomen durch Elektronenstöße **(Franck-Hertz-Versuch),** wodurch sich das bohrsche Atommodell bestätigte, und erhielt dafür mit Franck 1925 den Nobelpreis für Physik. Er entwickelte ferner ein Verfahren zur Diffusionstrennung von Isotopen. 1945–54 arbeitete er in der UdSSR an Problemen der Kernforschung, des Überschalls und der Radartechnik.
2) Heinrich Rudolf, Physiker, *Hamburg 22. 2. 1857, †Bonn 1. 1. 1894, Onkel von 1); bestätigte durch seine Untersuchungen über die Ausbreitung der elektr. Wellen 1887/88 die Voraussagen der maxwellschen Theorie elektromagnet. Wellen sowie deren Wesensgleichheit mit den Lichtwellen. Die von ihm entdeckten **hertzschen Wellen** (mit Wellenlängen von 0,1 mm bis zu einigen Kilometern) bilden eine der Grundlagen der Hochfrequenztechnik. H. wies ferner den Einfluss ultravioletter Strahlen auf die elektr. Entladung (1887) nach, was W. Hallwachs zur Entdeckung des Photoeffekts führte.
Hertzberger [-bɛrxɛr], Herman, niederländ. Architekt, *Amsterdam 6. 7. 1932; Vertreter des Strukturalismus. Sein Stil ist durch die Addition kleiner Einheiten zu einer Großform geprägt. H. baute u. a. die Diagoon-Einfamilienhäuser in Amsterdam (1971–78), einen Wohnhof in Berlin (1987, Beitrag für die IBA), das Arbeits- und Sozialministerium in Den Haag (1980–90), das Theater aan het Spui, ebd. (1993) sowie das Theaterzentrum in Breda (1995).
Hertzog, James Barry Munnick, südafrikan. Politiker, *Wellington (Prov. West-Kap) 3. 4. 1866, †Pretoria 21. 11. 1942; kämpfte im Burenkrieg (1899–1902) gegen die Briten. 1910–12 war er Justizmin., 1924–39 Premiermin. (seit 1929 zugleich Außenmin.). Beim Ausbruch des Zweiten Weltkrieges lehnte er den Kriegseintritt Südafrikas an der Seite Großbritanniens ab und wurde deshalb als Reg.chef abgelöst.

hertzscher Dipol [nach H. R. Hertz], ein elektr. ↑Dipol.
hertzsche Wellen, histor. Bez für einen Teil der elektromagnet. Wellen, die mit

HER Hertzsprung

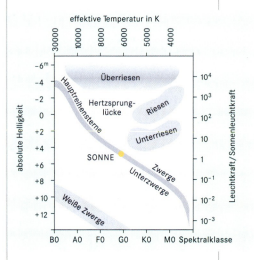

Hertzsprung-Russell-Diagramm

techn. Mitteln erzeugt werden und an denen H. Hertz erstmals Brechung, Reflexion, Interferenz und Polarisation (d.h. den Wellencharakter) nachweisen konnte. H. W. liegen im Wellenlängenbereich von Kilometern bis herab zu 0,1 mm.

Hertzsprung ['hɛrdsbrɔŋ], Ejnar, dän. Astronom, *Frederiksberg (Kopenhagen) 8.10.1873, †Roskilde 21.10.1967; Prof. in Göttingen, Potsdam und Leiden, 1920–45 Direktor der Sternwarte Leiden; arbeitete über Sternhaufen, Doppelsterne und Veränderliche, schuf die Einteilung in Riesen- und Zwergsterne und stellte mit H. N. Russell das ↑Hertzsprung-Russell-Diagramm auf.

📖 Herrmann, D. B.: E. H. Pionier der Sternforschung. Berlin u. a. 1994.

Hertzsprung-Russell-Diagramm ['hɛrdsbrɔŋ 'rʌsl-; nach E. Hertzsprung und H. N. Russell], Abk. **HRD,** Zustandsdiagramm und wichtiges Klassifizierungsschema für Sterne. Es stellt einen Zusammenhang zw. der absoluten Helligkeit und der Spektralklasse eines Sterns her; äquivalent ist die Abhängigkeit zw. der Leuchtkraft eines Sterns und seiner effektiven Oberflächentemperatur. Dem HRD gleichwertig ist das **Farben-Helligkeits-Diagramm** (FHD), in dem die scheinbare Helligkeit der Sterne zum Farbenindex in Beziehung gesetzt wird.

Jedem Stern entspricht ein Punkt im HRD. Die Bildpunkte der leuchtkraftstarken und heißen Sterne liegen links oben, die der leuchtkraftarmen und kühlen Sterne rechts unten. Das HRD ist nicht gleichmäßig mit Bildpunkten (vereinfacht: »mit Sternen«) besetzt: Die Mehrzahl der Sterne **(Hauptreihensterne,** auch die Sonne) liegt in einem relativ scharf begrenzten Streifen **(Hauptreihe, Zwergenast),** der sich von den O-Sternen (links oben) bis zu den M-Sternen (rechts unten) hinzieht. Die Riesensterne, die bei gleicher Spektralklasse eine wesentlich höhere Leuchtkraft, damit einen größeren Radius haben, besetzen den weniger scharf begrenzten **Riesenast.** Über ihm liegt das Gebiet der Überriesen. Etwa 1 bis 3 Größenklassen unterhalb der Hauptreihe befinden sich im Bereich der Spektralklassen F bis M die Unterzwerge, 8 bis 12 Größenklassen unterhalb der Hauptreihe im Bereich der Spektralklassen B bis G die Weißen Zwerge. In der waagerechten Verlängerung des Riesenastes hin zur Hauptreihe besteht eine auffällige Leere, die **Hertzsprung-Lücke.** Die versch. Typen veränderl. Sterne bevölkern im HRD jeweils charakterist. Gebiete. – Die unterschiedl. Verteilung der Sterne im HRD ist eine Folge der versch. Stadien ihrer ↑Sternentwicklung, innerhalb derer sich u. a. Leuchtkraft und Oberflächentemperatur verändern.

Heruler (Eruler), german. Volk, urspr. wohl aus S-Skandinavien stammend. **Ost-H.** traten 267 am Schwarzen Meer auf, **West-H.** wurden 286 in Gallien genannt. Die stets in der Nachbarschaft der Goten erwähnten Ost-H. kamen mit diesen unter hunn. Herrschaft; um 500 gründeten sie in der Theiß-March-Ebene ein großes Reich. 508/509 wurden sie von den Langobarden besiegt.

Herver Land (Herveland, frz. Pays de Herve, niederländ. Land van Hervey), obstbaum- und heckendurchsetzte Weidelandschaft in O-Belgien, im nördl. Vorland der Ardennen; Rinderzucht und Molkereiwirtschaft; Handelszentrum ist Herve (16 300 Ew.).

Herwegh, Georg, Schriftsteller, *Stuttgart 31. 5. 1817, †Baden-Baden 7. 4. 1875; veröffentlichte in der Schweiz »Gedichte eines Lebendigen« (2 Bde., 1841–43), die mit schwungvoll-rhetor. Versen für Freiheit und Vaterland stritten; war 1848 aktiv im bad. Aufstand, floh nach dessen Scheitern in die Schweiz.

Herz (Cor, Cardia, Kardia), *Anatomie:* zentrales, muskulöses Pumporgan im Blutkreislauf der Tiere und des Menschen. Das etwa faustgroße H. des Menschen liegt im Brustkorb über dem Zwerchfell und zw. den beiden Lungenflügeln. Es wiegt etwa 300 g und besteht aus zwei Hälften, die durch die H.-Scheidewand voneinander getrennt sind. Jede H.-Hälfte ist in einen muskelschwächeren oberen Abschnitt, den **H.-Vorhof (Atrium),** und in einen muskelstärkeren Abschnitt, die **H.-Kammer (Ventrikel),** unterteilt. Die **H.-Ohren** sind blindsackartige Seitenteile der Vorhöfe. Die bindegewebige Hülle des H., der **H.-Beutel (Perikard),** ist hauptsächlich mit der vorderen Brustwand und dem Zwerchfell verwachsen. Seine innere Schicht (Epikard) ist fest mit der H.-Oberfläche verwachsen. Seine äußere Schicht besteht aus straffem Bindegewebe, durch dessen Fasern der H.-Beutel auch an der Wirbelsäule, am Brustkorb und an der Luftröhre verschiebbar aufgehängt ist. Unter der inneren Schicht folgt die **H.-Muskelschicht (Myokard).** Sie ist zur H.-Höhle hin von der H.-Innenhaut (Endokard) bedeckt. In den rechten Vorhof münden die obere und untere Hohlvene sowie die H.-Kranzvene ein. Er nimmt das aus dem Körper kommende sauerstoffarme (venöse) Blut auf und leitet es in die rechte H.-Kammer weiter. Aus dieser entspringt die Lungenarterie, die das venöse Blut zur Lunge leitet. Von dort gelangt das Blut durch die Lungenvenen in den linken Vorhof. In der linken H.-Kammer beginnt die Aorta, durch die das Blut zu den einzelnen Körperregionen bzw. den Organen transportiert wird. Um einen Rückfluss des Blutes bei der Kontraktion der H.-Kammern (Systole) zu verhindern, verschließen dabei aus straffem Bindegewebe, durch sehnige Faserplatten versteifte **Segelklappen** den Weg zu den Vorhöfen. Erschlaffen die H.-Kammern (Diastole), so verhindern halbmondförmige, aus Bindegewebehäut-

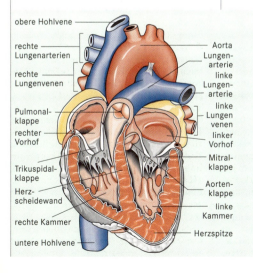

Herz: Längsschnitt durch das Herz des Menschen (Ansicht von vorn)

HER Herz

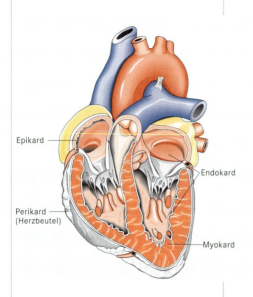

Herz: Aufbau der Herzwand

chen bestehende **Taschenklappen** in der Lungenarterie und in der Aorta ein Zurückfließen des Blutes in die Kammern. Alle Herzklappen liegen in einer Ebene, der Ventilebene. Dabei öffnen sich die Segelklappen und geben dem Blut in den Vorhöfen den Weg frei. Da die linke H.-Hälfte stärker arbeiten muss als die rechte, ist ihre Wandung dicker als die der rechten. Die Versorgung der H.-Muskulatur mit sauerstoff- und nährstoffreichem Blut erfolgt in einem eigenen Kreislauf über die **H.-Kranzgefäße (Koronargefäße).** Etwa 5–10% des Blutstroms im Körperkreislauf werden dafür abgezweigt. Die Tätigkeit der H.-Muskulatur wird vom Erregungsleitungssystem (↑Herzautomatismus) gesteuert. Das H. eines erwachsenen Menschen schlägt bei leichter Tätigkeit 60- bis 70-mal in der Minute (H.-Frequenz); bei jedem H.-Schlag fördert das H. zw. 70 und 100 ml Blut je H.-Kammer. Bei rd. 75 Schlägen je Minute dauert ein H.-Schlag 0,8 Sekunden. Davon entfallen nur 0,3 Sekunden auf die eigentl. Arbeit, die Austreibung des Blutes (Systole), während die Erschlaffungsphase (Diastole) 0,5 Sekunden dauert.

Kulturgeschichte: In vielen Kulturen gilt das H. als Zentrum der Lebenskraft, als Ort des Gewissens, Sitz der Seele und der Gefühle. Die Azteken opferten die H. ihrer Gefangenen, um ihre Götter zu nähren; das Wägen der H. in der Unterwelt gehörte zu den Vorstellungen über das altägypt. Totengericht; in der grch.-röm. Antike war das H. v. a. mit dem Gefühlsleben verbunden. Als Sitz der religiös-sittl. Haltung wird es in den Hochreligionen angesehen (separate Bestattung des H.). Einen besonderen Platz nimmt die ↑Herz-Jesu-Verehrung ein.

📖 *Anatomie, Physiologie, Pathophysiologie des Menschen,* hg. v. G. Thews. Stuttgart ⁵1999.

Herz, Henriette, geb. de Lemos, *Berlin 5. 9. 1764, †ebd. 22. 10. 1847; Freundin Schleiermachers. Ihr Salon war Treffpunkt vieler Persönlichkeiten, v. a. für die Frühromantiker, aber auch für die Brüder A. und W. Humboldt, für J. G. Fichte, F. Gentz, G. Schadow und L. Börne.

Herz|aneurysma, *Medizin:* ↑Aneurysma.

Herz|anfall (Herzattacke), plötzlich auftretende Störungen der Herzfunktion (↑Herzrhythmusstörungen) oder unangenehme Empfindungen in der Herzgegend (Herzschmerzen).

Herzasthma, ↑Asthma.

Herzautomatismus (Herzautomatie, Herzautorhythmie), Fähigkeit des Herzens, eigenständig rhythmisch tätig zu sein. Die Erregung der Herzmuskelfasern wird in einem Automatiezentrum des Herzens selbst gebildet. Sie breitet sich von dort über das gesamte Herz aus (Erregungsleitungssystem des Herzens). Beim Menschen liegt in der Wand der oberen Hohlvene als primäres Automatiezentrum der **Sinusknoten** (Keith-Flack-Knoten), der die Kontraktion der Vorkammern bewirkt. Über die Muskulatur der Vorkammerwand wird die Erregung mit einer zeitl. Verzögerung auf ein zweites, sekundäres Automatiezentrum in der Ebene der Segelklappen, den **Atrioventrikularknoten** (Vorhofknoten, Aschoff-Tawara-Knoten), übertragen und von dort (bevor der Vorhofknoten eine eigene Erregung bilden kann) auf die gesamte Kammermuskulatur weitergeleitet und löst damit deren Kontraktion aus. Taktgeber für die Schlagfrequenz des Herzens ist der Sinusknoten.

Herzberg, Gerhard, kanad. Physiker dt. Herkunft, *Hamburg 25. 12. 1904, †Ottawa 3. 3. 1999; Prof. in Darmstadt, Saskatoon und Chicago, seit 1949 tätig am National Research Council in Ottawa; erhielt 1971 den Nobelpreis für Chemie für seine Untersuchungen über Atom- und Molekülspektroskopie, Quantenmechanik und freie Radikale.

Herzberg am Harz, Stadt im Landkreis Osterode am Harz, Ndsachs., am SW-Rand des Harzes, 15 900 Ew.; Papierfabrik, Eisen- und Stahlwerk, Kunststoff-, Plattenwerk. Die Ortsteile Sieber und Lonau sind Luftkurorte. – Schloss (16.–18. Jh.). – Seit 1929 Stadt.

Herzberg/Elster, Krst. des Landkreises Elbe-Elster, Brandenburg, an der Schwarzen Elster, 8 800 Ew.; Zeiss-Planetarium; Armaturen-, Mischfutterwerk. – Spätgot. Hallenkirche St. Nikolai (1377–1430), Renaissancerathaus (1616). – Seit 1238 Stadt.

Herzbeutelentzündung (Perikarditis), akut oder chronisch auftretende Erkrankung des Herzbeutels; verursacht z. B. durch Infektionen, Herzinfarkt, Lungenentzündung oder Magengeschwür. Kennzeichen sind Fieber und Schmerzen in der Herzgegend sowie ein beim Abhorchen feststellbares spezif. Reibegeräusch des Herzbeutels.

Herzblatt (Parnassia), Gattung der H.-Gewächse, meist auf sumpfigen Wiesen der nördl. Halbkugel; in Dtl. nur das **Sumpf-H.** (**Studentenröschen,** Parnassia palustris), mit weißen Blüten.

Herzblock, ↑Herzrhythmusstörungen.

Herzebrock-Clarholz, Gem. im Kr. Gütersloh, NRW, im O der Westfäl. Bucht, 15 600 Ew.; Möbel-, Kunststoff-, Fleischwarenind., Maschinenbau. – Gebäude der Klosteranlagen Herzebrock (gegr. 860) und Clarholz (gegr. 1133), zwei spätgot. Pfarrkirchen, Propstei (1706).

Herzegowina [hɛrtseˈgoːvina, auch hɛrtsegoˈviːna; »Herzogsland«] *die* (serb. und kroat. Hercegovina), histor. Landschaft im S von Bosnien und H., ein dünn besiedeltes, von der Neretva durchflossenes verkarstetes Gebirgsland (im Hochkarst über 2 000 m ü. M.). Der Küstenstreifen gehört bis auf einen schmalen Zugang zum Adriat. Meer zu Kroatien; Hauptort ist Mostar. – Zur Geschichte ↑Bosnien und Herzegowina.

Herzen (russ. Gerzen), Alexander Iwanowitsch, eigtl. A. I. Jakowlew, Pseud. Iskander, russ. Schriftsteller und Publizist, *Moskau 6. 4. 1812, †Paris 21. 1. 1870; setzte sich schon als Student für die Abschaffung der Leibeigenschaft und die Selbstverwaltung der Dorfkommunen ein; 1834 verhaftet und aus Moskau verbannt (1835–39, 1841/42), mit W. G. Belinski einer der Wortführer der ↑Westler; war stark vom dt. Geistesleben und vom frz. utop. Sozialismus beeinflusst (v. a. Schiller, Hegel, Feuerbach, Saint-Simon); entwarf ein sozialrevolutionäres Programm auf der Grundlage der russ. Gemeindeverwaltung. H. lebte seit 1847 in W-Europa, war befreundet mit Marx, Garibaldi, Mazzini, Kossuth und gab in London den Almanach »Polarstern« (1855–62 und 1869) und die Ztschr. »Die Glocke« (1857–67) heraus, die in Russland großen Einfluss ausübten.

Herz|enge, die ↑Angina pectoris.

Herz|erweiterung (Herzdilatation), Herzvergrößerung infolge Erweiterung der Herzhöhlen; beruht auf chron. Arbeitsüberlastung des Herzmuskels, z. B. bei Bluthochdruck.

Herzfehler (Herzvitium, Vitium cordis), Oberbegriff für angeborene krankhafte Veränderungen am Herzen, wie Scheidewanddefekte und abnorme Abgänge bzw. Abzweigungen der großen herznahen Blutgefäße sowie angeborene oder erworbene ↑Herzklappenfehler.

Herzfelde, Wieland, eigtl. Herzfeld, Publizist und Schriftsteller, *Weggis (Schweiz) 11. 4. 1896, †Berlin (Ost) 23. 11. 1988; Bruder von J. ↑Heartfield; gründete

1917 den Malik-Verlag, wurde 1919 Mitgl. der KP und emigrierte 1933 nach Prag, 1939 in die USA; lebte seit 1949 in der DDR; schrieb u. a. »Tragigrotesken der Nacht« (1920), »Unterwegs. Blätter aus 50 Jahren« (1961) sowie Gedichte.

Herzflattern, ↑Herzrhythmusstörungen.

Herzflimmern, ↑Herzrhythmusstörungen.

Herzfrequenz, Anzahl der Herzschläge je Minute, stimmt mit der Pulsfrequenz überein. Die H. ist in erster Linie vom Alter, von der körperl. und seel. Belastung sowie von der Körpertemperatur (bei Fieber erhöht) abhängig. Sie beträgt beim Erwachsenen 60 bis 70 in körperl. Ruhe, 100 bei mittelschwerer Belastung, 150 und mehr bei schwerer Belastung. Bei Höchstleistungen werden Werte um 200 erreicht. Die H. beim Pferd beträgt 20 bis 70, beim Sperling 700 bis 850.

Herzgeräusche, von den ↑Herztönen abweichende, als Folge von Wirbelbildungen im strömenden Herzblut entstehende Schallphänomene (»Strömungsgeräusche«), die u. a. bei Herzklappenfehlern auftreten können.

Herzgespann (Löwenschwanz, Leonurus cardiaca), Lippenblütler mit rötl. Blüten und handförmig zerteilten Blättern; bes. an Wegrändern und an Schuttplätzen.

Herzhypertrophie, Vergrößerung der Herzmuskelfasern und damit des Herzens; verursacht durch Mehrarbeit des Herzens, z. B. gegen erhöhten Widerstand bei Bluthochdruck oder Herzklappenfehlern sowie bei Zunahme des Blutvolumens.

Herz|infarkt (Koronarinfarkt, Myokardinfarkt, Herzmuskelinfarkt), akute schwere Durchblutungsstörung des Herzmuskels mit herdförmigem Gewebeuntergang (Herzmuskelnekrose) unterschiedl. Ausdehnung; entsteht meist durch Thrombose eines verengten und verkalkten Herzkranzgefäßes, selten durch Embolie. Bei Verschluss der linken Herzkranzarterie entsteht ein **Vorderwandinfarkt,** bei Verschluss der rechten ein **Hinterwandinfarkt.** Nach Überstehen des H. wandelt sich der zerstörte Herzmuskelanteil in nicht funktionstüchtiges Bindegewebe um. Das Auftreten eines H. wird durch so genannte koronare Risikofaktoren begünstigt. Dazu gehören neben Bluthochdruck auch körperl. Minderbeanspruchung, psych. Überlastung (Stress), Lebensangst, falsche Ernährung (Übergewicht), Rauchen (bei Frauen v. a. in Verbindung mit dem Gebrauch empfängnisverhütender hormoneller Mittel), unzureichender Schlaf und Arzneimittelmissbrauch sowie Stoffwechselstörungen (bes. Diabetes, Gicht und Schilddrüsenunterfunktion). Während der H. im jüngeren und mittleren Lebensalter früher fast nur bei Männern auftrat, betrifft er in neuerer Zeit auch zunehmend Frauen dieser Altersgruppe; der Häufigkeitsgipfel liegt jedoch bei Männern jenseits des 50., bei Frauen jenseits des 60. Lebensjahres. Der H. tritt anfallartig auf. Als Leitsymptom gilt ein schweres Druckgefühl hinter dem Brustbein mit äußerst starken Schmerzen, die in Hals, Oberbauch und (bes. linken) Arm ausstrahlen (verbunden mit Unruhe, Todesangst und »Vernichtungsgefühl«). Zusätzlich kommt es oft zu Schweißausbruch, Pulsbeschleunigung, Blutdruckerhöhung, Atemnot und Anzeichen einer Herzschwäche. In Einzelfällen sind die Beschwerden gering oder fehlen ganz (»stummer H.«). Die Auswirkungen sind vom Ausmaß und Ort der Muskelzerstörung abhängig. Bei einem großen H. kann es durch Versagen der Herzleistung zu einem akuten Lungen-

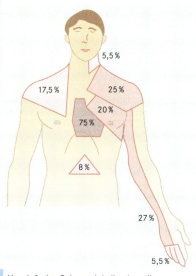

Herzinfarkt: Schmerzlokalisation; die Prozentzahlen sind Durchschnittswerte für das Auftreten von Schmerzen bei Herzinfarkt

ödem oder Kreislaufschock kommen. Auch kleine H. können dadurch gefährlich sein, dass sie zu Extraerregung der Herzkammern oder durch Sitz im Erregungsleitungssystem zu Kammerflimmern mit Sekundenherztod führen (häufigste Ursache des akuten H.-Todes). Die Diagnose des H. ist durch charakterist. Abweichungen im Elektrokardiogramm, durch Enzymbestimmung im Blutserum (Anstieg z. B. der Kreatinphosphokinase), Angiographie und Ultraschalluntersuchung möglich.
Behandlung: Erste Maßnahmen sind Ruhigstellung zur Herabsetzung des Sauerstoffbedarfs, Sauerstoffbeatmung und die Gabe schmerzstillender, beruhigender, auch kreislaufstützender Arzneimittel. Die Überlebensaussichten hängen sehr stark von der umgehenden Einlieferung in ein Krankenhaus (Intensivstation) ab, wo der Gefährdung durch Herzrhythmusstörung und Herzinsuffizienz begegnet werden kann (Defibrillator, Herzschrittmacher). Häufig ist die Auflösung des Gefäßverschlusses durch Injektion von Streptokinase möglich. Zur Verhütung weiterer Thrombosen ist häufig eine längere Anwendung von blutgerinnungshemmenden Mitteln erforderlich. Die Rehabilitation wird (meist während einer Kur) mit gezieltem Körpertraining durchgeführt.
✦ **siehe ZEIT Aspekte**
📖 *Sprechstunde H. Herzkrankheiten vorbeugen. Warnsignale erkennen. Die Wahl der richtigen Therapie,* bearb. v. C. Halhuber u. M. J. Halhuber. München 1995. – Diener, H.-C.: *H. u. Schlaganfall. Prophylaxe u. Akuttherapie.* Stuttgart u. a. 2000. – Pott, G.: *Metabol. Syndrom. Adipositas, Diabetes mellitus, arterielle Hypertension, H. u. Schlaganfall.* Stuttgart u. a. 2002.
Herz|innenhautentzündung (Herzklappenentzündung, Endokarditis), meist nur an den Herzklappen lokalisierte Entzündung; sie ist Folge rheumat. Erkrankungen und bakterieller Infektionen. Bei chron. H. kann es zu einem Herzklappenfehler als Spätfolge kommen.
Herz|insuffizi|enz (Herzschwäche, Herzmuskelschwäche, Myokardinsuffizienz), unzureichende Funktion des Herzens; es besteht ein Missverhältnis zw. der Förderleistung des Herzens und dem Bedarf des Organismus. Ursachen sind u. a. Herzinfarkt, ungenügende Funktion der Herzkranzgefäße, Bluthochdruck, Herzfehler, Herzmuskelentzündung. Kennzeichen der H. sind Leistungsminderung (leichte Ermüdbarkeit), Atemnot, Beinschwellungen, nächtl. Harnflut u. a. Die *Behandlung* umfasst die Beseitigung der organ. Ursachen (z. B. Herzklappenersatz) und die Steigerung der Herzmuskelkraft durch Arzneimittel.
Herzjagen, anfallweise auftretende Erhöhung der Herzfrequenz (↑Tachykardie).

Herz-Jesu-Verehrung: Lucas Cranach d. Ä., »Verehrung des Herzens Jesu«, Holzschnitt (1505)

Herz-Jesu-Verehrung, kath. Kirche: die Verehrung des Herzens Jesu als Symbol seiner aufopfernden Liebe zu den Menschen. Sie hat ihre Wurzeln bes. in der dt. Mystik des MA. und breitete sich v. a. seit dem 19. Jh. aus. Papst Pius IX. führte das **Herz-Jesu-Fest** ein (Freitag nach dem 2. Sonntag nach Pfingsten).
Herzkatheterisierung, zur Herz-Kreislauf-Diagnostik unter Röntgenkontrolle durchgeführtes Einführen einer elast. Sonde (Katheter) durch ein arterielles oder venöses Gefäß in die herznahen großen Gefäße und in die Herzhöhle. Bei Untersuchung der rechten Herzhälfte wird die Sonde meist über die Armbeugevene (auch die linke Leistenvene) eingeführt. Die H. dient der Feststel-

lung und quantitativen Erfassung angeborener oder erworbener Herzfehler, Blutprobenentnahme zur Blutgasanalyse, Direktableitung des Elektrokardiogramms, Injektion von Röntgenkontrastmitteln zur Angiokardiographie u. a. Außerdem dient die H. auch der Behandlung, z. B. zur Auflösung von Blutgerinnseln oder Erweiterung verengter Herzkranzgefäße. Das Verfahren der H. wurde 1929 von W. Forßmann entwickelt und im Selbstversuch erprobt.

Herzklappen, ↑Herz.

Herzklappenfehler, angeborene oder meist durch Herzinnenhautentzündung erworbene Verengung oder Schlussunfähigkeit der Herzklappen.

Herzklopfen, gesteigertes Empfinden der Herzaktionen, z. B. bei Bluthochdruck, Erregung oder Stress.

Herzkranzgefäße, ↑Herz.

Herz-Kreislauf-Erkrankungen, Sammelname für Krankheiten des Herzens und Blutkreislaufsystems. Aufgrund ihrer Häufigkeit sind die H.-K.-E. von überragender medizin. und gesundheitspolit. Bedeutung. Sie stellen die häufigste Ursache für die Frühinvalidität und die häufigste Todesursache dar. (↑Arteriosklerose, ↑Herzinfarkt, ↑Embolie, ↑Thrombose).

Herzl, Theodor, österr. Schriftsteller jüd. Herkunft, *Budapest 2. 5. 1860, †Edlach (heute zu Reichenau an der Rax, NÖ) 3. 7. 1904; unter dem Eindruck des Dreyfusprozesses Begründer des polit. ↑Zionismus (»Der Judenstaat«, 1896); berief 1897 den 1. Zionist. Weltkongress nach Basel ein; beschrieb im Roman »Altneuland« (1902) einen aristokratisch geleiteten jüd. Zukunftsstaat. ✦ siehe ZEIT Aspekte

Herzlieb, Minna, das Urbild der Ottilie in Goethes »Wahlverwandtschaften«, *Züllichau (heute Sulechów) 22. 5. 1789, †Görlitz 10. 7. 1865.

Herz-Lungen-Maschine, Gerät, das Herz- und Lungenoperationen unter künstl. Herzstillstand bei Aufrechterhaltung der Kreislauf-, Atmungs- und Stoffwechselfunktionen ermöglicht. Eine das Herz ersetzende Pumpe treibt das aus den Hohlvenen abgesaugte Blut unter Umgehung von Herz und Lunge durch einen Oxygenator (Sauerstoffüberträger) wieder zurück in den Kreislauf.

Herzmanovsky-Orlando, Fritz Ritter von, österr. Schriftsteller, *Wien 30. 4. 1877, †Schloss Rametz (bei Meran) 27. 5. 1954; schrieb skurrile und fantast. Romane (»Der Gaulschreck im Rosennetz«, 1928; »Maskenspiel der Genien«, hg. 1958) und parodist. Dramen.

Herzmassage [-ʒə], bei plötzl. Herzstillstand angewandte Wiederbelebungsmaßnahme als **äußere H.** oder **Herzdruckmassage** (manuelle rhythm. Druckausübung auf das Brustbein; ↑erste Hilfe) oder **innere H.** (rhythm. Zusammendrücken des Herzens mit der Hand nach operativer Eröffnung des Brustkorbs).

Herzmittel (Kardiaka, Kardiotonika), die Herzleistung bes. bei Herzschwäche und Kompensationsstörungen verbessernde Arzneimittel.

Herzmuscheln (Cardiidae), Familie mariner Muscheln mit gleichklappiger Schale und kräftigen Radialrippen. H. leben im Sand eingegraben und können mithilfe ihres Fußes springen; essbar.

Herzmuskelentzündung (Myokarditis), rheumatisch oder infektiös-toxisch bedingte Entzündung des Herzmuskelgewebes; kann bei zahlr. Infektionskrankheiten (Scharlach, Diphtherie u. a.) auftreten. Kennzeichen sind Leistungsminderung, Herzrhythmusstörungen, Herzinsuffizienz.

Herzmuskelschwäche, ↑Herzinsuffizienz.

Herzneurose, psychisch bedingte, anfallartige Empfindung von Herzbeschwerden ohne körperl. Grundkrankheit; verbunden meist mit innerer Unruhe, Furcht vor Herzversagen und Selbstunsicherheit. Ursachen liegen v. a. in anhaltenden psych. Belastungen (Stress) und traumat. Erlebnissen.

Herzog [ahd. herizogo, urspr. »Heerführer«] (lat. Dux), urspr. bei den german. Völkern der für die Dauer eines Kriegszuges erwählte oberste militär. Befehlshaber (mitunter dann zum ständigen Heerkönig aufgestiegen); unter den Merowingern von den Grafen übergeordneter königl. Amtsträger in Grenzbezirken des Frankenreiches. Durch die Schwäche des Königtums erlangten die H. weitgehende Selbstständigkeit und errichteten im 7./8. Jh. die »älteren« erbl. Stammesherzogtümer (z. B. Aquitanien, Bayern, Sachsen), die die Karolinger wieder beseitigten. Nach Versuchen der Zentralgewalt, die Macht der im 9./10. Jh. erneut auftretenden Stammes-H.

einzuschränken (u. a. durch lehnsrechtl. Bindung und Neubelebung des amtsherzogl. Status), kam es Ende des 12. Jh./Anfang des 13. Jh. mit der Schaffung neuer Herzogtümer zu einer fortschreitenden Territorialisierung des Hl. Röm. Reiches (Herausbildung von Gebietsherzogtümern). – Ohne Vergabe von Territorium erfolgte die Verleihung lediglich des H.-Titels (**Titular-H.**) an persönlich dem Reichsfürstenstand zugehörige Hochadlige. – Im spätmittelalterl. und frühneuzeitl. Italien wurden mächtige Stadtherren zu H. erhoben (Mailand, Florenz). In Frankreich war H. (Duc) seit dem 10. Jh. ein Titel der Lehnsfürsten. Auch slaw. Stammesherrscher wurden als H. bezeichnet. In England (Duke) und in den nord. Ländern ist die H.-Würde nur ein Titel des hohen Adels; in neuerer Zeit Rangstufe des Hochadels zw. Großherzog und Fürst.

Herzog, 1) Chaim, israel. General (seit 1961) und Politiker, *Belfast 17. 9. 1918, †Tel Aviv 17. 4. 1997; Mitgl. der Israel. Arbeitspartei, seit 1935 in Palästina, trat der jüd. Selbstverteidigungsorganisation Haganah bei. Er stieg nach der Gründung des Staates Israel (1948) in der Armee auf. 1975–78 war er israel. Chefdelegierter bei der UNO, 1983–93 Staatspräsident.

Roman Herzog

2) Roman, Staatsrechtslehrer und Politiker (CDU), *Landshut 5. 4. 1934; Prof. in Berlin (seit 1966) und Speyer (seit 1969), 1978–83 Mitgl. der Reg. in Bad.-Württ.; 1983 zum Vizepräs., 1988 zum Präs. des Bundesverfassungsgerichts ernannt. Als erster gesamtdeutsch gewählter Bundespräs. (1994–99) versuchte H. Reformprozesse in Dtl. zu befördern. Unter seinem Vorsitz erarbeitete ein am 17. 12. 1999 gebildetes Gremium eine Europ. ↑Grundrechte-Charta. – Auf Anregung von H. wird seit 1996 alljährlich in Dtl. am 27. 1. der Gedenktag für die Opfer des Nationalsozialismus begangen. – Mit-Hg. des »Evang. Staatslexikons« (³1987) sowie vieler Kommentare zu Gesetzen.

3) Rudolf, Schriftsteller, *Barmen (heute zu Wuppertal) 6. 12. 1869, †Rheinbreitbach (bei Bad Honnef) 3. 2. 1943; vertrat in seinen Romanen (»Die Wiskottens«, 1905; »Die Stoltenkamps und ihre Frauen«, 1917) das national gesinnte Bürgertum.

4) Thomas, Architekt, *München 3. 8. 1941; seit 1971 eigenes Architekturbüro mit Verena H.-Loibl, seit 1994 mit Hanns Jörg Schrade; setzt sich bei der Entwicklung baul. Systeme (u. a. für Wohnungs-, Gewerbe- und Ausstellungsbauten) mit dem Einsatz erneuerbarer Energien auseinander; zählt zu den führenden Experten auf dem Gebiet der Solararchitektur.
Werke: Doppelwohnhaus in Pullach i. Isartal (1989); Kongress- u. Ausstellungsgebäude in Linz (1991–93); Halle 26 für die Dt. Messe AG in Hannover (1996).

5) Werner, eigtl. W. H. Stipetic, Filmregisseur und -produzent, *München 5. 9. 1942; drehte seit 1962 Kurz- und Spielfilme, auch einige Dokumentarfilme (»Mein liebster Feind – Klaus Kinski« (1999); schildert in eindringl. Bildsprache meist Außenseiter der Gesellschaft.
Weitere Filme: Lebenszeichen (1967); Aguirre, der Zorn Gottes (1972); Jeder für sich und Gott gegen alle (1974, über Kaspar Hauser); Woyzeck (1979); Nosferatu – Phantom der Nacht (1979); Fitzcarraldo (1982); Cobra Verde (1987); Schrei aus Stein (1991); Lektionen in Finsternis (1992).

6) Wilhelm, Pseud. Julian Sorel, Publizist und Dramatiker, *Berlin 12. 1. 1884, †München 18. 4. 1960; 1909–10 Hg. der Kunst- und Literaturztschr. »Pan«; seine Ztschr. »Das Forum« wurde 1915 wegen ihrer kriegsfeindl. Haltung verboten; 1919 Leiter der sozialist. Tageszeitung »Die Republik«; lebte 1933–52 in der Emigration; schrieb u. a. mit H. J. Rehfisch das Drama »Die Affäre Dreyfus« (UA 1929) sowie Lyrik.

Herzog & de Meuron [-də mœˈrɔ̃], schweizer. Architektenbüro; 1978 in Basel gegr. von den Architekten Jacques Herzog (*1950) und Pierre de Meuron (*1950). Vorgefertigte Betonplatten, die sie als wichtige Ausdrucksträger einsetzen, widerspiegeln ihre von einer purist. Grund-

haltung geprägte Auffassung der Reduktion der Form. Mit dem zur Erweiterung der Tate Gallery durchgeführten Umbau der Bankside Power Station zur »Tate Modern« (2000 eröffnet) präsentierten sie den seit Jahren bedeutendsten Museumsbau in London. Pritzker-Preis 2001.
Herzogenaurach, Stadt im Landkreis Erlangen-Höchstadt, Bayern, an der Aurach, 23 200 Ew.; Herstellung von Sportartikeln, Wälzlagern und Werkzeugmaschinen. – Alter Stadtkern mit got. Pfarrkirche, barockem Schloss, Teilen der Stadtmauer (1450). – Erstmals 1348 als Stadt erwähnt.
Herzogenburg, Stadt im Bez. Sankt Pölten, im Traisental, Niederösterreich, 7 700 Ew.; Metall-, Baustoffind.; Viehhandel. – Augustinerkloster (1112 gegr., heutiger Bau 1714–40, mit bed. Kunstsammlung, Schatzkammer, Bibliothek), Stiftskirche (1743–85).
Herzogenbusch (niederländ. 's-Hertogenbosch, Den Bosch), Hptst. der niederländ. Provinz Nordbrabant, an der Zuid-Willemsvaart, 127 300 Ew.; kath. Bischofssitz; Provinzmuseum; Reifen-, Lebensmittelind., Büromaschinen-, Kühlanlagenbau. – Kathedrale Sint Jan (um 1380–1525) in Brabanter Gotik, spätgot. Giebelhäuser in der Altstadt, Rathaus im klassizist. Stil. – H., nach Herzog Heinrich I. von Brabant benannt, erhielt 1185 Stadtrecht und behielt bis 1876 seinen Festungscharakter; 1944 durch Luftangriffe schwer beschädigt.
Herzogenrath, Stadt im Kr. Aachen, NRW, an der Wurm, nahe der niederländ. Grenze, 46 600 Ew.; Glasschmelzgroßanlage, Herstellung von Flachglas und Glasfasern, Nadelproduktion. – Seit Mitte des 13. Jh. Stadt.
Herzog Ernst, mhd. vorhöf. Epos eines vermutlich mittelfränk. Dichters, in der ältesten Fassung um 1160/70 entstanden; der einzige mhd. Versroman, der sich an die dt. Reichsgeschichte anschließt. Der erste Teil verschmilzt den Aufstand Ernsts II. von Schwaben gegen seinen Stiefvater Konrad II. (1026/27) mit der Empörung Liudolfs gegen seinen Vater Otto I. (953/955), dieser histor. Teil liefert den Rahmen des Werks: Der Hauptteil besteht aus fabulösen Abenteuern im Orient; zahlr. spätere Bearbeitungen des Stoffes.
Herzogshut, im Hoch-MA. zeremonielle Kopfbedeckung der Herzöge; entspricht in der *Heraldik* im Wesentlichen der Herzogskrone (statt Kronreif Hermelinstulp).
Herzogskrone, *Heraldik:* Rangkrone der Herzöge (purpurne Mütze, fünfblättriger Kronreif, fünf Halbbügel mit Reichsapfel).
Herzogstand, Gipfel der Bayer. Voralpen westlich vom Walchensee, 1 731 m ü. M.; Gratweg zum **Heimgarten** (1 790 m ü. M.); Kabinenbahn vom Walchensee.
Herzogtum, Herrschaftsraum eines ↑Herzogs, aber auch Bez. für den Inhalt der Herrschaftsausübung selbst. Entsprechend der histor. Entwicklung wird auch zw. Amts-, Gebiets- und Titular-H. unterschieden. – Seit dem 7. Jh. entwickelten die H. im Fränk. Reich traditionsstiftende Kraft für ethn. bzw. polit. Einheiten (»Stämme«); es entstanden erbl. **Stammes-H.,** aus denen im (werdenden) Hl. Röm. Reich ab dem 12. Jh. **Territorial-H.** hervorgingen, deren Grundlage die Herrschaft über ein Gebiet war. – H. gab es auch in Italien, Frankreich, Böhmen und Polen, nicht aber in England. – Neuere Forschung unterwirft das bisherige Verständnis der Stammesbildung und der Herausbildung von Stammes-H. der Überprüfung.
📖 *Goetz, H.-W.:* »Dux« u. »Ducatus«. Begriffs- u. verfassungsgeschichtl. Unterss. zur Entstehung des sogenannten »jüngeren« Stammesherzogtums an der Wende vom 9. zum 10. Jh. Bochum ²1981. – *Becher, M.:* Rex, Dux u. Gens. Unterss. zur Entstehung des sächs. H.s im 9. u. 10. Jh. Husum ²1997.
Herzogtum Lauenburg, Kreis in Schlesw.-Holst., 1 263 km², 181 700 Ew.; Krst. ist Ratzeburg.
Herzrhythmusstörungen, Veränderungen der Herzschlagfolge durch Erregungsbildungs- und/oder Erregungsleitungsstörungen. Ausgelöst werden sie meist durch Grunderkrankungen des Herzens selbst wie Koronarinsuffizienz, Herzinfarkt, Entzündungen sowie nichtkardiale Erkrankungen wie Elektrolytstörungen oder hormonelle Erkrankungen. Es kann sowohl zu Frequenzbeschleunigung als auch zu Frequenzverlangsamung kommen **(Tachykardie** bzw. **Bradykardie); Extrasystolen** sind vorzeitige Kontraktionen des ganzen oder einzelner Teile des Herzens.
Kammerflimmern (Herzflimmern) ist eine unregelmäßige Tätigkeit der Herzkammern mit völligem Ausfall der Pump-

Herzogtum HER

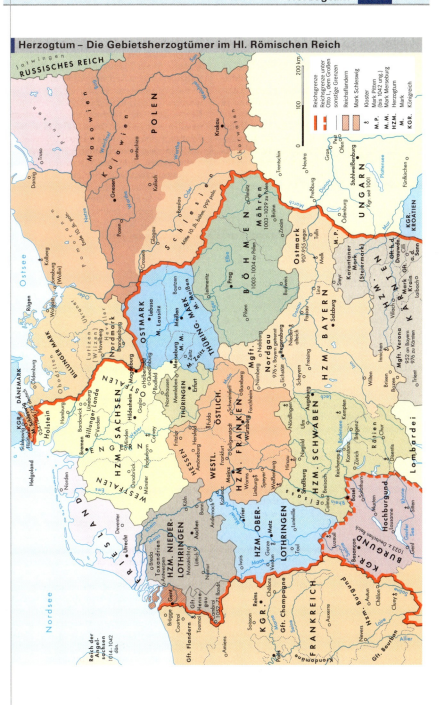

Herzogtum – Die Gebietsherzogtümer im Hl. Römischen Reich

HER Herzruptur

leistung des Herzens und über 350 Kontraktionen je Minute (Beseitigung des lebensbedrohenden Kammerflimmerns erfolgt durch Stromstöße mit einem Defibrillator). Das **Kammerflattern** (Herzflattern) mit 250–350 Kontraktionen je Minute geht häufig in Kammerflimmern über. **Vorhofflimmern** stellt eine völlig unkoordinierte Vorhoftätigkeit dar, während beim **Vorhofflattern** noch eine regelmäßige Erregungsbildung und Kontraktion besteht. Bei Unterbrechung des Erregungsleitungssystems im Herzen mit der Folge der unkoordinierten Kontraktion von Kammer und Vorhof kommt es zum **Herzblock.** Der **atrioventrikuläre Block** (AV-Block) blockiert die Erregungsleitung zw. Herzvorhof und Herzkammer. Beim **totalen AV-Block** übernimmt, meist nach kurzem Herzstillstand, anstelle des Sinusknotens das Erregungsleitungssystem der Kammer die Erregungsleitung (Kammerautomatismus). Beim **partiellen AV-Block** kommt es zu einer gleichmäßigen Leitungsverzögerung zw. Vorhof und Kammer oder zunehmenden Leitungsverzögerungen mit period. Ausfällen der Kammererregung.
Behandlung: Im akuten Notfall ist bei Herzstillstand und bradykarden Störungen Herzmassage, auch eine medikamentöse Herzanregung, bei Herzflimmern die Defibrillation erforderlich; die weitere Therapie ist überwiegend symptomatisch und besteht in der Gabe von Antiarrhythmika, ggf. in der Einpflanzung eines Herzschrittmachers.
📖 Lüderitz, B.: Therapie der H. Berlin u. a. ⁵1998. – Die Notfalltherapie bei akuten H., hg. v. H.-J. Trappe u. H.-P. Schuster. Darmstadt 2001.
Herzruptur (Herzriss), meist tödl. Verletzung durch Zerreißen der Herzwand nach ausgedehntem Herzinfarkt oder starker Gewalteinwirkung.
Herzschild, *Heraldik:* dem Hauptschild oder dem Mittelschild an der Herzstelle (mittlerer Platz im Wappen) aufgelegter kleiner Schild.
Herzschlag, 1) *Medizin:* der Schlagrhythmus des Herzens.
2) volkstüml. Bez. für ↑Herztod.
Herzschrittmacher (engl. Pacemaker), in den Körper implantierbarer (intrakorporaler H.) oder außerhalb des Körpers zu tragender (extrakorporaler H.) elektron. Impulsgeber. Er besteht aus einer kleinen Metallkapsel und ein oder zwei biegsamen Kabeln, die in Elektroden enden. Die Metallkapsel aus Titan enthält eine Batterie und einen elektron. Schaltkreis, der wie ein winziger Computer funktioniert. Über Elektroden, die im rechten Herzvorhof bzw. in der rechten Herzkammer enden, werden Impulse an das Herz abgegeben, das seinerseits durch rhythm. Kontraktionen reagiert. Moderne H. richten sich bei der Impulsabgabe nach den Erfordernissen des Herzens. Sie kontrollieren das Herz über Sensoren, die sich in den Elektroden befinden, und treten erst dann in Aktion, wenn der Eigenrhythmus des Herzens zu langsam wird.

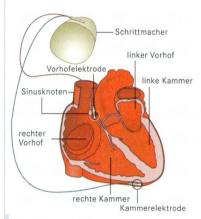

Herzschrittmacher: Steuerung der Herzmuskulatur durch einen Herzschrittmacher; die Elektroden wirken gleichzeitig als Sensoren und Impulsträger, sodass der Herzschrittmacher nur bei Bedarf (zu langsamer Herzschlag) Impulse abgibt

Herzschwäche, die ↑Herzinsuffizienz.
Herzsonographie, die ↑Echokardiographie.
Herztod (Herzschlag, Sekundenherztod), plötzl. irreversibler Herzstillstand meist durch Kammerflimmern, zum Beispiel nach Herzinfarkt, bei Aortenklappenverengung, Herzmuskelentzündung oder Elektrounfall.
Herztöne, Schallerscheinungen (keine Töne im physikal. Sinn), die a) beim Schluss der Vorhofkammerklappen aufgrund des Druckanstiegs in den Herzkammern gegenüber den Vorhöfen (1. Herzton)

und b) beim Schluss der Aorten- bzw. Lungenarterienklappe nach Ausstoß des Blutes (2. Herzton) auftreten. Weitere, leisere Schallerscheinungen werden als 3. und 4. Herzton bezeichnet. – Die kindl. H. sind ab dem 4. Schwangerschaftsmonat zu hören und als ein sicheres Zeichen des Lebens des Fetus zu werten.
Herztransplantation (Herzverpflanzung), operative Übertragung eines Herzens von einem Individuum auf ein anderes. Anlass zu einer H. bieten schwere Herzmuskel- und koronare Herzkrankheiten mit Herzinsuffizienz. Die H. wird unter Einsatz einer Herz-Lungen-Maschine ausgeführt; nach Entfernung des funktionsuntüchtigen Herzens bei Erhaltung des Herzbeutels wird das Transplantat an die Stümpfe der Aorta und die Lungenarterie durch Naht angeschlossen und die Herztätigkeit medikamentös oder durch Defibrillation wiederhergestellt. Entscheidend für den weiteren Erfolg ist die immunsuppressive Chemotherapie (↑Immunsuppressiva) zur Unterdrückung der Abstoßungsreaktion. Die erste H. wurde 1967 von dem südafrikan. Chirurgen C. Barnard erfolgreich am Menschen durchgeführt.
📖 *Scheld, H. H.: Leitfaden H. Interdisziplinäre Betreuung vor, während u. nach H. Darmstadt ²2001.*
Herzwurm, Raupe der ↑Kohleule.
herzynisch [lat.], *Geologie:* parallel zum Harznordrand, also NW-SO verlaufende Streichrichtung von Schichten, Gängen und tekton. Störungen.
Herzynischer Wald (lat. Hercynia silva), antiker (kelt.) Name der dt. Mittelgebirge, bes. der böhm. Randgebirge und des Harzes, auch für das durch die Feldzüge des Tiberius und Drusus erforschte Gebiet um die obere Donau; unter Caesar die Grenze zw. Kelten und Germanen.
Hesbaye [εz'bε, frz.], der ↑Haspengau.
Hesdin [e'dɛ̃], Jacquemart de, frz. Buchmaler, vermutlich fläm. Herkunft, nachweisbar zw. 1384 und 1410; schuf große Teile der Miniaturen für die Stundenbücher des Herzogs von ↑Berry (Ende 14./Anfang 15. Jh.); sein eleganter Stil fußt auf got. (sienes.) Traditionen.
Hesekiel [hebr. Ezechiel »Gott möge stärken«], israelit. Prophet, 597 v. Chr. nach Babylonien verbannt, dort 593 zum Propheten berufen. Das **Buch H.** (Abk. Ez.) im A. T. enthält neben Gerichts- und Heilsworten eine Vision des neuen Tempels in Jerusalem und Vorschriften zur Neuordnung des Tempelkults; in seiner Endgestalt wahrscheinlich im frühen 5. Jh. v. Chr. zusammengestellt.
Hesiod, grch. Dichter, um 700 v. Chr., aus Askra in Böotien; in seiner Jugend nach eigener Aussage Hirt. H. durchbricht in seinem Epos »Werke und Tage«, das die Welt der kleinen Bauern spiegelt, als erster Dichter mit Nennung seines Namens die Anonymität der frühen grch. Epik. In der »Theogonie« besingt H. Weltentstehung und Ursprung der Götter. Die Götter werden hier nicht als heitere Olympier gesehen, sondern als gewaltige, erhabene Mächte. H.s Epen sind wichtige Quellen für die grch. Mythologie.
Hesoreh, Volk in Asien, ↑Hazara.
Hesperiden, *grch. Mythos:* die Hüterinnen der goldenen Äpfel im äußersten Westen; diese Äpfel schenkten ewige Jugend; sie zu holen, war eine der zwölf Arbeiten des Herakles.
Hesperi|en [grch. »Westland«], in der grch. Antike zunächst Bez. für Italien, später auch für Spanien (Hesperia ultima).
Hesperis, die Pflanzengattung ↑Nachtviole.
Hesperos [grch.] *der,* **1)** *Astronomie:* der ↑Abendstern.
2) *grch. Mythos:* der den nächtl. Brautzug anführende Abendstern; als fliegender Knabe mit Fackel dargestellt.
Heß, 1) Reinhard, Skisprungtrainer, *Lauscha 13. 6. 1945; 1988–90 Trainer der DDR-Auswahl und 1993–2003 Bundestrainer (verantwortlich für die Nationalmannschaft); olymp. und WM-Erfolge v. a. mit J. Weißflog, M. Schmitt und S. Hannawald.
2) Rudolf, Politiker (NSDAP), *Alexandria (Ägypten) 26. 4. 1894, †(Selbstmord) Berlin-Spandau 17. 8. 1987; nahm 1923 am Hitlerputsch teil; 1925–32 Privatsekretär Hitlers. 1933 ernannte ihn dieser zum »Stellv. des Führers« (auf Parteiebene). Auf staatl. Ebene war er seit 1933 Reichsmin. ohne Geschäftsbereich, ab 1939 Mitgl. des Min.rates für Reichsverteidigung. Am 1. 9. 1939 ernannte ihn Hitler zu seinem 2. Nachfolger (nach H. Göring). Am 10. 5. 1941 flog H. nach Schottland mit dem Ziel, Großbritannien zum Friedensschluss zu bewegen. Er wurde jedoch interniert, 1945 vom Internat. Militärtribunal

in Nürnberg überstellt und 1946 von diesem zu lebenslängl. Gefängnis verurteilt (in Berlin-Spandau inhaftiert; seit 1966 einziger Insasse).
📖 *Longerich, P.:* Hitlers Stellvertreter. Führung der Partei u. Kontrolle des Staatsapparates durch den Stab H. u. die Parteikanzlei Bormann. München 1992. – *Schmidt, R. F.: H. – Botengang eines Toren? Der Flug von R. H. nach Großbritannien vom 10. Mai 1941.* Düsseldorf 1997.

Hess, 1) Germain Henri, russ. Chemiker schweizer. Herkunft, *Genf 7. 8. 1802, †Sankt Petersburg 12. 12. 1850; stellte 1840 das nach ihm benannte Gesetz der konstanten Wärmesummen auf; Mitbegründer der Thermochemie.

2) Moses, jüd. Schriftsteller, *Bonn 21. 6. 1812, †Paris 6. 4. 1875; Mitbegründer und mit K. Marx Redakteur der »Rhein. Zeitung« in Köln; mit seinem Werk »Rom und Jerusalem, die letzte Nationalitätsfrage« (1862), in dem er einen eigenen Staat für die Juden forderte, ein Vorläufer des ↑Zionismus.

3) Victor Franz, amerikan. Physiker österr. Herkunft, *Schloss Waldstein (bei Frohnleiten, Bez. Graz-Umgebung) 24. 6. 1883, †Mount Vernon (N. Y.) 17. 12. 1964; erhielt für die Entdeckung (1911) und Untersuchung der ↑kosmischen Strahlung (»Hess- Strahlung«) 1936 mit C. D. Anderson den Nobelpreis für Physik.

4) Walter Rudolf, schweizer. Neurophysiologe, *Frauenfeld 17. 3. 1881, †Muralto (bei Locarno) 12. 8. 1973; forschte v. a. über die Funktion des Nervensystems (seit 1925); entdeckte auch die Bedeutung des Zwischenhirns als Organ der Steuerung bzw. Koordination vegetativer Funktionen und erhielt dafür 1949 (mit A. C. Moniz Egas) den Nobelpreis für Physiologie oder Medizin.

HESS [Abk. für engl. High Energy Stereoscopic System; auch zu Ehren von V. F. Hess benannt, dem Entdecker der kosm. Strahlung] (H.E.S.S.), weltweit leistungsfähigster Detektor zum Nachweis kosm. Gammaquanten (↑kosmische Strahlung) im Energiebereich oberhalb von 50 GeV. Standort des Experiments ist das Khomas-Hochland (1 800 m ü. M.) in Namibia. An dem internat. Gemeinschaftsprojekt sind 17 Institute aus Europa (Dtl., England, Frankreich, Irland, Italien, Tschechien) sowie aus Armenien, Namibia und Südafrika beteiligt. Mitte 2002 nahm das erste von vier Tscherenkow-Teleskopen seinen Betrieb auf, seit Dez. 2003 sind alle vier Teleskope im Einsatz und können gemeinsam stereoskopisch beobachten. Jedes Teleskop besitzt einen Durchmesser von 12 m, wobei jeweils 380 Einzelspiegel einen Primärspiegel mit einer Fläche von 108 m^2 bilden. Im Fokus ist eine Kamera montiert, die aus 960 Photomultipliern besteht, die in einer hexagonalen Matrix angeordnet sind und dem indirekten Nachweis von Gammastrahlung (↑Tscherenkow-Strahlung) dienen. HESS soll insbes. die Frage nach der Herkunft der kosm. Strahlung bei sehr hohen Energien klären. Eines der Kriterien für die Beobachtung von der Südhalbkugel aus ist die gute Sichtbarkeit des galakt. Zentrums. (↑Gammaastronomie)

Hesse, 1) Eva, amerikan. Künstlerin dt. Herkunft, *Hamburg 11. 1. 1936, †New York 29. 5. 1970; emigrierte 1939 nach New York; fand Mitte der 1960er-Jahre zu amorph wirkenden Plastiken aus Schnüren, Stoffen, Gummi, später aus Fiberglas; gilt als Vorläuferin einer feministisch orientierten Kunst.

Hermann Hesse

2) Hermann, Schriftsteller, *Calw 2. 7. 1877, †Montagnola (bei Lugano) 9. 8. 1962; zunächst Buchhändler, seit 1904 freier Schriftsteller, 1911 Reise nach Indien, seit 1923 Schweizer Bürger. H.s frühe Werke spiegeln die Naturinnigkeit der Neuromantik und die psycholog. Einführung des Impressionismus (»Peter Camenzind«, 1904; »Unterm Rad«, R., 1906; »Gertrud«, R., 1910; »Knulp«, R., 1915; »Demian«, R., 1919), seine späteren Werke seel. Zerrissenheit (»Siddhartha«, Erz., 1922; »Der Steppenwolf«, R., 1927). Die Konfrontation des eth. mit dem ästhet.

Hessen HES

Menschen gestaltete er in »Narziß und Goldmund« (1930), das Streben nach universaler Ganzheit in dem östl. und westl. Weisheit frei verbindenden Alterswerk »Das Glasperlenspiel« (2 Bde., 1943). Als Lyriker ist H. oft volksliednah (»Romant. Lieder«, 1899; »Unterwegs«, 1911; »Trost der Nacht«, 1929; »Letzte Gedichte«, 1960). H. erhielt 1946 den Nobelpreis für Literatur, 1955 den Friedenspreis des Dt. Buchhandels.

📖 *Mileck, J.: H. H. Dichter, Sucher, Bekenner. Frankfurt am Main 1987. – H. H., hg. v. V. Michels. Frankfurt am Main ⁸1993. – Zeller, B.: H. H. Reinbek 269.–273. Tsd. 1997. – H. H. Sein Leben in Bildern und Texten, hg. v. V. Michels. Frankfurt am Main 2000. – Walther, K.: H. H. München 2002.*

Hessen, Land in der Mitte von Dtl., 21 115 km², (2001) 6,078 Mio. Ew.; Hptst. ist Wiesbaden.

Landesnatur: Der größte Teil des durch Becken und Senken stark gekammerten Landes liegt im Bereich der dt. Mittelgebirgsschwelle. Mit Taunus, Hohem Westerwald, Rothaargebirge und Gladenbacher Bergland gehört der W zum Block des Rhein. Schiefergebirges. Nach NO und O schließt das reich bewaldete Hess. Bergland an. Es wird durch zwei verkehrswichtige Senken (West- und Osthess. Senke) und Becken in einzelne Gebirgslandschaften gegliedert. Der Vogelsberg ist das größte zusammenhängende Gebiet vulkan. Gesteine in Mitteleuropa. Die höchste Erhebung ist mit 950 m ü. M. die Wasserkuppe in der nur zum kleinen Teil in H. gelegenen Rhön. Im S hat H. Anteil an der Oberrhein. Tiefebene (die sich nach N in der Wetterau fortsetzt), am Odenwald und am Spessart. Zw. Wiesbaden und Rüdesheim am Rhein erstreckt sich der Rheingau. Zum Rhein entwässern Main (mit Kinzig und Nidda) und Lahn (mit Ohm, Dill, Weil, Aar), zur Weser entwässert die Fulda (Nebenfluss Eder mit Schwalm); nahe der Grenze zu Thüringen durchfließt die Werra den äußersten NO. – In den Beckenzonen besitzt das Klima kontinentale Züge (bes. ausgeprägt an der Bergstraße und im Rheingau) mit relativ geringen Niederschlägen und höheren Temperaturen. In den höheren Lagen des Rhein. Schiefergebirges und im Hohen Vogelsberg ist das Klima feuchter und kühler.

Bevölkerung: Nach 1945 nahm H. eine große Zahl von Flüchtlingen auf. Eine starke Binnenwanderung hat zu einem Bev.rückgang im weitgehend agrarisch geprägten Nord- und Mittel-H. zugunsten einer erhebl. Konzentration im Rhein-Main-Gebiet geführt, in dem rd. 30% der hess. Bev. leben. Einziger Ballungsraum Nord-H.s ist Kassel. H. hat einen Ausländeranteil von 12,7% (v. a. Türken, Menschen aus dem Gebiet des ehem. Jugoslawien und Italiener). – 43,8% der Bev. gehören den evang. Landeskirchen an, 27,5% der kath. Kirche. Die jüd. Religionsgemeinschaft hat rd. 10 700 Mitgl. (darunter die rd. 6 600 Mitgl. der Jüd. Gemeinde Frankfurt am Main). – H. hat vier Univ. (Frankfurt am Main, Gießen, Marburg, Kassel) und eine TH (Darmstadt). Außerdem bestehen eine Privat-Univ. (European Business School in Oestrich-Winkel) sowie Kunst- und Fachhochschulen.

Wirtschaft: Die nach dem Ruhrgebiet größte Ind.dichte in Dtl. besitzt das Rhein-Main-Gebiet mit chem.-pharmazeut. Ind., Maschinen- und Fahrzeugbau, Elektro- und Elektronikindustrie. Um Kassel sind Waggon-, Lokomotiv-, Kfz-Bau u. a. Ind.zweige vertreten. Textil- und Bekleidungsind. sind v. a. in Fulda von Bedeutung. In Mittel-H. mit Schwerpunkt Wetzlar herrschen feinmechan.-opt. Ind., Gießereien und Metall verarbeitende Ind. vor. Offenbach am Main ist Standort der Lederind., Darmstadt und Wiesbaden der chem. Industrie. Ein bes. großes Gewicht kommt dem Dienstleistungssektor zu. Besonderen Anteil haben Frankfurt am Main als internat. Finanz- und Handelszentrum mit Wertpapier- und Produktenbörse sowie Wiesbaden (Versicherungsunternehmen, Landesverwaltung). – An Bodenschätzen werden Kalisalz sowie in geringem Maß Erdöl und Erdgas gefördert; die Braunkohlenförderung wurde eingestellt. In H. liegen mehrere Heilbäder (Wiesbaden, Schlangenbad, Bad Homburg v. d. Höhe, Bad Soden u. a.), außerdem wird Mineralwasser (Niederselters, Bad Vilbel u. a.) abgefüllt. – 37% der Gesamtfläche werden landwirtsch. genutzt. Ackerbau, bes. der Anbau von Weizen und Zuckerrüben, dominiert in den Beckenlandschaften. Der Anteil an Dauergrünland ist bes. hoch in den Basaltlandschaften (Hoher Westerwald, Hohe Rhön, Hoher Vogelsberg). An Sonderkulturen ist im Rheingau und an der

HES Hessen

Hessen: Verwaltungsgliederung (31. 12. 2003)[1]

Verwaltungseinheit	Fläche in km²	Ew. in 1000	Ew. je km²	Verwaltungssitz
Regierungsbezirk Darmstadt	7445	3763,0[2]	505	Darmstadt
Kreisfreie Städte				
Darmstadt	122	139,7	1143	Darmstadt
Frankfurt am Main	248	643,4	2590	Frankfurt am Main
Offenbach am Main	45	119,2	2655	Offenbach am Main
Wiesbaden	204	272,0	1334	Wiesbaden
Landkreise				
Bergstraße	720	265,9	369	Heppenheim (Bergstraße)
Darmstadt-Dieburg	659	290,2	440	Darmstadt
Groß-Gerau	453	251,6	555	Groß-Gerau
Hochtaunuskreis	482	226,9	471	Bad Homburg v. d. Höhe
Main-Kinzig-Kreis	1398	409,6	293	Hanau
Main-Taunus-Kreis	222	223,1	1003	Hofheim am Taunus
Odenwaldkreis	624	100,7	161	Erbach
Offenbach	356	337,3	947	Offenbach am Main
Rheingau-Taunus-Kreis	811	185,5	229	Bad Schwalbach
Wetteraukreis	1101	298,0	271	Friedberg (Hessen)
Regierungsbezirk Gießen	5381	1065,5[2]	198	Gießen
Landkreise				
Gießen	855	256,1	300	Gießen
Lahn-Dill-Kreis	1067	262,2	246	Wetzlar
Limburg-Weilburg	738	175,8	238	Limburg a. d. Lahn
Marburg-Biedenkopf	1263	253,8	201	Marburg
Vogelsbergkreis	1459	117,5	81	Lauterbach (Hessen)
Regierungsbezirk Kassel	8289	1261,0[2]	152	Kassel
Kreisfreie Stadt				
Kassel	107	194,3	1820	Kassel
Landkreise				
Fulda	1380	219,6	159	Fulda
Hersfeld-Rotenburg	1097	128,5	117	Bad Hersfeld
Kassel	1293	245,4	190	Kassel
Schwalm-Eder-Kreis	1538	192,1	125	Homberg (Efze)
Waldeck-Frankenberg	1849	169,6	92	Korbach
Werra-Meißner-Kreis	1025	111,4	109	Eschwege
Hessen	21115	6089,4[2]	288	Wiesbaden

1) Fläche zum 1. 1. 2003. – 2) Abweichung durch Rundung.

Bergstraße der Weinbau verbreitet, im Hess. Ried Anbau von Spargel und Gurken, in der Wetterau von Gemüse und Rosen, im Vortaunus und an der Bergstraße Obstbau, um Witzenhausen Kirschkulturen. 39,7 % der Fläche werden von Wald eingenommen. – H.s verkehrsgeograph. Mittelpunkt liegt im Rhein-Main-Gebiet mit einem bes. dichten Autobahnnetz und dem internat. Flughafen von Frankfurt am Main (zweitgrößter Passagierflughafen Europas), das auch ein Eisenbahnknotenpunkt ist. Neben Rhein und Main sind auch Weser und z. T. Fulda und Lahn schiffbar. Wichtigster Binnenhafen ist der von Frankfurt am Main.

Verfassung: Nach der Verf. vom 1. 12. 1946 liegt die Legislative beim Landtag

(110 Abg., für 4 Jahre gewählt). Er wählt den MinPräs., der die Mitgl. des Kabinetts beruft. Der gesamten Landesreg. muss das Vertrauen des Parlaments ausgesprochen werden. Die Verf. räumt der Bev. das Recht ein, über Volksbegehren und -entscheide an der Gesetzgebung teilzunehmen.
Geschichte: Die urspr. in H. siedelnden Kelten wurden bereits vor der Zeitenwende von Germanen verdrängt. Während dann S-Hessen römisch wurde, blieb N-Hessen Gau der german. Chatten. Seit dem 6. Jh. wurde H. in den fränk. Machtbereich einbezogen. Die drei wichtigsten Klöster Fritzlar, Hersfeld und Fulda wurden Ende des 8. Jh. Reichsabteien (Letztere errangen umfangreiche Güter auch in Thüringen). Das seit dem 9. Jh. führende Grafenhaus der Konradiner stellte mit Konrad I. 911–918 den »dt.« König. Im hohen MA. wurden als Reichsbannerträger die Grafen Werner und nach ihnen (1121) die Gisonen führend. 1122 folgten ihnen die Ludowinger, ab 1130 Landgrafen von Thüringen, die in langwierigen Kämpfen territoriale Ansprüche des Erzbistums Mainz auf H. abwehren mussten. Als sie im Mannesstamm 1247 erloschen (Tod Heinrich Raspes), führte der hessisch-thüring. Erbfolgekrieg (1247–64) zw. den Wettinern und thüring. Landgräfin Sophie von Brabant zur Trennung Thüringens von H., das als Landgrafschaft an Sophies Sohn, Heinrich I., das Kind († 1308), kam. 1292 wurde die Landgrafschaft zum Reichsfürstentum erhoben. Unter Philipp I., dem Großmütigen (1509–67), entwickelte sich H. zu einer der dt. Geschichte wesentlich beeinflussenden Macht. Durch die Landesteilung nach seinem Tod 1567 entstanden die Linien H.-Kassel, H.-Marburg (1604 an H.-Kassel), H.-Rheinfels (1583 an H.-Darmstadt) und H.-Darmstadt.
H.-Kassel, die ältere Linie, umfasste die Hälfte des bisherigen Landes. Nach dem »H.-Krieg« zw. H.-Kassel (Landgräfin Amalie Elisabeth [1637–51]) und H.-Darmstadt wurde 1648 die Teilung in H.-Kassel und H.-Darmstadt bestätigt. Landgraf Karl (1670–1730) zog viele Hugenotten nach H. und führte das Land zu einer Blüte. Friedrich I. (1730–51) wurde als Schwager Karls XII. (1720) König von Schweden. Für ihn führte sein Bruder Wilhelm (VIII.) die Reg.; er gründete die Kasseler Gemäldegalerie. Unter Wilhelm IX. (1785–1821) wurde H. durch den Reichsdeputationshauptschluss 1803 Kurfürstentum: **Kurhessen.** Dieses wurde 1807 dem Königreich Westfalen angegliedert und 1813–15 wiederhergestellt. Unter dem Druck von Unruhen unterzeichnete Wilhelm II. (1821–47) die liberale Verf. von 1831 und übertrug die Reg. dem Kurprinzen Friedrich Wilhelm. Eine liberale Reg. (1848/49) wich 1850 (Rückkehr H. D. Hassenpflugs) wieder einem reaktionären Kurs. Die Verf.kämpfe hielten unter ständigen Eingriffen Preußens und des Bundestags (1853 Besetzung H.s) an, auch als 1862 die alte Verf. von 1831 wiederhergestellt wurde. Im Dt. Krieg von 1866 stellte sich der Kurfürst, gegen den Neutralitätswillen des Landes, auf die österr. Seite. H.-Kassel wurde nach dem Sieg Preußens diesem einverleibt, der Kurfürst verbannt. 1868 entstand die preuß. **Provinz H.-Nassau;** sie umfasste v. a. H.-Kassel, das Herzogtum Nassau, H.-Homburg und die Freie Stadt Frankfurt; Hptst. wurde Kassel. 1929 wurde Waldeck, 1932 der Kreis Wetzlar angegliedert. 1944 wurde H.-Nassau wieder in zwei Prov. geteilt: Nassau und Kurhessen.
H.-Darmstadt, die jüngere Linie, von Philipps I. jüngstem Sohn, Georg I. (1567 bis 1596), gestiftet, stand später stets auf der Seite Habsburgs, daher oft gegen H.-Kassel. 1622 spaltete sich die Landgrafschaft **H.-Homburg** ab (1868 der preuß. Prov. H.-Nassau angegliedert). Landgraf Ludwig X. (1790–1830) trat dem Rheinbund bei und wurde als Ludwig I. Großherzog (1806); 1813 schloss er sich den Verbündeten gegen Napoleon I. an, trat 1815 Westfalen an Preußen ab, erhielt das Fürstentum Isenburg-Birstein sowie linksrhein. Gebiete, die zur Prov. Rhein-H. zusammengefasst wurden. Das **Großherzogtum H.** erhielt 1820 eine Verfassung. Unter dem Einfluss des Min. K. du Thil schloss sich H.-Darmstadt als eines der ersten dt. Länder 1828 dem preuß. Zollsystem an. Ludwig II. (1830–48) musste 1848 dem liberalen Oppositionsführer Heinrich von Gagern die Reg. übertragen. Ludwig III. (1848–77) betrieb in Anlehnung an Österreich Restaurationspolitik. Der Min. R. von Dalwigk führte H.-Darmstadt im Dt. Krieg 1866 auf die Seite Österreichs.

HES Hessischer Friedenspreis

1867 folgte eine Militärkonvention sowie ein Bündnis mit Preußen; 1871 trat H.-Darmstadt dem Dt. Reich bei. Im Zuge der Novemberrevolution 1918 wurde Großherzog Ernst Ludwig (1892–1918) abgesetzt und im Dez. 1919 der **Volksstaat H.** gebildet. In ihm stellte die SPD (1919–31 stärkste Partei) den Staatspräs. (1919–28 C. Ulrich, 1928–31/33 B. Adelung). Nach der nat.-soz. Gleichschaltung 1933 unterstand das Land bis 1945 einem nat.-soz. Reichsstatthalter (J. Sprenger).

Das **Land H.** wurde am 19. 9. 1945 von der amerikan. Militärreg., zunächst unter dem Namen Groß-H., aus dem größten Teil der ehem. preuß. Prov. H.-Nassau und dem Volksstaat H. gebildet (1. MinPräs.: K. Geiler; am 1. 12. 1946 Volksabstimmung zur Annahme der Verf.). Die SPD (1946–74 stärkste Partei des Landtags, 1950–54 und 1962–70 absolute Mehrheit) stellte die MinPräs.: C. Stock (1946–50), G. A. Zinn (1950–69), A. Osswald (1969–76), H. Börner (1976–87; 1982–84 nur geschäftsführend); dabei stand die SPD in Koalition mit anderen Parteien (1970–82 mit der FDP, 1985–87 mit den Grünen [seit 1982 im Landtag]). 1987–91 war W. Wallmann (CDU) MinPräs. einer CDU-FDP-Koalition. 1991 kam es zu einer neuen Koalitionsreg. von SPD und Grünen (seit 1993 Bündnis 90/Die Grünen) unter H. Eichel (SPD), die nach den Wahlen von 1999 von einer CDU/FDP-Koalition unter R. Koch (CDU) abgelöst wurde, der nach den Wahlen 2003 eine CDU-Alleinreg. bilden konnte. – Ende 1999/Anfang 2000 CDU-Finanz- und Parteispendenaffäre.

📖 *Das Werden H.s*, hg. v. W. Heinemeyer. Marburg 1986. – Pletsch, A.: *H. Darmstadt 1989*. – *H. in der Geschichte*, hg. v. C. Dipper. Darmstadt 1996. – *H. Verfassung u. Politik*, hg. v. B. Heidenreich u. a. Stuttgart 1997.

Hessischer Friedenspreis, seit 1994 jährlich von der Albert-Osswald-Stiftung verliehener, mit 25 000 Euro dotierter Preis, der auf eine Initiative des ehem. hess. MinPräs. Albert Osswald zurückgeht. Das den Preis auslobende Kuratorium setzt sich zusammen aus dem Präs. und dem Vizepräs. des hess. Landtags, zwei Vertretern der Albert-Osswald-Stiftung sowie je einem führenden Mitglied der Hess. Stiftung Friedens- und Konfliktforschung (Frankfurt am Main), des Instituts für Friedensforschung und Sicherheitspolitik an der Universität Hamburg und der Forschungsstätte der Evang. Studiengemeinschaft (Heidelberg). Der H. F. wurde verliehen: 1994 an die norweg. Sozialwissenschaftlerin Marianne Heiberg für ihre maßgebliche Mitwirkung an der Einleitung und Förderung des israelisch-palästinens. Friedensprozesses; 1995 an den nordir. Politiker J. Hume für seine entscheidenden Initiativen im nordir. Friedensprozess; 1996 an den Weihbischof von San Salvador, Gregorio Rosa Chávez, für seinen Beitrag zum Zustandekommen des Friedens in El Salvador; 1997 an den ehem. Bürgermeister der Freien Hansestadt Bremen, H. Koschnick, für seine Bemühungen um das Zusammenführen und Zusammenleben der verfeindeten Bevölkerungsgruppen in der geteilten Stadt Mostar; 1998 an den russ. General a. D. Alexander Lebed für seine Verdienste um die Beendigung des (ersten) Krieges in Tschetschenien; 1999 an den ehem. US-Senator George J. Mitchell für seine Verdienste als Vermittler in den Friedensverhandlungen im Nordirlandkonflikt; 2000 an den ehem. finn. Staatspräs. M. Ahtisaari für seine Vermittlung zwischen der NATO und der Bundesrep. Jugoslawien, die zum Rückzug der serb. Truppen aus dem Kosovo führte; 2001 an den OSZE-Hochkommissar für Nationale Minderheiten, Max van der Stoel, für seine erfolgreiche Strategie der Konfliktvorbeugung bei der Lösung von Minderheitenproblemen; 2003 an den UN-Sonderbeauftragten für Afghanistan, den Algerier Lakhdar Brahimi, für seine Leistungen im afghanischen Friedensprozess; 2004 an den schwed. Diplomaten H. Blix für seine Bemühungen als Waffeninspektor in Irak um Frieden im Vorfeld des Irakkriegs 2003.

Hessischer Rundfunk, Abk. **HR,** 1948 errichtete Rundfunkanstalt öffentlichen Rechts, hervorgegangen aus der 1923 gegr. »Südwestdt. Rundfunkdienst AG« (sendete seit 1924 Hörfunkprogramme); ist seit 1954 am Fernsehprogramm der ARD beteiligt und verbreitet ein 3. Fernsehprogramm; Sitz: Frankfurt am Main. († Rundfunk)

Hessisches Bergland, waldreiches Berg- und Hügelland zw. dem Rhein. Schiefergebirge im W und dem Thüringer Becken und dem fränk. Stufenland im O; von den **Hessischen Senken** (tekton. Stö-

rungszone) durchzogen, die es unterteilen in Westhess. Bergland mit Waldecker Tafelland, Habichtswald, Kellerwald, Burgwald, Vorderer Vogelsberg und Osthess. Bergland (Hoher Vogelsberg, Rhön, Fulda-Haune-Tafelland, Knüll, Fulda-Werra-Bergland).
Hessisches Ried, Landschaft im nördl. Teil der Oberrhein. Tiefebene zw. Rhein und Odenwald; heute Agrargebiet, urspr. weitgehend ein Sumpf- und Feuchtland. Maßnahmen gegen die Versumpfung werden seit dem 18. Jh. unternommen. Im Zuge der Rheinregulierung 1828/29 wurde bei Stockstadt am Rhein eine Flussschlinge abgetrennt, die das heutige Naturschutzgebiet Kühkopf umschließt. Wasserwerke dienen der Versorgung des Rhein-Main- und des Rhein-Neckar-Raumes (die überhöhte Grundwasserentnahme führte zu Schäden an der Vegetation); bei Gernsheim Erdölförderung.
Hessisch Lichtenau, Stadt im Werra-Meißner-Kreis, Hessen, am S-Rand des Kaufunger Waldes, 14 000 Ew.; orthopäd. Klinik und Reha-Zentrum; Textil-, Kunststoff-, Betonstein-, Holz-, Metall verarbeitende u. a. Industrie. – Gut erhaltenes Stadtbild mit Fachwerkbauten (17.–19. Jh.) und Teilen der Stadtbefestigung.
Hessisch Oldendorf, Stadt im Landkreis Hameln-Pyrmont, Ndsachs., am Fuß des Süntel, an der Weser, 20 100 Ew.; Möbelherstellung und -versand, Teppichbodenfabrik, Schuhindustrie.
Hessonit [grch.] *der,* braunrot gefärbtes Mineral, Schmuckstein, ↑Granat.
Hessus, Helius Eobanus, eigtl. Eoban Koch, Humanist und nlat. Dichter, * Halgehausen (heute zu Haina [Kloster], Landkreis Waldeck-Frankenberg) 6. 1. 1488, † Marburg 4. 10. 1540; gehörte dem Erfurter Humanistenkreis an; berühmt durch seine »Heroides christianae« (1514, erweitert 1532); schrieb auch Gelegenheitsdichtung und übertrug die »Ilias« in lat. Sprache.
Hestia, *grch. Mythos:* Göttin des Herdes und Herdfeuers, Tochter von Kronos und Rhea, von den Römern mit Vesta gleichgesetzt.
Heston ['hestən], Charlton, amerikan. Schauspieler, * Evanston (Ill.) 4. 10. 1924; spielte u. a. in den Filmen »Die zehn Gebote« (1956) und »Ben Hur« (1959).
Hesychasmus [zu grch. hēsychía

Heterogonie HET

»Ruhe«] *der,* Sonderform der mittelalterl. byzantin. Mystik, auf Symeon, den neuen Theologen (* 949, † 1022), zurückgehend; von Gregorios Palamas (* 1296/97, † 1359) theologisch begründet; Ziel der mit yogaähnl. Übungen und der ständigen Wiederholung des ↑Jesusgebets verbundenen Form des geistigen Gebets ist die myst. Schau des ungeschaffenen göttl. Lichts (↑Taborlicht). Zentrum des H. ist bis in die Gegenwart der Athos.
Hetäre [grch. »Gefährtin«] *die,* im alten Griechenland Bez. für die gebildete Prostituierte, die im Ggs. zur eigentl. Dirne (grch. pórnai) sozial anerkannt war. Bes. seit dem 5. Jh. v. Chr. gab es H., die Einfluss auf bed. Männer ausübten, so Aspasia, die zweite Gattin des Perikles, Thais, die Geliebte Alexanders d. Gr., und Phryne, die des Praxiteles.
Hetärie [grch.] *die,* im alten Griechenland eine aus polit. oder auch erot. Verbindung entstandene männl. Gemeinschaft; im 19. Jh. grch. polit. Geheimbünde, die die Befreiung von den Türken erstrebten. In Demokratien waren H. oft Klubs der oligarch. Opposition.
hetero... [grch.], fremd..., verschieden...
Heteroatome, die in organ. Ring- oder Kettenmolekülen eingebauten Nichtkohlenstoffatome wie Stickstoff, Sauerstoff, Schwefel.
heteroblastisch, unterschiedlich entwickelt; vom Gefüge eines metamorphen Gesteins gesagt, das Kristallneubildungen ungleicher Größe enthält.
Heterochromie [grch.] *die,* Verschiedenfarbigkeit der beiden Regenbogenhäute der Augen.
heterodont [grch.], aus verschiedenartigen Zähnen gebildet, z. B. besitzen der Mensch und die Säugetiere ein **heterodontes Gebiss** (Schneide-, Eck-, Mahlzähne).
heterodox [grch.], von der offiziellen (kirchl.) Lehre abweichend; Ggs.: orthodox.
Heterodynempfang, ↑Schwebungsempfang.
heterofinal [grch.-lat.], *Philosophie:* durch einen anderen als den ursprüngl. Zweck bestimmt.
heterogen [grch.] (inhomogen), ungleichartig; Ggs.: homogen.
Heterogonie [grch.] *die,* **1)** *Biologie:* eine Form des ↑Generationswechsels.

HET Heterographie

2) *Philosophie:* die Entstehung aus Andersartigem; Ggs.: Homogonie; bei W. Wundt das Entstehen von anderen Wirkungen als den urspr. beabsichtigten, woraus wiederum neue Motive und veränderte Zwecke erwachsen können.
Heterographie *die, Sprachwissenschaft:* 1) unterschiedl. Schreibung von Wörtern mit gleicher Aussprache (z. B. viel – fiel); 2) Verwendung gleicher Schriftzeichen für versch. Laute (z. B. »ch« im Deutschen für den Achlaut und den Ichlaut).
Heterokonten [grch.] Sammelbez. für Algen, die jeweils eine lange und eine kurze Geißel tragen, u.a. die ↑Xanthophyceae.
Heterolyse [grch.] *die,* die Spaltung eines Moleküls unter Bildung von zwei entgegengesetzt geladenen Ionen.
heteromorph [grch.], verschieden gestaltet, andersförmig.
Heteromorphie [grch.] *die,* ↑Polymorphie.
heteronom [grch.], ungleichwertig, ungleichartig; Ggs.: homonom.
Heteronomie [grch.] *die, Philosophie:* Fremdgesetzlichkeit; nach I. Kant die Bestimmung des Willens durch Zwecke oder Autoritäten statt durch das Sittengesetz in uns; Ggs.: ↑Autonomie.
Heteronym [grch.] *das, Sprachwissenschaft:* **1)** Wort, das der Bedeutung nach eng zu einem anderen gehört, aber eine von diesem verschiedene Wurzel hat, z. B. »Knabe«, »Mädchen« (gegenüber lat. »puer«, »puella«).
2) Wort, das mit einem anderen, aus einer anderen Sprache stammenden gleichbedeutend ist; z. B. »Orange«, »Apfelsine«.
Heterophonie [grch.] *die,* von mehreren Stimmen gleichzeitig ausgeführte Melodie, die aber von jeder Stimme unterschiedlich in Ton und Rhythmus abgewandelt wird, z. B. in der altgrch. Musik und der Musik außereurop. Völker.
Heterophyllie [grch.] *die,* Ausbildung verschieden gestalteter Blätter an einer Pflanze.
heteropolare Bindung, die Ionenbindung (↑chemische Bindung).
Heteropteren [grch.], die ↑Wanzen.
Heterosexualität, auf gegengeschlechtl. Partner gerichtete Sexualität; Ggs.: Homosexualität.
Heterosis [grch.] *die* (Bastardwüchsigkeit), *Tier-* und *Pflanzenzucht:* die Erscheinung, dass Nachkommen aus einer Kreuzung versch. Erbverbände (Rasse, Linien) den Durchschnitt ihrer Eltern in Bezug auf Wüchsigkeit, Ertragsleistung und Vitalität übertreffen; **H.-Züchtung** z. B. bei Ölpflanzen, Geflügel.
Heterosphäre, Teil der ↑Atmosphäre.
Heterostruktur, *Physik:* Kombination aus versch. chemisch verwandten Materialien mit gleicher oder ähnl. Gitterstruktur. H. wurden zuerst aus Halbleitern der 3. und 5. Gruppe des Periodensystems in Form dünner Schichten durch ↑Epitaxie hergestellt (**Halbleiter-H.**). Beispielsweise wirkt eine einzelne GaAs-Schicht zw. zwei AlGaAs-Schichten (Legierung aus Galliumarsenid und Aluminiumarsenid) wie ein Potenzialtopf für Elektronen und Löcher und wird als **Quantengraben (Quantentrog)** bezeichnet. Durch die Energiestufen in den Bändern wird der elektr. Transport in Wachstumsrichtung (senkrecht zu den Schichtgrenzen) unterbunden, bleibt aber parallel zu den Schichtgrenzen ungeändert. In derartigen Schichten treten Dimensionsquanteneffekte auf, durch die die physikal. Eigenschaften der Quantengrabenstruktur gegenüber dem Ausgangskristall modifiziert werden. Insbesondere führt die Quantisierung der Wellenvektors der Ladungsträger in Wachstumsrichtung dazu, dass nur diskrete Energieniveaus für Elektronen und Löcher im Potenzialtopf möglich sind. Da die Lage der diskreten Energieniveaus sich mit der Schichtdicke ändert, werden nicht nur die elektrischen, sondern auch die opt. Eigenschaften geändert. Halbleiter-H. finden in der Optoelektronik Anwendung, z. B. für den Bau von Halbleiterlasern und Lumineszenzdioden, da die Emissionswellenlänge durch Wahl der Schichtdicke sowie des Al-Gehalts der Barrieren in weiten Grenzen verschoben werden kann. Mit der Entwicklung von Methoden der Nanotechnologie können auch dünne Streifen (**Quantendrähte**) oder Inseln (**Quantenpunkte**) hergestellt werden. – In **metall. H.** aus dünnen Schichten spielen v. a. magnet. Eigenschaften eine große Rolle (↑GMR-Effekt).
heterotopisch, *Geologie:* in versch. ↑Fazies vorkommend (von Gestein) bzw. in versch. Bildungsräumen entstanden; Ggs.: ↑isopisch.
Heterotrophie [grch.] *die,* Ernährung aus organ. Stoffen bei nicht grünen (**hete-**

rotrophen) Pflanzen (z. B. Saprophyten), bei Tieren und beim Menschen; Ggs.: Autotrophie.

Heterozetesis [grch.] *die,* 1) falsche Beweisführung mit beweisfremden Argumenten; 2) verfängl. Frage mit versch. Antwortmöglichkeiten.

heterozygot [grch.], mischerbig, gesagt von befruchteten Eizellen oder Individuen, die aus einer Bastardierung hervorgegangen sind, bei denen Allelpaare mit ungleichen Allelen vorkommen; Ggs.: homozygot.

heterozyklische Verbindungen, ringförmige, organ. Verbindungen, die außer Kohlenstoff mindestens ein Heteroatom (d. h. ein Nichtkohlenstoffatom wie Stickstoff, Sauerstoff oder Schwefel) enthalten. Besondere Bedeutung haben h. V. mit ungesättigten Fünf- und Sechsringen (z. B. ↑Furan, ↑Pyridin, ↑Pyrrol).

hethitische Kunst: Großkönig Tutchalija IV., umarmt von seinem Schutzgott Scharruma; Relief in Kammer B des Felsheiligtums Yazılıkaya (2. Hälfte des 13. Jh. v. Chr.)

Hethiter, Volk mit indogerman. Sprache, das im östl. Kleinasien im 2. Jt. v. Chr. das Reich **Hatti** gründete; Hptst. war Hattusa (↑Boğazkale). Die H. haben die seit dem 3. Jt. v. Chr. bestehende Kultur der vorhethit. (Proto-)Hattier übernommen. Als Gründer des **Alten Reiches** der H. gilt Hattusili I. (um 1570, nach anderer Chronologie um 1650 v. Chr.). Er zog bereits über den Taurus bis nach N-Syrien. Sein Enkel und Nachfolger Mursili I. eroberte Aleppo und unternahm einen Raubzug nach Babylon (um 1530 v. Chr.). Nach einer Zeit dynast. Wirren versuchte Telipinu (um 1500 v. Chr.) das Reich wieder zu festigen; er ordnete die Thronfolge und veranlasste vermutlich die erste Samml. der hethit. Gesetze. Suppiluliuma I. (um 1343 bis 1320) schuf das **Neue Reich** der H., dessen Großmachtstellung Mursili II. (um 1320–1285) verteidigte. Muwatalli II. (um 1285–1272) führte Krieg mit Ägypten (Schlacht bei Kadesch 1275). Hattusili III. (um 1266–1236) schloss mit Ramses II. 1259 einen Friedensvertrag, der beiden ihren Besitzstand in Syrien sicherte. Letzte Großkönige waren Tutchalija IV. (nach 1236 v. Chr.), unter dem das Felsheiligtum Yazılıkaya nahe Hattusa seine endgültige Gestalt erhielt, und Suppiluliuma II. (Ende des 13. Jh. v. Chr.). Um 1200 ist das hethit. Reich beim Einfall der ↑Seevölker untergegangen. Hethit. Kleinkönigtümer bestanden in N-Syrien noch bis ins 8. und 7. Jh. v. Chr. – Der Staat der H. war ein monarchisch regierter Feudalstaat. Der König (Titel Tabarna) war nicht nur Regent und Heerführer, sondern hatte auch besondere Aufgaben im Kult. Die Königin unterhielt eine eigene diplomat. Kanzlei und stand mit ausländ. Fürstenhöfen brieflich in Verbindung. Eine breite Schicht von Beamten sorgte für das Funktionieren des Staatsapparats. An die Großwürdenträger und die Tempel vergab der König weite Ländereien als Lehen. Ein Teil der Bauern war abhängig und musste dem Lehnsherrn und der Krone Frondienste leisten und Abgaben entrichten. Neben den freien Bürgern und Bauern gab es Sklaven. – Das Heer bestand neben der Leibwache des Königs aus einem stehenden Kontingent (z. B. zu Besatzungszwecken) und den zum Heeresdienst verpflichteten Bürgern. Neben Fußtruppen gab es Streitwagenkämpfer. – In Schreibschulen wurde gelehrt, die versch. im Reich Hatti verwendeten Sprachen in Keilschrift aufzuschreiben.

📖 *Klengel, H.: Gesch. des hethit. Reiches. Leiden u. a. 1998 (Hb. für Orientalistik).* – *Die H. und ihr Reich. Das Volk der 1000 Götter,* hg. von der Kunst- u. Ausstellungshalle der Bundesrep. Dtl. Bonn 2002.

hethitische Kunst, die Kunst Anatoliens vom 2. Jt. v. Chr. bis zur Kunst spätethit.

Fürstentümer N-Syriens am Anfang des 1. Jt. v. Chr. In umwehrten Städten mit monumentalen Toranlagen wurden Paläste mit Pfeilerhallen und Tempel errichtet, deren Kulträume durch tief gezogene Fenster erhellt wurden. Die Grundrisse der Gebäude und Tempel waren unsymmetrisch. Typ. Gefäßformen sind rotbraune, hochpolierte Schnabelkannen und tiergestaltige Trinkgefäße aus Ton. Aus der Zeit des Neuen Reichs stammen in weichen Stein gearbeitete Hochreliefs. Die Felsreliefs des hethit. Felsheiligtums von Yazılıkaya (bei Boğazkale/Hattusa) zeigen strenge Komposition, die Orthostatenreliefs am Tor von Alaca Hüyük eine sehr lebendige Darstellungsweise, die in den späthethit. Reliefs erstarrte. Die hethit. Stempelsiegel trugen v. a. Tiermotive, herald. Darstellungen oder Legenden in Keilschrift und hethit. Hieroglyphen.
📖 *Riemschneider, M.:* Die Welt der Hethiter. Neuausg. Essen 1985. – *Rossner, E. P.:* Die hethit. Felsreliefs in der Türkei. Ein archäolog. Führer. München ²1988.

hethitische Literatur. Erhalten sind Tontafeln aus königl. und Tempelarchiven der Hauptstadt Hattusa (↑Boğazkale). Neben religiösen Texten finden sich Dienstinstruktionen, Staatsverträge, eine Rechtssammlung, diplomat. Korrespondenz. In den hethit. Schreiberschulen wurden sumerisch-akkad. Epen (z. B. das »Gilgameschepos«) überliefert. Selbstständig von den Hethitern entwickelt wurde die Geschichtsschreibung, dokumentiert in den Annalen mehrerer Könige.

hethitische Religion. Sie enthält altkleinasiat., hurrit., babylon. und original hethit. Elemente. Da auch die Götter der Vasallen (z. B. in Verträgen) angerufen wurden, war das hethit. Pantheon sehr groß. An der Spitze stand der Wettergott Taru mit seiner Gattin Wurusemu, der Sonnengöttin von Arinna, im Neuen Reich das Götterpaar Teschub-Chebat. Unter hurritisch-babylon. Einfluss gewannen Sonne und Mond als Gestirngottheiten an Bedeutung.
📖 *Lehmann, J.:* Die Hethiter. Volk der tausend Götter. Sonderausg. Bindlach 1992.

hethitische Sprache, die älteste überlieferte indogerman. Sprache, gehört zur hethitisch-luwischen Gruppe (anatol. Sprachgruppe); sie ist mit akkad. Keilschrift auf Tontafeln geschrieben, daher **Keilschrifthethitisch** genannt. Die hethit. Texte entstammen meist dem in Boğazkale gefundenen Archiv der hethit. Könige. Im südl. Teil des hethit. Großreichs wurde eine nah verwandte Sprache, das ebenfalls in Keilschrift geschriebene **Luwische,** gesprochen. Verwandt mit dem Luwischen war das **Lykische** und das **Hieroglyphischhethitisch,** die Sprache der hethit. Kleinstaaten in N-Syrien nach dem Untergang des hethit. Großreichs, die in hethit. Hieroglyphen geschrieben wurde; schließlich noch das nach der Landschaft Pala benannte **Palaische.**

Hethitologie *die,* Wiss. von den Hethitern und den Sprachen und Kulturen des alten Kleinasiens.

Hetian, Oase in China, ↑Hotan.

Hetman [poln., von dt. »Hauptmann«] *der,* **1)** in Polen und Litauen vom 15. Jh. bis Ende des 18. Jh. Titel des vom König ernannten Oberbefehlshabers des Heeres **(Groß-H.)** und seines Vertreters **(Feldhetman).**
2) (Ataman), bei den Kosaken (v. a. am Dnjepr) urspr. der auf ein Jahr gewählte Anführer; 1572–1764 russ. Titel des frei gewählten Heerführers aller Kosaken. Von der Mitte des 17. Jh. bis zur Mitte des 18. Jh. wurde die O-Ukraine von einem H. verwaltet. 1918 wurde das **Hetmanat** unter P. Skoropadski in der Ukraine während der dt. Besetzung kurzzeitig wieder aufgerichtet.

Hettlage, Karl Maria, Finanzwissenschaftler und -politiker, * Essen 28. 11. 1902, † Bonn 3. 9. 1995; 1938–51 Vorstandsmitgl. der Commerzbank AG, leitete während des Zweiten Weltkrieges auch die Wirtschafts- und Finanzabteilung des Rüstungsministeriums; seit 1953 Prof. für öffentl. Recht, Politik und Finanzwiss.; 1959–62 und 1967–69 Staatssekr. im Bundesfinanzministerium, 1965–76 Präs. des Ifo-Inst. für Wirtschaftsforschung. H. machte sich bes. um die Neuordnung der dt. Finanzverf. verdient.

Hettner, Alfred, Geograph, * Dresden 6. 8. 1859, † Heidelberg 31. 8. 1941; die neuzeitl. geograph. Wiss. wurde durch seine krit. Untersuchungen zur Methodik geprägt.

Hettstedt, Stadt im Landkreis Mansfelder Land, Sa.-Anh., am O-Rand des Harzes an der Wipper, 18 600 Ew.; Herstellung von Kupfer- (bis 1990 Kupfererzverhüt-

Heuschnupfen HEU

tung) und Messinghalbzeug sowie Aluminium, Maschinen- und Anlagenbau. – Spätgot. Stadtkirche St. Jakobi (1418 bis 1517). – Seit 1046 bezeugt, 1283 erstmals als Stadt erwähnt. Um 1200 Beginn des Kupfererzbergbaus (bis 1990). H. war bis 1994 Kreisstadt.

Hetzjagd (Hetze, Hatz), Jagdart, bei der Wild zu Pferd oder zu Fuß mit einer Hundemeute oder mit Fahrzeugen verfolgt wird, damit es erbeutet werden kann. In Dtl. ist die H. verboten. Die Hetze des Hundes bei der Nachsuche auf angeschossenes Wild ist erlaubt. (↑Parforcejagd)

Heu, vor oder in der Blüte abgeschnittene, an der Luft getrocknete Pflanzen der Wiesen, auch Feldfutterpflanzen (**Klee-H., Luzerne-H.**) und Winterzwischenfrüchte (Landsberger Gemenge), als Viehfutter. – Die natürl. Trocknung von H. kann in regenarmen Gebieten durch Bodentrocknung erfolgen; in Gebieten mit hohen Niederschlägen wird die Gerüsttrocknung vorgezogen. Bei der künstl. Trocknung unterscheidet man die maschinelle Grünfuttertrocknung und die Unterdachtrocknung mit Gebläse, bei der nur geringe Qualitätsverluste auftreten. Weitere Konservierungsverfahren sind die Vergärung von H. zu Gärfutter oder (selten) zu Braun- oder Brennheu.

Heubach, Stadt im Ostalbkreis, Bad.-Württ., am Rand der Schwäb. Alb, 10 200 Ew.; Miederfabrik, Frottierweberei, Metallverarbeitung. – Altes Rathaus mit Fachwerkobergeschoss (1581; heute auch Miedermuseum). – H. wurde im 14. Jh. Stadt.

Heuberg, 1) Großer H., Teil der südwestl. Schwäb. Alb, im Lemberg 1015 m ü. M.
2) Kleiner H., Gebiet im Vorland der Schwäb. Alb, westlich von Balingen, bis 680 m ü. M.

Heuberger, Richard, österr. Komponist, *Graz 18. 6. 1850, †Wien 28. 10. 1914; bleibenden Erfolg erlangte nur seine Operette »Der Opernball« (1898).

Heublumen, Gemisch getrockneter Blüten, Samen, Blatt- und Stängelteile von Wiesenblumen (Flores Graminis); volksmedizinisch z. B. gegen rheumat. Beschwerden (H.-Bad) angewendet.

Heuer [zu mnd. hüren »mieten«], Arbeitslohn des Besatzungsmitgl. eines Seeschiffs.

Heuerverhältnis, das Arbeitsverhältnis zw. einem Mitgl. der Schiffsbesatzung von Seeschiffen und der Reederei, geregelt im Seemanns-Ges. von 1957 (mit späteren Änderungen). Es unterscheidet sich von dem Arbeitsverhältnis sonstiger Arbeitnehmer durch die Mitwirkung einer amtl. Stelle (↑Seemannsamt). Der wesentl. Inhalt des H. wird im Heuerschein niedergelegt. Ein H. als Besatzungsmitgl. darf nur eingehen, wer ein vom Seemannsamt ausgestelltes **Seefahrtbuch** besitzt. Das Seemannsamt nimmt auch die **Anmusterung** (Eintragung der Besatzungsmitgl. und des H. in die ↑Musterrolle) vor, ebenso die **Abmusterung** bei Beendigung des Dienstes an Bord.

Heufalter, der Schmetterling ↑Goldene Acht.

Heufieber, der ↑Heuschnupfen.

Heuhüpfer, Bez. für einige Vertreter der Feld- und der Laubheuschrecken.

Heumonat (Heumond, Heuert, Heuet), alter dt. Name für den Monat Juli.

Heuneburg, frühkelt. Befestigungsanlage am linken Donauufer bei Hundersingen (Gem. Herbertingen, Landkreis Sigmaringen, Bad.-Württ.) mit Ausbauphasen der Bronze- und Eisenzeit sowie des MA. Bes. gut erforscht ist der späthallstattzeitl. Fürstensitz (6. Jh. und 1. Hälfte des 5. Jh. v. Chr.). Ausgrabungen 1950–79 weisen Befestigungen in Holz-Stein-Konstruktion nach, in der Bauphase IV Verwendung luftgetrockneter Lehmziegel; zahlr. Funde importierter grch. Keramik.

Heupferd, ↑Laubheuschrecken.

heureka! [grch. »ich habe (es) gefunden!«], angebl. Ausruf des Archimedes bei der Entdeckung des Gesetzes vom stat. ↑Auftrieb; danach: Freudenruf, wenn ein schwieriges Problem gelöst worden ist.

Heuriger, österr.: der neue Wein von Martini (11. 11.) bis zum nächsten Weinjahrgang.

Heuristik [zu grch. heurískein »finden«] die, Lehre von der Methode. Gewinnung neuer Erkenntnisse mithilfe von Denkmodellen, Analogien, Gedankenexperimenten; im Unterschied zur Logik, welche lehrt, sie zu begründen.

Heuscheuer (poln. Góry Stołowe), Teil der Sudeten, in Schlesien, Polen, in der Großen H. (poln. Szczeliniec Wielki) 919 m ü. M.; bildet den steil abfallenden NW-Abschluss des Glatzer Berglandes.

Heuschnupfen (Heufieber, Pollenallergie, Pollinosis, Rhinitis allergica), allerg.

391

HEU Heuschrecken

Erkrankung, die bei saisonalem Auftreten durch Gräser- oder Baumpollen (bes. im Frühjahr und/oder Sommer) verursacht wird. Bei ganzjährigen Beschwerden können Tierepithelien, Hausstaubmilben oder Schimmelpilzsporen auslösend sein. Der H. beginnt plötzlich mit erhebl. Schwellung und Sekretabsonderung der Nasenschleimhaut, anfallartigem, heftigem Niesen, Jucken, Brennen, Tränen der Augen, in schweren Fällen auch einer Reizung der Bronchien mit Asthma. Die *Behandlung* mit einer Immuntherapie (↑Hyposensibilisierung) ist oft erfolgreich.

📖 *Flade, S.: Allergien natürlich behandeln. Heuschnupfen, Asthma, Neurodermitis.* München 2001.

Heuschrecken (Springschrecken, Schrecken, Saltatoria), mit über 15 000 Arten weltweit verbreitete Ordnung etwa 0,2–25 cm langer Insekten (davon über 80 Arten in Mitteleuropa); meist Pflanzen fressende Tiere mit beißenden Mundwerkzeugen, borsten- bis fadenförmigen Fühlern und häutigen Flügeln; Hinterbeine meist zu Sprungbeinen umgebildet. H. erzeugen zum Auffinden des Geschlechtspartners mithilfe von Schrillleisten an den Beinen oder Flügeln Zirplaute, die von besonderen Hörorganen wahrgenommen werden. Man unterscheidet zwei Unterordnungen: die **Kurzfühlerschrecken** (Caelifera), u. a. mit der Familie Feld-H. (mit den ↑Wanderheuschrecken), sowie die **Langfühlerschrecken** (Ensifera), u. a. mit den ↑Grillen und ↑Laubheuschrecken.

Heusenstamm, Stadt im Landkreis Offenbach, Hessen, in der Untermainebene, 18 300 Ew.; Lederwaren-, Kunststoffindustrie. – Im Ortskern die Wasserburg (12.–16. Jh., neugotisch verändert), Schönbornsches Schloss (1663–68), Pfarrkirche (1739–44) nach Plänen von B. Neumann, Ausstattung von J. W. van der Auwera. – Seit 1959 Stadt.

Heusinger, Adolf, General, * Holzminden 4. 8. 1897, † Köln 30. 11. 1982; 1937–44 im Generalstab des Heeres, nach dem Attentat auf Hitler am 20. 7. 1944 vorübergehend in Haft; 1957–61 Generalinspekteur der Bundeswehr und 1961–64 Vors. im Ständigen Militärausschuss der NATO.

Heusler, Andreas, schweizer. Germanist, * Basel 10. 8. 1865, † Arlesheim (bei Basel) 28. 2. 1940; Arbeiten über Verskunst, Lied und Epos (»Nibelungensage und Nibelungenlied«, 1921).

Heusler-Legierungen [nach dem Metallurgen F. Heusler, * 1866, † 1947], ferromagnet. Legierungen aus Kupfer, 9–27 % Mangan und 9–10 % Aluminium (oder Zinn) zur Herstellung von Dauermagneten; gut verformbar und rostsicher.

Heuss, Theodor, Politiker und Schriftsteller, * Brackenheim 31. 1. 1884, † Stuttgart 12. 12. 1963; Journalist, schloss sich dem Kreis um F. Naumann an und leitete 1905–12 die Ztschr. »Hilfe«. Ab 1910 Mitgl. der Fortschrittl. Volkspartei, trat nach Ausbruch der Novemberrevolution (1918) der Dt. Demokrat. Partei (ab 1930 Dt. Staatspartei) bei. 1920–33 Dozent an der Hochschule für Politik in Berlin, 1924–28 und 1930–33 MdR. 1933–45 politisch ausgeschaltet, betätigte sich H. publizistisch (u. a. »Friedrich Naumann«, 1937;

Heusenstamm: Schönbornsches Schloss (1663–68)

»Hans Poelzig, Bauten und Entwürfe«, 1939; »Justus von Liebig«, 1942). Nach dem dt. Zusammenbruch (Mai 1945) war er 1945–46 Kultusmin. von Württemberg-Baden, 1946–47 Prof. für Geschichte an der TH Stuttgart (u. a. »Schattenbeschwörung«, 1947). 1948–49 Vors. der FDP. Im Parlamentar. Rat (1948–49) wirkte er führend an der Ausarbeitung des GG mit. Als erster Bundespräs. der Bundesrep. Dtl.

Theodor Heuss

(1949–59) prägte H. stark die Konturen dieses Amts. Mit seinen Beiträgen zu Fragen der Emigration und des Widerstandes gegen den Nationalsozialismus bemühte er sich um den Ausgleich innenpolit. Kontroversen. – 1959 erhielt H. den Friedenspreis des dt. Buchhandels.
Weitere Werke: Volk u. Staat (1926), 1848. Werk und Erbe (1948), Erinnerungen 1905–1933 (1963).
📖 *T. H. Eine Bildbiographie. Beiträge von H. Hamm-Brücher u. H. Rudolph. Stuttgart 1983.*
Heussi, Karl, evang. Theologe, * Leipzig 16. 6. 1877, † Jena 25. 1. 1961; Prof. in Jena; verfasste kirchengeschichtl. Handbücher, die bis heute als Standardwerke gelten, bes. das »Kompendium der Kirchengeschichte« (1907–09, ¹⁸1991).
Heuss-Knapp, Elly, Politikerin und Schriftstellerin, * Straßburg 25. 1. 1881, † Bonn 19. 7. 1952; Tochter des Nationalökonomen Georg Friedrich Knapp (* 1842, † 1926), ∞ mit T. Heuss; engagierte sich in Frauenfragen, gründete 1950 das ↑Müttergenesungswerk.
Heuwurm, Raupe der ↑Traubenwickler.
Hevelius, Johannes, eigtl. Hevel oder Hewel(c)ke, Astronom, * Danzig 28. 1. 1611, † ebd. 28. 1. 1687; richtete sich eine Privatsternwarte ein und war einer der führenden beobachtenden Astronomen seiner Zeit; schuf mit seinem Hauptwerk »Selenographia« (1647) die erste und lange Zeit gültige Mondtopographie. H. befasste sich auch mit der Beobachtung von Kometen (»Cometographia«, 1668).
Heveller (Stoderani), Stamm der elbslaw. Liutizen an der Havel; 928/929 von König Heinrich I., im 12. Jh. durch Albrecht den Bären unterworfen; Zentralort war die Brandenburg (Brendanburg).
Hever *die,* größter und stärkster Tidestrom des nordfries. Wattenmeers zw. der Halbinsel Eiderstedt und der Hallig Süderoog.
Hevesy [ˈhɛvɛʃi], Georg Karl von, eigtl. György Hevesi, ungar. Physikochemiker, * Budapest 1. 8. 1885, † Freiburg im Breisgau 5. 7. 1966, im April 2001 nach Budapest überführt und dort beigesetzt; Prof. in Budapest, Freiburg im Breisgau, Kopenhagen und Stockholm; entdeckte mit D. Coster das Hafnium und erhielt für die mit F. Paneth entwickelte Indikatorenmethode zur Bestimmung geringer Mengen radioaktiver Nuklide (**H.-Paneth-Analyse,** ↑Radiochemie) sowie für Verfahren zur Untersuchung des Ablaufs chem. Reaktionen mit Isotopenindikatoren (↑Isotope) 1943 den Nobelpreis für Chemie.
Hewish [ˈhjuːɪʃ], Antony, brit. Astronom, * Fowey (Cty. Cornwall) 11. 5. 1924; ab 1971 Prof. in Cambridge; untersuchte die Szintillationen von astronom. Radioquellen, was 1967 zur Entdeckung der Pulsare führte. Dafür erhielt er 1974 zus. mit Sir M. Ryle den Nobelpreis für Physik.
Hewitt [ˈhjuːɪt], Lleyton, austral. Tennisspieler, * Adelaide 24. 2. 1981; gewann u. a. das US Open 2001 und die All England Championships 2002; ATP-Weltmeister 2001 und 2002.
Hewlett-Packard Company [ˈhjuːlɪt ˈpækəd ˈkʌmpənɪ], amerikan. Elektronikkonzern; gegr. 1939, Company seit 1947; Sitz: Palo Alto (Calif.); weltweit führender Hersteller von Druckern (Tintenstrahl-, Laserdrucker), Computern und Workstations. 2002 erfolgte die Fusion mit der Compaq Computer Corp. Die neue Gesellschaft firmiert weiter als H.-P. C. und zählt mit einem Pro-forma-Umsatz (2001) von 78,8 US-$ und 150 000 Beschäftigten zu den weltweit führenden Computer- und Informationstechnikkonzernen.
hex..., hexa... [grch.], sechs...
Hexachlor|äthan (Perchloräthan), farbloser, kristalliner, kampferartig riechender

HEX Hexachlorbenzol

Chlorkohlenwasserstoff, Cl_3C-CCl_3; Bestandteil von Insektiziden und Weichmachern.
Hexachlorbenzol, Abk. **HCB,** durch vollständige Chlorierung von Benzol gewonnener Chlorkohlenwasserstoff. Die Verwendung als Fungizid ist in Dtl. seit 1977 verboten.
Hexachlorcyclohexan, Abk. **HCH,** in acht stereoisomeren Formen auftretender Chlorkohlenwasserstoff mit der Summenformel $C_6H_6Cl_6$; wirkt als Atmungs-, Fraß- und Kontaktgift tödlich auf die meisten Insektenarten. Das γ-Isomer (γ-Hexachlorcyclohexan) wird unter der Bez. **Lindan (Gammexan)** als Insektizid verwendet. Bes. toxisch ist das β-Isomer.
Hexachord [zu grch. hexákordos »sechssaitig«] *der* oder *das, Musik:* diaton. Reihe von sechs aufeinander folgenden Tönen der Grundskala (c d e f g a: **Hexachordum naturale;** g a h c d e: **Hexachordum durum;** f g a b c d: **Hexachordum molle);** wesentl. Strukturfaktor der Musik des MA. (↑Solmisation).
Hexadezimalsystem (Sedezimalsystem), ein Zahlensystem zur Basis 16, gebildet aus den Ziffern 0 bis 9 und weiter folgend den Buchstaben A bis F; häufig in der Informatik angewandt.
Hexaeder [grch. »Sechsflächner«] *das,* ein von sechs Vierecken begrenztes Polyeder; im Spezialfall von sechs kongruenten Quadraten erhält man den Würfel, ein **regelmäßiges Hexaeder.**
Hexagon [grch.] *das,* ↑Sechseck.
hexagonales System, ↑Kristallsysteme.
Hexagramm [grch.] *das,* Sechsstern (↑Davidstern).
hexamer, sechsteilig, sechszählig (z. B. Blüten).
Hexameter [grch.] *der,* altgrch. Vers ohne Endreim aus sechs daktyl. Versfüßen (–◡◡), deren letzter unvollständig ist. In jedem Daktylus können die beiden kurzen Silben (◡◡) durch eine lange Silbe (–) ersetzt werden mit Ausnahme der beiden Kürzen im 5. Fuß. Der H. ist das Versmaß der homer. Epen; er findet sich auch als 1. Zeile des ↑Distichons. Unter den Römern ist Ovid der hervorragendste Techniker des H.. In der H. der mittelalterl. lat. Dichtung reimen oft Versschluss und Zäsur **(leoninische H.).** In Dtl. versuchten Dichter des 16. Jh., lat. H. im Deutschen nachzubilden. Danach verwendeten ihn, angeregt durch F. G. Klopstocks »Messias«, J. H. Voß, Goethe, Schiller, C. F. Hebbel u. a. (↑Metrik)
Hexamethylentetramin *das,* ↑Urotropin.
Hexane [grch.], zu den Alkanen gehörende gesättigte Kohlenwasserstoffe der Zusammensetzung C_6H_{14}, die in fünf isomeren Formen existieren; wesentl. Bestandteile des Leichtbenzins.
Hexapoda [grch. »Sechsfüßer«], ↑Insekten.
Hexe [ahd. hagzissa, eigtl. »Zaunreiterin«] *die,* im *Volksglauben* eine zauberkundige Frau mit magisch-schädigenden (»okkulten«) Kräften. Sie erscheint in Märchen und Sagen als Schreckgestalt von abstoßendem Äußeren; der H.begriff des MA. entstand aus urspr. nicht zusammengehörenden Elementen des Aberglaubens (z. B. Luftflug, Schadenzauber), der christl. Dämonologie (Lehre vom Dämonen- und Teufelspakt) und Straftatbeständen der Inquisition. Der ausgesprochene **Hexenwahn** vom 14. bis 17. Jh. ist ein (nicht restlos aufgeklärtes) sozialpsych. Phänomen

Hexe: Blatt Nr. 68 der Radier- und Aquatintafolge »Los Caprichos« von Francisco José de Goya y Lucientes (1797/98; Madrid, Biblioteca Nacional)

des Spät-MA. und der frühen Neuzeit. Er blieb aber auf das christlich-abendländ. Europa begrenzt; Judentum, Islam (z. B. auch das Osman. Reich) und die orth. Kirche (v. a. Russland) kannten keine Verdammung von H. und Exzesse gegen diese. Der Umbruch der geistigen, religiösen und polit. Verhältnisse am Ausgang des MA. brachte Unsicherheiten aller Art mit sich, und die Menschen, bes. Mitteleuropas, sahen die Teufelsherrschaft der erwarteten Endzeit anbrechen. Für die Ausbreitung und die Exzesse der **Hexenverfolgungen,** bes. von sozial unangepassten Frauen, hatte die Schrift »Der Hexenhammer« (lat. Malleus maleficarum, Straßburg 1487) des Dominikaners Heinrich Institoris (*um 1430, †1505) entscheidende Wirkung; sie wurde zum Strafkodex der Gerichtspraxis in Mitteleuropa bis ins 17. Jh. und führte die Denunziation anstelle der Anklage und die Anwendung der Folter und H.probe (↑Gottesurteil) ein. Die **Hexenprozesse** (Höhepunkt zw. 1590 und 1630) wurden zu Strafverfahren »gemischter« Zuständigkeit kirchl. und weltl. Gewalten; inzwischen sind auch Belege bekannt geworden, wo die Kirche Beschuldigte vor dem Zugriff weltl. Gewalten schützte. Die letzten (gesetzl.) Hinrichtungen von H. (meist Verbrennung bei lebendigem Leib) fanden in den Niederlanden 1610, in England 1684, in Frankreich 1745, in Dtl. (Kempten) 1775, in der Schweiz (Glarus) 1782, in Polen (Posen) 1793 statt – In der Gegenwart leben (bes. in den angelsächs. Ländern) H.glauben und H.verehrung im ↑Wicca-Kult fort.In der »Neuen Frauenbewegung« findet eine intensive Auseinandersetzung mit dem Phänomen H. statt (u. a. innovative Forschungen zu den H.verfolgungen) und werden H. ganz bewusst als Symbole der Frauenunterdrückung, aber auch Vorbilder des Widerstandes starker und kluger Frauen herausgestellt. – Vorstellungen über die Gestalt der Hexe reichen bis zurück in die Antike (u. a. Kirke, Diana-Hekate, die »Hexe von Endor« der Bibel); sie verzauberten Menschen, stifteten Unheil oder Gutes. Auch der dem germanischen Vorstellungsbereich entlehnte Typus von Frauen, die der Kräuter, der Wahrsagung und des Zauberns kundig galten, vereinte negative Züge des Schadenzaubers mit positiven Zügen der Heilmagie. **H.-Traktate** und -Flugblätter des 15.–17. Jahrhunderts waren häufig von Illustrationen begleitet; **H.-Bilder** von künstlerischem Rang begegnen zuerst im 16. Jahrhundert, u. a. fantasievoll ausgestaltete H.-Sabbatbilder oder die eindrucksvollen H.-Bilder von A. Dürer und H. Baldung, in denen die Faszination durch die Gestalt der jungen, verführerischen H. durchscheint.

Hexe – Hexenverfolgung im Hl. Röm. Reich

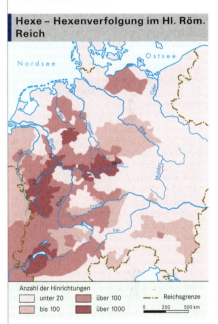

📖 Hansen, J.: *Zauberwahn, Inquisition u. Hexenprozeß im Mittelalter.* Neudr. Aalen 1983. – *Hexenwelten. Magie u. Imagination vom 16.–20. Jh.*, hg. v. Richard van Dülmen. Frankfurt am Main 15.-16. Tsd. 1993. – Heinsohn, G. u. Steiger, O.: *Die Vernichtung der Weisen Frauen.* München ⁶1994. – Levack, B. P.: *Hexenjagd. Die Geschichte der Hexenverfolgungen in Europa.* München ²1999. – *L'imaginaire du sabbat. Edition critique des textes les plus anciens (1430–1440),* hg. v. M. Ostorero u. a. Lausanne 1999. – *Teufelsglaube und Hexenprozesse,* hg. v. G. Schwaiger München ⁴1999. – Behringer, W.: *Hexen. Glaube, Verfolgung, Vermarktung.* München 2000. – *H.n u. Hexenprozesse in Deutschland,* hg. v. demselben. München ⁴2000. – Schulte, R.: *Hexenmeister. Die Verfolgung von Männern im*

HEX Hexenbesen

Rahmen der Hexenverfolgung von 1530–1730 im alten Reich. Frankfurt am Main ²2001. – *Dinzelbacher, P.: Heilige oder Hexen? Schicksale auffälliger Frauen.* Neuausgabe Düsseldorf 2001.

Hexenbesen (Donnerbesen), besen- oder vogelnestartige Verzweigung von Ästen bei versch. Baumarten mit abweichend geformten Blättern; ohne Blütenbildung. H. entstehen durch Massenaustreiben »schlafender« Augen, hervorgerufen meist durch pflanzl. oder tier. Parasiten.

Hexen|ei, Jugendstadium der Stinkmorchel.

Hexenmilch, vorübergehende Absonderung aus den Brustdrüsen Neugeborener; verursacht durch die Nachwirkung mütterl. Hormone.

Hexenring (Feenring), Kreis von Hutpilzen auf Wiesen- oder Waldboden, verursacht durch konzentr. Vordringen des Pilzmyzels von einem Punkt aus. Der Ring erweitert sich von Jahr zu Jahr.

Hexenröhrling (Hexenpilz), Bez. für mehrere Arten der Pilzfamilie Röhrlinge; häufig kommen vor: **Flockenstieliger H. (Schusterpilz, Donnerschwamm,** Boletus erythropus) mit 15–20 cm breitem, dunkelbraunem Hut, geschupptem Stiel und grüngelben bis rotgelben Röhren; **Netzstieliger H.** (Boletus luridus) mit 10–13 cm breitem, olivgelbem bis bräunl. Hut, gelben bis gelbgrünen Röhren und rötl. Stiel, der mit einem roten Adernetz gezeichnet ist. Beide sind roh giftig.

Hexenschuss (Lumbago), meist plötzlich auftretender heftiger Kreuz- und Lendenschmerz mit nachfolgender Bewegungseinschränkung, Zwangshaltung, Muskelverhärtung, auch Empfindungsstörungen. Ursachen sind häufig Bandscheibenschäden bzw. krankhafte Veränderung der Lendenwirbelsäule. Die *Behandlung* umfasst durchblutungsfördernde Maßnahmen, krampflösende und schmerzstillende Arzneimittel.

Hexentanzplatz, Granitfelsen etwa 250 m fast senkrecht über dem Tal der Bode, bei Thale, Sa.-Anh., gegenüber der ↑Roßtrappe. – Im *Volksglauben* neben dem Brocken bes. als Versammlungsstätte der Hexen zum Hexensabbat (v. a. in der Walpurgisnacht) bekannt (↑Blocksberg).

Hexis [grch.] *die,* das Haben, die Beschaffenheit, der Zustand; bei Aristoteles eine der zehn ↑Kategorien (z. B. die Tugend als H. der Seele).

Hexite, sechswertige Alkohole (Zuckeralkohole) mit der allgemeinen chemischen Formel: $CH_2OH-(CHOH)_4-CH_2OH$; entstehen durch Reduktion von Hexosen; H. sind süß schmeckende sog. Zuckeraustauschstoffe, z. B. Sorbit und Mannit.

Hexogen [grch.] *das* (Hexahydro-1,3,5-trinitro-1,3,5-triazin), wichtiger hochbrisanter Explosivstoff, der durch Nitrierung von Hexamethylentetramin hergestellt werden kann.

Hexosane, ↑Hemicellulosen.

Hexosen, einfache Zuckerarten (Monosaccharide) mit sechs Kohlenstoffatomen, Summenformel $C_6H_{12}O_6$; die wichtigsten sind Glucose, Mannose und Galaktose.

Hey, Richard, Schriftsteller, * Bonn 15. 5. 1926; † Berlin 4. 9. 2004; erfolgreich v. a. mit sozialkrit. Kriminal- und Science-Fiction-Romanen; auch Dramen und Hörspiele.

Heydebreck (O. S.), Stadt in Polen, heute Teil von ↑Kędzierzyn-Koźle.

Heyden ['hɛjdə], Jan van der, niederländ. Maler, * Gorinchem (Prov. Südholland) 5. 3. 1637, † Amsterdam 28. 3. 1712; Ansichten von Städten, bes. Amsterdam, die sich durch minutiöse Detailbehandlung und ausgewogene Licht- und Schattenwerte auszeichnen.

Heydrich, Reinhard, Politiker (NSDAP), * Halle (Saale) 7. 3. 1904, † (Attentat) Prag 4. 6. 1942; baute als engster Mitarbeiter H. Himmlers den Sicherheitsdienst des Reichsführers SS (SD) auf und formte ihn zu einem umfassenden Nachrichtendienst. Seit 1933 Leiter des SD, beteiligte sich H. als eine der treibenden Kräfte maßgeblich am Aufbau des terrorist. Herrschaftsapparates im nat.-soz. Deutschland. 1934 wurde er Chef des Preuß. Geheimen Staatspolizeiamtes (Abk. Gestapa), 1936 der Sicherheitspolizei (SIPO; Zusammenfassung der ↑Geheimen Staatspolizei, Abk. Gestapo, und der Kriminalpolizei) und 1939 des ↑Reichssicherheitshauptamtes (Abk. RSHA). Im Zweiten Weltkrieg leitete H. 1941 in den eroberten sowjet. Gebieten die Massentötung von Juden durch die ↑Einsatzgruppen der SIPO und des SD. Von H. Göring 1941 mit der Vorbereitung der »Endlösung der Judenfrage« (Vernichtung der europ. Juden; ↑Holocaust) beauftragt, leitete H. im Jan. 1942 die ↑Wannseekonferenz. Ab 1941 war H. »Stellvertretender Reichsprotektor« in Böhmen und

Mähren. Seine Ermordung durch tschech. Widerstandskämpfer führte zu grausamen Vergeltungsaktionen (↑Lidice).
📖 *Calic, E.:* R. H. Schlüsselfigur des Dritten Reiches. Düsseldorf 1982. – *Wykes, A.:* R. H. A. d. Amerikan. Rastatt 1982. – *Dt. Politik im »Protektorat Böhmen u. Mähren« unter R. H. 1941–1942. Eine Dokumentation,* hg. v. M. Kárný u. a. 1997.

Heyerdahl ['hɛjərdɑːl], Thor, norweg. Forschungsreisender, Archäologe und Ethnologe, *Larvik 6. 10. 1914, †Colla Micheri (bei Alassio, N-Italien) 18. 4. 2002; versuchte die Möglichkeit früher transozean. Kontakte zu beweisen, indem er Ozeanüberquerungen in einfachen Booten mithilfe von Wind und Meeresströmungen durchführte: mit dem Balsafloß »Kon-Tiki« (1947) von der Pazifikküste Südamerikas (Callao, Peru) nach Polynesien (Atoll Raroia, Tuamotuinseln), in der von Marokko nach Mittelamerika (Barbados) führenden Expedition »Ra« (1969/70; nach dem 1969 gescheiterten Versuch mit dem nach dem ägypt. Sonnengott benannten Papyrusboot »Ra« zweite Fahrt mit »Ra II« 1970), mit dem Schilfboot »Tigris« (1977/78) von Basra nach Afrika (Djibouti). 1955/56 erforschte H. die Kultur der Osterinsel, 1983 entdeckte er Reste einer Hochkultur auf den Malediven. Nach erneuten Expeditionen zur Osterinsel (1986–88) leitete H. in Peru Ausgrabungen in dem noch vor der Inkazeit entstandenen Pyramidenkomplex von Tucumé.
Werke: Kon-Tiki (1948); Expedition Ra (1970); Tigris (1979); Wege übers Meer. Völkerwanderungen in der Frühzeit (1979); Fua Mulaku (1986); Die Pyramiden von Tucumé (1995); Auf Adams Spuren. Das Abenteuer meines Lebens (2000).

Heym, 1) Georg, Lyriker, *Hirschberg i. Rsgb. (heute Jelenia Góra) 30. 10. 1887, †(ertrunken beim Eislaufen) Berlin 16. 1. 1912; bed. Vertreter des Expressionismus; gestaltete in seinen Gedichten (u. a. »Umbra vitae«, 1912, dämonisch-apokalypt. Visionen der kommenden Kulturkatastrophen; auch Dramatiker und Erzähler.
2) Stefan, eigtl. Helmut Flieg, Schriftsteller, *Chemnitz 10. 4. 1913, †Israel (am Toten Meer) 16. 12. 2001; emigrierte 1933 in die Tschechoslowakei, dann in die USA, ging 1952 nach Berlin (Ost); 1979 Ausschluss aus dem Schriftstellerverband der DDR (1989 rehabilitiert); 1994/95 MdB (als Parteiloser in der PDS-Gruppe, Alterspräsident des Bundestages); erfolgreich mit kriegs- und sozialkrit. Zeitromanen (»Kreuzfahrer von heute«, zuerst engl., 1948; »Fünf Tage im Juni«, 1974, über den ↑Siebzehnten Juni 1953; »Schwarzenberg«, 1984; »Die Architekten«, entstanden 1965, erschienen 2000) sowie mit histor. Romanen, die deutlichen satir. Bezug zur Gegenwart haben (u. a. »Der König-David-Bericht«, 1972; »Ahasver«, 1981; »Radek«, 1995); verfasste auch Essays, autobiograf. Werke (»Nachruf«, 1988) und Kurzgeschichten (»Immer sind die Weiber weg u. a. Weisheiten«, 1997).

Heymans ['hɛjmans], Cornelius (Corneille), belg. Physiologe, *Gent 28. 3. 1892, †Knokke (heute zu Knokke-Heist) 18. 7. 1968; entdeckte die Funktion des Karotissinusreflexes zur Stabilisierung des Blutdrucks; erhielt dafür 1938 den Nobelpreis für Physiologie oder Medizin.

Heymel, Alfred Walter von (seit 1907), Schriftsteller, Verleger, *Dresden 6. 3. 1878, †Berlin 26. 11. 1914; gründete 1898 in München die Monatsschrift »Die Insel«, förderte 1903–09 als Mitbesitzer des Insel-Verlags in Bremen die dt. Buchkunst der Jugendstilzeit und die moderne Literatur.

Heyrovský ['hɛjrɔfskiː], Jaroslav, tschech. Physikochemiker, *Prag 20. 12. 1890, †ebd. 27. 3. 1967; Prof. in Prag, erfand 1925 die ↑Polarographie und erhielt dafür 1959 den Nobelpreis für Chemie.

Heyse, Paul von (seit 1910), Schriftsteller, *Berlin 15. 3. 1830, †München 2. 4. 1914; Mittelpunkt des Münchner Dichterkreises (E. Geibel u. a.), befreundet mit G. Keller. Im Mittelpunkt seines Schaffens, das die klass.-romantische Tradition fortführt, steht die Novellenform (»Novellen«, darin »L'Arrabbiata«, 1855); er ist Urheber der »Falkentheorie« von 1871, wobei »Falke« für symbolhaftes Leitmotiv steht. Nobelpreis für Literatur 1910.

Heywood ['heɪwʊd], **1)** John, engl. Dichter, *London (?) um 1497, †Mecheln (Niederlande) um 1580; als Katholik unter Elisabeth I. im niederländ. Exil; seine Interludien, meist Debattierstücke, gelten als Vorläufer der elisabethan. Komödie.
2) Thomas, engl. Dramatiker, *in Lincolnshire um 1573, begraben Clerkenwell (heute zu London) 16. 8. 1641; schrieb über

200 Bühnenstücke, darunter die ersten bürgerl. Trauerspiele.
Hf, chem. Symbol für ↑Hafnium.
HF [Abk. für Hochfrequenz, engl. high frequency], 1) ↑Hochfrequenz; 2) ↑Kurzwellen.
Hg, chem. Symbol für ↑Quecksilber.
HGB, Abk. für ↑Handelsgesetzbuch.
HGF, Abk. für ↑Hermann von Helmholtz-Gemeinschaft Deutscher Forschungszentren.
HGÜ, Abk. für Hochspannungsgleichstromübertragung, ↑elektrische Energieübertragung.
Hiatus [lat. »Kluft«] *der,* **1)** *Anatomie:* Spalt, Öffnung, z. B. H. oesophageus, der Spalt im Zwerchfell für den Durchtritt der Speiseröhre und von Zweigen des Eingeweidenervs.
2) *Geologie:* eine Schichtlücke, die durch zeitweiliges Aussetzen der Ablagerung entstand.
3) *Sprache:* Zusammentreffen zweier (getrennt gesprochener) Vokale, z. B. Theater, ja aber.
Hiatushernie, häufigste Form der Zwerchfellbrüche, Verlagerung von Magenteilen in den Brustkorbraum durch die am Speiseröhrendurchtritt bestehende Zwerchfellücke.
Hibernakel [lat. »Winterquartier«] *das, der* ungeschlechtl. Fortpflanzung dienende Überwinterungsknospe der Wasserpflanzen, die i. d. R. im Winter zu Boden sinkt, im Frühjahr wieder an die Wasseroberfläche steigt.
hibernal, winterlich; den Winter, die Wintermonate betreffend.
Hibernation, künstliche [lat.] *die,* medikamentöse Senkung der Körpertemperatur (↑Hypothermie).
Hibernia [lat.], im Altertum Name für Irland.
Hibiscus [lat.] *der,* die Pflanzengattung, ↑Eibisch.
hic et nunc [lat. »hier und jetzt«], sofort, augenblicklich, ohne Aufschub (in Bezug auf etwas, was getan werden bzw. geschehen soll).
Hickok, James Butler, gen. Wild Bill, amerikan. Abenteurer, *Troy Grove (Ill.) 27. 5. 1837, † Deadwood (S. D.) 2. 8. 1876; berühmter Schütze, war u. a. Jäger, Postkutscher, Militärkundschafter und Wildwestshow-Darsteller; machte als Marshal bzw. Sheriff Jagd auf Diebe und Outlaws;

wurde hinterrücks an einem Spieltisch erschossen. Sein Leben bot Stoff für unzählige Legenden.
Hickorybaum [engl.] (Hickorynussbaum, Carya), Gattung der Walnussgewächse mit rd. 25 Arten im östl. Nordamerika und in China; meist 20–30 m hohe Bäume mit glattschaligen Nüssen. Alle Arten liefern ein wertvolles, hartes, elast. Holz **(Hickory).** Einige Arten haben auch wegen der essbaren Früchte Bedeutung, v. a. der **Pekannussbaum** (Carya illinoensis), dessen hellbraune, süß schmeckende Samen als Pekannüsse bezeichnet werden.

Hickorybaum: Frucht des Pekannussbaums mit und ohne Schale

Hicks, 1) Edward, amerikan. Maler, *Attleborough (heute Langhorn, Pa.) 4. 4. 1780, † Newton (Pa.) 23. 8. 1849; Wanderprediger der Quäker; schuf als Autodidakt Bilder in naiv originellem Stil; bekannt wurden seine als Paradiesbilder zu verstehenden Tierbilder.
2) Sir (seit 1964) John Richard, brit. Volkswirtschaftler, *Warwick 8. 4. 1904, † Blockley (Cty. Gloucestershire) 20. 5. 1989; einer der Hauptvertreter des Keynesianismus; erhielt 1972 mit K. J. Arrow für Arbeiten zur allg. Theorie des ökonom. Gleichgewichts und zur Wohlfahrtstheorie den Nobelpreis für Wirtschaftswissenschaften.
hic Rhodus, hic salta! [lat. »hier ist Rhodos, hier springe!«; nach einer äsopischen Fabel], hier gilt es; hier zeige, was du kannst!
Hidalgo [i'ðalɣo, span.] *der* (portugies. Fidalgo), in Spanien und Portugal Standesbezeichnung des niederen Adels.
Hidalgo, einer der sich die längste Zeit weit außerhalb des Planetoidengürtels bewegenden ↑Planetoiden. Seine mittlere Entfernung von der Sonne (rd. 5,8 AE) ist etwas größer als die des Jupiters.
Hidalgo [i'ðalɣo], Bundesstaat in ↑Mexiko.

Hiddenit der, ein Mineral, smaragdgrüne oder gelbe Abart des Spodumens von Edelsteinqualität.

Hidden Peak [- 'piːk], Berg im Karakorum, ↑Gasherbrum-Gruppe.

Hiddensee, lang gestreckte Ostseeinsel vor der W-Küste von Rügen, Meckl.-Vorp., im Nationalpark Vorpommersche Boddenlandschaft, 18,6 km², 1 200 Ew.; mit steilufrigem Moränenkern (im Bakenberg bis 72 m ü. M.) und langem Sandstrand; Naturschutzgebiet, Vogelwarte; Seebäder sind Kloster (Gerhart-Hauptmann-Gedenkstätte und Grab), Vitte und Neuendorf. – H. wurde 1308 durch eine Sturmflut von Rügen abgetrennt. Auf H. wurde 1872 ein reicher Goldschmuck der Wikingerzeit (um 1000 n. Chr.) gefunden.

Hide [haɪd], Herbie, brit. Boxer nigerian. Herkunft, *Lagos 27. 8. 1971; Profi seit 1989; 1994/95 und 1997–99 WBO-Weltmeister im Schwergewicht; 33 Kämpfe (31 Siege).

Hideyoshi [-jɔʃi], japan. Feldherr, ↑Toyotomi Hideyoshi.

Hidjas [-dʒ-] (Hijaz, Hedschas, Al-Hidjas), die Landschaften am Westrand der Arab. Halbinsel zw. dem Golf von Akaba und dem Hochland von Asir; mit den Pilgerstädten Mekka und Medina. Das Küstengebiet ist heiß, wüstenhaft (Tihamaebene) und hafenarm, das innere Hochland hat Steppencharakter. – Im 7./8. Jh. Zentrum des ersten arab.-islam. Reiches; seit 1926 ist H. ein Teil Saudi-Arabiens (↑Arabische Halbinsel, Geschichte).

Hidjasbahn [-dʒ-] (Hedschasbahn), Schmalspurbahn, gebaut 1901–08 unter dem dt. Ingenieur H. A. Meissner, von Damaskus über Dara (Syrien), Amman und Maan (Jordanien) nach Medina, 1 302 km lang. Im Ersten Weltkrieg ab Maan nach S zerstört; in Jordanien z. T. wieder aufgebaut mit Anschlussstrecke nach Akaba.

Hidjra [-dʒ-; arab. »Ausreise«] *die* (Hidschra, Hidjira, Hedschra), die Auswanderung Mohammeds von Mekka nach Medina, wohl Ende Sept. 622; Beginn der muslim. Zeitrechnung (↑Ära; Anfangsdatum: 15./16. 7. 622).

Hien, Albert, Plastiker, *München 29. 4. 1956; Vertreter einer postmodernen Skulptur. In den Plastiken werden traditionalist. wie auch avantgardist. Gestaltungsregeln (z. B. serielle Reihungen) ironisch hinterfragt.

Hieracium, die Pflanzengattung ↑Habichtskraut.

Hierapolis [grch. »heilige Stadt«], antike Stadt in W-Anatolien, Türkei, nördlich von Denizli, auf einem Travertinplateau. Ein viel besuchtes Touristenziel sind die weißen Kalksinterterrassen **Pamukkale** (türk. »Baumwollschloss«), die sich durch Ausscheidung von Kalkstein aus dem kalk- und kohlensäurereichen, 35° C warmen Quellwasser gebildet haben. H. wurde unter Eumenes II. von Pergamon um 190 v. Chr. gegründet; seit 133 v. Chr. Teil der röm. Provinz Asia. 1334 n. Chr. aufgegeben. Baureste (u. a. Thermen, Theater, Nekropole) aus der Blütezeit der Stadt im 2./3. Jh. n. Chr. (UNESCO-Weltkulturerbe).

Hierarchie [grch. »heilige Herrschaft«] *die*, **1)** *Kirchenrecht:* in der kath. Kirche die Gesamtheit des ↑Klerus und dessen Rangordnung. Das kath. Kirchenrecht unterscheidet zw. der **Weihe-H.** der geistl. Ämter (Bischofs-, Priester-, Diakonenamt), die zur Verw. der Sakramente berechtigen, und der **Jurisdiktions-H.** der Leitungsvollmachten (Papst, Bischöfe). Die orth. Kirchen kennen nur die Weihe-H. und leiten aus dem Bischofsamt die Funktionen zur Leitung der Gesamtkirche ab (Metropolit, Patriarch); die evang. Kirchen halten an dem einen geistl. Amt und der neutestamentl. Identität von Pfarr- und Bischofsamt fest und kennen nur eine H. des Dienstes. In soziolog. Betrachtungsweise haben sich jedoch auch in ihnen hierarch. Ordnungen herausgebildet.
2) *Soziologie:* die durch Verhältnisse der Über- und Unterordnung bestimmte Ordnung der sozialen Beziehungen in Gruppen, Institutionen, Organisationen und in der Gesamtgesellschaft, auch Name für die Gesamtheit der Träger einer hierarch. Ordnung; idealtypisch beschrieben als System zur Ausübung von ↑Herrschaft mit festgefügter (i. d. R. pyramidenförmiger) Rangordnung, eindeutig festgelegter Weisungs-, Befehls- und Kommunikationsstruktur und genau abgegrenzten (i. d. R. von oben nach unten abnehmenden) Befugnissen der Mitglieder.

hieratische Schrift [grch.], Hieroglyphenschrift (↑ägyptische Schrift).

hiero... [grch.], heilig...

Hierodulen [grch.], im Altertum die männl. oder weibl. Tempelsklaven; galten

als Eigentum der Götter; durch geschlechtl. Verbindung mit ihnen sollte der Mensch der göttl. Macht teilhaftig werden.
Hieroglyphen [grch. »heilige Bildzeichen«], die ägyptische Bilderschrift (↑ägyptische Schrift), auch Bilderschrift überhaupt, z. B. die ägäischen, hethitischen Hieroglyphen.

Hieroglyphen: ägyptisches Relief mit Hieroglyphen

Hierokratie [grch. »Priesterherrschaft«] *die,* ein Herrschaftssystem, in dem die staatl. Funktionen von religiösen Amtsträgern ausgeübt oder entscheidend beeinflusst werden. Ideolog. Grundlage der H. ist die Vorstellung vom Gottesstaat. (↑Theokratie)

Hieromantie [grch.] *die,* Weissagung aus Opfern.

Hieron, Herrscher von Syrakus: **1) H. I.,** Tyrann (seit 478), †467/466 v. Chr.; seit 483 Statthalter seines Bruders Gelon in Gela, erbte 478 dessen Herrschaft über Syrakus. H. schlug in der Seeschlacht bei Cumae 474 die Etrusker und dehnte seine Macht auf Unteritalien aus; zog Aischylos, Pindar, Bakchylides u. a. an seinen Hof.
2) H. II., Tyrann (seit 275 v. Chr.), später König (seit 269 v. Chr.), *um 306 v. Chr., †215 v. Chr.; wurde 275 vom Heer zum Feldherrn gewählt und 269 nach seinem Sieg über die Mamertiner zum König ausgerufen; verbündete sich 264 v. Chr. mit den Karthagern, 263 v. Chr. mit Rom. H. schuf eine vorbildl. Finanzverwaltung (Grundsteuer) und eine ertragreiche Landwirtschaft (Getreide).

Hieronymus, Sophronius Eusebius, lat. Kirchenvater und -lehrer, *Stridon (Dalmatien) um 347, †Bethlehem 30. 9. 419 oder 420; nach Studium und Taufe in Rom 375–378 Einsiedler in Syrien. Seine bedeutendste Leistung ist die Revision des lat. Bibeltextes (↑Vulgata); verfasste zahlreiche theolog. und histor. Werke; zählt zu den großen Gelehrten seiner Zeit. Heiliger; Tag: 30. 9.

Hieronymus von Prag (Jeronym), tschech. Laientheologe, *Prag 1360, †(verbrannt) Konstanz 30. 5. 1416; mit J. Hus Vermittler der Lehre von J. Wycliffe in Böhmen; auf dem Konstanzer Konzil zum Feuertod verurteilt.

Hierro [ˈjɛrɔ] (früher Ferro), die westlichste der Kanar. Inseln, 278 km², 6500 Ew.; im Zentrum ein Hochplateau mit rd. 1500 Aschenkegeln, überragt vom 1501 m hohen Malpaso; Hauptort ist Valverde (3600 Ew.) mit Hafen und Flughafen. Die Bewohner betreiben Fischerei, Wein- und Obstbau. – Durch einen Vorsprung an der W-Küste von H., das schon in der Antike (Ptolemäus) als westlichster Punkt der Alten Welt galt, wurde 1634 der Nullmeridian gelegt (1884 vom Nullmeridian von Greenwich abgelöst).

Hier steh ich, ich kann nicht anders, Gott helfe mir! Amen!, angeblich Schlusswort der Rede M. Luthers vor dem Reichstag in Worms am 18. 4. 1521. Vermutlich aber schloss Luther nur mit dem bei Predigten üblichen »Gott helfe mir, Amen!«.

hieven [von engl. to heave »hochheben«], *seemännisch:* Lasten mittels Hebezeug anheben; eine Leine oder Kette mittels Winde einholen.

Hi-Fi [ˈhaɪfiː, auch ˈhaɪfaɪ, engl.], Abk. für **High**fi**delity** [»hohe Wiedergabetreue«], Qualitätsbez. für elektroakust. Geräte, die bestimmten physikal. messbaren techn. Mindestanforderungen (nach DIN) genügen müssen und so eine größtmögl. Wiedergabetreue der Schallereignisse gewährleisten. H.-F.-Kriterien sind v. a.: großer Frequenzbereich mit proportionalem Frequenzgang, großer Geräuschspannungsabstand, niedriger Klirrfaktor, physiolog. Lautstärkekorrektur.

Hifo-Methode [Abk. für engl. highest in, first out »als Teuerstes herein, als Erstes hinaus«], Verfahren zur Bewertung des Vorratsvermögens in der Bilanz. Man unterstellt, dass die Güter mit den höchsten Anschaffungskosten zuerst verbraucht werden, und bewertet den Endbestand daher zu den niedrigsten Preisen der Rechnungsperiode.

Hifthorn [wohl zu ahd. hiufan »klagen«], mittelalterl., dem Stierhorn nachgebildetes Signalinstrument, das meist an einem Gürtel um die Hüfte getragen wurde.

Higashiōsaka [-ʃ-], Stadt auf Honshū, Japan, Trabantenstadt östlich von Ōsaka, 517 200 Ew.; 1967 durch Zusammenlegung der Städte Fuse, Hiraoka und Kawachi gebildet.

Higgs-Teilchen: Simulation des Zerfalls eines Higgs-Bosons in vier Myonen im ATLAS-Detektor am CERN

Higgins, Billy, amerikan. Jazzmusiker (Schlagzeuger), * Los Angeles (Calif.) 11. 10. 1936; verbindet in seiner Spielweise die Beat-Bezogenheit des Modern Jazz mit der Expressivität des Free Jazz.

Higgs-Teilchen [nach dem brit. Physiker Ware Higgs, * 1929] (Higgs-Boson), hypothet. massives Teilchen ohne Spin, das im Rahmen der ↑Glashow-Salam-Weinberg-Theorie eingeführt wurde und für die von null versch. Ruhemasse der Leptonen, Quarks und intermediären Bosonen verantwortlich ist. Der experimentelle Nachweis der H.-T., deren Masse aufgrund bisheriger Experimente zw. 80 und 800 GeV liegen soll, ist eine der wichtigsten Zielstellungen der Elementarteilchenphysik.

high [haɪ; engl. »hoch«], *Jargon:* euphorischer Zustand (nach dem Genuss von Rauschmitteln).

Highball [ˈhaɪbɔːl, engl.-amerikan.] *der,* Longdrink auf der Basis von Whisky.

Highbrow [ˈhaɪbraʊ; engl. »hohe Stirn«] *der,* Intellektueller; jemand, der sich übertrieben intellektuell gibt.

High Church [ˈhaɪ ˈtʃəːtʃ; engl. »hohe Kirche«], die hochkirchl. Richtung innerhalb der ↑Kirche von England.

High-Com [ˈhaɪkɔm, engl.], Abk. für **High**-Fidelity-**Com**pander, elektron. ↑Rauschunterdrückungssystem v. a. für Kassettenrekorder. H.-C. arbeitet mit einem einkanaligen Breitbandkompander, während **High-Com-II** einen Zweiwegkompander verwendet, bei dem das zu übertragende Frequenzband in zwei Bereiche geteilt wird, die getrennt bearbeitet werden.

Hieronymus: Sandro Botticelli, »Der Heilige Hieronymus« (1490; Sankt Petersburg, Eremitage)

High Court [ˈhaɪ ˈkɔ:t] (High Court of Justice), Berufungsinstanzgericht in Ländern mit angelsächs. Rechtstradition. (↑Supreme Court)
Highfidelity [ˈhaɪfɪˈdelɪtɪ, engl.], ↑Hi-Fi.
Highheels [ˈhaɪˈhi:ls, engl.], Stöckelschuhe.
Highimpact [haɪˈɪmpækt, engl.] *der*, hoher Grad, große Belastung, starke Wirkung.
Highland [ˈhaɪlənd], Verw.einheit (Local Authority) in N-Schottland, 25 659 km², 208 900 Ew.; Verw.sitz Inverness.
Highlands [ˈhaɪləndz] *Pl.,* das schott. Hochland; durch die Verwerfung des Glen More gegliedert in die Grampian Mountains im S und in die North West Highlands im N. Die Niederschlagsmengen betragen z. T. bis 5 000 mm bei 250–270 Regentagen im Jahr.
Highlife [ˈhaɪlaɪf, engl.] *das,* **1)** *das, allg.:* Leben vornehmer Gesellschaftskreise; aufwendige Lebensführung.
2) *Musik:* westafrikan. Form der populären Musik, die in den 1920er/30er-Jahren unter dem Einfluss des Jazz auf der Basis der afrikan. Musiktraditionen in den Nachtklubs von Accra (Ghana) als Tanzmusik entstand. Sie vereinigte musikal. Elemente v. a. melod. und rhythm. Natur aus unterschiedl. ethn. Quellen und verbreitete sich rasch über die westafrikan. Küstenstaaten. Seit Mitte der 80er-Jahre erfreut sich H. als **World-Music** auch außerhalb Afrikas zunehmender Popularität. H.-Bands sind mit Trompete (als führendem Melodieinstrument), Posaune, Saxophon, Gitarre und Schlagzeug besetzt.
Highlight [ˈhaɪlaɪt, engl.] *das,* Glanzpunkt eines Ablaufs, eines (kulturellen) Ereignisses.
Highness [ˈhaɪnɪs; engl. »Hoheit«], bis zu Heinrich VIII. Titel der engl. Könige. **Royal H.,** Titel der königl. Prinzen und Prinzessinnen in Großbritannien.
Highschool [ˈhaɪsku:l, engl.] *die,* in den USA die an die Elementary School anschließende, weiterführende allgemein bildende Schule, die nach drei Jahren (Junior H.) zu einem mittleren Abschluss und nach sechs Jahren zur Hochschulreife führt.
Highsmith [ˈhaɪsmɪθ], Patricia, amerikan. Schriftstellerin, *Fort Worth (Tex.) 19. 1. 1921, †Locarno 4. 2. 1995; verfasste psychologische Kriminalromane, in denen sie das Ab- und Hintergründige der (bürgerlichen) Existenz offen legt; bed. die »Ripley«-Romane.
Highsnobiety [haɪsnɔˈbaɪətɪ; scherzhafte Bildung aus engl.-amerikan. high, snob und society] *die,* Gruppe der Gesellschaft, die durch snobist. Lebensführung Anspruch auf Zugehörigkeit zur Highsociety erhebt.
Highsociety [haɪ səˈsaɪətɪ; engl. »hohe Gesellschaft«] *die,* durch Einkommen, Vermögen, sozialen Status, kulturellen, polit. Einfluss gekennzeichnete Oberschicht einer Gesellschaft.
Hightech [ˈhaɪtek; Kurzwort aus engl. **high tech**nology] *das,* (Hochtechnologie), urspr. in Industriedesign und Architektur entstandene Stilbez., die auf das von Joan Kron und Suzanne Slesin veröffentlichte Buch »High-tech. The industrial style and source book for the home« (1978) zurückgeht, das viele Möglichkeiten aufzeigt, urspr. für Fabriken, Laboratorien u. Ä. entworfene Einrichtungsgegenstände zur Gestaltung von Privatwohnungen zu nutzen. Sie wurde auf dem Gebiet der Architektur für eine Richtung übernommen, die sich moderner Technologien bedient und sich an einer technolog. Ästhetik orientiert (u. a. Lloyd's Building in London von Sir R. Rogers, 1978–86). – In der Ökologiediskussion wurde die Bez. bes. für Geräte verwandt, die dem Stand der Technik entsprachen, im Ggs. zu solchen, die bewusst einfache Lösungen beinhalteten (»Lowtech«). Heute umfasst der Begriff H. v. a. die Wissenschafts- und Technikbereiche, von denen man einen entscheidenden Beitrag für die Zukunft der Industriegesellschaften erwartet, wie Optoelektronik, Mikro-, Nano-, Telekommunikationstechnik, Bio- und Gentechnologie.
Highway [ˈhaɪweɪ, engl.] *der,* engl. Bez. für Haupt- oder Landstraßen, amerikan. Bez. für Autobahn.
High Wycombe [ˈhaɪ ˈwɪkəm], Stadt in der Cty. Buckinghamshire, S-England, in den Chiltern Hills, im engen Wyetal, 71 700 Ew.; Papier- und Möbelherstellung, Präzisionsgerätebau, Druckereien. – Little Market Hall und Guildhall (18. Jh.).
Hiiumaa (dt. und schwed. Dagö, früher dt. Dagden, russ. Chiuma), Ostseeinsel vor der W-Küste Estlands, 965 km², etwa 10 000 Ew.; flache Kalksteintafel, Erhebungen (bis 63 m ü. M.) nur auf der W-Halbinsel Dagerort; im Inneren Moore

und Wald; Fischfang, Viehzucht; Hauptort Kärdla (4500 Ew.). – H., seit 1237 im Besitz des Dt. Ordens, wurde 1560 dänisch, 1582 schwedisch, 1721 russisch. 1918 kam es zur Rep. Estland.

Hijacker [ˈhaɪdʒækə], amerikan.] *der,* Flugzeugentführer, (Luft-)Pirat.

Hikmęt, Nazım,türk. Schriftsteller, ↑Nazım Hikmet.

Hilạrius, Kirchenlehrer, * Poitiers um 315, † ebd. 367; Bischof von Poitiers; verteidigte entschieden das Nicän. Glaubensbekenntnis; Gegner der Arianer; Hauptwerk: die 12 Bücher »Über die Dreieinigkeit«; Heiliger, Tag: 13. 1.

Hịlberg, Raul, amerikan. Historiker, *Wien 2. 6. 1926; jüd. Herkunft, übersiedelte 1939 in die USA, 1944–46 Soldat der 7. US-Armee; 1967–91 Prof. für Politikwiss. in Burlington; grundlegende, faktenreiche wie maßstabsetzende Arbeiten zum Holocaust; erhielt 2002 den Geschwister-Scholl-Preis.

Werke: Die Vernichtung der europ. Juden. (1961, dt. 1982); Die Quellen des Holocaust. Entschlüsseln und Interpretieren. (2001, dt. 2002).

Hịlberseimer, Ludwig, amerikan. Architekt dt. Herkunft, *Karlsruhe 14. 9. 1885, † Chicago (Ill.) 6. 5. 1967; 1929–33 Lehrer am Bauhaus in Dessau; lehrte seit 1938 in den USA; lehrte Stadt- und Regionalplanung am Illinois Institute of Technology in Chicago.

Hịlbert, David, Mathematiker, *Königsberg (heute Kaliningrad) 23. 1. 1862, † Göttingen 14. 2. 1943; ab 1892 Prof. in Königsberg und 1895–1930 in Göttingen; einer der bedeutendsten Mathematiker. H. arbeitete zur Invarianten- und zur Zahlentheorie. In seinem Werk »Grundlagen der Geometrie« (1899) stellte er erstmals ein vollständiges Axiomensystem der euklid. Geometrie vor und befasste sich mit wissenschaftstheoret. Fragen wie der Unabhängigkeit und Widerspruchsfreiheit von Axiomen. Sein Programm einer Axiomatisierung der gesamten Mathematik mit dem Ziel einer metamath. Beweistheorie regte fruchtbare Untersuchungen an, erwies sich nach den Arbeiten von K. Gödel aber als nicht durchführbar. Weitere Untersuchungen betrafen die Variationsrechnung, die Theorie der Integralgleichungen, die zum Begriff des ↑Hilbert-Raums führte, Algebra und Relativitätstheorie.

Weitere Werke: Gesammelte Abhandlungen, 3 Bde. (1932–35); Grundlagen der Mathematik, 2 Bde. (1934–39, mit P. Bernays).

Hịlbert-Raum [nach D. Hilbert], vollständiger, linearer, normierter Vektorraum mit einem Skalarprodukt. Er stellt eine Verallgemeinerung des n-dimensionalen euklid. Raums auf einen Raum unendl. Dimension dar und spielt u. a. in der Quantenmechanik eine grundlegende Rolle.

Hịlbig, Wolfgang, Schriftsteller, *Meuselwitz 31. 8. 1941; arbeitete u. a. als Schlosser und Heizer, Außenseiter im Literaturbetrieb der DDR, auch Repressalien ausgesetzt, siedelte Mitte der 80er-Jahre in die BRD über. Seine Gedichte und Prosawerke sind geprägt von Reflexionen über die eigene proletar. Herkunft und Unbehagen an der Gegenwart: u. a. »Abwesenheit« (Lyrik, 1979), »Unterm Neumond« (Erzn., 1982), »Alte Abdeckerei« (Erz., 1991), »Grünes grünes Grab« (Erzn., 1993), »Ich« (R., 1993), »Die Arbeit an den Öfen« (Erzn., 1994), »Das Provisorium« (R., 2000), »Bilder vom Erzählen« (Lyrik, 2001). Georg-Büchner-Preis 2002.

Hịlchenbach, Stadt im Kr. Siegen-Wittgenstein, NRW, 16600 Ew.; Luftkurort im Rothaargebirge; Bergwerksmuseum und Schaubergwerk; Eisen-, Blechwaren-, Kunststoff-, Papierind. – Erhielt 1824 Stadtrecht. 1313–1931 wurde Eisenerz abgebaut.

Hildburghausen, 1) Landkreis in Thür., 937 km^2, 73 200 Einwohner.
2) Krst. von 1) in Thür., an der oberen Werra, am S-Fuß des Thüringer Waldes, 12 200 Ew.; Stadt-, Milch- und Reklamemuseum, Stadttheater; Fensterbau, Druckereien. – Rathaus (1395, nach Zerstörung 1572 Neubau 1594/95), Stadttheater (ehem. Ball- und Festhaus; 1721 errichtet, um 1755 zum Hoftheater umgebaut, später erweitert und umgebaut), Stadtkirche (Christuskirche; 1781–85), Neustädter Kirche (Waisenkirche; 1755–74); ehem. Schloss (1685–1707; 1945 schwer beschädigt, danach abgerissen). – Fränk. Siedlung des 9. Jh.; 1324 Stadtrecht, kam 1374 von Henneberg an die Markgrafen von Meißen, 1680 bis 1826 Hptst. des Herzogtums **Sachsen-H.,** 1826 an Sachsen-Meiningen, 1920 an Thüringen.

Hịldebrand, 1) Adolf von (seit 1904), Bildhauer, *Marburg 6. 10. 1847, † Mün-

HIL Hildebrandslied

chen 18. 1. 1921; tätig u. a. in Florenz und München; lebte 1872–97 meist in Florenz; schuf Bildwerke von ruhiger, klar überschaubarer Form führend v. a. auf den Gebieten der Brunnen- und Denkmalskunst. Seine Theorie der Plastik (»Das Problem der Form in der bildenden Kunst«, 1893) hat bes. die Kunstwiss. beeinflusst.
2) Rudolf, Germanist, *Leipzig 13. 3. 1824, †ebd. 28. 10. 1894; Mitarbeiter und zeitweise Leiter des »Dt. Wörterbuchs« der Brüder Grimm; richtungsweisend für die Erneuerung des Deutschunterrichts mit »Vom dt. Sprachunterricht in der Schule« (1867), gilt als eigentl. Begründer der Wortkunde.

Johann Lucas von Hildebrandt: St. Peter in Wien (1703–17), Blick zum Hauptaltar

Hildebrandslied, einziges ahd. Beispiel eines german. Heldenliedes; erhalten sind 68 nicht immer regelmäßig gebaute stabgereimte Langzeilen in einer ahd.-altsächs. Mischsprache; der Schlussteil fehlt. Die trag. Begegnung des aus der Verbannung heimkehrenden Hildebrand mit seinem ihn nicht erkennenden Sohn Hadubrand spielt vor dem geschichtl. Hintergrund der Ostgotenherrschaft in Italien. Das H. wurde Anfang des 9. Jh. in der Benediktinerabtei in Fulda von zwei Mönchen auf der ersten und letzten Seite einer theolog. Sammelhandschrift eingetragen. Die überlieferte Fassung (Handschrift heute Landesbibliothek Kassel) geht auf eine bair. Bearbeitung eines langobard. Urliedes zurück.

Hildebrandt, 1) Dieter, Kabarettist, *Bunzlau 23. 5. 1927; war 1956 Mitbegründer der Münchener »Lach- und Schießgesellschaft«; bes. im Fernsehen tätig (»Scheibenwischer«, seit 1980); Autobiografien »Was bleibt mir übrig« (1986), »Denkzettel« (1992).
2) Johann Lucas von (seit 1720), österr. Baumeister, *Genua 14. 11. 1668, †Wien 16. 11. 1745; neben J. B. Fischer von Erlach der bedeutendste Baumeister des österr. Barock, schuf lebhaft gegliederte, durch Ornament und Plastik bereicherte Bauten. Sein Hauptwerk ist das für Prinz Eugen erbaute ↑Belvedere in Wien.
Weitere Werke: Palais Mansfeld-Fondi in Wien (1697–1715), seit 1716 Palais Schwarzenberg; Piaristenkirche, ebd. (Plan 1698–99; erbaut 1716–46; 1751 vollendet); St. Peter, ebd. (1703–17); Palais Schönborn, ebd. (1705–11); Schloss Weißenstein in Pommersfelden (Treppenanlage, 1711–15); Residenz in Würzburg (beteiligt am Entwurf der Gartenfassade und des Mittelbaus, 1720–38).
3) Regine, Politikerin, *Berlin 26. 4. 1941, †Woltersdorf (Landkreis Oder-Spree, Bbg.) 26. 11. 2001; Diplombiologin, engagierte sich im Herbst 1989 zunächst als Mitgl. der Bürgerbewegung »Demokratie Jetzt«, seit Oktober 1989 als Mitgl. der Sozialdemokrat. Partei der DDR (seit 1990 SPD). Sie war von April bis August 1990 in der ersten frei gewählten DDR-Regierung unter L. de Maizière Min. für Arbeit und Soziales und wurde im Oktober 1990 MdL von Brandenburg, dort war sie von November 1990 bis September 1999 Arbeits-, Sozial- und Gesundheitsministerin (Rücktritt aus Protest gegen die Bildung der großen Koalition mit der CDU). Durch ihre Glaubwürdigkeit und ihren engagierten Einsatz auf sozialem Gebiet sehr populär, galt sie als »Mutter Courage des Ostens«. Noch Mitte November 2001 mit dem besten Ergebnis aller Kandidaten in den Bundesvorstand der SPD wieder gewählt, erlag H. einem Krebsleiden.

Hildegard von Bingen, Mystikerin, Benediktinerin, *bei Alzey 1098, †in dem von ihr zw. 1147 und 1150 gegr. Kloster

Hildesheim HIL

Hildegard von Bingen: Darstellung Hildegards von Bingen in einer Handschrift des »Liber Scivias«, Kopie der seit 1945 verschollenen Handschrift (Benediktinerinnenabtei Eibingen)

Rupertsberg bei Bingen am Rhein 17. 9. 1179; wurde berühmt durch ihre Visionen, die sie ab 1141 in lat. Sprache niederschrieb (»Liber Scivias«, dt. 1928 u. d. T. »Wisse die Wege«), und den auf ihrer Grundlage entwickelten eigenen theolog. Denkansatz (u. a. Betonung der Gleichrangigkeit von weibl. und männl. Gottebenbildlichkeit). Daneben verfasste H. v. B. homiletisch-exeget., histor. und naturkundl. Abhandlungen sowie geistl. Lieder und setzte sich in Predigten und Briefen (u. a. an mehrere Päpste) für eine Reform des kirchl. Lebens ein, das sie durch zahlr. Missstände bedroht sah. Heilige, Tag: 17. 9. 📖 Feldmann, C.: *H. von B. Nonne u. Genie.* Neuausg. Freiburg u. a. 1995. – Schäfer, T.: *Visionen. Leben, Werk u. Musik der H. von B..* München 1996. – Pernoud, R.: *H. von B. Ihre Welt – ihr Wirken – ihre Visionen.* A. d. Frz. Freiburg im Breisgau u. a. 1999. – Beuys, B.: *Denn ich bin krank vor Liebe. Das Leben der H. von B.* München u. Wien 2001.

Hilden, Stadt im Kr. Mettmann, NRW, am W-Rand des Berg. Landes, 55 400 Ew.; Metall- und Textilverarbeitung, Herstellung von Lacken und Kunststoffen, Schirmen und Kleinmöbeln. – H. wurde 1861 Stadt.

Hildesheim, 1) Landkreis im RegBez. Hannover, Ndsachs., 1 206 km², 292 900 Einwohner.
2) Kreisstadt von 1) in Ndsachs., an der Innerste, 104 600 Ew.; kath. Bischofssitz; Sitz des Landesrechnungshofes von Ndsachs.; Univ., FH H.-Holzminden, Niedersächsische FH für Verwaltungs- und Rechtspflege, Niedersächsisches Landesinst. für Fortbildung und Weiterbildung im Schulwesen und Medienpädagogik (NLI), Roemer- und Pelizaeus-Museum; Elektrogeräte, Rundfunk- und Fernsehgerätebau, Maschinen-, Apparatebau, Druck- und Verlagswesen, Metallgießerei, Gummiverarbeitung, Anlagenbau, Fleischverarbeitung. Binnenhafen mit Verbindung zum Mittellandkanal. – Der Dom Sankt Mariä wurde nach dem Zweiten Weltkrieg in der Form des Hezilo-Domes (1054–79) wieder aufgebaut, besitzt bed. Kunstwerke (u. a. die Bronzetüren des Bischofs Bernward, 1015; die Bernwardssäule, um 1020; in der Krypta der Godehardschrein, 1131/32). Die Kirche Sankt Michael wurde in der Form des otton. Bernwardbaues (um 1010–33) wieder errichtet (gemalte hölzerne Mittelschiffdecke ist ein Hauptwerk mittelalterl. Monumentalmalerei). Die UNESCO erklärte den Dom und Sankt Michael zum Weltkulturerbe. Weitere roman. Kirchen sind Sankt Godehard (1172 geweiht), Sankt Mauritius (begonnen im 3. Viertel des 11. Jh., im 18. Jh. barockisiert), Heilig Kreuz (11. Jh. ff.); spätgotisch ist die Andreaskirche (1389 ff., wieder aufgebaut). Wieder aufgebaut wurden das Knochenhaueramtshaus (1529), das Rathaus (urspr. 13. Jh., spätere Veränderungen) und die got. Fassade des »Tempelhauses«. – Der im 8. Jh. entstandene Fernhandelswik H. erhielt um 1000 Marktrecht; 1217 erstmals Stadt; 1367 Mitgl. der Hanse; das 815 gegr. Fürstbistum (Höhe-

HIL Hildesheimer

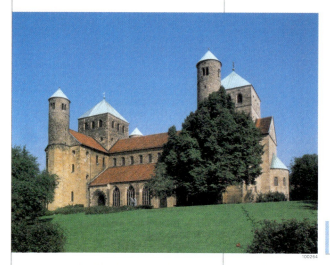

Hildesheim 2): Kirche St. Michael (um 1010–33)

punkt unter Bischof Bernward) kam nach der **Hildesheimer Stiftsfehde** (1519–23) zum größten Teil an Braunschweig-Wolfenbüttel (1643 zurück an H.), das Hochstift 1803 an Preußen, 1807 zum Königreich Westfalen, 1813 zu Hannover (seit 1866 zu Preußen). Die Altstadt wurde 1945 weitgehend zerstört.

3) Bistum, 815 von Ludwig dem Frommen gegr.; 1802 säkularisiert, 1824 neu errichtet und in seinen Grenzen erheblich vergrößert (ebenfalls 1834 und 1929). Das Bistum H. gehörte urspr. zur Kirchenprov. Mainz, wurde 1929 Suffraganbistum von Paderborn und ist seit 1994 Suffraganbistum der neu gebildeten Kirchenprov. Hamburg; umfasst Teile des Landes Bremen und den größten Teil Niedersachsens.

Hildesheimer, Wolfgang, Schriftsteller, * Hamburg 9. 12. 1916, † Poschiavo (Kt. Graubünden) 21. 8. 1991; emigrierte 1933 und war während des Krieges als brit. Offizier in Jerusalem. h. gehörte zur Gruppe 47; veröffentlichte zunächst Kurzprosa (»Lieblose Legenden«, 1952, erweitert 1962), den Roman »Paradies der falschen Vögel« (1953), zahlr. Hörspiele und Bühnenstücke. Seine Dramen (»Die Eroberung der Prinzessin Turandot«, 1960, u.a.) zählen z.T. zum absurden Theater; Romane (»Tynset«, 1965; »Masante«, 1973) zum Thema der Existenzproblematik; intensiv beschäftigte H. sich mit Mozart eine Annäherung versuchte er in einer (große Biografie 1977); es folgte der als fiktive Biografie aus dem 19. Jh. angelegte Roman »Marbot« (1981). Die »Mitteilungen an Max über den Stand der Dinge ...« (1983) gehören zu seinen letzten literar. Werken; danach Arbeit an Grafiken und Collagen.

Hildesheimer Silberfund, der reichste Fund röm. Tafelsilbers (69 Stücke), 1868 bei Hildesheim entdeckt, heute in Berlin (Antikensammlung). Der H. S. enthält einige der schönsten Arbeiten der frühen röm. Kaiserzeit.

Hilfe in besonderen Lebenslagen, ↑Sozialhilfe.

Hilfeleistung, die gesetzl. Pflicht zur Hilfe bei Unglücksfällen, gemeiner Gefahr oder Not. Wer ihr nicht nachkommt **(unterlassene H.),** obwohl Hilfe erforderlich und dem Einzelnen zumutbar ist, wird mit Freiheits- oder Geldstrafe bestraft (§ 323 c StGB). Die Pflicht zur H. entfällt, wenn auf andere Weise Hilfe geleistet wird. – Entsprechendes gilt nach § 95 *österr.* StGB. Nach dem *schweizer.* StGB (Art. 128) besteht eine Pflicht zur H. für den, der einen Menschen verletzt hat, und allgemein, wenn ein Mensch in unmittelbarer Lebensgefahr schwebt. Weiter gehende Pflichten zur H. sieht Art. 51 Straßenverkehrs-Ges. vor.

Hilferding, Rudolf, österr.-dt. Sozialwissenschaftler, Politiker (SPD) und Publizist, * Wien 10. 8. 1877, † (in Gestapohaft) Paris 11. 2. 1941; Arzt, 1904–23 Mitherausgeber der »Marx-Studien«, 1907–16

Redakteur am »Vorwärts«; war 1923 und 1928–29 Reichsfinanzminister. Nach Emigration (ab 1933 Schweiz; ab 1938 Frankreich) Mitarbeit im Exilvorstand der SPD; Theoretiker des ↑Austromarxismus.
Hilfe zum Lebensunterhalt, ↑Sozialhilfe.
Hilfe zur Überwindung besonderer sozialer Schwierigkeiten (früher Gefährdetenhilfe), Art der Sozialhilfe (§ 72 Bundessozialhilfe-Ges.) für Personen, bei denen soziale Schwierigkeiten der Teilnahme am Leben in der Gemeinschaft entgegenstehen, bes. für Strafentlassene, Alkoholiker, Obdachlose, Drogenabhängige. Maßnahmen: Beratung, persönl. Betreuung, Geld- und Sachleistungen von den öffentl. Trägern der Sozialhilfe und der Freien Wohlfahrtspflege.
Hilfsbeamte der Staatsanwaltschaft, strafprozessuale Bez. für eine Gruppe von Polizeibeamten, denen für Eilfälle gesetzlich Ermittlungsbefugnisse verliehen worden sind, die sonst nur Richtern und Staatsanwälten zustehen (z. B. Anordnung von Blutproben, Beschlagnahme, Durchsuchung). Sie unterstehen der Sachweisungsbefugnis der Staatsanwaltschaft ihres Bezirks (§ 152 GVG).
Hilfsschule, frühere Bez. für eine ↑Sonderschule für Lernbehinderte.
Hilfssprachen, ↑Welthilfssprachen.
Hilfsstimmen (Aliquotstimmen), *Musik:* Orgelregister, die anstelle des angeschlagenen Tones einen seiner Obertöne (z. B. Terz oder Quinte) erklingen lassen.
Hilfsverben (Hilfszeitwörter, lat. Verba auxiliaria), Verben, deren ursprüngl. Bedeutung verblasst ist und die zur Bildung zusammengesetzter Zeitformen oder modaler Verhältnisse dienen *(haben, sein).*
Hilfswerk der Evangelischen Kirche in Deutschland, 1945 von den Kirchen der EKD zur Linderung der Not der Nachkriegszeit gegründetes Hilfswerk; 1957 mit der ↑Inneren Mission zum ↑Diakonischen Werk – Innere Mission und Hilfswerk der Evangelischen Kirche in Deutschland e. V. zusammengeschlossen.
Hilfswissenschaft, Wiss., deren Ergebnisse oder Methoden für eine andere notwendig sind, z. B. die ↑historischen Hilfswissenschaften.
Hill, 1) Archibald Vivian, brit. Physiologe, *Bristol 26. 9. 1886, †Cambridge 3. 6. 1977; erhielt für Untersuchungen der ener-

get. Vorgänge bei der Muskelzusammenziehung 1922 mit O. F. Meyerhof den Nobelpreis für Physiologie oder Medizin.
2) Gary, amerikan. Videokünstler, *Santa Monica (Calif.) 4. 4. 1951; arbeitet seit den 1970er-Jahren mit komplexen Installationen, in denen Bild und Sprache, Körper und Schrift im Zusammenhang mit gesellschaftl. Determinationen untersucht werden. befasst sich mit Identifikationsproblemen und Fragen der modernen Zivilisation.
3) George William, amerikan. Astronom und Mathematiker, *New York 3. 3. 1838, †West Nyack (N. Y.) 16. 4. 1914; verfasste bed. Arbeiten zur Himmelsmechanik, bes. zur Mondtheorie.
4) Susan (Elisabeth), engl. Schriftstellerin, *Scarborough (Cty. North Yorkshire) 5. 2. 1942; schrieb gefühlsintensive Geschichten über Kommunikationsverlust und Selbstentfremdung des Menschen, auch Fernseh- und Hörspiele; u. a. »Wie viele Schritte gibst du mir?« (R., 1970), »Seltsame Begegnung« (R., 1971), »Frühling« (R., 1974), »Nur ein böser Traum« (R., 1984), »Das Geheimnis im Spiegel« (R., 1992).
5) Terence, eigtl. Mario Girotti, italien. Filmschauspieler, *Venedig 29. 3. 1940; Held des Italowestern (mit Bud Spencer), u. a. in »Mein Name ist Nobody« (1973), »Keiner haut wie Don Camillo« (1983; auch Regie), »Die Troublemaker« (1994; auch Regie).
Hilla (Hilleh, Al-Hilla), Hptst. der Prov. Babylon, Irak, am Euphrat, südlich von Bagdad, 268 800 Ew.; Marktort eines reichen agrar. Umlands; Verarbeitung landwirtsch. Erzeugnisse, Zementwerk. – Nahebei die Ruinen von Babylon.
Hillary [ˈhɪləri], Sir (seit 1953) Edmund Percival, neuseeländ. Alpinist, *Auckland 20. 7. 1919; Erstbesteiger des Mount Everest zus. mit dem Sherpa Tenzing Norgay am 29. 5. 1953; leitete 1957 eine Antarktisexpedition, 1960/61, 1963 und 1964 Himalajaexpeditionen, 1977 eine Gangesexpedition.
Hillbilly [amerikan.] *der,* abwertend: Hinterwäldler (aus den Südstaaten der USA).
Hillbillymusic [-ˈmjuːzɪk], in den USA frühere Bez. für die euroamerikan. (weiße) Volksmusik; seit Mitte der 1940er-Jahre durch den Begriff Country and Western (Countrymusic) ersetzt.

HIL Hillebrand

Hillebrand, Karl, Historiker und Publizist, *Gießen 17. 9. 1829, †Florenz 19. 10. 1884; lebte nach Teilnahme am Bad. Aufstand 1849 in Paris (Sekretär H. Heines), seit 1871 in Florenz; bed. dt. Essayist: »Zeiten, Völker und Menschen«, 7 Bde. (1873–85).

Hiller, 1) Ferdinand von (seit 1875), Dirigent und Komponist, *Frankfurt am Main 24. 10. 1811, †Köln 11. 5. 1885; wirkte als Dirigent in Frankfurt am Main, Leipzig, Dresden, Düsseldorf und Köln; komponierte in überwiegend klassizistisch-romant. Stil Opern, Oratorien (u. a. »Die Zerstörung Jerusalems«, 1840), Kammer- und Klaviermusik.
2) Johann Adam, Komponist, *Wendisch Ossig (heute Osiek Łużycki) 25. 12. 1728, †Leipzig 16. 6. 1804; war ebd. 1763–81 erster Dirigent der von ihm aus den Abonnementskonzerten entwickelten Gewandhauskonzerte, 1789–1801 Thomaskantor in Leipzig. Seine Singspiele bildeten die Vorstufe der dt. Spieloper.
3) Kurt, Schriftsteller, *Berlin 17. 8. 1885, †Hamburg 1. 10. 1972; gab 1912 die expressionist. Anthologie »Kondor«, 1916 bis 1924 »Das Ziel« (Jb. für geistige Politik) heraus; 1926–33 Präs. der Gruppe revolutionärer Pazifisten, warb für die Herrschaft einer intellektuellen Elite (»Die Verwirklichung des Geistes im Staat«, 1925); 1934–55 in der Emigration. Autobiografisches: »Leben gegen die Zeit« (2 Bde., 1969–73).
4) Lejaren, amerikan. Komponist, *New York 23. 2. 1924, †Buffalo (N. Y.) 26. 1. 1994; befasste sich v. a. mit Computermusik; komponierte unter anderem Klaviersonaten, Streichquartette und Sinfonien, »HPSCHD« für 1–7 Cembali und 1–51 Tonbänder (1967–69, mit J. Cage), »3 Compositions« für Tonband (1983), »Expo '85« für Synthesizer und Tonband (1986).

Hillerød ['hilərø:ð], Hptst. des Amtes Frederiksborg, N-Seeland, Dänemark, 35 600 Ew.; Maschinenbau, Nahrungsmittel-, Holzind. – Anziehungspunkt des Fremdenverkehrs ist das Renaissanceschloss ↑ Frederiksborg.

Hillery ['hɪləri], Patrick John, ir. Politiker (Fianna Fáil), *Milltown Malbay (Cty. Clare) 2. 5. 1923; 1969–72 Außenmin., 1973–76 Vizepräs. der EG-Kommission, 1976–90 Staatspräsident.

Hillgruber, Andreas, Historiker, *Angerburg (heute Węgorzewo) 18. 1. 1925, †Köln 8. 5. 1989; war 1968–72 Prof. in Freiburg im Breisgau, ab 1972 in Köln, forschte v. a. zur weltpolit. Rolle Dtl.s und zur nat.-soz. Diktatur (u. a. »Hitlers Strategie«, 1965; »Der zweite Weltkrieg 1939–1945«, 1982; »Die Zerstörung Europas«, 1988).

Hilmend, Fluss in Afghanistan, ↑Helmand.

Hilo ['hi:lə], Stadt in Hawaii, USA, Hauptort der Insel Hawaii, 37 800 Ew.; Zweig der University of Hawaii; Hafen.

Hilpert, Heinz, Regisseur und Theaterleiter, *Berlin 1. 3. 1890, †Göttingen 25. 11. 1967; war 1934–45 Direktor des Berliner Dt. Theaters, 1938–45 auch des Wiener Theaters in der Josefstadt, 1947/48 Intendant in Frankfurt am Main, 1948–50 in Konstanz, 1950–65 in Göttingen (inszenierte hier v. a. Shakespeare-Komödien und Werke von H. von Hofmannsthal); schrieb: »Das Theater – ein Leben« (1961), »Liebe zum Theater« (1963).

Hilpoltstein, Stadt im Landkreis Roth, Bayern, im Vorland der südl. Fränk. Alb, 12 400 Ew.; Zellstoffverarbeitung, Maschinenbau, Pumpenfabrik. – Teile der mittelalterl. Ummauerung sind erhalten; zahlreiche spätmittelalterl. Bürgerhäuser; spätgot. Stadtpfarrkirche St. Johann Baptist (1732/33 barock umgestaltet). – Stadtrecht im 13. Jahrhundert.

Hils der, bewaldeter Höhenzug aus Kreidesandstein (Hilssandstein) westlich der Leine, in der Bloßen Zelle 477 m ü. M.

Hilsenrath, Edgar, Schriftsteller, *Leipzig 2. 8. 1926; lebte als Kind in Rumänien im Getto und im KZ, 1951–74 in den USA; behandelt in seinen Werken jüd. Schicksale während des Krieges und in der Nachkriegszeit; bekannt wurde er mit dem Roman »Der Nazi und der Friseur« (1977), stark autobiografisch geprägt ist »Die Abenteuer des Ruben Jablonski« (1997).
Weitere Werke: Romane: Bronskys Geständnis (1980); Das Märchen vom letzten Gedanken (1989); Jossel Wassermanns Heimkehr (1993).

Hilton ['hɪltn], James, engl. Schriftsteller, *Leigh (Cty. Lancashire) 9. 9. 1900, †Los Angeles (Calif.) 20. 12. 1954; schrieb spannende Unterhaltungsromane vor einem metaphys. Hintergrund: »Irgendwo in Tibet« (1933), »Leb wohl, Mister Chips« (1934), »Jahr um Jahr« (1953).

Himalaja HIM

Himalaja: der Kangtaiga (6 779 m ü. M.) in Nepal

Hilus [lat.] *der,* Ein- und Austrittsstelle von Gefäßen und Nerven in Organe, z. B. Lungenhilus.

Hilversum [-sym], Stadt in der Prov. Nordholland, Niederlande, im Gooi, 82 300 Ew.; Wohnvorort für Amsterdam. Kulturzentrum De Vaart, Sitz von Hörfunk- und Fernsehgesellschaften; Teppich-, elektrotechn., pharmazeut. u. a. Industrie.

Hima (Bahima, Wahima, in Ruanda und Burundi: Tutsi, Batutsi, Tussi, Watussi), äthiopide Bev.schicht im Zwischenseengebiet O-Afrikas, in Burundi etwa 14 %, in Ruanda etwa 9 % der Bev. (Veränderungen durch Bürgerkriege), in Uganda eine soziale Schicht der Nkole bildend; wanderten vermutlich bis ins 16. Jh. in ihre heutigen Wohngebiete; waren urspr. halbnomad. Großviehzüchter. Sie überlagerten die Bantubev. (Ackerbauern) und übernahmen Bantusprachen von den Unterworfenen; sie gründeten u. a. die Staaten Buganda, Bunyoro, Burundi und Ruanda **(Himastaaten)** und bildeten dort die Oberschicht. Die Konflikte zw. Oberschicht und Bauern (bes. Hutu) führten 1961 zum Aufstand in Ruanda, wo die Hutu die meisten H. vertrieben oder töteten. Auch in Burundi kam es (1972) aus ähnl. Gründen zu blutigen Unruhen, wobei jedoch die H. die Oberhand behielten.

1988 richteten in Burundi die H. ein Massaker unter den Hutu an (zw. 5 000 und 50 000 Tote). Die letzten schweren Konflikte ereigneten sich 1994 wiederum in Ruanda; in bürgerkriegsähnl. Unruhen wurden zw. 500 000 und 1 Mio. H., auch oppositionelle Hutu, ermordet. Rd. 3 Mio. Menschen flohen in die Nachbarstaaten.

Himachal Pradesh [-tʃal praˈdeʃ], Bundesstaat im westl. Himalaja, Indien, 55 673 km², 6,08 Mio. Ew.; Hptst. ist Simla. Die dicht bewaldeten Gebiete liefern Nadelhölzer; in den Tälern Anbau von Obst (Äpfel, Birnen, Aprikosen), Getreide, Tee, Saatkartoffeln; Salzgewinnung. – 1971 wurde das ehem. Unionsterritorium H. P. in einen Bundesstaat umgewandelt.

Himalaja [hiˈmaːlaja, himaˈlaːja; Sanskrit »Schneewohnung« *der* (Himalaya), mächtigstes und höchstes Gebirgssystem der Erde, begrenzt den ind. Subkontinent gegen das Hochland von Tibet und Zentralasien. Politisch gehört der H. zu Indien, Pakistan, Nepal, Bhutan und China (Tibet). In einem nach NO offenen, rd. 2 500 km langen Bogen erstreckt er sich vom Durchbruchstal des Indus im W zum Durchbruchstal des Brahmaputra im O; zw. 280 (im NW) und 150 km (im O) breit. Von zehn Achttausendern ist der Mount Everest mit 8 850 m ü. M. (Neuvermessung 1999) zugleich der höchste Berg der Erde. Geologisch wird der H. zu den jungen alpid. Faltengebirgen der Erde gerechnet

409

und ist nach der Theorie der Plattentektonik das Ergebnis der Kollision der Ind. mit der Euras. Platte. An den 50 km breiten, vorwiegend aus Granit und Gneis bestehenden **Hohen H.**, die Hauptkette, mit den höchsten Gipfeln Mount Everest, Kangchendzönga (8 586 m), Lhotse (8 516 m), Makalu (8 463 m), Dhaulagiri (8 167 m), Nanga Parbat (8 126 m), schließt sich südlich der **Vorder-H.** an und an diesen die **Siwalikketten**, die Vorberge. Vor den Siwalikketten liegt der Regenwaldgürtel des Tarai. In Tibet folgt nördlich des Hohen H., getrennt durch eine vom Tsangpo und oberen Indus durchflossene Längstalfurche, der **Transhimalaja**.

Klimatisch und landschaftlich bildet der H. die Scheide zw. den Monsungebieten Indiens und den trockenen Hochländern Innerasiens. Der SW-Monsun (Mai bis Okt.) lädt seine ganze Feuchtigkeit auf dem steilen S-Hang ab, sodass die kürzere und flachere N-Abdachung nur noch geringe Niederschläge erhält. Die Schneegrenze liegt auf der S-Seite bei 4 800–5 200 m ü. M., auf der N-Seite bei rd. 5 500–6 000 m ü. M. Die Vergletscherung ist beträchtlich; die Waldgrenze liegt bei rd. 4 000 m ü. M. Vegetation und Landnutzung sind vertikal gestuft. An der S-Flanke herrschen üppige Berg- und Nebelwälder vor, an der N-Flanke wintertrockene alpine Steppen. Am dichtesten besiedelt sind die fruchtbaren Täler zw. 1 500 und 2 500 m Höhe. Haupterwerbszweige sind Ackerbau und Viehzucht (Yak, Schafe, Ziegen), aber nur von örtl. Bedeutung. Der Verkehr ist fast nur auf Saumwegen möglich. Verstärkte Abholzungen (jährl. Entwaldungsrate im ind. H. 5 %) der letzten Jahre führten zu einer schnelleren Entwässerung der Bergregionen und zu einer fortschreitenden Bodenerosion (erhöhte Schlammführung der Flüsse), Mitverursacher der z. T. katastrophalen Überschwemmungen in den Tiefländern am Gebirgsfuß.

📖 *Uhlig, H.:* Himalaya. Bergisch-Gladbach 1992. – Himalaya, bearb. v. *B. C. Olschak u. a.* Köln 2000. – Himalaya – Menschen u. Mythen, hg. v. *A. Grünfelder.* Zürich 2002.

Himalia, ein Mond des Planeten ↑Jupiter.
Himation *das,* altgrch. wollener Mantel von rechteckigem Schnitt; über dem Chiton getragen.
Himbeere (Himbeerstrauch, Rubus idaeus), Art der Rosengewächse, Halbstrauch in den Wäldern der nördl. gemäßigten Zone; die Triebe verholzen im 2. Jahr; Blüten klein, weiß in Blütenständen; Sammelfrucht mit steinfruchtartigen Einzelfrüchten. Durch Kreuzung von H. mit Brombeere entstand u. a. die **Loganbeere.**

Himbeere: Himbeerstrauch mit reifen Früchten

Himbeerkäfer (Byturidae), Käferfamilie; die Larve des 4–5 mm langen H. (Byturus tomentosus) lebt in Himbeerfrüchten (Himbeer-»Made«).
Himeji [-dʒ-] (Himedschi), Stadt im W von Honshū, Japan, 470 000 Ew.; Museen; Eisen-, Stahl-, petrochem., elektrotechn. Ind.; Hafen Hirohata an der Ijimündung. – H. besitzt die größte und imposanteste Burganlage Japans (14. Jh., im 16. Jh. erweitert), auch »Schloss des weißen Reihers« genannt (UNESCO-Weltkulturerbe).

Himbeerkäfer (Byturus tomentosus)

Himera, grch. Kolonie an der N-Küste Siziliens; bei H. siegten die Griechen 480 v. Chr. über die Karthager (dor. Siegestempel ausgegraben). 409 v. Chr. wurde H. von den Karthagern zerstört.

Himmelfahrt Christi HIM

Himes [haɪmz], Chester, afroamerikan. Schriftsteller, *Jefferson City (Mo.) 29. 7. 1909, †Moraira (Prov. Alicante, Spanien) 12. 11. 1984; schrieb vielschichtige Kriminalromane mit z. T. bitteren Anklagen gegen die Rassendiskriminierung (»Blind mit einer Pistole«, 1969, u. a.).

Ḥimjar (Himjaren), seit dem 1. Jh. n. Chr. bezeugte südarab. Völkerschaft, die im 3. Jh. ein Großreich mit der Hptst. Zafar begründete und ihre Herrschaft auf das Reich Saba ausdehnte. Das Reich H. erreichte im 5. Jh. seine größte Ausdehnung.

Himmel (Himmelsgewölbe, Firmament), das scheinbare Gewölbe, das sich über der Ebene des Horizonts in Form eines halben Rotationsellipsoids oder flachen Kegelsegments aufspannt. In der *Astronomie* wird es durch eine Halbkugel angenähert, die gedanklich zu einer Kugel, der **H.-Kugel (H.-Sphäre, Sphäre)**, ergänzt wird, an die – vom Beobachter gesehen – alle H.-Körper projiziert erscheinen. Der Punkt des H. senkrecht über dem Beobachter heißt **Scheitelpunkt** oder **Zenit**, der entgegengesetzte Punkt **Fußpunkt** oder **Nadir**. Infolge der Erdrotation scheint sich der H. in 24 Stunden einmal um die verlängert gedachte Erdachse, die **H.-Achse**, zu drehen, wobei die Gestirne am O-Horizont aufgehen und am W-Horizont untergehen. Zw. Auf- und Untergangspunkt beschreiben diese am H. oberhalb des Horizontes den **Tagbogen** und unter dem Horizont den **Nachtbogen**. Die H.-Achse durchstößt die H.-Kugel in den **H.-Polen**. Der nördl. H.-Pol, der in der Verlängerung Erdmittelpunkt–Erdnordpol liegt, befindet sich zurzeit in der Nähe des Polarsterns. Sterne, die in geringem Abstand zu den H.-Polen stehen, bleiben immer über dem Horizont (↑Zirkumpolarsterne). Die Projektion des Erdäquators auf die H.-Sphäre ist der **H.-Äquator** (↑Äquator). Die astronom. Örter der Gestirne am H. werden durch die ↑astronomischen Koordinaten festgelegt.

In den meisten *Religionen* und *Mythen* ist der H., den man sich als über die Erde gespanntes Zelt dachte, der Sitz der Götter. H.-Gottheiten nahmen in den altoriental. und altamerikan. Religionen den wichtigsten Platz ein. In den monotheist. Religionen ist der H. Ort bzw. Zustand des Transzendenten schlechthin (Jenseits), Ort der Seligkeit nach dem Tod (Paradies) und damit Ggs. zum Ort der Verdammnis (Hölle); im A. T. Wohnort und Machtbereich Gottes, im N. T. als »Reich der H.« Bez. des Reiches Gottes (z. B. Mt. 13, 24 ff. Himmelreichsgleichnisse); Aufenthaltsort der Engel. ❖ **siehe ZEIT Aspekte**
📖 *Lang, B. u. McDannell, C.: Der H. Eine Kulturgeschichte des ewigen Lebens. A. d. Engl. Neuausg. Frankfurt am Main u. a. 1996. – Cole, C. K.: Warum die Wolken nicht vom H. fallen. Von der Allgegenwart der Physik. A. d. Engl. Berlin 2002.*

Himmelfahrt, *Religionsgeschichte:* die Vorstellung eines Aufstiegs, oft auch einer langen Reise der Seele in den Himmel als Bild einer zeitlichen oder (nach dem Tod) ewigen Vereinigung mit den Seligen und dem Göttlichen. Von der H. zu unterscheiden ist die Aufnahme (↑Assumption) bzw. die ↑Entrückung des ganzen Menschen (mit Leib und Seele) in den Himmel. (↑Höllenfahrt)

Himmelfahrt Christi, *christl. Glaube:* die Erhöhung des auferstandenen Jesus zur Teilhabe an der Existenzweise Gottes (Lk. 24, 51; Apg. 1, 9–11); Bestandteil des christl. Glaubensbekenntnisses; seit dem 4. Jh. als Fest **Christi Himmelfahrt** am 40. Tag nach Ostern gefeiert.

Bildende Kunst: Eine frühe Darstellung der H. C. findet sich auf einem um 400 geschaffenen Elfenbeinrelief (München, Bayer. Nationalmuseum): Christus wird von der Hand Gottes in den Himmel gehoben. Neben diesem Darstellungstypus, der in der karoling. Buchmalerei erscheint, setzte sich immer mehr der von der byzantin. Kunst herkommende Typus der Darstellung der H. C. in zwei Zonen durch: Christus in einer Gloriole wird von zwei Engeln begleitet, die Jünger und Maria schauen zu ihm auf. Seit dem 11. Jh. etwa kam eine neue Form auf, die wohl zuerst in der engl. Buchmalerei erschien: Von dem auffahrenden Christus ist nur der Rocksaum oder der Fußabdruck im Felsen zu sehen. Der Typus des auf Wolken schwebenden, aus eigener Kraft emporfahrenden Christus ist seit dem 13. Jh. nachweisbar.

Brauchtum: Mit dem Himmelfahrtstag (dem »Auffahrtstag« der kath. Alpenländer) beginnt im Volksbrauchtum der Sommer. Den Kränzen und Blumen, mit denen die Altäre geschmückt waren, sowie den Kräutern, die bei den urspr. übl. Flurpro-

Himmelfahrt Mariä

zessionen oder den Bergwanderungen der männl. Jugend gepflückt wurden, maß man eine besondere Schutz- und Heilkraft zu. In Anlehnung an die (wohl schon aus vorchristl. Zeit stammenden) Bittgänge und Flurprozessionen, aber auch mit Bezug zu älteren Handwerksbräuchen, entstand im 19. Jh. die Sitte der »Herrenpartien« (im 20. Jh. »Männer-, ↑Vatertag« gen., als Gegenstück zum Muttertag).

Himmelfahrt Mariä (Gemälde von Tizian, 1516–18)

Himmelfahrt Mariä (lat. Assumptio Beatae Mariae Virginis), *kath. Glaubenslehre:* die Aufnahme Marias, der Mutter Jesu, unmittelbar nach ihrem Tod »mit Leib und Seele« (also unter Vorwegnahme der Auferstehung der Toten) in den Himmel; durch Papst Pius XII. 1950 zum Dogma erhoben. – Das Fest **Mariä Himmelfahrt** wird am 15. 8. gefeiert und ist das bedeutendste Marienfest der kath. Kirche und der Ostkirchen (dort Fest der »Entschlafung der Gottesgebärerin Maria«). – *Bildende Kunst:* Seit dem MA. oft mit den gleichen Bildmotiven wie die Himmelfahrt Christi in Malerei und Plastik dargestellt.

Himmelfahrt Mohammeds, *Islam:* in der islam. Überlieferung und andeutungsweise auch im Koran (Sure 17, 1) die Reise des Propheten Mohammed durch die sieben Himmel bis vor Gottes Thron. Fest am 27. Rajab des islam. Kalenders (2003: 24. 9.).

Himmelfahrtsinsel, ↑Ascension.

Himmelsäquator, ↑Äquator, ↑Himmel.

Himmelsblau (Azur), die blaue Farbe des Himmels, die durch Streuung des Sonnenlichts in den oberen Schichten der Erdatmosphäre hervorgerufen wird.

Himmelschlüssel, Arten der ↑Schlüsselblume.

Himmelsglobus, verzerrungsfreie, spiegelbildl. kartograph. Darstellung des Sternhimmels und seines Koordinatensystems auf der Oberfläche einer Kugel. Älteste H. stammen aus dem 1. Jh. v. Chr.

Himmelskarten, die ↑Sternkarten.

Himmelskörper, Sammelbez. für alle außerird. Körper, wie Planeten, Monde, Kometen, Sterne, Galaxien; i. w. S. auch für alle kosm. Objekte einschl. der Erde.

Himmelskunde, die ↑Astronomie.

Himmelsleiter, 1) *A. T.:* die ↑Jakobsleiter.
2) *Botanik:* (Jakobsleiter, Sperrkraut, Polemonium), Gattung der Sperrkrautgewächse; die **Blaue H.** (Polemonium caeruleum) ist eine Staude mit schlankem, hohlem Stängel baldrianähnl. Blätternund himmelblauen Blüten. auch Gartenpflanze.

Himmelslicht, ↑Himmelsstrahlung.

Himmelsmechanik, Teilgebiet der Astronomie, das die Bewegungen der Himmelskörper unter dem Einfluss ihrer gegenseitigen Massenanziehung (↑Gravitation) behandelt. Die H. umfasst z. B. die Bahnbestimmung von Planeten, Planetoiden Kometen und Satelliten unter Beachtung aller Störungen und die Ephemeridenrechnung, mit der die Positionen von Himmelskörpern zu jedem beliebigen Zeitpunkt aus den Bahnelementen bestimmt werden. Bei der Bahnbestimmung von Raumsonden wird i. Allg. die klass. H. verlassen, da auch nichtgravitative Kräfte zu berücksichtigen sind. Mathematisch streng und allg. lösbar ist die Bewegung zweier Himmelskörper, das ↑Zweikörperproblem, das auf die ↑keplerschen Gesetze führt. Drei- und ↑Mehrkörperprobleme werden durch Näherungsverfahren mithilfe der Störungstheorie behandelt.

Himmelsrichtungen, die durch die ↑astronomischen Koordinaten gegebene Einteilung des Horizonts. Haupt-H. sind **Norden (N)** und **Süden (S)**, die durch die Schnittpunkte (Nord- bzw. Südpunkt) des Meridians mit dem Horizont definiert sind, sowie **Osten (O)** und **Westen (W)**, festgelegt durch den Schnittpunkt (Ost- bzw. Westpunkt) des gegen den Meridian um 90° gedrehten Kreises (erster Vertikal) mit dem Horizont. Zur Bestimmung der H. benutzt man einen ↑Kompass.

Himmelsscheibe von Nebra, ↑Nebra (Unstrut).

Himmelfahrt Mohammeds: »Die nächtliche Himmelsreise des Propheten Mohammed«, Miniatur der Safawidenschule (16. bis Anfang 18. Jh.; London, Britisches Museum)

Himmelsstrahlung (diffuse Himmelsstrahlung), *atmosphär. Optik:* die vom Himmel einfallende elektromagnet. ↑Strahlung ohne die direkte Sonnenstrahlung. Die **kurzwellige H.** (mit Wellenlängen $\lambda < 3\,\mu m$) wird am Tage von in der Atmosphäre gestreutem Sonnenlicht gebildet (ihr sichtbarer Anteil wird auch **Himmelslicht** genannt) und setzt sich in der Nacht aus Sternlicht, Polar- und Zodiakallicht sowie künstl. Streulicht zusammen. Bei der **langwelligen H.** mit $\lambda > 3\,\mu m$ handelt es sich v. a. um die Infrarotstrahlung der absorbierenden atmosphär. Bestandteile, sie wird auch **Gegenstrahlung** genannt.

Die H. des wolkenlosen Himmels ist teilweise polarisiert (↑Polarisation). Auf dem durch Sonne und Zenit gehenden Großkreis lassen sich drei **neutrale Punkte** finden, die Gebiete unterschiedl. Polarisationsrichtung (parallel oder senkrecht zu der durch Beobachter, anvisiertem Himmelpunkt und Sonne gegebenen Ebene) trennen und selbst unpolarisiertes Licht ausstrahlen: zw. Sonne und Horizont der **Brewster-Punkt,** zw. Sonne und Zenit der **Babinet-Punkt** und, auf der sonnenabgewandten Seite, zw. Zenit und Horizont, der **Arago-Punkt.**

Himmels-W, andere Bez. für das Sternbild ↑Kassiopeia.

Himmelswagen, umgangssprachl. Bez. für den Großen Wagen (Großer H.) und Kleinen Wagen (Kleiner H.). (↑Bär)

Himmler, Heinrich, Politiker (NSDAP), *München 7. 10. 1900, †(Selbstmord) bei Lüneburg 23. 5. 1945; Diplomlandwirt, nahm 1923 am Hitlerputsch teil und trat 1925 der NSDAP bei. Als »Reichsführer SS« (ab 1929) baute er die SS planmäßig zur parteiinternen Polizeiorganisation mit rassistisch bestimmtem hierarchisch-elitärem Selbstverständnis (»Orden«) auf. Er organisierte als Polizeipräs. von München (ab März 1933), unterstützt von R. Heydrich, die polit. Polizei in allen dt. Ländern. Ab 1. 4. 1934 stellv. Leiter und Inspekteur der preuß. Gestapo; maßgeblich an der Ausschaltung der SA-Führung (»Röhm-Putsch«) beteiligt. Ab 1936 »Reichsführer SS und Chef der dt. Polizei« im Range eines Staatssekretärs im Reichsinnenministerium, erreichte er die enge Verschmelzung von SS und Polizei zu einem weit verzweigten Kontroll- und Überwachungssystem sowie zu einem staatl. Terrorinstrument (einschließlich des KZ-Systems). Als »Reichskommissar für die Festigung dt. Volkstums« leitete H. ab Okt. 1939 die Umsiedlungs- und Zwangsgermanisierungspolitik im O und SO Europas. Mit dem dt. Angriff auf die UdSSR (22. 6. 1941) wurde H. gemeinsam mit Heydrich zum entscheidenden Organisator des ↑Holocaust. Ab 1943 Reichsinnenmin., nach dem 20. 7. 1944 auch Oberbefehlshaber des Ersatzheeres; nach seinem Kapitulationsangebot an die Westmächte (23./24. 4. 1945) von Hitler am 28. 4. 1945 sämtlichen

Ämter enthoben; geriet im Mai 1945 in britische Gefangenschaft.
📖 *Wykes, A.: Reichsführer SS H. A. d. Engl. Rastatt 1981. – Breitman, R.: Architekt der »Endlösung«. H. u. die Vernichtung der europ. Juden. A. d. Amerikan. Paderborn u. a. 1996. – Padfield, P.: H. Reichsführer-SS. London 2001.*

Hinault [iˈnoː], Bernard, frz. Straßenrennfahrer, *Yffiniac (Bretagne) 15. 11. 1954; u. a. fünfmaliger Gewinner der Tour de France (1978, 1979, 1981, 1982, 1985) und Straßenweltmeister 1980.

Hinausstellung, *Sport:* der ↑Feldverweis.

Hinayana [Sanskrit »kleines Fahrzeug«] *das* (Hinajana), eine der beiden Hauptrichtungen des ↑Buddhismus.

Hindelang, Marktgem. im Landkreis Oberallgäu, Bayern, im Ostrachtal der Allgäuer Alpen, 850 m ü. M., 4900 Ew.; heilklimat. Kneippkurort und Schwefelmoorbad (im Ortsteil Bad Oberdorf), Wintersportplatz; Keramikwerk. – Kirche mit Madonnenbildnis von H. Holbein d. Ä. und Schnitzaltar von J. Lederer (1519).

Hindemith, Paul, Komponist, *Hanau 16. 11. 1895, †Frankfurt am Main 28. 12. 1963; wurde 1915 erster Konzertmeister in Frankfurt, lehrte 1927–37 an der Musikhochschule Berlin, 1940–53 an der Yale University in New Haven (Conn.), 1951–57 an der Univ. Zürich. H., Mitbegründer und Haupt der Donaueschinger Kammermusikfeste (1921–26), galt schon seit den frühen 20er-Jahren als Bahnbrecher der Moderne. Seine Neuordnung des Tonmaterials, bei der jedoch die Tonalität gewahrt blieb, hatte eine Neuartigkeit der Melodiebildung zur Folge.

Werke: Opern: u. a. Cardillac (1926, Neufassung 1952); Mathis der Maler (1938); Die Harmonie der Welt (1957); Das lange Weihnachtsmahl (1961). – **Chorwerke:** u. a. Das Unaufhörliche (Oratorium, 1931); Apparebit repentina dies (1947); Messe (1963). – **Orchesterwerke:** Philharmon. Konzert (1932); Sinfonie »Mathis der Maler« (1934); Sinfonie in Es (1941); Sinfon. Metamorphosen über Themen von C. M. von Weber (1944); Sinfonia serena (1947); Sinfonie »Die Harmonie der Welt« (1952); Pittsburgh Symphony (1959). Instrumentalkonzerte (z. B. Bratschenkonzert »Der Schwanendreher«, 1935); Kammermusik (6 Streichquartette), Klaviermusik (u. a. Ludus tonalis, 1943), Lieder (»Das Marienleben«, 1923, Neufassung 1936–48), Sing- und Spielmusik.

Schriften: Unterweisung im Tonsatz, 3 Bde. (1937–70); Johann Sebastian Bach (1950); Komponist in seiner Welt (1952).
📖 *Briner, A. u. a.: P. H. Leben u. Werk in Bild u. Text. Zürich 1988. – Schubert, G.: P. H. mit Selbstzeugnissen u. Bilddokumenten. Reinbek 19.–20. Tsd., ⁵1999.*

Hindenburg, Paul von Beneckendorff und von H., *Posen 2. 10. 1847, †Gut Neudeck bei Freystadt in Westpreußen (heute Kisielice, Wwschaft Lebus) 2. 8. 1934; Offizier, war 1903–11 kommandierender General. Am 22. 8. 1914 wurde H. Oberbefehlshaber der 8. Armee (Generalstabschef: E. Ludendorff), mit der er die Russen bei ↑Tannenberg und an den Masur. Seen entscheidend schlug. Seit dem 1. 11. 1914 war er Oberbefehlshaber Ost, seit 27. 11. Generalfeldmarschall. Am 29. 8. 1916 übernahm er als Chef des General-

Paul Hindemith: Anfang des ersten Satzes »Musica Instrumentalis« aus der Sinfonie »Die Harmonie der Welt«

stabs des Feldheers mit Ludendorff als erstem Generalquartiermeister die 3. Oberste Heeresleitung, die in der Folgezeit fast uneingeschränkt die strateg. Leitung des Krieges innehatte, weitgehend die Kriegsziele bestimmte und 1917 entscheidend zum Sturz des Reichskanzlers T. von Bethmann Hollweg beitrug. Militärisch gesehen, führte er erfolgreich die Feldzüge gegen Rumänien (1916), Italien (1917) und Russland (1917). Seine entscheidungsuchenden Operationen im W im Frühjahr und Sommer 1918 scheiterten jedoch. Um die Monarchie zu retten, befürwortete H. im Nov. 1918 den Thronverzicht des Kaisers. Nach dem Waffenstillstand leitete er den Rückmarsch des Heeres. Am 3. 7. 1919 legte H. den Oberbefehl nieder und ging in den Ruhestand.
Am 26. 4. 1925 wurde H. als Kandidat der Rechtsparteien zum Reichspräs. gewählt (Wiederwahl am 10. 4. 1932 mit Unterstützung von SPD und Zentrum gegen Hitler). Persönlich der Monarchie zuneigend, stand er dem republikan. Staat und seinem parlamentarisch-demokrat. System von Anfang an misstrauisch gegenüber. Nach dem Sturz der »großen Koalition« am 27. 3. 1930 berief er am 28. 3. 1930 H. Brüning zum Reichskanzler und vollzog damit den Übergang zu einem Präsidialregime. Beeinflusst durch General K. von Schleicher und großagrarisch-konservative Kreise, entließ er Brüning, da dieser zunehmend mithilfe der SPD seine Politik durchzusetzen versuchte. Mit den Kabinetten unter F. von Papen (Juli–Nov. 1932) und Schleicher (Nov. 1932–Jan. 1933) setzte er rechts gerichtete Regierungen ein. Nach anfängl. Zögern ernannte H. am 30. 1. 1933 Hitler zum Reichskanzler.
Mit der Unterzeichnung bes. der »VO zum Schutz von Volk und Staat« vom 28. 2. 1933 und des Ermächtigungsgesetzes vom 24. 3. 1933 gab H. den Weg frei zum Aufbau der nat.-soz. Diktatur. Am »Tag von Potsdam« (21. 3. 1933) wirkte er bei dem von Hitler inszenierten Schauspiel einer Versöhnung von nat.-soz. Bewegung und preuß. Tradition mit.

📖 *Maser, W.: H. Eine polit. Biographie. Neuausg. Frankfurt am Main u. a. 1992.*

Hindenburgdamm, Eisenbahndamm zw. der W-Küste Schlesw.-Holst. und der Insel Sylt (11 km lang), 1927 eingleisig fertig gestellt, seit 1972 zweigleisig.

Hindenburg O. S., 1915–45 Name der Stadt ↑Zabrze, Polen.

Hindenburgprogramm, Bez. für das im Ersten Weltkrieg nach der Übernahme der Obersten Heeresleitung durch Generalfeldmarschall P. von Hindenburg (Aug. 1916) von E. Ludendorff entworfene Programm zur Straffung, Koordinierung und Steigerung der dt. Rüstungsproduktion.

Hindernislauf, *Leichtathletik:* Laufwettbewerb über (internat.) 3 000 m, wobei insgesamt 28 feste Hürden von 91,4 cm Höhe (für Frauen 76 cm) und siebenmal ein Wassergraben (3,66 m lang und breit) zu überwinden sind. Auf die Hürden dürfen Hände und Füße aufgesetzt werden. (↑Leichtathletik, Übersicht).

Hindernisrennen, *Pferdesport:* als Hürden- oder als Jagdrennen ausgetragene ↑Galopprennen. **Hürdenrennen** führen meist über eine Flachstrecke von 2 800 bis 4 200 m, über mindestens 75 cm hohe (versetzbare) Hürden aus Reisig in Abständen von 300 m, deren oben offene Besen nicht unbedingt übersprungen werden müssen, sondern durch die das Pferd hindurchwischen kann. **Jagdrennen** führen 2 800–6 800 m über feste Hindernisse wie Gräben, Wälle mit Hecken und Mauern mit Höhen von mindestens 1,30 m; hierfür bes. geeignete Pferde heißen »Steepler«. Die weltweit schwersten H. werden in Pardubice (seit 1841) und bei Liverpool (↑Grand National Steeplechase) ausgetragen.

Hindi, indoar. Sprache, seit 1965 neben Englisch offizielle Landessprache Indiens mit etwa 200 Mio. Sprechern. Das in Devanagari-Schrift geschriebene H. ist stark vom Sanskrit beeinflusst. H. ist Sammelname für die Dialekte Bradj Bhasha, Bundeli, Kanauji, Avadhi, Bagheli, Chattisgarhi. Seit Ende des 19. Jh. wird die Bez. H. speziell für das aus dem Dialekt von Delhi entwickelte Idiom verwendet. – Lit. des H. ↑indische Literatur.

Hindu, Anhänger des ↑Hinduismus; urspr. mittelalterlich-pers. Bez. für die Bewohner Indiens, abgeleitet aus der iran. Namensform des Flusses Indus. – Im Verständnis der hinduist. Organisationen gelten rd. 80% der Bev. Indiens (darin eingeschlossen die kastenlosen Inder) als H. Ebenfalls die Bev.mehrheit bilden die H. in Nepal (rd. 77%). Weitere, prozentual und/oder zahlenmäßig starke hinduist. Bev.gruppen gibt es in Bhutan, Bangladesh, Sri Lanka,

HIN Hinduismus

Hinduismus: Vishnu-Statue im Keshava-Tempel in Belur in Südindien, Bundesstaat Karnataka (12. Jh.)

Pakistan, Südostasien (Birma, Indonesien [bes. Bali], Malaysia), Ozeanien (Fidschi), im südl. Afrika (Mauritius, Rep. Südafrika) und in Südamerika (Guyana, Surinam, Trinidad und Tobago).
Hinduismus der, Religion, der Mitte 2001 etwa 820 Mio. Menschen (↑Hindu) zugerechnet werden, eigtl. aber von der westl. Religions- und Sozialwiss. gebildete Bez. für die traditionellen religiösen und gesellschaftl. Strukturen und Institutionen der Inder. – Der H. entstand aus der Verschmelzung der ↑vedischen Religion der arischen (indogerman.) Einwanderer mit den nicht arischen Religionen des Industals und wurde durch die Glaubensformen von Neueinwanderern und Nachbarvölkern ständig beeinflusst und erweitert. Die Eigenbez. der Inder für ihre Religion ist sanatana dharma (Sanskrit, »ewige Religion«). Sie besteht im ind. Verständnis seit jeher und wird durch die Zeiten immer wieder von Heiligen, Sehern (Rishis) u. a. verkündet. Im Unterschied zu anderen Hochreligionen kennt der H. keinen Stifter, kein allgemein verbindl. Bekenntnis und – zumindest theoretisch – keine individuellen Bekehrungen. Allen Hindus gemeinsam ist die Anerkennung des Veda. Religionsgeschichtlich knüpft der H. dabei bes. an dessen Rezeption im ↑Brahmanismus an und bildete seit etwa 800 v. Chr. eigene religionsphilosoph. Denksysteme aus (↑indische Philosophie und Religion). Grundlegend für das hinduist. Denken sind die Lehre vom Karma und von der Wiedergeburt. Jedes Wesen (einschl. der Götter) durchwandert in ewigem Kreislauf die Welt, je nach seinen guten bzw. bösen Taten als Gott, Mensch, Tier oder in der Hölle. Der endlosen Kette der Wiedergeburten, dem Samsara, zu entrinnen, ist Ziel der Erlösung (Sanskrit: Moksha), zu der versch. Wege führen, bes. die in der Bhagavadgita gewiesenen Erlösungswege (↑Bhakti). Der H. kennt eine Vielzahl von (lokal und regional verehrten) Gottheiten, aus der Brahma, Vishnu und Shiva als gesamtindisch verehrte Hauptgötter herausragen (↑Trimurti). Alles Weltgeschehen realisiert sich nach hinduist. Denken in sich wiederholenden Weltperioden, deren jede vier Weltzeitalter umfasst, in denen sich die Religion, die Rechtschaffenheit und die Lebensumstände der Menschen zunehmend verschlechtern: Krita (Goldenes Zeitalter), Treta, Dvapara und schließlich das ↑Kali-Yuga, die Zeit des Verfalls. Am Ende dieses letzten Zeitalters wird die Welt durch einen großen Brand zerstört, und nach einer Periode der Ruhe beginnt der geschilderte Weltprozess von neuem. – Seinen soziostrukturellen Ausdruck findet der H. in der **Kastenordnung,** der Gliederung der Gesellschaft in zahlr. Kasten. Je höher der Hindu in der durch das Kastensystem vorgegebenen sozialen Rangordnung steht, desto strenger sind die für ihn geltenden Vorschriften. Zugrunde liegendes Prinzip der hinduist. Ethik für alle Kasten ist die Übereinstimmung der individuellen Handlungen des gesamten Lebens- und Glaubensvollzugs mit dem ewigen Weltgesetz, das den Kosmos ordnet und trägt (↑Dharma). – Zu Reformbestrebungen im H. ↑Neohinduismus.

📖 *Schneider, U.:* Einführung in den H. *Darmstadt ²1993. – Hasenfratz, H. P.:* Der ind. Weg. Die Spiritualität eines Kontinents entdecken. *Freiburg im Breisgau 1994. –*

Pöhlmann, H. G.: *Begegnungen mit dem H.* Frankfurt am Main 1995. – Meisig, K.: *Shivas Tanz. Der H.* Freiburg im Breisgau 1996. – Michaels, A.: *Der H. Gesch. u. Gegenwart.* München 1998. – Scholz, W.: *Schnellkurs H.* Köln 2000.

Hinduismus

Zahl der Hindus weltweit (Mitte 2001)
rd. 820 Mio.

Hauptverbreitungsgebiet
Indien

große hinduistische Gemeinschaften (über 1 Mio. Hindus) außerhalb Indiens
Nepal (Staatsreligion: Hinduismus)
Bangladesh
Indonesien (bes. Bali)
Pakistan
Sri Lanka
Malaysia

Haupttrichtungen
Vishnuismus
Shivaismus
Shaktismus

wichtige Feste (Auswahl)
Holi (Farbenfest; Februar/März)
Mahashivaratri (das große Fest zu Ehren Shivas; Februar/März)
Ramnavami (Ramas Geburtstag; März/April)
Janmashtami (Krishnas Geburtstag; August/September)
Divali (Lichterfest; Oktober/November)

wichtigstes Pilgerfest
Kumbhamela

wichtige Wallfahrtsorte, heilige Stätten (Auswahl)
Allahabad
Hardwar
Kanchipuram
Mathura
Nasik
Puri
Ujjain
Varanasi (Benares)
der Berg Kailas in Tibet

Hindukusch [pers. hindukuh »ind. Gebirge«] *der,* Hochgebirge in Asien, Hauptteil in Afghanistan, außerdem in Pakistan und in Kaschmir; grenzt im O an Karakorum und Pamir, im W fächert es sich in zahlreiche Ketten auf; mit stark vergletschertem Hauptkamm (im Tirich Mir 7 690 m ü. M.). Über den Salangpass führt eine asphaltierte Straße (mit 6 km langem Tunnel) von Kabul in den N und NW Afghanistans; die Schneegrenze liegt bei 5 200 m ü. M. Der westl. und nördl. H. ist trocken, der SO reich bewaldet. Abbau von Kohle, Eisenerz und Lapislazuli. – Abb. S. 418

Hindustan [»Land der Hindus«] (pers. Hindostan), (veraltete) Bez. für Britisch-Indien.

Hindustani *das,* dem Urdu und Hindi eng verwandte Umgangssprache Nordindiens und Pakistans mit starken pers. Einflüssen im nominalen Wortschatz. H. besitzt keine eigene Literatur.

Hinggan Ling [tʃ-], Name zweier Gebirgszüge in China, ↑Chingan.

Hingis, Martina, schweizer. Tennisspielerin slowak. Herkunft, * Košice 30. 9. 1980; gewann zw. 1997 und 2002 14 Grand-Slam-Turniere (davon 5 Einzel) sowie den Masters Cup 1998 und 2000.

Hinkelstein, Bez. für einzelne oder in Gruppen aufgestellte Steine, meist aus prähistor. Zeit (↑Menhir). – Nach dem H. von Monsheim (Gräberfeld bei Monsheim, Landkreis Alzey-Worms), wurde die **H.-Gruppe** benannt, eine bes. in Rheinhessen und am unteren Neckar verbreitete Kulturgruppe der älteren Jungsteinzeit. – Abb. S. 419

Hinken, Störung des normalen Ganges in versch. Formen, meist verursacht durch Schmerzen, Versteifung, Lähmung oder Verkürzung eines Beines. Das **intermittierende H.** ist eine Form des H., das, begleitet von Schmerzen im Bein, nach einer bestimmten Gehstrecke auftritt und nach kurzem Stehen wieder verschwindet. Ursache ist eine arterielle Durchblutungsstörung infolge Arteriosklerose.

hinkende Ehe, Ehe zw. Angehörigen unterschiedl. Staaten, deren Gültigkeit in beiden Staaten wegen divergierenden Rechts unterschiedlich beurteilt wird.

Hinkjambus [grch.-lat.] *der,* ↑Choliambus.

Hinnøy [ˈhinœj], die größte norweg. Insel, 2 198 km², gehört zu den Vesterålinseln (↑Lofotinseln); gebirgig (bis 1 266 m ü. M.); 28 000 Ew.; Hauptort ist Harstad.

hinreichend, *Logik:* ↑Bedingung.

Hinshelwood [ˈhɪnʃlwʊd], Sir (seit 1948) Cyril Norman, brit. Chemiker, * London 19. 6. 1897, † ebd. 9. 10. 1967; war 1955–60

Hindukusch: Bergketten des Hindukusch

Präs. der Royal Society; untersuchte u.a. den Einfluss von Chemikalien auf das Bakterienwachstum; erhielt 1956 mit N. N. Semjonow für seine Arbeiten zur Reaktionskinetik und die Aufklärung von Kettenreaktionen den Nobelpreis für Chemie.

Hinterbänkler, scherzhafte Bez. für einen Abg. auf den hinteren Bänken im Plenum, der als Debattenredner selten hervortritt.

Hinterbliebenenrente, die in der gesetzl. Rentenversicherung der Unfall- und knappschaftl. Versicherung, der Alterssicherung für Landwirte, ferner in der Kriegsopferversorgung Hinterbliebenen (Witwen, Witwer, Waisen, auch geschiedene Ehefrauen) und Hinterbliebenen der Opfer von Gewalttaten gewährte Rente. In der Privatversicherung kann im Rahmen der Lebensversicherung auch die Zahlung einer H. vereinbart werden.

Hinterdeck, das Sternbild ↑Heck des Schiffes.

Hintereinanderschaltung, *Elektrotechnik:* die ↑Reihenschaltung.

Hinterglasmalerei, seitenverkehrte Malerei in Leinölfarben mit Sikkativ oder in ölreichen Temperafarben auf einer Glasscheibe. Diese vertritt die schützende Schlussfirnisschicht und ist zugleich Bildträger. Technische Variationsmöglichkeiten bestehen durch Positiv- und Negativradierung, Hinterglasstich, Gold- und Spiegelschliff, Ruß- und Spiegelbild sowie Ätzmattierung. In der Form der Goldgrundmalerei lässt sich die H. bis in frühchristl. Zeit zurückverfolgen. Die Technik der H. hatte ihre Blütezeit nach 1500; Wiederbelebung im 18. und 19. Jahrhundert.
📖 *Klatt, U. K.: H. München u. a. 1986. – Glanzlichter, hg. v. Schweizer. Forschungszentrum zur Glasmalerei Romont. Bern 2000.*

Hintergrundstrahlung, *Astronomie:* 1) ↑kosmische Hintergrundstrahlung; 2) Röntgen-H. (↑Röntgenastronomie).

Hinterhand, 1) *Kartenspiel:* der Spieler, der beim Austeilen die letzte Karte erhält und auch zuletzt ausspielt. **2)** *Zoologie:* (Nachhand), bei Haussäugetieren Bez. für die hinteren Gliedmaßen mit Kruppe und Schwanzansatz.

Hinterhauptbein (Okzipitale), Schädelknochen, verbindet den Kopf gelenkig mit dem ersten Halswirbel (Atlas).

Hinterindi|en, große Halbinsel SO-Asiens, umfasst Birma, Thailand, Kambodscha, Laos, Vietnam und die Malaiische Halbinsel. Ihr Rückgrat bilden drei an die Himalajaketten anschließende Gebirgszüge, die vom östl. Tibet nach S laufen. Über den westl. Gebirgszug verläuft im N-Teil die Grenze zw. Birma und Assam (Indien), der mittlere zieht in die Malaiische Halbinsel, der östl. Zug bildet das Gebirgsland von Vietnam. Zw. den Gebirgsketten öffnen sich im S die weiten Stromebenen von Mekong, Salween, Irawadi und Menam Chao Phraya. H. hat Monsunklima; die Regenmengen nehmen von den Küsten her ab. Die Pflanzenwelt wechselt von dichtem trop. Regenwald bis zu Feucht- und Trockensavanne im Innern.

Hinterkiemer (Opisthobranchia) systematisch umstrittene Gruppe der ↑Schnecken.

Hinterglasmalerei mit der Darstellung Götz von Berlichingens (1547; Jagsthausen, Schlossmuseum)

Hinkelstein: Menhire in Carnac. Die bis zu 20 m hohen Steine von kultischer Bedeutung – manchmal auf oder bei Gräbern errichtet – sind den Megalithkulturen zuzurechnen und stammen hauptsächlich aus der Jungsteinzeit

Hinterlader, Feuerwaffe, die vom hinteren Teil des Rohres her geladen wird; löste im 19. Jh. den Vorderlader ab.

Hinterlegung, die Übergabe hinterlegungsfähiger Sachen (Geld, Wertpapiere u. a. Urkunden, Kostbarkeiten) an die zuständige öffentl. Verwahrungsstelle zur Erfüllung einer Verbindlichkeit (wenn der Gläubiger sich im Annahmeverzug befindet oder Ungewissheit über die Person des Gläubigers besteht; § 372 BGB). **Hinterlegungsstellen** sind die Amtsgerichte; Verfahrensregeln enthält die Hinterlegungsordnung vom 10. 3. 1937. Die rechtl. Wirkung der H. hängt davon ab, ob der hinterlegende Schuldner die Rücknahme ausgeschlossen hat oder nicht; ist sie ausgeschlossen, wird der Schuldner in gleicher Weise von seiner Leistungspflicht frei, als hätte er direkt an den Gläubiger geleistet. Der Gläubiger erwirbt das Eigentum an der hinterlegten Sache durch Annahmeerklärung. Bei nicht hinterlegungsfähigen Sachen tritt an die Stelle der H. der Selbsthilfeverkauf und die H. des Erlöses. Im Prozessrecht ist H. die normale Form der Sicherheitsleistung (§ 108 ZPO). – In *Öster-*

reich ist die H. in § 1425 ABGB geregelt. In der *Schweiz* gelten ähnl. Grundsätze (Art. 92, 96 OR).

Hinterpommern, seit den dynast. Teilungen Pommerns im 15. Jh. Bez. für das Gebiet östlich von Köslin, seit Ende des 16. Jh. für das Herzogtum Stettin, nach 1817 für das Gebiet Pommerns östlich der Oder (das seit 1945 zu Polen gehört).

Hinterradantrieb, *Kraftfahrzeugtechnik:* konventionelle Antriebsanordnung, bei der die Motortriebkraft vom vorn liegenden Motor mit Kupplung und Schaltgetriebe über die im Kardantunnel verlaufende Kardanwelle auf die Hinterräder übertragen wird. Beim Heckmotor bildet der H. eine kompakte Baueinheit hinter dem Fahrgastraum an der Hinterachse **(Heckantrieb).**

Hinterrhein, Quellfluss des Rheins, in Graubünden, Schweiz; 57 km lang; entspringt am Rheinwaldhorn, durchfließt die Talschaften Rheinwald, Schams und Domleschg (zw. Ersteren die Roflaschlucht, zw. Letzteren die Via Mala), vereinigt sich bei Reichenau mit dem Vorderrhein.

Hintersasse, vom MA. bis ins 19. Jh. Bauer, der als Freier oder Halbfreier dinglich abhängig von einem Grundherrn war.

Hintertreppenroman, um 1880 gebildete Bez. für Trivialromane, die über die Hintertreppe (an Dienstboten) verkauft wurden.

Hinterzarten, Gem. im Landkreis Breisgau-Hochschwarzwald, Bad.-Württ., 885 m ü. M., 2 500 Ew.; heilklimat. Kurort und Wintersportplatz im Schwarzwald nordöstl. vom Feldberg. – Wallfahrtskirche »Maria in der Zarten« (seit 1416 bezeugt).

Hintikka, Jaakko, finn. Philosoph und Logiker, * Vantaa 12. 1. 1929; arbeitete v. a. zu Problemen der Modallogik, ferner zu Fragen der analyt. Wissenschaftstheorie (bes. Wahrscheinlichkeitstheorie, Induktionslogik).

Hintze, Otto, Historiker, * Pyritz (heute Pyrzyce) 27. 8. 1861, † Berlin 25. 4. 1940; war 1899–1920 Prof. in Berlin; ein bed. Vertreter der vergleichenden Verfassungs- und Verwaltungsgeschichte, die er in den Zusammenhang sozialgeschichtl. Forschung stellte.

Hinz, Werner, Schauspieler, * Berlin 18. 1. 1903, † Hamburg 10. 2. 1985; wiederholt am Dt. Schauspielhaus in Hamburg, v. a. in klass. Rollen (Gyges, Mephisto, Tellheim).

Hiob (in der Vulgata Job), zentrale (wohl nicht histor.) Gestalt der Rahmenerz. des alttestamentl. **Buches H.** (entstanden zw. dem 5. und 3. Jh. v. Chr.), das zu den bed. Werken der Weltliteratur gezählt wird. Thema ist die Prüfung des Glaubens H.s und seine Bewährung in der Anfechtung. – Ursprung des Ausdrucks **Hiobsbotschaft** für eine Unglücks- bzw. Schreckensnachricht (nach Hiob 1, 13–19).

Hip-Hop [engl.] *der,* auf dem ↑Rap basierender, bes. tanzbarer Musikstil, der durch elektronisch erzeugte, stark rhythmisierte Musik (und Texte, die v. a. das Leben der unteren sozialen Schichten in amerikan. Großstädten widerspiegeln) gekennzeichnet ist.

Hipler, Wendel, Bauernführer, * Neuenstein (Hohenlohekreis) um 1465, † (in pfälz. Haft) Heidelberg 1526; berief im Mai 1525 ein Bauernparlament nach Heilbronn ein, dem er seine Reformvorstellungen vorlegte; war eine der bedeutendsten polit. Persönlichkeiten der Bauernbewegung; wurde nach der Schlacht bei Königshofen (2. 6. 1525) gefangen gesetzt.

Hipparch (grch. Hipparchos), Tyrann von Athen (seit 527 v. Chr.), † 514 v. Chr.; Sohn und Nachfolger des Peisistratos von Athen, teilte mit seinem Bruder Hippias die Herrschaft; von Harmodios und Aristogeiton aus persönl. Gründen ermordet.

Hipparch von Nikaia (grch. Hipparchos von Nikaia), grch. Astronom, Mathematiker und Geograph, * Nikaia (Bithynien, heute İznik, Türkei) um 194 v. Chr., † um 120 v. Chr.; gilt als der größte Astronom des Altertums, Begründer der wiss. Astronomie; ließ sich auf Rhodos nieder, wo er astronom. Beobachtungen durchführte (etwa zw. 164 und 125 v. Chr.). H. v. N. lehnte das heliozentr. Planetensystem des Aristarchos von Samos ab und erarbeitete die Exzentertheorie; bestimmte sehr genau die Länge des Sonnenjahres, legte den ersten Sternkatalog an; Schöpfer der Trigonometrie (»Sehnenrechnung«).

Hipparcos [Kurzwort für engl. **hi**gh **p**recision **par**allaxe **co**llecting **s**atellite, »Parallaxen mit hoher Genauigkeit sammelnder Satellit«], Astrometriesatellit der Europ. Weltraumorganisation (ESA), gestartet am 9. 8. 1989; geriet wegen eines techn. Defektes auf eine stark exzentr., durch die ↑Van-Allen-Gürtel verlaufende Umlaufbahn, konnte aber außergewöhnl.

Messdaten zur Erde übermitteln (bis 24. 6. 1993, Ende der Funkverbindung am 15. 8. 1993). Rd. 100 000 ausgewählte Sterne versch. Regionen des Milchstraßensystems wurden 10- bis 100-mal genauer vermessen als von der Erde aus möglich. Die Position, Entfernung und Eigenbewegung dieser Sterne konnte bis auf 1 bis 2 tausendstel Bogensekunden und die Geschwindigkeit bis auf einige 100 m/s bestimmt werden. Darüber hinaus wurden 5000 Doppelsterne und zw. 10 000 und 20 000 veränderl. Sterne entdeckt.

Hippel, Theodor Gottlieb von, Staatsmann und Schriftsteller, *Gerdauen (heute Schelesnodoroschny, Gebiet Kaliningrad) 31. 1. 1741, †Königsberg (heute Kaliningrad) 23. 4. 1796; seit 1780 Bürgermeister von Königsberg; schrieb empfindsame Romane in der Art L. Sternes sowie geistreiche Traktate über die Frauenfrage.

Hippias, Tyrann von Athen (seit 528/527 v. Chr.), †um 490 v. Chr.; herrschte zunächst mit seinem Bruder Hipparch; wurde 510 von den Spartanern vertrieben.

Hippias von Elis, grch. Philosoph und Mathematiker Ende des 5. Jh. v. Chr.; Sophist, von Platon in den gleichnamigen Dialogen geschildert; philosophisch bed. ist seine Unterscheidung von Naturrecht und menschl. Gesetz.

Hippielook [-luk] *der,* fantasievoll zusammengestellte Kleidung, die sich an der Mode der Hippies orientiert (u. a. weite bunte Röcke, Jeans mit Blumenapplikationen, Eskimohauben, Ponchos, Schaffelljacken); i. w. S. das gesamte Aussehen (lange Haare).

Hippies [wohl von amerikan. hip »eingeweiht«], Angehörige einer in der 2. Hälfte der 1960er-Jahre in den USA entstandenen Protestbewegung, in der Jugendliche v. a. der Mittel- und Oberschicht in friedlich-passiver Weise gegen die Wohlstands- und Leistungsgesellschaft rebellierten. Der in ihren Augen »sinnleeren«, ausschl. pragmatisch-zweckorientierten Mittelstandsgesellschaft stellten die H., deren Symbol die Blume war, das Ideal einer »sinnerfüllten«, von bürgerl. Tabus, Wertvorstellungen und Zwängen freien Welt entgegen (»Flowerpower«), das sie in freien, naturbezogenen, auf ekstat. Glückserleben in Liebe, Musik und Rauschmittelgenuss gerichteten Gemeinschaften zu leben versuchten. Legendärer Höhepunkt dieses Bestrebens war das Woodstock-Rockfestival (1969).

Hippikon *das,* altgrch. Längeneinheit; 1 H. = 4 Stadien.

Hippius (Gippius), Sinaida Nikolajewna, russ. Schriftstellerin, *Below (bei Tula) 20. 11. 1869, †Paris 9. 9. 1945; seit 1889 ∞ mit D. S. Mereschkowski, mit dem sie dem Symbolismus in Russland zum Durchbruch verhalf; schrieb Gedankenlyrik, Novellen, Romane (»Des Teufels Puppe«, 1911, u. a.); emigrierte 1919 nach Paris.

hipp(o)... [grch.], Pferd...

Hippodamos, grch. Architekt des 5. Jh. v. Chr. aus Milet; entwickelte die Stadtplanung mit gleichförmigen Baublöcken zw. rechtwinklig sich kreuzenden Straßen in seinen Entwürfen für Piräus, Thurioi und Rhodos. Nach dem **hippodamischen System** wurden u. a. Milet nach der Zerstörung von 497 v. Chr. wieder aufgebaut und Priene neu gegründet.

Hippodrom [grch. »Pferderennbahn«] *der* oder *das,* im antiken Griechenland eine Rennbahn in Form eines langen schmalen Rechtecks für Wagen- und Pferderennen, die mehrmals zu absolvieren war. Heute ein Gebäude oder Zelt, in dem zu Musik geritten wird oder zirkusähnl. Vorführungen stattfinden.

Hippokrates, grch. Arzt, *auf Kos um 460 v. Chr., †Larissa um 370 v. Chr.; gilt aufgrund seiner genauen Beobachtung und Beschreibung der Krankheitssymptome sowie einer krit. Diagnostik als Begründer der wiss. Medizin der Antike. Der **hippokrat. Eid** ist Vorbild des Ärztegelöbnisses.

Hippokrates

Hippokrates von Chios, grch. Mathematiker der 2. Hälfte des 5. Jh. v. Chr. in Athen; beschäftigte sich mit dem geometr. Problem der Würfelverdopplung. Die Quadratur des Kreises suchte er mittels der **hippokrat. Möndchen** zu lösen, sichelförmige Flächen, die über den Katheten eines rechtwinkligen Dreiecks entstehen, wenn die über ihnen geschlagenen Halbkreise von einem Halbkreis über der Hypotenuse geschnitten werden. Die Summe der Flächen beider Mondsicheln ist gleich der Dreiecksfläche (Beweis durch den erweiterten ↑pythagoreischen Lehrsatz).

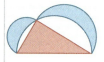

Hippokrates von Chios: hippokratische Möndchen

Hippokrene [grch.-lat. »Rossquelle«] *die, grch. Mythos:* die durch den Hufschlag des ↑Pegasus entstandene Quelle auf dem Berg Helikon in Böotien (Griechenland). Ihr Wasser verleiht den Dichtern Inspiration.
Hippologie [grch.] *die,* wiss. Pferdekunde.
Hippolytos, *grch. Mythos:* Sohn des Theseus und der Amazone Antiope oder Hippolyte. Als seine (von ihm verschmähte) Stiefmutter Phädra bei Theseus verleumdete, schickte Poseidon auf dessen Bitten einen Stier aus dem Meer, sodass die Pferde des H. scheuten und ihn zu Tode schleiften. Von Asklepios wieder zum Leben erweckt, wurde H. Symbol der Auferstehung; auf Grabmälern als Sinnbild verwendet.
Hippolyt von Rom (grch. Hippolytos), röm. Kirchenschriftsteller und Gegenpapst (seit 217), * 2. Hälfte des 2. Jh., † auf Sardinien um 235; Schüler des Irenäus von Lyon; Verfasser exeget., dogmat., apologet., histor. und kirchenrechtl. Schriften sowie einer Weltchronik; Heiliger, Tag: 13. 8. (in den Ostkirchen: 30. 1.).
Hippo Regius, antike Hafenstadt beim heutigen Annaba in Algerien, phönik. Gründung, Bischofssitz des Augustinus.
Hippursäure (Benzoylglycin), organ. Säure, die im lebenden Organismus in der Niere aus Benzoesäure und der Aminosäure Glycin gebildet wird; im Harn des Menschen und der Fleischfresser in Spuren, reichlich im Harn der Pflanzenfresser enthalten.
Hipster [engl.] *der,* 1) im Jargon der Jazzszene der Jazzmusiker und -fan; 2) in der Jugendsprache jemand, der über alles, was modern (»trendy«) ist, auf dem Laufenden (engl. »hip« bzw. »hep«) ist.
Hiragana *das* oder *die,* japan. Silbenschrift (↑japanische Schrift).
Hirakuddamm, Staudamm in der ↑Mahanadi.
Hirn, ↑Gehirn.
Hirn|anhangdrüse, die ↑Hypophyse.
Hirnatrophie (Gehirnatrophie), Verminderung der Gehirnsubstanz durch Gewebeschrumpfung. Ursache kann eine Erkrankung des Gehirns, z. B. die Alzheimer-Krankheit, sein.
Hirndruck (Gehirndruck, intrakranieller Druck), im Schädelinneren des Menschen herrschender Überdruck (normal 1–2 mbar über dem äußeren Luftdruck). Eine Steigerung des H. tritt z. B. bei Hirnödem und Raum fordernden Prozessen (Hirntumor u. a.) auf. Symptome sind Kopfschmerzen, Erbrechen, Bewusstseinsstörungen, Hirnnervenstörungen; bedarf sofortiger Behandlung.
Hirnhautentzündung, die ↑Gehirnhautentzündung.
Hirnschlag, der ↑Schlaganfall.
Hirntod, ↑Tod.
Hirntrauma, das ↑Schädelhirntrauma.
Hirntumor (Gehirntumor, Gehirngeschwulst), gutartige oder bösartige Gewebeneubildung des Gehirns, seiner Häute oder der Hirnanhangdrüse. H. erzeugen Allgemeinsymptome, die häufig Folge ihres Raum fordernden Wachstums in der Schädelhöhle sind, und Lokalsymptome, die mit ihrem nicht selten typ. Sitz zusammenhängen. Zu den Allgemeinsymptomen gehören Kopfschmerzen, deren Heftigkeit im Verlauf einer Krankheit ständig zunimmt, ferner Reizbarkeit, leichte Ermüdbarkeit, Gedächtnisschwäche und epilept. Anfälle. Die Diagnosestellung erfolgt v. a. durch kranielle Computertomographie oder Kernspintomographie.
Hirohito, Kaiser von Japan (1926–89), * Tokio 29. 4. 1901, † ebd. 7. 1. 1989; ab 1921 Regent für seinen Vater Yoshihito, wurde am 25. 12. 1926 zum 124. Tenno gekrönt. Seine Rolle in der Expansionspolitik Japans (1931–45) ist umstritten. Am 15. 8. 1945 verkündete er die Kapitulation seines Landes im Zweiten Weltkrieg. Die Verf. von 1947 beschränkte seine Aufgaben auf rein repräsentative Funktionen.
Hirosaki, Stadt auf Honshū, Japan, in der Tsugaruebene, 178 000 Ew.; Univ.; Her-

stellung von Farben und Lackwaren; Kern des wichtigsten japan. Obstbaugebietes. – Reste der ehem. Burgstadt, Samuraihäuser.

Hiroshige [-ʃ-], Andō, japan. Maler und Meister des Farbholzschnitts, * Edo (heute Tokio) 1797, † ebd. 12. 10. 1858; Folgen von Landschaftsholzschnitten und die z. T. nach der Natur gezeichnete Farbholzschnittfolge »53 Stationen des Tōkaidō« (1833–34). Seine »100 Ansichten von Edo« (1856–58) hatten starken Einfluss auf die frz. Impressionisten.

Hiroshima [-ʃ-] (Hiroschima), Hafenstadt auf Honshū, Japan, an der Japan. Inlandsee, 1,13 Mio. Ew.; Univ., Musik- und andere Hochschulen; meteorolog. Observatorium; Museen; Textil-, chem., Maschinen-, Autoind., Schiffbau; Export- und Fischereihafen, Flughafen. – Eines der wenigen größeren nicht zerstörten Gebäude ist das Rathaus (1928, restauriert). Wiederhergestellt wurden der Wehrturm (jetzt Museum) der ehem. Burg (16. Jh.) und der Shukkeien-Landschaftsgarten (1. Hälfte 17. Jh.). Kenzō Tange schuf das »Friedenszentrum« (1949–56), Murano & Mori errichteten 1953 die »Friedenskathedrale«. Der »Atombombendom«, die Ruine der Industrie- und Handelskammer, wurde als Mahnmal 1996 von der UNESCO zum Weltkulturerbe erklärt. Zu den modernen Bauwerken gehört das Museum für zeitgenöss. Kunst von Kurokawa Kishō (1988). – Der Abwurf einer US-amerikan. Atombombe auf H. am 6. 8. 1945 (erster Kernwaffeneinsatz) forderte etwa 200 000 Tote (viele Opfer durch Spätfolgen) und zerstörte die Stadt zu 80 %; ab 1949 Wiederaufbau. Südwestlich von H. in der Inlandsee liegt das Inselheiligtum ↑Miyajima.

Hirsau, seit 1975 Ortsteil von Calw. – Das Benediktinerkloster war ein Zentrum der Reformbewegung von Cluny (↑Kluniazensische Reform) in Dtl. und Ausgangspunkt der auf ihr beruhenden **Hirsauer Reform** innerhalb des Benediktinerordens. – Von der ehem. Klosterkirche St. Peter und Paul (1082–91), an deren Bauschema die Hirsauer Bauschule anknüpfte, sind nur noch Teile erhalten.

Hirsauer Bauschule, Bez. für die Architektur der Kirchenbauten der von Hirsau aus reformierten Klöster. Sie bilden innerhalb der roman. Architektur eine Sondergruppe, die an die Kirche St. Peter und Paul in Hirsau (1082–91) anknüpft und eine den besonderen liturg. Bedürfnissen des Reformordens entsprechende Raumordnung von Cluny II übernimmt: flach gedeckte Säulenbasilika, Dreizellenchor, westl. Vorkirche mit Türmen, Verzicht auf die Krypta, Abtrennung der Vierung als Chorus maior (Aufenthaltsort der Mönche bei der Messe) und des ersten Langhausjoches als Chorus minor (Aufenthaltsort für Laienbrüder, alte und kranke Mönche). Diese Merkmale wurden örtlich abgewandelt. Erhaltene Bauten sind das Münster in Schaffhausen (1103 geweiht) und die Klosterkirche in Alpirsbach (1125 vollendet).

Hiroshima: Ruine des Gebäudes der Industrie- und Handelskammer (»Atombombendom«), Mahnmal zum Gedenken an die Atombombenexplosion von 1945

Hirsch, männl. Elch-, Rot-, Damwild (↑Hirsche).

Hirsch, 1) Hugo, Komponist, * Birnbaum (heute Międzychód, Wwschaft Großpolen) 12. 3. 1884, † Berlin 16. 8. 1961; lebte 1933–50 in der Emigration (London, Paris); schrieb Operetten (»Die tolle Lola«, 1923; die musikal. Posse »Charleys Tante«, 1926; u. a.), Schlager und Revuen.
2) Ludwig, österr. Liedermacher und Schauspieler, * Weinberg (Steiermark) 28. 2. 1946; setzt sich in seinen bissig-iron. Liedern kritisch mit der Tradition des »typ. Wiener Volks- und Straßenliedes« auseinander.

3) **Max**, Politiker, *Halberstadt 30. 12. 1832, †Bad Homburg v. d. Höhe 26. 6. 1905; Verlagsbuchhändler, Kaufmann; gründete 1868 mit F. C. Duncker und H. Schulze-Delitzsch die **Hirsch-Dunckerschen Gewerkvereine** (↑Gewerkschaften); 1869–93 MdR.
4) **Otto**, Politiker, *Stuttgart 9. 1. 1885, †KZ Mauthausen 19. 6. 1941; Jurist; ab 1919 im württemberg. Innenministerium, beförderte er die Neckarkanalisierung. Als Mitbegründer der »Reichsvertretung der dt. Juden« und deren Vors. (ab 1933) war er u. a. – als Vermittler zu jüd. Hilfsorganisationen – für die Auswanderung aus Dtl. tätig; ab 1935 mehrmals inhaftiert. Da er sich weigerte, die Deportationen von Juden zu unterstützen, wurde er im Febr. 1941 in das KZ Mauthausen verbracht.

Hirschantilope ↑Riedböcke.

Hịrschberg, Stadt in Polen, ↑Jelenia Góra.

Hirschbrunst, die ↑Hirschtrüffel.

Hirsche: Sika-Hirsch

Hirsche (Cervidae), Familie der Paarhufer mit rd. 40 Arten, die in den Unterfamilien Moschustiere, Wasserrehe, Muntjak-, Neuwelt-H., Rehe und Echt-H. zusammengefasst werden. H. sind etwa 0,8–3 m körperlang, männl. Tiere sind etwas größer als weibliche. Sie leben meist gesellig, außerhalb der Paarungszeit (Brunftzeit) nach Geschlechtern getrennt und während der Paarungszeit oft in polygamen Rudeln, in denen es unter den Männchen häufig zu heftigen Kämpfen um die Weibchen kommt. Typ. Merkmal der H. ist das Geweih, das mit Ausnahme der Rentiere nur bei männl. Tieren vorhanden ist, bei Moschustieren und Wasserrehen aber ganz fehlt. Alle H. sind wiederkäuende Pflanzenfresser. – Zur Unterfamilie **Echt-H.** (Cervinae) gehören etwa zehn Arten, die urspr. im subtropisch-trop. Bereich Asiens beheimatet sind. Hierzu zählt u. a. der **Rot-H. (Edel-H.,** Cervus elaphus), der in Europa eines der größten frei lebenden Säugetiere ist (Kopf-Rumpf-Länge 1,8 bis 2,5 m) und als jagdbares Wild auch in Australien und Südamerika eingebürgert wurde. Zur selben, über die gemäßigten Breiten der nördl. Halbkugel verbreiteten Art gehören u. a. die nordamerikan. Wapitis. Ein beliebtes Park- und Gatterwild sind die aus Kleinasien stammenden ↑Damhirsche. Auch die Axis-H. Vorderindiens und Ceylons wurden erfolgreich in versch. Gegenden Europas eingebürgert. Weitere Vertreter der Echt-H. sind u. a. Davids-H., Sika-H., Sambar-H. und Zacken-H. – H. sind bereits in altsteinzeitl. Höhlen S-Frankreichs und N-Spaniens dargestellt, ebenso auf mittel- bis jungsteinzeitl. Felsbildern Norwegens und Sibiriens. Das lässt vermuten, dass H. in den Jahrhunderten v. Chr. im N sogar als Haustiere gehalten wurden.

Hirscheber, zu den ↑Schweinen gehörende Paarhufer.

Hirschfänger, im 17. Jh. aufgekommenes, langes, schmales Jagdmesser, mit dem angeschossenes Wild getötet wird; heute auch Schmuckwaffe.

Hịrschfeld, 1) Kurt, Regisseur, *Lehrte 10. 3. 1902, †Tegernsee 8. 11. 1964; ab 1933 Dramaturg und Regisseur in Zürich, 1961 Direktor des Schauspielhauses ebd.; inszenierte u. a. die Uraufführung von »Herr Puntila und sein Knecht Matti« (B. Brecht, 1948) und »Andorra« (M. Frisch, 1961).
2) **Magnus**, Nervenarzt, *Kolberg (heute Kołobrzeg) 14. 5. 1868, †Nizza 15. 5. 1935; erforschte die Sexualität des Menschen; befürwortete eine Geburtenkontrolle und wandte sich gegen die strafrechtl. Verfolgung der Homosexualität.

Hirschferkel, Zwergmoschustier (↑Zwergböckchen).

Hirse HIR

Hirschhorn (Neckar): Blick über den Neckar auf die Stadt

Hirschhorn, Knochenmasse der Hirschgeweihe, wird zu Knöpfen, Griffen u. Ä. verarbeitet.
Hirschhorn (Neckar), Stadt und Luftkurort im Landkreis Bergstraße, Hessen, im südöstl. Odenwald, am Neckar, 3 700 Ew.; Maschinen-, Apparatebau. – Über H. eine um 1200 gegr. Burg mit Palas (nach Brand im Renaissancestil neu errichtet) und Kapelle; durch vollständig erhaltene Mauern mit der Stadt verbunden. – H. erhielt 1391 Stadtrecht.
Hirschhornsalz, umgangssprachlich für ↑ Ammoniumcarbonat.
Hirschkäfer (Schröter, Lucanidae), artenreiche Familie der Blatthornkäfer, bes. im indomalaiischen Raum; meist große bis sehr große, braune oder gelbe Käfer; Männchen häufig mit stark entwickeltem Oberkiefer (»Geweih«). Der mitteleurop., bis 8 cm lange **H. (Feuerschröter,** Lucanus cervus) steht unter Naturschutz.
Hirschkuh, weibl. Hirsch.
Hirschtrüffel (Hirschbrunst, Elaphomyces cervinus), kugelige, unterird. Fruchtkörper bildender Pilz aus der Verwandtschaft der niederen Schlauchpilze. Die H. ist ungenießbar; sie wurde früher als Brunstmittel für Rinder und Schweine verwendet.
Hirschzunge (Phyllitis scolopendrium), geschützte Farnart aus der Familie der Streifenfarngewächse mit ungeteilten, ledrigen, bis 60 cm langen Blättern; an schattigen Felsen.
Hirse, Bez. für versch. Gräser, die als Getreide kultiviert werden; anspruchslose Pflanzen der wärmeren Gebiete. H. ist in vielen Gebieten Asiens, Afrikas, Nord- und Südamerikas wichtigstes Nahrungsmittel und Futterpflanze. **Rispen-H.** oder **Echte H.** (Panicum miliaceum) ist in Zentralasien die meistkultivierte H., die **Kutki-H.** (Panicum sumatrense) bes. in Indien und auf Ceylon verbreitet. **Schama-H.** (Echinochloa colonum) wird in wärmeren Gebieten als Futter- und Körnerfrucht, **Japan-H.** (Echinochloa frumentacea) bes. in O-Asien als Getreide- oder Futtergras angebaut. **Kolben-H. (Vogel-H., Fennich,** Setaria italica) dient als Nahrung und in O-Europa als Viehfutter. In Nordamerika wird bes. **Blut-H.** (Digitaria sanguinalis), in Kalifornien die **Grannen-H.** (Oryzopsis miliacea) als Futtergras genutzt. Wichtige Nahrungsmittel in Afrika sind **Mohren-H. (Kaffernkorn, Durra,** Sorghum bicolor), in Äthiopien der **Teff** (Eragrostis tef).

Hirschkäfer: Feuerschröter (Männchen)

Hirshfield ['hə:ʃfi:ld], Morris, amerikan. Maler poln. Herkunft, *im Gouv. Warschau 1872, † New York 26. 7. 1946; gilt mit seinen dekorativen Kompositionen mit ornamental stilisierten Tieren, Bäumen und Frauen als bed. Vertreter der naiven Malerei.

Hirsutismus [zu lat. hirsutus »struppig«] der, vermehrte Genital-, Körper- und Gesichtsbehaarung bei Frauen; ausgelöst durch erhöhte Bildung von Androgen in Eierstöcken und Nebennierenrinde infolge angeborener Enzymstörung oder aufgrund von Tumoren (z. B. der Nebenniere).

Hirt, Hüter von Haustieren beim Weidegang; neuzeitl. Form in Nordmerika der Cowboy, in Südamerika der Gaucho. – In der Bibel vielfach gebrauchtes Bild für Gott und für Jesus Christus als den »Guten Hirten«.

Hirt, Hermann, Sprachwissenschaftler, *Magdeburg 19. 12. 1865, † Gießen 12. 9. 1936; ab 1896 Prof. in Leipzig, ab 1912 in Gießen; wurde v. a. mit Arbeiten zur Indogermanistik bekannt (»Die Indogermanen«, 2 Bde., 1905–07; »Indogerman. Grammatik«, 7 Bde., 1921–37).

Hirt des Hermas, christl. Mahnschrift, ↑ Hermas.

Hirtenamt, im allgemeinen christl. Sprachgebrauch bildl. Bez. für die spezif. Berufung und Tätigkeit des Seelsorgers; im kath. Kirchenrecht das ↑ kirchliche Lehramt.

Hirtenbrief, *kath. Kirche:* ein zur Verlesung in seiner Diözese bestimmtes Rundschreiben des Bischofs an die Gläubigen zu lehramtl., seelsorgl. oder aktuellen kirchenpolit. und Zeitfragen.

Hirtendichtung, die ↑ Schäferdichtung.

Hirtentäschel (Hirtentäschelkraut, Capsella bursa-pastoris), bis 40 cm hoher Kreuzblütler mit weißen Blüten und dreieckigen Schötchen; häufiges Unkraut der Äcker und Gärten.

Hirtenvölker, Völker der Alten Welt (Eurasien und Afrika), die von der Herdenviehzucht leben (z. B. Masai in O-Afrika). Ihre nomad. Lebensform ist den Lebensgewohnheiten und Bedürfnissen der Tiere angepasst.

Hirth, 1) Hellmuth, Ingenieur und Flugpionier, *Heilbronn 24. 4. 1886, † Karlsbad 1. 7. 1938, Bruder von 2); stellte 1911 einen Höhenweltrekord auf und führte 1912 den ersten größeren Fernflug durch (Berlin–Wien). Die von ihm 1931 gegr. **Hirth Motoren GmbH,** Stuttgart (1941 von der Ernst Heinkel AG übernommen), baute v. a. Motoren für Sportflugzeuge.
2) Kurt Erhard Wolfram, gen. Wolf H., Segelflieger und Flugzeugbauer, *Stuttgart 28. 2. 1900, † (abgestürzt) bei Dettingen unter Teck 25. 7. 1959, Bruder von 1); entdeckte die Technik des Thermikflugs; stellte 1934 einen Weltrekord im Streckenflug auf; entwickelte und baute bekannt gewordene Segelflugzeuge; verfasste das richtungweisende »Handbuch des Segelfliegens« (1938).

Hirtshals ['hir(d)shals], Hafenstadt in Nordjütland, Dänemark, am Skagerrak, 14 700 Ew.; Fischereihafen (Fischexport, Fischverarbeitung); Nordseemuseum; Fährverbindung mit Kristiansand und Oslo.

Hirudin [lat.] *das,* in der Speicheldrüse der Blutegel gebildetes Protein, hemmt die Blutgerinnung.

his, *Musik:* das um einen Halbton erhöhte h.

His, Wilhelm, schweizerisch-dt. Anatom, *Basel 9. 7. 1831, † Leipzig 1. 5. 1904; trat mit histolog. und embryolog. Forschungen zur Entwicklungsgeschichte (bes. des Zentralnervensystems) hervor. Sein Sohn Wilhelm H. (*1863, †1934) entdeckte das **His-Bündel** im Erregungsleitungssystem des Herzens.

Hisbollah *die,* ↑ Hizbollah.

Hiskia (nach der Vulgata Ezechias), König von Juda 727–698 v. Chr.; zw. 705 und 701 v. Chr. Haupt einer Koalition gegen den Assyrerkönig Sanherib, der 701 Krieg gegen ihn führte und seinen Herrschaftsbereich zeitweilig auf Jerusalem beschränkte.

Hispania [lat.], in röm. Zeit Name der Iber. Halbinsel.

Hispaniola (früher Haiti oder Santo Domingo), die zweitgrößte der Westind. Inseln, 76 192 km², etwa 16 Mio. Ew.; politisch aufgeteilt in die ↑ Dominikanische Republik und ↑ Haiti. Mehrere parallele, meist bewaldete Gebirgsketten (bis 3 175 m ü. M.), die durch teils fruchtbare, teils verkarstete Senken voneinander getrennt sind, durchziehen die Insel von W nach O. An den stärker gegliederten Küsten zeigen zahlr. Terrassen (bis 600 m Höhe) eine junge Hebung der Insel an. Randtropisches Klima mit häufigen Wirbelstürmen.

Hispanität *die* (span. Hispanidad), Spaniertum; das Bewusstsein aller spanisch sprechenden Völker bezüglich ihrer gemeinsamen Kultur.

Hispanos *Pl.* (amerikan. Hispanics, Hispanic Americans, Latinos), Bez. für Einwanderer aus spanischsprachigen (v. a. lateinamerikan.) Ländern in die USA, u. a. Chicanos, Puertoricaner, Kubaner.

Hissargebirge (russ. Gissargebirge), Hochgebirge in Tadschikistan und Usbekistan, westlich des Alaigebirges, bis 4 643 m ü. M.; öffnet sich nach S zum weiten, fruchtbaren Hissartal mit der Stadt Duschanbe.

Hissarlık (türk. Hisarlık »Schlossberg«), Ruinenhügel im NW Kleinasiens, die Stätte des alten ↑Troja.

Histadrut [hebr. »Zusammenschluss«], mitgliederstärkste israel. Gewerkschaft mit Sitz in Tel Aviv, gegr. 1920 in Haifa, befasst sich neben den traditionellen gewerkschaftl. Aufgaben u. a. mit dem Krankenkassen- und Pensionswesen, betreibt gemeinwirtsch. Unternehmen (z. B. im Bank- und Bauwesen) sowie Kaufhäuser und Verlage und organisiert landwirtsch. Genossenschaften (bes. die Kibbuzim). (↑Israel, Geschichte)

Histamin [grch.] *das,* aus Histidin entstehendes biogenes Amin, zu den Gewebshormonen gezählt; im Organismus weit verbreitet, hat es starke physiol. Wirkung: Erweiterung der Kapillaren, Kontraktion von Teilen der glatten Muskulatur u. a. H. spielt eine bed. Rolle bei allerg. Reaktionen. Seine Wirkung lässt sich durch Antihistaminika hemmen.

Histidin [grch.-lat.] *das,* Abk. **His,** essenzielle Aminosäure, bes. häufig in Proteinen vorkommend; geht im Organismus in Histamin über.

Histiozyten [grch.] (Wanderzellen, Plasmatozyten), Zellen des lockeren Bindegewebes bei Wirbeltieren und beim Menschen. Durch Phagozytose (Aufnahme von Fremdkörpern, Bakterien u. a.) sind sie an Abwehrvorgängen beteiligt.

Histochemie [grch.], Lehre vom chem. Aufbau der Gewebe und Zellen von Organismen; Teilgebiet der Histologie.

Histogramm [grch.] *das, Stochastik:* graf. Darstellungsform der Häufigkeitsverteilung von Merkmalen, die nach Klassen eingeteilt vorliegen.

Histokompatibilität, die ↑Geweberverträglichkeit.

Histologie [grch.] *die* (Gewebelehre), Lehre von den menschl., tier. und pflanzl. Geweben, deren Struktur und besonderen Leistungen.

Histolyse [grch.] *die,* degenerative Auflösung der Zellstruktur; i. w. S. der physiolog. oder patholog. Abbau eines Gewebes, z. B. als Einschmelzung unter Enzymeinwirkung bei eitrigen Prozessen.

Histone [grch.], Gruppe einfacher Proteine, die bas. Aminosäuren enthalten und im Zellkern mit den Nucleinsäuren verbunden sind.

Historie [grch.-lat. historia, eigtl. »Wissen«, »Kunde«] *die,* die Geschichte (als das Geschehene).

Hispaniola: Stadtansicht von Santo Domingo mit dem Río Ozama

Historienmalerei, Gattung der Malerei, die geschichtl. Ereignisse, i. w. S. auch bibl. Szenen sowie Erzählstoffe aus Legende, Sage und Dichtung, zum Inhalt hat. – Darstellungen geschichtl. Geschehnisse finden sich schon in den frühen Hochkulturen, z. B. in der ägypt. Kunst Schlachtendarstellungen in den Tempeln Sethos' I. und Ramses' II. und aus der Zeit Ramses' III. Von dokumentar. Wert ist die H. der Assyrer unter Assurnasirpal II. bis zu Assurbanipal. Bei den Griechen ist die Darstellung geschichtl. Ereignisse mit mytholog. Vorstellungen verquickt (↑Alexanderschlacht). Im MA. spielten Darstellungen von Heili-

HIS Historiker

genlegenden und Szenen aus den Kreuzzügen eine große Rolle. Die Wiederentdeckung der Antike durch die Renaissance führte dazu, dass von der Mitte des 15. Jh. an die antiken Heldengeschichten zum Bildthema der H. wurden. Es entstanden drei Epoche machende Schlachtenbilder: Leonardo da Vincis »Schlacht von Anghiari« (Karton von 1503–05; verschollen), Michelangelos »Überfall bei den Cascine« (Karton verschollen, Federzeichnung von 1505 erhalten) und Tizians »Schlacht bei Cadore« (1538 vollendet, nicht erhalten). Das bedeutendste Werk jener Zeit nördlich der Alpen schuf A. Altdorfer mit der »Alexanderschlacht« (1529). Die H. des Barock erreichte mit Rubens' Medicizyklus (1621–25) und Velázquez' »Schlüsselübergabe von Breda« (1635) ihren Höhepunkt. Neuen Aufschwung nahm die H. mit Erstarken des Bürgertums (J.-L. David, »Schwur der Horatier«, 1784). Die H. des 19. Jh. wandte sich der (nat.) Geschichte zu; E. Delacroix, T. Géricault, P. Delaroche, É. Manet in Frankreich, P. Cornelius, A. Rethel, K. F. Lessing, W. von Kaulbach, K. von Piloty, A. von Menzel in Dtl., E. Stückelberg und F. Hodler in der Schweiz. In Süd- und Osteuropa fand v. a. in der H. die Auflehnung gegen Fremdherrschaft und Unterdrückung ihren Ausdruck (u. a. J. Čermák und M. Aleš in Böhmen, T. Aman und N. Grigorescu in Rumänien, J. Kossak, A. Grottger und J. Matejko in Polen sowie I. J. Repin, W. W. Wereschtschagin und W. M. Wasnezow in Russland). Bittere Anklagen gegen den Krieg erhoben u. a. F. de Goya (»Desastres de la guerra«, 1810–14), P. Picasso (»Guernica«, 1937). Während in der westl. modernen Kunst die H. in der Folgezeit an Bedeutung verlor, erhielt sie in Osteuropa eine zeitweilige Belebung. Idealisierende Tendenzen zeigten sich bes. in der sowjet. H., in der der Personenkult um Lenin und Stalin mit- oder nachwirkte, fanden sich aber auch – neben gleichnishaften Darstellungen sowie krit. Auseinandersetzungen mit aktuellen Ereignissen – in der H. der DDR. Eine große Bedeutung erlangte die H. innerhalb der mexikan. revolutionären Wandmalerei (↑Muralismo).

Historienmalerei: Albrecht Altdorfer, »Alexanderschlacht« (1529; München, Alte Pinakothek)

📖 *H. in Europa*, hg. v. E. Mai, unter Mitarb. v. A. Repp-Eckert. Mainz 1990. – *H.*, hg. v. T. W. Gaehtgens u. U. Fleckner. Berlin 1996.

Historiker *der*, Geschichtsforscher, -kenner, -wissenschaftler.

Historikerstreit, Kontroverse unter dt. Historikern, Philosophen und Journalisten über die Einordnung und Bewertung des Nationalsozialismus, insbes. der verbrecher. Behandlung der Juden (Holocaust); ausgelöst durch den Vorwurf von J. Habermas (»Die Zeit«, 11. 7. 1986) gegen eine Gruppe von Historikern (bes. E. Nolte), das nat.-soz. Regime und seine Verbrechen zu relativieren. Die polemisch geführte Diskussion galt auch der Bestimmung des zeitgenöss. Geschichtsbewusstseins wie den Aufgaben der Geschichtswiss. und Geschichtsschreibung.

📖 *Ist der Nationalsozialismus Geschichte? Zu Historisierung u. H.*, hg. v. D. Diner. Frankfurt am Main 13.–14. Tsd. 1993. – »H.«. *Die Dokumentation der Kontroverse um die Einzigartigkeit der nat.-soz. Judenvernichtung*. Beiträge v. R. Augstein u. a. München u. a. ⁹1995.

Historiographie [grch.] *die*, ↑Geschichtsschreibung.

historische Methode

historische Alltagsforschung, ↑Alltagsgeschichte.

Historische Anthropologie, Forschungsrichtung, die mit interdisziplinären Mitteln und unterschiedl. method. Ansätzen menschl. Lebens-, Ausdrucks- und Darstellungsformen in ihrer zeitl. und räuml. Vielfalt, Bedingtheit und Komplexität untersucht; verkörpert eine relativ neue, veränderte Art und Weise histor. Erkennens und eine konzeptionelle Erweiterung der Geschichtswiss. und -schreibung in Wechselwirkung mit anderen wiss. Disziplinen, insbesondere den Kultur-, Human- und Sozialwiss.en; enge Bindungen u.a. zur Alltags-, (neuen) Kultur-, Mentalitäts- und Mikrogeschichte. Wichtiger Anreger: Schule der ↑Annales; bevorzugte Thematik: die sich wandelnden Möglichkeiten menschl. Existenz und Erfahrungen in bestimmten Epochen, unter sich verändernden Herrschaftsformen, in bestimmten sozialen Gruppen und Schichten, also: Rituale, Bräuche sowie symbol. Handlungen ebenso wie z.B. die Gesch. der Affekte, der Gefühle, der Sexualität und des menschl. Körpers (Geburt, Tod, Gesundheit, Krankheit u.a.), auch die Volkskultur schlechthin.
📖 *Scholze-Irrlitz, L.: Moderne Konturen histor. Anthropologie. 1994. – Dressel, G.: H. A. Eine Einführung. Wien u.a. 1996. – Vom Menschen. Hb. H. A. , hg. v. C. Wulf. Weinheim u. Basel 1997. – Dülmen, R. van: H. A. Entwicklung, Probleme, Aufgaben. Weimar ²2001.*

histo̲rische Buchten, *Völkerrecht:* Meeresbuchten (Bai, Fjord, Meerbusen, Golf), die aufgrund ihrer Beschaffenheit nach allgemeinen völkerrechtl. Grundsätzen nicht zu den Küstengewässern (Eigengewässern) eines Staates gehören würden, jedoch gewohnheitsrechtlich als Eigengewässer eines Staates betrachtet werden (z.B. Hudsonbai).

histo̲rische Famili|enforschung, ↑Familienforschung.

histo̲rische Geographie, Teilbereich der Geographie; ihre Hauptaufgabe ist es, räuml. Zustände, Strukturen und Beziehungen der einzelnen histor. Epochen zu erforschen. Hilfsmittel sind v.a. die Feldforschung (z.B. Erforschung von Siedlungs- und Flurformen, auch durch Luftbildauswertung) für urgeschichtl. wie geschichtl. Perioden und die Auslegung literar. Quellen und Karten. Ziel der h. G. ist die Erstellung von historisch-geograph. Karten, histor. Landeskunden und Kulturlandschaftsgeschichten.

histo̲rische Hilfswissenschaften, Teilgebiete der ↑Geschichtswissenschaft, die sich mit der vorbereitenden Kritik der Geschichtsquellen (↑Quelle) befassen, u.a. Paläographie, Inschriftenkunde (Epigraphik), Urkundenlehre (Diplomatik), Akten- und Quellenkunde, Chronologie, Genealogie, Heraldik und Vexillologie, Münzkunde (Numismatik), Ordenskunde (Phaleristik), Siegelkunde (Sphragistik).
📖 *Brandt, A. von: Werkzeug des Historikers. Eine Einf. in die h. H.. Stuttgart u.a. ¹⁵1998.*

histo̲rische Institu̲te, als Stätten wiss. Begegnung und Forschung hauptsächlich in der 2. Hälfte des 19. Jh. entstandene Institute, z.B. in Wien das Inst. für österr. Geschichtsforschung (gegr. 1854), in Rom die École française de Rome (gegr. 1873), das Österr. Histor. Institut (gegr. 1881) und das Preuß. Histor. Institut (gegr. 1888, seit 1953 Dt. Histor. Institut), das u.a. zus. mit dem Österr. Histor. Institut die »Nuntiaturberichte aus Dtl.« herausgab, ferner das Istituto storico Italiano (gegr. 1883), in Göttingen das Max-Planck-Inst. für Gesch. (gegr. 1956). Dt. Histor. Institute bestehen auch in Paris (gegr. 1964), London (gegr. 1976) und Washington (D.C.; gegr. 1987).

histo̲rische Kommissio̲nen, Institutionen zur Publikation von histor. Quellen und Forschungen. Die älteste dt., 1858 auf L. von Rankes Anregung unter König Maximilian II. von Bayern gegr. bei der Bayer. Akademie der Wiss.en zu München, gibt die dt. Reichstagsakten und Städtechroniken, die Jahrbücher der dt. Gesch., die Neue Dt. Biographie u.a. heraus. Außerdem wurden h. K. für einzelne dt. Länder und Provinzen (landesgeschichtl. Publikationsinstitute) gegründet. Auch bestand eine h. K. beim Reichsarchiv in Potsdam. – In *Österreich* entstand 1901 die Kommission für die Herausgabe von Akten und Korrespondenzen zur neueren Gesch. Österreichs.

histo̲rische Metho̲de, Bez. für das allg. Erkenntnisprinzip v.a. in den Geisteswiss.en, die in krit. Auseinandersetzung mit dem Quellenbefund ermittelten histor. Fakten und Geschichtsabläufe in ihrer Genese, ihren Bedingungszusammenhängen und Wirkungen verstehen zu wollen; seit L. von Ranke (19. Jh.) prinzipiell unbestritten, inzwischen relativiert. (↑Geschichtsschreibung)

historischer Materialismus, ↑Marxismus.

historischer Roman (Geschichtsroman), ein Roman, in dem tatsächl. histor. Persönlichkeiten oder Ereignisse behandelt werden oder dessen Handlung vor einem authent. histor. Hintergrund spielt. Vorläufer war u. a. der ↑Ritterroman. Als Begründer des h. R. im modernen Sinn gilt W. Scott. Nach seinem Beispiel gestalteten Autoren in ganz Europa nat. Geschichte in Verbindung mit meist abenteuerl. Handlungen (u. a. in Frankreich V. Hugo, in Italien A. Manzoni, in Russland N. Gogol). Der dt. h. R. entstand im Zeichen der Romantik (W. Hauff, L. Tieck). Die Beliebtheit histor. Stoffe hält bis in die Gegenwart an. Sie werden genutzt, um zeitgenöss. Probleme parabelhaft zu verdeutlichen (u. a. bei H. Mann, S. Heym), aber auch um Unterhaltungsbedürfnisse eines breiten Publikums zu bedienen.

historische Schule, 1) historische Schule der Nationalökonomie, Bez. für eine v. a. in Dtl. Mitte des 19. Jh. entstandene und bis ins 20. Jh. wirksame Forschungsrichtung mit der Grundthese, dass alle wirtsch. Erscheinungen raum- und zeitabhängig sind und demzufolge keine allgemein gültigen Theorien aufgestellt werden können. Man unterscheidet die **ältere h. S.,** begründet u. a. von W. Roscher, Bruno Hildebrand (*1812, †1878) und Karl Gustav Adolf Knies (*1821, †1898), die **jüngere h. S.** (G. Schmoller, K. Bücher, L. J. Brentano) und eine **dritte h. S.,** die sich bes. mit sozialpolit. Problemen beschäftigte (M. Weber, W. Sombart, A. Spiethoff). Die Vertreter der h. S. betonten die histor. Einmaligkeit wirtsch. Phänomene und bemühten sich um Zeit- und Wirklichkeitsnähe; ihr (nicht erreichtes) Ziel war es, durch statistisch-empir. Forschung die Besonderheiten der ↑Wirtschaftsstufen zu erfassen und theoret. Aussagen induktiv aus Beobachtungen abzuleiten.

📖 *Geschichte der Nationalökonomie,* hg. v. O. Issing. München ⁴2002.

2) historische Rechtsschule, um 1800 von F. C. von Savigny begründete rechtswiss. Lehre über das Entstehen von Recht. Das Recht sei, gebunden an histor. Voraussetzungen, ein aus dem innersten Wesen der Nation und ihrer Geschichte entstandener Teil ihrer Kultur. Die Gesetzgebung hat dagegen keine eigene schöpfer. Kraft. Die h. S. verzweigte sich im 19. Jh. in Germanisten (Erforscher des mittelalterl. dt. Rechts) und Romanisten (Erforscher des röm. Rechts). ↑Rechtswissenschaft

historische Vereine, Vereine zur Pflege orts-, heimat- und landesgeschichtl. Studien. Einer der ältesten und bedeutendsten h. V. in Dtl. ist die »Gesellschaft für Dtl.s ältere Geschichtskunde« (gegr. 1819 durch H. F. K. Reichsfreiherr vom und zum Stein, ↑Monumenta Germaniae Historica). Die Mehrzahl der h. V. schloss sich 1852 zum »Gesamtverein der dt. Geschichts- und Altertumsvereine« zusammen. In der Herausgabe von Geschichtsquellen stehen die ↑historischen Kommissionen an erster Stelle.

Historische Zeitschrift, geschichtswiss. Fachzeitschrift, gegr. 1859 von H. von Sybel.

Historismus *der,* **1)** *Geisteswissenschaften:* geschichtsbezogenes Denken, insbesondere die Auffassung, die der Geschichte als umfassendem Zusammenhang geistigen Lebens, von der Einzigartigkeit der geschichtl. Erscheinungen und von dem unaufhörl., unbegrenzbaren und gesetzlosen Fließen des Geschichtlichen ausgeht. Der eigentl. Begriff H. entstammt der 2. Hälfte des 19. Jh. Seine größte prakt. Bedeutung für Geschichts- und Gegenwartsbewusstsein erreichte er in der Zeit der dt. Reichsgründung (um 1870/71) als grundlegende quellenbezogene Position auch der Sprachwiss., histor. Rechtsschule und histor. Schule der Nationalökonomie, die gleich der Geschichtswiss. in der Individualität die schlechthin bestimmende Kategorie histor. Erkenntnis sahen. Die Krise des H. fiel mit dem in Dtl. auch als Orientierungskrise erlebten Ende des Ersten Weltkriegs (1918) zusammen, da die Absolutsetzung dieses method. Prinzips, das die Unvergleichbarkeit histor. Prozesse und Strukturen behauptet, in Wertrelativismus zu münden droht. Dies führte zur methodolog. Neuorientierung der modernen Geschichtswiss., die dennoch aus dem H. starke Antriebe für Forschung und Deutung der Gegenwart zog. – Als **Historizis-**

mus kritisierte K. R. Popper sozialwiss. Theorien (bes. Marxismus), die den Geschichtsverlauf »objektiven« Gesetzen unterwerfen und behaupten, histor. Entwicklungen voraussagen zu können.
📖 *Oexle, F. O. G.: Geschichtswiss. im Zeichen des H.* Göttingen 1996.
2) *Kunstgeschichte:* im 19. Jh. Ausdruck einer in histor. Anleihen das eigene Selbstverständnis suchenden Stilhaltung (Neuromanik, Neugotik, Neurenaissance, Neubarock); bis in die 1960er-Jahre weitgehend negativ beurteilt, sieht die Forschung heute im Stilpluralismus des H. den Versuch, im Zeitalter des Positivismus Geschichte zu bewahren.
📖 *Jaeger, F. u. Rüsen, J.: Geschichte des H. Eine Einführung.* München 1992. – *Neumann, K.: Die Geburt der Interpretation. Die hermeneut. Revolution des H. als Beginn der Postmoderne.* Stuttgart 2002.

Histrione [lat.] *der,* altröm. Schauspieler.

Hit [engl. »Treffer«] *der,* bes. erfolgreiches Musikstück, Spitzenschlager; übertragen: etwas, was beliebt ist, von vielen gekauft wird.

Hita ['ita], **1)** Arcipreste de, span. Dichter, ↑Ruiz, Juan.
2) Ginés Pérez de, span. Schriftsteller, ↑Pérez de Hita, Ginés.

Hitachi Ltd. [-tʃi ˈlɪmɪtɪd], weltweit tätiger japan. Elektro- und Elektronikkonzern, Sitz: Tokio; gegr. 1910. Produktionsprogramm: u. a. Haushaltsgeräte, Unterhaltungselektronik, Informations- und Kommunikationssysteme, Konsumgüter, Ind.anlagen und -ausrüstungen.

Hitchcock [ˈhɪtʃkɔk], Alfred, brit. Filmregisseur, * London 13. 8. 1899, † Los Angeles (Calif.) 29. 4. 1980; drehte spannungsreiche Kriminalfilme (Thriller), u. a. »Der Mann, der zuviel wußte« (1934, 2. Fass. 1956), »39 Stufen« (1935), »Rebecca« (1940), »Bei Anruf Mord« (1954), »Das Fenster zum Hof« (1954), »Über den Dächern von Nizza« (1955), »Psycho« (1960), »Die Vögel« (1963), »Marnie« (1964), »Topas« (1969), »Frenzy« (1971), »Familiengrab« (1975).
📖 *Spoto, D.: A. H. A. d. Amerikan. Neuausg.* München 1993. – *Truffaut, F.: Mr. H., wie haben Sie das gemacht? A. d. Frz. Neuausg.* München ¹⁸1995.

hitchhiken [ˈhɪtʃhaɪkn, amerikan.], *umgangssprachl.:* Autos anhalten und sich umsonst mitnehmen lassen.

Hitchings [ˈhɪtʃɪŋs], George Herbert, amerikan. Pharmakologe und Biochemiker, * Hoquiam (Wash.) 18. 4. 1905, † Chapel Hill (N. C.) 27. 2. 1998; betrieb Grundlagenforschungen zu Arzneimitteln, die die Nucleinsäuresynthese von Krebszellen und schädl. Organismen blockieren, ohne die normalen Zellen zu schädigen. 1988 erhielt er mit G. B. Elion und J. W. Black den Nobelpreis für Physiologie oder Medizin.

Alfred Hitchcock bei Dreharbeiten

Hite-Reports [ˈhaɪt rɪˈpɔːts], von der amerikan. Soziologin und Feministin Shere Diane Hite (* 1942) in den USA initiierte Untersuchungen (Befragungen) über das Sexualverhalten der Menschen; erstmals im Rahmen eines feminist. Projekts über weibl. Sexualität (»Hite-Report. Das sexuelle Erleben der Frau«, 1976). Jüngster H.-R.: »Hite-Report – Erotik und Sexualität in der Familie« (1994).

Hitler, Adolf, * Braunau am Inn (OÖ) 20. 4. 1889, † (Selbstmord) Berlin 30. 4. 1945; Sohn des österr. Zollbeamten Alois H. (* 1837, † 1903; bis 1877 A. Schicklgruber nach seiner Mutter), dt. Staatsangehöriger seit 1932.
H., der zunächst in Linz lebte, wollte Künstler werden, scheiterte in Wien (seit 1907) bei der Ausbildung und ging 1913 nach München. Im Ersten Weltkrieg war er Soldat im dt. Heer. 1919 kam er mit der Dt. Arbeiterpartei (DAP; seit Febr. 1920 Nat.-Soz. Dt. Arbeiterpartei, NSDAP) in Berührung, die er bald beherrschte. 1922/23 wurde H. zur politisch wirksamsten Figur der in Bayern konzentrierten nationalist. Gruppen und Wehrverbände. Der Versuch, die bayer. Reg. zum Staatsstreich gegen die Reichsreg. zu bewegen,

Hitler

misslang am 9. 11. 1923 (↑Hitlerputsch). Die NSDAP wurde aufgelöst; H. wurde zu fünf Jahren Festungshaft verurteilt, aber schon im Dez. 1924 aus Landsberg, wo er den ersten Band der Programmschrift »Mein Kampf« geschrieben hatte, entlassen. In ihr waren bereits seine Ziele (z. B. die Rassenpolitik und außenpolit. Expansion) vorgezeichnet.

Adolf Hitler

Mit der Neugründung der NSDAP 1925 unternahm H. den Versuch, mithilfe einer Legalitätsstrategie (Wahl- und Parlamentsbeteiligung) die verfassungsmäßige Ordnung der Weimarer Rep. zu bekämpfen und die Macht zu erringen. Auf der Grundlage des Führerprinzips schuf er sich in der NSDAP ein ihm ergebenes Instrument, in SA und SS eine innenpolit. Kampftruppe. Die Krisensituation gegen Ende der Weimarer Rep., bes. nach der Wirtschaftskrise 1930, agitatorisch ausnutzend, gelang es ihm, durch Rednergabe und straffe Organisation zunehmend größere Erfolge für seine Partei bei den Wahlen zu erringen. Am 30. 1. 1933 als Führer der stärksten Partei (in Koalition mit der Deutschnat. Volkspartei) zum Reichskanzler ernannt, schaltete er zuerst durch Notverordnungen, dann aufgrund des Ermächtigungsgesetzes seine polit. Gegner aus. In der blutigen Gewaltaktion gegen den so genannten »Röhm-Putsch« (30. 6./1. 7. 1934) beseitigte er die Sonderstellung der SA.

Nach dem Tod Hindenburgs (2. 8. 1934) machte er sich als »Führer und Reichskanzler« zum Staatsoberhaupt und vereinigte damit die Ämter des Partei-, Regierungs- und Staatschefs. Er errichtete einen auf ihn zugeschnittenen »Führerstaat«, ein auf Rassen- und Machtideologie fußendes terrorist. Herrschaftssystem (↑deutsche Geschichte). Es setzte eine ständig sich steigernde Judenverfolgung ein (↑Holocaust, ↑Kristallnacht). Alle polit. Gegner wurden (bes. mithilfe der Geheimen Staatspolizei) verfolgt und in Konzentrationslager verschleppt, Parlamentarismus und Humanität unterdrückt; der soziale Friede wurde erzwungen (u. a. DAF), durch Staatsaufträge und Aufrüstung die Arbeitslosigkeit beseitigt und ein wirtsch. Aufschwung herbeigeführt. Die Freiheits- und Menschenrechte hob H. auf; Kultur, Wiss. und Kunst ebenso wie Staat, Wirtschaft und Wehrmacht (Febr. 1938 Schaffung des OKW unter Führung H.s) wurden »gleichgeschaltet«, straff zentral gelenkt und durch einen feinmaschigen Polizeiapparat überwacht, Kirche und Christentum immer offener bekämpft (↑Kirchenkampf).

Außenpolitisch verfolgte H. ein aggressives Expansionsprogramm (Eroberung neuen dt. »Lebensraums« im östl. Mitteleuropa), das auch den Krieg nicht ausschloss. Der Öffentlichkeit hingegen stellte er die Revision des Versailler Vertrags und die Gleichberechtigung Dtl.s als Hauptziele seiner Außenpolitik dar (↑Nationalsozialismus). Mit dem »Anschluss« Österreichs (März 1938) und der Sudetengebiete (Münchener Abkommen, Okt. 1938) setzte er unter Anwendung stärksten Drucks eine große Ausdehnung des dt. Staatsgebiets durch. Mit der Zerschlagung der Tschechoslowakei (Errichtung des »Reichsprotektorats Böhmen und Mähren«, 15. 3. 1939) beschritt H. endgültig den Weg zur Unterwerfung Europas und zur Errichtung einer weltweiten dt. Vorherrschaft.

Nach dem Abschluss des Dt.-Sowjet. Nichtangriffspaktes (»H.-Stalin-Pakt«) löste er am 1. 9. 1939 mit dem Angriff auf Polen den Zweiten Weltkrieg aus. Die militär. Blitzkriegserfolge bestärkten H. im Glauben an seine militär. Führungsfähigkeiten (19. 12. 1941 direkte Übernahme des militär. Oberbefehls). Nach dem dt. Angriff auf die UdSSR (22. 6. 1941) forderte H. die Beherrschung und Ausbeutung des eroberten Gebietes (1941/42 verankert im ↑Generalplan Ost). Nach der Wendung des militär. Geschehens 1941/42 zuungunsten Dtl.s trat eine Steigerung der Gewalt- und Vernichtungspolitik (Wannseekonferenz zur sog. »Endlösung der Judenfrage«; bis 1941 das »Euthanasie-Programm«) ein. Daneben standen andere, ebenfalls auf H.

persönlich zurückgehende Geheimbefehle (u. a. ↑Kommissarbefehl, Aufstellung von ↑Einsatzgruppen), das Anwachsen der Zahl der Vernichtungs- und Konzentrationslager (v. a. für europ. Juden, Sinti und Roma), die abschreckenden Repressalien nach dem misslungenen Attentat am 20. 7. 1944 (↑Zwanzigster Juli 1944). H.s Befehlsgebung in der Isolation des »Führerhauptquartiers« (»Wolfsschanze«) wurde zunehmend wirklichkeitsfremd und führte zur Entstehung von rivalisierenden Machtapparaten. – Kurz vor der Einnahme Berlins durch sowjet. Truppen nahm sich H. zus. mit seiner Geliebten Eva Braun (∞ 29. 4. 1945) im Bunker der Reichskanzlei das Leben.
📖 Jäckel, E.: H.s Herrschaft. Vollzug einer Weltanschauung. Stuttgart ³1991. – Hamann, B.: H.s Wien. Lehrjahre eines Diktators. München 1996. – Bullock, A.: H. u. Stalin. Parallele Leben. A. d. Engl. Tb.-Ausg. München 1999. – Kershaw, I.: H. 2 Bde. A. d. Engl. Stuttgart 1998–2000. – Fest, J. C.: H. Neuausg. München ⁴2001. – Haffner, S.: Anmerkungen zu H. Sonderausg. Frankfurt am Main 2002. – Reuth, R. G.: H. Eine polit. Biographie. München 2003.

Hitler-Jugend, Abk. **HJ,** Jugendorganisation der NSDAP, gegr. 1926, unterstand ab 1931 einem Reichsjugendführer. Die große Zahl der dt. Jugendverbände musste nach 1933 der HJ weichen, die 1936 zur Staatsjugend erhoben wurde. Ab 1939 war die Mitgliedschaft für alle Jugendlichen vom 10. bis 18. Lebensjahr Pflicht; Gliederungen: **Deutsches Jungvolk** (DJ; Jungen von 10 bis 14 Jahren), **Deutsche Jungmädel** (DJM; Mädchen von 10 bis 14 Jahren), die eigentl. HJ (Jungen von 14 bis 18 Jahren), **Bund Deutscher Mädel** (BDM; Mädchen von 14 bis 18 Jahren).
📖 Miller-Kipp, Gisela: »Auch Du gehörst dem Führer«. Die Geschichte des Bundes Deutscher Mädel (BDM) in Quellen u. Dokumenten. Weinheim ² 2002. – Buddrus, M.: Totale Erziehung für den totalen Krieg. Hitlerjugend u. nat.-soz. Jugendpolitik. München 2003.

Hitlerputsch, Putschversuch A. Hitlers und des ihm nahe stehenden Generals E. Ludendorff. Am 8./9. 11. 1923 versuchte Hitler von München aus, begünstigt durch den schweren Konflikt der bayer. Reg. unter G. Ritter von Kahr mit dem Reich, die Reichsreg. in Berlin gewaltsam zu stürzen und eine Diktatur zu errichten. Kahr, der zum Schein auf die Pläne Hitlers einging, schlug den Putsch am 9. 11. mithilfe von Reichswehr und Polizei nieder.

Hitler-Stalin-Pakt, ↑Deutsch-Sowjetischer Nichtangriffspakt.

Hitliste [engl.] *die,* Verzeichnis der (innerhalb eines bestimmten Zeitraums) beliebtesten oder meistverkauften Musikstücke.

Hitparade *die,* 1) ↑Hitliste; 2) Radio-, Fernsehsendung, in der Hits vorgestellt werden.

Hittorf, 1) Jakob Ignaz (frz. Jacques-Ignace), frz. Architekt und Archäologe dt. Herkunft, * Köln 20. 8. 1792, † Paris 25. 3. 1867; erbaute in Paris die Kirche Saint-Vincent-de-Paul (1842–44) gemeinsam mit seinem Schwiegervater Jean-Baptiste Lepère (* 1761, † 1844) und gestaltete 1833 ff. die Place de la Concorde, die Champs-Élysées, die Place de l'Étoile (1857 vollendet, jetzt Place Charles-de-Gaulle). Er gilt als Pionier der Eisenkonstruktion (Gare du Nord, 1861–65). – Aufgrund seiner archäolog. Studien in Italien und auf Sizilien konnte er die Polychromie in der grch. Baukunst nachweisen.
2) Johann Wilhelm, Chemiker und Physiker, * Bonn 27. 3. 1824, † Münster 28. 11. 1914; untersuchte die Beweglichkeit von Ionen bei der Elektrolyse sowie die Physik der Gasentladungen; entdeckte die geradlinige Ausbreitung und magnet. Ablenkbarkeit der Kathodenstrahlen.

Hitz|acker (Elbe), Stadt im Landkreis Lüchow-Dannenberg, Ndsachs., an der Mündung der Jeetzel in die Elbe, 5 000 Ew.; Luftkurort; jährlich Sommerl. Musiktage. – Zahlr. Fachwerkhäuser. – Seit 1258 Stadt.

Hitzdrahtmesswerk (Hitzdrahtinstrument), *Messtechnik:* veraltetes Messinstrument, bei dem die Längenänderung eines dünnen, stromdurchflossenen Metalldrahtes zur Messung der Stromstärke genutzt wird. Die Längenänderung beruht auf der von der Widerstandserwärmung bewirkten Ausdehnung des Drahtes und ist damit dem Quadrat der Stromstärke proportional. Das H. wird gegenwärtig nur noch in einigen Spezialgebieten eingesetzt.

Hitze, 1) *allg.:* starke Wärme, die als unangenehm empfunden wird; hohe Lufttemperatur.
2) *Jägersprache:* Läufigkeit bei Hunden, Füchsen.

Hitzebeständigkeit, *Werkstoffkunde:* Widerstandsfähigkeit bes. metall. Werkstoffe gegen hohe Temperaturen. Die H. wird v. a. durch Zusatz der Legierungselemente Chrom, Silicium, Aluminium und Nickel erreicht.

Hitzemauer (Wärmemauer, Hitzeschwelle), Bez. für den Geschwindigkeitsbereich des Über- und Hyperschallfluges, in dem eine starke Erwärmung des Flugzeugs bzw. Flugkörpers durch Aufstau und Reibung der umgebenden Luft auftritt und der deshalb nicht für längere Zeit überschritten werden darf. Die H. ist von der Flughöhe, der therm. Belastungsfähigkeit der Werkstoffe und der Konstruktion abhängig.

Hitzeresistenz, die Widerstandsfähigkeit von Lebewesen gegenüber hohen Temperaturen.

Hitzeschild, *Raumfahrt:* Schutzfläche an Raumflugkörpern zur Aufnahme oder Ableitung der Reibungswärme, die bei ihrem Eintritt in die Erdatmosphäre oder in die Atmosphäre eines anderen Himmelskörpers entsteht; schützt auch vor Triebwerksstrahlung oder Sonneneinflüssen.

Hitzewallung (fliegende Hitze), mit einer Erweiterung der Hautgefäße verbundener, plötzlich auftretender Blutandrang zum Kopf; v. a. bei Frauen in den Wechseljahren durch hormonelle Umstellungen.

Hitzfeld, Ottmar, Fußballtrainer, *Lörrach 12. 1. 1949; gewann u. a. mit Borussia Dortmund die dt. Meisterschaft (1995, 1996), die Champions League 1997, den Weltpokal 1997 (als Sportdirektor), mit dem FC Bayern München (1998–2004) die dt. Meisterschaft (1999, 2000, 2001, 2003), den DFB-Pokal 2000 und 2003, die Champions League und den Weltpokal 2001.

Hitzschlag (Hyperthermiesyndrom), lebensbedrohl., akute Überhitzung des Körpers, mit Hirnschädigung, infolge körperl. Überanstrengung bei feuchter Hitze. Symptome sind hohes Fieber, Krämpfe, fehlende Schweißabsonderung und Bewusstseinstrübung. Sofortmaßnahmen: Kühlen, Elektrolytsubstitution, Sauerstoffinhalation.

HIV, Abk. für engl. **h**uman **i**mmunodeficiency **v**irus (humaner Immunschwächevirus), zur Gruppe der Lentiviren zählende Retroviren, deren bislang entdeckte Vertreter als HIV-1 und HIV-2 bezeichnet werden. HIV-1 ist nach derzeitigem Kenntnisstand der maßgebl. Erreger der Immunschwächekrankheit ↑Aids.

HIV-Infektion *die,* Infektion mit den Erregern von ↑Aids.

Hizbollah [hız-; arab.»Partei Gottes«] *die* (Hizbullah, Hisbollah), politisch-militär. schiit. Organisation in Libanon; gegr. 1982. Stark unterstützt von Iran; Schwergewicht in W-Beirut und in S-Libanon (dort militär. Auseinandersetzungen mit israel. Besatzungstruppen), erlangte seit 1992 bei Wahlen Mandate im Parlament (nicht an der Reg. beteiligt).

HJ, Abk. für ↑Hitler-Jugend.

Hjälmarsee ['jɛl-] (schwed. Hjälmaren), See in der mittelschwed. Senke, 484 km², 17 m tief, entwässert zum Mälarsee. Am W-Ende liegt Örebro.

Hjortspring ['jordsbrɛŋ; dän. »Hirschsprung«], Landgut auf der dän. Insel Alsen, bei dem 1921 im Moor ein 11 m langes Ruderboot (3.–2. Jh. v. Chr.) aus Lindenholzplanken und Waffen für eine 20- bis 24-köpfige Mannschaft gefunden wurden.

HK, Einheitenzeichen für Hefner-Kerze (↑Hefner-Alteneck).

hl, Einheitenzeichen für Hektoliter, 1 hl = 100 l.

Hl., hl., Abk. für heilig.

H. L., Bildschnitzer, ↑Meister H. L.

Hłasko ['xuasko], Marek, poln. Schriftsteller, *Warschau 14. 1. 1934, †(Selbstmord) Wiesbaden 14. 6. 1969; verließ 1958 Polen; schrieb stilistisch von E. Hemingway beeinflusste, krass-realist. Romane und Erzählungen: »Der achte Tag der Woche« (1956), »Peitsche deines Zorns« (1963), »Folge ihm durchs Tal« (1968).

HLA-System [HLA, Abk. für engl. **h**uman **l**eucocyte **a**ntigen] (Histokompatibilitätsantigen-System), Bez. für ein System von Oberflächenantigenen, die auf den Zellen fast aller Gewebe vorkommen und sich bes. gut auf Leukozyten nachweisen lassen. Die HLA-Antigene werden beim Menschen genetisch durch multiple Allele an vier eng benachbarten Genorten auf Chromosom 6 gesteuert. Das HLA-S. bedingt die immunolog. Selbstdefinition des Organismus, d. h., die HLA-Antigene zeigen an, wogegen das Immunsystem nicht reagieren soll. Die Tolerierung bzw. Abstoßung von transplantierten Organen wird auf die Funktion des HLA-S. zurückgeführt. Eine möglichst weitgehende Übereinstimmung der Erbmerkmale im HLA-S.

ist daher zw. Spender und Empfänger bei Organtransplantationen (Niere, Herz, Leber, Knochenmark) wie auch bei Leukozyten- und Thrombozytentransfusionen von entscheidender Bedeutung.

Hlebine, Schule von, unter der Führung von Krsto Hegedušić (* 1901, † 1975), I. Generalić, Franjo Mraz (* 1910) und Mirko Virius (* 1889, † 1943) ab 1931 in dem kroat. Dorf Hlebine gebildete Gruppe naiver Maler. Sie pflegte v. a. die Hinterglasmalerei. (↑kroatische Kunst)

Hlinka, Andrej, slowak. Politiker, * Černová (heute zu Ružomberok) 27. 9. 1864, † Rosenberg (heute Ružomberok) 16. 8. 1938; kath. Geistlicher, Mitbegründer (1905) und seit 1918 Vors. der »Slowak. Volkspartei«, erstrebte die Autonomie der Slowakei.

Hlučín [′hlutʃiːn], Stadt in der Tschech. Rep., ↑Hultschin.

HMI, Abk. für ↑Hahn-Meitner-Institut Berlin GmbH.

H. M. S. [′eɪtʃ′em′es], Abk. für His (Her) Majesty's Ship, Seiner (Ihrer) Majestät Schiff; Zusatz zum Namen brit. Kriegsschiffe.

Thomas Hobbes

HNS, Abk. für ↑Host Nation Support.
Ho, chem. Symbol für ↑Holmium.
Ho [həʊ], Stadt in S-Ghana, Verw.-Sitz der Region Volta, 55 300 Ew.; Marktzentrum (Palmöl, Baumwolle, Kakao).
HO, Abk. für Handelsorganisation, 1948–90 staatl. Einzelhandelsunternehmen in der DDR.
Hoabinhien [hwabi′ɲɛ̃; nach der Fundstelle in NO-Vietnam] *das* (Hoa-binh-Kultur), steinzeitl. Kulturgruppe (etwa ab 10 000 v. Chr.) im östl. Hinterindien und im N Sumatras. Die in der Höhle Spirit Cave (NO-Thailand) gefundenen pflanzl. Überreste (u. a. Hülsenfrüchte, Kürbis, Gurke, Pfeffer, chines. Wassernuss; um 9000 v. Chr.) lassen auf Sammeln, eventuell auch Anbau von Nahrungspflanzen schließen (ab etwa 7000 v. Chr. gesichert).

Hoangho, Fluss in China, ↑Hwangho.
Hoatzin [indian.] *der* (Zigeunerhuhn, Opisthocomus hoatzin), etwa 60 cm großer hühnerartiger Baumvogel der trop. Überschwemmungswälder Südamerikas; fliegt schlecht.

Hobart [′həʊbɑːt], Hptst. des Bundesstaates Tasmanien, Australien, an der Mündung des Derwent, am Fuß des Mount Wellington; 195 800 Ew.; Kultur-, Wirtschafts- und Verkehrszentrum; Sitz eines anglikan. und eines kath. Bischofs; Univ., Museen, Theater, botan. Garten; Spielkasino; Holzverarbeitung, Nahrungsmittel-, Textilind.; Zinkerzverhüttung bei Risdon; Naturhafen. – H. ist die zweitälteste Stadt Australiens (1804 gegr.).

Hobbema, Meindert, niederländ. Maler, getauft Amsterdam 31. 10. 1638, † ebd. 7. 12. 1709; malte stimmungsvolle Landschaften; berühmt wurde v. a. seine »Allee von Middelharnis« (1689; London, National Gallery).

Hobbes [hɔbz], **Thomas,** engl. Philosoph, * Westport (heute zu Malmesbury, Cty. Wiltshire) 5. 4. 1588, † Hardwick Hall (Cty. Derbyshire) 4. 12. 1679; lehnte die Metaphysik ab: Philosophie sei nichts als die rationale Erkenntnis empir. Kausalzusammenhänge. Erkennen basiere allein auf den Empfindungen (Sensualismus), Begriffe seien lediglich Namen (Nominalismus), Denken nichts als Rechnen mit Namen. Das Wollen ist streng determiniert. Von entscheidender Wirkung war seine von den Bürger- und Revolutionskriegen in England und Frankreich geprägte Staatslehre: Danach werden die Menschen im Naturzustand durch den Trieb zur Selbsterhaltung und durch Machtgier bestimmt; der Kampf aller gegen alle wird nur vermieden durch Verzicht auf das individuelle Machtstreben und Machtübertragung auf einen mit Staatsmacht ausgestatteten Souverän. Erst durch die so vollzogene Begründung des Staats (Staatsvertrag) kann der innere Friede gesichert werden.

Werke: Über den Bürger (1642); Leviathan (1651); Lehre vom Körper (1655); Über den Menschen (1658); Behemoth (1668).

📖 *Weiss, U.:* Das philosoph. System von T. H. Stuttgart 1980. – *Tuck, R.:* H. A. d.

HOB Hobby

Engl. Freiburg im Breisgau u.a. 1999. – Münkler, H.: T. H. Neuausg. Frankfurt am Main u.a. 2001. – Kersting, W.: T. H. zur Einf. Hamburg ²2002.

Hobby [engl.] *das,* Beschäftigung, der man aus Freude an der Sache (und zum Ausgleich für die Berufs- oder Tagesarbeit) in seiner Freizeit nachgeht.

Hobby-Eberly-Teleskop [nach W. P. Hobby und R. E. Eberly], ↑McDonald-Observatorium.

Hobeln, Verfahren der spanenden Formgebung zur Herstellung von meist ebenen Flächen und Profilen an Werkstücken v. a. aus Holz und Metall. – In der Holzbearbeitung erfolgt das H. handwerklich oder maschinell. Die **Hobelbank** dient dabei zum Einspannen der Werkstücke. Der Handhobel **(Hobel)** besteht aus dem Hobelkasten (meist aus Holz), in dem das Hobeleisen, eine geschliffene Stahlklinge, mit einem Holzkeil befestigt ist; beim **Doppel-** oder **Putzhobel** ist auf dem eigentl. Hobeleisen die **Hobeleisenklappe** montiert, die mit ihrer unteren rechtwinkligen Kante den Hobelspan kurz abbricht und so ein Einreißen der Holzoberfläche verhindert. **Hobelmaschinen** haben umlaufende Messerwellen mit bis zu acht auswechselbaren Streifenmessern. Bei Metallen erfolgt das H. ausschl. maschinell. Der in eine Hobelmaschine eingespannte **Hobelmeißel,** oft in der Form des zu erzeugenden Profils **(Form-H.),** nimmt vom Werkstück Späne ab. Beim **Nachform-H. (Kopier-H.)** wird der Hobelmeißel durch ein Modell (Schablone) gesteuert. Die Hobelmaschine erzeugt die Relativbewegungen in Schnitt- und Vorschubrichtung zw. Werkstück und Werkzeug. Im betriebl. Sprachgebrauch wird dabei zw. H. und Stoßen unterschieden. Bewegt wird entweder das Werkstück **(Tisch-** oder **Langhobelmaschine)** oder ein gleitender Stößel mit dem Werkzeug **(Stoßmaschine, Kurzhobler, Shapingmaschine).**

Hoboe, veraltet für ↑Oboe.

Hoboken [ˈhoːboːkə], Ind.vorstadt von Antwerpen, Belgien, an der Schelde, 35 000 Ew.; Werften, Erdölraffinerie, Nichteisenmetallverhüttung.

Hoboken [ˈhoːboːkə], Anthony van, niederländ. Musikforscher, * Rotterdam 23. 3. 1887, † Zürich 2. 11. 1983; legte 1925 an der Wiener Nationalbibliothek das Archiv für Photogramme musikalischer Meisterhandschriften an; veröffentlichte »Joseph Haydn. Thematisch-bibliographisches Werkverzeichnis« (3 Bde., 1957–78), das **H.-Verzeichnis** (Abk. Hob.).

Hobsbawm [ˈhɔbzbɔːm], Eric John Ernest, engl. Historiker, * Alexandria 9. 6. 1917; war 1970–82 Prof. für Wirtschafts- und Sozialgeschichte in Cambridge. Von marxist. Ansätzen ausgehend, untersucht H. insbes. die sich seit der Frz. und der industriellen Revolution vollziehenden strukturellen Veränderungen in Europa (u. a. »Europ. Revolutionen«, 1962) und gesellschaftsgeschichtl. Entwicklungen der jüngeren Neuzeit (u. a. »Das imperiale Zeitalter 1875–1914«, 1987); gilt als innovativer Vertreter der modernen Sozialgeschichtsforschung.

Weitere Werke: The age of extremes 1914–1991 (1994; dt. Das Zeitalter der Extreme. Weltgesch. des 20. Jh.).

hoc anno [lat.], Abk. **h. a.,** in diesem Jahre.

Hoceima [ɔˈθeima] (Hocima, Al-Hoceima, span. Alhucemas), Prov.-Hptst. in Marokko, am Mittelmeer, 41 700 Ew.; Seebad mit Handels-, Fischerei- und Jachthafen; Fremdenverkehrszentrum.

hoc est [lat.], Abk. **h. e.,** das ist.

Hoch, *Meteorologie:* das ↑Hochdruckgebiet.

Höch, Hannah, Malerin und Grafikerin, * Gotha 1. 11. 1889, † Berlin (West) 31. 5. 1978; gehörte zu den Pionieren der Fotomontage. Sie schuf ferner Materialcollagen, groteske Puppen, Gemälde von teils bizarrem, teils lyr. Charakter und Illustrationen.

Hochaltar, mittelalterl., noch heute gebräuchl. Bez. für den Hauptaltar einer kath. Kirche.

Hochamt, die feierl. Form der kath. Messe (lat. Missa solemnis), bes. das unter Leitung des Diözesanbischofs zelebrierte ↑Pontifikalamt.

Hochauftriebsmittel, *Flugzeugtechnik:* aerodynam. Hilfsmittel zur Vergrößerung des Auftriebs von Flugzeugtragflügeln. H. erlauben eine Verkürzung der Start- und Landestrecke sowie die Verringerung der Landeanfluggeschwindigkeit und verbessern den Steigwinkel. Die wölbungs- und flächenvergrößernden Hinterkanten- und Nasenklappen werden bei Start, Landung und bestimmten Flugmanövern teilweise oder ganz ausgefahren (Landeklappen).

Hochdruckgebiet HOC

Durch feste oder ausfahrbare Hilfsflügel an der Flügelvorderkante (↑Vorflügel) oder durch ↑Grenzschichtbeeinflussung tritt das auftriebmindernde Abreißen der Strömung erst bei größeren ↑Anstellwinkeln ein.

Hochbahn, zur Entlastung des Straßenverkehrs auf Brückenkonstruktionen über der Straßenebene geführte Eisenbahn oder Straßenbahn.

Hochbau, das Errichten von Gebäuden, deren Hauptnutzungszonen über dem Erdboden liegen (im Unterschied zum ↑Tiefbau). Es wird zw. dem von Architekten entworfenen, durch das Baugewerbe auszuführenden **einfachen H.** und dem von Ingenieuren konstruierten und durch die Bauind. auszuführenden **Ingenieur-H.** unterschieden. Arten der Ausführung sind u. a. Backsteinbau, Betonbau, Fertigbauweise, Glasbau, Großtafelbau, Holzbau, Lehmbau, Leimbau, Nagelbau, Skelettbauweise, Stahlbau, Steinbau.

Hochblätter, Umbildungsformen der Laubblätter im oberen Sprossbereich.

Hochdeutsch, 1) die von der zweiten ↑Lautverschiebung erfassten dt. Mundarten; Ggs.: Niederdeutsch; 2) Schrift-, Literatur- oder Hochsprache im Unterschied zu Mundart und Umgangssprache.

hochdeutsche Lautverschiebung, die zweite ↑Lautverschiebung, durch die sich die hochdt. Mundarten (und das Langobardische) von den übrigen german. Sprachen unterscheiden.

Hochdorf, Teil der Gem. Eberdingen, Landkreis Ludwigsburg, Bad.-Württ.; hier wurde 1977 ein kelt. Fürstengrab der Späthallstattzeit (um 530–520 v. Chr.; ↑Hallstattkultur) ausgegraben: Großgrabhügel von 60 m Durchmesser und urspr. 6 m Höhe; 4,7 × 4,7 m große Grabkammer mit aufwendigem Steinschutz in einer 11 × 11 m großen und 2 m tiefen Grabgrube. Der Tote, ein etwa 40- bis 50-jähriger, 1,83 m großer Mann, lag auf einer gepolsterten Bronzeliege (Kline). Zur Ausstattung gehörten: Waffen und Gerätschaften, kostbarer Schmuck, ein reich geschmücktes Pferdegeschirr, ein vierrädriger Wagen, ein vielteiliges Trink- und Essservice. In der Nähe des Fürstengrabes wurde zw. 1989 und 1991 ein Keltenmuseum aufgebaut.

Hochdruck, 1) *graf. Technik:* ↑Druckverfahren.

2) *Medizin:* ↑Hochdruckkrankheit.
3) *Physik, Technik:* Bez. für Drücke meist oberhalb von 10 MPa (100 bar); über 100 MPa (1 kbar) auch als **Höchstdruck** bezeichnet.

Hochdruckapparate, Reaktionsgefäße, in denen unter hohen Drücken chem. Reaktionen, meist unter Verwendung von Katalysatoren, durchgeführt werden, sowie Geräte für Untersuchungen der Hochdruckphysik. Die in der Verfahrenstechnik gebräuchl. H. werden **Hochdruckreaktoren** genannt, H. für den diskontinuierl. Betrieb **Autoklaven.** Die erforderl. Wanddicke eines zylindr. H. ist dem Innendruck und dem Durchmesser proportional.

Hochdruckätzung, *graf. Technik:* die Herstellung von Druckplatten für den Hochdruck (↑Druckverfahren) durch Ätzen (Strich-, Rasterätzung), sodass die Druckfläche erhaben über den übrigen Plattenteilen liegt. Die **Zinkätzung** ist eine H. mit Zink als Grundmaterial.

Hochdruckchemie, Gebiet der Chemie, das sich mit chem. Reaktionen und dem chem. Verhalten von Stoffen bei höheren Drücken befasst. Hohe Drücke begünstigen Reaktionen, die unter Volumenminderung ablaufen. Bei höchsten Drücken verschwinden die Unterschiede zw. den Aggregatzuständen; zwischenmolekulare Kräfte gehen in homöopolare und schließlich in metall. Bindekräfte über, und die physikal. Eigenschaften (wie Dichte, Härte, Elastizität, Ionisation, elektr. Leitfähigkeit) ändern sich.

Hochdruckgebiet (Hoch, Antizyklone), eine Luftmasse mit hohem Druck im Vergleich zu benachbarten, anders beschaffenen Luftmassen. Die Luftströmung innerhalb eines H. ist nach unten gerichtet, in den unteren Schichten fließt die Luft dann nach außen ab und wird auf der Nordhalbkugel infolge der Coriolis-Kraft im Uhrzeigersinn abgelenkt (antizyklonale Bodenströmung), auf der Südhalbkugel wird sie in entgegengesetzter Richtung abgelenkt. Als Folge dieses Auseinanderströmens der Luft aus dem Kern des H. **(Divergenz)** sinken Luftmassen aus der Höhe ab, wobei sich Wolken auflösen, was zu heiterem und trockenem Wetter führt. Oft setzen sich die Absinkbewegungen aber nicht bis zum Boden durch, sondern enden in einiger Höhe: eine ↑Inversion bildet sich aus. An dieser Grenzfläche zw. tiefer liegender kälterer

HOC Hochdruckkrankheit

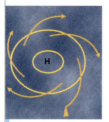

Hochdruckgebiet: Luftströmungen in einem Hochdruckgebiet, antizyklonale Bodenströmung (oben) und vertikale Zirkulation

und darüber liegender wärmerer Luft können sich Staub und Verunreinigungen sammeln, sodass eine Dunstschicht entsteht. An ihr kommt es bes. im Winter zu Hochnebelbildung. Über der Inversion herrscht dagegen wolkenloser Himmel. Im Sommer ist es tagsüber in einem H. meist wolkenlos, es bilden sich allenfalls Cumuluswolken, die sich gegen Abend wieder auflösen. Das **Kältehoch** besteht in allen Höhen aus Kaltluftmassen, ist jedoch nur von relativ geringer vertikaler Mächtigkeit; in der oberen Troposphäre wird es von einem Tiefdruckgebiet oder einer Höhenströmung überlagert. Das **Wärmehoch** ist v. a. in den Subtropen zu finden. Über einer relativ kalten Grundschicht sind diese Hochs bis in große Höhen warm, und zwar durch Zufuhr von Warmluft aus südlicheren Breiten und Erwärmung durch Absinken, und bleiben oft längere Zeit nahezu an der gleichen Stelle.

Hochdruckkrankheit (Bluthochdruck, Hypertonie, Hypertonus, arterielle Hypertension), durch dauernden erhöhten arteriellen Blutdruck gekennzeichnete Krankheit des Kreislaufsystems. Die Weltgesundheitsorganisation definiert, dass H. dann vorliegt, wenn die Blutdruckwerte 140 mm Quecksilbersäule systolisch und 90 mm Quecksilbersäule diastolisch dauernd überschreiten. In etwa 70–80 % der Fälle lässt sich für die H. keine Ursache nachweisen. Sie werden als **primäre essenzielle H.** bezeichnet. Die übrigen Fälle von H. (**sekundäre symptomat. H.**) gehen auf Nierenerkrankungen, endokrine Störungen (z. B. Schilddrüsenüberfunktion, Cushing-Syndrom) sowie kardiovaskuläre Erkrankungen (z. B. Aortenklappeninsuffizienz) zurück. Die H. muss behandelt werden, da sie unbehandelt zu zahlr. Spätschäden wie Herzinfarkt, Herzinsuffizienz, Hirnblutung, Augen- und Nierenschäden führen kann. – Die *Behandlung* erfolgt medikamentös (blutdrucksenkende Mittel) und ist begleitet von Allgemeinmaßnahmen wie Reduzierung des Kochsalzverbrauchs (< 5 g je Tag) und des Übergewichts, Meiden von Nikotin und Alkohol sowie der Ausschaltung von Stressfaktoren und körperl. Betätigung in Ausdauersportarten (Radfahren, Schwimmen u. a.).

Hochdruckmodifikationen, Modifikationen von chem. Elementen, Verbindungen oder Mineralen, die unter extremen Temperatur-Druck-Bedingungen im Laboratorium oder in der Natur gebildet werden. So geht z. B. graues (halbmetall.) Zinn bei hohen Drücken in weißes (metall.) Zinn über. Durch ↑Stoßwellenmetamorphose entstehen Hochdruckminerale wie Coesit und Stishovit.

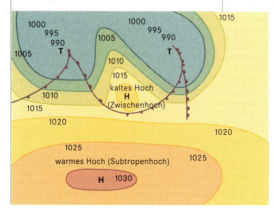

Hochdruckgebiet: kaltes (Kältehoch) und warmes Hochdruckgebiet (Wärmehoch)

Hochdruckphysik, Spezialgebiet der angewandten Physik, das sich mit der Erzeugung und Messung hoher und höchster Drücke (↑Hochdruck) sowie mit deren Anwendung bei der Untersuchung von Materialeigenschaften (z. B. elektr. und therm. Leitfähigkeit, Viskosität, Plastizität) und zu Materialumwandlungen beschäftigt.
Hochenergiephysik, die ↑Elementarteilchenphysik.
Hochfeiler *der*, höchster Gipfel der Zillertaler Alpen, 3 509 m ü. M.; über ihn verläuft die Grenze zw. Österreich (Tirol) und Italien (Südtirol).
Hochfläche, hoch gelegenes ebenes **(Hochplateau)** bis flachwelliges Landstück, oft mit deutl. Stufe von der Umgebung abgesetzt. H. wurden meist durch geologisch junge Hebungen in ihre heutige Höhenlage gebracht.
Hochflussreaktor, *Kerntechnik:* ↑Forschungsreaktor.
Hochfrequenz, Abk. **HF,** elektromagnet. Schwingungen mit Frequenzen zw. 10 kHz und etwa 300 MHz (i. w. S. 300 GHz), entsprechend Wellenlängen zw. 30 000 und 1 m (bzw. 1 mm). H. finden u. a. in der H.-Technik, der Medizin, zur Wärmeerzeugung (H.-Erwärmung) sowie in der Mess- und Rechentechnik Anwendung. (↑Höchstfrequenz)
Hochfrequenzkinematografie, ↑Hochgeschwindigkeitsfotografie.
Hochfrequenzspektroskopie, Untersuchung von Quantenübergängen durch spektroskop. Methoden der Atom- und Kernphysik mithilfe hochfrequenter elektromagnet. Wellen. Die H. wird bei atomaren Systemen angewandt, deren Energieniveaus sich so wenig unterscheiden, dass Strahlungsübergänge zw. ihnen mithilfe der opt. Spektroskopie nicht mehr auflösbar sind. Nach den Frequenzbereichen wird die H. in die **Radiofrequenz-** ($f < 3 \cdot 10^9$ Hz), die **Mikrowellen-** ($f < 3 \cdot 10^{11}$ Hz) und die **Submillimeterspektroskopie** ($f < 10^{13}$ Hz) eingeteilt. Die H. erlaubt z. B. Präzisionsbestimmungen von magnet. Kernmomenten und dient der Strukturaufklärung. Spezielle Methoden sind u. a. die ↑Atomstrahlresonanzmethode, die ↑Elektronenspinresonanz, die ↑NMR-Spektroskopie und die ↑Zyklotronresonanz.
Hochfrequenztechnik (Kurzbez. HF-Technik), Teilgebiet der Elektrotechnik

Hochgebirge in den Alpen

(i. e. S. Nachrichtentechnik und Elektronik), das die Techniken (einschließlich der Geräte) umfasst, die die Erzeugung, Fortleitung und techn. Anwendung von elektr. Wechselströmen, elektromagnet. Feldern und Wellen aus dem Hochfrequenzbereich ermöglichen. Anwendungsgebiete der H. sind die Funk- und Nachrichtentechnik, die Hochfrequenzspektroskopie, die physikal. Messtechnik und der Betrieb von Teilchenbeschleunigern (Hochfrequenzlinearbeschleuniger).
Hochfrequenzverstärker, Gerät bzw. Schaltung zur 16 000 Hz) kleiner Amplitude, entweder selektiv, nur für eine Frequenz, oder für ein breites Frequenzband. In Empfängern werden **selektive Verstärker** v. a. als Vorverstärker vor Mischstufen und als **Zwischenfrequenzverstärker (ZF-Verstärker)** vor Demodulatoren eingesetzt. **Breitband-H.** finden in der Messtechnik und als Antennenverstärker für Gemeinschaftsanlagen Verwendung. Als Verstärkerelemente sind Elektronenröhren, Transistoren, Tunneldioden und Maser gebräuchlich.
Hochgebirge, hohe, v. a. aber die über

HOC Hochgericht

Hochhaus: Skyline von Frankfurt am Main mit dem Hochhaus der Commerzbank-Zentrale (Mitte) von Lord Norman Robert Foster (1994–97)

die Baum- und Schneegrenze aufragenden Gebirge. Unter den H. sind die jungen Faltengebirge bes. eindrucksvoll, so die Ketten an der Ost- und Westküste des Pazif. Ozeans (Amerikan. Kordilleren, ostasiat. Gebirge), und das sich quer durch die Alte Welt ziehende alpine System mit Atlasgebirge, Pyrenäen, Alpen, Balkan, Kaukasus, Pamir, Himalaja und den tibet. Ketten. Die H. besitzen (differenziert nach Höhe und Breitenlage) ein dem polaren und subpolaren ähnl. Klima mit kräftiger Luftbewegung, intensiver Sonnenstrahlung und starkem Temperaturwechsel zw. Tag und Nacht. H. sind oft Kulturscheiden; ihre höheren Regionen sind unbesiedelt. Im Kaukasus liegt die Siedlungsgrenze bei 2 500 m, in Äthiopien bei 3 900 m, in Tibet und Bolivien bei 5 000 m ü. M. – Abb. S. 440

Hochgericht, das ↑Halsgericht.

Hochgeschwindigkeitsfotografie (Highspeedfotografie), Verfahren zur fotografischen Aufnahme extrem kurzzeitiger Vorgänge oder von Bewegungsabläufen hoher Geschwindigkeit mit Belichtungszeiten von 10^{-6} bis 10^{-9} Sekunden bzw. mit außerordentlich hoher Bildfrequenz, z. T. bis 2 Billionen Bilder pro Sekunde **(Hochfrequenzkinematografie).** Die H. liefert u. a. Aufschlüsse über das Materialverhalten bei hohen Geschwindigkeiten und Beschleunigungen sowie bei Beanspruchung durch hochfrequente Schwingungsbelastungen. (↑Zeitlupe)

Hochgeschwindigkeitsumformung (Hochenergieumformung, Hochdruckumformung), *Fertigungstechnik:* Umformverfahren, bei denen sehr hohe Kräfte bzw. Drücke kurzzeitig auf ein Werkstück einwirken, z. B. bei der ↑Explosionsumformung, der Unterwasserfunkenentladung (hydroelektr. Umformung), bei der die in Stoßgeneratoren gespeicherte elektr. Energie zw. zwei Elektroden unter Wasser entladen wird und die Umformung des Werkstücks durch die entstehende Druckwelle stattfindet, sowie bei der Umformung durch direkte Einwirkung elektromagnet. Kräfte (Magnetumformung).

Hochgeschwindigkeitsverkehr. Für die weitere Entwicklung des europ. Hochgeschwindigkeitsnetzes der Eisenbahn ist in Brüssel die Gründung der Projektgesellschaft RHEALYS vereinbart worden. Ziel der Gesellschaft ist die weitere Reduzierung der Reisezeiten zw. Paris, Ostfrankreich, Deutschland, Luxemburg und der Schweiz (Frankfurt/Main nach Paris z. B. um 2,5 Stunden) durch den Einsatz einheitl. Hochgeschwindigkeitszüge. Neben der techn. Vereinheitlichung der Züge sollen auch die Strom- und Leitsysteme angeglichen werden. Nach Inbetriebnahme der Strecken (geplant 2006) soll RHEALYS in eine Betriebsgesellschaft überführt werden.

Hochgeschwindigkeitszüge, Züge mit Geschwindigkeiten von mehr als 240 km/h: ↑ICE, ↑TGV, ↑Shinkansen, ↑Eurostar, ↑Thalys.

Ho**chgolling** *der,* höchster Gipfel der Niederen Tauern, Österreich, in den Schladminger Tauern, 2 862 m ü. M., über ihn ver-

atum: 12.10.2013/19:58
isch 01/13/--   Seite -01

1 Pils	2,90	1
1 Kl. Pils	1,90	1
1 Glas Tee	1,40	1
1 Diverses	2,50	1
1 1/4 Franken rot	4,40	1
1 1/4 Baccus	4,20	1
1 Hasenkeule	14,20	1
1 Goldbarsch	11,80	1
1 Gem. Salat	2,80	1
1 1/4 Volkacher	4,20	1
1 Tafelwasser	1,50	1
1 1/2 Karpfen geb.	11,70	1
1 Forelle blau	12,80	1
1 Apfelküchle flam	4,30	1
1 Palat, Eis, Sauer	4,80	1
2 Cappuccino	3,80	1

me EUR   89,20

to   74,96
halt 19,00% (1) MwSt.: 14,24
Nr : 241/128/70527
    : DE13336...

Vielen Dank für
Ihren Besuch
eehren Sie uns bald wieder
Ihr
Petzengarten Team

Es bediente Sie:
Alvina

läuft die Grenze zw. Salzburg und Steiermark.

Hochhaus, ein vielgeschossiges Gebäude, in dem der Fußboden mindestens eines Aufenthaltsraumes mehr als 22 m über der natürl. Geländeoberfläche liegt. Die Errichtung von H.-Bauten wurde durch die Entwicklung des Stahlskelett- und Stahlbetonbaus, von Aufzügen und techn. Installationen ermöglicht. Die frühesten H. entstanden in Chicago seit 1880, v. a. Verwaltungsbauten (Home Insurance Building, 1883–85 von W. Le Baron Jenney). Mit den Entwürfen der Architekten der Chicagoer Schule (Le Baron Jenney, L. H. Sullivan, D. Adler, D. H. Burnham, J. W. Root, W. Holabird, M. Roche), später durch die Verwendung von Vorhangfassaden (↑Curtainwall) gewann der Bautyp des H. auch formal einen besonderen Charakter. Nach Verbesserungen der Materialeigenschaften und Konstruktionsmethoden wurden in den folgenden Jahrzehnten »Wolkenkratzer« (die engl. Bez. »Skyscraper« entstand um 1880 in den USA) errichtet (Empire State Building in New York von W. F. Lamb, 1931, 381 m Höhe; ↑World Trade Center ebd. von Yamasaki Minoru, 1973 offiziell eingeweiht und am 11. 9. 2001 durch einen verheerenden Terroranschlag zerstört, Doppeltürme waren 415 m und 417 m hoch; Sears Tower in Chicago von L. Skidmore, N. A. Owings and J. O. Merrill, 1969–74, 443 m). Der Bau von H. blieb auch in den späten 1970er- und frühen 80er-Jahren von Bedeutung (Verwaltungsbau Pennzoil Place in Houston, Tex., 1970–76; American Telephone & Telegraph Company Building in New York, 1978–80; beide von P. C. Johnson und J. Burgee). – Repräsentative H. entstanden in Dtl. v. a. in Frankfurt am Main , so der Messeturm von H. Jahn (1990, 254 m) und die Commerzbank-Zentrale von Lord N. R. Foster (1994–97, 258,7 m, mit Antenne fast 300 m), das derzeit höchste Büro-H. Europas. – International zz. höchstes Bürogebäude ist mit 508 m das Financial Center von C. Y. Lee & Partners in Taipeh.

📖 *Schmidt, Johann N.: Wolkenkratzer. Ästhetik u. Konstruktion. Köln 1991. – Flierl, B.: Hundert Jahre Hochhäuser. H. u. Stadt im 20. Jh. Berlin 2000. – Wolkenkratzer, hg. v. A. Alvarez Garreta. A. d. Span. Barcelona 2002.*

Hochhaus: »Petronas Twin Towers« von Cesar Pelli in Kuala Lumpur (1996 erbaut, 451,9 m hoch)

Hochheim am Main, Stadt im Main-Taunus-Kreis, Hessen, am unteren Main, 16 300 Ew.; Weinbau, -handel, Sekterzeugung; Herstellung von Verpackungsmaterial und -maschinen. – Kath. Pfarrkirche St. Peter und Paul (1730–32), Domherrenhof (1764–71); barocke Wohnhäuser im Stadtzentrum. – H. am M., 754 erstmals erwähnt, wird seit 1820 als Stadt geführt.

Hochhuth, Rolf, Schriftsteller, * Eschwege 1. 4. 1931; war 1953–63 Verlagslektor; einer der Begründer des doku-

Rolf Hochhuth

HOC Ho Chi Minh

mentar. deutschsprachigen Theaters, das er konsequent für – häufig umstrittene – Zeitkritik nutzt; kontrovers diskutiert wurde v. a. das Stück um die Rolle des Vatikans bei der nat.-soz. Judenverfolgung (»Der Stellvertreter«, 1963). In den folgenden Stücken greift H. meist tagespolit. Themen auf: u. a. »Die Hebamme« (1971), »Lysistrate und die NATO« (1973), »Juristen« (1979), »Judith« (1984), »Wessis in Weimar« (1993); schreibt auch Erzählungen (»Eine Liebe in Deutschland«, 1978; »Atlantik-Novelle«, 1985) und Essays.

Ho-Chi-Minh-Stadt: frisch verheiratetes Paar vor der Kathedrale von Notre-Dame, neoromanischer französischer Stil

Ho Chi Minh [-tʃi-, »der weise Gewordene«] (eigtl. Nguyen That Thanh, auch Nguyen Ai Quoc gen.), vietnames. Politiker, * Kim Lien (Mittelvietnam) 19. 5. 1890, † Hanoi 3. 9. 1969; lebte 1917–23 in Frankreich, wo er 1920 an der Gründung der frz. KP teilnahm. 1923 ging er nach Moskau, war ab 1924 Kominternfunktionär (u. a. in China und Thailand). 1930 beteiligte er sich in Hongkong maßgeblich an der Gründung der KP Indochinas. 1940 kehrte H. C. M. nach Vietnam zurück, schuf 1941 die ↑Vietminh und führte fortan an deren Spitze den Kampf um die Unabhängigkeit Indochinas. Nach Ausrufung der »Demokrat. Rep. Vietnam« im Sept. 1945 wurde er deren Präs. (bis 1955 zugleich MinPräs.). Im Indochinakrieg (1946–54) führte er erfolgreich den Widerstand gegen die frz. Besatzungsmacht. Nach der Teilung Vietnams (1954) blieb seine Amtsgewalt auf Nord-Vietnam beschränkt. 1951–69 war er Vors. (1956–60 zugleich Gen.-Sekr. des ZK) der kommunist. Lao-Dong-Partei (Arbeiterpartei). H. C. M., der in den 1960er-Jahren zur Symbolfigur des vietnames. Kampfes gegen die militär. Intervention der USA in Vietnam wurde, war Wegbereiter der Wiedervereinigung Vietnams unter kommunist. Herrschaft.

Ho-Chi-Minh-Pfad [-tʃi-], durch den O von S-Laos führendes Wegesystem mit zahlr. Abzweigungen; verbindet das nördl. mit dem südl. Vietnam, z. T. über den NO Kambodschas (hier **Sihanoukpfad** gen.). Von den nordvietnames. Truppen nach 1956 angelegt, diente er diesen v. a. während des Vietnamkrieges als Nachschubweg.

Ho-Chi-Minh-Stadt [-tʃi-] (vietnames. Thanh Pho Ho Chi Minh, bis 1976 Saigon), Stadt mit Provinzstatus (2090 km^2) im S von Vietnam, am N-Rand des Mekongdeltas, 4,32 Mio. Ew.; Sitz des buddhist. Oberhauptes von Vietnam und eines kath. Erzbischofs, zwei Univ., landwirtsch. Hochschule, Technikum, Kunstakademie, Forschungsinstitute, botan. Garten; wichtigstes Ind.zentrum im S des Landes; für Seeschiffe erreichbarer Hafen (mit dem Mekongdelta verbunden), Flughafen. – Im frz. Kolonialstil mit Schachbrettgrundriss gebaut; ein eigener Stadtbezirk ist die im 18. Jh. gegr. frühere Stadt **Cholon** (Chinesenviertel). – 1862–1954 Hptst. von Cochinchina, 1954–76 von Süd-Vietnam.

Hochkirch (sorb. Bukecy), Gemeinde im Landkr. Bautzen, Sachsen, 2700 Ew. bei H. siegten am 14. 10. 1758 im Siebenjährigen Krieg die Österreicher über die Preußen.

Hochkommissar (Hoher Kommissar, engl. High Commissioner, frz. Haut Commissaire), **1)** Vertreter der Kolonialmacht in einem politisch abhängigen (völkerrechtlich häufig unabhängigen) Gebiet (z. B. Protektorat).
2) Leiter der diplomat. Vertretung zw. Ländern des Commonwealth.
3) Mitgl. der ↑Alliierten Hohen Kommission in der Bundesrep. Deutschland.

4) Organ des Völkerbundes (in ↑Danzig) und der UN (↑Hoher Flüchtlingskommissar der Vereinten Nationen).

Hochkönig, Berggruppe in den Salzburger Kalkalpen, Österreich, 2941 m ü. M., mit kleinem Plateaugletscher **(Übergossene Alm).**

Hochkulturen, Kulturkreise versch. histor. Epochen, die einen hohen Entwicklungsstand erreicht haben. Kennzeichnend sind die hierarchisch geschichtete Sozialverf., spezialisierte Berufsgruppen, Urbanität, marktorientierte Wirtschaftsweise, ein Tribut- oder Steuersystem, die Existenz einer Verwaltungsbürokratie, das Vorhandensein einer Schrift oder schriftanaloger Bedeutungsträger, Monumentalbauten u.a. entwickelte künstler. Ausdrucksformen; heute spricht man auch von »komplexen Gesellschaften«.

Hochland, ausgedehnte Landfläche in größerer Höhe über dem Meeresspiegel (z.B. das iran. und mexikan. H., Tibet), eben bis flachwellig **(Hochebene).** In den Tropen und Subtropen oft wichtige Siedlungsgebiete.

Hochlautung, die festgelegte Aussprache der ↑Standardsprache ohne mundartl. und umgangssprachl. Anklänge.

Hochleistungspolymere, Polymerwerkstoffe, die in mindestens einer Eigenschaft Standardkunststoffen und techn. Kunststoffen deutlich überlegen sind; sie gliedern sich in Struktur- oder Funktionspolymere.

Hochmeister, das Oberhaupt des ↑Deutschen Ordens.

Hochofen, Schachtofen zur Gewinnung von ↑Eisen.

Hochofenschlacke, Nebenerzeugnis der Roheisengewinnung im Hochofen, eine kalk-, tonerde- und silikathaltige Gesteinsschmelze; wird als Stückschlacke zum Straßenbaustoffen und Betonzuschlag, als glasiger Hüttensand zu Bindemitteln (↑Zement) und Mauersteinen (Hüttensteine), geschäumt als poriger Leichtzuschlag (Hüttenbims) verarbeitet.

Hochosterwitz, Burg in der Gemeinde Sankt Georgen am Längsee, Kärnten, Österreich, auf einem 175 m hohen Kalkfelsen, 675 m ü. M.; der heutige Bau (1570–86) wurde mit 14 Torbauten befestigt; Museum.

Hochpass, *Elektronik:* elektron. Schaltung (↑Filter) mit einem Durchlassbereich zw. f_g und $f = \infty$, wobei f_g die jeweilige Grenzfrequenz ist. Frequenzen unterhalb f_g werden vom H. gesperrt. (↑Tiefpass)

Hochplateau [-to], ↑Hochfläche.

Hochpolymere, ↑Makromoleküle.

Hochrechnung, *Statistik:* der Schluss von einer Stichprobe auf Merkmale in der Grundgesamtheit, der diese Stichprobe entnommen wurde; u.a. zur Schätzung des vorläufigen Ergebnisses von Wahlen.

Hochreligionen, nicht eindeutig festgelegte Bez. für die Religionen der Hochkulturen (↑Kulturreligionen); i.e.S. für die ↑Weltreligionen.

Hochsauerlandkreis, Kreis im RegBez. Arnsberg, NRW, 1959 km², 281 500 Ew.; Verw.sitz ist Meschede.

Hochschule für Jüdische Studien, 1979 in Trägerschaft des Zentralrats der Juden in Deutschland gegr. Hochschule in Heidelberg zur Pflege und Entwicklung der Geisteswiss.en des traditionellen Judentums sowie zur Ausbildung von jüd. Religionslehrern und Kantoren in Deutschland.

Hochschulen, Einrichtungen im Bereich des Bildungswesens, die Aufgaben in Lehre und Forschung wahrnehmen und damit der Pflege und Entwicklung von Wiss.en und Künsten dienen sowie auf akadem. und künstler. Berufe vorbereiten. Dazu gehören Univ., techn. H. (TH) bzw. Univ. (TU), Univ.-Gesamt-H. (U-GH), pädagog. H. (PH), H. für Medizin, Tiermedizin, Sport, Wirtschaft oder Handel, Kunst-H. (H. für bildende Kunst, darstellende Kunst und Musik), kirchl. H. (theolog. oder philosoph.-theolog. H.) sowie Fach-H. Unter wiss. H. i.e.S. werden Univ., TU, TH, U-GH, Bundeswehruniv. sowie H., die nur eine wiss. Disziplin (auf Universitätsebene) anbieten, verstanden. Wiss. H. sind berechtigt, akadem. Grade zu verleihen. Voraussetzung für die Zulassung zum H.-Studium ist die ↑Hochschulreife.

H. in Dtl. sind mit wenigen Ausnahmen Körperschaften des öffentl. Rechts und zugleich staatl. Einrichtungen in der Trägerschaft der Bundesländer. Sie haben das Recht zur Selbstverw. im Rahmen der Gesetze und zur eigenverantwortl. Gestaltung ihrer Grundordnungen, an der heute alle Gruppen (Professoren, Hochschulassistenten, wiss. Mitarbeiter wie Lehrbeauftragte und Tutoren, Studenten, techn. und

HOC Hochschulen

Hochschulen (Auswahl)[1]

Ort	Gründung[2]
Deutschland	
Universitäten, technische Hochschulen (TH) und technische Universitäten (TU)	
Aachen, TU	1870
Augsburg	1970
Bamberg	(1647) 1972
Bayreuth	1972
Berlin (Humboldt-Univ.)	1810
Berlin (Freie Univ.)	1948
Berlin, TU	(1799) 1946
Bielefeld	1969
Bochum	1962
Bonn	(1777) 1818
Braunschweig, TU	1745
Bremen	1971
Chemnitz-Zwickau, TU	1836
Clausthal-Zellerfeld, TU	1775
Cottbus, TU	1991
Darmstadt, TU	1877
Dortmund	1968
Dresden, TU	1828
Düsseldorf	1965
Erfurt	(1378) 1994
Erlangen-Nürnberg	1743
Frankfurt am Main	1914
Frankfurt (Oder)	(1506) 1991
Freiburg im Breisgau	1457
Gießen	1607
Göttingen	1737
Greifswald	1456
Halle-Wittenberg	1694
Hamburg	1919
Hamburg-Harburg, TU	1978
Hannover	1831
Heidelberg	1386
Hildesheim	1978
Ilmenau, TU	1894
Jena	1558
Kaiserslautern, TU	1970
Karlsruhe	1825
Kiel	1665
Koblenz-Landau	1969
Köln	1388
Konstanz	1966
Leipzig	1409
Lüneburg	1946
Magdeburg	1993
Mainz	(1476) 1946
Mannheim	1967
Marburg	1527
München (Ludwig-Maximilians-Univ.)	1472[3]
München, TU	1868
München (Ukrainische Freie Univ.)	1921
Münster	1780
Oldenburg	1970
Osnabrück	1970
Passau	1973
Potsdam	1991
Regensburg	1962
Rostock	1419
Saarbrücken	1948
Stuttgart	1829
Stuttgart-Hohenheim	1818
Trier	(1473) 1970
Tübingen	1477
Ulm	1967
Würzburg	(1402) 1582
Gesamthochschulen (mit Promotionsrecht)	
Duisburg	1972
Essen	1972
Hagen, Fern-Univ.	1974
Kassel	1971
Paderborn	1972
Siegen	1972
Wuppertal	1972
Universitäten der Bundeswehr	
Hamburg	1972
München	1973
Hochschulen oder Universitäten einer speziellen Fachrichtung (mit Promotionsrecht)	
Flensburg (Bildungswiss. Hochschule)	1946
Freiberg (Bergakademie, TU)	1765
Hannover (Medizin. Hochschule)	1963
Hannover (Tierärztl. Hochschule)	1778
Köln (Dt. Sporthochschule)	(1920) 1947
Lübeck (Medizin. Univ.)	1964
Speyer (Hochschule für Verwaltungswissenschaften)	1947
Weimar (Bauhaus-Univ.)	(1860) 1996

Hochschulen (Auswahl; Fortsetzung)[1]

Ort	Gründung[2]
Österreich	
Universitäten, technische Universitäten und Universitäten einer speziellen Fachrichtung	
Graz	1585
Graz, TU	1864
Innsbruck	1669
Klagenfurt	1970
Krems an der Donau	1995
Leoben (Montan-Univ.)	1840
Linz	1962
Salzburg	(1622) 1962
Wien	1365
Wien, TU	1815
Wien (Univ. für Bodenkultur)	1872
Wien (Veterinärmedizin. Univ.)	(1765) 1905

Ort	Gründung[2]
Schweiz	
Universitäten, Eidgenöss. technische Hochschulen, Hochschulen einer speziellen Fachrichtung	
Basel	1460
Bern	1834
Freiburg im Üechtland	1889
Genf	(1559) 1873
Lausanne	1537
Lausanne, Eidgenöss. TH	1853
Lugano	1996
Luzern	1993
Neuenburg	1909
Sankt Gallen (Hochschule für Technik, Wirtschaft und Soziale Arbeit)	1898
Zürich	1833
Zürich, Eidgenöss. TH	1854

1) Ohne Musik-, Kunst-, theologische und private Hochschulen. – 2) Gründungsjahr bzw. Wiedergründung. – 3) In Ingolstadt, ab 1800 in Landshut, seit 1826 in München.

Verwaltungspersonal) mit unterschiedl. Stimmenanteil beteiligt sind. Mit dem **Hochschulrahmen-Gesetz** von 1976 i. d. F. v. 19. 1. 1999 existiert eine bundesrechtl. Grundlage für das Hochschulwesen, die u. a. versch. Rahmenbedingungen, Entscheidungsbefugnisse, Regelstudienzeiten und Vergabekriterien für Studienplätze in Numerus-clausus-Fächern festlegt. Mit dem 5. und 6. Ges. zur Änderung des Hochschulrahmen-Ges. und dem Professorenbesoldungsreform-Gesetz wurde 2002 die H.-Dienstrechtsreform geregelt, die unter anderem die Einführung der ↑Juniorprofessur, verbunden mit der mittelfristigen Abschaffung der Habilitation als Einstellungsvoraussetzung für ein Professorenamt, und die Einführung einer leistungsbezogenen Professorenbesoldung beinhaltet. Die Rahmenvorschriften sind innerhalb von drei Jahren in Landesrecht umzusetzen. Am 27. 7. 2004 gab das Bundesverfassungsgericht einer Klage Bayerns, Sachsens und Thüringens statt, indem es die bundeseinheitliche Einführung der Juniorprofessur für verfassungswidrig erklärte.

Das heutige Hochschulwesen fußt auf den im MA. entstandenen Univ., die aus privaten Gelehrtenschulen, bes. Rechts- und Medizinschulen, und/oder deren Studentenschaften, Kloster- und Domschulen hervorgingen. Anfang des 13. Jh. erhielten die ersten Einrichtungen vorwiegend dank städt. oder fürstl. Initiative kaiserl. und päpstl. Privilegien wie Satzungsautonomie, Lehrfreiheit und eigene Gerichtsbarkeit verliehen; erstmals Bologna um 1200 (gegr. 1119 als Rechtsschule), es folgten im frühen 13. Jh. Salerno (gegr. um 1050 als Medizinschule), Montpellier (im 12. Jh. gegr. als Rechtsschule), Oxford (Zusammenschluss von Magistern und Scholaren; seit dem 12. Jh. mehrere Klosterschulen), Cambridge (durch Abwanderung aus Oxford 1209), Salamanca (vor 1218; gegr. als Domschule), Padua (durch Abwanderung aus Bologna 1222), Paris (gegr. 1257 als Domschule mit Internat, klösterl. Schulbetrieb seit um 1150). Eine neue mittelalter. Gründungswelle folgte Mitte des 14 Jh.: Prag (1348), Wien (1365), Heidelberg (1386), Köln (1388), Erfurt (1392 Eröffnung) sowie Leipzig (1409) u. a. Eine bis heute nachwirkende Neuorientierung brachte der Neuhumanismus: Die Humboldt-Universität zu Berlin (1810) wurde zum Modell einer auf der Einheit von Forschung und Lehre beruhenden Reform der Univ. Im 19. Jh. entstanden techn. Spezial-

HOC Hochschulen der Bundeswehr

schulen, die gegen Ende des Jahrhunderts den Stand techn. H. erreicht hatten und um die Jahrhundertwende den Univ. gleichgestellt wurden. Die seit 1926 gegründeten pädagog. Akademien zur Lehrerausbildung sind heute meist in Univ. integriert, in einigen Bundesländern bestehen sie noch als selbstständige Einrichtungen (Pädagog. Hochschulen). Seit den 1960er-Jahren erfolgte ein verstärkter Ausbau der H. (einschl. neuer Formen wie Gesamt-H., Fach-H.), und es wurde eine umfassende **Hochschulreform** in Angriff genommen. Die Reformbestrebungen richteten sich 1. organisatorisch auf Veränderungen in den Entscheidungsstrukturen an wiss. H. durch Umorganisation der Hochschulleitung, Repräsentation und Mitbestimmung aller Gruppen, öffentl. Ausschreibung von Lehrstühlen u. a. (»Demokratisierung der H.«); 2. materiell auf Verbesserungen der sozialen Sicherung von Studenten (Ausbildungsförderung, Wohnheimbau) wie der Stellung der wiss. Mitarbeiter und den weiteren Ausbau der H.; 3. strukturell auf Erweiterung des Lehrpersonals um den sog. wiss. Mittelbau und im Sinne einer stärkeren Transparenz auf Neugliederung des Hochschul- und Studiengangsystems; 4. inhaltlich auf Maßnahmen der Studienreform wie z. B. Orientierung der wiss. Ausbildung an Berufspraxis, Neuerstellen von Studien- und Prüfungsordnungen. (↑virtuelle Universität)

Hochschulen der Bundeswehr, ↑Universitäten der Bundeswehr.

Hochschulen für Politik, in Dtl. seit 1920 neben den Univ. entstandene Einrichtungen für Forschung und Lehre im Bereich der polit. Wiss.; Studienabschluss i. d. R. Diplom.

Hochschulkompass, *Bildungswesen:* das (Internet-)Informationsangebot der Hochschulrektorenkonferenz (HRK) zu den staatl. oder staatlich anerkannten Hochschulen in Dtl., zu den von ihnen angebotenen grundständigen und weiterführenden Studienmöglichkeiten, zu den Promotionsmöglichkeiten sowie zu den internat. Kooperationsvereinbarungen der dt. Hochschulen. Der H. ermöglicht ferner via Internet den direkten Zugang zu den Informationsseiten der Hochschulen.

Hochschulrahmengesetz, ↑Hochschulen.

Hochschulreife, der allg. Befähigungsnachweis für den Besuch wiss. Hochschulen und Univ. (↑Abitur). Die **fachgebundene H.** kann über Sonderprüfungen und bestimmte Schularten erlangt werden.

Hochschulrektorenkonferenz, Abk. **HRK,** die institutionelle Vereinigung der durch die Leitung (Rektoren, Präs.) vertretenen wiss. Hochschulen in Dtl., Sitz: Bonn-Bad Godesberg; gegr. 1949 als Westdt. Rektorenkonferenz, umbenannt 1990. Zweck ist die Beratung und Wahrnehmung gemeinsamer Aufgaben der Hochschulen unter Berücksichtigung hochschulpolit. Entwicklungen; die Beschlüsse ergehen in Form von Empfehlungen.

Hochsee *die,* das offene, küstenferne ↑Meer.

Hochsommer, der an den von Mai bis Juli dauernden meteorolog. Sommer anschließende, ungefähr mit dem Monat August übereinstimmende Zeitraum (vom mittleren Beginn der Winterroggenernte bis zur Fruchtreife der Kornelkirsche).

Hochspannung, elektr. ↑Nennspannung oberhalb 1 kV; mitunter bezeichnet H. auch den Bereich zw. 60 und 150 kV (die Definitionen sind hier nicht einheitlich). H. dienen zur verlustarmen ↑elektrischen Energieübertragung. Dabei gibt es vier übl. **Spannungsebenen:** 11 bis 35 kV, 115 kV, 230 bzw. 400 kV. **Mittelspannungen** werden zur elektr. Energieübertragung im regionalen Bereich und für Sondervertragskunden genutzt, in Dtl. gebräuchlich sind Spannungen zw. 11 und 35 kV (bisher zw. 10 und 30 kV). **Höchstspannungen** dienen zur überregionalen Energieübertragung (400 kV und höher, bei der elektr. Energieübertragung auch Bez. für Spannungen ab 150 kV); in Dtl. gebräuchlich sind 230 (bisher 220) und 400 (bisher 380) kV. Als H. i. e. S. wird die Spannung von 115 (bisher 110) kV bezeichnet, die von (kleineren) Industriekraftwerken abgegeben wird. – Die Generatoren in den Kraftwerken erzeugen eine Spannung zw. 6 und 30 kV. Zur Energiefortleitung wird die Generatorspannung auf die gewünschte Spannungsebene hochtransformiert. Braunkohle- und Kernkraftwerke speisen in die 400-kV-, Steinkohle- und Wasserkraftwerke in die 230-kV-Spannungsebene ein. – H. wird u. a. auch bei Röntgenanlagen, Sende- und Fernsehbildröhren, Elektrofil-

tern, Elektronenmikroskopen und Teilchenbeschleunigern eingesetzt.
Hochspannungsgenerator, ein ↑Generator speziell zum Erzeugen hoher elektr. Spannungen, wie z. B. der elektrostat. ↑Bandgenerator, der ↑Kaskadengenerator und der ↑Stoßspannungsgenerator; sie erzeugen Gleichspannungen bis zu mehreren Mio. Volt.
Hochsprache, die ↑Standardsprache.
Hochsprung, *Leichtathletik:* Sprungdisziplin, bei der eine Latte auf Ständern in möglichst großer Höhe nach Anlauf zu überwinden ist. Der Absprung muss mit einem Bein erfolgen, wer die Latte dreimal hintereinander reißt (oder unterquert), scheidet aus dem Wettkampf aus. (↑Leichtathletik, Übersicht)
Höchst, seit 1928 Stadtteil von Frankfurt am Main, Sitz der Hoechst AG. - Pfarrkirche St. Justinus (im roman. Langhaus karoling. Kapitelle, 9. Jh.; spätgot. Chor, 1463 vollendet), Kurmainzer Burg (1397 begonnen, 1586-1608 zum Renaissanceschloss umgebaut; heute Stadt- und Firmenmuseum), Bolongaro-Palast (1772-75), Marktplatz mit Renaissancerathaus (1594/95). Das Treppenhaus im Techn. Verw.gebäude der Hoechst AG (1920-24 von P. Behrens) gilt als ein Hauptwerk expressionist. Architektur. - **Höchster Porzellan** wurde 1746-96 in der Manufaktur H. hergestellt (Hauptmeister: J. P. Melchior); 1947 erfolgte eine erste Neugründung der Porzellanfabrik, 1966 eine zweite.
Höchstadt a. d. Aisch, Stadt im Landkr. Erlangen-Höchstadt, Bayern, 13 300 Ew.; Maschinenbau, Schuhfabrik; Karpfenzucht im Aischgrund. - Got. Pfarrkirche mit barocker Westfassade; Schloss, 1713 barock umgestaltet. - 1348 als Stadt bezeichnet.
Höchstädt a. d. Donau, Stadt im Landkr. Dillingen a. d. Donau, Bayern, am N-Ufer der Donau, 6 500 Ew.; Apparatebau, Metallverarbeitung. - 1081 erstmals erwähnt. Im Span. Erbfolgekrieg besiegten hier am 20. 9. 1703 bayer. Truppen das kaiserl. Heer; am 13. 8. 1704 erlitten die Bayern und Franzosen eine entscheidende Niederlage gegen die Kaiserlichen unter Prinz Eugen und die Engländer unter dem Herzog von Marlborough (in die engl. Geschichte als **Schlacht von Blenheim** [nach dem nahe gelegenen Ort Blindheim] eingegangen).

Hochstapler [Gaunersprache, von Stap(p)ler »Bettler«], jemand, der Vermögen und gehobene Stellung vortäuscht; meist, um Betrügereien auszuüben.
Höchstdruck, ↑Hochdruck.
Höchstfrequenz, Abk. **HHF,** elektromagnet. Schwingungen mit Frequenzen zw. 300 MHz und 300 GHz bzw. Wellenlängen zw. 1 m und 1 mm; umfasst den Frequenzbereich der ↑Mikrowellen. (↑Hochfrequenz)
Höchstgebot, ↑Versteigerung.
Hochstift, 1) im Hl. Röm. Reich (bis 1803) die Zentralverwaltung eines Bistums; bei geistl. Fürsten der reichsunmittelbare Territorialbesitz.
2) ↑Freies Deutsches Hochstift - Frankfurter Goethe-Museum.
Höchstmengenverordnungen, zum Schutz des Verbrauchers vor tox. Stoffen und vor Zusatzstoffen in Lebensmitteln erlassene Rechtsverordnungen, in denen Höchstmengen (Toleranzwerte) von Pflanzenschutzmittelwirkstoffen, Umweltkontaminanten, Lösungsmitteln, Wachstumsreglern, Nitraten, Aflatoxinen und Schwermetallen festgelegt sind, die in Lebensmitteln vorhanden sein dürfen. Die zulässigen Höchstmengen (in mg Stoff pro kg Nahrung) orientieren sich an den toxikologisch duldbaren Rückstandsmengen, wurden aber oft unter diesen Werten festgelegt. Die chem. Untersuchungsämter kontrollieren die Einhaltung der H. (↑ADI-Wert).
höchstpersönliche Rechte, an eine bestimmte Person gebundene Rechte, die wegen ihres besonderen Charakters im Grundsatz weder übertragbar noch vererblich sind, z. B. allgemeines Persönlichkeitsrecht, Unterhaltsansprüche.
Hochstraße, brückenartiges, in Hochlage errichtetes Verkehrsbauwerk.
Höchstspannung, *Elektrotechnik:* ↑Hochspannung.
Hochstuhl (slowen. Veliki Stol), höchster Gipfel der Karawanken, westlich des Loiblpasses, an der österr.-slowen. Grenze, 2 237 m ü. M.
Hochtal, oberer Abschnitt von Gebirgstälern, meist über eine Steilstufe zu erreichen. H. sind voreiszeitlich angelegt, doch stark eiszeitlich überformt.
Hochtaunuskreis, Landkreis im Reg.-Bez. Darmstadt, Hessen, 482 km², 226 700 Ew.; Krst. ist Bad Homburg v. d. Höhe.

447

Hochtechnologie, ↑Hightech.
Hochtemperaturchemie, Teilgebiet der Chemie, das sich mit chem. Reaktionen befasst, die oberhalb 1 000 °C ablaufen, z. B. bei metallurg. Prozessen und bei der Herstellung von Silikaten.
Hochtemperaturelektronik, Teilgebiet der Elektronik, das sich mit dem Einsatz elektron. Bauelemente bei hohen Temperaturen (oberhalb 200 °C) beschäftigt. Neben den Bauelementen werden auch zugehörige Module, Baugruppen usw. geprüft und für den genannten Temperaturbereich auf die Möglichkeiten ihrer industriellen Nutzung hin untersucht.
Hochtemperaturreaktor, Abk. **HTR,** ein ↑Kernreaktor mit bes. hohen Kühlmittelteltemperaturen (bis 1 200 °C).
Hochtemperatur-Supraleiter, Abk. **HTSL,** ↑Supraleiter.
Hochtemperaturwerkstoffe, thermisch bes. stark belastbare Werkstoffe, die v. a. in der Luft- und Raumfahrt verwendet werden. H. werden unterteilt in **warmfeste,** d. h. sowohl für thermische als auch für hohe mechan. Belastungen geeignete, und **hitzebeständige** Werkstoffe. Bis 1 000 °C werden Metalle und Legierungen verwendet, über 1 000 °C ↑Cermets, Oxide, Carbide u. a., über 1 500 °C Oxidkeramiken und Verbundwerkstoffe und bis 2 000 °C Ablationswerkstoffe (↑Ablationskühlung).
Hochtief AG, eigtl. **Hochtief AG, vorm. Gebr. Helfmann,** Bauunternehmen, gegr. 1875; Sitz: Essen; Großaktionär: RWE AG (56,1 %).
Hoch- und Deutschmeister, 1) ↑Deutschmeister.
2) ehem., 1696 gegr. Wiener Infanterie-Regiment, 1769–1918 und 1920–38 **Hochmeister Nr. 4** (volkstümlich **Deutschmeister)** genannt.
Hochvakuumröhre, Elektronenröhre, die auf einen Restgasdruck von etwa 10^{-6} Pa evakuiert worden ist. Um das in Glaskolben eingeschmolzene Röhrensystem zu evakuieren, werden Pumpautomaten eingesetzt. Zu den H. gehören u. a. Verstärker-, Sende-, Bild-, Oszillographen-, Empfänger-, Röntgenröhren und Vakuumphotozellen.
Hochveld [afrikaans] (engl. Highveld), Kern des südafrikan. Binnenhochlands, meist ebenes Grasland (1 200–1 800 m ü. M.).
Hochverrat, Straftat, die begeht, wer es (auch versuchsweise) unternimmt, mit Gewalt oder unter Drohung mit Gewalt den Bestand der Bundesrep. Dtl. zu beeinträchtigen (**Bestands-H.,** z. B. durch Aufhebung ihrer Souveränität oder durch Gebietsabtrennung) oder die auf dem GG beruhende verfassungsmäßige Ordnung zu ändern (**Verfassungs-H.).** Der H. wird mit lebenslanger Freiheitsstrafe oder mit Freiheitsstrafe nicht unter 10 Jahren, in minder schweren Fällen mit Freiheitsstrafe von 1 bis 10 Jahren geahndet (§ 81 StGB). Strafbar sind auch der H. gegen ein Bundesland (§ 82 StGB) und die Vorbereitung eines hochverräter. Unternehmens (§ 83 StGB). – Ähnl. Strafvorschriften im *österr.* (§§ 242 ff.) und *schweizer.* (Art. 265) StGB.
Hochvolttherapie (Supervolttherapie, Megavolttherapie, Hochenergiestrahlentherapie), Verfahren zur Strahlenbehandlung bösartiger Gewebeneubildungen mit hochenerget. Photonen- oder Elektronenstrahlung.
Hochwälder, Fritz, österr. Schriftsteller, *Wien 28. 5. 1911, †Zürich 20. 10. 1986; emigrierte 1938 in die Schweiz; schrieb Stücke mit histor. und weltanschaul. Thematik und aktualisierender Tendenz: »Das heilige Experiment« (1947), »Donadieu« (1953), »Der öffentl. Ankläger« (1954), »Der Befehl« (1967), »Lazaretti ...« (1975).
Hochwasser, 1) das erhebl. Ansteigen des natürl. Abflusses oder des Wasserstandes eines Gewässers, oft mit Überschwemmungen; kann durch starke Regenfälle, Schneeschmelze, Eisstau, Rückstau (eines Nebenflusses durch den Hauptfluss), Windstau, Bruch von Stauanlagen sowie durch geolog. Bau, Relief, Bodenbeschaffenheit (durchlässiger oder undurchlässiger Untergrund), Bewaldung (Verzögerung des Abflusses) und die Größe und Beschaffenheit des Flussgebietes entstehen. Oft durch anthropogene Einflüsse verstärkt (bes. Bebauung, Flurbereinigung, Flussbegradigung).
Vom großen Oder-H. (Sommer 1997; betroffen auch Neiße und Weichsel) in Polen, Tschechien und im Osten Dtl.s war besonders das Oderbruch in Brandenburg betroffen (7 000 ha landwirtschaftliche Nutzfläche überflutet, 6 000 Menschen evakuiert; Schaden: etwa 250 Mio. Euro). In Polen kamen mindestens 55 Menschen ums Leben, 16 Städte und 180 Dörfer insgesamt 650 000 ha Land wurden über-

Höckelmann HOC

Hochwasser 1): Rheinhochwasser in Köln

schwemmt; 160 000 Personen wurden evakuiert. In Tschechien kam es zu 49 Toten, etwa 500 Städte und Gemeinden wurden überflutet. Beim verheerenden August-H. 2002 führten extreme Niederschläge (örtlich für Dtl. bisher unerreichte Werte) v. a. im Einzugsgebiet von Elbe – bes. die Nebenflüsse Mulde und Weißeritz – und Donau auf 800 Flusskilometern in Tschechien, der Slowakei, Österreich und Deutschland, hier besonders in Sachsen, zu großflächigen Überflutungen mit enormen Schäden, v. a. in den Städten Pirna, Dresden und Grimma; insgesamt mindestens 36 Menschen starben. Die H.-Schäden umfassen: in Deutschland – nach erster Abschlussbilanz (Ende 2002) – insgesamt 9,2 Mrd. Euro, in Österreich 2 Mrd. Euro, in Tschechien 2 bis 3 Mrd. Euro und in der Slowakei 35 Mio. Euro.
2) (Tidehochwasser) der durchschnittlich höchste Stand der tägl. ↑Gezeiten.
Hochwasserschutz, Maßnahmen zur Verhütung von Hochwasserschäden: Vergrößerung des Abflussquerschnitts, Beseitigung von Abflusshindernissen und Bau von Deichen und Sperrwerken sowie Vorlandgewinnung vor den Deichen; Zurückhaltung von Abflüssen in den Stauräumen von Talsperren und Hochwasserrückhaltebecken; Entlastung durch zusätzl. Gerinne u. a.
Hochwild, das zur hohen ↑Jagd gehörende Wild.
Hochwuchs, abnormes Längenwachstum, dessen Ausmaße bei normaler Proportion unterhalb des ↑Riesenwuchses liegen.

Hochwürden (Reverendus), heute seltene Anrede für kath. Priester.
Hochzahl, *Mathematik:* der ↑Exponent.
Hochzeit [mhd. hôchgezît »Festzeit«], das Fest der Eheschließung (**grüne H.**; ↑Trauung). – Zahlr. **H.-Bräuche** haben sich erhalten: Polterabend als Vorfeier am Abend vor der H., das Tragen von Brautkleid, -strauß und -schleier (↑Braut), der Ringwechsel (Trauring), das festl. Essen (H.-Mahl), gegen Mitternacht die »Haubung der Braut« (Aufsetzen einer Haube). – Als Erinnerungen an die Wiederkehr des H.-Tags (**H.-Jubiläen** bzw. **Ehejubiläen**) werden gefeiert: die **silberne H.** nach 25, die **goldene H.** nach 50, die **diamantene H.** nach 60, die **eiserne H.** nach 65, die **Gnaden-H.** nach 70, die **Kronjuwelen-H.** nach 75 Jahren.
Hochzeitsflug, das Ausfliegen der geflügelten Königin und der Männchen bei Termiten, Bienen und Ameisen zur Begattung.
Hochzeitskleid, bei vielen Tierarten z. T. farbenprächtige Bildungen der Haut oder des Gefieders, v. a. beim männl. Geschlecht, zur Paarungszeit.
Hochzucht, fortgesetzte Individualauslese mit Nachkommenschaftsprüfung in der Tier- und Pflanzenzüchtung zur Gewinnung neuer hochwertiger Rassen.
Hock *der,* engl. Bez. für Rheinwein; urspr. für die am engl. Hof getrunkenen Weine aus Hochheim am Main.
Hocke, *Skisport:* Körperstellung, bei der die Kniegelenke tief nach vorn gebeugt sind, ohne dass dabei das Gesäß nach hinten gesenkt wird.
Höckelmann, Antonius, Maler und Bild-

HOC Hockenheim

hauer, *Oelde 26. 5. 1937, †Köln 17. 6. 2000; transformierte und aktualisierte in seiner gestisch-dynam. und expressiven Malerei die traditionelle Ikonographie (u. a. apokalypt. Reiter, Frauenakte, Tiere und Blumen).

Hockenheim, Stadt im Rhein-Neckar-Kreis, Bad.-Württ., in der Oberrheinebene, 19 700 Ew.; Spargel-, Tabakanbau; Nahrungsmittel-, Metall-, feinmechan. Industrie. – Seit 1895 Stadt.

Hockenheimring, 1932 eröffnete Motorsportrennstrecke und -teststrecke südlich von Mannheim/Heidelberg (Nordbaden); 1938 Umbau zum »Kurpfalzring« (Ovalkurs), 1947 Umbenennung in H. und 1965/66 Ausbau zum »Motodrom«, nach Umbau 2002 reduzierte Streckenlänge: 4,574 km. (↑Nürburgring, ↑Motopark Oschersleben)

Höcker, *Anatomie:* kegel- oder buckelartige Erhebung an Körper, Organen oder Knochen.

Hockergrab, vorgeschichtl. Bestattungsform, bei der der Tote mit angewinkelten Beinen auf der Seite liegend (selten sitzend) beigesetzt wurde. H. sind seit der Altsteinzeit bekannt, typisch sind sie für die späte Jungsteinzeit und die frühe Bronzezeit.

Höckerkelch, *Botanik:* die Gattung ↑Cuphea.

Hockey [ˈhɔkɛ, ˈhɔki, engl.; wohl von altfrz. hoquet »Schäferstock«] *das,* meist als **Feld-H. (Land-H., Rasen-H.)** vorwiegend auf einem Rasenplatz mit H.-Schlägern betriebenes Torspiel zweier Mannschaften von je elf Spielern (ein Torhüter und zehn Feldspieler) und bis zu fünf Wechselspielern. Beide Spielfeldhälften werden noch durch Viertellinien geteilt. 6,40 m vor der Tormitte befindet sich der so genannte 7-m-Punkt. Der (meist Kunststoff-)Ball von 22,4 bis 23,5 cm Umfang soll möglichst oft mit **H.-Stöcken (H.-Schlägern)** ins gegner. Tor (2,14 m hoch) geschlagen werden. Die reguläre Spielzeit beträgt 2 × 35 Minuten. Der Ball darf nur mit der flachen Seite des Stocks gespielt werden, der Torschuss nur in dem vor dem Tor markierten Schusskreis erfolgen. Körperspiel ist nicht gestattet. (↑Sportarten, Übersicht). – **Hallen-H.** wird auf einem etwa 40 m × 20 m großen, mit zwei Seitenbanden (10 cm hoch) eingefassten Spielfeld von Mannschaften mit sechs Spielern und bis zu sechs Auswechselspielern betrieben. Die Spielzeit beträgt 2 × 30 (internat. Turniere 2 × 20) Minuten. Der Ball darf nur geschlenzt oder geschoben werden. Europameisterschaften werden seit 1982 (Frauen) bzw. 1983 (Männer) ausgetragen, Weltmeisterschaften seit 2003.

Hockney [ˈhɔknɪ], David, engl. Maler und Grafiker, *Bradford 9. 7. 1937; Vertreter der Pop-Art. Seine Bilder vereinen plakative und ornamentale Elemente mit Detailrealismus; schuf auch Zeichnungen, Radierungen, Bühnenbilder.

hoc loco [lat.], Abk. **h. l.,** hier, an diesem Ort.

Hoddis, Jakob van, eigtl. Hans David-

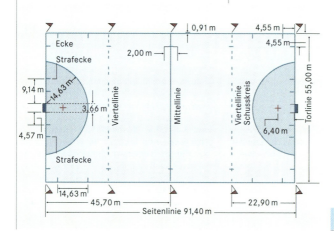

Hockey: Spielfeld (Feldhockey)

David Hockney: Hollywood Garten (1966; Hamburg, Kunsthalle)

sohn, Lyriker, *Berlin 16. 5. 1887, †(während der Deportation) 30. 4. 1942; gründete 1909 mit K. Hiller den frühexpressionist. »Neuen Club« (seit 1910 »Neopathet. Cabaret«); führte ein gehetztes Wanderleben, mit Aufenthalten in Sanatorien; schrieb schwermütige, oft iron. Gedichte voller prophetisch-visionärer Bilder; bes. bekannt wurde das expressionist. Gedicht »Weltende« (1911, als Gedichtband 1918).

Hodeida [-ˈdeɪda] (Hudaydah, Al-H.), Hafenstadt in Jemen, in der Küstenebene Tihama am Roten Meer, 298 500 Ew.; Baumwollentkernung, Getränke- und Textilherstellung; Handelszentrum; Tiefwasserhafen **Al-Ahmadi**, Erdölpipeline von Marib; internat. Flughafen. – Die Altstadt von H. (heute stark verfallen) ist durch den reichen Ornamentschmuck ihrer vielstöckigen Häuser bekannt.

Hoden (Testis, Orchis), männl. Keimdrüse (Geschlechtsdrüse) bei Tieren und beim Menschen, die die männl. Geschlechtszellen (Spermien) produziert und Bildungsort von Geschlechtshormonen ist. Während bei den einfacheren Organismen die H. in Lage, Zahl und Form stark variieren, sind sie von den Gliedertieren an i. Allg. paarig ausgebildet. Bei den Wirbeltieren entsteht der H. in einer Falte des Bauchfells neben der Urnierenanlage. Mit Ausnahme der meisten Knochenfische bildet sich eine Verbindung mit der Urniere oder dem Urnierengang. Die in der H.-Anlage entstehenden Keimstränge formen sich bei den höheren Wirbeltieren (einschl. des Menschen) zu gewundenen **Samenkanälchen (H.-Kanälchen)** um, deren Wand außer den Samenbildungszellen noch Nährzellen (**Sertoli-Zellen**) enthält. Im Bindegewebe des H. zw. den Kanälchen sind die **Leydig-Zwischenzellen** eingelagert, die v. a. Testosteron produzieren.

Beim Menschen wird durch starke Aufwindung der Samenkanälchen eine enorme Oberflächenvergrößerung erreicht, wodurch erst die tägl. Produktion von etwa 100 Mio. Spermien ermöglicht wird. Die Kanälchen münden in das H.-Netz (Rete testis), das sich in 8–15 Ausführkanälen fortsetzt, die den Kopf des dem H. hinten anliegenden **Neben-H. (Epididymis)** bilden; aus ihnen geht der gemeinsame Nebenhodengang hervor, der durch mäanderartige Aufwindung den Neben-H. bildet und an dessen Ende in den Samenleiter übergeht. Im Neben-H. machen die Spermien einen Reifungsprozess durch und erlangen ihre Beweglichkeit. Der untere Teil dient auch als Samenspeicher. H. und Neben-H. sind von mehreren Gewebehüllen umschlossen. Der H. verbleibt bei den meisten Wirbeltieren in der Bauchhöhle, lediglich bei der überwiegenden Zahl der

HOD Hodenbruch

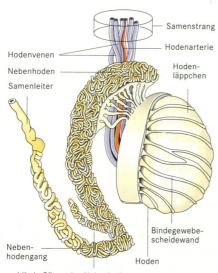

Hoden: schematische Darstellung von Hoden und Nebenhoden des Menschen

Säugetiere (mit Ausnahme z. B. der Elefanten, Seekühe, Wale) wandert er aus der Leibeshöhle in den **H.-Sack** (Scrotum; beutelartige Hauttasche, die H. und Neben-H. enthält), wo er entweder dauernd verbleibt (z. B. beim Menschen, bei Beuteltieren, Wiederkäuern, Pferden, vielen Raubtieren und den Primaten) oder aus dem er zw. den Fortpflanzungsperioden wieder in die Bauchhöhle zurückgezogen wird (z. B. bei vielen Nagern). In diesen Fällen ist wahrscheinlich die im Vergleich zur Bauchhöhle niedrigere Temperatur im H.-Sack (beim Menschen 2–4 Celsiusgrade niedriger) unerlässlich für die Samenbildung.
Hodenbruch (Skrotalhernie), Form des ↑Leistenbruchs.
Hodendystopie, der ↑Kryptorchismus.
Hodenentzündung (Orchitis, Didymitis), bakterielle Hodeninfektion auf dem Blutweg; meist von einer eitrigen Neben-H. auf den Hoden übergreifend. Symptome sind plötzlich einsetzende Schmerzen, Schwellung und hohes Fieber.
Hodenhochstand, der ↑Kryptorchismus.
Hodensack, ↑Hoden.
Hodentorsion, durch Drehung des Gefäßstiels des Hodens akut einsetzende Durchblutungsstörung des Hodens. H. kommt meistens bei Säuglingen und Jugendlichen vor und erfordert eine sofortige operative Behandlung (innerhalb von 4–6 Stunden).
Hodgkin [ˈhɔdʒkɪn], **1)** Sir (seit 1972) Alan Lloyd, brit. Physiologe, *Banbury (Cty. Oxfordshire) 5. 11. 1914, †Cambridge 20. 12. 1998; arbeitete hauptsächlich auf dem Gebiet der Reizübermittlung des Nervensystems. H. erhielt 1963 mit A. F. Huxley und J. C. Eccles den Nobelpreis für Physiologie oder Medizin.
2) Dorothy, geb. Crowfoot, brit. Chemikerin, *Kairo 12. 5. 1910, †Shipston-on-Stour (Cty. Warwickshire) 29. 7. 1994; seit 1956 Prof. in Oxford; ermittelte die Molekülstruktur u. a. von Penicillinen und Vitaminen durch Röntgenstrukturanalyse. 1964 erhielt sie für die Strukturaufklärung des Vitamins B_{12} den Nobelpreis für Chemie.
3) Sir Howard, brit. Maler und Grafiker, *London 6. 8. 1932; gestaltet abstrakte Bilder von kolorist. Reichtum, schuf auch malerisch aufgefasste Radierungen, Aquatinten und Lithographien.
Hodgkin-Krankheit [ˈhɔdʒkɪn-; nach dem engl. Pathologen Thomas Hodgkin, *1789, †1866], die ↑Lymphogranulomatose.
Hödicke, Horst, Maler, *Nürnberg 21. 2.

1938; wirkte mit seinen neoexpressionist. Bildern anregend auf die ↑Neuen Wilden; schuf auch Zeichnungen, Objekte, Skulpturen, Experimentalfilme.

Hodja [-dʒa, pers.-türk.] *der*, ↑Hodscha.

Hodjak, Franz, rumäniendt. Schriftsteller, *Hermannstadt 27. 9. 1944; lebte ab 1970 als Verlagslektor in Klausenburg; siedelte 1992 nach Dtl. über; in seinem Roman »Grenzsteine« (1995) entwirft er in satir. Überzeichnung ein düsteres Bild der kulturellen Verheerungen im östl. Europa.

Hodler, 1) Ferdinand, schweizer. Maler, *Bern 14. 3. 1853, †Genf 19. 5. 1918; überwand den Naturalismus und entwickelte im Ggs. zum Impressionismus einen Stil mit klaren Formen und Farben, v.a. symbolhaft gestaltete Figuren und histor. Ereignisse (»Die Nacht«, 1890; Bern, Kunstmuseum). Die Eigenart seiner Kompositionen beruht auf der dekorativen Verteilung der Massen, dem ausdrucksvollen Fluss der Linien und dem Parallelismus sich wiederholender Formen. Seine auf monumentale Wirkungen ausgehende Kunst entfaltete sich v.a. in Wandgemälden.

📖 *Mühlestein, H. u. Schmidt, Georg: F. H. Neuausg. Zürich 1983. – F. H.,* hg. v. R. Koella, Ausst.-Kat. Kunsthalle der Hypo-Kulturstiftung München 1999.

2) Marc, schweizer. Sportfunktionär, *Bern 26. 10. 1918; Großneffe von 1); 1951–98 FIS-Präs. und seit 1963 IOK-Mitgl.; forcierte die Kommerzialisierung v.a. im alpinen Skisport (u.a. mit der Einführung des Weltcups 1966) und wies Ende 1998 alle Korruptionsvorfälle im IOK hin.

Hódmezővásárhely [ˈhoːdmɛzɔːvaːʃaːrhɛj], Stadt in SO-Ungarn, an der unteren Theiß, 48 600 Ew.; Lebensmittel-, Maschinen-, Textilind., Fayencenherstellung, seit 1873 Stadt.

Hodna (frz. Monts du H.), Bergkette in NO-Algerien, rd. 160 km lang, etwa 1900 m ü. M., trennt den Tellatlas im N von der abflusslosen **H.-Senke** im S.

Höðr (Hod, neuisländ. Höður), *german. Mythologie:* blinder Bruder und Mörder des ↑Baldr.

Hodscha (Hodja) [pers.-türk.] *der*, im Osman. Reich Titel für den Lehrer, Geistlichen, Meister.

Hodscha, Enver, ↑Hoxha, Enver.

Hoechst AG [høːst-], führender dt. Chemiekonzern, Sitz: Frankfurt am Main; gegr. 1863, 1925–45 der ↑I. G. Farbenindustrie AG eingegliedert; 1951 neu gegr. als Farbwerke Hoechst AG, vormals Meister Lucius und Brüning, jetziger Name seit 1974; 1999 Fusion mit der Rhône-Poulenc S.A. zur ↑Aventis S.A.

Høeg [høːg], Peter, dän. Schriftsteller, *Kopenhagen 17. 5. 1957; kritisiert u.a. die »Macht des Diskurses«, die eurozentrist. Unterdrückung nicht europ. Kulturen; besonderen Erfolg hatte er mit dem Roman »Fräulein Smillas Gespür für Schnee« (1992; verfilmt). 1996 erschien »Die Frau und der Affe«.

Hoegner [ˈhøː-], Wilhelm, Politiker (SPD), *München 23. 9. 1887, †ebd. 5. 3. 1980; Staatsanwalt, 1933–45 in der Emigration, war in Bayern 1945–46 MinPräs.; 1946–47 Landesvors. der SPD, 1948–50 Generalstaatsanwalt am Bayer. Oberlandesgericht, 1950–54 stellv. MinPräs. sowie 1954–57 erneut Ministerpräsident.

Hoehme [ˈhøː-], Gerhard, Maler, *Greppin (Landkr. Bitterfeld) 5. 2. 1920, †Neuss 29. 6. 1989; gehörte in den 50er-Jahren zu den wichtigsten Vertretern der dt. informellen Malerei und schuf später neben Gemälden auch Arbeiten in der Form des Combine-Paintings sowie Objekte. – Abb. S. 454.

Hoek van Holland [huːk fan -], Vorhafen von Rotterdam, Niederlande; Nordseebad; Fährverbindungen mit England.

Hoelscher [ˈhœ-], **1)** Ludwig, Violoncellist, *Solingen 23. 8. 1907, †Tutzing 8. 5. 1996; 1954–75 Prof. an der Musikhochschule Stuttgart; bed. Interpret v.a. J. S. Bachs und zeitgenöss. Musik; oft Partner E. Neys und W. Giesekings.

2) Ulf, Violinist, *Kitzingen 17. 1. 1942; wurde 1981 Prof. an der Musikhochschule Karlsruhe, 1987 an der Hochschule der Künste in Berlin; Interpret klass. und zeitgenöss. Musik.

Hoelz [ˈhœ-] (Hölz), Max, Politiker, *Moritz (heute zu Röderau-Bobersen, bei Riesa) 14. 10. 1889, †(ertrunken) bei Gorki (heute Nischni Nowgorod) 15. 9. 1933; wurde 1918 Mitgl. der USPD, 1919 der KPD; Führer bewaffneter Arbeiterabteilungen im Vogtland (März 1920) und im Mansfelder Gebiet (März 1921); 1921 zu lebenslang. Gefängnisstrafe verurteilt, 1928 freigelassen. 1929 siedelte H. in die UdSSR über; starb unter ungeklärten Umständen.

Hoelzel [ˈhœ-], Adolf, Maler, *Olmütz 13. 5. 1853, †Stuttgart 17. 10. 1934; gehörte seit 1888 zur Dachauer Malerkolonie. Seine Theorien, die an Goethes Farbenlehre anknüpfen, führten ihn um 1905 zur abstrakten Kunst, zu deren Begründern er zählt; schuf auch Pastelle, Glasfenster.

Hoeneß [ˈhœ-], Ulrich (Uli), Fußballmanager, * Ulm 5. 1. 1952; als Spieler des FC Bayern München u. a. dreimal Europapokalsieger der Landesmeister (1974–76), 35 Länderspiele (1972–76), Weltmeister 1974, Europameister 1972. – Seit 1979 Manager des FC Bayern München und seit 2002 stellv. Vors. der FC Bayern München AG. 1999 »Unternehmer des Jahres«.

Hoesch AG [hœ-], Stahlkonzern, Sitz Dortmund, gegr. 1871, neu gegr. 1952, seit 1992 mit der Fried. Krupp AG fusioniert (↑Krupp-Konzern).

Hoetger [ˈhœ-], Bernhard, Bildhauer, Maler, Architekt und Designer, * Hörde (heute zu Dortmund) 4. 5. 1874, † Beatenberg (bei Interlaken) 18. 7. 1949; wurde 1911 an die Künstlerkolonie nach Darmstadt berufen (Figuren und Reliefs für den Platanenhain auf der Mathildenhöhe, 1912–14) und war 1924–29 in Worpswede ansässig, dann in Bremen, wo er wesentl. Anteil an der Ausgestaltung der Böttcherstraße hatte. Er entwarf dort das Paula-Becker-Modersohn-Haus (1926–27, beherbergt heute die umfangreichste H.-Sammlung) und das Haus Atlantis (1931, heute Teil eines Hotels), in dem er seine Vorstellungen eines Gesamtkunstwerks verwirklichte.

Hof, 1) *allg.:* unmittelbar zum Haus gehöriger Platz, auch als Innen-H. (↑Atrium).

Gerhard Hoehme: Paralipomena (1958; Ludwigshafen, Wilhelm-Hack-Museum)

2) *atmosphär. Optik:* ↑Aureole.
3) *Geschichte:* (Curia), Haushalt und Residenz eines Fürsten. Der H., zu dem in der Frühzeit die Gefolgschaft gehörte, wanderte zunächst mit dem Herrscher von Ort zu Ort, bis er vom späten MA. an mit einem festen Reg.- und Wohnsitz verbunden blieb. Neben den alten ↑Hofämtern entwickelten sich weitere; es entstand ein um den Fürsten zentrierter Verw.- und Machtapparat, aus dem eigene Zentralbehörden (H.-Kammer, H.-Kanzlei) hervorgingen. Die Gesamtheit der im H.-Dienst Stehenden bildete den H.-Staat. Das H.-Leben wurde zum gesellschaftl. Mittelpunkt für die adlige Oberschicht, der H. häufig zum Zentrum der Kultur (Aufenthaltsort zahlr. Künstler und Wissenschaftler). Zeremonielle Vorbilder waren im 16. Jh. der span. und im 17. Jh. der frz. Hof.

Hof, 1) Landkreis im RegBez. Oberfranken, Bayern, 893 km², 109000 Einwohner.
2) kreisfreie Stadt und Verw.sitz des Landkreises H., Bayern, an der oberen Saale, zw. Fichtelgebirge und Frankenwald, 50700 Ew.; FH, Bayer. Beamtenfachhochschule; Textilind., Pumpenfabriken, Baustoffind., Brauereien. – 1214 erstmals erwähnt, kam 1373 an die Burggrafen von Nürnberg, 1792 mit Ansbach-Bayreuth an Preußen, 1810 an Bayern.

Hofämter, Ämter am fürstl. Hof, v. a. die schon z. Z. der fränk. Könige bestehenden: Hausmeier (Seneschall, 751 aufgehoben), Truchsess, Marschall, Kämmerer und Mundschenk. Die vier Letzteren wurden im Hl. Röm. Reich seit dem 12. Jh. von den höchsten Reichsfürsten ausgeübt; später wurden sie erblich (Erzämter).

Hofbauer (Hoffbauer), Klemens Maria, eigtl. Johannes H., österr. Redemptorist (seit 1784), *Taßwitz (heute Tasovice, bei Znaim) 26. 12. 1751, †Wien 15. 3. 1820; war als Prediger und Seelsorger von großem Einfluss, v. a. auf viele Konvertiten der Romantik (F. Schlegel, A. H. Müller, Z. Werner); Heiliger, Tag: 15. 3.

Hofburg, das frühere kaiserl. Schloss in Wien, jetzt Sitz des Bundespräsidenten und hoher Ämter sowie von Sammlungen.

Hof|effekt, *Psychologie:* ↑Haloeffekt.

Hofei, Stadt in China, ↑Hefei.

Hofer, 1) Andreas, Tiroler Freiheitskämpfer, *Sankt Leonhard in Passeier 22. 11. 1767, †(erschossen) Mantua 20. 2. 1810; Gastwirt (»Sandwirt von Passeier«), führte mit J. Haspinger, P. Mayr und J. Speckbacher den Tiroler Aufstand gegen die bayer. Herrschaft 1809. Nach Siegen am Bergisel über Bayern (25. und 29. 5.) und Franzosen (13. 8. 1809) und dem Sieg der Tiroler Schützen über ein sächsisch-thüring. Regiment (4./5. 8.) im Eisacktal (»Sachsenklemme«) wurde H. Regent von Tirol. Als Österreich im Frieden von Schönbrunn (14. 10.) erneut auf Tirol verzichtete, setzte H. den Kampf fort, wurde aber an die Franzosen verraten und auf Befehl Napoleons I. hingerichtet. – H.s Schicksal bot den Stoff für zahlr. Dramen und Erzählungen. Eindrucksvolle Gedichte verfassten J. von Eichendorff (1810), T. Körner (1813) und J. Mosen (1831), dessen Gedicht (»Zu Mantua in Banden«) zum Volkslied wurde.

2) Karl, Maler, *Karlsruhe 11. 10. 1878, †Berlin 3. 4. 1955; 1919–36 Prof. an der Hochschule für bildende Künste Berlin, deren Direktor er 1945 wurde; beeinflusst von H. von Marées und P. Cézanne; schuf stark konturierte Figurenbilder, Stillleben und Landschaften (des Tessin). – Abb. S. 456

Hof 2): Rathaus (1563–66)

Höferecht, landwirtsch. Sonderrecht, das der Zerstückelung von Bauerngütern im Rahmen der Erbfolge entgegenwirken soll. Nach den in mehreren Bundesländern geltenden Landes-Ges. (**Höfeordnung**) gilt Einzelerbfolge, Miterben sind auf einen geldwerten Abfindungsanspruch beschränkt. Zentraler Begriff des H. ist der Hof (Erbhof), auf den bei einem Wirtschaftswert von 10000 € (ausnahmsweise ab 5000 €) das H. angewandt werden kann. Beim Erbfall wird derjenige Hoferbe, den der Erblasser dazu bestimmt hat. Innerhalb der gesetzl. Ordnung kann nach versch. Kriterien über den Hoferben entschieden werden (z. B. Ältestenrecht, Jüngstenrecht, vorrangig ist jedoch die Bewirtschaftungsfähigkeit). Stand der Hof in gemeinsamem Eigentum der Ehegatten (Ehegattenhof), ist der überlebende Ehegatte Hoferbe. Wenn nicht anders bestimmt oder vereinbart (z. B. durch Übergabevertrag zu Lebzeiten), bemisst sich der Abfindungsanspruch der Miterben (sog. »weichende Erben«) nach dem Hofeswert, ggf. gemindert durch Umstände des Einzelfalles (z. B. durch Belastungen, die auf dem Hof ruhen). Diese die Miterben im Vergleich zum normalen bürgerl. Erbrecht stark benachteiligende Regelung ist vom Bundesverfassungsgericht als verfassungskonform beurteilt worden. Das H. entwickelte sich aus dem Anerbenrecht. – Ein dem dt. H. entsprechendes Recht existiert durch das Anerben-Ges. von 1958 auch in *Österreich,* das den Ländern Kärnten, Tirol und Vorarlberg eigene Regelungen gestattet. Ähnl. Ziele verfolgt das *schweizer.* Bundes-Ges. über das bäuerl. Bodenrecht von 1991.

Hoff, Jacobus Henricus van't, niederländ. Physikochemiker, * Rotterdam 30. 8. 1852, † Berlin 1. 3. 1911; begründete unabhängig von J. A. Le Bel (* 1847, † 1930) die Stereochemie (1874), arbeitete über chem. Gleichgewichte und Reaktionen und führte neue Methoden zur Bestimmung des Molekulargewichts ein. Für Untersuchungen über die elektrolyt. Dissoziation und die Entdeckung des Gesetzes des osmot. Druckes bei verdünnten Lösungen erhielt er 1901 den ersten Nobelpreis für Chemie.

Hof|faktor, Bez. für den seit dem 14. Jh. bekannten **Hofjuden;** war v. a. für die Erledigung wirtsch. Aufgaben zuständig, als Hofbankier trat er bes. nach dem Dreißigjährigen Krieg (1618–48) in Erscheinung; am bekanntesten: J. [Süß] Oppenheimer.

Höffe, Otfried, Philosoph, * Leobschütz (heute Głubczyce) 12. 9. 1943; 1978–92 Prof. in Freiburg im Üechtland, seit 1992 in Tübingen, befasst sich v. a. mit Fragen der Ethik und der polit. Philosophie.

Werke: Strategien der Humanität. Zur Ethik öffentl. Entscheidungsprozesse (1975); Ethik und Politik. Grundmodelle und -probleme der prakt. Philosophie (1979); Immanuel Kant (1983); Polit. Gerechtigkeit. Grundlegung einer krit. Philosophie von Recht und Staat (1987); Vernunft und Recht. Bausteine zu einem interkulturellen Rechtsdiskurs (1996); Demokratie im Zeitalter der Globalisierung (1999).

Karl Hofer: Unterhaltung auf der Straße (Kaunas, Staatliches M. K. Čiurlionis Kunstmuseum)

höffig, *Bergbau:* Abbauwürdigkeit versprechend.

Hoffman [ˈhɔfmæn], **1)** Dustin, amerikan. Bühnen- und Filmschauspieler, * Los Angeles (Calif.) 8. 8. 1937. Der äußerst wandlungsfähige Charakterdarsteller spielt seit den 1960er-Jahren Theaterrollen (u. a. in New York und Chicago) sowie Filmrollen, wie z. B. in »Die Reifeprüfung« (1967), »Die Unbestechlichen« (1976), »Kramer gegen Kramer« (1979), »Tootsie« (1982), »Rain Man« (1988), »Outbreak – Lautlose Killer« (1995).

2) Grace, amerikan. Sängerin (Alt), * Cleveland (Oh.) 14. 1. 1925; v. a. Wagner-Sängerin.

Hoffmann, 1) August Heinrich, ↑ Hoffmann von Fallersleben, August Heinrich.
2) E. T. A. (Ernst Theodor Amadeus), eigtl. E. T. Wilhelm H., Schriftsteller, Kom-

FLAIR- & KURHOTEL am Thermalbad

Kurring 2
96476 Bad Rodach
Tel. 09564 92300 Fax 09546 9230400
Steuer ID 21216653804

Rechnung   7378   01.09.2011
Lokal 10   19:55:16

1 Bad Brambacher	2.60	2.60 1
1 Sherry dry	3.50	3.50 1
1 Cynar	3.90	3.90 1
1 Kapuziner hell	2.70	2.70 1
1 Vulkanfelsen	4.00	4.00 1

Rechnungsbetrag   Euro   16.70

MWST	NETTO	STEUER	BRUTTO
1 = 19.0 %	14.03	2.67	16.70

Es bediente Sie K-5

Vielen Dank für Ihren Besuch.

ponist, Zeichner, *Königsberg (heute Kaliningrad) 24. 1. 1776, † Berlin 25. 6. 1822; Jurist, seit 1800 im preuß. Staatsdienst in Posen. Seine schonungslosen Karikaturen der kleinstädt. Philisterwelt führten zur Strafversetzung nach Płock; 1804–06 Regierungsrat in Warschau; danach stellungslos; ging 1808 nach Bamberg, wo er Musikdirektor, Komponist, Regisseur, Bühnenmaler war. 1813/14 wirkte er abwechselnd in Leipzig und Dresden als Kapellmeister; ab 1814 wieder im Staatsdienst (ab 1816 Kammergerichtsrat). – Realist. Alltags- und spukhafte Geisterwelt stehen in seinen Novellen, Erzählungen und Märchen nebeneinander und gehen unvermittelt ineinander über, wobei er Kunstauffassungen und Naturanschauung der dt. Romantik aufnimmt und poetisch weiterentwickelt. Die Gestaltung von Doppelgängertum und Bewusstseinsspaltung erschließt die Räume des Unter- und Unbewussten, wie etwa in dem Roman »Die Elixiere des Teufels« (2 Bde., 1815/1816). In den »Lebens-Ansichten des Katers Murr...« (Romanfragment, 2 Bde., 1819–21) überschneiden sich zwei grundversch. Handlungsabläufe: Die Memoiren des Kapellmeisters Johannes Kreisler und die Betrachtungen seines schreibkundigen Katers, eine humorist. Relativierung von bürgerl. und romant. Künstlerwelt. Sein exemplarischer fantast. Realismus hatte großen Einfluss auf die europ. Literatur, u. a. auf Balzac, Dickens, Baudelaire, Poe, Kafka. Außerdem veröffentlichte H. »Nachtstücke« (Erz., 2 Bde., 1816–17), »Seltsame Leiden eines Theaterdirektors« (Erz., 1819), »Die Serapionsbrüder« (Erz., 4 Bde., 1819–21), »Meister Floh« (1822). Als Komponist (Instrumentalmusik; Oper »Undine«, UA 1816) gehörte H. zu den Vorläufern der musikal. Romantik.

E. T. A. Hoffmann
(Selbstporträt)

📖 *Feldges, B. u. Stadler, U.:* E. T. A. H. Epoche – Werk – Wirkung. München 1986. – *Kremer, D.:* Romant. Metamorphosen. E. T. A. H.s Erzählungen. Stuttgart u. a. 1993. – *Safranski, R.:* E. T. A. H. Das Leben eines skept. Phantasten. München u. a. ²1998. – *Wittkop-Ménardeau, G.:* E. T. A. H. in Selbstzeugnissen und Bilddokumenten. Reinbek ¹⁶2001.

3) **Heinrich**, Psychiater, *Frankfurt am Main 13. 6. 1809, †ebd. 20. 9. 1894; war 1851–88 Direktor der städt. Nervenheilanstalt in Frankfurt am Main, wo er fortschrittl. Behandlungsmethoden einführte; erster Vertreter der Jugendpsychiatrie, wurde bekannt durch seine von ihm selbst mit Bildern ausgestatteten Kinderbücher, weltweit mit dem »Struwwelpeter« (1845).

Heinrich Hoffmann: Ausgabe des »Struwwelpeters«

4) **Johannes**, Politiker, *Landsweiler (heute zu Schiffweiler, Kr. Neunkirchen) 23. 12. 1890, †Völklingen 21. 9. 1967; gründete 1945 im Saargebiet die Christl. Volkspartei (CVP), war dort 1947–55 Min.-Präs.; trat für die polit. Autonomie und den wirtsch. Anschluss des Saargebietes an Frankreich ein.

5) **Josef**, österr. Architekt, *Pirnitz (heute Brtnice, bei Iglau) 15. 12. 1870, †Wien 7. 5. 1956; war maßgeblich beteiligt an der vom

Hoffmann-La Roche & Co. AG

Jugendstil ausgehenden Erneuerung von Kunsthandwerk (Mitbegründer der »Wiener Werkstätte«, 1903) und Architektur (Sanatorium Purkersdorf bei Wien, 1903 bis 1906; Palais Stoclet, Brüssel, 1905 bis 1911).

6) Kurt, Filmregisseur, *Freiburg im Breisgau 12. 11. 1910, †München 25. 6. 2001; drehte v. a. Unterhaltungsfilme, u. a. »Quax, der Bruchpilot« (1941), »Das fliegende Klassenzimmer« (1954), »Bekenntnisse des Hochstaplers Felix Krull« (1957), »Das Wirtshaus im Spessart« (1957), »Wir Wunderkinder« (1958).

7) Ludwig, Architekt, *Darmstadt 30. 7. 1852, †Berlin 11. 11. 1932; Vertreter des Historismus; baute in Leipzig das Reichsgericht (1888–95), in Berlin das Rudolf-Virchow-Krankenhaus (1899–1906) und das Märk. Museum (1901–07).

8) Reinhild, Tänzerin, Choreographin und Ballettdirektorin, *Sorau (Niederlausitz; heute Żary) 1. 11. 1943; leitete seit 1978 mit G. Bohner (bis 1981) das Bremer Ballett; 1986–95 am Schauspielhaus Bochum, seitdem freischaffend.

9) [ˈhɔfmæn], Roald, amerikan. Chemiker poln. Herkunft, *Złoczew (Wwschaft Lodz) 18. 7. 1937; seit 1949 in den USA. Ergebnis seiner praxisorientierten Arbeiten sind u. a. die mit R. B. Woodward aufgestellten Woodward-Hoffmann-Regeln von der »Erhaltung der Orbitalsymmetrie«, die für die vorausberechenbare Synthese komplexer chem. Verbindungen wichtig sind. H. erhielt mit K. Fukui für die (unabhängig voneinander) erstellten Theorien über den Verlauf chem. Reaktionen 1981 den Nobelpreis für Chemie.

Hoffmann-La Roche & Co. AG [-laˈrɔʃ -], ↑Roche Holding AG.

Hoffmann von Fallersleben, August Heinrich, eigtl. A. H. Hoffmann, Schriftsteller, *Fallersleben (heute zu Wolfsburg) 2. 4. 1798, †Schloss Corvey (heute zu Höxter) 19. 1. 1874; seit 1830 Prof. für dt. Sprache und Literatur in Breslau; wegen seiner nationalliberalen Haltung, die in den »Unpolit. Liedern« (2 Bde., 1840–41) bezeugt ist, 1842 seines Amtes enthoben und des Landes verwiesen; 1848 rehabilitiert; ab 1860 Bibliothekar des Herzogs von Ratibor in Corvey; dichtete 1841 auf Helgoland »Das Lied der Deutschen« (»Deutschlandlied«); schrieb Kinderlieder (»Alle Vögel sind schon da« u. a.), entdeckte die Fragmente von Otfrieds Evangelienbuch und das »Ludwigslied«.

📖 *Borchert, J.: H. v. F. Ein dt. Dichterschicksal. Berlin 1991.*

Hoffmeister, Cuno Friedrich Ludwig, Astronom, *Sonneberg 2. 2. 1892, †ebd. 2. 1. 1968; Begründer (1925) und Leiter der Sternwarte Sonneberg, die er zu einem Zentrum für die Erforschung der veränderl. Sterne ausbaute; entdeckte den Prototyp der ↑Blazare.

Höffner, Joseph, kath. Theologe und Sozialwissenschaftler, *Horhausen (Westerwald) 24. 12. 1906, †Köln 16. 10. 1987; ab 1969 Erzbischof von Köln und Kardinal; ab 1976 Vors. der Dt. Bischofskonferenz gehörte zum engen Beraterkreis Papst Johannes Pauls II.

Rudolf Hoflehner: »Dynamische Figur«, Eisen, Höhe 123 cm (1961; Privatbesitz)

Hoffnung, 1) *Philosophie:* die der Angst und der Verzweiflung entgegengesetzte Grundempfindung des Menschen, die Fähigkeit, sich durch eine Vergegenwärtigung möglichen zukünftigen Geschehens in seinem aktuellen Empfinden und Verhalten zu bestimmen und zu steuern.

2) *Theologie:* neben Glaube und Liebe eine der drei theolog. ↑Kardinaltugenden; begründet im Heilswerk Gottes in Jesus Christus und in der Erwartung von dessen Wiederkunft.

Hoffnungslauf (Hoffnungsrunde), *Sport:* 1) zusätzl. Qualifikationslauf für Verlierer des Zwischenlaufs, dessen Sieger am End-

lauf teilnehmen darf; 2) zusätzl. Qualifikationswettbewerb beim Fechten (**Repêchage**).
Hofgeismar, Stadt im Landkr. Kassel, Hessen, 16 800 Ew.; Evang. Akademie im Schloss Schönburg; Museen; vielseitige Ind. – 1082 erstmals erwähnt, erhielt um 1223 Stadtrecht.
Hofgericht, Bez. für 1) das Gericht eines Grundherrn über die abhängigen Bauern; 2) das oberste Gericht des Reiches (königl. H., Reichs-H., 1235 bis 1450), zuständig u. a. für die Reichsacht; 3) territoriale H., die sich z. T. zu erstinstanzl. Gerichten für bestimmte Prozessparteien, z. T. zu Appellationsgerichten entwickelten; 4) das H. Rottweil, ein territorial beschränktes, von den dt. Königen mit besonderer Rechtsstellung versehenes Reichsgericht.
Hofhaimer, Paul von (seit 1515), österr. Organist und Komponist, * Radstadt 25. 1. 1459, † Salzburg 1537; ab 1522 Domorganist in Salzburg, Hauptmeister des mehrstimmigen dt. Liedes.
Hofheim am Taunus, Krst. des Main-Taunus-Kreises, Hessen, am S-Rand des Taunus, 37 000 Ew.; Wohngemeinde für Frankfurt am Main; Stadtmuseum; Maschinenbau, Glas- und Holzverarbeitung. – Kath. Pfarrkirche mit spätgot. W-Turm und Chor, Fachwerkhäuser (17./18. Jh.); im Ortsteil Langenhain Tempel der Bahai. – Im 1. Jh. n. Chr. wichtiger röm. Stützpunkt; 1263 Ersterwähnung, seit 1352 Stadtrecht.
höfische Dichtung, Dichtung, die v. a. im 12./13. Jh. an Fürstenhöfen entstand oder sich an der höfisch-ritterl. Kultur orientierte. Hauptformen sind ↑Minnesang und höf. ↑Epos.
Hofjude, ↑Hoffaktor.
Hoflehner, Rudolf, österr. Bildhauer und Maler, * Linz 8. 8. 1916, † Collalto (zu Colle di Val d'Elsa, Prov. Siena) 3. 9. 1995; stelenartige, aggressiv hochgereckte Körperzeichen, später v. a. stark farbige Bilder, die den Menschen als gemarterte Kreatur zeigen.
Hofmann, 1) August Wilhelm von (seit 1888), Chemiker, * Gießen 8. 4. 1818, † Berlin 5. 5. 1892. Seine Untersuchungen über Anilin führten zu den ersten Synthesen von Anilinfarbstoffen und begründeten die Teerfarbenchemie; grundlegende Arbeiten über organ. Stickstoffverbindungen.
2) Fritz, Chemiker und Pharmazeut, * Kölleda (Kr. Sömmerda) 2. 11. 1866, † Hannover 29. 10. 1956. Ihm gelang 1909 die therm. Polymerisation des Isoprens zum ersten Synthesekautschuk, 1916 die Herstellung des »Methylkautschuks« aus Dimethylbutadien.
3) Gert, Schriftsteller, * Limbach-Oberfrohna 29. 1. 1931, † Erding 1. 7. 1993; trat zunächst mit Dramen und Hörspielen, später auch mit Erzählungen und Romanen hervor, die sämtlich durch ihre psycholog. Überzeugungskraft und die genaue, u. a. an Kafka geschulte Sprache bestechen (Novellen und Erzählungen: »Gespräch über Balzacs Pferd«, 1981; »Der Blindensturz«, 1985; Romane: »Veilchenfeld«, 1986; »Die kleine Stechardin«, hg. 1994).
4) [ˈhɔfmən], Hans, amerikan. Maler und Kunstpädagoge dt. Herkunft, * Weißenburg i. Bay. 21. 3. 1880, † New York 18. 2. 1966; emigrierte 1930 in die USA; bed. Vertreter des abstrakten Expressionismus.
5) Peter, Sänger (Tenor), * Marienbad 22. 8. 1944; wurde 1975 Mitgl. der Württemberg. Staatsoper Stuttgart, 1977 auch der Wiener Staatsoper; erfolgreich v. a. im Wagner-Fach (Parsifal, Lohengrin); tritt seit Mitte der 80er-Jahre auch als Musicaldarsteller und Rocksänger auf.
Hofmannsthal, Hugo von, österr. Dichter, * Wien 1. 2. 1874, † Rodaun (heute zu Wien) 15. 7. 1929; zählt als Lyriker und Dramatiker zu den bedeutendsten Vertretern des österr. Impressionismus und Symbolismus; schuf zunächst schwermütig-skept. Dichtungen im Geist des Fin de Siècle (»Der Thor und der Tod«, Dr., 1894), wandte sich nach innerer Krise (»Chandos-Brief«, 1902) mit dem Drama »Elektra« (1904) einer mit den Augen Nietzsches und der modernen Psychologie (S. Freud) gesehenen Antike zu. Mit »Jedermann« (1911), einer Wiederbelebung des mittelalterl. Mysterienspiels, stellte er sich in die abendländisch-christl. Tradition, mit dem »Salzburger großen Welttheater« (1922, nach Calderón) setzte er die Überlieferung des österr. Barocktheaters fort. In der problemtiefen Komödie fand er die ihm gemäße Form (»Cristinas Heimreise«, 1910; »Der Schwierige«, 1921, »Der Unbestechliche«, 1923). Für R. Strauss schrieb H. literarisch eigenständige Libretti (»Elektra«, 1909; »Der Rosenkavalier«, 1911). Tief getroffen von der Chaotik der Kriegs- und Nachkriegszeit,

entwickelte H. Ideen eines geistigen Konservativismus. Um die Probleme Geist und Macht geht es auch in der Staatstragödie »Der Turm« (2 Fassungen, 1925–27). Mit seinem Romanfragment »Andreas oder Die Vereinigten« (entstanden 1907–13, gedruckt 1932), seinen Essays und Briefen gehört H. zu den Meistern der dt. Prosa.
📖 *Mayer, M: H. v. H.* Stuttgart u. a. 1993. – *Volke, W.: H. v. H. mit Selbstzeugnissen u. Bilddokumenten.* Reinbek [16]1997.

Hofmann von Hofmannswaldau, Christian, Dichter, * Breslau 25. 12. 1617, † ebd. 18. 4. 1679; bereiste England, Frankreich und Italien; Ratsherr in Breslau, 1677 Präs. des Ratskollegiums; schrieb v. a. weltl. und geistl. Lieder, Oden, Heldenbriefe (nach dem Vorbild Ovids) und galante Lieder; Wegbereiter des spätbarocken ↑Marinismus in Deutschland.

Hofmarschall (Oberhofmarschall), oberer Beamter für das Hauswesen eines Fürstenhofes mit urspr. militär. Aufgabe: löste den ↑Hofmeister ab.

Hofmeister, 1) (mlat. Magister curiae), in den dt. Territorien des MA. der Leiter der fürstl. Hofhaltung; vertrat den Fürsten seit dem 15. Jh. auch vor Gericht.
2) im 16. und 17. Jh. »Zeremonienmeister« und Erzieher an fürstl. Höfen; ab dem 18. Jh. allg. Hauslehrer in begüterten Familien.

Hofnarr, seit dem hohen MA. bis ins 17. Jh. (Frankreich) und 18. Jh. (Dtl.) Spaßmacher und Unterhalter an Fürstenhöfen. Zu seiner Rolle gehörten Narrenkappe mit Eselsohren oder Hahnenkamm, Narrenzepter, Narrenschellen und Halskrause. Beliebt als H. waren v. a. Zwergwüchsige, z. B. K. Perkeo (am Heidelberger Hof), und »Krüppel«.

Hofrat, 1) Bez. für ↑Geheimer Rat.
2) ehem. Titel für Beamte und verdiente Männer, in Österreich noch üblich (Abk. **HR**).

Hofrecht, im dt. Recht des MA. die Rechtssätze, die das Verhältnis zw. Grundherrn und abhängigen Bauern regelten.

Hofschauspieler, Ehrentitel, der an Schauspieler an ↑Hoftheatern (meist nach langjähriger Tätigkeit) verliehen wird, oft mit einer Pension verbunden; heute Staatsschauspieler.

Hofschule (Palastschule, lat. Schola palatina), die seit dem 6. Jh. am Hof der Merowinger nach röm. Vorbild bestehende Schule, in der v. a. die Söhne des Königs und des hohen Adels in den freien Künsten und in lat. Sprache unterrichtet wurden.
Hofschule Karls des Großen, Bez. für die Buchmalerei am Hof Karls d. Gr. in Aachen, nach einem Hauptwerk (↑Adahandschrift) auch **Adagruppe** genannt.
Hofstaat, ↑Hof.

Hofstadter [ˈhɔfstetə], Robert, amerikan. Physiker, * New York 5. 2. 1915, † Palo Alto (Calif.) 17. 11. 1990; 1950–85 Prof. an der Stanford University (Calif.), führte ab 1953 am dortigen Linearbeschleuniger Untersuchungen zur Streuung hochenerget. Elektronen (**H.-Versuche**) durch, mit denen er u. a. die endl. Ausdehnung und innere Struktur von Proton und Neutron nachwies und die Ladungsverteilung der Atomkerne ermittelte; erhielt dafür 1961 (zus. mit R. Mößbauer) den Nobelpreis für Physik.

Hofstätter, Peter Robert, österr. Psychologe, * Wien 20. 10. 1913, † Buxtehude 13. 6. 1994; seit 1960 Prof. in Hamburg; forschte empirisch-experimentell v. a. im sozialpsycholog. Bereich.
Werke: Sozialpsychologie (1956); Gruppendynamik (1957); Differentielle Psychologie (1971); Psychologie zw. Kenntnis und Kult (1984).

Hofstede de Groot [-xroːt], Cornelis, niederländ. Kunsthistoriker, * Dwingeloo (bei Assen) 9. 11. 1863, † Den Haag 14. 4. 1930; Direktor am Mauritshuis in Den Haag und am Amsterdamer Kupferstichkabinett, seit 1923 Leiter der Niederländ. Staatl. Kommission für Denkmalpflege und Inventarisation. Er veröffentlichte u. a.: »Rembrandt« (mit W. von Bode, 8 Bde., 1897–1906); »Beschreibendes und krit. Verzeichnis der Werke der hervorragendsten holländ. Maler des 17. Jh.« (10 Bde., 1907–28).

Hoftheater (Hofbühne), Form des höf. Theaters im dt.-sprachigen Raum; gegen Ende des 18. Jh. von den Landesherren als repräsentativer Teil ihrer Nachahmung des frz. Absolutismus eingerichtet, standen sie unter Aufsicht eines Hofkavaliers (dem sog. Hofintendanten): Gotha (1775), Wien (1776), Mannheim (1777), Weimar (1786), Berlin (1786) u. a. (↑Nationaltheater). 1918 wurden die H. zu Staats-, Landes- und Stadttheatern.

Hofuf (Hufuf, Al-H.), Hauptort der Oase Hasa im O Saudi-Arabiens, 101 000 Ew.;

Forschungsstation für Hydrologie und Bewässerungswirtschaft; Marktzentrum; Feldbau.

Hogarth ['həʊgɑːθ], William, engl. Maler und Kupferstecher, *London 10. 11. 1697, †ebd. 25. 10. 1764; versuchte mit seinen Sittenbildern (»moral subjects«), die eine Fülle realistisch geschilderter und zu kom. Wirkung gesteigerter Einzelheiten enthalten, erzieherisch auf seine Zeitgenossen einzuwirken. Er gilt als Begründer der engl. Karikatur. In Stichen verbreitete Bilderfolgen sind u. a. »Das Leben einer Dirne« (1730–32); »Die moderne Ehe« (um 1743); »Die Wahlen« (um 1754).

Hoger, Hannelore, Schauspielerin, *Hamburg 20. 8. 1941; seit 1961 an großen dt. Theatern, überzeugte auch in Film- (ab 1967; bes. unter der Regie von A. Kluge und P. Zadek) und Fernsehproduktionen (u. a. Reihe um die Kommissarin Bella Block).

Höger, Fritz, Architekt, *Bekenreihe (heute zu Kiebitzreihe, Kr. Steinburg) 12. 6. 1877, †Bad Segeberg 21. 6. 1949; seit 1905 als selbstständiger Architekt in Hamburg tätig, erneuerte den norddt. Backsteinbau unter expressionist. Einfluss (Chilehaus, Hamburg, 1922–23; Sprinkenhof, ebd., 1927–31; Rathaus in Rüstringen, heute zu Wilhelmshaven, 1928–29).

Hoggar, Gebirge und Volksstamm in der algerischen Sahara, ↑Ahaggar.

Höhe, 1) *Astronomie:* eine der Koordinaten des Horizontalsystems (↑astronomische Koordinaten); der Winkelabstand eines Gestirns vom Horizont, gemessen auf dem Vertikalkreis.
2) *Geodäsie:* der senkrechte Abstand eines Punktes von einer Bezugsfläche. Die **absolute H.** ist der Abstand vom mittleren Meeresspiegel (Meereshöhe), die **relative H.** die Erhebung eines Berggipfels über seine Umgebung.
3) *Mathematik:* senkrechter Abstand (Lot) eines Punktes von einer Grundlinie oder -fläche.

Hohe Acht, der höchste Berg der Eifel, 747 m ü. M.; Aussichtsturm.

Hoheit, Titel fürstl. Personen; für Prinzen eines Königshauses und Großherzöge **Königl. H.,** für den dt. Kronprinzen und die österr. Erzherzöge **Kaiserl. Hoheit.**

Hoheitsgewässer, ↑Küstengewässer.

Hoheitsrechte, die dem Staat zustehenden Befugnisse zur Ausübung der Staats- oder Hoheitsgewalt (Gesetzgebung, Vollzug der Gesetze, Rechtsprechung). Die H. bemessen sich anderen Staaten gegenüber nach dem Völkerrecht, innerstaatlich werden sie durch die Verf. und die Gesetze begrenzt. Im demokrat. Rechtsstaat wird die Ausübung der H. durch das Prinzip der Gewaltentrennung und durch die Grundrechte eingeschränkt. Im Bundesstaat stehen neben dem Bund auch den Ländern H.

William Hogarth: Die Kinder der Grahams (1742; London, Tate Gallery)

zu. Gemäß Art. 24 Abs. 1 GG kann der Bund durch Gesetze einzelne H. auf zwischenstaatl. Einrichtungen übertragen, z. B. auf Organe der EG. Übertragungen von H. auf die EU durch Gesetz mit Zustimmung des Bundesrates ermöglicht Art. 23 Abs. 1 GG. Soweit die Länder für die Ausübung staatl. Befugnisse und die Erfüllung staatl. Aufgaben zuständig sind, können sie mit Zustimmung der Bundesreg. H. gemäß Art. 24 Abs. 1a GG auf grenznachbarschaftl. Einrichtungen übertragen.
Hoheitszeichen, Gegenstände, die als Mittel der staatl. Selbstdarstellung und nat. Identifikation den Staat symbolisieren, z. B. Flaggen, Wappen, Staatssiegel, Nationalhymne. In *Dtl.* wird mit Freiheitsstrafe bis zu drei Jahren oder Geldstrafe bestraft, wer H. verunglimpft oder ein öffentlich angebrachtes H. des Bundes oder eines Bundeslandes entfernt, zerstört, unkenntlich macht oder beschimpfenden Unfug daran verübt (§ 90a StGB). Ähnliches gilt für ausländ. H. (§ 104 StGB). – Entsprechende Regelungen gelten für *Österreich* (§§ 248, 317 StGB) und die *Schweiz* (Art. 270, 298 StGB).
Hohe Kommission (eigtl. H. K. der UdSSR in Deutschland), seit 1953 die von einem Hohen Kommissar (W. S. Semjonow u. a.) geleitete sowjet. Besatzungsbehörde in der DDR, hervorgegangen aus der Sowjet. Kontrollkommission; 1955 aufgelöst. Der Verbleib sowjet. Besatzungstruppen im Gebiet der DDR wurde 1957 geregelt (bis 1990 gültig).
Hohelied (Hoheslied, Lied der Lieder, lat. Canticum canticorum), Buch des A. T.; Samml. (urspr. selbstständiger) populärer Liebes- und Hochzeitslieder, wahrscheinlich im 3./2. Jh. v. Chr. gesammelt und zusammengestellt; von der jüd. Tradition König Salomo zugeschrieben. – Das H. wurde in der traditionellen jüd. Theologie allegorisch auf die Liebe Gottes zu Israel, in der christl. Theologie des MA. zur Kirche bzw. der gläubigen Seele als der »Braut« gedeutet.
Hohenasperg, ehem. Festung (16. Jh.) auf einem 356 m hohen Keuperberg bei Asperg, Bad.-Württ., im 18. und 19. Jh. württembergs. Staatsgefängnis, in dem u. a. J. [Süß] Oppenheimer, C. F. D. Schubart, F. List, K. A. von Hase gefangen gehalten wurden; seit 1948 Landesstrafanstalt (Zentralkrankenhaus).

Hohenberg, Herzogin von, ↑Chotek, Sophie.
Hohenelbe, Stadt in der Tschech. Republik, ↑Vrchlabí.
Hohenems, Stadt in Vorarlberg, Österreich, am Rande des Bregenzer Waldes und der Rheinebene, 432 m ü. M., 13 800 Ew.; Textil-, Metallind. – Gräfl. Palast (1562 bis 1567), in dessen Bibliothek 1755 und 1779 zwei Handschriften des Nibelungenliedes gefunden wurden. Über H. erheben sich Burg Glopper (**Neu-Ems,** 1343) und die Ruine **Alt-Ems** (12. Jh.). – Seit 1983 Stadt.
Höhenfestpunkt, zur dauernden Erhaltung der Ergebnisse einer Höhenmessung an markanten Bauwerken angebrachte, nummerierte Marke aus Metall oder Kunststoff (**Höhenmarke, Höhenbolzen**)**,** deren zu Normalnull genau eingemessene Höhe bei den Vermessungs- und Katasterämtern einzusehen ist.
Höhenformel, *Physik:* ↑barometrische Höhenformel.
Hohenfriedeberg, Ort in Polen, ↑Dobromierz.
Hohenfurth, Stadt in der Tschech. Rep., ↑Vyšší Brod.
Höhengrenze, der durch klimat. Faktoren wie Abnahme der Temperatur, Zunahme der Niederschlagshöhe, Verstärkung der Windwirkung bedingte Grenzsaum, oberhalb dessen eine Vegetationsformation (v. a. ↑Baumgrenze, ↑Waldgrenze) oder bestimmten Pflanzen nicht mehr gedeihen können oder andere Erscheinungen enden (z. B. ↑Schneegrenze).
Höhengürtel (Höhenstufen), Gebiete, in die sich Gebirge aufgrund von Klima, Flora und Fauna sowie landwirtsch. Nutzung gliedern lassen (in den trop. Gebirgen Lateinamerikas ↑Tierra).
Hohenheim, Stadtbezirk (seit 1942) von ↑Stuttgart, mit der Univ. Hohenheim.
Höhenkrankheit (Bergkrankheit, Ballonfahrerkrankheit, Fliegerkrankheit), bei untrainierten, nicht akklimatisierten sowie bei herz- und kreislauflabilen Menschen in Höhen über 3 000 m auftretende Erkrankung infolge verminderter Sauerstoffsättigung des Blutes und der Gewebe durch Abnahme des Sauerstoffpartialdrucks. Symptome: Nachlassen der körperl. und geistigen Leistungsfähigkeit, verbunden mit einem dem Alkoholrausch ähnl. Zu-

Höhenmessung HOH

stand (**Höheneuphorie, Höhenrausch**), später Atemnot, Bewusstseinsstörungen.
Höhenkreis, der ↑Vertikalkreis.
Hohenlimburg, seit 1975 Stadtteil von Hagen, NRW, Stahlind. (Bandstahl); mit Burg Limburg (um 1230).
Höhenlinilen (Höhenschichtlinien, Isohypsen), auf Landkarten die Linien, die Punkte gleicher Höhen verbinden.
Hohenlohe, fränk. Fürstengeschlecht, urspr. Herren von Weikersheim, seit 1178 H. nach der Burg Hohenloch bei Uffenheim. Ihr Territorium kam 1806 zum größeren Teil unter württemberg., zum kleineren Teil unter bayerischer Landeshoheit. Die beiden Hauptlinien, **H.-Neuenstein** (prot., seit 1764 reichsfürstlich) und **H.-Waldenburg** (kath., seit 1744 reichsfürstlich), haben sich in die Zweige H.-Langenburg, H.-Öhringen (seit 1861 Herzöge von Ujest), H.-Ingelfingen sowie H.-Bartenstein, H.-Jagstberg, H.-Waldenburg-Schillingsfürst und H.-Schillingsfürst (seit 1840 Herzöge von Ratibor und Fürsten von Corvey) geteilt. – Bedeutender Vertreter: Chlodwig, 6. Fürst zu **H.-Schillingsfürst,** Prinz von Ratibor und Corvey (seit 1840), * Rotenburg an der Fulda 31. 3. 1819, † Bad Ragaz 6. 7. 1901; liberal und kleindt. gesinnt, 1866–70 bayer. MinPräs.; setzte die Zolleinigung der südlichen Staaten mit Preußen durch. 1874 wurde er dt. Botschafter in Paris, 1885 Statthalter von Elsass-Lothringen, 1894–1900 Reichskanzler und preuß. MinPräs.

Hohenlohekreis, Landkr. im RegBez. Stuttgart, Bad.-Württ., 777 km², 107 800 Ew. Krst. ist Künzelsau.
Hohenloher Ebene, flachwelliges Hügelland (Gäulandschaft), das sich halbkreisförmig am Fuß des Schwäbisch-Fränk. Waldlandes vom Neckar zur Tauber erstreckt, bis 500 m ü. M.; fruchtbare Lösslehmböden werden ackerbaulich genutzt.
Höhenmesser, Gerät zur Anzeige der Flughöhe in Luftfahrzeugen. Der **barometr. H.,** ein Luftdruckmessgerät nach Art des Aneroidbarometers (↑Barometer) mit Skaleneichung, gibt die absolute Höhe über dem Meeresspiegel an. Die Höhendifferenz zum Boden (relative Höhe) wird nur erkennbar, wenn das Gerät durch eine Skalenjustierung auf den herrschenden Bodenluftdruck justiert wird. Die relative Höhe über Grund kann vom **Funk-H.** aus der Laufzeit von zur Erdoberfläche gesendeten und dort reflektierten elektromagnet. Wellen bestimmt werden. Der Funk-H. wird meist bei der Landung (mit automat. Landeführungssystemen) eingesetzt.
Höhenmessung, *Vermessungstechnik:* 1) die Ermittlung des Höhenunterschieds zw. zwei oder mehr Punkten durch ↑Nivellement (in flachem Gelände), durch **trigonometr. H.** (in gebirgigem Gelände und bei großen Höhenunterschieden) oder durch **barometr. H.** (↑barometrische Höhenformel). Das Nivellement ist das genaueste (mm- bis cm-Genauigkeit), die ba-

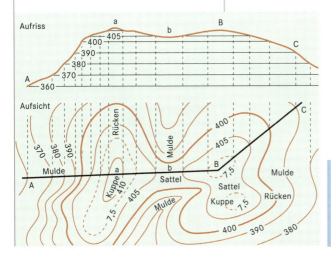

Höhenlinien: Darstellung eines Berggeländes im Querschnitt, mit Höhenlinien; bei sehr flachem Gelände werden Hilfslinien (hier punktiert 7,5) eingeschaltet

HOH Hohenmölsen

rometr. H. das am wenigsten genaue Verfahren (m-Genauigkeit); 2) die Bestimmung von Punkthöhen mithilfe von Tachymetrie (↑Theodolit) und Photogrammetrie zur Darstellung des Geländes durch ein digitales Geländemodell oder Höhenlinien.

Hohenmölsen, Stadt im Landkreis Weißenfels, Sa.-Anh., 8 700 Ew.; Paraffinwerk (in Webau), Kohleveredlung (in Deuben). Südöstlich von H. Braunkohlentagebau Profen. – Got. Stadtkirche. – 1080 erstmals erwähnt, seit 1236 als Stadt; bis 1994 Kreisstadt.

Hohen|neuffen, Randberg der Schwäb. Alb, 743 m ü. M., bei ↑Neuffen.

Höhenrauch (Heiderauch), Staubteilchen, die trocken und so klein sind, dass sie weder gefühlt noch mit dem bloßen Auge entdeckt werden können; sie geben der Luft ein charakterist. (diesiges oder opaleszierendes) Aussehen. Ursachen sind Brände und Ind.-Verunreinigungen.

Hohenrechberg, Burg (12. Jh. ff., 1865 durch Blitzschlag zerstört) bei Schwäbisch Gmünd, Bad.-Württ., auf dem 707 m hohen Rechberg; Reste der Burg erhalten (v. a. 13.–15. Jh.), Wallfahrtskirche (1686 bis 1688).

Hohensalza, Stadt in Polen, ↑Inowrocław.

Höhensatz, Lehrsatz der *Geometrie:* Im rechtwinkligen Dreieck ist das Quadrat der Höhe h gleich dem Produkt aus den Hypotenusenabschnitten p und q, in die die Hypotenuse durch die Höhe geteilt wird.

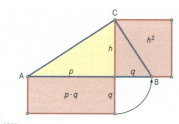

Höhensatz: $h^2 = p \cdot q$

Höhenschichten, in der Kartographie Bez. für die durch versch. Farbtöne herausgehobenen Flächen zw. zwei Höhenlinien.

Hohenschwan|gau, Schloss bei Füssen, 800 m ü. M., urspr. welfisch, kam 1567 an Bayern; nach Zerstörung eines Vorgängerbaus 1833–37 von Maximilian II. von Bayern neu aufgebaut (Fresken aus der dt. Sage, u. a. von M. von Schwind).

Höhensonne, *Meteorologie:* die Sonnenstrahlung in größerer Höhe; sie ist wesentlich intensiver als im Tiefland (geringere Absorption aufgrund kleinerer durchstrahlter Luftmasse, geringeren Wasserdampfgehaltes und geringerer Lufttrübung) und besitzt einen größeren Anteil an UV-Strahlung.

Hohenstaufen *der* (Hoher Staufen), Randberg (Zeugenberg) der Schwäb. Alb nordöstlich von Göppingen, 684 m ü. M., mit Resten der Ende des 11. Jh. erbauten, im Bauernkrieg 1525 zerstörten Stammburg der Staufer.

Hohenstein-Ernstthal, Stadt im Landkr. Chemnitzer Land, Sachsen, Große Kreisstadt, 17 500 Ew.; Karl-May-Museum im Geburtshaus von Karl May; Textil- und Metallwarenind.; nahebei die Rennstrecke ↑Sachsenring. – Hohenstein wurde 1411 als Siedlung am Hohen Stein (heute Pfaffenberg) erwähnt und 1510 zur Bergstadt erhoben; 1680 wurde Ernstthal als Weberstadt gegr.; beide Städte vereinigten sich 1898 zu H.-E.; war 1952–94 Kreisstadt.

Höhenstrahlung, die ↑kosmische Strahlung.

Höhenstufen, ↑Höhengürtel.

Hohensyburg [-'zü-], Ruine einer Burganlage (um 1100, Ende des 13. Jh. zerstört) auf dem Ardey im Stadtgebiet Dortmund; urspr. altsächs. Volksburg (Sigiburg), die von Karl d. Gr. 775 zerstört wurde.

Hohentauern, Fremdenverkehrsort am Pass **Hohentauern,** Österreich, in den ↑Rottenmanner Tauern.

Höhentrog, äquatorwärts gerichtete Ausbuchtung des bes. im Bereich der Tropopause (6–10 km Höhe) ausgeprägten polaren Tiefs.

Hohentwiel *der,* Phonolithkegel im Hegau, bei Singen (Hohentwiel), 686 m ü. M.; auf ihm befand sich im 10. und 11. Jh. der Sitz der schwäb. Herzöge (u. a. Wohnsitz der Herzogin Hadwig), der im 17./18. Jh. zur Festung ausgebaut wurde.

Hohenwartetalsperre, Talsperre (seit 1941) im Landkr. Saalfeld-Rudolstadt, Thür., an der oberen Saale, mit 27 km langem Stausee (7,3 km², Stauraum 182 Mio. m³); dient dem Hochwasserschutz, der Energiegewinnung (Hohenwarte I: 45

Hohenzollern HOH

Hohenzollern: Burg Hohenzollern (1850–67)

MW und Pumpspeicherwerk Hohenwarte II: 392 MW) und der Naherholung.
Höhenwetterkarte, Wetterkarte der höheren Luftschichten.
Höhenwind, horizontale Luftbewegung in der freien Atmosphäre (ohne Einfluss der Bodenreibung).
Höhenwinkel, *Geophysik:* der Winkel, den der Zielstrahl zu einem hoch gelegenen Zielpunkt mit seiner Projektion in der Horizontalebene bildet. Liegt der Zielpunkt unter der Horizontalen, so spricht man von **Tiefenwinkel.** Mit einem Theodolit wird i. Allg. der **Zenitwinkel** (Zenitdistanz) als Winkel zw. der Richtung zum Zenit und der Richtung zum Zielpunkt gemessen.
Hohenzollern, dt. Dynastie, erstmals 1061 in Schwaben erwähnt. Graf Friedrich III. († 1201) erhielt 1191 die Burggrafschaft Nürnberg (als Burggraf Friedrich I.). Durch Teilung (um 1214) entstanden die fränk. (seit der Reformation evang.) und schwäb. (kath.) Linie. – Die **fränk. Linie** baute bis Ende des 14. Jh. Bayreuth und Ansbach zur bed. Territorialherrschaft aus, wurde 1363 in den Reichsfürstenstand erhoben und erhielt 1415/17 die brandenburg. Kurwürde. Kurfürst Albrecht III. Achilles († 1486) machte 1473 die fränk. Fürstentümer zu einer Sekundogenitur des Kurhauses Brandenburg. In Ansbach und Bayreuth regierte 1486–1603 die **ältere fränk.,** 1603–1791 (Abtretung an Preußen)

die **jüngere brandenburg. Linie** (1806 erloschen). Die brandenburg. H. **(Kurlinie)** erreichten 1701 unter Friedrich III. (I.) die Erhebung zu Königen »in« (seit 1772 »von«) Preußen; v. a. Friedrich Wilhelm, der »Große Kurfürst« (1640–88), und Friedrich II., d. Gr. (1740–86), machten Brandenburg-Preußen zur europ. Großmacht. 1871–1918 waren die preuß. Könige auch Dt. Kaiser. – Die **schwäb. Linie** teilte sich 1576 in die Zweige **H.-Hechingen** (die eigentl. Grafschaft H. mit der Stammburg) und **H.-Sigmaringen** (Sigmaringen, Veringen und Haigerloch); beide wurden 1623 in den Reichsfürstenstand erhoben. 1803/06 entgingen sie der Mediatisierung und konnten ihr Territorium vergrößern. Nach der Abdankung der Fürsten beider Linien zugunsten des Königs von Preußen (7. 12. 1849) kamen die Fürstentümer an Preußen (»Hohenzollernsche Lande«) und bildeten 1850–1945 den preuß. RegBez. Sigmaringen. 1945 kamen sie an das Land Württ.-H., 1951 an das neu gebildete Land Bad.-Württ. – Die Linie H.-Hechingen starb 1869 aus. Seitdem nannte sich die Linie H.-Sigmaringen Fürsten von H.; ab 1866/69 erlangten sie gewissen Einfluss auf die europ. Politik (1866/81–1947 Fürsten bzw. Könige von Rumänien; 1870 ↑hohenzollernsche Thronkandidatur).

📖 *Stamm-Kuhlmann, T.: Die H.* Berlin 1995. – *Preussens Herrscher. Von den ersten H. bis Wilhelm II.,* hg. v. F.-L. Kroll. München 2000. – *Mast, P.: Die H. in Lebensbildern.* Neuausg. München u. a. 2000.

Hohenzollern (Hohenzoller, Zoller), Burg auf dem gleichnamigen Berg (auch Zollerberg, 855 m ü. M.) am Rand der Schwäb. Alb, südlich von Hechingen; Stammburg des Geschlechts der Hohenzollern; im 11. Jh. angelegt, 1423 zerstört, 1454–61 wieder aufgebaut und vor dem Dreißigjährigen Krieg zur Festung ausgebaut; nach 1771 verfallen; unter König Friedrich Wilhelm IV. von Preußen 1850 bis 1867 von F. A. Stüler neugotisch wieder aufgebaut. 1952–91 Grabstätte Friedrich Wilhelms I. und (bis 1991) Friedrichs II., d. Gr.; H.-Museum.

hohenzollernsche Thronkandidatur. Nach der Vertreibung der Königin Isabella von Spanien (1868) bot der span. MinPräs. J. Prim y Prats im Febr. 1870 dem Erbprinzen Leopold von Hohenzollern-Sigmaringen die span. Krone an, der, von O. von Bismarck gedrängt, zustimmte. Die sich daraus ergebenden diplomat. Verwicklungen zw. Preußen und Frankreich, das sich durch die h. T. bedroht fühlte, führten trotz Leopolds Rücktritt von der Kandidatur (12. 7. 1870) zur ↑Emser Depesche und zum ↑Deutsch-Französischen Krieg 1870/71.

Hohe Pforte (Pforte), urspr. (nach der Eingangspforte) Bez. für den Sultanspalast in Konstantinopel, 1718–1922 für den Sitz des Großwesirs bzw. für die türk. Reg. (bes. für das Außenministerium).

Hohepriester (Hoherpriester), Oberhaupt der Priesterschaft des Jerusalemer Tempels; zunächst als ausschl. religiöses Amt auf den Tempel beschränkt, gewann es nach der ↑Babylonischen Gefangenschaft auch eine große polit. Bedeutung. Die H. standen an der Spitze des jüd. Volkes und regelten die innere Verwaltung. Zur Zeit Jesu war der H. Vors. des Hohen Rates (↑Synedrion). Mit der Zerstörung des Tempels (70 n. Chr.) erlosch das Amt des Hohepriesters. Als erster H. gilt in der jüd. Tradition Aaron.

höhere Gewalt, von außen einwirkendes, außergewöhnl., nicht vorhersehbares, durch äußerste Sorgfalt nicht abwendbares Ereignis, z. B. Sturm, Erdbeben. H. G. kann ein Grund sein, für Haftungsrisiken nicht einstehen zu müssen (u. a. § 701 BGB, Gastwirtshaftung; § 7 Abs. 2 StVG, Gefährdungshaftung des Kfz-Halters).

höhere Schulen, traditionelle Bez. für weiterführende Schulen, die mit der Hoch- oder Fachhochschulreife abschließen.

Hoher Flüchtlingskommissar der Vereinten Nationen (engl. United Nations High Commissioner for Refugees, Abk. UNHCR), 1951 errichtete UN-Hilfsorganisation zum Schutz der Flüchtlinge und Staatenlosen mit Sitz in Genf. Grundlage der Arbeit des UNHCR ist bes. das Genfer Flüchtlingsabkommen vom 28. 7. 1951 (↑Genfer Vereinbarungen). – Vorläufer waren das vom Völkerbund 1921 errichtete Amt eines Hohen Kommissars für Flüchtlinge sowie die von den UN geschaffene Internationale Flüchtlingsorganisation (1946–51). – 1954 und 1981 erhielt der UNHCR den Friedensnobelpreis.

Hoher Göll, Berg in den Salzburger Kalkalpen, südöstl. von Berchtesgaden, 2 523 m ü. M., über ihn verläuft die bayerisch-österr. Grenze.

Hoher Ifen (Hochifen), Kalkberg im Bregenzer Wald, an der Grenze zw. Vorarlberg (u. a. Kleinwalsertal) und Bayern, 2 230 m ü. M.; nördlich des H. I. liegt das verkarstete **Gottesackerplateau.**

Hoher Kommissar, ↑Hochkommissar.

Hoher Meißner, ↑Meißner.

Hoher Peißenberg (Hohenpeißenberg), Aussichtsberg im Alpenvorland, zw. Peiting und Peißenberg, Oberbayern, 988 m ü. M.; meteorolog. Observatorium (seit 1781, ältestes der Erde).

Hoher Rat, *Judentum:* das ↑Synedrion.

Höherversicherung, die Entrichtung zusätzl. Beiträge in der gesetzl. Rentenversicherung bis 31. 12. 1991 (neben Pflicht- und freiwilligen Beiträgen) zum Zweck einer finanziell besseren Absicherung. Versicherte, die vor dem 1. 1. 1992 Beiträge zur H. geleistet hatten, konnten das bis zum 31. 12. 1997 weiterhin tun. Vor dem 1. 1. 1942 geborene Versicherte konnten sich auch ohne Vorversicherung höher versichern. Die Regelung der H. (§ 234 SGB VI) wurde zum 31. 12. 1997 aufgehoben.

hohe Schule, *Reitsport:* klass. Reitkunst, höchste Stufe des ↑Dressurreitens. Zur h. S. gehören ↑Piaffe, ↑Passage und fliegende Galoppwechsel. Zu den Sprüngen, die unter dem Reiter oder an der Hand des Reiters gezeigt werden, zählen u. a. ↑Courbette, ↑Kapriole, ↑Kruppade, ↑Pirouette, ↑Levade.

hohe See, das Meer mit Ausnahme der ↑Küstengewässer (Territorialgewässer) der Uferstaaten. Die h. S. ist frei von staatl. Gebietshoheit und untersteht dem Völkerrecht (↑Seerecht). Der Rechtsstatus der h. S. wird von dem Grundsatz der ↑Freiheit der Meere geprägt; geregelt wurde er in der Genfer Seerechtskonvention von 1958 (↑Genfer Vereinbarungen).

Hohes Gesenke, das ↑Altvatergebirge.

Hohes Lied, *A. T.:* das ↑Hohelied.

Hohes Venn (frz. Hautes Fagnes), höchster Teil der Ardennen, reicht im O bis nach Dtl. hinein (Eifel), in der **Botrange,** auf belg. Gebiet, 694 m ü. M.; Teil des Dt.-Belg. Naturparks.

Hohe Tatra, Teil der Karpaten, ↑Tatra.

Hohe Tauern, ↑Tauern.

Piaffe Pirouette
Passage Kruppade
Levade Kapriole
hohe Schule

Hohhot (Huhehot, Huhehaote, bis 1954 Guisui, Kueisui), Hptst. des autonomen Gebietes Innere Mongolei, China, an einem Nebenfluss des Hwangho, 652 500 Ew.; Univ., PH, Fachschulen, mongol. Nationalmuseum; Leder-, Woll-, chem. Ind., Bau von Dieselmotoren, Walzwerk; Flughafen. – Ältestes Bauwerk der Stadt ist die siebenstöckige Pagode (um 1000). – H. entstand aus der im 16. Jh. gegr. mongol. Siedlung **Köke-khota** (Kuku-khoto, von den Chinesen später Kueihua gen.), einem Mittelpunkt des Lamaismus, und dem nahebei im 18. Jh. angelegten chines. Verw.zentrum **Suiyuan.**

Hohkönigsburg (frz. Haut-Koenigsbourg), Burg im Unterelsass (Dép. Bas-Rhin), Frankreich, westlich von Schlettstadt, auf einem 755 m hohen Bergkegel der Vogesen; um 1147 als stauf. Besitz erwähnt, 1462 und 1633 zerstört; im Auftrag Kaiser Wilhelms II. 1901–07 wiederhergestellt.

Hohl, Ludwig, schweizer. Schriftsteller, *Netstal (Kt. Glarus) 9. 4. 1904, †Genf 3. 11. 1980; schrieb melancholisch-resignative Prosa, Aphorismen und Essays.

Hohlbaum, Robert, österr. Schriftsteller, *Jägerndorf (heute Krnov) 28. 8. 1886, †Graz 4. 2. 1955; schrieb histor. und zeitgeschichtl. Romane und Novellen, Gedichte, Dramen und Künstlerromane (über Bruckner, Goethe).

Hohlbein, Wolfgang, Schriftsteller, *Weimar 11. 8. 1953; schreibt, z. T. zus. mit seiner Frau Heike H., für vorwiegend jugendl. Leser erfolgreiche Romane, die Fantasy- und mytholog. Stoffe verarbeiten: u. a. »Märchenmond« (1983), »Hagen von Tronje« (1986), »Die Stadt der Verlorenen« (1998), »Krieg der Engel« (1999), »Der Rabenritter« (2000).

Hohlblockstein, großformatiger Betonstein mit einseitig offenen Luftkammern, die in Belastungsrichtung rechtwinklig zur Steinbreite angeordnet sind; wird zur Gewichtsverminderung und besseren Wärmedämmung eingesetzt.

Höhle, großer Hohlraum im anstehenden Gestein. – Die natürl. H. sind entweder mit dem Gestein zugleich entstanden (primäre H.), z. B. in vulkan. Gestein (Gasblasen), Kalktuffen, Korallenriffen, oder nachträglich (sekundäre H.), z. B. durch Wassereinwirkung, Auswitterung, Sandschliff, Versturz. **Erosions-H.** entstehen durch die Brandung an Küsten. **Korrosions-H.** finden sich in Gips, Steinsalz, bes. Kalkstein und Dolomit; in diesen H. **(Karst-H.),** die zunächst nur Klüfte, Bruch- und Schichtfugen waren, löst kohlensäurehaltiges Sickerwasser den massigen Kalk und Dolomit, fließendes und zirkulierendes Wasser führt, oft in Verbindung mit Erosion, zur Zernagung und Aushöhlung. Die Karst-H. bilden z. T. riesige Systeme mit Seen und Flüssen. In **Tropfstein-H.** scheidet Tropfwasser Kalksinter aus, der Stalaktiten und Stalagmiten bilden kann, die sich zu Säulen, Vorhängen, Kaskaden vereinigen kön-

HOH Höhlenbär

Höhle: Teilansicht der Rieseneishöhle im Dachstein

nen. In **Eis-H.** gefriert das Höhlenwasser; das Eis erhält sich, wo einfallende kalte Winterluft im Sommer nicht abfließen kann. Das Klima in H. ist durch geringe Temperaturschwankungen und hohe relative Luftfeuchtigkeit gekennzeichnet.

Die dauernd im Dunkeln lebenden **Höhlentiere** zeigen keine oder nur geringe Pigmentierung sowie oft Augenrückbildung (manche Krebs-, Spinnentiere, Insekten, Höhlenfische). – Als **Höhlenpflanzen** können manche Algen, Moose und Farne gelten, ferner lichtunabhängige Pilze und Bakterien.

Kulturgeschichte: Die vom Menschen benutzten H. werden je nach ihrem Verwendungszweck als Flucht-, Schutz-, Wohn-, Depot-, Grab- oder Kult-H. bezeichnet. Die H. als natürl. Obdach wurde bereits von den altsteinzeitl. Menschen genutzt; entsprechende Siedlungsschichten sind in vielen H. enthalten; in kultisch genutzten finden sich oft ↑Felsbilder. Später ist die Verehrung von H. als Geburtsort oder Aufenthaltsort von Göttern, Helden, Dämonen und Feen bezeugt. In der Jungsteinzeit war die **H.-Bestattung** in vielen Gegenden verbreitet. Dazu wurden nicht nur natürl. H. genutzt, sondern auch künstl. **H.-Gräber** (Felsengräber) angelegt.

📖 *Schauhöhlen in Deutschland, Beiträge v. H. Binder u. a. Ulm 1993.*

Höhlenbär (Ursus spelaeus), ausgestorbene, bis fast 2 m lange, Höhlen bewohnende Bärenart im oberen und mittleren Pleistozän Europas und NW-Afrikas.

Höhlenfische, etwa 35 Fischarten aus fünf versch. Ordnungen mit rückgebildeten Augen als Folge von dauerndem Leben in lichtlosen Höhlen oder unterird. Gewässern. Das fehlende opt. Orientierungsvermögen wird durch gut entwickelte Geruchs- und Seitenlinienorgane ersetzt.

Höhlenkloster, in vorhandene Höhlen eingebaute Klosteranlage, zu der später oberird. Gebäude hinzutreten können, z. B. in Kleinasien und Russland.

Höhlenkunst, ↑Felsbilder.

Höhlenlöwe (Panthera leo spelaea), ausgestorbene Unterart des Löwen im Pleistozän Europas, Kleinasiens, Syriens und Algeriens; um etwa ein Drittel größer als der rezente Löwe; kaum Höhlenbewohner (trotz der Knochenfunde aus Höhlen).

Höhlentempel (Felsentempel), ein in den Fels gehauener oder in natürl. Höhlen angelegter, auch aus dem Stein herausgeschlagener monolith. Tempel, bes. in Vorderindien (Ajanta, Ellora, Karla), China (u. a. Longmen), auch in Ägypten (↑Abu Simbel).

Hohler, Franz, schweiz. Kabarettist und Schriftsteller, * Biel (BE) 1. 3. 1943; erzählt seine zw. Alltag und Fantastik angesiedelten skurrilen, tragikom. oder grotesken Geschichten mit dem Violoncello als Begleitinstrument; verfasst auch Kurzgeschichten, Kinderbücher und Theaterstücke.

Werke: Roman: Der neue Berg (1989). – Novelle: Die Steinflut (1998).

Hohlfaser, ↑Lichtleiter.

Hohlfuß, ↑Fußdeformitäten.
Hohlgewebe (Schlauchgewebe), endloses Gewebe mit schlauchförmigem Querschnitt, z. B. für nahtlose Säcke, Schläuche, Dochte.
Hohlkehle, konkaves Zierprofil an Gesimsen, Säulenbasen u. a.
Hohlkreuz, ↑Lordose.
Hohlladung, Abk. **HL,** Sprengkörper oder Geschoss mit einem gegen das Objekt gerichteten kon., kugelförmigen oder prismat. Hohlraum für größere Spreng- oder Durchschlagswirkung. Im Augenblick der Zündung wird die Detonationsenergie auf einen Punkt konzentriert. Dort bildet sich ein Strahl, dessen Staudruck auch massive Stahlplatten durchbohrt.
Hohlleiter (Hohlraumleiter, Hohlwellenleiter), ein ↑Wellenleiter mit elektrisch leitenden Innenwänden (ohne Innenleiter, im Ggs. zur ↑Koaxialleitung). H. dienen der dämpfungsarmen Fortleitung hochfrequenter elektromagnet. Wellen, z. B. zw. Sender und Richtstrahlantenne. Bes. geringe Verluste weisen supraleitende H. auf.
Hohlnadel, ↑Kanüle.
Hohlnägel, die ↑Koilonychie.
Hohlpfennig, ↑Brakteat.
Hohlraumresonator, *Mikrowellentechnik:* ein elektr. ↑Resonator zur Erzeugung elektromagnet. Strahlung im GHz-Bereich. H. bestehen aus einem ↑Hohlleiter, der an beiden Seiten mit einer Kurzschlussplatte möglichst hoher Leitfähigkeit abgeschlossen ist und in dessen Innerem elektromagnet. Schwingungszustände existenzfähig sind. Das Frequenzspektrum dieser Eigenschwingungen ist ein diskretes, i. Allg. nicht harmon. Linienspektrum. Die Energieein- und -auskopplung erfolgt z. B. über ein Koaxialkabel (induktiv, kapazitiv) oder durch Leitungskopplung (kombinierte induktive und kapazitive Kopplung).
Hohlraumstrahlung, die Strahlung eines ↑schwarzen Körpers.
Hohlraumversiegelung, Form des Rostschutzes, bes. bei Pkw. Dabei wird ein äußerst kriechfähiges Korrosionsschutzmittel unter Druck in die Hohlräume der Fahrzeugkarosserie gesprüht, an deren Wänden es einen elast. Film bildet.
Hohlsaum, durchbrochene Ziernaht in Geweben mit Leinwandbindung, entsteht durch Ausziehen von Kett- oder Schussfäden.

Hohlsog, die ↑Kavitation.
Hohlspiegel, ein gewölbter Spiegel, bei dem die »hohle« (konkave) Fläche dem Licht zugewandt ist. Der H. erzeugt je nach Lage des Objekts zum Brennpunkt reelle, umgekehrte, vergrößerte bzw. verkleinerte Bilder oder aber virtuelle, aufrechte und vergrößerte Bilder (z. B. beim Rasierspiegel).
Hohltaube, ↑Tauben.
Hohltiere (Coelenterata), Gruppe wasserlebender, meist radiärsymmetr. Vielzeller mit über 10000 Arten. Die Grundgestalt entspricht der Gastrula (↑Entwicklung); sie wird durch Verdickung der Körperwand, durch taschen- oder kanalartige Fortsätze am Gastralraum und Fangarme um den Mundafter bereichert (↑Nesseltiere, ↑Rippenquallen).
Hohlvenen, Venen, die das verbrauchte (sauerstoffarme, kohlendioxidreiche) Blut zum rechten Herzvorhof führen. Die **obere H.** führt das Blut aus Kopf, Hals, Armen und Brust zum Herzvorhof, die **untere H.** verläuft neben der Bauchaorta zum Herzvorhof.
Hohlzahn (Hanfnessel, Daun, Galeopsis), Lippenblütlergattung, in Dtl. auf Ruderalstellen und in Gebüschen der 20–70 cm hohe **Stechende H. Gemeiner H.,** (Galeopsis tetrahit) mit purpurfarbenen bis weißen Blüten.

Hohlzahn: Stechender Hohlzahn

Hohner AG, Matth., Musikinstrumentenfabrik, Sitz: Trossingen, gegr. 1857 von Matthias Hohner (* 1833, † 1902).
Hohnstein (auch Honstein), ehem. Graf-

HOH Hohnsteiner Puppenspiele

schaft, ben. nach einer um 1120 erbauten Burg H. bei Nordhausen, Thür. (heute Ruine); ihr bald bed. Territorium wurde um 1315 geteilt. Die Linie **Sondershausen** wurde 1356 von den Grafen von Schwarzburg beerbt; die (seit 1315) Hauptlinie **Klettenberg** starb 1593/1633 aus, ihr Gebiet fiel 1648 an Brandenburg.

Hohnsteiner Puppenspiele, künstler. Handpuppenspiele mit dem schlagfertigen Kasper mit der typischen Schellenmütze im Mittelpunkt; von M. Jacob (*1888, †1967) 1921 in Hartenstein (Erzgebirge) gegr., ab 1928 in der Burg Hohnstein (Sächs. Schweiz). Die Tradition der H. P. wurde nach 1945 in Hamburg und Essen fortgeführt.

Hohoff, Curt, Schriftsteller, *Emden 18. 3. 1913; setzt sich in betont christl. Haltung mit aktuellen und religiösen Stoffen auseinander. Bekannt wurde v. a. sein russ. Kriegstagebuch »Woina, Woina« (1951); schrieb Romane (»Die Märzhasen«, 1966; »Die Nachtigall«, 1977; »Venus im September«, 1984) und Essays.

Hokkaido: Kottaro Marschland im Kushiro Shitsugen Nationalpark

Hohokamkultur [hə'haʊkəm-], vorgeschichtl. formative Indianerkultur (ab dem 1. Jt. v. Chr.) in Zentral- und S-Arizona, USA. Kerngebiet der H. war das Becken des Gila River mit den bed. Fundstätten Snaketown, Los Muertos und Casa Grande. Charakteristisch: Pflanzenanbau mithilfe weitläufiger Bewässerungskanäle, Siedlungen mit kult. Ballspielplätzen und niedrigen Erdpyramiden (wohl Tempel-

standort), hoch entwickelte Keramik. Die Höhepunkte der H. lagen zw. 900 und 1100 n. Chr., um 1400 bricht sie ab.

Höhr-Grenzhausen, Stadt im Westerwaldkreis, Rheinl.-Pf., Mittelpunkt des Kannenbäckerlandes, 10 100 Ew.; Fachbereich Keramik der FH Koblenz; Keramikmuseum, histor. Töpferofen; keram., Glas-, Kunststoffindustrie. – Seit 1936 Stadt.

Hoka-Sioux [-'ziːʊks, engl. 'haʊka 'suː] (korrekt Hokan-Siouan), Sprachfamilie in Nordamerika; zu ihr gehören neben den Siouan-(Sioux-)Sprachen (u. a. Dakota) und den Hokansprachen auch die Irokesen- sowie die Caddosprachen.

Hoketus (Hoquetus) [mlat.] *der,* Satztechnik der mehrstimmigen Musik des 12. bis 15. Jh., bei der die Melodie auf versch. Stimmen verteilt wird, sodass bei Pausen der einen die andere die Melodie übernimmt.

Hokkaidō (bis 1869 Yezo, Ezo), Nordinsel Japans, 78 523 km² (mit Nebeninseln 83 452 km²), 5,7 Mio. Ew., darunter die ↑Ainu; Hptst.: Sapporo. Überwiegend gebirgig, mit aktiven Vulkanen (im Asahi bis 2 290 m ü. M.); vom außertrop. Monsun beeinflusstes gemäßigtes Klima; im N überwiegend Nadel-, im S Laubwald; Steinkohle-, Eisen-, Zink- und Bleierzabbau; mit Honshū durch Fähren und den Seikantunnel verbunden.

Hokkohühner (Hokkos, Cracidae), Familie der Hühnervögel mit Federhaube, Baumtiere; mit 46 Arten in den Wäldern Süd- und Mittelamerikas, darunter die H. der Gatt. **Crax** mit kurzem, hohem Schnabel und die **Schakuhühner** (Gatt. **Penelope**) mit längerem, schmächtigerem Schnabel. – Abb. S. 472

Hokusai [hoksai], Katsushika, japan. Maler und Meister des Farbholzschnitts, *Edo (heute Tokio) 21. 10. 1760, †ebd. 10. 5. 1849; einer der vielseitigsten Künstler des ↑Ukiyo-e; schuf meisterhafte Buchillustrationen und Farbholzschnittfolgen mit Darstellungen von Landschaften, Vögeln, Blumen.

Hokuspokus [wohl aus einer pseudolat. Zauberformel des 16. Jh.: Hax pax max Deus adimax], beschwörende Formel der Gaukler; auch die Gaukelei selbst.

Holašovice [-ʃovitsɛ], Dorf im Südböhm. Gebiet, Tschech. Rep., westlich von Budweis; vollständig und gut erhaltenes Beispiel eines traditionellen mitteleurop. Dorfes auf mittelalterl. Grundriss mit zahlr. Gebäuden aus dem 18. und 19. Jh. im Stil des »südböhm. Volksbarocks« (UNESCO-Weltkulturerbe).

Holbach [frz. ɔl'bak], Paul Henri Thiry d', eigtl. Paul Heinrich Dietrich Baron von, frz. Philosoph dt. Abstammung, *Edesheim (bei Landau in der Pfalz) 8. 12. 1723, †Paris 21. 1. 1789; gehörte zum Kreis der Enzyklopädisten; war mit seinem Werk »System der Natur« (1770) von entscheidendem Einfluss auf den Materialismus der frz. Aufklärung.

Holbein, Künstlerfamilie aus Augsburg: **1)** Hans, d. Ä., Maler und Zeichner, *Augsburg um 1465, †am Oberrhein (Basel oder Isenheim, Elsass) 1524, Vater von 2); Schöpfer großer Altarwerke (Hochaltar für die Frankfurter Dominikanerkirche, 1501, Tafeln heute in Frankfurt am Main, Hamburg und Basel); trotz seiner Auseinandersetzung mit der niederländ. Malerei und der italien. Renaissance (Sebastiansaltar, 1516, München; Lebensbrunnen, 1519, Lissabon) blieb er ein Meister der dt. Spätgotik, der um die eingehende Darstellung der Details bemüht war (Kaisheimer Altar, 1502, München; Graue Passion, um 1498, Donaueschingen). Seine Werke zeichnen sich durch eine differenzierte Abstufung warmer, z. T. expressiver Farben aus. In der Verbindung von realist. Darstellung und idealem Ausdruck bereitete er die Porträtkunst seines Sohnes vor.
 *Bushart, B.: H. H. d. Ä. Augsburg 1987. – Krause, K.: H. H. d. Ä. München u. a. 2002.
2) Hans, d. J., Maler und Zeichner, *Augsburg 1497, begraben London 29. 11. 1543, Sohn von 1); gehört zu den bedeutendsten Vertretern der dt. Renaissance; lernte wie sein Bruder Ambrosius H. (*1494, †1519 oder 1520) bei seinem Vater und ging 1515 nach Basel, von wo aus er Frankreich und 1526-28 England besuchte. 1532 ließ er sich endgültig in London nieder. 1536 wurde er Hofmaler Heinrichs VIII. – In Basel entstanden außer Fresken, die zugrunde gegangen, aber durch Entwurfzeichnungen bekannt sind (Wandbilder im Baseler Rathaussaal, einige Bruchstücke erhalten), Altarbilder, graf. Arbeiten (bes. für Bücher: 58 Holzschnitte »Totentanz«; 1523-26, 1538 veröffentlicht) sowie 91 zum A. T. (vor 1531, 1538 veröffentlicht), Zeichnungen für Glasmalereien und v. a. Porträts. In London malte er Wandbilder für die dt. Kaufleute im Stalhof und für Heinrich VIII. in Whitehall, die nicht erhalten sind, und seine reifsten Bildnisse. Auch wenn er den Auftraggeber im Prunkgewand und mit reichem Beiwerk malte, blieb ihm das Wichtigste die Darstellung des Menschen.

Hans Holbein d. J.: Bildnis eines unbekannten Mannes mit rotem Barett

Zu seinen Meisterwerken zählen das »Doppelporträt des Basler Bürgermeisters Jacob Meyer zum Hasen und seiner Frau Dorothea« (1516, Basel), »Die Gesandten« (1533, London) und die in Basel befindl. Bilder »Adam und Eva« (1517), »Bildnis des Bonifacius Amerbach« (1519), »Der tote Christus im Grabe« (um 1521/22). Meisterl. Darstellungen sind auch die Bildnisse des Erasmus von Rotterdam (1523, Longford Castle, Basel, Paris), die »Madonna des Basler Bürgermeisters Jacob Meyer zum Hasen« (1526-30, Darmstadt), das Porträt seiner Frau mit den beiden älteren Kindern (1528, Basel), das »Bildnis des Kaufmanns Georg Gisze« (1532, Berlin) sowie die Porträts von Angehörigen der engl. Königsfamilie und des Hofes (»Jane Seymour«, 1536, Wien; »Anna von Cleve«, 1539-40, Paris; »Sieur de Morette«, 1534/35, Dresden; »Heinrich VIII.«, 1537, Madrid; »Christine von Dänemark«, 1538, London).
 *H., bearb. v. J. Roberts u. a., Ausst.-Kat.

Hamburger Kunsthalle. A.d. Engl. New York 1988. – Buck, S.: H. H. Köln 1999.
Holberg [-bɛr], Ludvig Baron von (seit 1747), dän. Dichter und Historiker, *Bergen (Norwegen) 3. 12. 1684, † Kopenhagen 28. 1. 1754; seit 1717 Prof. der Metaphysik, später der lat. Rhetorik und Geschichte in Kopenhagen; der beherrschende Aufklärer in Dänemark und Norwegen, der auf fast allen Gebieten eine Nationalliteratur in dän. Sprache schuf. Für das neue dän. Theater in Kopenhagen schrieb er zahlr. derb-realist. Komödien (»Der polit. Kannegießer«, »Erasmus Montanus«, beide 1722/23). H. wurde neben Molière der wirkungsvollste Vertreter der nachbarocken klassizist. Komödie; er schrieb außerdem das kom. Epos »Peter Paars« (4 Bde., 1719/20) sowie den utop. Reiseroman »Nicolai Klims unterird. Reise« (1741).

Hokkohühner: Buckelhokkos

Holcim Ltd., schweizer. Baustoffkonzern, gegr. 1912 in Holderbank-Wildegg, firmierte 1930–2001 als »Holderbank« Financière Glarus AG; Sitz: Jona; weltweit führender Anbieter von Zement, Klinkern, Zuschlagstoffen, Beton.
Holcus, die Gattung ↑ Honiggras.
Hölderlin, Johann Christian Friedrich, Dichter, *Lauffen am Neckar 20. 3. 1770, †Tübingen 7. 6. 1843; war seit 1788 Student im Tübinger Stift (Freundschaft mit C. W. F. Hegel und F. W. J. von Schelling), 1793/94 (durch Vermittlung Schillers) Hofmeister bei Charlotte von Kalb, 1796 bei dem Bankier J. F. Gontard in Frankfurt am Main, dessen Gattin Susette (*1769, †1802), von ihm als »Diotima« gefeiert, ihn zu schwärmer. Liebe begeisterte. Nachdem es 1798 zum Bruch mit der Familie Gontard gekommen war, ging H. für anderthalb Jahre nach Homburg (heute Bad Homburg v.d. Höhe), wo sein Freund Isaak von Sinclair im Dienste des Landgrafen stand. 1802 kehrte er von Bordeaux, wo er wieder Hofmeister war, mit den ersten Anzeichen geistiger Erkrankung in die Heimat zurück; 1806 in eine Heilanstalt gebracht und 1807 als unheilbar entlassen, verbrachte H. den Rest seines Lebens in der Obhut der Tübinger Schreinerfamilie Zimmer, die ihn in einem am Neckar gelegenen Turm (heute »Hölderlinturm«) betreute.
H. war vor allem Lyriker; auch sein Briefroman »Hyperion« (2 Bde., 1797–99), dessen Held als Erzieher der Griechen eine Revolution der Gesinnungen hin zu wahrer Humanität anstrebt und dabei scheitert, ist getragen vom Wohllaut einer rhythmisch-musikal. Sprache. Das gesamte Werk steht in einem ästhet. und weltanschaul. Spannungsfeld zw. griech. Antike, Weimarer Klassik, dt. Idealismus auf der einen und den Erwartungen, die sich an das Ereignis der Frz. Revolution knüpften, auf der anderen Seite. Das trotz immer neuer Bearbeitung Bruchstück gebliebene Drama »Der Tod des Empedokles« (1798–1800, gedruckt 1826) verwandelt die Sage vom Tod des Philosophen im Ätna in die Tragödie des Wissenden, der im Selbstopfer die Verschmelzung mit der Natur und eine Versöhnung der Götter sucht und zugleich dem Volk ein Zeichen zur Befreiung aus der Unmündigkeit geben will. In der Lyrik, die stark unter dem Eindruck der Dichtungen Schillers steht, gelangte H. von persönlich-stimmungshaften Natur- und Liebesgedichten in Versmaßen der antiken Ode zu den großen Elegien (»Menons Klagen um Diotima«, »Brot und Wein«), in denen er in Distichen abendländ. Geschichte und Landschaft lyrisch erhöht; sie sind Steigerungen des bereits in »Empedokles« angelegten Bildes von Erlösung und Versöhnung. Schließlich zu freien Rhythmen übergehend, ringt H. in gedrängter, my-

thisch-dunkler Bildersprache um die Bestimmung der Völker und Menschen und das Wesen der göttl. Mächte (»Patmos«). Gleichzeitig entstanden die eigenwilligen Übersetzungen von Pindar sowie des »Ödipus« und der »Antigone« des Sophokles. 📖 *Häussermann, U.: F. H. mit Selbstzeugnissen u. Bilddokumenten. Reinbek* ²¹*1995. – Bertaux, P.: F. H. Neudr. Frankfurt am Main 2000. – Mieth, G.: F. H. Würzburg 2001. – Brauer, U.: H. und Susette Gontard. Hamburg 2002. – H.-Hb., hg. v. J. Kreuzer. Stuttgart u. a. 2002.*

Friedrich Hölderlin

Holdinggesellschaft [ˈhəʊldɪŋ-; von engl. to hold »halten«] (Beteiligungsgesellschaft), i. w. S. eine Ges., die Anteile an anderen Ges. als Vermögensanlage erwirbt und verwaltet, i. e. S. eine Ges., die darüber hinaus auch die wirtsch. Beeinflussung oder Beherrschung der anderen Ges. bezweckt. Solche H. dienen häufig als Dachgesellschaften von Konzernen, die selbst keine Produktions- oder Handelsfunktionen ausüben und somit eine rechtl. Verselbstständigung der Konzernhauptverwaltung darstellen.

Holger Danske, ↑Ogier der Däne.

Holguín [ɔlˈɣin], Stadt in NO-Kuba, 242 100 Ew.; Bischofssitz; Zentrum eines Tabakbaugebietes; Maschinenbau; internat. Flughafen.

Holi die, Frühlingsfest der Hindus, am Vollmondtag des Monats Phalguna (Hindukalender) im Febr./März; urspr. ein Fruchtbarkeitsfest, heute (bes. in den niederen Kasten) karnevalähnlich gefeiert, wobei alle sozialen Schranken als aufgehoben gelten.

Holiday [ˈhɔlɪdeɪ], Billie, eigtl. Eleonora Fagan, amerikan. Jazzsängerin, * Baltimore (Md.) 7. 4. 1915, † New York 17. 7. 1959; wurde mit ihrem expressiven Gesangsstil Vorbild vieler Jazzvokalisten.

Holidays [ˈhɔlɪdeɪz, engl.] *Pl.,* Ferien, Urlaub.

Holinshed [ˈhɔlɪnʃəd], Raphael, englischer Geschichtsschreiber, † Bramcote (bei Nuneaton) um 1580. Sein Hauptwerk »Chronicles of England, Scotland and Ireland« (1577) war eine wichtige Quelle für Shakespeare.

Holismus [von grch. hólos »ganz«] *der,* Bez. für das method. Vorgehen, die Wirklichkeit unter dem Aspekt der ↑Ganzheit zu deuten, besonders in der Biologie (J. C. Smuts, J. S. Haldane, A. Meyer-Abich), Wiss.theorie (P. Duhem, W. V. O. Quine u. a.) und Quantenphysik (D. Bohm, F. Capra).

Holitscher, Arthur, österr. Schriftsteller, * Budapest 22. 8. 1869, † Genf 14. 10. 1941; schrieb psycholog. Romane, Novellen im Stil der frz. Symbolisten, Dramen, literatur- und kunstwiss. Schriften, populäre Reisebücher.

Holl, 1) Elias, Baumeister, * Augsburg 28. 2. 1573, † ebd. 6. 1. 1646; bed. Meister des dt. Frühbarock; wurde 1602 Stadtbaumeister von Augsburg, baute dort 1602–07 das Zeughaus und 1615–20 das Rathaus. Nach dem Restitutionsedikt von 1629 verlor H. als Protestant sein Amt.

2) [hɔl], Steven, amerikan. Architekt, * Bremerton (Wash.) 9. 12. 1947; bevorzugt strenge geometr. und stereometr. Formen, deren spannungsreiche Komposition u. a. durch Aussparungen und Durchbrüche plast. Volumina entstehen lässt (u. a. Museum für zeitgenöss. Kunst in Helsinki, Eröffnung 1998).

Hollabrunn, Bezirkshptst. in NÖ, zentraler Ort des westl. Weinviertels, 11 400 Ew.; Höhere Bundeslehranstalten, Handelsakademie; Museum; Nahrungsmittelind., Wäschefabrik. – Pestsäule (1723), Pranger (17. Jh.). – Stadt seit 1908.

Hollaender, Friedrich, Komponist und Kabarettautor, * London 18. 10. 1896, † München 18. 1. 1976; gründete 1919 mit M. Reinhardt das Berliner Kabarett »Schall und Rauch«; komponierte v. a. Filmmusiken (u. a. zu »Der blaue Engel«, 1930), daneben Chansons, Musicals und Revuemusiken.

Holland, Agnieszka, poln. Filmregisseurin, * Warschau 28. 11. 1948; war zunächst Theater- und Fernsehregisseurin; ging 1984 nach Frankreich.

Filme: Bittere Ernte (1984), Der Priester-

HOL Holland

mord (1987), Hitlerjunge Salomon (1989), Der geheime Garten (1993), Total Eclipse (1995), Washington Square (1997).

Hans Hollein: Museum Abteiberg in Mönchengladbach (1972–82)

Holland [von Holtland, eigtl. »Baumland«], **1)** der W-Teil der Niederlande, umfasst die Provinzen Nord- und Südholland, die etwa der mittelalterl. Grafschaft H. entsprechen. – Diese entstand seit dem 10. Jh. im Gebiet der Maasmündungen um Dordrecht. Das 1299 erloschene Geschlecht der Grafen von H. wurde durch das Haus Hennegau beerbt. H. kam 1345 unter die Herrschaft der Wittelsbacher, fiel 1433 an Burgund und 1477 an die Habsburger (1555 an deren span. Linie); wurde unter dem Statthalter Wilhelm von Oranien zum Zentrum des Widerstandes gegen die span. Krone und teilte seit 1579 die Geschichte der entstehenden Rep. der Vereinigten Niederlande; seit 1840 untergliedert in die heutigen Provinzen.
2) 1806–10 Name des aus der Batav. Republik gebildeten Königreichs unter Ludwig, einem Bruder Napoleons I.
3) gebräuchl., aber unzutreffende Bez. für die Niederlande.
Holländer, *Papierherstellung:* wannenförmiger, mit Messerwalzen bestückter Trog, in dem die Faserstoffe gemahlen sowie Zusatz- und Hilfsstoffe zugemischt werden; weitgehend durch den ↑Refiner ersetzt.
Holländern, *Buchbinderei:* provisor. maschinelles Heften von Broschüren und Buchblöcken.
Hollandia, früherer niederländ. Name von ↑Jayapura, Indonesien.
Holländischer Krieg, vom frz. König Ludwig XIV. 1672–78/79 geführter Eroberungskrieg gegen die Rep. der Vereinigten Niederlande (Generalstaaten). Ludwig, seit 1670 mit England verbündet, drang 1672 in Holland ein, das sich jedoch durch die Erhebung Wilhelms III. von Oranien zum Generalstatthalter und die Bildung einer antifrz. Koalition (Beitritt Kaiser Leopolds I., Brandenburgs und Spaniens) behaupten konnte. Hauptkriegsschauplätze seit 1674 waren die Franche-Comté, das Oberrhein- und Moselgebiet, die Span. Niederlande und Spanien. Aufgrund der Friedensschlüsse von Nimwegen (1678/79) räumte Frankreich die Generalstaaten, erhielt aber eine Reihe neuer Territorien, bes. die Franche-Comté.
holländische Soße, im heißen Wasserbad cremig gerührte Tunke aus Weißwein, Eigelb und zerlassener Butter, mit Zitrone, Salz, Pfeffer gewürzt.
Hollar, Wenzel (Wenceslaus), böhm. Radierer und Zeichner, *Prag 13. 7. 1607, †London 25. 3. 1677; Schüler von M. Merian, tätig in Straßburg, Frankfurt am Main, Köln, dann in London; schuf etwa 3000 Radierungen, v. a. topographisch genaue Veduten, Frauentrachten, Buchillustrationen (zu Homer, Vergil) sowie Porträts.
Hölle [zu altnord. ↑Hel], Bez. für die in vielen Religionen vorhandenen Vorstellungen der Unterwelt als Reich des Todes, Wohnort der Verstorbenen und Herrschaftsbereich der Totengottheiten und Dämonen (z. B. jüd.: **Scheol,** grch.: **Hades,** röm.: **Orkus**); im A. T. Ort der Gottesferne; im N. T. Strafort der Verdammten nach dem Jüngsten Gericht. Die kath. Theologie steht in der Tradition der im MA. entwickelten theolog. Aussagen über die H. und die H.-Strafen, die für die vom Glauben Abgefallenen als ewig und sofort

nach dem Tod eintretend ausgesagt werden (in der Volksfrömmigkeit traditionell mit der Vorstellung des ewig brennenden Höllenfeuers verbunden), lässt jedoch offen, ob diese metaphorisch oder realistisch zu verstehen sind und sagt von keinem Verstorbenen aus, dass er in der H. ist. Die evang. Theologie interpretiert die H. seit der Aufklärung als Zustand der (endgültigen) Gottesferne und -verlassenheit.
In der *Kunst* wurde die H. im Zusammenhang mit Darstellungen des Jüngsten Gerichts und der Höllenfahrt Christi geschildert. Die abendländ. Kunst kennt spätestens im 8. Jh. den **H.-Rachen**, der die Sünder verschlingt, hat aber auch Vorstellungen von einer der Himmelsstadt entgegengesetzten **H.-Stadt**, in der Leviathan haust (S. Lochner, »Weltgerichtsaltar«, Köln), auch die Vorstellung des **H.-Berges** (Fresken von Giotto in Padua, »Weltgerichtsaltar« H. Memlings in Danzig). Unübertroffen an Einfallsreichtum sind die H.-Szenen bei H. Bosch; später griffen u. a. P. P. Rubens (»Höllensturz der Verdammten«, München) und A. Rodin (»Höllentor«, Paris) das Motiv auf.

⌨ *Vorgrimler, H.: Geschichte der H. München ²1994. – Minois, G.: Die H. Zur Geschichte einer Fiktion. A. d. Frz. Tb.-Ausg. München 1996. – Dinzelbacher, P.: Himmel, H., Heilige. Visionen u. Kunst im MA. Darmstadt 2002.*

Holledau, die ↑Hallertau.

Hollein, Hans, österr. Architekt und Designer, *Wien 30. 3. 1934; Vertreter der postmodernen Architektur; trat zunächst mit eigenwilligen Fassadengestaltungen und Inneneinrichtungen hervor, dann v. a. mit Museumsarchitektur. Zu seinen Werken gehören u. a. Museum Abteiberg in Mönchengladbach (1972–82), Haas-Haus in Wien (1986–90), Museum für Moderne Kunst in Frankfurt am Main (1983–91), Österr. Botschaft in Berlin (2001 eröffnet), »Vulcania« – Europ. Zentrum für Vulkanismus in Saint Ours (Dép. Puy-de-Dôme), zus. mit der Architektengruppe Atelier 4 (2002 eröffnet). 1985 erhielt er den Pritzker-Preis.

⌨ *Architekten – H. H., bearb. v. H. Fritsch. Stuttgart ⁴1995.*

Höllenfahrt, *Religionsgeschichte:* die myth. Vorstellung, dass Gottheiten, Heroen oder auch einzelne Menschen in die Totenwelt hinabsteigen, dort Auskunft über die Zukunft erhalten oder die Macht des Fatums und des Todes zu brechen suchen. (↑Himmelfahrt)

Höllenfahrt Christi (Höllenabstieg Christi), der Abstieg Jesu Christi in das Reich des Todes, um den Verstorbenen das Evangelium zu verkünden (1. Petr. 3, 18 ff.; 4, 6), womit nach christl. Vorstellung auch die verstorbenen Gerechten des Alten Bundes des ewigen Lebens teilhaftig werden. – Seit dem 5. Jh. wird die H. C. bes. in der byzantin. Kunst dargestellt. Die abendländ. Kunst zeigt seit dem 10. Jh. Abwandlungen des Motivs.

Höllenfahrt Christi: Dionissij, »Höllenfahrt Christi«, Ikone (Anfang 16. Jh.; Sankt Petersburg, Russisches Museum)

Höllengebirge, verkarsteter Gebirgsstock zw. dem Atter- und dem Traunsee in Oberösterreich, im Großen Höllkogel 1862 m ü. M.

Höllensteinstift, in Stäbchenform gegossenes Silbernitrat; dient zur Verätzung von wucherndem Gewebe.

Höllental, 1) Tal des Hammerbaches im Wettersteingebirge, bei Garmisch-Partenkirchen, Bayern, mit der **H.-Klamm.**
2) Teil eines Quellbachs der oberen Dreisam im S-Schwarzwald, Bad.-Württ., 9 km lang, mit der **H.-Bahn** (1887 eröffnet).
3) das enge Durchbruchstal der Schwarza

zw. den Gebirgsstöcken Rax und Schneeberg in den Steirisch-Niederösterr. Kalkalpen.

Holler *der,* der Schwarze ↑Holunder.

Höller, York, Komponist, *Leverkusen 11. 1. 1944; arbeitete 1971/72 beim WDR in Köln, war 1978 und 1980/81 auch am Pariser IRCAM tätig; wurde 1993 Prof. in Berlin, 1995 in Köln. H. setzte sich kritisch mit seriellen Kompositionstechniken auseinander. In seinen Werken sucht er durch Verbindung von herkömml. Instrumentarium und elektron. Klängen nach neuen Ausdrucksmöglichkeiten. Er schrieb u. a. die Oper »Der Meister und Margarita« (1989; nach M. A. Bulgakow), elektron. und Orchesterwerke, Kammermusik.

Höllerer, Walter, Schriftsteller, *Sulzbach-Rosenberg 19. 12. 1922, †Berlin 20. 5. 2003; gehörte zur Gruppe 47; wirkte bes. als Organisator literar. Lebens und Förderer junger Autoren; u. a. Gründer des »Literar. Colloquiums Berlin«, Hg. von Lyrikanthologien sowie der Zeitschriften »Akzente« und »Sprache im techn. Zeitalter«; schrieb auch Gedichte, Essays, Prosa (»Die Elephantenuhr«, R., 1973), Theaterstücke (»Alle Vögel alle«, Kom., 1978).

Hollerith [engl. ˈhɒlərɪθ], Hermann, amerikan. Ingenieur und Unternehmer dt. Herkunft, *Buffalo (N. Y.) 29. 2. 1860, †Washington (D. C.) 17. 11. 1929; entwickelte das H.-Lochkartenverfahren, bei dem gelochte Karten (als Informationsträger) durch Abtastfedern entsprechend der Lochung automatisch sortiert werden (↑Lochkarte). H. gründete 1896 die Tabulating Machine Co. in New York, einen der Vorläufer der IBM Corporation.

Holley [ˈhɒlɪ], Robert William, amerikan. Biochemiker, *Urbana (Ill.) 28. 1. 1922, †Los Gatos (Calif.) 11. 2. 1993; untersuchte die molekularbiolog. Grundlagen der Zellteilung und die Biosynthese der Proteine und Nucleinsäuren. Für seinen Beitrag zur Aufklärung des genet. Codes erhielt er 1968 mit M. W. Nirenberg und H. G. Khorana den Nobelpreis für Physiologie oder Medizin.

Holliger, Heinz, schweizer. Komponist und Oboist, *Langenthal (Kt. Bern) 21. 5. 1939; entwickelte neue blastechn. Möglichkeiten für sein Instrument; schrieb u. a. vokal-instrumental gemischte Kammermusik, die Kurzoper »Kommen und Gehen« (nach S. Beckett, 1978) und den Scardanelli-Zyklus (1975–91; für Flöte, Chor, kleines Orchester und Tonband).

Hollókő [ˈhɔloːkøː] (dt. Rabenstein), Dorf in Ungarn, Bez. Nógrád, im Ungar. Mittelgebirge, 500 Ew. – Der Ortskern mit fast unverändert erhalten gebliebenen mittelalterl. traditionellen Wohnhäusern der Palozen, einer Volksgruppe mit eigenen Lebensformen und eigenem Brauchtum, wurde von der UNESCO zum Weltkulturerbe erklärt.

Holly, Buddy, eigtl. Charles Hardin Holley, amerikan. Rocksänger und -gitarrist, *Lubbock (Tex.) 7. 9. 1936, †Flugzeugabsturz bei Mason City (Iowa) 3. 2. 1959; begann als Countrysänger, profilierte sich als Leadsänger der »Crickets« und als Solist mit seinen selbst geschriebenen Songs (»Peggy Sue«, »Oh Boy«, »Maybe Baby«, »Rave On«, »Words of Love«) zu einem der einflussreichsten Rockmusiker der 50er-Jahre. – Musical »Die Buddy-Holly-Story« (1989).

Hollywood [-wʊd], nordwestl. Stadtteil von Los Angeles (Calif.), USA; Zentrum der amerikan. Filmind., die sich seit 1908 entwickelte.

Holm [mhd. helm »Stiel«], **1)** *Bautechnik:* quer liegender, mit den Stützen verzapfter Balken; auch **Handlauf** eines Geländers. **2)** *Flugzeugbau:* in Längsrichtung liegender Hauptträger von Flugzeugbaugruppen (z. B. bei Trag-, Leitwerk, Rumpf).

Holm, 1) Hanya, dt.-amerikan. Tänzerin, Tanzpädagogin und Choreographin, *Worms 3. 3. 1893, †New York 3. 11. 1992; studierte u. a. bei M. Wigman in Dresden und wurde dort eine ihrer engsten Mitarbeiterinnen. 1931 eröffnete sie in New York die M. Wigman School (1936 in H. H. Studio umbenannt), die zu einer der wichtigsten Ausbildungsstätten des Modern Dance wurde. Für ihre Truppe schuf sie zeitkrit. Tanzstücke (»Trend«, 1937; »Tragic Exodus«, 1939); später wandte sie sich der Musicalchoreographie zu (u. a. »Kiss me Kate«, 1948; »My fair lady«, 1956).

2) Renate, Sängerin (Sopran), *Berlin 10. 8. 1931; wurde 1964 Mitgl. der Wiener Staatsoper; v. a. Mozart-, Verdi-, Puccini- und R.-Strauss-Interpretin; sang daneben klass. Operettenpartien.

3) Richard, Sänger (Tenor), *Stuttgart 3. 8. 1912, †München 20. 7. 1988; wurde 1948 Mitgl. der Bayer. Staatsoper München, sang an bed. Opernhäusern der Welt sowie bei Festspielen (Salzburg, Glyndebourne); bes. als Mozart-Interpret bekannt.

Holmenkollen *der,* Höhe nördlich von Oslo, Norwegen, 371 m ü. M., Skigebiet, Skisprungschanze. In der **H.-Woche** finden seit 1883 jährlich internat. Wettkämpfe in den nord. Skidisziplinen statt.

Holmes [hǝʊmz], Oliver Wendell, amerikan. Arzt und Schriftsteller, *Cambridge (Mass.) 29. 8. 1809, †Boston (Mass.) 7. 10. 1894; 1847–82 Prof. für Anatomie an der Harvard University; schrieb »Der Tisch-Despot« (1857), eine Mischung von Gedichten, Essays und Plaudereien, und Romane (u. a. »Elsie Venner«, 2 Bde., 1861) sowie zahlreiche medizin. Fachbücher.

Holmium [nach Holmia, dem latinisierten Namen von Stockholm] *das,* **Ho,** seltenes metall. Reinelement (natürlich kommt nur das Isotop ^{165}Ho vor) aus der Reihe der Lanthanoide, Ordnungszahl 67, relative Atommasse 164,9304, Dichte (bei 25°C) 8,795 g/cm^3, Schmelzpunkt 1 472 °C, Siedepunkt 2 694 °C. – Das silbergraue H. ist an trockener Luft stabil; es kommt stets zus. mit anderen Seltenerdmetallen vor, z. B. im Gadolinit. Verwendet wird H. in Form von Cermischmetall sowie als Dotiermaterial für bestimmte Infrarotlaser.

holo... [grch.], ganz ..., vollständig ...

Holocaust [engl. ˈhɔləkɔːst; »Massenvernichtung«, eigtl. »Brandopfer«, zu grch. holókaustos »völlig verbrannt«] *der* (hebr. Schoah, Shoa, Shoah), Tötung einer großen Zahl von Menschen, eines Volkes (Genozid), v.a. Bez. für die Vernichtung der europ. Juden während der nat.-soz. Herrschaft in Dtl. und Europa (1933–45). Die Entrechtung und Ausgrenzung der jüd. Minderheit in Dtl. (1933: etwa 500 000 Menschen) sowie anderer Minderheiten (u. a. Zigeuner [Sinti und Roma], Asoziale, Behinderte [↑Euthanasie]) nahm mit der Konsolidierung des NS-Regimes stufenweise immer schärfere Formen an und steigerte sich zu staatlich organisiertem Terror auf allen Ebenen (u. a. Nürnberger Gesetze 1935, Reichspogromnacht vom 9.

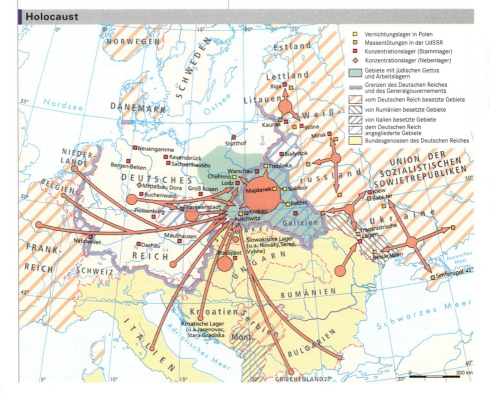

Holocaust

zum 10. 11. 1938 [↑Kristallnacht]). Mit Beginn des Zweiten Weltkriegs (1. 9. 1939) erfolgte die systemat. und organisierte Konzentrierung (Gettoisierung) sowie Deportierung der europ. Juden (daneben auch »Vernichtung durch Arbeit« in »Arbeitslagern« oder Gettobetrieben). Nach letzten Festlegungen auf der ↑Wannseekonferenz vom 20. 1. 1942 wurde der organisierte Völkermord endgültig in Gang gesetzt (»Endlösung«). Begonnen hatte er mit ersten organisierten Pogromen im besetzten Polen (Sept. 1939) und den Massenexekutionen durch die mobilen ↑Einsatzgruppen und stationären Kommandos der Sicherheitspolizei sowie des SD unmittelbar nach dem dt. Angriff auf die Sowjetunion (22. 6. 1941); ab Herbst 1941 wurde sein Schwergewicht in fabrikmäßig betriebene ↑Vernichtungslager in Polen verlagert (bis zum Vorrücken der Front 1944/45; im März/April 1945 »Todesmärsche« bei Verlegung der Lager nach Westen). Insgesamt fielen dem H. etwa 6 Mio. europ. Juden zum Opfer. V. a. in Polen und im Baltikum wurde die jüd. Bev. nahezu vollständig vernichtet. Ferner fanden mindestens 500 000 Menschen nicht jüd. Herkunft (u. a. Zigeuner [Sinti und Roma]) den Tod. – G. Hartmann (1979) und S. Spielberg (»Survivors of the Shoah Visual History Foundation«, neu gegr. 1994) bemühten sich um die videotechn. Archivierung von Zeugnissen von H.-Überlebenden. – An der Frage nach der Einzigartigkeit des ↑Nationalsozialismus und dabei der zentralen Bedeutung des H. entzündete sich 1986 der ↑Historikerstreit in Dtl.; die Leugnung des H. wird inzwischen geahndet (↑Auschwitzlüge). (↑Gedenktag, ↑Yad Vashem)

📖 *Dimension des Völkermords. Die Zahl der jüd. Opfer des Nationalsozialismus*, hg. v. W. Benz. München 1991. – *Enzykl. des H. Die Verfolgung u. Ermordung der europ. Juden*, hg. v. E. Jäckel u. a., 4 Bde. Neuausg. München und Zürich 1995. – Yahil, L.: *Die Shoah. Überlebenskampf u. Vernichtung der europ. Juden.* A. d. Hebr. München 1998. – Longerich, P.: *Politik der Vernichtung. Eine Gesamtdarstellung der nat.-soz. Judenverfolgung.* München 1998. – Hilberg, R.: *Die Vernichtung der europ. Juden*, 3 Bde. A. d. Amerikan. Frankfurt am Main ⁹1999. – Longerich, P.: *Der ungeschriebene Befehl. Hitler u. der Weg zur »Endlösung«.* München 2001.

Holoedrie [zu grch. hédra »Sitzfläche«] *die*, die höchstsymmetr. Klasse eines Kristallsystems; die zugehörigen Kristallformen sind die **Holoeder** (Vollflächner).

Holofernes, nach dem A. T. ein assyr. Feldherr, der von ↑Judith ermordet wurde; Personifikation der Gottesfeindschaft.

Holographie [grch.] *die*, von D. Gabor 1948 entwickeltes Verfahren der Bildaufzeichnung und -wiedergabe mit kohärentem Licht, das die Speicherung und Reproduktion von Bildern mit dreidimensionaler (räuml.) Struktur ermöglicht.
Das Objekt wird mit Licht einer monochromatischen kohärenten Lichtquelle (↑Laser) beleuchtet, das reflektierte Licht (**Objektwelle**) mit einer kohärenten Vergleichswelle (**Referenzwelle**) überlagert. Das entstehende Interferenzwellenfeld (↑Interferenz) wird als Intensitätsbild auf einer Fotoplatte aufgezeichnet (**Hologramm**). Während beim normalen fotograf. Verfahren nur die Intensitätsverteilung des vom Objekt ausgehenden Lichts am Ort der Fotoplatte registriert wird, enthält das Hologramm durch die Überlagerung der Objektwelle mit der kohärenten Referenzwelle Informationen über Intensität und Phasenlage des vom Objekt kommenden Lichtes. – Zur Wiedergabe wird das Hologramm mit monochromatisch kohärentem Licht aus der gleichen Richtung beleuchtet, aus der bei der Aufnahme die Referenzwelle einfiel. Durch Beugung entstehen zu beiden Seiten des direkten Lichtbündels hinter dem Hologramm im Wesentlichen zwei Lichtbündel erster Ordnung, von denen das eine ein virtuelles Bild dort liefert, wo sich bei der Aufnahme das Objekt befand; das andere Lichtbündel erzeugt ein reelles Bild hinter dem Hologramm. Das virtuelle Bild kann mit dem Auge in begrenztem Raumwinkel von versch. Seiten aus betrachtet werden; das reelle Bild lässt sich ohne Linsen direkt fotografieren. Beide Bilder liefern eine räuml. Rekonstruktion des Objektes.
Überlagert man einem normalen Hologramm in vertikaler Richtung ein ebenfalls holographisch erzeugtes opt. Beugungsgitter, so kann man das entstehende **Regenbogenhologramm** (**Weißlichthologramm**) für die Rekonstruktion mit weißem Licht bestrahlen und sieht je nach dem gewählten vertikalen Betrachtungswinkel das Bild in der Farbe, die vom Gitter unter

Holographie HOL

diesem Winkel gebeugt wird; in horizontaler Richtung bleibt der räuml. Eindruck entsprechend der beidäugigen Betrachtung erhalten. Ein ähnl. Effekt ergibt sich, wenn man das Interferenzwellenfeld statt auf einer dünnen auf einer mehrere Wellenlängen dicken Fotoplatte registriert (**Volumenhologramm**). Die entstehende räuml. Schwärzungsverteilung selektiert bei der Rekonstruktion mit weißem Licht automatisch die Aufnahmewellenlänge(n); erfolgt die Aufnahme mit mindestens drei versch. Farben, erhält man ein Weißlichthologramm in natürl. Farben.

Anwendungen: 1) Momentaufnahmen schnell veränderl. Vorgänge und ihre Vermessung; 2) Einsatz interferometr. Messmethoden zur Untersuchung beliebig geformter, auch rauer Oberflächen und zum Nachweis geringfügiger Verformungen (**holograph. Interferometrie**); 3) die Verwendung von Hologrammen als opt. Elemente, z. B. Linsensysteme, Interferenzfilter und Beugungsgitter (holograph. ↑Gitter); 4) die **holograph. Mikroskopie**; 5) Verwendung als opt. Speicher (↑holographischer Speicher) sowie zur automat. Zeichenerkennung. Darüber hinaus werden Hologramme als fälschungssichere Bestandteile von Scheckkarten, Banknoten u. a. sowie für Werbezwecke und als Kunstgegenstände genutzt. – Außer mit Licht werden Hologramme auch mit Mikro- sowie Schallwellen (**akust. H.**) hergestellt.

📖 *Ostrowski, J. I.: Holografie. Grundlagen, Experimente u. Anwendungen. A. d. Russ. Thun ³1989. – Eichler, J. u. Acker-*

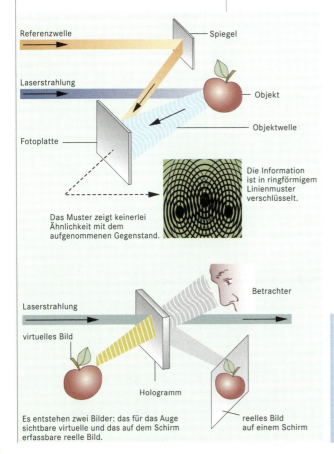

Holographie: schematische Darstellung der Aufnahme und Wiedergabe eines Hologramms; links: kohärente Objekt- und Referenzwelle überlagern sich auf der Fotoplatte; rechts: Rekonstruktion der Bilder mithilfe eines Laserstrahls

mann, G.: H. Berlin 1993. – Heiß, P.: Die neue H.-Fibel. Hückelhoven ⁴1995.

holographischer Speicher, opt. Speicher, der Daten in Form von Hologrammen (↑Holographie) speichert. Dabei wird jedes Bit durch ein von zwei Lichtquellen erzeugtes Interferenzmuster dargestellt. Wesentl. Komponenten eines h. S. sind ein Laser, eine elektroopt. Ablenkstufe für den Laserstrahl, ein Dateneingabewandler, der die als elektr. Signale ankommenden Informationen in ein rasterförmiges Muster umsetzt, ein Speichermedium (z. B. spezielle Kristalle oder Polymere) sowie ein Detektor, auf dem die ursprüngl. Information mithilfe eines Referenzstrahls aus dem Hologramm rekonstruiert werden kann.
Die noch in der Entwicklung befindlichen h. S. sollen sich v. a. durch eine hohe Bandbreite bei der Datenübertragung auszeichnen, um ein schnelles Aufzeichnen und Auslesen von relativ großen Datenmengen zu ermöglichen, wie sie u. a. bei Bewegtbildern in einer interaktiven Computerumgebung entstehen. Die Zugriffszeiten sind mit denen der Halbleiterspeicher vergleichbar. Hinsichtlich Kapazität und Kosten werden bei der holograph. Datenspeicherung die Vorteile opt. Speichermedien mit denen von Direktzugriffsspeichern kombiniert. – Bei der Speicherung von Volumenhologrammen in einem Kristall wurden bisher Packungsdichten von rd. 100 MByte/cm³ erreicht. Andere Möglichkeiten der holograph. Speicherung gehen davon aus, das Speichermedium (Polymerfilm) in Form einer Scheibe anzulegen, die Ähnlichkeit mit einer herkömml. CD hat und die 10- bis 100fache Informationsmenge aufnehmen kann.

holographisches Testament, das eigenhändige ↑Testament.

Holozän [grch.] *das* (Nacheiszeit, Postglazial, früher Alluvium), der letzte Abschnitt des ↑Quartärs, der vom Ende des pleistozänen Eiszeitalters bis zur Gegenwart reicht. Bildungen des H. sind bes. Fluss- und Seeablagerungen, Marschen, Dünen, Torf, Kalktuffe, Gehängeschutt; die Tier- und Pflanzenwelt entspricht i. Allg. der heutigen.

Holschuld, Schuld, die bei Fälligkeit beim Schuldner abzuholen ist. Gemäß § 269 BGB sind grundsätzlich alle Schulden H.; Ggs.: Bringschuld.

Holst, 1) Erich Walther von, Verhaltensphysiologe, *Riga 28. 11. 1908, †Herrsching a. Ammersee 26. 5. 1962; stellte (mit H. Mittelstaedt) das ↑Reafferenzprinzip auf; entdeckte, dass das Verhalten auch durch selbsttätige Impulse des Zentralnervensystems gesteuert wird.
2) Gustav, brit. Komponist schwed. Herkunft, *Cheltenham 21. 9. 1874, †London 25. 5. 1934; ließ sich in seinen Werken u. a. vom engl. Volksgesang sowie von der Gregorianik inspirieren; schrieb Orchestermusik (Suite »The Planets«, 1914–16), Chorwerke (»The Hymn of Jesus«, 1917) und Opern (Kammeroper »Savitri«, 1908).

Holstebro [hɔlsdəˈbroː], Stadt in W-Jütland, Dänemark, 39 500 Ew.; techn. Fachschule, Museen, Theater; Tabakverarbeitung, Eisengießerei, Maschinen-, Textil-, Kunststoffindustrie; Nørrelandskirke (1969).

Holstein, ehem. Herzogtum, der südl. Teil des Landes Schleswig-H., durch Eider und Nord-Ostsee-Kanal von Schleswig getrennt. – Um 800 war H. der Nordteil des sächs. Stammesgebiets (Herzogtum Sachsen). Es setzte sich zusammen aus Dithmarschen im W, Stormarn im S, dem eigentl. H. (Gau der Holsten oder Holsaten [»Waldsassen«]) im N und Wagrien im O. Kaiser Karl d. Gr. unterwarf H. 804 mithilfe der slaw. Abodriten, denen er dafür Wagrien überließ; ↑Dithmarschen nahm zunächst eine eigene Entwicklung. Die Grafen von Schauenburg (Schaumburg), seit 1111 Grafen von H., eroberten Wagrien, das christianisiert und germanisiert wurde, und wiesen die dän. Eingriffe unter Waldemar II. 1227 bei Bornhöved ab. Graf Gerhard d. Gr. (1304–40) dehnte seinen Machtbereich auf Dänemark aus, seine Söhne erwarben 1375/86 das Herzogtum Schleswig als dän. Lehen. Kaiser Friedrich III. erhob H. 1474 zum Herzogtum. (↑Schleswig-Holstein, Geschichte)

Holstein, Friedrich von, Diplomat, *Schwedt/Oder 24. 4. 1837, †Berlin 8. 5. 1909; seit 1876 Vortragender Rat im Auswärtigen Amt, seit 1885 Gegner der russlandfreundl. Politik O. von Bismarcks; nach dessen Entlassung außenpolit. Ratgeber der Kanzler G. L. von Caprivi und C. zu Hohenlohe-Schillingsfürst. H., der als Unrecht als »Graue Eminenz« galt, war trotz seiner Gegnerschaft zu Kaiser Wilhelm II. bis 1906 Zentralfigur der dt. Außenpolitik (illusionäre Politik der »freien Hand« für das Dt. Reich).

Holsteinische Euterseuche (Weide-Euterseuche, Pyogenesmastitis), durch Corynebacterium pyogenes hervorgerufene Euterentzündung bei Färsen und Kühen; in Weidegebieten seuchenhaft, bei Stalltieren sporadisch auftretend. Aus dem Euter wird eitriges, mitunter blutiges Sekret abgesondert. Die Behandlung erfolgt mit Antibiotika.

Holsteinische Schweiz (Holsteinische Seenplatte), wald- und seenreiche Landschaft um Eutin in Schlesw.-Holst., Teil des Balt. Landrückens, mit Großem Plöner, Selenter, Keller- und vielen weiteren Seen, im Bungsberg 168 m ü. M.; Fremdenverkehr; im W Erdölgewinnung.

Holstentor, zweitürmiges Stadttor in Lübeck, 1466–78 von Ratbaumeister Hinrich Helmstede nach dem Vorbild flandrischer Brückentore erbaut.

Hölszky, Adriana, rumäniendt. Komponistin, * Bukarest 30. 6. 1953; übersiedelte 1976 in die Bundesrep. Dtl.; seit 2000 Professorin in Salzburg. Charakteristisch für ihre Kompositionsweise sind Klangfelder und die Einbeziehung des Raumes; u. a. Orchesterwerke, Kammer- und Vokalmusik sowie die Opern »Bremer Freiheit« (1988; nach R. W. Fassbinder); »Die Wände« (1995; nach J. Genet); »Tragödia« (1997); »Giuseppe e Sylvia« (2000; nach H. Neuenfels).

Holthausen, Ferdinand, Anglist, * Soest 9. 9. 1860, † Wiesbaden 19. 9. 1956; Prof. in Gießen, Göteborg und Kiel; Forschungen zur altisländ. sowie altengl. Sprache (»Altengl. etymolog. Wörterbuch«, 1934); edierte altengl. Texte (u. a. »Beowulf«).
Weiteres Werk: Etymolog. Wb. der engl. Sprache (1917).

Holthusen, Hans Egon, Schriftsteller, * Rendsburg 15. 4. 1913, † München 21. 1. 1997; Vertreter eines christl. Existenzialismus; verfasste den literaturkrit. Essayband »Der unbehauste Mensch« (1951), ferner Lyrik und Erzählungen.

Hölty, Ludwig Christoph Heinrich, Dichter, * Mariensee (heute zu Neustadt am Rübenberge) 21. 12. 1748, † Hannover 1. 9. 1776; Mitgl. des ↑Göttinger Hains; schrieb stimmungsvolle, schwermütige Gedichte, u. a. »Üb immer Treu und Redlichkeit«; gilt als Begründer der neueren dt. Balladendichtung.

Holtzbrinck-Gruppe (Verlagsgruppe Georg von Holtzbrinck GmbH), Medienunternehmen mit Sitz in Stuttgart; ging aus einer Buchgemeinschaft hervor (1937 erworben von Georg von Holtzbrinck, * 1909, † 1983; heute als »Dt. Bücherbund« zu Bertelsmann gehörig). Zur H.-G. zählen die Bereiche: *Buch* (u. a. mit den Verlagen S. Fischer, Rowohlt, Kindler, Metzler, Kiepenheuer & Witsch [85 %], Droemer Weltbild [50 %], in den USA Farrar, Straus & Giroux und Henry Holt sowie in Großbritannien die Macmillan-Gruppe), *Zeitungen und Zeitschriften* (z. B. Die Zeit, Handelsblatt, Wirtschaftswoche, Spotlight, Südkurier), *Wirtschaftsinformationsdienste* (Genios-Datenbanken, Wirtschaftsforschungsunternehmen Prognos AG u. a.) und *elektron. Medien* (z. B. Tanto Xipolis [37,9 %] zum Vertrieb von Informationsdiensten für Intranet- und Internetauftritte von Firmen).

Holstentor in Lübeck (1466–78)

Holtzmann, Thomas, Schauspieler, * München 1. 4. 1927; bed. Charakterdarsteller, spielte in Berlin, Wien und Hamburg; kam 1966 an die Münchner Kammerspiele.

Holub, Miroslav, tschech. Schriftsteller und Arzt, * Pilsen 13. 9. 1923, † Prag 14. 7. 1998; war Immunbiologe und gilt als einer der wichtigsten tschech. Lyriker; schrieb von skept. Illusionslosigkeit bestimmte intellektuelle Lyrik über Menschen in der modernen Zivilisation und entwarf einfühlsam poet. Bilder von Wiss. und Technik (»Naopak«, 1982; »Vom Ursprung der Dinge«, dt. Auswahl 1991); bekannt wurde H. auch mit Reiseberichten aus den USA (»Engel auf Rädern«, 1963).

HOL Holunder

Holunder (Sambucus), Gattung der Geißblattgewächse; Holzpflanzen mit gegenständigen, unpaarig gefiederten Blättern und Trugdolden oder Rispen strahliger Blüten, die zu rundl. Steinbeeren werden. Der **Schwarze H. (Holderbaum, Holderbusch, Holler, Flieder, Schibicke,** Sambucus nigra), ein Strauch oder bis über 6 m hoher Baum mit gelblich weißen, stark duftenden Blüten in flachen Trugdolden und violettschwarzen Früchten, ist fast überall in Europa, Kleinasien und Westsibirien verbreitet. Seine Blüten werden in der Volksmedizin als schweißtreibendes Mittel (H.-, Fliedertee) verwendet sowie regional in Fett ausgebacken gegessen. In Europa wachsen ferner: **Trauben-H. (Roter H. , Berg-, Hirschholder,** Sambucus racemosa) mit roten Früchten und **Zwerg-H. (Acker-, Feld-, Krautholder, Attich,** Sambucus ebulus) mit schwarzen Früchten.

Holunder: Fruchtzweig des Traubenholunders

Holyfield [ˈhɔlıfiːld], Evander, amerikan. Boxer, *Atmore (Ala.) 19. 10. 1962; als Berufsboxer u. a. Weltmeister im Cruisergewicht (1986–88, IBF) und wiederholt im Schwergewicht (WBA/IBF) zw. 1990 und 1999; 46 Kämpfe, 38 Siege.

Holz, umgangssprachl. Bez. für die Hauptsubstanz der Stämme, Äste und Wurzeln der Holzgewächse; in der Pflanzenanatomie Bez. für das vom ↑Kambium nach innen abgegebene Dauergewebe, dessen Zellwände meist durch Lignineinlagerungen (zur Erhöhung der mechan. Festigkeit) verdickt sind.

Ohne Hilfsmittel kann man an einem Stammausschnitt folgende Einzelheiten erkennen: Im Zentrum liegt das **Mark,** das von einem breiten **H.-Körper** umschlossen wird. Dieser setzt sich bei den meisten H.-Arten aus dem sich durch Wechsel in Struktur und Färbung voneinander abhebenden Jahresringen zusammen. Das Kambium umschließt als dünner Mantel den gesamten H.-Körper. Die hellere äußere Zone besteht aus den lebenden jüngsten Jahresringen und wird als **Splint-H.** (Weich-H.) bezeichnet. Der dunkel gefärbte Kern ist das sog. **Kern-H.,** das aus abgestorbenen Zellen besteht und nur noch mechan. Funktionen hat. Da es durch die Einlagerung bestimmter Stoffe (Oxidationsprodukte von Gerbstoffen) geschützt wird, ist es wirtschaftlich wertvoller. An den letzten Jahresring schließt sich nach außen zu der Bast an. Vom Bast in den H.-Körper hinein verlaufen zahlr. Markstrahlen. Den Abschluss des Stammes nach außen bildet die Borke aus toten Korkzellen und abgestorbenem Bast.

Man unterscheidet folgende Zelltypen: 1. **Gefäße,** sie leiten das Bodenwasser mit den darin gelösten Nährsalzen zu den Blättern; 2. **H.-Fasern,** sie sind das Stützgewebe des H.-Körpers; auf ihnen beruht die Trag-, Bruch- und Biegefestigkeit der Hölzer; 3. **H.-Parenchym,** die lebenden Bestandteile des H.-Körpers; sie übernehmen die Speicherung der organ. Substanzen; 4. **Markstrahlparenchym,** das aus lebenden Zellen besteht und der Stoffspeicherung und -leitung dient.

Eigenschaften: Die Dichte (Rohdichte zw. 0,1 g/cm³ [Balsa] und 1,2 g/cm³ [Pock-H.]) des H. hängt von der H.-Art ab, ist aber auch innerhalb des gleichen Baumes unterschiedlich (Splint-H. ist leichter als Kern-H.). Bei weniger als 30 % Wassergehalt schwindet H. beim Trocknen und wird fester, es quillt bei Wasseraufnahme. Die H.-Trocknung erfolgt als Kammertrocknung in belüfteten Räumen bei 60–80 °C, als Hochtemperaturtrocknung mit feuchter Luft bei 100–140 °C (für Furniere bis 260 °C in v. a. düsenbelüfteten Furniertrocknern). Die akust. Dämmeigenschaften von H. sind sehr gut. In trockenem Zustand ist H. ein elektr. Isolator. Es ist leicht bearbeitbar, kommt in vielen Farben vor und erhält durch Anschnitt von Jahresringen, Markstrahlen und Gefäßen oft eine schöne Textur (Maserung, Zeichnung). Der Heizwert trockenen H. beträgt zw. 15 und 20 MJ/kg.

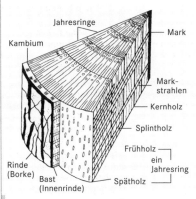

Holz: Ausschnitt aus einem Baumstamm

Kulturgeschichte: Die Verwendung des H. zum Feuermachen gilt als Beginn menschl. Kulturtätigkeit. Neben Knochen und Stein war H. schon in der Altsteinzeit ein wichtiger Werkstoff, der u. a. zur Fertigung von Waffen (hölzerne Lanzen) und Geräten genutzt wurde. Von der Mittelsteinzeit an sind Schlitten nachgewiesen, seit der Jungsteinzeit Pflug, Wagen, Einbaum, Hausrat aus H. Das Haus wurde in Mittel-, Nord- und Osteuropa bis in die geschichtl. Zeit fast nur aus H. gebaut (↑Pfahlbauten). Durch die ↑Dendrochronologie und die Radiocarbonmethode ist H. zu einem der wichtigsten Datierungsmittel der Vorgeschichtsforschung geworden.
📖 *Das große Buch vom H.*, bearb. v. J. Schwab. A. d. Engl. Neuausg. Luzern 1987. – *H.-Lexikon*, bearb. v. R. Mombächer, 2 Bde. Nachdr. Stuttgart 1993. – Steuer, W.: *Vom Baum zum H.* Stuttgart ²1990. – Lohmann, U.: *H.-Handbuch. Beiträge v. T. Annies u. a.* Nachdr. Leinfelden-Echterdingen 1995. – Schwankl, A.: *Wie bestimme ich H.?* Augsburg ¹¹1996.

H̲o̲lz, Arno, Schriftsteller, *Rastenburg (heute Kętrzyn) 26. 4. 1863, †Berlin 26. 10. 1929; mit J. Schlaf Begründer des konsequenten Naturalismus in theoret. Schriften (»Die Kunst, ihr Wesen und ihre Gesetze«, 2 Bde., 1891/92) und gemeinsam verfassten Musterbeispielen naturalist. Dichtung unter dem Pseud. Bjarne Peter Holmsen (»Papa Hamlet«, Novellen, 1889; »Die Familie Selicke«, Dr., 1890). In seinem Bemühen um neue Ausdrucksmöglichkeiten bezog H. Umgangssprache und neue Themen (soziale Tendenz, sozialrevolutionäre Bekenntnisse, Großstadtbilder) in die Literatur ein (»Traumulus«, Kom., mit O. Jerschke, 1904; »Sonnenfinsternis«, Dr., 1908; »Ignorabimus«, Dr., 1913). Unter Verzicht auf Reim und alle Formregeln ist seine z. T. sprachlich virtuose Lyrik v. a. vom »inneren Rhythmus« her bestimmt (»Phantasus«, 2 Tle., 1898/99; »Dafnis«, 1904, parodist. Nachahmungen barocker Lyrik). Erinnerungen (»Kindheitsparadiese«, 1924).

H̲ö̲lz, Max, Politiker, ↑Hoelz, Max.

Holzapfel, unveredelter, gerbstoffreicher Wildapfel.

Holzbau, Oberbegriff für die Herstellung von tragenden Bauwerksteilen und Hilfskonstruktionen aus Holz; wird in traditionellen **Zimmermanns-H.** und **Ingenieur-H.** unterschieden. – Die früheste europ. Form ist der **Pfostenbau** aus eingerammten dünnen Rundhölzern mit lehmumhülltem Flechtwerk aus Zweigen und Ruten als Wandfüllung; er ist als Vorstufe des Fachwerks anzusehen. Ihm folgen (seit der jüngeren Steinzeit) der **Bohlenbau** aus senkrecht stehenden halbierten Stämmen, später aus bearbeiteten dicken Brettern, und der (seit der Jungsteinzeit) **Blockbau** aus waagerecht aufeinander gelegten Rundhölzern. Größte Bedeutung und Verbreitung hat der ↑Fachwerkbau gewonnen. Im 20. Jh. wurde der H. wichtig als Ausgangspunkt für den ↑Fertigbau. Neuen Aufschwung nahm der H. mit dem **(Holz-)Leimbau** (Verwendung von Kunstharzleimen zur Verbindung der tragenden Holzbauteile) und **(Holz-)Nagelbau** (Verwendung von Nagelplatten und/oder Blechen mit mehreren regelmäßig angeordneten Nägeln, für Hallenbauten und Dachtragwerke).

Holzbauer, Wilhelm, österr. Architekt, *Salzburg 3. 9. 1930; seit 1977 Prof. an der Hochschule für angewandte Künste in Wien. Seine Entwürfe basieren auf geo-

metr. Grundformen, die spielerisch variiert und nach Kriterien der Form und Funktion kombiniert werden; u. a. U-Bahn-Stationen in Wien (1971–82); Landtagsgebäude in Bregenz (1975–80); »Stopera« in Amsterdam (Rathaus und Oper, 1978–87); Biozentrum der Univ. in Frankfurt am Main (1988–93); Festspielhaus in Baden-Baden (1998).
📖 *W. H. Buildings and projects. Bauten und Projekte*, Essay v. F. Achleitner. Stuttgart 1995.

Holzbienen (Xylocopa), hummelähnl. Bienengattung, deren Weibchen Röhren in Holz mit Zellen für die Brut anlegen. In Mitteleuropa verbreitet ist die **Blaue H.** (Körperlänge 18–28 mm).

Holzbildhauerei: »Dame von Brass«, afrikanische Holzskulptur aus Nigeria (Museum der Universität von Philadelphia)

Holzbildhauerei (Holzschnitzerei), Herstellung plast. Bildwerke, Reliefs, Verzierungen durch Bearbeitung eines Holzblocks mit Meißel, Klöppel, Flach- und Hohleisen. Die geschnitzte Figur kann eine auf Kreide oder Gips aufgetragene Bemalung und Vergoldung (»Fassung«) erhalten (sie ist dann »gefasst«). In Europa entstanden im MA. und Barock eine große Zahl bed. Werke der H.: Marienstatuen, Kruzifixe, Kultgeräte, Chorgestühle (J. Syrlin d. Ä., Ulmer Münster, 1469–74) sowie Vesper-, Erbärmdebilder u. a. Figurengruppen, Altäre und Kanzeln. Ein Höhepunkt der H. sind die spätgot. Schnitzaltäre. Das Auftreten ungefasster Werke (T. Riemenschneider, Creglinger Altar, 1502–05) ist im Zusammenhang mit der Neigung spätgot. Malerei zur Einfarbigkeit zu sehen. Mit Beginn der Renaissance konzentrierte sich die H. großenteils auf profane Gegenstände (geschnitzte Truhen, v. a. in Italien und Frankreich), die Raumausschmückung (z. B. Wandverkleidungen) sowie auf die Kleinplastik. Im Barock entstanden wieder hervorragende Großplastiken, ausgeführt von Meistern wie G. Petel, B. Permoser, I. Günther und J. A. Feuchtmayer. Im 19. Jh. bricht die Entwicklung ab, jedoch wurde die H. im 20. Jh. auf versch. Weise wieder aufgegriffen (u. a. E. Barlach, C. Brâncusi, E. L. Kirchner, M. Marini, H. Moore). – Bed. Werke der H. finden sich auch in außereurop. Kulturen.
📖 *Holzschnitzen u. Holzbildhauen*. Bern u. a. ⁶1992. – Teixidó i Camí, J. u. Chicharro Santamero, J.: *Skulpturen aus Holz*. A. d. Span. Wien u. a. 1997.

Holzblasinstrumente, Blasinstrumente, bes. Flöten, Klarinetten, Oboen, Fagotte, aber auch die aus Metall hergestellte Querflöte und das Saxophon, die sich von den Blechblasinstrumenten durch die Art der Tonerzeugung (mittels schwingenden Luftstroms oder Rohrblatt; bei Blechblasinstrumenten unmittelbar durch die Lippen) und die Spielweise unterscheiden.

Holzblock, Schlaginstrument aus Hartholz in Form eines längl., rechteckigen Blocks mit schlitzartiger Aushöhlung an beiden Längsseiten, wird mit Schlägeln angeschlagen. Der H. findet in der Tanz- und Unterhaltungsmusik sowie im modernen Orchester Verwendung.

Holzbock (Waldzecke, Zecke, Ixodes ricinus), Art der ↑Zecken. Die H. klettern an Pflanzen empor und lassen sich auf Tiere oder Menschen fallen, um Blut zu saugen; Männchen 2,5 mm, Weibchen 4 mm lang (vollgesogen bis 11 mm); Überträger u. a. von ↑Zeckenenzephalitis und ↑Lyme-Borreliose.

Holzbohrkäfer (Bohrkäfer, Bostrychidae), artenreiche Familie meist dunkler Käfer mit kapuzenartig gewölbtem, den Kopf verdeckendem Halsschild. H. und ihre Larven bohren meist Gänge in abgestorbenem Holz, einige Arten sind Vorratsschädlinge.

Holzbock: weibliche Tiere, unteres mit Blut vollgesogen und frisch abgelegten Eiern am Hinterleib

Holzbrandtechnik (Brandmalerei), das Einbrennen von Ornamenten, Schrift und bildl. Darstellungen in Holz durch ein Gerät mit elektr. beheizter Metallspitze.
Holzdestillation, die ↑Holzverkohlung.
Holzeinschlag (Einschlag), in der Forstwirtschaft Bez. für alle mit der Holzfällung verbundenen Vorgänge (z. B. Fällung, Aufarbeitung, Transport) sowie für die jährlich gefällte Holzmasse.
Holzer, Jenny, amerikan. Medienkünstlerin, * Gallipolis (Oh.) 29. 7. 1950; nutzt die Mittel der Massenkommunikation und konfrontiert das Publikum im öffentl. Raum und in Ausstellungen mit elektron. Schriftbändern auf Wänden. Die provokativen Sinnsprüche sollen das Bewusstsein für die Wahrnehmung allg. Missstände und eigener Vorurteile schärfen.
Holzessig, durch Holzverkohlung gewonnene Essigsäure. Roh-H. ist eine wässrige Lösung mit etwa 12% Essigsäure, 3% Holzgeist und 10% gelöstem Teer.
Holzfaserplatten, plattenförmige Holzwerkstoffe, die aus zerfasertem Holz, je nach Faservliesbildung im wässrigen oder gasförmigen Medium, nach Nassverfahren oder Trockenverfahren hergestellt werden. Nach dem der Papierherstellung ähnl. Nassverfahren entstehen **harte** H. (auch **Hartfaserplatten** gen., Rohdichte ≥ 900 kg/m³), **mittelharte** H. (Rohdichte 400–900 kg/m³) und **poröse** H. (Rohdichte 230–400 kg/m³), nach dem Trockenverfahren überwiegend **mitteldichte** H. (MDF) im Rohdichtebereich von 600 bis 800 kg/m³. Die größte Bedeutung besitzen harte H. und MDF.
Holzfäule, Holzzersetzung durch Pilze.
holzfreies Papier (zellstoffhaltiges Papier), Bez. für alle Papiere, die aus reinem Zellstoff hergestellt werden; nach DIN alle Papiere mit weniger als 5 Masse-% verholzten Fasern.
Holzgas, Nebenprodukt der Holzverkohlung, enthält etwa 55% Kohlendioxid, 32% Kohlenmonoxid, 8% Methan, wenig Wasserstoff und Äthylen; meist zur Heizung der Verkohlungsretorten verwendet, früher als Motorentreibgas für Verbrennungsmotoren.
Holzgeist, ein Destillationsprodukt des rohen Holzessigs, enthält etwa 45% Methanol, 7% Aceton und 5% Methylacetat; wird zum Vergällen von Äthanol und als Lösungsmittel verwendet.
Holzgummi, das ↑Xylan.
holzhaltiges Papier (holzschliffhaltiges Papier), Bez. für alle Papiere, die neben Zellstoff auch Holzschliff enthalten (i. d. R. 6 bis 75%, Zeitungspapier auch bis 90%); nach DIN alle Papiere mit mehr als 5 Masse-% verholzten Fasern.
Holzkitt, knetbarer Kitt aus Leinöl und Harzseifen, denen Kreide, Kalk oder Ton beigemischt sind; dient zum Ausfüllen von Rissen im Holz bei der Oberflächenbehandlung. Ähnl. Zwecken dient der aus Holzmehl und Celluloseestern als Bindemittel zusammengesetzte, pastenartige **Holzzement** (plast. Holz, flüssiges Holz), der nach dem Aufspachteln rasch trocknet.
Holzknecht, Guido, österr. Röntgenologe, * Wien 3. 12. 1872, † (an den Folgen von Röntgenschädigungen) ebd. 30. 10. 1931; beteiligte sich maßgebend am Ausbau der Röntgendiagnostik und -therapie, konstruierte (mit I. Robinsohn) einen Durchleuchtungstisch sowie Dosier- und Messinstrumente, gab eine Röntgenstrahleinheit (**H.-Einheit**) an.
Holzkohle, das Hauptprodukt der Holzverkohlung, enthält zw. 80 und 90% Kohlenstoff, 1–3% Asche, Sauerstoff, Stickstoff und Wasserstoff (Heizwert 29 bis 33 MJ/kg), wird zur Herstellung von Aktivkohle und Schwefelkohlenstoff, als Grillkohle sowie in der Pyrotechnik und Metallurgie verwendet.
Holzmann AG, Philipp, Bauunterneh-

men, Sitz: Frankfurt am Main; gegr. 1849, seit 1917 AG; zahlr. Tochterges. im In- und Ausland; geriet 1999 aufgrund von Missmanagement in eine schwere Krise. Trotz Beihilfen des Bundes (51,13 Mio.€) musste am 1. 6. 2002 das Insolvenzverfahren eröffnet werden.

Holzmeister, Clemens, österr. Architekt, *Fulpmes (im Stubaital) 27. 3. 1886, † Hallein 5. 6. 1983; baute zunächst in Wien in gemäßigt modernem Stil Kirchen, Schulen, Wohnsiedlungen; lehrte 1939–48 an der TH in Istanbul (Bau des Parlamentsgebäudes in Ankara, 1938); Umbau des Salzburger Festspielhauses (1960).

Holzminden, 1) Landkr. im RegBez. Hannover, Ndsachs., 692 km², 81 100 Einwohner.
2) Krst. von 1) in Ndsachs., am W-Rand des Sollings, an der Weser, 22 000 Ew.; FH Hildesheim/H.; elektrotechn., Geschmacks- und Duftstoff-, Glasind., Maschinen- und Werkzeugbau. Der Stadtteil Neuhaus ist heilklimatischer Kurort. – Fachwerkhäuser (17.–18. Jh.). – Seit 1245 Stadt.

Holzschnitt: heilige Dorothea (Anfang 15. Jh.)

Holz|öl (Tungöl), fettes Öl aus den Samen des Tungbaums; zur Herstellung von Farbe, Firnis, Wachstuch, Linoleum und Ölpapier verwendet.

Holzpilze, Sammelbez. für Holz zerstörende Pilze, z. B. Hausschwamm, Hallimasch.

Holzschliff (Holzstoff), *Papierherstellung:* aus Schwachhölzern durch mechan. Zerkleinerung gewonnenes Fasermaterial zur Herstellung von holzhaltigen Papieren und Kartons. Beim klass. Steinschliff **(Weißschliff)** werden entrindete, unbehandelte Hölzer unter Druck und Wasserzugabe gegen einen aufgerauten, rotierenden Stein gepresst. **Braunschliff** entsteht durch Dämpfen des Holzes vor dem Schleifen; die aus derartig vorbehandeltem Holz gewonnenen Fasern sind länger und geschmeidiger; sie werden für Lederpappen und Packpapier verwendet.

Holzschnitt, graf. Technik, bei der eine Zeichnung erhaben aus einer Holzplatte (Holzstock) herausgeschnitten und nach Einfärben gedruckt wird, sowie der von dieser Platte auf Papier abgezogene Druck. Auf der geglätteten, meist mit einer dünnen Kreideschicht überzogenen Oberfläche eines etwa 2 cm dicken Holzstocks wird das Bild des Künstlers (im MA. des »Reißers«) zuerst vorgezeichnet (seitenvertauscht im Verhältnis zum späteren Abzug), dann wird vom Formschneider (der auch der entwerfende Künstler selbst sein kann) mit dem Messer, später auch Stichel, so viel Holz ausgehoben, dass die übrig bleibenden Stege oder Flächen das vorgezeichnete Bild abdrucken können. Abgedruckt wird mit der Hand oder mit der Druckerpresse. Als Holzstöcke dienten bis zum 18. Jh. in der Längsrichtung des Stammes geschnittene und mit dem Schneidemesser bearbeitete Langholzplatten aus Birn- oder Nussbaum. Für den im 19. Jh. bevorzugten **Holzstich (Xylographie)** wird Hirnholz (quer gegen die Wachstumsrichtung des Baumes gesägtes Holz) verwendet, in das feine Linien mit dem Holzstichel gestochen werden. Aus dem Holzstich entwickelte sich der Tonstich, der Halbtöne wiedergibt. Von zwei oder mehr Platten gedruckt werden der **Helldunkelschnitt** (Clair-obscur-Schnitt) und der **Farb-H.** Beim **Weißschnitt** erscheinen in das Holz geritzte Linien weiß auf schwarzem Grund.

Geschichte: Die ältesten H. entstanden in China (Funde aus dem 6./7. Jh.) und in Japan (8. Jh.). In China sind Farb-H. aus der Zeit um 1600 erhalten. Bekannt sind v. a.

die H. der vielbändigen Mallehrbücher ↑»Zehnbambushalle« (1627 ff.) und ↑»Senfkorngarten« (1679 ff.). In Japan begann im 17. Jh. die Blütezeit des H. als Gattung des ↑Ukiyo-e. Im 18. Jh. kamen der Vielfarbendruck und die Blindpressung

Holzschnitt: Ernst Ludwig Kirchner, »Akt mit schwarzem Hut« (1908/09)

auf (↑Harunobu). Stilprägend wurden ↑Moronobu mit klarer Linienzeichnung, expressiv ↑Sharaku, psychologisierend Utamaro; für den europ. H. erlangten v. a. ↑Hokusai und ↑Hiroshige Bedeutung. In Europa, wo der H. in der zweiten Hälfte des 14. Jh. aufkam, verwendete man ihn für Einblattdrucke, Blockbücher, dann Illustrationen. Die frühen, auf Umrisse beschränkten H. wurden farbig ausgemalt (handkolorierte H.). Um 1450 begann man auch die Binnenform mit Linienwerk zu füllen und auf Farben zu verzichten. 1498 erschien die Apokalypse, die erste der graf. Folgen A. Dürers. Die neben den Werken Dürers hervorragendsten H. der Zeit schufen L. Cranach d. Ä., H. Baldung, A. Altdorfer, H. Burgkmair und H. Holbein d. J. Nach Dürer verlor der H. an Bedeutung. Im 17. und 18. Jh. wurde er durch den Kupferstich verdrängt. Im 19. Jh. verbreitete sich der von T. Bewick erfundene Holzstich bes. in Frankreich (G. Doré u. a.). Dt. Künstler, bes. A. Rethel, hielten zunächst noch an der alten Technik fest. Die Zeichnungen A. Menzels zur Geschichte Friedrichs d. Gr. (1839–42) wurden dagegen von Holzstechern übertragen. Eine Wiederbelebung ging gegen Ende des 19. Jh. von England aus (Höhepunkt mit dem Jugendstil-H. A. Beardsleys). Neue Ausdruckswirkungen fanden der Norweger E. Munch und die dt. Expressionisten (E. Nolde, F. Marc, M. Beckmann). Sie wurden von F. Masereel, C. Felixmüller und HAP Grieshaber weiterentwickelt. Buch-H. schuf vor allem A. Maillol.

📖 *Michener, J. A.: Japanische H.e von den frühen Meistern bis zur Neuzeit.* München 1961. – *Hansen, H. W.: Dt. Holzschnittmeister des 20. Jh.* Toppenstedt ²1979. – *Amann, P.: Der H. Sonderausg.* Kirchdorf a. Inn 1988. – *Der dt. H. im 20. Jh.*, hg. v. G. Thiem, Ausst.-Kat. Institut für Auslandsbeziehungen, Stuttgart. Berlin ²1988. – *H. heute – Fragen an eine alte Technik*, Ausst.-Kat., hg. v. Städt. Kunstmuseum Spendhaus Reutlingen 2001.

Holzschnitzerei, i. e. S. dekorative Schnitzerei an Möbeln (Chorgestühl, Truhen, Schränke) u. a. Gegenständen; i. w. S. svw. ↑Holzbildhauerei.

Holzschutz (Holzkonservierung), Maßnahmen bautechn., chem. und physikal. Art zur Erhöhung der Haltbarkeit von Hölzern und zum Schutz der Hölzer vor Holzschädlingen, Witterungseinflüssen und Feuer. Anwendungsbereiche sind prophylaktischer Holzschutz vor der Verarbeitung (zeitlich begrenzt), vorbeugend bei der Verarbeitung (Langzeitwirkung) und bekämpfend bei entstandenem Befall. Ein biolog. H. durch Einsatz antagonistisch wirkender Mikroorganismen oder von Insektenhormonen ist noch im Stadium intensiver Erforschung. Wichtige Wirkstoffe in H.-Mitteln sind synthet. Pyrethroide. Die Herstellung und die Verwendung von PCP (Pentachlorphenol) sind seit Ende 1989 untersagt.

Holzspanplatten, die ↑Spanplatten.

Holzstich, ↑Holzschnitt.

Holzteer, Nebenprodukt der Holzverkohlung, ein stark riechendes Gemisch von Phenolen, Kresolen, Phenoläther, Guajakol, Fettsäuren und hochsiedenden Kohlenwasserstoffen.

Holzverbindung, die Zusammenfügung von Hölzern im Zimmermannsbau, Ingenieurholzbau, in der Tischlerei durch Formung der Berührungsflächen oder beson-

HOL Holzverflüssigung

dere Befestigungsmittel (Nägel, Dübel, Schrauben) oder durch beides. Im Zimmermannsbau werden ausgeführt: Verbindungen sich kreuzender Hölzer **(Winkelverbände)** als Überblattungen, Verzapfungen, Verkämmungen, Verdübelungen, Verklauungen; Verbindungen zur Verlängerung von Hölzern **(Längsverbände);** Holzverstärkungen **(Querschnittverbände);** Verbindungen zur Herstellung größerer Flächen **(Breitenverbände).** Beim Ingenieurholzbau werden H. durch Dübel, Bolzen, Nagelung hergestellt.

Holzverflüssigung, modernes Verfahren der thermochem. Konvertierung von Holz durch Schnellpyrolyse (Flash-Pyrolyse) zu überwiegend flüssigen Produkten (etwa 75% Öl, 10% Kohle, 15% Gas).

Holzverkohlung (Holzdestillation), therm. Zersetzung von Holz unter Luftabschluss zur Gewinnung von Holzkohle; früher im Meiler, heute großtechn. in eisernen Retorten und Rohröfen. Anfallende Produkte sind etwa 30% Holzkohle, 15-19% Holzgas, 46-54% Holzessig sowie bei weiterer Aufarbeitung 2% Holzgeist und 13% Holzteer. (↑Köhlerei)

Holzverzuckerung, Verfahren zum hydrolyt. Abbau der Polysaccharide des Holzes (Cellulose, Hemicellulosen) zu einfachen Zuckern (Glucose, Xylose u. a.) mithilfe von Säuren oder Enzymen. Die H. wurde im Zweiten Weltkrieg in Dtl. technisch genutzt, erregt in neuerer Zeit verstärktes Interesse im Hinblick auf Treibstoffgewinnung aus cellulosehaltigen Abfällen (»Biomasse«).

Holzwespen (Siricidae), Familie der Pflanzenwespen mit Legebohrer. Ihre Larven sind Holzschädlinge. In Mitteleuropa kommt u. a. die **Riesen-H.** (Urocerus gigas) vor (Länge 1,5-4 cm).

Holzwirtschaft (Holzindustrie), Wirtschaftszweig, der als Untergruppen umfasst: 1) Holzbearbeitung (Säge-, Furnier-, Sperrholz-, Holzfaserplatten- und Holzspanplattenerzeugung), 2) Holzverarbeitung (Holzschliff-, Möbelind. u. a.), 3) Holzhandwerk (Tischler- und Zimmererhandwerk), 4) Holzhandel und 5) Zellstoff-, Holzstoff-, Papier- und Pappeerzeugung. Der Selbstversorgungsgrad Dtl.s mit Holz beträgt (2001) rd. 90% (einschließlich Wiederverwendung von inländ. Altpapier und -holz). Der restl. Bedarf wird v. a. durch Importe aus den skandinav., osteurop. und nordamerikan. Ländern sowie Österreich gedeckt.

Holzwolle, gekräuselte Holzspäne, die auf der H.-Hobelmaschine von einem Holzstück abgespant werden; Verwendung als Verpackungsmittel und zur Herstellung von ↑Leichtbauplatten.

Holzwürmer, volkstüml. Bez. für in Holz lebende Tiere, meist Käfer oder deren Larven; bes. Klopfkäfer und Bockkäfer.

Holzzucker, 1) *Chemie:* die ↑Xylose. 2) *Technik:* Produkt der ↑Holzverzuckerung.

Homagium [mlat.] *das, Lehnswesen:* der Formalakt, durch den ein Lehnsverhältnis begründet wurde. Dabei verpflichtete das H. zu Gehorsam und Diensten; hinzu kam das Gelöbnis des Treueids.

Homann, Johann Baptist, Kupferstecher, Kartograph und Verleger, *Oberkammlach (heute zu Kammlach, Kr. Unterallgäu) 20. 3. 1663, †Nürnberg 1. 7. 1724; gründete 1702 in Nürnberg einen Landkartenverlag, gab neben Globen rd. 200 Karten heraus.

Hombach, Bodo, Politiker (SPD), *Mülheim an der Ruhr 19. 8. 1952; Sozialarbeiter, Manager. Nach Funktionen in der Gewerkschaftsbewegung (u. a. GEW-Landesgeschäftsführer in NRW), der SPD (u. a. Landesgeschäftsführer in NRW) und der Industrie (u. a. Vorstandsposten bei Preussag) war er 1998-99 Bundesmin. für besondere Aufgaben und Chef des Kanzleramts; wurde 1999 EU-Koordinator für den Balkan-Stabilitätspakt (bis Ende 2001); Nachfolger: E. Busek.

Homberg (Efze), Kreisstadt des Schwalm-Eder-Kr., RegBez. Kassel, Hessen, nördlich des Knüll, 15 200 Ew.; Museum; Elektromotorenbau, Gießerei, Armaturenfabrik, Schuhind.; Basaltwerke. – Maler. Stadtbild, spätgot. Marienkirche. – Stadtrecht vor 1231.

Homberg (Niederrhein), ehem. Stadt in NRW, seit 1975 nach Duisburg eingemeindet.

Homberg (Ohm), Stadt im Vogelsbergkreis, Hessen, 8 100 Ew.; Erholungsort im Ohmtal; Metall verarbeitende Ind., Palettenfabrik. – Spätroman. evang. Pfarrkirche, Fachwerkhäuser (15.–19. Jh.). – 1234 als Stadt erwähnt.

Homburg, Prinz von, ↑Friedrich, Herrscher, Hessen-Homburg.

Homburg, 1) Kreisstadt des Saar-Pfalz-

Homburg 1): Schlossberghöhlen (Teile der 1714 geschleiften Festung Hohenburg); künstlerisch ausgestaltet

Kreises, Saarland, 45 700 Ew.; medizin. Fakultät der Univ. des Saarlandes; Römermuseum (im Stadtteil Schwarzenacker); Metallverarbeitung, Brauerei; Schlossberghöhlen (größte Buntsandsteinhöhle Europas). – Residenzschloss (1778–85; Ruine). – 1330 Stadtrecht; 1778/85–93 Residenzstadt von Pfalz-Zweibrücken.

2) ↑Bad Homburg v. d. Höhe.

Homebanking [ˈhəʊmbæŋkɪŋ, engl.] *das,* die Abwicklung von Bankgeschäften von der Wohnung bzw. vom Arbeitsplatz des Kunden aus, dem Direct- bzw. Telebanking zuzurechnen. Inhaltlich kommen Informationsdienste (Wertpapierkurse, Immobilienangebote u. a.) ebenso infrage wie kontobezogene Leistungen (z. B. Kontostandsabfrage, Überweisungen, Erteilung von Daueraufträgen); Letztere verlangen jedoch eine Legitimationsprüfung.

Homecomputer [ˈhəʊmkɔmpjuːtər, engl.], der ↑Heimcomputer.

Homel [x-], Stadt in Weißrussland, ↑Gomel.

Homelands [ˈhəʊmlændz, engl. »Heimatländer«] (früher Bantu H.), nach ethn. Gesichtspunkten eingerichtete frühere Territorien in der Rep. Südafrika, denen entsprechend den Passgesetzen des Systems der ↑Apartheid alle Schwarzen, auch die in den ↑Townships arbeitenden, angehörten. Das Gebiet eines H. war meist in zahlreiche, geographisch nicht zusammenhängende Landstücke zersplittert und wirtsch. kaum lebensfähig.

Die Parlamente der H. setzten sich aus gewählten und ernannten Vertretern zusammen; bei der Verw. spielten v. a. die »Chiefs« als traditionelle Autoritäten eine maßgebl. Rolle. Nach der offiziellen Entlassung von Transkei (1976), Bophutha Tswana (1977), Venda (1979) und Ciskei (1981) in die Unabhängigkeit, die von keinem Staat außer der Rep. Südafrika anerkannt wurde, verblieben sechs H.: Gazankulu, KaNgwane, KwaNdebele, KwaZulu, Lebowa und Qwaqwa. Mit dem Ende des Apartheidsystems (1994) wurden die für unabhängig erklärten vier Territorien und die bestehenden H. in das Gesamtterritorium der Rep. Südafrika zurückgegliedert und auf die neu geschaffenen Provinzen aufgeteilt.

Home Office [ˈhəʊm ˈɔfɪs], *das,* brit. Innenministerium.

Homepage [ˈhəʊmˈpeɪdʒ, engl. »Heimatseite«] *die* (Startseite), diejenigen Informationen eines Onlinedienstes, die ein Nutzer als erste sieht, wenn er ein bestimmtes Angebot aufruft, und von denen aus er zu weiteren, hierarchisch tiefer liegenden Informationen gelangt. Als H. wird insbes. die erste Seite eines Internetanbieters bezeichnet (↑WWW). Die H. wird auch immer dann angezeigt, wenn man die Adresse (↑URL) der Institution in einen Browser eingibt. – H., die zu einem gemeinsamen Bereich gehören, fasst man häufig zus., um den Benutzern einen systemat. Zugang zu ermöglichen. Man betritt den Bereich über eine übergeordnete Seite, das sog. ↑Portal, von dem aus die weiteren Angebotsseiten erreicht werden.

Homer (grch. Homeros), grch. Dichter, lebte im 8. Jh. v. Chr. im ion. Kleinasien; nach der Überlieferung blind. Unter seinem Namen werden die Epen »Ilias« und »Odyssee« tradiert. Die moderne Philologie nimmt jedoch i. Allg. an, dass beide Werke nicht vom gleichen Verfasser stammen; ihr zeitl. Abstand dürfte etwa eine Generation betragen. Die »**Ilias**«, als deren Verfasser H. heute gilt, ist das älteste erhaltene Großepos der europ. Literatur (etwa 16 000 Verse); es behandelt die entscheidenden 51 Tage der zehnjährigen Belagerung Trojas, ausgehend vom Zorn des ↑Achill. Zahlr. Episoden unterbrechen den Gang der Handlung, wobei in wechselnder Folge grch. und trojan. Helden als Protagonisten hervortreten. Parallel zum menschl. Geschehen läuft eine Götterhandlung; die Götter suchen den Gang der Ereignisse nach ihrem Willen zu lenken.

Homer (Büste aus hellenistischer Zeit)

Ob hinter dem Epos ein konkretes myken. Unternehmen gegen Troja steht, ist umstritten. Als Versmaß verwandte H. den Hexameter, der bei ihm bereits seine klass. Gestalt gefunden hat. Seine Sprache ist eine typ. Kunstsprache mit ionisch-äol. Elementen. Die epische Technik charakterisieren stehende Beiwörter (Epitheta) und Versewiederholungen, formelhafte Verse und typ. Szenen. Die »**Odyssee**« (etwa 12 000 Verse) ist der Bericht von den zehnjährigen Irrfahrten des Odysseus, die sich an die Eroberung Trojas anschließen, und von dessen Heimkehr nach Ithaka. Einen eigenen Handlungszug bildet die »**Telemachie**«: Telemach, der Sohn des Odysseus, ist ein junger Mensch, der sich zum ersten selbstständigen Handeln entschließt, indem er sich aufmacht, um nach dem Schicksal des Vaters zu forschen. In Dtl. entstanden im 18. Jh. die H.-Übersetzungen von A. Bürger, C. und F. Grafen zu Stolberg und bes. von J. H. Voß (»Odyssee«, 1781; »Ilias«, 1793), weitere von R. A. Schröder (»Odyssee«, 1929; »Ilias«, 1943), T. von Scheffer, W. Schadewaldt, H. Rupé, A. Weiher. Die homer. Frage der Neuzeit, inwieweit H. Verfasser der Epen ist, wird heute dahingehend beantwortet, dass eine jahrhundertelange Tradition mündl. Heldendichtung dem homer. Epen vorausging; das eigtl. »Homerische« sucht man heute in der dichter. Umgestaltung dieser Tradition zu der die Schriftlichkeit voraussetzenden kunstvollen Komposition der Epen zu erfassen.

Latacz, J.: H. Der erste Dichter des Abendlandes. München u. a. ²1989. – H. Die Dichtung u. ihre Deutung, hg. v. J. Latacz. Darmstadt 1991. – Bannert, H.: H. mit Selbstzeugnissen u. Bilddokumenten. Reinbek ⁶1997. – Latacz, J.: Troia und H. München u. a. 2001.

Homer ['həʊmə], Winslow, amerikan. Maler, * Boston (Mass.) 24. 2. 1836, † Prout's Neck (Me.) 29. 9. 1910; anfangs Zeitschriftenillustrator. Ab 1861 nahm er als Zeichner am Bürgerkrieg teil und begann während dieser Zeit zu malen (»Gefangene von der Front«, 1866; New York, Metropolitan Museum). Später schuf er in naturalist. Manier Küstenlandschaften und Meeresbilder, auch Genrebilder sowie zahlr. Aquarelle.

Homeride [grch.] *der,* 1) Angehöriger einer altgrch. Rhapsodengilde auf der Insel Chios, die sich von Homer herleitete; 2) Rhapsode, der die homer. Gedichte vortrug.

homerische Hymnen, Sammlung von vier längeren und 29 kürzeren Gedichten in daktyl. Hexametern, die unter dem Namen Homers überliefert wurden, deren Verfasserschaft aber nicht geklärt ist; entstanden zw. dem 7. und 5. Jh. v. Chr.; sprachlich und stofflich zur rhapsod. Tradition gehörend. Sie rufen jeweils eine einzelne Gottheit an, z. B. Apoll, Demeter, Hermes.

homerisches Gelächter, lautes Gelächter (nach Homer, der von »unauslöschl. Gelächter« der seligen Götter spricht).

Homerule ['həʊmruːl; engl. »Selbstregierung«] *die,* Schlagwort für die von der Irischen Nationalpartei seit den 1870er-Jahren auf parlamentar. Wege – dies im Unterschied zu den revolutionären Feniern – erstrebte nat. Selbstständigkeit Irlands im Rahmen des brit. Reiches. Die H.-Bewegung verlor seit 1916/17 an Bedeutung, als es der Sinn Féin gelang, die Unterstützung

weiter Kreise der Bevölkerung zu gewinnen; Letztere erreichte mit der Unabhängigkeit Irlands 1922 mehr als die H.-Bewegung jemals gefordert hatte. (↑Irland)
Homespun ['hǝʊmspʌn; engl. »Heimgesponnenes«] *das*, grobfädiger, mit farbigen Noppen und Knötchen durchsetzter Streichgarnstoff mit Handwebcharakter in Leinwand- oder Köperbindung; v. a. für Mäntel und Sportkleidung.
Homestead Act ['hǝʊmsted 'ækt; engl. »Heimstättengesetz«], ein von der amerikan. Reg. 1862 erlassenes Bundesgesetz, das Siedlern im damaligen Westen je 160 acres (65 ha) Land für die Errichtung von »Heimstätten« zur Verfügung stellte, verbunden mit der Verpflichtung, den Boden fünf Jahre lang zu bewirtschaften. Der H. A. gab der Besiedlung des amerikan. Westens starke Impulse.
Homestory ['hǝʊmstɔːrɪ, engl.] *die*, Hintergrundbericht in den Medien aus der Privatsphäre von Prominenten.
Hometrainer ['hǝʊmtreɪnǝ, engl.] *der*, fest stehendes Heimübungsgerät (in der Art eines Fahrrades oder eines Rudergerätes) zum Konditions- und Ausgleichstraining oder für heilgymnast. Zwecke.
Homewear ['hǝʊmweǝ] *der* oder *das*, Kleidung für zu Hause.
Homiletik [grch.] *die*, Lehre von der christl. Predigt und ihrer Geschichte; als wiss. begründete prakt. Anleitung zum Predigen seit der Aufklärung ein Hauptgebiet der ↑praktischen Theologie.
Homiliar [grch.-mlat.] *das*, im MA. Samml. von Homilien, geordnet nach der Perikopenordnung des Kirchenjahres.
Homilie [grch. »Unterricht«] *die*, Predigt, die einen Bibeltext (Perikope) Vers für Vers, auch Wort für Wort, auslegt.
Hominiden [zu lat. homo, hominis »Mensch«], Ordnung der Primaten, in der der heutige Mensch das einzige rezente Mitgl. ist. Die **H.-Evolution** oder stammesgeschichtl. Menschwerdung **(Hominisation)** ist ein Entwicklungsprozess, der von subhumanen zu humanen H. führt und neben der stammesgeschichtl. Veränderung von Körpermerkmalen auch die Entfaltung der geistigen Leistungsfähigkeit und damit die Entwicklung von Technik, Kultur und sozialen Aspekten umfasst. Endprodukt der H.-Evolution ist der heutige Mensch.
Hommage [ɔ'maːʒ; frz., zu homme »Mensch«] *die, bildungssprachlich:* Veranstaltung, Darbietung oder Werk als Huldigung für einen Menschen, bes. für einen Künstler.
Homme à Femmes ['ɔm a 'fam; frz. »Mann für Frauen«] *der*, Mann, der von Frauen geliebt wird, Frauentyp.
Homme de Lettres ['ɔm dǝ 'lɛtr, frz.] *der*, Literat, Schriftsteller.
Homo [lat.] *der*, einzige Gattung der Hominiden mit den beiden Arten **H. erectus** und **H. sapiens**. (↑Mensch)
homo... [grch.], gleich...
Homo|erotik, auf gleichgeschlechtl. Partner gerichtete Erotik. (↑Homosexualität)
Homo Faber [lat. »der Mensch als Verfertiger«], typolog. Charakterisierung des Menschen durch die philosoph. Anthropologie; hebt den Umstand hervor, dass der Mensch seine Existenz nur in aktiver Auseinandersetzung mit der Natur sichern kann. Organisch und instinktmäßig nicht zur Lebensbewältigung in einer bestimmten Umwelt ausgerüstet, muss der Mensch die ihn umgebende Natur durch Werkzeuge und unter Nutzung seiner technisch-prakt. Intelligenz gestalten.
homogen [grch.], **1)** *allg.:* gleichartig, einheitlich; Ggs.: heterogen, inhomogen. **2)** *Chemie, Physik:* 1) an jeder Stelle die gleichen makroskop. Eigenschaften aufweisend (z. B. homogener Körper); 2) nur aus einer Phase bestehend oder nur Bestandteile in einem Aggregatzustand enthaltend (z. B. homogenes System). **3)** *Wirtschaftstheorie:* Bez. für die Gleichartigkeit von Gütern versch. Anbieter, die keine Differenzierung hinsichtlich Qualität, Verpackung und Aufmachung aufweisen und insofern voll substituierbar sind.
Homogenisation [lat.] *die* (Homogenisierung), **1)** *chem. Technik:* die Herstellung einer beständigen Emulsion aus nicht mischbaren Flüssigkeiten versch. Dichte. **Homogenisierte Milch** wird nicht nur durch die feine Zerteilung von Fetttröpfchen, sondern auch durch die Bildung von Fett-Casein-Komplexen vor dem Aufrahmen geschützt. **2)** *Metallurgie:* Wärmebehandlung von metall. Werkstoffen zur Herstellung eines gleichmäßigen Gefüges.
Homo habilis [lat. »geschickter Mensch«], Form der Hominiden aus Olduvai; durch zahlr. ostafrikan. Funde belegt. Wegen seiner größeren Hirnschädelkapa-

HOM homo homini lupus

Homo habilis: Der älteste Vertreter der Gattung Homo hat sich u. a. von Aas ernährt, das er gegen Essfeinde wie Geier verteidigen musste.

zität, des mehr gerundeten Hirnschädels, der stärker gewölbten Stirn sowie der etwas größeren Front- und weniger entwickelten Seitenzähne wird H. h. von vielen Wissenschaftlern von den ↑Australopithecinen abgetrennt und der Gattung Homo als ältester Vertreter zugeordnet.

homo homini lupus [lat. »der Mensch (ist) dem Menschen ein Wolf«], das in der Staatstheorie (»Leviathan«) von T. Hobbes als Grundprämisse vorausgesetzte natürliche uneingeschränkte Machtstreben des Menschen, dessen notwendige Folge der »Kampf aller gegen alle« (lat. bellum omnium contra omnes) ist. Erst durch Einschränkung des Naturrechts auf Selbstentfaltung im Gesellschaftsvertrag werden Friedenssicherung und soziales Zusammenleben möglich.

homoiusios [grch.], *christl. Glaubenslehre:* Gegenbegriff zu ↑homousios.

homolog [grch.], **1)** *allg.:* gleich lautend, gleich liegend, entsprechend. **2)** *Anatomie:* stammesgeschichtlich gleichwertig, sich entsprechend. **Homologe Organe** stimmen hinsichtlich Lage und Herkunft überein, nicht jedoch in Bau und Funktion, z. B. Flügel der Vögel und Vorderflosse der Wale. **3)** *Chemie:* strukturell eng verwandt, z. B.: 1) **homologe Elemente,** Elemente mit ähnlichen chem. Eigenschaften, die im Periodensystem übereinander stehen, wie Alkalimetalle, Halogene oder Edelgase; 2) **homologe Reihen,** Gruppen von chemisch verwandten Stoffen, die sich bei grundsätzlich gleicher Struktur und daher ähnl. Eigenschaften nur durch den Mehrgehalt bestimmter Molekülgruppen (meist der Gruppe CH_2) unterscheiden, wie die Alkane.

4) *Mathematik:* gleich liegend, sich entsprechend; z. B. sich entsprechende Punkte, Seiten oder Winkel in kongruenten oder ähnl. Figuren (**homologe Stücke**).

Homologie *die, Philosophie:* Begriff der stoischen Philosophie (↑Stoa) für die Übereinstimmung des Handelns mit der Vernunft, das sich nach der Lehre der Stoiker damit zugleich in Übereinstimmung mit der Natur befindet.

Homologieren [grch.-lat.], *Sport:* 1) im Automobil- und Motorradrennsport durch die jeweiligen internat. Fachverbände durchgeführte Einstufung der Wettbewerbsfahrzeuge z. B. nach der Anzahl der gefertigten Wagen eines Typs; 2) im Skisport die offizielle Abnahme und Bestätigung einer Wettkampfanlage; 3) in der *Schweiz* das Anerkennen eines Rekords.

Homo ludens [lat. »der spielende Mensch«] *der,* von J. ↑Huizinga eingeführter Begriff zur Kennzeichnung des Spiels als Grundkategorie menschl. Verhaltens und zur Hervorhebung seiner Funktion als Kultur bildender Faktor.

Homolyse [grch.] *die, Chemie:* Spaltung einer homöopolaren Verbindung derart, dass jeder Spaltpartner anteilmäßig sein Bindungselektron behält, wobei reaktionsfähige Radikale entstehen: $X-Y \rightarrow X^{\cdot} + Y^{\cdot}$.

Homo-Mensura-Satz [lat. homo »Mensch« und mensura »Maß«], Satz des

Sophisten Protagoras: »Der Mensch ist das Maß aller Dinge, der seienden, wie (dass) sie sind, der nicht seienden, wie (dass) sie nicht sind«; d. h.: Es gibt keine allg. gültige Wahrheit; wahr sind die Dinge, wie sie dem Menschen jeweils erscheinen.

Homomorphismus [grch.] *der* (homomorphe Abbildung), eine Abbildung *f* einer algebraischen Struktur *A* mit der Verknüpfung ○ in eine algebraische Struktur *B* mit der Verknüpfung ∗, sodass das Bild des Verknüpfungsergebnisses das Verknüpfungsergebnis der Bilder ist: $f(a \circ b) = f(a) * f(b)$.

Homonyme [grch.], *Sprachwissenschaft:* in diachron. (histor.) Sicht Wörter, die in Schreibweise und Aussprache übereinstimmen, also **Homonymie** aufweisen, aber versch. Ursprungs sind, z. B. *kosten* »schmecken« (aus ahd. *kostōn*) und *kosten* »wert sein« (aus altfrz. *coster*), oder in synchron. (auf einen bestimmten Sprachzustand bezogener) Sicht Wörter mit gleichem Wortkörper, aber stark voneinander abweichender Bedeutung, z. B. *Flügel* »Körperteil des Vogels« und *Flügel* »Klavierart«.

homöo... [grch.], ähnlich..., gleich...

homöoblastisch, vom Gefüge eines metamorphen Gesteins gesagt, das Kristallneubildungen von annähernd gleicher Größe enthält.

Homöopathie: Christian Friedrich Samuel Hahnemann, Arzt und Chemiker, gilt als Begründer der Homöopathie.

Homo oeconomicus [lat.] *der,* ausschließlich nach wirtschaftl. Zweckmäßigkeitserwägungen handelnder Mensch; Begriff der klass. Nationalökonomie. Der H. o. verfügt über ein vollständiges, widerspruchsfreies Zielsystem, handelt rational, wobei das Eigeninteresse im Sinne des Strebens nach größtmöglichem Nutzen (privater Haushalt) oder größtmöglichem Gewinn (privates Unternehmen) handlungsbestimmend ist, und kennt bei seinen Entscheidungen alle Alternativen und deren Konsequenzen.

Homöomerien [grch.] *Pl., Philosophie:* bei Anaxagoras gleichartige, qualitativ genau bestimmte ähnl. Teilchen der Urstoffe.

Homöopathie [grch.] *die,* von S. Hahnemann 1796 begründetes (seit 1807 H. gen.) Heilverfahren (im Unterschied zur ↑Allopathie). Zur Behandlung der versch. Erkrankungen dürfen nur solche Substanzen in bestimmten (niedrigen) Dosen gegeben werden, die in höheren Dosen beim Gesunden ein ähnl. Krankheitsbild hervorrufen. Die Wirkstoffe werden in sehr starken Verdünnungen gegeben (sog. **Potenzen,** die mit D [Dezimalpotenz] bezeichnet werden: $D_1 =$ Verdünnung 1:10, $D_2 =$ 1:100 usw.).

homöopolare Bindung, die Atombindung (↑chemische Bindung).

Homöostase [grch.] *die,* Fähigkeit lebender Organismen zur Konstanthaltung bestimmter physiolog. Parameter, z. B. Blutdruck, Körpertemperatur, Wasser- oder Elektrolythaushalt, gegenüber Störeinflüssen.

Homophilie [grch.] *die,* die ↑Homosexualität.

Homophonie [grch.] *die, Musik:* Satzweise, in der alle Stimmen rhythmisch weitgehend gleich verlaufen bzw. die Melodiestimme gleichrhythmisch mit Akkorden begleiten; Ggs.: Polyphonie.

Homopolymere, ↑Polymere.

Homo sapiens, ↑Mensch.

Homosexualität [grch.-lat.] (Homophilie, Sexualinversion), sexuelle Orientierung nach geschlechtl. Befriedigung durch gleichgeschlechtl. Partner. H. bei Frauen wird auch **lesb. Liebe, Sapphismus, Tribadismus** oder **Tribadie** genannt, bei Männern auch **Uranismus** (Sonderform **Päderastie**). Die Entstehung ist weitgehend unbekannt; biografisch wird von einer frühen Entstehung ausgegangen. Die H. wird überwiegend erst im Jugendalter bemerkt und ist zunächst oft mit Abwehrmechanismen verbunden. Diese werden in der Folge durch eine homosexuelle Identitätsfindung (Coming-out) überwunden. Im Unterschied zur traditionellen Auffassung von dem polaren Gegensatz zw. H. und Heterosexualität hat sich in neuerer Zeit verstärkt die Ansicht durchgesetzt, dass alle Menschen mit einem offenen sexuellen Potenzial ausgestattet sind, das hetero- wie homosexuelle Orientierungen einschließt (Bisexualität).

Recht: Die besondere Strafbarkeit der H. (homosexuelle Handlungen eines Mannes über 18 Jahre an einem Mann unter 18 Jahren, § 175 StGB alter Fassung) ist 1994 aufgehoben worden. Auch in *Österreich* (§ 209 StGB 2002 aufgehoben) und der *Schweiz* sind derartige Handlungen nicht mehr gesondert strafbar. Jugendliche beiderlei Geschlechts unter 16 Jahren sind nunmehr strafrechtlich in Dtl. nach § 182 StGB, in Österreich nach § 209 StGB gegen ↑sexuellen Missbrauch geschützt. In der Schweiz sind Kinder unter 16 Jahren nach Art. 187 StGB in ihrer sexuellen Integrität geschützt. (↑gleichgeschlechtliche Lebensgemeinschaft)

Grenzen lesb. Identitäten. Aufsätze, hg. v. S. Hark. Berlin 1996. – Rauchfleisch, U.: Schwule, Lesben, Bisexuelle. Göttingen u. a. ²1996. – Cohen, R. A.: Ein anderes Comingout. H. u. Lebensgeschichte; Orientierung für Betroffene, Angehörige u. Berater. Gießen u. a. 2001.

Homosphäre [grch.] *die,* Teil der ↑Atmosphäre.

homousios [grch.], *christl. Glaubenslehre:* zentraler Begriff der christolog. Auseinandersetzungen des 2. und 3. Jh.; sagt die Wesensidentität (Homousie) von Gott-Vater und Gott-Sohn (seit dem 1. Konzil von Konstantinopel, 381, auch von der dritten göttl. Person, dem Hl. Geist) aus. Die Gegner dieser Lehre vertraten die Auffassung, Vater und Sohn seien nicht wesensgleich, sondern nur wesensähnlich **(homoiusios),** konnten sich jedoch nicht durchsetzen.

homozygot [grch.] reinerbig, mit gleichartiger Erbanlage, bezogen auf das Vorhandensein gleicher Allele eines Gens; Ggs.: heterozygot.

Homs, 1) (arab. Al-Chums, engl. Al-Khums), Hafenstadt in Tripolitanien, Libyen, 187 900 Ew.; östlich die röm. Ruinenstadt ↑Leptis Magna.

2) (arab. Hums, engl. Hims), Prov.-Hptst. in W-Syrien, am Orontes, 644 000 Ew.; kath. Erzbischofssitz; Univ. (gegr. 1979); Zuckerfabrik, chem. Ind., Textilgewerbe, Erdölraffinerie. – Reste der mittelalterl. Stadtbefestigung. – H., das antike **Emesa,** stand seit 637 unter arab. Herrschaft, gehörte 1516–1918 zum Osman. Reich.

Homunkulus [lat. »Menschlein«] *der,* in Goethes »Faust II« ein vom Famulus Wagner nach der von Paracelsus gegebenen Anleitung in der Retorte erzeugter Mensch.

Honan, chines. Provinz, ↑Henan.

Honanseide [nach der chines. Provinz Honan] (Honan), naturfarbenes Gewebe in Tuchbindung mit ungleichmäßig verdickter Tussahseide (↑Seide) im Schuss.

Honda Motor Co. Ltd. [-ˈməʊtə kɔːpəˈreɪʃn ˈlɪmɪtɪd], weltgrößter Motorradhersteller, auch Auto- und Motorgeräteproduzent, Sitz: Tokio; gegr. 1948 von Soichirō Honda (* 1906, † 1991).

Hondō, japan. Insel, ↑Honshū.

honduranische Literatur, zählt zur lateinamerikan. Literatur in span. Sprache. Die Neoklassik vertraten J. C. del Valle (* 1780 [?], † 1834 [?]) und J. J. Trinidad Reyes (* 1797, † 1855), die Romantik M. Molina Vigil (* 1853, † 1883), J. A. Domínguez (* 1869, † 1903), den Modernismus J. R. Molina (* 1875, † 1908); polit. und sozialkrit. Engagement trat in der Lyrik von C. Barrera (* 1912, † 1971) in den Vordergrund, diese Linie setzt u. a. O. Acosta (* 1933) fort. Namhafte Prosaautoren sind R. Amaya Amador (* 1916, † 1966), V. Cáceres Lara (* 1915), R. Paredes (* 1948).

Honduras (amtlich span. República de H.; dt. Rep. H.), Staat in Zentralamerika, zw. Karib. Meer im N, Nicaragua im O und S, dem Pazifik und El Salvador im SW und Guatemala im NW.

Staat und Recht: Nach der Verf. von 1982 (mehrfach, zuletzt 1999, revidiert) ist H. eine präsidiale Republik. Staatsoberhaupt und Reg.chef ist der auf 4 Jahre direkt gewählte Präs. (Wiederwahl nicht möglich). Die Legislative liegt beim Nationalkongress (128 Abg., für 4 Jahre gewählt). Einflussreichste Parteien: Nat. Partei (PN, »Partido Nacional«), Liberale Partei (PL, »Partido Liberal«), Partei der Demokrat. Vereinigung (PUD, »Partido Unificación Democrática«), Partei für Erneuerung und Einheit (PINU-SD, »Partido de Innovación y Unidad-Social Democracia«), Christdemokrat. Partei von H. (PDCH, »Partido Demócrata Cristiano de Honduras«).

Landesnatur: Mit der Fonsecabucht im S hat H. Anteil an der Pazifikküste (124 km). Den NO (Mosquitia) nimmt an der 644 km langen Karibikküste eine breite Ebene mit

Honduras HON

Honduras	
Fläche	112 492 km²
Einwohner	(2003) 6,94 Mio.
Hauptstadt	Tegucigalpa
Verwaltungsgliederung	1 Bundesdistrikt und 18 Departamentos
Amtssprache	Spanisch
Nationalfeiertag	15. 9.
Währung	1 Lempira (L) = 100 Centavo (cts.)
Zeitzone	MEZ – 7 Std.

großen Lagunen ein. Abgesehen von einigen Flusstälern, bes. des Río Ulúa im NW, ist H. Gebirgsland (Cerro Las Minas in der Montaña de Celaque im W 2 849 m ü. M.) mit Vulkanen; dazwischen Talbecken und Hochebenen (900–1 400 m ü. M.) mit fruchtbaren Böden auf vulkan. Gestein. Das trop. Klima steht unter dem ständigen Einfluss des Nordostpassats, im Tiefland feuchtheiß, in den Höhen gemäßigte Temperaturen; im Sommer häufig Hurrikane. Der trop. Tieflandsregenwald geht mit der Höhe in Berg- und Nebelwald über; in trockeneren Gebieten Trockenwald und -busch; in der Mosquitia Kiefern und Sumpfpalmen.

Bevölkerung: Rd. 90 % sind Mischlinge, im Tiefland v. a. Mulatten und Zambos, im Bergland Mestizen (über 80 % der Gesamtbev.); Indianer (7 %, größtenteils Maya) bes. im südl. Grenzgebiet nach Guatemala; Schwarze (2 %) an der Karibikküste, z. T. mit Indianern vermischt (Garifuna, Morenos, Black Caribs; sprechen vielfach Englisch); 1 % der Bev. sind Europäer. Etwa 80 % leben unter der Armutsgrenze. Die Mehrheit der Bev. ist im westl. Landesteil angesiedelt. Die Bev.zuwachsrate liegt bei jährlich 2,9 %. In Städten leben 47 % der Einwohner. – Rd. 85 % der Bev. gehören der kath. Kirche an, über 10 % prot. Kirchen. Elemente traditioneller indian. Religiosität haben sich unter der indian. Bev. erhalten. – Es besteht eine sechsjährige Grundschulpflicht. Die Analphabetenquote beträgt 25 %. Es gibt eine staatl. (gegr. 1847) und eine private Univ. (gegr. 1978), beide in Tegucigalpa.

Wirtschaft und Verkehr: Gemessen am Bruttosozialprodukt zählt H. zu den ärmsten Ländern Lateinamerikas mit einer nur schwach entwickelten Ind.produktion. Der Hurrikan »Mitch« zerstörte Ende Okt./Anfang Nov. 1998 den größten Teil des Landes (Ernteflächen, Infrastruktur; mehr als 6 000 Tote) und hinterließ erhebl. Schäden, die das Land in seiner wirtsch. Entwicklung zurückwarfen. Ausländ. Hilfsprogramme vom Pariser Club, Internat. Währungsfonds und von anderen Organisationen finanzieren den wirtsch. Wiederaufbau mit. Die Landwirtschaft erbringt mehr als 65 % des Ausfuhrwerts. Angebaut werden auf den fruchtbaren Böden des Hochlandes u. a. das Hauptnahrungsmittel Mais sowie die Exportgüter Kaffee und Tabak, in den Ebenen des N Bananen (Plantagen an der Karibikküste größtenteils im Besitz amerikan. Konzerne) sowie zur Eigenversorgung Reis. Die Grundnahrungsmittel (Mais, Bohnen, Hirse, Reis) werden überwiegend in intensiv bewirtschafteten Kleinbetrieben erzeugt. H. verfügt noch über reiche Waldbestände (u. a. Mahagoni, Zedern, Kiefern) auf fast 30 % der Gesamtfläche. Wirtsch. Bedeutung hat aber nur die Pitchpinekiefer in der Mosquitia. Wenig genutzt werden die Bodenschätze (Gold, Silber, Zink, Antimon, Kupfer, Eisen, Erdöl). Die Ind. verarbeitet u. a. in kleinen Betrieben Erzeugnisse der heim. Land- und Forstwirtschaft. Die wichtigsten Handelspartner sind die USA, Guatemala, El Salvador und Nicaragua. – Das Verkehrsnetz ist nur unzureichend entwickelt. Eisenbahnen (Streckennetz 988 km) gibt es nur im N, überwiegend für den Bananentransport. Die Hptst. ist ohne Bahnanschluss. Von den 14 600 km Straßen des Landes sind 2 640 km befestigt (darunter 240 km der »Carretera Panamericana« zw. El Salvador und Nicaragua im äußersten S). Weite Gebiete im NO sind verkehrsmäßig noch nicht erschlossen. Internat. Flughäfen: Tegucigalpa, San Pedro Sula, La Ceiba und Roátan. Hauptseehäfen: Puerto Cortés an der

Karibik- und San Lorenzo an der Pazifikküste.
Geschichte: Die Küste von H., das urspr. zum Siedlungsgebiet der ↑Maya gehörte, wurde 1502 von Kolumbus entdeckt, das Land seit 1523 für Spanien erobert. H. war dann Teil des Generalkapitanats ↑Guatemala, seit 1824 Mitgl. der Zentralamerikan. Konföderation. 1839 wurde es eine selbstständige Rep., deren Entwicklung durch innere Unruhen und Kriege mit den Nachbarn bestimmt war. Im 20. Jh. geriet es in wirtsch. Abhängigkeit von den USA, die mehrfach bewaffnet intervenierten. Machtkämpfe, Bürgerkrieg und Konflikte mit den Nachbarstaaten (z. B. der so genannte Fußballkrieg mit El Salvador 1969/70) ließen H. zum ärmsten und instabilsten Land Zentralamerikas werden. 1972–81 herrschten die Militärs (Putsche 1972, 1975, 1978). Mit der Wahl von Präs. Suazo Córdova (PLH) kehrte H. 1981 zum parlamentar. System zurück. Ab 1982 verstärkten die USA, für die H. der wichtigste zentralamerikan. Verbündete ist, ihre militär. Präsenz und bildeten die Gegner (Contras) der sandinist. Reg. in Nicaragua hier aus. Unter der Präsidentschaft von Azcona Hoyo (1985–90; PLN) stellten die USA ihre Militärhilfe ein (ab 1988), in Gipfeltreffen zentralamerikan. Staatschefs wurde ab 1989 eine Lösung der Konflikte versucht. Der Abzug der Contras aus H. begann jedoch erst nach der Wahlniederlage der Sandinisten im Febr. 1990. Präs. R. L. Callejas Romero (PN), im Amt seit 1990, suchte durch strikte Sparpolitik die wirtsch. und soziale Lage zu verbessern.

Nach der Einstellung des bewaffneten Kampfes einer großen Guerillagruppe zeichnete sich gleichfalls eine innenpolit. Entspannung ab. Der seit 1969 schwelende Grenzstreit mit El Salvador wurde 1992 beigelegt. Präs. C. R. Reina (PLH; im Amt 1994–97) setzte die Wirtschaftspolitik seines Vorgängers fort, ebenso C. Flores Facussé (PLH), der das Amt 1998–2002 innehatte. Er unterstellte durch eine Verf.reform 1999 das Militär endgültig ziviler Kontrolle. Bei den Präsidentschaftswahlen im Nov. 2001 siegte der ehem. Zentralbankpräsident R. Maduro (Amtsantritt 27. 1. 2002) von der Nat. Partei, die bei den gleichzeitig abgehaltenen Parlamentswahlen nun nach acht Jahren Opposition wieder die Mehrheit im Kongress stellt.

📖 *Morazán Irías, J. P.: Ursachen für das Anwachsen der Armut in H. Münster 1992. – Carney, G.: H. Memoiren eines Priesters. A. d. Span. Hamburg 1994. – Spelleken, H.-G.: H.-Hb. Bielefeld 1996.*

Honecker, Erich, Politiker (SED), *Neunkirchen (Saarland) 25. 8. 1912, †Santiago de Chile 29. 5. 1994; Dachdecker; ab 1930 Mitgl. der KPD, ab 1946 der SED; als NS-Gegner (Untergrundaktivitäten) 1935 verhaftet und 1937–45 im Zuchthaus Brandenburg inhaftiert; 1946 in der SBZ Mitbegründer und erster Vors. der FDJ (bis 1955); seit 1946 Mitgl. des ZK, seit 1958 des Politbüros und des Sekretariats des ZK der SED, leitete 1961 die geheimen Vorbereitungen für den Bau der Berliner Mauer; löste W. Ulbricht ab: 1971–89 (Rücktritt) Erster bzw. Gen.-Sekr. des ZK der SED sowie Vors. des Nat. Verteidi-

Honduras: Copán, die Ruinenstätte der Maya (UNESCO-Weltkulturerbe), um 775

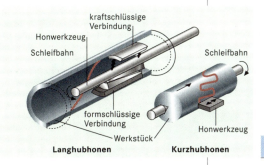

Honen: Langhub- und Kurzhubhonen (schematisch)

gungsrats, 1976–89 auch Vors. des Staatsrats der DDR (faktisch Staatsoberhaupt der DDR); herrschte mit zunehmendem Realitätsverlust und zuletzt hartnäckiger Ablehnung von Reformideen. Wegen Anstiftung zum Mord (u. a. Schießbefehl an der innerdt. Grenze) 1990 Haftbefehl; entzog sich der Strafverfolgung 1991 durch Flucht in die UdSSR; nach Rückkehr 1992 angeklagt, Strafverfahren 1993 wegen Verhandlungsunfähigkeit eingestellt (Ausreise nach Chile).

📖 Kunze, T.: Staatschef a. D. Die letzten Jahre des E. H. Berlin 2001. – Pötzl, N. F.: E. H. Eine dt. Biographie. Stuttgart 2002.

Honegger, Arthur, frz. Komponist schweizer. Herkunft, * Le Havre 10. 3. 1892, † Paris 27. 11. 1955; gehörte der † Groupe des Six an, einer der Hauptschöpfer der Neuen Musik, verband Stilelemente von der barocken bis zur Jazzmusik, komponierte Oratorien (»König David«, 1921; »Johanna auf dem Scheiterhaufen«, 1938, nach P. Claudel; »Der Totentanz«, 1940), Opern (u. a. »Antigone«, 1927, nach J. Cocteau), Operetten, Ballett-, Filmmusiken, Sinfonien, Orchester-, Klavier- und Orgelwerke, Kammermusik, Lieder.

📖 Fischer, K. von: A. H. Zürich 1978.

Honen [engl. to hone »abziehen«] *das* (Ziehschleifen), *Fertigungstechnik:* Verfahren der spanenden Formgebung zur Feinbearbeitung von Metalloberflächen mithilfe feinkörniger Schleifkörper **(Honsteine);** dadurch werden auch Maß- und Formgenauigkeit verbessert. In der Honmaschine finden zw. Werkstück und Werkzeug gleichzeitig Längs- und Drehbewegungen statt, sodass eine Art Kreuzschliff auf der Werkstückoberfläche entsteht. Das **Langhub-H.** wird vorwiegend zur Bearbeitung zylindr. Bohrungen eingesetzt, während das **Kurzhub-H.** (Schwing- oder Feinziehschleifen, Superfinish) zur Außenbearbeitung zylindr. Flächen verwendet wird. H. dient v. a. im Maschinenbau zur Bearbeitung von Verbrennungsmotoren, Wälzlagern u. a.

honętt [lat.-frz.], anständig, ehrenhaft, rechtschaffen.

Honeymoon [ˈhʌnimuːn; engl. »Honigmond«] *der,* Flitterwochen.

Honfleur [ɔ̃ˈflœːr], Hafenstadt in der Normandie, Dép. Calvados, Frankreich, auf dem linken Ufer der Seinemündung, 8 300 Ew.; Werft- und chem. Ind.; Fremdenverkehr. – Maler. Stadtbild mit alten Häusern, v. a. um den alten Hafen (Vieux Bassin, 1608–84, 18. Jh.), spätgot. Holzkirche. – Im 16. und 17. Jh. Ausgangspunkt für viele Seefahrer nach Amerika und Asien.

Hongkong (Hong Kong, chines. Xianggang, Hsiangkang), Sonderverwaltungsregion (SVR) Chinas, an der südchines. Küste, 1 095 km², (2001) 6,71 Mio. Ew., Hptst.: Victoria. Die SVR umfasst die durch Straßentunnel mit dem Festland verbundene **Insel H.** (79,99 km²), die Halbinsel **Kowloon** und die **New Territories** mit dem Hinterland von Kowloon sowie rd. 240 größtenteils unbewohnte Inseln. Amtssprachen: Chinesisch und Englisch. Währungseinheit: 1 H.-Dollar (HK-$) = 100 Cent (c).

Landesnatur: Als Fortsetzung des südchines. Berglandes ist H. vorwiegend gebirgig (in den New Territories bis 958 m ü. M. [Taimo Shan], auf der Insel H. bis 551 m hoch). Die urspr. bewaldeten Berge sind stark erodiert, jetzt v. a. Gras- und Ödland mit dürftigem Kiefernbewuchs. H. weist sehr stark gebuchtete, felsige (v. a. Granit) Küsten auf. Der Meeresarm zw. Festland und der Insel H. ist einer der bes-

HON Hongkong

Hongkong: Blick vom Victoria Peak auf Victoria und Kowloon

ten Naturhäfen der Welt. Die Sommer sind tropisch-schwül, die Winter sonnig und mild, das Frühjahr meist feuchtneblig; v. a. von Juni bis August häufig Taifune.
Bevölkerung: Fast 95 % der Bev. sind Chinesen. Zw. 1945 und 1950 war der Flüchtlingsstrom aus der VR China bes. groß. Die illegale Einwanderung hielt auch später an. 1980 wurden wirksame Maßnahmen eingeleitet, um die Einreise in das übervölkerte H. einzudämmen. Die durchschnittl. Bev.dichte von über 6 128 Ew. je km² wird z. T. wesentlich überschritten, da große Teile H.s unbewohnbar sind. Hauptumgangssprache ist der kantones. Dialekt des Chinesischen. Buddhismus und Daoismus sind die Hauptreligionen, außerdem sind Christentum, Islam und Hinduismus vertreten. Zwei Univ. (gegr. 1911 bzw. 1963), zwei polytechn. Hochschulen (gegr. 1972 bzw. 1984). – Die beiden größten Städte sind die Hptst. **Victoria** an der N-Küste der Insel H., Sitz der Verw., in erster Linie Finanz- und Handelszentrum von H., und jenseits, auf dem Festland, **Kowloon**, Verkehrsknotenpunkt und tourist. Zentrum Hongkongs.
Wirtschaft und Verkehr: H. entwickelte sich nach dem Zweiten Weltkrieg zu einem der weltweit größten Handelszentren und ist führendes Finanzzentrum im südostasiat. Raum. Das jährl. Pro-Kopf-Einkommen zählt mit zu den höchsten Asiens. Es entwickelte sich eine arbeitsintensive, exportorientierte verarbeitende Ind. mit der Textil- und Bekleidungsbranche, gefolgt von der expandierenden Elektronikind., der Metall-, Kunststoffverarbeitung, der Herstellung von wiss. und opt. Geräten sowie von Spielzeug. Drittgrößte Devisenquelle H.s ist der Fremdenverkehr. Nach der Öffnung des chines. Marktes (1978) wurde China vor den USA, Japan und Dtl. wichtigster Handelspartner. Aus und über H. flossen hohe Auslandsinvestitionen nach S-China, und der größte Teil der Ind. wurde auf das Festland verlagert (an die New Territories grenzt die chines. Prov. Guangdong mit der Sonderwirtschaftszone ↑Shenzhen an). Gleichzeitig stieg China zum größten Investor in H. auf. Nach Schätzungen ist H.s Bruttoinlandsprodukt zu 70 % vom Festland abhängig. Zunehmend konzentriert sich H. auf seine Funktion als Handels-, Finanz- und Dienstleistungszentrum für China und den ostasiat. Raum. – Wegen der beengten Raumverhältnisse gibt es große verkehrstechn. Probleme. Der Personenverkehr wird v. a. durch Busse, Straßen-, U- (43 km) und Eisenbahn (34 km) bewältigt. Kowloon und Victoria sind durch untermeer. Tunnel miteinander verbunden. Der Ausbau der Infrastruktur wird gefördert: Ting-Kau-Brücke (seit 1998; 1 177 m lang) sowie doppelstöckige Straßen- und Eisenbahnbrücke

Tsing Ma (seit 1997; Spannweite 1 377 m). Im Containerseefrachtverkehr nimmt H. weltweit einen der ersten Plätze ein. Zusätzlich zu dem ins Meer hinausgebauten internat. Flughafen Kai Tak wurde vor der Insel Lantou, rd. 25 km von Kowloon entfernt, auf einer 1 248 ha großen Plattform der neue Großflughafen Chek Lap Kok angelegt (Inbetriebnahme 1998).
Geschichte: Das heutige H. war noch zu Beginn des 19. Jh. ein Fischerdorf und Piratenunterschlupf; seit 1821 wurde es wegen seines geschützten Hafens von den brit. Opiumklippern angelaufen. Nach dem ↑Opiumkrieg ließ sich Großbritannien im Vertrag von Nanking (1842) von China die bereits 1841 besetzte Insel H. übereignen. Die 1843 **Victoria** (nach dem Verw.zentrum) benannte brit. Kronkolonie entwickelte sich zu einem der wichtigsten Handelsplätze in O- und SO-Asien. 1860 um den von China abgetretenen Teil der Halbinsel Kowloon und 1898 (durch Pachtvertrag auf 99 Jahre) um die New Territories sowie zahlr. kleine Inseln erweitert; 1941–45 von japan. Truppen besetzt. Unter dem Einfluss der Kulturrevolution in der VR China kam es 1966–67 zu Unruhen. – Gemäß einem 1984 unterzeichneten britisch-chines. Abkommen gab Großbritannien H. zum 1. 7. 1997 an China zurück. Unter der Devise »ein Land, zwei Systeme« verpflichtete sich China, H. als »Sonderverwaltungsregion« zu behandeln und ihr innere Autonomie zu gewähren sowie das in H. bestehende Wirtschafts-, Gesellschafts- und Rechtssystem für die Dauer von 50 Jahren nicht fundamental zu verändern. An die Spitze der Verw. trat mit Wirkung vom 1. 7. 1997 Dong Jianhua (Tung Chee-hwa). Bei den ersten Parlamentswahlen nach Unterstellung H.s unter die Souveränität der VR China erlangten im Mai 1998 die Demokrat. Partei und weitere kritisch zur kommunist. Führung in Peking stehende Parteien 14 der 20 direkt vergebenen Sitze der Legislative (von den dort insgesamt 60 Deputierten werden 30 durch versch. nach Berufsständen gegliederte funktionelle Wahlgremien und weitere 10 durch einen 800 Mitgl. umfassenden Wahlausschuss bestimmt). – Die 1997 einsetzende Finanz- und Wirtschaftskrise Asiens führte auch in H. jahrelang zu massiven ökonom. Problemen.
📖 *Morris, J.: H. Geschichte u. Zukunft der letzten brit. Kronkolonie. Bergisch Gladbach 1991. – Vahlefeld, H. W.: H. Von der Kronkolonie zum chines. Wirtschaftswunder. Neuausg. München 1996. – Gornig, G. H.: H. Von der brit. Kronkolonie zur chines. Sonderverwaltungszone. Köln 1997.*

Honiara, Hauptstadt der Salomoninseln, an der N-Küste der Insel Guadalcanal, 43 600 Ew.; Hafen, internat. Flughafen.

Honig, von Honigbienen bereitetes, hochwertiges Nahrungsmittel mit hohem Zuckergehalt, das in frischem Zustand klebrig-flüssig ist, jedoch bei Lagerung dicker wird und schließlich durch kristallisierende Glucose eine feste Konsistenz erhält; zur Wiederverflüssigung darf man H. nicht über 50 °C erhitzen, um die Wirkstoffe nicht zu zerstören. Je nach Herkunft (Linden, Obstblüten, Heide) können Farbe (von hellgelb bis grünschwarz), Zusammensetzung und dementsprechend Geruch und Geschmack stark variieren. H. enthält durchschnittlich 70–80 % Zucker, davon ungefähr zu gleichen Teilen Fructose und Glucose sowie geringere Mengen Saccharose und Dextrine, rd. 20 % Wasser und kleine Mengen organ. Säuren, auch Aminosäuren, Eiweiße, insbesondere Enzyme, sowie Spuren von Mineralstoffen und Vitaminen. Die Gewinnung aus der Wabe geschieht beim Korbimker durch Auslaufenlassen oder Auspressen, auch unter Erwärmen **(Seim-, Tropf-, Press-, Stampf-H.),** bei den mit bewegl. Rähmchen arbeitenden Imkern durch Ausschleudern aus vorher entdeckelten Zellen in einer Zentrifuge **(Schleuder-H.).** Der reinste H. ist der **Scheiben-** oder **Waben-H.,** der in unbebrüteten Waben verkauft wird.
📖 *Seeley, T. D.: Honigbienen. Im Mikrokosmos des Bienenstocks. A. d. Amerikan. Basel u. a. 1997. – Oberrisser, W.: Imkerei-Produkte: Verarbeitung von H., Pollen, Wachs & Co. Graz, Stuttgart 2001.*

Honigameisen, Arbeiterinnen von Ameisenarten in wüsten- oder steppenartigen Gebieten. Ihr Kropf (»Honigtopf«) wird mit zuckerhaltiger Nahrung gefüllt, die bei Nahrungsmangel durch den Mund an andere Nestameisen abgegeben wird.

Honiganzeiger (Indicatoridae), Familie der Spechtvögel in Asien und Afrika; ernähren sich von Wachs. Einige H. weisen durch Rufe Honig fressende Säugetiere auf Bienenstöcke hin.

HON Honigbiene

Honigbiene (Imme, Apis mellifera), weltweit verbreiteter, gesellig lebender Hautflügler (↑Bienen) mit zahlr. Unterarten. Die ursprünglich in hohlen Ästen und Baumstümpfen lebenden H. werden vom Menschen zur Honiggewinnung in Bienenstöcken gehalten. Das **Bienenvolk** besteht aus 20 000-60 000 Arbeits-B. (Arbeiterinnen), meist nur einer Königin und im Sommer 500-2 000 Drohnen. Die **Königin (Weisel)** legt täglich rd. 1 200 Eier. Die **Drohnen** (Männchen), von denen 6-10 die Königin begatten, sind kräftig, mit auffallend großen Facettenaugen und stachellos. Sie werden einige Monate nach dem Hochzeitsflug aus dem Staat vertrieben. Die nur 13-15 mm langen **Arbeitsbienen** (unfruchtbare Weibchen) verbringen etwa drei Wochen im Stock (Wabenbau, Brutpflege) und fliegen dann zum Sammeln von Nektar und Pollen aus. Bei ihnen sind die Mundwerkzeuge kräftiger; am Hinterbein befindet sich am Unterschenkel außen das Körbchen, eine rings mit Borsten besetzte Mulde zur Aufnahme des Pollens, der am Bein »Höschen« bildet. Das hierauf folgende Fersenglied hat auf der Unterseite eine Bürste zum Pollensammeln. Der Stachel hat zwei Stechborsten und Giftdrüse sitzt am Hinterende. Beim Einbohren in zähe Haut wird der Stachel herausgerissen, eine Verletzung, die für die H. tödlich ist.

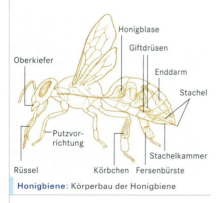

Honigbiene: Körperbau der Honigbiene

Labels: Honigblase, Giftdrüsen, Enddarm, Stachel, Stachelkammer, Fersenbürste, Körbchen, Rüssel, Putzvorrichtung, Oberkiefer

Entwicklungsverlauf: Drei Tage nach der Eiablage schlüpft die Larve, die sich nach sechs Tagen verpuppt. 10-18 Tage später schlüpft aus der Puppe (Nymphe) die junge Biene. Die Entwicklung erfolgt in einer sechseckigen Zelle aus Wachs. Die Zellen bilden die Waben; eine Anzahl Waben den Stock. Die Zellen werden teils für die Ernährung der Larven mit Speisebrei, teils mit Honig als Nahrung für das Volk gefüllt. Wenn nach Ausschlüpfen und Hochzeitsflug die begattete Königin in den Stock zurückkehrt, beginnt sie Eier zu legen. Die in eine Körpertasche geleitete Samenflüssigkeit reicht zeitlebens aus, ihre abgehenden Eier zu befruchten. Aus unbefruchteten Eiern entwickeln sich Drohnen. Im Frühjahr werden Königinnenzellen errichtet und darin aus weibl. Larven durch Füttern mit dem Weiselfuttersaft (Gelée royale) Königinnen gezogen; die alte Königin fliegt mit einem Teil des Volkes aus (Schwarm) und gründet ein neues Volk. Der Honig entsteht aus Blütennektar im Honigmagen der Arbeitsbiene, das Wachs in Blättchenform aus Drüsen der Bauchseite (den Wachsspiegeln). Außerdem sammeln die H. Blütenstaub (Pollen), der zu Nahrungsbrei für die Larven verarbeitet wird. Durch tanzartige Flugbewegungen zeigen sie ihren Artgenossen im Stock die Nahrungsquelle an. – Über Bienenhaltung ↑Bienenzucht. Über Verletzung durch Stich der Biene ↑Insektenstiche; über eine aggressive Unterart in S-Amerika ↑Mörderbiene.

Die Überlieferung der antiken Vorstellung, dass die H. ihre Brut nicht zeugen, sondern von den Blüten sammeln, ließ die Christen die Biene als Symbol der Jungfräulichkeit ansehen (B.-Korb auf Marienbildern). Auch als Herrschaftsemblem und Wappentier.

📖 *Hess, G.: Die Biene. Stuttgart ⁷1992. – Ruttner, F.: Naturgeschichte der Honigbienen. München 1992. – Voigt, W.: Die Honigbiene im Kreislauf des Waldes. Berlin 2002.*

Honigblatt, Nektar produzierendes, nicht mehr zur Pollenbildung befähigtes, umgebildetes Staubblatt (z. B. bei versch. Hahnenfußarten).

Honigdachse (Mellivorinae), Unterfamilie der Marder mit nur einer Art, dem **H.** oder **Ratel** (Mellivora capensis); 60-70 cm Körperlänge, mit schwarzem Fell, auf dem Rücken hellgrau; er lebt in Afrika und Asien in selbst gegrabenen Bauten.

Honigfresser (Meliphagidae), austral. Familie schmalschnäbliger Singvögel, die mit pinselartiger Zunge Blütennektar und kleine Insekten aufnehmen und Pollen übertragen.

Honiggras (Holcus), Gattung der Süßgräser mit lockerer Rispe, in N-Afrika und in gemäßigten Zonen Asiens; in Mitteleuropa bes. das bis 1 m hohe **Wollige H.** (Holcus lanatus), mit dicht behaarten Blattscheiden, und das **Weiche H.** (Holcus mollis) mit geringer Behaarung.

Honigklee

Honigklee (Steinklee, Melilotus), Gattung der Schmetterlingsblütler. In Dtl. kommt u. a. der gelb blühende **Echte H.** (Melilotus officinalis) vor; Blätter und Blüten enthalten Cumarin.

Honigmann, Barbara, Schriftstellerin, Malerin, *Berlin (Ost) 12. 2. 1949; zunächst Dramaturgin und Regisseurin, seit 1975 auch als Malerin tätig; nach der Übersiedelung nach Straßburg (1984) v. a. erzählende Prosa in poetisch-lakon. Sprachduktus, die ihre Alltagserfahrungen in der DDR und ihre Suche nach jüd. Identität spiegelt (Erzählungen: »Roman von einem Kinde«, 1986; »Damals, dann und danach«, 1999; Romane: »Eine Liebe aus nichts«, 1991; »Soharas Reise«, 1996; »Alles, alles Liebe!«, 2000). – Kleist-Preis 2000.

Honigpalme (Jubaea chilensis), dickstämmige Fiederpalme Chiles mit kokosnussähnl. Früchten, deren Steinkerne (Coquito) essbar sind. Aus dem zuckerhaltigen Saft des Stammes werden Palmhonig und -wein hergestellt.

Honigstein, Mineral, ↑Mellit.

Honigtau, 1) (pflanzl. H.), zuckerhaltige Ausscheidung bei Getreideblüten, die von Claviceps purpurea (↑Mutterkorn) befallen sind.
2) (tier. H.), zuckerhaltige Ausscheidungen von Blatt- und Schildläusen sowie Blattflöhen.

Honi soit qui mal y pense [ɔniˈswa kimaliˈpãs; frz. »verachtet sei, wer Arges dabei denkt«], Wahlspruch des ↑Hosenbandordens, der seine Stiftung durch Eduard III. angeblich einem galanten Zwischenfall verdankt, bei dem der König das einer Gräfin entfallene Strumpfband aufhob.

Honnef, Bad, ↑Bad Honnef.

Honneurs [ɔˈnœːrs, frz.], Ehrenbezeigungen; **die H. machen,** (Gäste) empfangen und vorstellen, willkommen heißen.

Hönningen, Bad, ↑Bad Hönningen.

Honolulu, Hptst. des Bundesstaates Hawaii, USA, an der S-Küste der Insel Oahu, 371 300 Ew. (in der Metrop. Area 869 900 Ew.); kath. Bischofssitz; zwei Univ., ethnolog. Museum u. a. Museen; Haupthafen der Hawaii-Inseln auf der Insel Oahu; vielfältige Ind.; Luftverkehrs- und Schifffahrtsknotenpunkt; westlich des Handelshafens der Flottenstützpunkt **Pearl Harbor,** südöstlich der Badestrand **Waikiki.** – Seit 1850 Hptst. des Königreichs Hawaii.

Honorar [lat. »Ehrensold«] *das,* Vergütung für Leistungen in freien Berufen, z. B. für Ärzte, Rechtsanwälte, Architekten, Ingenieure, Künstler, Schriftsteller. Die Höhe des H. ergibt sich aus Gebührenordnungen oder wird frei vereinbart; im Zweifel gelten Angemessenheit und Üblichkeit (§ 612 BGB, § 24 Verlags-Ges.); das **Autoren-H.** kann als einmalige Pauschalzahlung oder als laufende Gewinnbeteiligung (Absatz-H.) vereinbart werden.

Honoratioren [lat.], Bürger (v. a. in kleinen Städten), die aufgrund ihres sozialen Status besonderes Ansehen genießen.

Honoratiorenpartei [lat.] *die,* im 19. Jh. polit. Partei, deren Mitgl. oder maßgebl. Führungsgruppen vorwiegend dem Besitz- bzw. Bildungsbürgertum entstammten.

honorig [lat.], ehrenhaft; freigebig.

honoris causa [lat.], Abk. **h. c.,** ehrenhalber. (↑Doktor)

Honorius, eigtl. Flavius H., weström. Kaiser (seit 395), *Konstantinopel 9. 9. 384, †Ravenna 15. 8. 423; jüngerer Sohn Theodosius' I., 393 zum Augustus ernannt, nach dem Tod seines Vaters erster Kaiser des Weström. Reiches, das bis 408 von

↑Stilicho regiert wurde; sein Bruder Arkadios erhielt Ostrom.
Honorius I., Papst (625–638), †Rom 12. 10. 638; 681 als Häretiker verurteilt (↑Monotheleten).
Honourable, The [ðɪ 'ɔnərəbl; engl. »Der Ehrenwerte«], Abk. **The Hon.,** Höflichkeitstitel für Angehörige des brit. Hochadels und höchste brit. Richter und Beamte; er wird dem Namen vorangestellt.
Honshū [-ʃ-; japan. »Hauptland«] (Honschu, früher Hondō), die größte der vier Hauptinseln Japans; umfasst mit Nebeninseln 231 090 km², 101,54 Mio. Ew. (rd. 80 % der Ew. Japans auf 62 % der Gesamtfläche); Hauptort ist Tokio.
Honthorst, Gerard van, niederländ. Maler, * Utrecht 4. 11. 1590, † ebd. 27. 4. 1656; 1610–20 in Italien, wo er sich Caravaggios Helldunkelmalerei aneignete, bes. für nächtl. Szenen mit künstl. Licht (daher auch Gherardo **delle Notti** gen.); malte religiöse Bilder, Genrestücke sowie Porträts.
Hontschar (Gontschar), Oles (Olexander), ukrain. Schriftsteller, * Sucha (Gebiet Poltawa) 3. 4. 1918, † Kiew im Juli 1995; schrieb eine von starkem Naturgefühl getragene lyrisch-expressive Prosa (»Die Bannerträger«, 1946–48, Romantrilogie über den Bürgerkrieg; »Morgenröte«, R., 1980).
Honvéd ['honve:d; ungar. »Vaterlandsverteidiger«] *die,* in Ungarn (zuerst 1848) befristet angeworbene Freiwillige; nach 1867 Bez. für die ungar. Landwehr, 1919–45 für alle ungar. Streitkräfte.
Hooch [ho:x] (Hoogh), Pieter de, niederländ. Maler, getauft Rotterdam 20. 12. 1629, † Amsterdam nach 1683; tätig seit 1654 bis um 1660 in Delft, später in Amsterdam; stimmungsvolle Bilder in warmem Kolorit zeigen den Einfluss Vermeer van Delfts. Bevorzugtes Motiv sind v. a. Durchblicke in von Sonnenlicht durchflutete Innenräume.
Hood [hʊd], Robin, ↑Robin Hood.
Hoofden [niederländ. »Häupter«], südlichster Teil der Nordsee, vor der Straße von Dover.
Hooft, Pieter Cornelisz., niederländ. Dichter, * Amsterdam 16. 3. 1581, † Den Haag 21. 5. 1647; Hauptvertreter der niederländ. Renaissancedichtung; bed. Geschichtsschreiber des 17. Jahrhunderts.
Hooft, Gerardus 't, niederländ. Physiker, * Den Helder 5. 7. 1946; seit 1977 Prof. für Physik an der Univ. in Utrecht, u. a. Mitgl. der Holländ. Akademie der Wiss.en. Für seine grundlegenden math. Beiträge zur Theorie der elektroschwachen Wechselwirkung wurde 't H. 1999 (gemeinsam mit M. Veltman) mit dem Nobelpreis für Physik ausgezeichnet.
Hooge, 592 ha große Hallig, zugleich Gem. im Kreis Nordfriesland, Schlesw.-Holst., 100 Ew.; Fremdenverkehr, Landwirtschaft; neun Wurten, Sommerdeich.
Hoogenband ['ho:x-], Pieter van den, niederländ. Freistilschwimmer (Kurzstrecken), * Maastricht 14. 3. 1978; auf den Einzelstrecken Olympiasieger 2000 (100 m, 200 m) und 2004 (100 m) sowie Europameister 1999 (50 m, 100 m, 200 m), 2002 (100 m, 200 m) und 2004 (200 m); mehrfacher Kurzbahnwelt- und -europameister (seit 1999).
Hoogstraten ['ho:xstra:tə], Samuel Dircksz. van, niederländ. Maler, Radierer und Kunstschriftsteller, * Dordrecht 2. 8. 1627, † ebd. 19. 10. 1678; Schüler Rembrandts (1640–42); schuf Genre- und Landschaftsbilder, Porträts und Stillleben, später häufig perspektivisch konstruierte Bilder (z. B. Guckkastenbild mit dem Innern eines niederländ. Hauses).
Hooke [hʊk], Robert, engl. Naturforscher, * Freshwater (Isle of Wight) 18. 7. 1635, † London 3. 3. 1703; verbesserte zahlreiche physikal. Geräte (z. B. Luftpumpe, Mikroskop) und entdeckte 1678 das nach ihm benannte **hookesche Gesetz** (↑Elastizität). H. führte den Namen Cellula (»Zelle«) in die Wiss. ein.
Hooker ['hu:kə], John Lee, amerikan. Bluessänger und Gitarrist, * Clarksdale (Miss.) 22. 8. 1917, † Los Altos (Calif.) 21. 6. 2001; beeinflusste mit seinem Gesangsstil und seiner traditionellen Gitarrenspielweise zahlreiche Rockgruppen (Canned Heat, Rolling Stones, Animals). Seine erste Schallplatte, »Boogie Chillen« (1948), gilt als Blues-Klassiker.
Hooligans ['hu:lɪgənz; engl. »Rowdys«], Bez. für gewalttätig bzw. provozierend in der Öffentlichkeit auftretende Jugendliche; als soziale Erscheinung urspr. in der proletar. Subkultur der Industriestädte (bes. Großbritanniens) beheimatet. I. d. R. feste Gruppen bildend, definieren sich die H. selbst maßgeblich über eine »Philosophie des Kampfes«, die gezielt die (gewalttätige) Auseinandersetzung mit anderen

Hoover Dam HOO

Kap Hoorn

H.-Gruppen (z. B. bei Fußballveranstaltungen) sucht.

📖 *Buford, M.: Geil auf Gewalt. Unter H.s. A. d. Engl. Nachdr. München u. Wien 2001.*

Hoop Scheffer [- ˈsxɛ-], Jakob Gijsbert (»Jaap«) de, niederländ. Politiker, *Amsterdam 3. 4. 1948; Jurist; 1976–86 im diplomat. Dienst (zunächst Botschaftssekr. in Ghana, 1978–80 ständiger Vertreter der Niederlande bei der NATO in Brüssel, 1980–86 persönl. Referent des damaligen MinPräs. R. Lubbers); 1986–2002 Abg. der Zweiten Kammer (1997–2001 Partei- und Fraktionsführer des Christlich Demokrat. Appells); wurde 2002 Außenmin. in der Regierung Balkenende, im Sept. 2003 als Nachfolger von G. Robertson für das Amt des NATO-Gen.-Sekr. nominiert (Amtsantritt im Jan. 2004).

Hoorn, Stadt in der Prov. Nordholland, Niederlande, am IJsselmeer, 62 900 Ew.; Westfries. Museum; Käsehandel; zwei Jachthäfen. – Erhielt 1357 Stadtrecht.

Hoorn (Horne), Philipp II. von Montmorency-Nivelle, Graf von, niederländ. Staatsmann und Admiral (seit 1559), *Nevele (bei Gent) 1524, † (hingerichtet) Brüssel 5. 6. 1568; wurde 1559 Statthalter von Geldern, 1561 Mitgl. des niederländ. Staatsrats; führte mit Graf Egmont und Wilhelm von Oranien die Adelsopposition gegen die span. Herrschaft. Herzog von Alba ließ ihn als Hochverräter enthaupten.

Hoorn, Kap (span. Cabo de Hornos), die S-Spitze Südamerikas, auf der chilen. Hoorninsel (55° 59′ s. Br.); 1616 von dem Niederländer W. C. Schouten entdeckt und nach seiner Vaterstadt Hoorn benannt.

Hootenanny [ˈhuːtənænɪ, engl.] *der* oder *das,* (improvisiertes) gemeinsames Volksliedersingen.

Hoover [ˈhuːvə], **1)** Herbert Clark, 31. Präs. der USA (1929–33), *West Branch (Ia.) 10. 8. 1874, † New York 20. 10. 1964; Bergbauingenieur; organisierte nach Eintritt der USA in den Ersten Weltkrieg 1917–19 die amerikan. Lebensmittelversorgung und ab 1919 ein Hilfswerk für Europa (Quäker- oder H.-Speisungen). Als Handelsmin. (1921–28) förderte er die Expansion des amerikan. Außenhandels. Als Republikaner 1928 zum Präs. gewählt, scheiterte er in seiner Amtszeit innenpolitisch an den Problemen der Weltwirtschaftskrise. Außenpolitisch leitete er die »Politik der guten Nachbarschaft« gegenüber Lateinamerika ein und verkündete 1931 das **Hoover-Moratorium** (Stundung aller Kriegsschulden und Reparationen für ein Jahr). Bei den Präsidentschaftswahlen 1932 unterlag er F. D. Roosevelt, dessen Politik des New Deal er strikt ablehnte. 1947–49 und 1953–55 war er Vors. einer Kommission zur Reorganisation der Bundesverwaltung.

2) John Edgar, amerikan. Kriminalist, *Washington (D. C.) 1. 1. 1895, † ebd. 2. 5. 1972; 1924–72 Direktor des FBI; führte 1925 die zentralisierte Fingerabdruckkartei ein; war über Jahrzehnte die prägende Figur der amerikan. Verbrechensbekämpfung.

Hoover Dam [ˈhuːvə ˈdæm; nach Präs. H. C. Hoover] (bis 1947 Boulder Dam), 1931–36 erbauter Staudamm (221 m hoch, 379 m lang) in einer Schlucht des Colorado

HOO Hoover-Moratorium

Hoover Dam: Lake Mead mit Hoover Dam

River, an der Grenze zw. Arizona und Nevada, USA, dient der Hochwasserkontrolle, Elektrizitätserzeugung (installierte Leistung: 1 345 MW) und Bewässerung. Der Stausee, **Lake Mead,** 593 km², hat 38 547 Mio. m³ Fassungsvermögen.

Hoover-Moratorium [ˈhuːvə-], ↑Hoover.

Hop [engl.] *der, Leichtathletik:* erster Sprung beim ↑Dreisprung.

Hopak [ukrain.] *der* (russ. Gopak), volkstüml., sehr schneller Tanz im ²/₄-Takt, v. a. in der Ukraine und in Weißrussland, urspr. nur von Männern getanzt, meist akrobatisch ausgeführt.

Hope [həʊp], Bob, eigtl. Leslie Townes H., amerikan. Komiker brit. Herkunft, *Eltham (heute zu London) 29. 5. 1903, †Toluca Lake (Calif.) 27. 7. 2003; ab 1907 in den USA; war Darsteller des untauglich-humorigen Feiglings, dessen held. Aktionen stets fehlschlagen, wie in den Filmen »Der Weg nach Marokko« (1942) und »Sein Engel mit den zwei Pistolen« (1948); arbeitete in der Truppenbetreuung, für Bühne, Rundfunk und Fernsehen.

Hopeh (Hopei), chines. Prov., ↑Hebei.

Hopewellkultur [ˈhəʊpwəl-; nach dem amerikan. Farmer C. Hopewell, auf dessen Farm in Ohio im 19. Jh. typ. Siedlungen gefunden wurden], vorgeschichtl. indian. Kultur Nordamerikas (etwa 200 v. Chr. bis 400 n. Chr.). Kerngebiet ihrer weitaus größten Verbreitung war das mittlere Ohiotal, wo Hunderte von Erdhügeln (»mounds«, meist als Bestattungshügel) und große, sakrale Bezirke umschließende Erdwallanlagen gefunden wurden.

Hopfe, Vogelfamilie, ↑Wiedehopf.

Hopfen (Humulus lupulus), Kletterstaude der Familie Hanfgewächse in Auengebüschen der nördl. gemäßigten Zone; eine 4–8 m hohe, rechtswindende, zweihäusige Schlingpflanze. Die männl. Blütenstände bilden rispenartige Trugdolden mit weißlich grünen Blüten. Kultiviert werden nur weibl. Pflanzen, deren »Fruchtzapfen« (**H.-Dolden**) dicht mit drüsigen Schuppen besetzt sind, die abgeschüttelt das **Lupulin (H.-Mehl)** ergeben; es enthält v. a. Bitterstoffe (Humulon, Lupulon), die dem Bier Haltbarkeit, Schäumvermögen und Bittergeschmack verleihen. H.-Tee wirkt durch seinen Gehalt an Methylbutenol beruhigend. H. bevorzugt kalk- und humushaltigen, warmen Boden. Zur Anlage von H.-Gärten verwendet man **Fechser,** aus 3- bis 5-jährigen Wurzelstöcken geschnittene Stecklinge. Von den 8–10 wachsenden Trieben (Reben) werden 2–3 angebunden, die anderen entfernt und z. T. wie Spargel

Hopfen: weibliche Pflanze mit Früchten

genutzt (H.-Spargel). – Bereits Griechen und Römer kannten H. als Gemüse und Heilmittel.
Hopfenbuche (Ostrya), hainbuchenartiges Birkengewächs S-Europas und des Orients, mit hopfenähnl. weibl. Blütenkätzchen.
Hopi [engl. 'həʊpɪ], zu den Puebloindianern gehörende Gruppe nordamerikan. Indianer in NO-Arizona, inmitten der Navajo-Reservation, etwa 8 000 Menschen.
Hopkins, Mount ['maʊnt 'hɔpkɪnz], Berg in S-Arizona (USA), 2 600 m ü. M.; astronom. Observatorium (Whipple-Observatorium); von 1979 bis 1998 mit einem Mehrspiegelteleskop ausgestattet, das zu einem 6,5-m-Teleskop umgebaut wurde.
Hopkins ['hɔpkɪnz], **1)** Sir (seit 1993) Anthony, brit. Schauspieler, * Port Talbot 31. 12. 1937; vielseitiger Charakterschauspieler; den Durchbruch zum internat. Filmerfolg erlangte H. mit der Rolle des Dr. Hannibal Lecter in »Das Schweigen der Lämmer« (1991); seit 2000 auch amerikan. Staatsbürger.
Weitere Filme: Wiedersehen in Howards End (1992); Was vom Tage übrig blieb (1993); Nixon (1995); Mein Mann Picasso (1996); Rendezvous mit Joe Black (1998); Instinkt (1999); Hannibal (2000); Roter Drache (2002).
2) Sir (seit 1925) Frederick Gowland, brit. Biochemiker, * Eastbourne 20. 6. 1861, † Cambridge 16. 5. 1947; entdeckte die wachstumsfördernden Vitamine und erhielt hierfür 1929 mit C. Eijkman den Nobelpreis für Physiologie oder Medizin.
3) Gerard Manley, engl. Dichter, * Stratford (Cty. Essex) 28. 7. 1844, † Dublin 8. 6. 1889; Jesuit; verwendete den aus der german. Stabreimdichtung entwickelten »sprung rhythm«, der stark auf die moderne Lyrik wirkte.
4) Harry Lloyd, amerikan. Politiker, * Sioux City (Ia.) 17. 8. 1890, † New York 29. 1. 1946; leitete unter Präs. F. D. Roosevelt Arbeitsbeschaffungsprogramme und regte bed. Sozialgesetze an; 1938–40 Handelsmin.; nahm als persönl. Berater Roosevelts u. a. an den Konferenzen von Casablanca (1943) und Jalta (1945) teil. 1945 erreichte H. eine Einigung mit Stalin über die Vetofrage in der UNO.
Hopliten [grch.], nach ihrem großen Schild (Hoplon) benannte schwer bewaffnete Fußtruppen im altgriechischen Bürgerheer, die in der geschlossenen Phalanx kämpften.
Hopman-Cup, *Tennis:* seit 1989 jährlich in Perth ausgetragene inoffizielle Mixed-Weltmeisterschaft; vor dem eigentl. Mixed wird je ein Frauen- und Männereinzel ausgetragen.
Hoppe, 1) Felicitas, Schriftstellerin, * Hameln 22. 12. 1960; arbeitete anfangs als Dramaturgin und Journalistin, debütierte sehr erfolgreich mit dem surrealistisch-märchenhaften Kurzgeschichtenband »Picknick der Friseure« (1996). Auch in »Pigafetta« (R., 1999) verbindet sich Fantastisches mit Realem, vermischt sich ein fiktiver Bericht über die Reise Magalhães' mit den Erlebnissen H.s bei der Weltumrundung auf einem Containerschiff.
2) Marianne, Schauspielerin, * Rostock 26. 4. 1909, † Siegsdorf (Landkreis Traunstein) 23. 10. 2002; 1936–46 ∞ mit G. Gründgens; spielte Theaterrollen u. a. in Berlin, München, Frankfurt am Main, Hamburg und Wien; außerdem in den Filmen »Eine Frau ohne Bedeutung« (1936), »Der Schritt vom Wege« (1939), »Romanze in Moll« (1943).
3) Rolf, Schauspieler, * Ellrich (Landkreis Nordhausen) 6. 12. 1930; feinfühliger Charakterdarsteller; 1961–70 und ab 1975 am Staatsheater Dresden; seit Anfang der 1970er-Jahre Film- und Fernsehrollen, u. a. »Mephisto« (1981), »Frühlingssinfonie« (1983), »Sachsens Glanz und Preußens Gloria« (1984/85), »Der Bruch« (1989), »Bronsteins Kinder« (1991), »Palmetto« (1998).
Hoppegarten, Galopprennbahn in der Gem. Dahlwitz-H., Landkreis Märkisch-Oderland; 1868 eröffnet.
Hopper ['hɔpə], **1)** Dennis, amerikan. Filmregisseur, Schauspieler und Produzent, * Dodge City (Kans.) 17. 5. 1936; durch den Erfolg seines Films »Easy Rider« (1969; auch Darsteller) wurde H. zu einem Jugendidol.
Weitere Filme: Blue Velvet (1986); Waterworld (1995); Basquiat (1996).
2) Edward, amerikan. Maler, * Nyack (N. Y.) 22. 7. 1882, † New York 15. 5. 1967; malte typ. amerikan. Landschaften und Städte sowie Interieurs in einem subtilen, zur Stilisierung neigenden Realismus, der in den 1960er-Jahren die Fotorealisten beeinflusste. – Abb. S. 506
Höppner, Reinhard, Politiker (SPD),

HOQ Hoquetus

Edward Hopper: Nachteulen (1942; The Art Institute of Chicago)

* Haldensleben 2. 12. 1948; Diplommathematiker, bis 1989 Fachlektor, 1980–94 Präses der Synode der Evang. Kirche (Kirchenprovinz Sachsen), 1990 Vizepräs. der Volkskammer der DDR, 1990–94 Vors. der Landtagsfraktion der SPD in Sachsen-Anhalt, wurde dort 1994 MinPräs. (erstmals in einem dt. Bundesland unter Tolerierung der PDS; Wiederwahl 1998); trat nach der deutlichen Wahlniederlage am 21. 4. 2002 von allen politischen Ämtern zurück.

Hoquetus [-'ke:tʊs; mlat.] *der,* ↑Hoketus.

Hora [rumän., zu grch. chorós »Reigen«] *die,* in Rumänien verbreiteter Volkstanz mit zahlr. Abarten und Benennungen, ein Kreistanz im $^2/_4$-Takt und in gemäßigtem Tempo.

Horatiler, altröm. Patriziergeschlecht, das gegen Ende des 5. Jh. v. Chr. ausstarb. Nach der Sage sollen drei H., Drillingsbrüder, durch ihren Sieg über die Curiatier, ebenfalls Drillinge, Rom die Herrschaft über Alba Longa gebracht haben.

Horaz (lat. Quintus Horatius Flaccus), röm. Dichter, * Venusia (heute Venosa) in Apulien 8. 12. 65 v. Chr., † 27. 11. 8 v. Chr.; Sohn eines Freigelassenen; schloss sich Brutus an und wurde in dessen Heer Militärtribun, danach Schreiber in Rom. 38 von Maecenas in dessen Dichterkreis aufgenommen und 35 mit dem Landgut »Sabinum« beschenkt. Sein in neun Büchern vorliegendes Gesamtwerk (entstanden zw. 41 und 13) ist vollständig erhalten. Zu seinem Frühwerk zählen die »Satiren« (etwa 35 und 30 v. Chr.), poet. »Plaudereien« (»Sermones«) in Hexametern von stark persönl. Färbung, und die »Epoden« (etwa 30 v. Chr.), »Schmähgedichte« (»Iambi«) mit aktuell-röm. Inhalt. Während der mittleren Schaffensperiode (30–23 v. Chr.) schrieb H. sein Meisterwerk, die ersten drei Bücher der Oden (»Carmina«), im Rückgriff auf die äol. Lyrik der Sappho und des Alkaios. In den »Episteln« (20 und 13 v. Chr. vollendet) werden philosoph. und poetolog. Fragen erörtert; das 2. Buch bildet mit dem als »Ars poetica« (»Dichtkunst«) bekannten Brief den Höhepunkt seiner Literaturkritik.

📖 *Kytzler, B.:* H. Zürich 1985. – *Lefèvre, E.:* H. Dichter im augusteischen Rom. München 1993.

Horb am Neckar, Große Kreisstadt im Landkreis Freudenstadt, Bad.-Württ., im Oberen Gäu, 25 000 Ew.; Fachschulen, Museen; Metall verarbeitende, Textil-, Holzind. – Got. Spitalkirche, kath. Pfarrkirche (1387, ehem. Stiftskirche, nach Brand 1725 barockisiert), Rathaus (1765). – Erhielt im 13. Jh. Stadtrecht; kam 1381 zum habsburg. Vorderösterreich und 1805 an Württemberg.

Hörbereich, derjenige Frequenzbereich, in dem ein Ton vom menschl. oder tier. Gehörorgan wahrgenommen wird. Der H. des Menschen erstreckt sich von 16 Hz (untere Hörgrenze) bis zu 20 000 Hz (obere Hörgrenze); er umfasst also etwa 10 Oktaven.

Hörbiger, 1) Attila, österr. Schauspieler, *Budapest 21. 4. 1896, †Wien 27. 4. 1987; Bruder von 3), Vater von 2); ∞ mit Paula Wessely; 1928–50 am Theater in der Josefstadt in Wien, ab 1950 am Wiener Burgtheater; bed. Charakterdarsteller.
2) Christiane, österr.-schweizer. Schauspielerin, *Wien 13. 10. 1938; Tochter von 1) und Paula Wessely; spielt seit den 1950er-Jahren Bühnenrollen, u. a. am Wiener Burgtheater, in Heidelberg, bei den Salzburger Festspielen und in Zürich; außerdem Film- (»Schtonk«, 1992) und Fernsehrollen (»Das Erbe der Guldenburgs«, 1986 ff.).
3) Paul, österr. Schauspieler, *Budapest 29. 4. 1894, †Wien 5. 3. 1981; Bruder von 1); 1926–40 an Berliner Theatern, 1940–46 und seit 1963 am Wiener Burgtheater; Bühnenerfolge v. a. mit Raimund- und Nestroy-Rollen; populärer Filmschauspieler (z. B. »Der liebe Augustin«, 1940).
Hörbuch (Audiobook), gesprochene Texte (Belletristik, Hörspiele, Fachtexte, Sprach- u. a. Lehrgänge) auf Kassette oder CD.
Horch, August, Automobilkonstrukteur und Unternehmer, *Winningen (Landkreis Mayen-Koblenz) 12. 10. 1868, †Münchberg 3. 2. 1951; zunächst Mitarbeiter von C. Benz; gründete 1899 in Köln-Ehrenfeld die Firma A. H. & Cie. (seit 1904 in Zwickau) und 1910 in Zwickau die Audi-Werke AG, die 1932 in der Auto Union GmbH aufgingen (↑Audi AG). H. führte den Kardanantrieb und die Reibungskupplung im Automobilbau ein (1901), baute den ersten dt. Vierzylinder- (1903) und den Sechszylindermotor (1907) und führte die Linkssteuerung für Kraftwagen ein (1923).
Hordaland [-lan], Provinz (Fylke) in SW-Norwegen, 15 634 km², 431 900 Ew.; Verw.-Sitz ist Bergen.
Horde [von türk. ordu »Heerlager«], seit dem 16. Jh. Bez. für umherschweifende Scharen, später auch allg. für: Bande, wilder Haufen. – *Völkerkunde:* kleine Gruppe gemeinsam umherschweifender Wildbeuter.
Hordeolum [lat.] *das,* das ↑Gerstenkorn.
Hordeum [lat.], die Grasgattung ↑Gerste.
Horeb, *A. T.:* im 5. Buch Mose (Deuteronomium) der Name des Gottesberges in der Wüste, des Ortes der Gesetzgebung (↑Sinai).

Höre Israel, Anfangsworte des jüd. Hauptgebets; ↑Schema Israel.
Horen [lat.], die Gebetszeiten (»Stunden«) des ↑Stundengebets.
Horen, die grch. Göttinnen der Jahreszeiten, des Blühens und Reifens; seit Hesiod sittl. Bedeutung: Eunomia (»Gesetzlichkeit«), Dike (»Gerechtigkeit«) und Eirene (»Frieden«).
Horen, Die [nach den grch. Göttinnen], Titel einer von Schiller 1795–97 herausgegebenen und von Cotta in Tübingen verlegten, programmat. Literaturzeitschrift der dt. Klassik; Vorbild für alle späteren literar. Zeitschriften.
Hören, ↑Gehör.
Horezu [-zu], Stadt im Bez. Vîlcea, Rumänien, am Fuß der Südkarpaten, 7 000 Ew.; Luftkurort; Töpfermarkt (Bauernkeramik). – Bei H. das durch dicke Verteidigungsmauern geschützte Kloster **Hurez** (UNESCO-Weltkulturerbe), von Fürst Constantin Brâncoveanu gegr. und 1691–1702 errichtet. In seinem Zentrum die mit Wandmalerei ausgestattete Hauptkirche (1691/92).

Horezu: Kloster Hurez (1691–1702 errichtet) mit Hauptkirche und Kreuzgang

Hörfunk (Hörrundfunk, Radio), Rundfunkdienst, der ausschl. akust. Signale überträgt, im Ggs. zum Fernsehrundfunk. Zur Technik ↑Rundfunk.
Horgen, Bez.-Hptst. im Kt. Zürich, Schweiz, am SW-Ufer des Zürichsees, 16 700 Ew.; Braunkohlenbergbaumuseum; Textilmaschinenbau und elektron. Industrie. – Nach Funden bei H. wurde die jung-

Hörgeräte

steinzeitl. **Horgener Kultur** (3400–2700 v. Chr.) benannt.

Hörgeräte (Hörhilfen), elektroakust. Verstärker zum Ausgleich verminderten Hörvermögens. H. bestehen aus Batterie, Mikrofon, Verstärker und Hörer (Miniaturlautsprecher). Zur Anpassung an den Hörschaden sind die H. auf das ↑Audiogramm des Patienten abgestimmt und mit mehreren Einstellmöglichkeiten versehen. Bei fast allen H. wird der vom Hörer abgegebene Schall dem Trommelfell durch die Luft zugeführt. Nur in besonderen Fällen wird ein spezieller Hörer verwendet, der den Schädelknochen zu Schwingungen anregt und den Schall so dem Innenohr direkt zuleitet. **Taschen-H.** werden in der Oberbekleidung getragen; der Hörer ist über ein Kabel mit dem Gerät verbunden und wird von einem in den äußeren Gehörgang eingeführten Ohrstück gehalten. **Kopf-H.** werden hinter dem Ohr getragen (**Hinter-dem-Ohr-H., HdO-Geräte,** bananenförmig mit Schallschlauch zum individuell geformten Ohrpassstück) oder in der Ohrmuschel und dem äußeren Gehörgang (**In-dem-Ohr-H., IdO-Geräte**). Bei **Mini-im-Ohr-Geräten** befinden sich die kompletten H. in einem individuell hergestellten, dem Gehörgang angepassten Ohrpassstück. Bei **Hörbrillen** ist das H. komplett im Brillenbügel untergebracht; ein Schallschlauch führt zum Ohreinsatz. (↑Cochlearimplantat)

Hörgeschädigtenpädagogik, Unterweisung Hörgeschädigter und Gehörloser, die auf möglichst weit gehende soziale Integration ausgerichtet ist. In den Sonderkindergärten und -schulen für Gehörlose lernen die Kinder die Lautsprache sprechen und vom Mund ablesen (Absehunterricht), um sich mündlich verständigen zu können; miteinander unterhalten sie sich meist mithilfe der ↑Gebärdensprache. Die ersten Taubstummenanstalten gründete C. M. de l'Épée in Paris 1770, in Dtl. S. Heinicke 1778 in Leipzig.

Hörhaare, bei Spinnen und Insekten vorkommende Sinneshaare (Haarsensillen, Trichobothrien), die Schallwellen empfangen. Die dünnen, langen, kutikularen Haare sind leicht beweglich und an exponierten Körperstellen in einen festen Balg eingespannt.

Höriger (Grundhold), seit dem späten MA. von einer Grundherrschaft dinglich Abhängiger. Die an die Scholle gebundenen H. (Halbfreien) galten als Zubehör des Bauernguts. Eine noch stärkere Abhängigkeit war die Erbuntertänigkeit.

Hörigkeit, 1) *Geschichte:* dingl. und persönl. Abhängigkeit von einer Grund- oder Gutsherrschaft (↑Höriger). Die H. wurde endgültig im 19. Jh. mit der Bauernbefreiung beseitigt.

2) *Psychologie:* die innere Gebundenheit eines Menschen an einen andern, die bis zur Aufgabe der persönl. Würde geht, bes. als sexuelle Hörigkeit.

Horizont [grch.] *der*, **1)** *allg.:* (Gesichtskreis), die durch örtl. Gegebenheiten (Berge, Gebäude) sichtbare Linie, an der Himmel und Erde zusammenzustoßen scheinen (**natürl. H.**, auf See **Kimm**).

2) *Astronomie:* Der **scheinbare H.** ist die Schnittlinie der Himmelskugel mit einer Ebene (**H.-Ebene**), die senkrecht zum Lot durch den Beobachtungsort geht. Der **wahre H.** ist die Ebene, die parallel zum scheinbaren H. durch den Erdmittelpunkt geht.

3) *Bodenkunde:* Schicht des Bodenprofils.

4) *Geologie:* die kleinste geolog. Einheit, räumlich (Schichteinheit) wie zeitlich,

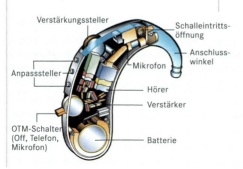

Hörgeräte: Schnittbild eines Hinter-dem-Ohr-Hörgerätes

durch einheitl. Fossilgehalt (Fossil-H.) oder Gesteine bestimmt.

horizontal [grch.], waagerecht; Ggs.: vertikal.

Horizontalfrequenz, *Fernsehtechnik:* Anzahl der in einer Sekunde übertragenen Zeilen.

Horizontalpendel, Pendel, das in einer nahezu waagerechten Ebene um eine gegen die Senkrechte nur wenig geneigte Drehachse schwingt, dient zur Messung geringer Neigungen des Erdbodens, Beobachtung von Lotabweichungen, als Seismograph.

Horizontalsystem, ↑astronomische Koordinaten.

Horizontalverschiebung, ↑Verwerfung.

Horkheimer, Max, Philosoph und Soziologe, *Stuttgart 14. 2. 1895, †Nürnberg 7. 7. 1973; wurde 1930 Prof. in Frankfurt am Main und Leiter des »Inst. für Sozialforschung«; 1933 emigriert; 1949–63 wieder Prof. in Frankfurt, seit 1950 Leiter des wieder errichteten »Inst. für Sozialforschung«. H. war Initiator der ↑Frankfurter Schule und entwickelte, ausgehend von Hegel und Marx, mit T. W. Adorno die ↑kritische Theorie; seine Kritik an spätkapitalist. Herrschaftsstrukturen gewann maßgebl. Einfluss auf die Studentenbewegung der 1960er-Jahre; Herausgeber der »Ztschr. für Sozialforschung«.

Werke: Zur Kritik der instrumentellen Vernunft (1947); Dialektik der Aufklärung (1947, mit T. W. Adorno); Krit. Theorie, 2 Bde. (1968).

📖 *M. H. heute: Werk u. Wirkung,* hg. v. Alfred Schmidt u. N. Altwicker. Frankfurt am Main 1986. – Gumnior, H. u. Ringguth, R.: *M. H.* Reinbek 26.–27. Tsd. 1997. – Wiggershaus, R.: *M. H. zur Einführung.* Hamburg 1998.

Horliwka [-liʊ-], Stadt in der Ukraine, ↑Gorlowka.

Hormone [zu grch. hormān »in Bewegung setzen«, »antreiben«], vom menschl. und tier. Organismus, meist von besonders spezialisierten H.-Drüsen, aber auch von Zellarten oder Geweben mit anderen Funktionen gebildete und ins Blut oder die Zellumgebung abgegebene körpereigene Wirkstoffe, die zus. mit dem Nervensystem die Vorgänge des Stoffwechsels, des Wachstums, die Entwicklung und den emotionalen Bereich eines Individuums steuern. Die H. lassen sich einteilen nach ihrer chem. Struktur (Steroide, Aminosäuren, Peptide, Fettsäureabkömmlinge) oder nach den produzierenden Organen bzw. H.-Drüsen (z. B. Schilddrüsen-H., Nebennierenrinden-H.) oder nach dem Wirkungsbereich (z. B. Geschlechts-H.). Die Steuerungsfunktion der bereits in kleinsten Mengen wirksamen H. ist sehr differenziert und erstreckt sich auf die H.-Produktion selbst. Die eigentl. **endokrine Wirkung** ist charakterisiert durch die Bildung einer regulatorisch wirkenden Botensubstanz, des H., in einer spezialisierten endokrinen Drüse. Hier kann das H. gespeichert werden und wird nach einer Stimulation in den Blutkreislauf abgegeben. Das H. erreicht über den Blutkreislauf, mitunter dort gebunden an spezielle Blutplasmaproteine, das Zielgewebe, in dem es seine Wirkung entfaltet. Daneben existieren Wirkungsvarianten unter Umgehung des Blutkreislaufs wie die **parakrine** und **autokrine Wirkung,** bei der das H. im Gewebe, in dem es gebildet wird, wirkt oder sogar die Zellen, in denen es gebildet wird, beeinflusst. Auch eine **juxtrakrine Wirkung,** bei der ein H. nicht freigesetzt wird, sondern an der Zelle, in der es gebildet wird, gebunden bleibt und in einer solchen membranständigen Form wirkt, ist bei einigen Cytokinen aufgefunden worden. Die H. wirken immer nur auf bestimmte Organe (**Ziel-** oder **Erfolgsorgane**). Diese haben spezif. Bindungsstellen (**Rezeptoren;** häufig in den Zellmembranen und Zellkernen, mit denen die entsprechenden H.-Moleküle gebunden und die biochem. Reaktionen ausgelöst werden. Ein H.-Rezeptor-Komplex kann selbst wirksam sein, z. B. durch Bindung an die DNA im Zellkern, wodurch eine Veränderung der Genaktivität hervorgerufen wird (die typ. Wirkung von Steroid-H.), oder die Bindung des H. an den Rezeptor führt zu einer **Signalwandlung** (Signaltransduktion), in deren Folge neue Effektormoleküle gebildet werden, die dann ihrerseits im Stoffwechsel wirken. Solche Effektormoleküle werden als »**zweite Boten**« bezeichnet, das ursprüngl. H. ist dann der **erste Bote.** Über zweite Boten entfalten fast alle Peptid-H. ihre Wirkungen. Durch die unterschiedl. Ausstattung von Zellen und Geweben mit Rezeptormolekülen und den Signalwandlungssystemen werden H.-Wirkungen zell- und gewebespezifisch.

Zw. H.-Produktion, Ausschüttung und

Hormone

Hormone des Menschen und der Wirbeltiere (Auswahl)

Name	chemische Konstitution	Bildungsort	Wirkung
Adrenalin	Tyrosinderivat	Nebennierenmark	Pulsfrequenz-, Blutzuckererhöhung
Aldosteron	Steroid	Nebennierenrinde	Regulierung des Natrium-Kalium-Gleichgewichts
Calcitonin	Protein	Schilddrüse	Senkung des Calciumspiegels
follikelstimulierendes Hormon (FSH)	Glykoprotein	Adenohypophyse	Reifung der männlichen und der weiblichen Geschlechtszellen
Glucagon	Protein	Langerhans-Inseln	Erhöhung des Blutzuckerspiegels
Insulin	Protein	Langerhans-Inseln	Senkung des Blutzuckerspiegels
Corticosteron und Hydrocortison (Cortisol)	Steroid	Nebennierenrinde	Erhöhung des Blutzuckerspiegels, Unterdrückung allergischer und entzündlicher Reaktionen
luteinisierendes Hormon (LH)	Glykoprotein	Adenohypophyse	Auslösung der Ovulation, Gelbkörperbildung, Produktion der Sexualhormone
luteotropes Hormon (Prolactin, LTH)	Protein	Adenohypophyse	Förderung der Milchbildung
Melatonin	Tryptophanderivat	Epiphyse	Hemmung der Schilddrüsenfunktion, Beeinflussung der Geschlechtsdrüsen
Noradrenalin	Tyrosinderivat	Nebennierenmark	Blutdrucksteigerung
Östradiol	Steroid	Eierstock	Ausprägung weiblicher sekundärer Geschlechtsmerkmale, Wachstum der Gebärmutterschleimhaut
Oxytocin	Oligopeptid aus 9 Aminosäuren	Hypothalamus (abgegeben über Neurohypophyse)	Gebärmutterkontraktion
Parathormon	Protein	Nebenschilddrüse	Erhöhung des Calciumspiegels
Progesteron	Steroid	Gelbkörper, Plazenta	Sekretionsphase der Gebärmutterschleimhaut, Erhaltung der Schwangerschaft
Somatotropin (Wachstumshormon)	Protein	Adenohypophyse	Förderung des Körperwachstums
Testosteron	Steroid	Hoden	Ausprägung männlicher sekundärer Geschlechtsmerkmale
Thyroxin	Tyrosinderivat	Schilddrüse	Steigerung des Grundumsatzes, des Eiweiß-, Kohlenhydrat-, Fett- und Mineralstoffwechsels, der Atmung, des Kreislaufs; bei Amphibien Auslösung der Metamorphose
Vasopressin (Adiuretin)	Oligopeptid aus 9 Aminosäuren	Hypothalamus (abgegeben über Neurohypophyse)	Wasserresorption in der Niere, Blutdruckerhöhung

Wirkung bestehen vielseitige Wechselbeziehungen. Die Ausschüttung wird nach dem **Rückkopplungsprinzip** geregelt, d. h., die Ausschüttung einer H.-Drüse wird durch das eigene H. bei einer bestimmten Konzentration im Blut gehemmt. Hypophyse bzw. die Hypophysen-H. kontrollieren als übergeordnetes System die H.-Ausschüttung anderer H.-Drüsen, und zwar ebenfalls nach dem Prinzip eines Regelkreises.

H. und chemisch modifizierte H.-Abkömmlinge sind heute wichtige Medikamente. So werden Insulin bei Diabetes, Somatotropin bei Wachstumsstörungen und Prednisolon bei Entzündungen therapeutisch eingesetzt. – Über hormonähnliche Substanzen bei Pflanzen ↑Pflanzenhormone.

Hall, R. u. Evered, D. C: Endokrinologie. A. d. Engl. Berlin 1994. – Faber, H. von u. Haid, H.: Endokrinologie. Einführung in die Molekularbiologie u. Physiologie der Hormone. Stuttgart [4]1995. – Herrmann, F.:

Endokrinologie für die Praxis. Stuttgart ⁴2002.

Hormonersatztherapie (Hormonsubstitution), Behandlung mit Estrogenen und Gestagenen während und nach der Menopause der Frau. Ziel der Maßnahme ist es, Beschwerden oder Erkrankungen, die durch einen Mangel an Estradiol (wichtigstes körpereigenes Estrogen) bedingt sind, vorzubeugen, sie zu lindern oder zu beseitigen. Anwendungsbereiche für die H. sind klimakter. und urogenitale Beschwerden (v. a. Hitzewallungen und vaginale Atrophie). Die H. kann zyklisch (mit Abbruchblutung) oder kontinuierlich (d. h. ohne einnahmefreie Tage und ohne Abbruchblutung) durchgeführt werden.

Hormonpräparate, Arzneimittel mit hormonartiger Wirkung, die entweder aus getrockneten, pulverisierten Drüsen oder Drüsenextrakten von Menschen und Tieren oder aus extrahierten, gereinigten natürl. Wirkstoffen gewonnen werden, in zunehmendem Maße aber aus synthet. Stoffen von gleicher, nicht selten auch abgewandelter chem. Struktur wie die körpereigenen Hormone hergestellt werden. Alle H., die nicht aus chemisch reinen Hormonen bestehen, werden im Tierversuch standardisiert, um eine möglichst gleich bleibende Wirksamkeit zu garantieren; die Wirkstärke wird gewöhnlich in Internat. Einheiten angegeben. Die Anwendung von H. erfolgt v. a. bei zu geringer körpereigener Produktion des betreffenden Hormons oder zur unterstützenden Behandlung anderer Erkrankungen (z. B. werden Glucocorticoide bei Überempfindlichkeitsreaktionen gegeben).

Hormus (Hormoz, Ormus, Ormuz), iran. Insel im Pers. Golf, an der **Straße von H.** (60–100 km breit), die den Pers. Golf mit dem Ind. Ozean verbindet; vom 14. bis 16. Jh. bed. Handelszentrum, 1515–1622 unter portugies. Oberherrschaft.

Horn, 1) *Musik:* (Waldhorn, italien. Corno), Blechblasinstrument aus einer mehrfach kreisförmig gewundenen Messingröhre mit Trichtermundstück und auslandender Stürze, seit 1830 als **Ventil-H.** mit drei Ventilen. Der Ton entsteht dadurch, dass der Luftstrom durch die als Membran wirkenden Lippen in schneller, regelmäßiger Folge unterbrochen wird.
2) *Zoologie:* aus Keratinen bestehende Bildungen der Epidermis der Wirbeltierhaut für besondere mechan. Beanspruchung (z. B. Schnabel, Hörner, Nägel, Krallen, Hufe).

Horn, 1) Gyula, ungar. Politiker, *Budapest 5. 7. 1932; Wirtschaftsfachmann; schon früh in der kommunist. Bewegung tätig, nach der Niederschlagung des ungar. Volksaufstands (1956) in den Milizen des Innenministeriums aktiv. 1985–89 Mitgl. des ZK der KP und Staats-Sekr. im Außenministerium. Als Außenmin. (1989–90) durchtrennte er am 27. 6. 1989 persönlich den Stacheldraht an der Grenze zw. Ungarn und Österreich, am 10./11. 9. ermöglichte er DDR-Bürgern die Ausreise in die BRD. 1990 wurde H. Vors. der neu gegr. ungar. Sozialdemokrat. Partei, war 1994–98 MinPräs. – H. erhielt 1990 den Internat. Karlspreis in Aachen.
2) Rebecca, Künstlerin, *Michelstadt 24. 3. 1944; lebt in Berlin und New York. Ritualisierte Aktionen mit dem eigenen Körper werden oft Ausgangspunkt ihrer Performances, Schmalfilme, Videobänder, Rauminstallationen und Zeichnungen. 1981 drehte sie den Spielfilm »La Ferdinanda - Sonate für eine Medici-Villa«.

Horn-Bad Meinberg, Stadt im Kr. Lippe, NRW, zw. Teutoburger Wald und Lipper Bergland, 18 700 Ew.; Holzind., Maschinenbau. Im Ortsteil **Bad Meinberg** werden Calciumsulfatwässer, Kohlensäuerlinge und Schwefelmoor gegen Rheuma, Herz- und Kreislauferkrankungen, Nerven- und Frauenleiden angewendet. – Horn hat seit 1248 Stadtrecht; wurde 1970 mit Bad Meinberg (Kurort seit 1767) und umliegenden Gemeinden zusammengeschlossen. – Nahebei die ↑Externsteine.

Hornberg, Stadt im Ortenaukreis, Bad.-Württ., Luftkurort im Gutachtal des Schwarzwalds, 358 m ü. M., 4 600 Ew.; Werke für Sanitärkeramik und Ind.elektronik. – Burgruine (um 1100) auf dem Schlossberg. – Kam 1448 an Württemberg, 1810 an Baden; Stadtrecht 1949. – Das zur Redensart gewordene **Hornberger Schießen** (svw. »eine Sache endet ergebnislos«) gründet sich wohl auf den misslungenen Empfang eines Herzogs, den die Bürger von H. mit Schüssen begrüßen wollten, dabei aber vorzeitig ihr Pulver verschossen hatten (16. Jh.?).

Hornblatt (Hornkraut, Ceratophyllum), einzige Gattung der **Hornblattgewächse** (Familie **Ceratophyllaceae**); untergetaucht lebender Süßwasserpflanzen mit gabelig verzweigten Sprossen, die mit Quirlen zerschlitzter Blätter besetzt sind; Aquarienpflanzen.

Hornfrösche: Schmuckhornfrosch (Körperlänge bis 12 cm)

Hornblende, Mineral aus der Gruppe der ↑Amphibole.
Hörnchen (Sciuridae), artenreiche Nagetierfamilie mit den **Baum-H.** (z. B. das Eichhörnchen), **Erd-H.** (z. B. Murmeltiere) und **Flug-H.** (z. B. Taguan).
Horne, Graf von, ↑Hoorn.
Hörner (Gehörn), Stirnwaffe bei einigen Säugetieren, z. B. Antilopen, Rindern, Schafen, Ziegen, meist bei beiden Geschlechtern auftretend. Die H. bilden sich auf zwei von ernährenden Hautschichten überzogenen Knochenzapfen des Stirnbeins als bleibende, feste Hornscheiden, die im Unterschied zum ↑Geweih zeitlebens nicht abgeworfen werden. Die Anzahl der **Hornringe** (Wachstumsringe) kann zur Altersbestimmung dienen.

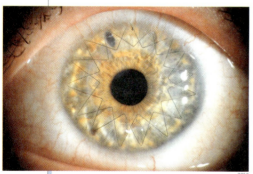

Hornhauttransplantation: mit sternförmiger doppelläufiger Naht fixiertes Hornhauttransplantat

Hörnerhaube, Frauenhaube des späten 14. und 15. Jh., zwei hörnerartige Wülste, zw. denen ein Schleier auf den Rücken hinabhängt.
Hör|nerv, ↑Ohr.
Horney, 1) Brigitte, Bühnen- und Filmschauspielerin, *Berlin 29. 3. 1911, †Hamburg 27. 7. 1988; Tochter von 2); Star des dt. Films der 1930er-Jahre; später auch Fernsehrollen.
2) [ˈhɔːnɪ], Karen, amerikan. Psychoanalytikerin dt. Herkunft, *Hamburg 16. 9. 1885, †New York 4. 12. 1952; Mutter von 1); lehrte 1932–41 in Chicago, dann in New York; Vertreterin der neopsychoanalyt. Schule, betonte bes. die sozialen und kulturellen Bedürfnisse des Menschen.
Hornfels, durch Kontaktmetamorphose entstandenes dichtes, muschelig-splittrig brechendes Gestein mit typ. Mineralen (Cordierit, Andalusit, Grossular, Wollastonit).
Hornfrösche (Ceratophrys), Gattung bunter südamerikan. Frösche mit meist zipfelförmig ausgezogenen Oberlidern. Einige Arten sind beliebte Terrarientiere, z. B. der **Schmuckhornfrosch** (Ceratophrys ornata).
Hornhausen, Reiterstein von, Bildsteinfragment des 7./8. Jh., gefunden in Hornhausen (Bördekreis, Sa.-Anh.), heute im Landesmuseum für Vorgeschichte in Halle (Saale); seltener Fund german. Kunst, möglicherweise Chorschrankenplatten einer frühen Kirche.
Hornhaut, 1) oberer Teil der ↑Haut.
2) vorderer, durchsichtiger Teil des Augapfels (↑Auge).
Hornhautentzündung (Keratitis), häufigste Erkrankung der Hornhaut des Auges; verursacht durch Infektion mit Bakterien, Viren oder Pilzen, Verletzung, allerg. Prozesse oder Strahlenschäden (z. B. Ultraviolettlicht). Kennzeichen sind Hornhauttrübung, Augenrötung, Tränenfluss, Lichtscheu und Schmerzen.
Hornhautkegel (Keratokonus), kegelförmige Vorwölbung der Mitte der Augenhornhaut bei gleichzeitiger Verdünnung des Gewebes, die zu einem Brechungsfehler (Kurzsichtigkeit, irregulärer Astigmatismus) führt und mit Trübung in der Hornhautspitze verbunden sein kann. Ursache ist meist eine erbl. Entwicklungsstörung. Die Behandlung erfolgt durch spezielle Kontaktlinsen oder operativ.
Hornhauttransplantation (Keratoplastik), operativer Ersatz einer erkrankten Hornhaut durch eine gesunde (klare) Spenderhornhaut mit dem Ziel, eine bestehende Hornhauttrübung zu beseitigen und das Sehvermögen wiederherzustellen.
Hornhechte (Trughechte, Belonidae),

Höroldt HOR

Familie räuber. Knochenfische mit schnabelartig verlängerten Kiefern mit vielen spitzen Zähnen. Im O-Atlantik, in der Nord- und Ostsee sowie im Mittelmeer lebt der bis 1 m lange **Europ. H.** oder **Hornfisch** (Belone belone), wegen seines grünen Skeletts auch **Grünknochen** genannt.

Hornisgrinde *die,* höchste Erhebung des nördl. Schwarzwaldes, 1 164 m ü. M.; an der SO-Flanke der ↑Mummelsee.

Hornisse (Vespa crabro), größte einheim. Art der sozialen Faltenwespen (Weibchen 23–35 mm lang), braun-gelb gefärbt, die in hohlen Bäumen oder Gebäudenischen ihr Nest baut. Der Stich ist sehr schmerzhaft.

Hornissenschwärmer (Aegeria apiformis), ein Schmetterling aus der Familie der Glasflügler mit hornissenähnl. Aussehen.

Hornklee (Lotus), Gattung der Schmetterlingsblütler. Die gelb bis rötlich gelb blühende Art **Gemeiner H.** (Lotus corniculatus) ist eine Futterpflanze.

Hornkraut (Cerastium), Gattung weiß blühender Nelkengewächse (etwa 100 Arten) mit hornförmigen Fruchtkapseln. Das 15–30 cm hohe **Acker-H.** (Cerastium arvense) wächst auf trockenem Grasland.

Hornmelone, ↑Kiwano.

Hornmohn (Glaucium), Mohngewächsgattung, v. a. im Mittlemeergebiet verbreitete graugrüne Kräuter mit gelben oder rotgelben Blüten; Gartenblumen.

Hornisse

Hornpipe [ˈhɔːnpaɪp; engl. »Hornpfeife«] *die,* **1)** (walis. Pibgorn), volkstüml. Blasinstrument mit einfachem Rohrblatt und angesetztem Schallbecher aus Tierhorn, das einzeln oder doppelt angeblasen oder auch als Spielpfeife einer Sackpfeife benutzt wird. Einige H. werden über ein Hornstück angeblasen, welches das Mundstück umschließt und als Windkapsel dient.

2) altengl. Volkstanz schott. Abkunft im $^3/_2$- oder $^4/_4$-Takt.

Hornsilber (Chlorargyrit, Kerargyrit), AgCl, kub. Mineral, farblos, wird im Licht grau bis schwarz; wichtiges Silbererz, häufig in der Oxidationszone von silberhaltigen Erzlagerstätten.

Hornstein (engl. Chert), unrein grau bis gelblich oder anders gefärbtes Kieselgestein aus krypto- bis mikrokristalliner Kieselsäure (SiO_2); eine besondere Form des H. ist der ↑Feuerstein.

Hornkraut: Ackerhornkraut

Hornstrahler, *Elektrotechnik:* ↑Antenne.

Hornstrauch, ↑Hartriegel.

Horntiere (Hornträger, Bovidae), Familie der wiederkäuenden Paarhufer mit den Rindern, den Duckern, Böckchen, Waldböcken, Kuh-, Pferdeantilopen, Gazellen, Ziegenartigen; meist tragen beide Geschlechter Hörner.

Hornung *der,* alter dt. Monatsname für ↑Februar.

Hornussen *das,* schweizer. Volksspiel zw. zwei Mannschaften. Der »Hornuss«, eine Holz- oder Kunststoffscheibe, wird mit einem 2,2–2,5 m langen biegsamen Stecken in das Spielfeld (Ries) geschleudert. Die Gegenpartei versucht, ihn mit Abfangbrettern (Schindeln, Schaufeln) wegzuschlagen.

Hornvipern (Cerastes), Gattung giftiger Vipern mit sägeförmigen Seitenschuppen in den Wüsten N-Afrikas. Die Art **H.** (Cerastes cerastes) trägt häufig hornartig vergrößerte Überaugenschuppen (Name!).

Horn von Afrika, die ↑Somalihalbinsel.

Höroldt (Herold, Heroldt), Johann Gregorius, Porzellanmaler, *Jena 6. 8. 1696, †Meißen 26. 1. 1775; war ab 1720 in Meißen tätig, ab 1723 Hofmaler; als Vorsteher der Porzellanmanufaktur Meißen (bis 1765) entwickelte er viele Farben und Typen der Bemalung, u. a. das Chinoiseriendekor.

Horologion [grch.] *das,* liturg. Buch der orth. Kirche; enthält die feststehenden Teile des Stundengebets.

Horologium [lat.], das Sternbild ↑Pendeluhr.

Horoskop [grch.] *das, Astrologie:* die auf Ort, Tag und Stunde eines Ereignisses, bes. einer Geburt, berechnete Stellung der Gestirne; auch das Gerät zu dieser Berechnung. In einen aus den zwölf Tierkreiszeichen bestehenden Kreis werden Sonne, Mond, Planeten, ↑Konstellation und »Häuser« eingetragen. Das individuelle H. wird in der Astrologie als Grundlage für Charakter- und Schicksalsdeutungen benutzt. Wichtig für ein **Geburts-** oder **Radix-H.** sind die Gestirnkonstellation im Augenblick der Geburt (die Nativität) und der im Augenblick und am Ort der Geburt aufsteigende Punkt der Ekliptik, der Aszendent. Je nach Stand der Planeten in einem der »Häuser« werden angeblich nach der astrolog. Deutung bestimmte Lebensbereiche beeinflusst.

Horowitz, Vladimir, amerikan. Pianist ukrain. Herkunft, *Berditschew (heute Berdytschiw, Ukraine) 1. 10. 1903, †New York 5. 11. 1989; wurde bes. als Interpret der Werke von R. Schumann, F. Liszt, P. Tschaikowsky, S. Rachmaninow und F. Chopin bekannt. H. war der Schwiegersohn von A. Toscanini.

Horoztepe [ˈhɔrɔztɛpɛ], Ruinenhügel bei Tokat, Türkei; hier wurden außerhalb einer befestigten Siedlung reich ausgestattete Gräber aus der frühen Bronzezeit (3. Jt. v. Chr.) gefunden. Die Grabbeigaben (Bronzegeräte und -figuren, Waffen) weisen auf den Reichtum der nordanatol. Metalllager und den hohen Stand der Metallbearbeitung hin; ihre Formensprache bildet die Grundlage der hethit. Kunst.

Hörpartitur (Lesepartitur), in der elektron. Musik Aufzeichnung von Musik durch graf. Zeichen und Farben statt der übl. Notation. Mit der H. soll dem Hörer das Musikwerk auf visuellem Weg leichter verständlich gemacht werden.

Horres, Kurt, Opernregisseur, *Düsseldorf 28. 11. 1932; wirkte nach Stationen in Lübeck und Wuppertal 1976–84 als Intendant in Darmstadt und 1985–96 als Generalintendant der Dt. Oper am Rhein Düsseldorf-Duisburg. H. trat bes. mit Inszenierungen von Werken des zeitgenöss. Musiktheaters hervor, u. a. 1992 mit A. Reimanns »Das Schloß« in Düsseldorf sowie 1994 mit der Uraufführung von Eckehard Mayers »Sansibar« bei den Schwetzinger Festspielen.

Hörrohr, das ↑Stethoskop.

Horror [lat.] *der,* Schauder, Abscheu, Widerwille (sich mit etwas zu befassen); schreckerfüllter Zustand, in den jemand durch etwas gerät.

Horrorfilm, Filmgenre, dessen Thema und Gestaltung eine Atmosphäre des Grauens und Entsetzens erzeugen soll. Populäre Ungeheuer sind Vampire, Monster, Phantome, unappetitl. Science-Fiction-Gestalten. Nach Anfängen schon Ende des 19. Jh. und dem expressionist. H. Anfang des 20. Jh. setzt mit dem Tonfilm der eigentl. H. und dessen Blütezeit in den 1930er-Jahren ein. Das Genre wurde mit dem Film »Tanz der Vampire« (1967) von R. Polanski parodiert.

Horrorliteratur, literar. Werke aller Gattungen, die Unheimliches, Verbrechen o. Ä. gestalten, um Entsetzen oder Abscheu zu erregen. Motive und Requisiten der H. besitzen eine lange Tradition, die bis auf die Gothic Novel, die Gespenstergeschichte und den Schauerroman zurückreicht. (↑Trivialliteratur)

Horrortrip *der,* Reise voller Schrecken, Schreckensfahrt; *übertragen:* schreckl. Vorgang, schreckl. Ereignis; Drogenrausch mit Angst- und Panikgefühlen.

Horror Vacui [lat. »Furcht vor der Leere«], nach einer scholast. Vorstellung die Scheu der Natur vor leeren Räumen. – Im übertragenen Sinn wird der Begriff H. V. von der Kunstwiss. angewandt auf Stilformen, bei denen das Ornament als Füllung der Fläche dominiert.

Horsa, sagenhafter Führer der Angelsachsen, ↑Hengist und Horsa.

Hörschwelle, der niedrigste Schalldruck, der erforderlich ist, um einen Höreindruck hervorzurufen. Die H. ist frequenzabhängig; das Maximum der Empfindlichkeit liegt beim Menschen zw. 1 000 und 2 000 Hz. (↑Lautstärke)

hors concours [ɔrkɔ̃ˈkuːr, frz.], außer Wettbewerb.

Horsd'œuvre [ɔrˈdœːvr, frz.] *das,* appetitanregende Vorspeise, die kalt vor und heiß nach der Suppe gereicht wird.

Hörsel *die,* rechter Nebenfluss der Werra, in Thür., 60 km lang, entspringt im Thüringer Wald, fließt am S-Fuß der **Hörselberge** (höhlenreicher Muschelkalkrücken, bis 484 m hoch) entlang, mündet unterhalb von Eisenach.

Horsens, Hafenstadt in Ostjütland, Dänemark, 56 400 Ew.; Museum; Nahrungsmittel-, Tabak-, Textil-, Elektroindustrie.

Horsepower ['hɔːspauə; engl. »Pferdestärke«] *die,* Einheitenzeichen **hp,** in Großbritannien und den USA gebräuchl. Einheit der Leistung; 1 hp = 1,0139 PS = 745,7 W.

Hörsinn, das ↑ Gehör.

Hörspiel, für den Rundfunk entwickelte dramat. Gattung, die mit rein akust. Mitteln (Sprache, Geräusche, Musik) arbeitet. Man unterscheidet u. a. literarisch ambitionierte H., Literaturadaptionen, Kriminal- und Science-Fiction-Hörspiele.
In den ersten Jahren der Geschichte des H. überwogen Adaptionen klass. Lit. (v. a. Dramen, aber auch Prosa). Als erstes Original-H. gilt »Danger« von R. A. W. Hughes (1924). Nachdem in den 1920er-Jahren die medialen Möglichkeiten noch erprobt wurden, erlebte das eigenständige H. in den 1930er-Jahren einen ersten Höhepunkt (B. Brecht, A. Döblin, F. Wolf). Nach dem Zweiten Weltkrieg waren G. Eich, I. Aichinger, I. Bachmann, M. Frisch, H. Böll, W. Hildesheimer für das dt.-sprach. H. von großer Bedeutung. Nach einer Krise in den 1960er-Jahren etablierte sich anstelle des »H. der Innerlichkeit« das »neue H.« mit J. Becker, E. Jandl, F. Mayröcker, G. Rühm u. a. In den 1970er-Jahren wurden die Inhalte zunehmend sozialkritisch und es kamen neben Sprachspielen, Hörcollagen und akust. Experimenten auch Originaltöne zum Einsatz (P. Wühr, G. Wallraff). Zwischenzeitlich entstanden abstrakte Sprachgewebe, die ausschl. musikal. Gesetzen folgten (J. Cage: »Roaratorio«, 1979). – Wichtigster H.-Preis ist der ↑ Hörspielpreis der Kriegsblinden; für das experimentelle H. seit 1970 der Karl-Sczuka-Preis.

📖 *Grundzüge der Gesch. des europ. H.,* hg. v. C. W. Thomsen u. I. Schneider. Darmstadt 1985. – Döhl, R.: *Das neue H.* Darmstadt ²1992.

Hörspielpreis der Kriegsblinden, ein im Jahr 1951 vom Bund der Kriegsblinden Deutschlands e. V. gestifteter Ehrenpreis, seit 1994 beteiligt sich außerdem die Filmstiftung Nordrhein-Westfalen an der Trägerschaft; wird jährlich von einer Jury an den Autor des bedeutendsten Originalhörspiels in dt. Sprache, das im vorangegangenen Jahr von einer Rundfunkanstalt der ARD als Uraufführung gesendet wurde, vergeben.

Horst 2): Störche im Horst

Horst, 1) *Geologie:* gehobener oder infolge Absinkens der Umgebung stehen gebliebener, meist von parallelen Verwerfungen begrenzter Teil der Erdkruste; oft auch oberflächlich als Erhebung ausgebildet. (↑ Graben)
2) *Zoologie:* Nest von Greifvögeln, Eulen und größeren Rabenvögeln.

Hörstel, Stadt im Kr. Steinfurt, NRW, am Mittellandkanal, 18 300 Ew.; Maschinenbau, Textil-, Teppichind., Ziegelei. – Entstand um ein Zisterzienserinnenkloster (1256–1808).

Hörstummheit, Stummheit bei intaktem Gehör (und richtigem Verständnis der Sprachlaute).

Hörsturz, plötzlich, meist einseitig auftretende Hörverschlechterung (Schallempfindungs-, Innenohrschwerhörigkeit), die v. a. mittlere und hohe Frequenzen betrifft und bis zur akuten Ertaubung führen kann; ist mit Ohrgeräuschen verbunden. Überwiegende Ursache ist eine akute Durchblutungsstörung im Innenohr (u. a. bei Blutdruckschwankungen, Infektionen). Eine frühzeitige Behandlung ist erforderlich.

Hort, 1) *dichterisch:* Schatz, z. B. der H. der ↑Nibelungen.
2) (Kinderhort), ↑Kindertagesstätte.
Horta [ˈɔrta], Hafenstadt auf der Azoreninsel Faial, Portugal, 4900 Ew.; Kabel- und Funkstation, Flugplatz.
Horten (Hortung), Anhäufung von Gütern aus spekulativen Gründen; auch dauerhafter oder zeitweiliger Entzug von Geld aus dem Geldkreislauf.
Hortense [ɔrˈtãs], Königin von Holland (1806–10), *Paris 10. 4. 1783, †Schloss Arenenberg (Kt. Thurgau) 5. 10. 1837; Tochter des Generals ↑Beauharnais und der späteren Kaiserin ↑Joséphine, heiratete 1802 Napoléon Bonapartes Bruder Louis Bonaparte; Mutter Napoleons III.
Hortensile [lat.] *die* (Hydrangea), strauchartige Gattung der Steinbrechgewächse in Ost- und Südostasien sowie Amerika, mit gegenständigen Blättern und Scheindolden mit kronblattfarbigen Kelchblättern; beliebte Zierpflanze (z. B. Gartenhortensie).
Hortfunde, ↑Depotfunde.
Horthy, Miklós, auch Nikolaus H. von Nagybánya, ungar. Admiral (1918) und Politiker, *Kenderes (Bez. Jász-Nagykun-Szolnok) 18. 6. 1868, †Estoril (bei Lissabon) 9. 2. 1957; wurde 1918 als Vizeadmiral letzter Oberbefehlshaber der österr.-ungar. Flotte, organisierte als Kriegsmin. der gegenrevolutionären Reg. von Szeged 1919 den Kampf gegen die ungar. Räterep. Am 1. 3. 1920 wurde er von der Nationalversammlung (unter Druck) zum Reichsverweser gewählt. In der Folgezeit verhinderte er die Versuche König Karls IV., den ungar. Thron wieder zu besteigen. Seine Außenpolitik war stark auf die Revision des Vertrages von Trianon (1920) gerichtet, seine Innenpolitik von antisemit. Vorstellungen bestimmt (später u. a. Deportationen). In den 1930er-Jahren schloss er Ungarn an die Achse Berlin–Rom an, erreichte 1938 und 1940 in den Wiener Schiedssprüchen Gebietserweiterungen seines Landes und führte Ungarn am 28. 6. 1941 auf der Seite der Achsenmächte in den Krieg gegen die UdSSR. Der Versuch von H., mit den Westalliierten Kontakt aufzunehmen, führte am 19. 3. 1944 zur Besetzung seines Landes durch dt. Truppen und am 15./16. 10. desselben Jahres zu seinem Sturz. Nach Internierung in Bayern ging H. 1948 in die Schweiz, später nach Portugal ins Exil (4. 9. 1993 Neubestattung in Kenderes). – Autobiografie »Ein Leben für Ungarn« (1953).
Hortikultur [lat.] *die,* Gartenbau.
Hortobágy [ˈhortobaːdj] *die,* Naturschutzgebiet in NO-Ungarn, Teil der ↑Puszta.
Horton-Syndrom [nach dem amerikan. Internisten Bayard Taylor Horton, *1895, †1980] (Cluster-Kopfschmerz, Erythroprosopalgie, Histaminkopfschmerz, Horton-Neuralgie), v. a. bei Männern meist halbseitig auftretende schwerste Schmerzattacken im Augen-Stirn-Schläfen-Bereich; das H.-S. tritt meist in Phasen auf, d. h., wochenlangen Perioden mit gehäuften Schmerzanfällen folgen lang dauernde Phasen von Schmerzfreiheit. Die Ursache ist ungeklärt.
Horus, *ägypt. Mythologie:* Sohn der Isis, die ihn von ↑Osiris nach dessen Ermordung empfing, dargestellt als Falke oder als Kind; H. offenbarte sich in der Person des jeweiligen Pharao. Er galt als Himmels- und Lichtgott, Sonne und Mond waren seine Augen. In grch.-röm. Zeit v. a. als Kind (**Harpokrates**) und Urbild aller Schutzbedürftigen verehrt; auch mit Apoll identifiziert.

Horus in Gestalt eines Falken, Granitstatue im Horustempel von Edfu (3./1. Jh. v. Chr.)

Horváth [ˈhɔrvaːt], Ödön (Edmund) von, österr. Schriftsteller, *Fiume (heute Rijeka) 9. 12. 1901, †(Unfall) Paris 1. 6. 1938; emigrierte 1938; schrieb ironisch-satir. Volksstücke, scharfe Analysen der kleinbürgerl. Gesellschaft und ihrer untergründigen Bösartigkeit (»Geschichten aus dem Wienerwald«, 1931; »Glaube, Liebe, Hoffnung«, entstanden 1932, gedruckt 1936; »Figaro läßt sich scheiden«, 1937; »Der jüngste Tag«, 1937); auch Romane (»Der

ewige Spießer«, 1930; »Ein Kind unserer Zeit«, 1938).
📖 *Hildebrandt, D.: Ö. v. H. mit Selbstzeugnissen u. Bilddokumenten. Reinbek 35. bis 37. Tsd., ⁸1995.*
hörverbessernde Operation, ↑Cochlearimplantat, ↑Stapesplastik, ↑Tympanoplastik.
Horvitz [ˈhɔːvɪts], Robert Howard, amerikan. Molekularbiologe, *Chicago (Ill.) 18. 5. 1947; arbeitet am Massachusetts Institute of Technology in Cambridge (USA); er entdeckte und charakterisierte diejenigen Gene, die den programmierten Zelltod (Apoptose) des winzigen Fadenwurms Caenorhabditis elegans (Länge 1 mm) steuern. H. wies nach, wie diese Gene bei der Apoptose miteinander kooperieren und dass es entsprechende Gene beim Menschen gibt. Er erhielt 2002 (mit S. Brenner und J. E. Sulston) den Nobelpreis für Physiologie oder Medizin.
Horwitz, Kurt Thomas, Schauspieler und Regisseur, *Neuruppin 21. 12. 1897, †München 14. 2. 1974; ab 1933 in der Schweiz; leitete 1946–50 das Stadttheater Basel, 1953–58 das Bayer. Staatsschauspiel.
Hōryūji [hoːrjuːdʒi, japan.], ältester erhaltener buddhist. Tempel Japans, südwestlich von Nara, 607 gegr., 670 niedergebrannt, zw. 670 und 714 wieder aufgebaut. Einzige erhaltene Anlage dieser Epoche in Ostasien (UNESCO-Weltkulturerbe). In den Schatzhäusern (Museum) befinden sich u. a. bed. Kunstwerke des 7. Jh. (Tamamushischrein). Der östl. Tempelbereich wurde 739 errichtet. Im Zentrum die achteckige »Halle der Träume« (Yumedono).
Hös|chen, Blütenstaubpäckchen an den Hinterbeinen von Bienen und Hummeln.
Hose, Kleidungsstück, als Ober- und Unterkleidung getragen; nachweisbar bereits im 1. Jt. v. Chr. bei den Skythen, Ostgermanen und Kelten. Im europ. Raum wurde die H. bis ins 20. Jh. v. a. von Männern getragen, bei den Polarvölkern, Chinesen, Mongolen, Arabern, Persern und Türken auch von Frauen.
Hosea [hebr. »(Gott) hat geholfen«] (in der Vulgata Osee), der einzige aus dem N-Reich Israel stammende Schriftprophet; trat dort im 8. Jh. v. Chr. unter Jerobeam II. und seinen Nachfolgern auf. Das **Buch H.** eröffnet das Zwölfprophetenbuch des A. T. (↑Kleine Propheten).

Hauptthemen sind die Liebe Gottes zu seinem Volk trotz dessen Abfalls zu kanaanäischen Fruchtbarkeitsgöttern, Strafreden gegen den Kult des ↑Baal in Israel und die Politik der israelit. Könige.
Hosenbandorden (Hochedler Orden vom Hosenbande, engl. The Most Noble Order of the Garter), höchster brit. Orden, gestiftet 1348 von Eduard III.; die Zahl der Ritter wird seit 1831 auf 26 (einschl. des Monarchen als Ordenssouverän) beschränkt und kann unter Umständen durch »Extra Knights«, z. B. Ausländer, überschritten werden. Das namengebende blaue, goldgesäumte Samtband (Inschrift: ↑Honi soit qui mal y pense) wird von Herren unter dem linken Knie, von Damen am linken Oberarm getragen.
Hosenrolle, männl. Bühnenrolle, die von einer Frau gespielt wird (z. B. Cherubin in Mozarts »Hochzeit des Figaro«), oder weibl. Rolle in Männerkleidung (Leonore in Beethovens »Fidelio«).
Hosenträger, zwei über die Schultern geführte, am Hosenbund befestigte Riemen oder Bänder (seit 1830 aus Gummigeweben). Im 18. Jh. in der Volkstracht aufgekommen.
Hosianna [hebr. »hilf doch!«] (Vulgata: Hosanna), im A. T. zunächst Flehruf an Gott oder den König, dann Jubel- und Huldigungsruf, so auch im N. T. beim Einzug Jesu in Jerusalem (Mk. 11, 9f.); später in den synagogalen Gottesdienst und in die christl. Liturgie eingegangen.
Hosios Lukas [neugrch. ˈɔsjɔs luˈkas], orth. Kloster in Mittelgriechenland, südwestlich von Levadia, ben. nach seinem Gründer Lukas von Stiris (†um 951). An die Mönchskirche (10. Jh.) wurde um 1030 die Hauptkirche angefügt, beide Kreuzkuppelbauten mit Mosaikschmuck, Marmorinkrustation und Intarsien; in der Krypta Fresken. Wie die Klöster Daphni und Nea Moni auf Chios von der UNESCO zum Weltkulturerbe erklärt.
Hosius, Stanislaus (poln. Stanisław Hozjusz), poln. Humanist, *Krakau 5. 5. 1504, †Capranica Prenestina (Prov. Rom) 5. 8. 1579; seit 1561 Kardinal; päpstl. Legat auf dem Konzil von Trient; setzte seit 1564 mithilfe der Jesuiten die Konzilsbeschlüsse in Polen durch.
Hospital [zu lat. hospitalis »gastlich«] *das,* Bez. für ein Krankenhaus für chronisch Kranke.

Hospitalet [ɔspita'lɛt] (katalan. l'Hospitalet de Llobregat), Stadt in der span. Provinz Barcelona, 255 000 Ew.; Textil-, Chemie-, Stahl-, Papier-, Holzindustrie.

Hospitalismus der, **1)** *Medizin:* (infektiöser Hospitalismus), Sammelbez. für Infektionskrankheiten, die durch einen Krankenhaus- oder Heimaufenthalt hervorgerufen werden; verursacht teilweise durch antibiotikaresistente Erreger, die durch Luft, Staub, Gebrauchsgegenstände, Essen oder das Krankenhauspersonal übertragen werden. Zu diesen »Hospitalkeimen« gehören z. B. Staphylokokken, gramnegative Enterobakterien und Pseudomonas. Gefährdet sind bes. Patienten mit schweren Allgemeinkrankheiten und auf Intensivstationen frisch Operierte.
2) *Psychologie:* psych. Folgen längeren Krankenhaus- oder Heimaufenthalts bes. bei Kindern: häufig Entwicklungsstörungen und psych. Schäden, die auf mangelnde Zuwendung zurückzuführen sind.

Hospitaliter, Ordensgemeinschaften, die sich bes. der Krankenpflege in Hospitälern widmen; entstanden v. a. in der Kreuzzugszeit zur Pilger- und Krankenpflege (z. B. der ↑Deutsche Orden und der ↑Johanniterorden) und im 16. Jh. (↑Barmherzige Brüder, ↑Kamilllianer u. a.). – Ein Beispiel aus der Vielzahl der dem H.-Gedanken verpflichteten weibl. Ordensgemeinschaften **(Hospitaliterinnen)** sind die ↑Zellitinnen.

Hospitant [lat.] *der,* 1) Gasthörer; 2) fraktionsloser Abgeordneter, der sich als Gast einer ihm nahe stehenden Partei anschließt.

Hospiz [von lat. hospitium »Herberge«] *das,* 1) Unterkunftsstätte für Reisende, v. a. Pilger, in oder bei einem Kloster; 2) Beherbergungsbetrieb (Hotel, Pension) mit christl. Hausordnung; 3) Einrichtung, die Sterbende im Rahmen ganzheitl. Sterbebegleitung ambulant oder stationär betreut (↑Hospizbewegung).

Hospizbewegung, dem Gedanken ganzheitl. Sterbebegleitung verpflichtete Bewegung, deren Träger (gemeinnützige Vereine; private Förderkreise u. a.) für die umfassende Betreuung von Schwerstkranken und Sterbenden entsprechend ihren sozialen, geistigen und religiösen Bedürfnissen eintreten und mit **Hospizen** – auf dieses Ziel hin ausgerichteten ambulanten und stationären Betreuungseinrichtungen – eine entsprechende Infrastruktur unterhalten. Den Betreuten soll so ein Weg eröffnet werden, den letzten Abschnitt ihres Lebens so bewusst, zufrieden und schmerzfrei wie möglich leben zu können. Die H. geht zurück auf die brit. Ärztin Cicely Saunders (* 1918), die 1967 in London das weltweit erste Hospiz gründete. – In Dtl. 1996 Gründung der **Dt. Hospiz Stiftung** (Sitz: Dortmund). (↑Sterbehilfe)

Hospodar [slaw. »Herr«] *der,* seit dem 14. Jh. Titel der Fürsten der Moldau und Walachei, die im 17.–19. Jh. von der Hohen Pforte bestätigt bzw. ernannt wurden.

Höß, Crescentia (Taufname Anna), kath. Ordensfrau, * Kaufbeuren 20. 10. 1682, † ebd. 5. 4. 1744; entstammte einer Weberfamilie und äußerte schon früh den Wunsch, in das Kaufbeurener Kloster der Franziskaner-Terziarinnen einzutreten. Ihre Aufnahme als Novizin 1703 wurde durch die Fürsprache des evang. Bürgermeisters möglich; materiell wäre ihre Familie nicht in der Lage gewesen, sie mit der beim Ordenseintritt geforderten »Aussteuer« auszustatten. Im Kloster, wo Anna den Ordensnamen Crescentia erhielt, begegnete man ihr zunächst mit Misstrauen und behandelte sie mit großer Härte. Die geistl. Haltung, in der sie das ihr Auferlegte annahm, trugen ihr dann jedoch Bewunderung und Hochachtung ein. 1710 wurde Crescentia Klosterpförtnerin, 1717 Novizenmeisterin und 1741 Oberin des Klosters. Als Ratgeberin und Seelsorgerin, deren geistliche Autorität besonders in ihrer mystischen Spiritualität begründet war, suchten mehrere Fürsten, bedeutende geistl. Persönlichkeiten und tausende einfache Menschen ihren Rat. – 1900 wurde Crescentia Höß selig, 2001 heilig gesprochen.

Host [engl. »Gastgeber«] *der,* versch. gebrauchter Begriff, u. a. für einen Hauptrechner (H.-Computer) in einem Netz, der das Netz und die anderen Rechner steuert und überwacht oder Dienste zur Verfügung stellt.

Hosta (Funkie), ostasiat. Gattung der Liliengewächse mit weißen, blauen oder violetten Blütentrauben; Zierpflanze.

Hostess [engl. »Gastgeberin«] *die,* Angestellte bei Reise-, Flug-, Schifffahrtsges., Verbänden, Hotels u. a. zur Betreuung der Gäste; auch verhüllende Bez. für Prostituierte.

Hostie [lat. hostia »Opfer«] *die,* das in der kath. Eucharistie- und luth. Abendmahlsfeier verwendete ungesäuerte Weizenbrot; vom 11./12. Jh. an in Form einer kleinen dünnen Scheibe (↑Oblate) gebacken und als H. bezeichnet. – Ostkirchen: ↑Prosphora.

Hostilität [lat.] *die,* Feindseligkeit.

Host Nation Support [həʊst 'neɪʃn sə-'pɔːt, engl.], Abk. **HNS,** zivile und militär. Unterstützungsleistungen, die ein Staat im Frieden sowie in Krisen- und Kriegszeiten den auf seinem Territorium stationierten verbündeten Streitkräften gewährt.

Hot [engl.»heiß«] *der, Musik:* scharf akzentuierende und synkopierende Spielweise im Jazz.

Hotan [x-] (Khotan, Chotan, Hetian), Oase und alte Handelsstadt am S-Rand des Tarimbeckens, im S des autonomen Gebietes Sinkiang, China, 1 400 m ü. M., am H.-Fluss, etwa 3 600 km², 121 000 Ew.; Seidenind., Teppichproduktion, Jadeverarbeitung; Flughafen. – Durch H. verlief ein Zweig der Seidenstraße. Im 1. Jt. n. Chr. war H. eine bed. Karawanenstadt und ein Zentrum des Buddhismus.

Hotdog ['hɔtdɔg, amerikan.] *das* oder *der,* in ein aufgeschnittenes Brötchen gelegtes heißes Würstchen mit Ketchup o. Ä.

Hot-dry-Rock-Verfahren [hɔt draɪ 'rɔk-, engl.], Verfahren zur Nutzung ↑geothermischer Energie.

Hotel [frz.] *das,* Beherbergungs- und Verpflegungsbetrieb, nach Service, Ausstattung und Qualität in versch. Kategorien eingeteilt. Kleine H. ohne Verpflegungsbetrieb (nur Frühstück) werden **H. garni** genannt. Das in der Bundesrep. Dtl. bis in die 1980er-Jahre vorwiegend mittelständisch geprägte H.-Gewerbe unterliegt einem starken Konzentrationsprozess, der durch die Expansion großer H.-Ketten gekennzeichnet ist. Die rd. 1 000 Häuser der 50 größten H.-Ketten setzten 2001 mit 4,5 Mrd. € mehr als die Hälfte der gesamten dt. Hotellerie um. Dabei wuchs die Dominanz internat. Anbieter. Die H. in Dtl. sind im »Dt. Hotel- und Gaststättenverband e. V.«, Bonn, zusammengeschlossen. **Hôtel** [oˈtɛl, frz.], in Frankreich palastartiges Stadtgebäude als Wohnsitz des Adels (bes. im 17. und 18. Jh.). **H. de ville,** in frz. Städten das Rathaus.

Hötensleben, Gem. im Bördekreis, Sa.-Anh., südlich von Marienborn, an der Grenze zu Ndsachs., 2 600 Ew.; Grenzdenkmal, das die hier erhaltenen Grenzbefestigungen der DDR zeigt.

Hot Jazz [-dʒæz], Bez. für die älteren Stilbereiche des Jazz (z. B. New-Orleans-Jazz, Dixieland-Jazz).

Hostie: Schale mit Hostien (Oblaten), wie sie im Gottesdienst der Kirchen abendländischer Tradition verwendet werden

Hotline ['hɔtlaɪn; engl. »heißer Draht«] *die,* zentrale, permanent geöffnete Telekommunikationsverbindung für rasche Serviceleistungen (z. B. von Computerfirmen), wird insbesondere von ↑Callcentern genutzt.

Hotmelts ['hɔtmelts, engl.], Sammelbez. für Werkstoffe und Klebstoffe auf der Grundlage von Paraffinen, Wachsen, Harzen, Elastomeren und Thermoplasten, die bei normaler Temperatur fest sind, beim Erwärmen einen thermoplast. Bereich durchlaufen und in flüssige Schmelzen übergehen.

Hot Money ['hɔt 'mʌnɪ, engl.] *das,* ↑heißes Geld.

Hotpants ['hɔtpænts; engl. »heiße Hosen«] *Pl.,* (Hot Pants), gesäßkurze Shorts der Damenmode.

Hot Spot ['hɔt spɔt, engl. »heißer Punkt«] (Hotspot) *der,* **1)** *Genetik:* bes. häufig mutierende Stelle eines Gens.

2) *Geologie:* (heißer Fleck), ortsfester Aufschmelzungsbereich im Erdmantel unterhalb der Lithosphäre, von dem heißes, geschmolzenes und daher spezifisch leichteres Gestein zylindrisch-schlotartig zur Erdoberfläche aufdringt. Die dadurch bewirkten vulkan. Erscheinungen (z. B. in Island) führen bei gleichgerichteter ständiger Plattenbewegung (↑Sea-Floor-Spreading) zur Entstehung von Inselketten. Beispiele sind die Hawaii-Inseln und der zum selben System gehörende untermeer. Imperatorrücken.

Hot Springs [ˈhɔt ˈsprɪŋz; engl. »heiße Quellen«], Thermalbad (Stadt) in Arkansas, USA, 32 500 Ew.; in der Umgebung der **H. S. National Park** (2 363 ha; gegr. 1921, mit 47 heißen Quellen).

Hottentotten (Eigenbez. Khoikhoin), Völkerfamilie in S- und SW-Afrika, etwa 145 000 Menschen; möglicherweise durch eine frühe Verbindung von Buschleuten und hamit. Hirtenvölkern in O-Afrika entstanden; einst Nomaden und Wildbeuter mit Rinder-, Schaf- und Ziegenhaltung. Im 17. Jh. wurden die H. von den Buren versklavt oder vertrieben, in der folgenden Zeit sind sie durch Kriege oder Infektionskrankheiten stark dezimiert worden; viele haben sich mit Weißen oder Bantu vermischt. Als einzige ethn. Gruppe haben sich die ↑Nama, vorwiegend in Namibia, erhalten. Ihre Sprache gehört zur Gruppe der Khoisansprachen (↑Khoisan).

Hötzendorf, ↑Conrad von Hötzendorf.

Hotzenwald, Hochfläche des südl. Schwarzwalds, zw. Wehra, Schlücht/Schwarza und Hochrhein, um 600–700 m ü. M.

Houdar de La Motte [uˈdar dəlaˈmɔt], Antoine, frz. Schriftsteller, *Paris 17.(18.?)1.1672, †ebd. 26.12.1731; Anreger der »Modernen« im großen Literaturstreit (»Querelle des anciens et des modernes«) der Frühaufklärung, forderte die Ablösung des Verses durch die Prosa in allen Gattungen.

Houdon [uˈdɔ̃], Jean-Antoine, frz. Bildhauer, *Versailles 20. 3. 1741, †Paris 15. 7. 1828; schuf Bildwerke im Stil des ausgehenden Barock sowie klassizistisch beeinflusste Werke; v. a. Porträtbüsten (Diderot, Katharina II., Voltaire).

Houellebecq [uɛlˈbɛk], Michel, frz. Schriftsteller, *La Réunion 26. 2. 1958; H.s in nüchterner Sprache geschriebene Romane »Die Ausweitung der Kampfzone« (1994) und »Die Elementarteilchen« (1998) rechnen mit der Generation von 68 ab; seine Kritik am v. a. sexuellen Selbstverwirklichungswahn, die sich zu einer allgemeinen Endzeit-Kulturkritik weitet, löste heftige öffentl. Debatten aus, die sich auch nach der Veröffentlichung von »Plattform« (2001), einem Roman um die Reizthemen Sextourismus und islam. Fundamentalismus, fortsetzten. Schreibt auch Essays und Lyrik.

Hounsfield [ˈhaʊnzfiːld], Sir (seit 1981) Godfrey Newbold, brit. Elektroingenieur, *Newark (Cty. Nottinghamshire) 28. 8. 1919, †Kingston upon Thames 12. 8. 2004. H. erarbeitete die Grundlagen der ↑Computertomographie, entwickelte den EMI-Scanner; erhielt 1979 (mit A. M. Cormack) den Nobelpreis für Physiologie oder Medizin.

Houphouët-Boigny [ufwɛbwaˈɲi], Félix, Politiker der Elfenbeinküste, *Yamoussoukro 18. 10. 1905, †ebd. 7. 12. 1993; stammte aus einer Adelsfamilie der Baule; Arzt; Gründer (1945) und Vors. des »Parti Démocratique de la Côte d'Ivoire« (PDCI), 1945–59 Abg. in der frz. Nationalversammlung und 1956–59 Min. verschiedener frz. Regierungen; 1946 führend an der Gründung des ↑Rassemblement Démocratique Africain beteiligt (1946–59 dessen Präs.). Seit 1959 Premiermin. der Rep. Elfenbeinküste, erklärte er am 7. 8. 1960 die staatl. Unabhängigkeit seines Landes. Im Nov. 1960 zum Staatspräs. gewählt, musste er 1990 unter dem Druck sozialer Unruhen die Einleitung polit. Reformen zugestehen.

Hourdissteine [urˈdi-, frz.] (Hourdisplatten), Tonhohlplatten für den Einschub zw. Deckenträgern (**Hourdisdecke**).

House [haʊs engl.; nach der Diskothek »The Warehouse« in Chicago] *der*, einfach strukturierte Variante des ↑Dancefloor 2), die bei den dazu Tanzenden ein Trancegefühl erzeugen soll.

House of Commons [ˈhaʊs əv ˈkɔmənz, engl.] *das,* das brit. Unterhaus.

House of Lords [ˈhaʊs əv ˈlɔːdz; engl. »Haus der Lords «] *das*, das brit. ↑Oberhaus.

Houserunning [ˈhaʊsrʌnɪŋ, engl.] *das,* das Abseilen kopfüber an den Außenwänden von Hochhäusern; innerstädt. Version des ↑Rapjumpings.

Houssay [uˈsaj], Bernardo Alberto, argentin. Physiologe, *Buenos Aires 10. 4.

Howard HOW

Houston: Skyline

1887, † ebd. 21. 9. 1971; ermittelte die Bedeutung des Hypophysenvorderlappens für den Zuckerstoffwechsel und erhielt hierfür 1947 (mit C. F. und G. T. Cori) den Nobelpreis für Physiologie oder Medizin.

Houston [ˈhjuːstən], Stadt in Texas, USA, 1,7 Mio. Ew., als Metropolitan Area 3,54 Mio. Ew.; die bedeutendste Hafen-, Industrie- und Handelsstadt an der amerikan. Golfküste; mehrere Univ., Texas Medical Center; Museen und Theater, Opernhaus; chem. Großind., Stahl verarbeitende Ind., Elektronikind.; durch einen 80 km langen Kanal mit dem Golf und dem Intracoastal Waterway verbunden; internat. Flughafen. – Bei H. liegt das Lyndon B. Johnson Space Center, das Raumfahrtzentrum der NASA. – Moderne Bauten namhafter Architekten prägen das Stadtbild, u. a. Civic Center mit modernen Hochhausbauten, darunter das »One Shell Plaza Building« (1971, von SOM), das in dreikantig-prismat. Formen gebaute »Pennzoil Place« (1976) und der postmoderne Wolkenkratzer der Republic Bank (1984; beide von P. C. Johnson und J. Burgee).

Houston [ˈhjuːstən], Whitney, amerikan. Popsängerin und Filmschauspielerin, * East Orange (N. J.) 9. 8. 1963. Seit 1974 als Chor- und Backgroundsängerin tätig, veröffentlicht sie seit 1984 international erfolgreiche Soloalben; seit Anfang der 1990er-Jahre auch Filmrollen: u. a. »Bodyguard« (1992), »Rendezvous mit einem Engel« (1996).

Hove [həʊv], Stadt und Seebad in der engl. Cty. East Sussex, am Ärmelkanal, 67 600 Ew.; Werkzeug-, elektrotechn., Beklei-

dungsind., Maschinenbau; mit Brighton zusammengewachsen.

Hovercraft [ˈhɔvəkrɑːft, engl.] *das*, ↑ Luftkissenfahrzeug.

Hovgården [ˈhoːvgoːrdən], Handelsplatz der Wikinger auf der Insel Adelsö im Mälarsee (Schweden), UNESCO-Weltkulturerbe, ↑ Birka.

Howard [ˈhauəd], engl. Adelsgeschlecht, aus dem seit 1483 die Herzöge von ↑ Norfolk stammen, ferner ↑ Katharina H., die fünfte Frau Heinrichs VIII. von England.

Whitney Houston

Howard [ˈhauəd], **1)** John Winston, austral. Politiker, * Earlwood (New South Wales) 26. 7. 1939; Jurist; 1975–77 Min. für Handels- und Verbraucherfragen, 1977–83 Schatzmin.; 1985–89 und erneut seit 1995 Führer der Liberalen Partei; wurde 1996 Premiermin. (1998 und 2001 durch Wahlen im Amt bestätigt).

2) Ron (Ronald William), amerikan. Filmregisseur, -produzent und -schauspieler, * Duncan (Okla.) 1. 3. 1954; als Sohn eines Schauspielerpaares übernahm H. schon als Kleinkind Filmrollen (»The Journey«, 1959) und wirkte in den 1970er-Jahren in zahlreichen US-Fernsehserien und Kinofilmen (»American Graffiti«, 1973) mit. In den 1980er-Jahren erlangte er erste Regieerfolge mit den märchenhaft-fantastischen Komödien »Splash« (1984) und »Cocoon« (1985). Mit »Apollo 13« gelang ihm 1995 die spannende und authentische Nacherzählung der dramat. Reise der Raumkapsel. Inzwischen fest in Hollywood etabliert, nahm er 1999 den amerikan. Fernsehwahnsinn in »Edtv« aufs Korn, bevor er 2001 das Leben des Mathematikers J. F. Nash in »A Beautiful Mind – Wahnsinn und Genie« porträtierte.

Howrah [ˈhaʊrə], Stadt in Indien, ↑Haora.

Hoxha [ˈhɔdʒa] (Hodscha), Enver, alban. Politiker, *Gjirokastër 16. 10. 1908, †Tirana 11. 4. 1985; ab 1943 Gen.-Sekr. der KP Albaniens, ab 1954 Erster Sekretär des ZK der »Partei der Arbeit« und 1944–54 MinPräs., leitete die Umwandlung Albaniens in einen Staat nach marxistisch-leninist. Muster und errichtete ein diktator. Reg.system.

Höxter, 1) Kreis im RegBez. Detmold, NRW, 1 200 km², 155 500 Einwohner.
2) Krst. von 1) in NRW, an der Oberweser, 33 300 Ew.; Fachbereiche der Universität-Gesamthochschule Paderborn; in H.-Brenkhausen kopt.-orth. Kloster; vielseitige Industrie. – Kilianskirche (11.–16. Jh.) mit roman. Westbau, frühgot. Marienkirche (13. Jh.), Rathaus (um 1610, Weserrenaissance), Fachwerkhäuser. Im O liegt das Kloster ↑Corvey. – Um 822 erstmals erwähnt, um 1235 Stadtrecht.

Hoyer, Dore, Tänzerin und Choreographin, *Dresden 12. 12. 1911, †(Selbstmord) Berlin (West) 30. 12. 1967; leitete 1945–47 in Dresden die ehem. Wigman-Schule, 1949–51 Ballettmeisterin an der Hamburg. Staatsoper; bed. Vertreterin des Ausdruckstanzes.

Hoyerswerda (sorb. Wojerecy), kreisfreie Stadt im RegBez. Dresden, Sachsen, an der Schwarzen Elster, 47 900 Ew.; Lausitzer Bergbaumuseum; einst Wohnstadt für das DDR-Kombinat ↑Schwarze Pumpe, nach 1990 Umbildung zu einer Schul- und Dienstleistungsstadt; Zoo. Bei H. Tagebauseen (bes. Knappensee). – Spätgot. Pfarrkirche, Renaissancerathaus und -schloss. – H. erhielt 1371 Markt-, 1423 Stadtrecht.

Hoyle, [hɔɪl], Fred, brit. Astronom und Mathematiker, *Bingley (bei Bradford) 24. 6. 1915, †Bournemouth 20. 8. 2001; 1945–72 als Hochschullehrer in Cambridge tätig, 1958–72 als Prof. für Astronomie und experimentelle Philosophie; leitete 1966–72 das Cambridge Institut für Theoret. Astronomie, dessen Mitbegründer er war, sowie 1971–73 die Königl. Astronom. Gesellschaft. H. lieferte wesentl. Beiträge zur Steady-State-Theorie in der Kosmologie, zur Panspermielehre und formulierte eine Theorie der Elemententstehung durch Kernfusion. Er war auch Autor zahlr. Science-Fiction-Romane.

hp, Einheitenzeichen für ↑Horsepower.

hPa, Einheitenzeichen für Hektopascal, 1 hPa = 100 Pa = 1 mbar.

HR, Abk. für ↑Hessischer Rundfunk.

HR, in *Österreich* Abk. für ↑Hofrat.

Hrabal, Bohumil, tschech. Schriftsteller, *Brünn 28. 3. 1914, †Prag 3. 2. 1997; Jurist; zeitweise Publikationsverbot; schrieb Erzählungen in der Art J. Hašeks, z.B. »Das Perlchen am Grunde« (Erzn., 1963), »Ich habe den englischen König bedient« (R., Untergrundausgabe 1982), »Das Städtchen, in dem die Zeit stehenblieb« (R., entstanden 1963, gedruckt 1982); sein Werk wurde zum großen Teil dramatisiert und verfilmt.

Hrabanus Maurus (Rhabanus Maurus), mittellat. Schriftsteller und Universalgelehrter, *Mainz um 780, †ebd. 4. 2. 856; Schüler Alkuins; seit 804 Vorsteher der Fuldaer Klosterschule, 822–842 Abt des Klosters Fulda, seit 847 Erzbischof von Mainz; Vermittler des geistigen Erbes von Antike und Kirchenvätern und einer der bedeutendsten Gelehrten im karoling. Reich; auch schriftsteller. Tätigkeit, u.a. ein Zyklus von 28 Figurengedichten »De laudibus sanctae Crucis« (um 810).
Weiteres Werk: De rerum naturis (22 Bde.), eine Enzyklopädie des Wissens seiner Zeit.

📖 *H. M. Lehrer, Abt u. Bischof, hg. v. R. Kottje u. H. Zimmermann. Mainz 1982.*

Hradec Králové [ˈhradɛts ˈkraːlɔvɛ], Stadt in der Tschech. Rep., ↑Königgrätz.

Hradschin *der,* Burgviertel und Stadtteil von ↑Prag.

Hrdlicka [ˈhɪrdlɪtska], Alfred, österr. Bildhauer, Grafiker und Maler, *Wien 27. 2. 1928; studierte 1946–57 an der Akad. der bildenden Künste in Wien u.a. bei A. P. Gütersloh und F. Wotruba. Sein Werk umfasst expressiv-realist. Steinskulpturen, Zyklen von Zeichnungen und Radierungen

(»Plötzenseer Totentanz«, 1970–72), Gemälde und Fresken, die Themen wie Bedrohung, Tod, Gewalt, Sexualität sowie psych. Grenzsituationen behandeln; bed. Plastiken, u. a. Monument für Friedrich Engels in Wuppertal (1978–81); Gegendenkmal zu einem Kriegerdenkmal in Hamburg (Fragment; urspr. 4 Tle. geplant, 1983 ff., 2 Tle. 1985 und 1986 errichtet); Mahnmal gegen Krieg und Faschismus in Wien (1988–91 errichtet).

HRK, Abk. für ↑Hochschulrektorenkonferenz.

Hrodna, Stadt in Weißrussland, ↑Grodno.

Hrolf Krake, historisch nicht gesicherter König der dän. Frühzeit. Wichtige Quellen sind die altisländ. »Bjarkamál« (etwa 12. Jh.), ein lat. Gedicht des Saxo Grammaticus sowie die spätaltisländ. »Hrólfs saga kraka« (14. Jh.).

Hromádka [ˈhrɔma:tka], Joseph, tschech. ref. Theologe, * Hodslavice (bei Jičín) 8. 6. 1889, † Prag 26. 12. 1969; ab 1947 Prof. in Prag; Mitbegründer und erster Präs. der »Christl. Friedenskonferenz« (1958–68); bemühte sich bes. um den Dialog zw. Christen und Marxisten und war in den 1960er-Jahren einer der bekanntesten Theologen des Ostblocks.

Alfred Hrdlicka: Mahnmal gegen Krieg und Faschismus (1988–91; Wien, Albertinaplatz)

Hrotsvith von Gandersheim (Roswitha von Gandersheim), mittellat. Dichterin aus sächs. Adel, * um 935, † Gandersheim nach 973 (?); trat jung in das Kloster Gandersheim ein, wo sie ihre theolog. und literar. Bildung erwarb. Sie verfasste zunächst Heiligenlegenden (»Pelagius« u. a.) in Distichen und leoninisch gereimten Hexametern. Bedeutender sind ihre sechs (Lese-)Dramen, die ein christl. Gegenstück zu den Komödien des Terenz bilden sollten und mit lebendigem Dialog und wirkungsvoller Szenenfolge als Versuche christl. Schauspiels im MA. einzig dastehen. Ihre histor. Dichtungen in Hexametern feiern Otto I., d. Gr., und beschreiben die Anfänge (bis 919) des Klosters Gandersheim.
📖 *Tamerl, A.: H. v. G. Gräfeling 1999.*

Hrozný [ˈhrɔzni:], Bedřich (Friedrich), tschech. Keilschriftforscher und Orientalist, * Lysá nad Labem (Mittelböhm. Gebiet) 6. 5. 1879, † Prag 12. 12. 1952; erkannte den indogerman. Charakter des Hethitischen, war 1924/25 an den Ausgrabungen des Ruinenhügels Kültepe (↑Kanisch) beteiligt und wirkte u. a. an der Entzifferung der hethit. Hieroglyphen mit.

Hrubý Jeseník [ˈhrubi: ˈjɛsɛnji:k], Gebirge in der Tschech. Rep., ↑Altvatergebirge.

Hruschewskyj, Mychajlo, ukrain. Historiker, * Cholm 29. 9. 1866, † Kislowodsk 25. 11. 1934; 1894–1914 Prof. für osteurop. Geschichte in Lemberg, seit 1908 Präs. der Ukrain. Gesellschaft der Wiss.en in Kiew; 1914–17 in russ. Haft und Verbannung, 1917/18 Präs. der ukrain. Zentralrada; 1919–24 im Exil in Wien und Prag, 1924–30 Prof. in Kiew, 1931 verbannt. H. bearbeitete fast alle Bereiche der ukrain. Geschichte und Literatur.

Hrvatska [ˈhrva:tska:], kroat. Name von ↑Kroatien.

Hrywnja [ˈhrɛ-], Abk. **UAH** (russ. Griwna), Währungseinheit der Ukraine; 1 H. = 100 Kopijki (Kopeken).

Hs, chem. Symbol für ↑Hassium.

HSBC Holdings plc [eɪtʃɛsbiːˈsiː piːelˈsiː], internat. tätiger brit. Finanzkonzern mit Geschäftsschwerpunkt im asiatisch-pazif. Raum; entstanden 1991 durch Fusion von Midland Bank (gegr. 1836) und Hongkong and Shanghai Banking Corp. (gegr. 1865); Sitz: London und Hongkong.

HSCSD [Abk. für engl. **h**igh **s**peed **c**ircuit **s**witched **d**ata, »Hochgeschwindigkeit(sverfahren) für aufgeteilte Datenströme«], Technologie, um im Rahmen des Mobilfunkstandards ↑GSM Daten mit wesentlich höheren Geschwindigkeiten als den übl. 9,6 Kbit/s zu übertragen. Dabei werden mehrere Funkkanäle für die leitungsvermittelnde Datenübertragung zu

HSH Nordbank AG

einem Datenkanal zusammengeschaltet. Theoretisch können bis zu acht Kanälen zu je 9,6 oder 14,4 Kbit/s gebündelt werden (= 115,2 Kbit/s), praktisch werden Übertragungsraten bis zu 57,6 Kbit/s erreicht. Die Abrechnung durch die Netzbetreiber erfolgt nach Verbindungszeit. Ein ähnl. Verfahren zur Erhöhung der Datenübertragungsrate ist ↑GPRS.

HSH Nordbank AG, universell tätiges öffentlich-rechtl. Kreditinst.; entstanden 2003 durch Fusion der Hamburg. Landesbank – Girozentrale und der Landesbank Schlesw.-Holst. – Girozentrale. Sitz: Hamburg, Kiel; Eigentümer: Freie und Hansestadt Hamburg (35,38 %), Westdt. Landesbank Girozentrale (26,86 %), Land Schlesw.-Holst. (19,55 %), Sparkassen- und Giroverband für Schlesw.-Holst. (18,21 %); Pro-forma-Bilanzsumme (2002): 180 Mrd. €, Beschäftigte (weltweit): 4 500.

Hsia, legendäre chines. Dynastie, ↑Xia.
Hsiamen, Hafenstadt in China, ↑Xiamen.
Hsian, Stadt in China, ↑Xi'an.
Hsienyang, Stadt in China, ↑Xianyang.
Hsinchiang [-dʒaŋ], autonomes Gebiet in China, ↑Sinkiang.
Hsinchu [-dʒu] (Hsintschu), Stadt im NW Taiwans, ↑Xinzhu.
Hsin Hua, chines. Nachrichtenagentur, ↑Xinhua.

HTML [Abk. für engl. **h**ypertext **m**arkup **l**anguage], eine auf SGML basierende Sprache, die die formalen Kriterien für das Aussehen von Dokumenten im World Wide Web (↑WWW) festlegt. HTML ermöglicht neben der Strukturierung der Dokumente v. a. die Definition von Verknüpfungen (so genannte Hyperlinks) zw. ihnen. Die einzelnen Elemente eines Dokuments (wie Überschriften, Absätze) werden mithilfe von Struktureinheiten (↑Tags) definiert. Die Textdarstellung erfolgt durch den ↑Browser, sodass ein HTML-Dokument bei versch. Browsern unterschiedlich aussehen kann; die logische Struktur muss dabei jedoch immer gleich bleiben. Verweise können auf Teile desselben Dokuments, auf andere Dokumente desselben Servers oder auf Dokumente anderer Server im WWW zielen. Für das Erstellen und Bearbeiten von HTML-Dokumenten gibt es spezielle **HTML-Editoren.**

HTTP [Abk. für engl. **h**ypertext **t**ransfer **p**rotocol], ein speziell für das ↑WWW entwickeltes Übertragungsprotokoll, das die Datenformate und die Art der Übermittlung von HTML-Seiten festlegt. HTTP arbeitet nach dem Client-Server-Modell ohne ständige Verbindungen, d. h. für jede Anfrage (vom Client) wird eine Verbindung eröffnet, auf die Antwort (vom Server) gewartet und die Verbindung dann wieder abgebrochen; dadurch werden die Kommunikationskanäle (Ports) des Servers nicht belegt.

Hua Guofeng, chines. Politiker, *Jiaocheng (Prov. Shanxi) 1920; war 1976–80 MinPräs. und als Nachfolger Mao Zedongs 1976–81 Vors. des ZK der KP Chinas.

Huai He *der* (Huaiho, Hwaiho), Fluss in der Großen Ebene N-Chinas, 1 078 km lang, endet in den Seen Hongze Hu und Gaoyou Hu, von dort Abfluss zum Jangtsekiang.

Huai Kha Khaeng-Wildschutzgebiet [- kɛŋ -], ↑Thung Yai-Wildschutzgebiet.

Huainan (Hwainan), Stadt in der Prov. Anhui, China, am Huai He, 1,2 Mio. Ew.; Steinkohlenbergbau, Düngemittelind., Maschinenbau.

Huaining, Stadt in China, ↑Anqing.

Huambo [ˈuambu] (1928–75 Nova Lisboa), Prov.-Hptst. in Angola, 400 000 Ew.; kath. Bischofssitz; Zentrum eines Agrargebietes; Flughafen.

Huancavelica [uaŋkaβeˈlika], Hptst. des Dep. H., Peru, 3 798 m ü. M., 35 100 Ew.; Bergbauzentrum (Quecksilber, Silber). – Gegr. 1572.

Huancayo [uaŋˈkajo], Hptst. des Dep. Junin, Peru, in den Anden, 3 260 m ü. M.; 305 000 Ew.; Erzbischofssitz; Univ.; Handelsplatz; Sonntagsmarkt. – Gegr. im 16. Jahrhundert.

Huangdi [»Gelber Kaiser«] (Huang-ti), legendärer erster Kaiser Chinas; lebte nach der Überlieferung gegen Ende des 3. Jt. v. Chr.; gilt als Ahnherr der chines. Zivilisation.

Huang Hai, chines. für ↑Gelbes Meer.

Huang He (Huangho), Fluss in China, ↑Hwangho.

Huang Hua (früher Wang Rumei), chines. Diplomat und Politiker, *in der Prov. Hebei 1913; 1971–76 ständiger Vertreter Chinas bei den UN, ab 1973 Mitgl. des ZK der KP, entwickelte als Außenmin. (1976–83) die Kontakte Chinas zu den westl. Industriestaaten; 1986–88 amtierender Vorsitzender des Nat. Volkskongresses.

Hubbardgletscher HUB

Huanglong-Naturpark [-lʊŋ-; chines. »Gelber Drachen«; ben. nach einer 2,5 km langen und 100 m breiten, stark abschüssigen Travertinfläche], Geschichts- und Landschaftspark (UNESCO-Weltnaturerbe) im N der Prov. Sichuan, China, 700 km². Das von 3 100 m ü. M. bis zum Schneegipfel Xuebaoding (5 588 m ü. M.) ansteigende ehem. Gletschertal ist Rückzugsgebiet des Riesenpandas. In einem bewaldeten Seitental eine fast 4 km lange Folge von gelben Kalksinterterrassen, in deren Becken das von Algen und Bakterien gefärbte Wasser von tiefgrün über schwefelgelb bis eisblau glänzt.

Huangpu Jiang [- dʒ-] *der* (Wangpoo), flussartiger Mündungsarm im Delta des Jangtsekiang, China, 100 km lang; Verkehrsader der Stadt Schanghai.

Huangshan

Huangshan [-ʃan; »Gelber Berg«], Landschaftsschutzgebiet (UNESCO-Weltnaturerbe) im S der Prov. Anhui, China, 154 km²; zahlr. dicht gedrängte, zw. 1 000 m bis 1 849 m hohe bizarre Felsgipfel, zw. denen an 250 Tagen des Jahres dichte Nebel aus den tiefen Tälern aufsteigen; entspricht mit seinen nur in Felsspalten wachsenden, uralten Kiefern dem chines. Landschaftsideal.

Huánuco ['ua-], Hptst. des Dep. H., Peru, am Río Huallaga, in der Zentralkordillere, 1 893 m ü. M.; 129 700 Ew.; Bischofssitz; Handelszentrum. – Gegr. 1539.

Huaraz [ua'ras] (Huarás), Hptst. des Dep. Ancash, Peru, am Río Santa, 3 063 m ü. M.; 79 000 Ew.; Bischofssitz; Silbererzbergbau.

Huascarán, Nevado de [ne'baðo ðe uaska'ran], vergletscherter Doppelgipfel in den peruan. Anden, in der Cordillera Blanca, 6 768 m ü. M. (N. de H. Sur) und 6 655 m ü. M. (N. de H. Norte); Nationalpark H. (mit weltweit größter Bromelienart; UNESCO-Weltnaturerbe); 1970 durch Erdbeben ausgelöster verheerender Bergsturz.

Huaxteken [uaʃ'te:kən], Indianerstamm der Maya-Sprachgruppe in der Golfzone NO-Mexikos, etwa 120 000 Menschen. Von den übrigen Maya vor Entwicklung der Hochkultur getrennt, kannten Keramik und bauten runde Tempelpyramiden.

Hub 1) (Kolbenhub), bei ↑ Hubkolbenmaschinen der Weg, den der Kolben zw. dem oberen und unteren Totpunkt zurücklegt. Das Produkt aus H. und Kolbenfläche ergibt das Zylinderhubvolumen (Hubraum eines Zylinders).

2) [hʌb], Knotenpunkt des Luftverkehrs, der über viele Speichen (engl. spokes) verfügt, von denen die Passagiere ankommen, umsteigen und zum intern. Zielort geflogen werden. Auf den H. werden die Flüge zu bestimmten Tageszeiten zeitlich zusammengefasst. Voraussetzung sind weltweit optimierte Flugpläne. International existiert ein System von H. In Europa konkurrieren z. B. die H. der Star Alliance (Frankfurt, München, Kopenhagen, Wien) mit denen der Oneworld (London, Madrid) oder der Qualiflyer (Brüssel, Zürich). Als Voraussetzung für das Entstehen eines H. muss der Flughafen über entsprechende Kapazitäten verfügen, um Wellen von Flugzeugen aufnehmen und die Passagiere schnell abfertigen zu können. Dabei sollen die Umsteigezeiten möglichst kurz sein, und der Flughafen selbst muss für die Luftverkehrsgesellschaft kostengünstig sein. Wichtig ist auch der Einzugsbereich des Flughafens, d. h. ein ausreichendes Passagieraufkommen aus dem eigenen Umfeld.

Hubbardgletscher ['hʌbəd-], Gletscher

525

in SO-Alaska, USA, 122 km lang, das Gletscherende ist 6 km breit; bewegt sich von den Saint Elias Mountains auf die Yakutat Bay (Pazifik) zu; wechselnde Fließgeschwindigkeit.

Hubble [hʌbl], Edwin Powell, amerikan. Astronom, * Marshfield (Mo.) 20. 11. 1889, † San Marino (Calif.) 28. 9. 1953; ab 1919 am Mount-Wilson-Observatorium in Pasadena. H. begründete die moderne extragalakt. Astronomie. Er arbeitete über kosm. Nebel und Sternsysteme, entwickelte die Klassifizierung der Galaxien und die Theorie von der Expansion des Universums (↑Hubble-Effekt).

📖 *Sarov, A. S. u. Novikov, I. D.: E. H. Der Mann, der den Urknall entdeckte. A. d. Engl. Basel u. a. 1994. – Fischer, D. u. Duerbeck, H.: Das H.-Universum. Neue Bilder u. Erkenntnisse. Augsburg 2000.*

Hubble-Effekt [ˈhʌbl-], die von E. P. Hubble 1929 entdeckte ↑Rotverschiebung der Spektrallinien weit entfernter Galaxien in Abhängigkeit von ihrer Entfernung. Man deutet den H.-E. als ↑Doppler-Effekt, nach dem die Galaxien eine radial gerichtete Fluchtbewegung (Expansion des Universums) ausführen. Zw. der Fluchtgeschwindigkeit v und der Entfernung r eines Sternsystems besteht der lineare Zusammenhang $v = H_0 r$, d. h., die Sternsysteme bewegen sich vom Milchstraßensystem umso schneller fort, je weiter sie von diesem entfernt sind. Der Wert für den **Hubble-Parameter** (»Hubble-Konstante«) H_0 streut je nach Bestimmungsmethode um etwa (65 ± 15) km/(s · Mpc). Beobachtungen von 800 Cepheiden in 18 Galaxien mit dem Hubble-Weltraumteleskop (1999) ergaben einen Wert von $H_0 = (70 \pm 7)$ km/(s · Mpc). H_0 ist eine mit zunehmendem Weltalter veränderl. Größe; die Messungen beziehen sich auf das gegenwärtige Alter des Kosmos. Sein Kehrwert, die **Hubble-Zeit,** ist eine obere Grenze für das Weltalter.

Hubble-Parameter [ˈhʌbl-], *Astronomie:* ↑Hubble-Effekt.

Hubble-Weltraumteleskop [ˈhʌbl-; nach E. P. Hubble] (engl. Hubble Space Telescope, Abk. HST), das gegenwärtig größte opt. und Ultraviolett-Observatorium im Weltraum, das 1990 als gemeinsames Projekt von NASA und ESA gestartet wurde (Masse 11,6 t, Länge 13,1 m, max. Durchmesser 4,3 m, Durchmesser des Hauptspiegels 2,4 m). Das H.-W. befindet sich auf einer kreisförmigen Umlaufbahn

Hubble-Weltraumteleskop: Aufnahme des Hubble-Teleskops (Länge etwa 13 m, Masse über 11 t). In der Mitte des Teleskops befinden sich Sekundär- und Hauptspiegel. Die außen angebrachten Sonnenpaddel dienen der Stromversorgung, die Antennen zur Funkverbindung mit der Erde.

in etwa 600 km Höhe und dient (außerhalb der störenden Atmosphäre) der Beobachtung sehr lichtschwacher galakt. Objekte; seine Genauigkeit übertrifft diejenige großer erdgebundener Teleskope um das 10fache. Zu den Beobachtungsinstrumenten gehören Kameras mit Spektrographen und Photometern, zur Stromversorgung dienen Solarzellen, zur Funkverbindung mit der Erde entsprechende Antennen. – In mehreren Missionen wurden inzwischen Reparatur- und Modernisierungsarbeiten durchgeführt. Da der 2,4-m-Hauptspiegel infolge eines Fehlschliffs zunächst keine optimal scharfen Bilder lieferte, wurde während einer Spaceshuttle-Mission (Dez. 1993) eine Korrekturoptik in das H.-W. eingebaut, wodurch das Auflösungsvermögen nahe dem theoretisch mögl. Wert liegt. Bei weiteren Missionen wurden u. a. zwei Spektrographen durch empfindlichere und der Teleskopoptik besser angepasste ersetzt, wodurch sich ein größerer Spektralbereich erfassen lässt (Febr. 1997) sowie Reparatur- und Modernisierungsarbeiten, u. a. der Gyroskope und am Bordcomputer (Dez. 1999) durchgeführt. Bei der vierten Wartungsmission (März 2002) wurde das Hubble-Teleskop mit neuen Solarzellenauslegern und einer neuen, leistungsfähigeren Hauptkamera ausgerüstet; außerdem erfolgte die Erneuerung eines Kühlsystems für einen Infrarotsender.
Mit dem H.-W. werden sowohl Objekte des Planeten- (z. B. Zwergsatelliten) als auch des Milchstraßensystems (z. B. Sterne, interstellare Wolken) sowie extragalakt. Sternsysteme untersucht. Das H.-W. hat zahlr. Aufsehen erregende Entdeckungen geliefert; u. a. gelangen die erstmalige Beobachtung von Delta-Cephei-Sternen in Galaxien des Virgo-Haufens, die zur Neuberechnung des Hubble-Parameters führte, sowie die bisher am weitesten reichenden Aufnahmen von zwei Himmelsarealen, den **Hubble Deep Fields**. – Vorraussichtlich um 2005 wird das H.-W. das Ende seiner auf fünfzehn Jahre ausgelegten Lebensdauer erreicht haben. Nach derzeitigen Planungen soll es (um 2011) durch das Nachfolgeprojekt, das **James Webb Space Telescope**, fortgeführt werden.

❖ siehe ZEIT Aspekte

📖 Fischer, D. u. Duerbeck, H.: Das Hubble-Universum. Neue Bilder und Erkenntnisse. Augsburg 2000. – Stuart, C.: Abenteuer Universum. Mit dem Hubble-Teleskop durch den Weltraum. A. d. Engl. München 2000.
Hubbuch, Karl, Grafiker und Maler, * Karlsruhe 21. 11. 1891, † ebd. 26. 12. 1979; lehrte 1925–33 und 1948–57 an der Akademie in Karlsruhe; schuf Grafiken und Gemälde in einem sozialkrit. Verismus.

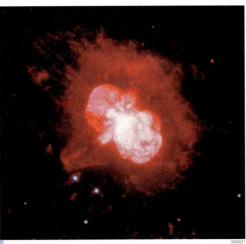

Hubble-Weltraumteleskop: Aufnahme des Sterns Eta Carina mit dem Hubble-Teleskop. Der Stern (heller Fleck im Zentrum des Bildes) sendet Gasjets aus, die einen Nebel bilden.

Hubei (Hupeh, Hupei), Prov. im zentralen China, 185 900 km^2, 60,28 Mio. Ew.; Hptst.: Wuhan. Kernraum ist die seenreiche Flussniederung am Jangtsekiang und am Han Shui; wichtiges Reisanbaugebiet, bed. Holzölgewinnung, Süßwasserfischerei; Abbau von Gips und Erzen.
Hubel [ˈhjuːbəl], David Hunter, amerikan. Neurophysiologe, * Windsor (Prov. Ontario) 27. 2. 1926; erforschte die Mechanismen bei der Informationsverarbeitung opt. Reize durch das Gehirn; erhielt hierfür 1981 (mit R. W. Sperry und T. N. Wiesel) den Nobelpreis für Physiologie oder Medizin.
Huber, 1) Ernst Rudolf, Staatsrechtslehrer, * Oberstein (heute zu Idar-Oberstein) 8. 6. 1903, † Freiburg im Breisgau 28. 10. 1990; Vater von 10); befasste sich mit Staatskirchenrecht, Wirtschaftsverwaltungsrecht und nach 1933 mit Verfassungsfragen des nat.-soz. Staates; später be-

stimmte die Verf.geschichte sein Werk (»Dt. Verfassungsgesch. seit 1789«, 8 Bde., 1957–91).
2) Eugen, schweizer. Jurist, *Stammheim (Kt. Zürich) 13. 7. 1849, † Bern 23. 4. 1923. Das Schweizer. Zivilgesetzbuch ist im Wesentlichen seine Schöpfung; verfasste »System und Geschichte des schweizer. Privatrechts«, 4 Bde. (1886–93).
3) Hans, schweizer. Jurist, *St. Gallen 24. 5. 1901, † Muri (bei Bern) 13. 11. 1987; arbeitete auf den Gebieten des Staats-, Verwaltungs- und Völkerrechts; war maßgeblich an der Vorbereitung einer Totalrevision der Bundesverfassung beteiligt.
4) Klaus, schweizer. Komponist, *Bern 30. 11. 1924; u. a. Schüler von B. Blacher, schrieb, kompositionstechnisch an A. Webern anknüpfend, ausdrucksvolle religiöse Werke; u. a. »Kammermusik, Vokalwerke (u. a. »Erniedrigt – geknechtet – verlassen – verachtet«, 1982, Texte von E. Cardenal); Orchesterwerke (»Lamentationes de fine vicesimi saeculi«, 1994).
5) Kurt, Musikwissenschaftler, Volksliedforscher, Psychologe und Philosoph, *Chur 24. 10. 1893, † (hingerichtet) München 13. 7. 1943; seit 1926 Prof. in München, seit 1942 geistiger Mittelpunkt der ↑Weißen Rose, 1943 verhaftet.
6) Nicolaus A., Komponist, *Passau 15. 12. 1939; studierte u. a. am Elektron. Studio bei J. A. Riedl in München und bei L. Nono in Venedig; wurde 1974 Prof. für Komposition an der Folkwang-Hochschule Essen; komponierte Orchesterwerke (u. a. »Harakiri«, 1972; »Go Ahead«, 1989; »Drei Stücke für Orchester« mit Atmer/Sänger und Klavier, 1992); Werke für Soloinstrumente (»First Play Mozart«, für Flöte, 1994), Kammermusik.
7) Robert, Biochemiker, *München 20. 2. 1937; seit 1972 Leiter der Abteilung Strukturforschung am Max-Planck-Institut in Planegg-Martinsried, seit 1987 dort Direktor. 1988 erhielt er für die Bestimmung der dreidimensionalen Struktur des photosynthet. Reaktionszentrums eines Bakteriums den Nobelpreis für Chemie (mit J. Deisenhofer und H. Michel).
8) Stephan, Bildhauer, *Lindenberg i. Allgäu 27. 2. 1952; beschäftigt sich mit Materialinstallationen, bei denen er Gefundenes mit Gefertigtem kombiniert und zu poet. Zeichen umzudeuten sucht.
9) Wolf, Maler, Baumeister und Zeichner, *Feldkirch (Vorarlberg) um 1485, † Passau 3. 6. 1553; neben A. Altdorfer der bedeutendste Meister der ↑Donauschule; schuf Altartafeln, Bildnisse und Landschaftszeichnungen: Annenaltar in der Pfarrkirche Sankt Nikolaus zu Feldkirch (1515–21; heute größtenteils Bregenz, Vorarlberger Landesmuseum); Marienaltar (um 1525 bis 1530; Berlin und München); Passionsaltar (um 1530; München und St. Florian bei Linz).
10) Wolfgang, evang. Theologe, *Straßburg 12. 8. 1942; Sohn von 1); war ab 1980 Prof. für Sozialethik in Marburg, ab 1984 für Systemat. Theologie in Heidelberg, 1994–2003 Bischof der Evang. Kirche in Berlin-Brandenburg und ist seit Jan. 2004 Bischof der neu gebildeten Evang. Kirche Berlin-Brandenburg-schles. Oberlausitz. Seit Nov. 2003 ist H. auch Vors. des Rates der EKD (Nachfolger von M. Kock).

Huberman, Bronisław, poln. Violinist, *Tschenstochau 19. 12. 1882, † Corsier-sur-Vevey (Kt. Waadt) 16. 6. 1947; geschätzter Beethoven- und Brahms-Interpret.

Hubertus, Bischof von Tongern-Maastricht (später Lüttich), *um 655 (?), † Tervuren (Prov. Flämisch-Brabant) 30. 5. 727; wurde nach der Legende während einer Jagd durch die Erscheinung eines Hirsches mit einem Kreuz zw. den Endes seines Geweihs bekehrt; Schutzpatron der Jagd, Jäger und Schützenvereine; Heiliger, Tag: 3. 11. (**H.-Tag,** mit den **H.-Jagden**).

Hubertusburg, ehem. kurfürstlich sächs. Jagdschloss, eine barocke Vierflügelanlage, in Wermsdorf bei Oschatz (erbaut 1743–51 durch J. C. Knöffel). – Der **Friede von H.** vom 15. 2. 1763 beendete den ↑Siebenjährigen Krieg.

Hub|insel (Hubplattform), schwimmfähige Bohrplattform in der ↑Offshoretechnik; dient z. B. für die Gas- und Erdölbohrung vor der Küste. Die H. besitzt verstellbare Stützen, die beim Bohren auf den Meeresgrund abgesenkt werden.

Hubkolbenmaschine, eine Kolbenmaschine, bei der die Volumenänderung des Arbeitsraumes durch die Hin- und Herbewegung eines Kolbens in einem Zylinder erzeugt wird. Die Bewegung des Kolbens wird meist durch ein ↑Kurbelgetriebe erreicht. H. eignen sich bes. zur Erzeugung und Verarbeitung hoher Drücke, daher werden sie v. a. als Pumpen (**Hubkolben-**

Hubschrauber HUB

Hubschrauber: Militärhubschrauber vom Typ Sikorsky CH-53 E Super Stallion

pumpen) und als ↑Verbrennungsmotoren verwendet. Das Ansaugen und Ausschieben des Fördermediums wird durch Ventile gesteuert, die entweder automatisch durch Druckunterschiede zw. Zylinder und Saug- (oder Druck-)Leitung betätigt werden (Pumpen, Kompressoren) oder zwangsweise von ↑Nocken (Verbrennungsmotoren) gesteuert werden.

Hubli-Dharwad, Stadt im Bundesstaat Karnataka, Indien, am W-Rand des Dekhan, 648 300 Ew.; Univ.; Textil-, Papierind. – 1961 Vereinigung der Städte Hubli und Dharwar (heute Dharwad).

Hubraum (Hubvolumen), das vom Kolben einer ↑Hubkolbenmaschine bei einem Hub verdrängte Volumen. Bei Verbrennungsmotoren wird meist der (Gesamt-)H. aller Zylinder angegeben.

Hubraumleistung (Literleistung), auf den Hubraum aller Zylinder bezogene Leistung eines Verbrennungsmotors; angegeben als Leistung je Liter Hubraum (kW/l). Die H. ist drehzahlabhängig und kann mit dem absoluten Zahlenwert nur bei gleichem Zylindervolumen oder Motoren gleicher Größenordnung als Vergleichszahl verwendet werden.

Hubschrauber (Helikopter), ein Drehflügelflugzeug, das seinen Auf- und Vortrieb durch eine oder mehrere Hubschrauben erhält. Eine Hubschraube (Rotor) hat zwei bis sechs schmale Flügelblätter. Sie läuft um eine senkrechte (oder nahezu senkrechte) Achse mit mäßiger Drehzahl um. Je nach Anstellwinkel der Flügelblätter und Änderung der Achsstellung können H. auf der Stelle schweben, senkrecht steigen oder sinken, waagerecht, seitwärts oder rückwärts fliegen. Die Hubschrauben sind über dem Rumpf angeordnet, zu ihrem Antrieb dienen ein oder zwei im Rumpf untergebrachte Motoren oder Gasturbinen (auch kleine Strahltriebwerke, Raketen oder Druckluftdüsen an den Flügelblattenden sind möglich). Beim **einrotorigen H.** gleicht eine kleine Heckschraube das freie Drehmoment des Rotors aus, das den Rumpf um die Hochachse zu drehen versucht. Beim **mehrrotorigen H.** mit zwei tandemartig hintereinander oder zwei über- oder nebeneinander angeordneten gegenläufigen Hubschrauben entfällt das freie Drehmoment und daher auch die Heckschraube. Bei Triebwerksausfall wird die Eigendrehung des Rotors durch den Fahrtwind ausgenutzt, um im Autorotationsflug gefahrlos zu landen.

H. werden im zivilen und militär. Bereich für besondere Transportaufgaben, für Überwachungs- und Beobachtungsaufgaben sowie für Sonderaufgaben (z. B. im Luftrettungsdienst) eingesetzt. Im militär. Bereich dient der H. auch als **Kampfhubschrauber.** – Je nach Verwendungszweck werden Leicht-H. (Zweimannbesatzung, Rotordurchmesser 10 m) und Schwer-H. (100 t Startmasse, Rotordurchmesser 35 m) unterschieden. – Der erste wirklich flugfähige H. wurde von L. Bréguet und R. Dorand konstruiert (Bréguet-Dorand-Gyroplane; Erstflug 1935), dessen Flugleistung jedoch wenig später durch eine Konstruktion von H. Focke weit übertroffen wurde (Focke-Wulf Fw 61; Erstflug 1936; bereits 1937 Höhenrekord über 2 400 m).

HUB Hub-Schub-Triebwerk

📖 *Aulfinger, M.: Das große H.-Typenbuch: Helikopter der Welt.* Stuttgart 1997. – *Polte, H.-J.: H.: Gesch., Technik u. Einsatz.* Berlin u. a. ³2001.

Hub-Schub-Triebwerk, ein ↑Strahltriebwerk.

Hubstrahler, ein ausschl. durch den Schub von ↑Strahltriebwerken getragenes und lagestabilisiertes Luftfahrzeug, das somit ohne aerodynam. Auftriebserzeugung auskommt. H. sind ↑Senkrechtstarter und schwebeflugfähig; bislang nur als Forschungs- und Versuchsgeräte verwendet.

Hubtriebwerk, ein ↑Strahltriebwerk.

Huch, 1) Friedrich, Schriftsteller, *Braunschweig 19. 6. 1873, †München 12. 5. 1913, Vetter von 2) und 3); schrieb Satiren und psycholog. feinfühlige Romane wie »Peter Michel« (1901) und »Enzio« (1911).

2) Ricarda, Pseudonym Richard Hugo, Schriftstellerin, *Braunschweig 18. 7. 1864, †Schönberg (heute zu Kronberg im Taunus) 17. 11. 1947, Schwester von 3), Kusine von 1); studierte Geschichte und Philosophie in Zürich, promovierte als eine der ersten dt. Frauen; arbeitete u. a. als Lehrerin, trat 1933 aus Protest gegen den Nationalsozialismus aus der Preuß. Akademie der Künste aus. War für ihr Frühwerk lyr. Subjektivismus prägend, gelangte sie später zur »objektiven« Darstellung histor. Gestalten und Ereignisse (»Der große Krieg in Deutschland«, 3 Bde., 1912–14) und zu religiöser Thematik (»Luthers Glaube«, 1916). Eine Sonderstellung nimmt ihr literar- und kulturgeschichtl. Werk »Die Romantik« (2 Bde., 1908) ein, das für die Wiederentdeckung der Romantik und für die Überwindung des Naturalismus von großer Bedeutung war. Ihr Werk über die dt. Widerstandsbewegung (»Der lautlose Aufstand«, von G. Weisenborn bearbeitet und hg. 1953) konnte sie nicht mehr beenden; außerdem »Aus der Triumphgasse« (Skizzen, 1902), »Die Geschichten von Garibaldi« (Bd. 1: »Die Verteidigung Roms«, 1906; Bd. 2: »Der Kampf um Rom«, 1907), »Frühling in der Schweiz« (Erinnerungen, 1938), »Herbstfeuer« (Ged., 1944).

📖 *Viereck, S. von: So weit wie die Welt geht.* Reinbek 1990. – *Koepcke, C.: R. H. Ihr Leben u. ihr Werk.* Frankfurt am Main u. a. 1996.

3) Rudolf, Schriftsteller, *Pôrto Alegre (Brasilien) 28. 2. 1862, †Bad Harzburg 12. 1. 1943, Bruder von 2), Vetter von 1); Rechtsanwalt; schrieb Entwicklungsromane (»Hans der Träumer«, 1902) und satir. Darstellungen des Kleinstadtbürgertums.

Huchel, Peter, Lyriker, *Berlin 3. 4. 1903, †Staufen im Breisgau 30. 4. 1981; war 1948–62 in Berlin (Ost) Chefredakteur der Literaturztschr. »Sinn und Form«, seit 1972 in der Bundesrep. Dtl.; verfasste Naturgedichte von schlichter Sprache in knapper Diktion, die trotz zeitloser Bildlichkeit seine eigenen bitteren Erfahrungen spiegeln (u. a. »Gezählte Tage«, 1972); ferner Hörspiele.

Huchen (Donaulachs, Rotfisch, Hucho hucho), bis 1,20 m langer Lachsfisch der Donau und ihrer Nebenflüsse; vom Aussterben bedroht.

Hückelhoven [-fən], Stadt im Kr. Heinsberg, NRW, 37 700 Ew.; Betonstein-, Stahlbau-, Schuh-, Bekleidungsind., Matratzenherstellung. – H. wurde 1935 mit Ratheim zur Gem. H.-Ratheim vereinigt, die 1969 Stadt wurde und seit 1972 H. heißt.

Huckepackverkehr, ↑kombinierter Verkehr.

Hückeswagen, Stadt im Oberbergischen Kr., NRW, an der oberen Wupper, 16 100 Ew.; Herstellung von Präzisionswerkzeugen und Werkzeugmaschinen; nahebei die **Bevertalsperre** (23,7 Mio. m³ Fassungsvermögen). – 1085 erstmals erwähnt, Mittelpunkt einer gleichnamigen Grafschaft, seit 1859 Stadt.

Huddersfield [ˈhʌdəzfiːld], Ind.stadt in der engl. Metrop. Cty. West Yorkshire, 123 900 Ew.; TH; Zentrum der Wollind. mit Herstellung von Kammgarnen und Stoffen, Kraftfahrzeug- und Maschinenbau, chem., pharmazeut. Industrie.

Hudson [ˈhʌdsn], **1)** Henry, engl. Seefahrer, *um 1550, †1611 (?); unternahm zw. 1607 und 1611 vier Reisen auf der Suche nach einer kürzeren Seeverbindung nach China und Indien durch das Nordpolarmeer; kam 1608 bis Nowaja Semlja; erkundete 1609 an der O-Küste Nordamerikas den nach ihm ben. Fluss (Hudson River); fand auf seiner letzten Reise 1610 nach Durchquerung der Hudsonstraße die ↑Hudsonbai; wurde im Juni 1611 mit seinem Sohn und weiteren Gefährten von der meuternden Mannschaft ausgesetzt und blieb verschollen.

2) Rock, amerikan. Filmschauspieler, *Winnetka (Ill.) 17. 11. 1925, † Beverly Hills (Calif.) 2. 10. 1985; hatte internationale Erfolge in dramat., melodramat. und kom. Rollen, z. B. »Giganten« (1956), »Duell in den Wolken« (1957), »Bettgeflüster« (1959), »Mord im Spiegel« (1980). **3)** Thomas, engl. Maler, *Cty. Devonshire 1701, † Twickenham (heute zu London) 26. 1. 1779; beliebtester Porträtist seiner Zeit (Bildnis G. F. Händels, 1756; London); zu seinen Schülern gehörte J. Reynolds.

Hudsonbai [ˈhʌdsn-; nach H. Hudson], Binnenmeer in NO-Kanada, ist mit der James Bay im S, dem Foxebecken im N und der zum Atlantik führenden, rd. 800 km langen, 60–240 km breiten **Hudsonstraße** (Mitte Juli bis Okt. eisfrei) im NO ein Teil des Arkt. Mittelmeers; bis 1500 km lang, bis 830 km breit, mittlere Tiefe 128 m, größte Tiefe 259 m, Hauptzufluss: Nelson River. Vereisung: Nov. bis Juni. Kabeljau- und Lachsfang; Hafen Churchill. – 1610 von H. Hudson entdeckt.

Hudson River [ˈhʌdsn ˈrɪvə; nach H. Hudson], Fluss in den USA, 493 km, entsteht aus Binnenseen in den Adirondacks und mündet im Stadtgebiet von New York in den Atlantik; bis Albany für Seeschiffe befahrbar; durch den ↑New York State Barge Canal mit dem Unterlauf des Sankt-Lorenz-Stroms und den Großen Seen verbunden.

Hudson's Bay Company [ˈhʌdsnz beɪ ˈkʌmpənɪ], Abk. **HBC**, älteste Handelsgesellschaft Nordamerikas, gegr. 1670 als engl.† Handelskompanie mit Handelsprivilegien (z. B. Monopol des Pelzhandels) sowie Hoheitsrechten in den Gebieten um die Hudsonbai; 1821 Vereinigung mit der North West Company. 1870 kaufte ihre Kanada die Hoheitsrechte ab; heute v. a. im Handel tätig (u. a. Warenhäuser); Sitz: Toronto.

Huê [hue̯], Stadt im mittleren Vietnam, oberhalb der Mündung des Huong Giang ins Südchines. Meer, 219 100 Ew.; Erzbischofssitz; Univ.; Textil-, Holzind., Zementfabrik; Hafen. – Mauerumschlossene Altstadt mit Palästen der Kaiser von Annam (UNESCO-Weltkulturerbe). – Alter Name Phu Xuan; wurde 1687 Residenz des Feudalgeschlechts der Nguyen und 1802 Hptst. des vereinigten Annam; im Vietnamkrieg 1968 stark zerstört.

Huehuetenango [u̯eu̯eteˈnaŋgo], Dep.-Hptst. in Guatemala, 1 890 m ü. M., 36 900 Ew.; kath. Bischofssitz; Mühle, Ziegeleien u. a. Industrie. – Nahebei die Ruinen der Mayakultstätte Zaculen.

Huelsenbeck [ˈhyl-], Richard, Schriftsteller, *Frankenau (Landkreis Waldeck-Frankenberg) 23. 4. 1892, † Muralto (bei Locarno) 20. 4. 1974; Arzt, Psychoanalytiker, Mitbegründer des ↑Dada.

Huelva [ˈu̯ɛlβa], **1)** span. Provinz in Andalusien, 10 128 km², 462 600 Einwohner. **2)** Hptst. und Hafen von 1), am Golf von Cádiz, 140 700 Ew.; Bischofssitz; Erdölraffinerie, Eisen- und Stahl-, chem., Lebensmittel- u. a. Ind.; Ausfuhr von Erzen und landwirtsch. Produkten; Seebad. – Nach Zerstörung durch Erdbeben (1755) wieder aufgebaut; Kirchen des 16. Jh., Kolumbusdenkmal (1929); nahebei Franziskanerkloster La Rábida (14./15. Jh., mit Museum), geistig-religiöses Zentrum der Amerikafahrer. – Phönik. **Onoba**, röm. **Onuba**, arab. **Guelhah,** nach der Reconquista (1258) Ausgangspunkt der Entdeckung Amerikas und Zentrum des span. Amerikahandels.

Huene [ˈhyːnə], Stephan von, amerikan. Künstler, *Los Angeles (Calif.) 15. 9. 1932. In meist mehrteiligen, fast minimalistisch erscheinenden Objekt- und Tonanordnungen, die mit plast. und elektron. Elementen arbeiten, zielt H. auf die Überlagerung und gegenseitige Verfremdung visueller und akust. Sinnesempfindungen in Räumen oder Raumfolgen.

Huerta [ˈu̯ɛrta, span. »Garten«] *die,* in S- und O-Spanien das von Kanälen bewässerte, durch Intensivkulturen genutzte Land in Stadtnähe.

Huesca [ˈu̯eska], **1)** span. Prov. in Aragonien, 15 636 km², 206 500 Einwohner. **2)** Hptst. von 1), am N-Rand des Ebrobeckens, 45 100 Ew.; Bischofssitz; Museen; Landwirtschaftszentrum, Nahrungsmittel- und Textilindustrie. – Mittelalterl. Altstadt; Kathedrale (1273–1515, über der ehem. Moschee), roman. Kirchen San Pedro el Viejo (1117–37) und San Miguel (1150–60). – H., das röm. **Osca,** wurde im 8. Jh. von den Mauren erobert (arab. **Waschka**), 1096–1118 Hptst. des Königreichs Aragonien.

Huf (Ungula), die bei den Unpaarhufern (bei den Paarhufern ↑Klaue) das Endglied der dritten (mittleren) Zehe als Schutzein-

HUF Hufe

richtung schuhartig überdeckende Hornmasse (**Hornkapsel, Hornschuh**); i. w. S. auch Bez. für das ganze hornbedeckte Zehenendglied. Die Hornkapsel lässt sich in **Hornwand, Hornsohle** und **Hornstrahl** gliedern (Letzterer ist die von der Huflederhaut erzeugte hornige, ins Zentrum der Hornsohle keilartig vorspringende Erhebung).

Huflattich

Hufe (Hube), im MA. die zum Lebensunterhalt einer Familie ausreichende bäuerl. Hofstätte mit Ackerland und Nutzungsrecht an der ↑Allmende; war bei der Zuweisung von Land die Bemessungseinheit und für die öffentl. (Steuer-H.) oder grundherrl. (Zins- und Dienst-H.) Leistungen die Belastungseinheit. Ihre Größe betrug in Dtl. durchschnittlich 7–10 ha, die Königs-H. (fränk. H.) als ritterl. Stelle etwa 20 ha. Die Inhaber einer H. waren Vollbauern, Vollspänner oder Hubbauern (**Hüfner, Hufner**); neben ihnen entstanden durch Teilung der H. die Halbbauern, Halbspänner oder Halbhüfner.

Huf|eisen, Eisen zum Schutz der Hufe; gilt als Glück bringender Talisman.

Huf|eisenniere (Ren arcuatus, Verschmelzungsniere), angeborene Nierenfehlbildung (Häufigkeit 1 : 600) mit Verwachsung der unteren Pole beider Nieren.

Hufeland, Christoph Wilhelm von (seit 1809), Arzt, * Bad Langensalza 12. 8. 1762, † Berlin 25. 8. 1836; ab 1800 an der Berliner Charité, zählte Wieland, Herder, Goethe und Schiller zu seinen Patienten und wurde v. a. durch sein Hauptwerk, »Makrobiotik oder die Kunst, das menschl. Leben zu verlängern« (1796), bekannt.

Huflattich (Tussilago farfara), Korbblütlerstaude mit kriechendem Wurzelstock, 5–25 cm hoch, verbreitet auf der Nordhalbkugel; treibt im Vorfrühling Stängel mit goldgelben Blütenkörbchen, später die hufsohlenförmigen, unterseits weißfilzigen Blätter; in der Volksmedizin bei Katarrhen der oberen Luftwege angewendet.

Hufschlag, *Dressurreiten:* das gesamte Dressurviereck bzw. die Reitbahn an der Bande entlang umlaufender Weg, von dem aus im Verlauf einer Dressurprüfung bestimmte Bahnfiguren (**H.-Figuren**) ausgeführt werden.

Hüftbein, aus Darm-, Sitz- und Schambein gebildeter Beckenknochen.

Hüfte (Coxa), bei Säugetieren (einschl. des Menschen) die seitl. Körperregion vom Ober- und Vorderrand des Hüftbeins bis zum Oberschenkelansatz.

Hüftgelenk (Koxalgelenk, Articulatio coxae), Nussgelenk (↑Gelenk), das sich aus der Gelenkpfanne des Hüftbeins (**H.-Pfanne**) und dem Kopf des Oberschenkelknochens zusammensetzt und durch starke Bänder einen bes. festen Halt besitzt.

Hüftgelenk|entzündung (Coxitis, Koxitis), akute oder chron. Entzündung des Hüftgelenks mit schmerzhafter Bewegungseinschränkung; Erreger gelangen auf dem Blutweg, durch Verletzungen oder bei einer Punktion in das Gelenk.

Hüftgelenk|ersatz, Austausch eines krankhaft veränderten oder zerstörten Hüftgelenks durch eine Totalendoprothese (Hüftgelenkkopf und -pfanne) aus körperfremdem Material; wird in den Oberschenkelschaft einzementiert.

Hüftgelenkluxation (Hüftgelenkverrenkung), dominant vererbbare oder durch intrauterine Schädigungen hervorgerufene, häufigste Skelettfehlbildung, die auf einer mangelhaften Ausbildung der Hüftgelenkpfanne, häufig auch einer Unterentwicklung des Oberschenkelkopfs beruht (**Hüftgelenkdysplasie**). Im Stadium der Dysplasie steht der Oberschenkelkopf noch in der knorpeligen Pfanne, die jedoch klein, steil und abgeflacht ist. Bei der **Subluxation** hat der Oberschenkel das Pfannendach deformiert, die Pfanne jedoch noch nicht verlassen. Bei der kompletten **Luxation** (Verrenkung) infolge Belastung des Hüftgelenks ist der Oberschenkelkopf aus der Pfanne getreten und gleitet auf der Beckenschaufel nach oben und außen ab. – Die *Behandlung* von Dysplasie und Subluxation, die möglichst früh einsetzen soll, ist durch breites Wickeln, Tragen einer Spreizhose oder eines Schienenapparates über eine Dauer von sechs Monaten oder länger möglich.

Huftiere (Ungulata), Säugetiere, deren letzte Zehenglieder von einem Huf umhüllt werden, mit den Ordnungen: ↑Röhrenzähner, ↑Rüsseltiere, ↑Klippschliefer, ↑Seekühe, ↑Paarhufer und ↑Unpaarhufer.

Hüftnerv, der ↑Ischiasnerv.

Hügelgräber (lat. Tumuli), vor- und frühgeschichtl. Gräber mit einer Erd- oder Steinaufschüttung, verbreitet von der Jungsteinzeit bis zur La-Tène-Zeit, im N z. T. bis in die Wikingerzeit. Die H. enthalten je nach Zeit, Kultur und sozialer Stellung des Bestatteten oft kunstvolle Einbauten und Sargformen. Eindrucksvolles Beispiel der wikingerzeitl. H. stellen die 11 m hohen dän. Königshügel bei Jelling in Ostjütland dar. (↑etruskische Kunst, ↑Kurgan)

Hügelgräberkultur, Kultur der mittleren Bronzezeit (16.–13. Jh. v. Chr.) im südl. Mitteleuropa, ben. nach den Körperbestattungen in Hügelgräbern. Kennzeichnend für die H. sind eine hoch entwickelte Bronzemetallurgie (Waffen, Schmuck) sowie mit Kerbschnitt verzierte Keramik.

Hugenberg, Alfred, Industrieller, Politiker, *Hannover 19. 6. 1865, †Extertal (heute Kr. Lippe) 12. 3. 1951; war 1909–18 Vors. des Direktoriums der Krupp-Werke, ab 1916 Leiter des **H.-Konzerns,** dessen publizist. Organe H.s national-konservative bis reaktionär-antirepublikan. Auffassungen formulierten und ihm großen Einfluss auf die öffentl. Meinung sicherten. Als MdR (Dt.-nat. Volkspartei seit 1920; seit 1928 Parteivors.) bekämpfte er die Außenpolitik der Weimarer Rep. Mit Hitler u. a. bildete er 1931 die ↑Harzburger Front. Ende Jan. 1933 wurde H. in der von Hitler gebildeten Reg. Wirtschafts- und Ernährungsmin.; Rücktritt Juni 1933.

📖 *Holzbach, H. : Das »System H.« Die Organisation bürgerl. Sammlungspolitik vor dem Aufstieg der NSDAP. 1981.*

Hugenbergkonzern, nationalkonservative Mediengruppe unter Führung der **Ausland GmbH,** gegr. 1914 als Propagandaorganisation der dt. Schwerindustrie, und der Wirtschaftl. Gesellschaft, gegr. 1916 als privatrechtl. Interessengemeinschaft der Industriellen A. Hugenberg, E. Kirdorf, H. W. Beukenberg und H. Stinnes; kontrollierte Nachrichtenagenturen, Pressedienste, Presseverlage (Scherl), Filmgesellschaften (Ufa). Die Medien des H. standen während der Weimarer Rep. der Deutschnat. Volkspartei (DNVP) zur Verfügung. Seit 1933 kamen die Unternehmen des H. unter die Kontrolle der Nationalsozialisten und wurden z. T. verstaatlicht.

Hugenotten [frz. entstellt aus »Eidgenossen«], seit etwa 1560 Bez. für die frz. kalvinist. Protestanten. Beginnend in der Mitte des 16. Jh., gewann der Kalvinismus (↑Calvin) in Frankreich (bes. auch unter den hohen Adel) immer mehr Anhänger; 1559 hielten die ref. Gemeinden Frankreichs ihre erste Generalsynode in Paris ab. Das Januaredikt von 1562 gewährte den H. freie Religionsausübung außerhalb der Städte. An ihre Spitze traten Admiral G. de ↑Coligny und Louis I. Prinz von ↑Condé. Die kath. Partei sammelte sich unter der Führung der ↑Guise. Mit dem Blutbad von Wassy (Haute-Marne) am 1. 3. 1562 begannen die **Hugenottenkriege.** Trotz Niederlagen behaupteten die H. aber eine polit. Sonderstellung, da ihnen in den Edikten von Amboise (1563) und Saint-Germain-en-Laye (1570) im Grundsatz die Freiheit der Religionsausübung und eine Reihe von Sicherheitsplätzen (u. a. La Rochelle) zugestanden wurden; auch gelang es Coligny, Einfluss auf den jungen König Karl IX. zu gewinnen. Der angestrebte Ausgleich wurde durch das Massaker der ↑Bartholomäusnacht von 1572, dem auch Coligny zum Opfer fiel, unmöglich gemacht. Als Führer der H. folgte ihm Heinrich von Navarra. Seine Gegner waren die Königinmutter ↑Katharina von Medici und – nach dem Tod Karls IX. (1574) – König ↑Heinrich III., v. a. aber die kath. Liga unter der Führung Heinrichs von Guise. Die weiteren Kriege brachten keine Entscheidung. 1585 widerrief der König alle Rechte der H. und löste damit den 8. H.-Krieg aus. Um sich dem Druck der Liga zu entziehen, ließ Heinrich III. 1588 ihre Führer ermorden und verbündete sich mit Heinrich von Navarra, der nach der Ermordung dieses letzten Valois (1589) als Heinrich IV. König von

Frankreich wurde. Um die nat. Einheit und die Integrität Frankreichs zu wahren, trat er 1593 zum Katholizismus über und erließ 1598 das **Edikt von Nantes,** das den H. freie Religionsausübung und polit. Sonderrechte garantierte. Als die H. sich in den Kriegen von 1621/22 und 1625–29 erneut der Krone entgegenstellten, verloren sie durch Richelieu alle polit. Sonderrechte und Sicherheitsplätze, wurden allerdings religiös weiter geduldet.

De facto beendet wurde diese Duldung mit der offiziellen Aufhebung des Edikts von Nantes durch Ludwig XIV. (**Edikt von Fontainebleau,** 1685), das die Freiheit der Religionsausübung so stark beschränkte, dass sich mehr als 200 000 H. gezwungen sahen, Frankreich zu verlassen. Ihre Auswanderung (↑Réfugiés) war eine der Ursachen des wirtsch. Niedergangs Frankreichs Ende des 17. Jh. Gegen die Restgemeinde in Frankreich wurde 1702–04 der Cevennenkrieg geführt (↑Kamisarden). Eine Anzahl Reformierter behauptete sich aber als »Kirche der Wüste« (»Église du désert«), bis ihnen 1787 die staatl. Duldung gewährt wurde. Die volle Gleichberechtigung erhielten sie nach der Frz. Revolution durch den Code Napoléon (1804). In den Aufnahmeländern waren die H. bes. für die wirtsch. Entwicklung von Bedeutung. In Dtl. entstanden **H.-Siedlungen** v. a. in den ref. Gebieten (z. B. in den hohenzollernschen Territorien Frankens, in Braunschweig-Lüneburg, in den hess. Landgrafschaften und den lipp. Territorien). Eine besondere Bedeutung erlangten die H. in Brandenburg-Preußen, wo der Große Kurfürst ihre Aufnahme durch das **Edikt von Potsdam** (1685; ↑Potsdam) förderte. Als loyale Untertanen stiegen H. in der Folge in der Wirtschaft, Kunst und Wissenschaft sowie als Offiziere in bed. Positionen auf. In Berlin war um 1700 jeder dritte Einwohner ein Hugenotte.

📖 *Schreiber, H.: Auf den Spuren der H. München 1983. – Steffe, A. M.: Die H. Die Macht des Geistes gegen den Geist der Macht. Gernsbach 1989. – Cassan, M.: Le temps des guerres de religion. Paris 1996. – Brandenburg, I. u. Brandenburg, K.: H. Geschichte eines Martyriums. Lizenzausg. Wiesbaden 1998. – Gahrig, W.: Unterwegs zu den H. in Berlin. Histor. Spaziergänge. Berlin ²2000.*

Hugenottenstil, Baustil einer Gruppe von Gebäuden in den Niederlanden und im prot. Dtl., die von den Hugenotten nach 1685 in ihrer neuen Heimat errichtet wurden; sie sind durch Strenge und Schmucklosigkeit gekennzeichnet.

Huggins ['hʌgɪnz], **1)** Charles Brenton, amerikan. Arzt, *Halifax (Kanada) 22. 9. 1901, †San Francisco (Calif.) 12. 1. 1997; arbeitete v. a. über Chemotherapie bösartiger Geschwülste. Für seine Entdeckung der Möglichkeit wirksamer Behandlung von Prostatakrebs mit weibl. Geschlechtshormonen erhielt er 1966 (mit F. P. Rous) den Nobelpreis für Physiologie oder Medizin.

2) Sir (seit 1897) William, brit. Astrophysiker, *London 7. 2. 1824, †ebd. 12. 5. 1910; einer der Begründer der Sternspektroskopie, wandte als erster den Doppler-Effekt zur Messung der Radialgeschwindigkeit der Sterne an.

Hughes [hju:z], **1)** David Edward, brit. Ingenieur, *London 16. 5. 1831, †ebd. 22. 1. 1900; erfand 1855 den **H.-Apparat,** einen Drucktelegrafenapparat, der Sende- und Empfangseinrichtung in einem Gerät vereinigt, verbesserte 1878 den von J. P. Reis entwickelten Fernsprecher durch die Entwicklung eines empfindl. Kohlemikrofons.

2) Howard Robard, amerikan. Flieger, Filmproduzent und Unternehmer, *Houston 24. 12. 1905, †auf dem Flug von Acapulco nach Houston 5. 4. 1976; stellte 1935–38 versch. Flugweltrekorde auf; produzierte mehrere Filme (u. a. »Hell's angels«); gründete die **H. Aircraft Co.**

3) Langston, amerikan. Schriftsteller, *Joplin (Mo.) 1. 2. 1902, †New York 22. 5. 1967; Vertreter der Harlem-Renaissance. Seine Gedichte sind geprägt von der Sprache der Spirituals; seine Prosa (»Simpel spricht sich aus«, 1950; »Lachen, um nicht zu weinen«, 1952) gestaltet Erfahrungen der Farbigen in den USA.

4) Richard, engl. Schriftsteller, *Weybridge (Cty. Surrey) 19. 4. 1900, †Merionethshire (Wales) 28. 4. 1976; schrieb Gedichte, Hörspiele, Kurzgeschichten sowie psycholog. und zeitgeschichtl. Romane: »Ein Sturmwind auf Jamaika« (1929), »Der Fuchs unterm Dach« (1961) und »The wooden shepherdess« (1973).

5) Ted, eigtl. Edward James H., engl. Lyriker, *Mytholmroyd (Metrop. Cty. West

Yorkshire) 17. 8. 1930, † Cty. Devon 28. 10. 1998; ab 1956 ∞ mit der Lyrikerin Sylvia Plath, 1984 zum »Poet laureate« ernannt. Seit seinem Lyrikband »The hawk in the rain« (1957) wurde H. als kraftvollste Stimme der Nachkriegslyrik angesehen. Er wurde urspr. zum »Movement« gerechnet, doch kennzeichnet ihn statt des distanziert-iron. ein direkter und persönl. Ton; in kraftvoll-eindringl., bildintensiver Sprache gestaltet er das Thema der Vitalität und Gewalt in Natur-, v. a. Tiergedichten; das Interesse an mündl. Stoffen und Mythologischem zeigt sich in den »Krähe«-Gedichten (1970, dt). H. hat auch Kinderbücher und eine kommentierte Lyrikanthologie für Schüler veröffentlicht sowie Gedichte seiner Frau ediert.

Weitere Werke: Lyrik: Moortown (1979); Flowers and insects (1986); Tales from Ovid (1997), Birthday letters (1998, dt.); Der Tiger tötet nicht (1998, dt. Auswahl).

Hugin [altnord. »Gedanke«], einer der beiden Raben ↑Odins; als Aasvogel Attribut Odins in dessen Funktion als Schlachtengott.

Hugli (Hooghly), Mündungsarm des ↑Ganges.

Victor Hugo

Hugo [y'go], Victor, frz. Dichter, * Besançon 26. 2. 1802, † Paris 22. 5. 1885; schloss sich dem Julikönigtum an, wurde nach der Errichtung des Zweiten Kaiserreichs erbitterter Gegner Napoleons III. und musste daher 1851-70 in der Verbannung leben (meist auf Guernsey). Durch die Gedichtsammlungen »Oden und Balladen« (1826), »Herbstblätter« (1831) u. a., durch die programmat. Vorrede zum Drama »Cromwell« (1827) und den histor. Roman »Der Glöckner von Notre-Dame« (1831) wurde er zum Führer der frz. Hochromantik. Von seinen Dramen waren nur »Hernani, oder die kastilian. Ehre« (1830) und »Ruy Blas« (1838) erfolgreich. In der Verbannung entstanden neben Gedichten gegen Napoleon III. (»Züchtigungen«, 1853) die reifsten lyr. Werke (»Betrachtungen«, 1856) und der Roman »Die Elenden« (1862), der – wie das Spätwerk überhaupt – starke sozialkrit. Akzente trägt. In »Die Weltlegende« (4 Bde., 1859-83) verarbeitete er Sagen- und Geschichtsstoffe Europas und des Orients zu lyr. oder ep. Einzelstücken. Als Zeichner neigte H. zum Fantastisch-Visionären. – H., seit 1876 Senator, war schon zu Lebzeiten eine legendäre Gestalt, er wurde im Pantheon beigesetzt. Bis heute ist er einer der populärsten Vertreter der frz. Literatur.

Weitere Werke: Dramen: Marion De Lorme (1831); Der König amüsiert sich (1832); Die Burggrafen (1843). – Romane: Der lachende Mann (4 Bde., 1869); Dreiundneunzig (3 Bde., 1874).

📖 *Juin, H.: V. H., 3 Bde. Paris 1980-86. – Ionesco, E.: Das groteske u. trag. Leben des V. H. A. d. Frz. München 1985. – Lücke, T.: V. H. Roman seines Lebens. Neuausg. Frankfurt am Main 1985. – Guillemin, H.: H. Neuausg. Paris 1994. – Biermann, K.: V. H. Reinbek 1998.*

Hugo Capet [- ka'pɛ], König von Frankreich (987–996), * um 940, † Paris 24. 10. 996; seit 960 Herzog der Franken, warf die Aufstände der letzten Karolinger in Niederlothringen nieder; Begründer des kapeting. Königshauses.

Hugo von Montfort, mhd. Dichter, * 1357, † 5. 4. 1423; war Hofmeister Herzog Leopolds IV. von Österreich, 1413-16 Landeshauptmann der Steiermark. Überliefert sind Liebesgedichte sowie Dichtungen über Sündhaftigkeit der Welt und Entsagung.

Hugo von Orléans [- ɔrle'ã], gen. Primas, mittellat. Dichter, * Orléans um 1095, † nach 1150; zuletzt 1144/45 in Beauvais nachgewiesen, 1142 in Paris als Magister bezeugt; schrieb Epigramme und Carmina; galt schon zu Lebzeiten als Dichterfürst der Vagantenlyrik.

Hugo von Sankt Viktor, scholast. Theologe, Philosoph und Mystiker, * bei Blankenburg/Harz (?) um 1100, † Paris 11. 2. 1141; Augustinerchorherr im Kloster von Sankt Viktor in Paris und seit 1133 Leiter der Klosterschule; verfasste Werke über fast alle Gebiete des damaligen Wissens und wirkte als der bedeutendste Lehrer der

Schule nachhaltig auf die Theologie der Scholastik und die Mystik.

Hugo von Trimberg, mhd. didakt. Dichter, *Wern(a) (vermutlich Oberwerrn bei Schweinfurt) um 1230, †nach 1313; war über 40 Jahre Rektor am Stift St. Gangolf in der Bamberger Vorstadt Teuerstadt; verfasste neben lat. Unterrichtsschriften das in vielen Handschriften erhaltene Lehrgedicht »Der Renner«.

Huhehot, Stadt in China, ↑Hohhot.

Huhn, 1) volkstüml. Bez. für das Haushuhn.
2) das Weibchen bei Hühnervögeln.

Hühner (Echte Hühner, Kammhühner, Gallus), südasiat. Gattung der H.-Vögel mit vier Arten, von denen eine, das **Bankivahuhn** (Gallus gallus), zur Stammform des ↑Haushuhns geworden ist.

Hühnerauge (Leichdorn, Clavus), örtl. Verdickung verhornter Oberhautzellen an den Füßen (bes. an den Zehen) mit zentralem, in die Tiefe vordringendem Zapfen; entsteht als Reaktion auf chron. Druck. Behandlung durch erweichende Salicylsäurepflaster.

Hühnerdarm, *Botanik:* die Vogelmiere (↑Sternmiere).

Hühnervögel (Galliformes, Galli), nahezu weltweit verbreitete Ordnung der Vögel mit über 250 Arten; sieben Familien: Großfuß-, Hokkohühner, Fasanen, Raufuß-, Perl-, Trut- und Schopfhühner.

Hui [hwɛj] (Huei), chines. Muslime (rd. 8,6 Mio.) in NW-China (im Tarimbecken und in der Dsungarei); einige H. leben unter der Bez. **Dunganen** in Usbekistan und in Kasachstan um Almaty. – Die H. versuchten mehrmals vergeblich, die chines. Herrschaft abzuschütteln (1781–84, 1861–78, 1895/96, 1931–34).

Huidobro [ui'ðoβro], Vicente, eigtl. Vicente García H. Fernández, chilen. Lyriker, *Santiago de Chile 10. 1. 1893, †ebd. 2. 1. 1948; begründete den avantgardist. »Creacionismo«, nach dem der Dichter nicht die Natur beschreiben, sondern eine neue Wirklichkeit schaffen soll (»Poesie«, span., frz. und dt. Ausw. 1966). Beeinflusste nachhaltig die span. und lateinamerikan. Lyrik.

Huiracocha [uira'kotʃa] (Viracocha), der Weltschöpfer in der Religion der Inka.

Huitzilopochtli [uitsilopɔtʃtli], der Sonnen- und Kriegsgott der Azteken, dem Menschenopfer dargebracht wurden. Der Name wurde oft zu »Vitzliputzli« entstellt.

huius anni [lat.], Abk. **h. a.,** dieses Jahres.
huius mensis [lat.], Abk. **h. m.,** dieses Monats.

Huizinga ['hœjziŋxa], Johan, niederländ. Kulturhistoriker, *Groningen 7. 12. 1872, †De Steeg (bei Arnheim) 1. 2. 1945; 1905–15 Prof. in Groningen, danach in Leiden; erforschte v. a. das späte MA. (»Herbst des MA.«, 1919), den Kulturfall der Gegenwart und die Bedeutung des Spielelements in der Kultur (»Homo ludens«, 1938).

Hu Jintao [-dʒ-], chines. Politiker, *Jixi (Prov. Anhui) [nach anderen Angaben Schanghai] Dez. 1942; Ingenieur für Wasserwirtschaft; seit 1964 Mitgl. der KP Chinas (KPCh), war 1985–88 Parteisekr. der Prov. Guizhou und 1988–92 von Tibet; wurde 1992 Mitgl. des Ständigen Ausschusses des Politbüros der KPCh, 1998 stellv. Staatspräs., 1999 Vizevors. der Zentralen Militärkommission der Partei; als Nachfolger Jiang Zemins seit 2002 Gen.-Sekr. des ZK der KPCh und seit 2003 Staatspräs., im Sept. 2004 übernahm er den Oberbefehl über die Streitkräfte.

Huka [arab.-hindustan.] *die* (Hukka), ↑Wasserpfeife.

HUK-Coburg, Kurzbez. für **H**aftpflicht-**U**nterstützungs-**K**asse kraftfahrender Beamter Deutschlands a. G. in Coburg, Schaden- und Unfallversicherungsunternehmen; gegr. 1933, Sitz: Coburg (bis 1950 Erfurt). Die H.-C.-Gruppe besteht aus einem Versicherungsverein auf Gegenseitigkeit (VVaG) als Muttergesellschaft für Angehörige des öffentl. Dienstes sowie weiteren, allen Personen offen stehenden Tochtergesellschaften (Allgemeine, Rechtsschutz-, Lebens- und Krankenversicherung, Bausparkasse).

Hula *die,* auch *der,* Geheimbund in Hawaii, in dem die Tänzer und Tänzerinnen zusammengeschlossen waren, die Rituale zu Ehren der Feldbaugötter ausführten. Danach (fälschlich auch **Hula-Hula**) benannt wurden die Tänze der polynes. Bewohner von Hawaii.

Huldigung, *Rechtsgeschichte:* der Treueid der Untertanen. Im Verf.staat des 19. Jh. trat an die Stelle der H. die Vereidigung von Volksvertretung, Beamten und Heer.

Huletal, nördl. Abschnitt des Jordangrabens im N Israels, rd. 85 m ü. M., 25 km

Human Development Index HUM

lang, 6 bis 8 km breit. Der **Hulesee** und seine Sümpfe wurden 1959 weitgehend trockengelegt; Obstpflanzungen, Baumwollfelder, Hauptort ist Qiryat Shemona.

Hulk [engl. holk, zu grch. holkás »Lastkahn«] *die* oder *der,* **1)** in der Hansezeit gebräuchl., den ↑Koggen ähnl., aber kleineres, einmastiges Frachtschiff; im 15. Jh. Bez. für eine größere, dreimastige Kogge. **2)** ausgedientes und abgetakeltes Schiff, das als Wohn- oder Lagerraum dient.

Hull [hʌl], engl. Stadt, ↑Kingston upon Hull.

Hull [hʌl], **1)** Clark Leonhard, amerikan. Psychologe, * Akron (N. Y.) 24. 5. 1884, † New Haven (Conn.) 10. 5. 1952; ein Hauptvertreter des amerikan. Neobehaviorismus; Beiträge zu Motivationsforschung und Lerntheorie.
2) Cordell, amerikan. Politiker, * Overton County (Tenn.) 2. 10. 1871, † Bethesda (Md.) 23. 7. 1955; Mitgl. der Demokrat. Partei, 1933–44 Außenmin., enger Berater F. D. Roosevelts; 1945 Friedensnobelpreis für die Vorbereitung zur Gründung der UNO.

Hüllkurve, *Nachrichtentechnik:* eine Kurve, die bei der Amplitudenmodulation (↑Modulation) entsteht und als Abbild der Modulationsschwingung das Signal widerspiegelt. – Ein **H.-Demodulator** ist eine elektron. Schaltung zur Rückgewinnung des Nutzsignals aus dem amplitudenmodulierten Signal.

Hulman [Hindi] *der* (Hanuman, Presbytis entellus), bis 80 cm lange Art der Languren; hl. Affe vishnugläubiger Inder.

Hulme [hju:m], Thomas Ernest, engl. Dichter und Philosoph, * Endon (Cty. Staffordshire) 16. 9. 1883, ⚔ Nieuwpoort (Belgien) 28. 9. 1917; Initiator des antiromant. Imagismus, beeinflusste E. Pound und T. S. Eliot.

Hulock [engl.] *der,* eine Art der ↑Gibbons.

Hüls AG, ↑Degussa-Hüls AG.

Hulse [hʌls], Russel Alan, amerikan. Astrophysiker, * New York 28. 11. 1950; seit 1984 Prof. in Princeton, entdeckte mit J. H. Taylor 1974 einen Pulsar in einem Doppelsternsystem, an dem sich Vorhersagen der allgemeinen Relativitätstheorie bestätigten; dafür erhielten beide 1993 den Nobelpreis für Physik.

Hülsenfrucht, v. a. bei den Hülsenfrüchtlern vorkommende Fruchtform (so genannte **Hülse**); auch die reifen Samen von Erbse, Bohne, Linse und Sojabohne.

Hülsenfrüchtler (Leguminosen, Fabales, Leguminosae), Ordnung der zweikeimblättrigen Pflanzen, die die Familien Schmetterlingsblütler, Mimosen- und Caesalpiniengewächse umfasst (über 14 000 Arten in rd. 600 Gattungen); holzige oder krautige Pflanzen mit vielfältig gestalteten Fiederblättern. Die Blüte hat nur ein Fruchtblatt, aus dem meist eine vielsamige Hülse (Hülsenfrucht) hervorgeht. Die meisten H. besitzen an ihren Wurzeln Bakterienknöllchen mit Luftstickstoff bindenden ↑Knöllchenbakterien.

Hultschin (tschech. Hlučín), Stadt im Nordmähr. Gebiet, Tschech. Rep., 14 600 Ew. – H. erhielt 1255 Stadtrecht. – Hauptort des **Hultschiner Ländchens,** das, seit 1742 preußisch, zum ehem. Kr. Ratibor gehörte und 1920 an die Tschechoslowakei kam; bis 1945 überwiegend dt. Bevölkerung.

human [lat.], 1) menschlich; (in der Medizin) den Menschen betreffend; 2) menschenwürdig; nachsichtig; zum Menschen gehörend.

Humanae vitae [lat. »(der Auftrag zur Weitergabe) des menschl. Lebens«], Enzyklika Papst Pauls VI. vom 25. 7. 1968 über »die rechte Ordnung der menschl. Fortpflanzung«; lehnt eine unmittelbar angestrebte aktive Empfängnisverhütung (als gegen die Natur der Ehe gerichtet) ab, nicht jedoch die Zeitwahlmethode. (↑Geburtenregelung)

Human Development Index [ˈhjuːmən dɪˈvelǝpmǝnt ˈɪndeks; engl.], Abk. **HDI** (Index der menschl. Entwicklung), aus versch. Komponenten zusammengesetzter relativer Indikator für den wirtsch.-sozialen Fortschritt eines Landes. Die Komponenten sind Lebensdauer; Bildungsniveau, definiert durch Analphabetismus und Dauer des Schulbesuchs; Lebensstandard, der durch das reale, den lokalen Lebenshaltungskosten angepasste (Kaufkraftparitäten-Konzept, engl. purchasing power parity, Abk. PPP) Bruttoinlandsprodukt (BIP) pro Kopf der Bev. gemessen wird. Der HDI wurde vom Weltentwicklungsprogramm (UNDP) der UN entwickelt und wird seit 1990 jährlich im »Bericht über die menschl. Entwicklung« veröffentlicht. Seit 1995 wird er durch den **Gender-related Development Index** (Abk. **GDI;** geschlechtsbezogener Entwicklungsindex, der die Ungleichheit der Geschlechter bei

537

HUM Human Engineering

den menschl. Entfaltungsmöglichkeiten untersucht) und das **Gender Empowerment Measure** (Abk. **GEM;** Maß für die Ermächtigung der Geschlechter, das geschlechterspezif. Ungleichheiten bei der Mitwirkung in Wirtschaft, Politik und Beruf analysiert) sowie neuerdings durch den ↑Human Poverty Index ergänzt.

Human Engineering [ˈhjuːmən endʒɪˈnɪərɪŋ, engl.] *das,* engl. Bez. für ↑Anthropotechnik.

Humanes Epilgenomprojekt, Abk. **HEP,** ein 2003 begonnenes internat. Projekt, das sich der Beschreibung und Interpretation von Methylierungsmustern der menschl. Gene widmet. DNA-Methylierungen erfolgen i. d. R. an der Base Cytosin. Eine derartige chem. Veränderung hat einen bed. Einfluss auf die Aktivität des jeweiligen Gens. So führt eine starke Methylierung meist zur Stilllegung eines DNA-Abschnitts; umgekehrt ist eine geringe oder fehlende Methylierung ein Charakteristikum aktiver, transkribierter Gene. Da viele Erkrankungen und Entwicklungsstörungen durch veränderte Methylierungsmuster charakterisiert sind, verspricht die Zusammenstellung einer Karte aller DNA-Methylierungsstellen im menschl. Genom entscheidende Fortschritte bei Diagnose und Therapie. Darüber hinaus soll das H. E. neue Erkenntnisse liefern, wie Umwelt und Ernährung zur Entstehung bzw. Prophylaxe von Krankheiten beitragen. Die öffentlich und privat finanzierte Initiative entstand in Anlehnung an das ↑Human-Genom-Projekt, das die vollständige Kartierung des menschl. Genoms zum Ziel hatte.

Humanlethologie, ↑Verhaltensforschung.

Humangenetik (Anthropogenetik), Fachgebiet der Medizin und Genetik, das sich mit den Vererbungserscheinungen beim Menschen befasst. Ziel der H. ist die kausale Erklärung der phys. und psych. Variabilität des Menschen sowohl im normalen als auch im patholog. Bereich und in neuerer Zeit (im Rahmen der Gentherapie) auch die kausale Therapie von bestimmten Erbkrankheiten. Die Zahl der anwendbaren klass. Methoden der Genetik ist im Vergleich zu Tieren oder Pflanzen eingeschränkt, da sich viele Experimente aus eth. Gründen verbieten. Beim Menschen ist der Genetiker v. a. darauf angewiesen, anhand vieler Fallstudien Rückschlüsse auf die Vererbung bestimmter Merkmale, die grundsätzlich nach den gleichen Gesetzmäßigkeiten vererbt werden wie bei Tieren und Pflanzen, zu ziehen. Für die Aufklärung der Erbstrukturen ganzer Bevölkerungen werden im Rahmen der ↑Populationsgenetik v. a. statist. Verfahren angewendet. In der Pränataldiagnostik und genet. Beratung, bei Vaterschaftsgutachten, Eineiigkeitsdiagnose von Zwillingen, in der Erbpathologie, die sich mit der Ursache, Diagnose und Therapie genetisch fixierter Krankheiten beschäftigt, spielen gentechnolog. Methoden zunehmend eine Rolle.

📖 Buselmaier, W.: Humangenetik. Berlin u. a. ²1999; Medizinrechtl. Probleme der H. hg. v. T. Hillenkamp. Berlin u. a. 2002.

Human-Genom-Projekt, in den 1980er-Jahren begonnenes internat. Projekt mit dem Ziel der vollständigen Aufklärung der Struktur der menschl. Erbsubstanz. 1988 schlossen sich die am H.-G.-P. beteiligten Wissenschaftler in einer Dachorganisation zusammen, der **Human Genome Organization** (Abk. **HUGO**), um die Zusammenarbeit der versch. Arbeitsgruppen zu verbessern. Seit Juni 1995 wird die dt. Initiative im DHGP koordiniert. Im Jahr 2000 gelang mit wesentl. dt. Beiträgen die Sequenzierung des Chromosoms 21. Im April 2003 wurde auf internat. Ebene die fast vollständige Entschlüsselung der Sequenz des Humangenoms bekannt gegeben. Das menschl. Erbgut enthält geschätzt etwa 40 000 bis 60 000 Gene, die sich aus insgesamt etwa 3 Milliarden Basenpaaren zusammensetzen. Aus der genauen Kenntnis des menschl. Erbgutes erhoffen sich die Wissenschaftler v. a. neue Möglichkeiten der Früherkennung und Behandlung von Krankheiten. (↑Genomprojekt)

Humanismus [nlat.] *der,* i. w. S. eine sich auf ↑Humanität richtende geistige Haltung.

In der europ. Geistesgeschichte ist der H. eine geistige Bewegung, die im Zeitalter der ↑Renaissance aus der Bildung an dem neu entdeckten geistigen Gut der Antike ein neues Menschenbild und Selbstverständnis gewann und sich damit gegen die Scholastik des MA. wandte. Dieser **Renaissance-H.** bildete sich seit dem 14. Jh. in Italien. Zunächst griffen v. a. Bürgerliche außerhalb von Wiss. und Univ. auf lat.

humanistische Bildung HUM

Human-Genom-Projekt: John Sulston, der Direktor des Sanger Centre in Cambridge, in seinem Labor in Hinxton (Cambridgeshire, undatierte Aufnahme). Das internationale Human-Genom-Projekt (HGP) hat nach eigenen Angaben 97 Prozent des menschlichen Erbgutes entschlüsselt.

Schriftsteller, bes. Cicero, zurück, der v. a. von Petrarca als Muster der klass. Sprache, der hohen Rede (eloquentia), gefeiert wurde. Bei diesem Rückgriff auf die Lit. und Kultur des antiken Römertums blieb die mittelalterl. Frömmigkeit im Wesentlichen erhalten. Durch Vermittlung byzantin. Philologen nahm seit dem 15. Jh. auch die Beschäftigung mit dem grch. Schrifttum zu. Der Kreis der bekannten antiken Schriftsteller erweiterte sich bald durch systemat. Sammeln von Handschriften (Bibliotheken). Zugleich wetteiferten die Humanisten mit dem lat. Vorbild in Vers und Prosa; daraus entstand eine ↑neulateinische Literatur. Die christl. Lehre versuchte der H. in einer Weise auszulegen, die den sittl. Gehalt der Evangelien mit der Ethik der nichtchristl. Antike (v. a. Platon, Stoa) versöhnen wollte. Nach Anfängen im 14. Jh. am Hof Karls IV. (Johannes von Neumarkt) und an einigen Univ. war er in Dtl. im 15. Jh. voll entwickelt (R. Agricola, K. Celtis, G. Heimburg, J. Reuchlin u. a.). Die Hochstimmung der Blütezeit des H. in Dtl. zeigen die »Epistolae obscurorum virorum« (↑Dunkelmännerbriefe) mit ihrer Satire auf das Mönchslatein der Scholastik. Der H. wirkte außer auf Lit. und Philologie auch auf die naturwiss. Forschung (Regiomontanus) und v. a. auf das Schulwesen (J. Wimpfeling u. a.); bes. im 16. Jh. trug er nationale Züge (U. von Hutten). Luthers Reformation erwies sich als stark humanistisch beeinflusst. Zu einem eigentl. Bündnis zw. H. und Reformation ist es jedoch nicht gekommen. Bed. Anhänger fand der H. auch in den Niederlanden (Erasmus von Rotterdam, J. Lipsius, Gerardus J. Vossius [* 1577, † 1649], D. Heinsius, H. Grotius u. a.), in England (T. More) und Frankreich (G. Budaeus). Dieser H. wirkte bis in das 20. Jh. fort (↑Neuhumanismus), löste sich aber seit dem 19. Jh. von seiner ursprüngl. Intention der individuellen Bildung und wurde im Zusammenhang eines die Welt verändernden philosoph. Systems eher zum gesellschaftl. Postulat (**philosophisch-polit. H.**). In Anknüpfung an Hegels Dialektik von »Herr und Knecht« sah Marx als realen H. die Aufhebung der Selbstentfremdung des Menschen durch den Kommunismus an.

📖 Buck, A.: *H. Seine europ. Entwicklung in Dokumenten u. Darstellungen.* Freiburg im Breisgau 1987. – *Die Kultur des H. Reden, Briefe, Traktate, Gespräche von Petrarca bis Kepler,* hg. v. N. Mout. München 1998.

humanistische Bildung, an Gedanken des Humanismus anknüpfendes und im Rahmen des Neuhumanismus durch W. von Humboldt entwickeltes Bildungskonzept, das die »Menschwerdung des Menschen« durch umfassende Persönlichkeitsbildung und damit das Ideal des an der Gesamtheit der Bildung teilhabenden Menschen zum Ziel hat. Bes. im ↑Gymnasium sollten im Umgang mit den antiken Sprachen (Latein und Griechisch) und der klass. grch.-röm. Gedankenwelt die geistigen Fähigkeiten des Schülers zur Entfaltung gebracht und eine allgemeine Menschenbildung verwirklicht werden. Um die Wende vom 19. zum 20. Jh. verlor das zur Schule des gebildeten Bürgertums gewordene **humanist. Gymnasium** durch die Gleichstellung der Realschulen als Schulen der Träger der Industrialisierung seinen Monopolanspruch im höheren Schulwesen. Heute weisen Befürworter der h. B. darauf hin, dass der humanist. Idee der Menschenbildung gerade in jüngster Zeit wieder wachsende gesellschaftl. Bedeutung zukomme, insofern sie der Gefährdung des Menschen durch ein einseitig technokratisch geprägtes Wissenschafts- und Weltbild entgegenwirken könne, und sprechen sich für die Verbindung von humanist. Bildung und wissenschaftsorientierter fachl. Grundbildung aus. (↑altsprachlicher Unterricht)

humanistische Psychologie, Richtung der Psychologie, die in Abgrenzung zu Theorie und Behandlungsweise von Psychoanalyse und Behaviorismus entstand; ihr Ziel ist die Entwicklung der Persönlichkeit, v. a. hinsichtlich der Selbstverwirklichung.

Humanistische Union e. V., überparteil. Vereinigung zur Wahrung der freiheitl. demokrat. Ordnung und zum Schutz der Grundrechte; gegr. 1961; Sitz: Berlin.

humanitäre Intervention, *Völkerrecht:* die Anwendung von Waffengewalt zum Schutz der Bev. eines fremden Staates vor Menschenrechtsverletzungen. Unter dem Einfluss der Entwicklung der ↑Menschenrechte bildete sich der völkerrechtl. Grundsatz heraus, dass Menschenrechte nicht mehr zu den Angelegenheiten zählen, die ihrem Wesen nach zur ausschließl. inneren Zuständigkeit eines Staates gehören. Für die Signatarstaaten globaler und regionaler Menschenrechtspakte wurde daraus das Recht abgeleitet, sich mit Menschenrechtsverletzungen auf dem Gebiet eines anderen Signatarstaates auch dann zu beschäftigen, wenn diese Rechtsverletzungen ausschließl. Staatsangehörige des letztgenannten Staates betreffen. Daraus ergibt sich in der Praxis aber nur das Recht eines jeden Signatarstaates einer Menschenrechtskonvention, einen anderen Signatarstaat auf Menschenrechtsverletzungen aufmerksam zu machen und ihre künftige Unterlassung zu fordern. Welche Durchsetzungsmittel den einzelnen Staaten und der organisierten Völkerrechtsgemeinschaft (auf globaler Ebene der UN) für einen effektiven Menschenrechtsschutz zur Verfügung stehen, richtet sich jedoch nach dem Völkerrecht, das seit In-Kraft-Treten der UN-Charta (1945) vom ↑Gewaltverzicht beherrscht wird. Vom Gewaltverbot nicht betroffen sind der Verteidigungskrieg und militär. Sanktionen, die vom UN-Sicherheitsrat beschlossen werden. Die Anwendung von Waffengewalt zum Schutz der Bev. eines fremden Staates vor Menschenrechtsverletzungen ist daher nur zulässig, wenn dies entweder als zur Selbstverteidigung berechtigender Angriff gegen die territoriale Unversehrtheit oder die polit. Unabhängigkeit eines Staates oder als sonst mit den Zielen der UNO unvereinbare Gewaltanwendung oder Gewaltandrohung betrachtet wird (Art. 51 in Verbindung mit Art. 2 Ziffer 4 der UN-Charta) oder wenn der Sicherheitsrat die betreffenden Menschenrechtsverletzungen als Bedrohung oder Bruch des Friedens oder Angriffshandlung im Sinne von Art. 39 der UN-Charta erklärt hat.

Nach geltendem Völkerrecht ist die h. I. als Kollektivmaßnahme der UN zwar zulässig, jedoch können sich einzelne Staaten oder Staatenbündnisse nicht auf die Rechtsinstitution der h. I. stützen, um den Einsatz militär. Mittel gegen einen souveränen Staat zu rechtfertigen.

humanitäres Völkerrecht, i. w. S. die Rechtsregeln, die dem Schutz des Einzelnen und von Gruppen außerhalb des Schutzbereichs ihres Heimatstaates dienen, i. e. S. die Gesamtheit der Regeln, die diesem Schutz im Kriegsfall dienen. Zur Unterscheidung vom »Haager Recht« (Haager Abkommen, bes. ↑Haager Landkriegsordnung), d. h. dem Kriegsaktionsrecht, wird das h. V. i. e. S. als »Genfer Recht« (↑Genfer Vereinbarungen) bezeichnet.

Humanität [lat.] *die,* eine Bildung des Geistes und die Verwirklichung der Menschenrechte vereinigende Gesinnung, die sich bes. in Teilnahme und Hilfsbereitschaft für den Mitmenschen ausdrückt. Der Begriff wurde in der Aufklärung und im ↑Neuhumanismus zum Bildungsideal; häufig Norm für die Gestaltung der zwi-

schenmenschl. Beziehungen und gesellschaftspolit. Praxis.
Humanitätsverbrechen, ↑Verbrechen gegen die Menschlichkeit.
Humanities [hju:'mænɪtɪːz], engl. Bez. für die Geisteswissenschaften.
Humankapital (Arbeitsvermögen), die Gesamtheit der i. d. R. wirtsch. verwertbaren Fähigkeiten, Kenntnisse und Verhaltensweisen von Personen oder Personengruppen (i. e. S. von Erwerbspersonen). Dem volkswirtsch. Begriff H. entspricht auf betriebswirtsch. Ebene das **Humanvermögen** als Gesamtheit der Leistungspotenziale, die Arbeitnehmer einem Unternehmen zur wirtsch. Nutzung zur Verfügung stellen (Arbeitszeit, Leistungsfähigkeit, Motivation).
Humann, Carl, Ingenieur und Archäologe, *Steele (heute zu Essen) 4. 1. 1839, †Smyrna (heute İzmir) 12. 4. 1896; entdeckte den ↑Pergamonaltar und leitete 1878–86 in Pergamon im Auftrag der Berliner Museen die ersten Ausgrabungen, 1891–94 die Grabungen von Magnesia am Mäander und 1895 in Priene.
Human Poverty Index ['hju:mən 'pɒvətɪ 'ɪndeks; engl. »Index für menschl. Armut«], Abk. **HPI,** ein Indikator zur Messung von Armut, der von einem mehrdimensionalen Armutsbegriff ausgeht. Im Ggs. zu anderen Indikatoren, die i. d. R. bestimmte Einkommensgrenzen als maßgeblich für Armut ansehen, versteht der HPI Armut als die Entbehrung von Lebensqualität. Er misst Entbehrungen in drei Schlüsselbereichen: Lebenserwartung (Prozentsatz der Menschen, deren Lebenserwartung 40 Jahre nicht übersteigt), Bildung (Prozentsatz der erwachsenen Analphabeten), angemessener Lebensstandard (Zugang zu Gesundheitsdiensten sowie zu sauberem Wasser und Prozentsatz unterernährter Kinder unter fünf Jahren). Der HPI ergänzt den ↑Human Development Index.
Human Relations ['hju:mən rɪ'leɪʃnz; engl. »menschl. Beziehungen«], in den 1930er-Jahren von den USA ausgegangene Richtung betriebl. Personal- und Sozialpolitik. Neben den organisatorisch vorgeschriebenen Beziehungen im Betrieb betont diese Richtung die Bedeutung der sich »informell« und »spontan« bildenden Sozialkontakte als Mittel zur Lösung betriebl. und individueller Konfliktsituationen und zum Abbau von Gefühlen der Unzufriedenheit und damit zur Effizienzsteigerung der menschl. Arbeit.
Human Rights Watch ['hju:mən raɪts wɔtʃ, engl.], internat. Nichtregierungsorganisation, die sich für die Einhaltung der Menschenrechte einsetzt; gegr. 1978; Sitz New York; finanziert sich aus privaten Spenden.
Humber ['hʌmbə] *der,* Mündungstrichter der Flusssysteme von Ouse und Trent an der mittleren Ostküste Englands, 60 km lang. Am H. liegen die Häfen Kingston upon Hull und Grimsby.
Humberside ['hʌmbəsaɪd], ehem. Cty. in O-England, 3517 km², 889200 Ew.; Verw.sitz war Beverley; zum 1. 4. 1997 aufgelöst.

Alexander von Humboldt

Humboldt, 1) Alexander Freiherr von, Naturforscher und Geograph, *Berlin 14. 9. 1769, †ebd. 6. 5. 1859, Bruder von 2); nach naturwiss. und Bergbaustudien 1792–96 Bergassessor im preuß. Staatsdienst; 1799–1804 forschte er mit dem frz. Botaniker Aimé Bonpland (*1773, †1858) im Gebiet der heutigen Staaten Venezuela, Kuba, Kolumbien, Ecuador, Peru, Mexiko und kehrte über Kuba und die USA nach Europa zurück. Mithilfe exakter Messinstrumente verwirklichte H. erstmals ökolog. Landschaftsforschung, führte u. a. genaue Ortsbestimmungen und Höhenmessungen durch (u. a. Bestimmung des Verlaufs des Río Casiquiare, Besteigung des Chimborazo bis 5400 m ü. M.) und maß die Temperaturen der später nach ihm benannten Meeresströmung (↑Humboldtstrom). 1807–27 lebte er meist in Paris, wo er seine Expedition im größten privaten Reisewerk der Geschichte »Voyage aux régions équinoxiales du nouveau continent« (36 Lieferungen, 1805–34) auswertete. Mit dieser seiner bedeutendsten Leistung begründete er die Pflanzengeographie und, am Beispiel Mexikos, die moderne Landeskunde. Seine Vorlesungen in Berlin 1827/28 eröffneten eine neue Blütezeit der Naturwiss.en in Dtl. 1829 reiste er über das Baltikum und Moskau in den Ural und bis zur chines. Grenze (Zusammenarbeit mit C. F. Gauß). Seit 1830 wieder in Berlin, begann H. mit der Darstellung des gesamten Wissens über die Erde (»Kosmos. Entwurf einer phys. Weltbeschreibung«, 1845–62).

📖 *Schleucher, K.: A. von H.* Darmstadt 1985. – *Rübe, W.: A. von H.* München 1988.

2) Wilhelm Freiherr von, Gelehrter und Politiker, *Potsdam 22. 6. 1767, †Tegel (heute zu Berlin) 8. 4. 1835, Bruder von 1); verkehrte mit seinem Bruder im Salon der Henriette Herz; war nach dem Studium 1790/91 am Berliner Kammergericht. Danach widmete er sich seinen philosophisch-ästhet. und später sprachwiss. Interessen; mit F. H. Jacobi, F. A. Wolf, Schiller und Goethe befreundet. 1794–97 arbeitete er in Jena an Schillers »Horen«. 1802–08 war er preuß. Ministerresident in Rom. Auf Veranlassung des Freiherrn vom und zum Stein wurde er 1809 als Leiter des Kultur- und Unterrichtswesens in das preuß. Innenministerium berufen. H. konzipierte die Berliner Univ. (↑Humboldt-Universität zu Berlin) und das neuhumanist. Gymnasium (↑Neuhumanismus). Zum Staatsmin. ernannt, ging er 1810 als Gesandter nach Österreich und vertrat Preußen neben

Wilhelm von Humboldt

Hardenberg 1814/15 auf dem Wiener Kongress. 1816/17 wirkte er als Mitgl. der dt. Territorialkommission in Frankfurt am Main, 1817 ging er als Gesandter nach London. 1819 wurde er Min. für die ständ. und kommunalen Angelegenheiten, doch führten Differenzen mit Hardenberg und seine in Denkschriften geäußerte Ableh-

nung der Karlsbader Beschlüsse im Dez. 1819 zu seiner Entlassung. Mit H. schied der neben Hardenberg letzte Vorkämpfer einer preuß. Verf. aus der Politik aus.

H. verstand Bildung als universalen, auf die Entfaltung aller Persönlichkeitskräfte gerichteten Prozess. Er lieferte ein Konzept der allgemein bildenden Einheitsschule. Bedeutend für die Entwicklung der Sprachwiss. (N. Chomsky u. a.) war H.s Auffassung, in jeder Sprache sei eine besondere Weltansicht begründet (in der Einleitung zu seinem Werk »Über die Kawi-Sprache auf der Insel Java«, 3 Bde., 1836–40).

📖 *Menze, C.: W. von H.s Lehre u. Bild vom Menschen.* Ratingen 1965. – *Borsche, T.: W. von H.* München 1990.

Humboldtgebirge, der westlichste Teil des ↑Nan Shan.

Humboldtgletscher, vom Inlandeis ausgehender Gletscher in NW-Grönland; mündet ins Kanebecken (Nordpolarmeer).

Humboldt Range [ˈhʌmbəʊlt reɪndʒ], Bergkette im NW von Nevada, USA, bis 2 997 m ü. M., erstreckt sich am O-Ufer des Humboldt River in N-S-Richtung.

Humboldt River [ˈhʌmbəʊlt ˈrɪvə], Fluss des Großen Beckens in Nevada, USA, 480 km lang, mündet in den Salzsee **Humboldt Sink.**

Humboldt-Stiftung (Alexander-von-Humboldt-Stiftung), Stiftung zur Förderung ausländ. Wissenschaftler für Forschungsvorhaben in Dtl., Sitz: Bonn; 1925 gegr., 1953 von der Bundesrep. Dtl. wieder gegründet; steht geschichtlich in der Tradition der 1860 in Berlin zur Förderung von Forschungsreisen dt. Wissenschaftler ins Ausland gegründeten Humboldt-Stiftung.

Humboldtstrom (Perustrom), kühle, an der W-Küste Südamerikas nach N verlaufende Meeresströmung; von dem kalten antarkt. Wasser des Pazif. Ozeans gespeist; küstenparallele Winde fördern zusätzlich kaltes, nährstoffreiches Wasser aus der Tiefe (↑Auftriebswasser); beeinflusst das Küstenklima (Wüste, mit charakterist. Nebelbildung); fischreiche Gewässer. (↑Niño, El)

Humboldt-Universität zu Berlin, die älteste Berliner Univ.; gegr. 1810, aufbauend auf dem Bildungskonzept W. von ↑Humboldts; 1828 nach ihrem Stifter König Friedrich Wilhelm III. von Preußen ben. **(Friedrich-Wilhelms-Universität).**

1946 wieder eröffnet, trägt die Univ. seit 1949 den jetzigen Namen. – 1948 zog ein Teil der Univ.angehörigen der im sowjet. Sektor Berlins gelegenen Univ. aus und gründete in Berlin (West) die ↑Freie Universität Berlin.

Humboldt-Universität zu Berlin (Sigel)

Hume [hju:m], **1)** David, schott. Philosoph, *Edinburgh 26. 4. 1711, †ebd. 25. 8. 1776; einer der Hauptvertreter des engl. Empirismus; analysierte im Anschluss an J. Locke das Zustandekommen von Erkenntnis aus der Erfahrung. Seine Ethik (»Untersuchung über die Prinzipien der Moral«, 1751) gründete H. auf das ursprüngl. Gefühl der Sympathie; er wurde ein Wegbereiter des Utilitarismus. Religiös stand er dem Deismus nahe. H. wirkte auf die frz. Aufklärung, beeinflusste I. Kant in seiner Wendung zum Kritizismus und war bestimmend für die Entstehung des krit. Rationalismus.

📖 *Kopf, P.: D. H. Philosoph u. Wirtschaftstheoretiker. Stuttgart 1987. – Streminger, G.: D. H. Paderborn u. a. ³1995.*

2) John, nordirischer Politiker, *Londonderry 18. 1. 1937; Lehrer; 1979–2001 Vors. der Social Democratic and Labour Party (größte kath. Partei Nordirlands), wurde 1979 MdEP und 1983 Mgl. des brit. Parlaments. H. und D. Trimble erhielten 1998 zus. den Friedensnobelpreis für ihre Rolle beim Zustandekommen des nordirischen Friedensabkommens vom April 1998.

Humerale [lat.] *das* (Amikt), liturg. Kleidungsstück; weißleinenes Schultertuch, von den kath. Geistlichen unter der ↑Albe getragen.

Hume-Rothery-Regel ['hju:m 'rɔðərɪ-], die ↑Valenzelektronenkonzentrationsregel.

Humerus [lat.] *der,* Oberarmbein (↑Arm).

Humestausee ['hju:m-], der östlich von Albury aufgestaute Abschnitt des Murray in Australien, 3 040 Mio. m³ Stauinhalt, dient der Bewässerung und Elektrizitätserzeugung (50 MW).

Humidität [lat.] *die,* Feuchtigkeit, als klimat. Maß der Grad des Überwiegens der mittleren Niederschläge über die Verdunstung im Jahr oder in einzelnen Monaten.

Humiliaten [zu lat. humilis »niedrig«, »demütig«], die Anhänger einer mittelalterl. Armuts- und Bußbewegung; ab 1201 als religiöser Orden organisiert; 1571 bis auf die Humiliatinnen der Pflegeberufe Aufhebung aller Ordenszweige.

Huminstoffe, kolloidale Bestandteile des Humus, die im Boden aus abgestorbenen Pflanzen neu gebildet werden; sie regulieren u. a. Wasserbindung, Gefügebildung, Wärmehaushalt und Nährstoffaufnahme des Bodens. Die stickstoffreichen **Huminsäuren** und ihre Calciumverbindungen bilden sich bes. in organismenreichen neutralen Böden. Sie sind Nährstoffträger und -vermittler.

Hummel, 1) Franz, Komponist, *Altmannstein (Landkreis Eichstätt) 2. 1. 1939; studierte Klavier bei Elly Ney, dann Komposition u. a. bei K. A. Hartmann und R. Leibowitz. Seine Kompositionen zeichnen sich durch linear-kontrapunkt. Satzstrukturen, lyr. Melodik und eine transparente Orchestersprache aus, u. a. Werke für Musiktheater (»König Übü«, 1982; »Gorbatschow«, 1994; »Gesualdo«, 1996; »Beuys«, 1998; »Ludwig II. – Sehnsucht nach dem Paradies«, 2000), Tanztheater (»Egmont«, 1982), Orchesterwerke, Kammer- und Vokalmusik.

2) Johann Nepomuk, österr. Komponist, *Pressburg (heute Bratislava) 14. 11. 1778, †Weimar 17. 10. 1837; Schüler von W. A. Mozart, J. G. Albrechtsberger und A. Salieri; 1804–11 Nachfolger Haydns als Kapellmeister beim Fürsten Esterházy, bed. Klaviervirtuose seiner Zeit; komponierte u. a. Klaviersonaten und -konzerte, Opern, geistl. Musik.

Hummelblumen, Blüten, die den bestäubenden Insekten am Grund der Blumenkronröhre Nektar bieten, der nur mit langem Saugrüssel erreicht werden kann; z. B. viele Schmetterlings-, Lippen-, Rachenblütler.

Hummelelfe, Art der ↑Kolibris.

Hummeln (Bombus), Gattung geschützter plumper, gesellig lebender Bienen mit pelzartigem, oft buntem Haarkleid. Nur die Weibchen stechen, sind aber nicht stechlustig. Die Koloniegründung erfolgt durch ein befruchtetes Weibchen, das überwintert hat. Der Hummelstaat ist einjährig. In Mitteleuropa kommen rd. 300

Arten vor, u. a. die **Erd-H.** (Bombus terrestris) und die **Stein-H.** (Bombus lapidarius), beide bis etwa 28 mm lang.

Hummeln:
Erdhummel (oben)
und Steinhummel

Hummer (Homaridae), marine, meist große bis sehr große nachtaktive Zehnfußkrebse, von der Küstenregion bis in die Tiefsee verbreitet. H. ernähren sich von Weichtieren und Aas. Als Delikatessen haben H. z. T. große wirtsch. Bedeutung. Der **Europ. H.** (Homarus gammarus; 30–50 cm lang; Gewicht bis 4 kg) ist braun bis dunkelblau gefärbt (er wird durch Kochen rot) und lebt auf felsigem Boden; sein erstes Beinpaar hat mächtige, ungleich große Scheren. Seine Bestände vor Helgoland sind stark bedroht und haben keine fischwirtsch. Bedeutung mehr. Wichtig dagegen ist der **Amerikan. H.** (Homarus americanus; bis 60 cm lang), der ebenfalls Felsküsten bevorzugt.

Hummer: Europäischer Hummer

Hümmling der, im Windberg bis 73 m ü. M. hohe Grundmoränenlandschaft zw. Hase und Ems, Ndsachs., mit bewaldeten Geestrücken, Sandgebieten und Mooren.
Humor [lat. (h)umor »Flüssigkeit«] der, früher allg. Gemütsbeschaffenheit, Stimmung, (gute oder schlechte) Laune; geht auf die aus der Antike stammende Vorstellung zurück, dass die Temperamente auf dem Mischungsverhältnis der Säfte (Sekrete) beruhen; seit dem 18. Jh. verstanden als heiter-gelassene Gemütsverfassung inmitten aller Widerwärtigkeiten und Unzulänglichkeiten des Daseins. In der Lit. begegnet H. im Altertum und MA. selten; bei Shakespeare erscheint er mit dem Tragischen verknüpft; seine eigentl. Ausprägung erfuhr er bei den Schöpfern des humorist. Romans L. Sterne und H. Fielding, dann bei Jean Paul, der auch eine Theorie des H. entwarf. In der Erzählliteratur des 19. Jh. herrscht sowohl ein satirisch-krit. als auch gemütvoll-resignierender H. vor (C. Dickens, G. Keller, F. Reuter, W. Raabe, W. Busch, A. Tschechow); in der neueren Lit. mischt sich H. mit iron., grotesken, auch trag. Elementen (»Schwarzer Humor«). Volkstüml. H. ist bei allen Völkern stark vertreten. H. in der Musik beruht meist auf spieler. oder iron. Imitation außermusikal. Schallereignisse.
humoral [lat.], *Medizin:* die Körperflüssigkeiten betreffend.
Humoralpathologie, Lehre, die alle Krankheiten von einer fehlerhaften Beschaffenheit der Körpersäfte, bes. des Blutes, ableitet.
Humoreske *die,* **1)** *Literatur:* kurze humorist. Erzählung.
2) *Musik:* musikal. Charakterstück, meist für Klavier.
Humpen *der,* oft außergewöhnlich großes, zylindr. oder bauchiges Trinkgefäß. Der Begriff H. ist seit dem 16. Jh. belegt.
Humperdinck, Engelbert, Komponist, * Siegburg 1. 9. 1854, † Neustrelitz 27. 9. 1921; geschult an Wagner, dessen Musikdramatik er ins Volkstümliche wandelte; schrieb Opern (»Hänsel und Gretel«, 1893; »Königskinder«, 1897 und 1910), Orchesterwerke, Vokal- und Schauspielmusiken.
Humphrey [ˈhʌmfrɪ], Hubert Horatio, amerikan. Politiker (Demokrat), * Wallace (S. D.) 27. 5. 1911, † Waverly (Minn.) 13. 1. 1978; hatte 1964 wesentl. Anteil an der Verabschiedung der Bürgerrechtsvorlage Präs. Johnsons. Als Vizepräs. (1965–69) trat er für eine Politik der Abrüstung und Entspannung im Ost-West-Konflikt ein. Er befürwortete die Vietnampolitik Johnsons; unterlag als Präsidentschaftskandidat 1968 R. M. Nixon.
Humus [lat. »Boden«] *der,* Gesamtheit der

im Boden befindl. abgestorbenen organ. Substanz, die durch biolog. und chem. Vorgänge einer ständigen Umwandlung unterworfen ist. Bei den biochem. Vorgängen der H.-Bildung (**Humifizierung**) wirken Mikroorganismen und Bodentiere in komplexer Weise. Nach dem Stoffcharakter unterscheidet man **Huminstoffe** und **Nichthuminstoffe**. **Nähr-H.** (hauptsächlich Nichthuminstoffe) ist biologisch leicht angreifbar. **Dauer-H.** (Huminstoffe) verbessert durch Kopplung mit Tonteilchen (organomineral. Komplexe) die physikal. und chem. Bodeneigenschaften. Außerdem klassifiziert man die H.-Auflage von Waldböden nach H.-Formen in **Roh-H.**, **Moder** und **Mull**. Neben physikalisch-bodenverbessernder Wirkung ist das Nährstofftransformations- und -speicherungsvermögen (auch für Wasser) des H. von großer Bedeutung.

Hunan, Prov. in China, südlich des mittleren Jangtsekiang, 210 000 km², 64,4 Mio. Ew.; Hptst.: Changsha. Im N liegt das Becken des Sees Dongting Hu, den O, W und S nehmen Hügel- und Bergländer ein; eines der chines. Hauptanbaugebiete von Reis und Tee; reiche Vorkommen von Wolfram, Antimon, Quecksilber, Mangan, Blei, Zink. Die wichtigsten Ind.städte sind Changsha, Xiangtan, Zhuzhou und Hengyang.

Hund, 1) *Astronomie:* 1) **Großer H.** (lat. Canis Maior), Sternbild etwas südlich vom Himmelsäquator, Hauptstern ist der Stern mit der größten scheinbaren Helligkeit, der ↑Sirius; 2) **Kleiner H.** (lat. Canis Minor), Sternbild etwas nördlich vom Äquator, im Winter am Abendhimmel erkennbar.
2) *Bergbau:* (Hunt), kastenförmiger Förderwagen.

Hund, Friedrich, Physiker, *Karlsruhe 4. 2. 1896, † Göttingen 31. 3. 1997; Schüler von M. Born und J. Franck, wirkte als Prof. in Rostock, Leipzig, Jena, Frankfurt am Main und Göttingen; er lieferte Arbeiten zur Theorie der Atom- und Molekülspektren sowie zur Anwendung der Quantenmechanik, bes. zur Theorie des Molekülbaus; entdeckte 1926 den Tunneleffekt; zahlr. Arbeiten zur Geschichte der Physik.

Hunde (Canidae), Familie der Landraubtiere; Wildformen fehlen u. a. in Australien, auf Madagaskar, Neuseeland, Celebes. H. sind Zehengänger mit 4–5 vorderen und vier hinteren stumpf bekrallten Zehen. Der Schädel ist im Schnauzenteil verlängert und hat i. d. R. 42 Zähne. Die geringe Ausbildung von Hautdrüsen führt zur Wärmeabgabe durch rasches keuchendes Atmen (»Hecheln«). Kleinere Drüsenanhäufungen in der Aftergegend dienen dem gegenseitigen Erkennen. Bes. ausgeprägt sind Geruchssinn und Hörvermögen. Die Milchdrüsen liegen am Bauch, meist in fünf Paaren. Die Jungen werden blind geboren; die Augenlidränder sind verwachsen und öffnen sich erst nach Tagen oder Wochen.
Die heutigen H. sind in der einzigen Unterfamilie **Caninae** (**Echte H.**) zusammengefasst. Zu den H. zählen die Gattungen: 1) **Canis**, mit ↑Wolf, ↑Schakalen und dem nordamerikan. ↑Präriewolf. 2) **Alopex**, die arkt. **Eisfüchse** mit kurzen, abgerundeten Ohren und behaarten Sohlen. 3) **Vulpes**, ↑Füchse. 4) **Fennecus**, afrikan. und asiat. kleine Füchse mit langen, spitzen Ohren und langem Schwanz, z. B. der **Fennek**, **Fenek** oder **Wüstenfuchs**, der kleinste aller **Wild-H.** 5) **Urocyon**, mit dem amerikan. **Graufuchs**. 6) **Nyctereutes**, mit dem ostasiat. **Marder-H.**, **Waschbär(en)-H.** oder **Enok**, etwa fuchsgroß mit kurzem Schwanz und dichtem Fell. 7) **Dusicyon**, die südamerikan. Schakalfüchse. 8) **Chrysocyon**, mit dem südamerikan. **Mähnenwolf** oder **Guara**, groß, schlank, mit kurzem Rumpf, hohen Läufen, großen Ohren und aufrichtbarer Mähne. 9) **Speothos**, mit dem südamerikan. kleinen **Wald-H.** mit nur 38 Zähnen. 10) **Cuon**, mit dem **Rotwolf** oder **Rot-H.** in rd. 10 Unterarten, darunter der malaiische **Adjag**. 11) **Lycaon**, mit dem afrikan. bunten **Hyänen-H.** der Steppen und Savannen südlich der Sahara. 12) **Otocyon**, mit dem süd- und ostafrikan. **Löffel-H.** oder **Löffelfuchs**, großohrig, hochbeinig, fuchsähnlich.
Der **Haus-H.** (**Canis lupus forma familiaris**) gilt als domestizierte Form des Wolfs. Weltweit gibt es gegenwärtig etwa 500 Rassen, die sich nach Größe, Farbe, Behaarung, Körperbau, Körpermasse, Wesen und Gebrauchswert unterscheiden. Zu den **Wach-**, **Schutz-** und **Gebrauchs-H.** gehören u. a. Dt. Boxer, Dobermann, Riesenschnauzer und Rottweiler, zu den **Wind-H.** u. a. Afghan. Wind-H., Barsoi, Greyhound und Whippet, zu den **Haus-H.** i. e. S. (vorwiegend als Heimtier, Begleit- oder Wach-H. gehal-

ten) u.a. Chow-Chow, Dalmatiner und Schnauzer. Groß ist die Zahl der **Jagd-H.** und der **Terrier.** Haus-H. werden mit 6–9 Monaten geschlechtsreif, die Zuchtreife liegt je nach Rasse bei 15–24 Monaten. Hündinnen werden zweimal im Jahr läufig. Nach einer Tragezeit von durchschnittlich 63 Tagen (58–65) werden (je nach Rasse) bis über 10 Welpen geworfen, die mit 9 bis 14 Lebenstagen die Augen öffnen. Die Lebensdauer der Haus-H. beträgt 12–14 Jahre.

Kulturgeschichte: H.-Knochen sind in Fundstellen der jüngeren Altsteinzeit entdeckt worden. Funde in Oberkassel bei Bonn und Mallaha in Palästina belegen, dass H. vor mehr als 10 000 Jahren zus. mit Menschen bestattet wurden. Für die Bedeutung der H. in der Mittelsteinzeit spricht das Vorkommen von H.-Bestattungen. Die ältesten H. Ägyptens sind auf Felsbildern (um 3000 v. Chr.) zu sehen. Ebenso waren H. in den alten Kulturen Chinas, Indiens, Palästinas, auch in Griechenland und in Rom bekannt.

📖 *Enzyklopädie der Rassehunde, bearb. v. H. Räber, 2 Bde. Stuttgart 1993–95. – Lorenz, K.: So kam der Mensch auf den Hund. Neuausg. München ^{32}1994. – Baumann, D.: H. 112 Rassen u. ihre Haltung. Stuttgart ^{3}1999.*

Friedensreich Hundertwasser: Martin-Luther-Gymnasium in Lutherstadt Wittenberg (Umbau 1995–99)

Hundebandwurm, ↑Echinokokken.
Hundert|armige, *grch. Mythos:* ↑Hekatoncheiren.
Hundert-Blumen-Bewegung, Kampagne in der VR China, brachte 1956/57 unter der von Mao Zedong geprägten Devise »Lasst hundert Blumen blühen, lasst hundert Schulen miteinander wettstreiten« kurzzeitig eine gewisse Liberalisierung des geistigen Lebens.

hundertjähriger Kalender, unrichtige Bez. für das »Calendarium oeconomicum practicum perpetuum« des Abtes Mauritius Knauer (*1613, †1664), das dessen mit astrolog. Vorstellungen durchsetzte meteorolog. und astronom. Beobachtungen der Jahre 1652–58 enthält. Der Name h. K. geht zurück auf die erste verkürzte Druckausgabe 1700, die unter Umgehung der lokalen Einschränkung und Ausdehnung auf hundert Jahre (1701–1800) erschien; kulturhistorisch bed. (Bauernregeln, Aberglaube).

Hundertjähriger Krieg, der Krieg zw. England und Frankreich 1337/39–1453 (mit großen Unterbrechungen); verursacht v. a. durch den Streit um den engl. Festlandsbesitz in Frankreich. Kriegsanlass war der vom engl. König Eduard III. erhobene Anspruch auf den frz. Thron nach Aussterben der Kapetinger in direkter Linie (1328); dies führte zum Konflikt mit dem frz. König Philipp VI. (1328–50) aus der kapeting. Nebenlinie ↑Valois. Der H. K. wurde ausschl. auf frz. Boden ausgetragen und führte zeitweilig zum Bürgerkrieg (u. a. Bauernaufstand der Jacquerie 1358) sowie zu Adelsmachtkämpfen. Nach anfängl. engl. Erfolgen (u. a. 1346 Sieg über das frz. Ritterheer bei Crécy-en-Ponthieu, 1347 Eroberung von Calais, 1415 Schlacht bei Azincourt) kam es nach dem Eingreifen von Jeanne d'Arc zur kriegsentscheidenden Wende zugunsten Frankreichs (Aufhebung der Belagerung von Orléans und Krönung Karls VII. in Reims 1429). Bis 1453 mussten die Engländer alle frz. Territorien räumen, mit Ausnahme von Calais (bis 1558 englisch) und der Kanalinseln. Den Titel »König von Frankreich« führten die engl. Herrscher bis 1802.

Hundertschaft, 1) *allg.:* Formationseinheit von hundert Mann (z. B. bei der Bereitschaftspolizei).
2) (Hundertschar, lat. Centeni), nach Tacitus ausgewählte Schar junger german. Krieger; auch Gruppe von etwa 100 Männern, die den Fürsten zu den Gerichtsversammlungen begleitete.
3) (lat. Centena) im Frankenreich bei Alemannen und Franken ein Unterbezirk der

Grafschaft zur Gliederung des Königsgutes für Rechtspflege und Heeresrekrutierung.
Hundert Tage, die letzte Herrschaftszeit Napoleons I. von der Rückkehr von Elba (1. 3. 1815) bis zu seiner Niederlage bei Waterloo (18. 6. 1815).

Hundspetersilie

Hundertwasser, Friedensreich, eigtl. Friedrich Stowasser, österr. Maler und Grafiker, *Wien 15. 12. 1928, †an Bord eines Kreuzfahrtschiffes auf dem Pazif. Ozean 19. 2. 2000. In seiner stark farbigen Malerei mit ornamental verschlungenen Linienzügen setzt sich die Tradition des österr. Jugendstils fort. Sein graf. Œuvre umfasst v. a. Farbholzschnitte, -radierungen, Lithographien und Serigraphien. Zu den Buchgestaltungen gehört der Einband einer limitierten Ausgabe der 19. Aufl. der Brockhaus Enzyklopädie (1989). H. trat auch mit ökologisch engagierten Manifesten und Aktionen an die Öffentlichkeit und befasste sich vor diesem Hintergrund auch mit Architektur: u. a. Haus Hundertwasser, Wien (1983–86), Umgestaltung der Pfarrkirche St. Barbara in Bärnbach (Bez. Voitsberg, 1987/88), Kindertagesstätte in Frankfurt-Heddernheim (1989–95), Umbau des 1975 in Plattenbauweise entstandenen Martin-Luther-Gymnasiums in Lutherstadt Wittenberg (1995–99). H. lebte und arbeitete in den letzten Jahren v. a. in Neuseeland.
Hundestaupe, ↑Staupe.
Hundesteuer, den Gemeinden zufließende Steuer auf das Halten von Hunden (Aufkommen 2000: 197,8 Mio. €. Steuerfrei sind u. a. Dienst- und Blindenhunde; eine H.-Ermäßigung kommt für Hunde in Betracht, die aus berufl. Gründen gehalten werden (z. B. Schäfer-, Jagdschutz- sowie Rassehunde von Hundezüchtern). Für Zweit- oder Kampfhunde sind erhöhte Steuersätze möglich.
Hunding, Gestalt der nordgerman. Heldendichtung; von ihm wird berichtet, dass er den Helgi erschlagen hat; in R. Wagners Oper »Die Walküre« Widersacher des Siegmund.
Hundredweight ['hʌndrədweɪt] (Centweight, Einheitenzeichen **cwt**), angloamerikan. Einheit der Masse: In Großbritannien 1 cwt = 112 lb = 50,802 345 kg (in den USA **long hundredweight**); **short hundredweight** (USA): 1 sh cwt = 100 lb = 45,359 237 kg (in Großbritannien Cental).
Hundspetersili|e (Gartenschierling, Gleiße, Aethusa cynapium), Doldengewächs in Europa und Sibirien; bis 1,2 m hohes, petersilienähnl., weiß blühendes Unkraut; sehr giftig.
Hundsstern, der Stern ↑Sirius.
Hunds|tage, die Tage zw. dem 23. 7. und dem 23. 8., während deren die Sonne in der Nähe des Hundssterns (Sirius) steht; in Mitteleuropa oft die heißesten Tage des Jahres.
Hundszahngras (Cynodon), Grasgattung mit der bes. im S der USA verbreiteten Futterpflanze **H.** (**Bermudagras,** Cynodon dactylon); in Dtl. stellenweise heimisch geworden.
Hundszunge (Cynoglossum), Gatt. der Borretschgewächse. Die staudenartige **Gemeine H.** (Cynoglossum officinale), bis 80 cm hoch, mit (rot)braunen Blüten und hakigen Nüsschenfrüchten, ist auf sonnigem Grasland Eurasiens und Nordamerikas häufig.
Hundt, Dieter, Unternehmer, *Esslingen am Neckar 30. 9. 1938; seit 1975 geschäftsführender Gesellschafter der Allgaier-Werke GmbH & Co. KG (Uhingen); 1988–96 Vors. des Verbandes der Metallind. Bad.-Württ.; seit 1990 Mitgl. des Präsidiums und seit 1996 Präs. der Bundesvereinigung der Dt. Arbeitgeberverbände (BDA).
Hunedoara (dt. Eisenmarkt), Stadt im Bez. H. in Siebenbürgen, Rumänien, 71 400 Ew.; Eisenhütten-, chem., Nahrungsmittelindustrie. – Schloss Hunyadi (Burg des 14. Jh., im 15. Jh. zum Schloss umgebaut, heute Museum); spätgot. orth. Nikolauskirche.
Hünefeld, Ehrenfried Günther Freiherr

HUN Hünengrab

von, Luftfahrtpionier und Schriftsteller, *Königsberg (heute Kaliningrad) 1. 5. 1892, † Berlin 5. 2. 1929; überflog mit einer Junkers W 33 im April 1928 zus. mit H. Köhl und J. Fitzmaurice den Atlant. Ozean (erste Ost-West-Überquerung).

Hünengrab, volkstüml. Bez. für ein norddt. ↑Megalithgrab, auch für ein Hügelgrab.

Hünenstein (Hunnenstein), volkstüml. Bez. für vorgeschichtl. Steinsetzungen (↑Menhir).

Hünfeld, Stadt im Landkreis Fulda, Hessen, am W-Rand der Vorderrhön, 16 100 Ew.; Apparatebau, Holz-, Metall-, Textil-, Kosmetikindustrie. – Spätgot. kath. Pfarrkirche. – Stadt seit 1310.

Hungaria, lat. Name für Ungarn.

Hungaroring, 1985/86 erbaute, nordöstlich von Budapest bei Mogyoród gelegene Automobilrennstrecke, Länge 3,975 km; seit 1986 u. a. Austragungsstätte des Großen Preises von Ungarn (Formel 1).

Hungen, Stadt im Landkreis Gießen, Hessen, in der nördl. Wetterau, 12 800 Ew.; Milchverarbeitung, Textilind., Schraubenwerke. – Schloss (15., 17. Jh.), ev. Pfarrkirche (16./17. Jh.). – Erstmals 782 erwähnt, seit 1361 Stadt.

Hunger, nicht genau lokalisierbare Allgemeinempfindung, die bei leerem Magen auftritt und nach der Nahrungsaufnahme bei gefülltem Magen verschwindet bzw. durch das Sättigungsgefühl verdrängt wird. Als Auslösungsmechanismus des H. werden Mechanorezeptoren in der Magenwand diskutiert, die durch Leerkontraktion des Magens aktiviert werden, ferner Glucorezeptoren in Zwischenhirn, Leber, Magen und Dünndarm, die eine abnehmende Glucoseverfügbarkeit registrieren und hauptsächlich der Langzeitregulierung dienende Liporezeptoren, die Zwischenprodukte des Fettstoffwechsels, v. a. den Anstieg freier Fettsäuren, als H.-Signale registrieren. Durch Nahrungsaufnahme geht das H.-Gefühl über einen »neutralen Zustand« in ein Sättigungsgefühl über, meist bevor es zu einer Resorption der Nahrungsstoffe kommt. Ein normal ernährter Mensch kann etwa 40–70 Tage hungern (d. h. vollständiger Nahrungsentzug). Die ertragbare H.-Zeit ist u. a. abhängig von der Flüssigkeitszufuhr und der Umgebungstemperatur. – 2000 waren nach Angaben der FAO weltweit rd. 840 Mio. Menschen (799 Mio. in den Entwicklungsländern, darunter 153 Mio. Kinder unter 5 Jahren) chronisch unterernährt, d. h., dass die Betroffenen nicht fähig sind, den für leichte Arbeit erforderl. Mindestenergiebedarf zu decken. Afrika ist der am stärksten vom H. betroffene Kontinent. (↑Hungersnöte, ↑Welternährung)

📖 Arcand, J.-L.: *Undernourishment and economic growth. The efficiency cost of hunger,* hg. v. der Food and Agriculture Organization of the United Nations. Rom 2001. – *The state of food insecurity in the world 2002,* hg. v. ders. Ebd. 2002.

Hungerblümchen (Erophila), Kreuzblütlergattung auf kargem Boden, z. B. das weiß blühende **Frühlings-H.** (Erophila verna) mit grundständiger Blattrosette und spitzovalen Schotenfrüchten.

Hungerkrankheiten, durch extreme Unterernährung, bes. infolge ungenügender Zufuhr eiweißhaltiger Nahrungsmittel hervorgerufene Erkrankungen. Der Hungerzustand bewirkt eine charakterist. Veränderung des Stoffwechsels mit Abbau der Energiereserven, Leistungsverminderung, schließlich Auszehrung (Kachexie) und Organschäden mit Todesfolge im Endstadium. Die H. gehören als Folge von Mangel- und Fehlernährung zu den häufigsten Gesundheitsbeeinträchtigungen in den Entwicklungsländern.

Hungersnöte, durch länger anhaltende Verknappung der menschl. Grundnahrungsmittel ausgelöste Katastrophen. Ursachen sind v. a. Missernten, Kriege und Naturkatastrophen. – Die erste schriftl. Nachricht über eine H. stammt aus Ägypten (etwa 2500 v. Chr.). Eine schwere H. in China 1333–37 könnte eine der Ursachen für die Ausbreitung der Pest gewesen sein (seit 1347/48 in Europa). In der Neuzeit waren u. a. Russland (1650–52) und Indien (1594–98, 1769/70 [3–10 Mio. Opfer]), 1618–48 weite Teile Dtl.s, 1693 und 1769 auch Frankreich von H. betroffen. Drei Missernten (1845, 1846, 1848) führten 1846–49 zu schweren H. in Irland und SW-Dtl. sowie zu einer starken Auswanderungsbewegung. Die Zahl der Opfer der H. in N-China (1876–79) wird auf 9–13 Mio. Menschen geschätzt. Die Zahl der während des Bürgerkrieges in der Sowjetunion 1921/22 an Hunger Gestorbenen wird auf 1,5–5 Mio., die der Opfer der durch

Zwangskollektivierung verstärkten H. 1932–34 auf 5–6 Mio. geschätzt. In China kam es als Folge der Politik des »Großen Sprungs nach vorn« (drei bittere Jahre 1960–62) zur vermutlich schwersten H. in der Neuzeit (wohl 20–40 Mio. Opfer). – Unzureichende wirtsch., soziale und polit. Verhältnisse sind die wesentl. Ursache für H. bei rd. einem Fünftel der Weltbev. und bei Millionen von Menschen, die daran jährlich sterben (v. a. in Afrika, Asien und in den Nachfolgestaaten der UdSSR und Jugoslawiens). Lösungsmöglichkeiten werden v. a. im Zusammenhang mit dem globalen Problem der Welternährung diskutiert.
📖 *Abel, W.: Massenarmut u. Hungerkrisen im vorindustriellen Dtl.* ³1986. – *Camporesi, P.: Das Brot der Träume. Hunger u. Halluzination im vorindustriellen Europa.* A. d. Ital. 1990. – *Montanari, M.: Der Hunger u. der Überfluß. Kulturgesch. der Ernährung in Europa* A. d. Ital. Neuausg. München 1999.

Hungersteppe, Name von Wüsten in Mittelasien: Die **Nördl. H.** (kirgis. Betpak-Dala) erstreckt sich im O Kasachstans westlich des Balchaschsees; 75 000 km²; spärl. Salzsteppenvegetation (Winterweide). Die **Südl. H.** (rd. 10 000 km²) ist der südöstl. Ausläufer der Wüste Kysylkum in Usbekistan zw. Nuratau und Syrdarja-Knie; bei Bewässerung Baumwollanbau.

Hungerstreik, die Verweigerung der Nahrungsaufnahme als Mittel passiven Widerstands zur Durchsetzung v. a. polit. Ziele (z. B. Gandhi); auch als Druckmittel von Inhaftierten gegenüber dem Staat benutzt.

Hungertuch (Fastentuch), im Abendland seit Ende des 10. Jh. eine Sonderform der Altarverhüllung während der Fastenzeit (meist mit Bildern der Passion Christi); als Brauch in den 1970er-Jahren von Misereor wieder belebt. – Zu den kunstgeschichtlich bedeutendsten H. gehört das **Große Zittauer Fastentuch** (1472 gestiftet, 1945 durch Zweckentfremdung schwer beschädigt, 1994/95 restauriert; Breite 6,80 m, Höhe 8,20 m); es stellt in zwei Folgen je 45 Bilder alt- und neutestamentl. Inhalts dar.
📖 *Die Zittauer Bibel. Bilder u. Texte zum großen Fastentuch von 1472,* hg. v. F. Mennekes. Stuttgart 1998.

Hüningen (frz. Huningue), Stadt im frz. Dép. Haut-Rhin (Oberelsass), an der Grenze zur Schweiz, 6300 Ew.; chem. Ind.; der **H.-Kanal** verbindet den Rhein bei H. mit dem Rhein-Rhône-Kanal bei Mülhausen. – Die Festung H., 1679 von Vauban erbaut, wurde 1815 geschleift.

Hunkpapa, Unterstamm der Teton-Dakota.

Hunnen, aus Zentralasien stammendes Reiter- und Nomadenvolk, das im 4. Jh. n. Chr. nach O-Europa vordrang. Die früher angenommene Abstammung von den in chines. Geschichtswerken seit dem 3. Jh. v. Chr. bezeugten Xiongnu wird von der neueren Forschung infrage gestellt. Wahrscheinlich vertrieben die vom chines.

Hungertuch: das Große Zittauer Fastentuch nach Abschluss der Restaurationsarbeiten

HUN Hun Sen

Reich Ende des 2. Jh. v. Chr. nach N und W abgedrängten Xiongnu die benachbarten Völker, darunter auch die Hunnen. Diese stießen seit 375 n. Chr. über die südruss. Steppen nach W vor und lösten nach der Unterwerfung versch. german. Stämme in SO-Europa eine Fluchtbewegung (↑Völkerwanderung) aus. 375/376 eroberten die H. das Ostgotenreich Ermanarichs und besiegten das westgot. Heer unter Athanarich; Ende des 4. Jh./Anfang des 5. Jh. zogen sie zur unteren Donau sowie ins Oder-Weichsel-Gebiet, 423–425 verlagerte sich das Herrschaftszentrum der H. in die Theißebene. Unter Bleda (434–445) reichte das H.-Reich von Mittelasien und dem Kaukasus bis zur Donau und an den Rhein. Unter ↑Attila unternahmen die H. Kriegszüge nach Gallien; nach der Niederlage auf den ↑Katalaunischen Feldern (451) und Attilas Tod (453) zerfiel das Reich rasch. 454/455 von den Gepiden besiegt, zogen sich die H. aus Europa zurück und gingen im 6. Jh. in anderen Völkerschaften auf. Zu den Weißen H. ↑Hephthaliten.

📖 *Mänchen-Helfen, O.: Die Welt der H.* Wien u. a. 1978.

Hun Sen, kambodschan. Politiker, *Kr. Stung Treng (Prov. Kompong Cham) 4. 4. 1951; Bauernsohn, gehörte 1969–77 den Roten Khmer an, floh dann nach Vietnam und kehrte Ende 1978 mit der vietnames. Invasionsarmee nach Kambodscha zurück; 1979–86 Außenmin. der provietnames. Reg., ab 1985 MinPräs.; förderte eine Friedensregelung mit der Widerstandskoalition unter Norodom Sihanouk, unterlag aber 1993 mit seiner Kambodschan. Volkspartei der royalist. FUNCINPEC-Partei und wurde Zweiter MinPräs. neben Prinz Ranariddh; putschte im Juli 1997 und übernahm wieder die Macht.

Hunsrück *der,* der SW-Flügel des Rhein. Schiefergebirges zw. Mosel und Nahe, die linksrhein. Fortsetzung des Taunus bis zur Saar; aus devon. Grauwacken und Schiefern aufgebaut, über deren Rumpffläche sich Quarzitrücken erheben: Schwarzwälder Hochwald (im Erbeskopf 818 m ü. M.), Osburger Hochwald (Rösterkopf 708 m ü. M.), Idarwald (766 m ü. M.) und Soonwald (658 m ü. M.) nebst Binger Wald (637 m ü. M.). Auf den Höhenrücken Fichten- und Mischwälder, auf den Hochflächen meist landwirtsch. Nutzung, in den Randtälern Wein- und Obstbau. Viele Bewohner arbeiten in der Ind. der Randstädte; neben moderner Ind.ansiedlung im H. noch traditionelle Dachschiefergewinnung und Edelsteinschleiferei.

Hunsrück-Eifel-Kultur, vorgeschichtl. Kulturgruppe im Mittelrheingebiet (späte Hallstatt- bis frühe La-Tène-Zeit) mit reichen Fürstengräbern (z. B. Waldalgesheim).

Hunt [hʌnt], **1)** Helen, amerikan. Filmschauspielerin, *Culver City (Calif.) 15. 6. 1963; hatte bereits als Kind zahlr. Engagements für Fernsehfilme und Serien, sammelte dann in den 1980er-Jahren Bühnenerfahrung am Broadway, ehe sie nach Kinorollen (»Waterdance«, 1992; »Kiss of Death«, 1995, u. a.) mit der TV-Sitcom »Verrückt nach dir« (1992–99) den Durchbruch schaffte. Mit der Hauptrolle in der Komödie »Besser geht's nicht« (1997) festigte sie ihren Ruf als Charakterdarstellerin. **Weitere Filme:** Ruf nach Vergeltung (1989); Crash (1996); Twister (1996); Verschollen (2000); Was Frauen wollen (2000); Das Glücksprinzip (2000); Dr. T. – the Women (2000).

2) Timothy R., brit. Zell- und Molekularbiologe, *19. 2. 1943; leitet seit 1991 das Cell Cycle Control Laboratory am Imperial Cancer Research Fund in London. H. entdeckte eine bestimmte Gruppe von Proteinen, die Cycline. Diese regeln die Funktion der cyclinabhängigen Kinase. Er wies nach, dass die Cycline im Zusammenhang mit der Zellteilung abgebaut werden. Dieser Vorgang besitzt eine zentrale Bedeutung für die Kontrolle des Zellzyklus. Er erhielt mit P. M. Nurse und L. H. Hartwell 2001 den Nobelpreis für Physiologie oder Medizin.

Hunte *die,* linker Nebenfluss der Unterweser, Ndsachs., 189 km lang, entspringt im Wiehengebirge, durchfließt den Dümmer und mündet bei Elsfleth (Sturmflutsperrwerk). Die H. ist ab Oldenburg (Oldenburg) kanalisiert und schiffbar; über den ↑Küstenkanal Verbindung zur Ems.

Hunter ['hʌntə, engl.] *der,* in Irland und Großbritannien gezüchtete Gebrauchskreuzung aus Engl. Vollblütern und schweren Wirtschaftspferden, auch allg. Bez. für ein kräftiges Jagdpferd.

Hunter ['hʌntə], Holly, amerikan. Filmschauspielerin, *Atlanta (Ga.) 20. 3. 1958; seit den 1980er-Jahren zunächst Bühnenrollen in Off-Broadway-Stücken, danach Filmrollen, v. a. in Komödien (»Nachrichtenfieber«, 1987), aber auch Interpretation filigraner Frauengestalten (»Das Piano«, 1993).

Hunter River [ˈhʌntə ˈrɪvə], Fluss in New South Wales, Australien, 465 km lang, entspringt in der Great Dividing Range, mündet bei Newcastle in den Pazifik.

Huntington [ˈhʌntɪŋtn], Samuel Phillips, amerikan. Politologe, *New York 18. 4. 1927; Prof. für Politikwiss. an der Harvard University. Nach seiner heftig (zumeist ablehnend) diskutierten Theorie (»The Clash of Civilisations«, dt. »Kampf der Kulturen. Die Neugestaltung der Weltpolitik im 21. Jh.«, 1996) sollen die Konflikte des 21. Jh. zw. den Ländern und Gruppen der sieben bzw. acht großen Kulturen (die abendländisch-westl., die islam., die chines., die japan., die hinduist., die slawisch-orth., die lateinamerikan. und evtl. die afrikan.) stattfinden und könnten in Weltkriege neuer Dimension münden.

Huntsville [ˈhʌntsvɪl], Stadt in Alabama, USA, auf dem Cumberlandplateau; 171 000 Ew.; Zweig der University of Alabama, Forschungseinrichtungen der NASA; Raumfahrt- und Raketenmuseum. – Gegr. 1805.

Hunyadi [ˈhunjɔdi], János (Johann), ungar. Reichsverweser (1446–52) und Feldherr, *in Siebenbürgen um 1408, †Semlin (heute zu Belgrad) 11. 8. 1456, Vater von Matthias I. Corvinus; 1443 drängte er die Türken bis Sofia zurück, erlitt gegen sie aber Niederlagen bei Warna (1444) und auf dem Amselfeld (1448). Durch seinen Sieg über eine Belgrad belagernde türk. Armee unter Memmed II. verhinderte er ihr Vordringen nach Ungarn (1456).

📖 Held, J.: H. Legend and reality. Boulder, Colo., 1985.

Hunza [-z-], linker Nebenfluss des Gilgit, im nordwestl. Karakorum, rd. 190 km lang. Durch das H.-Tal (1 600–3 000 m ü. M.) im unter pakistan. Verw. stehenden Teil Kaschmirs führt die 1978 fertig gestellte Karakorumstraße von Pakistan nach China. Die etwa 30 000 Bewohner (**Hunza**) sind hellhäutig, haben eine eigene Sprache (Buruschaski) und unterscheiden sich durch Bauten und Wohnkultur von den umgebenden Völkern.

Hupe (Horn), für Kraftfahrzeuge vorgeschriebenes akust. Signalgerät. Beim am meisten verwendeten **Aufschlaghorn (Teller-, Normalhorn)** schlägt der Magnetanker beim Anlegen von Spannung periodisch auf den Magnetkern auf, wodurch die mit dem Anker verbundene Membran einen Schwingteller in kräftige Schwingungen versetzt und zum Abstrahlen von Schallwellen anregt.

Hupeh (Hupei), Prov. in China, ↑Hubei.

Hüpfmäuse (Zapodidae), Familie der Nagetiere, mit mehr als körperlangem Schwanz; den Mäusen ähnl. flinke Läufer und Kletterer, deren Hinterbeine etwas länger als die Vorderbeine sind. H. bauen Kugelnester auf dem Boden oder im Gebüsch; heimisch ist nur die **Birkenmaus (Waldbirkenmaus,** Sicista betulina) mit 5–7 cm Körperlänge.

Hüpfmäuse: Birkenmaus (Schwanzlänge bis 10 cm)

Huppert [yˈpɛːr], Isabelle, frz. Filmschauspielerin, *Paris 16. 3. 1953; v. a. von gestischer Ausdruckskraft geprägte Darstellerin; spielte u. a. in »Die Spitzenklöpplerin« (1977), »Malina« (1990), »Madame Bovary« (1991), »Biester« (1995), »Das Leben ist ein Spiel« (1997), »Schule des Begehrens« (1998), »8 Frauen« (2002).

Hurd [həːd], Douglas, brit. Politiker, *Marlborough (Cty. Wiltshire) 8. 3. 1930; Konservativer, seit 1974 Mitgl. des Unterhauses, war 1984–85 Nordirland-, 1985–89 Innen- und 1989–95 Außenminister.

Hürdenlauf, *Leichtathletik:* Rennen, bei dem zehn in festgelegten Abständen aufgestellte Hürden überquert werden müssen; bei Männern über 110 m und 400 m (Hürdenhöhe 106,7 bzw. 91,4 cm), bei Frauen: über 100 m und 400 m (Hürdenhöhe 84 bzw. 76,2 cm). H. ist auch Teil des Mehrkampfes (↑Siebenkampf, ↑Zehnkampf). ↑Leichtathletik (Übersicht).

Hürdenrennen, *Pferdesport:* ↑Hindernisrennen.

Hurez, rumän. Klosterkomplex bei ↑Horezu.

Hurghada, Seebad am Roten Meer in Ägypten, nördlich von Port Safaga, 5 000 Ew.; Tourismuszentrum; Hafen, Flugplatz.

Huri [arab. »die Weißen«], *Islam:* nach dem Koran (z. B. Sure 56, 22 ff.) mit unvergängl. Reizen ausgestattete Jungfrauen, die die Seligen im Paradies als Lohn für ihr im rechten Glauben gelebtes Leben erwarten.

Hurrikan »Elena« über Florida; 1985 (Satellitenaufnahme)

Hürlimann, Thomas, schweizer. Schriftsteller, *Zug 21. 12. 1950; war u. a. Dramaturg am Schiller-Theater Berlin; schreibt erzählende Prosa und Stücke, die in präziser Sprache das Seelenleben ihrer Protagonisten analysieren.
Werke: Roman: Der große Kater (1998). – Novellen: Das Gartenhaus (1989); Fräulein Stark (2001). – Stücke: Grossvater u. Halbbruder (1981); Stichtag (1984); Synchron (2002).
Hurling [ˈhəːlɪŋ, engl.] *das,* bes. in Irland verbreitetes, hockeyähnl., aber bed. härter betriebenes Torspiel zweier Mannschaften; verwandt sind **Shinty** (Schottland) und **Kappan** (SW-England).
Huronen (Wyandot), Stammesverband nordamerikan. Indianer, aus der irokes. Sprachfamilie, bes. an der Georgian Bay des Huronsees; sesshafte Bauern, 1648 vom Irokesenbund und durch Krankheit dezimiert und vertrieben; heute etwa 1 200 H. in Kanada (Quebec) und 1 100 in den USA (Oklahoma).
Huronsee [nach den Huronen] (engl. Lake Huron), einer der fünf Großen Seen Nordamerikas (USA und Kanada), 176 m ü. M., 59 600 km^2 (davon 23 245 km^2 in den USA), bis 229 m tief; Zufluss aus dem Michigan- und Oberen See und mehreren Flüssen, Abfluss zum Eriesee; im NO die Georgian Bay (Verbindung zum Ontariosee).
Hurrikan [engl. ˈhʌrɪkən; von span. huracán] *der,* trop. Wirbelsturm im Bereich des Karib. Meeres, der Westind. Inseln und des Golfs von Mexiko. H. entstehen meist aus Störungen der Passatströmung und immer über warmen Meeresgebieten. Der Durchmesser beträgt einige 100 km, die Windgeschwindigkeit bis über 200 km/h; typisch ist das **Auge** des H., eine windschwache, niederschlagsfreie und wolkenarme Zone im Zentrum. H. verursachen verheerende Zerstörungen durch Sturm und Überflutungen.
Hurriter (Churriter), altoriental. Volk im 3./2. Jt. v. Chr. in N-Mesopotamien und N-Syrien. Die H. bildeten im 16. Jh. v. Chr. im Euphratbogen das zeitweise mächtige Reich Mitanni (auch »Land Hurri [Churri]« gen.; Hptst. Waschukkanni), das auf seinem Höhepunkt ein vom Mittelmeer bis zum Zagrosgebirge reichendes Gebiet umfasste und um 1335 v. Chr. während innerer Wirren dem Angriff der Hethiter erlag. Die H. übten einen nachhaltigen kulturellen Einfluss insbesondere auf Syrien und Kleinasien aus.
📖 *Wilhelm, G.: Grundzüge der Geschichte u. Kultur der H. Darmstadt 1982.*
Hurt [həːt], William, amerikan. Schauspieler, *Washington (D. C.) 20. 3. 1950; sensibler Charakterdarsteller, der nach Bühnen- und Fernsehauftritten 1980 seine erste Filmrolle übernahm.
Filme: Der Kuß der Spinnenfrau (1985), Gottes vergessene Kinder (1986), Nachrichtenfieber (1987), Die Reisen des Mr. Leary (1988), Smoke (1995), Eine Couch in New York (1996), Jane Eyre (1996), Lost in Space (1998), Eine Familiensache (1998).
Hurtado de Mendoza [urˈtaðo ðe menˈdoθa], Diego, span. Humanist, Dichter und Diplomat, *Granada 1503, †Madrid 14. 8. 1575; Gesandter u. a. in England und Venedig; Verfasser eines umfangreichen lyr. Werks und der »Gesch. der Empörung der Mauren in Granada« (hg. 1627).
Hürth, Stadt im Erftkreis, NRW, am NO-Abhang der Ville, 53 000 Ew.; Bundessprachenamt; Braunkohlenverarbeitung, Elektrizitätserzeugung, chemische Industrie,

Stahl- und Maschinenbau; Gemüseanbau. – Stadt seit 1978.
Hurtigrute [ˈhurtiruːtə, norweg.], Schiffsverbindung zw. Bergen und Kirkenes (über 2000 km längs der norweg. Küste). Die Schiffe (kombiniert für Fracht und Passagiere) laufen 36 Siedlungen an. Entscheidende Bedeutung hat die H. heute für den Tourismus. – Seit 1893 ganzjähriger Verkehr.
Hus, Jan (dt. Johannes Huß), tschech. Theologe und Reformator, * Husinec (bei Prachatice, Südböhm. Gebiet) um 1370, † (verbrannt) Konstanz 6. 7. 1415; Prediger und Univ.lehrer in Prag, 1409/10 Rektor der Prager Univ.; Anhänger der Ideen J. ↑Wycliffes; 1410 Predigtverbot durch den Prager Erzbischof; 1411 Exkommunikation, 1412 Bann durch den Papst; stellte sich 1414 dem Konstanzer Konzil; wurde trotz des Geleitversprechens König Sigismunds verhaftet, wegen der in seinem Buch »De ecclesia« (1413) vertretenen wycliffeschen Auffassungen angeklagt und nach Verweigerung des Widerrufs als Ketzer verbrannt. – Die dauerhaften polit. und kulturellen Leistungen von H. fanden ihren Ausdruck in der kirchlich-nat. Verselbstständigung der Tschechen, der Begründung einer einheitl. tschech. Schriftsprache sowie in maßgeblichen Beiträgen zur tschech. Literatur. – Von den Tschechen als Nationalheld und Märtyrer verehrt, wird sein Todestag seit dem 19. Jh. in seinem Geburtsort jährlich mit einer Gedenkfeier begangen. – In der kath. Kirche greift seit Beginn der 1990er-Jahre eine neue Sicht auf H. Platz (offiziell erstmals 1996 durch Kardinal M. Vlk).

📖 *Friedenthal, R.: J. H. Der Ketzer u. das Jh. der Revolutionskriege.* Neuausg. München ⁴1987. – *J. H. – zwischen Zeiten, Völkern, Konfessionen,* hg. v. F. Seibt u. a. München 1996. – *Hilsch, P.: J. H. (um 1370–1415). Prediger Gottes u. Ketzer.* Regensburg 1999.

Husain, arab. Herrscher: **1) H.,** Sohn des Kalifen Ali und Enkel Mohammeds, * Medina Jan. 626, † (gefallen) Kerbela 10. 10. 680; hielt den Herrschaftsanspruch der Familie des Propheten, auf den sein Bruder ↑Hasan verzichtet hatte, aufrecht. Bei seinem Versuch, den Aufstand gegen Kalif Jasid I. (* um 642, † 683) zu organisieren, fiel er. – Die Schiiten verehren H. als dritten ↑Imam und Märtyrer.
2) H. I. Ibn Ali, König des Hidjas (1916–24), * Konstantinopel 1853, † Amman 4. 6. 1931; aus dem Haus der Haschimiten, seit 1908 Emir (Scherif) von Mekka, erklärte sich am 5. 6. 1916 von der türk. Oberhoheit unabhängig und ließ sich im Nov. 1916 zum »König von Arabien« erklären, musste 1924 (Verlust Mekkas an Ibn Saud) abdanken.
3) H. II., König von Jordanien (seit 1952), * Amman 14. 11. 1935, † ebd. 7. 2. 1999; aus dem Haus der Haschimiten, behauptete in der Staatskrise von 1956/57 die Monarchie. Nach der arab. Niederlage im Sechstagekrieg (1967) befürwortete er eine polit. Lösung im Nahostkonflikt. 1974 erkannte er die PLO als Vertreterin der palästinens. Araber im Westjordanland an; im 2. Golfkrieg nahm er eine bedingt irakfreundl. Position ein und suchte zu vermitteln; in den 1990er-Jahren unterstützte er aktiv den Nahostfriedensprozess.
Husain, 1) (Hussein), Saddam, irak. Politiker, * bei Tikrit 28. 4. 1937; 1968 maßgeblich am Putsch zur Machtübernahme der Baath-Partei beteiligt; seit 1979 Staats- und Reg.chef, Gen.-Sekr. der Partei und Oberbefehlshaber der Streitkräfte; errichtete ein diktator., vom Kult um seine Person geprägtes Regime und verwickelte sein Land durch den irak. Angriff auf Iran in den 1. Golfkrieg (1980–88). Im Aug. 1990 ließ er das Emirat Kuwait besetzen und löste dadurch den 2. Golfkrieg (Jan.–Febr.

Jan Hus: die Verbrennung des Jan Hus auf dem Scheiterhaufen, dargestellt in der »Spiezer Chronik« von Diebold Schilling d. Ä. (1473; Bern, Burgerbibliothek)

1991) gegen eine multinat. Streitmacht unter amerikan. Oberbefehl aus. Trotz der schweren Kriegsniederlage, Aufständen der Kurden und Schiiten, Putschversuchen und der UN-Sanktionspolitik konnte H. seine von zahlr. Menschenrechtsverletzungen gekennzeichnete Herrschaft mithilfe eines starken Sicherheitsapparates und loyaler Eliteeinheiten behaupten. Verstöße gegen UN-Resolutionen und die Verletzung der Flugverbots- und Schutzzonen im N und S Iraks durch sein Regime zogen häufige amerikan.-brit. Luftschläge nach sich. Auseinandersetzungen um die UN-Waffeninspektionen, das ihm vorgeworfene Streben nach Massenvernichtungswaffen sowie die ihm angelastete Unterstützung des Terrorismus bedingten einen sich 2002/03 drastisch zuspitzenden Konflikt H.s bes. mit den USA; nach einem von ihm im März 2003 zurückgewiesenen amerikan. Ultimatum, das Land mit seinen Söhnen zu verlassen, folgte eine amerikan.-brit. Militärintervention in Irak, durch die sein Regime gestürzt wurde. H.s Söhne Uday und Kusay starben bei einem Feuergefecht mit amerikan. Soldaten am 22.7.2003 nahe Mosul; er selbst wurde am 13.12.2003 in einem Versteck bei Tikrit gefasst und im Juni 2004 der irak. Justiz überstellt; gegen H. wurde ein Verfahren vor einem Sondertribunal eingeleitet, wo ihm bei einer Verurteilung die Todesstrafe droht.

2) Taha, ägypt. Schriftsteller und Literaturwissenschaftler, *bei Maghagha (Oberägypten) 14.11.1889, †Kairo 28.10.1973; bed. Vertreter des arab. Modernismus; Romane, Essays, Kritiken, Übersetzungen, Forschungen bes. zur altarab. Literatur.

Husaini (al-Husaini), Mohammed Said Amin, arab. Politiker, *Jerusalem 1895, †Beirut 4.7.1974; 1926–37 Großmufti von Jerusalem und Vors. des Obersten Islam. Rats, Führer im Kampf gegen die brit. Mandatsherrschaft und die jüd. Einwanderung nach Palästina, 1937 von den Briten ausgewiesen, 1941 Kontaktaufnahme zu A. Hitler, 1946 Rückkehr nach Ägypten.

Husák [ˈhusaːk], Gustav, tschechoslowak. Politiker, *Dúbravka (bei Bratislava) 10.1.1913, †Bratislava 18.11.1991; Slowake; seit 1933 Mitgl. der KPČ, führend in der slowak. Widerstandsbewegung, war 1945–51 hoher Reg.funktionär. 1951 zu lebenslängl. Haft verurteilt, 1960 begnadigt, 1963 rehabilitiert. 1968 stellv. MinPräs., distanzierte sich aber vom ↑Prager Frühling. 1969–87 war H. Parteichef. Ab 1975 auch Staatspräs., sah er sich im Zuge der »sanften Revolution« im Spätherbst 1989 zum Rücktritt gezwungen.

Husaren [ungar.], urspr. Angehörige des ungar. berittenen Aufgebots, seit dem 17.Jh. der leichten ungar. Kavallerie. In der 2. Hälfte des 17.Jh. und im 18.Jh. führten auch andere Staaten die H. bei ihren Streitkräften ein. Die H.-Uniform war charakterisiert durch Pelzmütze (Kalpak) oder Flügelkappe sowie den Dolman als Rock.

Hu Shi [-ˈʃi] (Hu Shih), chines. Schriftsteller und Gelehrter, *Schanghai 17.12.1891, †Taipeh 24.2.1962; einer der Führer der Bewegung zur Verwendung der Umgangssprache in der Literatur.

Husky [ˈhʌskɪ; engl. »stämmig«] der (Siberian Husky), aus Sibirien stammende, in Nordamerika verbreitete Haushunderasse; lebhafter Schlittenhund mit üppiger Behaarung. Schulterhöhe: 51–60 cm.

Husle [slaw.] die, ein von der mittelalterl. Fiedel abstammendes Streichinstrument der Lausitzer Sorben.

Huß, Johannes, tschech. Theologe und Reformator ↑Hus, Jan.

Husse (Housse) [frz.] die, dekorativer textiler Überwurf für Sitzmöbel.

Hussein [-ˈeɪ-], Saddam, ↑Husain, Saddam.

Husserl, Edmund, Philosoph, *Proßnitz (heute Prostějov) 8.4.1859, †Freiburg im Breisgau 27.4.1938; seit 1901 Prof. in Göttingen, seit 1916 in Freiburg im Breisgau. Er wandte sich gegen Psychologismus, Historismus und Szientismus und schuf eine analyt. und zugleich intuitive Wiss. von dem, was im Bewusstsein an gültigen Strukturen aufweisbar ist (↑Phänomenologie). Aus dem »reinen Bewusstsein« lasse sich die objektive Welt ableiten. Zu den »Phänomenen«, der Wesensstruktur des Bewusstseins und zur transzendentalen Sphäre gelangte H. durch eine Folge immer radikalerer (irrationaler, intuitiver) Reduktionsschritte. Seine Lehre war von großem Einfluss auf die Philosophie, auch auf Kunst- und Literaturwissenschaft. – **H.-Archiv** in Löwen.

Werke: Log. Untersuchungen, 2 Bde. (1900–01); Philosophie als strenge Wiss. (1911); Ideen zu einer reinen Phänomeno-

logie... (1913); Formale und transzendentale Logik (1929).
📖 *Bernet, R., u. a.: E. H. Darstellung seines Denkens.* Hamburg ²1996. – *Prechtl, P.: E. H. zur Einführung.* Hamburg ³2002.

Hussiten, von J. Hus abgeleiteter Name für versch., ihrer Zielsetzung nach unterschiedl. kirchenreformer. bzw. revolutionäre Bewegungen in Böhmen. Gemeinsames religiöses Symbol war der ↑Laienkelch als Zeichen eines bibelgemäßen Verständnisses der Eucharistie. Die beiden wichtigsten Richtungen der H. wurden gebildet durch die von Adel und Bürgertum getragenen so genannten **Kalixtiner** (zu lat. calix »Kelch«) bzw. **Utraquisten** und die von den Unterschichten getragenen sozialrevolutionär-chiliast. **Taboriten** (nach dem Berg ↑Tabor). Die Kalixtiner forderten in den »Vier Prager Artikeln« von 1420 freie Predigt, Laienkelch, Säkularisation des Kirchenguts, Verzicht des Klerus auf Reichtum und polit. Macht und strenge Kirchenzucht; die Taboriten darüber hinaus Gütergemeinschaft, die Abschaffung der kirchl. Einrichtungen und Gebräuche und die Aufrichtung des Reiches Gottes durch Waffengewalt. 1419 begannen die **H.-Kriege,** deren bedeutendster Führer auf der Seite der Taboriten J. Žižka z Trocnova war. Nach der Schlacht bei Taus (1431) erkannte das Basler Konzil 1433 in den »Prager Kompaktaten« die Forderungen der »Vier Prager Artikel« weitgehend an; die weiterhin kämpfenden Taboriten wurden 1434 bei Lipan von dem vereinten Heer der Utraquisten und kaiserlich-kath. Truppen geschlagen. Teile der taborit. Tradition leben in den ↑Böhmischen Brüdern fort.

Husten, der mechan. Säuberung von Luftröhre und Bronchien dienendes willkürl. oder unwillkürl. (reflexhaftes) Ausstoßen der Luft durch plötzl. Öffnen der Stimmritze unter dem Ausatemdruck; eingeatmete Fremdkörper sowie Bronchialschleim werden nach außen befördert.

Hustenmittel, i. w. S. alle Arzneimittel zur Behandlung des Hustens, einschl. der auswurfördernden Mittel (↑Expektorenzien); i. e. S. hustenstillende Mittel (**Antitussiva, Hustensedativa**), die den Hustenreiz hemmen, indem sie die Erregbarkeit des Hustenzentrums im Gehirn dämpfen, z. B. Codein.

Hustle [ˈhʌsl, engl.] *der,* in den 70er-Jahren beliebter Linientanz, bei dem die Tanzenden in Reihen stehen und bestimmte Schrittfolgen ausführen.

Huston [ˈhjuːstn], John, amerikan. Filmregisseur, *Nevada (Mo.) 5. 8. 1906, †Newport (Mass.) 28. 8. 1987; Vertreter des film. Realismus; drehte u. a. »Moby Dick« (1956), »Nicht gesellschaftsfähig« (1960) und »The Dead« (1987).

Husum, Krst. des Kr. Nordfriesland, Schlesw.-Holst., Hafen an der W-Küste, am Rande der Geest, 21 500 Ew.; kultureller und wirtsch. Mittelpunkt Nordfrieslands; Amt für Land- und Wasserwirtschaft; Nordfries. Museum, Freilichtmuseum; Werft, Fischerei. – Schloss (1577–82), klassizist. Marienkirche. – Ersterwähnung 1252; seit 1603 Stadt.

Hut, 1) *Mode:* Kopfbedeckung für Männer und Frauen, bestehend aus Kopfteil und meist einer Krempe. – *Geschichte:* In der Antike dienten Hüte mehr dem Sonnenschutz. Im MA. entwickelten sich v. a. in Burgund und Italien H. und Hauben, oft mit Pelzwerk, Perlen, Schleifen oder Pfauenfedern geschmückt, bes. bekannt der hohe spitze ↑Hennin der Damen, die Rund-H. der Herren. Eine Sonderform war der seit dem 12. Jh. auf Bildern nachgewiesene, meist gelbe, spitze Juden-H. Im 16. Jh. setzte sich das Barett durch. Um 1650 kam der fast krempenlose span. H., die Toque, mit hohem, steifem Kopf für beide Geschlechter auf. In den Niederlanden beschrieb der breitkrempige weiche Rembrandt- oder ↑Rubenshut das Bild. Während die Frau nach der Jahrhundertmitte kaum noch einen H. trug, entwickelte sich beim Männer-H. der ↑Dreispitz, der fast das ganze 18. Jh. in Mode blieb. Gegen Ende des 18. Jh. kamen der Zweispitz und Zylinder sowie ein weicher, runder Filz-H. (»Werther-H.«). Nach dem engl. Gainsborough-H. (ben. nach dem Maler T. Gainsborough) mit breiter, schwingender Krempe in den 1780er-Jahren brachte das Biedermeier den Schuten-H. hervor. Es folgten kleine Kapotten (↑Kiepenhut). Seit dem späten 19. und dem 20. Jh. gehören zur Herrenmode der ↑Bowler, der Homburg und der Filz-H. mit Triangelbeule. Nach den ausladenden Frauen-H. zu Beginn des 20. Jh. wurden in den 1920er-Jahren eng anliegende, randlose Topf- und Glocken-H. modern. Für die ausgefallenen H.-Kreationen

der 1930er- und 40er-Jahre war E. Schiaparelli ideengebend, während ein Jahrzehnt später C. Dior breitrandige, flache Teller-H. oder kleine H.-Spangen lancierte. Anfang der 1960er-Jahre brachte Jacqueline Kennedy die kleinen, am Hinterkopf getragenen Pillbox-H. in Mode. Seither ist der Frauen-H. – mit kurzlebigen Ausnahmen – aus der Mode gekommen. (↑Kleidung)
2) *Petrologie:* (eiserner Hut), ↑Oxidationszone.
Hutcheson [ˈhʌtʃɪsn], Francis, irischschott. Philosoph, *Drumalig (Nordirland) 8. 8. 1694, † Glasgow 1746; Moralist, einer der Gründer der Schott. Schule (↑englische Philosophie); beeinflusste durch seine Ästhetik u. a. Kant, durch seine Ethik A. ↑Smith. H. prägte den Begriff der allg. Wohlfahrt (↑Utilitarismus).
Hutpilze, Bez. für ↑Ständerpilze mit meist hutförmigem Fruchtkörper.
Hutschlangen, die ↑Kobras.
Hütte, 1) *allg.:* einfachste und wenig dauerhafte Behausung aus Holz, Lehm, Flechtwerk. Die H. gehört neben den Höhlenwohnungen zu den ältesten menschl. Wohnstätten und wurde erst in der Jungsteinzeit vom festeren Haus abgelöst; im Gebirge werden als Berg-, Schutz-, Ski-H. kleinere stabile Gebäude mit einfacher Ausstattung und Übernachtungsmöglichkeit bezeichnet.
2) *Industrie:* (Hüttenwerk), industrielle Anlage zur Gewinnung und teilweisen Weiterverarbeitung metall. (z. B. Eisen, Kupfer, Blei) oder nichtmetall. Werkstoffe (Schwefel, Glas, Ziegel), i. d. R. durch Anwendung therm. Verfahren.
3) *Schifffahrt:* von Bord zu Bord reichender Aufbau auf dem hinteren Deck, oft auch **Poop** genannt.
Hutten, Ulrich von, Reichsritter und Humanist, *Burg Steckelberg (bei Schlüchtern) 21. 4. 1488, † Insel Ufenau im Zürichsee 29. 8. (?) 1523; bis 1505 in der Klosterschule in Fulda erzogen, führte danach ein Vagantenleben an dt. und italien. Universitäten. Gegen Herzog Ulrich von Württemberg veröffentlichte er lat. Anklageschriften und beteiligte sich 1519 an dessen Vertreibung. 1517 wurde H. von Maximilian I. zum Dichter gekrönt. Er stellte seine publizist. Tätigkeit in den Dienst Reuchlins als Mitarbeiter an den ↑Dunkelmännerbriefen. Leidenschaftl. Kampfansagen gegen das Papsttum verband er mit nat. Forderungen, trat für Luther ein und verband sich mit Franz von Sickingen. Nach der gescheiterten Reichsreform floh er in die Schweiz.
📖 *Gräter, C.: U. v. H. Stuttgart 1988.* – *Rueb, F.: Der hinkende Schmiedegott Vulkan. U. v. H. Zürich 1988.*
Hüttenbims, ↑Hochofenschlacke.
Hüttenrauch, die mit Flugstaub vermischten Abgase aus metallurg. Öfen, die u. a. Schwefel- und Arsenoxide sowie leichtflüchtige Metalle enthalten. H. ist stark umweltgefährdend und wird daher heute einer Entstaubung und Rauchgasreinigung unterzogen.
Hüttental, ehem. Stadt in NRW, seit 1975 zu ↑Siegen.
Hüttenwardein, ↑Wardein.
Hüttenwerk, ↑Hütte.
Hüttenwolle (früher Schlackenwolle, Schlackenfaser), meist aus ↑Hochofenschlacken nach dem Düsenblasverfahren erblasene Mineralfasern; v. a. als Dämmstoff verwendbar.
Hutter, 1) (Huter), Jakob, Täufer, † (verbrannt) Innsbruck 25. 2. 1536; Gründer einer Täufergemeinschaft in Tirol (**Hutterer**), die sich ab 1528 in Mähren (nach der Gegenreformation vertrieben) niederließ und dort ein Ideal urchristl. Gütergemeinschaft lebte. Heute zählt die Gemeinschaft rd. 30 000 Gemeindeglieder in den USA und in Kanada. (↑Habaner)
📖 *Längin, B. G.: Die Hutterer. Neuausg. München 1991.* – *Brednich, R. W.: Die Hutterer. Eine alternative Kultur in der modernen Welt. Freiburg im Breisgau u. a. 1998.*
2) Wolfgang, österr. Maler und Grafiker, *Wien 13. 12. 1928; gehört zur ↑Wiener Schule des phantastischen Realismus.
Hutu (Bahutu), eine Ackerbau treibende Bantugruppe in ostafrikan. Zwischenseengebiet, etwa 12 Mio.; heute in Ruanda und Burundi führende Bev.gruppe; Flüchtlinge in den Nachbarländern. Der weit in die Geschichte zurückreichende Konflikt mit den ↑Hima prägt die gesellschaftl. Entwicklung beider Staaten.
Hutung (Trift), ertragarmes Weideland, meist Schafweide.
Huxelrebe, früh reifende Weißweinrebe, Kreuzung zw. Gutedel und Courtillier musqué; liefert volle Weine mit dezentem Muskatbukett.
Huxley [ˈhʌkslɪ], **1)** Aldous, engl. Schrift-

huygenssches Prinzip · HUY

steller und Kritiker, *Godalming (Cty. Surrey) 26. 7. 1894, †Los Angeles (Calif.) 22. 11. 1963, Bruder von 2) und 3), Enkel von 4); ab 1937 in Kalifornien; verfasste in geschliffener, präziser Sprache satirisch-realist. Romane, z. B. »Parallelen der Liebe« (1925), »Kontrapunkt des Lebens« (1928), stellte den Fortschrittsglauben mit desillusionierenden Bildern einer zukünftigen automatisierten Welt bloß (»Schöne neue Welt«, 1932; »Affe und Wesen«, R., 1948) und schuf einen Gegenentwurf (»Eiland«, 1962). In den späteren Werken beschäftigte sich H. mit philosoph. Problemen (»Die ewige Philosophie«, 1944). 1958 erschien »Dreißig Jahre danach oder Wiedersehen mit der wahren neuen Welt«.

2) Andrew Fielding, brit. Physiologe, *London 22. 11. 1917, Bruder von 1) und 3), Enkel von 4); erkannte in Zusammenarbeit mit A. L. Hodgkin, dass die Nervenmembranen nur für bestimmte Ionen durchlässig sind. Damit gelang ihnen auch der Nachweis einer Auslösung und Weiterleitung von Aktionspotenzialen durch Ionenverschiebung an den Nervenzellmembranen; erhielt 1963 (mit Hodgkin und J. C. Eccles) den Nobelpreis für Physiologie oder Medizin.

3) Sir (seit 1958) Julian Sorell, engl. Biologe und Schriftsteller, *London 22. 6. 1887, †ebd. 14. 2. 1975, Bruder von 1) und 2), Enkel von 4); 1946–48 Generaldirektor der UNESCO; befasste sich v. a. mit Problemen des Bev.wachstums und der Welternährung.

4) Thomas, engl. Zoologe, *Ealing (heute zu London) 4. 5. 1825, †London 29. 6. 1895, Großvater von 1), 2) und 3); bed. Arbeiten zur vergleichenden Anatomie der Wirbellosen und der Wirbeltiere; vertrat die Abstammungslehre Darwins.

Huy [hy:] (Huywald) *der,* schmaler, bewaldeter Höhenzug aus Muschelkalk und Buntsandstein im nördl. Harzvorland, Sa.-Anh., bis 314 m ü. M.; Kloster **Huysburg** (roman. Basilika), 1803 säkularisiert, 1972 als Benediktinerpriorat neu errichtet.

Hu Yaobang, chines. Politiker, *Liuyang (Prov. Hunan) 1915, †Peking 15. 4. 1989; ab 1949 enger Mitarbeiter Deng Xiaopings, ab 1956 Mitgl. des ZK der KP, im Zuge der »Kulturrevolution« ab 1966 politisch verfolgt, ab 1978 Mitgl. des Politbüros, war 1980–87 Mitgl. des Ständigen Ausschusses des Politbüros der KP, 1980–87 Gen.-Sekr. (1981–82 Vors.) des ZK der Partei. Reformpolitisch orientiert; trat nach Studentenunruhen 1987 als Gen.-Sekr. zurück.

Huygens [ˈhɔjgəns, niederländ. ˈhœjxəns], Christiaan, niederländ. Physiker und Mathematiker, *Den Haag 14. 4. 1629, †ebd. 8. 7. 1695; begründete die Wellenlehre des Lichts und fand mithilfe des ↑huygensschen Prinzips die Erklärung für Reflexion und Brechung. Außerdem berechnete er die Gesetze des elast. Stoßes, des physikal. Pendels, erfand die Pendeluhr sowie die Federuhr mit Unruh, entdeckte die Polarisation des Lichts und gab die Erklärung der Doppelbrechung von Kalkspat. Mithilfe seiner selbst gebauten Fernrohre gelang H. u. a. die Entdeckung eines Saturnmonds, des Saturnrings und die erste Beobachtung des Orionnebels.

Huygens [ˈhɔjgəns], *Astronomie:* europ. Sonde der Mission ↑Cassini.

huygenssches Prinzip [ˈhɔjgəns-], von C. Huygens 1690 veröffentlichte, auf mechanischer Grundlage beruhende Theorie für die Ausbreitung von (Licht-)Wellen: Jeder in einem isotropen Medium von einer Wellenfront getroffene Punkt kann als Ausgangspunkt einer kugelförmigen Elementarwelle aufgefasst werden, die sich mit der gleichen Geschwindigkeit ausbreitet wie die Primärwelle; die Einhüllende al-

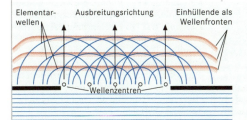

huygenssches Prinzip: Bildung paralleler Wellenfronten an einem breiten Spalt durch Überlagerung der von mehreren Ausgangspunkten (Wellenzentren) ausgehenden Elementarwellen

557

HUY Huysmans

Hvar: Blick über die Insel und auf deren gleichnamigen Hauptort

ler Elementarwellen ist die neue Wellenfront. Mit dem h. P. lassen sich Brechung und Beugung von Licht anschaulich deuten. – Unter Einbeziehung der Interferenz der Elementarwellen mit versch. Gangunterschieden erweiterte A. J. Fresnel das h. P. (**Huygens-Fresnel-Prinzip**).

Huysmans, 1) [ˈhœjs-], Camille, belg. Politiker, * Bilzen (Prov. Limburg) 26. 5. 1871, † Antwerpen 25. 2. 1968; war 1905–22 Sekretär des Internat. Sozialist. Büros der Zweiten Internationale, 1946–47 Ministerpräsident.
2) [ɥisˈmɑ̃s], Joris-Karl, eigtl. Georges Charles H., frz. Schriftsteller, * Paris 5. 2. 1848, † ebd. 12. 5. 1907; bed. Vertreter des Ästhetizismus (»Gegen den Strich«, 1884; »Tief unten«, 1891).

Huysum [ˈhœjsəm], Jan van, holländ. Maler, * Amsterdam 15. 4. 1682, † ebd. 8. 2. 1749; schuf v. a. Frucht- und Blumenstücke in hervorragender Technik.

Huzulen, ukrain. Volksgruppe (Hirten, Flößer) im südöstl. Teil der Waldkarpaten, bis nach Ungarn und in die Bukowina.

HVA, Abk. für **H**aupt**v**erwaltung **A**ufklärung, die für Spionage und ihre Abwehr zuständige Organisation (Nachrichtendienst) innerhalb des Staatssicherheitsdienstes der DDR.

Hvar (italien. Lesina), Insel in der Adria, Kroatien, 300 km²; Oliven, Wein, Feigen, Rosmarin, Lavendel; Fischerei, Fremdenverkehr; Hauptort und Hafen: H. (kath. Bischofssitz; venezianisch geprägte Altstadt).

Hviezdoslav [ˈhvjɛzdɔlau], eigtl. Pavol Országh, slowak. Dichter, * Vyšný Kubín (bei Dolný Kubín) 2. 2. 1849, † Dolný Kubín (bei Ružomberok) 8. 11. 1921; lyr. Gedichte, Versepen mit bibl. Stoffen und Themen aus dem slowak. Volksleben; Übersetzungen (Goethe, Schiller, Shakespeare).

H. W., Meister, Bildhauer, ↑Witten, Hans.

Hwaiho, Fluss in China, ↑Huai He.

Hwange [hwaŋge] (bis 1982 Wankie), Bergbaustadt in W-Simbabwe, 750 m ü. M., 42 200 Ew.; H. liegt auf einer Steinkohlenlagerstätte. – Südlich von H. der **H.-Nationalpark** (14 651 km²).

Hwangho [»Gelber Fluss«] *der* (Huangho, Hoangho, Huang He, Gelber Fluss), zweitlängster Strom Chinas (4 845 km), entspringt im NO des Hochlandes von Tibet, fließt in großen Windungen am S-Rand der Gobi und um das Ordosplateau herum in die Große Ebene. Von allen Flüssen der Erde hat der H. die höchste Schlammführung. Seine gelbe Farbe rührt von den Sinkstoffen her, die er auf seinem Lauf durch die Lössprovinzen Gansu, Shaanxi und Shanxi aufnimmt (jährlich fast 1 Mrd. m³) und im Unterlauf in der Großen Ebene ablagert oder ins Meer führt. Dadurch liegt der eingedeichte Fluss stellenweise bis zu 10 m über dem benachbarten Land und hat wiederholt in der chines. Geschichte sein Umland verheerend überschwemmt und seinen Lauf häufig verlegt. Seine Mündung in das

Hybridantrieb HYB

Gelbe Meer wechselte zw. nördlich und südlich der Halbinsel Shandong. Zahlr. Staustufen (u. a. Liujiaxia, Sanmen [seit 1961; 250 MW], Longyanxia, Xiaolangdi [seit 1994 im Bau; 1 800 MW]) wurden im H. und seinen Nebenflüssen gebaut, ausgedehnte Bewässerungssysteme angelegt. Wegen zahlr. Untiefen ist der H. für die Schifffahrt nur bedingt geeignet; über den Kaiserkanal besteht Verbindung mit dem Jangtsekiang.

HWWA – Institut für Wirtschaftsforschung – Hamburg, unabhängiges Wirtschaftsforschungsinst., gegr. 1908 als Zentralstelle des Kolonialinst., 1921 umbenannt in Hamburgisches Welt-Wirtschafts-Archiv, seit 1970 jetziger Name; Sitz Hamburg; Forschungsschwerpunkte: Konjunktur, öffentl. Finanzen, Geld, Wirtschaftsstruktur, internat. Finanzen und Wirtschaftsbeziehungen, Regionalökonomie und -politik; umfangreiche Bibliotheks- und Archivbestände.

Hyaden [grch.], **1)** *Astronomie:* (Regengestirn), mit bloßem Auge sichtbarer offener Sternhaufen im Sternbild Stier in der Umgebung des Sternes Aldebaran. **2)** *grch. Mythos:* Nymphen, die von Zeus in ein Sternbild verwandelt wurden.

Hyakinthos, *grch. Mythos:* ein schöner Jüngling aus Sparta, den Apoll liebte und durch einen unglückl. (von dem eifersüchtigen Zephir gelenkten) Diskuswurf tötete. Aus seinem Blut entspross die nach ihm benannte Blume »Hyazinthe«.

hyalin [grch. hýalos »durchsichtiger Stein«], glasartig, durchscheinend.

Hyalit [grch.] *der,* der Glasopal (↑Opal).

Hyaloplasma, flüssige, klare Grundsubstanz des ↑Zytoplasmas.

Hyaluronsäure, Mucopolysaccharid, das im Bindegewebe vorkommt, dieses verfestigt und in der Gelenkflüssigkeit die Funktion eines Gleitmittels hat. H. reguliert die Zellpermeabilität und verhindert das Eindringen von Mikroorganismen.

Hyänen [zu grch. hŷs »Schwein«] (Hyaenidae), Raubtierfamilie; 1–1,6 m körperlange Tiere mit stark abfallendem Rücken; vorwiegend Aasfresser mit kreischender Stimme und überwiegend nächtl. Lebensweise mit drei Arten: die afrikanisch-südasiat. **Streifen-H.** (Hyaena hyaena), die süd- und ostafrikan. gefleckte **Tüpfel-H.** (Crocuta crocuta), die einfarbig braune **Schabracken-H. (Strandwolf,** Hyaena brunnea) Südafrikas.

Hyazinth [nach Hyakinthos] *der,* gelbroter ↑Zirkon.

Hyazinthe [nach Hyakinthos] *die* (Hyacinthus), Liliengewächsgattung aus dem Mittelmeergebiet und dem Orient. Die **Orientalische H.** (Hyacinthus orientalis) mit schmalen Blättern und traubig stehenden glockenförmigen, urspr. dunkelblauen Blüten ist Stammpflanze der stark duftenden **Garten-H.** mit vielen Sorten.

hybrid [lat.], von zweierlei Herkunft.

Hybridantrieb, der Antrieb eines Fahrzeugs durch zwei oder mehrere Antriebsarten, um deren jeweilige Vorteile zu nutzen. Dadurch ist der Kraftstoffverbrauch geringer, die Energienutzung effektiver und die Schadstoffemission geringer. Die größte Bedeutung hat die Kombination von Elektro- und Verbrennungsmotor.

Hybridantrieb: Hybridauto Toyota Prius mit Elektro- und Benzinmotor

HYB Hybride

Zwei Varianten werden unterschieden: Der **parallele H.** nutzt einen Elektromotor und einen Verbrennungsmotor mit voneinander unabhängigem Betrieb; beim **reihengeschalteten H.** erfolgt der Antrieb mit Elektromotor, der Verbrennungsmotor dient nur zum Aufladen der Batterie. Es sind bereits mehrere Serienfahrzeuge (»Hybridautos«) auf dem Markt. – In der Raketentechnik findet der **Hybridraketenantrieb (Lithergolantrieb)** Verwendung, der eine Kombination von Flüssigkeits- und Feststoffraketenantrieb darstellt (↑Raketentriebwerk, ↑Raketentreibstoff).
Hybride [lat.] *die,* auch *der,* Mischling, ↑Bastard.
Hybridflügel (Strake-Flügel), bei militär. Hochleistungsflugzeugen zunehmend verwendete Pfeilflügelform mit in der Nähe des Rumpfs weit zur Rumpfspitze vorgezogenen Flügelvorderkanten (engl. »strakes«). H. verbinden die Vorteile des schwach gepfeilten Flügels im Unterschallbereich mit denen des ↑Deltaflügels im Überschallbereich.
Hybridisierung, 1) [lat.] *die, Genetik:* svw. ↑Hybridzüchtung, Kreuzung zw. erbungleichen Partnern.
2) *Molekularbiologie:* Bez. für die Reaktion zw. zwei komplementären Nucleinsäureeinzelsträngen unter Bildung eines Nucleinsäuredoppelstrangs. Experimentell dient die H. dem Nachweis verwandter (komplementärer) Nucleinsäuren zur Genlokalisation und zur Identifizierung unbekannter DNA- bzw. RNA-Stücke.
Hybridmotor, Verbrennungsmotor mit charakterist. Merkmalen von Otto- und Dieselmotor; die Anwendung ist auf wenige Sonderfälle (z. B. militär. Einsatz) beschränkt.
Hybridomtechnik (Hybridomatechnik), *Molekularbiologie:* spezielle Hybridisierungsmethode zur Herstellung ↑monoklonaler Antikörper.
Hybridrechner, komplexe Rechenanlage, die die Arbeitsweisen von Analogrechnern mit Digitalrechnern vereinigt, somit die Vorteile beider Verfahren ausnutzt. H. werden u. a. zur Simulation komplexer dynam. Systeme und zur Lösung von partiellen Differenzialgleichungen eingesetzt.
Hybridsaatgut, Saatgut hochleistungsfähiger Sorten, aus jährlich neuer Kreuzung von zwei versch. Elternsorten entstanden.
Hybridschaltung, eine Schaltung, bei der integrierte und diskrete Schaltkreise zu einer Baueinheit zusammengefasst sind; auch Bez. für Schaltungen, die Schaltkreise in Dickschicht- und Dünnschichttechnik in sich vereinen.
Hybridzüchtung (Heterosiszüchtung), in der landwirtsch. Tier- und Pflanzenzüchtung häufig angewandtes Züchtungsverfahren zur Erzielung einer hohen markt- oder betriebsgerechten tier. oder pflanzl. Produktion durch ↑Heterosis.
Hybris [grch. »Übermut«, »Stolz«; »Frevel«, »Trotz«] *die,* in der antiken Ethik die Selbstüberhebung des Menschen, bes. gegenüber den Göttern, deren Neid, Zorn und Verachtung sie herausfordert; ein Leitmotiv der grch. Tragödie.
Hydantoin *das* (2,4-Dioxoimidazolidin), kristalline heterozykl. Verbindung, wird u. a. zur Synthese von Aminosäuren verwendet. Einige Derivate haben Bedeutung als Antiepileptika.
Hyd|arthros, der ↑Gelenkerguss.
Hydathoden [grch.], Blattöffnungen bei Pflanzen zur Abgabe von Wasser.
Hyde [haɪd], Douglas (ir. Dubhglas de h'Ide), ir. Sprachwissenschaftler und Politiker, *Frenchpark (Roscommon) 17. 1. 1860, †Dublin 12. 7. 1949; Mitbegründer und Präs. (1893–1915) der »Gaelic League«; bemühte sich um die Wiederbelebung der ir. Sprache und der alten ir. Kultur; 1938–45 erster Präs. der Rep. Irland.
Hydepark [ˈhaɪdpɑːk], Parkanlage im Westend von London, zus. mit den westlich anschließenden Kensington Gardens die ausgedehnteste Grünfläche Londons (249 ha); beide Anlagen werden durch einen künstl. See **(The Serpentine)** voneinander getrennt. Berühmt ist **Speaker's Corner** an der NO-Ecke des H. als Ort freier Meinungsäußerung.
Hyderabad [ˈhaɪ-], **1)** (Haiderabad), Hptst. von Andhra Pradesh, Indien, am Musi, einem Nebenfluss des Krishna, 3,45 Mio. Ew., als Agglomeration 5,53 Mio. Ew.; kath. Erzbischofssitz; kulturelles Zentrum auf dem Dekhan mit zwei Univ., landwirtsch. Univ., TU, mehreren Forschungsinstituten, Zentrum der Informationstechnologie, Goethe-Inst., Museen; elektron., Teppich-, Textilind. u. a.; internat. Flughafen. – Von einer zwölftorigen Mauer trapezförmig umschlossene Altstadt, mit Torbau Car Minar mit vier Mi-

naretten (1591), Jami Masjid (älteste Moschee der Stadt, 1598), Hauptmoschee Mekka Masjid (1614–87), Chaumallapalast (18. Jh.); charakterist. Windtürme auf den Hausdächern. – Das 1589 gegr. H. gehörte ab 1687 zum Mogulreich, wurde 1724 Hptst. eines von Asaf Jah († 1748) begr. unabhängigen Staates, den bis 1947/48 ein ↑Nisam regierte; nach Besetzung durch ind. Truppen 1948 in die Ind. Union eingegliedert und 1956 nach sprachl. Gesichtspunkten auf die Gliedstaaten Andhra Pradesh, Bombay und Madras aufgeteilt.
2) Stadt in S-Pakistan, am Indus, 800 000 Ew.; landwirtsch. Univ.; Textil-, Metall-, Leder- u. a. Industrie.

hydr..., hydro... [grch.], **1)** *allg.:* wasser..., flüssigkeits...
2) *Chemie:* Vorsilbe, die meist die Gegenwart von Wasserstoff ausdrückt, z. B. Hydrochinon.

Hydra [grch.] *die,* **1)** *Astronomie:* lat. Name des Sternbilds Weibl. ↑Wasserschlange.
2) *grch. Mythos:* ein neunköpfiges Ungeheuer, das im Sumpf von Lerna bei Argos (**Lernäische Schlange**) lebte; von Herakles getötet.
3) *Zoologie:* Tiergatt., ↑Süßwasserpolypen.

Hydra (ngrch. Ydra), Insel Griechenlands vor der O-Küste von Argolis, 50 km² groß, 2400 Ew., Hafenstadt H. an der N-Küste.

Hydrangea, die Pflanzengatt. ↑Hortensie.

Hydrant [grch.] *der,* Stelle zur Wasserentnahme aus dem öffentl. Versorgungsnetz v. a. für Feuerwehr und Straßenreinigung. Anzahl, Beschilderung, Wartung u. a. sind vorgeschrieben.

Hydrargillit [grch.-lat.] *der* (Gibbsit), weißes monoklines Mineral, Al(OH)$_3$, meist radialfaserige und schuppige Aggregate; als Bestandteil der Bauxite und Laterite wichtiger Aluminiumrohstoff.

Hydrat [grch.] *das,* durch Hydratation entstandene Verbindung, in der das Wasser durch elektrostat. Kräfte an Moleküle oder Ionen gebunden oder als ↑Kristallwasser in einen Festkörper eingebaut ist, z. B. Glaubersalz, Na$_2$SO$_4$ · 10 H$_2$O, im Unterschied zum wasserfreien Natriumsulfat, Na$_2$SO$_4$. Die H.-Bildung ist mit Abgabe von **Hydratationswärme** verbunden. – Die sog. **Gas-H.** sind keine H., sondern ↑Einschlussverbindungen.

Hydratation *die* (Hydration, Hydratisierung), Anlagerung von Wassermolekülen an Ionen, Moleküle oder Kolloidteilchen unter Bildung von ↑Hydraten; ein Spezialfall der ↑Solvatation. Die H. ist u. a. bei der Verwitterung von Gesteinen und beim Abbinden von Zement von Bedeutung.

Hyderabad 1): Car Minar, Höhe 60 m (1591)

Hydraulik [grch.] *die,* urspr. Teilgebiet der Strömungslehre; behandelte eindimensionale Strömungen inkompressibler Flüssigkeiten. Heute versteht man unter H. bes. die techn. Verfahren und Anlagen zur Kraftübertragung mittels Hydraulikflüssigkeiten in geschlossenen Leitungssystemen. Die hydraul. Kraftübertragung wird vielfältig angewendet; z. B. im Fahrzeug- und Werkzeugmaschinenbau für Steuer-, Regel-, Antriebs- und Bremsvorrichtungen; für Hub- und Kippeinrichtungen bei Fahrzeugen, Schleppern und Hebezeugen aller Art sowie in anderen techn. Bereichen, z. B. in der Bühnentechnik.

Hydraulikflüssigkeiten, Flüssigkeiten, die zur hydrostat. Kraftübertragung verwendet werden. Außerdem dienen H. zur Kühlung, Schmierung und zum Korrosionsschutz. Die größte Bedeutung haben **Mineralöle,** die durch Additive dem jeweiligen Verwendungszweck angepasst werden. **Bremsflüssigkeiten** für hydraul. Kfz-Bremsen bestehen i. Allg. aus ↑Glykolen oder ↑Glykoläthern.

hydraulischer Widder

hydraulischer Widder (Stoßheber), die Bewegungsenergie strömenden Wassers ausnutzende Pumpe zum period. Wassertransport. Dabei strömt eine große Wassermenge durch ein von einem Zusatzgewicht offen gehaltenes Absperrventil, bis das hindurchströmende Wasser dieses so plötzlich schließt, dass durch die rücklaufende Druckwelle Wasser über ein Druckventil in die Förderleitung gedrückt wird; nach Öffnen des Absperrventils (Druckabfall) beginnt ein neuer Arbeitszyklus. – Der h. W. wurde 1796 von M. J. de Montgolfier erfunden.

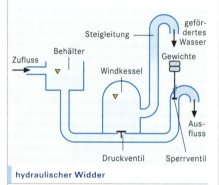

hydraulischer Widder

Hydrazin [grch.] *das* (Diamid), H_2N-NH_2, farblose, an der Luft rauchende, mit Wasser mischbare Flüssigkeit, die sich in der Wärme und unter dem Einfluss von Metallkatalysatoren zersetzt. – H. ist ein starkes Reduktionsmittel. Es wurde früher v. a. als Raketentreibstoff genutzt, heute meist als Korrosionsschutzmittel für Kesselspeisewasser. – H. hat sich im Tierversuch als karzinogen erwiesen.

Hydria [grch. »Wasserkrug«] *die,* im antiken Griechenland ein vasenförmiges Wassergefäß mit einem senkrechten und zwei waagerechten Henkeln.

Hydride [grch.], chem. Verbindungen, die Wasserstoff und ein weiteres Element (Metall oder Nichtmetall) enthalten. Je nach Bindungsart unterscheidet man salzartige, kovalente und metall. Hydride.

Hydrierung [grch.] *die,* Anlagerung von Wasserstoff an chem. Verbindungen, die durch hohen Druck und niedrige Temperaturen begünstigt wird. Zur Aktivierung des Wasserstoffs sind Katalysatoren erforderlich. Technisch bed. ist u. a. die H. von Benzol zu Cyclohexan, von Nitrobenzol zu Anilin, von ungesättigten Fettsäuren zu gesättigten Fettsäuren (Fetthärtung).

hydro..., ↑hydr...

Hydrobiologie, Wiss. von den im Wasser lebenden Organismen, ihren Lebensgemeinschaften und ihren Beziehungen zum Wasser als Umwelt.

Hydrochinon [grch.] *das* (1,4-Dihydroxybenzol), $C_6H_4(OH)_2$, zweiwertiges Phenol, wird in der Fotografie als Entwickler und mit seinen Derivaten als Antioxidans und Polymerisationsinhibitor verwendet.

Hydrochorie [-ko-, grch.] *die,* Verbreitung von Pflanzenfrüchten und -samen durch das Wasser.

Hydrocortison, das ↑Cortisol.

Hydrocracken [-krækən] *das,* Verfahren zur Spaltung von Kohlenwasserstoffen in Gegenwart von Wasserstoff; wird u. a. für die Umwandlung von hochsiedenden Erdölfraktionen in Benzin verwendet, liefert schwefelfreie, gesättigte Produkte.

Hydrodynamik, Teilgebiet der Strömungslehre, das sich mit der Strömung inkompressibler Flüssigkeiten sowie mit Gasströmungen befasst, wenn deren Geschwindigkeit, verglichen mit der Schallgeschwindigkeit, gering ist. Im Grenzfall der Ruhe reduziert sich die H. zur Hydrostatik; Gasströmungen hoher Geschwindigkeit werden in der Aerodynamik behandelt.

hydrodynamischer Wandler, ↑Druckmittelgetriebe.

hydrodynamisches Paradoxon, die Erscheinung, dass eine bewegl. Platte (Kugel u. a.) nicht abgestoßen, sondern angezogen wird, wenn man durch eine in der Mitte durchbohrte parallel befindl. zweite Platte eine Flüssigkeit oder ein Gas einströmen lässt. Das h. P. lässt sich mit dem im Vergleich zum Außendruck geringeren stat. Druck im strömenden Medium erklären.

hydro|elektrisches Bad, ein Voll- oder Teilbad, durch das galvan., faradayscher oder Wechselstrom geleitet wird; dient zur Behandlung von rheumat. Erkrankungen, chron. Muskel- und Nervenentzündungen sowie Durchblutungsstörungen.

Hydroerdbau, Tiefbau: Teilbereich des Erdbaus, der das Lösen, Fördern und den Einbau von Böden durch Wasser im Spülverfahren umfasst. Der Boden wird von der Entnahmestelle durch Druckwasserstrahl gelöst, unter weiterem Wasserzusatz in Rohrleitungen oder Rinnen zur Einbau-

stelle befördert und dort abgelagert; wird bei Deichbauten und bei der Landgewinnung angewendet.
Hydrofoil ['haɪdrəʊfɔɪl] *das,* engl. Bez. für ↑Tragflügelboot.
Hydroformylierung, die ↑Oxosynthese.
Hydrogamie *die,* Wasserblütigkeit; Bestäubung von Blüten unter Wasser bzw. Übertragung des Pollens durch Wasser.
Hydrogel *das,* aus wässriger, kolloidaler Lösung ausgeschiedener Stoff.
Hydrogen..., Präfix für die Bez. saurer Salze in der anorgan. Chemie, z. B. Hydrogencarbonate.
Hydrogenium [grch.] *das,* der Wasserstoff.
Hydrogeologie (Geohydrologie), Zweig der angewandten Geologie, der sich mit der lagerstättenkundl. Erforschung des Grundwassers sowie mit dem Grundwasserhaushalt befasst. Untersucht werden die Beziehungen des Wassers zum Gestein, dessen Lagerung und Veränderungen der Eigenschaften.
Hydrographie [grch.] *die,* beschreibende ↑Hydrologie.
Hydrokortison, das ↑Cortisol.
Hydrokultur (Wasserkultur, Hydroponik), Bez. für Kultivierungsmethoden von Nutz- und Zierpflanzen in Behältern mit Nährstofflösungen anstelle des natürl. Bodens als Nährstoffträger.
Hydrolakkolith *der,* Bodenaufwölbung in Dauerfrostgebieten, ↑Pingo.
Hydrolasen [grch.], Gruppe von ↑Enzymen.
Hydrologie [grch.] *die,* die Lehre von den Erscheinungsformen des Wassers über, auf und unter der Erdoberfläche. Umfasst neben Hydrobiologie u. a. die Hydrographie (Gewässerkunde) mit den Teilgebieten Grundwasser-, Fluss-, Seen- und Gletscherkunde, i. w. S. auch die Meereskunde.
Hydrolyse [grch.] *die,* Spaltung kovalenter Verbindungen (↑chemische Bindung) durch Wasser. Die H. spielt bes. in der organ. Chemie eine große Rolle, wo sie durch Säuren, Basen oder Enzyme katalysiert wird. Beispiele sind die H. (Verseifung) von Estern (z. B. Fetten) nach folgendem Schema

$$\underset{\text{Ester}}{\text{RCOOR}'} + H_2O \rightleftharpoons \underset{\text{Carbonsäure}}{\text{RCOOH}} + \underset{\text{Alkohol}}{\text{R'OH}}$$

sowie die H. von Glykosiden (zu Zuckern u. a.) und Eiweißstoffen (zu Aminosäuren). Die sog. Salz-H., d. h. die Spaltung der wässrigen Lösung eines Salzes in eine Säure und eine Base, ist die Umkehrung der Neutralisation.
Hydromechanik, Teilgebiet der Kontinuumsmechanik, umfasst die math. Behandlung der Gleichgewichtszustände (↑Hydrostatik) und Strömungsgesetze (↑Hydrodynamik) von kontinuierlich verteilten Gasen und Flüssigkeiten.
Hydromeduse, ↑Hydrozoen.
Hydrometer, ↑Wassermesser.
Hydromikrobiologie, Forschungsgebiet der Meeres- und Binnengewässerökologie, Teilgebiet der ↑Hydrobiologie; befasst sich mit der Bedeutung von Bakterien (Hydrobakteriologie), Pilzen und Hefen für den Stoffhaushalt der Gewässer. Viele Bakterien und Pilze betätigen sich als Destruenten, die totes organ. Material abbauen und mineralisieren, und sind daher wichtig für den Stoffumsatz und die Selbstreinigung der Gewässer.
Hydromorphie *die,* die besondere Ausbildung von Stängeln und Blättern der Wasser- und Sumpfpflanzen, die unter Wasser leben.
Hydromotor (Hydraulikmotor), Bauelement innerhalb einer hydraul. Anlage, das die in einer Pumpe (Hydropumpe) erzeugte hydraul. Energie der Betriebsflüssigkeit in mechan. Energie zurücktransformiert. Je nach Bauart (z. B. Zahnrad-, Flügelzellen-, Kolbenmotor) werden drehende, schwenkende oder geradlinige Bewegungen erzeugt.
Hydromuskovit, ↑Illit.
Hydronephrose [grch.] (Harnstauungsniere, Wassersackniere), irreversibler Nierengewebeschaden mit sackartiger Erweiterung des Nierenbeckenkelchsystems und Gewebeatrophie infolge einer über längere Zeit bestehenden Abflussbehinderung aus der Niere. Die H. bleibt lange symptomlos. Kennzeichen sind v. a. Fieberschübe, Harnweginfektionen, uncharakterist. Kreuzschmerzen.
Hydroperoxide, organ. Verbindungen der allg. Formel R−O−OH; die Benennung erfolgt durch das Präfix **Hydroperoxy...**
hydrophil [grch.], *Chemie, Physik:* Wasser anziehend, in Wasser löslich.
hydrophob [grch.], *Chemie, Physik:* Wasser abstoßend, nicht in Wasser löslich.
Hydrophon [grch.] *das,* ein Seismograph für Messungen auf See, schwimmt im Was-

ser oder wird auf dem Meeresboden deponiert.

Hydrophthalmus *der*, der ↑Buphthalmus.

Hydrophyten [grch.], die ↑Wasserpflanzen.

Hydroplan *der*, 1) Wasserflugzeug; 2) Gleitboot.

Hydroponik [grch.] *die*, die ↑Hydrokultur.

Hydrops [grch.] *der* (Wassersucht), krankhafte Flüssigkeitsansammlung im Gewebe (↑Ödem) und in Körperhöhlen; verursacht z. B. durch Herz- und Niereninsuffizienz.

Hydrosol, Sol (↑Kolloide) mit Wasser als Dispersionsmittel.

Hydrosphäre [grch.], die Wasserhülle der Erde: alle sichtbaren Gewässer, das Boden-, Grundwasser, Gletschereis und der Wasserdampf in der Atmosphäre; von charakteristischen tier. und pflanzl. Organismengemeinschaften besiedelt, deren Erforschung Gegenstand der Hydrobiologie ist.

Hydrostatik, die Lehre vom Gleichgewicht der Kräfte in ruhenden, inkompressiblen Flüssigkeiten; ein Teilgebiet der Hydromechanik. Die Grundlage der H. bildet die Erfahrungstatsache, dass der Druck im Innern einer nicht der Schwerkraft unterworfenen Flüssigkeit **(hydrostat. Druck)** an jeder Stelle gleich (isotrop) ist **(Grundgesetz der H., pascalsches Gesetz)**. Im Schwerefeld ist der Druck p in einer ruhenden Flüssigkeit **(Schweredruck)** außer von der Dichte ϱ der Flüssigkeit und der Fallbeschleunigung g des Schwerefelds nur von der Höhe h der Flüssigkeitssäule über der betrachteten Stelle abhängig, $p = \varrho g h$, nicht aber von der Form des Gefäßes oder Flüssigkeitsmenge. Deshalb wirkt auf den Boden versch. geformter Gefäße die gleiche Kraft, wenn sie gleiche Grundflächen besitzen und bis zur gleichen Höhe mit derselben Flüssigkeit gefüllt sind **(hydrostat. Paradoxon)**. In ↑kommunizierenden Röhren stellt sich daher überall dieselbe Flüssigkeitshöhe ein. Ein teilweise oder ganz in eine Flüssigkeit eingetauchter Körper erfährt einen (hydro)stat. ↑Auftrieb, der die Ursache für das Schweben und Schwimmen ist.

hydrostatischer Druck, ↑Hydrostatik.

hydrostatisches Paradoxon, ↑Hydrostatik.

hydrostatische Waage, Waage zur Ermittlung der Dichte fester Körper mithilfe des stat. ↑Auftriebs.

Hydrotherapie [grch.] (Hydriatrie, Wasserheilkunde), auf Wasseranwendungen beruhendes Behandlungsverfahren, das über kräftige mechan., therm. und chem. Hautreize anregend auf Kreislauf- und Nervensystem, Stoffwechselvorgänge, Wärmeregulation u. a. wirkt. Zur H. gehören v. a. Waschungen, Auflagen und Wickel, medizin. Bäder und Gussbehandlungen.

hydrothermal [grch.], aus überhitzten wässrigen Lösungen unterhalb etwa 400 °C gebildet (z. B. ↑Erzlagerstätten).

Hydrotreating [ˈhaɪdrəʊtriːtɪŋ, engl.] *das*, hydrierende Raffination von Erdölfraktionen, v. a. zum Zweck der Entschwefelung.

Hydrotropie [grch.] *die*, Erscheinung, dass in reinem Wasser schwer- oder unlösl. organ. Verbindungen (z. B. Anilin) sich in konzentrierten Lösungen von Alkalisalzen bestimmter organ. Säuren (aromat. Sulfo- oder Carbonsäuren, höhere Fettsäuren) ohne chem. Reaktion gut lösen. Die Oberflächenspannung des Wassers wird durch die Alkalisalze herabgesetzt, sodass die schwerlösl. Stoffe gelöst, dispergiert oder emulgiert werden (Wasch- und Textilhilfsmittel).

Hydrotropismus [grch.], ein ↑Tropismus.

Hydroxide [grch.], Verbindungen von Elementen, überwiegend von Metallen, mit Hydroxidionen (OH$^-$). Die H. der Alkalien und Erdalkalien sind in Wasser löslich, sie zeigen alkal. Reaktion. H. von Metallen mittlerer Wertigkeit (Eisen, Aluminium usw.) sind oft schwer löslich, teils amphoter. Metalle höchster Wertigkeit sowie Nichtmetalle bilden keine H. i. e. S. und reagieren sauer.

Hydroxid|ion *das*, das einfach negativ geladene Ion OH$^-$. Es bildet sich z. B. beim Lösen von Alkalihydroxiden (z. B. NaOH) in Wasser oder bei der Hydrolyse von Salzen schwacher Säuren. Das H. wirkt als starke Base.

Hydroxo..., ↑Hydroxylgruppe.

Hydroxy..., Bez. für die einbindige funktionelle Gruppe −OH **(Hydroxylgruppe)** in systemat. Namen von organ. Verbindungen; früher meist als **Oxy...** bezeichnet.

Hydroxycarbonsäuren, organ. Säuren, die außer einer oder mehreren Carboxylgruppen eine oder mehrere Hydroxylgruppen enthalten, z. B. Milch-, Wein-, Zitronen- und Salicylsäure.

Hydroxyl..., ↑Hydroxylgruppe.
Hydroxyl|amin, $HO-NH_2$, farblose, hygroskop., in Wasser lösl. kristalline Substanz. Freies H. ist instabil und kann sich beim Erhitzen explosionsartig zersetzen. Als schwache Base bildet H. mit Säuren relativ beständige Salze. Mit Aldehyden und Ketonen werden Oxime gebildet.
Hydroxylgruppe, Bez. der chem. Nomenklatur für die Gruppe OH. Sie wird bei Vorliegen als einwertige funktionelle Gruppe in kovalenter Bindung ($-OH$) bei organ. oder anorgan. Verbindungen durch die Vorsätze **Hydroxy...** oder **Hydroxyl...,** bei Vorliegen als Anion (OH^-) als **Hydroxidion** und bei Vorliegen des Anions als Ligand in Koordinationsverbindungen durch den Vorsatz **Hydroxo...** bezeichnet.
Hydrozele [grch.] *die,* der ↑Wasserbruch.
Hydrozephalus [grch.] *der,* der ↑Wasserkopf.
Hydrozoen [grch.] (Hydrozoa), Klasse der Hohltiere mit Generationswechsel: der festsitzende **Polyp (Hydropolyp)** als ungeschlechtl. Generation, die sich durch Knospung vermehrt, und die frei schwimmende **Qualle (Meduse, Hydromeduse)** als geschlechtl. Generation, die Geschlechtszellen hervorbringt. Hydropolypen bilden meist fein verzweigte Tierstöcke mit einem gemeinsamen Hohlraum. Die Medusengeneration kann rückgebildet sein, die Polypengeneration kann fehlen. (↑Staatsquallen)
Hydrus, lat. Name des Sternbilds Männl. (Südl.) ↑Wasserschlange.
Hyères [jɛ:r], Stadt im südfrz. Dép. Var, nahe der Mittelmeerküste, 48 000 Ew.; Winterkurort und Badeort; Garten-, Weinbau. Vor H. liegen die **Hyèrischen Inseln (Îles d'Hyères):** Île du Levant, Port-Cros, Porquerolles.
Hygieia, *grch. Mythos:* Göttin der Gesundheit.
Hygiene [zu Hygieia] *die,* Fachgebiet der Medizin, das sich mit den Wechselbeziehungen zw. dem Menschen und seiner belebten und unbelebten Umwelt befasst; im Vordergrund steht dabei die Untersuchung des Einflusses der Umwelt auf die Gesundheit des Menschen.
📖 *Klischies R. u. a.: H. u. medizin. Mikrobiologie. Lehrbuch für Pflegeberufe. Stuttgart u. a.³2001; – Hände-H. im Gesundheitswesen,* hg. v. G. Kampf. Berlin u. a. 2002.

hygro... [grch.], feuchtigkeits...
Hygrom [grch.] *das,* entzündl., flüssigkeitshaltige Anschwellung von Schleimbeuteln oder Sehnenscheiden, z. B. bei rheumat. Krankheiten oder chron. Reizzuständen.
Hygrometer [grch.] *das* (Feuchtigkeitsmesser), Gerät zum Messen der relativen Feuchtigkeit der Luft oder anderer Gase. Beim **Haar-H.** wird eine der Luftfeuchtigkeitsänderung analoge Längenänderung eines entfetteten menschl. Haares übertragen. **Absorptions-H.** messen die von der Luftfeuchtigkeit abhängige Massezunahme hygroskop. Stoffe. **Elektrolyt-H.** beruhen auf der elektr. Leitfähigkeitsänderung eines Messmittels. Bei **Kondensations- (Taupunkt-)H.** wird eine Metallplatte abgekühlt, an der sich Wasserdampf aus der Luft absetzt. Bei **Lithiumchlorid-H.** gleicht der Sättigungsdampfdruck einer Lithiumchloridlösung dem Dampfdruck der Umgebung. Beim **Psychrometer** werden ein trockenes und ein feucht gehaltenes Thermometer eingesetzt. Je trockener die Luft, desto stärker die Verdunstung und damit die Abkühlung am feuchten Thermometer.

Hygrometer

Hygromorphie *die,* besondere Ausgestaltung von Pflanzenteilen zur Förderung der ↑Transpiration, z. B. bei feuchtigkeitsliebenden Pflanzen.
Hygrophyten [zu grch. phytón »Pflanze«] (Feuchtpflanzen, Feuchtigkeitspflanzen), Bez. für Landpflanzen, die an Standorten mit ständig hoher Boden- und Luftfeuchtigkeit wachsen.

hygroskopisch [grch.], Feuchtigkeit aufnehmend; hygroskop. Stoffe (z B. Calciumchlorid, Phosphorpentoxid, Schwefelsäure) nehmen aus Gasen Wasser auf; dienen u. a. als Trockenmittel.

Hygrostat *der*, Gerät zur Aufrechterhaltung der Luftfeuchtigkeit.

Hygrotaxis *die*, Fähigkeit mancher Tiere (z. B. Schildkröten, Asseln) Wasser bzw. das ihnen zuträgliche feuchte Milieu zu finden.

Hyksos [»Herrscher der Fremdländer«], aus Asien stammende Könige der 15. und 16. ägypt. Dynastie (1650–1550 v. Chr.), die mithilfe von (z. T. ägypt.) Unterkönigen (16. Dynastie) regierten, Residenz war Auaris. Die H. führten u. a. den pferdebespannten Kampfwagen und den zusammengesetzten Bogen in Ägypten ein.

Hyläa [grch.] *die*, trop. Regenwaldgebiet am Amazonas.

Hylemorphismus [grch.] *der* (Hylomorphismus), auf Aristoteles' Metaphysik zurückgehende Lehre, in der das von Natur aus Seiende als das sich Verändernde erklärt wird: Das, woran eine Veränderung geschieht, ist die Materie, der Stoff (Hyle), das, was in der Veränderung wechselt, die ↑Form (Morphe).

hylisch [grch.], *Philosophie:* materiell, stofflich, körperlich.

Hylla, Erich, Pädagoge und Psychologe, *Breslau 9. 5. 1887, †Frankfurt am Main 5. 11. 1976; baute 1950–52 die Hochschule für Internat. Pädagog. Forschung in Frankfurt am Main auf (seit 1964 Dt. Inst. für Internat. Pädagog. Forschung); Arbeiten zur pädagog. Diagnostik und Testpsychologie und zur vergleichenden Erziehungswissenschaft.

Hylotrophie *die*, Überführbarkeit eines Stoffes in einen anderen ohne Änderung der chem. Zusammensetzung.

Hylozoismus [grch.] *der*, philosoph. Lehre, die alle Formen von Materie als belebt ansieht (antike Naturphilosophie u. a.).

Hymen [grch.] *das* (Jungfernhäutchen), sichel- bis ringförmige, dünne Schleimhautfalte zw. Scheidenvorhof und Scheideneingang bei der Frau. Das H. reißt i. Allg. beim ersten Geschlechtsverkehr unter leichter Blutung ein.

Hymenaios [grch.] *der* (Hymenäus), altgrch. Hochzeitslied, gesungen beim Hochzeitsmahl oder beim Weggang der Braut.

Hymenium [grch.] *das,* die Fruchtschicht der Schlauch- und Ständerpilze.

Hymenoptera [grch.], die ↑Hautflügler.

Hymettos *der* (ngrch. Ymittos), Bergzug östlich von Athen (1028 m ü. M.), war schon im Altertum bekannt durch seinen blaugrauen Marmor.

Hymir, *nord. Mythos:* ein Riese, der am Himmelsrand wohnt und einen mächtigen Metkessel besitzt, den Donar und ↑Tyr begehren. Der Kampf um den Kessel wird im »Hymirlied« der älteren Edda beschrieben.

Hymne [grch. »Lied«] *die* (Hymnos, lat. Hymnus), feierl. Lob- und Preisgesang; in der grch. Antike ein von Musik und Tanz begleiteter Opfer- und Festgesang (Dithyrambos, Paian) zu Ehren der Götter. Die urspr. epische Anlage der H. wurde später zugunsten der lyr. aufgegeben (Pindar, Kallimachos). – Die lat. Hymnik der Kirche im 4. Jh. wurde von Hilarius von Poitiers und bes. von Ambrosius begründet. Eine frühchristl. Vorstufe war die psalmod. Dichtung, die sich in grch. und syr. Sprache aus dem Psalmengesang des A. T. entwickelte. – In der neueren Literatur gelten als H. Gedichte, in denen erhabene Gedanken und Vorstellungen ausgedrückt werden, formal sind die Grenzen zur Ode fließend. Bed. H. der dt. Literatur schufen u. a. F. G. Klopstock, Goethe, Schiller, J. C. F. Hölderlin, R. M. Rilke; ekstatischhymn. Dichtungen entstanden auch im Expressionismus (G. Trakl, A. Mombert, T. Däubler, J. R. Becher). (↑Nationalhymne)

Hymnode [grch.] *der*, altgrch. Verfasser und Sänger von Hymnen.

Hyoscyamin [grch.] *das*, Alkaloid aus Nachtschattengewächsen (z. B. aus Stechapfel, Bilsenkraut, v. a. aus der Tollkirsche); pharmakologisch doppelt so wirksam wie Atropin; geht bei der Aufarbeitung der Pflanzenteile in optisch inaktives Atropin über.

Hypallage [grch. »Vertauschung«] *die*, *Sprachwissenschaft:* 1) Veränderung der Beziehung zw. einzelnen Satzteilen, bes. das Ersetzen eines Adjektivs durch ein Substantiv und umgekehrt (z. B. »moderne Welt« statt »Welt der Moderne«); 2) svw. ↑Enallage; 3) svw. ↑Metonymie.

Hypatia, neuplaton. Philosophin und Mathematikerin, *Alexandria 370, †(ermordet) ebd. 415; hielt dort als erste Frau Vor-

Hyperbelnavigation HYP

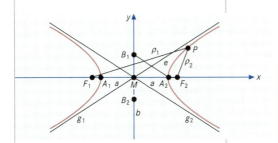

Hyperbel 1): M Mittelpunkt, F_1, F_2 Brennpunkte; A_1, A_2 Hauptscheitel, $|A_1A_2|$ Hauptachse; B_1, B_2 Nebenscheitel, $|\overline{B_1B_2}|$ Nebenachse; g_1, g_2 Asymptoten; $|A_1A_2| = 2a$, $|\overline{F_1F_2}| = 2e$, $|\overline{B_1B_2}| = 2b$, $|\overline{PF_1}| - |\overline{PF_2}|$ = $\varrho_1 - \varrho_2 = 2a$

lesungen über Philosophie, Mathematik, Mechanik und Astronomie. Genannt, jedoch verloren gegangen sind Werke über Arithmetik, Geometrie u. a. – Im Zusammenhang mit polit. Unruhen wurde H. von christl. Fanatikern ermordet und verbrannt.

Hypazidität [grch.-lat.] (Subazidität), verminderter Gehalt des Magensafts an Salzsäure; Ggs.: Hyperazidität.

Hype [haɪp, engl.] *der,* 1) (aggressive) Werbung; 2) Trick, Betrug.

hyper... [grch.], über..., zu viel.

Hyperaktivitätsstörung [grch.-lat.], *Medizin:* ↑Aufmerksamkeitsdefizit-Hyperaktivitätsstörung.

Hyperämie [grch.] *die,* vermehrte Blutansammlung in Organen oder Körperabschnitten. Die **aktive** oder **arterielle H. (Blutandrang)** beruht auf einer vermehrten Blutzufuhr durch Weitstellung der Gefäße, z. B. bei Entzündungen, infolge der Temperaturregulation, psych. und vegetativer Ursachen (Erröten) oder hormoneller Regulationsstörungen (Hitzewallungen in den Wechseljahren). Die **passive** oder **venöse H. (Blutstauung)** ist verursacht durch verlangsamte Blutströmung oder Beeinträchtigung des Blutrückstroms (u. a. Symptom bei Kreislaufversagen, Thrombose). Die **reaktive H.** (Steigerung der Durchblutung v. a. in Armen und Beinen) wird therapeutisch bei arteriellen Verschlusskrankheiten eingesetzt; bei der Kneippkur kommt es als Reaktion auf Kaltwasseranwendungen zu verstärkter Hautdurchblutung.

Hyperatom, ein ↑exotisches Atom.

Hyperazidität [grch.-lat.] (Superazidität, Hyperchlorhydrie), Übersäuerung des Magens durch überstarke Magensaftabsonderung; Ggs.: Hypazidität.

Hyperbel [grch.] *die,* **1)** *Mathematik:* eine ebene Kurve (ein ↑Kegelschnitt) mit zwei ins Unendliche verlaufenden getrennten Ästen (Zweigen), deren sämtl. Punkte von zwei festen Punkten F_1 und F_2, den **Brennpunkten,** gleiche Differenz der Entfernungen haben: $\overline{PF_2} - \overline{PF_1} = 2a$ ($2a$ ist die **Hauptachsenlänge**). Beide H.-Äste liegen zw. ihren Asymptoten, die einander im H.-Mittelpunkt schneiden. Zw. der **linearen Exzentrizität** e und den **Halbachsenlängen** a und b besteht die Beziehung $e^2 = a^2 + b^2$, für die **numer. Exzentrizität** $\varepsilon = e/a$, gilt $\varepsilon > 1$. Ist M der Mittelpunkt eines kartes. Koordinatensystems, gilt die **Mittelpunktsgleichung:**

$$\frac{x^2}{a^2} - \frac{y^2}{b^2} = 1.$$

2) *Sprache* und *Rhetorik:* Übertreibung des Ausdrucks, z. B. »himmelhoch«.

Hyperbelfunktionen (hyperbolische Funktionen), Bez. für die mithilfe der Exponentialfunktion definierten Funktionen **Hyperbelsinus** (Sinus hyperbolicus) und **Hyperbelkosinus** (Cosinus hyperbolicus) mit

$$\sinh x = \frac{1}{2}(e^x - e^{-x}) \text{ und}$$

$$\cosh x = \frac{1}{2}(e^x + e^{-x}),$$

sowie **Hyperbeltangens** (Tangens hyperbolicus) $\tanh x = \sinh x/\cosh x$ und **Hyperbelkotangens** (Cotangens hyperbolicus) $\coth x = \cosh x/\sinh x$, **Hyperbelsekans** (Secans hyperbolicus) $\operatorname{sech} x = 1/\cosh x$ und **Hyperbelkosekans** (Cosecans hyperbolicus) $\operatorname{cosech} x = 1/\sinh x$. – Bei Zulassung komplexer Argumente besteht ein enger Zusammenhang mit den ↑Winkelfunktionen: $\sinh z = -i \sin iz$, $\cosh z = \cos iz$ ($i^2 = -1$). Die Umkehrfunktionen der H. heißen **Areafunktionen**. – Abb. S. 568

Hyperbelnavigation, ↑Funknavigation.

HYP Hyperboliker

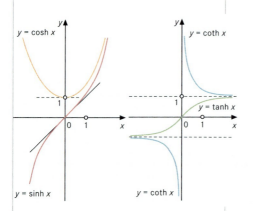

Hyperbelfunktionen: die Funktionen Hyperbelkosinus (cosh x), Hyperbelsinus (sinh x), Hyperbelkotangens (coth x) und Hyperbeltangens (tanh x)

Hyperboliker *der*, jemand, der zu Übertreibungen im Ausdruck neigt.
Hyperboloid [grch.] *das*, eine Fläche 2. Ordnung, auch der von ihr begrenzte Körper; kann durch Ebenen in Hyperbeln und Ellipsen geschnitten werden. **Rotations-H.** kann man sich durch Rotation einer Hyperbel um die die Brennpunkte verbindende Achse **(zweischaliges H.)** bzw. die dazu senkrechte Symmetrieachse **(einschaliges H.)** entstanden denken.
Hyperboreer [grch. »jenseits des Boreas (Nordwind) Wohnende«], *grch. Mythos:* ein in ewigem Frieden lebendes Volk, bei dem Apoll im Winter weilte.
Hyperfeinstruktur, zusätzl., über die ↑Feinstruktur hinausgehende Energieaufspaltung in den Spektrallinien der Atomspektren, die auf der Wechselwirkung der Hüllenelektronen mit höheren Kernmomenten (magnet. Dipol- und elektr. Quadrupolmomente) sowie auf der Isotopie der Elemente beruht.

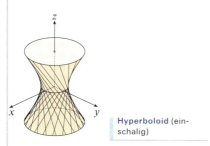

Hyperboloid (einschalig)

Hyperfiltration, ↑Membranverfahren.
Hyperglykämie [grch.] *die*, Erhöhung des in nüchternem Zustand bestimmten Glucosegehaltes (»Blutzuckerspiegel«) auf Werte über 6,7 mmol/l Blut (über 120 mg je 100 ml); tritt z. B. auf bei Diabetes mellitus, Nebennierenüberfunktion, Inhalationsnarkose oder zentralnervösen Störungen.
Hypergole, ↑Raketentreibstoff.

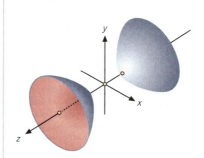

Hyperboloid (zweischalig)

Hyperion, 1) *Astronomie:* ein Mond des Planeten ↑Saturn.
2) *grch. Mythos:* einer der ↑Titanen, Vater des Helios, der Eos und der Selene; auch Beiname des Helios.
hyperkomplexe Zahlen, Zahlensysteme, die die ↑komplexen Zahlen verallgemeinern. Nachdem W. R. Hamilton 1833 die komplexen Zahlen als Linearkombinationen $a + ib$ reeller Zahlen a, b und der imaginären Einheit i dargestellt hatte, suchte man nach weiteren Verallgemeinerungen der reellen Zahlen. Für derartige h. Z. sollen die Grundrechenarten Addition, Subtraktion, Multiplikation und Division erklärt sein. Es stellte sich heraus, dass es nur zwei Arten von h. Z. geben

kann: die ↑Quaternionen und die Oktonionen (↑Cayley-Algebra).
Hyperkultur *die,* übertriebene Verfeinerung; überfeinerte Kultur, Kultiviertheit.
Hyperladung, Formelzeichen *Y,* ↑innere Quantenzahl zur Beschreibung der Elementarteilchen; Summe aus Baryonenzahl und Strangeness.
Hyperlink [engl. 'haɪpə-] *der, Informatik:* per Mausklick aktivierbare Verbindung zw. Elementen eines ↑Hypertextes.
Hyperlipidämie [grch.] *die,* erhöhter Gehalt des Blutes an Fettstoffen (Lipide, Lipoproteine), z. B. Triglyceride **(Hypertriglyceridämie)** und/oder Cholesterol **(Hypercholesterolämie);** häufig verbunden mit Übergewicht, Bluthochdruck, Diabetes, Gicht und Fettleber (»Wohlstandssyndrom«) infolge Fehlernährung bei Bewegungsmangel; Wegbereiter der Arteriosklerose.
Hyperonen [grch.], instabile ↑Elementarteilchen aus der Gruppe der Baryonen, deren Ruhemasse größer als die der Nukleonen ist. Sie besitzen halbzahligen Spin sowie die Strangeness $S \neq 0$ (↑seltsame Teilchen) und zerfallen mit Halbwertszeiten von weniger als ca. 10^{-10} s in einem oder mehreren Schritten in Nukleonen.
Hyperonymie [zu griech. ónyma »Name«] *die, Sprachwissenschaft:* Form der lexikal. Hierarchie zur Bez. der Überordnung: So ist z. B. »Gemüse« ein **Hyperonym** zu »Tomate«, »Lauch« und »Wirsing«, die dem gegenüber **Hyponyme,** im Verhältnis zueinander **Kohyponyme** darstellen.
Hyperoxid, bes. von den Alkalimetallen abgeleitete Verbindung mit Sauerstoff, die das Ion O_2^- **(H.-Ion)** enthält.
Hyperparathyreoidismus [grch.] *der,* auf Überfunktion der Nebenschilddrüsen (Epithelkörperchen) beruhende Hormonstörung (vermehrte Bildung von Parathormon) infolge Hyperplasie oder Tumors **(primärer H.)** oder reaktiv **(sekundärer H.)** bei bestimmten Erkrankungen mit Störungen des Vitamin-D- und Calcium-Phosphat-Stoffwechsels.
Hyperphysik *die,* Erklärung von Naturerscheinungen vom Übersinnlichen her.
Hyperplasie [grch.] *die,* Vergrößerung eines Organs oder Gewebes durch Zunahme der Zellzahl bei unveränderter Zellgröße; hervorgerufen z. B. durch verstärkte funktionelle Belastung.

Hyperschall, mechan. Schwingungen mit Frequenzen zw. 10^9 und 10^{12} Hz, zur Untersuchung von Festkörpern angewendet.
Hypersensibilisierung [grch.-lat.], *Fotografie:* ↑Sensibilisierung.
Hypersomnie [grch.] *die,* die ↑Schlafsucht.
hypersonisch, hoch über dem Schallbereich liegend (»Überschall...«); in der Aerodynamik beginnt der hyperson. Bereich ab der ↑Mach-Zahl 5.
Hypersthen [grch.] *der,* Mineral, ein ↑Pyroxen.
Hypertension [grch.-lat.] *die,* 1) erhöhte Spannung der Gefäßwände; 2) Hochdruckkrankheit.
Hypertext [engl. 'haɪpə-], *Informatik:* nichtlineare Strukturierungs- und Präsentationsform textbezogener Daten. Dabei bedeutet nichtlinear, dass im Text Verknüpfungen **(Hyperlinks)** ausgezeichnet sind, die auf andere Dokumente verweisen. Beim Anklicken eines Hyperlinks, der i. d. R. als hervorgehobener Text erkennbar ist, wird das entsprechende Dokument geöffnet, wobei dieses selbst wiederum Hyperlinks zu weiteren Dokumenten enthalten kann. Sind in solchen Dokumenten neben Text auch multimediale Daten (z. B. Ton, Bild, Animation) eingebunden und durch Hyperlinks vernetzt, spricht man von **Hypermedia.** H. kann nur am Computer gelesen werden. Das ↑WWW ist das derzeit umfangreichste und meist genutzte Hypermedia-Informationssystem.
Hyperthermie [grch.] *die,* Erhöhung der Körpertemperatur infolge ungenügender Wärmeabgabe (Wärmestau); im Unterschied zum Fieber ist der Sollwert des Wärmeregulationszentrums nicht erhöht.
Hyperthermiesyndrom, der ↑Hitzschlag.
Hyperthyreose [grch.] *die,* Überfunktion der Schilddrüse, z. B. bei der ↑Basedow-Krankheit.
Hypertonie [grch.] *die,* die ↑Hochdruckkrankheit.
Hypertrophie [grch. »Überernährtheit«] *die,* **1)** *Botanik:* übermäßige Vergrößerung einzelner Pflanzenteile, meist durch Einwirkung tier. oder pflanzl. Parasiten, z. B. bei vielen pflanzl. ↑Gallen.
2) *Medizin:* Größen- und Gewichtszunahme eines Gewebes oder Organs infolge Vergrößerung der einzelnen Zellen bei gleich bleibender Zellzahl (im Unterschied zur ↑Hyperplasie); meist verursacht durch

starke Inanspruchnahme der Gewebe, z. B. Arbeits-H. der Muskeln oder des Herzens (Sportherz).

Hyperzyklus, Selbstorganisation und Selbstvermehrung (Autokatalyse) von Makromolekülen (Nucleotide, Proteine). Die H.-Theorie wurde von M. ↑Eigen entwickelt und trägt wesentlich zum Verständnis der Entstehung des Lebens aus Unbelebtem bei.

Hyphaema [grch.] *das,* Blutansammlung in der vorderen Augenkammer, z. B. infolge Verletzung oder Infektion.

Hyphe [grch.] *die,* Zellschlauch der ↑Pilze.

hypidiomorph, *Kristallographie:* ↑idiomorph.

Hypnos [grch.] (lat. Somnus), *grch. Mythos:* Gott des Schlafs, Sohn der Nacht, Zwillingsbruder des Todes (Thanatos); dargestellt als Jüngling mit Flügeln an der Stirn, mit Mohnstängel und Füllhorn in den Händen.

Hypokaustum: Blick auf die Heizungsanlage des römischen Kohortenkastells Abusina bei Eining (um 80 n. Chr.)

Hypnose [grch. hýpnos »Schlaf«] *die,* durch Suggestion herbeigeführte, weitgehend auf den sozialen Kontakt mit der Person des Hypnotiseurs verengte Bewusstseinsänderung, die in physiolog. Hinsicht (Gehirnaktivität, Pulsfrequenz, Grundumsatz u. a.) mehr einem partiellen Wachsein als einem Schlafzustand gleicht. Die Hypnotisierbarkeit hängt weniger vom Hypnotiseur, sondern überwiegend von der Persönlichkeitsstruktur (v. a. von der Charakterstruktur – speziell der Beeinflussbarkeit, Suggestibilität) des zu Hypnotisierenden ab. Medizinisch findet die H.-Therapie v. a. als Auto-H. (Selbst-H.), zum Beispiel beim autogenen Training, Anwendung.

📖 *H. in Psychotherapie, Psychosomatik u. Medizin. Manual für die Praxis,* hg. v. D. Revenstorf u. B. Peter. Berlin u. a. 2001. – Seifert, K. W.: *H. in der Therapie. Techniken u. Fallberichte.* München u. a. 2002.

Hypnotika [grch.], die ↑Schlafmittel.

hypo... [grch.], vor Vokalen **hyp...,** unter...

Hypochlorit [grch.] *das,* stark oxidierend wirkendes Salz der hypochlorigen Säure (HClO); dient u. a. zur Desinfektion und als Bleichmittel.

Hypochondrie [grch.] *die,* zwanghafte Angst vor Erkrankungen oder eingebildetes Kranksein.

Hypoderm [grch.] *das,* bei Pflanzen unter der Oberhaut mancher Blätter gelegene Zellschicht, die die Epidermis in ihrer Funktion unterstützt.

Hypodrom [grch.] *das,* überdachter Platz zum Spazierengehen.

Hypogäum [grch.] *das,* unterird. Gewölbe, unterird. Kultraum (z. B. in der pers.-röm. Mithrasreligion).

Hypoglykämie [grch.] *die,* Verminderung des Blutzuckergehaltes unter 2,8 mmol/l Blut (unter 40 bis 70 mg je 100 ml); bedingt durch Insulinüberdosierung bei Diabetikern, gelegentlich durch Geschwülste der Leber und Bauchspeicheldrüse sowie infolge körperl. Überanstrengung. Kennzeichen sind Heißhunger, Kopfschmerzen, Schwitzen, Krämpfe, Bewusstseinstrübung.

Hypogonadismus [grch.] *der,* Unterfunktion der Gonaden (Hoden oder Eierstöcke), i. e. S. Unterfunktion der Hoden. Ursachen: Organschädigung (z. B. Hodenatrophie nach Mumps), fehlende Stimulierung durch übergeordnete Hormone (Gonadotropine) der Hypophyse.

Hypokaustum [grch. »von unten geheizt«] *das,* eine antike, schon in Olympia nachgewiesene Warmluftzentralheizung, seit etwa 100 v. Chr. auch bei den Römern verbreitet. Durch Kanäle im Stein- oder Ziegelfußboden, später auch durch Hohlziegel der Wände wurde die durch ein starkes Holzfeuer erhitzte Luft geleitet.

Hypokotyl *das,* bei Samenpflanzen das unterste Sprossglied des Keimlings, welches zw. Wurzelhals und Keimblättern liegt.

Hypokrit [grch.-lat.] *der,* Heuchler. – **hypokritisch,** scheinheilig, heuchlerisch.

Hypolimnion [grch.] *das,* Tiefenschicht in stehenden Gewässern unterhalb der Sprungschicht; ist stabil geschichtet bei gleichmäßig 4 °C.
Hypolithal [grch.] *das,* der Lebensraum unter Steinen (z. B. für bestimmte Schnecken, Käfer, Asseln).
Hyponastie [grch.] *die,* eine Wachstumsbewegung infolge verstärkten Wachstums der Unterseite eines Pflanzenteils im Vergleich zu dessen Oberseite; führt zum Aufrichten, z. B. von Blättern. Ggs.: ↑Epinastie.
Hyponymie *die, Sprachwissenschaft:* ↑Hyperonymie.
Hypophyse [grch.] *die* (Hirnanhangdrüse, Gehirnanhangdrüse), Hormondrüse der Wirbeltiere, die eine größere Anzahl versch. Hormone mit unterschiedl. Wirkungen produziert. Die H. liegt in der Sattelgrube (Türkensattel) des Keilbeins und ist durch den H.-Stiel mit dem Zwischenhirn verbunden; beim Menschen etwa 0,6 g schwer. Sie besteht aus dem Drüsenteil (**Adeno-H.**) mit Trichter-, Vorder- und Zwischenlappen und dem Hirnteil (**Neuro-H.**) mit Hinterlappen und H.-Stiel. Die H. ist eine übergeordnete Hormondrüse, die eng mit dem Nervensystem verknüpft ist und steuernd auf andere Hormondrüsen und Organe wirkt. Durch die im Vorderlappen produzierten Hormone werden Wachstum (Somatotropin), die Tätigkeit von Schilddrüse (Thyreotropin), Nebennierenrinde (ACTH), Milchdrüse (Prolactin) und Geschlechtsdrüsen (Gonadotropine) sowie der Fettstoffwechsel (Lipotropine) reguliert. Der Hinterlappen erzeugt seine Hormone (Oxytocin, Vasopressin) nicht selbst. Sie entstehen im Hypothalamus (Teil des Zwischenhirns), werden im Hinterlappen gespeichert und bei Bedarf an das Blut abgegeben.
Hypoplasie [grch.] *die,* unvollkommene Größenentwicklung eines Organs.
Hypopyon [grch.] *das,* Eiteransammlung am Boden der vorderen Augenkammer, z. B. bei eitriger Hornhautentzündung oder nach durchbohrender Verletzung.
Hyposensibilisierung [grch.-lat.] (Desensibilisierung), spezif. Immuntherapie mit schrittweisem Herabsetzen der allg. Reaktionsbereitschaft durch stufenweise gesteigerte Zufuhr des die Allergie verursachenden Allergens; angewendet z. B. bei Heuschnupfen oder Insektengiftallergie.

Hypostase [grch. »Grundlage«] *die,*
1) *Medizin:* schwerebedingte vermehrte Blutfülle in tiefer liegenden Körperteilen, v. a. bei Bettlägerigen mit reduzierter Kreislauffunktion.
2) *Philosophie:* (Hypostasis), Verdinglichung oder Personifizierung von Eigenschaften oder Begriffen.
3) *Religionswissenschaft:* Bez. für die Personifizierung göttl. Attribute.
Hypostasierung [grch.-nlat.] *die, Sprachwissenschaft:* Wechsel der Wortart (z. B. die Entstehung des Adverbs »nachts« aus dem Substantiv »Nacht«).
hypostatische Union (lat. Unio hypostatica), *Theologie:* aus der christolog. Diskussion der Alten Kirche erwachsene Bez. für die Einheit der zwei Naturen (menschl. und göttl.) in Jesus Christus; dogmatisch als Glaubenssatz »zwei Naturen in einer Hypostase« definiert (↑Zweinaturenlehre).
Hypotaxe [grch.] *die,* die Unterordnung von Nebensätzen unter einen Hauptsatz. (↑Syntax, Übersicht).
Hypotenuse [grch.] *die,* im rechtwinkligen Dreieck die dem rechten Winkel gegenüberliegende Seite.
hypothalamisches Syndrom, die ↑Fröhlich-Krankheit.
Hypothalamus [grch.] *der,* Teil des ↑Zwischenhirns.
Hypothek [grch. »Unterlage«] *die,* zu den Grundpfandrechten zählendes beschränktes dingl. Grundstücksrecht zur Sicherung einer Forderung (§§ 1113 ff. BGB). Ein Grundstück oder Miteigentumsanteil kann mit einer H. belastet werden, sodass an den Berechtigten (H.-Gläubiger) wegen einer ihm zustehenden Forderung bei Eintritt des Sicherungsfalles eine bestimmte Geldsumme aus dem Grundstück zu zahlen ist. Hypothekarisch belastbar ist auch das Erbbaurecht. Die H. gewährt kein Besitzrecht am Grundstück; sie ist streng akzessorisch, d. h., sie setzt stets das Bestehen (Valutierung) der Forderung voraus, zu deren Sicherung sie dienen soll. H.-Schuldner und Schuldner der gesicherten Forderung brauchen nicht identisch zu sein. Die H. entsteht durch Einigung des Gläubigers und des Grundstückseigentümers und Eintragung in das Grundbuch. Die gewöhnl. H., die **Verkehrs-H.,** kann als **Brief-H.** oder als lediglich im Grundbuch eingetragene **Buch-H.** bestellt werden. Das Ges. sieht als Regelfall die Brief-H. vor, bei der

über die H. ein **H.-Brief** ausgestellt wird und die H. vom Gläubiger erst durch Aushändigung des Briefes erworben wird. Bei den meisten H. sind Grundstückseigentümer und H.-Gläubiger versch. Personen **(Fremd-H.);** seltener ist die **Eigentümer-H.,** die dem Grundstückseigentümer als H.-Gläubiger zusteht, bes. dann, wenn die H. eingetragen bleibt, die Forderung aber bereits erloschen ist; eine Eigentümer-H. wandelt sich von Gesetzes wegen stets in eine Eigentümergrundschuld um. Bei der **Sicherungs-H.** ist die Akzessorietät von Forderung und Grundpfandrecht bes. streng. Bei ihr ist das Bestehen einer Forderung nachzuweisen. Sie wird im Grundbuch als solche bezeichnet und kann nur als Buch-H. bestellt werden. Bei der **Höchstbetrags-H.** wird nur der Betrag eingetragen, bis zu dem das Grundstück haften soll, z. B. zur Sicherung laufender Kredite. Der Käufer eines Grundstücks, der nicht die volle Kaufsumme zahlen kann, kann dem Verkäufer eine **Restkaufpreis-H.** bestellen. Die **Gesamt-H.** erstreckt sich auf mehrere Grundstücke. Jedes von ihnen haftet für die ganze Summe. Für **Tilgungs-** oder **Amortisations-H.,** bei denen die Hauptforderung durch jährlich gleich bleibende Leistungen getilgt wird, bestehen Sonderbestimmungen. Zur Sicherung eines gerichtlich titulierten Anspruchs kann im Wege der Zwangsvollstreckung ein Grundstück mit einer **Zwangs-H.** belastet werden (§§ 866 f. ZPO).
Die H. teilt das rechtl. Schicksal der Forderung, d. h. insbes., dass sie nur gemeinsam mit der Forderung übertragbar ist. Die bei Grundstückskäufen oftmals praktizierte H.-Übernahme unter Kaufpreisanrechnung ist rechtlich eine Schuldübernahme. Für die neuen Länder regelt Art. 233, §§ 3, 6 EGBGB, dass die vor dem Beitritt bestehenden H. mit dem bisherigen Inhalt und Rang fortgelten. – Im *österr.* Recht ist die H. sehr ähnlich verfasst (§§ 448 ff. ABGB). Dem *schweizer.* ZGB ist der Ausdruck H. unbekannt; in der Umgangssprache wird mit H. ein Grundpfandrecht, bes. die Grundpfandverschreibung, bezeichnet.
Hypothekenbanken, privatrechtl. ↑Realkreditinstitute in Form einer AG oder einer KGaA, die nach dem H.-Gesetz i. d. F. v. 9. 9. 1998 der staatl. Genehmigung und Aufsicht (Bundesanstalt für Finanzdienstleistungsaufsicht) unterliegen. H. betreiben die hypothekar. Beleihung von Grundstücken **(Hypothekarkredit)** und geben aufgrund der erworbenen Hypotheken **(Hypothekengeschäft)** Schuldverschreibungen (↑Pfandbriefe) aus. Diese müssen durch erststellige Hypotheken gesichert sein. Außerdem können H. an Körperschaften des öffentl. Rechts nichthypothekar. Darlehen gewähren **(Kommunaldarlehensgeschäfte).** Verboten sind Kontokorrent-Kreditgeschäfte, Emissions- und Versicherungsgeschäfte. – Neben den H. stellen die Sparkassen, die öffentlich-rechtl. Grundkreditanstalten, die Landesbanken-Girozentralen Hypothekarkredite bereit.

Hypothekengewinnabgabe, Abk. **HGA,** eine Abgabe des ↑Lastenausgleichs (1979 ausgelaufen), die den Schuldnergewinn abschöpfte, der durch Umstellung der durch Grundpfandrechte gesicherten RM-Verbindlichkeiten auf DM entstanden war.

Hypothermie [grch.] *die,* Unterkühlung, erniedrigte Körpertemperatur; sie entsteht durch starke Wärmeverluste, die durch natürl. Wärmeregulation nicht mehr ausgeglichen werden können (Erfrierung), oder bei Störung der Wärmeregulation, z. B. infolge Erschöpfung. Die therapeutisch herbeigeführte H. **(künstl. Hibernation)** dient der Herabsetzung der Stoffwechselvorgänge und Reflexe und ermöglicht eine Unterbrechung der Blutzufuhr zu lebenswichtigen Organen (angewendet z. B. in der offenen Herzchirurgie oder bei Transplantationen); sie wird durch Abkühlung des Körpers unter medikamentöser Ausschaltung der Wärmeregulation erzielt.

Hypothese [grch. »Unterstellung«] *die,* **1)** *Statistik:* ↑Testtheorie.
2) *Wissenschaftstheorie:* eine wiss. fundierte Annahme, die so formuliert ist, dass sie durch Erfahrung, Experiment bestätigt (verifiziert) oder widerlegt (falsifiziert) werden kann (↑Verifikation). H. sind Basis für wiss. Theorien. Als **Arbeits-H.** weisen H. der Forschung den Weg. Eine H., die vielen empir. Überprüfungen standgehalten hat, wird bewährt genannt.

Hypothyreose [grch.] *die,* Unterfunktion der Schilddrüse, z. B. beim ↑Myxödem.

Hypotonie [grch.] *die,* zeitweilige oder ständige Erniedrigung des arteriellen

↑Blutdrucks (systolisch unter 100–110 mmHg, diastolisch unter 60 mmHg), z. B. bei zusammenbrechendem Kreislauf (beginnender Schock), bei Nebenniereninsuffizienz, in der Rekonvaleszenz oder bei funktionellen Kreislaufstörungen ohne Krankheitswert. H. ist verbunden mit rascher Ermüdbarkeit, Schwindelgefühl und Ohnmachtsneigung. Die Behandlung umfasst v. a. körperl. Training, physikal. Maßnahmen und eventuell blutdruckerhöhende Arzneimittel.

HypoVereinsbank AG, ↑Bayerische Hypo- und Vereinsbank AG.

Hypoxanthin *das* (Sarkin), Purinbase (6-Hydroxypurin), die im Tier- und Pflanzenreich weit verbreitet ist; entsteht beim Abbau von Adenosin über Inosin. H. ist Wachstumsfaktor für manche Mikroorganismen.

Hypoxie [grch.] *die,* Sauerstoffmangel in den Körpergeweben, zu dem es bes. bei örtl. Durchblutungsstörung (z. B. bei Embolie, Herzinfarkt) oder infolge verminderten Sauerstoffgehalts im Blut **(Hypoxämie)** kommt. Kennzeichen sind z. B. Angst, Unruhe, Blutdruckanstieg, Tachykardie, Verwirrtheit.

Hypozentrum, Herd eines ↑Erdbebens.
Hypozykloide [grch.] *die,* eine zykl. Kurve, die von einem Punkt auf einem Kreis beschrieben wird, wenn dieser auf der Innenseite eines festen Kreises gleitfrei abrollt.

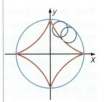
Hypozykloide

Hyppolite [ipɔˈlit], Jean, frz. Philosoph, *Jonzac (Dép. Charente-Maritime) 8. 1. 1907, †Paris 26. 10. 1968; war Prof. in Straßburg und Paris (Sorbonne; Collège de France); hat durch seine Studien zu G. W. F. Hegel und K. Marx wesentlich dazu beigetragen, Hegel für die frz. Nachkriegsphilosophie zu erschließen.

Hypselantes, Alexandros d. J., grch. Freiheitskämpfer, ↑Ypsilanti.
hypso... [grch.], höhen...
hypsographische Kurve (hypsometrische Kurve), eine graf. Darstellung, die den Anteil der einzelnen Höhenstufen am Relief der Erde (einschl. der Meeresböden) veranschaulicht. Sie zeigt zwei Hauptniveaus: den Kontinentalblock mit dem Schelf (also bis 200 m u. M.; 35 % der Erdkruste) um den Mittelwert + 875 m und die Tiefseetafel (abyssische Region, 56 %) um den Mittelwert − 3 800 m; sie sind verbunden durch die Kontinentalböschung (aktische Stufe, 9 %). Höhen von über 3 500 m und Tiefen von unter 6 000 m haben nur geringen Anteil.

Hypsometrie [grch.] *die,* die Höhenmessung.
Hypsothermometer (Hypsometer), das ↑Siedethermometer.
Hysterektomie [grch.] *die,* operative Entfernung der Gebärmutter, z. B. bei Myomen oder bei Gebärmutterkrebs.

Hysterese [grch.] *die* (Hysteresis), **1)** *Elektronik:* bei elektron. Kippschaltungen Bez. für die Differenz der Ansprechspannungen.
2) *Physik:* Abhängigkeit des physikal. Zustands eines Objektes von vorausgegangenen Zuständen, beruht auf der Restwirkung **(Remanenz)** nach Beseitigung der einwirkenden physikal. Größe.
Als **magnet. H.** bezeichnet man das Zurückbleiben der Magnetisierung M ferromagnet. Stoffe gegenüber der erregenden magnet. Feldstärke H. Wird ein bis zur Sättigung magnetisiertes Stück Eisen durch allmähl. Vermindern der Feldstärke entmagnetisiert, so bleibt eine Restmagnetisierung, die Remanenz M_r, die erst durch ein Gegenfeld von der Größe der **Koerzitivfeldstärke** H_c verschwindet. Bei weiterer Steigerung wächst die Magnetisierung wieder, worauf der Gesamtvorgang umgekehrt wiederholt werden kann. Bei unmagnet. Material wird mit wachsender Feldstärke H zunächst die **Neukurve** (auch **jungfräul. Kurve**) bis zur **Sättigungsmagnetisierung**, dem Maximalwert der Magnetisierung, durchlaufen; die gesamte Kurve wird als **H.-Kurve** oder **H.-Schleife** bezeichnet. – Weniger leicht zu beobachten ist die **dielektr. H.** von Stoffen mit molekularem Dipolmoment. Die von einem äußeren Feld in einem Dielektrikum erzeugte Polarisation klingt nach Abschalten des Feldes mit einer Exponentialfunktion ab. – H.-Effekte treten u. a. auch bei elast. Beanspruchungen

(**Nachwirkung**) oder in Gasentladungen durch Nachwirkung früherer Entladungszustände auf den augenblickl. Zustand auf.

3) *Volkswirtschaftslehre:* allg. die Beeinflussung eines Gleichgewichtszustands in einem dynam. (Wirtschafts-)System durch Kräfte, die zur Herbeiführung des Gleichgewichtszustands beigetragen, aber bereits zu wirken aufgehört haben. Auf dem **Arbeitsmarkt** insbes. das Verharren des Beschäftigungsgrads bzw. der Arbeitslosenquote auch nach dem Ende einer konjunkturellen Abschwung- und Tiefphase auf einem Niveau, das im Zuge dieser Rezession erreicht wurde. Dadurch entwickelt sich ein »Sockel« an Arbeitslosigkeit, der sich bei jedem Konjunkturabschwung erhöht, im Aufschwung jedoch allenfalls geringfügig abgebaut wird. Dieses Phänomen ist etwa in Dtl. seit Mitte der 1970er-Jahre beobachtbar. Zurückgeführt wird es meist auf einen Mangel an Flexibilität des Arbeitsmarkts, der ein Sinken der Reallöhne in konjunkturellen Schwächephasen weitgehend verhindert.

Hysterie [grch. hystéra »Gebärmutter«] *die,* psychogene Störung; Form der Neurose, überspannte Extraversion; früher (heute auch umgangssprachl.) Sammelbez. für ein Verhalten, das aus Affekten heraus entsteht und mit phys. und psych. Symptomen (Krampfanfällen, Bewusstseinstrübungen u. a.) verbunden ist, ohne dass entsprechende organ. Veränderungen vorliegen.

Hysteron-Proteron [grch. »das Spätere als Früheres«] *das, Logik:* log. Beweisfehler; die Verwendung des zu Beweisenden im Beweis.

Hyundai-Konzern [jundei-], einer der größten Konzerne Süd-Koreas, gegr. 1947; Sitz: Seoul. Zu den 18 relativ unabhängigen Unternehmen versch. Branchen gehören u. a. die Hyundai Corp. (Handel) und die Hyundai Motor Company.

Hyvinkää (schwed. Hyvinge), Stadt in S-Finnland, am Salpausselkä, 41 700 Ew.; Textil-, bes. Wollind., Lebensmittel-, Schuh- und Gummiind.; Wintersportzentrum.

Hz, Einheitenzeichen für ↑ Hertz.

i, I *das,* **1)** der 9. Buchstabe des dt. und vieler anderer Alphabete. Er bezeichnet den hohen, hellen, palatalen Vorderzungenvokal. Der Punkt ist erst im 14. Jh. aus einem Verdeutlichungsakzent entstanden. In versch. Sprachen kann das Schriftzeichen einen Akzent oder ein anderes diakrit. Zeichen erhalten, dann steht kein Punkt. Im Türkischen bezeichnet ı (ohne Punkt) den hohen, dumpfen Hinterzungenselbstlaut.
2) I, in röm. Inschriften Abk. für Imperator = Kaiser.
3) *Chemie:* **I,** chem. Symbol für ↑Jod.
4) *Formelzeichen: I* für elektr. Stromstärke, Lichtstärke, Isospin.
5) *Mathematik:* **i,** Symbol für die imaginäre Einheit (↑komplexe Zahl), sie genügt der Bedingung $i^2 = -1$ ($i = \sqrt{-1}$)
6) *Münzwesen:* **I,** Kennbuchstabe auf frz. Münzen 1539–1837 für die Münzstätte Limoges; auf dt. Münzen nach 1873 steht statt I ↑J (für Hamburg).
7) *röm. Zahlzeichen:* I = 1.

Ia., Abk. für den Bundesstaat Iowa**,** USA.
IAA, Abk. für Internationale Automobil-Ausstellung, vom Verband der Automobilindustrie e. V. (VDA) in Frankfurt am Main bzw. Hannover durchgeführte Ausstellung für Pkw (ungerade Jahreszahlen) und für Nutzfahrzeuge (gerade Jahreszahlen); erstmals 1897 in Berlin veranstaltet.
IAAF, Abk. für engl. International Amateur Athletic Federation (↑Leichtathletik).
Iacopone da Todi (latinisiert Jacobus de Benedictis oder Jacobus Tudertinus), italien. Dichter, *Todi um 1230, †San Lorenzo (bei Collazone, Prov. Perugia) 25. 12. 1306; Franziskaner, schrieb Satiren gegen das weltl. Treiben der Kirche, geistl. Lobgesänge und eine Marienklage in Dialogen.
IAEA, engl. Abk. für ↑Internationale Atomenergie-Organisation.
IAF, Abk. für engl. International Astronautical Federation, 1951 gegr. Vereinigung nat. astronaut. Gesellschaften u. a.

i, I 1): Druckschriftvarianten

mit dem Ziel der Verbreitung und Förderung der techn. und wissenschaftl. Forschung und des allg. Interesses für die Raumfahrt sowie die Beschränkung der Raumfahrtind. auf friedl. und nichtmilitär. Ziele; Sitz: Paris.

Ialomiṭa [ˈi̯alomitsa] *die,* linker Nebenfluss der Donau in SO-Rumänien, 417 km lang, entspringt im Bucegigebirge (Südkarpaten); am Oberlauf die I.-Höhlen (Tropfsteinhöhlen).

Iamblichos von Chalkis, grch. Philosoph, *Chalkis um 250, †um 330; Begründer der syr. Schule des Neuplatonismus; entwickelte eine Interpretationsmethode für die Schriften Platons; verband die Lehre Plotins mit orientalisch-myst. Elementen.

Iambus [grch.] *der, Metrik:* ↑Jambus.

IAO, Abk. für ↑Internationale Arbeitsorganisation.

Iapetus, Vorläufer des heutigen Atlantik in der Zeit vom Jungproterozoikum bis zum Silur, an der Wende Silur/Devon durch plattentekton. Bewegungen des nordamerikan. und europ. Kontinents geschlossen.

IAS, Abk. für ↑International Accounting Standards.

Iaşi [ˈjaʃj] (dt. Jassy), Hptst. des Bez. I. in NO-Rumänien, größte Stadt der Moldau, 321 600 Ew.; Sitz eines grch.-orth. Metropoliten und eines kath. Bischofs; Univ. (gegr. 1860), TH u. a. Hochschulen, Museen, Staatsarchiv, Oper; metallurg., pharmazeut., Textil-, Möbel- u. a. Ind.; Flughafen. – Kirche St. Nikolaus (1491 ff.), Kirche der »Drei Hierarchen« (1639), mehrere Klöster (16./17. Jh.). – I. entstand im 7. Jh.; seit 1565 Hptst. des Fürstentums Moldau. – Im **Frieden von I.** (9. 1. 1792) trat die Türkei an Russland das Land zw. Bug und Dnjestr ab.

Iason (Jason), *grch. Mythos:* der Anführer der ↑Argonauten, gewann mithilfe von ↑Medea das Goldene Vlies; verstieß sie später, um die korinth. Königstochter Kreusa zu heiraten.

IAT, Abk. für ↑Institut für Angewandte Trainingswissenschaft e. V.

IATA, Abk. für engl. International Air Transport Association, internat. Organisation von Luftverkehrsgesellschaften; Sitz: Montreal; gegr. 1945; dient der Förderung eines sicheren, regelmäßigen, wirtsch. Luftverkehrs.

Iatrik [grch.] *die,* Lehre von der ärztl. Heilkunst.

Iatrochemie [grch.] (Chemiatrie), die auf Paracelsus zurückgehende Richtung der Chemie, die die chem. Forschung in den Dienst der Heilkunde stellte. Die I. führte die Lebensfunktionen auf chem. Vorgänge zurück und versuchte dementsprechend, Krankheiten mit chem. Mitteln zu heilen.

ib., Abk. für **ib**idem [lat.], ebenda.

Ibadan, Hptst. des Bundesstaates Oyo, Nigeria, 1,4 Mio. Ew., zweitgrößte Stadt des Landes; kath. und anglikan. Bischofssitz; Univ., Nigerian. Akademie der Wiss. u. a. Bildungsstätten, Nationalarchiv, Museum (Kunst der Yoruba); Kunsthandwerk; Kfz-Montage, Herstellung von Sanitärkeramik, Zigaretten, Obstkonserven, Kakaoverarbeitung.

Ibaditen, islam. Sondergemeinschaft, ↑Charidjiten.

IBA Emscher Park, ↑Emscher Park.

Ibagué [iβaˈɣe], Dep.-Hptst. in Kolumbien, am O-Hang der Zentralkordillere, 1 250 m ü. M., 419 900 Ew.; kath. Erzbischofssitz; Univ.; Handelszentrum (Kaffee, Reis); Flugplatz. – Gegr. 1550.

Ibarbourou [iβarˈβuru], Juana de, geb. Fernández Morales, uruguayische Lyrikerin, *Melo 8. 3. 1895, †Montevideo 15. 7. 1979; naturnahe, sinnenfreudige Liebeslyrik, später schwermütige Stimmungslyrik; auch lyr. Prosa.

Ibarra [iˈβarra], Prov.-Hptst. im N von Ecuador, 2 225 m ü. M., in einem Hochtal der Anden, 81 000 Ew.; kath. Bischofssitz; Handelszentrum, Zuckerraffinerie. – Gegr. 1606.

Ibárruri Gómez [-θ], Dolores, gen. La Pasionaria (»die Leidenschaftliche«), span. Politikerin, *Gallarta (Prov. Vizcaya) 9. 12. 1895, †Madrid 12. 11. 1989; Mitgründerin der span. KP, setzte sich während des Span. Bürgerkriegs (1936–39) in leidenschaftl. Rundfunkreden für die Republik ein. Im Exil (Moskau, 1939–77) war sie 1940–60 Gen.-Sekr., 1960–67 KP-Vorsitzende.

Ibbenbüren, Stadt im Kr. Steinfurt, NRW, am Teutoburger Wald, 48 200 Ew.; Steinkohlenbergbau (seit dem 16. Jh.), Großkraftwerk, Stahl- und Maschinenbau, Leder-, Textil- und chem. Industrie. – Spätgot. evang. Stadtpfarrkirche. – Seit 1721 Stadt.

Iberer, 1) Völkerstämme im vor- und frühgeschichtl. Spanien, die entlang der Ostküste siedelten. Ihre Kultur, die wahrscheinlich auf die Almeríakultur zurückgeht, entwickelte sich durch grch. und röm. Einflüsse zu besonderer Höhe. Ihre Sprache ist – trotz der Schriftentzifferung – noch wenig verständlich. (↑Keltiberer) **2)** im Altertum Volk im Kaukasus, ↑Iberien.

Iberia (Líneas Aéreas de España), größte span. Luftverkehrsgesellschaft, gegr. 1940, Sitz: Madrid. (↑Luftverkehrsgesellschaften, Übersicht)

Iberi|en (lat. Iberia), **1)** histor. Landschaft südlich des Kaukasus, am Oberlauf des Kyros (Kura), heute Georgien; im Altertum von den nichtindogerman. **Iberern** bewohnt, die wahrscheinlich schon im 6. Jh. v. Chr. einen relativ selbstständigen Staat gründeten. 117–363 stand I. unter formeller Oberhoheit der Römer. 265 gründeten die Sassaniden das Reich Georgien mit der Hptst. Mzcheta. Der östl. Teil (I.) stand unter sassanid. Protektorat, der westl. (Kolchis) unter röm. Einfluss. Im 5. Jh. wurde Tiflis die Hptst. des ostgeorg. Reiches Iberien.
2) alter Name zunächst der Gegend um Huelva (Spanien), dann Name der ganzen **Iberischen Halbinsel,** auch **Pyrenäenhalbinsel** genannt. Diese ist die westlichste und mit 585 560 km² größte der drei südeurop. Halbinseln, durch die Pyrenäen vom Rumpf Europas getrennt; umfasst Spanien, Portugal, Andorra und Gibraltar.

Iberis [grch.-lat.] *die,* die Pflanzengattung ↑Schleifenblume.

iberisch, die Pyrenäenhalbinsel betreffend.

Iberoamerika, andere Bez. für ↑Lateinamerika.

Ibert [iˈbɛr], Jacques, frz. Komponist, *Paris 15. 8. 1890, †ebd. 5. 2. 1962; Schüler von G. Fauré, wurde 1955 Direktor der Union des Théâtres Lyriques in Paris; schrieb Opern (u. a. »Angélique«, 1927), Ballett-, Bühnen- und Filmmusiken, Orchesterwerke (»Hommage à Mozart«, 1955), Kammermusik u. a.

IBF, ↑Profiboxen.

IBFG, Abk. für ↑Internationaler Bund Freier Gewerkschaften.

Ibibio, Volk der Benue-Kongo-Gruppe in SO-Nigeria, östlich des Nigerdeltas. Die I. bilden mit den Eket, Ogoni, Oron und vier weiteren Stämmen die I.-Gruppe, etwa 3,2 Mio. Menschen. Die I. treiben Hackbau (Jamswurzel) auf Rodungsinseln im trop. Regenwaldsowie Palmöl- und Palmkerngewinnung und -handel. Ihre Schnitztradition konzentriert sich v. a. auf die Herstellung von Masken.

ibidem [auch ˈiːbidɛm, ˈɪb-, lat.], Abk. **ib., ibd., ibid.,** ebenda, ebendort; Hinweiswort in wiss. Werken zur Ersparung der wiederholten vollständigen Anführung eines bereits zitierten Buches.

Ibisse [ägypt.] (Threskiornithidae), Familie storchähnl., gesellig lebender und brütender Vögel mit rd. 30 mittelgroßen bis großen sumpf-, ufer- oder steppenbewohnenden Arten, v. a. in den wärmeren Gebieten der Alten und Neuen Welt. Nach der Form des Schnabels unterscheidet man die beiden Unterfamilien ↑Sichler und ↑Löffler.

Ibiza [iˈβiθa] (katalan. Eivissa), Hauptinsel der zu den Balearen gehörigen Pityusen (Spanien), 568 km², 82 500 Ew., besteht aus zwei Bergrücken (bis 475 m ü. M.), hat vorwiegend Steilküsten, im S flaches Schwemmland mit Salzgärten. An der SO-Küste die Stadt I. mit 34 300 Ew.; Bischofssitz; got. Kathedrale; Befestigungsanlagen (16. Jh.); Fremdenverkehr; Flughafen. – Abb. S. 578

Iblis, im Islam Bez. für den Teufel.

IBM Corporation [aɪbiːˈɛm kɔːpəˈreɪʃn, engl.], Kurzbez. für International Business Machines Corporation, weltgrößter Computerhersteller, gegr. 1911, jetziger Name seit 1924; Sitz: Armonk (N. Y.); brachte 1952 den ersten Computer auf den Markt, ist heute v. a. in den Bereichen Computer-, Drucker- und Netzwerksysteme, Software und Mikroelektronik tätig. Dt. Tochterges. ist die 1910 als Dt. Hollerith Maschinen GmbH gegr. IBM Dtl. GmbH, Stuttgart.

Ibn [arab. »Sohn«], oft Teil arab. Personennamen.

Ibn al-Haitham, ↑Haitham.

Ibn Badjdja [-dʒdʒa] (latinisiert Avempace), arab. Philosoph, Mathematiker und Arzt, *Saragossa Ende 11. Jh., †Fès um 1139; gilt als der erste Aristoteliker des islam. Spanien.

Ibn Battuta, Abu Abd Allah Mohammed, der bedeutendste arab. Reisende des MA., *Tanger 24. 2. 1304, †in Marokko 1368/69 oder 1377; Urspr. zu einer Pilgerfahrt nach Mekka aufgebrochen, bereiste er 1325–49 N- und O-Afrika, Vorder- und Zentralasien, S-Russland, Indien, China, Sumatra; suchte 1352/53 das Nigergebiet (Timbuktu) auf; verfasste Reisebeschreibungen.

Ibn Chaldun [-xal-], Abd ar-Rahman Ibn

IBN Ibn Gabirol

Ibiza: Blick auf die Stadt mit Befestigungsanlagen

Mohammed, arab. Geschichtsschreiber, *Tunis 27. 5. 1332, †Kairo 17. 3. 1406; stammte aus einer spanisch-arab. Familie und stand im Dienst nordafrikan. Fürsten. Seine »Weltgeschichte«, mit berühmter geschichtsphilosoph. Einleitung, und seine »Geschichte der Berber« sind bed. Quellen für die Gesch. des Islams in Nordafrika.
Ibn Gabirol (Salomon ben Jehuda, latinisiert Avicebron, Avencebrol), der erste jüd. Philosoph des Abendlandes, *Málaga um 1021, †Valencia um 1070(?); wirkte im arab. Spanien; als Dichter (Lehrgedicht »Keter Malchut« [»Königskrone«] in Reimprosa) und Philosoph verknüpfte den neuplaton. Emanationsgedanken mit dem Hylemorphismus des Aristoteles und jüd. religiösen Ideen.
Ibn Ruschd (latinisiert Averroes), arab. Philosoph und Arzt, *Córdoba 1126, †Marrakesch 1198; Richter in Sevilla und Córdoba; im MA. der »Kommentator« (des Aristoteles) genannt. Vertrat die Lehre vom anfangslosen Bestehen der Welt, die aber doch von Gott erschaffen sei. Der unsterbl. denkende Geist (der Nus des Aristoteles) ist in allen Menschen nur einer (Monopsychismus), sodass der einzelne Mensch weder eine individuelle Seele besitzt noch persönl. Unsterblichkeit. – Seine Lehren sind Gegenstand der Auseinandersetzung in der christl., islam., v. a. jüd. Philosophie und Theologie des MA. (↑Averroismus)
Ibn Saud, eigtl. Abd al-Asis III. Ibn Abd ar-Rahman Ibn Saud, König von Saudi-Arabien (1927–53), *Riad 24. 11. 1880, †Taif 9. 11. 1953; aus der Dynastie der Sauditen; eroberte, gestützt auf die Wahhabiten, Riad zurück (1902) und wurde zum Herrscher im Nedjd, unterwarf 1921/22 das Emirat Hail, 1924/25 Mekka und das Königreich Hidjas, nahm am 8. 1. 1926 den Königstitel für Hidjas, 1927 für seinen gesamten Herrschaftsbereich an, annektierte danach schrittweise das Emirat Asir; 1932 gab er seinem Land den Namen ↑Saudi-Arabien. Seit 1933 zog er aus der Vergabe von Ölkonzessionen hohe Gewinne, die er auch zur Modernisierung seines Landes einsetzte.
Ibn Sina (latinisiert Avicenna), pers. Philosoph und Arzt, *Afschana (bei Buchara) 980, †Hamadan (Iran) 1037; verschmolz die aristotel. Philosophie mit neuplaton. Gedanken: Die Materie ist ewig, die Welt ewige Wirkung (Emanation) eines ewigen Gottes. I. S. stand mit seiner rationalist. Philosophie oft im Konflikt mit der islam. Orthodoxie.
Werke: Canon medicinae (arabisch, Rom 1593; lat., Löwen 1658), der jahrhundertelang die medizin. Anschauungen beherrschte; Aristoteleskommentare; Enzyklopädien, bes. das »Buch der Genesung (der Seele)«, das Logik, Physik, Mathematik und Metaphysik umfasst.
Ibn Tufail, Abu Bakr (latinisiert Abubacer), arab. Arzt und Philosoph, *Guadix (Spanien) um 1115, †Marrakesch 1185 oder 1186; Neuplatoniker myst. Prägung, Schüler des Ibn Badjdja und Freund von Ibn Ruschd; lehrte eine myst. Gottesschau,

die er der Philosophie als überlegen und als identisch mit dem Islam ansah.

Ibo (Igbo), großes Volk in Nigeria, v. a. östlich des unteren Niger, etwa 22 Mio. Menschen; urspr. meist Waldlandbauern. Früh zum Christentum missioniert, erhielten sie eine überdurchschnittl. Schulbildung und wurden daher in ganz Nigeria als Beamte, Händler, Handwerker, Techniker tätig. Bedeutend sind ihre figürl. Plastiken. Ihre starke Stellung in Verw. und Wirtschaft der N-Region führte 1953 zu ibofeindl. Unruhen. 1967 unternahmen die I. einen Versuch, polit. Unabhängigkeit von der Zentralreg. Nigerias zu erlangen (↑Nigeria, Geschichte). Ihre Sprache, das I. (Igbo), ist eine östl. Kwasprache.

iBoxx®, von der Dt. Börse AG seit 2001 berechnete Gruppe von Realtime-Rentenindizes, die die vorherige dt. Rentenindexfamilie ↑BOX abgelöst hat und sich nunmehr über das originäre Segment der Staatsanleihen hinaus auf den gesamten europ. Anleihemarkt bezieht, also auch Unternehmensanleihen erfasst. Der iBoxx® wird als Mittelwert aus den Kursangaben (Echtzeitdaten) von derzeit sieben unabhängigen europ. Referenzbanken ermittelt und gliedert sich in drei Teilgruppen, die ihrerseits wieder nach Emittenten und Laufzeitklassen in Index-Subgruppen (Ende 2003: über 1 400 Subindizes) unterteilt werden. Zumindest die Top-Level-Indizes werden von der Dt. Börse AG während der Handelszeit (9.00–17.15 Uhr) minütlich berechnet und bereitgestellt.

IBRD, Abk. für engl. **I**nternational **B**ank for **R**econstruction and **D**evelopment (↑Weltbank).

Ibrik [pers.] *der* oder *das*, eine im Orient verbreitete Wasserkanne mit dünnem Hals und ovalem Bauch.

Ibsen, Henrik, norweg. Dichter, *Skien 20. 3. 1828, †Oslo 23. 5. 1906; Apothekerlehre (1884–50) in Grimstad; wurde 1851 Bühnenleiter und Theaterdichter in Bergen, 1857 Theaterleiter in Oslo. 1864–91 lebte er in Rom, Dresden und München. I. begann mit revolutionären Gedichten und dem Drama »Catilina« (1850). Seine frühen Werke gestalten nat.-norweg. Stoffe in spätromant. Weise. Die folgenden Ideendramen »Brand« (1866) und »Peer Gynt« (1867) erlangten Weltgeltung. Nach »Kaiser und Galiläer« (1873) begründete er mit »Stützen der Gesellschaft« (1877) die Gattung des Gesellschaftsstücks, das mit der radikalen Kritik an den gesellschaftl. Verhältnissen am Beginn des modernen Dramas steht. An Stoffen aus dem Alltag enthüllte er die Lebenslüge, d. h. die bisher verdeckte Brüchigkeit zwischenmenschl. Beziehungen (»Nora oder Ein Puppenheim«, 1879; »Gespenster«, 1881; »Ein Volksfeind«, 1882; »Die Wildente«, 1884). In späten symbolist. Dramen nahm er psycholog. Erkenntnisse vorweg (»Hedda Gabler«, 1890). I.s Werk war für den Naturalismus in Dtl. und Skandinavien bahnbrechend und begründete das Drama des Symbolismus.

📖 *Admoni, V. G.:* H. I. München 1991. – *Rieger, G. E.:* H. I. Reinbek 1993.

Henrik Ibsen

Iburg, Bad, ↑Bad Iburg.

Ibykos, grch. Lyriker des 6. Jh. v. Chr., aus Rhegion (heute Reggio di Calabria) in Unteritalien, lebte am Hof des Polykrates auf Samos, schrieb Chorlyrik mytholog. und erot. Inhalts. Die Sage von seiner Ermordung und der Entlarvung der Mörder durch Kraniche gestaltete Schiller in der Ballade »Die Kraniche des Ibykus«.

IC, Abk. für engl. **i**ntegrated **c**ircuit (↑integrierter Schaltkreis).

IC®, Abk. für **I**nter**C**ity®, Zuggattung der Dt. Bahn AG für den Städteschnellverkehr, zumeist im Ein-Stunden-Takt. Die IC sind lokbespannte Züge (im Regelfall mit der E-Lok Baureihe 103), bestehend aus Abteil- und/oder Großraumwagen 1. und 2. Klasse und i. d. R. einem Speisewagen. Die Züge sind mit Kartentelefon ausgerüstet. Die zugelassene Höchstgeschwindigkeit beträgt 200 km/h, zurzeit erreichen IC Reisegeschwindigkeiten von maximal 156 km/h und durchschnittlich 108 km/h. Zusätzlich zum eigentl. Fahrpreis ist ein IC-Zuschlag zu zahlen. Für im Fernverkehr mit dem Ausland eingesetzte IC wurde die

IC I.C.

Bez. **EuroCity (EC)** eingeführt. EC können auch aus Wagen anderer europ. Bahnen (z. B. der Schweizer Bundesbahnen SBB) bestehen. Seit 1991 sind für den Städteschnellverkehr auch Hochgeschwindigkeitszüge (**InterCityExpress®**, ↑ICE®) im Einsatz. Mit dem **InterCityNight (ICN)** für den innerdt. Verkehr (Bonn–Berlin, München–Berlin, Hamburg–München), dem **EuroNight (EN)** und dem **CityNightLine (CNL)** im grenzüberschreitenden Verkehr nach Wien bzw. Zürich stehen für den Nachtverkehr drei neuartige Nachtzüge zur Verfügung.

I. C., Abk. für ↑Immum Coeli.

ICANN [Abk. für engl. Internet Corporation for Assigned Numbers and Names], 1998 von der amerikan. Regierung gegründete gemeinnützige Organisation zur globalen Verw. des ↑Internet. ICANN ist für die Vergabe von Domain-Namen, die Bewirtschaftung der einzelnen Adressräume (z. B. ».com«, ».org«, ».de«), den Betrieb der sog. Root-Server und für Fragen der verwendeten Standards und Protokolle zuständig. Als Exekutive von ICANN fungiert ein 19-köpfiges Direktorium, das von vier Unterorganisationen gewählt wird und im Nov. 2000 offiziell seine Tätigkeit aufnahm. Nach Durchführung der ersten Wahlen nahmen die Direktoren im Nov. 2000 offiziell ihre Tätigkeit auf.

ICAO [engl. aɪsɪeɪˈəʊ], Abk. für International Civil Aviation Organization, Internationale Organisation der Luftfahrt treibenden Staaten, Unterorganisation der Vereinten Nationen, gegr. 1944 in Chicago (Ill.); Sitz: Montreal; Aufgabe: Schaffung einheitlicher, verbindl. Normen, die die Sicherheit, Regelmäßigkeit und Wirtschaftlichkeit des internat. Luftverkehrs gewährleisten sollen. (↑Luftrecht)

ICBM [engl. aɪsɪbiːˈem], Abk. für ↑Intercontinental Ballistic Missile.

ICE®, Abk. für InterCity-Express®, Hochgeschwindigkeitszug, der durch einen Triebwagen anstelle einer Lok angetrieben wird, bestehend aus je einem Triebwagen am Zuganfang und -ende sowie 12–14 Mittelwagen. Als Antriebstechnik dient eine Drehstromantriebstechnik mit Asynchronfahrmotoren, die beim Bremsen als Generatoren fungieren und Energie in die Fahrleitung zurückspeisen. Eine zusätzl. Sicherheitstechnik ist der im Gleis verlegte Linienleiter, mit dem der ICE-Führer auf 10 km im Voraus »elektronisch sehen« kann. Die derzeit planmäßige Höchstgeschwindigkeit beträgt 250 km/h. Eine Weiterentwicklung ist der **ICE 2**, der nur einen Triebwagen am Zuganfang, zwei Wagen 1. Klasse, Speisewagen, drei Wagen 2. Klasse und einen Steuerwagen am Zugende hat. Seine Höchstgeschwindigkeit beträgt 280 km/h. Zwei Halbzüge des Typs ICE 2 können zu einem Langzug gekoppelt werden. Der **ICE 3** (200 m Länge in Einfach-, 400 m in Doppeltraktion, 300 km/h) mit mehreren Stromsystemen und ↑Neigetechnik für höhere Geschwindigkeit auf kurvenreichen Strecken ist ein Triebzug, bei dem jedes zweite Drehgestell vom Drehmoment der Motoren direkt angetrieben wird, sodass eine hohe Beschleunigung resultiert. In der 1. Klasse stehen 98 und in der 2. Klasse 342 Sitzplätze zur Verfügung. Die ersten **ICE T** (ICE Tilting) sind seit 1999 im Einsatz (bis 230 km/h). Mit dem Winterfahrplan 2002 der Dt. Bahn AG wurde die Neubaustrecke Frankfurt am Main–Köln für den ICE 3 in Betrieb genommen. (↑IC®)

📖 *ICE – Zug der Zukunft*, hg. v. W. O. Martinsen u. a. Darmstadt ³1997. – *Bernet, R.: Der Intercity-Neigezug: Eisenbahn-Hightech aus der Schweiz.* München ²2000.

Ich *das*, der sich selbst bewusste Ursprung und Träger aller psych. Akte des Individuums (Denken, Wahrnehmen, Fühlen, Handeln), in denen dieses sich als kontinuierlich und von der Umwelt unterschieden erfährt; auch als Gesamtheit aller äußeren Verhaltensweisen des Individuums verstanden. In der Psychoanalyse die seel. Instanz, die die Vermittlung zw. Individuum und Realität sowie zw. den moral. Forderungen des Über-Ich und den Triebregungen des Es und die Konfliktlösung aus diesen Beziehungen leistet.

Ich-AG, eine Vorstufe einer selbstständigen Tätigkeit die von der Bundesagentur für Arbeit mit einem ↑Existenzgründungszuschuss gefördert werden kann. (↑Arbeitsmarktreform)

Ichang [itʃaŋ], Stadt in China, ↑Yichang.

Ichbezogenheit, die ↑Egozentrik.

Ichikawa [-tʃ-] (Itschikawa), Trabantstadt am O-Rand von Tokio, Japan, auf Honshū, 428 000 Ew.; Metall-, Textil- u. a. Industrie.

I-ching [idʒɪŋ], chines. Orakelbuch, ↑Yijing.

Ida **IDA**

Ichthyosaurier: Skelett von Ichthyosaurus quadriscissus mit Abdruck der Haut; 2,10 m lang

Ichinomiya [-tʃ-] (Itschinomija), Stadt auf Honshū, Japan, östlich von Tokio, 270 000 Ew.; Zentrum der Woll- und Baumwollindustrie.
Ichkeul-Nationalpark, Sumpfgebiet am S-Ufer des Ichkeulsees, Tunesien, 126 km², Lebensraum von etwa 180 Vogelarten, einer Vielzahl von Sumpfpflanzen sowie der vom Aussterben bedrohten Wasserbüffel (UNESCO-Weltnaturerbe).
Ichneumon [grch.] *der* oder *das,* ↑Schleichkatzen.
Ichneumonidae [grch.], die ↑Schlupfwespen.
ichthy... [grch.], vor Konsonanten **ichthyo...,** fisch...
Ichthyodont [grch.-lat.] *der,* ein fossiler Fischzahn (früher als Amulett verwendet).
Ichthyologie [grch.] *die,* die Wiss. von den Fischen, Fischkunde.
Ichthyophage [grch.-lat. »Fischesser«] *der,* Angehöriger von Küstenvölkern, die sich nur oder überwiegend von Fischen ernähren.
Ichthyosaurier [grch.] (Fischsaurier), ausgestorbene, bis 15 m lange, meist aber wesentlich kleinere Reptilien, die die Meere des Jura bewohnten. Der nackthäutige Körper war fischförmig.
Ichthyosis [grch.] *die,* ↑Fischschuppenkrankheit.
Ichthyotoxin [grch.], Fischgift, ↑Aale.
Ichthys [grch.], der Fisch als frühchristl. Geheimsymbol für Christus; Abk. der grch. Formel **I**esous, **Ch**ristos, **Th**eou, (**H**)**Y**ios, **S**oter (»Jesus Christus, Gottes Sohn, Heiland«).
Icing [ˈaɪsɪŋ, engl.-amerikan.] *das, Eishockey:* unerlaubter Weitschuss, Befreiungsschlag.
ICOMOS [engl. ˈaɪkɔməs], Abk. für engl. International Council on Monuments and Sites, internat. Interessenorganisation der Denkmalpflege, nachgeordnete Organisation der UNESCO; gegr. 1965, Sitz: Paris. Sie fördert die wiss. Erforschung und Konservierung von bed. Baudenkmälern und Kunststätten.
Icon [ˈaɪkən, engl. »Bild«, »Ikone«] (Piktogramm), *Informatik:* Symbol auf graf. ↑Benutzeroberflächen zur bildl. Darstellung von Objekten (z. B. Geräte, Dateien), Zuständen oder Aktionen, das durch Mausklick aktiviert werden kann.
ICSI [Abk. für **i**ntra**c**ytoplasmatische **S**permien**i**njektion] (Mikroinjektion), bei männlich bedingter Unfruchtbarkeit angewandte künstl. Befruchtung. Bei ICSI werden einzelne Spermien unter dem Mikroskop direkt in eine Eizelle injiziert. Für die Frau bedeutet die ICSI dieselbe Behandlung wie bei der In-vitro-Fertilisation (Hormontherapie, Operation zur Eientnahme, Einspritzen des befruchteten Embryos in die Gebärmutter). ICSI wurde zum ersten Mal 1992 erfolgreich in Belgien durchgeführt. In Dtl. wird ICSI seit 1994 eingesetzt.

Icon: Beispiele für Icons auf grafischen Benutzeroberflächen; von links: Ordner, Dokument und Drucker

Icterus [grch.-lat.] *der* (Ikterus), *Medizin:* die ↑Gelbsucht.
Id [arab.] *das,* mit der Fastenzeit ↑Ramadan in zeitl. Zusammenhang stehendes höchstes mohammedan. Fest.
id., Abk. für ↑idem.
Id., Abk. für den Bundesstaat Idaho, USA.
Ida, Planetoid, bei dem erstmals ein Begleiter (Dactyl) nachgewiesen werden konnte. I. wurde mit der Raumsonde Galileo untersucht, seine Größe beträgt etwa 28 × 58 km.
Ida *der* (ngrch. Psiloritis), höchster Gebirgsstock der grch. Insel Kreta, bis

2 456 m ü. M., mit der **Idäischen Grotte,** der Sage nach die Geburtsstätte des Zeus.
IDA [engl. aɪdiˈeɪ], Abk. für International Development Association (↑Internationale Entwicklungsorganisation).
Idaho [ˈaɪdəhəʊ], Abk. **Id., ID,** Bundesstaat im NW der USA, in den Rocky Mountains, 216 456 km², (2001) 1,32 Mio. Ew., Hptst.: Boise. I. liegt größtenteils auf der W-Abdachung der Rocky Mountains, im W und S greift das Columbia Plateau auf I. über, zu ihm gehört u. a. die trockene, steppenhafte Snake River Plain; kontinentales, sommertrockenes Klima; fast 40 % der Fläche sind Nadelwald. Rd. 95 % der Bev. sind Weiße; ferner v. a. Hispanos, wenige Schwarze und Indianer (Shoshone, Nez Percé). Anbau von Futterpflanzen, Kartoffeln, Zuckerrüben und Getreide; Bergbau (Silber, Blei, Zink und Phosphat); Nahrungsmittel-, Elektronikind.; Holzverarbeitung. – 1805 von den Amerikanern W. Clark und M. Lewis erkundet; kam 1846 in den Besitz der USA. Seit 1860 ständig besiedelt, wurde I. 1863 selbstständiges Territorium, 1890 43. Staat der Union.
Idared [ˈaɪdəred; Kw. aus Idaho und engl. red »rot«] *der,* mittelgroßer bis großer, rötl. Tafelapfel mit weißem bis gelbl., saftigem, leicht säuerl. Fruchtfleisch.
Idar-Oberstein, Stadt im Landkreis Birkenfeld, Rheinl.-Pf., an der Nahe, 34 200 Ew.; Dt. Edelsteininst., Dt. Gemmolog. Ausbildungszentrum; Fachbereich Edelstein- und Schmuckdesign der FH Trier, Fachschule für Edelstein- und Schmuckgestaltung, Dt. Edelsteinmuseum, Stadtmuseum; seit 1974 Diamant- und Edelsteinbörse; Edelstein- und Diamantschleiferei, Schmuckwarenind., Metallverarbeitung, Lederwarenfabrikation. – Spätgot. (15. Jh.) Felsenkirche mit Flügelaltar, Ruinen des Alten und Neuen Schlosses. – Der seit 1454 bezeugte Achatbergbau wurde nach 1800 aufgegeben. I.-O. entstand als Stadt 1933 durch Zusammenschluss von Oberstein, Idar und Algenrodt.
Idarwald, Höhenzug des ↑Hunsrücks.
IDB, engl. Abk. für ↑Interamerikanische Entwicklungsbank.
idea, Abk. für Informationsdienst der Evangelischen Allianz; evang. Nachrichtenagentur mit eigenem Foto- und Bilddienst; (»idea-Bild«)gegr. 1970, Sitz von Geschäftsleitung und Zentralredaktion: Wetzlar.

ideagen [grch.-lat.], durch Vorstellungen ausgelöst, aufgrund von Vorstellungsbildern.
Ideal [spätlat., zu grch. idéa »Urbild«] *das,* Inbegriff der Vollkommenheit, des Mustergültigen, als höchster Wert angestrebtes Ziel.
Idealisierung, *Psychoanalyse:* zu den Abwehrmechanismen gerechneter psych. Prozess, durch den der Wert eines (Trieb-)Objekts gesteigert wird.
Idealismus *der,* versch. philosoph. Grundpositionen: 1) die Lehre, dass es rein geistiges Sein gibt, entweder als das einzig Wirkliche, sodass Stoff und Materie nur abgeleitetes Sein darstellen, oder neben dem Stofflichen, dann aber diesem übergeordnet und es gestaltend. Der Begründer dieses **metaphys. I.** ist Platon; in der Gesch. der Philosophie wurde er in vielen Formen vertreten, bes. ausgeprägt im ↑deutschen Idealismus; 2) die Lehre, dass die erscheinende Wirklichkeit nicht unabhängig von der geistigen Leistung des erkennenden Subjekts ist oder existiert. Auch dieser **erkenntnistheoret. I.** ist mannigfach aufgetreten, oft verbunden mit dem metaphys. I.; Ggs.: Realismus; 3) als **eth. I.** eine Position, der im Ggs. zum eth. Materialismus nicht die Befriedigung materieller Bedürfnisse, sondern die »geistigen« Werte (»Würde«, »Freiheit«, »Einsicht«) als entscheidend für ein Werturteil gelten.
Idealist *der,* 1) Vertreter des ↑Idealismus, Ggs. Materialist; 2) jemand, der selbstlos, dabei aber auch die Wirklichkeit etwas außer Acht lassend, nach der Verwirklichung bestimmter Ideale strebt.
Idealkonkurrenz (Tateinheit), *Strafrecht:* die Verletzung mehrerer Straftatbestände **(ungleichartige I.)** oder die mehrfache Verletzung derselben Strafnorm **(gleichartige I.)** durch ein und dieselbe Handlung. Nach § 52 StGB ist bei I. nur die Norm anzuwenden, die die schwerste Strafe androht **(Absorptionsprinzip).** Von der I. zu unterscheiden sind die Realkonkurrenz und die Gesetzeskonkurrenz. – Ähnlich in Österreich (§ 28 StGB) und der Schweiz (Art. 68 StGB), jedoch ist die Strafe der schwersten Tat nach schweizer. Recht angemessen zu erhöhen, aber nicht um mehr als die Hälfte **(Asperationsprinzip).**
Idealkristalle, mathemat., räumlich-period. Abstraktion der ↑Kristalle, im Unterschied zu den in der Natur auftretenden **Realkristallen.**

Ideal Speaker [aɪˈdɪəl ˈspiːkə, engl.] *der* (Idealspeaker), *Sprachwissenschaft:* im Rahmen der ↑generativen Grammatik entwickeltes Modell eines idealen Sprechers/Hörers, der eine Sprache perfekt beherrscht und keine psychologisch bedingten Fehler macht.

Idealtypus, nach Max Weber eine begriffl. Konstruktion, die die wesentl. Züge eines Sozialgebildes hervorhebt, Unwesentliches unbeachtet lässt; method. Hilfsmittel zur Theoriebildung.

Idee [grch.] *die,* 1) *allg.:* schöpfer. Gedanke, Vorstellung. 2) *Philosophie:* bei Platon die ewig unveränderl., eigentlich seienden Urformen, deren unvollkommenes Abbild die ird. Dinge sind, die insofern ein nur abgeleitetes Sein besitzen; bei Kant die regulativen Vernunftbegriffe (Gott, Freiheit, Unsterblichkeit), denen kein Gegenstand in der Erfahrung entspricht, die der Erfahrung vielmehr eine abschließende Ordnung und Einheit verleihen; bei Hegel der Geist (Logos), der sich in Natur und Geschichte materialisiert und in deren Entwicklung seiner selbst bewusst wird.

Idée fixe [ideˈfiks, frz.] *die,* Zwangsvorstellung; in der *Musik* der über einem ganzen musikal. Werk stehende Grundgedanke (z. B. in der Symphonie fantastique von H. Berlioz).

ideell, auf einer Idee beruhend, von ihr bestimmt; gedanklich, geistig.

Ideenassoziation *die,* unwillkürlich sich einstellende Vorstellungs- und Gedankenverbindung.

Ideendrama, Drama, dessen Handlung auf einen übergeordneten Leitgedanken, eine Idee oder Weltanschauung, die Allgemeingültigkeit beanspruchen, bezogen ist (z. B. Lessings »Nathan« mit der Idee der Toleranz; Goethes »Iphigenie« mit der Idee der Humanität).

Ideengeschichte, eine Betrachtungsweise geschichtl. Abläufe, die, ohne deren realen sozialen Gehalt zu leugnen, die Bewegungskräfte des Geschichtlichen primär in den hinter den geschichtl. Ereignissen wirkenden ideellen Kräften sieht, z. B. in der Idee der Freiheit, der Erlösung, der Gerechtigkeit (bes. im 19./20. Jh. F. Meinecke, E. Troeltsch, W. Dilthey, O. Spengler, K. Breysig). I. und ↑Sozialgeschichte werden heute als einander ergänzende Auffassungen von Gesch. angesehen. (↑Geistesgeschichte)

idem [lat.], Abk. **id.,** derselbe, dasselbe.

Iden [lat.] *Pl.* (Idus), im röm. Kalender der 13., im März, Mai, Juli und Okt. der 15. Tag des Monats.

Identifizierung *die* (Identifikation), Gleichsetzung; Feststellung der Echtheit, der Identität.

identischer Reim, Reim mit gleichem Reimwort, gilt nur dann als kunstvoll, wenn die Wiederholung eine Funktion hat (↑rührender Reim).

Identität [lat.] *die,* 1) *allg.:* völlige Übereinstimmung einer Person oder Sache mit dem, was sie ist oder als was sie bezeichnet wird. 2) *Mathematik:* 1) **ident. Gleichung,** eine ↑Gleichung, die für den ganzen Definitionsbereich ihrer Variablen gültig ist; 2) **ident. Abbildung,** eine Abbildung, die jedes Element auf sich selbst abbildet.

Identitätsausweis, in *Österreich* während der Besatzungszeit 1945–55 gültiger Personalausweis.

Identitätsphilosophie, die philosoph. Annahme, dass Geist und Materie nur zwei Aspekte ein und derselben Wirklichkeit seien. Sie wurde schon in der Antike, im Neuplatonismus, im 17. Jh. u. a. von B. de Spinoza, bes. im dt. Idealismus (↑Schelling), später von G. T. ↑Fechner vertreten. Zur materialist. **Identitätstheorie** ↑Materialismus.

Ideogramm [grch.] *das,* Schriftzeichen, das einen ganzen Begriff bildhaft darstellt; u. a. in der Hieroglyphenschrift und der Keilschrift.

Ideographie [grch.] *die* (Pasigraphie), künstl. Schriftsystem, dessen Elemente nur aus Ideogrammen bestehen; Begriffsschrift.

Ideologen, Bez. für eine Gruppe politisch engagierter, erkenntnistheoretisch durch den ↑Sensualismus geprägter frz. Philosophen im ausgehenden 18. und zu Beginn des 19. Jh.; sie vertraten ein materialistisch-sensualist. Programm der Analyse des menschl. Bewusstseins, das sie auf Sinneswahrnehmungen zurückführten, deren möglichst genaue Kenntnis sie als Grundlage für die Formulierung von prakt. Regeln für das Handeln in Gesellschaft und Politik ansahen. Ein Hauptvertreter war A. L. C. Destutt de Tracy.

Ideologie [grch.] *die,* urspr. Begriff der Lehre von ↑Destutt de Tracy, der zunächst synonym mit Ideenlehre oder System von

Ideen gebraucht wurde, schließlich aber Vorstellungen zur Interpretation der Welt in einer von Interessen geleiteten und damit verfälschenden Sichtweise bezeichnet. Im marxist. Verständnis dient I. der Aneignung der Welt, der Vermittlung der herrschenden Weltsicht, kann aber dem Geschichtsverlauf gegenüber einen retardierenden (reaktionären) Charakter (»falsches Bewusstsein«) annehmen. Die rationalist. I.-Kritik nimmt den wiss. Fortschritt zum Maßstab und sieht im bewussten Einsetzen von I. ein Mittel der Herrschaftserhaltung. Der Irrationalismus bewertet die I. z. T. als histor. oder anthropolog. Notwendigkeit. Während diese Richtungen I. für etwas erkennbar von der Wahrheit Verschiedenes halten, befasst sich die ↑Wissenssoziologie mit der Ideologiehaftigkeit des Denkens überhaupt und mit den prakt. Wechselbeziehungen zw. Realitätsvorstellungen und sozialer Realität.

📖 Lieber, H.-J.: I. Paderborn u. a. 1985. – Boudon, R.: I. Gesch. u. Kritik eines Begriffs. A. d. Frz. Reinbek 1988. – Eagleton, T.: I. A. d. Engl. Stuttgart u. a. 1993, Nachdr. 2000.

Ideologisierung, die Abkehr von einer um Objektivität und krit. Sachbezogenheit bemühten Denk- und Handlungsweise zugunsten einer als ausschl. Maßstab angenommenen ideolog. Position, v. a. im gesellschaftlich-polit. Feld.

Ideomotorik, Bewegungen und Handlungen, die nicht absichtlich, sondern unwillkürlich (z. B. infolge affektgetönter Vorstellungen) zustande kommen. (↑Carpenter-Effekt)

id est [lat.], Abk. **i. e.,** das ist, das heißt.

Idfu (Edfu), oberägypt. Stadt am Nil, 94 200 Ew.; Zuckerfabrik, Ferrosiliciumwerk; Nilbrücke. – Gut erhaltener, dem Sonnengott Horus geweihter Tempel aus der Ptolemäerzeit (errichtet 237–57 v. Chr.) mit zahlreichen Reliefs und Inschriften.

Idi Amin Dada, ugand. Politiker, ↑Amin Dada, Idi.

idio... [grch.], eigen..., selbst...

idioblastisch [grch.-nlat.] heißen bei der Gesteinsmetamorphose neu oder umkristallisierte Minerale **(Blasten)** mit arteigener Kristallform; Ggs.: xenoblastisch.

idiochromatisch [grch. »eigenfarbig«] heißen homogene farbige Körper, bes. Minerale, deren Farbe auf der Absorption des Lichts durch stoffeigene chem. Bestandteile beruht; durch Beimengungen gefärbte Stoffe heißen **allochromatisch.**

Idiogramm *das,* andere Bez. für das ↑Karyogramm.

idiographisch, *Geschichtswissenschaft:* das Eigentümliche, Einmalige beschreibend.

Idiolatrie [grch.] *die,* Selbstvergötterung.

Idiolekt [grch.] *der,* (Individualsprache), *Sprachwissenschaft:* Sprachbesitz und Sprachverhalten, Wortschatz und Ausdrucksweise eines einzelnen Sprachteilhabers (im Unterschied zum Soziolekt).

Idiom [grch.] *das, Sprachwissenschaft:* 1) Spracheigentümlichkeit einer Gruppe von Sprechern (z. B. Dialekt); 2) feste Wortverbindung oder syntakt. Fügung, deren Gesamtbedeutung sich nicht aus der Bedeutung ihrer Bestandteile ergibt (z. B. »Eulen nach Athen tragen« = »etwas Überflüssiges tun«).

Idiomatik *die,* 1) Teildisziplin der Sprachwiss., die sich mit den ↑Idiomen beschäftigt; 2) Gesamtbestand der Idiome einer Sprache.

idiomorph [grch.], eigengestaltig. – **Idiomorphe Minerale** haben in Gesteinen ihre eigene Kristallform ausgebildet, **hypidiomorphe** nur teilweise, und **allotriomorphe** oder **xenomorphe** Minerale sind fremdgestaltig.

Idiophone [grch. »Selbstklinger«], Musikinstrumente, bei denen der Ton durch Eigenschwingung des Instruments und nicht durch Schwingungen einer Membran, einer Saite oder einer Luftsäule erzeugt wird. I. sind z. B. Klappern, Rasseln, Xylophone, Glocken, Maultrommeln.

Idiorrhythmie [grch.] *die,* seit dem 14. Jh. bestehende freiere Form des monast. Lebens innerhalb des ostkirchl. Mönchtums (z. B. in sieben Großklöstern des ↑Athos). Wichtige Kennzeichen: demokrat. Klosterverwaltung, Privatbesitz, eigener Haushalt.

Idiosynkrasie [grch. »eigentüml. Mischung«] *die,* **1)** *Medizin:* anlagebedingte Überempfindlichkeit gegenüber bestimmten (exogenen) Stoffen infolge eines Enzymdefekts.
2) *Psychologie:* hochgradige Abneigung oder Überempfindlichkeit gegenüber Personen, Tieren, Gegenständen, Anschauungen u. a.

Idiotie [grch.] *die* (Idiotismus), nicht mehr gebräuchl. Bez. für schwere geistige Behinderung.

Idiotikon [grch.] *das,* Mundartwörterbuch, auf eine Sprachlandschaft begrenztes Wörterbuch.
Idiotismus, *Sprachwissenschaft:* kennzeichnende Eigentümlichkeit eines ↑Idioms (2).
Idiot savant [idijosa'vã, frz.] *der,* Person, die auf einem speziellen Gebiet (z. B. in Gedächtnisleistungen) überdurchschnittl. Fähigkeiten aufweist, im Übrigen aber geistig behindert ist.
Idiotyp [grch.] *der,* Gesamtheit der Erbanlagen eines Individuums.
Idjma [-dʒ-; arab. »Übereinkommen«] *die* (Idschma), die Übereinstimmung der gesamten muslim. Welt in Bezug auf einen Gegenstand des Glaubens oder der religiösen Übung. Maßgebend ist die Übereinstimmung der Gelehrten einer Generation oder auch der Schulhäupter der vier sunnit. Rechtsschulen (Madhhabs).
Ido *das,* eine der ↑Welthilfssprachen.
Idol [von grch. eídōlon »Bild«] *das,* **1)** *allg.:* Gegenstand schwärmerischer Verehrung. **2)** *Philosophie:* Nach F. Bacon sind I. falsche Vorstellungen bzw. Vorurteile der Menschen, die aus ihrer subjektiven Natur, ihrer Erziehung, der sprachl. Eigenheit und der Überlieferung entstehen. Als einzigen Weg zur Gewinnung empir. Erkenntnis setzt Bacon dagegen die induktive Methode. **3)** *Religionswissenschaft:* vom christl. und jüd. Standpunkt aus jedes heidn. Kultbild; danach in der vor- und frühgeschichtl. *Archäologie* Bez. für kleine Kultfiguren (meist als Grabbeigaben gefunden).
Idolatrie [grch.] *die,* die ↑Bilderverehrung.
Idomeneus, *grch. Mythos:* König von Kreta, Enkel des Minos, kämpfte gegen Troja.
Idris, Jusuf, ägypt. Schriftsteller, *El-Birum (Distr. Scharkija) 19. 5. 1927, †(Unfall) London 1. 8. 1991; Arzt; war in nationalist. und linksgerichteten Organisationen aktiv; bevorzugte die Kurzgeschichte, gilt auch als Erneuerer des arab. Romans.
Idris as-Senussi, König von Libyen (1950–69), *Djaghbub 12. 3. 1890, †Kairo 25. 5. 1983; seit 1916 Oberhaupt der ↑Senussi, Emir der Cyrenaica; wurde 1951 König des neu errichteten Königreichs ↑Libyen; 1969 entthront.
Idrisi, arab. Geograph, *Ceuta 1099 oder 1100, †Palermo (?) 1165 oder 1166; verfasste für König Roger II. von Sizilien im »Rogerbuch« zu einer großen silbernen Erdkarte eine Erdbeschreibung.
Idrosee (italien. Lago d'Idro, Lago d'Eridio), See in den Brescianer Alpen, westlich des Gardasees, vom Chiese durchflossen, 368 m ü. M., 10,9 km² groß, 122 m tief, als Speichersee ausgebaut.
IDS, Abk. für ↑Institut für deutsche Sprache.
Idstein, Stadt im Rheingau-Taunus-Kreis, Hessen, in der Idsteiner Senke des Taunus, 22 500 Ew.; FH Fresenius (Chemie); Herstellung von Heimwerkergeräten und Armaturen, Kunststoff- und Lederverarbeitung. – Schloss der Grafen von Nassau-I. (17. Jh.). – 1287 Stadtrecht.
Iduna [nord.] (Iðunn), altnord. Göttin, die Hüterin der goldenen Äpfel, die den Göttern ewige Jugend verleihen.
Idus [lat.] *Pl.,* ↑Iden.
Idylle [grch. »kleines Bild«] *die* **1)** *allg.:* (Idyll), Bereich, Zustand eines friedl. und einfachen, meist ländl. Lebens.
2) *bildende Kunst:* v. a. im 17. und 18. Jh. beliebte idealisierende Schilderung von mytholog. oder bukol. (Hirten-)Szenen in harmon. Natur.
3) *Literatur:* kleines ep. oder dialog. Gedicht, meist mit lyr. Einlagen, das ländl. Einfachheit, einen idealen unschuldsvollen Zustand (Goldenes Zeitalter) beispielhaft vorführt. Die I. wurde in der grch. bukolischen Dichtung (Theokrit) zur eigenen Literaturgattung. An Vergils »Bucolica« knüpft die Renaissance- und Barockzeit mit ihrer ↑Schäferdichtung an. Die I. in S. Geßner (1756–72) und E. von Kleist hielten an der Vorstellung des Goldenen Zeitalters fest. Doch gaben sehr bald J. H. Voß (»Luise«, 1795), Maler Müller (»Die Schafschur«) und J. P. Hebel der I. durch Darstellung des Volkslebens und Verwendung von Mundart ein neues Gepräge. I. schrieben auch Goethe und Mörike. In der Zeit des Realismus und Naturalismus führten die Stoffe der I. in die Dorfgeschichte.
i. e., Abk. für ↑id est.
I. E., Abk. für ↑Internationale Einheiten.
Ieper ['iːpər, niederländ.], Stadt in Belgien, ↑Ypern.
Iesi, Stadt in Italien, ↑Jesi.
Ieyasu, Tokugawa, japan. Feldherr und Staatsmann, ↑Tokugawa Ieyasu.
If, eine der drei Felseninseln vor dem Hafen von Marseille, Frankreich; 1524 Bau einer Festung (Château d'If), die als Staatsgefängnis diente.

IFC [engl. aɪef sɪ], Abk. für ↑Internationale Finanz-Corporation.

Ife, Stadt in SW-Nigeria, 289 500 Ew.; Sitz des Oni (geistl. Oberhaupt der Yoruba) und einer Univ.; Museum, Kunsthandwerk; Kakaoverarbeitung. – Am Hof der Könige von I. entstanden vom 10. bis 14. Jh. Meisterwerke der Terrakotta- und Bronzeplastik, die einen Höhepunkt afrikan. Kunst darstellen.

Ife: Kopf eines Oni von Ife, Bronze (etwa 14. Jh.; London, Britisches Museum)

Iferten, Stadt in der Schweiz, ↑Yverdon-les-Bains.

Iffezheim, Gemeinde im Landkreis Rastatt, Bad.-Württ., nordwestlich von Baden-Baden, 4 600 Ew.; Pferderennbahn; im Rhein Staustufe mit Kraftwerk; Brücken nach Frankreich.

IFF-Gerät [IFF Abk. für engl. identification friend or foe »Freund-Feind-Erkennung«], elektron. Gerät in Militärflugzeugen zur Erkennung eigener oder feindl. Flugzeuge durch codierte Funkabfragesignale.

IFFHS, Abk. für International Federation of Football History & Statistics, »Internat. Föderation für Fußballgeschichte und Statistik«, Organisation, die den internat. Fußball wiss. dokumentiert und jährlich »Weltwahlen« durchführt (Torhüter, Trainer, Schiedsrichter u. a.); gegr. 1984 in Leipzig, Sitz (seit 1985): Wiesbaden.

Iffland, August Wilhelm, Schauspieler, Theaterdirektor, Dramatiker, * Hannover 19. 4. 1759, † Berlin 22. 9. 1814; führend im Theaterleben der Goethezeit, kam 1779 an das Mannheimer Nationaltheater (spielte Franz Moor in der Uraufführung von Schillers Drama »Die Räuber«); wurde 1796 Direktor des Königl. Nationaltheaters in Berlin, 1811 Generalmusikdirektor der Königl. Schauspiele. Er schrieb über 60 Theaterstücke.

Ifflandring, Fingerring mit dem Bild Ifflands, der jeweils testamentarisch vom Träger an den bedeutendsten deutschsprachigen Schauspieler weitergereicht wird. Mit der Legende, dass der Ring von Iffland gestiftet sei, gab ihn der Schauspieler Theodor Döring (* 1803, † 1878) zunächst an Friedrich Haase (* 1825, † 1911). Weitere Träger waren A. Bassermann, 1954–59 W. Krauß, 1959–96 J. Meinrad, seit 1996 trägt ihn B. Ganz.

IFIP [ˈaɪfɪp], Abk. für engl. International Federation for Information Processing, internat. Dachvereinigung wiss.-techn. Organisationen, die sich mit Informationsverarbeitung beschäftigen; gegr. 1960, Sitz: Genf. Jedes Land ist durch eine Informatikgesellschaft in der IFIP vertreten; für Dtl. nimmt diese Aufgabe (seit 1982) die Gesellschaft für Informatik e. V. wahr. Derzeit (2002) hat die IFIP 48 ständige sowie drei korrespondierende und elf affiliierte Mitgliedsorganisationen.

IFM, Abk. für ↑Initiative »Frieden und Menschenrechte«.

Ifni, ehem. span. Überseeprovinz in SW-Marokko, 1 500 km², rd. 60 000 Ew.; wurde 1934 von span. Truppen besetzt und der Kolonie Spanisch-Sahara unterstellt; 1969 an Marokko zurückgegeben. Hauptort ist die Hafenstadt Sidi Ifni.

IFOR

ifo Institut für Wirtschaftsforschung e. V., gemeinnütziges, unabhängiges Wirtschaftsforschungsinst., gegr. 1949; Sitz: München; seit 1993 Niederlassung in Dresden; Forschungsschwerpunkte: Konjunktur, Arbeitsmarkt- und Sozialpolitik, Umwelt, Regional- und Verkehrspolitik. Der **ifo-Konjunkturtest** dient der Konjunkturprognose durch Markt- und Strukturanalysen sowie Befragung von Unternehmern über ihre Einschätzung der künftigen konjunkturellen Entwicklung.

IFOR [Abk. für engl. Implementation Force, »Umsetzungstruppe«], internat.

I. G. Farbenindustrie AG   IGF

Friedenstruppe mit UN-Mandat und unter NATO-Kommando (Beteiligung der Bundeswehr) zur militär. Absicherung und Umsetzung der für Bosnien und Herzegowina beschlossenen Friedensvereinbarung von Dayton (1995; Hauptinhalt: Waffenstillstand, Truppenrückzug); Stationierungszeit: Dez. 1995 bis Dez. 1996; der Einsatz wurde durch ↑SFOR fortgeführt.

IFR, Abk. für engl. instrument flight rules, ↑Instrumentenflug.

Ifrane [ifˈraːn], Prov.-Hptst. im Mittleren Atlas, Marokko, 1 650 m ü. M., 11 200 Ew.; Sitz der Al Akhawayn University (gegr. 1994); Sommer- und Wintertourismus.

Ifugao, Volksgruppen im zentralen N der Insel Luzon, Philippinen; treiben seit 2 000 Jahren Reisbau auf bewässerten Terrassen bis in eine Höhe von 1 500 m ü. M., bes. kunstvoll angelegt an den steilen Berghängen im 20 km langem Tal von Banawe (UNESCO-Weltkulturerbe). Ihr Terrassensystem gilt als das größte der Erde.

IG, Abk. für Industriegewerkschaft. (↑Gewerkschaften)

i. G., militär. Abkürzung (↑Generalstabsdienst).

I. G., Abk. für ↑Interessengemeinschaft.

Igbo, Volk in Nigeria, ↑Ibo.

Igel (Erinaceidae), Familie 10–45 cm langer, kurzbeiniger, meist nachtaktiver Insektenfresser mit rd. 20 Arten. Die Unterfamilie **Stachel-I.** (**Echte I.,** Erinaceinae) hat rd. 15 Arten in Europa, Afrika und Asien; Haare zu harten Stacheln umgebildet. Eine besondere Rückenmuskulatur ermöglicht ein Zusammenrollen des Körpers und Aufrichten der kräftigen, spitzen Stacheln. Am bekanntesten ist die Gattung **Kleinohr-I.** (Erinaceus) mit dem bis 30 cm langen **Europ. I.** (Erinaceus europaeus), kommt v. a. in buschreichem Gelände und in Gärten vor; nützlich als Schädlingsvertilger. Von Ende Okt. bis Ende März hält er Winterschlaf in einem Nest aus Moos und Blättern. Die vier Arten der Unterfamilie **Haar-I.** (**Ratten-I.,** Echinosoricinae) sind schlank, besitzen keine Stacheln, aber einen langen Schwanz.

Igeler Säule, 23 m hohes röm. Pfeilergrabmal aus Sandstein mit Reliefs (um 250 n. Chr.) in Igel bei Trier.

Igelfische (Diodontidae), Familie der Knochenfische mit Stacheln, in trop. Meeren in Küstennähe lebend. Bei Gefahr nehmen die I. durch Herunterschlucken von Wasser in den Magensack eine kugelige Form an.

Igelkaktus (Echinocactus), mexikan. Kakteengattung; kugelige oder zylindr., oft meterdicke Pflanzen mit kräftigen bedornten Längsrippen. Die bekannteste Art ist der i. d. R. kugelige, bis 1,3 m hohe **Goldkugelkaktus** (**Schwiegermutterstuhl,** Echinocactus grusonii).

Igel: Europäischer Igel

Igelschwamm, ein ↑Stachelpilz.

Igelwürmer (Echiurida), sackförmige Meereswürmer mit ungegliederter Leibeshöhle einem rüsselartigen Kopflappen und zwei bauchständigen Hakenborsten. Die I. sind getrenntgeschlechtig.

Igelfische: (von oben) Igelfisch in normaler Schwimmhaltung und bei Gefahr kugelig mit aufgerichteten Stacheln

I. G. Farbenindustrie AG (I. G. Farben), Frankfurt am Main, bis 1945 größter dt. Chemiekonzern; gegr. 1925 nach stufenweisem Fusionsprozess der Vorläufergesellschaften Bayer AG, BASF AG und Hoechst AG.(seit 1999 Aventis S. A.). Der Konzern besaß eine dezentrale Organisation mit weitgehender Selbstständigkeit der einzelnen Werke. Die mehr als 700 Beteiligungs- und Tochtergesellschaften (davon viele im Ausland) dokumentieren Einfluss und Macht der I. G. F. Basis ihres Wachstums war eine intensive Forschung, die C. Bosch und G. Domagk den Nobelpreis für Chemie und dem Konzern 9 000 dt. und etwa 30 000 ausländ. Patente einbrachten. – Die Kooperation der I. G. F. mit dem nat.-soz. Regime (vereinbart z. B. im Feder-Bosch-Abkommen 1933), von der die I. G. F. durch die Arisierung und Eingliederung von Chemieunternehmen, die Rekrutierung von Zwangs- und Fremdarbeitern, die Ausbeutung von KZ-Häftlingen v. a. im Arbeits- und Vernichtungslager Auschwitz-Monowitz (dem I. G. Farben-Zweigwerk direkt zugeordnet) profitierte, wurde 1947/48 vor einem amerikan. Militärtribunal (**I.-G.-Farben-Prozess**) verhandelt; von den angeklagten 23 leitenden Vertretern des Konzerns wurden 13 zu Haftstrafen verurteilt. Das v. a. in Auschwitz zur Ermordung von Juden eingesetzte Giftgas Zyklon B wurde von der Dt. Gesellschaft für Schädlingsbekämpfung hergestellt, an der die I. G. F. maßgeblich beteiligt war. 1945 beschlagnahmten die vier Besatzungsmächte das gesamte Konzernvermögen und enteigneten das Auslandsvermögen. In der SBZ wurden die Werke zur Reparation demontiert oder zunächst in SAG umgewandelt (z. B. die Leuna-Werke) und ab 1953 in Volkseigentum überführt. In den Westzonen verfügte die Alliierte Hohe Kommission 1950 die Entflechtung der I. G. F., worauf 1952 zwölf I.-G.-Farben-Nachfolgegesellschaften entstanden: u. a. Agfa Camerawerk AG, Bad. Anilin- und Soda-Fabrik AG, Cassella Farbwerke Mainkur AG, Chem. Werke Hüls AG, Farbenfabriken Bayer AG, Farbwerke Hoechst AG, Dynamit Nobel AG. – Die seit Jahren geforderte Auflösung der I. G. F. in Liquidation (auch I. G. F. in Abwicklung) und die Verwendung des gesamten Restvermögens für eine Stiftung zur Entschädigung von Opfern scheiterte bisher am Widerstand der Liquidatoren und des Aufsichtsrats.

📖 *Borkin, J.: Die unheilige Allianz der I. G. Farben. A. d. Engl. Neuausg. Frankfurt am Main u. a. 1990. – Hayes, P.: Industry and ideology. IG Farben in the Nazi era. Cambridge 2001.*

IGH, Abk. für ↑Internationaler Gerichtshof.
I Ging [idʒɪŋ], chines. Orakelbuch, ↑Yijing.
I. G. J., Abk. für ↑Internationales Geophysikalisches Jahr.
Iglau (tschech. Jihlava), Stadt in Südmähren, Tschech. Rep., Verw.sitz des Bez. Jihlava, 52 100 Ew.; Museum, Zoo; keram., Auto-, Textil- und Holzindustrie. – Das Stadtbild prägen Teile der mittelalterl. Stadtbefestigung (14./15. Jh.), Bürgerhäuser aus Renaissance und Barock, das urspr. got. Rathaus (im 16. und 18. Jh. umgebaut) sowie zahlr. Kirchen des 13.–17. Jh. – Anfang 13. Jh. von dt. Bergleuten gegr. (bed. Silberfundstätte); das **Iglauer Bergrecht** wurde Muster für viele Länder (auch in Lateinamerika).
Iglauer Berge, Teil der ↑Böhmisch-Mährischen Höhe.
Iglawa *die* (tschech. Jihlava), rechter Nebenfluss der unteren Schwarzawa in der Tschech. Rep., 183 km lang, entspringt in den Iglauer Bergen, durchfließt Iglau.
Iglesias, Stadt in der Prov. Cagliari im SW Sardiniens, Italien, 29 100 Ew.; Bischofssitz; Bergbauakademie und -museum; Zentrum eines Blei- und Zinkerzabbaugebietes. – Kathedrale (Ende des 13. Jh.).
Iglesias, Julio, eigtl. Julio José Iglesias de la Cueva, span. Sänger und Songwriter, *Madrid 23. 9. 1944; hatte 1968 erste Erfolge in Spanien, landete 1972 in den deutschen Hitparaden mit »Wenn ein Schiff vorüberfährt«; seit den 1980er-Jahren ist er mit seinen Hits auch in Großbritannien, Lateinamerika und den USA vertreten. Iglesias sang Duette mit Superstars der Musikszene wie Stevie Wonder und Diana Ross; er erhielt zahlreiche internationale Preise und Auszeichnungen, mit über 1000 Goldenen Schallplatten ist er Weltrekordhalter. Iglesias singt in fünf Sprachen und betätigt sich in verschiedenen musikalischen Sparten wie Schlager, Pop, Country oder Folk, die er meist mit einem romantischen Touch versieht.
Iglu *der* oder *das,* kreisrunde Schneehütte der Eskimo aus Schnee- oder Firnblöcken.
Ignarro, Louis J., amerikan. Mediziner, *Brooklyn (N. Y.) 31. 5. 1941. I. erhielt zus. mit R. F. Furchgott und F. Murad 1998 den Nobelpreis für Medizin oder Physiologie für Arbeiten über die Bedeutung des Stickoxids als Signalgeber im Herz-Kreislauf-System.
Ignatius von Antiochia, Kirchenvater und Märtyrer, †Rom (vermutlich im Tierkampf) zw. 110 und 117; seit Ende des 1. Jh. Bischof von Antiochia; seine sieben Briefe an christl. Gemeinden in Kleinasien geben Einblick in das Leben der frühen

Kirche. – Heiliger, Tag: 17. 10., orth. Kirche: 20. 12.

Ignatius von Loyola, eigtl. Íñigo López Oñaz y Loyola, kath. Ordensstifter bask. Herkunft, *Schloss Loyola (bei Azpeitia, Prov. Guipúzcoa) 1491, † Rom 31. 7. 1556. Zunächst in höf. und militär. Dienst, wandte er sich nach einer Verwundung bei Pamplona 1521 religiöser Literatur zu und erlebte in der Folge myst. Erlebnisse seine Bekehrung; ab 1528 studierte er in Paris und schloss sich hier 1534 mit Freunden zu einer religiösen Gemeinschaft zus., die er zum Orden ausbaute, den ↑Jesuiten, deren erster Generaloberer er 1541 wurde. Die Schriften I. v. L., seine schulisch-erzieher. Initiativen (Anregung der Gründung des ↑Germanicums und der ↑Gregoriana) sowie sein pastoraler Einsatz (↑Exerzitien) und seine Ordensgründung haben die im 16. Jh. einsetzende ↑katholische Reform (kirchl. Erneuerung) maßgeblich mitbestimmt. – Heiliger, Tag: 31. 7.
📖 Tellechea, I.: I. v. L. »Allein u. zu Fuß«. Eine Biographie. A. d. Span. Solothurn ²1995. – Kiechle, S.: I. v. L. Meister der Spiritualität. Freiburg im Breisgau u. a. 2001.

Ignimbrit [lat.] *der* (Schmelztuff), kieselsäurereiches vulkan. Gestein, aus einer Grundmasse von verschmolzenen Glaspartikeln mit Kristallbruchstücken und gröberen Fragmenten (Lapilli).

Ignitron *das,* steuerbare Gasentladungsröhre (Gleichrichter) mit Quecksilberkathode; von Halbleiterbauelementen (Thyristoren) verdrängt.

ignoramus et ignorabimus [lat. »wir wissen (es) nicht und werden (es) nicht wissen«], Ausspruch von E. Du Bois-Reymond, der auf die wiss. Unbeantwortbarkeit letzter Grundfragen zielt.

Ignoranz [lat.] *die,* Unwissenheit, Beschränktheit.

Ignoratio Elenchi [lat.-grch.], *Logik:* Beweisfehler, bei dem nicht die zu beweisende, sondern eine ihr mehr oder minder ähnl. Aussage bewiesen wird.

Igor, Großfürst von Kiew (seit 912), † 945, Sohn Ruriks, unternahm 941 und 944 erfolglose Kriegszüge gegen Byzanz, mit dem er 944 einen Handelsvertrag schloss; wegen übermäßiger Steuerforderungen wurde er von den Drewljanen (altruss. Volksstamm) getötet.

Igorlied, eigtl. Lied von der Heerfahrt Igors, zw. 1185 und 1196 in Südrussland von einem unbekannten Dichter verfasstes Heldenepos über den Feldzug des Fürsten Igor Swjatoslawitsch von Nowgorod-Sewersk (*1150, † 1202) gegen die Polowzer (1185). Bedeutendstes Denkmal altruss. Literatur, 1795 als Kopie aus dem 15./16. Jh. in Jaroslawl entdeckt und 1800 ediert.

Ignatius von Loyola (Gemälde aus dem 17. Jh.; Privatbesitz)

Iguaçu, Rio [ˈrriu iɣuaˈsu, portugies.] (span. Río Iguazú), linker Nebenfluss des Paraná in Südamerika, 1320 km lang, entspringt im südbrasilian. Küstengebirge (Serra do Mar), bildet in seinem Unterlauf die brasilianisch-argentin. Grenze; kurz vor der Mündung im Iguaçu-Nationalpark die **Iguaçu-Fälle** (60–80 m hoch, rd. 4 km breit), von der UNESCO zum Weltnaturerbe erklärt. – Abb. S. 590

Iguana [indian.-span.] *die,* der Grüne Leguan ↑Leguane.

Iguanodon [indian.-span.] *das,* Gattung bis 8 m langer und bis 5 m hoher, Pflanzen fressender ↑Dinosaurier.

Iguvinische Tafeln, neun Bronzetafeln (zwei seit dem 17. Jh. verschollen), 1444 in der umbr. Stadt Gubbio (dem antiken Iguvium) gefunden, die Tafeln sind teilweise in umbrischer Schrift, der Rest in lat. Schrift beschrieben; wichtigstes Zeugnis für Religion und Sprache der Umbrer.

Ihering [ˈjeːrɪŋ], **1)** (Jhering), Herbert, Pu-

IHF IHF-Pokal

Rio Iguaçu: die Iguaçufälle, die halbkreisförmig in einen Cañon stürzen

blizist, *Springe 29. 2. 1888, †Berlin 15. 1. 1977; wirkte als Theaterkritiker und Dramaturg (Dt. Theater Berlin); förderte u. a. B. Brecht und C. Zuckmayer.
2) Rudolf von, ↑ Jhering.
IHF-Pokal, *Sport:* ↑Handball.
IHK, Abk. für ↑Industrie- und Handelskammer.
Ihlenfeld, Kurt, Schriftsteller, *Colmar 26. 5. 1901, †Berlin (West) 25. 8. 1972; 1933–43 Hg. der Literaturztschr. »Eckart«; begründete den Eckart-Kreis als Widerstandszentrum junger christl. Autoren.
Ihne, Ernst von (seit 1906), Architekt, *Elberfeld (heute zu Wuppertal) 23. 5. 1848, †Berlin 21. 4. 1917; wurde 1888 Hofarchitekt in Berlin; erbaute dort unter Verwendung von Stilelementen der italien. Spätrenaissance und des Barock das Kaiser-Friedrich-Museum (heute Bodemuseum; 1897–1903, 1904 eröffnet), den Neuen Marstall (1899–1900) und die Staatsbibliothek (1908–14), ferner im Tudorstil Schloss Friedrichshof bei Kronberg im Taunus (1889–93).
Ihram [ix'ra:m, arab.] *der, Islam:* 1) der für das rituelle Gebet und bes. für die Pilgerfahrt nach Mekka einzunehmende Zustand kult. Reinheit; 2) die Pilgerbekleidung des nach Mekka pilgernden Muslims, bestehend aus zwei langen weißen Baumwolltüchern, die um Rücken und linke Schulter bzw. um die Taille geschlungen werden.

IHS, ein ↑Christusmonogramm.
IJ [´εj] *das* (niederländ. Het IJ), die durch einen Damm abgetrennte SW-Bucht des IJsselmeers, bildet den (Binnen-)Hafen von Amsterdam.
Ijen [-dʒ-], Vulkankomplex im O von Java, Indonesien, mit Caldera und Kratersee, 2 148 m ü. M.
IJmuiden [εj'mœjdə], größter Fischereihafen der Niederlande, Vorhafen von Amsterdam an der Nordsee; Teil der Gemeinde Velsen; bed. Ind.standort.
IJssel [´εjsəl], Name von Flussläufen in den Niederlanden. **1) Geldersche IJssel** (auch IJssel), schiffbarer Mündungsarm des Rheins (125 km), zweigt bei Arnheim ab, mündet ins IJsselmeer.
2) Holländisch IJssel (niederländ. Hollandse IJssel), ein Arm des Lek, mündet bei Krimpen.
3) Oude IJssel (dt. Issel), Nebenfluss von 1), entspringt südlich von Borken in NRW.
IJsselmeer [εjsəl'me:r], Süßwassersee in den Niederlanden, der vom Meer abgedämmte Teil der früheren **Zuidersee,** einer ehem. Nordseebucht (rd. 3700 km²). 1927 bis 1932 wurde der 30 km lange Abschlussdamm gebaut, 1926/27 die Einpolderung eingeleitet mit der Anlage eines Versuchspolders (40 ha). 1927–30 wurde der Wieringermeerpolder (200 km²) eingedeicht und trockengelegt, 1937–42 der Nordostpolder (480 km²), 1950–57 der Polder Ostflevoland (540 km²), 1959–68 der Polder Südflevoland (430 km²). Die IJ.-Polder Ost- und Südflevoland sind Bestandteil der 1986 ge-

Ikone IKO

bildeten Prov. Flevoland. – Die histor. Dampfpumpenanlage am IJ. wurde als Ind.denkmal von der UNESCO zum Kulturerbe erklärt.

Ikakopflaume, eine ↑Goldpflaume.

Ikaros [grch.] (Ikarus), *grch. Mythos:* der Sohn des ↑Daidalos. Als er mit seinem Vater von der Insel Kreta, wo Daidalos im Dienst des Königs Minos stand, zu fliehen versuchte, kam er mit seinen durch Wachs zusammengehaltenen Flügeln der Sonne zu nah und stürzte unweit von Samos ins Meer.

Ikat [malaiisch »binden«] *das,* v. a. in Indonesien, Indien, Mittel- und Südamerika geübte Technik der Stoffmusterung durch sukzessives Färben des Garns. Vor dem Färben werden die Garnteile, die von Farbe frei bleiben sollen, mit Bast, Blattstreifen oder Wachsfäden umwickelt.

Ikebana [japan. »lebendige Blumen«] *das,* Kunst des Blumensteckens nach ästhet. und philosoph. Regeln, die in den einzelnen japan. Schulen unterschiedlich sind. Die Tradition des I. geht bis ins 8. Jh. zurück.

Ikere (Ikerre), Stadt in SW-Nigeria, 227 000 Ew.; Handelszentrum der zu den Yoruba gehörenden Ekiti; Kakaoanbau, -verarbeitung.

Ikeya-Zhang [- dʒaŋ], am 1. 2. 2002 unabhängig voneinander von den Amateurastronomen Kaoru Ikeya (Japan) und Daqing Zhang (China) entdeckter Komet, der zw. März und Anfang Mai 2002 (mit bloßem Auge) in Dtl. am Himmel zu erkennen war. – Wie Bahnberechnungen ergaben, handelt es sich bei I.-Z. um den Kometen, den J. Hevelius 1661 in Danzig beobachtete und den er in seiner »Cometographia« beschrieb.

Ikon [grch.] *das,* stilisierte Abbildung eines Gegenstandes (↑Emblem); Zeichen, das mit dem Gegenstand, den es darstellt, Ähnlichkeit aufweist.

Ikone [grch.] *die,* transportables, meist auf Holz gemaltes Kultbild der Ostkirchen, auf dem Christus, Maria, andere Heilige oder bibl. Szenen dargestellt sind. Nach theolog. Definition steht der I. Verehrung, nicht Anbetung zu, die sich auf die dargestellten Urbilder bezieht, als deren authent. und gnadenhaftes Abbild die I. verstanden wird. Die I.-Malerei gilt als liturg. Handlung und ist deshalb einer streng vorgeschriebenen, durch Malerbücher weitergegebenen Typisierung unterworfen, die nur eine beschränkte stilist. Entwicklung zulässt. Charakteristisch ist die Malerei in Eitemperafarben, die von einer dunklen Grundschicht zu hellen und linearen Höhungen fortschreitet. Hintergründe sind meist mit Gold ausgelegt, das ganze Bild wird mit einem Leinölfirnis überzogen, andere Techniken sind Enkaustik, Email, Mosaik, Stickerei. Seit dem 13. Jh. sind Metallbeschläge üblich, die manchmal nur Gesicht und Hände frei lassen. – Die Anfänge der I.-Malerei stehen wohl in der Tradition der spätantiken Porträtmalerei, v. a. Ägyptens. Die I.-Malerei ist seit dem 4. Jh. be-

Ernst von Ihne: Bodemuseum auf der Berliner Museumsinsel (1897–1903)

591

IKO Ikonodulie

Ikone: »Versammlung der zwölf Apostel« (1. Drittel 14. Jh.; Moskau, Puschkin-Museum)

zeugt, seit dem 6. Jh. (Katharinenkloster am Sinai) belegt und verbreitete sich über Byzanz nach S-Italien, Armenien, in die slaw. Balkanländer und nach Russland (Schulen von Nowgorod, Susdal, Moskau). Zu den bedeutendsten Malern gehören ↑Theophanes der Grieche und Andrei ↑Rubljow.

📖 Brenske, H.: I.n. Neuausg. Zürich 1988. – Heuser, A.: Ikonenmalerei heute. Recklinghausen 1988. – I.n. Ursprung u. Bedeutung, hg. v. T. Velmans. Stuttgart 2002.

Ikonodulie [grch.] *die*, Bilderverehrung.

Ikonographie [grch. »Bildbeschreibung«] *die*, urspr. die Wiss. der Bestimmung antiker Porträtdarstellungen. In der 2. Hälfte des 19. Jh. wurde die I. ein Zweig der Kunstwiss.; befasste sich anfangs nur mit der Beschreibung der religiösen, mytholog., symbol. und allegor. Inhalte bzw. Themen bildl. Darstellungen, bald erweitert zur Erforschung der Bildinhalte. Der Forschungsbereich umfasste zunächst nur die christl. Kunst bis zum späten MA., schließt heute die profane Kunst ein und wurde bis auf das 20. Jh. ausgedehnt.

Ikonoklasmus [grch.] *der*, die Abschaffung und Zerstörung von Bildern im Bilderstreit (↑Bilderverehrung).

Ikonolatrie [grch.] *die*, die ↑Bilderverehrung.

Ikonologie *die*, kunstwiss. Methode, die die Zusammenhänge von Bildinhalten von Kunstwerken (auf der Grundlage der ↑Ikonographie) und deren Funktion innerhalb eines Bildprogramms oder eines bestimmten räuml. Zusammenhangs vor dem Hintergrund eines bestimmten geistigen Gesamtkonzeptes untersucht.

Ikonostase [grch. »Bilderwand«] *die* (Ikonostas), in orth. Kirchen die mit Ikonen bedeckte, von drei Türen durchbrochene Wand, die Altar- und Gemeinderaum voneinander trennt. Ihre (größere) Mitteltür (Königstür, hl. Pforte) führt zum Altar, die beiden Seitentüren (Nord- und Südtür) in die Nebenräume des Allerheiligsten. Im grch. Raum heißt die I. **Templon.** – Ausgangsform sind die Chorschranken der frühchristl. und frühbyzantin. Kirchen, woraus im Abendland der ↑Lettner entstand.

Ikosaeder [grch. »Zwanzigflächner«] *das*, von 20 deckungsgleichen, gleichseitigen Dreiecken begrenzter regelmäßiger ↑Körper; keine natürl. Kristallform.

Ikositetraeder [grch. »Vierundzwanzigflächner«], von 24 Vierecken mit zwei Paaren gleich langer Nachbarseiten begrenzter Körper; eine Kristallform. Beim **Pentagon-I.** sind die Begrenzungsflächen Fünfecke.

IKRK, Abk. für Internationales Komitee vom Roten Kreuz (↑Rotes Kreuz).

Ikterus [grch.-lat.] *der*, die ↑Gelbsucht.

Iktinos, literarisch bezeugter Baumeister der grch. Klassik (2. Hälfte des 5. Jh. v. Chr.), der den Parthenon erbaute und in Eleusis das ↑Telesterion entwarf; der Apollontempel in Bassai wird ihm zugeschrieben (umstritten).

Iktus [lat. ictus »Hieb«, »Stoß«] *der*, *Metrik:* stark betonte Hebung im akzentuierenden Vers.

il..., Nebenform von lat.: in... vor Wörtern, die mit l beginnen, z. B. illegal.

Ila (Illa), Stadt in SW-Nigeria, Bundesstaat Oyo, 244 000 Ew.; Tabak- und Baumwollhandel. – I. ist eine der ältesten Yorubastädte.

Ilang-Ilang, ↑Ylang-Ylang-Öl.

Ilanz (rätoroman. Glion), Gemeinde in Graubünden, Schweiz, 2 200 Ew.; Marktzentrum, Holzind., Fremdenverkehr. – Ummauerung des 13. Jh. z. T. erhalten; Pfarrkirche St. Margarethen (um 1518), Casa Gronda u. a. Häuser des 17. und 18. Jh.

Iława [i'uava] (dt. Deutsch Eylau), Krst. in der Wwschaft Ermland-Masuren, Polen, am Südende des Geserichsees, 33 800 Ew.; Holzverarbeitung und Nahrungsmittelind.; Fremdenverkehr (Schifffahrt auf den Masur. Seen). – Deutsch Eylau wurde 1305 vom Dt. Orden gegründet; fiel 1618/60 an Brandenburg.

Ilchane, ↑ Ilkhane.

Île [il], frz. für Insel. – Mit Île zusammengesetzte Begriffe suche man auch unter den Eigennamen.

Ilebo (früher Port-Francqui), Stadt in der Demokrat. Rep. Kongo, am Zusammenfluss von Sankuru und Kasai, 142 000 Ew.; Ind.standort und Umschlagplatz, Hafen (Beginn der Schifffahrt auf dem Kasai), Eisenbahnendpunkt.

Île-de-France [ildə'frãs], histor. Landschaft und Region Frankreichs, 12 011 km², 10,939 Mio. Ew.; im geograph. Sinn die Kernlandschaft des Pariser Beckens, die Tertiärplateaus um Paris, zw. Seine (im S), Oise (im W) und Aisne (im N); im O mit einer Schichtstufe (Côte de l'Île de France) von der Champagne abgegrenzt. – Seit dem 10./11. Jh. konzentrierte sich hier die Krondomäne; Ausgangspunkt der Herrschaft der Kapetinger und Schwerpunkt für Wirtschaft und Kultur (Entstehung der Gotik, 12. Jh.).

Île du Diable [ildy'djabl], Insel vor der Küste von Französisch-Guayana, ↑ Teufelsinsel.

Ilekchane, türk. Dynastie, ↑ Iligchane.

Îles des Saintes [ildɛ'sɛ̃t], ↑ Allerheiligeninseln.

Ilesha [-ʃ-], Stadt in SW-Nigeria, 369 000 Ew.; Handelszentrum eines Kakaoanbaugebiets.

Ileus [grch.-lat.] *der,* der ↑ Darmverschluss.

Ilex [lat. »Steineiche«] *die, Botanik:* die Gattung ↑ Stechpalme.

Ilf, Ilja Arnoldowitsch, eigtl. Fainsilberg, russ. Schriftsteller, *Odessa 15. 10. 1897, † Moskau 13. 4. 1937; verfasste mit Jewgeni **Petrow** (*1903, ⚔ bei Sewastopol 1942) satir. Werke, darunter »Zwölf Stühle« (1928), »Das goldene Kalb« (1931).

Ilhéus [i'ʎeʊs; portugies. »Inselchen«], Stadt im Bundesstaat Bahia, Brasilien, am Atlantik, 223 000 Ew.; wichtigster Ausfuhrhafen des brasilian. Kakaoanbaugebiets. – Gegr. 1535.

Ili *der,* Hauptfluss des Siebenstromlandes in Mittelasien, aus dem Tienschan (China) zum Balchaschsee (Kasachstan), 1 001 km lang, mit Quellfluss Tekes 1 700 km; Elektrizitätsgewinnung, Bewässerung.

Iliamna Volcano [ɪlɪ'æmnə vɔl'keɪnəʊ], aktiver Vulkan im S Alaskas, USA, an der W-Küste des Cook Inlet, 3 053 m ü. M.; letzter Ausbruch 1978.

Ilias *die,* grch. Epos, ↑ Homer.

Iliescu, Ion, rumän. Politiker, *Olteniţa 3. 3. 1930; 1953–89 Mitgl. der KP, 1968–84 ihres ZK, war im Dez. 1989 Sprecher der »Front der Nat. Rettung« (ab 1992 PDSR). Am 26. 12. 1989 wurde er deren Vors. und provisor. Staatsoberhaupt. In seiner ersten Amtszeit als Staatspräs. (1990–96) sah er sich heftigen Angriffen der Opposition ausgesetzt; 2000 erneut gewählt.

Iligan, Stadt an der N-Küste von Mindanao, Philippinen, am Cagayan, 273 000 Ew.; kath. Bischofssitz; größtes Stahlwerk des Landes, Holzverarbeitung; Flughafen.

Iligchane (Ilekchane, Karachaniden), türk. Dynastie in Turkestan, herrschte seit 840. Die I. eroberten 999 Transoxanien mit der Hptst. Buchara, wo sie die Samaniden vertrieben; in der Folge wurden sie sunnit. Muslime. 1041 Teilung des Reiches (Mittelpunkte: Samarkand und Kaschgar); beide Teile, seit 1141 den Kara Kitai (↑ Kitan) untertan, wurden im 13. Jh. vernichtet.

Iljitschowsk (ukrain. Illitschiwsk), Stadt im Gebiet Odessa, Ukraine, am Schwarzen Meer, 52 000 Ew.; Hochseehafen (größter Containerhafen der Ukraine) mit Eisenbahnfährverbindung nach Warna (Bulgarien) und Poti (Georgien); Erdölhafen (für kaukas. Erdöl).

Iljuschin, Sergei Wladimirowitsch, sowjet. Flugzeugkonstrukteur, *Diljalewo (Gouv. Wologda) 30. 3. 1894, † Moskau 10. 2. 1977; war ab 1948 Prof. an der sowjet. Luftfahrt-Militärakademie; entwickelte und konstruierte zahlr. Kampf- und Verkehrsflugzeuge.

Ilkhane (Ilchane), seit 1256 in Persien herrschende Dynastie, deren Mitgl. urspr. Buddhisten, später sunnit. Muslime waren. Die I. brachten ihr Herrschaftsgebiet zu wirtsch. Wohlstand. Seit 1335 rieben sich die I. in Bürgerkriegen auf.

Ill *die,* **1)** rechter Nebenfluss des Rheins, Hauptfluss Vorarlbergs, Österreich, 75 km, entspringt in der Silvretta, mündet bei Meiningen; Speicherseen und Kraftwerke. **2)** linker Nebenfluss des Rheins, im Elsass, 208 km, entspringt im Sundgau, mündet unterhalb von Straßburg.

ILL, Abk. für ↑Institut Laue-Langevin.

Ill., Abk. für den Bundesstaat Illinois, USA.

Iłłakowiczówna [iu̯u̯akɔviˈtʃuvna], Kazimiera, poln. Schriftstellerin, *Wilna 6. 8. 1892, †Posen 16. 2. 1983; verband in ihrer Lyrik traditionelle, auch religiöse Motive mit modernen Verstechniken.übersetzte u. a. Goethe, Schiller, G. Büchner, H. Böll

Illampu [iˈjampu] (Nevado de Sorata), Berg im N der Cordillera Real, Bolivien, mit zwei Gipfeln, Ancohuma (Jankhouma, 6 427 m ü. M.) und I. (6 368 m ü. M.).

Illawarra [iləˈwɔrə], Küstenlandschaft in New South Wales, Australien; im N Steinkohlenbergbau, Schwerind.; im S Landwirtschaft; an der Küste Fremdenverkehr.

Ille-et-Vilaine [ileviˈlɛn], Dép. in W-Frankreich, 6 775 km², 868 000 Ew.; Hptst.: Rennes.

illegal [lat.], gesetzwidrig, ungesetzlich, ohne behördl. Genehmigung.

illegale Beschäftigung, i. w. S. die Beschäftigung eines Arbeitnehmers, die gegen Arbeitsschutzbestimmungen (z. B. Mutterschutz) verstößt; i. e. S. die ↑Schwarzarbeit.

Iller *die,* rechter Nebenfluss der Donau in Oberschwaben, entsteht in den Allgäuer Alpen aus mehreren Quellbächen, fließt entlang der **I.-Lech-Platte,** mündet oberhalb von Ulm; 165 km; zahlr. Kraftwerke.

Illertissen, Stadt im Landkreis Neu-Ulm, Bayern, im Illertal, 15 300 Ew.; Holzverarbeitung, chem., pharmazeut. u. a. Ind. – Pfarrkirche Sankt Martin (1590), Renaissanceschloss (16. Jh.). – Stadt seit 1954.

Illich [ˈɪlɪtʃ], Ivan, amerikan. kath. Theologe, Gesellschafts- und Kulturkritiker österr. Herkunft, *Wien 4. 9. 1926, †Bremen 2. 12. 2002; 1951–67 (Laisierung) Priester in einem Elendsviertel Manhattans, New York; war ab 1986 Prof. an der Pennsylvania State University, seit 1991 auch Gastprofessor in Bremen. I. befasste sich in krit. Analysen u. a. mit »kulturzerstörer.« Entwicklungsprogrammen, Organisationsprinzipien der Medizin und des Bildungswesens in der modernen Gesellschaft und kulturellen Auswirkungen der neuen Informationstechnologien.

Illiez, Val d' [valdilˈje], 12 km langes linkes Seitental der Rhone im Kt. Wallis, Schweiz, zw. Chablais und Dents du Midi, durchflossen von der Vièze, die bei Monthey (428 m ü. M.) mündet. Wintersportzentrum Champéry (1 064 m ü. M.).

Illimani [iji-], höchster Berg der Cordillera Real, Bolivien, zwei Gipfel: 6 438 m (Pico Sur) und 6 403 m ü. M. (Pico Norte), stark vergletschert.

Illinois [ɪlɪˈnɔɪ(z)], Abk. **Ill., IL,** Bundesstaat im mittleren Westen der USA, zw. Mississippi und Michigansee, 150 007 km², (2001) 12,48 Mio. Ew., Hptst.: Springfield. I. liegt größtenteils im zentralen Tiefland der USA; kontinentales Klima mit extremen Temperaturen im Sommer und Winter. Etwa 78 % der Bev. sind Weiße, 15 % Schwarze. Fruchtbare Böden, über 80 % landwirtschaftlich genutzt: Sojabohnen-, Maisanbau; Rinder-, Schweinezucht; Kohlenbergbau, Erdölgewinnung; bed. Ind. (I. liegt im Manufacturing Belt): Eisen- und Stahlerzeugung, elektrotechn., chem. und Nahrungsmittelind., Maschinen- und Fahrzeugbau; größte Stadt: Chicago. – I. wurde 1673 von den Franzosen erkundet, fiel 1763 an Großbritannien und kam 1783 in den Besitz der USA; wurde 1818 deren 21. Staat.

Illinois River [ɪlɪˈnɔɪ(z)ˈrɪvə] *der,* linker Nebenfluss des Mississippi, USA, 439 km lang (mit dem Quellfluss Kankakee River 676 km), bildet den größten Teil des **Illinois Waterway** (523 km), der den Mississippi mit den Großen Seen verbindet.

illiquid [lat.], zahlungsunfähig.

Illit [nach Illinois] *der,* Bez. für **Hydromuskovite** (Verwitterungsprodukte von Glimmern) in Tonteilchengröße, die bei der Diagenese von Tonen entstehen.

Illitschiwsk, Stadt in der Ukraine, ↑Iljitschowsk.

Illokution [lat.] *die, Sprachwissenschaft:* Sprechhandlung mit kommunikativer Funktion.

illoyal [ˈɪloajal, frz.], den Staat, eine Instanz nicht respektierend; vertragsbrüchig, gegen Treu und Glauben; Ggs.: loyal.

Illuminaten [lat. »Erleuchtete«], Anhänger esoter. Vereinigungen, die sich einer höheren Erkenntnis Gottes (auch besonderer Verbindungen zur Geisterwelt) gewiss sind.

Illuminatenorden, 1776 von Adam ↑Weishaupt in Ingolstadt gegr., über die Freimaurerei hinausgehender Geheimbund, der durch die Prinzipien der Aufklärung weltbürgerl. Gesinnung fördern und das monarch. Prinzip bekämpfen wollte. Als prominente Mitgl. werden u. a. Herder und Goethe gen. Seit 1784 verfolgt, löste sich der I. in der Folge auf. – 1896 (viel-

Illyrien ILL

leicht auch schon 1893) gründete der Historiker Leopold Engel (* 1858, † 1931) in Berlin den »Weltbund der Illuminaten«, der die Nachfolge des I. beansprucht.

Illuminationstheorie [zu lat. illuminatio »Erleuchtung«], im Anschluss an Platon v. a. von Augustinus und Dionysius Areopagita ausgebildete Lehre, nach der die menschl. Erkenntnis durch ein von Gott ausgehendes »geistiges Licht« ermöglicht wird.

illuminieren [lat.-frz.], **1)** *allg.:* festlich erleuchten.
2) *Kunst:* mittelalterl. Handschriften ausmalen, mit Buchmalerei versehen; bis ins 19. Jh. gebräuchlich für das Kolorieren (von Druckgrafik).

Illusion [lat.-frz.] *die,* **1)** *allg.:* nicht erfüllbare Wunschvorstellung, Selbsttäuschung.
2) Fehldeutung objektiv gegebener Sinneseindrücke, die subjektiv umgestaltet und in der Fantasie erweitert werden (z. B. bei Psychosen), im Unterschied zur ↑Halluzination.

Illusionismus [lat.-frz.] *der,* in der bildenden Kunst (v. a. Malerei) Darstellungsweise, die mittels Perspektive, Farbgebung, Licht- und Schattenverteilung opt. Wirkungen wie Raumtiefe und Plastizität erzeugt. Seit der Antike, v. a. in Renaissance, Barock, Rokoko von Bedeutung. (↑Trompe-l'œil)

illuster [lat.-frz.], glanzvoll, vornehm, erlaucht.

Illustration [lat.] *die,* **1)** *allg.:* Erläuterung, Veranschaulichung; Bebilderung.
2) *Buchkunst:* Abbildung, die einen Text veranschaulicht, erläutert oder schmückt; über I. mittelalterl. Handschriften ↑Buchmalerei. Die Herstellung der I. im gedruckten Buch beruhte vom 15. bis ins 19. Jh. auf den graf. Verfahren ↑Holzschnitt, ↑Kupferstich, ↑Stahlstich. Eine bed. Neuerung brachte die ↑Lithographie. Moderne photomechan. Reproduktionsverfahren (↑Reproduktionstechnik) führten zu einer Ausbreitung und vielfältigen Nutzung der I. in Buch, Tageszeitung und Zeitschrift.

Illustrierte *die,* bebilderte Zeitschrift. Das Entstehen von I. wurde durch die Entwicklung von Rasterätzung und Fotografie begünstigt. Erste bekannte I. sind »The Illustrated London News« (erstmals 1842 erschienen), »L'Illustration« (Paris 1843 bis 1944) und die »Illustrirte Zeitung« (Leipzig 1843–1944).

illuvial [lat.], Bez. für die natürl. Anreicherung von Stoffen durch chem. Ausfällen oder mechan. Festhalten in Böden (**Illuvial-** oder **B-Horizont**), ↑(Boden).

Illyés [ˈijjɛːʃ], Gyula, ungar. Schriftsteller, * Rácegrespuszta (heute zu Magyaratád, Bez. Somogy) 2. 11. 1902, † Budapest 15. 4. 1983; lebte 1922–26 in Frankreich; engagierter Anwalt der recht- und mittellosen Landbevölkerung; bed. Lyriker. Nach 1945 war I. auch zeitweise politisch aktiv.

Illyrer (Illyrier), indoeurop. Völkergruppe des Altertums, die spätestens seit dem 8./7. Jh. ↑Illyrien besiedelte. Als erste größere illyr. Staatsbildung entstand von etwa 400 bis etwa 260 das Taulantierreich mit dem Kerngebiet im heutigen Albanien. 260/250 bildete sich das südillyr. Reich der Ardiaier mit dem Hauptort Skodra (heute Shkodër, Albanien) heraus, das 168 v. Chr. von den Römern wegen seiner makedonienfreundlichen Haltung im 3. Makedon. Krieg zerschlagen wurde. An seine Stelle trat von 158 v. Chr. bis 9 n. Chr. die Eidgenossenschaft der Dalmater. Nach den illyr. Kriegen und der Niederwerfung des Illyr. Aufstandes (6–9) kamen die I. unter röm. Herrschaft. Die I. genossen den Ruf, gute Krieger zu sein; seit Hadrian stellten sie v. a. die Legionen des Donauraums.
📖 *Frommer, H.: Die I. Karlsruhe 1988.*

Illyrien (lat. Illyricum), im Altertum der nordwestl. Teil der Balkanhalbinsel und der Adriaküste; ben. nach den Illyrern. Der südl. Teil I.s (Süddalmatien) kam im 1. Illyr. Krieg (229/228 v. Chr.) in röm. Abhängigkeit. Seit 168 v. Chr. bestand die röm. Provinz I., erst unter Augustus endgültig unterworfen. Nach Niederschlagung des Illyr. Aufstandes (9 n. Chr.) erfolgte die Teilung in die Provinzen »Illyricum inferius« (Pannonien) und »Illyricum superius« (Dalmatien). In der Zollverwaltung schloss die Bez. I. auch Rätien, Noricum, Mösien und Dakien mit ein. Nach der Reichsteilung 395 kam I. zum Weström. Reich, 476 unter ostgot. Herrschaft, 537 an Byzanz. Im 7. Jh. wurde das Gebiet von südslaw. Stämmen besiedelt. – 1809–14 bildeten die von Österreich abgetrennten Gebiete Krain, Görz, Triest, Istrien, Fiume, Dalmatien mit Teilen Kärntens und Kroatiens die **Illyr. Provinzen** des napoleon. Reichs. Österreich bildete nach deren Rückkehr aus einem Teil 1816 ein **Königreich I.** mit Laibach (Ljubljana) als Hauptstadt; 1849 in die Kronländer Kärnten, Krain und Küstenland aufgeteilt.

Illyrismus *der,* die nat. und kulturelle Wiedergeburtsbewegung der Kroaten (1830 bis 1850), die den südslaw. (»illyr.«) Einheitsgedanken verfocht. Wortführer war L. Gaj; begünstigte die Herausbildung der später als serbokroatisch bezeichneten Literatursprache.

Ilm *die,* linker Nebenfluss der Saale, 129 km, entspringt im Thüringer Wald, mündet bei Großheringen.

Ilmenau, 1) *die,* linker Nebenfluss der Elbe in der östl. Lüneburger Heide, Ndsachs., 107 km lang, mündet bei Winsen (Luhe).
2) Stadt im Ilm-Kreis, Thür., am NO-Hang des Thüringer Waldes, 27 700 Ew.; TU; Glas-, Porzellanind.; Technologiezentrum. – Amtshaus (1753–56; Goethe-Gedenkstätte), Renaissancerathaus (1625, nach Brand 1752 wiederhergestellt 1768 bis 1786), spätgot. Stadtkirche St. Jakob (Ende des 15. Jh., Umbau nach 1752). Oberhalb I.s liegt der Berg **Kickelhahn** (861 m ü. M.) mit Goethehäuschen und Aussichtsturm. – I., 1341 als Stadt bezeugt, kam 1661 an Sachsen-Weimar (bis 1918). I. war bis 1994 Kreisstadt.

Ilmenit *der* (Titaneisen), schwarzes trigonales Mineral, FeTiO$_3$, wirtschaftlich wichtigstes Titanerz, dem Eisenglanz ähnlich, kommt mit geringen Beimischungen von MgTiO$_3$, MnTiO$_3$, Fe$_2$O$_3$ in bas. Magmatiten (v. a. in Pegmatiten) und Seifen vor.

Ilmensee, See südlich von Weliki Nowgorod, Russland, zw. 700 und 2 090 km² (je nach Wasserstand), bis 10 m tief; in ihn münden etwa 50 Flüsse; Abfluss ist der Wolchow.

Ilm-Kreis, Landkreis in Thüringen, 843 km², 121 000 Ew.; Krst. ist Arnstadt.

ILO [engl. aɪelˈəʊ], Abk. für International Labour Organization (↑Internationale Arbeitsorganisation).

Iloilo, Prov.-Hptst. der Philippinen, an der S-Küste der Insel Panay an der Iloilo-Straße, 335 000 Ew.; vier Univ.; Reis-, Tabakanbau, Rohseidenind.; Handels- und Kulturzentrum; Hafen.

Ilorin [engl. iːləˈriːn], Hptst. des nigerian. Bundesstaates Kwara, 464 000 Ew.; Sitz eines muslim. Emirs und eines kath. Bischofs; Univ., TH; Baumwollweberei, Töpferei, Zigaretten- u. a. Industrie.

ILS, Abk. für Instrumentenlandesystem, ein ↑Landeführungssystem.

Ilse *die,* rechter Nebenfluss der Oker, Sa.-Anh. und Ndsachs., 40 km, entspringt am Brocken.

Ilsenburg (Harz), Stadt im Landkreis Wernigerode, Sa.-Anh., am N-Rand des Nationalparks Hochharz, an der Ilse, 6 600 Ew.; Hüttenmuseum; Kunstgießerei, Walzwerk, Radsatzfabrik; Erholungsort. – Benediktinerkloster (1009 gegr., 1525 zerstört, 1862 als Schloss umgebaut, jetzt Erholungsheim); ehemalige Klosterkirche (11. Jh., im 16. Jh. stark verändert).

Iltis *der,* ein Raubtier, ↑Marder.

Ilulissat (bis 1979 Jakobshavn), Stadt in W-Grönland, an der Diskobucht, 4 600 Ew.; Radio- und meteorolog. Station; Fischerei, Robbenfang; Tieffrostanlage für Fischfilets, Garnelenkonservenfabrik; Hafen, Flugplatz.

Ilz *die,* linker Nebenfluss der Donau, entspringt im Bayer. Wald, 54 km lang, mündet bei Passau.

Im, *Mathematik:* Zeichen für den Imaginärteil einer ↑komplexen Zahl.

IM, Abk. für **I**noffizieller **M**itarbeiter des ↑Staatssicherheitsdienstes der DDR.

im..., Nebenform von lat. in... vor Wörtern, die mit b, m oder p beginnen: *immateriell, Impuls.*

Imabari, Stadt an der N-Küste von Shikoku, Japan, 123 100 Ew.; Nahrungsmittelind., Holzverarbeitung; Fischereihafen.

Image [ˈɪmɪdʒ; engl. »Bild«] *das,* gefühlsbetontes Vorstellungsbild, z. B. von Menschen, Unternehmen oder Markenartikeln; I.-Bildung erleichtert die soziale Orientierung, erschwert andererseits die krit. Wahrnehmung und Bewertung.

imaginabel [lat.-frz.-engl.], vorstellbar, erdenkbar.

imaginär [frz.], nur in der Vorstellung existierend, nicht wirklich, nur eingebildet.

imaginäre Zahlen, komplexe Zahlen, deren Realteil null ist, und die daher in der gaußschen Zahlenebene auf der imaginären Achse liegen. Die i. Z. sind Vielfache der **imaginären Einheit** $i^2 = -1$.

Imaginärteil, *Mathematik:* ↑komplexe Zahl.

Imagination [lat.] *die,* Einbildungskraft, Fantasie, im Ggs. zum abstrakten Denken das Vermögen bildhaft anschaul. Vorstellens und Ersinnens von Situationen, Personen und Dingen.

Imaginisten [zu lat. imago, »Bild«], russ. avantgardist. Dichtergruppe etwa 1919–24 in Moskau; trat für die Konzentration der poet. Aussage auf das Bild als wesentlichstes Element der Dichtung ein; bedeutendster Vertreter S. A. Jessenin.

Imagismus [zu lat.-engl. image »Bild«] *der,* literar. Bewegung (ca. 1912–17) einer Gruppe engl. und amerikan. Lyriker. Auf der antiromant. Ästhetik von T. E. Hulme fußend, erstrebte der I. Schmucklosigkeit, Kürze und Prägnanz im Ausdruck sowie präzise Bildhaftigkeit (Anthologie »Des imagistes«, 1914 hg. von E. Pound). Hauptvertreter waren neben Pound: A. Lowell, H. Doolittle, R. Aldington. Der I. steht am Beginn der modernen engl.-sprachigen Lyrik.

Imago [lat. »Bild«] *die,* **1)** *Biologie:* das geschlechtsreife Vollinsekt (↑Insekten).
2) *Psychologie:* unbewusstes, durch Identifizierung meist in der Jugend angeeignetes Leitbild.

Imago Dei, *theolog. Anthropologie:* ↑Gottebenbildlichkeit.

Imam [arab. »Führer«, »Vorbild«] *der,* **1)** der Vorbeter beim rituellen Gebet (↑Salat) in der Moschee.
2) das (geistl. und weltl.) Oberhaupt der Gemeinschaft aller Muslime (↑Umma) als Nachfolger des Propheten; für die Sunniten bis 1924 gleichbedeutend mit dem ↑Kalifen.
3) bei den Schiiten der aus der Nachkommenschaft ↑Alis stammende unfehlbare Lehrer und Führer aller Muslime, wobei die schiit. Gruppen (Imamiten, Ismailiten, Saiditen) bezüglich Zahl und Person der I. unterschiedl. Auffassungen haben.

Imamiten (Zwölferschiiten), *Islam:* die größte Untergruppe der ↑Schiiten.

Imandrasee, stark gegliederter inselreicher See im W der Halbinsel Kola, Russland, 812 km², bis 67 m tief; Abfluss durch die Niwa zur Kandalakschabucht.

Imariporzellan, ↑Aritaporzellan.

Imatra, Stadt am Vuoksi, unweit seines Ausflusses aus dem Saimaa, SO-Finnland, 31 500 Ew.; Kunstmuseum; Zellstoff-, Papier- und Kartonfabrik, chem. Ind.; Wasserkraftwerk am **I.-Fall,** urspr. eine 1,3 km lange Stromschnelle des Vuoksi. – Dreikreuzkirche (A. Aalto).

IMAX® [ˈaɪmæks; Kurzwort aus imagination **max**imum, engl.] *das, Filmtechnik:* spezielle Form der Filmprojektion, die aufgrund eines besonderen Bildformats, spezieller Linsen sowie durch Querlauf des Films im Projektor den Eindruck erweckt,

der Zuschauer befinde sich selbst mitten in der Handlung.

Imbezillität [lat.] *die,* nicht mehr gebräuchl. Ausdruck für eine geistige Behinderung.

Imbroglio [imˈbrɔʎo; italien. »Verwirrung«] *das, Musik:* die gleichzeitige Verwendung verschiedener Taktarten.

Imdahl, Max, Kunsthistoriker, * Aachen 6. 9. 1925, † Bochum 11. 10. 1988; war ab 1965 Prof. an der Ruhr-Univ. Bochum; befasste sich v. a. mit systemat. und philosoph. Fragen der modernen, aber auch der älteren Kunst.

IMF [engl. aɪemˈef], Abk. für International **M**onetary **F**und (↑Internationaler Währungsfonds).

IMG, Abk. für International **M**ilitär**g**erichtshof, ↑Nürnberger Prozesse.

Imhasly, Pierre, schweizer. Schriftsteller, * Visp (Kt. Wallis) 14. 11. 1939; schreibt poet. Prosa, in der seine enge Bindung an die frz. und span. Kultur deutlich wird (»Rhône-Saga«, 1996).

Imhoof, Markus, schweizer. Filmautor und -regisseur, * Winterthur 19. 9. 1941; drehte zunächst Dokumentarfilme; I., der auch Theater- und Operninszenierungen erarbeitet, gelang ein internat. Filmerfolg mit dem Flüchtlingsdrama »Das Boot ist voll« (1981).
Weitere Filme: Fluchtgefahr (1974); Die Reise (1986); Der Berg (1991); Flammen im Paradies (1997).

Imhotep [ägypt.] (grch. Imuthes), altägypt. Baumeister, Arzt und Schriftsteller; Ratgeber des Königs Djoser (um 2650/2600 v. Chr.), für den er den Bau der Stufenpyramide von Sakkara und der zugehörigen Tempel leitete; wurde in grch. Zeit in Memphis und Theben als Gott der Heilkunst verehrt und mit Äskulap gleichgesetzt; er galt als Sohn des Ptah.

Imidazol *das* (1,3-Diazol), kristalline fünfgliedrige, heterozykl. Verbindung, als Baustein in einigen Naturstoffen (z. B. Histidin, Histamin). I. und seine Derivate sind Zwischenprodukte für Pflanzenschutzmittel, Pharmaka und Farbstoffe.

Imide, Derivate von Dicarbonsäuren, bei denen die OH-Gruppen beider Carboxylgruppen durch eine NH-Gruppe (Imidogruppe) ersetzt sind **(Säure-I.);** auch Verbindungen, in denen NH-Gruppen anionisch an Metallatome gebunden sind **(Metall-I.).**

IMI Imine

Imine, im engeren Sinn organ. Verbindungen, in denen formal das Sauerstoffatom einer Carbonylgruppe durch die Iminogruppe ersetzt ist: $R^2C = NH$ (R = organ. Rest). Mit Wasser reagieren sie zu Keton und Ammoniak.

Iminoharnstoff, das ↑Guanidin.

Imitat [lat.] *das,* Kurzform von ↑Imitation.

Imitatio Christi [lat.], die ↑Nachfolge Christi.

Imitation [lat.] *die,* **1)** *allg.:* das Nachahmen (z. B. von Vogelstimmen), Nachbildung (eines Gegenstands). **2)** *Musik:* ↑Nachahmung.

Imkerei *die* (Bienenhaltung, Bienenzucht), Haltung und Zucht von Honigbienen zur Gewinnung von Honig und Wachs.

Immaculata [lat. »die Unbefleckte«], Ehrenname Marias, der Mutter Jesu. (↑Unbefleckte Empfängnis Mariä)

immanent [lat.], in etwas enthalten; der Welt innewohnend; innerhalb der Grenzen möglicher Erfahrung verbleibend; Ggs.: transzendent.

Immanenz *die,* das Innewohnen, Enthaltensein; das im Bereich sinnl. Erfahrung Liegende; Ggs.: Transzendenz.

Immanenzphilosophie, eine philosoph. Richtung, die nur den Inhalt des Bewusstseins als wirklich gelten lässt.

immergrüne Pflanzen: Immergrüne Bärentraube mit Blüten

Immanuel [hebr. »Gott (ist) mit uns«] (Emmanuel), symbol. Name des Sohnes einer jungen Frau (bzw. Jungfrau), dessen Geburt der Prophet Jesaja weissagte (Jes. 7, 14); v. a. christolog.-messianisch auf Jesus Christus (oder den erwarteten jüd. Messias) gedeutet.

Immaterialgüterrechte, Rechte an unkörperl. Gütern mit selbstständigem Vermögenswert, z. B. Urheber-, Patent-, Markenrecht; deckt sich auch mit dem Begriff »geistiges Eigentum«.

Immaterialismus [lat.] *der, Philosophie:* die Lehre, dass die Materie keine selbstständige Wirklichkeit besitze; bes. von G. Berkeley vertreten.

immaterielle Wirtschaftsgüter, nicht stoffl. Vermögenswerte eines Unternehmens (z. B. Kundenkreis, innere Organisation, Mitarbeiterstamm, Konzessionen, Kontingente, Patente, Lizenzen), die selbstständig bewertbar sind und dem Geschäftsbetrieb dienen.

Immatrikulation [lat.] *die,* Einschreibung in das Verzeichnis der Studierenden einer Hochschule (↑Matrikel), d. h. Aufnahme als Student.

immediat [lat.], unmittelbar (dem Staatsoberhaupt unterstehend). **Immediateingaben, -gesuche** und **-vorstellungen** werden gleich bei der obersten Instanz vorgebracht oder an das Staatsoberhaupt gerichtet.

Immendorff, Jörg, Maler und Bildhauer, * Bleckede (Kr. Lüneburg) 14. 6. 1945; trat zunächst mit Aktionen (auch mit seinem Lehrer J. Beuys) hervor; seine Arbeiten befassen sich kritisch mit Gesellschaft, Politik und Kunstbetrieb (u. a. »Café Deutschland«, 1977/78; »Café de Flore« (1990/91).

immens [lat.], unermesslich (groß).

Immenstadt i. Allgäu, Stadt im Landkreis Oberallgäu, Bayern, am N-Rand der Allgäuer Alpen, 731 m ü. M., 14 000 Ew.; Land- und Alpwirtschaftsmuseum; Metallverarbeitung, Textilind., Fremdenverkehr; nahebei der **Alpsee** (2,5 km²). – Spätgot. ehem. Schloss (16./17. Jh.). – Seit 1497 als Stadt bezeichnet.

Immergrün *das* (Vinca), Gattung der Hundsgiftgewächse; in Süd- und Mitteleuropa heimisch ist das **Kleine I.** (Vinca minor), halb liegend, mit dunkelgrünen, ledrigen Blättern und meist blauen, lang gestielten Blüten, in Wäldern und an Felsen; häufig als Zierpflanze kultiviert. Aufgrund ihres Gehaltes an Alkaloiden (u. a. Vincamin) sind alle Pflanzenteile schwach giftig.

immergrüne Pflanzen, Pflanzen, deren Blätter über mehrere Vegetationsperioden hinweg voll funktionsfähig bleiben; z. B. Rottanne, Immergrüne Bärentraube.

Immermann, Karl, Schriftsteller, * Mag-

Immissionswerte IMM

Immissionsgrenzwerte in µg/m³ (nach 22. BImSchV und TA Luft 2002)[1]

Schadstoff	Langzeitwert (Jahresmittel)	Kurzzeitwert (Stundenmittel)
Schwefeldioxid (bei gleichzeitig geringer Belastung mit Schwefelstaub)	50	350
Stickstoffdioxid	40	200
Schwefelstaub (PM_{10})	40	50[2]
Blei	0,5	–
Benzol	5	–
Tetrachlorethen	10	–
Kohlenmonoxid	–	10[3]

[1] Die Bundes-Immissions-Schutz-Verordnung sieht neben z. T. mehrjährigen Übergangsfristen, um die oben aufgelisteten Werte zu erreichen, Ausnahmeregelungen vor, die je nach Lage zu niedrigeren oder höheren Grenzwerten führen. – [2] Tagesmittel. – [3] Achtstundenmittel.

deburg 24. 4. 1796, † Düsseldorf 25. 8. 1840; leitete 1832–37 das Düsseldorfer Theater. Sein zw. Romantik und Realismus stehender Roman »Die Epigonen« (3 Bde., 1836) zeigt die Auflösung der alten Gesellschaftsformen. Der humorist. Roman »Münchhausen« (4 Bde., 1838/39) und das kom. Heldenepos »Tulifäntchen« (1830) sind Zeitsatiren.

Immersion [lat.] *die,* **1)** *Astronomie:* Eintritt eines Himmelskörpers in den Schatten eines anderen oder der Beginn seiner ↑Bedeckung.
2) *Geologie:* (Inundation), Überflutung eines Festlandes bei der Transgression.
3) *Optik:* die Verwendung einer Flüssigkeit mit möglichst hoher Brechzahl im Raum zw. der Frontlinse eines Mikroskop-Objektivs oder -Kondensors sowie dem Deckglas des mikroskop. Präparates zur Erhöhung der numer. Apertur und damit des Auflösungsvermögens.

Immigration [lat.] *die,* Einwanderung.
Immission [lat.] *die,* **1)** *Umwelt:* Gesamtheit der Luftverunreinigungen, Geräusche, Erschütterungen, Licht, Wärme, Strahlung oder ähnl. Erscheinungen, die von einer Anlage (z. B. Kraftwerk oder Müllverbrennungsanlage) oder von Produkten (z. B. Kraftfahrzeugen) ausgehen und auf ein Gebiet einwirken.
2) *Zivilrecht:* die Zuführung von körperl. oder unwägbaren Stoffen wie Geröll, Dämpfen, Gerüchen, Geräuschen und Erschütterungen sowie ähnl. Einwirkungen auf ein Nachbargrundstück (§ 906 BGB). I., die die Nutzung des Nachbargrundstücks nicht oder nur unwesentlich beeinträchtigen, sind hinzunehmen; bei wesentl. Beeinträchtigungen, die bei Grundstücken in konkreter Lage nicht ortsüblich sind, kann der Eigentümer des betroffenen Grundstücks Beseitigung (Unterlassung) verlangen (§ 1004 BGB). Muss er die (wesentl.) I. dulden, so bei genehmigten gewerbl. Anlagen, besteht Anspruch auf Herstellung von zumutbaren Schutzeinrichtungen oder einen Ausgleich in Geld. Den öffentlich-rechtl. Schutz vor I. regeln das ↑Bundesimmissionsschutzgesetz und ergänzende Techn. Anleitungen (z. B. TA Luft, TA Lärm). – Ähnlich ist die Rechtslage in *Österreich* (§§ 364 ff., 523 ABGB) und in der *Schweiz* (Art. 679, 684 ZGB).

Immissionskataster, auf Karten dargestellte räuml. Verteilung der Luftverunreinigungen für ein bestimmtes Gebiet. Das I. dokumentiert die Schadstoffbelastung der Luft und ermöglicht eine umfassende Bewertung dieser Belastung nach versch. Kriterien (z. B. Ursachenanalyse). Es ist zus. mit dem Emissionskataster Grundlage für die Aufstellung von Luftreinhalteplänen.

Immissionsschutz, Maßnahmen und gesetzl. Regelungen zum Schutz vor rechtswidrigen Einwirkungen auf Personen und Grundstücke in Form von Luftverunreinigungen, Geräuschen und Erschütterungen u. a. (↑Bundesimmissionsschutzgesetz, ↑Immission).

Immissionswerte (Immissionsgrenzwerte), Abk. **IW**, gesetzlich festgelegte Grenzwerte für Luftverunreinigungen, die nicht überschritten werden dürfen. Sie sind nach EU-Richtlinien der Jahre 1999 und 2000 neu festgelegt worden und dienen dem Schutz vor Gesundheitsgefahren sowie zum Schutz von Ökosystemen. Es handelt sich

IMM Immobilien

um Mindestanforderungen, die (meist) ab 1. 1. 2005 in Kraft treten, bis dahin gelten Toleranzmargen. Die Mitgliedsstaaten können aber auch strengere Grenzwerte festlegen, um bestimmte Personengruppen zu schützen, z. B. Krankenhauspatienten oder Kinder. I. werden für die Konzentrationen von Schwefeldioxid, Stickstoffoxiden, Blei, Benzol und Kohlenmonoxid in der Luft angegeben. Staubpartikel gelten als umso gefährlicher, je kleiner die Teilchen sind. Sie werden deshalb durch den Parameter PM_{10} charakterisiert, der alle Teilchen (egal welchen Inhalts) mit einem Durchmesser kleiner als 10 μm umfasst. Für Schwefel- und Stickstoffdioxid wurden zusätzlich **Alarmschwellen** von 500 μg/m^3 bzw. 400 μg/m^3 festgelegt, gemessen an drei aufeinander folgenden Stunden. Werden diese Werte überschritten, müssen umgehend Maßnahmen ergriffen werden, z. B. aktuelle Warnungen, kurzfristige Aktionspläne. I. allein lassen jedoch noch keine sichere Aussage über das Ausmaß von Immissionsschäden zu, da sie sich in ihrer Wirkung gegenseitig verstärken können. (↑MIK-Wert)

Immobili|en [lat.], unbewegliche Sachen, d. h. Grundstücke und ↑grundstücksgleiche Rechte, z. B. das Erbbaurecht. Den I. rechtlich weitgehend gleichgestellt sind im Schiffsregister eingetragene Schiffe, in die Luftfahrzeugrolle eingetragene Luftfahrzeuge sowie das landesrechtl. Bergwerkseigentum.

Immobili|enfonds [-fɔ̃], eine Form des ↑Investmentfonds.

Immobilität [lat.] *die,* ein Zustand der Unbeweglichkeit, bes. bei Truppen.

Immoralismus [lat.] *der,* ↑Amoralismus.

immortalisieren [lat.], dauerhaft machen, unsterblich machen (z. B. von Zellen in der Gentechnik).

Immortalität [lat.] *die,* Unsterblichkeit.

Immortellen [frz. »Unsterbliche«] (Strohblumen), Blumen, die sich wegen trockener, strohiger Beschaffenheit der Hüllblätter für Dauersträuße und -kränze eignen, z. B. Pflanzen der Gattung ↑Strohblume.

Immum Coeli [- ˈtsøːli, lat.] *das,* Abk. **I. C.,** *Astrologie:* Schnittpunkt der ↑Ekliptik und des unter dem Ortshorizont gelegenen Halbbogens des Ortsmeridians; Spitze des IV. Hauses, Himmelstiefe.

immun [lat.], *Medizin:* unempfänglich gegenüber Krankheitserregern und Giften.

Immun|abwehr, die Fähigkeit des Organismus, mithilfe des Immunsystems Antigene abzuwehren.

Immun|antwort (Immunreaktion), Reaktion des Organismus auf ein Antigen, die entweder zur Antikörperbildung (Antigen-Antikörper-Reaktion; humorale Immunität) oder zur Bildung von Lymphozyten führt, die mit dem Antigen spezifisch reagieren können (zelluläre Immunität).

Immunassay [-əseɪ, engl.] *der,* auch *das,* Bestimmung biologisch aktiver Substanzen durch die Antigen-Antikörper-Reaktion; dabei erlauben z. B. durch radioaktive Isotope markierte Antikörper die Messung geringster Mengen antigener Substanzen.

Immundefekt (Immundefizienz), angeborene oder erworbene Störung der ↑Immunabwehr. I. sind Folge einer Entwicklungsstörung des Immunsystems (z. B. Störung der Antikörperbildung mit gesteigerter Empfänglichkeit für bakterielle Infektionen) oder sie werden durch Krankheiten, z. B. Leukämie, Viruskrankheiten oder Verbrennungen, aber auch Krankheitsprozesse, die zu starkem Proteinmangel führen, hervorgerufen. Ein physiolog. I. besteht während der Neugeborenenperiode und im Alter.

Immunglobuline, Abk. **Ig,** von Plasmazellen synthetisierte Glykoproteine von gemeinsamer Grundstruktur, die meist Antikörperaktivität haben und deren Bildung durch Antigene ausgelöst wird; sie werden auch als **Gammaglobuline** i. w. S. bezeichnet. I. werden von B-Lymphozyten bzw. Plasmazellen gebildet; sie sind für die humorale Abwehr verantwortlich und somit für die Infektabwehr von großer Bedeutung.

Immunglobulinprophylaxe, Anwendung von Immunglobulinfraktionen zur Verhütung oder Abschwächung bakterieller oder viraler Infektionskrankheiten bei gefährdeten Personen. Die Immunglobuline werden aus dem Serum gesunder Blutspender oder aus Immunseren (gereinigte und konzentrierte Antiseren) gewonnen, die spezif. Antikörper enthalten.

Immunisierung [lat.] *die,* Erzeugen einer Immunität zur Vorbeugung oder zur Behandlung von Krankheiten (oder Vergiftungen). **Aktive I.** nennt man das Erzeugen einer lang dauernden Immunität durch die Anregung der hoch spezif. Antikörperbildung im Wirtsorganismus. Dies ge-

schieht durch die Zufuhr der betreffenden Antigene in Form lebender (abgeschwächter) oder abgetöteter Mikroorganismen bzw. abgewandelter Toxine. Als **passive I.** wird dagegen das Übertragen der fertigen Antikörper aus dem Blutserum von Menschen und Tieren bezeichnet (durch aktive und passive Schutzimpfung).
Immunität [lat.] *die,* **1)** *Immunologie:* die Fähigkeit eines Organismus, sich gegen von außen eindringende schädigende Stoffe (**Noxen**; bes. Krankheitserreger und deren Gifte) zur Wehr setzen zu können. **Angeborene I. (natürl. I.)** nennt man die unspezif. Abwehr von Noxen ohne vorausgegangenen Kontakt mit ihnen. Die **erworbene I. (spezif. I.)** beruht auf der Bildung hoch spezif. Abwehrstoffe gegen die Noxen (Antigen-Antikörper-Reaktion; ↑Antikörper).
2) *Recht:* im *Kirchenrecht* seit dem 4. Jh. die Befreiung kirchl. Institutionen und Personen von einer öffentl. Last (munus) und die Respektierung des Asylrechts geweihter Stätten (Kirchen) durch die öffentl. Gewalt (↑Asylrecht); im MA. die Steuerfreiheit des Kirchenguts und des Klerus; heute in Dtl. (und anderen Staaten) die vertraglich geregelte gewohnheitsmäßige Freistellung der Kleriker vom Militärdienst und von »standesfremden« zivilen öffentl. Ämtern und Aufgaben. – Im *Staatsrecht* der Schutz der Mitgl. von Volksvertretungen vor Strafverfolgung (nicht bei Ordnungswidrigkeiten) u. a. Beeinträchtigung der persönl. Freiheit (parlamentar. I.; Art. 46 GG und Landes-Verf.). Die I. beginnt mit Annahme der Wahl, schützt den Abg. aber nicht, wenn er auf frischer Tat ertappt oder am folgenden Tag festgenommen wird. Da die I. in erster Linie ein Recht des Parlaments ist, kann sie nur durch dieses aufgehoben werden. Auch der Bundespräs. genießt I. (↑Indemnität) – In *Österreich* genießen der Bundespräs., die Mitgl. von National- und Bundesrat und der Landtage, in der *Schweiz* die Mitgl. des Bundesrates sowie die Abg. in National- und Ständerat I.; Ähnliches gilt in den Kantonen. – Das *Völkerrecht* unterscheidet die I. (Unantastbarkeit) von Staaten und die I. von Personen, bes. von ↑Diplomaten. I. der Staaten bedeutet, dass die Staaten und ihre Hoheitsträger nicht der Rechtsprechungsgewalt anderer Staaten unterliegen.
Immunologie [lat.-grch.] *die,* Wiss., die sich mit den biolog. und chem. Grundlagen der Immunantwort, d. h. der Reaktion des Organismus auf das Eindringen körperfremder Substanz, befasst; die I. umfasst zahlreiche Teilgebiete (Immunchemie, -genetik, -pathologie, -pharmakologie).
Immunreaktion, i. w. S. die ↑Immunantwort, i. e. S. die Antigen-Antikörper-Reaktion und die Reaktion zw. Antigen und Immunzellen. Sie bildet die Grundlage immunolog. Testverfahren.
Immunsuppression [lat.], künstl. Unterdrückung oder Abschwächung der Immunantwort des Organismus zur Behandlung von Autoimmunkrankheiten oder Verhinderung von Transplantatabstoßungen. Zu den Hauptverfahren gehört die Chemotherapie mit Immunsuppressiva, ferner auch z. B. die Strahlentherapie.
Immunsuppressiva [lat.], Wirkstoffe oder Arzneimittel zur Immunsuppression; z. B. zytostat. Mittel, manche Antimetaboliten, einzelne Antibiotika und Glucocorticoide. Der Wirkungsmechanismus der I. beruht z. T. (über RNA- oder DNA-Hemmung) auf einer Blockierung der Antikörpersynthese, z. T. auf einer Hemmung der Phagozytose oder Zerstörung immunkompetenter Lymphozyten. I. werden v. a. in der Transplantationschirurgie und zur Behandlung von Autoimmunopathien verwendet.
Immunsystem, das für die Immunität des Wirbeltierorganismus verantwortl. Abwehrsystem, das die für die Immunreaktionen notwendigen Antikörper (humorale und zelluläre Antikörper) sowie T- (thymusabhängige) und (nicht thymusabhängige) B-Lymphozyten umfasst sowie alle immunbiologisch kompetenten Organe. Beim Menschen gehören dazu v. a. Thymus, Milz, Lymphknoten, Mandeln und das ↑Monozyten-Makrophagen-System.
Immuntoleranz, streng spezif. Duldung bestimmter körperfremder Strukturen (Antigene) durch das Immunsystem mit Ausbleiben der ↑Immunantwort; auslösbar durch Zufuhr sehr großer oder sehr geringer Antigenmengen, begünstigt z. B. durch ↑Immunsuppression.
Immutabilitätsprinzip [lat.], der in § 156 StPO ausgesprochene Grundsatz, dass die erhobene öffentl. Klage nach Erlass des Eröffnungsbeschlusses (↑Eröffnungsverfahren) nicht mehr zurückgenommen werden kann.

IMO i-Mode

i-Mode [ˈaɪməʊd, engl.], gebührenpflichtiger multimedialer Mehrwertdienst der japan. Telekommunikationsges. NTT DoCoMo, mit dem sich Internetinhalte auf Handys darstellen lassen, vergleichbar mit dem europ. Standard ↑WAP. Mit dem grafikfähigen Dienst können auch HTML-Inhalte übertragen werden. – In Kooperation mit der japan. Ges. ist i-M. seit März 2002 auch in Dtl. verfügbar. Die Übertragungstechnik ist ↑GPRS. Die angebotenen Datendienste umfassen u. a. Nachrichten, Sport- und Verkehrsinformationen, Bilder, Melodien, Stadtpläne, Wetterkarten.

Imola, Stadt in der Emilia-Romagna, Prov. Bologna, Italien, 64900 Ew.; Bischofssitz; Museen; Textil- u. a. Ind.; nahebei Erdgasförderung. Motorsporttrennstrecke. – Festung (13./14. Jh.), Dom San Cassiano (urspr. 12./13. Jh; 1781 neu gestaltet) u. a. Kirchen; mehrere Paläste des MA. und der Renaissance. – I., das röm. Forum Cornelii, kam 756 an den Papst, seit 1084 freie Kommune, 1504 an den Kirchenstaat.

imp., Abk. für ↑Imprimatur.

Imp., Abk. für lat. Imperium, Imperator.

Impact [-ˈpɛkt, lat.-engl.] *der, Werbung:* die Stärke der von einer Werbemaßnahme ausgehenden Wirkung.

impair [ɛ̃ˈpɛːr, lat.-frz.], ungerade (von den Zahlen beim Roulett); Ggs.: pair.

Impakt [zu engl. impact »Aufschlag«] *der,* Einschlag großer Meteoriten auf der Erde, dem Mond u. a. Himmelskörpern; es bilden sich meist kraterförmige Oberflächenformen (v. a. Meteoritenkrater). Die Gesteinsgläser, die beim Einschlag von Riesenmeteoriten durch ↑Stoßwellenmetamorphose aus ird. Material erschmolzen wurden, heißen **Impaktite**. Wurden durch den I. die anstehenden Gesteine nur mechanisch beansprucht, spricht man von Trümmergesteinen **(I.-Breccien).** – Nach der I.-Hypothese sollen Oberflächenformen des Mondes auf I. zurückzuführen sein.

Impala *die* (Schwarzfersenantilope, Aepyceros melampus), bis 1,6 m lange, afrikan. Art der Horntiere mit weit geschwungenen Hörnern.

Imparitätsprinzip, Grundsatz ordnungsmäßiger Buchführung, nach dem unrealisierte (erkennbare) Verluste ausgewiesen werden müssen, noch nicht realisierte Gewinne hingegen in der Bilanz nicht berücksichtigt werden dürfen (↑Bewertung).

Impasto [italien.] *das, Maltechnik:* dicker (pastoser) Farbauftrag.

Impastokeramik, vorgeschichtl., im 11.–7. Jh. v. Chr. hergestellte grau- bis braunschwarze, auch rötl. oder glänzend schwarze italien. Tonware; ihre Ursprünge liegen in der Urnenfelderzeit, verbreitet war sie bes. in der Apennin- und in der Villanovakultur.

Impatiens [-tsiɛns, lat.] *die,* die Pflanzengattung ↑Springkraut.

IMPATT-Diode [Abk. für engl. **imp**act **i**onisation by **a**valanche and **t**ransit-**t**ime] (Lawinenlaufzeitdiode), eine den ↑Avalancheeffekt ausnutzende Halbleiterdiode, die zur Verstärkung und Schwingungserzeugung in Verbindung mit Hohlraumresonatoren eingesetzt wird. IMPATT-D. werden v. a. zur Erzeugung von Mikrowellen (mit Frequenzen bis über 100 GHz) eingesetzt.

Impeachment [ɪmˈpiːtʃmənt, engl.] *das,* Antrag einer parlamentar. Körperschaft (brit. Unterhaus, Repräsentantenhaus der USA) auf Amtsenthebung oder Bestrafung einer Person, über den eine andere parlamentar. Körperschaft (brit. Oberhaus, Senat der USA) entscheidet.

Impedanz [lat.] *die,* der Scheinwiderstand (↑Wechselstromwiderstand).

Impedanzwandler, *Elektrotechnik:* elektron. ↑Verstärker mit einem Verstärkungsfaktor von etwa 1, hohem Eingangs- und niedrigem Ausgangswiderstand (»Widerstandswandler«). Zur Impedanzwandlung dient die Kollektorschaltung, bei Feldeffekttransistoren die Drainschaltung.

Imperativ [lat.] *der,* **1)** *Philosophie:* ↑kategorischer Imperativ.
2) *Sprache:* Befehlsform (↑Verb, Übersicht).

imperatives Mandat, die Bindung des (abrufbaren) Abg. an Aufträge der Wähler oder seiner Partei; eine Forderung des ↑Rätesystems. Das dt. GG (Art. 38 Abs. 1) kennt das freie ↑Mandat.

Imperator [lat.] *der,* im alten Rom urspr. oberster Befehlshaber des militär. Aufgebots im Krieg, dann Ehrentitel des vom Heer begrüßten siegreichen Feldherrn; seit Augustus Namensbestandteil der röm. Kaiser sowie (in ihrer Nachfolge) seit Karl d. Gr. der Kaiser des Mittelalters.

Imperatrix *die,* weibl. Form zu ↑Imperator.

Imperfekt [lat.] *das,* Zeitform, die eine nicht abgeschlossene Handlung in der Vergangenheit ausdrückt; im Deutschen ein-

Imperialismus – Aufteilung der Welt um 1900

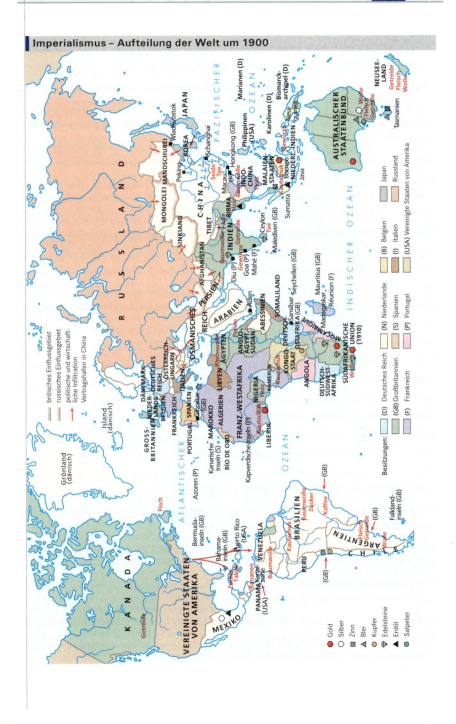

fache Vergangenheit, Präteritum (↑Verb, Übersicht).
Impẹria, 1) Provinz in Ligurien, Italien, 1 156 km², 216 400 Einwohner.
2) Hptst. von 1), Hafen an der Riviera di Ponente, 40 300 Ew.; Ölmühlen, Nahrungsmittelind.; der Stadtteil Porto Maurizio entstand im Hochmittelalter.
Imperial Conferences [ɪmˈpɪərɪəl ˈkɔnfərənsɪz, engl.], ↑Empire-Konferenzen.
Imperialismus *der,* Bez. für das Herrschaftsstreben mit dem Ziel, die Bev. eines fremden Landes mit polit., ökonom., kulturellen und ideolog. Mitteln zu beeinflussen, auszubeuten, abhängig zu machen und direkt oder indirekt zu beherrschen. Historisch wurde die Bez. zuerst auf die Beherrschung von Absatz- und Kapitalmärkten angewandt, nach 1870 stand der Begriff I. in enger Verbindung mit dem Nationalismus für eine Politik der territorialen Expansion eines Staates.
Geschichte: Schon in der Antike und im MA. zeigten Reichsgründungen imperiale Züge, die sich mit dem Entstehen der großen Kolonialreiche europ. Staaten (Portugal, Spanien, England, Frankreich, Niederlande) vom 15. bis 19. Jh. verstärkten (↑Kolonialismus). Während der Zeit des klass. I. (1880–1918) entfaltete sich in Europa eine Politik des expansiven Nationalismus, die auf pseudowiss. Thesen (z. B. Sozialdarwinismus) und einem »zivilisator. Sendungsbewusstsein« gründete. Innenpolitische Schwierigkeiten und außenwirtsch. Konkurrenzdruck lösten einen Wettlauf der europ. Mächte um die Aufteilung der Welt aus, der mit dem brit. Protektorat über Ägypten 1882 begann. Hauptrivale bei der Aufteilung Afrikas war Frankreich, das sich in W- und NW-Afrika ein Kolonialreich aufgebaut hatte. Dtl., Italien und Belgien folgten wenig später. Mit dem Vorstoß Großbritanniens, Frankreichs und Dtl.s in den asiat. und pazif. Raum, der expansiven Asienpolitik Russlands und Japans sowie den Aktivitäten der USA v. a. in Lateinamerika erreichte die Politik des I. Ende des 19. Jh. einen vorläufigen Höhepunkt. Die Konflikte zw. den imperialist. Mächten beim Streben nach Rohstoffquellen, Absatzmärkten und Einflusssphären führten zunächst zu regional begrenzten Kriegen und schließlich zum Ersten Weltkrieg. Der italien. Faschismus und der japan. Militarismus (»großasiat. Wohlstandssphäre«) verfolgten eine Politik des I. auf nationalist. und militarist. Grundlage. Beim dt. Nationalsozialismus trat neben den genannten Aspekten die rassist. Ideologie (v. a. der ↑Antisemitismus) absolut in den Vordergrund. Im Verlauf der ↑Entkolonialisierung sank nach dem Zweiten Weltkrieg zwar der direkte Einfluss der alten Kolonialmächte, jedoch verblieben die neuen Staaten Afrikas und Asiens gegenüber diesen Ländern in indirekter Abhängigkeit (↑Neokolonialismus, ↑Nord-Süd-Konflikt).
Imperialismustheorien: Eine umfassende I.-Theorie formulierte erstmals J. A. Hobson 1902, wonach die Suche nach neuen Kapitalanlagemöglichkeiten wesentl. Grundlage einer imperialist. Politik sei. Auf Hobson fußten R. Hilferding (»Das Finanzkapital«, 1910) und v. a. W. I. Lenin (»Der I. als höchstes Stadium des Kapitalismus«, 1916/17). – Abb. S. 603
📖 *Mommsen, W. J.:* Imperialismustheorien. Göttingen ³1987. – *Schmidt, Gustav:* Der europ. I. Studienausg. München 1989. – *Schöllgen, G.:* Das Zeitalter des I. München ⁴2000.
Imperial Valley [ɪmˈpɪərɪəl ˈvælɪ], 200 000 ha großes Bewässerungsgebiet im S der Coloradowüste, Kalifornien, USA, an der mexikan. Grenze, 1902 angelegt; u. a. Anbau von Obst und Baumwolle (z. T. mehrere Ernten im Jahr).
Impẹrium [lat. »Befehlsgewalt«] *das,* **1)** Weltreich; Herrschaftsbereich.
2) im altröm. Staat die vom Volk übertragene ungeteilte militär., zivile und richterl. Befehlsgewalt der höchsten Beamten, bes. Prätoren und Konsuln; seit Cicero auch das unter röm. Herrschaft stehende Gebiet (**I. Romanum**).
3) (Romanum I.), amtl. Bez. für das ↑Heilige Römische Reich (seit 1034).
Impersonạle [lat.] *das,* unpersönl. Verb, das nur in der 3. Person Sg. vorkommt (z. B. »es schneit«).
impertinẹnt [lat.], in herausfordernder Weise ungehörig, frech, unverschämt.
Impetịgo [lat.] *die* (Eitergrind, Eiterflechte), ansteckende Hauterkrankung mit eiterhaltigen Blasen, Pusteln oder Krusten; verursacht durch Strepto- oder Staphylokokken; tritt bes. bei Kindern auf.
impetuọso [italien.], musikal. Vortragsbez.: stürmisch, heftig, ungestüm.
Ịmpetus [lat.] *der,* Impuls, (innerer) Antrieb, Anstoß; Schwungkraft, Ungestüm.

ZEIT ASPEKTE

Das Beste aus der ZEIT zu ausgewählten Stichwörtern dieses Bandes.

Granada
Green Card
Grundgesetz
Guantánamo
Hawking
Heidegger
Herero

DIE ZEIT

ZEITAspekte

Granada	**Maurisch ist Mode** *Merten Worthmann*	608
El Greco	**Feuchte Blicke im fahlen Licht** *Petra Kipphoff*	612
Green Card	**Freikarte in Grün** *Marc Brost*	615
Graham Greene	**Der gefährliche Rand der Dinge** *Rudolf Walter Leonhardt*	618
Grenzen	**Leichen am Traumstrand** *Michael Schwelien*	621
Grippe	**Gräber und Gelehrte** *Hans Schuh*	623
Gustaf Gründgens	**Schon zu Lebzeiten ein Mythos** *Oscar Fritz Schuh*	628
Grundgesetz	**Zugleich modern und angestaubt** *Robert Leicht*	631
Gruppe 47	**Weihrauch und Schwefeldampf in Saulgau** *Dieter E. Zimmer*	635
Guantánamo	**»Wir sind enorm stolz«** *Reiner Luyken*	641
Güterverkehr	**Stau ohne Grenzen** *Klaus-Peter Schmid*	645
Dag Hammarskjöld	**Ein schwerer Schlag für die Welt** *Theo Sommer*	648
Georg Friedrich Händel	**Blutig wie ein Steak** *Jens Jessen*	651
Happenings	**Der Happeningmann** *Petra Kipphoff*	654
Hausbesetzung	**Stadt zwischen Grün und Rot** *Dieter Buhl*	657
Václav Havel	**König Wenzel** *Christian Schmidt-Häuer*	663
Robert Havemann	**Ideen sind stärker als Polizeimacht** *Marion Gräfin Dönhoff*	666
Stephen Hawking	**Das Orakel von Cambridge** *Ulrich Schnabel*	669

✤ Inhalt

Martin Heidegger	**Die Schlieren im Auge der Sprache** *Thomas Assheuer*	674
Helgoland	**Unser Gibraltar** *Joachim Oltmann*	678
Ernest Hemingway	**Der Tod am Morgen** *H. M. Ledig-Rowohlt*	683
Herero	**Aufräumen, aufhängen, niederknallen!** *Bartholomäus Grill*	686
Herzinfarkt	**Orakel aus der Blutbahn** *Harro Albrecht*	691
Theodor Herzl	**Der Zionismus und sein Mythos** *Gisela Dachs*	695
Himmel	**Das möblierte Himmelreich** *Joachim Fritz-Vannahme*	699
Hubble-Weltraumteleskop	**Das Auge im All** *Christoph Drösser*	701

Granada

Maurisch ist Mode

Die Touristen suchen das Arabische in Granadas Stadtviertel Albayzín. Aber den Leuten, die dort leben, sind die Araber von heute suspekt

Von Merten Worthmann

Marbella gehört den Muslimen bereits. Demnächst droht Granada zu fallen. Schwester Maria del Carmen und Schwester Isabel machen sich Sorgen. Sie verbringen ihr Leben zwar hinter Klostermauern, aber sie hören doch, was man ihnen zuträgt, und beklagen den mangelnden Widerstand der Christenheit gegen den Ansturm der Araber. Die Schwestern leben in einem historisch bedeutenden Konvent inmitten des alten maurischen Stadtteils Albayzín. Isabella die Katholische hat das Kloster vor gut 500 Jahren gegründet, bald nachdem ihre Truppen 1492 den letzten Maurenkönig aus Granada verjagt hatten. Es war der christliche Mittelpunkt des Viertels.

Heute sieht das Christentum ein bisschen blasser aus als früher. Im Gegensatz zur islamischen Seite: Nur ein paar Straßen weiter hat die muslimische Gemeinde Spaniens genau vor einem Jahr die neue Große Moschee eingeweiht. Die beiden Franziskanerinnen sprechen durch das Holzgitter, das den Klausurtrakt des Convento de Santa Isabel la Real vom Besucherzimmer trennt. »Die Spanier sind leider etwas dumm«, sagt Maria del Carmen. »Sie überlassen den Arabern das Feld.« Vielleicht hätten sie sogar Angst vor den Muslimen, in jedem Fall zu viel Respekt. Noch sind die Schwestern überzeugt, dass das Herz des Albayzín von ihrem Konvent aus schlägt. Aber sie ahnen bereits, dass sie mit dieser Überzeugung ziemlich allein stehen.

Daran trägt allerdings keine aktuelle Immigrantenwelle Schuld, sondern eher eine lang anhaltende Trendwende. Im Albayzín mögen nur wenige Bauten aus maurischer Zeit erhalten sein, aber das verwinkelte Netz von Gassen und Sträßchen, die hohen Mauern um Heim und Garten und die kleinen Fenster erinnern noch an die vorchristliche Zeit und sind die notwendige Ergänzung zum Touristenmagnet Alhambra. Der legendäre Palast der Nasriden-Dynastie liegt auf dem Hügel östlich des Flusses Darro, auf dem Westhügel lebte das einfachere Volk. Während sich die königlichen Gemächer der Alhambra nur noch im Pulk und in einem festgelegten Zeitrahmen besichtigen lassen, kann man den Albayzín frei und allein durchstreifen. Die verdiente Anerkennung musste sich das Viertel trotz allem schrittweise erkämpfen. 1984 gelangte die Alhambra auf die Weltkulturerbe-Liste. Der Albayzín kam erst zehn Jahre später dran. Da hielt die Mehrheit der Bewohner Granadas den Stadtteil noch für unsicher und ärmlich

Gärten des Generalifenpalastes, der Sommerresidenz der maurischen Könige von Granada zwischen dem 13. und 15. Jahrhundert

und war weit davon entfernt, über dessen maurische Wurzeln ins Schwärmen zu geraten. In der Zwischenzeit sind die Einheimischen doppelt überrumpelt worden. So mancher Tourist ist geblieben und hat sich im Albayzín ein schickes altes Häuschen hergerichtet. Und so mancher Immigrant aus dem Maghreb hat mit Blick auf die stark nachgefragte orientalische Folklore eine Teestube eröffnet, eine arabische Bäckerei oder einen Leder- und Schmuckhandel mit Waren und Design aus Marokko. Manche Restaurants halten Wasserpfeifen bereit, und auf dem Mirador San Nicolás, einem Platz mit Panoramablick zur Alhambra, können sich Westler ihre Namen ins Arabische kalligraphieren lassen.

Die aus dem 13. und 14. Jahrhundert stammende Palaststadt Alhambra

Dass der Albayzín bei Menschen aus aller Herren Länder immer beliebter wird, hat schließlich auch die Einheimischen auf seine Seite gebracht. Die erst vor wenigen Jahren gegründete Fundación Albayzín, der Pflege des kulturellen Erbes und der Kanalisierung von EU-Mitteln verpflichtet, bietet seit kurzem Rundgänge für die lokale Bevölkerung an. Mit neuem Stolz entdecken die Granadiner, was sie schon immer vor der Tür hatten. Im maurisch angelegten Ziergarten der Casas del Chapiz, zwischen Zypressen und Orangenbäumen, sagt eine gereifte Dame beeindruckt zur anderen: »Wir sollten es häufiger den Touristen nachmachen! Was kennen wir schon? Unsere Einkaufsstraßen, sonst nichts.«

Den jüngeren Muslimen möchte man genau ins Gebetbuch sehen

Das neue Interesse kann indes nicht allen alten Argwohn tilgen. Die maurische Kultur mag noch so sehr gelobt werden, ihrer historischen Errungenschaften wegen – den Muslimen der jüngeren Generationen möchte man dennoch genau ins Gebetbuch sehen. Auch 500 Jahre nach der Reconquista hält man die beiden Kulturen nicht wirklich für vereinbar. Die Bauherren der neuen Moschee hatten sich jahrelang mit fremdenfeindlichen Flugblättern herumzuschlagen, die direkt aus der Nachbarschaft stammten. Auch der Stadtverwaltung mussten sie minutiös, bis hin zu Teilmodellen im Maßstab eins zu eins, nachweisen, dass die Moschee kein Fremdkörper im katholisierten Stadtteilpanorama sein würde.

Von all diesem Widerstand ist kaum die Rede im Gespräch mit Malik A. Ruiz Callejas, dem Präsidenten der Fundación Mezquita de Granada, die den Moscheebau organisierte. Ruiz, ein vor zehn Jahren zum Islam konvertierter Spanier von Mitte vierzig, sagt schlicht, aber schönfärberisch: »Die Nachbarn sind begeistert.« Gemeinsam kämpfe man gegen ein drohendes Verkehrsprojekt, gemeinsam veranstalte man Abendessen im Gemeindehaus. Ausdrücklich vertritt Ruiz eine Politik der »offenen Moschee«, alle Predigten vom Freitag stellt er auch auf Spanisch ins Internet. Der Garten des Hauses ist frei zugänglich. Die Bäume – Olive, Granatapfel oder Zitrone – sind jung, zum Schattenspenden müssen sie noch ein paar Jahrzehnte wachsen. Aber die Muslime, voller Heilsgewissheit, können warten. Und der Blick auf die Alhambra ist makellos.

Bei allem Goodwill, in Glaubensdingen bleibt man eisern. »Der Islam muss sich nicht an die westliche Gesellschaft anpassen, sondern umgekehrt. Dem Westen sind die Werte abhanden gekommen, dem Islam nicht«, sagt Ruiz, und er leitet über zu einer historischen Parallele: »Im Kalifat von Córdoba besaß die maurische Gesellschaft einen derartigen inneren Reichtum, dass achtzig Prozent der Bevölkerung Gedichte auswendig aufsagen konnten – während sich im restlichen Europa die Ratten von Pestleichen ernährten.«

Ruiz' Gemeinde besteht überwiegend aus Konvertiten. Araber sind in der Minderzahl, denn nur wenige Immigranten können sich die gestiegenen Mieten, geschweige denn eine Immobilie im Albayzín leisten, der vom Problembezirk zum Luxusviertel geworden ist. »Allein die Preise halten viele Muslime fern«, sagt Ruiz. Tatsächlich ist die Orientalistik des Stadtteils vor allem Flair und Fassade. Die Moschee thront oben im Albayzín, weil hier, im Angesicht der Alhambra, der letzten maurischen Bastion, der Symbolwert besonders hoch ist. Das arabische Händlerwesen dehnt sich streng genommen nur über eineinhalb Straßen aus. Die meisten Verkäufer oder Kellner leben in anderen Stadtteilen mit geringeren Spekulationsmargen. Verschleierten Frauen begegnet man im Albayzín nur selten.

Kamal al-Nawawi kann seine Wohnung bezahlen. Aber er ist auch schon länger da, seit knapp zwanzig Jahren. »Wenn über die Immigranten geredet wird, fühle ich mich eigentlich nicht angesprochen«, sagt er. Al-Nawawi ist Mediziner, arbeitet aber lieber als Musiker. Bei einem informellen Open-Air-Konzert auf der Plaza de Nevot spielt er gemeinsam mit Griechen, Deutschen und Spaniern Mittelmeerfolklore. Auf dem Platz lodert ein Lagerfeuer, es beleuchtet vor allem junge und alte Hippies. Angestammte aus dem Albayzín sind kaum gekommen. Al-Nawawi trinkt Alkohol. »Meinen Glauben lebe ich ziemlich liberal – eher esoterisch als regelgerecht«, sagt er. Gelegentlich geschieht es, dass spanische Bekannte sagen: Mensch, du stammst aus Marokko – das hätten wir nicht gedacht! Hinter dem Lob seiner Bildung und Offenheit spürt er allerdings unterdrückten Rassismus. Er selbst wird als positive Ausnahme behandelt, der Rest der Araber bleibt verdächtig. »Die Touristen suchen das Arabische im Albayzín. Aber den Leuten, die dort leben, ist das Arabische suspekt.«

Gerüchte besagen, der Aga Khan lasse im Viertel Immobilien suchen. Auch ein Emir soll schon fündig geworden sein, habe nur wegen mangelnder Sicherheitsbedingungen abgesagt. Jemand weiß von einem Algerier, der Mieter vor die Tür setzen will. »Viele hätten gern einen deutschen Rentner als Nachbarn – aber bitte keinen arabischen«, sagt Fernando Acale, ein junger Architekt aus Cádiz. Acale, seit zehn Jahren eingefleischter Albayzíneiro, lebte anfangs eine Zeit lang in der Casa Mascarones, einem Gebäude, das der bekannte Barockdichter und Kirchenmann Pedro Soto de Rojas zum ersten Carmen des Viertels ausgebaut hatte. Als Carmenes gelten Häuser mit Ziergarten; sie sind die architektonische Spezialität des Albayzín, geordnete grüne Oasen, die meist hinter geweißtem Mauerwerk verborgen liegen. Oft ragen nur ein paar Zypressen über die hohen Wälle hinaus. Ihre Anlage verdanken die Gärten maurischen Vorbildern. Aber erst die Christen haben sie nach der Vertreibung der Araber vielerorts im Viertel errichtet. »Denen schien der Albayzín nahezu unzugänglich mit seinen unübersichtlichen, fast organisch gewachsenen Gebäuden und den schmalen Gassen«, sagt Acale. Soto de Rojas war einer der Ersten, der sich, quasi von innen her, Luft

Nach langer Belagerung fiel Granada am 2. Januar 1492, womit die Geschichte der maurischen Herrschaft in Spanien ihr Ende fand. Das zwischen 1520 und 1522 entstandene Holzrelief von Philippe Vigarny zeigt den Einzug der katholischen Königin Isabella I. von Kastilien und Ferdinands II. von Aragonien in die Stadt. Auch heute hält man in Granada christliche und islamische Kultur nicht wirklich für vereinbar.

verschaffte. Später sprach er, mit Blick auf die eigene Grünanlage, allegorisch von »Gärten, die vielen verschlossen sind«, und »Paradiesen, die wenigen offen stehen«.

Als Fernando Acale in die Casa Mascarones einzog, war Soto de Rojas' Garten längst Garagen gewichen und das Herrenhaus unter Wohngemeinschaften aufgeteilt. Die innere Parzellierung früherer Prachtbauten kam den Ärmeren zugute – immer dann, wenn die Reicheren dem Albayzín mal wieder hundert Jahre den Rücken kehrten. Momentan hat der Wind allerdings erneut auf Einzug gedreht. Acales Straße bevölkert sich mit Anwälten, Professoren und anderen Besserverdienenden. Wer sich's leisten kann, restauriert so authentisch wie möglich. Im Übrigen gelten dafür neue Bestimmungen. Über die schüttelt Acale den Kopf. »Es geht nur um gleichmäßige Fassaden, schmucke Patios und weißen Anstrich.« Dabei sei der Albayzín früher nicht mal weiß gewesen. »Das ist eine Grille aus den Fünfzigerjahren.« Im 18. Jahrhundert hätte man viele Häuser blau getüncht, der Mode entsprechend. Heute ist so etwas schlicht verboten.

Die Zisternen aus muslimischer Zeit sind wieder hergerichtet

Juan Manuel Segura hat den Hindernislauf durch die Instanzen bereits hinter sich. Sein Herrenhaus aus dem 16. Jahrhundert strahlt seit kurzem in altem Glanz. Mit Schrecken denkt er an den Kampf mit der Bürokratie zurück. Er hat ihn gewonnen. Nun sitzt der ergraute Geschäftsmann der Fundación Albayzín vor und bestimmt mit, was im Viertel restauriert wird und wie. Die Stiftung hat unter anderem sämtliche Zisternen aus muslimischer Zeit wieder hergerichtet und will künftig in einem kleinen Museum dem Nachwuchs erklären, wie genial sich die Mauren aufs Wasserverteilen verstanden. Von seinem zweifellos außerordentlichen Kampf für die historische Substanz des Albayzín abgesehen, ist der Vorsitzende allerdings ein Mann mit den gewöhnlichen Vorbehalten. »Die Araber von heute haben mit denen von damals nichts gemein. Die Mauren haben uns seinerzeit etwas von ihrer kulturellen Weisheit weitergegeben. Mittlerweile leben wir in der höher entwickelten Kultur. Jetzt ist es an uns, ihnen den Weg zu zeigen.«

Zunächst würde Segura gern die arabischen Händler in die Schranken weisen, die ihre Waren so weit auf die Gasse stellten, dass es für die Bewohner ein Spießrutenlaufen sei. Aber gefällt den Touristen nicht gerade das bunte Gewimmel? Es wäre schrecklich, gibt Segura zurück, wenn sich die Stadt dem Willen der Touristen unterwerfe.

Das sollten die Franziskanerinnen hören. Vor einigen Monaten erst haben sie, auch auf Drängen der Stiftung hin, ihren Konvent für Touristen zugänglich gemacht (wenngleich nur gegen Voranmeldung). Eine schwere Entscheidung, die knapp dreißig Jahre reifen musste. Die Touristen bringen Geld, die Nonnen brauchen es. Ihr Garten, der vielen verschlossen war, ist endlich zu besichtigen. Ob das Paradies, das himmlische, nur wenigen offen steht, bleibt eine Glaubensfrage. *8. Juli 2004*

siehe auch
❖ Christentum
❖ Islam
❖ Spanien

El Greco

Feuchte Blicke im fahlen Licht

Das Kunsthistorische Museum in Wien zeigt einen Künstler, dessen Wirkung vielschichtiger ist als sein Werk

Von Petra Kipphoff

Wenn Thomas Bernhard, dem Rhapsoden der Vaterlandsverachtung, nichts Dramatisches einfiel, teilte er prosaisch aus. »Das Kunsthistorische Museum hat nicht einmal einen Goya, nicht einmal einen El Greco hat es. Natürlich kann es auf den El Greco verzichten, denn El Greco ist kein wirklich großer, kein allererster Maler, sagte Reger, aber keinen Goya zu haben ist für ein Museum wie das Kunsthistorische Museum geradezu tödlich.« In der Geschichte »Alte Meister«, in der zwei alte Herren in Wiens Kunsthistorischem Museum sich jeden zweiten Tag der Woche umeinander herumbewegen, fällt dieser Satz, obwohl die Kunst kein Thema ist und Reger ohnehin nur auf der Bank im Bordone-Saal sitzt und auf Tintorettos »Weißbärtigen Mann« schaut.

Wer aus der El-Greco-Ausstellung des Kunsthistorischen Museums kommt, aus dem Dunkel der Räume mit dem fahlen Gewitter heiliger Helden und fließender himmlischer Heerscharen wieder auftaucht, der schaut natürlich noch hinüber in die Säle mit Tizian, Tintoretto, Bronzino, Correggio und Caravaggio, schließlich auch zu Rubens. Natürlich auch zu Velázquez und Bruegel. Und vermisst bei diesem Reichtum eigentlich gar nichts. Aber der schlaue Thomas Bernhard wusste natürlich, dass er die Glut einer alten Debatte geschürt hat. Denn die Wirkung von El Greco war schon immer vielschichtiger als sein Werk, das eher weltanschauliche als kunsthistorische Kontroversen provozierte.

Als Julius Meier-Graefe, der deutsche Kunstkritiker und Schriftsteller, nach Spanien aufbrach, um Velázquez zu sehen, entdeckte er El Greco. Seine »Spanische Reise«, 1910 publiziert, ist das Dokument einer Konversion. »Greco aber kommt wie der Blitz. In dem Moment, wo die großen Erlebnisse, ich will nicht sagen zu Ende, aber eingetroffen sind ... Da kommt er und schlägt wie eine Bombe ein ... Mit Rembrandt, Rubens, Michelangelo, mit allen anderen Großen wächst man auf ... Greco ist wohl das größte Erlebnis, das unsereinem blühen konnte ... Nicht, weil Greco so groß ist, sondern weil er neu ist.« Auf den, wie er sagt, vordergründigen Velázquez kann Meier-Graefe fortan verzichten.

Dass der große Velázquez-Forscher Carl Justi schon vorher die »wunderliche Verehrung, ja Verherrlichung« El Grecos mit schroffen Worten zurückgewiesen und diesen ein »pathologisches Problem«, auch einen »monumentalen Fall der Künstlerentartung« genannt und diese Anwürfe mit dem Satz »Er ist in der Tat ein Prophet der Moderne« gekrönt hatte, war für Meier-Graefe, den streitlustigen Sucher der Moderne, gewiss ein Stimulans. Und ist für uns doppelt verwirrend, wenn auch kein Grund, Justi einen Nazi avant la lettre zu nennen (Horst Bredekamp hat dieses Thema in seinem Aufsatz »Der Manierismus der Moderne« gleichermaßen entschärft und vertieft).

Nicht Madrid oder Wien, sondern München war dann der Ort, an dem die Begeisterung für El Greco, der 1566 als Domenikos Thetokopoulus in Kreta geboren wurde und 1614 in Toledo starb, nach fast drei Jahrhunderten Desinteresse wieder kleine, weiße Flammen schlug. Hugo von Tschudi, der die Berliner Nationalgalerie wegen seiner progressiven Anschaffungspolitik verlassen musste, erwarb als Leiter der Münchner Museen 1909 eine Version von Grecos »Entkleidung Christi«, zeigte ab 1910 das Laokoonbild und sieben weitere Arbeiten. Das war der Moment der Entdeckung durch die Künstleravantgarde des Blauen Reiters, die Grecos »Sankt Johannes« neben Volkskunst aus aller Herren Länder, Votivbildern, Rousseau, Schönbergs Noten und eigenen Arbeiten in ihrem berühmten Almanach abbildete. »Cézanne und Greco sind Geistesverwandte über die trennenden Jahrhunderte hinweg«, jubelte Franz Marc. »Beide fühlten im Weltbilde die mystisch-innerliche Konstruktion, die das große Problem der heutigen Generation ist.« Der österreichische Kunsthistoriker Max Dvorák untermauerte 1920 den Jubel mit der mentalen Geschichte des Manierismus. In einer Zeit der »ungeheuren Disturbation« ist der Künstler, ist El Greco für Dvorák von der Abbildung der Realität entbunden und wird, als Vermittler der inneren Stimme, zum Träger »pansophischer Erlösungshoffnungen« (Bredekamp).

Ein selbstbewusster Teilnehmer am Kunstgeschehen seiner Zeit

Kann der Künstler mit seiner Rezeptionsgeschichte, die ja eine Identifikationsgeschichte der Nachwelt ist, konkurrieren? Die Wiener Ausstellung, mit rund 40 Arbeiten die erste große Übersicht seit vielen Jahren im deutschsprachigen Raum, zeigt, anders als 1982 die große Doppelausstellung in Madrid und Toledo, mit El Grecos byzantinisch geprägtem Frühwerk und den vom italienischen Aufenthalt in Venedig und Rom, also von Tizian, Tintoretto und Michelangelo beeinflussten Bildern einen Künstler, der durchaus kein nachtwandlerischer Einzelgänger war, sondern ein ebenso selbstbewusster wie lernwilliger Teilnehmer am Kunstgeschehen seiner Zeit. Aber diese frühen, auch im Format kleinen Arbeiten sind eher ein Exkurs für die Kunsthistoriker.

Umso publikumswirksam dramatischer ist El Grecos erster Auftritt in Toledo, der mit einem Tusch aus Spotlights begleitete Introitus der Ausstellung. Die »Heilige Dreifaltigkeit«, deren Komposition auf Dürers Motiv des Gnadenstuhls zurückgeht, zeigt den von Engeln aller Arten umgebenen Gottvater, in dessen Schoß der Leichnam Christi liegt. Das große Bild, in dem »disegno« und »colore« sich noch nicht ausschließen und dessen Farbigkeit noch die Fülle der italienischen Hochrenaissance ausstrahlt, in dem Körpersprache und Situation auch noch kongruent scheinen, ist eine Wegscheide für El Greco, ist Anfang

Das Begräbnis des Grafen von Orgaz (1586–88; Toledo, Santo Tomé)

und Wandlung zugleich. Umgeben ist die »Heilige Dreifaltigkeit« mit Porträts von Heiligen und Aposteln am Fließband: Franziskus, Benedikt, Johannes, Magdalena et cetera. Der (durch eine Weißhöhung) feucht glänzende, schräge Blick nach oben ist ihr Signum. Petrus ringt augenrollend die Hände, Laurentius schaut etwas töricht seiner Vision hinterher, Magdalenas Linke liegt auf der kaum verhüllten Brust, die Rechte spreizt sich dekorativ auf einem Totenschädel.

Natürlich sind dieses Auftragsarbeiten, allein den Franziskus kennt man von El Greco 32-mal, was wahrscheinlich der Zahl der kleinen Nuditäten mit Gazeschleier gleichkommt, die Lucas Cranach im Auftrage hoher Herren in Sachsen herstellte. Trotzdem ist die Diskrepanz zwischen dem vorgeblich visionären, einmaligen Geschehen und der Fließbandbanalität erheiternd und ernüchternd zugleich. Aber natürlich sind es nicht diese wie für den kleinen Nachdruck als Heiligenbildchen programmierten Darsteller des christlich-katholischen Theaters, die El Grecos Ehrgeiz herausforderten, seine Anerkennung in Toledo trotz der Ablehnung Philipps II. und seinen Ruhm als Heiliger Geist der Moderne begründeten. Erst in den großen Szenarios wie der Verkündigung, der Ent-

El Greco

Johannes der Evangelist (16. Jh.; Madrid, Prado)

kleidung Christi, der Heiligen Familie oder der Kreuzigung entfalten sich jenes dramatische Talent und vor allem jener antinaturalistische Stil, der für Justi Entartung, für Marc Aufbruch und für Dvořák eine durch den Manierismusbegriff gedeckte Möglichkeit der Moderne auf den Ruinen der Geschichte bedeutete.

»Greco aber kommt wie der Blitz«, und Meier-Graefes Metapher kommt nicht von ungefähr. Wie vom fahlen, phosphoreszierenden Licht eines fernen Gewitters oder Feuerwerks erleuchtet und mit effektvollen Farbwirkungen in Szene gesetzt sind die Highlights der Geschichte des christlichen Glaubens. Und wie ein umgekehrter Blitz verläuft die Bewegung im Bild. Der Blick des Betrachters, der mit den Protagonisten in die Höhe geht, folgt den Gesten und Bewegungen der in die Vertikale hineingereckten und gedehnten Körper, die knochenlos, wie Skulpturen aus Plastikmasse erscheinen. Vor einem meist flachen, dunklen, manchmal auch wolkenzerklüfteten Hintergrund wird die Anatomie eines Körpers aus gegeneinander gedrehten Bildflächen gebaut, geraten einzelne Partien in den Sog einer Bewegung und die Protagonisten des himmlischen Spektakels in den Strudel fließender, flammender Formen. Dabei werden Vorstellungen von Perspektive, Proportion, Raumtiefe, Harmonie oder Charakterisierung mit den Mitteln des Realismus übersprungen zugunsten einer durch Verkürzungen oder Längungen und die heftige Manipulation von Licht und Schatten expressiven Gestaltung. Ein Übermaß von Licht bleicht das Kolorit aus zu kalkig weißen oder stumpfen Tönen. Von »Aschermittwochsfarben« hatte Dvořák im Zusammenhang des späten Tintoretto geschrieben, bei El Greco sind sie ein am Karfreitag angesetztes Pfingstversprechen. Anders gesagt: El Grecos Bilder gehören in den Kirchenraum, für den sie entstanden sind.

Die Habsburger mochten El Greco nicht besonders, und Rudolf II., an dessen Prager Hof der Manierismus seine teuersten und wundersamsten Blüten trieb, bevorzugte Spranger und Arcimboldo. Dass die Gegenreformation auch andere Munition zur Verfügung hatte als die Emphase der Torsion und des bengalischen Lichtes, zeigt, gerade auch in Wien, die Lust am Fleische, mit der Rubens die heiligen Themen dem irdischen Volk nahe brachte. Er allerdings wurde in die Programmschrift des Blauen Reiters nicht aufgenommen. Sein Pelzchen wäre aber mindestens so neu gewesen wie der »Sankt Johannes«.

17. Mai 2001

siehe auch
❖ Malerei
❖ spanische Kunst
❖ Wien

Green Card

Freikarte in Grün

Die Anwerbung im Ausland ist ein Erfolg: Sie zieht Fachkräfte an, die unter den heimischen Arbeitslosen nicht zu finden sind

Von Marc Brost

Von Bratislava nach München sind es 467 Kilometer – oder 51 000 Euro. So viel verdient Ondrej Kelle als Programmierer in der bayerischen Landeshauptstadt, für diesen Job ist der 31-jährige Slowake nach Deutschland gezogen. Das war im August 2000. Ondrej kam mit einer Green Card, genau wie 2 138 ausländische Zuwanderer in München auch. Er war der Erste. Fast zwei Jahre suchte sein Arbeitgeber nach einem IT-Spezialisten, der in der Windows-Programmierung genauso zu Hause ist wie im Internet und der für das firmeneigene Redaktionssystem die Schnittstelle zwischen beiden Welten entwickelt.

»Was er kann, können weltweit vielleicht 50 bis 100 Leute«, sagt Armin Hopp, Vorstand von digital publishing und Ondrejs Chef. Gefunden haben sie ihn übers Internet, über ein Forum, in dem ein Mitarbeiter aus München den Slowaken kennen lernte. Just zu dem Zeitpunkt verabschiedete die Bundesregierung die neue Green Card, die spezielle Arbeits- und Aufenthaltserlaubnis für Computerspezialisten aus Ländern außerhalb der EU. Dann ging alles ganz schnell. »Innerhalb von 24 Stunden hatte ich mein Visum«, sagt Ondrej Kelle. »Am nächsten Tag konnte ich anfangen zu arbeiten.« Sein Arbeitgeber produziert Software, mit der man zu Hause am Computer eine Fremdsprache lernen kann, und seit Kelle da ist, verbessern auch die Programmierer ihre Sprachkenntnisse: Man kommuniziert in Englisch.

Mehr als 11 000 ausländische Zuwanderer sind seit August 2000 mit einer Green Card nach Deutschland gezogen, mehr als erwartet. Die meisten kamen aus Osteuropa. Inzwischen aber werden kaum noch Green Cards vergeben. Die Nachfrage der Unternehmen nach ausländischen Spezialisten hat sich »deutlich abgekühlt«, sagt

Jürgen Rohrmeier, Mitglied der Geschäftsleitung beim Personalberater Kienbaum Executive Consultants. Die Krise der New Economy hat den Arbeitsmarkt voll erfasst: Neue Jobs gibt es nur wenige, stattdessen werden Stellen gestrichen. Hightechfirmen, die vor einem Jahr noch hoffnungsvoll in die Zukunft blickten, haben längst dichtgemacht. Auch Zuwanderer mit Green Card blieben von der Krise nicht verschont, in München etwa hat jeder zehnte der ausländischen Computerspezialisten den Job gewechselt.

Der 23-jährige IT-Spezialist Alexej Winogradow aus Weißrussland erhält am 4. August 2000 im Arbeitsamt Weimar seine »Zusicherung der Arbeitserlaubnis nach der Verordnung über die Arbeitsgenehmigung für hoch qualifizierte ausländische Fachkräfte der Informations- und Kommunikationstechnologie«, die nach US-amerikanischem Vorbild »Green Card« genannt wird.

Green Card

Schon melden Zeitungen, dass immer mehr Green-Card-Inhaber ohne Arbeit seien.
So etwas stärkt die Kritiker der Zuwanderung ausländischer IT-Experten. Warum, fragen sie, holen wir Zuwanderer, wenn sie dann arbeitslos werden? Und wieso nehmen wir nicht gleich heimische Fachkräfte, die sowieso auf Jobsuche sind?

Wenn überhaupt, dann bekommen Hochqualifizierte einen Job

Fragen wie diese hört Erich Blume oft. Wenn er Antworten geben soll, redet er sich schnell in Rage. »Von hoher Arbeitslosigkeit unter den Green-Card-Inhabern kann gar nicht die Rede sein«, empört sich der Chef des Arbeitsamtes München. »Wer das behauptet, streut gezielt Falschmeldungen.« Bundesweit ist rund ein Prozent der zugewanderten IT-Experten ohne Job. »Nach zwei bis vier Wochen haben die meisten eine neue Stelle gefunden«, so Blume. Wenn in der Krise überhaupt Personal eingestellt wird, dann sind es gerade die Hochqualifizierten, die einen freien Job bekommen – zum Beispiel die Computerexperten mit Green Card. Die sind immer bereit, an einem anderen Ort der Republik anzufangen; fern der Heimat arbeiten sie so oder so.
Computerspezialisten sind moderne Nomaden: Sie bieten ihre Kenntnisse da an, wo sie gebraucht werden, und sie ziehen weiter, wenn es woanders eine bessere Arbeit gibt – oder eine besser bezahlte. »Ich bin nur wegen des Jobs gekommen, nicht wegen Deutschland«, sagt Ondrej Kelle. Das klingt egoistisch, und dennoch profitieren davon auch andere. Bundesweit hat jeder Green-Card-Inhaber in seinem Unternehmen durchschnittlich 2,5 neue Stellen geschaffen, sagt Arbeitsamtchef Blume. Zum Beispiel, weil der Arbeitgeber expandieren konnte.
Bleibt die Frage, warum das nicht mit heimischen Fachkräften geht. Immerhin suchen 20 000 deutsche Computerexperten einen Job, heißt es bei der Bundesvereinigung der Arbeitgeberverbände. Doch diese Experten sind gar nicht die, die jetzt gebraucht werden. Hinter dem Begriff IT-Spezialist, so wie ihn auch das Arbeitsamt versteht und wie er in den offiziellen Statistiken verwendet wird, verbergen sich alle, die im weitesten Sinne mit dem Markt zu tun haben: Experten für Großrechenanlagen und Programmierer für Handyschaltungen, Fachleute für Geräte und Spezialisten für die Software. Gesucht aber werden nur Letztere. Und da ist noch das Alter der Arbeitslosen: 70 Prozent der Computerexperten im engeren Sinn, die im März 2000 in München einen Job suchten, waren älter als 55 Jahre. Bundesweit sind die Zahlen kaum anders.

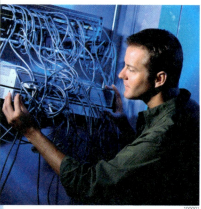

Unter dem Begriff IT-Spezialist werden Experten für Großrechenanlagen, Programmierer für Handyschaltungen, Fachleute für Geräte und Spezialisten für Software verstanden. Nur Letztere werden dringend gesucht.

Dabei ist das Problem der Älteren gar nicht ihr Alter, sondern die damit verbundene Qualifikation. Arbeitslose über 55 sind häufig Programmierer der ersten Stunde – »hoch qualifizierte Leute, die aber nicht die spezielle Qualifikation haben, die ein Unternehmen jetzt sucht«, nennt sie Arbeitsamtchef Blume. Schließlich entwickelt sich gerade der Softwaremarkt rasant.
Es ist ein spezielles Problem der IT-Branche; neben vielen Schwierigkeiten, die ältere Arbeitssuchende oft haben: Wie mobil ist man mit Familie und eigenem Haus? Stellen die Unternehmen überhaupt Angestellte über 50 ein?, kommen hier noch rasch wechselnde Anforderungen an die Kenntnisse hinzu. »Die Firmen dürfen nicht nur Spezialisten suchen, sie müssen sie auch weiterbilden«, fordert Peter

Schrader, IT-Fachmann der Gewerkschaft ver.di. Weil das versäumt wurde, so Schrader, stecken die arbeitssuchenden Softwareexperten in der Falle: Bis in die Neunzigerjahre beschäftigten die Unternehmen hoch qualifizierte Mitarbeiter, denen eine Weiterbildung im Job verweigert wurde. Dann brauchten die Unternehmen neue Spezialisten, weil es neue Programmiersprachen gab. Und die alten Experten wurden arbeitslos. »Das Problem der Qualifizierung im eigenen Land«, sagt Schrader, »ist auch mit der Green Card nicht gelöst.«

Noch viele Hürden für Ausländer

Ondrej Kelle programmiert seit zehn Jahren professionell und hat dafür sein Studium geschmissen. Der Slowake weiß, dass ihm wenig Zeit bleibt, um viel Geld zu verdienen. Schon bald dürften auch seine Fähigkeiten veraltet sein.

Natürlich ist »der eine oder andere Green-Card-Inhaber frustriert in die Heimat zurückgereist«, sagt Personalberater Rohrmeier. Zu groß waren die Sprachbarrieren, zu unterschiedlich die Vorstellungen von Arbeitgeber und Computerexperten. Sechs von zehn zugewanderten Spezialisten arbeiten in Unternehmen mit weniger als 100 Mitarbeitern.

»Die Green Card ist gut, aber noch nicht gut genug«, sagt Jürgen Rohrmeier. Weil die Ehepartner der Zuwanderer erst nach einem Jahr Wartezeit arbeiten dürfen, fällt ihnen die Integration schwer. Weil die Behörden oft schlecht zusammenarbeiten, dauere es – anders als bei Kelle und dem Münchner Arbeitsamt – schon mal »Tage und Wochen, bis die notwendigen Dokumente stimmen«, sagt Rohrmeier. Und da ist die in den Augen vieler Unternehmer willkürliche Gehaltsfrage: Da Kelle keinen Hochschulabschluss hat, muss er mindestens 51 000 Euro im Jahr verdienen, so sieht es die Green-Card-Regel vor. Hätte er ein Diplom, könnte der Arbeitgeber weniger zahlen. Die Bundesregierung will so Dumpinglöhne und das Anwerben unterqualifizierter Zuwanderer vermeiden. Nur: Mit mehr Uni-Wissen und weniger praktischer Programmiererfahrung hätte digital publishing den Slowaken nicht geholt. »Die Vorschrift macht jene Mitarbeiter teurer, die wir dringend brauchen«, sagt Vorstand Hopp. »Das ist ein Witz.«

21. März 2002

siehe auch
❖ **Arbeitsmarkt**
❖ **Ausländer**
❖ **Informations- und Kommunikationstechnik**

Graham Greene

Der gefährliche Rand der Dinge

Er hinterließ mehr als hundert literarische Werke: Der große englische Schriftsteller hätte den Nobelpreis verdient gehabt

Von Rudolf Walter Leonhardt

Er fing seine Romane gern mit dem Namen der Person an, um die es ging: »Hale knew […] that they meant to murder him« (»Brighton Rock«), »Mr. Trench went out« (»The Power and the Glory«), »Wilson sat at the balcony« (»The Heart of the Matter«), »Dr. Eduard Parr stood at the small port« (»The Honorary Consul«).

In diesem Stil: Graham Greene, geboren am 2. Oktober 1904 in England, seit 1966 in Frankreich oder, wie vorher schon oft, auf Reisen (besonders gern nach Mittelamerika), ist am 3. April 1991 in Vevey bei Genf nicht ungern gestorben.

Er erspart damit der Stockholmer Nobelpreis-Akademie alljährliche Belästigungen durch Leute, die heftig anzufragen pflegten, was denn ein Nobelpreis für »Literatur« für einen Sinn habe, wenn man ihn dem größten und produktivsten Autor der westlichen Welt fünfzig Jahre lang vorenthält. Und er erspart ihr dadurch manche peinliche Enthüllungen. Greene ist eingegangen in die schwedische Sünderkartei: keinen Nobelpreis für Tolstoi, Rilke, Joyce, Proust.

Er macht auch seinem österreichischen Verlag Sorgen, der die viel zu spät begonnene Gesamtausgabe zum 85. Geburtstag nicht vorlegen konnte und sich nun auch den Tod entgehen lassen muss. Tot sein heißt bei einem Schriftsteller doch, für eine Weile wenigstens, zu neuem Leben erwachen. Jetzt werden vermutlich tüchtige Fernsehanstalten so viele Verfilmungen von Greene-Romanen wie möglich aufs Programm setzen. Aber die Bücher dazu liegen nicht vor.

»Ich möchte keine fertigen Bilder meiner Charaktere liefern«

Greene war selber zwei Jahre lang Filmkritiker (beim Londoner Spectator). Er kannte das Gewerbe und liebte es nicht sehr. Ironie eines Schriftstellerschicksals: Hierzulande kennen die meisten von den wenigen, die Graham Greene kennen, den Zitherfilm »Der dritte Mann«. Aber der war ja als Drehbuch geschrieben und von dem einzigen Filmregisseur, mit dem Graham Greene gern arbeitete, von Carol

Graham Greene

Reed, inszeniert. Seinen ersten großen Roman hingegen, »The Power and the Glory«, fand er in der Verfilmung von John Ford »unerträglich«.

Er äußert sich zu den Schwierigkeiten, aus Greene-Romanen Filme zu machen, am deutlichsten in dem ganz auf »thought and emotion«, nie auf »action« aufgebauten Roman »The End of the Affair« (1951): »Wie kann ich einem Fremden Sarahs Bild vermitteln, so, wie sie da in der Halle und am Fuß der Treppe stand und sich nach uns umdrehte? Ich habe sogar die von mir selber erfundenen Figuren immer nur durch ihre Handlungen beschreiben können. Ich war immer überzeugt davon, dass bei einem Roman sich der Leser jeden Charakter so vorstellen können sollte, wie er es will. Ich jedenfalls möchte ihm keine fertigen Bilder liefern.«

Ein anderes »Frauenporträt« macht seine Abneigung, fest umrissene Figuren zu zeichnen, noch deutlicher. Von seiner vietnamesischen Geliebten schreibt der Reporter in »The Quiet American« (1955): »Sie

war das Zischen von Dampf, das Klirren einer Tasse, sie war eine bestimmte Stunde der Nacht und ein Versprechen auszuruhen ... Im Bett war sie wie ein Vogel, der auf dem Kopfkissen sang und zwitscherte.«
Mit dem Indochinaroman »The Quiet American« sollte anfangen, wer Greene kennen lernen möchte. Und zwar, wenn irgend möglich, auf Englisch. Die deutschen Übersetzungen sind (mit Ausnahme der von Susanna Rademacher und Monika Blaich) unzureichend. Vielleicht hängt es auch damit zusammen, dass der Autor hierzulande nicht in gleicher Weise bewundert wird wie sonst überall zwischen Tokio und Toronto.
Danach empfehlen sich: »The Power and the Glory« (der mir am besten gefällt), »The Honorary Consul« (der ihm selber am besten gefiel) und »Our Man in Havana« – der schon, um zu erfahren, dass Graham Greene auch heiter und komisch sein konnte. Wer von diesem anderen Greene noch mehr möchte, dem bieten sich an: »Travels with my Aunt« und die Geschichtensammlung »May we Borrow your Husband?«.
Sonst allerdings geht es in »Greeneland« doch eher düsterer zu. Der Autor mochte diesen keine geographische Gegend bezeichnenden Ausdruck nicht. Dabei sagt er doch etwas sehr Gutes und sehr Richtiges: Ob seine Romane in Argentinien oder in Mexiko spielen und obwohl der Tatort gründlich recherchiert und genau beschrieben ist, so bleibt er doch unverkennbar das Argentinien oder das Mexiko Graham Greenes.
Seitdem nun sogar das Oxford English Dictionary »Greeneland« als Vokabel akzeptiert hat, wäre es ein Verlust, sie nicht zu gebrauchen. Es definiert: »ein Ausdruck, der gebraucht wird, um die deprimierte Schäbigkeit zu bezeichnen, wie sie dem Verlautbaren nach typisch ist für die Schauplätze und die Charaktere in den Romanen Graham Greenes«. Danke für das »dem Verlautbaren nach« (reputedly). Denn so stimmt es nicht ganz.
Was auch daran liegt, dass »Schäbigkeit« zwar lexikongerecht dem »seediness« des Originals entspricht, aber zumindest für die Charaktere nicht passt. Die mögen zum Teil heruntergekommen sein, abgerissen, verzweifelt, auf der Flucht, betrogen, es fehlt nicht an Verbrechern und Huren – aber »schäbig«, das gerade sind sie nicht: weil ihr Autor eben diejenigen, die im Leben zu kurz kommen, versteht und liebt. Das Gesetz von Greeneland besteht aus sechs Versen des Gedichts »Bishop Blougram's Apology« (1855) von Robert Browning. Greene wollte sie einmal als Motto allen seinen Romanen voranstellen. Ich muss sie wohl, ganz unzureichend, in Prosa wiedergeben: »Unser Interesse gilt dem gefährlichen Rand der Dinge. Der ehrliche Dieb, der zärtliche Mörder, der abergläubische Atheist, die Hure, die liebt und in neuen französischen Büchern ihre Seele rettet – wir beobachten sie, während sie mitten auf einem Schwindel erregenden Seil das Gleichgewicht halten.«

Zum Tode hatte Graham Greene ein sehr eigenwilliges Verhältnis
Und Greeneland ist ein katholisches Land. Nachdem er in das Schubfach »katholischer Schriftsteller« eingeordnet worden war, hat Graham Greene seinen Katholizismus, der ja auch in der Tat von Zweifeln und Verzweiflung nicht frei war, immer heruntergespielt. Aber über den Schrift-

Titelblatt zu »Der dritte Mann«, erschienen 1952 im Jugendbuchverlag (München)

steller, den er am meisten verehrte, schrieb er einmal: »Mit dem Tod von Henry James verlor der englische Roman sein religiöses Gefühl, und mit dem religiösen Gefühl verlor er das Gefühl für die Wichtigkeit menschlicher Handlungen. Es war, als ob die englische Literatur eine Dimension verloren hätte.« In Greeneland hat sie sie, wenigstens zum Teil, zurückgewonnen.

Zum Tode hatte Graham Greene ein sehr eigenwilliges Verhältnis. Als Schüler schluckte er wochenlang alles, was die Hausapotheke an giftigen Medikamenten hergab. Er überlebte. Als Zwanzigjähriger, berichtete er, habe er innerhalb von sechs Monaten sechsmal »russisches Roulette« gespielt, das ja darin besteht, einen Trommelrevolver mit fünf Leerhülsen und einer scharfen Patrone zu laden, dann die Trommel zu drehen und auf gut Glück abzudrücken. Die Chancen standen 6 : 5 gegen ihn. Er überlebte.

Suizidversuche dieser Art hörten auf, nachdem er 1926 zum Katholizismus übergetreten war, um seine katholische Frau Vivien heiraten zu können.

Wenige Menschen haben so stark auf ihn gewirkt wie der Pater Trollope in Nottingham, zu dem er ein halbes Jahr gegangen war, um seine Konversion vorzubereiten. »Damals wäre ich beinahe Priester geworden«, erzählte er. Ich habe es ihm geglaubt, nachdem er auch erzählt hatte, warum dann doch nichts daraus wurde: »Ich hätte das Keuschheitsgelübde niemals halten können.«

Aber die Gefahr suchte er immer wieder. Während des deutschen Blitzkrieges gegen London wurde er mehr auf den Straßen

Eine der Londoner U-Bahn-Stationen, die Nacht für Nacht von der Bevölkerung zu Luftschutzräumen umfunktioniert wurden; während der deutschen Angriffe auf London wurde Greene mehr auf den Straßen gesehen als in Luftschutzbunkern – er wollte sich nützlich machen.

gesehen, versuchend, sich nützlich zu machen, als in Luftschutzbunkern. Als Agent ging er zum britischen Geheimdienst nach Sierra Leone. Er fuhr nach Indochina, um die Anfänge des Vietnamkrieges mitzuerleben. Er notierte freilich auch den Aufschrei: »Oh, mein Gott, wie sehr wünsche ich mir, tot zu sein oder schlafend oder volltrunken, sodass ich nur nicht mehr denken kann.« Als die Belgier aus dem ehemaligen Belgisch-Kongo vertrieben wurden, war er dort und besuchte eine Leprakolonie. Der Roman, der dabei herauskam, »A Burnt Out Case«, war nicht sehr gut. Und Greene bezog ihn auf sich, hielt sich selber für den »ausgebrannten Fall« und fürchtete, er könne nicht mehr schreiben. Das war nicht leicht für jemanden, der einmal gesagt hatte: »Ich kann mir nicht vorstellen, wie all diejenigen, die nicht schreiben oder komponieren oder malen, dem Irrsinn, der Melancholie und der panischen Furcht entgehen können, die zur Situation des Menschen gehören.«

Der geargwöhnte Lungenkrebs jedoch entpuppte sich als hartnäckige, aber harmlose Bronchitis. Und Greene machte weiter im alten Stil, Gefahren suchend, die Flasche im Reisegepäck (»es gibt immer noch Whisky: die Medizin gegen Verzweiflung«). Als alle Amerikaner aus Haiti zurückgerufen wurden, fuhr er hin, um sich das Regime von Papa Doc genauer anzusehen (»The Comedians«). Und sieben Jahre später veröffentlichte er, nach auch nicht unanstrengenden Besuchen an der Grenze zwischen Argentinien und Paraguay, im Alter von 69 Jahren den Roman, den er für seinen besten hielt (»The Honorary Consul«, 1973).

Über Leben und Liebe und Tod sprach er am offensten 1980 mit der Tochter eines alten Freundes, Marie-Françoise Allain.
»Sie sind also glücklich?«
»Nicht sehr, aber wer ist das schon?«
»Zufrieden mindestens?«
»Ich mach mir einfach keine Gedanken darüber. Ich werde ja bald wissen, woran ich bin ... oder auch nicht.«

Er weiß es nun. Aber er kann es uns nicht verraten. *12. April 1991*

siehe auch
❖ englische Literatur
❖ Roman

Grenzen

Leichen am Traumstrand

Tausende Flüchtlinge machen sich jedes Jahr auf den Weg in die wohlhabenden Staaten Westeuropas und vertrauen ihr Schicksal dubiosen Schleuserbanden an

Von Michael Schwelien

Die spanische Zeitung Canarias druckte kürzlich Bilder, die bis dahin niemand einem deutschen Publikum zugemutet hatte. »La costa de la muerte« lautete dazu die Schlagzeile – die Küste des Todes. Die Fotos zeigten die Leichen von Schwarzafrikanern, zehn insgesamt. Einige der leblosen Körper wurden im vergangenen August von Tauchern der Guardia civil aus tiefem Wasser gezogen. Andere Leichen wurden im flachen Küstengewässer vor der Ferieninsel Fuerteventura geborgen. Innerhalb von 48 Stunden griff die Guardia civil damals 153 illegale Immigranten an den Stränden von Fuerteventura und der benachbarten Vulkaninsel Lanzarote auf. Die Fremden waren auf winzigen Holzschiffen aus Marokko gekommen, mehr als hundert Kilometer über den Atlantik hatten sie zurückgelegt. Die zehn Menschen, die später tot geborgen wurden, hätten es fast geschafft. Aber ihr Boot zerschellte in einer windstillen Nacht bei Flut an den scharfkantigen Felsen vor der Insel. Die Flüchtlinge konnten nicht schwimmen. Als die Ebbe kam, waren sie längst ertrunken.

Seit Beginn des Jahres 2002 haben die spanischen Behörden an den kanarischen Küsten fast 14 000 »Sin papeles«, »Leute ohne Papiere«, aufgegriffen. Bis zum August dieses Jahres wurden 78 Leichen geborgen. Wie viele Menschen in den von den Passatwinden aufgepeitschten Wellen tatsächlich starben, weiß niemand. Die Todessaison beginnt jetzt, auf den Kanaren und überall, wo kleine Schiffe von Afrika und dem Nahen Osten nach Europa übersetzen können. Flüchtlinge legen abends bei ruhigem Wetter ab und werden nachts von plötzlich aufkommenden Stürmen überrascht.

Die Route von Marokko zu den Kanaren ist seit Jahren eine beliebte Alternative zur

Marokkanische Küste: Viele Flüchtlinge versuchen, auf dem Seeweg Spanien zu erreichen.

Passage über die Straße von Gibraltar. Zwar kreuzen immer noch viele Flüchtlingsboote über die nur 14 Kilometer breite Meerenge zwischen Afrika und Europa. Aber el estrecho, »die Straße« zwischen Marokko und dem spanischen Festland, wird mittlerweile, ähnlich wie die Meerenge zwischen Italien und Albanien in der südlichen Adria, militärisch abgeriegelt. Sensibles Radar, Hubschrauber und Schnellboote sind im Einsatz, Marineverbände veranstalten Verfolgungsjagden. »Aufklärung« wird auch auf der anderen Seite, an der Armutsküste betrieben. Es herrscht auf den Meeren ein Krieg zum Schutz der europäischen Schengen-Staaten vor Flüchtlingen aus der ganzen Welt. Selbst jene Boatpeople, die auf den Kanaren landen, stammen keineswegs nur aus afrikanischen Staaten. In spanischen Übergangslagern finden sich Russen, Letten, Bulgaren, Chinesen und auch Südamerikaner.

Ihr Reiseziel ist Schengen-Europa, egal wo, Hauptsache Schengen. Wer nach einer Reise um die halbe Welt in einem der europäischen Staaten angekommen ist, die das Abkommen von Schengen unterzeichnet haben und deshalb auf Grenzkontrollen

Grenzen

Somalische Flüchtlinge verlassen Kenia. Die westeuropäischen Staaten lassen nichts unversucht, die Immigranten von ihren Grenzen und ihrem Wohlstand fern zu halten.

untereinander weitgehend verzichten, der ist ziemlich sicher vor der Verfolgung durch Polizisten und Grenzbeamte. Er kann unbehelligt weiterziehen – von der Straße von Gibraltar bis zum Nordkap, vom Neusiedler See bis zu den Geysiren Islands.

Franz Josef Strauß prägte einst den Ausdruck »Wirtschaftsflüchtlinge«. Diese Menschen sollten nicht in den Genuss des großzügigen deutschen Asylrechts für politische Flüchtlinge kommen. Von den Hunderttausenden, die heute Jahr für Jahr illegal aus Osteuropa, Asien, Afrika und Lateinamerika nach Westeuropa umsiedeln, sind die allermeisten Wirtschaftsflüchtlinge. Politische Flüchtlinge schaffen es hingegen nur selten, die Grenzen ihres Heimatlandes zu überwinden.

Einer gelangt ans Ziel, die anderen kommen nach

In die Schlagzeilen gelangten die Dramen auf hoher See. Unbemerkt aber kommen Tausende bequem mit dem Flugzeug und Zigtausende mit Bus, Bahn und Auto, mit einem gültigen Touristenvisum in der Tasche, um nach drei Monaten unterzutauchen und zu bleiben. Oft haben sie Verwandte oder Bekannte vorausgeschickt. Sie verhelfen den neu Angekommenen zu einem Job und einer Unterkunft. In Familiennetzen werden die meisten Flüchtlinge aufgefangen. Zum Beispiel: Der älteste Sohn eines pakistanischen Clans macht sich als Erster auf den Weg nach Hamburg. Dort angekommen, arbeitet er zunächst im Restaurant eines Freundes, von sechs Uhr abends bis sechs Uhr früh, schickt Geld nach Hause, holt den Bruder nach und schließlich die ganze Familie.

Die meisten Immigranten vertrauen sich Schleuserbanden an. Viele Hundert Syndikate leben vom Menschenhandel. Ihr Preis variiert zwischen erzwungenem Sex für die Passage auf einem lecken Seelenverkäufer und 15 000 Dollar für einen Flug zu einem Flughafen nahe der Grenze eines Schengen-Staates. Versprochen werden einwandfreie Papiere und eine Garantie für eine zweite oder dritte Schleusung, falls der Grenzübertritt nicht sofort gelingt. Grenzschützer sind oft machtlos und frustriert. Sie können gar nicht so schnell die eine Route sperren, wie Schleuserbanden eine neue finden.

Und wir, die wir gerne in Spanien Urlaub machen, werden durch die Toten am Strand daran erinnert, dass es bis heute nicht gelungen ist, ein modernes Zuzugsgesetz für Deutschland, geschweige denn für die EU zu schaffen. Dabei ist dies dringend geboten. Aus humanitären Gründen, auch aus Eigeninteresse. Was wären deutsche Restaurants ohne die zahllosen Helfer in der Küche, was die andalusischen Bauern ohne die Scharen der Hilfsarbeiter auf den Feldern? Wie sollen die Sportstätten für die Olympischen Spiele 2004 in Athen ohne die Hilfe illegaler Bauarbeiter errichtet werden?

Die westeuropäischen Staaten lassen nichts unversucht, die Immigranten von ihren Grenzen und ihrem Wohlstand fern zu halten. Doch sind die Flüchtlinge einmal im Land, dürfen sie gern niedere Arbeiten verrichten, für einen Hungerlohn von drei Euro in der Stunde und weniger. Wer aufmuckt oder auf andere Weise unangenehm auffällt, für den haben wir ein probates Mittel parat – die unverzügliche Abschiebung dorthin, wo die Reise begann.

30. Oktober 2003

siehe auch
❖ Auswanderung
❖ Flüchtlinge
❖ Kanarische Inseln
❖ Menschenhandel
❖ Schengener Abkommen
❖ Spanien

Grippe

Gräber und Gelehrte

US-Virologen rekonstruieren den schlimmsten Erreger aller Zeiten. Ihr Ziel ist eine bessere Bekämpfung der Grippe. Friedensaktivisten warnen, die Forschung fördere ungewollt den Bioterrorismus

Von Hans Schuh

Dieser Massenmörder hat schon zig Millionen Menschen getötet. Alljährlich findet er Hunderttausende neuer Opfer. Ständig wechselt er sein Erscheinungsbild. Ein weltweites Netz spezialisierter Fahnder stellt ihm permanent nach. Trotzdem kann er sich frei bewegen. Und fällt nur auf durch neue Spuren des Elends und der Zerstörung. Von Laien wird der Grippeerreger häufig unterschätzt. Virologen aber halten ihn für einen der gefährlichsten biologischen Feinde der Menschheit. Pocken und Pest sind besiegt, die Grippe nicht. Wechselhaft, wie sie ist, können ihre Seuchenzüge relativ harmlos ausfallen, wie starke »Erkältungen« eben. Doch plötzlich mutiert das Allerweltsvirus zum Monster, vernichtend wie die Pest. Der Spanischen Grippe erlagen in den Jahren 1918/19 neuesten Schätzungen zufolge weltweit 25 bis 40 Millionen Menschen; der Erste Weltkrieg kostete 8,5 bis 10 Millionen Menschenleben.

Virologen wüssten nur allzu gern, welche Änderungen im Erbgut die »spanischen« Mikroben so extrem scharf gemacht haben. Denn nur ein Feind, den man gut kennt, lässt sich auch kontrollieren. Auf abenteuerlichen Wegen ist es Forschern in den vergangenen Jahren gelungen, aus uralten Gewebeproben wichtige Teile der Erbmasse des Erregers der Spanischen Grippe zu rekonstruieren. Einer von ihnen, Jeffery K. Taubenberger vom Institut für Pathologie der US-Streitkräfte Afip (Armed Forces Institute of Pathology) in Washington, arbeitet am Nachbau des Killers und avancierte durch seine Detektivarbeit bereits zum Helden von Buch- und Magazingeschichten. Wie weit der Virennachbau tatsächlich gediehen ist, bleibt im Dunkeln. In Fachkreisen wird gemunkelt, er stehe kurz vor der Vollendung. Fest steht, dass Taubenberger und seine Mitarbeiter bereits vor einem Jahr harmlose Influenzaviren scharf machen konnten, indem sie ihnen rekonstruierte Gene aus dem Erreger der Spanischen Grippe einpflanzten. Während die ursprünglichen Erreger Mäusen nichts anhaben konnten,

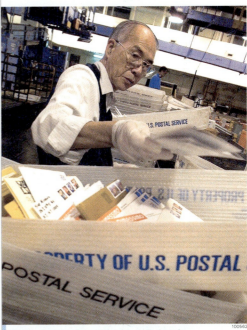

Weltweit ist die Angst vor terroristischen Angriffen mit biologischen Waffen gestiegen (das Foto zeigt einen Mitarbeiter der amerikanischen Post, der in New York Briefe mit Gummihandschuhen sortiert). Doch es lauern möglicherweise noch größere Gefahren: Die Wiederbelebung des Erregers der Spanischen Grippe könnte jede Attacke mit Milzbrand- oder Pesterregern in den Schatten stellen.

erwiesen sich die neuen Viren im Test an den Nagern als tödlich.

Die Forschung an neu konstruierten tödlichen Viren gerät jetzt in die Kritik von Friedensaktivisten. »Die Wiederbelebung des Erregers der Spanischen Grippe ist ein Rezept für Katastrophen. Sie könnte jede angenommene Attacke mit Milzbrand- oder Pesterregern in den Schatten stellen«, warnt Jan van Aken, Leiter der deutschen Sektion des internationalen Sunshine Project. Die Nichtregierungsorganisation hat sich der Ächtung von Biowaffen verschrieben und verfolgt mit Argusaugen weltweit den Einsatz von Bio- und Gentechnik in der Biowaffen-Abwehrforschung. Die bisherigen Versuche seien »nur der erste Schritt auf dem Weg, den Erreger der Spanischen Grippe vollständig wieder zu beleben. Der Dämon ist fast schon aus der Flasche«, mahnt van Aken. Aus Sicht der Waffenkontrolle sei es besonders heikel, dass sich ein Militärforschungsinstitut wie das Afip an einem Projekt zur Herstellung gefährlicher Krankheitserreger beteilige. »Wenn Jeffery Taubenberger in einem chinesischen, russischen oder persischen Labor arbeitete, dann würde dies bei der Indiziensuche für ein offensives Biowaffenprogramm als der berühmte rauchende Colt bewertet«, meint van Aken.

Mit ihrer Sorge, Grippeviren könnten von Bioterroristen missbraucht werden, stehen die Sunshine-Aktivisten nicht allein. So hat kürzlich ein Team der Stanford University vom Nationalen Institut für Allergien und Infektionskrankheiten der USA 15 Millionen Dollar erhalten, um den möglichen terroristischen Missbrauch von Influenzaviren zu studieren und zu prüfen, ob sich ein Anschlag durch die Entwicklung besserer, möglichst rasch wirkender Impfstoffe parieren ließe. Die Sorge ist groß, dass die bald vollständige Gensequenz der Erreger der Spanischen Grippe von Terroristen zum Schmieden von Biowaffen genutzt wird.

An dem Virus starben mehr amerikanische Soldaten als in den letzten großen Kriegen

Doch wie lässt sich überhaupt das Erbgut von Viren gewinnen, die seit 85 Jahren mit ihren Opfern begraben sind? Das Basismaterial für die genetische Rekonstruktion der tödlichen Erreger lieferten US-Soldaten. Das Außergewöhnliche an der Spanischen Grippe war nämlich, dass sie nicht vor allem Kinder und alte Menschen dahinraffte, sondern auffällig viele junge, gesunde. So starben durch das Virus weit mehr US-Soldaten als in den beiden Weltkriegen, im Korea- und im Vietnamfeldzug zusammen. Und in Deutschland konstatierte ein Arzt: »In manchen Gebäranstalten gingen fast alle Schwangeren, die an Grippe mit Pneumonie erkrankten, zugrunde.« In Wien porträtierte der 28-jährige Maler Egon Schiele seine im sechsten Monat schwangere, grippekranke Frau Edith. Sie starb am 28. Oktober 1918. Drei Tage später war auch der Maler tot. Stefan Zweig schrieb Mitte Oktober in seinem Tagebuch in Zürich über die Grippe: »Eine Weltseuche, gegen die die Pest in Florenz oder ähnliche Chronikengeschichten ein Kinderspiel sind. Sie frisst täglich 20 000 bis 40 000 Menschen weg.«

Keiner wusste damals genau, wie brutal die Seuche wütete. Denn wegen des Krieges wurde der Krankenstand geheim gehalten, der Gegner sollte nicht wissen, wie geschwächt die eigenen Reihen waren. So kam es auch, dass die ersten Meldungen über die Seuche in Spanien publik wurden. Das Land war nicht am Weltkrieg beteiligt und hatte keine Zensur. Dies führte fälschlicherweise zur Bezeichnung »Spanische Grippe«. Sehr wahrscheinlich war es jedoch eine US-Grippe, die Anfang März 1918 im Mittleren Westen ausbrach und sich rasch zu einer Seuche der Army entwickelte. GIs schleppten dann die Viren nach Europa, insbesondere nach Brest in der Bretagne. Die erste Grippewelle begann in Frankreich im April 1918 und schwappte noch im selben Monat über die Schützengräben nach Deutschland.

Als die Epidemie nicht mehr zu verheimlichen war, interpretierte die US-Armee sie rasch als Folge einer bioterroristischen Attacke. So schreibt die amerikanische Wissenschaftsjournalistin Gina Kolata in ihrem Buch »Influenza. Die Jagd nach dem Virus« (S. Fischer, 2001), den Grippeerreger habe man in den USA »zuerst für eine schreckliche neue Kriegswaffe« gehalten. Die Krankheitserreger, hieß es, seien in Aspirintabletten injiziert worden, die der deutsche Pharmakonzern Bayer herge-

Grippe

Der österreichische Schriftsteller Stefan Zweig schrieb Mitte Oktober 1918 in seinem Tagebuch in Zürich über die Grippe: »Eine Weltseuche, gegen die die Pest in Florenz oder ähnliche Chronikengeschichten ein Kinderspiel sind.«

stellt habe. Eine andere Variante verbreitete die Zeitung Philadelphia Inquirer unter Berufung auf einen hochrangigen Arzt der Navy namens Philip S. Doane: Deutsche hätten sich per U-Boot in den Hafen von Boston geschlichen und von dort aus Ampullen voller Keime in Theater und große Menschenansammlungen geschmuggelt.

Keine Grippelegende, sondern Tatsache ist, dass zwei US-Soldaten Jahrzehnte nach ihrem Tod zu Gewebelieferanten für moderne Genanalysen wurden. Der erste hieß James Downs, war 30 Jahre alt und wurde zusammen mit 33000 weiteren Rekruten im September 1918 im Camp Upton, New York, auf den Einsatz in Europa gedrillt. Dann brach im Camp die Grippe aus. Mehr als 3000 Rekruten landeten im Lazarett, so auch – am 23. September – James Downs. Das Fieber trieb ihn ins Delirium, wegen einer heftigen Lungenentzündung litt er unter Atemnot. Downs erstickte am 26. September um 4.30 Uhr. Mehrere Hundert Kilometer südlich starb am selben Tag im Camp Jackson, South Carolina, der 21-jährige Rekrut Roscoe Vaughan. Auch er war wenige Tage zuvor erkrankt und erstickte jämmerlich an einer entzündeten Lunge voller Wasser. Gewebeproben der beiden Toten wurden mit Formalin konserviert und in Wachs gegos-

sen. Die Proben wanderten in das Archiv des Army-Instituts Afip. Dort gerieten sie, neben Millionen anderer Proben, in Vergessenheit. Bis rund 80 Jahre später im Afip der Pathologe Jeffery Taubenberger und Kollegen auf die Idee kamen, den Erreger mit den faszinierenden Möglichkeiten moderner Genanalytik aufzuspüren. Wenn man aus Mumien und stark verwesten Leichen noch Erbguttrümmer rekonstruieren konnte, warum dann nicht aus Gewebeproben im Archiv?

Grippeviren wurden in Alaska aus tiefgefrorenen Leichen gewonnen

Taubenberger und seine Kollegin Ann Reid ließen sich mehrere Dutzend Proben kommen – beim Rekruten Roscoe Vaughan wurden sie fündig. Allerdings war das virale Erbgut durch die Konservierung zertrümmert. Es erforderte rund ein Jahr mühsamer Arbeit, bis Reid und Taubenberger eine erste grobe Identifikation des Virus gelang: Typus H_1N_1. Doch von H_1N_1 gibt es auch relativ harmlose Vertreter. Die Suche musste also weitergehen. Die Forscher fanden bald auch Virusspuren im Lungengewebe des Rekruten James Downs. Aber auch dieses Material war bald verbraucht.

Da kam ihnen ein alter Grippejäger zu Hilfe: Der gebürtige Schwede Johan Hultin hatte schon 1951 als junger Mikrobiologe an der University of Iowa versucht, Erreger der Spanischen Grippe zu züchten. Er hatte im Permafrost von Alaska in einem kleinen Dorf namens Brevig tiefgefrorene Leichen von Grippetoten aus dem Jahr 1918 ausgegraben und ihnen Lungenproben entnommen. Zum Glück misslangen seine wochenlangen, nur von primitiven Schutzmaßnahmen begleiteten Versuche, den Killer aus dem Eis wieder zu beleben. Jedes Ethik- und Sicherheitskomitee stünde heute Kopf ob solcher Hemdsärmeligkeit.

1997 machte sich Hultin dann mit Einverständnis Taubenbergers nach Alaska auf. In Brevig holte er sich von der Ratsversammlung des Dorfes das Einverständnis, erneut das Massengrab der Grippetoten öffnen zu dürfen. Nach viertägigem Graben und einigen Funden bereits verwester Leichen hatte er schließlich Glück: Eine Inuitfrau war gut erhalten geblieben, dank ihrer üppigen Speckschichten. Hultin ent-

625

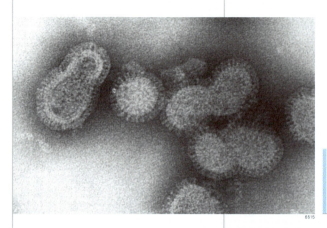

Mikrofotografische Aufnahme des Influenzavirus: Grippeviren können sich, ähnlich wie Aidsviren, extrem rasch verändern.

nahm ihre Lunge, präparierte und verfrachtete diese an das Army-Institut zu Taubenbergers Händen. Prompt fand der Virenjäger dann auch Trümmer von Grippeviren im Gewebe.

Inzwischen hatten auch die Londoner Virologen Alex Elliott, Colin Berry und John Oxford im Morbid Anatomy Department des Royal London Hospital gestöbert. Dort sind ebenfalls historische Gewebeproben archiviert. Sie wählten 14 Lungenschnitte von rasch verstorbenen Grippeopfern aus und entdeckten in zwei Proben genügend Virusmaterial, um Teile des Genoms zu bestimmen. In der Zeitschrift »Emerging Infectious Diseases« vergleichen jetzt die Londoner Virologen Ann Reid und Jeffery Taubenberger ihre Daten von insgesamt fünf Grippeopfern. Mit einem erstaunlichen Ergebnis: Obwohl der Mörder dieser fünf Menschen ein halbes Jahr und Tausende Kilometer zurücklegen musste, sind die genetischen Spuren, die er an den Tatorten zurückließ, zu 99 Prozent identisch!

Dies ist nicht trivial, weil sich Grippeviren ähnlich wie Aidsviren extrem rasch verändern können. Der Grund sind häufige Kopierfehler beim Vermehren des viralen Erbguts. Diese Genlotterie würfelt in jedes fünfte Grippevirus einen neuen Fehler hinein. Mit der Folge, dass zwar viel Ausschuss entsteht, aber auch ständig neue Varianten der Killer die Menschheit bedrohen. Die Influenzaforscher ziehen aus ihren Vergleichsdaten einen vorsichtigen, aber ermutigenden Schluss: »Unsere Ergebnisse deuten darauf hin, dass ein spezifisches antivirales Medikament oder ein Impfstoff in der wichtigen und oft tödlichen ersten Welle einer Pandemie eine einheitliche Wirkung entfalten könnte.«

Medikamente könnten Schutz vor tödlichen Infektionen bieten

Genau mit diesem Argument der möglichen Bekämpfung einer globalen Seuche verteidigen die Virologen ihre Forschung. Als Taubenberger und seine Kollegen Christopher Basler und Peter Palese von der New Yorker Mount Sinai School of Medicine in harmlose Influenzaviren zwei rekonstruierte Gene des Virus der Spanischen Grippe einfügten, wussten sie, dass sie mit dem Feuer spielten, und verlegten ihre Experimente in ein Hochsicherheitslabor.

Dort konnten sie dann auch zeigen, dass ihre scharfen Hybridviren nicht nur Mäuse töteten. Sie testeten die Wirkung bekannter Grippemittel auch auf die gentechnisch konstruierten Killer. Und siehe da, sie bewahrten die Mäuse vor dem Tod. Zu den erfolgreichen Mitteln zählte übrigens auch Amantadin, das bestimmte Ionenkanäle (M2) in Grippeviren blockiert. Zufälligerweise wurde für die Entdeckung, wie Wasser- und Ionenkanäle das Leben von Mikroben, Pflanzen und Menschen prägen, der Chemienobelpreis vergeben. Taubenberger und seine Kollegen schlossen aus ihren Versuchen, dass bei einem Terroranschlag oder bei einer natürlichen Rückkehr des Spanischen Virus vorhandene Medikamente sehr wahrscheinlich Schutz vor tödlichen Infektionen bieten.

Grippe

Rechtfertigen solche Erkenntnisse Experimente, die von Terroristen missbraucht werden könnten? Alexander Kekulé, Berater der Bundesregierung in Fragen der biologischen Sicherheit und Leiter des Instituts für Mikrobiologie in Halle, hält die Warnungen der Friedensaktivisten für »ziemlich übertrieben«. Erstens baue »niemand derzeit das Virus von 1918 komplett zusammen«. Es gehe immer nur um Teile davon. Zweitens sei dieses Virus »ein unverzichtbares Studienobjekt« – um endlich zu verstehen, was solche Mikroben aggressiv macht und wie vorhandene Mittel dagegen wirken. Drittens könnten Grippeviren, die neu aus dem Tierreich kommen, mehr Schaden anrichten als das historische Virus. Deshalb würden von der Weltgesundheitsorganisation und anderen Institutionen Viren aus dem Tierreich im Labor gezüchtet. »Obwohl dies viel gefährlicher ist, wird es nicht angeprangert«, sagt Kekulé. Täglich gingen, etwa auf asiatischen Tiermärkten, beim Wildern im afrikanischen Busch oder beim Essen von rohem Fleisch, neue Viren auf Menschen über. »Von hier kommt die wirkliche Gefahr, nicht aus den Laboren«, warnt er. »Wir haben gegen natürliche Pandemien oder Terroranschläge nur dann eine Chance, wenn wir mit unserem Wissen heranbrandenden Katastrophen ein Stück voraus sind.«

Die beiden Marburger Virologen Stephan Becker und Hans-Dieter Klenk sehen das ähnlich. Becker leitet das Hochsicherheitslabor am Klinikum der Uni Marburg, Klenk ist dort Chef der Virologie und einer der führenden deutschen Grippeforscher. Beide sehen durchaus die Zweischneidigkeit der Versuche: hier die Gefahr des terroristischen Missbrauchs, dort die Chance, endlich die hohe Aggressivität der Viren zu verstehen und sie besser bekämpfen zu können.

Für Kekulé, Becker und Klenk ist dabei keineswegs ausgemacht, dass ein wieder belebter Grippeerreger von 1918 genauso verheerend wirkt. Damals förderten große Truppenansammlungen und miserable Hygienebedingungen das Massensterben. Vor allem hatten vermutlich besonders junge Menschen damals kaum eine natürliche Immunität gegen Grippeviren vom Typ H_1N_1, was die horrende Opferzahl in die-

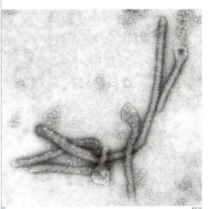

Mikrofotografische Aufnahme des Ebolavirus; wenn in den Medien aufgrund neuer Ausbrüche die Angst wächst, werden vormals als naiv titulierte Forscher als Helden präsentiert.

ser Altersgruppe erklären dürfte. Heute sind die meisten Menschen zumindest teilweise immun gegen diese Virusgruppe, sei es durch natürliche Grippeinfektionen, sei es durch Impfungen. Schützend hinzu kommen Antibiotika, die heftige Lungenentzündungen (oft mit bakterieller Beteiligung) bekämpfen helfen, und schließlich die modernen Grippemittel, die die Viren direkt angreifen. »Allerdings sollten wir uns keine Illusionen machen«, sagt Klenk. »Auch heute noch könnte eine Grippepandemie verheerend wirken.«

Klenk kennt übrigens die Proteste von Biowaffengegnern aus eigener Erfahrung, da er auch tödliche Marburg- und Ebolaviren erforscht. »Ich habe schon mehrfach zu hören bekommen, wir seien naive Wissenschaftler, die ungewollt Bioterroristen in die Hände arbeiten.« Er könne solche Sorgen sehr wohl verstehen, wisse aber auch, wie schnell die Stimmung drehe: »Immer wenn in den Medien die Angst wächst wegen neuer Ausbrüche von SARS oder Ebola, dann sind wir Naivlinge plötzlich gefragt als die schlauen Helden.«

16. Oktober 2003

siehe auch
- ABC-Waffen
- Gentechnologie
- Infektionskrankheiten
- Terrorismus
- Viren

Gustaf Gründgens
Schon zu Lebzeiten ein Mythos
Ein Nachruf auf den Schauspieler, der dem Theater neue Strahlkraft gab
Von Oscar Fritz Schuh

So, wie wir ihn auf der Höhe seiner Meisterschaft in den letzten Jahren erlebt haben, so war er im Grunde schon vor vierzig Jahren.
Das, was unsere Eltern an ihm bewunderten, seinen sprühenden Witz, die Eleganz der von ihm dargestellten Figuren, die Geistigkeit seiner Diktion, das hat er sich bis zum Schluss erhalten, und alle diese Prädikate, die ihm drei Generationen verliehen haben, beweisen im Grunde nichts anderes als die Unumstößlichkeit seiner inneren Natur. Der Prozess des Reifens hat diese Natur nicht umgestoßen. Von dorther sind auch seine große Ausstrahlung und seine immense Sicherheit zu erklären. Wir erlebten eine Natur, die ist, wie sie ist. Und wenn die beiden Weltkriege die deutsche Mentalität angeknackst und unsicher gemacht haben, so ist er als einer der wenigen unverändert und heil aus der Misere hervorgegangen.
Im Jahre 1925, als man ihn bei Erich Ziegel zum ersten Mal bewundern konnte, war bereits die große Magier von 1963 vorgebildet. Diese unumstößliche Natur wirkte hinein bis in die kleinsten Züge seines Wesens, auch in seine Launen, wie überhaupt die ganze Dialektik seines Daseins, diese Spannweite, die vom dienenden bis zum herrschenden Rang reichte, in der ersten Etappe seines Lebens zu erkennen war.
In den ersten Rollen seiner ersten Hamburger Zeit wurde bereits der Dialektiker sichtbar mit der schneidenden Kraft des Zerlegens. Er konnte eine Figur aus dem Zentrum spielen und hatte vom ersten Augenblick an, in dem er die Bühne betrat, den Abend für sich. Schon bei Erich Ziegel inszenierte er Offenbach, und auch diese erste Tat ließ den künftigen Meister der komödiantischen Musikbühne auf Anhieb erkennen.
Er trat dann in seinen ersten Berliner Jahren in Stücken auf, die signifikant waren

Gustaf Gründgens

für das, was man die besondere Strahlkraft der Zwanzigerjahre nannte. Und schon in kurzer Zeit hatte er sich eine Spitzenposition in Berlin erspielt.
Wenn man ein paar bestimmende Eindrücke der Zwanzigerjahre herausgreift, so wurde an ihnen sichtbar in gleichem Maße Glanz wie Gefährlichkeit dieser Epoche. Ein reicher Urkomödiant, aber zugeschnitten auf die besondere Mentalität dieser Jahre.
Er inszenierte dann in der Krolloper zum ersten Mal Werke der Musikbühne. Er begann mit einem Einakter-Abend, der Ravels »Spanische Stunde« mit Milhauds »Armen Matrosen« und mit »Angélique« von Ibert zu einem Theaterabend von faszinierendem Glanz vereinigte.
Unvergesslich die markante Ruhe der vier Figuren im »Armen Matrosen«. Weiß ge-

schminkt, maskenhaft starr, mit einem Minimum von Gebärden, waren sie in den Raum gestellt. An diesem Abend wurde das statische Theater der modernen Musikbühne geboren.

Erregtes und erregendes Theater fand statt, das man nicht vergessen wird
Kurze Zeit nachher holte er zu einem Geniestreich aus: »Figaros Hochzeit«, von Otto Klemperer dirigiert, von Teo Otto ausgestattet. Was man sah, war auf Anhieb verblüffend. Das Konditorei-Rokoko, das bisher alle »Figaro«-Inszenierungen bestimmt hatte, war von der Bühne weggefegt. Es stand ein leicht brüchiges spätes 18. Jahrhundert auf der Bühne, und man wusste sofort, hier wird das Revolutionslustspiel von Beaumarchais gegeben. In einem weißen, kahlen Abstellraum, in dem Kisten, Koffer, ein abmontierter eiserner Ofen herumstanden, in einem Domizil also für Domestiken bestimmt, hausten Figaro und seine Braut Susanne. Die Schiebebühne verwandelte diesen Raum für einige Szenen in einen Korridor, wo plötzlich das Duett Marcelline/Susanne einen überraschend plastischen Hintergrund fand. Im dritten Akt gabs nicht ein »Galafest bei der Madame Dubarry«, wie gewohnt, sondern die ländliche Bevölkerung eines Duodezfürstentums brachte unbeholfen, ungeschickt ein Ständchen. Basilio hatte in aller Eile den ländlichen Schönen ein Tänzchen und ein kleines Brautlied einstudiert. Und wie herrlich waren die Figuren in dieser Atmosphäre bewegt, mit einem Minimum an Gestik und einem Maximum an Intensität. Jede Figur war durchgezeichnet, als wenn es sich um lebendig gewordene Porträts aus dem 18. Jahrhundert handelte.
Kurze Zeit später inszenierte er »Die Hugenotten« in der Staatsoper. Man hatte geglaubt, Meyerbeer sei nicht zu inszenieren. Man war im Irrtum. Bilder von Delacroix waren auf der Bühne lebendig geworden. Erregtes und erregendes Theater fand statt, eine choreographische Gliederung der Szene, die man nicht vergessen wird. Und dann endlich, als beglückender Abschluss dieser Jahre: »Die Banditen«, die eigentlich den Ionesco in Offenbach antizipierten, die bezaubernde Unlogik der Operette bloßlegten, wo Absurdität mit Grazie gepaart ist.

In den Zeiten des Dritten Reiches, als er die Verantwortung für Deutschlands größte Bühne übernahm, hat er sich nichts geschenkt. Er hat eine Epoche durchgestanden ohne Kompromisse, als wollte er die Widersacher überzeugen, dass man auch durch eine blutige Epoche mit sauberen Händen hindurchgehen kann. Er hat sich

Gustaf Gründgens als Mephisto

die Fülle der Macht verschafft, um Existenzen zu retten, um Menschen in seinem Machtbereich vor dem Schlimmsten zu bewahren. Er hat die Spitzen des deutschen Theaters um sich geschart, so die Elite herüberrettend in eine neue Epoche.
Er war Hamlet und Mephisto, der Don Juan bei Grabbe und Richard II., und wo andere kapitulierten vor der schlechten Dramatik dieser Jahre, spielte er Paul Apels reizendes Traumstück »Hans Sonnenstößers Höllenfahrt«, tanzte und glitt als sein eigener Protagonist über die riesige Bühne des Schauspielhauses, was manchem Betrachter wie ein Tanz auf dem Vulkan vorkam.
Schon in den letzten Kriegsjahren blieb ihm keine Härte erspart. Er wurde nach dem Krieg von der Besatzungsmacht ver-

Gustaf Gründgens

haftet und eingesperrt, und es sah lange Zeit so aus, als würde man ihn nicht wiedersehen. Aber Freunde haben ihn gerettet. Er betrat wieder die Bühne, spielte Wedekind und Sternheim, schuf eine hinreißende Inszenierung der russischen Märchenkomödie »Der Schatten« und begegnete keinem Ressentiment, wo immer er eintrat. Er ging ins Rheinland, von wo er gekommen war. Er machte in Düsseldorf hervorragendes Theater und übernahm dann die Leitung des Deutschen Schauspielhauses in Hamburg, das er in den Rang der ersten Bühne Deutschlands erhob. Er versammelte ein Ensemble illustrer Persönlichkeiten um sich, er selbst schuf in seinen bedeutendsten Rollen nie zu verlierende Gestalten ersten Ranges.

Ihn mit dem Wort Virtuose zu belegen wäre billig, wenngleich der Glanz seiner Interpretationen dieses Prädikat nahe legt. Ein paar Sternstunden seines Hamburger Wirkens seien zusammengestellt: der »Faust«, in dem ihm die schlagende Interpretation unserer Epoche gelang, und zwar dadurch, dass er das Stück auf das Urbild des Shakespeare-Theaters reduzierte.

Unvergesslich seine Lustspielinszenierungen mit dem bestechenden Glanz komödiantischer Präzision, die Bewunderung für seine Musikalität.

Im letzten Jahr war er noch der Philipp in Schillers »Don Carlos«, der Philosoph, der große Einsame, der Mann, von dem man glauben konnte, dass er die Welt besitzt. Ein Theaterleiter von unheimlicher Souveränität, kühl, beherrscht, wo es sein musste, leidenschaftlich, dynamisch, wenn die Gesetze der Bühne es von ihm verlangten. Er war einer von der großen Garde. Die Strahlkraft des Theaters, die festliche Ereignisse immer noch zu schaffen vermag, ging von ihm aus, wann immer er mit der Bühne in Berührung kam. So wurde er bei Lebzeiten schon zum Mythos, zur Legende.

11. Oktober 1963

siehe auch
❖ Film
❖ Theater

Grundgesetz
Zugleich modern und angestaubt

Unsere Verfassung sollte die Schatten der Vergangenheit bannen. In Zukunft geht es darum, Katastrophen zu verhindern

Von Robert Leicht

Wann immer die Bonner Republik in Aufregung geriet und sich ihrer Kritiker, ja Gegner zu erwehren hatte, hieß es: Das Grundgesetz unseres Staates sei doch die beste Verfassung, die Deutschland je gehabt habe. Inzwischen gilt noch ein weiterer Superlativ: Es ist zugleich die Verfassung mit der längsten Geltungsdauer in der deutschen Geschichte.

Das Grundgesetz, das am 8. Mai 1949 – also vier Jahre nach der bedingungslosen Kapitulation des Hitler-Reiches – vom Parlamentarischen Rat beschlossen und am 23. Mai darauf von den Volksvertretungen der westdeutschen Länder (Bayern ausgenommen) in seiner Geltung bestätigt wurde (auch für Bayern), gilt nun seit 50 Jahren. Bismarcks Verfassung für das Deutsche Reich brachte es auf 47 Jahre – und die beste war sie auch nicht. Noch nie zuvor also haben die Deutschen so lange unter einer so guten Ordnung gelebt – aber selbst dieser doppelte Superlativ gilt nur für die Westdeutschen; die Ostdeutschen kamen erst 1990, per Beitritt, dazu. (Die Saarländer übrigens auch erst später, 1957 – auch per Beitritt.) Apropos Beitritt:

Der Mythos der damals verweigerten Verfassungsdebatte wird weiterleben – obwohl gerade das Volk der DDR den Beitritt wollte, und zwar so schnell wie möglich. Vor 50 Jahren also der zweite deutsche Anlauf zur Demokratie: Was lange währt, wird endlich gut. Aber was lange gut war, wird davon allein nicht besser. Das Verfassungsjubiläum, das von den Wirren des Kosovo überdeckt wird, müsste ein Anlass sein, beides zu sehen: die Stabilität des Grundgesetzes – und den Staub, den es inzwischen angesetzt hat. Damals, im Jahr 1949, war das Grundgesetz eine avantgardistische Verfassung – wie aber müsste es heute aussehen, wenn es seinen avantgardistischen Vorsprung wahren wollte?

Die ursprüngliche Modernität: Drei Elemente ließen das Grundgesetz seinerzeit als große Innovation erscheinen – ganz abgesehen davon, dass jede durchschnittliche demokratische Verfassung für Deutschland ein ungeheurer Sprung nach vorn gewesen wäre, zumal nach den Schrecken des »Dritten Reiches«. Das erste Element war die Vorordnung des Rechts vor alle Macht und Politik – verwirklicht darin,

Der Parlamentarische Rat bei der Verkündung des Grundgesetzes am 23. Mai 1949: der zweite deutsche Anlauf zur Demokratie

Grundgesetz

dass die Grundrechte nicht nur symbolisch an den Anfang der Verfassung gestellt wurden, sondern darüber hinaus von den bisher üblichen, bloßen Programmsätzen zu verbindlichem Recht gemacht wurden. Demgemäß hieß es schon im ersten Artikel: »Die nachfolgenden Grundrechte binden Gesetzgebung, vollziehende Gewalt und Rechtsprechung als unmittelbar geltendes Recht.«

Manfred Stolpe (links), 1990 bis 2002 Ministerpräsident von Brandenburg, und sein bayrischer Amtskollege Edmund Stoiber bei den Feierlichkeiten zum fünfzigjährigen Bestehen des Grundgesetzes

Das zweite innovative Element war ein realistischer Blick auf die demokratischen und parlamentarischen Prozesse. Die Parteien, bis dahin im bürgerlichen Vorurteil als eher anstößige, garstige Zirkel verachtet, bekamen einen anerkannten Platz im Vorraum der Verfassung zugewiesen: Sie sollten an der Willensbildung des Volkes »mitwirken«. Im Gegenzug wurde der zuvor erlebten eigensüchtigen (oder: kurzsichtigen) Verantwortungslosigkeit der Parteien ein neuartiger Riegel vorgeschoben: Es wurde ihren Abgeordneten und Fraktionen unmöglich gemacht, Regierungen ersatzlos im Stich zu lassen. Das ungewöhnliche Instrument des konstruktiven Misstrauensvotums sorgte für parlamentarische Stabilität – nach dem Motto: Wer einen Kanzler stürzen will, muss einen neuen stützen.

Und – drittes Element der Modernität – das Grundgesetz betrachtete die Souveränität der anfangs noch nicht einmal richtig souveränen Bundesrepublik keineswegs als Fetisch, sondern erklärte vielmehr die Eingliederung Deutschlands in internationale Zusammenschlüsse geradezu als Staatsräson – verbunden mit der Bereitschaft zum Hoheitsverzicht. Diese Bereitschaft zur transnationalen »Konföderierung« hatte gewiss auch mit den Erfahrungen der inneren Föderalisierung in der deutschen Staatsgeschichte zu tun. In beiden Dimensionen, in der inneren wie in der äußeren Bundesstaatlichkeit, ist die deutsche Verfassung schließlich zum Vorbild geworden.

Ist unser Verfassungsleben nicht schon zu starr geworden?

Gewiss ist ein Jubiläum noch kein Anlass zum vollständigen Neubau, zumal da sich das verfasste Gehäuse unserer Republik – siehe die beispiellose, durch manche Anpassung geförderte Dauer – durchaus bewährt hat. Aber unter dem Aspekt der relativen Modernität darf wenigstens in einem Gedankenspiel gefragt werden: Was muss getan werden, um die ursprünglichen Elemente dieser Modernität zu entstauben und zu aktualisieren? Und welche gänzlich neuen Streben lohnte es sich in dieses Gebäude einzuziehen?

Die ersten beiden der genannten Konstruktionsprinzipien kann man in folgender Tendenz zusammenfassen: Das Grundgesetz gab der materialen Verfassung Vorrang vor der formellen Verfassung, also dem überstaatlichen Recht vor der innerstaatlichen Prozedur. Und was die Prozeduren betrifft, rangierte Stabilität vor Flexibilität, wie denn auch die Bindung an das »Naturrecht« ihrerseits Stabilität gewährleisten sollte. Die erste Frage lautet daher: Ist unser Verfassungsleben nicht schon zu stabil geworden, zu sehr erstarrt im Rechtsmittel- und Rechtswegestaat? Haben die Parteien nicht schon längst die Bürgergesellschaft und ihre Zwischeninstanzen zu tief durchdrungen? Musste über die Höhe des Kindergeldes für Staatssekretäre wirklich das Bundesverfassungsgericht endzeitlich entscheiden? Durfte Karlsruhe wirklich in diesem Ausmaß zum Obergesetzgeber und politischen Schiedsrichter werden – und gemacht werden? In Wirklichkeit bräuchte die Politik längst mehr Spielraum für innovative Entscheidungen. Aber will sie diesen Spielraum überhaupt?

Auch in Zukunft lohnt es sich, für die repräsentative Demokratie zu streiten. Aber inzwischen ist das Kartell von Verordnungsdenken und Parteienstaatlichkeit derart gepanzert, dass es paradoxerweise schon einiger plebiszitärer Instrumente bedürfte, um die Verkrustungen aufzubrechen.

Und was den doppelten Föderalismus – nach innen wie nach außen – betrifft: Er braucht einen neuen politischen Impuls. Europa kann nur vorankommen, wenn es selber demokratisiert wird – und Deutschland nur, wenn sein Föderalismus wieder mehr Wettbewerb zulässt und wenn sein Kryptozentralismus aufgelockert wird.

Übrigens: Still geworden ist es um einen Ausschnitt aus dem verfassungsrechtlichen Diskurs, der vor Jahren noch eine große Bedeutung hatte – um die sozialen Grundrechte. In einer Epoche, in der ein grundlegender Umbau des Sozialstaates ansteht, diskutiert kaum jemand mehr über verfassungsrechtlich ausgeweitete Sozialstaatsgarantien – das Recht auf Arbeit, das Grundrecht auf Wohnung zum Beispiel. Wer dächte heute noch daran, den Staat mit solchen Versprechungen zu überfordern? Inzwischen gilt auch hier das Paradox: Weniger könnte vielleicht mehr sein.

Eine Verfassung kann keine säkularisierte Heilsordnung sein

In solchen kritischen Situationen erkennt man: Eine Verfassung kann keine säkularisierte Heilsordnung sein. Sie kann nicht rechtlich gewährleisten, was eine Gesellschaft zuvor nicht politisch, wirtschaftlich und sozial erarbeitet hat. Die Frage ist also: Wie viel Zukunft eröffnet die Realverfassung einer Gesellschaft – und wie viel Zukunft verbraucht eine Gesellschaft zulasten künftiger Generationen?

Was ist zum Beispiel aus der Grundgesetzbestimmung geworden, dass ein Staat sich nur in dem Maße neu verschulden darf, in dem er in die Zukunft investiert hat? Richard von Weizsäcker hat einmal den Umweltschutz als »Nachweltschutz« definiert – also als Handeln im Interesse der Nachgeborenen. Wie lässt sich eine Verfassung so modernisieren, dass sie die Zukunft »rechtsfähig« macht – ohne sie in neuen Paragraphen zu strangulieren?

Die Überlebensfähigkeit der modernen Demokratien hängt aber entscheidend von folgender Frage ab: Gelingt es, die jeweiligen Zeitgenossen dazu anzuhalten, für die Kosten ihrer eigenen Ansprüche hier und jetzt aufzukommen, anstatt sie im Wege einer Kreditkartenpolitik auf die nachwachsenden Generationen zu verlagern – sei es

Die Titelseite der ersten Ausgabe des Bundesgesetzblattes vom 23. Mai 1949 mit dem Wortlaut des Grundgesetzes; in den ersten 50 Jahren des Grundgesetzes war die Perspektive zunächst von der deutschen Vergangenheit und der Katastrophe der ersten Republik bestimmt.

als wachsende Staatsverschuldung, als verdorbene Umwelt oder als Abwälzung der Lasten der Altersversorgung in einem Generationenvertrag, dem es nur an einem fehlt: an künftigen, chancenreichen Generationen? Also nach dem Motto: Buy now, pay later – kaufe heute, bezahle morgen. Bisher ist dieses Problem noch nicht als

Grundgesetz

Frage der Verfassungspolitik erkannt worden. Aber von der Haushaltspolitik über die Sozialpolitik bis zur Technologie- und Umweltpolitik müsste diese Dimension in die Gesetzgebung eingebaut werden. Zum Beispiel dadurch, dass von Verfassung wegen festgelegt wird: Alle Entscheidungen und Gesetzentwürfe müssen von einem Gutachten über die voraussehbaren Zukunftswirkungen begleitet werden. Der dazu notwendige Sachverstand müsste von politisch unabhängigen Instanzen beigebracht und im Gesetzgebungsverfahren ausgewiesen werden. Und zwar nicht als neue Form der Regulierung in einer Zeit notwendiger Deregulierung – sondern als Element politischer Bewusstseinsbildung und Auseinandersetzung. Erste Ansätze dazu sind zwar schon diskutiert worden, aber in den Zeiten der Arbeitslosigkeit und des international verschärften Wettbewerbs erst einmal als scheinbar anachronistisch wieder beiseite geschoben worden. Trotzdem werden sich diese Fragen bald wieder neu aufdrängen.

Keine Verfassung kann eine vernünftige Politik ersetzen. Aber Verfassungen können der Politik eine Perspektive geben. In den ersten 50 Jahren des Grundgesetzes war die Perspektive zunächst von der deutschen Vergangenheit und der Katastrophe der ersten Republik bestimmt: Niemals wieder ... In den zweiten 50 Jahren wird es darum gehen, künftigen Katastrophen vorzubeugen. Zum Jubiläum also: ein Perspektivenwechsel!   *12. Mai 1999*

siehe auch
❖ Deutschland
❖ Recht
❖ Verfassung

Gruppe 47
Weihrauch und Schwefeldampf in Saulgau

Drei Tage lang berieten Leute, die Verschiedenes wollen, über die werdende Literatur in Deutschland

Von Dieter E. Zimmer

Über die Gruppe 47 ist im letzten Jahr viel geredet worden – zu viel. Zum Teil hatte es unerhebliche Gründe: Es war ein Jubiläumsjahr, Glück- und Unglückswunschadressen wurden dargebracht, ein Almanach erschien, hier und da wurde die verstrichene Zeit mit Diplom- und Doktorarbeiten quittiert.

Anderes wirkte nachhaltiger: das Manifest, anlässlich der Spiegel-Aktion vor einem Jahr von einigen Teilnehmern an der Berliner Gruppentagung (und vielen anderen) aufgesetzt und unterzeichnet, das dank einiger missverständlicher Formulierungen »die Gruppe« in den Ruf brachte, eine Verschwörung von Landesverrätern zu sein; der »Fall Schnurre«, mit dem die Gruppe nichts zu schaffen hatte und der doch dazu führte, dass an den Rundfunkanstalten ernstlich nach geheimen Einflüssen des linksintellektuellen Gruppengeistes gefahndet wurde; das Wort von der »geheimen Reichsschrifttumskammer«, mit dem der CDU-Politiker Josef-Hermann Dufhues bekundete, mit wie viel feindseligem Misstrauen und wie geringen Kenntnissen die Regierungspartei dem literarischen Leben in Deutschland gegenübersteht, und das auch ein gerichtlicher Vergleich nicht aus der Welt genommen hat; oder die Rache- und Morddrohungen, die eine langjährige Teilnehmerin an den Gruppentagungen, Ruth Rehmann, erhielt, weil sie in einem in der Süddeutschen Zeitung veröffentlichten Prosastück das Veteranenwesen nicht eben ehrfurchtsvoll verklärt hatte.

Auf solche Art wurde die Dämonisierung der Gruppe betrieben. Nicht sie spielte sich hoch, das besorgten ihre Feinde. Es fällt nicht schwer vorauszusagen, was eine demoskopische Untersuchung heute über ihre Geltung ermitteln würde: nämlich dass sie eine staatszersetzende (und, in bundesdeutscher Logik, folglich kryptokommunistische) Organisation sei, eine Art von Racket, das einigen Auserwählten Protektion gewährt, dem ahnungslosen Leser seine Lektüre aufzwingt und Verlage und Redaktionen unterwandert – oder aber, dass es sich um eine Gemeinschaft von Auserwählten handele, einen Musenhain, in den aufgenommen zu werden höchste Ehre und eine Bürgschaft für ewigen Ruhm bedeutet.

Es ist ein Nimbus von Missverständnissen, der die Gruppe heute umhüllt, und wozu er führt, zeigte sich, am Rande, auch auf ihrer diesjährigen Tagung im schwäbischen Saulgau. Im Lokalblatt, der Schwäbischen

Heinrich Böll (links) mit Ilse Aichinger und Günter Eich, ebenfalls Mitglieder der Gruppe 47

Zeitung, fielen Worte wie »Schriftsteller-Olymp« und »erlauchter Kreis«, und um die Wirkung der Gruppe zu verdeutlichen, griff der Autor des Artikels zu biblischen Bildern: Weihrauch und Schwefeldampf. Und auf der anderen Seite erregten sich einige Saulgauer Gemeinderäte (»Männer, die wohl nie ein Buch in der Hand gehabt haben«, wie ein Einheimischer sagte) am Stammtisch darüber, dass ausgerechnet ihr sauberer und frommer Ort Männern wie Böll und Hochhuth (von denen der eine nicht da war, der andere nie das Mindeste mit der Gruppe 47 zu tun hatte) Herberge gewähren sollte. Bezeichnenderweise wuchs sich dieser Umstand innerhalb der Gruppe zu dem Gerücht aus, Gemeinderat, Lehrer und Pfarrer hätten darauf gedrungen, die »Kommunistenbande« zu vertreiben. Die Wahrheit über die Zustände in Deutschland liegt weniger im Inhalt solcher Behauptungen; sie liegt in dem nahezu reflexhaften Prozess der Umdeutung, diesem Mechanismus der Unvernunft.

Saulgau erreicht man auf dem Verkleinerungsweg – die Bahnhöfe werden immer winziger, die Aufenthalte immer länger. Das Hotel, das die hundert Schriftsteller, Fast-Schriftsteller, Kritiker, Literaturprofessoren, Verleger und Journalisten aufnahm, die Hans Werner Richter einer Einladung für würdig befunden hatte, war ehemals eine Relaisstation der Thurn-und-Taxis'schen Post zwischen Stuttgart und dem Bodensee. Die Trinksprüche der reichhaltigen Weinkarte waren unter Schweiß gereimt worden. Über dem Sessel, auf dem die Lesenden Platz nahmen, hing das Ölporträt eines Mannes mit Adenauer-Physiognomie (»Magnus Kleber ex Riedlingen, 1756«).

Die meisten Anreisenden hatten einen weiten Weg; sie kamen aus Helsinki, Stockholm und dem Oslofjord, aus Boston, Procida, La Spezia – und die Weite des Wegs, den die deutschen Schriftsteller heute haben, um zusammenzukommen (mit anderen Worten: das Fehlen einer literarischen Kapitale), ist einer der Gründe dafür, dass die Gruppe 47, allen Prophezeiungen zum Trotz, weiter bestanden hat und weiter bestehen wird. Träfe man sich ohnehin alle Tage, so wäre sie überflüssig. Einige Schriftsteller aus der DDR waren eingeladen worden: Johannes Bobrowski, Peter Huchel, Christa Reinig, Günter Kunert, Manfred Bieler. Die Ausreisegenehmigung sollte nur Bobrowski erhalten, der Preisträger des letzten Jahres, und nur unter der Bedingung, dass eine Delegation ihn begleite. Im letzten Augenblick dann ließ man ihn doch alleine fahren; nur ein Herr M. W. Schulz aus Leipzig begleitete ihn und las selber aus einem robusten Kriegsroman, der ihm wenig Beifall eintrug.

Der Schriftsteller liest aus seinem Werk und hört die Meinung anderer

Eine Seuche muss unter den Russen ausgebrochen sein. Von den Schriftstellern, die eingeladen waren (unter ihnen Wosnessenski und Bella Achmadulina), kam, angeblich wegen plötzlicher Erkrankung, niemand; nur zwei der Funktionäre, die vorsichtshalber mit eingeladen worden waren, erschienen, begleitet von zwei Beamten der sowjetischen Botschaft. Ein Paket war bestellt worden, erhalten hatte man, so wurde gespottet, die Verpackung samt Bewachung.

Dichterlesungen gab es überall und allezeit: vorne der Meister, ihm gegenüber ein andächtiges Auditorium. Auch dass sich Dichter zu Gruppen, Schulen oder Zirkeln oder in Salons oder Kneipen zusammenfinden, ist seit langem üblich, und das kritische Gespräch über Literatur ist so alt wie diese selbst. Doch der Modus der Gruppe 47 dürfte etwas Neues und ganz und gar Einmaliges sein: Der Schriftsteller liest aus einem »work in progress« und hat schweigend anzuhören, was Kollegen und Kritiker zugunsten oder zuungunsten seines Textes vorzubringen haben. Schonung wird nicht geübt, und auch die ältesten Siebenundvierziger sind vor härtesten Urteilen nicht völlig sicher.

Es ist Hans Werner Richters gar nicht genug zu würdigendes Verdienst, dass er es verstanden hat, der Gruppe eine Art konstitutioneller Unbestimmtheit zu erhalten: dass er sie weder zerflattern ließ noch ihr eine zu straffe Organisation auferlegte. Weder handelt es sich um zwanglose Zusammenkünfte mehr oder weniger befreundeter Kollegen zu geselligem Geplausch noch um einen auf bestimmte Ideologien oder Ästhetiken eingeschworenen Verein mit Präsidenten, Schatzmeister, Sekretariat und Tagesordnungen. Die Mischung aus Caféhaus und literarischem Seminar, die die Gruppe heute ist, dürfte einzigartig sein – und umso erstaunlicher, als sie in einem Land verwirklicht wurde, das zwar nicht unbedingt die Ordnung, aber die Organisation liebt und in dem kein Kegelklub ohne ausführliche Statuten auskommt.

Daher auch die Schwierigkeit, die Gruppe 47 zu definieren; nur was sie alles nicht ist, lässt sich leicht sagen. Noch nicht einmal, wer zu ihr gehört, steht fest. Alle, die jemals an ihren Tagungen teilgenommen haben? Die immer wieder Eingeladenen? Die gerade Anwesenden? Unmöglich zu sagen. Ist Richter der Kern, so wird es um ihn herum schnell diffus und schließlich vollends unbestimmbar. »Ich weiß, wer dazugehört«, sagte er zum Schluss dieser Tagung.

Hans Werner Richter hat es verstanden, der Gruppe eine Art konstitutioneller Unbestimmtheit zu erhalten.

»Aber ich habe es noch nie gesagt und werde es niemals sagen.«
Im Unterschied zur letzten Tagung in Berlin, die verstört war durch Kubakrise und Spiegel-Affäre und Bedrohlicheres vor Augen hatte als Formulierungen von fragwürdiger Qualität, wurde in diesem Jahre drei Tage und Nächte lang ganz allein von Literatur gesprochen. Nicht über die SS-Grade im Verfassungsschutz, nicht über den Befehlsnotstand, nicht über den Regierungswechsel erhitzten sich die Geister, sondern über falsche Konjunktive, zweifelhafte Partizipialkonstruktion und Fragen wie: Lässt sich Banales durch Banales darstellen? Braucht es neue ästhetische Maßstäbe, um »statische« Prosa wie die von Peter Weiss oder Gisela Elsner zu beurteilen? Wo ist die Linie, die Literatur von bloßer Unterhaltung trennt – oder gibt es nur Unterhaltungsliteratur?
Fünfundzwanzig Autoren lasen, fünfzehn von ihnen zum ersten Male, nämlich: Hans Frick (so etwas wie eine Erzählung über deutsche Gräueltaten im Osten), Hubert Fichte (den Anfang seines Romans »Das Waisenhaus«), Kurt Sigel (Gedichte in verschiedenen Manieren), Erich Fried (Gedichte), Manfred Peter Hein (Gedichte), Hans Christoph Buch (eine breite ländliche Anekdote), Louis Jent (ein Romankapitel), der Finne Veijo Meri (Günter Grass las für ihn: den Anfang des Romans »Das Hanfseil«), Konrad Bayer (kurze Prosastücke aus seinem Roman »Der sechste Sinn«), Josef Janker (Uwe Johnson las für ihn die Erzählung »Der Hausfreund«), Uwe Fischer (eine bemühte Erzählung mit dem Titel »Analyse eines Selbstmords«), Max Walter Schulz aus der DDR (ein Kapitel aus seinem Kriegsroman »Wir sind nicht Staub und Wind«), Ulrich Becher (zwei Abschnitte aus seinem Roman »Das Herz auf der Stirn«), Christine Koschel (Lyrik) und Walter Alexander Bauer (zwei anscheinend interpunktionslose Prosastücke).
Nicht zum ersten Male lasen: Gabriele Wohmann (eine Erzählung, in der eine frustrierte Frau eine Nacht hindurch das D-Zug-Abteil mit einem Mörder teilt), Johannes Bobrowski (zwei Stücke lyrischer Prosa über das Thema »Fortgehen«), Rolf Haufs (aus seinem Roman »Das Dorf S.«), Hans Magnus Enzensberger (alte und neue Gedichte), Wolfgang Hildesheimer (aus seinem Roman »Tynset«), Gisela Elsner (aus ihrem als »Beitrag« bezeichneten Roman »Die Zwergriesen«), Peter Weiss (Moritaten und Monologe aus einem Drama um Marat und de Sade), Dieter Wellershoff (aus dem Hörspiel »Bau eine Laube«), Ruth Rehmann (aus einem Roman vom Veteranentum) und Helmut Heißenbüttel (Gedichte).

Von den Debütanten kamen nur wenige glimpflich davon

Von denen, die ihr Debüt gaben, kamen nur wenige (wie Hubert Fichte) glimpflich und nur zwei gut davon: Erich Fried (der freilich kein Anfänger ist und den entdeckt zu haben sich die Gruppe schwerlich zugute halten darf) und der Wiener Konrad Bayer. Zwar griff die Kritik, erfreut, nach manchem Tristen endlich einmal guten Gewissens lachen zu können, arg hoch (»Ich und Kosmos!« – »Kosmologie!« – »Anthropologie!«), und Ernst Bloch, zum ersten Mal Gast der Gruppe 47, der am Abend zuvor mit alttestamentlicher Geste ein Nichts von einer Geschichte auf den Kehricht gefegt hatte, bestätigte ausdrücklich, dass hier eine neue Form gefunden sei, von der die Philosophen etwas lernen könnten – aber eine kabarettistische Begabung vom Schlage Qualtingers, und vermutlich noch subtiler, ist der junge Konrad Bayer ohne Zweifel. Wie sich seine labyrinthischen Entwürfe gedruckt und im Zusammenhang ausnehmen, bleibt abzuwarten; eine originelle Sprechplatte aber gibt das zumindest.

Hans Magnus Enzensbergers frühe Gedichte wurden von Günter Grass als »Wörterbuchakrobatik« bezeichnet.

Und sonst? Gisela Elsner präsentierte sich (trotz falscher Konjunktivketten) als möglicherweise doch ernst zu nehmende Schriftstellerin. Man stritt sich darüber, ob in ihrer retardierenden Beschreibung einer Hochzeitsfeier die Form den Stoff verzehrt habe, ob sie mit erlesenen oder selbst erfundenen Techniken arbeite und ob es eine Schande sei, wenn Schriftsteller Stilmittel voneinander übernehmen (Sebastian Haffner: »Nur so entstehen doch literarische Epochen!«) – und man bemerkte nicht, dass Form und Stoff hier einander nicht gleichgültig gegenüberstanden, sondern beide bestimmt waren von einer einzigen und intensiven Stimmung: dem kalten Hass auf die erstarrten Lebensformen einer kleinlichen, stickigen Bürgerwelt, die sich aus ihrer Kläglichkeit noch nicht einmal mehr herauszuwünschen vermag.

Wolfgang Hildesheimers Roman: eine Ausweitung dessen, was er in seinen »Vergeblichen Aufzeichnungen« unternommen hat. Ein Bewusstsein steckt seine Grenzen ab, erschöpft seinen Raum, um dann – zu schweigen? Es bleibt abzuwarten, wie sich der Ernst des letzten Wortes mit der gefälligen, fast mondänen Eleganz dieser Prosa vertragen wird.

Dieter Wellershoff: drei monologisierende Stimmen, sehr leise, sehr diskret, einer gemeinsamen Vergangenheit gedenkend, die sich entzieht, darum immer wieder die Zurücknahme des so vorsichtig Gesagten.

Hans Magnus Enzensberger: Seine neuen Gedichte, von ihm selber deutlich von jenen früherer Stadien abgehoben (»Wörterbuchakrobatik« sagte Grass diesen nach), verbeißen sich in keine Polemik, scheuen Metaphern und Folgerungen, sagen oft »ich«, »ich sah«, »ich las«, nennen die Namen der Dinge, die Dinge beim Namen. Ein Dichter, der von seinen Meinungen, Erfahrungen und Wünschen nicht besessen ist, sondern sich vielmehr selber sieht, aus großer Distanz: »das besagt nichts« – »das ist möglich« – »es ist nicht schade um deinen Namen«.

Helmut Heißenbüttel: eine Lesung, die außerordentlich lehrreich war. Wer sie gehört hat, weiß in Zukunft, wie Heißenbüttel zu lesen ist – auf das Schweigen zwischen den Worten kommt es an. Günter Grass nannte ihn sogar und nicht zu Unrecht einen realistischen Lyriker, der dem Anschein entgegen durchaus zusammenhängende Texte böte, wenn auch in Bruchstücken.

Im Übrigen zeigte sich hier, wie sehr noch das kritische Instrumentarium fehlt, mit dem diese in einer »an sich selbst zweifelnden, verschwindenden Sprache« (Wellershoff) geschriebene Dichtung zuverlässig zu beurteilen wäre.

Entdeckungen, die einen Preis verdienten, waren nicht zu sehen

Und Peter Weiss: Er ist jedes Mal ein anderer. Wer geglaubt hatte, nach dem »Gespräch der drei Gehenden« würde er sich auf eine modellhafte Miniaturprosa der reinen Fantasie zubewegen, sah sich eines anderen belehrt. Sein neues Drama, das im April in Berlin uraufgeführt werden soll (der vorläufige Titel lautet: »Die Verfol-

Walter Höllerer, immer sachlich, immer bereit, auch notfalls als Erster zu sprechen

Gruppe 47

gung und Ermordung Jean-Paul Marats, dargestellt durch die Schauspielgruppe des Hospizes zu Charenton unter Anleitung des Herrn de Sade«), ist ein Historienstück im Moritatenton, die Französische Revolution und die Heraufkunft Napoleons aus der Irrenanstalt Charenton gesehen, eine Erörterung des Terrors, möglicherweise ein Thesenstück. Schriftsteller, die wie Weiss immer anders und immer voraus sind, sie bildeten die wahre Avantgarde, meinte Walter Höllerer – und nicht jene, die heute schreiben wie Weiss zur Zeit des »Schattens des Körpers des Kutschers«. Möglicherweise mehr noch als von Weiss' Lesung (und den Trommelrhythmen, mit denen er sie unterstrich) war das Publikum von dem atemberaubenden exegetischen Impromptu beeindruckt, zu dem sie Hans Mayer inspirierte.

Das waren die Höhepunkte. Entdeckungen, die eine Vergabe des Preises der Gruppe 47 gerechtfertigt hätten (er ist den noch wenig bekannten Autoren vorbehalten), waren nicht darunter. Die meisten Teilnehmer meinten, im Vergleich zu früheren Jahren sei das Ergebnis mager. Ein Eindruck, der wohl daher kam, dass das Niveau der Lesungen immer wieder jähe Baissen erlebte – und dass auch noch die anspruchslosesten Texte Fürsprecher fanden. Rein formale Kategorien bliesen sich da zu Werturteilen auf: »additives Prinzip«, »episch-dramatische Mischgattung«. Sodass Walter Jens schließlich die Geduld verlor; er denke nicht daran, seine chirurgischen Bestecke, die für eine Herz-Lungen-Operation vorgesehen seien, für die Entfernung eines Hühnerauges zu benutzen – solches waren seine Worte.

»Die Kritik« – wer ist das? Es ist ein Saal voller Statisten und ein paar Köpfe, die wunderbarerweise imstande sind, einen einmal gehörten Text, ein herausgebrochenes Stück aus einem größeren Kontext, sofort zu sezieren und zu wiegen.

Walter Höllerer: Immer sachlich, immer bereit, auch notfalls als Erster zu sprechen, niemals ausfällig, wiegt er das Gehörte im Sinn. Seine Lieblingsredensart, in der die Zustimmung über alle Bedenklichkeit triumphiert: »Ich glaube schon ...«

Walter Jens: Seine Lieblingsredensart ist »Was haben wir hier vor uns?«. So nimmt er Abstand, legt den Kopf schief, kneift die Augen zusammen, prüft, um zu einem »Immerhin ...« zu kommen oder zu einem »Nein, nein, nein«, das gleichzeitig aller Tollheit der Welt gilt.

Hans Mayer: So schnell wie er spricht keiner sonst, in diesen historischen Dimensionen denkt niemand. Ob er etwas gut findet oder nicht, weiß man oft nicht so recht – genug, dass er es einer gespannt lauschenden Versammlung als bedeutungsvolles geschichtliches Phänomen vor Augen führt.

Ivan Nagel: Er ist auf die »weltliche Nützlichkeit« (Martin Walser) des Gehörten bedacht. Was bringt es ein? Welche Moral verrät es? Und ist nicht auch schlechter Stil unmoralisch?

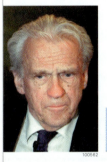

Walter Jens verlor die Geduld angesichts des schwachen Niveaus einiger Lesungen.

Marcel Reich-Ranicki: Auch in seinem leidenden Schweigen (und er schwieg viel in diesem Jahr) waltet er seines richterlichen Amtes.

Und von den kritisierenden Kollegen – Günter Grass: ungeheuer aufmerksam und immer vom handwerklichen Detail her argumentierend; Heinz von Cramer: zu leidenschaftlichem Widerspruch geneigt, immer einer Versammlung von Blockheads gegenüber und zuweilen, aber gerne, zu krassen Attributen hingerissen (»miserabel!«, »grandios!«); im Übrigen jemand, von dem man annimmt, dass ihn auch der Anblick eines natürlichen Bauern zu spöttischem Grimm reizen würde, so verabscheut er den Kult, der einst mit der Scholle getrieben wurde.

Die Kritik ist manchmal mörderisch

Hier also herrscht zuweilen ein rauer Ton. Manche Freunde der Gruppe haben nachzuweisen versucht, warum die Kritik, die viele der Lesenden über sich ergehen lassen müssen, schließlich doch nicht tödlich sei: Sie könnten sich damit trösten, dass sie falsch ausgewählt hätten, dass der Zusammenhang manches klären werde, dass die geneigten Hörer gerade nicht dabei gewesen seien.

Doch natürlich ist die Kritik manches Mal mörderisch. Gut für den Autor, der es dennoch nicht merkt. Ich habe sie sitzen sehen, unter sich, die Durchgefallenen, Geschlagenen, denen Prädikate wie Hörzu-Niveau, letzter Dreck (der Ausdruck, der fiel, war noch rüder), liederlicher Stil, Eklektizismus, Bedeutungslosigkeit, Skandal, prätentiöse Erbärmlichkeit zuteil wurden oder Urteile wie: »Vom Alphabetismus her kommt man da nicht mehr heran.« Sie saßen da, noch fahler als die angestrengten anderen, und suchten ihr Selbstbewusstsein wieder herzustellen: »R. hat mich aber doch freundlich angesehen«, »J. kann nicht richtig hingehört haben« ... Glücklich noch jene, deren Scheitern unmittelbar mit ihrem dicken Fell zusammenhängt oder mit ihrem von keiner Kritik erreichbaren Größenwahn.

Nicht, dass vor einer »Polizeiaufsicht« der Gruppe 47 gewarnt werden müsste – eine Gefahr für die deutsche Literatur, die Gefahr, dass hier zarte, wertvolle Reiser rücksichtslos zertreten werden, besteht wohl kaum. Die Kritiker huldigen keiner Standardmeinung, sie korrigieren sich gegenseitig, und was sich am Schluss, unter dem Strich, als Urteil ergibt, scheint selten ungerecht. Da es außerdem ungefähr das Urteil ist, das die betreffenden Autoren draußen, außerhalb der Klausur, in der freien Luft der Demokratie (die Günter Blöcker der Gruppe irrigerweise entgegenhalten zu müssen glaubte) zu gewärtigen haben – denn alle Spielarten der Kritik sind hier prototypisch vertreten –, können jene, an denen kein gutes Haar gelassen wurde, alle Hoffnung fahren lassen.

Warum aber kommen sie, warum begeben sie sich in Gefahr? Es ist eine Art von hypnotischem Effekt: Je strenger und schonungsloser die Kritik, desto größer die Herausforderung, desto verführerischer die Möglichkeit, man könne vielleicht doch vor ihr bestehen. »Manipulationen« (eine Worterfindung der Unselbstständigen) sind von der Gruppe nicht zu erwarten – dass sie dem Publikum mittelmäßige Begabungen aufnötigen könne, ist eine Legende, die ihre Gegner ersonnen haben. Aber wer vor ihr besteht, wird hoffen dürfen, auch vor dem anonymen Publikum zu bestehen; und wer vor ihr kneift, kneift vor den Ansprüchen seines Gewerbes. Darum begeben sich in Gefahr. Darum versenken sie die Einladungen nicht in den Papierkorb. Darum kommen sie.

Alles zugegeben: Dass die Schonungslosigkeit dieser mündlichen Kritik der Literatur selbst keinen Schaden tut, dass jede Rücksicht die Kritik wertlos machte, dass die Literatur kein Reich der Milde ist, dass jeder, der Geschriebenes der Öffentlichkeit aussetzt, auf alles gefasst zu sein hat – ich für mein Teil vermag Massaker nicht zu genießen, die eigentümliche Genugtuung, mit der manche Habitués der Gruppe vom »elektrischen Stuhl« sprechen, erfüllt mich mit Misstrauen, der hier verhängte Ausnahmezustand, in dem die Notwendigkeit der Aufrichtigkeit nicht mehr wie sonst gegen die Notwendigkeit des Taktes abgewogen zu werden braucht, ist mein Fall nicht. Je besser die gelesenen Texte, je subtiler die Kritik, desto sympathischer wird auch das Gruppenritual – aber sobald sich Unwille und Gereiztheit breit machen, sobald die Szene zum Tribunal wird, und in diesem Jahr wurde sie es immer und immer wieder, desto hartnäckiger stellte sich auch die Frage ein, wozu das grause Schauspiel wohl diene, wem noch mit allem diesem Aufwand ein Dienst erwiesen werde.

Drei Tage lang: ein ganzes Haus voll denkender Monomanen. Drei Tage lang: ein gut Teil der deutschen »Ausdruckswelt« unter einem Dach. Drei Tage lang: Leute, die Verschiedenes wollen, die sich wenig Freundlichkeiten zu sagen haben, die oftmals ganz und gar nicht liebenswürdig übereinander gesprochen und geschrieben haben, beraten über die werdende Literatur. Drei Tage lang: Leute, von ähnlichem Ausdruckszwang besessen, die das Jahr hindurch ins Vage und Anonyme hineinarbeiten, spielen sich mit Erfolg das erhoffte, das sonst nie fassbare Publikum vor. Leicht ist das nicht; imposant ist es schon.

8. November 1963

siehe auch
❖ deutsche Literatur
❖ Literaturkritik

Guantánamo

»Wir sind enorm stolz«

Im Gefangenenlager Guantánamo auf Kuba quetschen GIs Tag für Tag Häftlinge aus. Nun werden für sie Gerichte gebaut – im rechtsfreien Raum

Von Reiner Luyken

Generalmajor Geoffrey Miller, Kommandant der Häftlingskolonie Guantánamo, kneift die Augen zusammen und gibt den Satz zum Besten, mit dem er jede unliebsame Erkundigung abblockt: »Meine Einheit hat den Auftrag, feindliche Kombattanten zum Zwecke nachrichtendienstlicher Ermittlungen in Haft zu halten und dadurch einen Beitrag zum Sieg der USA und unserer Alliierten im fortdauernden globalen Krieg gegen den Terror zu leisten.« Zum zweiten Mal befragt, was er empfindet, wenn das Lager als »amerikanischer Gulag« (New York Times) bezeichnet wird, erwidert er, er sei »enorm stolz« auf den Beitrag seiner Truppe im globalen Krieg gegen den Terror. Zum dritten Mal aufgefordert, die immer noch offene Frage zu beantworten, erklärt er: »Ich bin ein professioneller Soldat. Ich erfülle meine Aufgabe im Einklang mit den Verfahrensregeln der amerikanischen Armee. Wir gewähren den feindlichen Kombattanten eine humane Behandlung.«

Guantánamos mit Fossilien übersäte Strände und kakteenbestandene Hügel wimmeln von exotischem Getier: Leguanen, Bananenratten, Truthahngeiern. Am Ostufer des seit 1903 von Kuba gepachteten Seehafens liegt eine amerikanische Kleinstadt mit Kindergärten, Schulen, Einkaufszentren, Tennisplätzen und einem Segelklub. Um die Enklave verläuft ein 28 Kilometer langer, mit Minenfeldern und Panzersperren gesicherter Zaun. Marineinfanterie patrouilliert auf der einen, Castros Grenzbrigade auf der anderen Seite. Nicht weit vor der Grenze dösen in einer Senke die leeren Gebäude von Camp X-Ray, dem mittlerweile aufgegebenen ersten Gefangenenlager, in dem Anfang 2002 die ersten aus Afghanistan eingeflogenen Taliban eingesperrt wurden. Die mit Sperrholzplatten abgedeckten Gitterkäfige sind von dichtem Gestrüpp überwachsen. In dem Gestrüpp leuchten orangegelbe Früchte, aus denen, wenn man sie aufdrückt, blutrote Kerne spritzen. Die Luft riecht modrig. Die Wachtürme, die Scheinwerfer, die Lautsprecher, die Entlausungsduschen – alles erinnert irgendwie an ein KZ. Ein Eindruck, den die charmante Offizierin der militärischen Presseabteilung gar nicht verwischen will. Die Besichtigung von Camp X-Ray soll verdeutlichen, wie sehr sich im neuen Camp Delta, wo die Häftlinge heute untergebracht sind, alles verbessert hat.

Die Offizierin hat eine Dreitagesvisite organisiert, bei der dem Reporter bis zu vier Aufpasser auf Schritt und Tritt folgen. Jede Unterhaltung wird überwacht, obwohl sämtliche Militärs ein intensives Medientraining absolviert haben. Ein Aufpasser interveniert sogar, als Brigadegeneral Mitchell LeClaire, Generalmajor Millers Stellvertreter, beim Dinner im feinen Bayview Club eine unvorsichtige Meinung zum Besten gibt. Der Brigadegeneral begnügt sich daraufhin mit leichterer Konversation, »der Verdauung wegen«.

Die Überwachung ist nicht nur Sicherheitsgründen geschuldet. Die offiziell verbreitete Wahrheit deckt sich nicht immer mit den Tatsachen. Generalmajor Miller betont beispielsweise, dass alle Häftlinge seines Lagers auf dem afghanischen Kriegsschauplatz (der schließt in seiner Version Pakistan ein) gefangen genommen worden seien. Zwei in England wohnhafte Iraker wurden jedoch aus Gambia verschleppt, eine Tatsache, die das britische Außenministerium nachdrücklich bestätigt. Festnahmen fern des Kriegsschauplatzes lassen sich jedoch nur schwer mit der politischen Rechtfertigung einer zeitlich unbeschränkten Haft in Guantánamo in Übereinstimmung bringen. Die skizziert

641

Guantánamo

Die brennenden Türme des World Trade Center: Werden im Krieg gegen den Terrorismus die Genfer Konventionen vernachlässigt?

William Taft, Rechtsberater des amerikanischen Außenministers Colin Powell, so: »Wir befinden uns im Krieg. Den im Kriegszustand geltenden Gesetzen, Konventionen und Bräuchen zufolge dürfen feindliche Kämpfer für die Dauer der Feindseligkeiten festgehalten werden. Das ist keine Strafaktion, sondern entspricht unserem Sicherheitsbedürfnis und militärischer Notwendigkeit.«
So in etwa steht es in der Genfer Konvention. Die legt aber auch fest, dass Gefangene nur Namen, Rang und Einheit preisgeben müssen. Jeder Zwang zu weiteren Aussagen ist ausdrücklich verboten. Offiziell erkennen die USA die Inhaftierten deshalb nicht als Kriegsgefangene an. Dennoch behauptet Oberstleutnant James Young, dem der Alltagsbetrieb in Camp Delta obliegt: »Wir übererfüllen die Auflagen der Konvention.«
Die Fahrt von der Hafenmole zu Camp Delta dauert eine knappe Viertelstunde. Sherwood Avenue, Kittery Beach Road, vorbei an einem feinen Villenviertel, über eine Anhöhe, dahinter eine Straßensperre, an der Soldaten die Zugangsberechtigung kontrollieren. Von außen sieht man einen langen, mit grünem Tuch verhängten Zaun, über den Dutzende zylindrischer Lüftungsschächte und etliche Wachtürme ragen. Dahinter die in der Sonne flirrende Karibische See.
Am Küchenbetrieb gibt es wenig auszusetzen. Die Krankenanstalt kann jemanden, der mit dem britischen Gesundheitssystem vertraut ist, mit Neid erfüllen. Zwanzig Betten, ein OP, ein Röntgensaal, Einrichtungen zur Physiotherapie und psychischen Behandlung, ein Zahnarztzimmer für maximal 1 000 Häftlinge. Die erhielten hier die beste medizinische Versorgung, die sie je erlebt haben, erklärt Stabsarzt John Edmonson. Sie seien »gesundheitlich generell in guter Verfassung«.

Trinkwasser und Klopapier gehören zu den »Komfortartikeln«

Warum aber unternahmen 21 Insassen insgesamt 34 Selbstmordversuche? Die Betreffenden, erwidert Edmonson kalt, versuchten vor allem, »ihre Umgebung zu manipulieren« – sprich: ihre Haftbedingungen zu erleichtern. Hatten die Versuche nichts mit Haftbedingungen und durch Verhöre hervorgerufener Belastung zu tun? Anpassungsschwierigkeiten und Verhöre, gesteht der Militärarzt ein, führten gelegentlich zu Angstzuständen und Schlaflosigkeit. Die Rate mentaler Funktionsstörungen liege bei den Gefangenen jedoch nicht höher als in der US-Bevölkerung, zwischen 12 und 15 Prozent. Spuren von Folter, auch psychischer Folter, schließt er aus.
Drei unter 16-jährige Kinder litten bei ihrer Einlieferung unter posttraumatischem Stress. Sie wurden in einem abseits gelegenen kleinen Haus untergebracht, mit Blick weit über das Meer, ohne Wachtürme, ohne Stacheldrahtrollen. Der Kommandant der exklusiven Jugendhaftanstalt war ein Reservist, im Zivilleben Mittelschullehrer, der von der »positiven Arbeit, die

wir hier leisteten«, schwärmt, von der »positiven Umgebung« und der »positiven Entwicklung der Kinder«. Sie wurden inzwischen entlassen.
88 Insassen kamen bislang wieder frei, einer wurde an Spanien ausgeliefert. Jeder Entlassung geht ein Gutachten von Generalmajor Miller an das Pentagon voraus, wonach der Betreffende nachrichtendienstlich »ausgeschöpft« sei und keine Bedrohung für die Sicherheitsinteressen der USA mehr darstelle. Ein von hier Freigekommener organisierte pakistanischen Angaben zufolge allerdings wenig später den Ausbruch von 41 Taliban aus einem Gefängnis in Kandahar. Ein Sprecher seiner Organisation kommentierte: »Einmal Taliban, immer Taliban.«
Anderen Häftlingen stehen Militärtribunale bevor. Zuvor muss der Oberste Gerichtshof entscheiden, ob Guantánamo amerikanisches Hoheitsgebiet ist. Die Regierung Bush argumentiert, Castros Kuba sei nach wie vor der eigentliche Souverän. Wenn die USA volle Hoheitsrechte besäßen, könnten die Lagerinsassen amerikanische Gerichte anrufen. Das will die Regierung verhindern. Militärtribunale, die den Angeklagten weniger Rechte einräumen, wären hinfällig. Schon jetzt arbeiten Schreiner und Maler bis in die Dunkelheit hinein an einem die Hafenbucht überblickenden Gebäude, das Schauplatz der Tribunale werden soll.
Um die 660 (die genauen Zahlen sind aus unerfindlichen Gründen geheim) Häftlinge 44 verschiedener Nationalitäten sitzen gegenwärtig in Camp Delta ein, manche seit zwei Jahren, andere seit zwei Monaten. Manche sind Teenager, der Älteste ist 70 Jahre alt. Das Gefängnis ist in vier Blöcke unterteilt. Nummer 3 ist der am striktesten geführte Hochsicherheitstrakt. Hier müssen die Insassen um alles betteln, sogar um Klopapier und Trinkwasser. In Block 1 und 2 gehört Wasser zu den »Komfortartikeln«, die als Anreiz zu Kooperationsbereitschaft bei Verhören und Unterwerfung unter die Gefängnisdisziplin dienen. Alle 30 Tage wird entschieden, ob sich ein Häftling für die Versetzung in ein »milderes« Regime qualifiziert.
In Block 4, einem »halb offenen« Komplex für besonders kooperative Häftlinge, sind kaltes Mineralwasser aus einer Eisbox und Klopapier frei zugänglich. Die etwa 100 hier Festgehaltenen dürfen weiße Kluft anstatt der orangefarbenen Standardkleidung amerikanischer Gefängnisse tragen. Sie bekommen ein Kopfkissen und Gebetsteppiche anstelle von Gebetsmatten aus Gummi. Sie sind statt in Einzelzellen in Schlafsälen untergebracht. Sieben, acht bärtige Männer sitzen unter einem Verandadach um einen Tisch, als wir uns nähern. Manche haben schulterlange Haare. Ihnen ist erlaubt, sieben bis acht Stunden am Tag außerhalb ihrer Schlafräume zuzubringen. Ein Soldat bedeutet ihnen, sich jetzt dorthin zurückzuziehen. Jeder Kontakt mit der Außenwelt ist verboten.
Die Türschlösser werden von einem dunkel verglasten Kontrollturm aus per Magnetsteuerung verriegelt. Jeder Schlafsaal

Zeitgenössisches Gemälde von der Unterzeichnung der »Genfer Konvention zur Verbesserung des Loses der verwundeten Soldaten der Armeen im Felde« am 22. August 1864 in Genf durch 16 Staaten

643

Guantánamo

wird von zwei in schwarzen Kugeln verborgenen Kameras überwacht; ein Soldat sitzt in einem abgetrennten Zwickel und beobachtet die Bilder auf Monitoren. Die Aufsicht mag übertrieben erscheinen. Aber man darf nicht vergessen, dass die Insassen nicht nur zufällig aufgelesene afghanische Bauern und Viehtreiber sind. Sie wurden (amerikanischen Angaben zufolge) aus 10 000 Verhafteten ausgesiebt und oft monatelang auf dem Luftwaffenstützpunkt Bagram nördlich von Kabul in einem grimmigen, noch aus sowjetischer Besatzungszeit stammenden Hangar ausgequetscht, bevor sie hierher kamen.

Das Regime in Block 4 folgt mit wenigen Ausnahmen den Auflagen der Genfer Konvention. Die Zustände in den anderen Lagerteilen sind dagegen ein Schandfleck für eine Nation, die für sich das Motto »Der Freiheit verpflichtet« – Guantánamos Wahlspruch – in Anspruch nimmt. Besuchern ist nur die Inspektion eines unbesetzten Zellenblocks erlaubt. Um hineinzugelangen, muss man sich durch vier Doppeltore schleusen lassen. Ein Soldat mit schweren, über die Schultern hängenden Ketten streift sich gerade grüne Latexhandschuhe über. Die Baracke besteht aus zwei durch einen Mittelgang getrennten Reihen von je 24 Zellen. Die Außenwände sind aus starkem Eisenprofil gefertigt, die Innenwände aus Stahlgitter. Alles lindgrün gestrichen, wie das Innere eines Frachtschiffs.

»Deine Kinder vermissen dich«, steht an der Käfigwand

Jede Zelle ist 2,40 Meter hoch, 2,40 Meter tief und 2,10 Meter breit. Ein fest verschweißtes Eisenbett, ein Waschbecken und ein in den Boden eingelassenes Hocklo aus Nirostastahl nehmen den größten Teil der Bodenfläche ein. Der Mittelgang wird ständig von vier bis sechs Soldaten abgeschritten. Die ganze Nacht hindurch brennen im Gang Neonröhren, draußen große Flutlichtstrahler. Zur »Freizeitbeschäftigung« werden je zwei Gefangene in Ketten in einen zwölf mal acht Meter großen Käfig am Ende des Blocks geführt. Zwei Plakate in arabischer Schrift, »Deine Kinder vermissen dich« und: »Dein Land wird wieder aufgebaut«, schmücken die Käfigwand. Zwei Stunden lang dauert der Auslauf. Dreimal in der Woche. Das sind sechs Stunden in sieben Tagen. Die Genfer Konvention verlangt eine »der den Soldaten der inhaftierenden Macht vergleichbare Unterbringung«. Das heißt: keine Käfighaltung, die, würde man sie Affen im Zoo angedeihen lassen, gegen das Tierschutzgesetz verstieße.

Vermutlich führen alle Kriege zu einer Entmenschlichung, die beide Seiten der Fähigkeit beraubt, sich in die Lage der anderen zu versetzen. Generalmajor Miller hat den Sinn dafür völlig verloren. Er weist die Vorstellung entrüstet zurück, dass die meisten Gefangenen in seinen Augen zwar fehlgeleitete, doch für ihre Sache einstehende, furchtlose Männer seien, nicht anders als Elitesoldaten der amerikanischen Streitkräfte: »Sie sind weder Soldaten, noch sind sie tapfer. Sie verteidigen nicht ihr Heimatland. Sie sind Terroristen, die unschuldige Menschen angreifen.«

Deshalb geht es in Ordnung, die Genfer Konvention systematisch zu verletzen? Miller klammert sich an seine vorgefertigten Formeln: »Die Vereinigten Staaten halten feindliche Kombattanten in dem fortdauernden globalen Krieg gegen den Terror entsprechend der Genfer Konvention in Haft, außer wenn militärische Notwendigkeit es anders diktiert. Wir sind enorm stolz auf unseren Haftbetrieb.« Er lächelt dünn. Dann wagt er sich aus seiner mentalen Wagenburg und sagt: »Niemand außer Amerika würde seine Feinde so behandeln.« *26. Februar 2004*

siehe auch
❖ Afghanistan
❖ Genfer Vereinbarungen
❖ Kriegsgefangene
❖ Kuba
❖ Terrorismus
❖ Vereinigte Staaten von Amerika
❖ Völkerrecht

Güterverkehr

Stau ohne Grenzen

Die Öffnung nach Osten sorgt für noch mehr Laster auf den Straßen.
Das europäische Bahnnetz ist zu alt, um den Autoverkehr zu entlasten

Von Klaus-Peter Schmid

Passau, die Stadt an Donau, Inn und Ilz, hat viel zu bieten: Altstadt, Bischofspalais, die größte Orgel der Welt, trutzige Festungsmauern. Und die »schwimmende Landstraße«. Zu entdecken ist das Unikum im Donauhafen. Da starten mehrmals in der Woche über hundert Meter lange Katamarane, bis zum Rand beladen mit Lkw-Trailern, gelegentlich auch mit Mähdreschern und fabrikneuen Autos der Marken BMW oder Mercedes. Fast 12 000 Fahrzeuge machten vergangenes Jahr so die Reise gen Osten. Endstation: der Hafen Vidin in Westbulgarien.

»Das ist das einzige derartige Modell, das in Europa funktioniert«, betont Joachim Zimmermann von den Bayerischen Landeshäfen. Und er vergisst nicht den Hinweis, das koste den Steuerzahler keinen Euro. Ein interessanter Weg in den Osten – aber mit Sicherheit nicht die Rettung vor dem Verkehrsinfarkt. Der droht, wenn das eintritt, was die Bundesregierung erwartet: Im Zuge der EU-Osterweiterung wird sich demnach der Güterverkehr mit Polen und Tschechien bis 2015 mindestens verdoppeln. Davon wäre Deutschland gleich zweifach betroffen: als klassisches Transitland und als privilegierter Handelspartner der Beitrittsländer. Die Volkswirtschaften des ehemaligen Ostblocks wachsen schnell, gleichzeitig blüht das Geschäft mit den Nachbarn. Heute betreibt die Bundesrepublik zwölf Prozent ihres Außenhandels mit ihren östlichen Nachbarn, und Handel schafft Verkehr.

Vor allem auf den Straßen. »Wenn die erwartete Zunahme der Gütertransporte auf der Straße landet, geht in einem Transitland wie Deutschland bald gar nichts mehr«, prophezeit Bahnchef Hartmut Mehdorn. Noch drastischer sagt es Karsten Zimmermann, Bahnexperte und Geschäftsführer der Boston Consulting Group: »In fünf bis zehn Jahren werden wir in den Verkehrskollaps hineinlaufen, und die durchschnittliche Geschwindigkeit auf der Straße wird rapide sinken.«

Nicht alle Fachleute malen die Zukunft so schwarz. So erklärt der Karlsruher Verkehrswissenschaftler Werner Rothengatter: »Es wird keine Verkehrslawine aus dem Osten auf uns zurollen.« Seine Begründung: Die große Expansion im grenzüberschreitenden Handel sei schon vor dem Beitritt realisiert worden; zudem würden auch die Länder Mittel- und Osteuropas zusammenwachsen, mehr Handel untereinander treiben und damit weniger nach Westen exportieren.

Dennoch: Das Stauproblem bleibt den Deutschen nicht erspart. Der Verkehrsexperte Stefan Rommerskirchen von der Beratungsgesellschaft Progtrans in Basel: »Es sind Kapazitätsengpässe zu erwarten. Und das nicht nur auf den großen Achsen, denn der Verkehr wird sich Schleichwege suchen.« Ganz ähnlich sieht es Professor Rothengatter: »Die Engpässe werden nicht im Grenzbereich entstehen, aber in den Ballungsräumen. Also nicht bei Frankfurt an der Oder, sondern um Ber-

Deutschland bleibt von Staus nicht verschont.

Güterverkehr

lin; nicht in Görlitz, sondern im Raum Dresden.«
Natürlich versichert die Bundesregierung, sie habe Vorsorge getroffen. Der im Juli 2003 beschlossene Bundesverkehrswegeplan nennt acht Schienenstrecken, die bis an die polnische oder tschechische Grenze ausgebaut werden sollen; dazu drei Autobahnabschnitte und zehn Bundesstraßen. In Einzelfällen, so die Bundesregierung, könnte bis 2015 die Kapazitätsauslastung auf diesen Transitstrecken 90 Prozent erreichen, aber nicht mehr. Daraus wird der kühne Schluss gezogen, es werde »mittel- bis langfristig keine verkehrlich bedingten Engpässe auf diesen Verkehrswegen geben«.

Die Deutsche Bahn wird so gut wie keine neuen Projekte angehen können
Doch der CDU-Abgeordnete Klaus Lippold warnt vor dem »Desaster, das in kurzer Zeit auf Deutschlands Straßen zukommen wird«. In der Tat könnte Stauentwarnung bestenfalls dann gegeben werden, wenn die zum Ausbau der prioritären Verkehrsprojekte nötigen Mittel tatsächlich zur Verfügung stünden. Danach sieht es nicht aus. Zurzeit ist vor allem von Verzögerungen bei Investitionen in die Verkehrsinfrastruktur die Rede. Als Folge von Mautpleite und Streichaktionen muss Verkehrsminister Manfred Stolpe im Haushaltsjahr 2004 auf 244 Millionen Euro verzichten, die Bahn wird so gut wie keine neuen Projekte angehen können. Von einer »Katastrophe für das Transitland Deutschland am Vortag der EU-Osterweiterung« spricht die Allianz pro Schiene. Gerade die Abkehr von der Schiene vervielfacht das Staurisiko. Noch ist die Situation in Europas Osten vergleichsweise günstig: Mehr als 40 Prozent des Gütertransports werden dort über die Schiene abgewickelt, im Vergleich zu den knapp 15 Prozent in Deutschland eine stolze Zahl. Aber der Lkw-Anteil wächst rasch. »Da passiert genau der gleiche Mist, der in Deutschland in den Sechzigerjahren passiert ist«, schimpft Hartmut Mehdorn. Auch die Osteuropäer entwickeln eine klare Präferenz für Autobahnen, die Verkehrsinvestitionen gehen konsequent in den Bau von Fernstraßen. So ist das Autobahnnetz in den vergangenen zehn Jahren um ein Drittel länger geworden; gleichzeitig schrumpfte das Schienennetz um sechs Prozent.
Das treibt Klaus Kremper um, den Chef der Bahn-Tochter Railion (früher DB Cargo). »Für Railion ist die Ost-West-Achse enorm wichtig«, versichert er. Er würde gern mehr vom Verkehrszuwachs auf die Schiene holen, ist dabei aber auf leistungsfähige Partner im Osten angewiesen. Und da sind offensichtlich Kundenfreundlichkeit, Qualität der Leistung und Pünktlichkeit noch verbesserungsfähig.
Zudem ist das Schienennetz im Osten Europas stark sanierungsbedürftig. In Polen ist immerhin die Hälfte des Netzes elektrifiziert, in Tschechien nicht einmal ein Drittel. Es fehlt an modernen Waggons, an leistungsfähigen Umschlagterminals. Nirgends haben die nationalen Bahnen Geld für eine gründliche Modernisierung. Also verlieren sie Marktanteile – und immer mehr Brummis aus dem Osten verstopfen Deutschlands Fernstraßen.

Hartmut Mehdorn ist wütend über die Situation in Osteuropa: »Da passiert genau der gleiche Mist, der in Deutschland in den Sechzigerjahren passiert ist.«

Hinderlich ist für den Schienenverkehr außerdem, dass jeder Grenzübertritt die Diskriminierung gegenüber der Straße deutlich macht. Brummis profitieren inzwischen von gut ausgebauten Übergängen, inzwischen entfielen auch die Zollkontrollen. Güterzüge dagegen absolvieren einen zeitraubenden Hindernislauf. Es fehlen Loks, die mit verschiedenen Stromsystemen funktionieren. Zwar plant die Deutsche Bahn den Einsatz einer Vier-System-Lok von Siemens. Aber das Exemplar kostet 2,5 Millionen Euro – für osteuropäische Bahnen praktisch unerschwinglich. Auch Signalsysteme und Sicherheitsstandards sind uneinheitlich, das Personal muss ausgetauscht werden. Im-

Güterverkehr

merhin dürfen deutsche Loks seit einigen Jahren ein Stück nach Tschechien hineinfahren.

Wenn die Fernstraßen verstopft sind, kommt der Verkehr auf die Schiene

Trotz dieser Probleme setzt Autobauer Audi gleichwohl auf die Schiene. Audi unterhält ein Motorenwerk im ungarischen Györ; dort wird zudem das Modell TT montiert. Woche für Woche fahren 36 Züge zwischen Ingolstadt und Györ hin und her, jeder Zug 650 Meter lang. In Richtung Osten gehen pro Jahr die Komponenten für 1,3 Millionen Motoren und bereits lackierte Karosserien für 32 000 Audi TT. Die fertigen Motoren und der überwiegende Teil der montierten Pkw gehen ebenfalls auf der Schiene nach Ingolstadt zurück, in keiner Phase des Austauschs wird die Straße belastet. »Umweltfreundlich und kostengünstig« sei der Transport, versichert Audi.

Auch VW nutzt die Bahn für den Materialverkehr zwischen Spanien und der Slowakei via Ingolstadt; täglich verkehrt je ein Zug in beide Richtungen zwischen Pamplona und Bratislava. Für Ikea und Quelle schickt Railion regelmäßig Möbelzüge von den Produktionsstätten in Polen gen Westen. Ziel der Lieferungen aus Poznań (Posen) und Iława (Deutsch Eylau) ist Leipzig. Das machte im vergangenen Jahr immerhin 439 Züge mit mehr als 8 800 Waggonladungen aus. Glaubt man Railion, dann sind dabei seine Kunden »dank des hohen Sicherheitsniveaus der Schienentransporte« auch einem erheblich geringeren Diebstahlrisiko ausgesetzt als auf der Straße.

Noch ein Lichtblick für die Bahn: die Maut. Karsten Zimmermann von der Boston Consulting: »Die Lkw-Maut könnte den Bahngüterverkehr attraktiv machen, sodass auch der Frachtverkehr aus dem Osten Europas verstärkt auf deutschen Schienen landen wird.« In Bahnkreisen ist sogar die Meinung zu hören, wenn die Fernstraßen auf den großen Ost-West-Achsen erst einmal verstopft seien, dann komme der Verkehr zwangsläufig auf die Schiene.

Egal jedoch, ob Schiene, Straße oder Wasserweg – der Finanzbedarf für Modernisierung und Ausbau der gesamten Verkehrswege in den Beitrittsländern ist gigantisch: Mindestens 90 Milliarden Euro, so schätzte

Egal jedoch, ob Schiene, Straße oder Wasserweg – der Finanzbedarf für Modernisierung und Ausbau der gesamten Verkehrswege in den Beitrittsländern ist gigantisch.

vor zwei Jahren das Institut für Wirtschaftsforschung Berlin (DIW), seien nötig, um beim Verkehrsnetz im Osten das EU-Niveau zu erreichen. Selbst wenn Brüssel und die europäischen Investitionsbanken (wie EBRD und EIB) diese Modernisierung mitfinanzieren, bleibt in aller Regel der größere Teil der Kosten an den Beitrittsländern hängen. In jedem Fall müssen sie die »Kofinanzierung« beisteuern. Manche Länder schaffen das einfach nicht und lassen die EU-Zuschüsse verfallen.

Selbst mit dem Rückgriff auf privates Kapital klappte es bisher nicht. In den Neunzigerjahren wurde eine ganze Reihe von Autobahnen geplant, die ganz oder teilweise privat finanziert werden sollten. Ungarn war Wegbereiter – und musste Lehrgeld zahlen. Die teils privat gebaute Autobahn M 1 zwischen Budapest und der österreichischen Grenze meldete 1999 Konkurs an und wurde voll renationalisiert. Gleiches passierte mangels Einnahmen Ende Januar mit der M 5 Budapest-Szeged. Sie ist für Ungarns Verkehrsstaatssekretär Imre Réthy »die wohl teuerste Autobahn Europas«.

29. April 2004

siehe auch
❖ Deutsche Bahn AG
❖ Deutschland
❖ Europäische Union
❖ Straßenverkehr
❖ Verkehrspolitik

Dag Hammarskjöld

Ein schwerer Schlag für die Welt

Der jähe Tod des Generalsekretärs gefährdet die Vereinten Nationen

Von Theo Sommer

Er starb, wie er gelebt hatte, sagte Bundestagspräsident Gerstenmaier über Dag Hammarskjöld: wie immer unterwegs, wie immer auf der Suche nach jenem stets gefährdeten Frieden, den er der Welt schon einige Male durch persönliche Furchtlosigkeit und geschickte Diplomatie gerettet hatte. Der Mann, der sich wie kein anderer als Sachwalter der ganzen Menschheit gefühlt hatte, wurde tot aus dem Wrack der Unglücksmaschine von Ndola geborgen. Ihre Trümmer aber begruben zugleich eine Welt von Hoffnungen, die sich an die Person des unerschrockenen Schweden geknüpft hatten.

Dag Hammarskjöld starb nicht nur viel zu früh, er starb auch zur Unzeit – in einem Augenblick nämlich, da sich der Ostblock

Dag Hammarskjöld

zu neuem Ansturm auf die Weltorganisation rüstet, deren übernationales Wesen und Wirken der Schwede als Generalsekretär seit 1953 verkörpert hatte. An ihm waren bisher alle Angriffe zerbrochen. Solange er da war (und seine Amtszeit, die zweite, lief noch bis 1963), so lange mussten auch die Moskauer Anschläge auf den Posten des Generalsekretärs fruchtlos bleiben.

Der Kremlherrscher hatte Hammarskjöld die Anerkennung entziehen, ihn unter Druck setzen und mit Dreck bewerfen können, eines jedoch konnte er nicht: Hammarskjöld aus seinem Amt drängen. Jetzt hat der Tod vermocht, was Chruschtschow versagt blieb. Die UN-Charta hat die Nachfolge des Generalsekretärs, sollte er noch während seiner Amtszeit sterben, nicht geregelt. In einem solchen Fall müssen Neuwahlen durchgeführt werden; kein anderer UN-Beamter kann automatisch nachrücken. Der Generalsekretär wird auf Vorschlag des Sicherheitsrates von der Vollversammlung ernannt; im Sicherheitsrat aber hat die Sowjetunion ein Vetorecht und kann damit jeden Beschluss verhindern, der ihr nicht genehm ist.

Eine Einzelperson als Generalsekretär ist der Sowjetunion jedoch nicht mehr genehm – das haben Chruschtschow und seine Vertreter seit einem Jahr wieder und wieder gesagt. Sie wollen keinen obersten UN-Beamten, der – laut Artikel 100 der Charta – bei der Erfüllung seiner Amtspflichten keine Weisungen von irgendeiner Regierung oder von irgendeiner Autorität außerhalb der Organisation einholen oder entgegennehmen darf; sie wollen mit dem Prinzip der Supranationalität und Universalität, das der gegenwärtigen Konstruktion des Generalsekretariats zugrunde liegt, überhaupt brechen. Daher ihr Troika-Vorschlag: Ein Dreiergremium soll an die Stelle des einen Generalsekretärs treten, zusammengesetzt aus je einem Vertreter des

Ostens, des Westens und der neutralen Welt. Jeder der drei besäße das Vetorecht und könnte damit den Exekutivapparat der Weltorganisation lahm legen, sodass das Amt des Generalsekretärs fortan zu der gleichen Ohnmacht verdammt wäre wie der Sicherheitsrat.

Das Fortbestehen der Vereinten Nationen steht auf dem Spiel

Bis zum vergangenen Wochenende hatte es den Anschein, als werde sich Chruschtschow nicht durchsetzen können – weil eben Hammarskjöld noch immer da war und weil die blockfreie Welt sich hinter ihn stellte. Doch jetzt ist Hammarskjöld tot, und jetzt liegt es in Chruschtschows Macht, eine Nachfolgeregelung zu verhindern. Wenn er keinen Einzelnen mehr als Generalsekretär haben will, der Westen und die Neutralen ihm indes sein Dreiergespann versagen – was dann? Dann sind langwierige Streitigkeiten zu erwarten, eine Krise, die ans Mark der Weltorganisation rühren wird.

Es liegt in Nikita Chruschtschows Macht, eine Nachfolgeregelung zu verhindern.

Dieses Problem überschattet denn auch die Mammuttagesordnung der Vollversammlung, die jetzt eröffnet worden ist. Mit ihren 95 Punkten birgt die Agenda ohnehin Sprengstoff genug.

Das Treffen des Weltforums wird diesmal gewiss minder spektakulär verlaufen als im Vorjahr, ohne den Redeschwall der Staatsoberhäupter und Regierungschefs, die sich vor zwölf Monaten im Glaspalast am East River ein Stelldichein gegeben hatten. Aber es wird an erbitterten Debatten nicht fehlen; an strittigen Fragen ist jedenfalls kein Mangel.

Eine Troika an der Spitze bedeutete die Lähmung der Weltorganisation

Da ist zunächst einmal die aktuelle Krise in Katanga, die zu grundsätzlichen Diskussionen über die friedensstiftende Rolle der UN und die Grenzen ihres Auftrags Anlass geben wird. Da sind ferner die »Evergreens« auf der Tagesordnung: Tibet und wohl auch Ungarn, Algerien und Angola – Kolonialismus und Antikolonialismus also. Und schließlich werden die Vertreter der 99 Nationen abermals über die Zulassung neuer Mitglieder zu entscheiden haben. Mauretanien und die Äußere Mongolei warten noch immer darauf; Sierra Leone und Tanganjika sind weitere Anwärter.

Ein anderer Dauerpunkt auf der UN-Tagesordnung, die Zulassung Rotchinas, steht gleichfalls wieder zur Diskussion. Zehn Jahre lang haben es die Vereinigten Staaten vermocht, die Behandlung der Chinafrage von Jahr zu Jahr zu vertagen. Inzwischen ist die Mehrheit für dies »Moratorium« geschwunden. Die Amerikaner haben daher ihre Taktik geändert: Jetzt wollen sie den ganzen Komplex einem Studienausschuss überweisen, der erst nächstes Jahr berichten soll. Ob sie damit Erfolg haben, bleibt abzuwarten; ohne Zweifel wird es ein endloses Feilschen geben. Zum guten Teil wird der Erfolg der US-Diplomaten davon abhängen, ob es ihnen gelingt, das Chinaproblem zu einer »substanziellen« Frage zu erheben, zu deren Entscheidung eine Zweidrittelmehrheit vonnöten ist, oder ob es als reine »Verfahrensfrage« behandelt wird, die mit einfacher Stimmenmehrheit entschieden werden kann.

Ein Hauptthema der Versammlung wird schließlich die Abrüstung sein. Hier haben die Amerikaner bereits die sowjetische Obstruktionstaktik bei der Genfer Konferenz

Dag Hammarskjöld

über die Einstellung der Atomversuche auf die Tagesordnung gesetzt, und Präsident Kennedy wird bei seinem Auftritt vor dem Weltforum auch das Problem der allgemeinen Abrüstung zur Sprache bringen – ein Problem, über dessen weitere Behandlung sich die Vertreter der USA und der UdSSR noch nicht einig geworden sind. In diesen Komplex gehört endlich auch noch das Thema Weltraumkontrolle.

Berlin und Deutschland werden zunächst nur in den Kulissen der UN eine Rolle spielen: in den Gesprächen zwischen Rusk und Gromyko. Ob sich die Vollversammlung am Ende in den Streit der Großmächte einschalten wird, ob die Vereinten Nationen gar an einer Lösung der Berlinkrise beteiligt werden – das lässt sich so lange nicht absehen, als die künftige organisatorische Gestalt der UN noch umkämpft ist. Eine gebrechliche Weltorganisation mit einer handlungsunfähigen Troika-Spitze als Garant oder Mitgarant des gefährdeten Berlin einzusetzen wäre kaum eine aussichtsreiche Lösung.

In der 16. Vollversammlung geht es indes um mehr als um einzelne Streitfragen. Es geht um das Überleben der Vereinten Nationen selber als dem Ansatz zu einer Welt, in der die Übereinstimmung der Mehrheit mehr gilt als die Macht der Rücksichtslosen. Dass die UN reformiert werden muss, steht außer Frage: Ihre Struktur, entworfen zu einer Zeit, da sie nur halb so viele Mitglieder zählte wie heute, muss erneuert, muss den Erwartungen und den gerechten Forderungen der aufsteigenden »Dritten Welt« angepasst werden. Das hat Hammarskjöld schon erkannt, und er hat selber noch Vorschläge dafür ausgearbeitet, die sich von denen mancher Neutralen kaum unterscheiden, die Chruschtschows Ideen aber diametral zuwiderlaufen.

Die Neutralen haben im vergangenen Herbst Dag Hammarskjöld gerettet. Heute ist es an ihnen, die UN zu retten. Sie sind es, die Chruschtschows Ansturm auf die Weltorganisation abwehren müssen. Ihr ureigenes Interesse steht dabei auf dem Spiel: Hier dürfen sie nicht ausweichen in ängstliche Unverbindlichkeit. Wenn Chruschtschow gestattet würde, die Vereinten Nationen zu zerschlagen, dann wäre auch die einzige Stätte zerstört, an der die neutralen Staaten ihre Stimme zu Gehör bringen und ihr weltpolitisches Gewicht in die Waagschalen von Ost und West werfen können. *22. September 1961*

siehe auch
❖ **Chruschtschow, Nikita**
❖ **Kennedy, John F.**
❖ **UN**

Georg Friedrich Händel

Blutig wie ein Steak

Seine Opern sind Festivalrenner – weil er sie schon für die Popwelt seiner Zeit komponierte und Erfolg damit hatte

Von Jens Jessen

Händels Musik ist nichts für Fakire der Ästhetik, die von der Kunst Dornen und glühende Kohlen erwarten. Händels Musik ist anstößig für Asketen wie ein blutiges Steak. Er verlangt weder Askese, noch belohnt er die Gelehrsamkeit; er versorgt selbst die Nichtsnutze und faulen Ohren zuverlässig mit einer dichten Folge von starken Eindrücken und Melodien, man könnte auch sagen: mit Hits. Selbst seine Opern, die über 200 Jahre verachtet und vergessen waren, lassen sich wieder aufführen. Händel ist ein Publikumsrenner an den Stadt- und Staatstheatern, allein drei Festivals leben in Deutschland nur von ihm – Halle, Karlsruhe und Göttingen.

Der Boom mag mit der Musiker- und Sängerkompetenz zusammenhängen, die die historische Aufführungspraxis hervorgebracht hat, aber angewiesen ist Händel nicht auf die Spezialisten der Alten Musik. Händel, den Bonvivant, der seine Instrumentalmusik für den Bordell- und Restaurantbetrieb von Vauxhall Gardens schrieb, muss man nicht unbedingt mit dem Müsliriegel dirigieren. Vielmehr sind die eleganten Renner der Londoner Saison von 1724 (»Giulio Cesare«) oder 1735 (»Alcina«) heute wieder Attraktionen im ursprünglichen Sinne, und zwar für Publikum und Regisseure gleichermaßen: für die Regisseure, weil sich die höfische Intrigenhandlung der Opera seria beliebig zertrümmern, parodieren oder mit Effekten überschmücken lässt wie zu Entstehungszeiten; und für das Publikum, weil diese Zertrümmerung oder Überladung mit Gags nichts auszurichten vermag gegen den robusten Magnetismus der Noten und das Virtuosentum, das sie von den Sängern verlangen. Bei Händel gibt es noch immer viel zu staunen.

Die Energie (Zeitgenossen sprachen vom Furor) seiner Arien ist so stark, dass sie mühelos am postmodernen Swimmingpool oder in ein Handy gesungen werden können, ohne dass sie entzaubert oder gar lächerlich würden; im Gegenteil scheint es nicht unplausibel, dass die Geschäftsleute und Sexstars unserer Tage, die die Regisseure gerne auf die Bühne stellen, sich in ihren Gefühlen, in Machtrausch, Wutausbrüchen und erotischer Gier just so unverhüllt, so rein und stark

Georg Friedrich Händel

und roh, vor allem so gänzlich unintellektuell, so ungebrochen und naiv verströmen wie die Helden, Könige, Monster und Magier in Händels Opern. Es ist dieses unverdünnte Leben in klaren, aber gerne auch kräftig bösen Farben, das an Shakespeare und die Soap-Opera gleichermaßen erinnert, an »Denver Clan«, »Dallas« und »Falcon Crest«.

Georg Friedrich Händel

Händel hat, was ihm die Verachtung späterer Generationen sicherte, für die Charts seiner Zeit komponiert. Namentlich die Opern waren ziemlich genau das, was man heute Pop nennt; nur noch nicht für ein Massenpublikum, obwohl es schon in manchen Londoner Händel-Premieren fanatisierte Stallburschen auf den Stehplätzen der Galerie gab, die der Leidenschaft ihrer Herrschaften nacheiferten. Einer von ihnen hat, als die berühmteste Sängerin der Zeit, Francesca Cuzzoni, zum ersten Mal in London auftrat, sogar das Bonmot der Saison geprägt; sie habe, so der Bursche, wohl ein Nest von Nachtigallen im Bauch. Die Cuzzoni war ein Superstar, der auch die Mode prägte, man kleidete sich und aß wie sie. Jahrzehnte später noch erinnerte man sich an das Kostüm in »Braun und Silber«, mit dem sie in der »Rodelinda« (1725) auftrat.

Wie für die Popwelt heute gab es eigene Zeitschriften, die sich vornehmlich mit Leben, Klatsch und Skandalen der Opernstars beschäftigten.

Händel-Denkmal in Halle (Saale): Händel sah das Problematische des Genres ganz genau.

Das war die Welt der Stars, für die das Publikum glühte; von den Kastraten ganz zu schweigen, den Senesino und Farinelli und Carestini, deren Eitelkeit, Trotz und Geldgier hinter heutigen Capricen der Medienwelt nicht zurückstanden. Sie waren die Michael Jacksons ihrer Tage, hoch begabte und (besser) operierte Zwitterwesen, und niemand wundere sich über ihren Ruhm, der das heutige Gender-Spiel der Popstars kennt. Nur einer freilich, der Komponist, so berühmt er auch werden konnte, spielte in dem Opernhype keine große Rolle; zumal es sich in London um private, heftig konkurrierende Unternehmungen auf Aktienbasis handelte, die Gewinn abwerfen sollten und das in Händels besten Jahren auch taten. Das moderne Äquivalent ist nicht die subventionierte Staatsoper, sondern der frei finanzierte Musicalbetrieb, der auch die Namen der Komponisten selten nennt, für den es um die Sänger geht, genauso aber um Ausstattung, Choreographie und Feuerwerk. Ähnlich ruhte die Opera seria auf den drei Säulen Sänger, Tanz und Special Effects.

Übrigens und nur nebenbei bemerkt für die Nörgler, die sich in der Opera seria an der schematischen Trennung von Handlung (im Rezitativ) und Gefühl (in den Arien) stoßen: Just auf dieser Trennung beruht das Musical, sogar das verfilmte, das in seinen Songs auch nur kommentiert, was gerade stattgefunden hat oder kommen wird. Anders als manche meinen, ist die Opera seria eben keine barocke Kuriosität, sondern ein prinzipielles Ausdrucksschema, das jederzeit wieder über uns kommen kann und im indischen Kino auch gekommen ist, wo der Held eben noch mit der Schwiegermama in der Küche gestritten hat (das Rezitativ), nun aber auf einer Bergwiese seinen Kummer heraussingt (die Arie).

War Händel zufrieden, stimmte er gleich ein großes Geschrei an

Während die Festspiele, gleich ob in Halle, Karlsruhe oder Göttingen, mit ihren gerne angegliederten Kongressen und ehrfürchtig bestaunten Ausgrabungen die Händel-Werke wie deutsche Autorenfilme behandeln, wurden sie unter den Bedingungen des Barock eher wie Hollywoodproduktionen realisiert: Viele redeten mit. War Händel zufrieden, stimmte er auch gleich ein großes Promotiongeschrei an. Werke, in denen er nur wenige Kompromisse eingehen musste, wie der »Tamerlano« oder, allen voran, der »Radamisto«, wurden von ihm in exklusiven Notendrucken zur Subskription der Kenner angeboten. Bei all den Wiederentdeckungen oder Neubewertungen ist daher Misstrauen angebracht: Händel selbst wusste genau, welches seine Hauptwerke waren. Einige davon sind im Repertoire wie »Julius Cäsar«, »Xerxes«, »Giustino«, »Imeneo«, andere werden wegen ihrer technischen Schwierigkeiten gescheut wie »Radamisto« oder »Orlando«, aber wenn »Il pastor fido« oder »Teseus« nicht aufgeführt werden, gibt es daran nichts zu beklagen, es sind Verlegenheitswerke oder bloße Pasticci eigener Werke. Noch ein anderes Missverständnis lebt in den Programmheften hartnäckig fort: dass erst die »Beggars Opera« von Pepusch und Gay 1727 die Heldenwelt der Opera seria parodierte (und damit erledigte). Händel selbst hat halb parodistische Opern geschrieben wie den späten »Xerxes« (1738) oder eine Vollparodie, den »Flavio« (1723), in dem die Handlung ihren Ausgang von einer Ohrfeige zwischen zwei Geheimräten nimmt. Händel sah das Problematische des Genres scharf, er wandte sich dem Oratorium zu und hat noch im Alter Gluck mit seinen Reformbemühungen neidlos unterstützt.

Die Opera seria lebte gleichwohl noch zwei Generationen weiter; Mozart hat das Genre bedient (mit »La clemenza di Tito« und dem großartigen »Idomeneo«) und selbst noch der Spötter Rossini (allem voran mit seinem ergreifenden »Tancredi«). Rossini hat den Nachgeborenen auch eine Theorie der Gattung hinterlassen: Nicht um mimetischen Realismus auf der Bühne gehe es der Opera seria, sondern darum, mithilfe der Arien im Kopf des Zuschauers die Gefühle der Helden toben zu lassen. Die romantische Propaganda des 19. Jahrhunderts ist darüber hinweggegangen, aber das Musical des 20. Jahrhunderts hat die Form wie von selbst wieder auferstehen lassen. Händel, selbst wenn man ihn nur als Komponisten unsterblicher Hits gelten lassen will, wird mit der Medienästhetik des 21. Jahrhunderts wenig Schwierigkeiten haben. Wer auf der CD von Song zu Song springt, benimmt sich nicht anders als der Opernbesucher des 18. Jahrhunderts, der auf die Highlights lauerte und dazwischen aß oder konversierte.

6. Mai 2004

siehe auch
❖ Barock
❖ Oper

Happenings

Der Happeningmann

Allan Kaprow ist Entdecker und Klassiker der neuen Kunst

Von Petra Kipphoff

Herr Erhard Ament aus Böblingen schrieb: »Bitte haben Sie die Freundlichkeit, mir mitzuteilen, wann das Besäufnis in Ihrer Redaktion zu Ende ist und wieder eine lesbare ZEIT erscheint.« Herr Wolfgang Suttner aus Netphen schrieb: »Nie ist mir die nur scheinbare Objektivität des fotografischen Bildes bewusster geworden. Nicht nur Text und Bild verhalten sich erstaunlich korruptiv zueinander, ja auch der jeweilige Kontext zum Artikel wird fast glaubhaft. Erstaunlich gut gelungen: das Medium zu seiner eigenen Kritik eingesetzt. Eine gute Idee.« Frau Brigitte Raschka aus Isernhagen schrieb: »Ich kann mich nicht entscheiden, ob bei mir das Lachen über den vorzüglichen Witz oder das Gruseln vor Manipulationsmöglichkeiten mit angeblich realistischen oder objektiven Fotos überwiegt.« Und so weiter und so weiter.

Nie gab es so viele Briefe, Telefonanrufe und andere Zurufe aller Arten von Lesern, Kollegen, Freunden, Feinden und selten eine solche Bandbreite zwischen hochkarätigen Invektiven und ebensolchem Beifall. Immer hatten und haben Leserbriefe den Artikel eines bestimmten Ressorts zum Thema, gelegentlich auch die ganze (politische) Richtung (die dem Schreiber dann in der Regel nicht passt). Aber dieses Mal, dieses eine Mal im April 1981, ging es, siehe Besäufnis, um das Ganze, um uns alle, die Zeitung von vorn bis hinten.

Was war geschehen? Drei Fotos (eine weibliche Putzkolonne, ein alter Mann auf einer Bank, ein Arzt bei der Autopsie) waren in den vier damals vorhandenen Ressorts zu irgendeinem Artikel gestellt worden, wie's gerade kam, hatten aber jedes Mal einen anderen, quasi zum Ressort passenden Bildtext. Das klang dann so. Unter der Aufnahme vom Mediziner am Seziertisch stand in der Politik: »Passen Tod und Politik zusammen? Teilnehmer einer internationalen Konferenz der Gerichtsmediziner gerieten letzte Woche im wahrscheinlich ersten ideologischen Streit über die Autopsie und Organaufbewahrung zu Verpflanzungs- und Studienzwecken aneinander ...« Im Ressort Wirtschaft war zu lesen: »Die moderne Leichenhalle: eine internationale Angelegenheit. Aus vierzehn verschiedenen Ländern stammt die Technologie ..., mit deren Hilfe der Tod und seine Ausstattung bald an der Börse verzeichnet werden können.« Aus den Tiefen des Feuilletons klang es so: »Gibt es ein Leben nach dem Tod? Die religiöse Suche nach den existenziellen Werten der ausübenden Mediziner zerstört eine Arztkarriere in dieser Szene eines Klassikers aus der Horrorfilmsparte der Zwanzigerjahre ...« Schließlich der Sound des modernen Lebens: »Autopsie in einem Leichenhaus. In unserem Beruf erhalten wir eine ebenso qualifizierte Ausbildung wie die Chirurgen. Das ist ein wissenschaftliches Laboratorium. Unsere Arbeit trägt zum Verständnis des Todes bei, aber auch des Lebens.«

Idee, Bildauswahl und Texte für diese unsere Sondernummer waren von Allan Kaprow, dem amerikanischen Künstler, der mit dem Terminus »Happening« in die Kunstgeschichte eingegangen ist. Die Einflugschneise für diese Aktion zur Verwirrung, Erheiterung, Verärgerung und schlussendlichen Aufklärung der Leser lag natürlich im Feuilleton, wo sonst. Wir erzählen diese Geschichte für uns und für alle, die damals nicht dabei waren, natürlich vor allem, um uns zu berühmen und weil es das wohl spektakulärste und gewiss schönste ZEIT-Ereignis war. Ever.

Wir erzählen sie aber auch, weil sie ein exzellentes Beispiel ist für das Genre Happening, von dem die meisten eine eher nebulöse Vorstellung haben, zu Recht, denn definieren lässt sich da wenig. Nicht zu

Happenings

Nach der Begegnung mit John Cage (Foto) fand am 4. Oktober 1959 in der New Yorker Reuben Gallery jene Veranstaltung statt, die als Geburtsstunde des Happenings gilt.

Recht aber wird das Wort oft dann gern verwendet, wenn von irgendeinem Chaos oder Kuddelmuddel, einem Kuriosum oder Affront mit Kunstvorbehalt die Rede ist. Inneres Kopfschütteln inklusive. Was soll das??!! In Kaprows eigener Formulierung liegt der Sinn des Happenings darin, »Gewohnheiten durch die Lust an der Entdeckung und dem Experiment zu ersetzen«. Der Leser, der sich durch Kaprows Verwirrspiel »vergackeiert« fühlte (Peter Scheiner, Biberachzell), hatte Recht im Zusammenhang seiner gewohnten Erwartung. Aber weil er dabei blieb, nicht bereit war, etwas zu entdecken, konnte er auch nichts gewinnen, nicht durch den Spaß an der Turbulenz hindurch zur Einsicht gelangen, dass er wahrscheinlich sehr oft »vergackeiert« wird – aber ohne es zu merken und zu seinem höchstpersönlichen Nachteil.

Er inszenierte die neue Freiheit der Kunst des Alltäglichen

Allan Kaprow, der am 20. August 1927 in Atlantic City, New Jersey, geboren wurde, studierte bei Hans Hofmann Malerei, hörte Kunstgeschichte bei Meyer Schapiro, Philosophie bei Albert Hofstadter und schrieb 1952 eine Dissertation über Mondrian. Als Künstler begann er mit abstraktexpressionistischen Bildern, erkannte dann aber, wie er 1958 in einem späten, bewegenden Nachruf auf Jackson Pollock schrieb, dass durch Pollocks raumgreifende Malerei der Spielraum der Kunst ein anderer geworden war. »Pollock ... hat uns an dem Punkt verlassen, wo wir uns öffnen müssen, zur Not auch verwirren lassen müssen, vom Raum und den Gegenständen des täglichen Lebens, seien es nun unsere Körper, Kleider, Zimmer oder auch die Weite der 42. Straße. Da die Farbe allein für die Artikulation aller unserer Sinne nicht mehr genügen kann, werden wir die spezifischen Eigenarten des Blicks, des Klangs, der Bewegungen, der Leute, der Gerüche, der Berührung nutzen.« Wie altbacken sehen dagegen die Disteln aus, die im Jahr 1997 von Künstlerhand für die documenta X zwischen den verrotteten Gleisen des Bahnhofs von Kassel gepflanzt wurden!

Im Jahr 1956 macht Kaprow erste »action collages«, aus allen möglichen Materialien, Licht und Tönen. Environments, in denen ganze Räume mit Stroh, Stoff, Spiegeln, Gerüchen und Tönen gefüllt waren, entstanden 1958. Schließlich und nach der Begegnung mit John Cage fand am 4. Oktober 1959 in der New Yorker Reuben Gallery jene Veranstaltung statt, mit der die Geburt des Happenings datiert: Während der »18 Happenings in six parts« mussten sich jeweils sechs Besucher in der mit durchsichtiger Gaze in drei Räume unterteilten Galerie in einem strikten Minutenprogramm bewegen, während zwei weitere Teilnehmer (einmal waren es Jasper Johns und Robert Rauschenberg) eine Leinwand von beiden Seiten bemalten. Allan Kaprow, der hier als junger Ikonoklast die neue Freiheit der Kunst des Alltäglichen noch sehr rigide inszenierte, hat zwar immer nach dem Leipziger Motto »Keine Gewalt« gehandelt, wurde nie handgreiflich.

Aber in späteren Jahren haben seine Aktionen doch an Witz, Weite und Weisheit gewonnen, nahmen schließlich auch gelegentlich den etwas heiklen Charakter von

Happenings

Séancen an. Ob er mit Studenten der Cornell University ein leicht schauriges Ritual mit verteilten Geschlechterrollen und der finalen Verbrennung eines Autowracks auf einer Müllhalde inszenierte oder neben der Berliner Mauer eine »Süße Mauer« (statt Fugen Marmeladenbrote) baute oder in Los Angeles, dem Himmel der Vergänglichkeit, Hausstrukturen aus Eis errichtete: Immer geht es um eine Kunst, die veränderbar ist, nicht fertig wird. Und vor allem auch: nicht überleben wird.

Aber da Allan Kaprow ein seriöser Clown ist, das heißt auch ein Herr und ein Pädagoge, gibt es, jenseits des lauten Klamauks oder stillen Irrsinns, immer etwas zu erfahren, zu lernen, einzusehen. Jeder kann sich also sein eigenes Museumswerk anschaffen. Change, der Wandel, der sich im Englischen von chance, dem Zufall, nur durch einen Buchstaben unterscheidet, ist für Kaprow nicht zufällig das dominierende Element seiner Arbeit geworden. Und das »Verwischen der Grenzen zwischen Kunst und Leben« die vielleicht einzige Parole, die man zur Ideologie des Happenings nobilitieren könnte. Allan Kaprow, Entdecker, Formulierer und Klassiker dieser Kunst in einer Person, hat konsequenterweise nie einen großen Kunstpreis erhalten.

Wie die Tragödie, schrieb Susan Sontag 1962, als alles erst so richtig durcheinander geriet, so brauche auch die Komödie einen Sündenbock, um dann festzustellen: Im »Happening ist das Publikum der Sündenbock«. Für die ZEIT-Redaktion, die Sündenbock war und Sündenböcke produzieren half, bedeutete die Aktion von Allan Kaprow, sein Vorschlag auf die Einladung zu einer Mitarbeit, harte Arbeit und hohe Freude. Und obwohl Pfingsten vorbei und Weihnachten noch fern ist, dürfen wir die ZEIT-Dokumentation mit einem Zitat von damals als Wort zum Sonntag für jetzt und später bemühen: »Vielleicht kann sich der

Susan Sontag schrieb, auch die Komödie brauche einen Sündenbock.

eine oder andere Leser, der sich in höheren oder tieferen Körperregionen beleidigt fühlt, doch noch mit dem Gedanken vertraut machen, dass diese Aktion nicht der Irreführung, sondern der Aufklärung über die alltägliche Irreführung galt und dass eine Zeitung, die so etwas publiziert, nicht nur den Lesern etwas zumutet, sondern sich auch selber exponiert, indem sie den Leser auffordert, in Zukunft schärfer hinzuschauen – auch bei der ZEIT.«

22. August 1997

siehe auch
✧ Cage, John
✧ Kaprow, Allan
✧ Vereinigte Staaten von Amerika, Kunst

Hausbesetzung
Stadt zwischen Grün und Rot

Der schwierige Weg zum inneren Frieden: Die Hausbesetzer machen dem
Senat in Westberlin zu schaffen

Von Dieter Buhl

Die Polizeiberichte verkünden: Beruhigung der Lage. Die letzten Demonstrationen sind ohne Schlägereien und Brandstiftungen abgegangen, ohne Steinwürfe und Plünderungen. Berlin kann aufatmen. Im milden Altweibersommer präsentiert sich die Stadt ihren Bürgern und Gästen wieder so, wie die Werbung sie seit langem mit einiger Berechtigung verkauft: als eine Metropole, die ihre ganz besonderen Probleme hat, aber dennoch die lebendigste, weltoffenste, anregendste Gemeinde Deutschlands geblieben ist.

Die Berichte von den Kämpfen zwischen der Polizei und militanten Jugendgruppen haben einige Stadtviertel über Berlins Grenzen hinaus bekannt gemacht: den Winterfeldtplatz, wo Autowracks und der von brennenden Barrikaden gewellte Asphalt an vergangene Straßenschlachten erinnern; die Potsdamer Straße, wo die Schaufenster ganzer Häuserzeilen mit Brettern vernagelt sind und die Mahnwachen für den umgekommenen Jugendlichen Klaus-Jürgen Rattay einen Teil der Fahrbahn blockieren; und natürlich Kreuzberg, wo schon so oft »Randale« war.

Verwüstungen in westlichen Großstädten gehören längst zum gewohnten Nachrichtenbild.

Wir kennen sie seit Anfang der Sechzigerjahre aus Harlem und Watts, seit Ende desselben Jahrzehnts aus Londonderry und Belfast, seit kurzem aus Brixton und Liverpool und Zürich. Nun droht Berlin zum Lieferanten der Krawallphotos zu werden. Aber wo herrscht hier die existenzielle Not, die in Amerika die Schwarzen, in England die Inder und die jugendlichen Arbeitslosen, in Irland die Katholiken auf die Straßen trieb? Haben wir die Verelendung oder Unterdrückung von Minderheiten in unserem Lande übersehen? Besteht jetzt auch im wohlhabenden, liberalen, friedlichen Deutschland Anlass zum Dreinschlagen?

Spekulanten ließen ganze Häuserzeilen jahrelang verkommen

Die Ursachenforschung in Berlin nennt eine Statistik als auslösenden Faktor für die Krawalle: In der Stadt suchen achtzigtausend Menschen eine Wohnung, gleichzeitig stehen 9 720 Wohneinheiten in 1 110 Häusern leer. Hinter den Zahlen verbergen sich Entwicklungen, die den aufbegehrenden, meist jungen Menschen zu ihren stärksten Argumenten verhelfen. Jahrzehntelang hat der Senat dem Niedergang ganzer Stadtviertel beinahe tatenlos zugesehen; die städtische Bürokratie verhinderte oder verzögerte Einzelinitiativen, die in den verfallenden Quartieren die Erneuerung hätten einleiten können; Spekulanten ließen ihre Häuser jahrelang ungestraft verkommen, um zum Schluss noch mit der angestrebten Abbruchgenehmigung belohnt zu werden; Abschreibungshyänen kauften mit dem Geld westdeutscher Großverdiener und mit dem Segen der um Berlin besorgten Gesetzgeber ganze Reihen von Altbauten auf, die, ob bewohnt oder unbewohnt, ihren Eigentümern zu riesigen Steuereinsparungen verhalfen. Systemkritik, die sonst oft auf schwachen Füßen steht – am Beispiel der Berliner Baupolitik läßt sie sich belegen.

Der Zorn gerade der jungen Menschen über diese Zustände ist verständlich. Aber gilt das auch für die Gewalt, die Berlin vergangene Woche erschütterte? Zum Anlass wurde die Räumung von acht besetzten Häusern. Sie war von langer Hand geplant, sie war den Hausbesetzern bekannt, und sie verlief nach den Kriterien der maßvollen Berliner Linie: Vor der Räumung lag ein Nutzungskonzept für das

Hausbesetzung

Haus vor; die Finanzierung des Projektes war gesichert, und der Besitzer hatte Strafantrag auf Räumung gestellt; schließlich sollte mit der Modernisierung sofort nach der Räumung begonnen werden.
An diese »Linie der Vernunft« hatte sich schon Hans-Jochen Vogel als Regierender Bürgermeister gehalten. Auch er hatte ja räumen lassen. Jetzt aber stimmte er lauthals in den Chor der Kritiker ein, verstieg sich zunächst sogar zu einem Misstrauensantrag. Doch von den Legenden, die inzwischen über die Schuld des Senates an der letzten Straßenschlacht kursieren, scheint zumindest eine widerlegbar: dass den Hausbesetzern keine anderen Unterkünfte angeboten worden seien. »Ich habe den Besetzern Ersatzwohnungen angeboten«, widerspricht Bausenator Rastemborski solchen Vorwürfen. »Ich habe nur den Fehler gemacht, die Adressen vorher bekannt zu geben; deshalb waren dann viele der Ausweichquartiere vorher besetzt worden.«
In der aufgebrachten Hausbesetzer-Szene verhallen solche Rechtfertigungsversuche ohne Echo. Zumal jetzt, da die Auseinandersetzung mit dem Tode des 18-jährigen Klaus-Jürgen Rattay ihr erstes Opfer forderte, bestimmen Wut und Unbesonnenheit das Verhalten. Hilflos und zerstritten reagierten Berlins Politiker auf die Welle der Gefühle. Und es bedurfte erst der peinlichen Kehrtwendung des sozialdemokratischen Oppositionsführers Vogel vom Misstrauensantrag gegen zwei Senatoren zur Aufforderung, gemeinsam zu handeln, bevor sich die etablierten Parteien auf den »Weg zum inneren Frieden« begeben konnten.
Der Senat beschreitet ihn mit guten Vorsätzen. Er will leer stehende, landeseigene Häuser wohnungssuchenden Bürgern zur Verfügung stellen und die Instandsetzungen finanziell fördern.
Darüber hinaus will er mit einem Einsatz von fast einer halben Milliarde Mark in den nächsten drei Jahren über zwanzigtausend Wohnungen renovieren oder bauen lassen. Wichtiger noch als die konkreten Pläne aber ist die veränderte Richtung, welche die Stadtregierung in der Wohnungsbaupolitik weist. Sie soll die Gewalt auf den Straßen beenden und zum Gespräch zwischen den Interessengruppen führen.

Die Regierung zeigt guten Willen. Werden ihn die Hausbesetzer und ihre vielen Sympathisanten honorieren?
Die rund zweitausend jungen Menschen, die sich inzwischen auf eigene Faust eine Wohnung besorgt haben, sind keine geschlossene Gruppe. Sie hegen unterschiedliche Hoffnungen. Es sind Studenten und Berufsanfänger unter ihnen, die sich ein billiges, wenngleich oft löchriges Dach überm Kopf verschafften. Zur Szene gehören Jugendliche, die aus Abenteuerlust die Enge des Elternhauses mit dem Freiraum großer Mietshäuser vertauscht haben, die sie nun mit Gleichgesinnten teilen. Und in den requirierten Wohnungen verbergen sich mitunter auch jugendliche Kriminelle, die ihre unkontrollierten Behausungen als Operationsbasis für dunkle Machenschaften benutzen.

Die klammheimliche Freude über ein befreiendes Abenteuer

Wenn die Hausbesetzer trotz allem etwas eint, dann ist es ein Anflug von Enthusiasmus, ist es die klammheimliche Freude an einer außergewöhnlichen Situation – klammheimlich, denn wer wagt schon noch, ein fröhliches Gesicht zu zeigen? Unter Hunderten von Häusern wählen zu können, sich in der ausgesuchten Unterkunft ohne Auflagen und Verpflichtungen bewegen zu können, das muss in der Tat ein befreiendes Abenteuer sein. Der gesetzestreue Durchschnittsbürger wagt davon nicht einmal zu träumen.
Einen Eindruck vom Hochgefühl der Besetzer vermitteln die Bewohner des Hauses Frankenstraße 7 in Schöneberg. Lage und Zustand des mehrstöckigen Gebäudes aus der Gründerzeit machen verständlich, warum es die besitzende Firma abreißen lassen wollte: Es liegt wie ein Relikt vergangener Zeiten inmitten eines bescheidenen Neubauviertels und zeigt unübersehbare Spuren des Verfalls. Aber die Bewohner sind es zufrieden, und die Besitzer haben die Abbruchpläne für unbestimmte Zeit in die Schublade gelegt. Die drei legalen Mietergruppen, die für ihre Wohnungen von je etwa fünfzig Quadratmetern monatlich 130 Mark Zins zahlen, und die sieben hinzugekommenen Besetzergruppen, die jeweils dieselbe Summe auf das hauseigene Instandsetzungskonto überweisen, wagen

Hausbesetzung

Kreuzberg erlangte durch die Konfrontationen zwischen Polizei und militanten Jugendgruppen über die Grenzen Berlins hinweg traurige Berühmtheit.

sich deshalb an die Renovierung. Mit der tätigen Hilfe eines Architekturprofessors entsteht im Keller ein Gemeinschaftsbad und vor der Haustür ein Windfang.
»Manchmal«, klagt eine der Bewohnerinnen, »fragt man sich allerdings, ob wir das nicht alles umsonst machen.« Aber dann beruhigt sie sich mit der Feststellung, das von der Besitzerfirma geplante »Wohnhaus für westdeutsche Führungskräfte passt ohnehin nicht in diese Gegend«. Da in Berlin zu den Führungskräften auch importierte Facharbeiter zählen, sollte sich die Studentin nicht zu sicher sein. So hohe Ansprüche stellen die westdeutschen Zuwanderer nun auch wieder nicht.
Augenblicklich aber ängstigen sich die Mieter und Besetzer des Altbaus vor etwas anderem als der Räumung. Es ist die Sorge um ihre Wohnqualität, die sie auf ihren mehrmals wöchentlich stattfindenden Haussitzungen beschäftigt. Im großen Vordergarten des Gebäudes soll möglicherweise ein Neubau hochgezogen werden. »Das nähme uns das Licht weg«, befürchtet die Studentin aus dem Sauerland. »Außerdem müssten die Bäume gefällt werden, und mit der Atmosphäre hier wäre es vorbei.«
Solche beinahe bürgerlichen Sorgen plagen die rund fünfzig Jugendlichen nicht, die sich in einem kahlen Raum des Kommunikationszentrums an der Anhalter Straße versammelt haben. Sie halten eine der Vollversammlungen ab, auf denen die Hausbesetzer-Szene immer wieder ihre Strategie berät. Es geht um die nächsten Demonstrationen. Es ist viel von Unterdrückung und Gewalt die Rede. Niemand aus dem Kreise scheint Steinewerfen und Molotowcocktails abzulehnen. Die viel befürchtete Entwicklungskette Hausbesetzer-Steinewerfer-Terrorist deutet sich hier unverholen an. Einer der Jungen gibt schließlich seiner ganzen Verachtung für die Berliner Alternative Liste Ausdruck, die immer noch Kontakte zu den Hausbesetzern hält: »Die wollen uns doch nur von Gewalt abhalten; die wollen doch nur den sozialen Frieden retten; die reden doch auch nur von derselben Integrationsscheiße wie die CDU und die SPD.«

»Dann wird es nie mehr Frieden geben in dieser Stadt«

Die Demonstration am nächsten Tag verläuft ohne Ausschreitungen. Fünfzehntausend Menschen pilgern am Mahnmal für den toten Rattay vorbei. Die Vorhut bilden verwegen aussehende Jugendliche. Manche sind maskiert. Sie kommen im Laufschritt angerannt und stoßen dabei Sprechchöre aus: »Lummer – Mörder, Lummer – Mörder.« Hinter ihnen tauchen intelligente Gesichter auf. Viele Leute um die dreißig in Jeans und Pullovern aus besseren Boutiquen, Frauen mit Kinderwagen, Gastarbeiter marschieren mit.
Die Hausbesetzer-Szene und ihre Anhänger haben viele sympathisch wirkende, friedliche Menschen auf die Beine gebracht. Ob sie sich alle mit den Forderungen identifizieren, die das Demonstrationsplakat aufführt?

659

Hausbesetzung

»Lummer muss weg.« Seit der Innensenator nach der Räumungsaktion in einem der freigemachten Häuser erschien, ist er der Buhmann der Bewegung. Ihm wird vorgeworfen, mit seinem Erscheinen bei dem Polizeieinsatz die gewalttätigen Vorgänge ausgelöst zu haben, die zum Tode des Jugendlichen führten. Eine Rednerin lastet ihm unverhohlen politischen Mord an. »Wenn Lummer bleibt«, heißt es auf einem Spruchband am Mahnmal, »dann wird es nie mehr Frieden geben in dieser Stadt.« Musste er an dem turbulenten Tage unbedingt am Tatort erscheinen? »Ich wollte mir den Zustand eines besetzten Hauses ansehen«, antwortete Lummer, »bevor die Bauarbeiter mit ihrer Arbeit begannen.« Fünf Tage nach dem Ortstermin des Innensenators war in dem Haus Bülowstraße 89 von Renovierungsarbeiten allerdings noch nicht viel zu bemerken.

»Keine Räumung mehr.« Wie die Besetzer ihr Verhältnis zu den von ihnen in Beschlag genommenen Häusern sehen, lässt sich leicht an den Spruchbändern ablesen, die überall dort vor den Fassaden hängen, wo »besetzt« ist. Sie künden von »autonomen Baustellen« und von »unseren Häusern«, die öffentliches Eigentum seien. Und damit der Senat nicht auf falsche Gedanken kommt, heißt es kurz und bündig: »Wir lassen uns nicht deportieren.« Das wagen die Behörden vorläufig ohnehin nicht mehr. Die Besetzergruppen umzuquartieren, war von Anfang an schwierig. Bausenator Rastemborski klagt: »Die hatten doch immer Sonderwünsche.« Jetzt geht es schon nicht mehr um zu kleine Wohnungen, die bloß die »Gruppendynamik« stören, oder um die Abneigung vor einem Umzug in ein anderes Viertel. Jetzt wären schon Räumungen ein Signal für Gewalt.

»Für die Wende in der Wohnungspolitik.« Wie sie ihrer Ansicht nach aussehen müsste, haben die Paten und Unterstützergruppen der Hausbesetzer, zu denen prominente Geistliche, Professoren und Gewerkschafter zählen, in einer Erklärung dargelegt: »Zu einer humanen Wohnungspolitik gehört unabdingbar das Recht der Instandbesetzer auf Selbstbestimmung im Wohnbereich.« Das soll wohl heißen, dass die Besetzer in den Häusern tun und lassen können, was sie wollen.

Der CDU-Fraktionsvorsitzende Eberhard Diepgen fürchtet, die Gewalt könnte nachträglich legitimiert werden.

»Einstellung der Strafverfahren.« Die Forderung nach einer Amnestie für alle 1 274 Jugendlichen, gegen die Ermittlungsverfahren laufen, entspricht der Logik der Besetzer und ihrer Anhänger. Denn für sie steht fest: »Wer räumt, wirft den ersten Stein.« Also tragen nicht die Randalierer die Schuld an den Krawallen, sondern der Staat. Nur wenige Politiker wagen diese Umkehrung des herkömmlichen Rechtsverständnisses so beherzt anzuprangern wie der CDU-Fraktionsführer Diepgen: »In Berlin darf doch nicht der Eindruck entstehen, dass der Recht bekommt, der es sich nimmt, dass der Recht erhält, der es vorher bricht.« Oft ist freilich auch – zumal von Sozialdemokraten – Verständnis für die Unruhe in der jugendlichen Szene und deren gewalttätige Entladung zu hören.

Liberalismus oder Opportunismus?

Nur schwer lässt sich unterscheiden, ob wetterfester Liberalismus diese Haltung prägt, ob da politischer Opportunismus mitschwingt oder die unbewusste Sehnsucht nach einer zweiten Jugend Verstehen

und Verzeihen fördert. Besonders Hans-Jochen Vogel ist zum Objekt der Motivforscher geworden. Die Wandlung dieses Politikers gibt manche Rätsel auf.
Viele Jahre lang beeindruckte er als souveräner Jurist und kühler Sachkenner; in der Schleyer-Krise war er der heimliche Innenminister der Republik. Jetzt stilisiert er sich zu einer Art Hoffnungsträger der Aufbegehrenden. Mit Pathos in der Stimme wirbt er für eine Abwartetaktik gegenüber den Hausbesetzern. »Wir alle wissen nur bruchstückhaft, was in den Köpfen eines Drittels der Jugend vor sich geht«, behauptet er. Da fragen sich auch SPD-Wähler: Will sich Vogel mit seiner Duldsamkeit gegen die rabiate Grundwelle in der sozialdemokratischen Partei stemmen? Oder hat der Neuberliner noch gar nicht erkannt, welche Gefühlsbewegungen die Dauerkrawalle in seiner Partei auslösen?
Gelassener zeigt sich in dieser Lage Richard von Weizsäcker. Den Regierenden Bürgermeister haben die vielen Herausforderungen von der Straße in seiner kurzen Amtszeit offenbar nicht überrascht: »In einer Metropole ohne jede Ausweichmöglichkeit stauen sich selbstverständlich mehr Konflikte und Aggressionen an als anderswo.«
Nach seiner Ansicht sind die Wohnungsprobleme auch nicht die eigentliche Ursache der Krawalle, sondern nur deren Auslöser. Er will ihnen mit Flexibilität und in Gemeinsamkeit mit den anderen Parteien begegnen. Denn, so sagt er, »in dieser Stadt war die Zusammenarbeit der politischen Gruppen in bestimmten Situationen schon immer eine lebensnotwendige Selbstverständlichkeit«.
Als Führer eines Minderheitssenates kann sich Richard von Weizsäcker ohnehin keine riskanten Alleingänge leisten. Er ist auf die Duldung der Freien Demokraten angewiesen. Da aber die Berliner FDP tief gespalten ist und kurz vor dem Auseinanderbrechen steht, warten auf den Bürgermeister neue parlamentarische Belastungen.
Und mit der Alternativen Liste (AL) im Abgeordnetenhaus bietet die Parlamentsarbeit schon jetzt genügend Überraschungen. Nach ihrem eigenen Verständnis sieht sich die AL »nicht als Übervater der Hausbesetzer, sondern als deren parlamentari-

Die Wandlung Hans-Jochen Vogels gibt manche Rätsel auf.

sches Bein«. Sie versucht, die Lücke zu füllen, die sich zwischen den etablierten Parteien und Teilen der Jugend aufgetan hat. Gemeinsamkeit steht vorläufig nicht auf dem Programm der Alternativen. »Solange Lummer Innensenator ist, werden wir uns nicht mit denen an einen Tisch setzen.« Und wenn die Situation sich weiter verschärft und Lummer bleibt? »Das ist nicht unser Problem.« Ihr Problem sieht die AL im Augenblick nur darin, die Übereinkunft mit der Hausbesetzerszene zu retten: »Nur so kann man die Leute beim Steinewerfen halten und am Bombenbasteln hindern.«
Nicht allen Berlinern leuchtet diese AL-Doppelstrategie ein: Mobilisierung der Szene bei gleichzeitiger Warnung vor schweren Gewalttaten. Die Alternativen erhalten beinahe täglich Morddrohungen. Auch andere, die vermitteln wollen, wie der Kreuzberger Superintendent Roth, müssen telefonische Schmähungen über sich ergehen lassen. Bisher artikuliert sich der Volkszorn noch weithin im Verborgenen. Doch ein Protestmarsch der Bauarbeiter in der vergangenen Woche bot einen Vorgeschmack auf künftige Zuspitzungen. Den Demonstranten ging es nicht nur um Recht und Ordnung. Sie protestierten zu-

Hausbesetzung

Richard von Weizsäcker kann sich als Führer eines Minderheitssenates keine riskanten Alleingänge leisten.

gleich gegen die Blockierung von Bauvorhaben durch die Hausbesetzer: In Berlin sind zweitausend Bauarbeiter ohne Beschäftigung.

Bei den Absurditäten der Berliner Wohnungssituation fällt es schwer, einen rationalen Urteils-Maßstab zu finden. Auch die Politiker wissen nicht mehr, wie sie den Besitzansprüchen der Hausbesetzer begegnen sollen. Haben die Besetzer wirklich »so viel Phantasie und Arbeit in diese Häuser gesteckt, dass man sie ihnen nicht mehr einfach wegnehmen kann«, wie ein AL-Abgeordneter behauptet? In einigen Häusern wird schon der Wunsch nach Erbpacht-Verträgen geäußert; manche Hausbesatzung möchte sich bereits hunderttausend Mark und mehr für ihre Reparaturarbeiten anrechnen lassen. Nach Besichtigung der besetzten Gegenden und vieler Wohnungen drängt sich die Feststellung auf: Als Stadtsanierer, selbst in ihrem bescheidenen Sinne, haben sich die Hausbesetzer bisher nicht erwiesen.

Wenn sie dennoch bereits auf Besitzansprüche pochen, dann lässt das Böses ahnen.

Noch ist der Senat der Schwierigkeiten nicht Herr. Nach rund dreieinhalb Monaten Amtszeit war auch kein schlüssiges Gesamtkonzept von der Stadtregierung zu erwarten. Politischer Wandel braucht Zeit in einer Demokratie. Die ungeduldigen Hausbesetzer wollen das nicht verstehen. Dabei könnten sie ganz zufrieden sein mit den Folgen ihrer Provokation. Schließlich haben sie mit dazu beigetragen, dass die Kahlschlagsanierung endgültig gestoppt wird und künftig andere Prioritäten in Berlins Städtebaupolitik gelten. Die neue Linie könnte der Stadt eine Atempause gewähren. Und Berlin braucht jetzt nichts mehr als friedliche Verhältnisse.

2. Oktober 1981

siehe auch
❖ Berlin
❖ Wohnungspolitik

Václav Havel
König Wenzel
Am Ende hilflos: Der Dissident war einst ein Held. Dann wurde er Präsident
Von Christian Schmidt-Häuer

Venousek haben sie ihn gerufen, Wenzelchen. Die gebildete, entschiedene Mutter. Der reiche, demokratische Ideale predigende Vater. Wenzelchen saß und las und lief nur selten zum Garten oder zu den Gouvernanten. Dicker Václav, gutes Kind. Doch dann überwältigte den Jungen, was schon Mozart in Prag entdeckt hatte: die Theaterbegeisterung des gebildeten Bürgertums. Zum Leidwesen seiner promovierten Mutter wollte er vom Studium nichts wissen. Václav Havel betrat die Bühne als Kulissenschieber. Das 1958 gegründete, bald weltberühmte Theater am Geländer eroberte er als Dramatiker. Im Kielwasser von Bulgakow und Ionesco führte er die kommunistische Bürokratie ad absurdum. Die besten Rollen aber spielte er selbst. Im Untergrundsender von Liberec (Reichenberg) mit seinen flammenden Aufrufen gegen die sowjetische Okkupation 1968. Als Hauptdarsteller der Bürgerrechtsbewegung Charta 77. Als politischer Häftling der Prager Staatssicherheit, zuerst 1977, zuletzt im Wendejahr 1989.

Ungarn hatte im Februar 1989 bereits unabhängige Parteien zugelassen, Polen diskutierte schon am runden Tisch über politische und wirtschaftliche Reformen, als Havel im Mai aus dem Gefängnis kam. Das verwöhnte Bürgerkind von einst war zum Freiheitshelden mit vielen Narben geworden.

Acht Tage nach dem Fall der Berliner Mauer begann mit den Studentendemonstrationen am 17. November 1989 die Samtene Revolution in Prag. Sie erhielt diesen Namen, weil Václav Havel und sein Bürgerforum aus den verrauchten Gewölben des Theaters Laterna Magica so geschickt und entschieden Regie führten, dass die kommunistische Führung ohne Blutvergießen abtrat. Am Ende trugen selbst die Straßenbahnen die Aufschrift: »Havel auf die Burg«.

Die Burg aber, das musste der neue Präsident schnell erfahren, bot nicht die vertrauten Kulissen. Das »Leben in der Wahrheit«, das er der Diktatur so beispielhaft entgegengesetzt hatte, ließ sich weit schwerer mit der Demokratie verknüpfen. In ihr führt der Kompromiss Regie. Während der Präsident bei Akademien und Banketts für Europas Integration warb, vollzog sich die Desintegration der Tschechoslowakei. Als alle Auguren der neuen Tschechischen Republik ohne den Klotz der Slowakei schon den gloriosen Einzug in die EU prophezeiten, endete die Revolution von 1989 im neoliberalen Filz. In immer neuen Kontroversen mit dem konservativen Monetaristen Václav Klaus und dem sozialdemokratischen Populisten Milos Zeman über illegale Bereicherungen, Bankenpleiten und die Be-

Václav Havel

Václav Havel

nes-Dekrete rieb sich der politische Moralist Havel auf.
Zu seiner Erschöpfung trug bei, dass er im Privatleben – warum auch nicht? – stets den Jedermann gegeben hatte. Seine Affären, die ihn unter Eingeweihten bisweilen kaum besser aussehen ließen als den Dorfrichter Adam, gute Weine, feuchte Feiern, das Rauchen beim nächtlichen Schreiben der Manifeste und die durchaus lustvolle Teilnahme an Machtintrigen entschädigten ihn für die Haftisolierung. Für die eiserne Abstinenz gegenüber faulen Arrangements mit dem Kommunismus.

Václav Klaus wurde zum Antipoden des Präsidenten Havel.

Das forderte seinen Preis. 13 Jahre ist Havel Präsident gewesen, 17-mal musste er während dieser Zeit ins Krankenhaus. Mehr als einmal war der Patient nahezu tot, bevor die Operationen doch noch gelangen. Jetzt wird der dienstälteste Staatsmann Europas die politische Bühne verlassen. Einst ein Held – so könnte das Stück am Ende heißen. »Dissidenten können bei uns nicht lange Helden bleiben«, hat schon vor Jahren der Studentenführer Simon Panek gesagt, der 1989 neben Havel vor den Menschenmassen auf dem Wenzelsplatz stand. »Helden beweisen, dass man sich nicht anpassen muss. Sie machen der Mehrheit ein schlechtes Gewissen.« Als Präsident wollte sich Havel nur ungern dem Staat anpassen. Welcher Künstler mag schon den Staat? Havel mochte ihn nicht. Den kommunistischen am wenigsten. Im Widerstand gegen den lernte der linke Dichter: nicht schwanken, nicht taktieren, sich nicht anbiedern, dem Unrecht nicht das kleinste Zugeständnis machen.

Zivilcourage als erste Bürgerpflicht.
Das wird sein Vermächtnis bleiben

Zivilcourage ist eine Voraussetzung für gelebte Freiheit. Doch ohne Institutionen führt sie nicht zu einer abgesicherten Demokratie. Davon hatte der Weltgeist Havel eher weltfremde Vorstellungen. Seine rhetorische Lust war größer als sein Detailinteresse an konstitutionellen Fragen, politischer Wissenschaft, Wirtschaft. Das Parteiensystem blieb ihm suspekt. Im Grunde wollte der Dichter oben auf der Burg den Sumpf der Politik da unten trockenlegen und unterm Volk als Bürgerkönig wandeln, ohne viel parlamentarische Hindernisse.

Schon früh erkannte Václav Zák, der kluge Kopf der Zeitschrift Listy: »Der Präsident sieht nicht, wie sich seine Position in der neuen Verfassungsfunktion verändert hat. Deshalb spielt er weiter den Revolutionsführer. Ein ›Forum‹ soll her, ein Athener Marktplatz die politischen Parteien ersetzen.« Viele Ratgeber, die sich auf der Burg versammelten, waren aber weder Philosophen noch Künstler, sondern Hofschranzen. Aus der Achtung der Welt für Havel schöpften sie Arroganz. Sie isolierten den Präsidenten von der Stadt, die ihn auf den Hradschin getragen hatte.

Havel merkte das und lud eines Abends alle seine Freunde in das Restaurant Mánes dicht bei seiner alten Stadtwohnung an der Moldau. Da ging er dann von Tisch zu Tisch, sagte mit seiner leisen Stimme ein paar steife Belanglosigkeiten. Man nickte einander zu, verlegen, fast sprachlos. Später stand der Präsident am Buffet, heiter, gelöst, in bester Unterhaltung – mit seinem Leibwächter. Es war bitter für beide Seiten. Eines Tages klagte Havel von der Burg: »Ich befinde mich an der Schwelle zu ebenjener Welt der kommunistischen Fettwänste, die ich mein Leben lang kritisierte.«

Václav Havel

Über sein Land hinausgewachsen

Der slowenische Philosoph Slavoj Zizek nannte Havel deshalb schon 1999 eine tragische Figur: »Die direkte ethische Begründung der Politik wird früher oder später zur Karikatur, indem sie den Zynismus, dem sie anfangs entgegenstellte, selber übernimmt.« Dagegen hat sich der Dichterpräsident immer gewehrt. Weil er den Zynismus noch weniger mochte als den Parteienstaat, setzte er permanent auf die »Selbstorganisierung des Lebens«. Doch freiwillig organisieren sich eben nicht nur die Altruisten, sondern auch deren Antagonisten in raubgierigen Lobbys. Der Mann, der diese Lobbys anspornte, der zum Antipoden des Präsidenten wurde, war Ministerpräsident Václav Klaus. Auch er verachtete die Institutionen und rechtlichen Rahmenbedingungen. Was für

Milos Zeman schloss sich dem euroskeptischen Trend an.

Havel das »Leben in der Wahrheit«, war für Klaus der freie Markt. »Ich kenne kein schmutziges Geld«, predigte der Thatcherist. Er machte die Stadt unterhalb der Burg zur verkauften Braut der angebotsorientierten Politik. Der öffentliche Sektor, Bildungs-, Gesundheits- und Verkehrswesen gerieten an den Bettelstab. In der Tabelle der EU-Kandidaten rutschte der tschechische Favorit in den Abstiegsstrudel.
Als der Ministerpräsident über die Spendenaffären seiner konservativen Bürgerpartei gestürzt war, tolerierte Klaus eine sozialdemokratische Minderheitsregierung mit einem »Oppositionsvertrag«. Man einte sich im Hass auf Havel und teilte sich in den Hinterzimmern Posten und Privatisierungsgewinne. Klaus, der anfangs das Weltwirtschaftsforum in Davos und andere neoliberale Kultstätten entzückt hatte, entwickelte sich zum hochmütigen Euroskeptiker. Weil das gut ankam, schloss sich der sozialdemokratische Ministerpräsident Milos Zeman, ein selbstgefälliger Dickhäuter in folkloristischer Pose, dem Trend an. So präsentierte die Republik im Wahlkampf vor einem Jahr eine Art Allparteien-Populismus nach der Parole: Das böse Europa will die Tschechen wieder den Sudetendeutschen zum Fraß vorwerfen.

Havel, der das Unrecht der Sudetenvertreibung von 1945 mutig verurteilt hatte, stand dieser Front am Ende hilflos gegenüber. Die Prager Populisten, ein paar nimmermüde Sudetenfunktionäre und ihre publizistischen Helfer hierzulande blockierten die Aussöhnung von Deutschen und Tschechen, die Havel seit Beginn seiner Präsidentschaft angestrebt hatte. Die fortdauernde Gemeinschaft zwischen Klaus, Zeman und den antideutschen, auch antieuropäischen Gefühlen vieler Tschechen gründet in dem tiefen Misstrauen, dass Integration nur fremde Intervention bringen kann. Die Geschichte – von den Habsburgern bis zu den deutschen und russischen »Protektoren« – hat den Böhmen und Mähren Anlässe genug geliefert für ihren skeptischen Provinzialismus gegenüber dem Pathos des Weltgeistes. Der Bürgerkönig Havel ist über sein Land hinausgewachsen, gerade weil er dieses Pathos pflegte. Sein Volk aber hat er nicht aus der historischen Reserve locken können.

Jetzt werden Klaus und Zeman um die Burg kämpfen. Die Hoffnung, es könne das abgehobene Präsidentenamt nach Havel nun stärker in die parlamentarische Demokratie eingebunden werden, ist vage. Beide Kandidaten geben eher zur Befürchtung Anlass, dass sich der Sieger bedenkenlos in die Politik und die Regierungsgeschäfte einmischen wird. So mag der Tag noch kommen, an dem sich die Mehrheit der Prager Václav Havels dankbar erinnern wird. Als eines Helden, der mutiger lebte als die meisten Mitbürger und das Bessere im Menschen auf die Weltbühne bringen wollte. 23. Januar 2003

siehe auch
❖ Tschechische Republik
❖ Tschechoslowakei

Robert Havemann

Ideen sind stärker als Polizeimacht

Der unerschrockene Wissenschaftler in Ostberlin ist zu einem Sinnbild der Souveränität gegenüber den Machthabern der DDR geworden

Von Marion Gräfin Dönhoff

Seit jeher bedienen sich die Mächtigen dieser Erde zur Erhaltung ihrer Macht eines differenzierten Instrumentariums. Dabei stellen Bedrohungen mit Waffengewalt noch nicht einmal ihre größte Sorge dar. Weit hilfloser sind sie, wenn es gilt, sich für den Kampf gegen Ideen zu rüsten, denn für diese gibt es keine Grenzen.

Ihr Weg ist schwer zu verfolgen, und wer könnte sich anheischig machen, ihre Wirkung zu blockieren und mit welchen Mitteln? Mit welchen Waffen lassen Ideen und Worte sich bekämpfen? Auf welche Weise könnte verhindert werden, dass sie – eben noch besiegt – an anderer Stelle bereits wieder zu neuem Leben erwachen?

Schon sehr früh kamen die Herrschenden auf den Gedanken, unliebsamen Ideen den Garaus zu machen, indem sie die Schriften, die ihrer Verbreitung dienten, einfach vernichteten. Aber die Hoffnung, dass damit die Gefahr gebannt sei, erwies sich stets als trügerisch. Dafür gibt es viele Beispiele.

Die erste Bücherverbrennung, von der wir wissen, fand im Jahr 411 vor Christus statt. Damals wurden die Bücher des Philosophen Protagoras auf dem Marktplatz von Athen verbrannt, weil der Autor Zweifel an der Existenz der olympischen Götter zum Ausdruck gebracht hatte.

Aus Furcht vor der Ausbreitung des Christentums und der Glaubensgewissheit der Christen ließen die römischen Kaiser – ehe Konstantin 324 das Christentum zur Staatsreligion erklärte – alle ihre Schriften vernichten. Wie man weiß, mit wenig Erfolg.

Während der Inquisition und der Gegenreformation wurden mit den Büchern zugleich auch die Ketzer dem Feuer überantwortet. Die katholische Kirche hatte überdies eine generelle Zensur eingeführt, der sogar die Bibel unterlag, soweit es sich um nichtkatholische Ausgaben und Übersetzungen handelte. Sie wollte ganz sicher sein, dass die Lehre nur in der von ihr autorisierten Form weitergereicht wurde. Übrigens hat jenes Verbot wie auch die Nachzensur durch den Index theoretisch bis zum Zweiten Vatikanischen Konzil, also bis 1966, gegolten.

Als Luther sich auf dem Reichstag zu Worms 1521 weigerte, seine Thesen zu widerrufen, verhängte der kurz zuvor zum Kaiser gekrönte Karl V. die Reichsacht über ihn (Szenenfoto des Kinofilms »Luther« [2003] mit Joseph Fiennes in der Hauptrolle).

Robert Havemann

Parteitag der SED 1971; gegen die Verbreitung freiheitlicher Ideen waren auch die Kommunisten machtlos

Als Luther sich auf dem Reichstag zu Worms 1521 weigerte, seine Thesen zu widerrufen, verhängte der kurz zuvor zum Kaiser gekrönte Karl V. die Reichsacht über ihn. Dies bedeutete unter anderem, dass Luthers Bücher verbrannt werden mussten und über sie auch nicht mehr diskutiert werden durfte.

Ging es bis zu diesem Zeitpunkt um den Schutz der geltenden Religion, freilich vorwiegend deshalb, weil diese zur Sicherung der jeweiligen Herrschaft unerlässlich schien, so bediente man sich von nun an jener Maßnahmen auch zum Schutz der Staatsautorität: In Frankreich, wo in den wenigen Jahrzehnten seit Erfindung der Druckkunst bereits ein halbes Hundert Druckereien entstanden waren, verbot Franz I. den Druck aller nicht staatlichen Schriften und bedrohte Zuwiderhandlungen mit der Todesstrafe – die in zwei Fällen auch tatsächlich durchgeführt wurde. Die französische Religion hatte zwar 1789 die Pressefreiheit eingeführt, aber schon vier Jahre später wurde sie praktisch von der jakobinischen Verfassung wieder beseitigt. Unter Napoleon gelang es dann dem Polizeiminister Fouché, die Presse sogar zum Instrument der Regierung zu machen: Die Redakteure waren nicht mehr dem Verleger, sondern der Regierung verantwortlich. Das Gleiche legte später Hitler in seinem Pressegesetz fest.

Bismarck, dem es nicht gelungen war, ein Gesetz gegen die Sozialisten im Reichstag durchzubringen, benutzte 1878 das Attentat auf Kaiser Wilhelm I. und die allgemeine Empörung, die dieses hervorgerufen hatte, um den Reichstag aufzulösen. Der neu gewählte Reichstag bewilligte dann das gewünschte Sozialistengesetz, das alle Vereine und alle Veröffentlichungen der Sozialdemokraten verbot. Aber bei den Wahlen im Jahre 1890 zeigte sich, dass die Sozialdemokratische Partei, verglichen mit der Wahl von 1883, die Zahl ihrer Abgeordneten verdreifacht und die Zahl ihrer Mitglieder verdoppelt hatte.

Ideen, die den Zeitgeist verkörpern, lassen sich nun einmal durch Verbote nicht aus der Welt schaffen. Im Gegenteil, sie gewinnen dadurch ganz ungemein an Anziehungskraft. Ihre Unterdrückung führt lediglich dazu, dass sich immer mehr Explosivkraft aufspeichert und nach Entladung strebt.

Robert Havemann hat weder vor den Nazis noch vor der SED gezittert

Es ist unverständlich, dass die DDR aus mehr als zweitausendjähriger Erfahrung nicht gelernt hat, dass sie tatsächlich heute noch einmal den Versuch macht, das Wort der Schriftsteller und den politischen Wunsch der Bürger nach Freiheit durch Schreibverbote, Ausbürgerungen und Ergänzungen zum Strafgesetz zu unterdrü-

Robert Havemann

cken. Im Zeitalter der Elektronik, der Flugzeuge, die mit Überschallgeschwindigkeit rund um die Welt fliegen, der Raketen, die zum Mond aufsteigen, greifen sie zu Maßnahmen, die zu einer Zeit üblich waren, da das Pferd das schnellste Fortbewegungsmittel darstellte. Da kann man sich doch gar nicht mehr fragen: Wie wird das enden? Da kann man sich nur noch fragen: Wann wird das enden?

Es gibt eine merkwürdige Dialektik zwischen Macht und Ohnmacht, die bewirkt, dass die Mächtigen zur Stabilisierung ihrer Macht oft zu Mitteln greifen, die gerade das Gegenteil provozieren und die dem Ohnmächtigen, vor dem sie schließlich angstvoll zu zittern beginnen, Kraft und große Souveränität verleihen.

Ein Mann ist das Sinnbild solcher Souveränität: Robert Havemann. Er hat in Deutschland nie gezittert, weder vor den Nazis, die ihn zum Tode verurteilten, noch vor der SED, die im letzten Jahr 200 Polizisten einsetzte, um ihn in seinem Hause zu bewachen. Große Lkws und je ein Polizeifunkwagen sperrten die Straße vor seinem Hause nach beiden Seiten ab, um zu verhindern, dass irgendein Freund oder gar einer von der Presse ihn besuche. Wenn er ausfuhr, folgten ihm drei Wagen mit je zwei Polizisten – wenn seine Frau mitfuhr, waren es fünf Wagen.

Und wenn er auf dem See, der an sein Grundstück in Grünheide grenzt, in sein kleines Boot stieg, dann stand das Polizeiboot schon bereit, das ihm überallhin folgen musste.

Zweieinhalb Jahre lang wurde der Professor Robert Havemann, der einst mit Einstein, Niels Bohr und Werner Heisenberg korrespondierte und zu dessen denkwürdigen Vorlesungen im Winter 1963/64 die Studenten aus Jena und Leipzig anreisten, auf solche Weise in Isolationshaft gehalten. Ohne viel Erfolg, denn selbst unter diesen Umständen hat er noch seine einem Magnetophonband anvertrauten Gedanken herausgeschmuggelt, die dann im Westen gedruckt worden sind. Es gelang ihm also, genau das zu tun, woran er, der im Osten seit vielen Jahren nichts mehr veröffentlichen darf, gehindert werden sollte.

Die Mächtigen scheinen arg zu zittern vor diesem unerschrockenen Mann: mit Recht, denn Ideen sind nun einmal stärker als die Polizeimacht, die ein totalitärer Staat gegen sie aufbringen kann. Niemand weiß, wann dieser ungleiche Kampf zwischen David und Goliath enden wird. So viel aber steht fest, der Name von Robert Havemann ist bereits heute mit unauslöschlichen Lettern eingeschrieben in das Buch der wechselvollen deutschen Geschichte.

7. März 1980

siehe auch
❖ Bücherverbrennung
❖ Deutsche Demokratische Republik
❖ Inquisition
❖ Luther, Martin

Stephen Hawking

Das Orakel von Cambridge

Der Kosmologe wird als Ikone der Astrophysik gefeiert.
Doch Mythos und Realität klaffen weit auseinander

Von Ulrich Schnabel

Marilyn Monroe ist immer da. Wenn sich für Stephen Hawking die Bürotür öffnet, empfängt sie ihn im weißen Nerz, mit halb offenem Mund, verheißungsvoll lächelnd. Unmöglich, diesem Blick auszuweichen – das überlebensgroße Porträtfoto direkt gegenüber der Tür springt jedem ins Gesicht. Man könnte den Marilyn-Kult des 58-jährigen Physikers als postpubertäre Schwärmerei abtun. Doch tatsächlich verbindet beide eine tiefe Gemeinsamkeit: Der gelähmte Kosmologe und die amerikanische Sexbombe sind schon zu Lebzeiten zu Ikonen avanciert, zur Verkörperung von Idealbildern, die weltweit Millionen Menschen faszinieren. Und bei beiden klaffen öffentliche Wahrnehmung und Realität stark auseinander.

Wenn Stephen Hawking etwa – wie auf einer Konferenz in Bombay – die wenig originelle Prognose abgibt, mittels Gentechnik werde man künftig versuchen, intelligentere »neue Menschen zu erschaffen«, dann wird das in aller Welt mit Ehrfurcht rapportiert. Wenn er das wiederholt, ist das prompt erneut eine Meldung wert. Dass Hawking von Gentechnik so viel versteht wie jeder durchschnittlich gebildete Zeitungsleser, spielt dabei keine Rolle. Schließlich gilt der Astrophysiker als Supergenie, dem manche gar »die Formel Gottes« (Focus) zutrauen. Bei so viel Nähe zum Allmächtigen wird jedes Wort des Denkers aus dem britischen Cambridge zur Offenbarung.

Stephen Hawking ist der bekannteste Physiker, wenn nicht gar der berühmteste lebende Forscher. Wer kann sich schon rühmen, er habe »mehr Bücher über Physik verkauft als Madonna über Sex«? Wer wurde zu Lebzeiten in »Raumschiff Enterprise« und der Trickserie »The Simpsons« verewigt? Und wen wählten die Verleger von »Hutchinsons Lexikon wissenschaftlicher Biografien«, um 1300 Wissenschaftler auf dem Cover zu repräsentieren? Nicht Einstein, Darwin oder Newton. Hawking. Dabei ist der Brite dem Publikum kaum durch wissenschaftliche Leistungen bekannt. Während Einstein die Relativitätstheorie entwarf, für seine Deutung der Lichtquanten den Nobelpreis erhielt und mit der Formel E = m² das Fundament des Atomzeitalters legte, wurde Hawking in erster Linie populär durch sein Buch »Eine kurze Geschichte der Zeit« – und durch seine unheilbare Krankheit. So zynisch es klingt: Litte er nicht seit über 30 Jahren an Amyotropher Lateralsklerose (ALS), einer Nervenerkrankung, die ihm nach und nach die Kontrolle über seine Muskeln und 1985 auch die Stimme geraubt hat, seine abstrakten mathematischen Theorien hätten kaum großes Interesse erregt. Doch der zur Unbeweglichkeit verdammte Kosmologe, der vom Rollstuhl aus das Universum

Stephen Hawking

ergründet, eignet sich wie kein anderer Forscher zur mystischen Verklärung als einsamer Denkriese, der über alle irdischen Widrigkeiten triumphiert und nach den Sternen greift.

Mit entsprechendem Pomp wird daher sein neues Buch »Das Universum in der Nussschale« angekündigt. Alle, »die wissen wollen, was unsere Welt bewegt«,

Stephen Hawking

müssten das Werk lesen, behauptet der Verlag Hoffmann und Campe, der die Buchhandlungen bereits mit Hawking-Plakaten, -Lesepulten und -Deckenhängern bombardiert. Es gilt, an den größten Sachbucherfolg aller Zeiten anzuknüpfen. Rund 10 Millionen Mal wurde die »Kurze Geschichte der Zeit« verkauft; jeder 750. Erdenbürger hat angeblich ein Exemplar erworben. Wirklich gelesen, geschweige denn verstanden, haben es wohl die wenigsten, weshalb Spötter Hawkings Zeit-Geschichte auch als das »meistverkaufte ungelesene Buch seit der Bibel« bezeichnen.

Gut möglich, dass das neue Werk an diese Tradition anknüpft. Auch diesmal geht es um die Mysterien der Relativitätstheorie, um Schwarze Löcher, Zeitreisen und die Suche nach der Weltformel. Bahnbrechende Neuigkeiten hat Hawking dabei nicht zu bieten. Er liefert eher einen Abriss der Kosmologie und ihrer Probleme, angereichert mit einigen Spekulationen aus seiner Theoriekiste. Ähnliche Bücher gibt es zuhauf, doch beim »neuen Hawking« ist der Autor allemal wichtiger als der Inhalt.

Dabei wird in den Sphären der mathematischen Theorie, in denen Hawking vorwiegend schwebt, selbst gestandenen Physikern die Luft knapp. Konferenzen wie das von Hawking mitorganisierte Treffen zur »M-Theorie Kosmologie« in Cambridge erregen außerhalb des kleinen Zirkels der Relativitätstheoretiker kaum Interesse.

Er wiegt nicht mehr als ein Kind und ist hilfloser als ein Baby

Wer Stephen Hawking bei einer solchen Gelegenheit erstmals leibhaftig begegnet, vergisst allerdings Quanten- und Relativitätstheorie, selbst das Schicksal des Universums scheint bedeutungslos. Dieses Bündel Mensch, diese abgemagerte, verkrümmte Gestalt, erregt – je nach Veranlagung – peinsames Erschrecken, spontanes Mitgefühl oder grenzenlose Bewunderung. Hilflos fällt Hawkings Kopf zur Seite, die gelähmten Gliedmaßen sind vom Muskelschwund ausgezehrt, und trotz der schlabbrigen Hose und des zurechtgezupften Hemds ahnt man den »Körper eines Holocaust-Opfers«, wie ihn seine erste Frau Jane einmal beschrieb. Ein kleines rotes Loch im Hals zeugt von dem Luftröhrenschnitt im Jahr 1985, der ihm das Leben rettete und ihn die Stimme kostete. Der 58-Jährige, ständig von Krankenschwestern betreut, wiegt heute nicht mehr als ein Kind und ist hilfloser als ein Baby. Im gnadenlosen Schraubstock der ALS-Krankheit gefangen, bleiben ihm nur zwei Minimalbewegungen: Er kann zwei Finger seiner linken Hand krümmen und mit Mund- und Augenmuskeln den Gesichtsausdruck verändern.

Mit unglaublicher Willenskraft muss Hawking sein Schicksal meistern. Dass der Mann, dem die Ärzte schon 1965 den baldigen Tod prophezeiten, überhaupt noch lebt, ist ein medizinisches Wunder; dass er es inzwischen nicht nur zu Weltruhm, sondern auch zwei Ehen, drei Kindern und einem Enkel gebracht hat, grenzt ans Sagenhafte. Doch wahrscheinlich hängen das eine und das andere eng zusammen: Die Liebe der Frauen, die ihn umsorgten, so sagte er einmal, habe ihn am Leben gehalten. So gesehen sind vielleicht auch die Bilder Marilyn Monroes in seinem Arbeitszimmer eine Reverenz an die Leben spendende Kraft der Weiblichkeit.

Wer mit Hawking reden will, muss erst einmal eine ganze Riege schützender Frauen – seine jetzige Frau Elaine, Sekretärin Karen Sime und die jeweilige Krankenschwester – überwinden. Wobei »reden« eigentlich die falsche Umschreibung für eine unendlich langsame Kommunikation ist. Zwar versteht Hawking jedes Wort. Doch seine Antworten sind Schwerarbeit. Mit seinen schwachen Fingern steuert er einen Cursor, der ohne Unterlass über den Bildschirm seines Sprachcomputers flackert; nach und nach sucht er Buchstaben, Worte, ganze Sätze zusammen, die am Ende mit metallischer Synthesizerstimme aus dem Lautsprecher schnarren.

Da heißt es gleich zum Kern kommen: Werden wir je das Universum verstehen? Hawkings Mund verzieht sich zu einem strahlenden Lächeln, dann rast minutenlang der Cursor. Plötzlich schallt es aus dem Synthesizer: »Vor 20 Jahren dachte ich, wir würden bis zum Ende des 20. Jahrhunderts eine allumfassende Theorie finden. Doch obwohl wir viele Fortschritte gemacht haben, scheint unser endgültiges Ziel immer noch genauso weit von uns entfernt.« Während der Besucher bewundernd registriert, dass Hawking trotz seiner Krankheit auf grammatikalisch korrekten Sätzen besteht, breitet sich erneut Stille aus. »Ich habe meine Erwartungen nach unten korrigiert«, setzt die monotone Computerstimme überraschend wieder ein. »Aber ich denke immer noch, wir haben eine gute Chance, eine solche Theorie bis zum Ende des Jahrhunderts zu finden – nur meine ich jetzt das 21. Jahrhundert.« Die ironische Wendung ist typisch für Hawkings Humor. Da ausführliche Diskussionen mit ihm praktisch unmöglich sind, erfreut er seine Gesprächspartner gerne mit überraschenden Aperçus oder Pointen. Selbst seine Behinderung verarbeitet er auf diese Weise. »Sie sagen, ich sitze hier auf Newtons Lehrstuhl«, meinte er einmal über seine Professur in Cambridge, »aber dieser Stuhl hat sich offensichtlich stark verändert.« Nein, Stephen Hawking gibt weder vor seinem Rollstuhl noch vor den Herausforderungen der Kosmologie klein bei.

»Er strengt sich gewaltig an, ein möglichst normales Leben zu führen«, sagt Thomas Hertog, einer von Hawkings drei Doktoranden. »Jeden Mittwoch treffen wir uns zum Mittagessen« – auch so ein Ritual der Normalität, das nur durch die Krankenschwester gestört wird, die Hawkings Essen klein schneiden muss. Und wie fühlt man sich an der Seite eines weltberühmten Genies? »Für die Forscher um ihn herum ist er nur einer der Ihren«, meint Hertog gelassen. »Doch je weiter die Menschen von ihm entfernt sind, umso mehr wächst die Faszination.« Hertog hat sich längst an seinen Doktorvater gewöhnt – auch daran, dass dieser nur die Ideen liefert und ihm die Ausarbeitung überlässt. »Die Kalkulationen kann Stephen nicht mehr selbst ausführen, aber oft braucht er nur ein paar Sätze, um einen wesentlichen Punkt zu erläutern«, sagt Hertog, der intensiv an Hawkings neuem Buch mitgearbeitet hat.

Er beherrscht wie wenige andere die Kunst der Popularisierung

Dessen druckfrische Fahnen glänzen auf dem Schreibtisch in Hawkings Arbeitszimmer. Schön bunt kommt »Das Universum in der Nussschale« daher. Es ist gespickt mit Illustrationen und angereichert mit (von Hertog gelieferten) Erklärkästen –

ein physikalisches Bilderbuch. Eines muss man Hawking lassen: Er beherrscht wie wenige andere Wissenschaftler die Kunst der Popularisierung. Anschaulich erklärt er die Tücken der Quantengravitation, wandelt mathematische Gleichungen in

War das Universum vor dem Urknall nur erbsengroß?

abenteuerliche Begegnungen mit Schwarzen Löchern und würzt seine kosmologischen Betrachtungen mit erfrischenden Sarkasmen. Beispielsweise könne man nach den Formeln der Relativitätstheorie seine Lebenszeit dadurch verlängern, dass man stets mit der Erdrotation nach Osten fliegt. Allerdings würde der winzige Zeitgewinn »mehr als wettgemacht durch den Verzehr der Fertigmenüs, die die Fluggesellschaften servieren«.

Doch bei allem Erklärtalent: Quantenmechanische Betrachtungen, auch unterhaltsam dargebotene, verlangen ein Abstraktionsvermögen, das jenes von Normalbürgern meist weit übersteigt. »Wenn die Strings neben ihren normalzahligen Dimensionen der Zeit und des Raums zusätzlich noch Grassmann-Dimensionen haben, entsprechen die Kräuselungen Bosonen und Fermionen.« Wer da mehr als zwei Fachbegriffe nachschlagen muss, sollte die Finger von dem Buch lassen. Derartige Argumentationen führen übrigens kaum zu endgültigen Lösungen, sondern oft zu neuen Rätseln. Sind Zeitreisen möglich, Professor Hawking? »Der Quantentheorie zufolge wird jeder Weg durch Raum und Zeit eingeschlagen. Deshalb müssen Zeitreisen möglich sein. Aber meine Berechnungen zeigen, dass die Wahrscheinlichkeit von Zeitreisen in die Vergangenheit sehr klein ist.« Wer damit nicht zufrieden ist und das einschlägige Buchkapitel durchackert, lernt viel über Wurmlöcher, Raumzeitkegel und den Casimir-Effekt. Doch am Ende ist er so klug als wie zuvor. »Vielleicht fragen Sie sich«, tröstet Hawking den erschöpften Leser, »ob dieses Kapitel nicht zum großen staatlichen Vertuschungsmanöver in Sachen Zeitreisen gehört. Vielleicht haben Sie Recht.«

Das Schlusskapitel des neuen Buches, gibt Thomas Hertog freimütig zu, ist eigentlich schon überholt. In dem vor einem Jahr verfassten Text preist Hawking die Theorie der so genannten »branes« (winziger, schwingender Membranen) als Kandidaten für eine Weltformel. »Diese Branes waren vor einiger Zeit sehr populär unter Astrophysikern, und alle dachten, wir müssten ein kosmologisches Szenario entwerfen, das auf der Brane-Physik basiert«, berichtet Hertog. »Inzwischen sind wir davon wieder abgekommen.« Da war das Buch allerdings schon fertig.

So ist das eben in der Kosmologie: Moden kommen und gehen. Die abstrakten Theorien lassen sich (derzeit) kaum an dazugehörigen Daten überprüfen und führen daher ein von der Realität nahezu losgelöstes Eigenleben. Viele Parameter der komplexen Gleichungen sind unbekannt und können – mal so, mal so – angepasst werden. Zudem stehen die zwei wichtigsten Grundpfeiler der Physik, Einsteins Relativitätstheorie und die Quantenmechanik, noch immer unverbunden nebeneinander. Solange den Forschern ein solch tragfähiges Fundament fehlt, hängen ihre theoretischen Spekulationen in der Luft. Dass Hawking dennoch Prognosen über das Schicksal des Alls unters Volk bringt, findet in der Zunft nicht nur Beifall. Hawkings mathematische »Tricks« ließen »die Ergebnisse nicht ganz zwangsläufig erscheinen«, kommentierte der Münchner Astrophysiker Gerhard Börner, als Hawking vor einigen Jahren behauptet, das Universum sei vor dem Urknall »erbsengroß« gewesen. Solche Aussagen lassen sich weder beweisen noch widerlegen.

Aus diesem Grund wird Stephen Hawking – auch wenn das seine Anhänger inständig hoffen – wohl nie den Nobelpreis erhalten. Denn dieser wird in der Regel nur für experimentell verifizierte Ergebnisse vergeben. »Hawking hat großartige Arbeit geleistet«, sagt Anders Barany, Sekretär des Nobelkomitees, »aber wir sind uns noch nicht sicher, ob sie wirklich in Beziehung zur Natur steht.« Auch Hawkings Kollegen sind eher reserviert. Als das britische Institute of Physics im vergangenen Jahr 250 führende Forscher nach dem größten Physiker aller Zeiten fragte, landete Einstein unangefochten mit 119 Stimmen auf Platz eins. Hawking erhielt lediglich zwei Stimmen.

Als das britische Institute of Physics im vergangenen Jahr 250 führende Forscher nach dem größten Physiker aller Zeiten fragte, landete Einstein unangefochten mit 119 Stimmen auf Platz eins.

Ein Szenario des Universums, das sich als falsch herausgestellt hat

Der krasse Gegensatz zwischen solchen Voten und der Verehrung des Publikums regt den Wissenschaftsautor Robert Matthews schon lange auf. »Die Unfähigkeit der Medien, über Hawkings Rollstuhl hinauszusehen, ist bizarr«, wettert Matthews im Spectator. Natürlich sei Hawking eine faszinierende Persönlichkeit. Doch seine wissenschaftlichen Leistungen seien

Stephen Hawking

Um den Zusammenbruch der physikalischen Gesetze beim Urknall zu umgehen, hatte Hawking eine zusätzliche »imaginäre Zeit« eingeführt.

eher dürftig: Er habe einige lose Enden der mathematischen Theorie zusammengefügt, eine unbewiesene Voraussage über Schwarze Löcher (Hawking-Strahlung) gemacht und ansonsten ein Szenario des Universums entworfen, das sich als falsch herausgestellt hat.

Mit der letzten Bemerkung ist eine wesentliche Aussage der »Kurzen Geschichte der Zeit« gemeint. Um den Zusammenbruch der physikalischen Gesetze beim Urknall zu umgehen, hatte Hawking eine zusätzliche »imaginäre Zeit« eingeführt. Mit diesem Kunstgriff ergab sich wundersamerweise ein geschlossenes Bild des Weltalls, dessen Geschichte als runder, harmonischer Ball in der (imaginären) Raumzeit erschien. Zugleich prophezeite Hawking, dass sich die Ausdehnung des Kosmos eines Tages umkehren und alles in einem »big crunch« zusammenstürzen würde. Beobachtungen der vergangenen Jahre beweisen jedoch das Gegenteil: Heute sieht alles nach einem »offenen Universum« aus, niemand redet mehr vom »großen Zusammenstürzen«.

Doch wem wollte man eine solche Fehlprognose verübeln? Jeder Kosmologe dürfte eine ähnliche Theorieleiche im Keller haben. So gesehen, ist der Forscher Hawking ein ganz normaler Vertreter dieser Spezies.

Angesichts des Menschen Hawking müssen solche Mäkeleien freilich kleinkariert erscheinen. Vor der bewundernswerten Art, mit der er sein Leben meistert, verstummt jede Kritik. Dass er die Aufmerksamkeit der Medien genießt und sich gerne auch mal als Orakel geriert, ist nur allzu verständlich. Für Ikonen wie ihn gelten eigene Gesetze. Auch Marilyn Monroe mag nur eine mittelmäßige Schauspielerin gewesen sein.

Unsterblich wurde sie dennoch.

6. September 2001

siehe auch
✦ **Astrophysik**
✦ **Kosmologie**
✦ **Urknall**
✦ **Weltall**

Martin Heidegger

Die Schlieren im Auge der Sprache

Warum die Begegnung zwischen Paul Celan und dem deutschen Philosophen die Interpreten nicht ruhen lässt

Von Thomas Assheuer

Eigentlich hatte sich Paul Celan geschworen, nie mehr unter den Augen der Öffentlichkeit zu lesen. Nur Freiburg, diese Einladung nahm er noch an. Freiburg ist die Stadt Martin Heideggers. Auf Bitte des Philosophen (»Ich kenne alles von ihm«) legen am 24. Juli 1967 die Buchhändler Celans Gedichtbände in ihre Schaufenster. Dem Germanisten Gerhart Baumann schreibt Heidegger, es sei »heilsam«, Celan den Schwarzwald zu zeigen. »Heilsam.« Am Abend strömen tausend Menschen in jene Universität, in der Heidegger im Mai 1933 das deutsche Volk mit apokalyptischem Imperativ zur Erfüllung seines geschichtlichen Auftrags abkommandiert hatte. »Wir wollen uns selbst.« Im Schlusssatz ein missbrauchter Platon: »Alles Große steht im Sturm.«

Celan hatte den Holocaust überlebt. Seine Gedichte chiffrieren das Andenken an die Ausgelöschten von Auschwitz. Auch Heidegger sagt An-denken. Aber An-Denken des »Seins«. Als Celan im Hotel eintrifft, wartet Heidegger schon. Das Gespräch ist verhalten, dann freundlich, und erst als jemand eine Fotokamera hebt, steht Celan brüsk auf. Er wünsche »entschieden« nicht, mit Martin Heidegger fotografiert zu werden. Heidegger bleibt ungerührt: »Er will nicht – nun, dann lassen wir es.« Die abendliche Lesung, heißt es, habe das Publikum überwältigt. Der Dichter spricht zu allen. Aber besonders zu Heidegger. Celans letzte Verse aus »Atemwende«: »Tief in der Zeitenschrunde ... wartet ein Atemkristall, / dein unumstößliches Zeugnis.« Heidegger lädt ihn für den nächsten Tag auf seine legendäre Hütte ein. Celan zögert. Dann sagt er zu. Zu Recht nennt Gerhart Baumann in seinen »Erinnerungen an Paul Celan« (Suhrkamp-Verlag) die Begegnung mit Heidegger »epochal«. Bis heute jedenfalls lässt sie den Kampf der Interpreten nicht ruhen, und von Anfang an rückten die Geistespolitiker der Literatur nicht nur ihre Gegnerschaften, sondern vor allem ihre Mutmaßungen über das Wohl und Wehe der Sprache ins Licht dieser Urszene. Wer über das Freiburger Ereignis schrieb, urteilte zugleich über das »Wesen« der Dichtung und die faschistische Einschwärzung der Sprache. Für Adorno war die deutsche Kultur nach Auschwitz »Müll«; für den korrumpierten Bildungshumanismus die letzte Bastion: Im Tiefgrund des Deutschen murmelt ein welterschließender Sinn, an dem die Barbarei spurlos vorübergegangen ist.

Martin Heidegger

Heute sitzt nicht nur Botho Strauß in Heideggers Hütte und beschwört verzweifelt das authentische Deutsch der Deutschen. Neben ihm entziffert Peter Handke einsam den archetypischen »Ursinn« der Worte, und Martin Walser verehrt in Viktor Klemperer den heldenhaften Überbringer des deutschen Erbes. Literaturkritiker betteln wieder um einen zeitlos metaphysischen Sinn, und mit wehenden Fahnen sind konservative Staatsträumer auf ihren Holzwegen unterwegs zu Heideggers Sprachphilosophie. Sie haben ihre Wunschbilder von der künftigen »Berliner Republik« nationalutopisch aufgeladen und sehen den glücklichen Augenblick gekommen, nach dem »Ende« der Bundesrepublik an tief liegende Traditionen des deutschen Geistes anzuknüpfen, um der Literatur jenes metaphysische Terrain zurückzuerobern, das die kritische, sich auf Celan berufende Sprachunordnung der alten Bundesrepublik angeblich verriegelt hatte.

Sollte es Zufall sein, dann hat er eine Regel. Denn auch die jüngsten Suchbewegungen nach dem transhistorischen Gehalt der Literatur stehen im Schatten der Epoche machenden Begegnung zwischen Celan und Heidegger. Stephan Krass widmete ihr zwei Aufsätze in der »NZZ«, Jochen Hörisch unterzog Celans Gedicht »Psalm« einer seltsam enthistorisierenden Deutung, und, ganz entscheidend, die »Neue Rundschau« (S. Fischer Verlag, Heft 1/98) veröffentlicht Jean Bollacks spektakuläre Neuinterpretation des Freiburger Treffens, von dem nichts überliefert ist außer den Hieroglyphen des Schweigens, zwei Gedichten und jenem aussichtslosen Satz, den Celan in Heideggers Hütte, vor einem Gang durchs Hochmoor, ins Gästebuch geschrieben hatte: »Ins Hüttenbuch, mit dem Blick auf den Brunnenstern, mit einer Hoffnung auf ein kommendes Wort im Herzen.«

Einige Tage später, am 1. August 1967, entsteht Celans Gedicht »Todtnauberg«, im Zentrum das Wort aus dem Hüttenbuch: »Von einer Hoffnung, heute, / auf eines Denkenden (ungesäumt) / kommendes / Wort / im Herzen.«

Insgeheim ist auch die extreme Deutung des in Paris lebenden Celan-Forschers Jean Bollack ein Beitrag zum Streit um

Heidegger 1923 beim Holzsägen; die deutsche Sprache war für ihn ein Weltheiligtum

Schuld und Unschuld der deutschen Sprache, doch um ihn in seiner ganzen Schärfe zu verstehen, muss man das historisch Ungeheure zwischen dem Dichter und dem Philosophen in Erinnerung rufen.

Celans Eltern waren 1942 von den Nationalsozialisten verschleppt und ermordet worden; Heidegger hat zu seinem faschistischen Engagement, wie George Steiner sagt, »bauernschlau« geschwiegen; zahllose Rechtfertigungen, endlose Retuschen, aber kein öffentliches Wort, keine Verurteilung des Nationalsozialismus, nur einige dürre Zeilen an Jaspers. Celan hatte Heidegger gelesen, nicht nur das bahnbrechende Werk »Sein und Zeit«. Er kannte die »Einführung in die Metaphysik« mit ihrem fatalen Pathos (»Das Wahre ist nicht für jedermann, sondern nur für den Starken«); in seinem Handexemplar sind die fürchterlichen Sätze über die »innere Wahrheit und Größe der Bewegung« mit einem Ausrufezeichen kommentiert. Vertraut waren Paul Celan auch die Nietzsche-Studien, ebenso die Hölderlin-Vorlesungen, in denen Heidegger die deutsche Sprache zum Weltheiligtum erklärte, Tenor: Das Sein spricht deutsch. Aber, und

Martin Heidegger

darin ist das ganze Drama der Begegnung verrätselt, auch Celan schreibt deutsch. Er, der seine Eltern nicht zur Flucht hatte bewegen können, verfasst, mit einem Wort von Maurice Blanchot, seine »Gedichte in jener Sprache, durch welche der Tod über ihn, über seine Nächsten, über Millionen von Juden und Nichtjuden kam«.

Erwartete Celan ein Schuldgeständnis des Philosophen Heidegger?

Keineswegs war Celan bloß ein »Wallfahrer«, der Heidegger eine Huldigung ins Hüttenbuch kritzelte. Aber warum reiste er überhaupt nach Freiburg? Wartete er auf das Schuldgeständnis eines Philosophen, der doch nie Rechenschaft abgelegt hatte und in dessen Werk Verantwortung und Gewissen Raritäten sind? Ein Philosoph, der sich auf die objektive Unverantwortlichkeit seines »wesentlichen« Denkens so viel zugute hielt? Es heißt, Heidegger habe beharrlich geschwiegen. Das stimmt nicht ganz. Heidegger hat auf Celans Gedicht »Todtnauberg« immerhin reagiert; mit einem – anders als die »NZZ« schreibt – durchaus bekannten Brief vom 30. Januar 1968 und dem Gedicht »Vorwort«.

Warum reiste Celan überhaupt nach Freiburg?

Diesen Brief nennt John Felstiner in seiner großen »Celan-Biographie« (Beck-Verlag) nichts sagend, aber vielleicht sagt er auch alles. Heidegger wirbt mit kalter Freundlichkeit, und mit einer immunen Wendung gibt er zu verstehen, er habe Celans »Ermunterung« und »Mahnung« durchaus bemerkt. »Seitdem haben wir vieles einander zugeschwiegen.« Über dem Schluss des Briefes liegt Schwarzwälder Nebel, die Vertröstung auf eine gegebene Stunde. Die »Stimme vom Berg« schließt mit der Gleichgültigkeit des Seinsphilosophen. Nicht Menschen sprechen, sondern die Sprache. Heidegger streift Celans Hoffnung auf das »ungesäumte Wort« – und vertröstet den Wartenden auf eine Fügung, auf die Gnade der Zeit. »Und meine Wünsche? Dass Sie zur gegebenen Stunde die Sprache hören, in der sich Ihnen das zu Dichtende zusagt.«

Jean Bollacks Deutung gibt der Begegnung eine Wendung, gegen die Hans-Georg Gadamer heftig protestiert hat. Denn glaubt man Bollack, dann hat Celan, entgegen allen anderen Einschätzungen, in Freiburg sein Ziel erreicht. Er hat Heidegger mit dessen Schuld konfroniert und ihm das »Inferno«, seinen »schwarzen Wald«, vor Augen geführt. »Todt-nauberg«, »Toten-Au«, Totenwiese. Celan, sagt Bollack, habe diese »Hadesfahrt« inszeniert, aber nicht für ein vergehendes Wort, eine bloße »Stellungnahme«, sondern um Heideggers Vergessen zu sabotieren. Nie wieder sollte der Philosoph dem Zweifel entkommen; er sollte »gegen seinen Willen das Andenken denken«; das Andenken der »Vernichtung« – als Inversion des Denkens, als unstillbare Unruhe im Innersten seiner Sprache. »Todt-nauberg«.

Bollacks Spekulationen tragen den Titel »Vor dem Gericht der Toten«. Sie polemisieren gegen die deutsche Hüttenweisheit, Heidegger und Celan seien sich im Tiefsten, über das »Wesen der Dichtung«, handelseinig gewesen. Bollack ist radikal, aber vielleicht nicht radikal genug. Bestand die Provokation nur in der Frage nach Heideggers faschistischem Engagement? Denn bei allem darf man nicht vergessen, mit welcher Autorität Heidegger die Dichter des Deutschen ausgestattet, welchen Auftrag er ihnen erteilt hatte,

Martin Heidegger

Sie, und nur sie, erneuern Wahrheit und Ursprung der deutschen Sprache zwischen den »Winken der Götter« und den »Stimmen des Volkes«. Die Dichter sind Gedächtnis nicht der Geschichte, sondern des Seins.

Und Celan? Der Dichter war nicht der Doppelgänger des Philosophen, er war seine Heimsuchung. Er war Heideggers Antithese, die erschütterndste und gefährlichste, die sich denken lässt. Celan war Heideggers eigene Frage in Gestalt. Denn der Jude, der sich zwang, deutsch zu schreiben, sagte nicht »Stiftung des Bleibenden«, sondern Zerstörung; nicht »Wortwerdung des Seins«, sondern »Wortwerdung der Schuld«. Celan sagte nicht »Seinsgedächtnis« und »Unverborgenheit«, sondern »Leichenfeld«. Der Dichter beklagte, worüber der Philosoph schwieg: den Tod Gottes in der Sprache der Deutschen. »Todt(n)-Au-Berg« – die »Schliere im Auge der Sprache«.

In seiner Bremer Rede hat Celan den heillosen Satz gesagt, seine Sprache sei durch das »Geschehen« gegangen, durch die »tausend Finsternisse todbringender Rede«. »Niemandhaftigkeit« ist der Grund, in dem sich nach Auschwitz die deutsche Sprache verliert. So konfrontierte Celan Heideggers Philosophie mit der Verzweiflung einer ästhetischen Moderne, der nichts mehr verbürgt ist, nur eine sprachlose Leere, die auch auf die Literatur der Gegenwart ihre Schatten wirft – unlängst noch auf Matthias Polityckis »Weiberroman« über die schlechte Unendlichkeit der Siebzigerjahre. Nicht die Frage nach Heideggers Faschismus, sondern die nach der historischen Beschädigung der deutschen Sprache grundiert einmal mehr die schwelende Auseinandersetzung um das Sinnversprechen der Literatur, nachdem in »Todtnauberg« das Weltvertrauen in alle Winde zerstreut worden war.

12. Februar 1998

siehe auch
❖ **Celan, Paul**
❖ **Philosophie**

Helgoland

Unser Gibraltar

Wie die friesische Fischer- und Ferieninsel in die Hände des deutschen Militärs geriet und dabei fast zugrunde gegangen wäre

Von Joachim Oltmann

In Berlin wird man nervös, das Auswärtige Amt weist am 29. Mai 1890 den Botschafter in London erneut darauf hin, »dass der Besitz von Helgoland ... für uns von größter Bedeutung und weitaus der wichtigste Gegenstand bei der ganzen jetzt schwebenden Verhandlung« sei. Auch teile der Kaiser die Ansicht des Reichskanzlers, »dass ohne Helgoland der Nordostseekanal keine Bedeutung für unsere Flotte« habe. Botschafter Paul Graf von Hatzfeldt behält in London indes den Überblick, er empfehle es gerade deshalb nicht, Lord Salisbury über die »wahre Bedeutung« Helgolands für das Reich »zu früh aufzuklären«. Premierminister Salisbury hatte in den Verhandlungen über einen kolonialen Interessenausgleich Helgoland angeboten, wenn Deutschland dafür Großbritannien unter anderem das Protektorat über die Insel Sansibar vor der ostafrikanischen Küste zugestehen würde. Die Kontrolle dieses Handelsplatzes ist dem Premier wichtiger als der für England nutzlos gewordene Felsen in der Nordsee.
Achtzig Jahre zuvor, 1807, hatten die Briten die damals dänische Insel im Kampf gegen Napoleon und die Kontinentalsperre erobert und im Kieler Frieden behalten. »Was aber England mit Helgoland will, wird sich bei jedem Krieg mit dem Continent zeigen«, schrieb 1846 Theodor Mügge. Auch spekulierte der Berliner Schriftsteller bereits über die Anlage eines Hafens, »in welchem die größten Kriegsschiffe ankern können. Darum ist der Besitz Helgolands keineswegs ein so unwichtiger wie es scheint.« Vor allem aber weist er auf die Schmach hin, dass die Flagge Englands »so dicht vor der Elbmündung« wehe. Im Revolutionsjahr 1848 dann konnte man in einem Plädoyer für eine »deutsche Kriegsflotte« die Klage lesen, die Engländer hätten die »deutsche Insel Helgoland« entwendet, »unser deutsches Gibraltar«.
In der Tat, die strategische Bedeutung Helgolands für die Deutsche Bucht war nicht zu übersehen. 1864, während des deutsch-dänischen Krieges, fand in Sichtweite der Insel ein Seegefecht statt, 1870 erschien hier eine französische Flotte und bedrohte die deutschen Küsten. Seitdem gab es immer wieder Versuche, Helgoland in deutsche Hände zu bringen. Auch Reichskanzler Otto von Bismarck wünschte sich 1884 »diese urdeutsche Insel« im Besitz des Reiches, und der damalige Botschafter in London schrieb zustimmend bereits von einem »Vorposten im Kriege«. 1889 strich der Staatssekretär des Auswärtigen, Herbert von Bismarck, dem Vater gegenüber den Wert Helgolands für »kriegerische Eventualitäten« heraus. Die Militarisie-

Wilhelm II. sprach von der »Wiedervereinigung mit dem deutschen Volke und Vaterlande«.

Helgoland

Helgoland – ein für England nutzlos gewordener Felsen in der Nordsee

rung der rauen Frieseninsel begann sich erstmals abzuzeichnen ...
Mit dem deutsch-britischen Vertrag vom 1. Juli 1890 wurde Helgoland in die Weltpolitik hineingezogen. Der neue Reichskanzler Georg Leo von Caprivi wollte nicht nur koloniale Differenzen in Afrika ausräumen, sondern Großbritannien näher an den Dreibund (Deutschland, Italien, Österreich-Ungarn) heranführen, da nach Bismarcks Abgang der Rückversicherungsvertrag mit Russland nicht verlängert worden war. Doch Caprivi erreichte eher das Gegenteil. Das Helgoland-Sansibar-Abkommen verstärkte noch die antienglischen Ressentiments und führte zur Gründung des extrem nationalistischen Alldeutschen Verbandes. Auch Altkanzler Bismarck war nicht erbaut, zwar liege in Besitz des Felsens »eine Genugtuung für unsere nationalen Empfindungen, aber zugleich entweder eine Verminderung unserer nationalen Sicherheit gegen eine überlegene französische Flotte oder die Nötigung, aus Helgoland ein Gibraltar zu machen«.

Die Insel hatte einen besonderen Rang im deutschen Bewusstsein

Wilhelm II. drängte dagegen auf die Erwerbung um jeden Preis, er war schon als Kind auf Helgoland gewesen, und seither ließ ihn die Insel nicht mehr los. Seit den Jahren der Romantik hatte der malerische Ort, 1826 zum Seebad erklärt, einen besonderen Rang im Bewusstsein der Deutschen: Künstler, Prinzen und Professoren besuchten die britische Kolonie, darunter auch manch oppositioneller Autor des Jungen Deutschland. Heinrich Heine zum Beispiel zog es wiederholt auf die Insel, ebenso seinen Hamburger Verleger Julius Campe und den Breslauer Germanisten Hoffmann von Fallersleben; er dichtete hier 1841 voller Sehnsucht »Das Lied der Deutschen«, das später, mit der Musik Joseph Haydns, zur deutschen Nationalhymne werden sollte. Bei Wilhelm, dem Enkel der britischen Königin Victoria, mochte sich das romantische Bild Helgolands, wie es ungezählte Maler und Schriftsteller des 19. Jahrhunderts verewigten, zudem mit seiner Marinebegeisterung verbunden haben, die er auf »englisches Blut« zurückführte.

Am 10. August 1890 jedenfalls war es so weit: Der Kaiser nahm feierlich Besitz. In seiner Proklamation zur Übernahme Helgolands sprach er von der »Wiedervereinigung mit dem deutschen Volke und Vaterlande«, doch hier irrte er wie viele vor ihm. Die Insel hatte früher, als Teil des Herzogtums Schleswig, nie zum Heiligen Römischen Reich Deutscher Nation gehört, auch wurden die Helgoländer zu ihrer »Wiedervereinigung« gar nicht erst gefragt. Richtig ist eher, was Wilhelm zu dieser »Mehrung des Reiches« in seinen Erinnerungen von 1922 notierte: Die »erste Bedingung für den Ausbau der Flotte war erfüllt«. Auch Kanzler Caprivi, zuvor Chef der Admiralität, hatte seit langem die strategische Bedeutung Helgolands im Auge. Die Insel wurde Preußen zugeschlagen und nun, von 1891 an, schrittweise in eine waffenstarrende Festung verwandelt. Man baute eine Marinemole, bohrte einen Tunnel zum Oberland und errichtete dort Stellungen für Kanonen und großkalibrige

Helgoland

Haubitzen, eingebettet in Stahl und Beton. Dazu kamen im Felsen Bunker für Mannschaften und Munition. »Jetzt jedoch kann kaum noch jemand über den Wert, den Helgoland im Kriege für uns haben wird, im Unklaren sein«, schwärmte Graf Reventlow 1901 in seinem Buch »Die deutsche Flotte«, »jetzt ist es eine mächtige deutsche Festung.« Damit nicht genug. Die Geschütze wurden verstärkt, Kraftstationen und Kasernen gebaut, Gänge durch den Felsen getrieben, in der Südspitze ein Labyrinth aus Hohlräumen angelegt, auf den Hummerbänken im Süden die Hafenanlage für Torpedo- und Unterseeboote aufgeschwemmt. Eine Seefliegerstation entstand, und über die Insel wurden zahllose Flugabwehrgeschütze, Maschinengewehr- und Scheinwerferstellungen verteilt. Seine Majestät zeigten Jahr für Jahr lebhaftes Interesse.

Die Festung hatte nicht nur eine defensive Bedeutung, ihren offensiven Charakter erhielt sie bereits im Frieden. Entscheidend war die Wende von 1897, als Wilhelm II. mit Bernhard von Bülow und Konteradmiral Alfred Tirpitz zwei Staatssekretäre berief, die dem Reich den Weg zur Weltmacht bahnen sollten – einen Weg, der sich an der See- und Kolonialmacht Großbritannien orientierte und das Inselreich zugleich herausforderte. »Für Deutschland ist zur Zeit der gefährlichste Gegner zur See England«, schrieb Tirpitz in einer Denkschrift, mit der er seinen Einstand als Staatssekretär des Reichsmarineamtes gab und den Kaiser vom Bau einer Schlachtflotte überzeugte. Diese müsse ihre »höchste Kriegsleistung zwischen Helgoland und der Themse entfalten« können.

Zu Beginn des 1. Weltkriegs wurden die Helgoländer evakuiert

Der Name der Insel fiel nicht zufällig, später räumte Tirpitz in seinem Buch »Der Aufbau der deutschen Weltmacht« ein, dass der »Hebel unserer Weltpolitik« die Nordsee gewesen sei. Und Helgoland war der »Drehpunkt« (wie der Kieler Historiker Michael Salewski es nennt), über den man die englische Weltmacht aushebeln wollte. Zu einem »Symbol einer von England unabhängigen deutschen Weltpolitik« erhob denn auch 1916 der Berliner Histori-

Tirpitz riet zum Bau einer Schlachtflotte, die ihre »höchste Kriegsleistung zwischen Helgoland und der Themse entfalten« könne.

ker Maximilian von Hagen die Insel: Ohne Helgoland sei diese Politik und ihre »Verteidigung« unmöglich.

Wie konnte die kleine Insel eine solche Funktion erfüllen? Als Hochseefestung musste sie die Bewegungsfreiheit der Schlachtflotte, die in Kiel und Wilhelmshaven lag, aus der Deutschen Bucht heraus gewährleisten. Vor allem aber sollte sie zuvor Deutschlands neue Seemacht in jener zeitlichen »Gefahrenzone« abschirmen, in der die Kriegsmarine noch nicht stark genug war. Denn nichts fürchteten die wilhelminischen Flottenbauer mehr, als dass ihnen die Royal Navy ein »Kopenhagen« bescheren könnte: 1807, als die Briten das dänische Helgoland erobert hatten, waren sie auch gegen Kopenhagen gezogen und hatten dort die dänische Flotte entführt – ein Präventivschlag in den Zeiten napoleonischer Bedrohung.

1914 schlug für die neue Veste im Meer die Stunde der Bewährung. Die Helgoländer wurden gleich im August auf das Festland evakuiert, ihre Häuser durften sie nicht abschließen. Vier Jahre später, bei der Rückkehr im Dezember 1918, fanden viele ihre Wohnungen ausgeraubt und demoliert. Geherrscht hatte hier aber nicht der Feind, sondern das kaiserliche Militär. Kein Engländer hatte die Insel betreten; auf britische Schiffe war von der Festung aus nur ein einziges Mal gefeuert worden: bei einem der wenigen Vorstöße der Engländer in die Deutsche Bucht. Sie setzten auf die Fernblockade und damit, so Marineminister Winston Churchill, auf die »wirtschaftliche Erdrosselung« Deutschlands. Nachdem London im November 1914 die Nordsee zum Kriegsgebiet erklärt hatte, antwortete Berlin im Februar 1915 mit der Erklärung eines Kriegsgebiets in den Gewässern um Großbritannien und Irland. Von Helgoland aus wurde ein neuartiger Krieg gegen Handelsschiffe mit Unterseebooten eröffnet, jahrelang attackierten Boote dieses Stützpunktes nun die britischen Seeverbindungen. Der U-Boot-Krieg wurde von Helgoland aus auch in das Nördliche Eismeer getragen, an die amerikanische Küste, zu den Kanarischen Inseln und ins Mittelmeer.

Nach 1919 schien der militärische Albdruck von der Insel zu weichen. Der Vertrag von Versailles sah vor, dass die Befestigungs- und Hafenanlagen geschleift wurden, mit einigen Zugeständnissen seitens der alliierten Überwachungskommission. Helgoland trug Zivil und lud wieder zum Bade, sogar im ehemaligen U-Boot-Hafen. Als »Deutschlands Kraft zerschlagen wurde, da wurden auch die Trutzbauten des Helgoländer Kriegshafens zerschlagen – auf Englands Befehl«, klagte 1924 ein Göttinger Professor; einer der vielen, die den Zustand als Schmach empfanden. »Dort standen die Geschütze. Drüben liegt England ... Unten liegen die abgebrochenen Befestigungsmauern. Das ist Deutschland«, notierte der NSDAP-Politiker Joseph Goebbels im Juli 1928 nach einem Besuch der Insel zusammen mit Hitler.

Die vom Reichswehrministerium herausgegebene »Marine-Rundschau« allerdings fasste eine Remilitarisierung der Insel bereits 1930 ins Auge, vier Jahre später ging es los. Unter dem Decknamen »Aufräumungsarbeiten auf Helgoland« knüpften die Festungsbauer der NS-Zeit an das Werk ihrer Vorgänger aus dem Kaiserreich an: Die Gänge, Tunnel und Bunker im Felsen wurden instand gesetzt und erweitert; die Seezielbatterien auf dem Oberland kamen an die alten Positionen; die Hafenanlage im Süden folgte der Molenführung aus Kaisers Zeiten. Der britischen Regierung blieb die illegale Wiederbefestigung nicht verborgen, sie tolerierte sie jedoch im Zuge ihrer Appeasement-Politik. Außerdem schloss London 1935 mit Berlin ein Flottenabkommen – welchen Einwand konnten die Briten da gegen eine Seefestung Helgoland erheben?

Doch der expansive Kurs des NS-Regimes war nicht zu bändigen. 1938, in der Krise um die Tschechoslowakei, rückte die Konfrontation näher. Hitler drängte auf den beschleunigten Bau von Schlachtschiffen und U-Booten, der »Hassgegner« England sollte in die Schranken gewiesen werden. Im August reiste der Diktator demonstrativ nach Helgoland, begleitet vom ungarischen Reichsverweser Nikolaus von Horthy. Hitler zeigte seinem Staatsgast, einem ehemaligen k. u. k. Admiral, die neuen Festungsanlagen und befasste sich mit einem besonderen Vorhaben der Marine: dem Projekt »Hummerschere«.

Unter dieser Tarnbezeichnung sollte ein gigantischer eisfreier »Einsatzhafen« entstehen und Helgoland zur direkten Ausgangsbasis für die Operationen der künfti-

Joseph Goebbels notierte nach einem Besuch der Insel: »Das ist Deutschland.«

Helgoland

gen Schlachtflotte werden. Ein Plan von 1938 zeigt kilometerlange Molen und gewaltige Aufschüttungen. Der aktuelle Kriegsverlauf erzwang bald die Einstellung der Arbeiten, doch im Nordosten der Insel war, diesem Plan entsprechend, bereits neues Land entstanden. Auf der ebenfalls erweiterten Düne wurde ein Militärflugplatz errichtet und im Südhafen ein mächtiger Bunker für U-Boote.

Die Insel darf nicht kapitulieren

Während des Krieges nutzten die Boote Helgoland als eisfreie Werft und Station auf dem Weg zu den eroberten Häfen in Norwegen und Frankreich. Die Hochseefestung sicherte die Deutsche Bucht und überwachte den Luftraum, hin und wieder war sie Ziel von Bombenangriffen.

Im April 1945 überschlugen sich die Ereignisse: Eine Gruppe um den früheren Gemeindevertreter Erich Friedrichs versuchte, das Militär zu überrumpeln und die Insel kampflos den Engländern zu übergeben. Die Verschwörung flog auf, und wenige Stunden später erlebten die Helgoländer in ihren Bunkern den Weltuntergang. Am 18. April 1945 verwandelten tausend britische Bomber den Felsen in ein Trümmerfeld. Erich Friedrichs und einige seiner Mitverschwörer aber wurden auf dem Festland zum Tode verurteilt und erschossen. Was bewog die Briten, die Insel so kurz vor dem Ende des Krieges zu bombardieren? Die Hochseefestung war gefährlich, das »Militär-Wochenblatt« für die Wehrmacht rühmte sie 1940 als ein »gewaltiges Fundament artilleristischer Kampfkraft«. In jedem Fall sollte sie als ein mögliches Widerstandsnest ausgeschaltet werden. Die Reichweite der Helgoländer Seezielbatterien wurde auf 45 Kilometer geschätzt, eine Marineaktion kam somit für die Engländer nicht infrage. Erst Tage nach der deutschen Kapitulation erschien die Royal Navy vor der Insel; der britische Kommandant befahl die vollständige Räumung.

Im Juni 1945 fiel in London die Entscheidung, die zerstörte und entvölkerte Insel als Bombenübungsziel zu nutzen. Noch war der Krieg gegen Japan nicht beendet, doch auch danach und erst recht im beginnenden Kalten Krieg hielt die Royal Air Force an ihrem »Übungsziel« Helgoland fest – mit dem Argument, der Ort sei unbewohnt, die Gemeinde aufgelöst. Das war ein eklatanter Verstoß gegen internationale Bestimmungen: Mit dem Ende der Kampfhandlungen hätte, nach den Regeln des Völkerrechts, die Insel nicht mehr weiterzerstört werden dürfen. Dieses Verhalten der Besatzungsmacht war einer der Gründe, warum man 1946 ihrer Ankündigung nicht glaubte, Helgoland lediglich gemäß den Richtlinien des Potsdamer Abkommens zu entmilitarisieren, also die Festungsanlagen zu vernichten. Die Presseerklärung vom Juli trug den unglücklichen Titel »Destruction of Heligoland«, auch wurden Unmengen Sprengstoff herangeschafft. Im besetzten Deutschland kam man daher zu der Überzeugung, dass die Briten die ganze Insel vernichten wollten – bis heute eine hartnäckige Legende.

Denn die Operation »Big Bang« am 18. April 1947 ließ Helgoland bestehen. Und tatsächlich enthalten die britischen Unterlagen keinen Beleg für eine geplante Zerstörung der gesamten Insel, auch wurden die Häfen, Zivilbunker und Uferschutzbauten bewusst verschont. Warum aber fiel dann die Sprengung so verheerend aus? (Ein Journalist der BBC meinte nach der Besichtigung: »It was like Nagasaki all over again.«) Zum einen hatten die deutschen Festungsbauer mit ihren Tunneln und Bunkern die Heimat der Helgoländer gründlich unterminiert; wo sich in der Südspitze die umfangreichen Hohlräume befanden, sackte das Oberland regelrecht ab. Zum Zweiten führten die Briten die Zerstörung der Festungsanlagen so radikal wie möglich durch. 1947 waren die Deutschen noch die mühsam besiegten Gegner, erst einen Monat zuvor, im März, hatten Großbritannien und Frankreich den Allianzvertrag von Dünkirchen geschlossen, der sich gegen eine erneute Aggression Deutschlands richtete. Und »Dunkirk« hieß auch der Zerstörer, von dem aus die Briten die Sprengung beobachteten, die mit einer gewaltigen Detonation Helgoland in den friedlichen Nordseefelsen zurückverwandelte, der Englands Freiheit nie mehr gefährden sollte.
23. August 2001

siehe auch
❖ **Caprivi, Georg Leo von**
❖ **Deutschland**
❖ **Schleswig-Holstein**

Ernest Hemingway

Der Tod am Morgen

Der amerikanische Schriftsteller war zu einer Legende männlichen Lebens geworden

Von H. M. Ledig-Rowohlt

Ernest Hemingway ist tot. Kein Schriftsteller dieses Jahrhunderts ist der Welt mit Leben und Werk so gegenwärtig gewesen wie er. Einer Generation ist er zum Vorbild, zur Legende männlichen Lebens geworden. Große Worte hat er nie geschätzt, er ist der Meister der Verknappung, ja des beredten Verschweigens. Wie sehr würde er verstehen, dass man sich außerstande sieht, einer Erschütterung Ausdruck zu geben, die zu tief geht, um sich in Worte fassen zu lassen. Mein Vater, Ernst Rowohlt, war schon 1926 durch seinen Autor, den amerikanischen Journalisten Edgar Ansel Mowrer, auf Hemingway aufmerksam geworden. Mowrer hatte ihm eines schönen Tages erklärt: »Ich habe da einen tollen, vitalen jungen amerikanischen Schriftsteller für dich! Lies mal seinen Roman ›The Sun Also Rises‹ – du wirst staunen, wieviel Whisky da auf jeder Seite getrunken wird.«

Väterchen, immer ein Mann kurzer Entschlüsse, erwarb die Rechte, ließ den Roman übersetzen, und so erschien »Fiesta« in Deutschland bereits Anfang 1928 als erstes Buch Hemingways auf dem Kontinent; nur einige Erzählungen hatte er vorher in Paris im Selbstverlag veröffentlicht. Große Erfolge wurden damals in Deutschland weder dieses noch seine anderen Bücher.

Dennoch knüpfte sich in kurzer Zeit ein festes freundschaftliches Band zwischen Autor und Verleger, welches das Vertragsverhältnis ersetzen musste, denn Hemingway unterschrieb damals nie Kontrakte. »Schließt nie Verträge mit Verlegern!« sagte er in einem Gedicht an seinen Sohn, das der »Querschnitt« veröffentlichte.

Das waren aber, wie es schien, die besten Voraussetzungen für ein selten harmonisches Verleger-Autoren-Verhältnis, und Hemingway wurde der erklärte Lieblingsautor meines Vaters. Sie schrieben sich Briefe, in denen sie mit ihrem Whisky-Verbrauch, ih-

Ernest Hemingway

ren Wander- und Jagdstrecken renommierten. So schrieb Hemingway am 30. November 1930 aus dem Bergstaat Montana:

»Ich liege hier im Hospital seit einem Monat, denn ich habe mir den rechten Arm glatt an der Schulter weggebrochen; deshalb Dir auch auf Deine Telegramme und Briefe nicht geantwortet.

Bis zum Armbruch hatte ich einen großen Dickhorn-Widder, zwei Bären und einen Elchbullen erlegt und daneben 285 Seiten an meinem neuen Buch (Tod am Nachmittag) geschrieben. Dos Passos war mit mir zusammen, als ich den Jagdunfall hatte. Aber er blieb unverletzt. Ich habe übrigens von Dir kein Exemplar von ›Männer‹ bekommen; wenn Du mich in Zukunft nicht besser mit Büchern versorgst und mit mehr Geld, bleibt mir nichts anderes übrig, als mir einen anderen, vielleicht einen großen jüdischen Verleger zu suchen.

Ernest Hemingway

Ich bin erstaunt, daß Du so wenig Geld für den Abdruck von ›In einem anderen Land‹ bekommen hast. Fünftausend Mark hätte ich leicht selber kriegen können. Ich hoffe, Du bist wohlauf und guter Dinge, und daß alles nach Deinen Wünschen geht.
Business kann in Deutschland nicht so schlecht sein wie in Amerika. Bald werden wir wieder einmal Krieg haben, und jeder wird fröhlich und bei Verdienst sein. Ich wollte, Du wärest mit uns in den Bergen gewesen. Übrigens freue ich mich für Dich, daß Sinclair Lewis den Nobelpreis erhalten hat. Schreib mir bloß sofort hierher. Das mit meinem Arm ist sehr schlimm gewesen, sie haben mich operieren müssen, und ich kann nicht schreiben und bin die ganze Zeit sauwütend. Meine Frau läßt Dich grüßen. Sie sagt, Du bist ihr Lieblingsverleger, aber daß Du uns nicht genug Geld einbringst. Sieh zu, daß Du Dich besserst. Jeder erzählt mir, die Deutschen seien so erfindungsreich. Du solltest auch erfindungsreich genug sein, um mir ein bißchen Geld zu beschaffen. Wenn ich so feine Bücher schreibe, warum versuchst Du dann nicht, ein paar davon zu verkaufen?«

Oder in einem früheren Brief aus Key West in Florida vom 18. Februar 1930, wo Hemingway lange Zeit ansässig war und auf Großfischjagd ging:

»Ich werde aus Deinem Vertrag nicht schlau; habe kein Wörterbuch hier und bin daher nicht sicher, ob ich alles richtig verstehe. Aber auf dieser Insel gibt es niemand, der mehr Deutsch versteht als ich. Ich habe Deine Briefe zu einem alten Mann gebracht, der Sprachstunden gibt (aus einem Buch), deutsche, französische und spanische, und der erklärt, diese Art Deutsch verstünde er nicht. So schick mir bitte daher doch immer gleich eine englische Übersetzung mit, wenn Du mir schreibst.
Was übrigens den Titel von ›A Farewell to Arms‹ angeht: ›Krieg und Liebe‹ mag ich nicht. ›Vorbei mit Krieg und Liebe‹ mag ich auch nicht. Der ist zu lang und verrät zu viel. ›Krieg und Liebe‹ ist kein guter Titel für dieses Buch. Wenn ich ein Buch geschrieben hätte, das ›Krieg und Liebe‹ heißen könnte, hätte ich viel mehr Kampfszenen drin, aber auch mehr Beischlaf. ›Fahrwohl, Krieg und Liebe!‹ mag ich auch nicht, auch das verrät zu viel und gibt nicht den Geist des Buches wieder. Eher mag ich ›Liebe im Krieg‹, wenn Du schon so einen Titel haben mußt. ›In Another Country‹ wäre ein guter Titel gewesen, ließe er sich gut ins Deutsche übersetzen: ›In ein andere Lande‹ (vermutlich ist das falsches Deutsch). Prinzipiell meine ich, ein Titel sollte immer so etwas sein wie ein Gedicht für sich. ›In our time‹, ›Men Without Women‹, ›The Sun Also Rises‹, ›A Farewell to Arms‹, das sind im Englischen alles Gedichte für sich. Der Titel ist so wichtig wie das Buch. ›In Another Country‹ ist gut, weil es ein Zitat aus Marlowe's ›Jew of Malta‹ ist. Das Zitat lautet: ›I have committed fornication, but that was in another country, and besides, the wench is dead‹. Wenn Du das Buch ›In Another Country‹ nennst, könntest Du bei der deutschen Ausgabe das Zitat von Marlowe auf einer der Vorderseiten drucken, genauso wie das Zitat aus den ›Ecclesiastes‹ in ›The Sun Also Rises‹.
Wenn Du meinst, das könne Verwirrung stiften, weil eine der Geschichten in ›Men Without Women‹ so heißt, dann laß es bleiben. Aber ich glaube, es ist ein wunderschöner Titel, der dem Buch auch sehr gut anstehen würde. ›Liebe im Krieg‹ könnte hingehen. Jedenfalls ist dieser Titel bestimmt besser als die anderen. Das Buch verkauft sich übrigens immer noch sehr gut; es wird gerade ins Spanische, Schwedische, Norwegische, Polnische, Ungarische und so weiter übersetzt. Ich will der Nouvelle Revue Française aber nicht gestatten, es zu veröffentlichen, bis sie mir das Geld gezahlt haben, was sie mir schulden. Ich habe viele französische und italienische Angebote. Bitte entschuldige, daß dieser Brief lauter Geschäftliches enthält. Ich will hier bis Ende Juli bleiben, arbeite sehr hart und habe wunderbare Fischjagd.«

Leider sollte sich Hemingways Kriegsahnung nur allzu bald erfüllen. Zunächst geriet die Korrespondenz aus anderen Gründen in eine kritische Phase. Hemingway hatte sich im Sommer 1933 bereits in einer in Holland erscheinenden, von Klaus und Erika Mann herausgegebenen Zeitschrift der Emigration eindeutig zur Demokratie bekannt und sich dadurch bei den neuen deutschen Machthabern missliebig gemacht. Dennoch wollte mein Vater unbedingt das kurz vorher fertig gewordene Buch »Tod am Nachmittag« veröffentlichen, aber die »Reichsschrifttumskammer« lehnte es ab, die Übersetzung von Annemarie Horschitz-Horst, die sämtliche Wer-

ke Hemingways übertragen hatte, zu genehmigen: Sie war Jüdin. Kurzerhand erklärte Hemingway daraufhin: »Dann muss ich eben auf eine Veröffentlichung dieses Buches in Deutschland verzichten!«
Nach Eintritt Amerikas in den Krieg wurden seine Bücher in Deutschland verboten, und die Verbindung zwischen Autor und Verleger riss ab. Ich entsinne mich noch, mit welchem Jubel dann mein Vater im Dezember 1946 den ersten Nachkriegsbrief Hemingways empfing. Er freue sich, schrieb er, seinen »old counter-comrade« noch am Leben zu wissen: »Du hattest sicher die Hölle von einem Krieg, und ich bin froh, dass Du nicht von uns in der Schnee-Eifel oder im Huertgenwald umgelegt worden bist. Glaube bitte nicht, dass ich hier als der anmaßende Sieger spreche, denn ihr habt auch viele von unseren Jungens erledigt (weiß Gott, ich bin froh, dass wir beide uns nicht gegenseitig erledigt haben). Bitte lass Annemarie Horschitz-Horst wissen, dass ich wieder auf sie als Übersetzerin rechne. Von allen meinen Übersetzern war sie am besten.«

Nur zweimal bin ich Hemingway begegnet. Anfang der Dreißigerjahre kam er zur Uraufführung von »Kat«, der von Carl Zuckmayer dramatisierten Fassung seines Romans »In einem anderen Land«, nach Berlin. Die Premiere allerdings verbrachte er nach dem ersten Akt in der Theaterbar. Das zweite Mal traf ich ihn im November 1959 in Paris, denn nach Deutschland kam er nicht wieder. Ich erwartete ihn mit Freunden im Nachtlokal des französischen Henry-Miller-Verlegers Maurice Girodias, »La Grande Séverine«, und sehe ihn noch jetzt deutlich vor mir, wie seine hünenhafte Gestalt scheu und fast ungeschickt eine geschwungene enge Treppe in den Barkeller herunterstieg. Ich überbrachte ihm die Grüße meines Vaters. Seine eigene Unsicherheit, wohl der allzu prominenten Existenz zuzuschreiben, und sein vorbehaltloser, fast trauriger Blick, machten mich selbst unsicher. Dennoch waren wir bald in einem herzlichen Gespräch, und er erklärte mir: »Seien Sie unbesorgt, Sie bekommen noch drei gute Bücher von mir!« Man diskutierte dann allgemein über Literatur und gegenwärtige Sensationserfolge, und Hemingway, der gelassen dem Weine kräftig zusprach, wurde äußerst temperamentvoll. Ja, er schlug ein- oder zweimal ärgerlich auf den Tisch, um die Diskussion über ihm verächtliche Bücher abzubrechen: »Nothing of that shit at my table!«

Ernest Hemingway war ein passionierter Hochseeangler. Das Bild zeigt ihn mit einem gefangenen Thunfisch in den Gewässern der Bahamas.

Um geschäftliche Dinge zu besprechen, traf ich ihn am nächsten Morgen, kurz vor seiner Rückreise nach Kuba, noch einmal in der Bar seines geliebten »Ritz«. Es wimmelte von Journalisten und Literatur-Managern. Märchenhafte Summen wurden genannt, die ihm die BBC für eine Serie über seinen Freund, den Stierkämpfer Ordóñez, und dessen Gegenspieler Dominguin angeboten hatte. Der Bericht über die beiden Matadore und seine Wiederbegegnung mit Spanien in drei Life-Fortsetzungen unter dem Titel »The Dangerous Summer« sollte die letzte Veröffentlichung zu seinen Lebzeiten werden.

Schließlich trat er im Reiseanzug, die karierte Mütze in der Tasche, in die Bar, wo er sich zunächst ungeachtet der Wartenden mit dem Barkeeper über den vorangegangenen Renntag und die Qualitäten der Jockeys und Pferde unterhielt.

Unser Gespräch war bedrängt kurz. Es schien mir, dass er sich, umschwärmt von all diesen Menschen, gejagt, traurig und müde fühlte. Als ich die Bar verließ, stand er auf und winkte. Ich konnte nicht wissen, dass dies für mich der Abschied von Ernest Hemingway war. *7. Juli 1961*

siehe auch
❖ **Vereinigte Staaten von Amerika, Literatur**

Herero
Aufräumen, aufhängen, niederknallen!
Vor hundert Jahren vernichteten deutsche Kolonialtruppen das Volk der Herero. Es war der erste Genozid des 20. Jahrhunderts. Die Nachfahren fordern Entschädigung. Doch die Bundesregierung bleibt hart

Von Bartholomäus Grill

So zauberhaft ist das Abendlicht nur in Afrika. Es leuchtet bernsteingelb, es durchglüht den dürren Busch. Das metallische Hitzekonzert der Zikaden ist verstummt. Dunkel und starr liegt der Wasserspiegel im Schatten der Dornakazien. Vielleicht war der Abend damals genauso magisch, vor hundert Jahren, als sich die Häuptlinge und Großmänner der Herero an der Viehtränke Onguera zur Beratung versammelten. Am Vortag, es war der 11. August 1904, hatte die Entscheidungsschlacht begonnen, die Herero hatten sich wacker geschlagen, aber die zahlenmäßig weit überlegene deutsche Kolonialtruppe mit ihren Krupp-Geschützen würde sie besiegen. Es war nur eine Frage der Zeit.

An diesem Ort sollen die Anführer der Herero beschlossen haben, durch eine Lücke in der Postenkette des Feindes mit ihrem Volk und den Rinderherden zu entweichen. Oder trieb die schiere Verzweiflung Zehntausende von Menschen in die Flucht, hinaus auf das öde Sandveld der Omaheke, hinein ins Verderben? Wir werden es nie erfahren. Jedenfalls spielte sich hier, am Fuße des Waterbergs im heutigen Namibia, ein finsteres Kapitel der deutschen Geschichte ab.

Für die Herero gab es nämlich kein Zurück. Die Reiter der so genannten Schutztruppe trieben sie vor sich her und massakrierten so viele sie massakrieren konnten. Wochenlang riegelten sie sämtliche Wasserlöcher ab, Tausende und Abertausende von Männern, Frauen und Kindern starben an Durst, Hunger, Entkräftung. »Das Röcheln der Sterbenden und das Wutgeschrei des Wahnsinns ... verhallten in der erhabenen Stille der Unendlichkeit«, schrieb ein Offizier in sein Tagebuch. Am 2. Oktober 1904 erließ Oberbefehlshaber Lothar von Trotha den endgültigen Ver-

Lothar von Trotha befahl am 2. Oktober 1904: »Innerhalb der deutschen Grenze wird jeder Herero mit oder ohne Gewehr, mit oder ohne Vieh erschossen.«

nichtungsbefehl: »Innerhalb der deutschen Grenze wird jeder Herero mit oder ohne Gewehr, mit oder ohne Vieh erschossen.« Zwei Jahre später bilanziert der Große Generalstab zu Berlin: »Die wasserlose Omaheke sollte vollenden, was die deutschen Waffen begonnen hatten: die Vernichtung des Herero-Volkes.«

Aber die Vernichtung ging weiter. Die Überlebenden wurden in Ketten gelegt und in Camps deportiert, die man Konzentrationslager nannte. Unter den 17 000 Gefangenen waren auch 2 000 Nama aus dem Süden der Kolonie, deren Aufstand die reichsdeutschen Konquistadoren ebenfalls niederschlugen. 7682 Menschen – da

war ihre Statistik sehr genau – ließen in den Lagern ihr Leben, sie verhungerten, starben an Skorbut oder an Folgen schwerer Misshandlungen.
Eine Volkszählung im Jahre 1911 ergab, dass vom »Stamm« der Herero noch 15 130 Menschen übrig geblieben waren. Zur Jahrhundertwende sollen es 70 000 bis 80 000 gewesen sein. Der Ausrottungsfeldzug der deutschen Schutztruppe war der erste Genozid des 20. Jahrhunderts.
In Deutschland ist das kurze »Abenteuer« in Südwest längst vergessen. Zwei Weltkriege und der Holocaust überlagerten die Erinnerung an alle vorhergehenden Verbrechen. Man glaubte, dass das Deutsche Reich durch den frühen Verlust seiner Kolonien Glück gehabt hatte. Erst jetzt, zum hundertjährigen Gedenken, lichtet sich die Geschichtsvergessenheit.
Kuiama Riruako lässt anderthalb Stunden auf sich warten, dafür geht er gleich in die Vollen. »Ihr habt die jüdischen Zwangsarbeiter entschädigt, ihr müsst auch uns entschädigen.« Riruako, ein dicker, runder Mann von 68 Jahren, nennt sich Paramount Chief, aber nicht alle Herero erkennen ihn als ihr Oberhaupt an, und die meisten der 25 000 deutschstämmigen Namibier halten ihn für einen halbseidenen Stammesfürsten. Deutsche Politiker gehen ihm lieber aus dem Weg, weil er die Vergangenheit einfach nicht vergehen lassen will – er verlangt ein klares Schuldbekenntnis. Und obendrein fordert er Wiedergutmachung in Milliardenhöhe.
Beim letzten Staatsbesuch eines Bundespräsidenten im Jahre 1998 gehörte Riruako zur Delegation, der ein offizielles Treffen verwehrt wurde. Eine Entschuldigung sei nur eine Worthülse, die mehr schade als nutze, erklärte Roman Herzog. Gewiss, die Vorkommnisse anno dazumal seien »nicht in Ordnung gewesen«, aber sie liegen schon allzu lange zurück. Schluss, aus, vorbei.
Kuiama Riruako möchte, dass »die Dinge in Ordnung gebracht werden«. Im September 2001 haben seine Anwälte bei einem Distriktgericht in New York eine Sammelklage eingereicht. Er fordert im Namen aller Herero vier Milliarden Dollar Schadenersatz von der Bundesrepublik Deutschland und den Rechtsnachfolgern deutscher Unternehmen wie der Reederei Woermann (heute Deutsche Afrika-Linie), die vom Kolonialkrieg profitiert haben.

Joschka Fischer bedauert zutiefst – und schweigt ansonsten

Wer gehofft hatte, die rot-grüne Koalition würde anders mit diesem »dunklen Kapitel« umgehen, sah sich spätestens nach der Stippvisite von Joschka Fischer vorigen Oktober enttäuscht. Der Außenminister betonte das »tiefe Bedauern« und den

Joschka Fischer betonte das »tiefe Bedauern« und den »tiefen Schmerz«, wollte jedoch Äußerungen, die Entschädigungsklagen nach sich ziehen könnten, vermeiden.

»tiefen Schmerz«, aber der Schmerz ist offenbar nicht tief genug für eine Entschuldigung; er werde »keine Äußerung vornehmen, die entschädigungsrelevant wäre«, sagte Fischer. Entschädigungsrelevant – ein Wort wie aus deutscher Eiche geschnitzt.
Seit der Unabhängigkeit Namibias im Jahre 1990 praktizieren alle Bundesregierungen die gleiche Abwehrstrategie. Jetzt noch um Vergebung bitten? Wieder blechen? Zahlt Deutschland, in Namibia Entwicklungshelfer Nummer eins, nicht schon genug? In den vergangenen anderthalb Jahrzehnten waren es immerhin 500 Millionen Mark – gemessen am Pro-Kopf-An-

teil erhält kein anderes Land der Welt mehr Unterstützung aus Deutschland. Wenn das Auswärtige Amt diese Bilanz präsentiert, klingt das wie die Aufrechnung von Ablasszahlungen. Offenbar fühlt man sich in Berlin doch ein bisschen verantwortlich für die Verheerungen der Kolonialzeit.

»Omuinjo uetu uri mongombe«, sagen die Herero. »Unser Leben ist im Rind.« Und so beginnt ihr Untergang mit der verheerenden Rinderpest des Jahres 1896, die 95 Prozent der Herden hinrafft. Zugleich wird das Land der Ahnen immer kleiner, die Kolonialisten haben durch trickreiche Verträge gewaltige Flächen erschlichen, oft werden sie auch von korrupten Großmännern der Herero verscherbelt. Immer mehr Menschen leiden unter Mangelernährung und Seuchen, ihre Gemeinschaften zerfallen. Ohne Vieh und Land sind sie gezwungen, als Halbsklaven auf den Farmen der Weißen zu arbeiten. Sie werden ausgebeutet, erniedrigt, misshandelt, vergewaltigt. Zahlreiche Aufzeichnungen von Missionaren belegen, wie der deutsche Herrenmensch seinen Sadismus auslebt. Am Abend des 11. Januar 1904 erheben sich die Herero. Sie ermorden 123 Siedler, Händler und Soldaten – und entfachen den Furor teutonicus.

Von Anfang an ist die Rede von Vernichtung, im Februar berichtet Pater Elger in einem Brief an die Rheinische Missionsgesellschaft vom »Blutdurst gegen die Herero«, man höre nichts als »aufräumen, aufhängen, niederknallen bis auf den letzten Mann, kein Pardon«. Im selben Monat mahnt Theodor Leutwein, der vergleichsweise gemäßigte Gouverneur, ein Volk von 60 000 bis 70 000 Seelen lasse sich nicht so leicht vernichten, außerdem bedürfe man der Herero als Arbeiter. So dachte ein weitsichtiger Kolonialherr, einer, der wusste, dass die schwarzen Knechte dringend gebraucht werden, beim Eisenbahnbau, in den Bergwerken, auf den Farmen oder auch als Hilfssoldaten.

Aber der »liberale« Leutwein wird entmachtet und durch Lothar von Trotha ersetzt, einen Eisenfresser, der seine Brutalität schon beim Boxeraufstand in China bewiesen hatte. Der Generalleutnant stellt klar, was er will: »Ich glaube, dass die Nation (der Herero) als solche vernichtet werden muss.« Nachdem er sein Werk vollbracht hatte, wurden die Herero, Nama, Damara und andere Völker per kaiserliches Dekret enteignet. Die Siedler aus dem Reich waren hungrig nach Land.

»Wir haben damals alles verloren, das Land und das Vieh, alles. Es ist auch uns Nachfahren geraubt worden«, sagt Riruako. »Ihr müsst das Unrecht anerkennen, es gibt kein Zurück, denn sonst ...« – der Chief klopft mit der Handkante auf den Tisch – «... sonst könnte es kommen wie in Simbabwe. Dann besetzen auch unsere Jungen die weißen Farmen und holen sich das Land zurück.« Eigentlich ist Riruako ein recht umgänglicher Mann mit einem herzerfrischenden Lachen. Aber bei diesem Thema kann er so bullig auftreten, dass manche seiner Worte Hörner bekommen. Auffällig viele Sätze beginnt er mit dem Wörtchen »ich«, fragt man ihn aber danach, wie die Reparationen nach welchen Kriterien an wen verteilen würde, verlieren sich die Antworten im Ungefähren. Deshalb trauen ihm die meisten seiner Landsleute, auch Herero, nicht. Und je weiter man hinausfährt in ihr ehemaliges Land, desto mehr scheinen seine Macht und sein Einfluss zu schwinden.

Der steinalte Chief Kambazembi, den wir am Fuße des Waterberges treffen, hält zum Beispiel recht wenig von Riruako und seiner Klage. »Er soll für sein eigenes Haus reden, nicht für unser ganzes Volk. Ich jedenfalls folge seinen Worten nicht.« Man muss in Afrika lange nach einem Volk suchen, das so zerstritten ist wie die Herero. Aber in einem sind sich die meisten einig: Ohne Kompensation für erlittenes Unrecht kann es keine echte Versöhnung geben. »Natürlich verlangen wir Entschädigung, schauen Sie sich nur um hier«, sagt Häuptling Kambazembi. »Wir leben seit hundert Jahren auf einem Friedhof.«

Schauen wir nach Okakarara, das kleine staubige Nest unter dem Waterberg. Ein paar Kirchen, Schulen, Amtsgebäude, drei Partcibüros mit windzerzausten Fahnen, zwei Tankstellen, ein bescheidenes Hospital, keine Bank, dafür jede Menge Termitenhügel, Schnapsläden und Bars. Auf der Hauptstraße gehen junge Männer auf und ab. Am Straßenrand nähen Frauen Trachtenpüppchen, die so aussehen wie sie selbst. »Wir sind die Ärmsten der Armen

Herero

Herero-Frau in Festtracht; in Berlin will man dem ganzen Land helfen, nicht nur einer ethnischen Gruppe.

in Namibia«, schimpft Asser Mbai, der Bezirksrat. Warum das so ist? »Wie sollte es anders sein?«, entgegnet er und zählt die Ursachen auf: erst die deutsche Kolonialzeit, dann die Jahre der Apartheid unter den südafrikanischen Besatzern, schließlich die korrupte Regierung nach der Unabhängigkeit. »Sie vernachlässigt die Region, weil die Leute nicht Swapo wählen.« »Das ist nicht wahr«, sagt Tjatjitrani Kandukira, der frisch gewählte Bürgermeister, 44 Jahre, Rastalocken, Mitglied der Regierungspartei Swapo. »Wir neigen dazu, immer nur andere zu beschuldigen, das hat Tradition in Afrika. Dabei gab es hier jede Menge Missmanagement – durch Herero.« 9 000 Einwohner hat Okakarara, rund 70 Prozent sind arbeitslos, schätzt Kandukira. »Die Jungen trinken, weil sie keine Perspektive haben.« Vor ein paar Minuten wurden der Stadt wieder einmal Strom und Wasser abgedreht, Kandukira ist das peinlich. Seine Kommune ist bankrott, die meisten Einwohner zahlen keine Steuern, weil sie nichts verdienen. Eine Stadt im Teufelskreis der Unterentwicklung, die

jede Eigeninitiative lähmt. Die Folgen sind in der Turnhalle der Secondary School zu besichtigen – sie ist 1989 ausgebrannt. Aber man hat es in 15 Jahren nicht geschafft, sie zu renovieren. Vielleicht kommt ja irgendwann ein großherziger Spender. Oder Reparationen aus Deutschland.

Immerhin entsteht am Rande der Stadt gerade ein kleines Kulturzentrum mit einer Freiluftbühne, einem Museum und einem Denkmal für den Widerstand der Herero – auch die Bundesregierung bezuschusst das Projekt. Vielleicht könnte das Zentrum ein paar »Versöhnungstouristen« in die Gegend locken, hofft der weiße Farmer Wilhelm Diekmann. Er hat dem Projekt ein Stück Land zur Verfügung gestellt, eine Ecke seiner Farm Hamakari, wo vor hundert Jahren die Schlacht stattfand. Mittendrin liegt ein kleiner Heldenfriedhof, zehn Gräber, Reiter der Abteilung Heyde, die ersten Gefallenen des 11. August 1904. Ein Pavian hat auf die Kaiserkrone über dem Epitaph gekotet.

Nicht dass Diekmann die These vom Völkermord unterschreiben würde, aber er plädiert für Wiedergutmachung. »Die Herero haben schließlich ihre Weiden und ihr Vieh verloren.« So denken viele Weiße. Die Mehrheit hält es mit den Fantasien der Heimat- und Reichsforscher.

Massenmord? Die Zahlen sind übertrieben. Konzentrationslager? Es waren Rettungszentren! Und die Aussagen der Opfer, dokumentiert im Blue Book der Engländer? Nichts als Feindpropaganda. Außerdem sind die aufsässigen Herero an ihrem Schicksal selbst schuld. Ganz abgesehen davon, dass viele überlebt haben ...

Die weißen Farmer fürchten die Vertreibung, wie in Simbabwe

Der Vorwurf des Völkermordes verletze das Selbstbild der Namibia-Deutschen, sagt der in Swakopmund geborene Historiker Joachim Zeller. Sie sehen sich als Nachfahren der Südwester, der Pioniere, die einst eine Terra nullius, ein herrenloses Land, zivilisiert haben. Und welches Verbrechen wäre den weißen Landwirten von heute schon vorzuwerfen? Dass die Väter ihrer Väter einst Land erwarben, das regierungsamtlich gestohlen wurde? Hamakari, die Farm von Wilhelm Diekmann,

Herero

hat zum Beispiel sein Großvater Gustav im Jahre 1908 gekauft. Was den Enkel heute viel mehr beunruhigt ist die Anarchie im Nachbarland Simbabwe. Wird es in Namibia genauso kommen? Werden auch hier die landlosen Schwarzen die 4000 weißen Großgrundbesitzer vertreiben, denen nach wie vor 80 Prozent der kommerziellen Nutzflächen gehören? »Schon allein, um das zu verhindern, müssen wir einen Ausgleich schaffen«, sagt Diekmann.

Das sieht man auch im fernen Berlin so. Man will weiterhin helfen, allerdings dem ganzen Land, nicht einer ethnischen Gruppe. Da zieht man an einem Strang mit der namibischen Regierung, die die Klage von Chief Riruako nicht unterstützt, weil er, wie es in Swapo-Kreisen heißt, Reparationen auf Stammesebene fordert. Wiedergutmachung für die Herero wird es also vermutlich nicht geben; der Bundestag hat zur Würdigung der Opfer des Kolonialkrieges in Südwestafrika im Juni eine entsprechende Entschließung fabriziert. Von Unrecht und brutalster Gewalt ist darin die Rede, von tiefem Bedauern, von Trauer, aber nicht von Massenmord, von Schuld, von Vergebung. Das könnte ja justiziabel sein ...

Die Fachleute des Auswärtigen Amtes, die den ohnehin harmlosen Beschluss vollends glatt gebügelt haben, entblödeten sich nicht, Argumente des rechtsextremen Geschichtsforschers Claus Nordbruch zu übernehmen – der spricht von der »Völkermordlüge« wie seinerzeit die Altnazis von der »Kolonialschuldlüge«.

Immerhin hat nach hundertjährigem Verklären und Verharmlosen eine neue Debatte über die deutsche Kolonialära begonnen. In Deutsch-Südwestafrika enstanden die Vorformen der KZ, Afrikaner mussten Blechmarken tragen wie gelbe Sterne. Man sprach von Lebensraum. Man kämpfte einen Rassenkrieg. Der Menschenforscher Eugen Fischer sezierte die Leichen der »Eingeborenen«, um ihre Minderwertigkeit nachzuweisen; einer seiner Studenten war ein gewisser Josef Mengele. Auch wenn keine direkte Traditionslinie vom Waterberg nach Auschwitz führt – der mörderische Geist der Nazis manifestiert sich schon in den Köpfen der wilhelminischen Kolonialschlächter. Keiner hat das so trefflich ausgedrückt wie Thomas Pynchon in seinem Roman V.: General von Trotha habe 60 000 Menschen ins Jenseits befördert, schreibt der Amerikaner. »Das ist zwar nur ein Prozent von sechs Millionen, aber immerhin auch eine schöne Leistung.«
5. August 2004

siehe auch
❖ **Deutschland**
❖ **Kolonialismus**
❖ **Namibia**

Herzinfarkt

Orakel aus der Blutbahn

Wie lassen sich Herzinfarkte vorhersagen? Bisher achteten die Ärzte nur auf die Blutfette. Jetzt halten sie nach Entzündungen Ausschau

Von Harro Albrecht

Stolz ließ der Präsident den Beweis seiner Vitalität in den Medien vermelden. George W. Bush, so war in der »New York Times« zu lesen, erfreue sich bester Gesundheit. Das werde insbesondere durch sein niedriges CRP belegt. CRP? Das C-Reaktive-Protein, erfuhr der Leser, sei ein Blutwert, der präzise Auskunft über das präsidiale Herzinfarktrisiko gebe. Auch das gemeine amerikanische Volk ist inzwischen vom Nutzen dieser Untersuchung überzeugt: Hunderttausende lassen vorsichtshalber ihren CRP-Blutwert bestimmen – und das, obwohl die wissenschaftliche Diskussion über den Nutzen noch gar nicht abgeschlossen ist.

An Deutschlands Stammtischen hat man gerade erst gelernt, dass zu viel Cholesterin im Blut die Gefäße verstopft und auf diese Weise schließlich einen Herzinfarkt verursacht. Das war so simpel wie einleuchtend. Jetzt warnt der US-amerikanische Herzspezialist Paul Ridker, die altbekannte Cholesterinbestimmung sei für die akkurate Berechnung eines Herzinfarktrisikos völlig unzureichend. Nicht das überbordende Cholesterin zerstöre die Gefäße, sondern schwelende Entzündungen – und die würden mittels CRP im Blut nachgewiesen. 25 bis 30 Millionen Amerikaner würden nicht richtig therapiert, sagt Ridker, »weil wir die Entzündung nicht beachten«.

Mit dem Buchstabenkürzel flammt auch die Diskussion um eine alte These des deutschen Pathologen Rudolf Virchow wieder auf. Dieser befand schon 1853, die Verkalkung der Arterien sei die späte Folge einer chronischen Entzündung. Das wird jetzt wieder ernst genommen. »Noch vor fünf Jahren wurde man ausgelacht, wenn man CRP und Herzinfarkt in einem Atemzug nannte«, sagt der Kardiologe Wolfgang König, Ridkers Weggefährte von der Universität Ulm. Das hat sich spätestens seit dem vergangenen Jahr, seit Ridker in einer großen Studie 28 000 Frauen untersuchte, gründlich geändert. Denn unter allen Labordaten vermochte der CRP-Wert am besten vorherzusagen, wie infarktgefährdet ein Mensch war. Das galt auch dann, wenn Cholesterinwerte, Taillenumfang und Blutdruck im Normbereich lagen und damit eigentlich Entwarnung signalisierten.

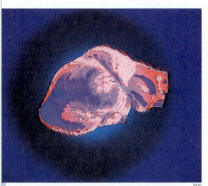

Ist die altbekannte Cholesterinbestimmung für die akkurate Berechnung eines Herzinfarktrisikos unzureichend?

Das »Deutsche Ärzteblatt« schob das C-Reaktive-Protein auf den Titel, und jüngst erhielt die Nachweismethode in den USA die höheren Weihen. Im Fachblatt »Circulation« empfahlen die amerikanische Gesundheitsbehörde Centers of Desease Control und die American Heart Association den begrenzten Einsatz: Erstmals seit 20 Jahren wurde damit offiziell ein neuer Blutwert zur Abschätzung des Herzinfarktrisikos eingeführt.

Akribisch ist in den amerikanischen Empfehlungen aufgelistet, bei wem das CRP bestimmt werden soll und was einem die

Herzinfarkt

Daten verraten. Testkandidaten sind demnach diejenigen, denen bereits Fettwerte, Übergewicht und Rauchgewohnheiten ein Herzinfarktrisiko zwischen 10 bis 20 Prozent in den kommenden zehn Jahren bescheinigen. Diese vorbelasteten Patienten sollten schon das erste Signal einer schwelenden Gefäßentzündung als Alarmzeichen werten. Bei ihnen gilt das Infarktrisiko – vorausgesetzt, andere Entzündungsursachen sind ausgeschlossen – bereits bei einem CRP-Niveau über drei Milligramm pro Liter als verdoppelt – selbst bei unauffälligen Fettwerten. Sind die Blutfette zusätzlich entgleist, lebt der Mensch gleich fünfmal so gefährlich.

Sollte dann nicht jedermann George Bushs Beispiel folgen und jährlich seinen CRP-Wert prüfen lassen?

Die Einführung eines neuen Massentests will gut bedacht sein. Noch sind die neuen Normwerte erst vorläufig festgelegt und lassen Spielraum für Interpretationen. Das kann bei Hausärzten und Patienten zur Verunsicherung führen und unnötige Therapien nach sich ziehen. Es hat auch finanzielle Folgen: Zwar könnten die Krankenkassen die Kosten von 10 bis 20 Euro pro CRP-Test angesichts des möglichen Nutzens verkraften. Doch schnell könnten durch weitere »abklärende Maßnahmen« oder voreilig verabreichte Medikamente unnötige Folgekosten entstehen. Denn in Herzensdingen wird schon heute getestet, was die Industrie hergibt: EKG, Herzkatheter, Computer- und Kernspintomografie, Fettprofil, Homocystein und Troponin – schließlich gilt es in Deutschland, die Zahl von 170 000 Infarkttoten jährlich zu senken. Der Herz-TÜV ist daher seit jeher ein lukratives Geschäft.

»Beim CRP spielt ein Marketinginteresse eine ganz große Rolle«, klagt der Münsteraner Lipidologe Gerd Assmann. Den Drei-Buchstaben-Test hält er für überflüssig. Dass das CRP bei verkalkten Gefäßen ansteige, sei nur die Folge eines entgleisten Stoffwechsels. Die individuellen Schwankungen des Wertes seien zu groß, und das CRP schnelle gern auch bei x-beliebigen Infektionen in die Höhe.

Jetzt schickte sich der Fettkundler selbst an, die Meinungshoheit in der Testfrage zu erringen. In Hamburg stellte er das Handbuch zur Prävention koronarer Herzerkrankungen der hochkarätig besetzten Task Force for Prevention of Coronary Disease vor. Das Ergebnis: Mit einer Kombination von acht gängigen Faktoren – wie Alter, Geschlecht, Blutdruck, Fettwerten – könne man das Infarktrisiko bestens vorhersagen. Assmanns Daten sind aus der bisher umfangreichsten deutschen Studie zum Infarktgeschehen extrahiert worden. Sein »Risikokalkulator«, im Internet erreichbar über www.chd-taskforce.de, könne »Tausenden von Menschen das Leben retten«, wirbt Assmann. Passend dazu bringt Siemens eine Presseerklärung heraus, die Assmann zitiert und

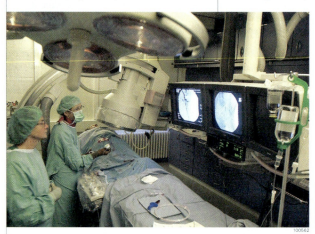

Ärzte bei der Herzkatheterisierung: Der Herz-TÜV ist von jeher ein lukratives Geschäft.

Herzinfarkt

Die Ratschläge fordern dasselbe freudlose Programm: Diät halten, mehr bewegen und das Rauchen aufgeben.

gleich den Nutzen eines »Multischicht-Spiral-Computertomographen« (CT) anpreist.

Woran soll sich der Laie nun halten? Auch die Circulation-Gutachter sagen, dass der Laborwert CRP noch nicht als Massentest tauge. Ihnen zufolge könne der Test aber als Zünglein an der Waage entscheiden, ob Risikopatienten aggressiv therapiert werden müssten – oder nicht.

Ob eine CRP-geleitete Therapie mit Medikamenten tatsächlich das Leben verlängert, ist bisher jedoch nicht erwiesen. Die entsprechende Großstudie hat Paul Ridker erst im vergangenen Herbst begonnen. Er behandelt Menschen mit unauffälligen Fettwerten allein aufgrund ihrer erhöhten Entzündungsparameter mit Cholesterinsenkern. Seltsamerweise ist nämlich das Mittel, das den Cholesterinspiegel drosselt, auch in der Lage, das CRP zu senken.

Beim Blutwert geht es nicht nur um ein esoterisches Streitthema

Schon die wechselseitige Wirkung der Cholesterinsenker demonstriert, dass es sich bei der Debatte um den Blutwert nicht nur um ein esoterisches Streitthema für Experten handelt. Die Kontroverse um die Entzündung wirft die grundsätzliche Frage auf: Was ist Ursache, was Wirkung? Kommt zuerst die Entzündung oder das Fett? Warum, so müssen sich etwa die Verfechter der Fett-These fragen lassen, hatten 50 Prozent aller Infarktopfer vorab gar kein erhöhtes Cholesterin im Blut?

Nach gängiger Annahme ist der Infarkt Folge einer Art Rohrverstopfung: Überbordendes Fett lagert sich in den Gefäßwänden ab und verengt diese. Irgendwann bricht eine verhärtete Fettplaque auf. Fetttropfen quellen in die Versorgungsleitungen zum Herzmuskel und verursachen dort das verhängnisvolle Blutgerinnsel. Vom Sauerstoffnachschub abgeschnitten, stirbt das Herzgewebe rasch ab.

Womöglich läuft der Zerstörungsprozess aber genau andersherum ab: Irgendwo im Körper wehren sich Gewebe jahrzehntelang gegen die Belastungen eines ungesunden Lebensstils. Rauch quält die Lungen, unter Kalorienattacken bilden sich Myriaden von Fettzellen, und ist der Patient auch noch Diabetiker, verschließt eine Flut von Zuckermolekülen die kleinsten Blutgefäße. Die malträtierten Gewebe senden Hilfesignale in den Körper und aktivieren dadurch eine Entzündungskaskade. Mitten im Getümmel liegen die Blutgefäße, die schon das Überangebot an Fett kaum noch bewältigen. Nach und nach zersetzt die chronische Inflammation die Adern. Nach 10 bis 15 Jahren bricht durch den Entzündungsprozess eine Fettplaque auf: Da ist er, der Infarkt.

Lange Zeit suchten die Wissenschaftler nach einem auslösenden Infarktkeim – mit wechselhaftem Erfolg. Dennoch verdichten sich die Hinweise auf einen Auslöser außerhalb des Fettstoffwechsels. So liegt das Risiko für eine koronare Herzerkrankung bei Rheumatikern bis zu zehnfach

Herzinfarkt

höher als bei Nichtrheumatikern.«Und das sind Leute, die meistens keine ausgeprägten Fettstoffwechselstörungen haben«, sagt der Ulmer Kardiologe Wolfgang König, »aber einen lange Jahre bestehenden entzündlichen Prozess.« Tatsächlich fanden Schweizer Herzmediziner gerade erste Belege dafür, dass neue Rheumamedikamente die Funktion der Gefäßwände von Arteriosklerosekranken verbessern. Die so genannten COX-2-Inhibitoren senkten auch CRP- und Cholesterinspiegel der Therapierten – und damit das Infarktrisiko.

Die aktuelle Kontroverse um die richtige Erklärung – Fett-Lehrsatz gegen Entzündungs-Hypothese – hat für das Leben der Patienten allerdings wenig Konsequenzen. Denn beide Annahmen fordern dasselbe freudlose Programm: Diät halten, mehr bewegen und das Rauchen aufgeben. Dieses rigorose Regime lässt nämlich beide Werte, Cholesterin und CRP, sinken.

Handelt es sich bei der Suche um die richtige Erklärung der Arteriosklerose um eine akademische Sophisterei? Nicht ganz. Aus der Messung des CRP-Spiegels ergeben sich andere Therapiestrategien. »Nach einem Herzinfarkt zum Beispiel deuten anhaltend hohe CRP-Werte an, dass der weitere Verlauf ungünstig ist«, sagt Wolfgang König. Dann müsse man den Patienten sehr aggressiv therapieren. Menschen, die weniger entzündlich reagieren, könne man dagegen vermutlich viele Tabletten ersparen.

Und sollte sich herausstellen, dass die CRP-Senkung wirklich Leben verlängert, wird die pharmazeutische Industrie jubeln. Millionen Menschen, die sich bisher über ihre guten Cholesterinwerte freuten, müssten damit rechnen, dass ihnen der Hausarzt auf Dauer entweder einen disziplinierten Lebensstil abverlangt – oder aber ein Medikament verschreibt.

Auch Paul Ridker dürfte sich die Hände reiben. Unter der Nummer 6040147 hat sich der umtriebige Mediziner »systemische Entzündungsmarker als diagnostisches Mittel in der Prävention der Arteriosklerotischen Erkrankungen« patentieren lassen. »Jedes Mal, wenn in den USA der CRP-Test eingesetzt wird, klingelt bei Ridker die Kasse«, sagt König. Klar, dass dieser die vorsichtigen Empfehlungen der Circulation-Kommission viel zu zögerlich fand. Geht es nach Paul Ridker, sind schon Patienten mit geringstem Herzinfarktrisiko reif für das CRP-Orakel.

13. Februar 2003

siehe auch
- Arteriosklerose
- Blut
- Blutkreislauf
- Cholesterin
- Herz

Theodor Herzl

Der Zionismus und sein Mythos

Theodor Herzl stellte sich Israel als homogene Gemeinschaft der Juden vor, die allen Wohlstand bringt. Doch dieses Gelobte Land, in dem Milch und Honig fließen, gibt es nicht. Hundert Jahre nach dem ersten Baseler Kongress streiten sich die Israelis um das Erbe einer europäischen Utopie

Von Gisela Dachs

Jeder, der die viel befahrene Küstenautobahn Tel Aviv–Haifa benutzt, muss an Theodor Herzls Denkmal vorbei. Der Mann mit dem langen schwarzen Bart blickt mit verschränkten Armen auf den nach ihm benannten Ort Herzliya – eine typisch israelische Stadt mit High-Tech-Industrie, Hotels und Villen. Seine Utopie von einem Judenstaat ist Wirklichkeit geworden. In Israel hat der Vater des Zionismus allerdings eher den Status eines respektierten entfernten Verwandten. Über ihn lernt man in der Schule, seine Bücher aber hat kaum einer gelesen. Mit dem Mitteleuropäer, der gerne Zylinder trug und am liebsten im Staat seiner Träume Deutsch als Landessprache eingeführt hätte, lässt sich nicht allzu viel anfangen. Herzl, der Diaspora-Jude, kommt aus einer anderen Welt. Geblieben sind der Zionismus, die Zionisten und eine zionistische Gesellschaft. Der Streit über diese drei Begriffe erschüttert heute alle Kreise in Israel.

Zionismus ist ein Begriff, dessen Bedeutung sich im Laufe der Zeit geändert hat. Ursprünglich stand er für die Anerkennung der Juden als Volk im staatsrechtlichen Sinn mit dem Recht auf eine eigene Heimstätte. Die zionistische Bewegung war, so urteilt der Historiker Dan Diner von der Universität Tel Aviv, im Grunde eine »frühe Reaktion auf die Ahnung einer fehlgeleiteten Emanzipation der Juden in Europa« gewesen. Nachdem Hitler aus dieser Ahnung eine schreckliche Gewissheit gemacht hatte, wurden viele Juden zu Anhängern des Zionismus, die bis dahin den Ideen Herzls kritisch gegenübergestanden hatten.

Lange blieb die Staatsgründung Israels im kollektiven Bewusstsein von Legenden

Theodor Herzl

umwoben. Zu den Mythen gehörte es, den Zionismus als eine nationale Befreiungsbewegung zu betrachten, die keine Opfer kostete. In Wirklichkeit stellte das Jahr 1948 für die lokale arabische Bevölkerung eine Katastrophe dar. Dass damals »700 000 Palästinenser geflohen waren oder vertrieben wurden«, wies der israelische Historiker Benny Morris schon vor Jahren nach. Das Problem der palästinensischen Flüchtlinge trifft den Kern des Zionismus. Es zeigt, dass die Bewegung Herzls nicht nur eine Lösung für das jüdische Elend war, sondern zugleich auch neues Leid schuf. Wegen dieser schwierigen Wahrheit dauerte es lange, bis man sich mit dem Thema überhaupt auseinander setzen konnte und wollte.

Theodor Herzl

Benny Morris, der vor zwei Jahren noch in seinem Kämmerchen auf akademische Anerkennung hoffte, hat inzwischen eine feste Anstellung an der Ben-Gurion-Universität in Beer Sheva bekommen. Seine Forschung findet allmählich Zugang in die offiziellen Lehrbücher. Es ist kein Tabu mehr, über die damalige Deportation von Palästinensern zu reden. Das heißt aber nicht, dass man den Glauben an den Zionismus aufgegeben hätte. Auch Benny Morris ist Zionist und lehnt den inzwischen fast schon wieder aus der Mode gekommenen Begriff vom Postzionismus ab. Er sagt aber auch, dass die zionistische Ideologie ihr Hauptziel – die Staatsgründung – erreicht habe. Was vom Zionismus bleibt, ist das israelische Rückkehrrecht. Es wurde als erstes Gesetz nach der Staatsgründung verabschiedet und garantiert jedem Juden auf der Welt einen israelischen Pass.

Während des Friedensprozesses war erstmals offen von einer möglichen Reform gesprochen worden. Der Staat Israel könne auch so ein Hort für verfolgte Juden bleiben, hatte der ehemalige stellvertretende Außenminister Jossi Beilin gesagt, doch sei die Zeit gekommen, das Gesetz an die veränderten Bedingungen anzupassen. Israel als wirtschaftlich attraktives Land bräuchte heute viel eher eine geregelte Einwanderungspolitik.

Die Rechten beanspruchen Israel ausschließlich als Staat für Juden

Der erklärte Postzionist Ilan Pappé von der Universität Haifa wäre sogar bereit, auf das Rückkehrrecht zu verzichten. Dann wäre Israel nur noch der Staat seiner Bürger, aber nicht mehr der Staat aller Juden. Immerhin sind knapp zwanzig Prozent der Bevölkerung israelische Palästinenser, die nach der Staatsgründung geblieben waren. Solange das Rückkehrrecht existiert, wird der Widerspruch zwischen einem israelischen Staatsvolk und der zionistischen Idee des jüdischen Staates weiter bestehen. Aus diesem Grunde gibt es bis heute weder ein definiertes israelisches Staatsgebiet noch eine israelische Staatsbürgerschaft. Im Personalausweis steht deshalb unter dem Stichwort Nationalität entweder »jüdisch« oder »arabisch« – nicht israelisch.

Seit dem Regierungswechsel Ende Mai 1996 gibt es immer mehr Israelis aller politischen Schattierungen, die sich von den Reformern abzugrenzen versuchen. Haben womöglich zu viele Tabubrüche zur Abkehr vom Frieden und zur Wahl Benjamin Netanjahus geführt? fragen sich auch Linke. So kritisiert der ehemalige Erziehungsminister Amnon Rubinstein von der Meretzpartei die postzionistische Initiative: »Der Zionismus war erfolgreich. Doch jetzt, auf dem Höhepunkt seines Erfolges, droht ihm eine große Gefahr. Im Kampf um den Geist des Zionismus springen Post- und Antizionisten auf den Karren desselben Lagers auf, das uns vom Krieg zum Frieden zu führen begann, einem Frieden, der dann der endgültige Sieg jener kleinen Bewegung sein wird, die vor 100 Jahren in Basel gegründet wurde.«

Für Leute wie Amnon Rubinstein war die öffentliche Identifizierung vom Postzionismus mit dem Osloer Abkommen fatal. Natürlich distanziert sich auch die israelische Rechte vom Postzionismus – allerdings nicht aus taktischen Gründen. Denn ihre ganze Ideologie ist anders. Die Rechten negieren die Vertreibung der Palästinenser keineswegs und beanspruchen Israel ausschließlich als Staat für Juden. Sie

Haben womöglich zu viele Tabubrüche zur Abkehr vom Frieden und zur Wahl Benjamin Netanjahus geführt?

stellen bei der Diskussion um den Zionismus immer gerne die Grundsatzfrage: Wenn es bei der Staatsgründung 1948 legitim war, sich in Tel Aviv niederzulassen, dann müsse es doch auch heute legitim sein, dass sich Neueinwanderer auf arabischem Boden in der West Bank ansiedeln. Die rechten Ideologen wollen ihren Kurs beibehalten, weil sie das als ihr Recht ansehen. Sie rechtfertigen so im Nachhinein auch die Vergangenheit. Denn sonst, sagt Rechtsanwalt Leon Rosenbaum, Vorsitzender des französischen Zweigs des Likud, »wäre der Zionismus ja ein koloniales Abenteuer, dessen man sich schämen

müsste«. Metaphorisch lässt sich der rechte Zionismus mit Fahrradfahren vergleichen: Wer aufhört zu treten, fällt um.
Die linken Zionisten hingegen rechtfertigen die Staatsgründung mit dem damaligen Recht der Juden, unter dem Zwang einer Notlage unrecht zu tun. Deswegen aber müsse man nicht um jeden Preis so weitermachen. Das Osloer Abkommen hat 1993 eine neue Gegenwart im Einverständnis mit den Palästinensern geschaffen. Insofern, sagt Dan Diner, »mußte der Vertrag mit PLO-Chef Arafat die Rechte so sehr erregen. Denn es handelte sich gleichzeitig um den Beginn einer neuen israelischen Legitimität.« Sie lässt sich in der Tat nicht mehr aus der Vergangenheit ableiten.

Jüdische Auswanderer auf dem Weg nach Palästina in den Zwanzigerjahren; das Ziel des Zionismus war ein Mensch, der Ackerbau betreibt und sein Land verteidigt.

Das Ziel war, im eigenen Land Israel einen neuen säkularen Menschen zu schaffen

Der Zionismus wandelt sich, erst recht gilt das für die Zionisten. Ein anderer Mythos besagt, dass alle Juden nach Israel kommen sollen, weil sie in der Diaspora verfolgt werden. Das Ziel war, im eigenen Land einen neuen säkularen Menschen zu erschaffen, der mit seinen Händen den Boden beackert und sich mit Waffen verteidigt.
Jüngst hat der Vorsitzende der orthodoxen orientalischen Shas-Partei, Arye Deri, vor Tausenden von Anhängern die Figur Herzls und seine Ideen angegriffen. Er kritisierte, dass der säkulare Theodor Herzl in Wien mit seiner Familie Weihnachten gefeiert hätte und seine Kinder nicht hätte beschneiden lassen. Wie könne man sich Zionist nennen, fragte Deri herausfordernd, wenn man den jüdischen Glauben und dessen Rituale nicht mehr praktiziere?
Wie die meisten Juden aus orientalischen Ländern – sie sind die Mehrheit der israelischen Bevölkerung – war auch Deris Familie vor allem aus religiösen Gründen von Marokko nach Israel eingewandert. Die Konfrontation mit den europäischen säkularen Zionisten war für viele ein unvergesslicher Schock. Bis heute erzählen jemenitische Einwanderer, wie man ihren Kindern nach der Ankunft einfach die Schläfenlocken abgeschnitten hätte. Arye Deri beschreibt das Trauma so: »Es gibt eine breite Bewegung orientalischer Juden, denen etwas genommen wurde, als sie hierher kamen. Ihre Familieneinheit wurde auseinander gerissen, sie wurden von ihren Traditionen entfernt. Sie wollen zu ihren Wurzeln zurückkehren, und ihnen gegenüber stehen heute Eliten, die ihren säkularen Weg gehen wollen und sagen: Unsere Vorväter haben die Sümpfe getrocknet, wir haben das Land gegründet, es gehört uns.«
In seinem Angriff gegen die klassischen Zionisten wird Deri unerwartet auch von anderen Gruppen unterstützt. Die Motivation der 600 000 Einwanderer, die seit 1989 aus der ehemaligen Sowjetunion gekommen sind, war zwar nicht religiös, aber auch nicht zionistisch. Die meisten sehnen sich schlicht nach einem besseren Leben. In Israel wird ihnen das oft zum Vorwurf gemacht – als ob es Zionisten zweiter Klasse gäbe. Die kleine Welle der äthiopischen Einwanderer wiederum kam sowohl aus wirtschaftlichen wie auch aus religiösen Gründen – und leidet doppelt unter dem Anspruch des zionistischen Ideals. Hinzu kommt, dass ihre Hautfarbe so gar nicht zu den Vorstellungen Herzls passt. Der einzige äthiopische Knesset-Abgeordnete, Adisso Messele, lacht sarkastisch, als er sich zu Herzl äußert und sagt: »Schade, dass man den Judenstaat doch nicht in Uganda – wie es die Engländer Herzl vorschlugen – gegründet hat.« All diese Gruppen betrachten sich im Grunde auch als Opfer der zionistischen Bewegung.
Theodor Herzl hatte sich Israel als eine homogene Gemeinschaft vorgestellt, die allen Wohlstand bringt. Das Gelobte Land,

Theodor Herzl

in dem Milch und Honig fließen, gibt es aber nicht. Und unter den zunehmenden Spannungen zwischen ethnischen Gruppen, zwischen Frommen und Säkularen, zwischen Rechten und Linken, zwischen Armen und Reichen bricht auch der Mythos von der einheitlichen zionistischen Gesellschaft zusammen. Der Politikwissenschaftler Yaron Esrachi, der gerade ein Buch über die Veränderungen in der israelischen Gesellschaft veröffentlicht hat, spricht von einem Prozess der Fragmentierung. Israel sei immer weniger eine Flagge, ein Ideal, eine Geschichte.

Ohnehin wird das ehemals sozialistisch geprägte Land immer mehr von individualistischem Denken beherrscht. Viele reden vom Entstehen einer neuen säkularen Middle-Class-Kultur, die sich an den Vereinigten Staaten orientiert. Richtig ist, dass es heute einem Großteil der Israelis so gut geht wie noch nie. Allerdings gibt es auch immer mehr, die dabei durch die Ritzen fallen. Zugleich kehren mehr und mehr Menschen zur Religion zurück – es handelt sich dabei um säkulare Israelis, die plötzlich das Judentum für sich entdecken.

Der Vordenker der Arbeitspartei, Schlomo Ben-Ami, betrachtet diese Entwicklung mit Sorge. Er redet davon, dass »wir uns nicht mit einer Art jüdischem Singapur zufrieden geben dürfen. Weil man dem religiösen Erbe den Rücken gekehrt hat, befindet sich die säkulare Kultur in Israel heute in einer Wertekrise.« Im Grunde geht es um die Suche nach einer Antwort für eine Gesellschaft im Umbruch, die nach ihrer Seele sucht.

Hundert Jahre nach dem ersten Zionistenkongress und bald fünfzig Jahre nach der Staatsgründung gibt es Israelis, die nostalgisch auf die Ideen Herzls zurückblicken. »In letzter Zeit habe ich das Land durch meine Finger gleiten sehen. Der Charakter, die Form und der Inhalt haben sich verändert. Ich fühle mich nicht mehr zu Hause«, klagt der prominente Kommentator Joseph Lapid. Ihm gegenüber stehen Leute, die genau das Gegenteil denken. Sie können sich nicht zu Hause fühlen, solange weiter an den zionistischen Mythen festgehalten wird.

Theodor Herzl glaubte an die Normalisierung jüdischer Existenz. Die heutige Auseinandersetzung um die Bedeutung des Zionismus muss aber nicht unbedingt eine Gefahr für Israel bedeuten. Wie jede große Ideologie des 19. Jahrhunderts – Liberalismus, Nationalismus, Sozialismus – steht jetzt eben auch die zionistische Bewegung auf dem Prüfstand. Vielleicht gehört gerade das zu der Normalität, die sich der Mann mit dem Zylinder so sehnlich für die Juden gewünscht hat. *29. August 1997*

siehe auch
❖ Israel
❖ Juden
❖ Palästina
❖ Zionismus

Himmel

Das möblierte Himmelreich

Für die großen Religionen der Antike war das Firmament mehr als nur eine Leinwand, auf die sie ihre Fantasien projizierten

Von Joachim Fritz-Vannahme

Zwei fallen vom Himmel, und ein Dritter fürchtet seither um sein Leben. So könnte sie beginnen, die Heiligenlegende, die mythische Erzählung der alten Ägypter, Griechen oder Kelten. Doch warum in die Tiefen der Zeit schweifen, ein Griff ins Bücherregal tuts doch auch. Salman Rushdie fürchtet die Rache der Ayatollahs, seit seine herrlich himmlischen Helden Gibreel und Chamcha den Engelssturz aus einer Passagiermaschine zur Erde antraten und damit »Die satanischen Verse« ihren aberwitzigen Anfang nahmen. Überhaupt hat der Himmel wieder kulturelle Konjunktur. Der Niederländer Harry Mulisch beginnt seine »Entdeckung des Himmels« und der Liebe in Zeiten der sexuellen Befreiung dort oben, mit einem Vorspiel, einer Manipulation in genetischer und erzählerischer Absicht. Im Finale von Steven Spielbergs »Indiana Jones, der Jäger des verlorenen Schatzes« zucken Blitz und Feuer, wahrlich ein biblischer Augenblick.

Früher hätte man Apokalypse geschrieben, heute heißt das Showdown, wenn die Augen der Bösewichter versengt werden und ihre nazibraunen Uniformen und rabenschwarzen Seelen lichterloh verglühen. Reine Fantasy, gewiss. Aber wer vermag schon genau anzugeben, worin sich die Gefühle unseres aufgeklärten Kinopublikums unterscheiden von den aufgewühlten Seelen, sagen wir: der alten Ägypter im Angesicht ihres Sonnengottes Re. Gegen ihn, den Herrn am Firmament, ersannen in fernen Zeiten die Menschen Anschläge, wie es in den Papyri heißt, und wurden dafür fast ausgelöscht durch »das feurige Auge« dieses wütenden Gottes. Von da an herrschten Krieg und Gewalt auf Erden, und die Götter zogen sich schmollend mit Re in den Himmel zurück.

Aus dieser harten Lehre zogen die Ägypter den Schluss, dass sie das Geschehen hoch über dem Nil besser sehr genau beobachten. Anders als in Babylon oder Palästina (beide Kulturen waren mondsüchtig) hielt man sich dabei an die Sonne, schließlich wusste man ja jetzt, was einem von dort blühen kann. Die Angst öffnete Horizonte. Nach dem Lauf der Sonne richtete sich künftig das Volk der Pharaonen. Vielleicht war es aber auch umgekehrt, und das Volk musste nur tun, was ihm geheißen. Schließlich verfügten die hohen Herren in Heliopolis, Theben oder Memphis zur Standortbestimmung und Standortverbesserung exklusiv über die besten Wissenschaftler damaliger Zeit, über die Astrologen also. Soweit bekannt, legten diese die Länge des Sonnenjahres auf höchst brauchbare und genaue Weise fest, diktierten den Erntekalender und platzierten mithilfe des Gestirns auch die ersten Pyramiden mit einer Präzision, die bis auf wenige Bogenminuten genau die Kardinalrichtungen einhält. Baumeister wie Ackerbauer nutzten also die innige Verbindung von Katechismus und Kalender. Die nächste Nilschwemme kam bestimmt, und mit dem Hochwasser, fruchtbringend und furchteinflößend zugleich, ließ sich besser leben und arbeiten, wenn man das Jahr in zwölf Monate zu je dreißig Tagen einteilte, am Ende fünf Schalttage lang die Götter feierte und den Zyklus genau an dem Tag beginnen ließ, da Sirius in gerader Linie zur Sonne über den Horizont kroch.

Lang ists her. Tatsächlich? Dieser ägyptische Kalender wurde zum Julianischen des Römischen Reiches; noch Kopernikus benutzte ihn für seine Planetentabellen. Selbst die Kalenderreform von Papst Gregor XIII., der im Jahr 1582 auf den 4. Oktober den 15. folgen ließ, um kleine Unregelmäßigkeiten der ägyptischen Berechnungen auszugleichen, verstand sich nicht als Abschaffung, sondern Nachbes-

Himmel

Darstellung des falkenköpfigen Sonnengottes Re auf einem Relief in Karnak (Neues Reich, 18. Dynastie)

serung des großen Vorbilds. Das allerdings missfiel den Protestanten ganz und gar, weniger weil damit ein Stück Heidentum in Ehren gehalten wurde, als vielmehr weil man sich von der römisch-katholischen Konkurrenz nicht die Spielregeln vorschreiben lassen wollte. In den Kolonien Nordamerikas hielten die Puritaner bis 1752 stur an den alten Ungenauigkeiten fest. Und Ostroms Kirche bewahrt diese bis heute, Re, steh uns bei.

Der Himmel gehörte den Göttern, solange auf sie Verlass war

Um Planungssicherheit bemüht, vollbrachten die Sonnenanbeter am Nil eine zivilisatorische Großtat. Der Himmel war für sie mitnichten nur die größte Leinwand der Welt, bloße Projektionsfläche für die Fantasien einer frühen Hochkultur, als die sie allzu forsche Religionskritiker abtun wollten. Der Himmel gehörte den Göttern, solange auf diese Verlass war, Sonne, Mond und Sterne avancierten zu sichtbaren Statthaltern. Daran mochte auch das Christentum nicht vorbeisehen, das mit den Astrologen nichts im Sinn hatte.

Aber irgendwer schickte dann doch den Stern von Bethlehem auf die Reise. Und der Altar steht in der Kirche gen Osten, auch das ist (menschliche) Fügung und kein Zufall. Und wenn das Haus Gottes beispielsweise in gotischer Pracht errichtet wurde, dann sollte damit der Himmel auf Erden geholt, das himmlische Jerusalem inmitten der mittelalterlichen Stadt inszeniert werden.

Zum Reich der reinen Idee wurde der Himmel bei Jesus Christus. Sein Himmel bestehe fast ausschließlich aus Gott, schreiben die Theologen Bernhard Lang und Colleen MacDannell in ihrer vorzüglichen, leider aufs Abendland beschränkten Kulturgeschichte »Der Himmel« (Insel Verlag, 1996). Der frühe Augustinus trieb diese Askese, die nur noch dem einen Gedanken lebte und alle Gesellschaft geringschätzte, später auf die Spitze. Er bewies dabei, wie leicht eine abstrakte Idee in absolute Phantasielosigkeit umzukippen droht (in reiferen Jahren besann er sich dann).

Ganz und gar mochte sich die christliche Kultur diesem, bis auf Gott leer geräumten, Himmel allerdings nie unterwerfen. Da fehlte es schlicht an Farbe. Die Bibel wusste Rat: Schon die Offenbarung des Johannes möblierte das ganz andere dort droben mit höchst diesseitigen Reichtümern, mit einem Thron, anzusehen wie ein Smaragd, mit Regenbogen, Fackelschein und weißen Gewändern; Generationen von Hollywoodregisseuren müssen diese Textstelle geplündert haben. Und wer den Grundriss dieses Thronsaals aus der Beschreibung des Johannes erschließt, erblickt eine riesige Synagoge.

Am Himmel suchten die Menschen des alten Orients und des frühen Abendlands nach Halt. Sie fanden ihn nicht nur im Glauben, nicht nur in ihrem Gott oder ihren Göttern, sondern auch im Nutzen für ihren irdischen Alltag. Es gibt ein Leben vor dem Tod, und für das kann dieser himmlische Gedanke recht brauchbar sein.

27. Dezember 1996

siehe auch
❖ Antike
❖ Astrologie
❖ Kalender

Hubble-Weltraumteleskop

Das Auge im All

Seit einigen Jahren liefert das Hubble-Teleskop atemberaubende Bilder aus dem Universum und verändert das wissenschaftliche Weltbild. Eine Hitliste der größten Entdeckungen

Von Christoph Drösser

Es war wohl die größte Peinlichkeit in der an Flops nicht armen Geschichte der Nasa: Das sündhaft teure Weltraumteleskop, das im April 1990 in die Erdumlaufbahn geschossen wurde, lieferte nur verschwommene Bilder. Dabei war der 2,40 Meter große Spiegel des Teleskops mit unvorstellbarer Präzision geschliffen worden – allerdings nach einer fehlerhaften Vorschrift. Der Spott über das fehlsichtige Weltraumauge war groß. Inzwischen ist aus diesem Treppenwitz der Raumfahrtgeschichte eine der größten Erfolgsstorys geworden. Seit dem Hubble-Weltraumteleskop 1993 sozusagen eine Brille aufgesetzt wurde, hat das fliegende Fernrohr nicht nur wunderbare Bilder aus den Tiefen des Alls geliefert, sondern auch dazu beigetragen, dass unser Bild vom Weltall sich heute sehr von dem der Vor-Hubble-Zeit unterscheidet.

Der Grund dafür, ein Teleskop ins Weltall zu schießen, ist die Erdatmosphäre, die uns den klaren Blick in den Himmel verschleiert. Dass die Sterne funkeln, mag romantische Nächte versüßen – für Astronomen ist es ein Ärgernis. Und dass die Atmosphäre große Teile des ultravioletten Lichts herausfiltert, ist gut für unsere Haut, schränkt aber die astronomische Beobachtung ein. Mit dem Hubble-Teleskop haben die Astronomen ein Werkzeug, das schärfer sieht und empfindlicher ist als jedes irdische Fernrohr. Daher war seine wichtigste Aufgabe, möglichst tief ins All zu schauen. Denn der Blick in die Ferne ist gleichzeitig ein Blick in die Vergangenheit, in die Zeit, als die ersten Galaxien und Sterne gebildet wurden.

Trotz dieser Vorteile war das Weltraumteleskop bei den Astronomen nicht unumstritten. Manche waren überzeugt, mit

Das nach Edwin P. Hubble benannte Weltraumteleskop auf der Wartungsplattform des Raumtransporters Endeavour (Dezember 1993)

dem vielen Geld hätte man auf der Erde mehr anfangen können. Irdische Teleskope haben größere Spiegel, und mit Computerunterstützung lassen sich inzwischen auch deren Aufnahmen schärfen. Als Hubble anfangs fehlsichtig um die Erde kreiste, gab es unverhohlene Schadenfreude in der Szene. Mit der Reparatur setzte die Nasa alles auf eine Karte – und gewann. Heute wird das Hubble-Teleskop (benannt nach dem Astronomen Edwin Hubble, der 1929 als Erster nachwies, dass sich das Universum ausdehnt) von Teams aus aller Welt genutzt. Weil die Zeit begrenzt ist, wird das Weltraumauge oft eingesetzt, einen genaueren Blick auf Phänomene zu werfen, die mit anderen Teleskopen entdeckt worden sind.

Hubble-Weltraumteleskop

Die wissenschaftliche Vorstellung vom All hat sich in den vergangenen Jahren entscheidend verändert. Mittlerweile wissen wir, dass die sichtbaren Sterne und Planeten nur einen Bruchteil der Masse des Universums darstellen – der Rest ist »dunkle Materie«, deren Natur zwar weitgehend unklar ist, mit der die Astronomen aber inzwischen ganz selbstverständlich rechnen. Wir wissen auch, dass die Erde und die anderen acht Planeten des Sonnensystems keine kosmischen Einzelfälle sind – andere Sonnen werden ebenfalls von Wandelsternen umkreist, auch wenn wir nicht wissen, ob es auf diesen Planeten Leben gibt, von intelligentem ganz zu schweigen.

Die zehn wichtigsten Erkenntnisse, die das Hubble-Teleskop ermöglichte

Keine dieser astronomischen Erkenntnisse ist allein auf das Hubble-Teleskop zurückzuführen, aber an fast allen ist es beteiligt gewesen. Der wissenschaftliche Direktor des Space Telescope Science Institute im amerikanischen Baltimore, Mario Livio, hat für die ZEIT die wichtigsten Ergebnisse des Hubble-Teleskops zusammengestellt – eine subjektive und selbstverständlich auch parteiische »Hubble-Top-Ten«:

1. Das beschleunigte Universum
Seit Edwin Hubbles Beobachtungen weiß man, dass sich das Universum wie ein Hefekuchen ausdehnt. In letzter Zeit aber keimte bei den Astronomen der Verdacht, dass sich der kosmische Teig nicht nur aufbläht, sondern dass diese Expansion auch immer schneller vor sich geht. Offenbar ist im All eine geheimnisvolle Kraft am Werk, die von den Astrophysikern »Dunkle Energie« getauft wurde. Allerdings weiß niemand genau, was sich dahinter verbirgt. Einige Forscher, denen das zu exotisch vorkam, versuchten die Daten mit anderen Theorien zu erklären. Das Hubble-Teleskop hat aber anhand von Messungen an Supernovae, explodierenden Sternen mit gewaltiger Leuchtkraft, bestätigt: Die beschleunigte Expansion gibt es tatsächlich! Nach Schätzungen ist die Dunkle Energie an der Lenkung des kosmischen Geschicks sogar zu 65 Prozent beteiligt. Leider tappen die Astronomen bei der Erklärung dieser treibenden All-Kraft bislang völlig im Dunkeln.

2. Die Entstehung der Galaxien
Wie entstanden die Galaxien, wann wurden die ersten Sterne geboren, warum gibt es so viele verschiedene Typen von Galaxien? Bei der Deep-Field-Untersuchung des Hubble-Teleskops nahmen sich die Astronomen einen bis dahin »schwarzen« Ausschnitt des Himmels vor und untersuchten ihn mit bis dahin nie erreichter Genauigkeit. Bei diesem Blick in die Ferne (der zugleich mehr als zwölf Milliarden Jahre in die Geschichte des Alls zurückreicht), fanden sie mehrere tausend junge Galaxien aus der Kinderstube des Universums. Diese waren weit häufiger unregelmäßig geformt, als man bisher angenommen hatte – ein Hinweis darauf, dass es im frühen Weltall oft zu Begegnungen und Kollisionen der Milchstraßen kam und sich die meisten heutigen Galaxien durch die Vereinigung von mehreren kleinen gebildet haben.

Hubble-Aufnahme einer Kaulquappen-Galaxie; wie entstanden die Galaxien, wann wurden die ersten Sterne geboren?

3. Die Hubble-Konstante
Seit Edwin Hubbles Entdeckung, dass himmlische Objekte sich umso schneller von uns fort bewegen, je weiter sie entfernt sind, beschreibt die nach ihm benannte Konstante diesen Zusammenhang. Zugleich kann man daraus auch auf das Alter des Universums rückschließen – das macht die Hubble-Konstante zum vielleicht wichtigsten Wert der Kosmologie. Und zum

umstrittensten. Edwin Hubble selbst verschätzte sich bei ihrer Bestimmung fast um den Faktor zehn, und lange stritten die Astronomen um den exakten Wert. Das liegt daran, dass sich zwar die Geschwindigkeit anhand der Rotverschiebung des Sternenlichts gut berechnen lässt – die Entfernung einer Galaxie oder eines Sterns aber nur schwer abzuschätzen ist. Beobachtungen mit dem Hubble-Teleskop haben es möglich gemacht, die Hubble-Konstante mit einem geschätzten Fehler von maximal 15 Prozent zu bestimmen, der heftige Streit um die Hubble-Konstante ist quasi beigelegt. Wenn man die beschleunigte Expansion des Universums berücksichtigt, dann sind nach heutiger Kenntnis seit dem Urknall 13,7 Milliarden Jahre vergangen – vielleicht auch einige hundert Millionen Jahre mehr oder weniger.

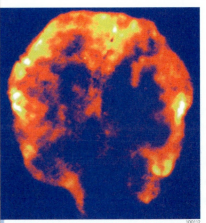

Manche Sterne explodieren in einer Supernova.

4. Überall Schwarze Löcher

Schwarze Löcher waren einmal eine exotische Voraussage von Einsteins Relativitätstheorie – inzwischen sind sie zum kosmischen Normalfall geworden. Man geht davon aus, dass im Kern der meisten Galaxien ein supermassives Schwarzes Loch sitzt. Das Hubble-Teleskop hat nicht nur zur Entdeckung vieler solcher kosmischer Monster beigetragen, sondern auch zur Berechnung eines Gesetzes, mit dem man von der Beobachtung des »Buckels« einer Galaxie auf die Masse des Schwarzen Lochs schließen kann.

5. Eine extrasolare Planeten-Atmosphäre

In den vergangen Jahren sind über 100 Planeten entdeckt worden, die um Sterne in unserer Galaxie kreisen. Fast alle davon hat man indirekt nachgewiesen, indem man die Ablenkung des Muttergestirns durch die Planetenschwerkraft beobachtet hat. Das Hubble-Teleskop konnte dagegen direkt beobachten, wie ein solcher Planet vor dem Stern durch unser Blickfeld zieht. Bei diesem so genannten Transit wurde sogar gemessen, wie das Sternenlicht durch die Atmosphäre des Planeten gefiltert wird. Das lässt Rückschlüsse auf die Zusammensetzung der Planetenlufthülle zu.

6. Gammablitze in fernen Galaxien

Gammastrahlen sind die energiereichsten elektromagnetischen Wellen – deshalb müssen Ausbrüche von Gammastrahlung, wie man sie manchmal im All beobachtet, das Zeugnis außerordentlich dramatischer Ereignisse sein. Aber welcher? Gammastrahlen-Detektoren haben die Quellen in weit entfernten Galaxien lokalisiert. In deren Zentren, so die Annahme, werden die Strahlen von Schwarzen Löchern erzeugt. Das Hubble-Teleskop konnte aber zeigen, dass Gamma-Explosionen auch beim Kollaps ausgebrannter Sterne am Rand von Galaxien stattfinden. »Es ist sehr wahrscheinlich, dass jedes Mal, wenn ein Gammablitz losgeht, ein Schwarzes Loch geboren wird«, sagt Mario Livio.

7. Die Geburt der Planeten

Nach den Planetenentdeckungen der letzten Jahre scheint es mittlerweile fast der Normalfall, dass ein Stern von Trabanten umkreist wird. Mit dem Hubble-Teleskop ist es gelungen, Schnappschüsse von der Planetenentstehung zu machen – wenn sich interplanetare Materie zunächst zu einer rotierenden Scheibe verdichtet. Diese Scheiben leuchten nicht selbst, aber mit dem Teleskop hat man sie zum Beispiel vor dem hellen Hintergrund leuchtender Sternennebel als dunkle Flecken ausmachen können.

8. »Jets« in jungen Sternen

Die Geburt von Sternen ist ein komplexer Prozess – es wird nicht nur Materie konzentriert, sondern auch jede Menge Sternenstoff ausgestoßen, etwa in Form geradliniger »Jets«. Das Hubble-Teleskop konnte erstmals zeigen, wie diese Jets aus der Mitte der jungen Sterne hinauskatapultiert werden.

Hubble-Weltraumteleskop

9. Der Tod von Sternen
Wie ein Stern endet, hängt in erster Linie von seiner Masse ab – manche explodieren in einer Supernova, andere kollabieren zu einem eisernen Kern und stoßen dabei ihre äußere Hülle ab, die als glühender Nebel weithin sichtbar ist. Einige der faszinierendsten Hubble-Fotos zeigen solche Nebel in den unterschiedlichsten Formen – die Astronomen haben ihnen Namen wie »Eskimo-Nebel«, »Katzenauge« oder »Sanduhr« gegeben. Wie diese teilweise erstaunlich symmetrischen Formen entstehen, ist noch weitgehend unerforscht.

10. Die Erkaltung der Weißen Zwerge
Die ältesten »Sternleichen« sind die Weißen Zwerge – sie entstehen nach dem Kollaps ausgebrannter kleinerer Sterne zu einer massiven, erdballgroßen Kugel, die langsam ihre Restenergie abstrahlt. Je älter Weiße Zwerge sind, umso blasser werden sie – entsprechend schwierig ist es, sie zu sehen. Mit dem Hubble-Teleskop wurden einige davon fotografiert, deren Alter auf 12 bis 13 Milliarden Jahre geschätzt wird – was bestens zu der aktuellen Altersangabe des Universums passt.

Bevor es von einem Weltraumfernrohr der nächsten Generation abgelöst wird, soll das Hubble-Teleskop noch bis zum Jahr 2010 Bilder aus dem Weltall liefern – wenn es so lange hält: Von den sechs Kreiseln, die für die Stabilisierung des Teleskops verantwortlich sind, haben bereits zwei den Geist aufgegeben. Mindestens drei sind aber für einen unverwackelten Blick ins All nötig. Eigentlich war für November 2004 die nächste Service-Mission des Spaceshuttles vorgesehen – doch wann die Raumfähren wieder fliegen, ist nach dem Columbia-Absturz höchst fraglich. Nicht zum ersten Mal steht Hubbles Zukunft in den Sternen. *12. Juni 2003*

siehe auch
❖ Astronomie
❖ Astrophysik
❖ Kosmologie
❖ Weltraum